泉州年鉴

2020（总第20卷）

中共泉州市委　泉州市人民政府 主办

中共泉州市委党史和地方志研究室 编纂

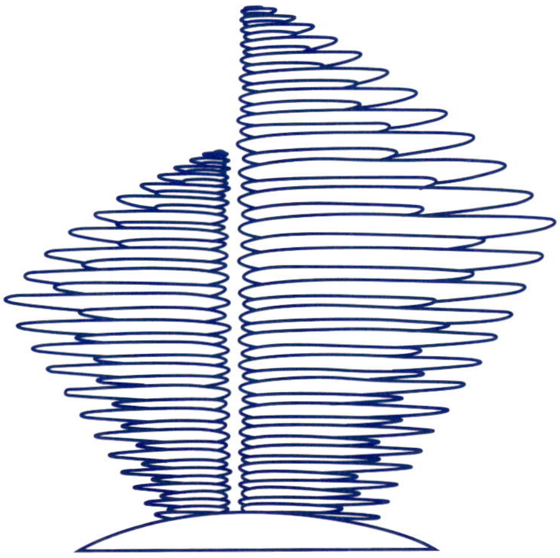

方志出版社
Publishing House of Local Records

图书在版编目（CIP）数据

泉州年鉴. 2020 / 中共泉州市委党史和地方志研究室编. -- 北京：方志出版社，2020.9
ISBN 978-7-5144-4565-7

Ⅰ. ①泉… Ⅱ. ①中… Ⅲ. ①泉州－2020－年鉴
Ⅳ. ①Z525.73

中国版本图书馆CIP数据核字(2020)第249211号

泉州年鉴（2020）

编　　者：	中共泉州市委党史和地方志研究室
责任编辑：	王　娜
出 版 者：	方志出版社
	地　址　北京市朝阳区潘家园东里9号（国家方志馆4层）
	邮　编　100021
	网　址　http://www.zgfzcb.cn
发　　行：	方志出版社图书经销中心
	电话（010）67110500
经　　销：	各地新华书店
印　　刷：	福州报业鸿升印刷有限责任公司
开　　本：	889×1194　1/16
印　　张：	35
字　　数：	1202千字
版　　次：	2020年9月第1版　2020年9月第1次印刷
印　　数：	0001～1000册

ISBN 978-7-5144-4565-7　　**定价：** 320.00元

泉州年鉴编辑委员会

泉州年鉴总编室

编 辑 说 明

一、《泉州年鉴》是由中共泉州市委、泉州市人民政府主办，中共泉州市委党史和地方志研究室组织编纂的年度地方资料性文献，创办于2000年，2020卷为第20卷。

二、《泉州年鉴（2020）》以马克思列宁主义、毛泽东思想、邓小平理论、“三个代表”重要思想、科学发展观、习近平新时代中国特色社会主义思想为指导，坚持辩证唯物主义和历史唯物主义的立场、观点和方法，实事求是地记载泉州市2019年经济、政治、文化、社会和生态文明建设发展状况，反映物质文明、精神文明、政治文明、生态文明建设的新成就、新经验以及出现的新情况、新问题，为社会各界和海外人士了解泉州、研究泉州、置业泉州、旅游泉州提供尽可能全面、翔实的地情资料。

三、《泉州年鉴（2020）》设有图说泉州、年度聚焦、专记、大事记、市情概览、中共泉州市委员会、泉州市人民代表大会、泉州市人民政府、政协泉州市委员会、纪检监察、民主党派和工商联、群众团体、外事 侨务 台港澳事务、法治、军事、退役军人事务、应急管理、自然资源与规划管理、生态环境、经济监督管理、财税 金融、口岸综合管理、农业 农村、工业、开发园区建设、信息业、经贸与技术合作、民企与泉商、交通 邮政、商贸流通服务业、旅游业、城乡建设与管理、教育、科学技术、社会科学、文化、卫生 体育、社会民生、县域概览、荣誉 人物、附录等类目，类目下设分（子）目，条目为内容的基本载体形式。

四、《泉州年鉴（2020）》记述的时限为2019年1月1日至12月31日，部分选介资料、相关链接及图表跨年度选编。

五、《泉州年鉴》文字、标点符号、计量单位均依国家现行规范；文中凡简称“党员”均指中国共产党党员，“省、全省”均指福建省，“市、全市”均指泉州市。对于缩略语、简称、术语，出现频率较少的，随文注释，出现频率较多的，在书后“相关名词解释”中统一解释。

六、《泉州年鉴》全市统计数据采用《泉州统计年鉴》的数据；业务部门的数据出自各供稿单位，如个别数据与统计部门提供的数据有差异，以统计部门提供的为准。全文中除特别注明外，泉州市统计数据不含金门县（待统一）。

七、《泉州年鉴》资料除了由全市各级机关、社会团体、企事业单位提供外，部分由编辑人员采编。

编制单位：福建省地图出版社　审图号：泉S〔2020〕9号　资料截至：2019年12月

城市名片

国务院首批公布的历史文化名城
首届东亚文化之都
“海上丝绸之路”起点城市
国家级文化生态保护区
闽南文化生态保护核心区
全国文明城市
全国卫生先进城市
中国优秀旅游城市
国家森林城市
国家园林城市
全国文化模范城市
国家环保模范城市
全国绿化模范城市
国际花园城市
国家生态市
最佳中国魅力城市
国家创新示范区
全国科技进步先进城市“九连冠”
全国综合配套改革试点城市
全国金融服务实体经济综合改革试验区
中国工艺美术之都
中国十大品牌城市
中国品牌经济城市
全国改革开放18个典型地区之一
共和国60年中国最具投资潜力城市

国家民营经济综合改革试点地区
国家知识产权示范城市
中国优秀创新型城市
全国技术创新工程示范城市
全国制造业信息化工程重点城市
全国十佳和谐可持续发展城市
国家行政服务标准化试点城市
国家公共文化服务体系示范区
中国民族民间文化保护工程综合性试点城市
“中国制造2025”唯一地方试点城市
大陆居民赴台湾地区个人旅游试点城市
国家知识产权运营服务体系建设重点城市
国家级海峡两岸集成电路产业合作试验区
国家跨境电子商务综合试验区
国家电子商务示范城市
“宽带中国”示范城市
国家信息消费试点城市
信息惠民国家试点城市
全国50个5G商用城市
两岸冷链物流产业合作城市
全国预包装食品出口试点
服务型制造示范城市
“一带一路”建设案例城市
全国未成年人思想道德建设工作先进城市
中国快递示范城市

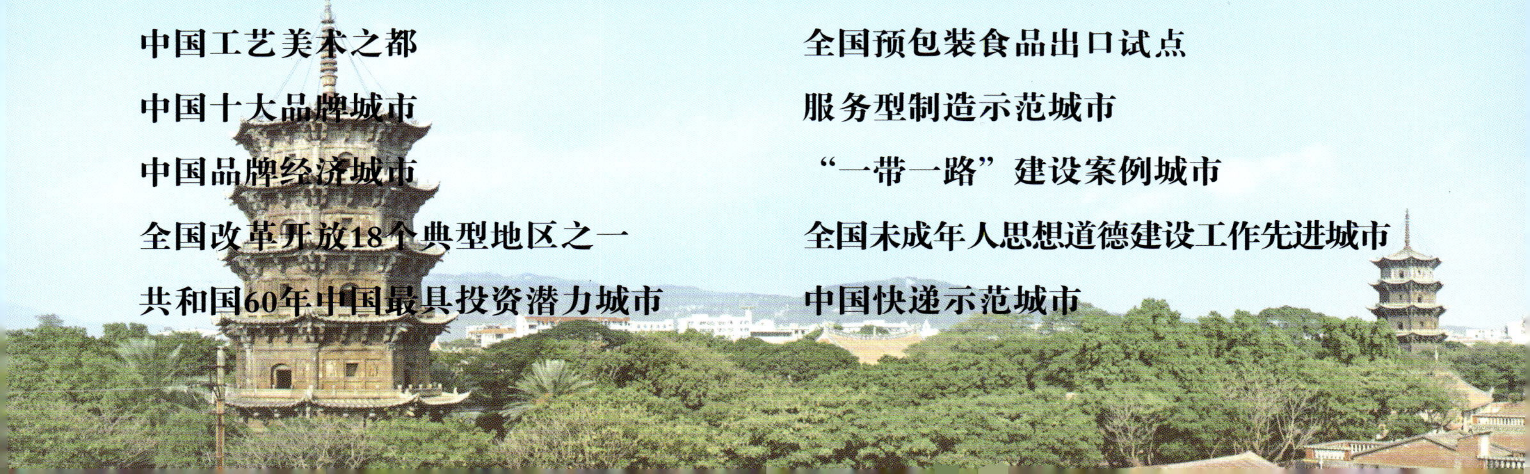

【泉州市公共文化中心亮灯】

2019年6月29日，泉州市公共文化中心四大主体建筑亮灯。该中心位于东海片区城市主轴线上，是泉州的文化新地标，设计理念来源于泉州市花“刺桐花”，以泉州大剧院、泉州市图书馆（新址）、泉州科技与规划馆和泉州东海工人文化宫四大主体建筑组成，被称为“四朵花瓣”　（图／陈起拓）

【闽南文化生态保护区入选首批国家级文化生态保护区】

2019年12月25日，文化和旅游部首次公布国家级文化生态保护区名单，闽南文化生态保护区入选。2007年6月，泉州市、厦门市、漳州市成为第一个国家级文化生态保护实验区，泉州市为闽南文化生态保护实验区的核心区域。图为泉州南音表演现场

（图／吴寿民）

【第18届世界中学生运动会倒计时一周年】

2019年10月19日，第18届世界中学生运动会倒计时一周年晚会在晋江市举行。图为晚会上百名少年合唱《点亮梦想》 （图／吴嘉晓）

【第四届海上丝绸之路国际艺术节在泉州举行】

2019年11月22日，由文旅部和福建省政府主办、省文旅厅和泉州市政府承办的第四届海上丝绸之路国际艺术节在泉州开幕。图为演员在开幕式文艺演出“大海承诺”中展示木偶戏　（图／王柏峰）

【泉州非物质文化遗产馆开馆】

2019年11月23日，由文旅部、省政府主办的泉州非物质文化遗产馆开馆暨第二届海上丝绸之路非物质文化遗产展启动仪式在泉州侨乡体育中心举行。图为泉州非物质文化遗产馆开馆仪式

（图/吴寿民）

州非物质文化遺产館

【海上丝绸之路时间中心在泉州揭牌】

2019年12月27日，由泉州市政府、中国科学院国家授时中心主办的海上丝绸之路时间中心揭牌仪式暨2019时空产业论坛在泉州举行，启动高精度地基授时系统泉州站及海上丝绸之路时间中心项目建设。图为揭牌仪式

（图／市科技局）

中国科学院
CHINESE ACADEMY OF SCIENCES
海上丝绸之路时间中心
揭牌仪式
FIRST
海上丝绸之路时间中心
Fujian International Road of Silk Time-center

2019年3月20日，中共泉州市委书记康涛（左二）在安溪县正丰数控科技有限公司调研推动“强基促稳”重点工作 （图/陈起拓）

2019年3月20日，泉州市长王永礼（左五）在南安市官桥镇岭兜村调研革命老区基点村发展工作 （图/南安官桥网）

2019年4月15日，泉州市人大常委会主任陈灿辉（左一）在丰泽区开展2019年第一季度“领导干部一线办公”活动周调研 （图/陈意鸣）

2019年11月21日，泉州市政协主席李转生（右六）在泉州台商投资区百崎回族乡后海村开展视察调研和帮扶活动 （图/市政协）

2019年是泉州市改革发展进程中具有重要意义的一年。泉州市落实党中央、国务院和省委、省政府决策部署，坚持稳中求进工作总基调，践行新发展理念，“作答时代命题、聚力赶超攻坚”，“五个泉州”建设迈出新步伐。

创 新 泉 州

2019年，泉州市提高自主创新能力，落实研发费用税前加计扣除、高新技术企业所得税优惠等政策，新增高新技术企业超200家、科技小巨人领军企业123家。

【创新泉州·双创样板】

2019年3月2日，在丰泽区行政服务中心，一家网络科技公司的工作人员领取新版营业执照

（图/陈起拓）

2019年5月17日，“数字福建（安溪）产业园”360区域外呼中心
（图/刘伯怡）

2019年5月24日，2019年晋江企业创新发展大会召开。图为大会现场
（图/泉州晚报社）

2019年12月2日，泉州市第13届中国专利周活动启动。图为知识产权金融创新专题讲座现场
（图/陈云青 吴松巍）

【创新泉州·品牌之都】

2019年2月7日，第15届中国（南安）水暖泵阀暨消防器材交易会开幕

（图/泉州品牌发展中心）

2019年4月18日，第五届中国（泉州）海上丝绸之路国际品牌博览会、第22届海峡两岸纺织服装博览会在石狮市开幕 （图/吴寿民）

2019年4月18日，第五届中国（泉州）海上丝绸之路国际品牌博览会现场

（图/吴寿民）

2019年4月19日，第21届中国（晋江）国际鞋业暨第四届国际体育产业博览会开幕 （图/陈龙山）

【创新泉州·品牌之都】

2019年4月20日，2019安溪开茶节暨第三届安溪铁观音大师赛开幕　（图/刘伯怡）

2019年7月20日，第三届海峡两岸食品交易会暨第六届闽台（泉州）食品交易会在晋江市开幕　（图/泉州晚报社）

2019年9月7日，第12届海峡两岸（泉州）农产品采购订货会开幕　（图/泉州品牌发展中心）

2019年11月9日，第五届中国（惠安）国际雕刻艺术品博览会开幕　（图/邓文祥）

智 造 泉 州

2019年，泉州市出台推进制造业高质量发展的意见，实施龙头企业“扩能生根”项目64个，推广数字化、智能化生产线120条，培育省级智能制造试点示范（样板工厂）14个。

【智造泉州·产业转型】

2019年，晋江市成立福建海峡石墨烯产业技术研究院，开展石墨烯产业化的应用研究。图为福建海峡石墨烯产业技术研究院外观
（图/晋江科技局）

2019年，落地晋江的中科院海西研究院泉州装备制造研究所外观 （图/钟 超）

【智造泉州·产业转型】

2019年，永春县科技馆和城市规划展览馆加快建设。两馆位于永春县香都广场后方，融合闽南和现代元素于一体。图为两馆外观

（图/姚德纯）

2019年5月30日，“全国科技工作者日”，泉州市科协开展市科协委员之家活动。图为活动现场

（图/吴宗宝）

【智造泉州·人工智能】

2019年4月30日，泉州市首个5G语音和高清视频电话拨出　　　　（图/泉州晚报社）

2019年5月6日，第二届数字中国建设峰会在福州开幕，泉州市5大项目参与第二届数字中国建设峰会集中签约。图为泉州展区
（图/泉州晚报社）

2019年5月7日，2019泉州数字经济推进大会召开。图为大会工作人员在演示智慧医疗系统　　　　（图/林劲峰）

2019年9月29日，“生态合作·携手共赢”泉州5G产业发展联盟成立大会召开。图为大会现场　　　　（图/东南早报）

【智造泉州·“泉州制造2025”】

晋工机械生产车间内，技术人员正在组装大型机械重要部件（2019年拍摄）（图/陈起拓）

石狮禾宝纺织引进的凹凸针织大圆机（2019年拍摄）（图/李荣鑫）

石狮市高新区内的福建省富达精密科技有限公司智能生产车间内，机械手正在给铝合金电视边框电焊（2019年拍摄）（图/李荣鑫）

“海丝”泉州

2019年，泉州市持续提升文化软实力，新增全国重点文物保护单位13处，“古泉州（刺桐）史迹”申遗工作进展顺利，国家级闽南文化生态保护区正式公布。

【古泉州（刺桐）史迹申遗】

●“古泉州（刺桐）史迹”新增6个遗产点

2019年1月，国务院确定“古泉州（刺桐）史迹”作为2020年中国申报世界遗产的唯一项目。此次修改，在原有16个遗产点的基础上增加6个遗产点。6个新增遗产点为：屈斗宫德化窑遗址、安溪青阳冶铁遗址、南外宗正司遗址、市舶司遗址、顺济桥遗址、安平桥。

屈斗宫德化窑遗址

安溪青阳冶铁遗址
（图／刘伯怡）

【古泉州（刺桐）史迹申遗】

①	②
③	④

① 南外宗正司遗址
② 市舶司遗址
③ 顺济桥遗址
④ 安平桥

（本版图片/吴寿民 2019年拍摄）

【“海丝”泉州·丝路领航】

2019年4月17日，2019丝路国家青少年国际摄影竞赛全球启动仪式举行
（图/吴寿民）

2019年12月1日，2019第四届“海丝”泉州古城徒步穿越活动 （图/吴寿民）

美 丽 泉 州

2019年，泉州市开展“城市建设提速年”活动，环湾建成区面积230平方千米，城镇化率67.5%。

【美丽泉州·城市建设】

晋江西溪安溪城区段（2019年拍摄） （图/林铭珊 张长水）

泉州市公共文化中心主体建筑（2019年拍摄） （图/吴寿民）

【美丽泉州·城市建设】

泉州东海新区局部（2019年拍摄）
（图/吴寿民）

泉州城东新区局部（2019年拍摄）
（图/吴寿民）

2019年，永春县持续推进宜居环境建设，推动人居环境整治，推行建筑屋顶“平改坡”，展现整齐、美观的风貌。图为改造后的城区部分建筑
（图/康庆平）

【美丽泉州 · 美丽乡村】

晋江梧林古村落是“福建省美丽乡村创建示范村”“闽南文化生态保护区晋江展示点”。图为该村古民居外观（2019年拍摄）
（图/吴寿民）

2019年7月28日，文旅部公布第一批全国乡村旅游重点村名单，惠安县崇武镇大岞村上榜。图为该村惠女风情园一隅 （图/陈文丕）

2019年，安溪县福田乡福前社区入选福建省三星级乡村旅游村。图为该社区远眺
（图/安溪报）

2019年，德化县雷锋镇潘祠村获批创建国家全域旅游示范区。图为该村美景吸引游人拍照 （图/许华森 陈小阳）

【美丽泉州·生态泉州】

晋江市区最大的自然生态公园——崎山公园一隅（2019年拍摄） （图/林劲峰）

2019年，泉州台商投资区着力打造富有特色的生态新区。图为海上丝绸之路艺术公园周边一片绿意盎然 （图/陈桂生 陈凤阳）

2019年3月19日，泉州市妇联组织各界妇女代表在市区山线绿道举办泉州市庆祝三八国际妇女节109周年“守护生态家园”巾帼健步行活动。图为活动现场 （图/郭雅莹 苏泽洪）

2019年6月5日，泉州市“6·5”世界环境日宣传活动现场 （图/罗倩雯）

幸 福 泉 州

2019年，泉州市实施“四心”工程、民生“XIN”行动，完成33项为民办实事项目，超七成五财力投入民生。

【幸福泉州·文化繁荣】

2019年2月5日，中央广播电视总台2019春节戏曲晚会首播。图为演员们在泉州分会场合影留念

（图/陈英杰）

2019年6月9日，首届蟳埔女盘头大赛现场

（图/陈小阳）

【幸福泉州·文化繁荣】

①	②
③	④

① 2019年5月23日，2019年泉州市“中国文艺志愿者服务日”主题晚会举行。图为演出现场（图/陈智勇）

② 2019年7月1日，“我和我的祖国”红色经典电影海报展开幕。图为展览现场（图/吴寿民）

③ 2019年9月29日，泉州市美术作品展开幕。图为展览现场（图/吴寿民）

④ 2019年10月18日，泉州市首届文化创意产品展在泉州东亚之窗文创园举行。图为启动仪式（图/吴炯雯）

【幸福泉州·教育发展】

福州大学晋江科教园俯瞰（2019年拍摄）　（图/陈起拓）

泉州花灯传承人曹淑贞教鲤城区实验小学学生制作传统花灯（2019年拍摄）
（图/泉州晚报社）

【幸福泉州·教育发展】

2019年，永春县多个百姓书房建成并投入使用，为市民带来便捷舒适的阅读新体验。图为小朋友在位于余光中文学馆里的百姓书房阅读　　（图/林培枝）

2019年5月11日，纪念泉州南音入列“世非遗”10周年、进入课堂30周年——少儿南音“歌吹漫步”在市区西街举行。图为活动现场　　（图/陈智勇）

潘山安置房项目建设现场（2019年拍摄）（图/泉州晚报社）

2019年，泉州市老年医院投入使用。图为医院外观（图/吴寿民）

位于安溪县的泉州国宇医院外观（2019年拍摄）（图/泉州晚报社）

【幸福泉州·民生保障】

在永春县湖洋镇花卉基地里，工作人员侍弄准备上市的蝴蝶兰（2019年拍摄）　　（图/姚德纯）

2019年1月18日，泉州市“热血送暖·为生命接力”无偿献血活动现场　　（图/张九强　胡祖原）

2019年1月28日，泉州市2019年平安返乡专列首趟动车从泉州站出发。图为欢送仪式

（图/林劲峰）

目 录

年度聚焦

Yearly Focus

专 记

Articles

大事记

Chronicle of Events

市情概览

General Information of Quanzhou City

中共泉州市委员会

Quanzhou Municipal Committee of the CPC

泉州市人民代表大会

The People's Congress of Quanzhou

泉州市人民政府

The People's Government of Quanzhou

政协泉州市委员会

Quanzhou Municipal Committee of the CPPCC

纪检监察

Discipline Inspection and Supervision

民主党派和工商联

Democratic Parties, Association of Industry and Commerce

群众团体

Mass Organizations

外事 侨务 台港澳事务

Foreign Affairs, Overseas Chinese Affairs, Taiwan, Hong Kong and Macao Affairs

法 治

Rule by Law

军 事

Military Affairs

退役军人事务

Veterans Affairs

应急管理

Emergency Management

自然资源与规划管理

Natural Resources and Planning Management

生态环境

Ecological Environment

经济监督管理

Economic Management and Supervision

财税 金融

Finance and Taxation, Finance

口岸综合管理

Port Comprehensive Management

农业 农村

Agriculture, Rural Area

工 业

Industry

开发园区建设

Construction of Development Zone

信息业

Information Industry

经贸与技术合作

Economic, Trade and Technical Cooperations

民企与泉商

Private Enterprises and Quanzhou Merchants

交通 邮政

Traffic Post

教 育

Education

科学技术

Science and Technology

社会科学

Social Science

文 化

Culture

卫生 体育

Hygiene Sports

社会民生

Social Livelihood of People

县域概览

Overview of Counties and Regions

荣誉 人物

Honors Persons

附 录

Appendix

年度聚焦

泉州元素亮相中央电视台戏曲晚会

2019年2月5日，中央电视台2019春节戏曲晚会首播，泉州作为三个分会场之一，南音、提线木偶戏、高甲戏、拍胸舞、南少林武术等10多个项目集体亮相，向海内外观众展示泉州文化独特的魅力和最新发展成就。晚会涵盖京剧、昆曲、豫剧等18个剧种，并融入南音、戏歌、舞蹈以及相声、情景剧等艺术形式。除主会场外，晚会还设置3个分会场，分别为古代陆上丝绸之路起点陕西西安、南方丝绸之路起点四川成都、海上丝绸之路起点福建泉州。

60位身穿蟳埔女服饰、手提传统灯笼的小女生冲上舞台，拉开泉州分会场第一个节目《泉州过大年》的序幕，随后提线木偶戏、闽南民间歌舞、南少林武术、水中拍胸舞等项目纷纷上阵，展现出泉州人民欢声笑语过大年的场面。该节目阵容强大，参演人员多达300多人，由13个演出单位携手献演，有专业院团、有高校，也有民间演出团体，原汁原味地展示泉州戏曲文化的独特韵味。泉州分会场节目还有泉州南音《千家罗绮管弦鸣》、高甲戏《高甲献艺》、越剧《妈祖》、《古艺新声中国梦》四个节目，参加演出的名家新秀齐上阵，

2019年2月5日，中央电视台2019春节戏曲晚会首播。图为泉州分会场　（图/陈英杰）

有中国曲艺“二度牡丹奖”获得者、福建省曲艺家协会副主席庄丽芬和中国戏剧梅花奖获得者陈娟娟、王君安，以及国家一级演员王大浩、王琼芬、陈江锋等一大批泉州市戏曲名家名角，全面展示福建省戏曲艺术发展的水平和实力。特别值得一提的是，此次演出还吸引台湾“80后”南音爱好者魏伯年到场交流，与庄丽芬同台演唱南音《千家罗绮管弦鸣》。魏伯年十年来频频到泉州拜师学南音，还在台湾开馆授徒，为两岸文化交流贡献力量。演出期间，泉州花灯、泉州李尧宝刻纸 、江加走木偶头雕刻、火鼎公婆、民间传统小吃等穿插在节目中，让全国观众感受到泉州喜庆的年味。此系继2016中央电视台春晚在泉州设分会场之后，中央电视台再次将戏曲春晚的分会场设在泉州。

2月19日，中央电视台2019元宵戏曲晚会在CCTV—11播出，泉州提线木偶戏《闹元宵》作为泉州分会场节目亮相，向全国观众展示泉州提线木偶艺术的魅力。晚会设三个分会场，另外两个为陕西西安和四川成都。《闹元宵》由泉州市提线木偶戏传承保护中心创排，是该中心30多年来的保留节目，演出足迹遍及世界各地，节目展现泉州古刺桐港元宵佳节期间的踩街场景，再现“市井十洲人”盛况。此次亮相央视，在原来节目基础上重新编排，压缩时长，增加表演人数，场面更大。同时，还有数十名身穿蟳埔女服饰的小观众参与互动，同台展示泉州民俗文化。

民营经济创新发展高峰论坛在泉州举行

2019年7月14日，由国务院发展研究中心和省政府指导，省政府发展研究中心、泉州市政府主办的民营经济创新发展高峰论坛在晋江举行。国务院发展研究中心副主任隆国强，副省长郭宁宁，泉州市领导康涛、王永礼、刘文儒、吕刚等出席论坛。

受国务院发展研究中心党组书记马建堂委托，隆国强宣读题为《践行“晋江经验”，促进实体经济高质量发展》的主旨演讲，阐释发展实体经济的重要性，指出要以“晋江经验”为镜鉴，采取综合系统、精准有效的举措，为实体经济创造优良的发展环境。郭宁宁在致辞中表示，习近平在福建工作期间七下晋江，在调研的基础上总结提炼出 “晋江经验”，为民营经济发展提供根本遵循。省委、省政府高度重视发挥“晋江经验”的科学引领作用，民营经济已经成为福建的核心竞争力、社会经济发展的强劲引擎、新福建建设的重要力量。下一步，福建省将贯彻落实习近平在参加十三届全国人大二次会议福建代表团审议时的讲话精神，增强服务意识，优化营商环境，深化机制体制改革，帮助民营企业在创新发展上取得新突破，推动福建省从民营经济大省向民营经济强省转变。泉州市委书记康涛在致辞中指出，改革开放以来，泉州民营经济从无到有、成长壮大。在习近平总结的“晋江经验”指引下，泉州民营企业家爱拼敢赢、薪火相传。过去17年来，全市GDP年均增长12.1%，2018年达8468亿元，其中民营经济贡献超过八成，分量举足轻重。泉州将贯彻习近平在参加十三届全国人大二次会议福建代表团审议时的讲话精神，传承弘扬“晋江经验”，把民营企业和民营企业家当作自己人，造好产业生态、营商环境、城市平台等，营造有利于创新创业创造的良好发展环境，推动民营经济创新发展、高质量发展。

论坛以“深入践行‘晋江经验’，聚焦实业、专注主业，促进新时代民营经济创新发展”为主题。院士、专家学者、各级智库代表、企业家代表等200多人参加论坛，围绕中美贸易摩擦、民营企业投融资、数字经济等问题，聚焦民营企业未来发展之路，从创新赋能、数字赋能、金融赋能等方面展开探讨。5位世界500强企业代表围绕“助推福建高质量发展”进行战略对话。论坛还举行国务院发展研究中心泉州民营经济固定调研基地签约仪式和省政府发展研究中心民营企业家“特约研究员”聘任仪式。

泉州市新添13处国保单位

2019年10月16日，国务院公布第八批全国重点文物保护单位名单，包括762处第八批全国重点文物保护单位以及50处与现有全国重点文物保护单位合并的项目，泉州市新添13处国保单位，数量居全省设区市第一，创下泉州市历次国保遴选以来入选数量之最。全国重点文物保护单位是中华文明的优秀代表和重要标识，也是不可移动文物的最高保护级别。9月26日，国务院常务会议核定第八批国保单位，包括古遗址、古建筑、近现代重要史迹及代表性建筑等。10月7日，国务院印发《关于核定并公布第八批全国重点文物保护单位的通知》，并于16日发布。第八批国保单位共762处，包括古遗址167处，古墓葬30处，古建筑280处，石窟寺及石刻39处，近现代重要史迹及代表性建筑234处，其他12处，入选文物较多的省份有山西、河南、浙江、安徽、湖南。其中，入选的第八批国保单位最远为旧石器时代，如新疆吉木乃县的通天洞遗址，最近为1986年的宋庆龄儿童科学技术馆。泉州是国务院公布的全国首批24个历史文化名城之一，是全国文物大市。此前全市有文物近4000处，其中各级文物保护单位909处，全国重点文物保护单位31处，省级文物保护单位103处，县（市、区）级文物保护单位775处。至此，泉州拥有的全国重点文物保护单位达44处。经过此次申报，泉港区、永春县实现国保数量“零的突破”，全市已有12个县（市、区）拥有国保单位。

相关链接：13处新增国保单位：古遗址1处，永春县苦寨坑窑遗址（夏商）；古墓葬1处，惠安县百崎郭氏墓群（明代）；古建筑5处，分别是鲤城区崇福寺应庚塔（北宋）、安溪县安溪土楼（明清）、泉港区土坑村古建筑群（清代）、南安市坂埔古厝（清代）、永春文庙（清代）；石窟寺及石刻2处，南安市桃源宫陀罗尼经幢（北宋）、永春县魁星岩摩崖造像（南宋）；近现代重要史迹及代表性建筑4处，南安市观山李氏民居（1890—1936年）、鲤城区安礼逊图书楼（1927年）、永春县福兴堂（1947年）、石狮市景胜别墅（1948年）。

入选第八批全国重点文物保护单位名单的鲤城区安礼逊图书楼（2019年拍摄）

（图/吴寿民）

第四届海上丝绸之路国际艺术节在泉州举行

2019年11月22—27日，由文旅部和省政府主办，省文旅厅和市政府承办的第四届海上丝绸之路国际艺术节（以下简称“海艺节”）在泉州举行。文化和旅游部党组成员、故宫博物院院长王旭东；新加坡文化、社区及青年部长兼社区事务署主管部长傅海燕；省委常委、宣传部部长梁建勇，副省长郭宁宁；联合国教科文组织国际木偶联会副主席凯伦·史密斯、法中文化交流协会主席于贝尔·马萨利；市领导康涛、王永礼、张永宁、游宇飞、林锦明、刘建军、刘文儒、季翔峰等；韩国、保加利亚、泰国、菲律宾等外国代表团，与海内外嘉宾、艺术家和各界群众出席开幕式。开幕式后，原创民族歌剧《大海承诺》上演。歌剧紧扣海丝主题，凸显泉州特色，以“人偶合一”的创新演绎方式，讲述宋元时期，泉州木偶艺人履行承诺、出海远行，从刺桐港一路历尽艰险，抵达埃及亚历山大港的传奇故事，讴歌海上丝绸之路上一代代开拓者、继承者向海的胆略勇气，颂扬先人们对交流互鉴的不懈追求。该届海艺节聚焦“多彩海丝，文明互鉴”主题，秉承“展示、交流、合作、共享”理念，共有艺术展演展示、艺术发展论坛、网络艺术节三大板块和十余个全域性项目，呈现中外文明交流、多元文化汇聚、多国民众联欢，并通过开放式体验、网络化互动、全域性办节，把海艺节办成“艺术的盛会、人民的节日”，提升人民文化获得感和幸福感。

22日，作为第四届海艺节的重要活动之一，第三届丝绸之路国际剧院联盟年会在泉州大剧院开幕，并举行丝绸之路国际剧院联盟新加入成员授牌仪式及丝绸之路国际剧院联盟2020年战略合作签约仪式。文化和旅游部国际交流与合作局副局长朱琦，市委副书记、宣传部部长张永宁，中国对外文化集团党委书记、董事长李金生出席并致辞。欧洲、亚洲、美洲、非洲32个国家和地区44家文化机构嘉宾与会。为增进丝绸之路沿线国家和地区文化艺术交流与合作，中国对外文化集团于2016年10月倡议发起并成立丝绸之路国际剧院联盟。成立三年来，联盟集聚全球42个国家和地区的124家成员单位，完成交流项目超过40个、举办演出近200场。在此次年会上，新增联盟成员单位17家，其中海外成员单位8家，国内成员单位9家，泉州大剧院也成功入选。2020年，丝绸之路国际剧院联盟计划协调联动各项文化资源，加强成员单位间的交流与合作，聚焦文艺精品创作，推动内容创新升级。

泉州（华光）国际影像双年展暨“世界摄影家看泉州”大型摄影采风活动在泉州华光职业学院开幕。美国、英国、日本等近20个国家的200余名摄影艺术家参加活动。此次活动为第四届海艺节全域性活动项目之一，吸引中国艺术摄影学会主席、丝路国家摄影组织国际联盟主席杨元惺，国际摄联（FIAP）主席、丝路国家摄影组织国际联盟名誉主席里卡多·布希，英国皇家摄影学会教育和公共事业部主任迈克尔·普理查德，美国联系图片社总裁罗伯特·普雷基，马格兰图片社副理事长久保田博和中国著名摄影家朱宪民、张桐胜、

2019年11月22日，第三届丝绸之路国际剧院联盟年会在泉州大剧院开幕。图为丝绸之路国际剧院联盟新加入成员授牌仪式

（图/陈小芬　吴嘉晓）

杨越峦、解海龙、冯凯旋等中外摄影艺术家参加。泉州（华光）国际影像双年展主题为“人类大家庭”，展出40多个国家和地区几代人的千余幅摄影作品。中外摄影家用摄影艺术作品呈现“一带一路”沿线国家及地区的历史文明、经济发展、民俗风情以及文化艺术，体现“和平、发展、共存”理念，传承海丝精神，增进民心相通。活动期间还举办“世界摄影家看泉州”采风活动，中外摄影家到洛阳桥、海丝艺术公园、清源山、惠女风情园等地采风。

2019年11月23日，第四届海上丝绸之路国际艺术节艺术发展论坛在泉州迎宾馆举行。图为论坛现场 （图/东南早报）

23日，第四届海上丝绸之路国际艺术节艺术发展论坛在泉州迎宾馆举行。文旅部党组成员、故宫博物院院长王旭东，副省长郭宁宁，联合国教科文组织非物质文化遗产专家、博物馆及遗产项目负责人苏珊·奥吉，文旅部国际交流与合作局副局长朱琦，中国艺术研究院副院长、中国非物质文化遗产保护中心主任王福州，市委书记康涛，市长王永礼，市委副书记、宣传部部长张永宁，副市长周真平等参加开幕式。开幕式后，中央文史馆馆员、中国艺术研究院音乐研究所名誉所长田青，法中文化交流协会主席于贝尔·马萨利，市政协原副主席李冀平分别做主旨演讲。论坛以“美美与共——中外艺术与文明交流互鉴”为主题，设置“传统与未来——探寻古代‘海上丝绸之路’”“交流与合作——文化多样性公约的意义”“文化与旅游——多视角的国际人文合作”三个分论题，邀请法国、意大利、英国、约旦、日本、韩国、菲律宾等10个国家和地区的140多名国内外专家学者，从文化旅游、历史研究、文学戏曲、音乐舞蹈、传统工艺等多个领域，从世界文明的差异与包容、文化遗产的保护与利用、文艺创作的传承与创新等多个维度，展开对话交流、学术研讨。

由文旅部、省政府主办，文旅部非遗司、省文旅厅、市政府、中国对外文化集团有限公司承办的泉州非物质文化遗产馆开馆暨第二届海上丝绸之路非物质文化遗产展启动仪式在泉州侨乡体育中心举行。副省长郭宁宁，文旅部非遗司副司长张玉红，市领导康涛、王永礼、张永宁，以及参加“非遗”展和丝绸之路国际剧院联盟的艺术家、外宾，泉州市“非遗”传承人代表等出席活动。该届“非遗”展地址位于侨乡体育中心内新落成的“非遗”馆。观众可在“非遗”展中欣赏到亚洲、欧洲、非洲12个国家（含中国）的130个“非遗”项目、上千件展品。“非遗”展展期持续至27日。

由省文旅厅、市政府、联合国教科文组织国际木偶联会中国中心、中国木偶皮影艺术学会主办的第六届中国泉州国际木偶展演在泉州市木偶剧院开幕。联合国教科文组织国际木偶联会副主席凯伦·史密斯，省文旅厅相关负责人分别致辞。市领导康涛、张永宁、张建生、周真平、骆沙鸣，俄罗斯、匈牙利、韩国、瑞士、意大利等外国代表团，以及海内外嘉宾、艺术家和各界群众出席开幕式。开幕式后，一台中外木偶艺术表演《偶戏荟萃》上演。演出分“千年古艺开新台”“偶艺缤纷放异彩”和“薪火传承向未来”三个篇章，由海内外10多个优秀木偶演出团体共同演绎。第六届中国泉州国际木偶展演是国际木偶艺术交流互鉴的窗口平台，11个国家和地区的28个木偶艺术团队参加活动。从23日起至26日，国内外木偶艺术团到全市社区、农村、校园、广场、剧场等48个演出点进行70多场演出。

2019国家制造强国建设专家论坛（泉州）系列活动举行

2019年11月18—19日，由国家制造强国建设战略咨询委员会主办，省工业和信息化厅、泉州市政府、中国电子信息产业发展研究院承办的，以“智能制造提升传统产业竞争力”为主题的2019国家制造强国建设专家论坛（泉州）系列活动在晋江举办。工业和信息化部部长苗圩出席开幕式并致辞，国家制造强国建设战略咨询委员会主任周济就“全力推动传统制造业优化升级 坚定不移建设制造强国”做主题发言，副省长林宝金致欢迎辞，泉州市长王永礼介绍泉州市传统制造业转型升级做法和成效。泉州市领导陈灿辉、刘文儒、洪自强出席活动。全国各地工业和信息化主管部门代表，智能制造试点示范企业、相关制造业企业、智能制造解决方案商、工业互联网企业等代表，中国工程院等有关科研机构、高校专家与会。

论坛旨在贯彻落实习近平新时代中国特色社会主义思想，推进制造强国建设，分析国内外制造业发展的新态势、新特点，交流制造强国建设的新经验、新模式，探讨传统产业进行智能化改造、提升市场竞争力的新方法、新途径。与会嘉宾在“晋江经验”发源地，围绕智能制造发展趋势、传统企业智能化改造和数字化升级、企业核心竞争力提升等议题展开交流与探讨，引导制造业朝高质量、高效率、可持续的方向发展，推动传统产业焕发新的活力。在主题演讲环节，九牧集团有限公司董事长林孝发、徐工集团总裁陆川、中国纺织机械协会副会长侯曦、安徽海螺集团副总经理何承发、中国石化镇海炼化副总经理及总会计师熊晓洋围绕智能制造、绿色制造、数字经济等关键词分享实践经验。论坛开始前，苗圩等参观泉州传统产业智能化升级小型展览。开幕式上，宣读传统产业智能化升级联盟设立倡议书。随后，举行主旨论坛和现场参观考察。

19日，活动平行举行轻工、机械装备、石化三场泉州市传统产业智能化改造问诊与需求对接会。国家制造强国建设战略咨询委员会主任周济，市领导陈灿辉、洪自强、吕刚等参加相关活动。在工信部、中国工程院、国家制造强国建设战略咨询委员会和省委、省政府的支持下，泉州全方位推进智能制造和“数控一代”应用示范，市场竞争力大幅提升。此次国家制造强国建设战略咨询委员会组织权威专家、知名解决方案供应商为泉州市传统产业智能化改造“问诊把脉、传经送宝”，对泉州加快传统产业转型升级起到积极作用。三场对接会以分行业闭门会方式进行，六十几家泉州企业代表毫无保留地分享智能化改造做法和经验，客观反映产业转型升级过程中遇到的问题和瓶颈，知名方案商以翔实的解决方案案例为企业“对症下药”，推动泉州传统产业再次跨越提升、实现高质量发展，现场交流气氛热烈，对接成效明显。

闽南文化生态保护区入选首批国家级文化生态保护区

2019年12月25日，文化和旅游部首次公布国家级文化生态保护区名单，共有7个，分别是：闽南文化生态保护区、徽州文化生态保护区、热贡文化生态保护区、羌族文化生态保护区、武陵山区（湘西）土家族苗族文化生态保护区、海洋渔文化（象山）生态保护区、齐鲁文化（潍坊）生态保护区。2007年6月，原文化部批复设立闽南文化生态保护实验区，泉州市、厦门市、漳州市成为第一个国家级文化生态保护实验区，泉州市为闽南文化生态保护实验区的核心区域。此次确定国家级文化生态保护区，旨在加强非物质文化遗产区域性整体保护，推进国家级文化生态保护区建设。相关省级文化和旅游行政部门以及国家级文化生态保护区建设管理机构，要落实《国家级文化生态保护区管理办法》，深化对非物质文化遗产区域性整体保护的认识，推动实现“遗产丰富、氛围浓厚、特色鲜明、民众受益”的建设目标。文化和旅游部将加强指导和检查，开展国家级文化生态保护区建设绩效评估。对建设成绩突出的，予以通报表扬，并给予重点支持；对保护不力使文化生态遭到破坏的，将严肃处理，并予以摘牌。

海上丝绸之路时间中心在泉州启动建设

2019年12月27日，由泉州市政府、中国科学院国家授时中心主办的海上丝绸之路时间中心揭牌仪式暨2019时空产业论坛在泉州举行，启动高精度地基授时系统泉州站及海上丝绸之路时间中心项目建设。市长王永礼、中科院国家授时中心主任张首刚出席揭牌仪式并致辞，副市长肖汉辉主持仪式；中科院、国防科技大学、中国科学技术大学、国家开发银行福建省分行、省科技厅等单位相关领导，以及时空产业领域科学家、知名人士、企业家代表参加。时间（频率）资源是国家重要战略资源，在国防科技、航空航天、北斗导航、智能制造、网络安全、无人驾驶以及人工智能等重要领域具有十分广阔应用空间。此次落地泉州的海上丝绸之路时间中心，是中科院国家授时中心在国内唯一布局建设，也是中国唯一服务于海上丝绸之路沿线国家和地区的世界一流时间中心；即将建设的高精度地基授时系统，是落户福建的第一个大科学装置。

王永礼在致辞中表示，在泉州落地建设国家重大科技基础设施和大科学工程，有利于泉州衍生孵化时间大数据、智能产品、检测认证、应用服务等高新技术产业，也有利于以泉州为支点，延伸覆盖服务海峡两岸以及东南亚等海丝沿线重点城市，推动与海丝沿线国家和地区的交流合作。市政府将履行好职责，提供更多的政策扶持和政务服务，按“一心四核”战略布局，高起点、高标准、高水平支持建设海上丝绸之路时间中心，开拓时空产业，带动全市数字经济、智慧智能等产业发展。张首刚在致辞中说，作为中国唯一、专门、全面从事时间频率基础研究和应用研究的科研机构，面向新时代的国家授时中心，承担着“十三五”国家重大科技基础设施——高精度地基授时系统、国家时间频率体系、空间站时频实验系统等重大建设任务，同时也立足国民经济主战场顶层规划和引领时空产业发展。以海上丝绸之路时间中心建设为契机，国家授时中心将与泉州一道，共同构建良好的时空产业生态系统。现场，福建省海上丝路时间中心运营有限公司与9家企业院所签订时间赋能战略合作协议；海丝时间中心、国家授时中心、西安电子科技大学负责人和专家分别做主旨演讲和主题发言；《从指南针到北斗——领略古今中国时空技术对人类文明的巨大贡献》时空特展同步开展并将持续到2020年1月24日。

相关链接：海丝时间中心项目将建设“一心四核”。“一心”为海上丝绸之路时间中心，是中国唯一服务于海丝沿线时空需求的世界一流时间中心。“四核”为大科学装置、大数据中心、智能制造、文化教育四大核心板块，形成从科学研究、时空产业到衍生产业的科技创新产业全链条。

2019年12月27日，海上丝绸之路时间中心项目签约仪式在泉州举行 （图/市科技局）

专　记

“不忘初心、牢记使命”主题教育活动

2019年，泉州市共有1.5万个基层党组织、32万名党员、1465名县处级以上党员领导干部参加“不忘初心、牢记使命”主题教育活动。市委贯彻习近平讲话精神和中央、省委部署，围绕“守初心、担使命，找差距、抓落实”总要求、五个具体目标，用上下贯通落实整改来检视边学边改，用查找问题、发现问题来检视调查研究的深入程度，用解难题化积案来检视干部的担当作为，用群众的获得感和满意度来检视主题教育的实效。

2019年9月12日，泉州市“不忘初心，牢记使命”主题教育部署会召开。图为会议现场
（图/市委组织部）

组织领导

对表对标中央精神，研究出台主题教育实施方案，制定“一图两清单”（实施计划“路线图”、党员领导干部责任清单、基层党支部任务清单），细化每周工作任务，为各单位开展主题教育提供全程指导。加强工作调度，7次召开领导小组会议专题学习传达、布置工作，统筹抓好四项重点措施。市委派出21个巡回指导组、覆盖84个参加单位，各县（市、区）、市直各单位分别派出116个、35个巡回指导组，加强全面把关、全程指导。市委巡回指导组延伸督导，深入乡镇（街道）、村（社区）、国企，并通过确定16个工作联系点、选聘20名学习教育评估员和23名问题整改检视员等方式，及时掌握基层开展情况。注重分类指导，细化制定农村（社区）、非公企业、民办高校3个领域指导办法。《福建泉州在主题教育中大力弘扬“晋江经验”进一步加强对民营企业的引导和服务》在中央《党建要报》刊发，省委主要领导做出批示肯定。

学习教育

突出学习贯彻习近平新时代中国特色社会主义思想这一主线，组织通读熟读规定书籍，及时跟进学习近平最新讲话。市委常委会紧扣践行初心使命、坚定理想信念、学习贯彻中共十九届四中全会精神等专题，组织开展10次集中研讨。全市举办各类读书班、研讨班、辅导班、学习会1139场次，带动党员干部学习30多万人次。用好党内政治生活体验馆、晋江世中运场馆等馆堂，增强学习教育的针对性、实效性和感染力。搭建红色“有声图书馆”、开设“空中课堂”、拍摄初心使命专题电教片等，让党员群众随时随地学。组织收听收看中华人民共和国成立70周年庆祝大会、参观档案展、革命遗址，激发爱党爱国爱社会主义热情。分领域对企业、农村、学校、街道社区、社会组织等党支部书记进行集中轮训，举办培训班288期、培训党支部书记1.3万人次。开设“初心使命•榜样力量”宣传专栏，中央电视台《新闻联播》、人民日报、新华社、学习强国平台等中央、省级主要媒体刊播泉州市主题教育相关报道340多篇次。

问题检视

围绕发展最迫切、社会最关注、群众最期盼的问题，分领域开展专题调研。市、县两级领导班子开展调研987场次，召开调研成果交流会52场次，梳理对策措施1091条。通过召开征求意见会、个别访谈、实地接访等“面对面听”，设立意见箱、书面征询、问卷调查、新媒体留言等“背靠背征”，广开大门听取各类意见建议。市、县两级召开征求意见座谈会279场次，征集意见建议963条，查摆工作差距短板324个。通过召开专题民主生活会、组织生活会，开展严肃认真的批评与自我批评，党员干部普遍感到经受了一次深刻的思想洗礼和党性锤炼。

整改落实

抓好中央列出的8个方面突出问题整治，梳理共性问题104个、具体问题5527个，逐一建立问题清单、责任清单、整改清单，实行对账销号。开展“景观亮化工程”过度化等“政绩工程”“面子工程”问题整治，杜绝超出地方财力、背离群众意愿的景观亮化工程，全市排查项目1191个。推进省委“找差距、抓落实、解难题、化积案”专项行动，将安全生产一体纳入，集中力量破解群众、基层关切的8个方面难点痛点问题，市、县两级梳理难题积案1343项，其中领导干部包案认领555项。梳理幼儿园学位资源不够等13个省市县联动整改重点项目，出台《关于进一步完善化解民生热难点问题工作机制提升社会治理水平的意见》，建立定期摸排、限期解决、长期跟进、“回头看”、可预期向群众反馈五个机制，推动整治行动常态化、长效化。

“21世纪海上丝绸之路先行区”建设

2019年，泉州市委、市政府贯彻省委、省政府关于海丝核心区建设决策部署，主动融入国家“一带一路”布局和福建省“海丝”核心区建设，建设“海丝”重要门户城市。

构建“海陆”互联互通新通道

拓展门户通道。2019年，泉州晋江国际机场完成航班起降6.5万架次、旅客吞吐量843.5万人次、货邮吞吐量7.5万吨，分别比上年增长11.5%、13.3%和17.9%。其中国际（地区）航班起降8858架次，旅客吞吐量96.4万人次，分别比上年增长23.0%、23.3%。通航国内外航点70个，其中国内53个，通达新加坡、吉隆坡、马尼拉、达沃、芽庄等17个“海丝”沿线国际及地区；辖区完成港航固定资产投资76570万元，与“海丝”国家的货运量完成238.10万吨，集装箱吞吐量完成4.38万TEU。推进兴泉铁路等一批重大基础项目。推动兴泉铁路泉州段、泉厦漳城市联盟路泉州段工程建设；秀涂作业区16号泊位工程已交工验收；石湖作业区5号、6号泊位进行箱内回填、南围堰抛填等；锦尚作业区2号泊位扩建及4号泊位工程进行沉箱安装等；石井作业区16～17号泊位开展南北护岸抛石；围头湾湾口10万吨级航道工程交工，满足10万吨级集装箱船乘潮单向通航；泉州湾航道二期工程（秀涂、锦尚）建成投入使用，保障锦尚作业区1～3号泊位船舶通航需求；围头湾石井航道二期工程项目开展招投标，建成后可解决航道通过能力不足的问题，提高石井作业区港口通航能力。提升跨境通关和海空运输便利化水平。泉州晋江国际机场开通马尼拉、新加坡等17个国际（地区）航线，并受理国际航空货邮运输业务。助推“丝路海运”平台高质量、高效率运营，贯彻落实省市两级“丝路海运”实施方案，鼓励港航企业加入“丝路海运联盟”、新开辟国际集装箱航线、拓展海铁联运，创新航运服务模式。

深化“海丝”经贸产业合作

深化经贸交流。2019年，泉州市与“海丝”沿线国家地区进出口总额962.24亿元，比上年增长27.06%，其中出口额557.74亿元，比上年增长37.61%，进口额404.5亿元，比上年增长14.92%。泉州市经备案（核准）在境外投资的新项目17个，备案投资总额（含增资）1.5亿美元，其中赴“海丝”沿线国家和地区投资合作项目12个，备案投资总额3202.82万美元。吸引“海丝”沿线国家和地区投资项目61个，投资总额5.67亿美元。出台《2019年泉州市促进对外投资合作若干措施》，在国外园区建设、海外仓储建设、拓展营销渠道、国际并购合作、国外投资发展、跨国经营投保6个方面支持民营企业开展对外投资合作。支持匹克、安踏、九牧等大中型民营企业在境外并购或设立办事处和营销中心等。加快“海丝”经贸平台建设。推动泉州综合保税区、晋江陆地港、泉州购跨境电商平台、中兴海丝路跨境电商服务平台等平台建设。泉州综合保税区推动保税维修发展，创新“交换件”与“周转件”模式，拓展企业在国内航空领域的市场；陆地港跨境电商板块依托泉州国际快件监管中心和泉州跨境电商监管中心“双中心模式”开展对外贸易。国际邮件互换局兼交换站获批设立，晋江陆地港成为全国业务量第二的国际陆港。举办第五届中国（泉州）海上丝绸之路国际博览会，组织相关企业参加“中国海峡项目成果交易会”。组织开展泉州品牌“境外行”“海丝行”等境外展会活动。组织企业参加福建—印度尼西亚双向投资合作推介会、中德经济合作对接会、闽台经贸合作对接会、跨境投资洽谈会、福建—长崎经贸对接会、福建—柔佛州经贸对接活动等各类国际合作经贸论坛等国际经贸推介会、洽谈会23场。推动投资贸易自由化便利化。主动复制推广自贸区制度创新经验，推动泉州综合保税区先行先试发展模式，推动保税加工、保税物流、保税研发、保税维修、融资租赁、跨境电商等业务拓展，打造“海丝”先行区开放型综合保税服务平台。推动民企抱团“走出去”，加快国际产能合作步伐。促进对外投资合作措施首次单独提出对在“一带一路”国外经贸园区建设方面重点支持，对引导民营企业“抱团出海”开展对外投资合作提供有效保障。支持纺织服装、鞋业、箱包等劳动密集型企业抱团到东南亚、中东、东欧、俄罗斯等国家或地区投资建设泉州海外纺织服装、鞋业、箱包等集散地和交易中心。支持企业并购国际知名品牌，提高泉州品牌国际影响力。支持泉州市远洋渔业与“海丝”沿线国家合作，在海洋经济专项补助资金中对远洋渔业发展给予重点扶持，扩大泉州市远洋渔业实力。推动“海丝”金融合作。落实《金融支持企业“走出去”的七条措施》，统筹产业与金融联动，支持泉州民营企业在“一带一路”沿线国家和地区开展品牌收购兼并、重组、股权置换、境外上市、品牌推广和高新技术合作。

2019年12月13日，泉州晋江国际机场旅客吞吐量突破800万人次

（图/泉州晋江国际机场）

深化国际文化旅游交流合作

推动“海丝”古城提质、新城集聚。按照市委、市政府“加快新城集聚”战略部署，发挥新城参谋助手作用，协调推进新城综合承载力和宜居度的提升，提高新城的集聚效应。泉州城市中心区发展战略研究、晋江入海口景观风貌、洛阳江流域整治等专项规划取得阶段性成果；完成西华洋片区城市设计终期成果、后渚片区城市设计中期成果；晋江入海口（后埔片区）城市设计成果、江口码头和真武庙片区整体策划通过专家评审；泉州洛阳江流域环境整治方案设计全面启动。推动湾区交通再升级。后渚大桥东桥头互通通车，一重环湾、二重环湾快速路、北峰至城东通道、海湾大道等项目加速推进；东海通道可行性研究报告获批，百崎通道、金屿通道、武荣大桥等重要节点工程开展前期工作，湾区大交通逐渐形成。系统推进晋江、洛阳江、百崎湖等地生态连绵带建设。深化“海丝”国际文化交流。承接办好第四届海上丝绸之路国际艺术节相关活动，10个国家13个艺术团参加艺术演出周活动。海上丝绸之路非物质文化遗产展邀请9个国家和国内“非遗”团体，约80个“非遗”项目参加。举办2019世界闽南文化节。活动包括开幕式、文艺演出、泉州文化旅游推介会、闽南文化论坛、闽南传统技艺及工艺美术精品展等活动。参加第四届中法文化论坛，围绕旅游文化产业发展，在电影、时尚、教育等领域合作展开对话，同时举办中国白国际陶瓷艺术大奖赛颁奖礼。举办2019环泉

州湾国际公路自行车赛，吸引欧洲、亚洲、大洋洲以及国内的18支参赛队伍。邀请韩国光州市、菲律宾怡朗市、泰国孔敬市等参加第五届中国（泉州）海上丝绸之路国际品牌博览会工作，邀请菲律宾怡朗市、泰国孔敬市、保加利亚加布罗沃市等参加第四届海上丝绸之路国际艺术节。推进“古泉州（刺桐）史迹申遗”工作。通过国际古迹遗址理事会专家考察，并按照专家指导意见，做好申报文本编制。完成16个遗产点本体保养维护工作。建立文化遗产联动管理机制，加强对遗产区和缓冲区管控工作和2个新增点的考古工作，文物专家带队解决各类问题104个。实施“海丝”文艺精品工程。举办2019年泉州元宵赏灯、“文化和自然遗产日”、小学生南音歌吹漫步、第二十九届小学生南音比赛、“威远楼之夏戏剧节”等活动，出版《泉州花灯图集》《惠安传统建筑营造技艺》。举办“5·18”国际博物馆日福建主会场暨海交馆建馆60周年系列活动开幕式，推出交流展览和联合展览20余次。讲好“海丝”故事。组织艺术团到马来西亚、新加坡参加马来西亚安溪会馆100周年庆典、古晋建市31周年庆典和新加坡“2019年华艺节”；到香港参加“2019世界闽南文化节”“公众开放日”及“2019中国戏曲节”活动。推进泉州广播电视台与菲律宾菲中电视台合作，共同建设电视综合频道。办好与四大洲最大华文媒体的合作专版，加强与汉雅星空传媒公司、美国斯科拉卫星电视台、菲中电视台等媒体的合作，扩大泉州对外影响。

凝聚侨力共建海丝门户城市

拓展海陆丝绸之路友好城市。推动与菲律宾怡朗市建立友好城市关系，关于两市结好的议案已经市人大审议通过。分别组团访问斯里兰卡、摩洛哥，与斯里兰卡康提市、摩洛哥丹吉尔市和非斯市等城市探讨建立友好城市关系事宜。指导各县（市、区）做好友城拓展工作，鲤城区与斯里兰卡科特市建立友好城市关系已获批，南安市与菲律宾曼达威市建立友好城市关系按程序上报。做好侨务统战工作。加快建设南洋华裔寻根谒祖服务平台，项目启动以来征集扫描7200多册，涵盖90多个姓氏，数量居全省收藏机构前列，为平台建设奠定重要的数据基础。推进重点侨村族谱数字化，录入族谱11册、校对33册。推进侨情数据库建设，基本完成40个重点乡镇侨情普查验收。深化海外泉州籍精英接引活动，推进民企、侨企项目合作，做好二、三代青年华裔工作，推动参与海丝先行区建设。做好招商对接工作。继续借助省内重要经贸活动平台，组织泉州市218家企业参加17场国际经贸推介会、洽谈会等活动，为企业寻找经贸投资项目和洽谈合作搭建平台。接待尼日利亚联邦共和国经贸考察团、中国香港贸发局福建代表处等6个经贸机构团组，并带领来宾到南安、永春等地企业进行参观考察，推动企业建立合作意向。主办或协办“海丝国家文化旅游推介会”“投资约旦研讨会”等8场经贸活动。利用好“21世纪海上丝绸之路商务理事会泉州工作站”“泛家居产业工作站”等平台，精准开展招商选资和对接服务。发挥海陆丝绸之路城市联盟平台作用。牵头组织企业参与联合国有关机构、城市联盟项目及国际机构、各地政府有关“一带一路”经贸合作论坛、投资贸易洽谈、教育培训会、政策研讨会等活动100多场次。依托工商理事会在与印中商务理事会、印度尼西亚福建商会、厦门中央直属企业投资协会开展的产业合作对接交流会，举办越南—中国贸易投资推介会、缅甸—中国贸易投资推介会、孟加拉—中国贸易投资推介会等系列活动，促进泉州市企业开展对外交流合作。深化泉台港澳合作。推进台胞台企同等待遇政策落地，出台贯彻省委《关于探索海峡两岸融合发展新路的实施意见》的若干措施。举办2019“微影神州、印象晋江”香港青年研学夏令营活动。加强与港澳政府部门间的交流合作，接待香港特别行政区政府近20个部门24位负责人、业务骨干、专业人才到泉州开展座谈交流。举办第四届“海丝情•中国梦”港澳青年精英故乡行活动，组织港澳30个主要社团95名青年精英到泉州考察交流，引导港澳青年支持、参与“海丝”先行区建设。借助旅港乡亲联谊会、“活力澳门推广周”等活动，寻求泉州与香港、澳门在商贸物流、服务制造业、金融业、旅游业等方面的合作空间。

“四心工程”与民生“XIN行动”

泉州是人口大市，外来人口基数大，公共资源的扩容提质相对滞后，总量不足问题、新需求缺口比较突出。针对上述问题，市委、市政府把群众对民生事业提升的期待变成工作着力点，坚持节用裕民之道，尽全力实施“四心工程”、民生“XIN行动”，把民生实事办好、好事办实。

对标全面小康
实施民生“四心工程”

市委、市政府部署实施教育

舒心、卫生与健康暖心、养老贴心、民生基础设施安心“四心工程”。用足用好教育、医疗、养老等系列国家、省级改革试点，创新公共服务提供方式，通过集团化办学、“县管校聘”、医联体、资源共享、第三方服务等方式，以强带弱、缩小差距，并吸引社会资本、专业化服务组织参与，在尽可能短的时间内形成学前教育、高端医疗、养老服务、城市维养等多层次供给。教育方面：2017年以来投入20亿元，新改扩建近150所、新增学位3.3万个，普惠性幼儿园覆盖率从67%提高到2019年81.92%以上。围绕“上好学”，实施“一校多区”、农村薄弱校“委托管理”等改革，实行“小片区管理”学校600多所，近三年引进清华附中、首都师大附属学校、北大培文、拔萃双语等10所优质教育资源。实施“领航团队”培养工程，选派培养名校长、名教师、名班主任3批240人，计划选派1000名。医疗方面：硬件软件建设双管齐下，为群众健康托底，“十三五”以来，全市医院新增床位1.05万张，大幅增长33%，总数达4.2万张，每千常住人口医疗机构床位数也从全省倒数第三提升到全省平均水平以上；全市26家二级医院围绕问询、诊疗、医技检查等环节，对911个项目进行近、中、长期整改提升，既包括医院整体观感、就医流程优化等“大工程”，也关注厕所改造、增设自助机和候诊椅等小细节，提升群众就医体验。养老方面：三年投入9.7亿元，新增养老床位数1.2万张、达4万张，实现一县一福利中心、一乡镇一敬老院。2019年，每千名老年人拥有床位数36.6张，农村养老服务设施覆盖率71.2%，护理型床位占比46%，均提前完成目标。民生基础设施方面：结合泉州市实际，推进交通畅通、供水安全、小区整治等各项工作，补齐民生基础设施短板。2019年重点实施200个老旧小区整治提升，分类处置安全隐患房屋，推动烂尾项目复工。整治积水节点36处，消除黑臭水体5条，改造农贸市场9家。

从体制机制入手
开展民生“XIN行动”

及时回应和化解民生难题，针对群众急忧盼的“关键小事”和“老大难”，当年度能解决的，纳入为民办实事项目；涉及体制机制问题、短时间无法解决的，建立民生热难点问题定期摸排解决机制，长期跟踪解决。2017年起，从市长信箱、12345平台、新闻媒体以及人大代表、政协委员关注度高的建议提案等中，梳理反映的热难点问题，包括提升便民服务水平、老城区背街小巷破损修补、部分集贸市场提升改造、工程文明施工与文明行车、安置房产权办证、农村生活污水垃圾治理等群众急待解决的突出事项。由市委常委领办、挂钩推进，每年滚动更新，并把“XIN行动”拓展到各县域。2019年，完成13个内涝整治及排水防涝设施建设项目；加快推进农贸市场标准化升级改造，北菜市场、浦西菜市场等2个农贸市场全部完工，实现三年升级改造13个农贸市场的计划；完成玉犀巷、圣湖路、万盛街等11条背街小巷实施提升改造。

科技创新推动产业升级

2019年，泉州市积极实施“科技赋能+”工程，加快科技创新推动产业升级。

科技赋能产业

坚持走“科创+产业”道路，把制造业高质量发展作为现代化经济体系的“必答题”，立足未来3—5年传统优势产业转型升级的发力点，起草制定《关于加快推动制造业高质量发展的若干措施》，突出共性关键技术研发和典型示范应用，设立“人工智能关键技术研发与应用”重大专项，鼓励企业和高校、科研院所开展人工智能新技术、新产品研发、应用和产业化。开展省科技重大专题专项选题征集，培育人工智能、大数据、北斗导航、新一代通信技术、新材料等具有泉州优势特色的战略性新兴产业。专题研究编制《中国运动鞋市场分析及产业技术研发趋势分析》，为泉州市优势传统产业转型升级方向提供决策参考。

科技赋能项目

遵循“集中财力、突出重点、注重绩效、杠杆引导”的原则，发挥财政科技创新资金引导作用，对接生成高质量科技计划项目。发布四批科技计划项目申报指南，安排立项323项，下达科技计划资金1937.5万元。统筹安排支出2019年科技创新资金15580万元，用于科技创新平台建设、高新技术企业补助、高层次人才创新创业项目、科技特派员专项、科技帮扶、科技拥军等科技创新重点领域，引导各领域开展科技研发活动、加大研发投入，提升科技创新能力。发挥软课题研究的决策参考作用，立足全市经济社会高质量发展，面向社会公开征集泉州市创新发展瓶颈和难题问题的解决方案，立项5项。坚持“优势互补、集成创新”，引进福建国脉生物科技有限公司、北京名仕荟医疗投资管理公司、云箭集团等国内重点企业在泉州开展干细胞与再生医学、遗传疾病筛查、低成本航姿和智能控制系统等具有前瞻性、颠覆性的前沿技术和高端项目合作，设立专项支持经费。

科技赋能金融

推进高新技术企业发展基金业务运作，扩大高新技术企业发展基金贷款风险补偿资金池到2亿元，贷款规模增至30亿元，重点扶持泉州市有发展潜力的高新技术企业，推动40家科技型企业到海峡股权交易中心挂牌展示。引导后备企业把握科创板、注册制落地机遇，走访科创板后备企业，举办科创板政策宣讲会，指导高科技企业抢滩“科创板”，推动建立科创板上市后备企业培育库。争取科技部科技成果转化基金落地泉州，推动国家科技成果转化项目库的成果在泉州转化。

“营商环境提升年”活动

2019年，泉州市贯彻国家及省委、省政府对优化营商环境的工作部署，推进简政放权、放管结合、优化服务，通过市场准入、政务服务、市场主体保护和监管执法等基本要素，从细处着眼，从实处着手，破解一批堵点难点问题，改善营商环境，激发各类市场主体活力，营造有利于创新创业创造的良好环境。

明确方向

坚持问题导向。组织开展“办事难不难？请您提意见”有奖征集、“记者谈营商环境”负面案例征集活动，征求社会各界对优化营商环境的意见建议。采取“下清单——对账单——给成绩单”的方式，逐项逐条分解到主管部门，并定期跟踪问题化解进度，对问题实行销号管理、动态管理，确保问题整改落地见效。

坚持目标导向。对照上级优化营商环境的目标要求，研究制定提升营商环境工作要点和主要任务，提出20个方面86个任务，明确工作标准、责任单位和完成时限，年度任务目标全面完成。组织开展营商环境“寻标·对标·创标”大比拼竞赛活动，营造“学先进、赶先进、当先进”的氛围，全市上下对标对表先进典型，申报88个项目，并按照全方位寻标、精细化对标、高标准创标的要求抓紧赶超。

坚持效果导向。召开泉州市营商环境第三方评估结果分析会，邀请中国营商环境研究中心专家讲解第三方评估结果，对泉州营商环境把脉问诊，推动评估反馈问题的整改。坚持以企业和群众的满意度为评判标准，制定下发营商环境监测评价实施方案，委托华侨大学开展营商环境监测自评估，做到以评促改、以评促建。

破解难题

推动审批提速，力求“省时”。在全国率先规范行政审批自由裁量权，推进同一事项无差别受理、同标准办理，实现市级审批事项授权至窗口及科室的事项占总数90%，审批环节压缩为“受理、审查、决定（含办结）”3个环节以内，审批时限控制在法定时限的35%以内。同时，创新审批“并联集成”“简易集约”“分段集聚”模式，推进审批流程再造。

推动服务提质，力求“省力”。加强服务型政府建设，深化“互联网+政务服务”，推动企业和群众办事线下“只进一扇门”、线上“一网通办”、现场办理“最多跑一次”。

推动管理提效，力求“省钱”。创新管理理念和方式，采取“向内挖潜”“向上争取”“向外借力”相结合的方式，降低制度性交易成本，提高企业和群众的“获得感”。制定落实减税降费28条措施，预计2019年新增减税125.48亿元、社保费减征6.44亿元，让企业获得实实在在的政策红利。

强化保障

建立日常调度机制。在市提升营商环境推进小组领导下，泉州市专门成立协调组和工作专班，对18个营商环境评估指标进行分工，明确工作责任。制定下发营商环境调度计划表，按照每旬一次调度安排，对重点领域问题不定期进行专项协调，对一般领域问题定期进行综合协调。2019年来，泉州市主要领导和分管领导先后协调开办企业“一窗通办”、电力工程占用挖掘道路、工程项目审批改革、开办企业“零费用”和便民“服务礼包”、“双随机一公开”、信用体系建设等重点事项，突破一些重点难点问题。

建立落实闭环机制。依托“泉州市发改委”公众微信号开发“营商环境在线监测”平台，将整改项目清单导入微信平台，采取“下清单—对账单—给成绩单”的方式，实行动态管理、销号管理，构建由系统定期提醒完成时限、手机登陆填报项目进度、后台实时监控的信息化管理机制，确保各项政策措施落细落实，从而实现“问题—整改

—反馈”的闭环。

建立督导考评机制。将提升营商环境工作纳入行政审批服务监督检查工作内容，不定期对各项工作落实情况开展监督检查，推动问题整改落实到位。同时，将提升营商环境作为政府部门及各县（市、区）年度绩效考评重要内容，对落实较好、成效突出的给予正向激励；对落实不力、效果不明显的给予通报批评，传导外部压力，激发内在动力。

建立宣传推广机制。在泉州晚报、泉州电视台开辟“打造一流营商环境”专栏，及时总结推广提升营商环境的典型案例、先进经验和创新做法。3月召开新闻发布会，通报全市优化营商环境工作情况，现场发布司法服务优化营商环境典型案例，得到福建电视台、中国新闻网、新浪网等新闻媒体的宣传报道。依托2019年泉州经济年会，推出泉州市优化营商环境年度“最具获得感”十大举措评选活动，全市各相关单位参与申报107个项目，在网络投票环节吸引176万人次进行浏览关注，提升群众和企业对泉州市营商环境的感知度。

建立普法宣传机制。开展《优化营商环境条例》普法宣传，把宣传贯彻条例与优化营商环境工作结合起来，推动各级各部门全面掌握法规要求，增强运用法制思维和法治手段推进优化营商环境的能力。结合各部门各行业协会商会举办的企业家座谈会或培训会，同步开展条例宣讲，引导社会各行各业知法懂法，营造人人参与营商环境建设的氛围。

“城市建设提速年”活动

2019年，为贯彻市委十二届七次全会精神，加快推动泉州城市环境品质全面提升，促进经济社会转型提速高质量发展，市委、市政府决定开展“城市建设提速年”暨提升城市环境品质活动。活动聚焦“作答时代命题、聚力赶超攻坚”工作要求，围绕城市规划、市政基础设施、环保设施建设、农村人居环境整治、公共配套以及中心市区古城提质、新城集聚等方面，推进城乡项目建设。中心城区围绕片区

2019年，包括泉州大剧院、东海工人文化宫、市图书馆在内的泉州市公共文化中心投入使用。图为泉州市公共文化中心夜景（图/市住建局）

改造、老旧小区及背街小巷整治提升、城区道路交通建设管理提升、绿色慢行及15分钟生活休闲圈、水环境综合治理、生态连绵带、历史文化保护传承、“两违”（违法用地、违法建设）治理和城市精细化管理10个专题，重点推进提升城市环境品质建设大提速。在市委、市政府推动下，全年策划实施城建项目796个，完成投资596.8亿元，比上年增长27%；新开工项目270个，完成年度任务的113.9%。泉州古城、新城齐头并进驶上“快车道”，焕发新颜。泉州大剧院、东海工人文化宫、市图书馆建成投用，成为城市新地标；刺桐北路至城东北峰快速通道连接段工程完工通车；晋江下游生态整治工程（一期）向群众开放五区九园，浦西园基本建成；城东至北峰快速通道项目突破多重瓶颈难题，部分通车；西华洋片区启动征迁，丰泽段征迁进展迅速；中山路示范段改造提升工程接近尾声。泉州市城镇化率68.5%，环湾建成区面积228平方千米，中心城市环湾向湾框架形成，组团式城市格局日渐成型，城市品质不断丰富，城市宜居度、居民获得感快速提升。

文化强市建设

2019年，古泉州（刺桐）史迹被确定为中国2020年唯一的世界遗产申报项目。新增第八批全国重点文物保护单位13处，新增数量全省第一、全国地级市第二。闽南文化生态保护实验区通过文旅部验收，被公布为国家级文化生态保护区。4个“非遗”项目被推荐申报第五批国家级非物质文化遗产代表性项目，新增10个省级“非遗”项目。泉州非物质文化遗产馆建成并运营。《泉州南音保护实践案例》获评文旅部“优秀保护实践案例”。

国家公共文化服务体系示范区创建进展顺利，中期评估取得较好成绩。泉州图书馆新馆、泉州大剧院建成并投入使用。《泉州市推进乡村文化振兴工作方案》印发，遴选推荐一批乡村文化振兴典型案例和乡村记忆资料。

举办第四届海上丝绸之路国际艺术节，57个国家和地区130多个文化团体参加活动，举办210多场文艺活动。梨园剧团、南音乐团、高甲剧团与打城戏传承中心创作、抢救复排《御碑亭2》等7个剧目。高甲戏《浮海孤臣》和梨园戏《朱买臣》获选2019年度福建省舞台艺术精品重点剧目，并获资金扶持。组织参加第十四届福建省戏剧水仙花奖比赛，获专业组表演奖一等奖5个、二等奖7个、其他奖项8个。全年接待国内外游客7801.16万人次，比上年增长17.1%；实现旅游总收入1312.68亿元，增长20.5%，文旅产业提质增效。

闽南文化生态保护

泉州市委、市政府高度重视闽南文化生态保护区建设工作，加强闽南文化生态保护工作的组织协调，推动各项具体工作落实。2019年12月25日，闽南文化生态保护区通过验收，被公布为国家级文化生态保护区。

工作成效

出台政法规策，规范保护区建设。12月17日，福建省政府第46次常委会议通过并施行《福建省人民政府关于修改〈福建省“古泉州（刺桐）史迹遗址”文化遗产保护管理办法〉的决定》。泉州市出台《泉州市中山路骑楼建筑保护条例》《泉州市市区内沟河保护管理条例》，提出“鼓励、支持开展民俗体验、传统手工等特色活动，保护老字号和传统特色商品，与弘扬优秀历史文化相结合，传承和展示非物质文化遗产”，规范保护区物质文化遗产和非物质文化遗产。

加强队伍培训，提高保护队伍素质。6月，组织全市闽南文化生态保护实验区建设及“非遗”保护工作培训班，邀请国内“非遗”专家进行专题授课，140余名“非遗”保护工作者参训。12月11—13日，在南安市举办泉州市文物保护管理与利用培训班，各县（市、区）政府、泉州台商投资区管委会分管领导、文旅部门负责人、文保中心负责人，市属文博单位负责人、全市44个国保单位负责人参加。各县（市、区）也通过专题培训、以会代训等方式，常态化举办形式多样的“非遗”保护培训工作，全市举办各类培训37场次，参训人员800余人次。

推动“非遗”传承，营造良好保护氛围。完善国家、省、市、县四级非物质文化遗产保护名录体系。2019年，4个项目（泉州木雕、漆线雕、泉州剖狮、永春香）获福建省推荐申报第五批国家级非物质文化遗产代表性项目。新增省级非物质文化遗产代表性项目10个。新增市级非物质文化遗产代表性项目38个。《泉州南音保护实践案例》获评文旅部“优秀保护实践案例”。支持传承人开展传承和带徒授艺活动，与木雕、南音、花灯、俞家棍、涂岭红茶、纸织画、闽南传统民居建造技艺等10个“非遗”代表性项目传承人签订带徒授艺协议，培养周期为三年。支持建立“非遗”传习所，市级以上传承人领衔，打造传承平台。利用传统文化节日等，举办元宵灯会等民俗活动，为传承人提供才能展示空间与平台。

特色活动

继续做好21个实施整体性保护的重点区域，将单项静态保护的历史文化街区、名镇名村等打造成“留形留人留魂”“见人见物见生活”的活态升级版文化空间，将古城历史遗迹和文化生态保护建设纳入规划建设重点，以古城生态修复、城市修补试点项目为抓手，守正与创新并重，活态传承和固态保护同步推进，在发展中保护，在保护中发展。

以宣传《国家级文化生态保护区管理办法》《福建省非遗条例》为抓手，组织各类宣传活动，在全社会营造学法知法、守法用法、人人参与“非遗”保护的氛围。以“非遗保护，中国实践”为主题，举行泉州市2019年“文化和自然遗产日”系列活动，6月8日在泉州府文庙广场举行启动仪式，市、县两级开展系列大型文化活动62场。为第五批国家级非物质文化遗产代表性传承人授牌。举行《泉州花灯图集》《惠安传统建筑营造技艺》首发和“非遗”展演等。组织传承人参加2019年中国“文化和自然遗产日”开幕式。南音、提线木偶举行多场次展演，获全国“非遗”保护优秀实践案例的南音举行保护成果展览，水密隔舱“非遗”传承人在现场展示并与观众“零距离”互动，呈现泉州“非遗”项目深厚的底蕴和丰富的形态。晋江市打造晋江戏剧文化节、南音演唱节、侨乡谜会等品牌活动。鲤城区组织“美好生活嘉年华”“古韵鲤城·公益分享”“刺桐文化广场”会演等品牌活动。

举办2019年泉州元宵灯会活动，开通网络赏灯专题网页，推出丰富多彩的文化活动，包括展览展示类活动19项、展演类活动45项、县级文化活动75项。举办第二十九届“威远楼之夏”戏剧节惠民文化活动，8月11日至9月9日举行梨园戏、高甲戏、掌中木偶、南音演唱和群众性歌舞表演等演出20多场。推进“非遗”进校园，在25所大学、54所中学和165所小学常态开展进校园活动，泉州市艺术馆组织常态暑期青少年免费培训班，年培训人次300人。举办四场少儿南音歌吹漫步及南音演唱交流会，11个县（市、区）41所学校的313名中小学生组成14支学生南音代表队，在古城西街以歌吹漫步的方式，展示泉州南音传承的成果。举办泉州市第二十九届中小学生南音比赛，各县（市、区）62所学校122名南音新秀参赛。

晋江市掌中木偶艺术保护传承中心与厦门大学合作探索“非遗+科技”木偶互动式体验交互项目，结合人机交互、虚拟（混合）现实、数字媒体、人工智能等技术，融合闽南古厝旅游、产业等元素，将掌中木偶的艺术内容和表演方式增加数字化互动的创新模式。泉港区研发“海丝非遗”文创产品，开辟“海丝非遗”、文化遗产游学线路，培育和打造游学产业链。鲤城区鼓励传承人到古街巷、古民居、古建筑中设立传习所，开展“非遗”体验活动，推动“旅游+非遗”融合发展。惠安县组织惠女服饰、惠安石雕、惠安烙画、糊纸等传承人到南平市贫困县光泽推介“非遗”项目、现场技艺展示。打造惠女风情园等“非遗”旅游品牌。安溪县以旅游为媒，以茶叶为介，打造“茶香人家”特色民居古厝旅游民宿项目，清水祖师信俗、妈祖信俗、关帝信俗形成旅游产业链。

推动陶瓷、木雕、石雕、藤铁、竹编、茶叶、香等“非遗”传统工艺走出乡村，形成可持续发展的工艺美术产业（五大产业集群包括雕刻工艺集群、陶瓷制品集群、藤铁工艺集群、香制品集群、树脂工艺品集群），带动就业和经济发展，创造巨大产业价值。2019年，全市有工艺美术企业6000多家，从业人员40多万人；其中规模以上企业383家，销售产值超1200亿元。

乡村振兴战略实施

2019年，泉州市落实五级书记抓乡村振兴要求，市委农村工作领导小组、实施乡村振兴战略领导小组、农村人居环境整治领导小组均由市委书记任组长、市长任第一副组长。各级党政主要领导亲自调研谋划、亲自研究部署、亲自推动落实。召开市委常委会会议10次、市政府党组会议5次，研究部署乡村振兴工作。11月初，市委召开全市实施乡村振兴战略暨农村人居环境整治推进会。全省乡村治理体系暨乡风文明建设现场推进会在晋江召开。制定《泉州市实施乡村振兴战略规划（2018—2020）》，印发《泉州市实施乡村振兴战略十项重点任务》，推进乡村振兴具体抓手的19个三年行动。强化调研督查，组织市直相关部门开展专项督查，推动重点工作落实落细。坚持实绩导向，制定《泉州市实施乡村振兴战略实绩考核暂行办法》和《2019年泉州市实施乡村振兴战略实绩考核工作案》，对县级党政领导班子和领导干部推进乡村振兴战略实绩进行考核。

生态修复城市修补

泉州古城位于鲤城区中心城区，总面积6.41平方千米，是泉州多元历史文化的核心区，有国家级文物保护单位5处，省级文物保护单位14处，市级文物保护单位近40处，古建筑及近现代重要史迹、代表性建筑100多处，国家级非物质文化遗产4项、省级非物质文化遗产9项。2017年3月，泉州市被列为第二批“城市双修”试点城市，市委、市政府坚持谋定而后动，在中心城区300平方千米范围开展生态修复，古城6.41平方千米重点实施城市修补，聚力改善人居环境，传承历史文脉，彰显文化特色。

规划布局

泉州市四套班子同策同力，用脚步丈量古城，让市民决定项目，形成“下大功夫修古城，用大手笔建新城，花大心思育业态”的工作共识。规划上，采用“一家设计单位服务到底”模式，由专业团队领衔规划设计，编制《泉州古城生态修复城市修补规划》等一系列专项规划。并邀请何静堂、阮仪三以及中国建筑设计院、北京清华同衡院、中国美院等专家和团队到泉州进行整体布局，引领市民以“家园共造”温和修复故居大厝，以“申遗点”环境整治串起老街古巷，为试点工作提供科学依据，激活古城活态文化。同时，注重运用法治思维和法治方式推动历史文化保护，通过地方立法、政府规章等工作，把对文化遗产、生态文明的保护纳入法制化轨道。首部实体法《泉州市海上丝绸之路史迹保护条例》及《泉州市中山路骑楼建筑保护条例》，聚焦史迹保护，彰显地方特色，获全国人大常委会肯定。《泉州市区内沟河保护管理条例》关注民生环境，加强对自然资源空间的统筹,力争自然与发展和谐共生。

古城修补

按照“古城要更有古早味”思路，采用微更新的“绣花”功夫，收集利用闽南传统建筑古构件及旧材料，“修旧如故”保护历史建筑实体。保护“申遗”史迹。以“古泉州刺桐史迹申遗”为突破口，按照世界文化遗产的标准，启动古城文化整体性保护利用提升工程，分期分批分类修缮提升“申遗”史迹建筑、文物，完成16个“申遗”点500多个环境整治项目周边环境综合整治,守住城市的长远价值文物。还原古城风貌。从老百姓身边的“街、巷、路、厝、园、河、站”入手，策划实施示范项目，“微冲击”改造金鱼巷、三朝巷、中山路，修旧还旧。按“历史记录”，挂牌保护蔡氏古民居、西街

116号洋楼、台魁巷7-1号大厝等669幢历史建筑，再现闽南地区独特的“红瓦坡顶、出砖入石”建筑文化，留存“古早味”，让市民“看见乡愁、记住乡愁”。完善民生设施。聚焦民生热点难点问题，问需于民，编制古城市政管线、绿地等专项规划，完成92个老旧小区、6个农贸市场、174千米给排水管道、77千米燃气管道、560处雨水口、183条背街小巷路面的修复改造。在整治中注重改善环境与公共空间，重构与古城相适应的交通方式，“小蓝”电动公交、“小白”社区巴士、“小黄”共享单车等构成多彩交通体系，实现古城交通“微循环”，打造古城“慢生活”圈。

业态培育

按照“生活就是文化，社区就是园区”的要求，注重让原住民参与保护，突出原真性保护、活态化利用、功能性提升，保护性收储和盘活西街宋宅等房产物业，活化五店市历史街区，实施梧林传统村落等一批传统建筑保护发展项目。按照“保护性开发、创意性改造、传承性融合”的思路，对泉州美食城（原内燃机配件厂）、东亚之窗文创园（原机床厂）等闲置资源进行改造，打造领SHOW天地等一批文化、休闲旅游产业园，源和1916文创园获评“中国十大文创园”。出台扶持政策，鼓励民间团体和个人运营文创、民宿等文旅产业，在西街东段植入适合古城文化旅游业态，人文、景点和美食，共绘“古城旅游热”，小西埕、大寺逅、通政壹号·巷遇等文创区成为“网红”打卡点。

讲好泉州故事

打造“泉州海丝古城徒步穿越活动”品牌，举办9场80多个展项的“润物无声”系列主题展览，开展“做一回泉州人”古城人居体验、“书法名家题名店”等活动，吸引近40万市民及海内外游客参与，带动30多个年轻文创团队到古城创业，吸引年轻人参与展示和保护古城传统文化。培育古城保护利用和活化文化的基层新力量，遴选培训四期131名古城讲解员，节假日分时段组团开展公益导游讲解，唤起人们心中的“古城情结”，古城相关话题网上总阅读量超2.7亿人次。开设“古城瞭望”“泉州古城”“古城里”“家园共造、共享古城”合作栏目，记录古城点滴变化。发动本地自媒体或外地媒体全方位、多纬度对古城进行宣传报道，近千条关于泉州古城的各类信息见诸报端、网络等。挖掘古城文化底蕴内涵，出版泉州古城丛书；建立泉州文史库和共享平台，编辑出版《D调•泉州》旅游文化书籍；开展“古城少年心”文化进校园研学活动，泉州故事深入民心。

生态修复

贯彻落实习近平倡导的生态文明理念，组织编制《泉州市生态连绵带统筹实施规划》，用生态连绵带串起山水田园，推进生态与城乡、民生等融合发展。

“以山为屏”建设城市生态屏障。贯彻落实新发展理念，环泉州湾周边策划建设多个生态郊野公园，做好城市背景山体、林地的保护和提升，扎牢城市生态屏障。强制实施全域封山禁采，逐步开展“青山挂白”修复，完成矿山生态恢复治理313万平方米。宝盖山石窟公园将两个废弃石窟改造为集景区绿化、休闲观光、健身为一体的石窟矿山公园改造示范区，让市民从多角度感受生态美。六胜塔旁废弃石窟改造成景点小品、永宁院东废弃石窟变成城市垃圾固化飞灰填埋场，废弃石窟“变废为宝”，成为生态“正资产”。

山海连“廊”打造城乡生态廊道。围绕泉州自然山脉水系，特别是清源山、晋江、洛阳江的山水肌理，串起“居民常走、客人常到”的山海联“廊”，就地取材恢复绿化荒杂地，把农田、湖面、鱼塘、湿地及林地汇聚成整体风景。相继建成18千米、西起黄龙大桥终至晋江出海口的水线绿道；长4千米、起于大坪路终至森林公园的山线绿道示范段和长1千米的大坪山步行环线；规划总面积275公顷的环湾生态公园。

构建生态网络满足百姓宜居需求。坚持“生态优先、因地制宜、市民导向、量力而行”的原则，在建成区范围内重点实施“山水园林”“文化园林”“百姓园林”三大工程，在“少花钱、巧用劲、见成效”上下功夫，大力度拆墙增绿、破硬复绿，实施37个园林绿化项目，提升面积超55.9万平方米。实施“针灸式”绿化，新增街头绿地、小游园等小微绿地83处，中心市区“300米见绿、500米见园”覆盖率从不足20%跃升至近70%。抓紧开展“古城植绿行动”，拟全面补绿提彩82处，营造“长街深巷、花漾泉州”的意境，提升古城宜居品质。

大　事　记

1月

1日　中国建设银行股份有限公司泉州分行、中国工商银行股份有限公司泉州分行等金融网点设立不动产登记便民服务点，负责代收中心市区范围内不动产抵押权首次登记、预购商品房抵押权预告登记等业务申请材料。

6日　晋江陆地港获批联合国国际代码“CNJJD”，标志泉州融入国际港口体系，成为国际运输的“始发港/目的港”，提单可直接在晋江陆地港实现。

7—10日　中国人民政治协商会议第十二届泉州市委员会第三次会议召开，市政协党组书记李转生作市政协常委会工作报告。经选举，李转生当选政协第十二届泉州市委员会主席。

8—11日　泉州市第十六届人民代表大会第四次会议召开，市长王永礼作市政府工作报告，市人大常委会代理主任朱团能作市人大常委会工作报告。经选举，陈灿辉当选泉州市第十六届人民代表大会常务委员会主任，游宇飞当选泉州市监察委员会主任。

14日　省长唐登杰在省十三届人大二次会议上作省政府工作报告，提出2019年打造福厦泉科技创新走廊。

19日　国家发展改革委、交通运输部印发实施《国家物流枢纽布局和建设规划》，福建省福州、厦门、泉州、三明4个设区市和平潭综合试验区被列为国家物流枢纽布局承载城市。

22日　全国政协副主席、交通运输部党组书记杨传堂到泉州永春县道331线公路驿站、仙夹镇夹际村和龙水村、五里街镇大羽村等地，开展推进“四好农村路”建设专题调研。

2月

5日　中央电视台2019春节戏曲晚会首播，泉州作为三个分会场之一，南音、提线木偶戏、高甲戏、拍胸舞、南少林武术等10多个项目集体亮相，向海内外观众展示泉州文化独特的魅力和最新发展成就。

8日　由泉州市装备制造业协会牵头，福建南方路面机械有限公司、福建铁拓机械有限公司、中科院海西研究院泉州装备制造研究所、福建海峡西岸知识产权研究院有限公司等企业、科研院所、服务机构发起的福建省装备制造业知识产权联盟落户泉州。

17日　国务院批准2018年享受国务院政府特殊津贴人员名单，福建省高校、科研院所、企业等的81名专家学者以及技术人员入选，其中泉州市10人。至此，泉州市共有享受国务院特殊津贴专家91人。

20日　由市委宣传部、市发改委、市工信局、市科技局、市金融局、市总工会、市工商联、市城联社、泉州晚报社主办的2018泉州经济年会年度峰会举行。年会以“新时代 新动能 新作为”为主题。

25日　科技日报社中国科技网、全国科技振兴城市经济研究会在北京发布《中国区县专利与创新指数》，随之公布“2019年中国创新百强区/县”榜单，泉州入榜区县占据7席，分别是南安、晋江、石狮、惠安、安溪、永春和德化。

3月

10日　中共中央总书记、国家主席、中央军委主席习近平参加十三届全国人大二次会议福建代表团审议并发表讲话。全国人大代表、泉州市委书记康涛向习近平报告泉州在推动两岸“应通尽通”方面迈出的新步伐。

22日　泉州市财贸职业院校联盟成立暨首届理事大会在泉州经贸职业技术学院举行，审议通过《泉州市财贸职业院校联盟章程》，选举产生第一届理事会。该联盟由泉州经贸职业技术学院牵头，联合19所优质中职学校共同成立。

26日　中国医药保健品进出口商会七届三次理事会暨泉州市重点产业及项目推介会在泉州召开。会上，中国医药保健品进出口商会与泉州市签订《促进泉州市医药健康产业发展战略合作协议》。

由省文化和旅游厅主办的“全福游、有全福”——2019福建旅游全媒体推介会，以“现场推介+媒体直播”的方式在北京人民网1号演播大厅举行。石狮籍演员姚晨担任福建旅游形象大使，为家乡代言，此系福建旅游首次推出品牌形象大使。

28日　泉州西街亮相中央电视台4套纪录片《记住乡愁》第五季。纪录片展现泉州“多元文化宝库”的包容性，呈现流传千年的西街风貌。泉州西街在《记住乡愁》第58集播出，以《海丝起点　闽南古韵》为题，主线为“包容”。

30日　新华社播发通稿《集体出资　抱团招商——福建永春探索村财增收新模式》。

4月

1日　省委书记于伟国、省长唐登杰到泉厦漳城市联盟路泉州段项目安海湾跨海大桥施工现场调研。

6日　《泉州市校园食品安全守护行动方案》在全省率先出台，力争年底实现“零事故+全覆盖”目标：全市校园食品安全不发生一般以上食品中毒事故，全市学校（托幼机构）食堂和学生集体用餐配送单位明厨亮灶率达100%。

9日　首列福建造全自动无人驾驶地铁，在泉州台商投资区杏田产业园区泉州中车唐车轨道车辆有限公司完成各项试验，顺利下线。列车自动化程度达到国际领先水平。

17日　2019第二届丝路国家青少年国际摄影竞赛全球启动仪式暨丝路国家国际摄影优秀作品巡展首站在泉州举行。

18—21日　第五届中国（泉州）海上丝绸之路国际品牌博览会在石狮服装城展览艺术中心举行，展会以“新丝路、新合作、新生活”为主题，展出面积26000平方米，国际标准展位700个，参展品牌企业340家，来自“海丝”沿线48个国家和地区，创历届之最。

18—20日　第二十二届海峡两岸纺织服装博览会在石狮服装城展览艺术中心举行，展会继续以“时尚石狮、魅力海丝”为主题，主展区设六大展区：进出口贸易展示区、流行趋势展区、台湾馆、纺织新技术展示区、面料展区、辅料展区，主展区参展企业121家。

19日　由省台港澳办、市委统战部、市台港澳办主办的第四届“海丝情·中国梦”港澳青年精英故乡行活动在泉州启动。香港、澳门30个主要社团的95名青年精英参加在泉州、福州等地举办的系列活动，畅叙乡情，共寻商机。

19—22日　第二十一届中国（晋江）国际鞋业暨第四届国际体育产业博览会在晋江举行，展会以“彰显品牌展会国际风采，谱写‘晋江经验’崭新篇章”为主题，展览面积6万平方米，设置2200个国际标准展位。

22日　“世界最薄的陶瓷杯子”世界纪录认证仪式在德化县祥窑陶瓷研究所举行。经世界纪录认证机构首席认证官认证、核实，最终认定德化县祥窑陶瓷研究所生产的超薄蝉翼杯以厚度只有0.5毫米，被认证为“世界最薄的陶瓷杯子”。

26日　由省工信厅、省发改委、省科技厅、中科院科发局、中科院上海分院、中科院海西研究院主办的福建省智能制造成果对接活动在中科院海西研究院泉州装备制造研究所举行。活动旨在通过搭建“产学研用”平台，借助省内外科研院所和高校特别是国字号科研院所的科技创新资源优势，促进智能制造项目成果与企业技术需求精准对接，加快突破一批智能制造共性关键技术，转化一批可供产业化的项目成果，提升产业核心竞争力。

28日　作为全国首批18个实施“一带一路”沿线国家（地区）人员提供出入境便利安排的口岸之一，泉州在泉州晋江国际机场口岸启用“一带一路”通道，为执行“一带一路”建设重点工程、重要合作、重大项目或参加“一带一路”有关会议、活动的中外人员和车辆快捷办理边检手续提供便利。

30日　全市首个5G语音和高清视频电话在位于洛江的西人马集团内拨出，标志泉州跨入5G时代。

5月

2日 由中国轻工业联合会、中华全国台湾同胞联谊会、工信部工业文化发展中心主办的第十届福建省工艺美术精品“争艳杯”大赛在莆田闭幕。泉州市378家工艺美术企业、417名技艺人员参展和参评，参展参评作品10000多件。282件作品获奖，位居全省第一，其中35件作品获金奖。

7日 2019泉州数字经济推进大会举行。市政府与中国联通福建省分公司、中国科学院国家授时中心、中国生产力促进中心协会分别签署战略合作协议。牧月科技·无人驾驶智能制造产业基地等19个重点项目现场集中签约，投资总额102.3亿元。

11日 为纪念泉州南音入列“世非遗”10周年、进入课堂30周年，泉州市11个县（市、区）41所学校的313名中小学生组成14支学生南音代表队，在市区西街以歌吹漫步的方式展示泉州南音传承的成果。

18日 市政府和洛江区政府分别与三一集团签署《战略合作框架协议》《三一筑工（泉州）建筑科技产业园项目投资协议》。

27日 教育部批准首批本科职业教育试点高校更名结果，它们由“职业学院”正式更名为“职业大学”，同时升格为本科院校，泉州理工职业学院（本科）也在其中。

28日 由工业和信息化部人才交流中心主办的第二届全国集成电路“创业之芯”大赛在晋江闭幕。“5G通信射频芯片项目”和“光子人工智能芯片”两个项目分获大赛天使组和成长组特等奖，各获奖金10万元。

5月31日至6月1日 第五届电气工程预测控制专题国际会议在泉州召开，中国、德国、智利、意大利等18个国家的高校学者、行业专家参加会议。电气工程预测控制专题国际会议是电气预测控制领域全球最顶级的国际会议，此次是第一次在亚洲举办，会议投稿量和参会人数均创历史新高。

6月

2日 由中国报关协会主办的2019国际贸易服务博览会跨境电商发展论坛暨第二届中国跨境电商新生态大会在广东广州举行，泉州电商企业参与发起倡议，制定国内首个跨境电商行业标准，推动全国跨境电商标准化建设。

6日 中共泉州市委十二届九次全会召开，审议通过《中共泉州市委关于深入学习贯彻习近平总书记在参加十三届全国人大二次会议福建代表团审议时重要讲话精神的意见》《中国共产党泉州市第十二届委员会第九次全体会议决议》。

7—10日 由文化和旅游部、广东省政府主办的“看见·非遗”2019年“文化和自然遗产日”全国非遗宣传展示活动启动仪式暨主会场展演活动在广东广州举行。此系中国列入联合国教科文组织人类非物质文化遗产代表作名录和优秀实践名册的40个项目首次同台亮相，泉州南音和提线木偶戏代表福建省到场献演。

11日 首部反映南音题材的电影《旦后》在泉州南音艺苑完成拍摄工作，并举行杀青仪式。

11—13日 由中国龙狮运动协会、福建省体育局、台湾体育总会、“中华台北龙狮运动总会”主办的第十一届海峡论坛·海峡两岸舞龙舞狮大赛暨狮阵大会演在石狮举行，海峡两岸20支队伍同台竞技，共同促进两岸舞龙舞狮传统民俗体育交流。

14日 十届全国人大常委会副委员长、中国关工委主任顾秀莲到泉州调研两岸青少年交流及关心下一代工作。

第十一届海峡论坛·海峡百姓论坛在南安举行，大陆及台湾的主办单位及宗亲代表1200多人参加活动。

16日 “践行新使命、忠诚保大庆”首届中国警察马拉松赛在晋江举行，全国3000名警察参赛。

20日 第六届世界闽商大会延续活动——“新视野·新动能”“海丝”闽商资本高峰论坛在泉州举办。100多位福建企业家代表与会，交流探讨闽商资本在新时代下的转型升级，吸引海内外闽商资本和其他产业目光聚焦和回流泉州。

20—21日 由22个国家和国际组织的驻华使节、驻华代表组成的外国驻华使节团访问泉州。

24日 由中法文化论坛泉州筹备工作领导小组、德化县陶瓷发展委员会、“中国白”国际陶瓷艺术大奖赛组委会主办的2019“中国白”国际陶瓷艺术论坛在德化举办，近700名专家学者、工艺美术大师、企业家、艺术新秀以及职业学校师生代表现场交流互动。

30日 讲述泉州爱拼敢赢故事的电视剧《那片花那片海》在中央电视台电视剧频道（CCTV-8）黄金强档播出。

7月

4日 2019泉州澎湖直航妈祖

会香活动在泉州举行，500余名台湾澎湖妈祖信众与泉州当地信众一同走上街头，参加妈祖绕境活动。此系自2002年泉州和澎湖首开直航会香以来，时隔17年，再次举办直航宗教会香活动，也是2007年两地再次举办会香活动后，时隔12年重启宗教会香活动。

7日 泉州市与浙江台州等9座城市列入“国家队”，成为国家知识产权运营服务体系建设重点城市，也是福建省唯一入选城市。

11日 福建品尚征信有限公司与台湾“中华征信所”签署全面战略合作协议，开展包括征信报告互售在内的全面业务合作。

14日 由国务院发展研究中心和省政府指导，省政府发展研究中心、泉州市政府主办的民营经济创新发展高峰论坛在晋江举办。论坛以“深入践行‘晋江经验’，聚焦实业、专注主业，促进新时代民营经济创新发展”为主题。院士、专家学者、各级智库代表、企业家代表等200多人参加论坛，围绕中美贸易摩擦、民营企业投融资、数字经济等问题，聚焦民营企业未来发展之路，从创新赋能、数字赋能、金融赋能等方面展开探讨。

15日 鲤城区人民法院打造的全国法院首家家事文化馆在该区海滨街道水沟巷3号（市舶司遗址对面）揭牌开馆。

16日 第九届海峡两岸高校文化与创意论坛暨百名台湾青年福建行活动在华侨大学开幕。海峡两岸66所高校近300名师生参加活动，其中台湾师生180余名，覆盖台湾12个县、市的58所高校、22所中学。活动以“一水连两岸，溯源共护河”为主题，通过实地调研、圆桌探讨、新闻发布、成果汇报等多种活动，为两岸学子提供增长见识、智慧碰撞的平台。

20—22日 由海峡两岸经贸交流协会、中国国际贸易促进委员会台港澳企业服务中心、福建省海峡商务交流协会、泉州进出口商会、晋江市食品行业协会主办的第三届海峡两岸食品交易会暨第六届闽台（泉州）食品交易会在晋江举行，中国、意大利、泰国、马来西亚、韩国等16个国家的456家食品企业参展。

7月22日至8月2日 泉州市国际友好城市德国诺伊施塔特市青少年代表团应邀到泉州访问，与泉州市中学生开展“1+1住家式”交流活动。代表团一行27人，其中包括21名学生。

29日 泉州台商投资区台湾籍职工法律服务工作站在泉州台商投资区职工服务中心成立。

8月

1日 泉州在市本级试行满一个月的开办企业“零费用”新举措，在全市范围推开，意味着泉州在全省率先打造“零成本开办企业”城市。

阿里研究院发布最新中国淘宝村研究报告，泉州淘宝村、淘宝镇数量均居福建省首位，占比分别为64%、51%。

6日 由福建省青年联合会、泉州市青年联合会和台湾“中华杰出青年交流促进会”主办的“品味刺桐古城·文化寻根之旅”第五届海峡两岸高校大学生记者挑战赛在中国闽台缘博物馆启动。在6天时间里，海峡两岸的高校大学生记者在泉州进行参观考察、古城徒步、非遗体验和竞赛交流。台湾33所高校以及大陆22所高校共84名两岸大学生记者参赛。

14日 省委书记于伟国到鲤城、丰泽、南安，了解历史文化遗产保护、社区治理服务、民营企业转型升级等情况，与基层干部群众、企业负责人共话初心使命，共同研究解决经济民生等发展中难题的思路办法。

16日 “中意（泉州）时尚创意谷”“意大利CSMT（泉州）中心”项目在泉州开发区签约。

20日 由世界手工艺理事会及亚太地区理事会、中国工艺美术协会、安溪县政府主办的新闻发布会召开。会上宣布，经世界手工艺理事会审核通过，安溪县获评为全球唯一的“世界藤铁工艺之都”。

22日 全国工商联发布“2019中国民营企业500强”榜单和《2019中国民营企业500强调研分析报告》。泉州市的安踏体育用品集团有限公司、达利食品集团有限公司、福建恒安集团有限公司，分别以营收241亿元、209亿元和205亿元，位列“2019年中国民营企业500强”的第353位、第427位和第441位。

9月

1日 泉州市2020年城乡居民医保参保缴费工作启动，参保范围新增已在泉州参加基本医保的流动人口子女，方便“新泉州人”子女在泉州参保，扩大基本医保覆盖面。

4日 中央网信办网络新闻信息传播局组织人民网、中国经济网、光明网、中国日报网、中国网等多家重点新闻网站编辑记者和专家学者，到泉州开展“新时代民营经济和高质量发展”网络主题宣传活动。

7—9日 第十二届海峡两岸（泉州）农产品采购订货会在南安·福建成功国际会展中心举行。该届展会设置800个国际标准展位，参展范围主要涉及粮油、农特产品、水果、水产品、食品、农产品加工机械、涉农电商等。展会安排数个专场对接会，包括“海峡两岸农产品供需洽谈对接会”“台湾地区精品专场对接会”“海峡两岸优质水产品商贸对接会”等。

11—14日 第九届海峡两岸曲艺欢乐汇在南安举办，海峡两岸160余名演员参加，共计11个曲种、26个节目轮番上演，参与人数、活动规模创历届之最。

12日 2019厦门国际投资贸易洽谈会暨丝路投资大会闭幕。泉州市签约外资项目58个，投资总额267亿元，拟利用外资162.2亿元，增长1.1%。其中，合同项目43个、意向项目15个。

14日 是日下午和晚上的黄金时段，中央广播电视总台所属中国国际电视台CGTN大型系列特别报道《全景中国》（New China）聚焦泉州，通过融媒体方式，用英语向全球观众推介泉州经济文化。

23日 由市政府、省商务厅指导，市商务局、市人才办、市人力资源和社会保障局等主办的2019泉州电商创新创业创造大赛启动。

24日 2019年第一次农产品地理标志登记专家评审会在北京举行，泉州市“德化黑鸡”“大铭生姜”“山格淮山”“安海土笋冻”4个农产品通过专家评审。

29日 泉州5G产业发展联盟成立。联盟由中国移动泉州分公司、华为、南威软件、西人马联合测控、中兴通信、中国电信泉州分公司、中国联通泉州分公司、中国铁塔泉州分公司、福建广电网络集团泉州分公司等多家机构联合发起，共有成员单位142家。

10月

11日 中国连锁经营协会发布2018年中国时尚零售企业百强榜，泉州市9家企业进入榜单。在泉州企业中，安踏体育以241亿元的营业收入位列榜单第三位，特步、361°、七匹狼、中国利郎、马克华菲、贵人鸟、九牧王、卡宾等泉州鞋服企业均上榜。

12日 国家主席习近平在金奈同印度总理莫迪举行会晤时提出，支持中国福建省和印度泰米尔纳德邦、泉州市和金奈城建立友好省城关系。

13日 泉州籍导演叶谦执导的大陆首部闽南语院线电影《蕃薯浇米》在第三届平遥国际电影展举行亚洲首映。

16日 国务院公布第八批全国重点文物保护单位名单，包括762处第八批全国重点文物保护单位以及50处与现有全国重点文物保护单位合并的项目，泉州市新添13处国保单位，数量居全省设区市第一，创下泉州市历次国保遴选以来入选数量之最。

18日 泉州台商投资区百家重点项目争创工人先锋号暨“流动职工之家”启动仪式在海湾大道建设工地举行。在项目建设工地设立功能齐全的“流动职工之家”为全国首创。

19日 第18届世界中学生运动会倒计时一周年晚会在晋江全民健身中心举行，世界各地的学生代表参加，并表演文艺节目。

28日 由团省委、省青年联合会主办，以“海丝聚力·汇智共赢”为主题的第二届21世纪海上丝绸之路青年创新大会在泉州开幕。韩国、日本、马来西亚、缅甸、加拿大、埃及、法国等25个海上丝绸之路沿线国家和地区的350多位青年社团负责人、青年创新人才、青年企业家参与，与福建省青年企业家共谋发展与未来。

29日 海丝（泉州）青年人才创新项目展示会举行，海外和省内的112家企业展示新材料、新能源、电子信息、芯片制造、节能环保、人工智能、智能制造、旅游文创、消费升级产品、海丝文化元素产品等传统和新兴产业项目。

31日 中国电信泉州分公司举行5G商用发布会，在全市率先启动5G商用，标志泉州迈入5G+光宽“双千兆”时代。

11月

1日 由泉州古城保护发展工作协调组办公室、市文旅局、市体育局、鲤城区政府、泉州文化旅游发展集团有限公司主办的2019第四届海丝泉州古城徒步穿越活动启动仪式在市区威远楼举行。该届古城徒步规划人数5000人，分为6千米、15千米、30千米、50千米四条线路，线路覆盖泉州古城200多条古巷。

7日 泉州市新媒体联盟成立大会举行。泉州市新媒体联盟由新浪泉州、泉州网（泉州通）、东南网泉州站等发起，市、县两级和驻泉州新媒体代表组成，市委网信办、市委宣传部为指导单位。联盟单位涵盖媒体类单位、APP类（客户端）、微博类、公众号类、企事业新媒体、县（市、区）新媒体，共计48家。

8—10日　由中国自行车运动协会、省体育局、泉州市政府主办的2019环泉州湾国际公路自行车赛举行。赛事全程分为三个赛段，分别围绕“海、城、山”三条主线展开，途经丰泽区、石狮市、晋江市、永春县、泉州台商投资区，总里程326千米，吸引亚洲、欧洲、非洲、大洋洲9个国家（地区）的18支职业车队108名选手参加。

12日　泉州（晋江）国际人才港揭牌仪式暨晋江市第三届海峡菁英人才节开幕式在晋江举行，泉州（晋江）国际人才港、泉州（晋江）国际人才交流服务中心揭牌。泉州（晋江）国际人才港系全省首个国际人才港。

18—19日　由国家制造强国建设战略咨询委员会主办，以“智能制造提升传统产业竞争力”为主题的2019国家制造强国建设专家论坛（泉州）系列活动在晋江举行。论坛旨在贯彻落实习近平新时代中国特色社会主义思想，推进制造强国建设，分析国内外制造业发展的新态势、新特点，交流制造强国建设的新经验、新模式，探讨传统产业进行智能化改造、提升市场竞争力的新方法、新途径。

19日　中国科学院大学福建学院智能制造学院共建签约仪式在北京举行，中国科学院大学、中国科学院海西研究院、泉州市政府和晋江市政府签订合作办学四方协议。学院将打造成为国家级智能制造创新型人才培育高地，计划于2020年启动招生。

21日　卡尔美2019年国际大体联足球世界杯开幕式在晋江举行。在接下来的11天里，16个国家和地区的24支足球队在晋江进行62场比赛。

22—27日　由文旅部和省政府主办，省文旅厅和市政府承办的第四届海上丝绸之路国际艺术节在泉州举办。第四届海上丝绸之路国际艺术节包括第三届丝绸之路国际剧院联盟年会、海上丝绸之路国际艺术节艺术发展论坛、泉州非物质文化遗产馆开馆暨第二届海上丝绸之路非物质文化遗产展启动仪式、第六届中国泉州国际木偶展演等活动。

27—28日　由市委组织部、市人社局、省留学人员创业园主办的2019年中国福建人才创业周泉州专场暨海外高层次人才福建行晋江站活动在泉州（晋江）国际人才港举行。活动以“筑人才港湾・汇全球英才”为主题，吸引200多名国家特聘专家、海内外硕士博士到泉州，旨在搭建国内外高端人才和泉州市重点产业、企业的交流合作平台。

30日　2019年福建省县域经济高质量发展报告会在福州举行，会上发布2019年度福建省县域经济实力“十强”、经济发展“十佳”县（市）评价结果，泉州市的晋江、石狮、南安、惠安四县（市）入选县域经济实力“十强”。

12月

7日　由泉州市、厦门市、漳州市、龙岩市、三明市人社局主办的，主题为“才聚港湾　筑梦泉州”的第二届闽西南协同发展区人才交流（招聘）大会在泉州师范学院举行。交流（招聘）大会吸引闽西南五市各类企事业招聘单位240多家，提供就业岗位6300多个，吸引4320多名求职应聘毕业生及其他求职人员进场求职或交流，达成初步就业意向1100多名。

11日　中共泉州市委十二届十次全会召开，对泉州市坚持和完善中国特色社会主义制度、推进治理体系和治理能力现代化进行研究部署，审议通过《中共泉州市委深入贯彻〈中共中央关于坚持和完善中国特色社会主义制度、推进国家治理体系和治理能力现代化若干重大问题的决定〉的实施意见》和《中国共产党泉州市第十二届委员会第十次全体会议决议》。

14日　华侨大学第八届董事会第一次会议召开。全国人大常委会副委员长、民进中央主席蔡达峰出任华侨大学新一届董事会董事长。

21日　由农业农村部指导、中国茶产业联盟主办的第二届中国茶产业T20峰会暨中国茶产业创新模式高峰论坛在安溪举办。峰会围绕“弘扬茶为国饮，推进产业升级”主题。

24日　国务院发布消息，同意在石家庄等24个城市设立跨境电子商务综合试验区，泉州市成为全国第四批跨境电子商务综合试验区。

25日　文化和旅游部首次公布国家级文化生态保护区名单，闽南文化生态保护区入选。

27日　由市政府、中国科学院国家授时中心主办的海上丝绸之路时间中心揭牌仪式暨2019时空产业论坛在泉州举办，启动高精度地基授时系统泉州站及海上丝绸之路时间中心项目建设。

28—29日　首届中国校园服饰国际博览会在石狮举行，全国各地十几个省市的300多家校服企业参会。

市 情 概 览

自然地理

【位置、面积】 泉州市地处福建省东南沿海，东与台湾省隔海相望，南与厦门市的同安区、翔安区接壤，西与漳州市的华安县、长泰县和龙岩市的漳平市毗邻，北与三明市的大田县、尤溪县和福州市的永泰县以及莆田市的仙游县界连，是福建省三大中心城市之一。陆地辖区东西最大距离149.3千米，南北最大距离158.6千米。

泉州市总面积22375平方千米。其中，陆域总面积11015平方千米（包括金门县），占49.23%；海域面积11360平方千米，占50.77%。

【地质地貌】 按全国地貌区划位置，泉州市西部及西北部山地属闽浙火山岩中—低山亚区的一部分，东南部属闽粤沿海花岗岩丘陵亚区的一部分。东部海岸线曲折，发育有半岛、岛屿和港湾。泉州市地势西北高、东南低，由内地至沿海逐渐下降。即由中山—低山—高丘陵—低丘陵—台地—平原递变，至半岛、岛屿上出现地貌逆差现象，即由平原—台地—丘陵升高。泉州市地貌类型复杂多样，山地及丘陵约占总土地面积79%，平原及台地约占21%。地貌以山地、丘陵为主。山地均属戴云山山脉及其延伸的支脉、余脉，构成西北及中部的大山带。西北部戴云山盘踞德化县全境，海拔1856米，山脊走向为北东—南西向或北西—南东向，大部分地区海拔700米，千米以上山峰多达258座（其中高于1500米的有22座），素有闽中屋脊之称。西部有香岭尖—同发山—妙高山山脉（海拔多在500～800米）、鼎山—大雾山山脉（海拔800～1000米）、天湖山—鹅角冠山脉。中部有梦仙山—天柱山—朝天山山脉、天马山—玳瑁山山脉（海拔800～1000米）。东部有石印山脉（海拔800～1000米）、园林山—五台山山脉、大磨山—大雾山山脉。丘陵分布于山地外侧及河流两岸或河谷盆地的边缘，在沿海一带也有广泛分布，并逼近海岸或伸入海中，组成半岛和岛屿。泉州市东濒海洋，海岸线总体呈北东—南西向，迂回曲折，实际总长度541千米（全省第四位）。港湾众多，大小港湾约有49个，其中较大的港湾自北而南有湄洲湾、大港、泉州港、深沪湾、围头湾和安海湾等。这些港湾大致呈西北—东南向内陆深入21～35千米，深度一般较大，掩护条件好，水域广阔，湾内包含若干支港、支湾，建港条件甚为优越。湄洲湾的秀屿和肖厝港，为不可多得的深水良港；泉州湾内的秀涂、蟳埔、石湖等港口具备深水条件，可建万吨级码头。此外湾内有282.65平方千米的海滩，沿海0～20米等深线的浅海面积739.77平方千米，分布有51个岛礁，总面积11.98平方千米。

【气候】 2019年，泉州市雨季雨涝和夏秋气象干旱皆重，极端天气气候事件频发，但气象灾害总体较轻，年景较好。四季气温皆偏高，以冬季为甚。年内降水、日照变化反差大。以8月为界，降水前多后少，全市秋季平均降水量43.7毫米，略多于1995年（42.4毫米），为1981年以来历史第二少，比常年偏少216.1毫米。日照前少后多，全市秋季平均日照时数为671.9小时，为1981年以来历史最多。雨季结束迟、历时长、雨量多。结束日期7月14日，为历史最迟，持续76天接近历史之最。台风影响个数（5个）接近常年（5.3个），以大风影响为主，影响程度较轻。夏、秋季持续异常高温少雨致全市出现大范围气象干旱，惠安连旱日数超百天。

气温　2019年全市年平均气温21.1℃，比常年偏高0.7℃，比上年高0.2℃。永春21.5℃为1981年以来历史新高；惠安21.3℃，与2002年、2018年并列为历史最高。各县（市）年平均气温在18.8℃（德化）～21.9℃（安溪）之间，气温距平为0.3℃（南安）～1.1℃（惠安），异常度为0.5（南安）～2.3（永春），南安正常，惠安、永春异常偏高，其余偏高。年极端最高气温出现在7、8月，分别为：崇武38.3℃（8月9日）、泉州38.8℃（8月10日）、晋江38.7℃（8月10日）、南安38.8℃（8月10日）、安溪38.2℃（8月10日）、永春37.1℃（7月19日）、德化34.1℃（8月15日）。其中崇武的最高气温（38.3℃）为有历史纪录以来最高气温。年极端最低气温主要出现在1月23日，泉州6.9℃、晋江7.1℃（1月23日、1月27日、12月8日）、南安5.5℃、安溪6.1℃、永春3.6℃、德化0.7℃。全年≥35℃高温日数，分别为惠安1天、泉州14天、晋江17天、南安36天、安溪39天、永春30天。

降水　2019年全市平均年降水量为1455.4毫米，比常年偏少114.3毫米，比上年少81.1毫米。各县（市）年降水量在1037.4（晋江）～1882.4毫米（德化）之间，降水距平-301.1毫米（晋江）～58.6毫米（德化），降水距平百分率-22%（晋江）～3%（南安、德化），显著偏少～正常。出现大雨及以上的日数分别为：惠安15天、晋江14天、南安27天、安溪21天、永春27天、德化32天，其中暴雨日数分别为惠安4天、晋江2天、南安5天、安溪3天、永春3天、德化8天，大暴雨日数分别为惠安1天、南安2天。日最大雨量，出现时间分散，分别为：惠安105.1毫米（7月22日）、晋江87.9毫米（5月17日）、南安107毫米（5月17日）、安溪76.4毫米（3月9日）、永春82.1毫米（5月31日）、德化96.6毫米（7月21日）。2019年雨季结束迟、历时长、雨量多。从4月30日开始，7月14日结束，历时76天，结束日期历史最迟，强度偏强。全市雨季降水相对集中时段为：4月30日，5月16—17日，5月26—28日，5月31日至6月3日，6月10—14日，6月23—25日，其中5月16—17日、5月31日至6月3日、6月10—14日3次降水过程达到持续性强降水过程标准。5月份持续性暴雨造成全市6个县（市、区）50个乡镇受灾，直接经济总损失1583.5万元。6月份持续强降雨，导致部分地区出现山体溜坡、道路溜方、房屋受损、农田受淹等险灾情。全市有6个县（市、区）56个乡镇5090人受灾，全市直接经济损失1502.04万元。受热带辐合带影响，8月份台风过程造成全市2个县（市、区）25个乡镇受灾，全市直接经济损失395万元。

日照　2019年全市平均年日照时数为1890.2小时，比常年偏多68.1小时，比上年少86.6小时。各县（市）年日照时数在1773.4小时（永春）～1906.6小时（惠安）之间，日照时数距平-112.5小时（晋江）～182.4小时（安溪），异常度-0.7（晋江）～1.3（安溪）。其中：安溪偏多，其余正常。

【水文】　2019年，泉州市平均降水量1530.7毫米，折合年水量172.05亿立方米，比上年偏少7.6%，比多年平均偏少5.6%，属平水年。全市最大点降水量为安溪县西坪镇珠洋站1992.5毫米；最小点降水量为晋江市金井镇金井站830.0毫米。全市地表水资源量95.64亿立方米，地下水资源量29.32亿立方米，地表水和地下水不重复量0.20亿立方米，水资源总量95.84亿立方米，人均拥有水资源量为1102立方米，全市出境水量 30.85亿立方米。

资　源

【土地资源】　2019年，泉州市有耕地14.51万公顷，园地11.09万公顷，林地56.10万公顷，草地3.46万公顷，城镇村及工矿用地14.46万公顷，交通运输用地3.26万公顷，水域及水利设施用地6.08万公顷，其他土地3.91万公顷。

【矿产资源】　2019年，泉州市有生产矿山企业88家，开发利用矿种18种，煤、铁、金、水泥用灰岩、陶瓷土、建筑石料为主要开发矿种，矿石采掘量1413万吨，矿业产值13.68亿元。出让采矿权5宗，收取矿产资源出让收益7844万元。6宗工程建设项目土地平整涉及砂石资源有偿处置，收取资源出让收益10132万元。

【海洋资源】　泉州市大陆海岸线541千米，海域面积11360平方千米。海岛293个，其中，500平方米以上的无居民海岛162个。拥有湄洲湾、大港湾、泉州湾、深沪湾、围头湾五大海湾。

【水资源】　泉州市境内溪流密布，发源于泉州市境内流域面积100平方千米以上的河流有34条。其中，晋江水系15条，九龙江水系5条，闽江水系9条，单独入海5条。晋江、洛阳江为泉州市主要河流，全市多年平均水资源总量98.22亿立方米，主要供水水源晋江为福建省第三大河，流域面积5629平方千米，河长182千米，多年平均水资源总量50.81亿立方米，洛阳江（含黄塘溪）流域面积371平方千米，河长39千米，多年平均水资源总量2.32亿立方米。全市地表水资源量95.64亿立方米，地下水资源量29.32亿立方米，地表水和地下水不重复量0.2亿立方米，水资源总量95.84亿立方米，人均拥有水资源量为1102立方米，全市出境水量30.85亿立方米。

截至2019年底，全市20座大中型水库总蓄水量6.73亿立方米，占汛限库容的64.4%，比上年减少0.9亿立方米，比多年平均减少0.13亿立方米。其中，山美水库水位90.15

米，蓄水量3.55亿立方米，占正常库容75.18%，比上年偏少3855万立方米，比多年平均偏少2094万立方米；惠女水库水位71.19米，蓄水量5460万立方米，占正常库容的69.11%，比上年偏少712万立方米，比多年平均偏少153万立方米。全市89座小（一）型水库蓄水量0.87亿立方米，占正常库容43.6%，总体偏低。全市建成各类水利工程6万多处。其中，水库462座（大型2座、中型18座、小型442座），总库容达15.68亿立方米；泵站94处，水井工程2万多口，各类堤防总长729千米。初步形成以山美水库为主要水源、以龙门滩引水为补充、以各大中型水库为支撑、以金鸡拦河闸为分水枢纽、以南北渠和湄南工程为主要输水通道的沿海配供水网络体系。

【林业资源】 2019年，泉州市有土地总面积109.97万公顷，其中林业用地68.33万公顷，占全市土地总面积的62.1%，非林地41.49万公顷，占37.9%，森林覆盖率58.7%。在林业用地面积中，乔木地面积51.98万公顷，占林业用地面积的76.0%，竹林地面积3.19万公顷，占4.6%，疏林地1.03万公顷，占1.5%，灌木林地9.53万公顷，占13.9%，未成林造林地1.02万公顷，占1.4%，苗圃地209公顷，无林地1.57万公顷，占2.2%。全市区划生态公益林面积26.39万公顷，占全市林地面积的38.6%。

泉州市野生动物资源丰富，记录有两栖类2目7科32种，爬行类3目13科61种，鸟类19目51科260种，哺乳类6目14科32种。国家一级重点保护野生动物有鼋、蟒蛇、黑鹳、黄腹角雉、华南虎、豹、云豹、金斑喙凤蝶、中华白海豚、中华鲟、红珊瑚等11种。国家二级重点保护动物有蛇雕、大灵猫、黑熊、穿山甲等57种。

泉州市野生植物资源丰富，记录有野生维管束植物212科903属2201种（包括逸生和归化种），其中蕨类植物42科84属199种，裸子植物8科15属20种，被子植物162科804属1982种。其中，有国家一级重点保护野生植物有银杏、南方红豆杉、水松、伯乐树4种。国家二级重点保护植物有半枫荷、花榈木、桫椤等17种，省级重点保护植物有油杉、长苞铁杉、福建青冈等11种。

泉州市按照“全面保护、生态优先、合理利用、良性发展”的原则，在典型的森林、湿地和野生动植物重点分布区和生物多样性富集区，建立包括地质遗迹、森林、湿地和野生动植物等类型的省级以上自然保护区5个，分别是福建深沪湾海底古森林遗迹自然保护区、德化戴云山国家级自然保护区、永春牛姆林省级自然保护区、安溪云中山省级自然保护区、泉州湾河口湿地省级自然保护区，总面积2.49万公顷，自然保护小区总面积1.80万公顷。自然保护区及保护小区的建设基本涵盖泉州市生物多样性最丰富的精华地带，东南沿海典型的山地森林生态系统、泉州湾河口湿地生态系统、晋江源头森林生态系统得到有效保护。全市自然保护区有效保护高等植物212科2201种，其中国家Ⅰ级重点保护野生植物有银杏、南方红豆杉、水松、伯乐树等4种，国家Ⅱ级重点保护植物有半枫荷、花榈木、桫椤等17种，省级重点保护植物有油杉、长苞铁杉、福建青冈等11种；有效保护脊椎动物99科420种，其中，国家Ⅰ、Ⅱ级保护动物40种，省级保护动物29种。福建深沪湾海底古森林遗迹自然保护区位于福建省东南沿海晋江侨乡，是1992年国务院批准设立的国家级海洋自然保护区。主要保护对象为距今7500多年历史的海底古森林遗迹、距今9000～25000多年的古牡蛎礁遗迹和深沪湾典型海岸带地质地貌。戴云山是中国东南地区重要的昆虫和植物模式物种产地，保存有最完好的原生性黄山松群落，是中国单位面积生物多样性程度最高的保护区之一，是闽中重要水源涵养区及重点生态功能区。泉州湾河口湿地地处东亚到澳大利西亚候鸟迁飞的大通道上，良好的生态每年吸引着成千上百的水鸟在这里越冬、觅食、停歇，成为鸟类的乐园，是泉州市野生动物疫源疫病的重要监测区域。云中山主要保护对象为晋江、九龙江源头生态系统及珍稀濒危动植物物种，被誉为“天然植物园”“珍稀濒危野生动物的基因库”。牛姆林有“闽南西双版纳”美誉，是一座天然绿色基因库。

经初步调查，全市湿地面积9.62万公顷。根据《全国湿地资源调查技术规程（试行）》划分的5类34型湿地中，泉州仅有近海与海岸湿地、河流湿地、和人工湿地3大湿地类型分布。其中，近海与海岸湿地面积6.97万公顷，占全市湿地总面积的72.49%，河流湿地面积1.13万公顷，占全市湿地总面积的11.39%，人工湿地1.52万公顷，占全市湿地总面积的15.43%。

环境质量

【概况】 2019年，泉州市环境质量状况总体良好。泉州市区空气质量优良天数比例96.4%，泉州市晋江流域13个国、省控断面Ⅰ类～Ⅲ类水质比例100%。县级以上13个实际供水的饮用水水源地Ⅲ类水质达标率保持100%，泉州市区昼间声环境功能区质量达标率为93.8%。

【大气环境质量】 2019年，泉州市区空气质量优良天数比例96.4%，发生13天轻度污染，空气质量综合指数3.23，六项主要污染指标均优于二级标准，其中可吸入颗粒物（PM10）浓度45微克/立方米。

【水环境质量】 2019年，泉州市晋江流域13个国、省控断面Ⅰ类～Ⅲ类水质比例100%。县级以上13个实际供水的饮用水水源地Ⅲ类水质达标率保持100%。主要湖库水环境质量，山美水库、惠女水库总体水质均为Ⅲ类。小流域水环境质量，除石狮厝上溪厝上桥断面因缺水断流未监测外，其余58个监测断面Ⅰ～Ⅲ类水质比例93.1%（54个），Ⅳ类的断面比例6.9%（4个）。内沟河水质监测，12月最新监测结果表明，实际开展监测的14个内河入江口Ⅰ～Ⅴ类水质比例71.4%。其中，Ⅳ类水质点位2个，Ⅴ类水质点位8个，劣Ⅴ类水质点位4个（分别为招贤水闸、大淮水闸、浦西水闸、彩虹沟末端）。近岸海域水环境质量，泉州市近岸海域16个监测站位一、二类水质比例87.5%，达到福建省考核目标要求。泉州湾（晋江口）、安海湾站位水质仍为劣四类，超标因子为活性磷酸盐和无机氮。

【声环境质量】　2019年，泉州市区设4个声环境功能区质量测点，泉州市区昼间声环境功能区质量达标率93.8%，晋江市区昼间达标率66.7%，石狮市区和南安市区的昼间声环境功能区质量达标率均为100%。城市区域声环境质量，全市城市（县城）区域声环境质量总体一般，德化县城昼间区域声环境质量为二级（较好），惠安县城为四级（较差），永春县城无监测数据，其余地区均为三级水平（一般）。城市道路交通声环境质量，泉州市区及各县（市、区）昼间城市道路交通声环境质量中南安市区和安溪县城的噪声强度等级为一级（好），泉州市区、泉港区和德化县城的噪声强度等级为二级水平（较好），晋江市区、石狮市区和惠安县城的噪声强度等级为三级水平（一般），永春县城无监测数据。

人文历史

【建置沿革】　泉州古时有温陵、刺桐、清源、泉南等别称。早在旧石器时代，泉州就有人类生息繁衍。随着经济的发展、政治制度的变革，建置代有变化。夏、商两代，泉州在地理区划上属扬州。周朝为七闽地。秦属闽中郡。汉初属闽越国地，后属冶县地。三国吴永安三年（公元260年），析侯官县地置东安县（治所在今南安市丰州镇），至2019年有1759年历史。西晋末年，中原五胡乱华，河洛人衣冠南渡，定居于晋江、洛阳江两岸，泉州自此兴起。唐久视元年（公元700年），置武荣州，辖南安、莆田、龙溪、清源4个县。景云二年（公元711年），武荣州改为泉州，隶属闽州都督府，仍辖南安、莆田、龙溪、清源4个县，泉州建制自此开始，以后凡称“泉州”即指今泉州。元代，泉州设有行省，辖南安、晋江、永春、同安、德化、安溪、惠安7个县。明代，设泉州府，辖晋江、南安、同安、惠安、安溪、永春、德化7个县。清代，设有泉州府、永春州，分别辖晋江、南安、同安、惠安、安溪5个县和德化、大田2个县。民国时期，设有行政督察区，辖永春、安溪、金门、南安、晋江、惠安、莆田、仙游、同安9个县。1949年8月31日，泉州城解放，同年9月设立地委、行署，辖晋江、南安、同安、惠安、安溪、永春、仙游、莆田、金门9个县。1971年改为地区，辖泉州市和晋江、惠安、南安、同安、安溪、永春、德化、金门8个县。1985年5月，国务院批准撤销晋江地区，泉州市升为地级市。1986年1月，泉州市人民政府成立。2019年，辖鲤城、丰泽、洛江、泉港4个区，石狮、晋江、南安3个市，惠安、安溪、永春、德化、金门（待统一）5个县和泉州经济技术开发区、泉州台商投资区。

【历史文化】　泉州历史悠久，经济开发早在周秦时期就已开始。西晋末年，中原战乱，中原士族大批进入今泉州地域，多沿江而居，晋江由此得名。他们带来先进的生产工艺和文化知识，使晋江两岸得到迅速开发。泉州是国务院首批历史文化名城、东亚文化之都、古代“海上丝绸之路”起点城市，文化积淀深厚，素有“海滨邹鲁”“世界宗教博物馆”“光明之城”的美誉。全市有全国重点文物保护单位44处，省级文物保护单位96处，各级不可移动文物近3000处，文物数量众多。极负盛名的有中国现存最早的伊斯兰教清真寺、世界唯一的摩尼光佛像石刻、中国最大的老君石刻造像、葬有唐代到泉州传教的穆罕默德门徒三贤、四贤的灵山圣墓、千年古刹开元寺及东西塔、记载古代海上交通和贸易的九日山祈风崖刻、广受台胞和海外侨胞信众膜拜的天后宫妈祖、民族英雄郑成功史迹与陵墓、宋代蔡襄修建的洛阳桥、号称“天下无桥长此桥”的安平桥，以及与惠东民俗、海滨风光、石雕艺术融于一体的崇武古城等。丰富的人文景观、别具一格的民俗风情和秀出东南的自然风光交相辉映，使泉州成为一个全国乃至国际性的旅游胜地。泉州市有国家级“非遗”项目34项，福建省级“非遗”项目98个，市级“非遗”项目224个，县级“非遗”项目505个；有国家级“非遗”传承人53人，福建省级“非遗”传承人169人（含国家级53人），市级“非遗”传承人603人（含省级169人）。“非遗”项目涵盖民间文学、传统音乐、传统舞蹈、传统戏剧、曲艺、传统体育游艺与杂技、传统美术、传统技艺、传统医药、民俗10个类别。泉州保留着弥足珍贵的戏曲文化遗产，有梨园戏、高甲戏、打城戏、“嘉礼”戏等剧种，其中蜚声海内外的有：晋唐士乐余韵南音、宋元南戏“活化石”梨园戏和中国一绝“提线木偶”。泉州是中国历史上对外通商的重要港口，有上千年的海外交通史。自唐代开始，即为中国南方四大对外通商口岸之一。宋元时期，泉州港跃居四大港之首，以“刺桐港”之名驰誉世界，成为与埃及亚历山大港媲美的“东方第一大港”，呈现“市井十洲人”“涨海声中万国商”的繁荣景象。

【地方特产】 泉州地方特产众多。其中，茶叶类主要有安溪铁观音（中国十大名茶之一）、本山茶、黄金桂、毛蟹茶、永春佛手等。果蔬类主要有泉州龙眼、永春芦柑、永春岵山荔枝、德化梨、安溪长坑淮山、红心地瓜、南安洪濑紫薯、德化十八格黄花菜等。畜禽类主要有德化黑鸡、德化黑兔、德化黑羊、永春白番鸭等。特色美食类主食主要有咸饭、泉州烧肉粽、萝卜饭、芥菜饭、花菜饭、卤肉饭、芋仔饭、壶仔饭、泉州炒饭、鱼仔粥、鸭仔粥、卤面、面线糊、湖头米粉、豆签、浮粿、粉团、豆粽、甜粽、肉粽、番薯粉粿条、澳茄粿、酸菜鸡丝面等；汤类主要有永春白鸭汤、黑豆龙骨汤、苦菜大肠汤、马鲛羹、香菇豆猪舌汤、灌肠仔汤、石狮牛肉羹、藕段排骨汤、萝卜排骨汤、玉米排骨汤、水豆腐汤、七彩干贝汤、肉燕汤、猪血汤等；包子主要有水晶包、肉夹包、东方包、菜包、水煎包等；素菜主要有安溪水瓮菜、嫩饼菜、窖菜、凉拌苦瓜、辣油笋菜、蒜泥茄子、香油拌海带等；荤菜主要有洪濑鸡爪、崇武鱼卷、西街田螺、姜母鸭、鳗鱼干炖猪脚、焖猪肘、烘猪脚、牛排（有别于西餐牛排）、水门巷炖羊肉、猪血小肠、蚝、清蒸金枪鱼、文蛤蒸蛋、酱香花蛤、蒸油蛤、炒泥蚶、蒸苦螺、炒竹蛏、炒大头螺、沙鱼冻、芥菜炒虾皮、十香全鸭、香芋焖鸭等；甜品主要有满煎糕、石花膏、茜草粿（仙草蜜）、橘红糕、绿豆饼、粕丸、麻糍、榜舍龟、碗糕、花生汤、豆沙饼、石狮塘头甜粿、石狮芋圆、芋饼、芋蓉（芋泥）、土笋冻、柿饼、菜头酸、糖醋莲藕片、贡糖、椰子饼、雪拉膏、四果汤等。

台胞 华侨华人

【台胞】 泉州是台湾汉族同胞主要祖籍地，根据1926年台湾地区人口调查数据，台湾汉族同胞中44.8%约900万人祖籍泉州。台湾地名与泉州相同的有180多处。泉州与台湾两地有地缘相近、血缘相亲、文缘相承、商缘相连、法缘相循的密切关系。地理位置咫尺相望，地缘相近。地缘是泉州与台湾之间一切渊源的基础和前提，泉州位于福建沿海中部，与台湾地缘的关系最近。地理位置上，泉州市是大陆陆地距离台湾最近的区域。人口地理祖地根源，血缘相亲。历史上泉州人曾有三次迁移台湾的高潮，仅民国34年（1945年）前后泉州人赴台就有10万余人，一大批泉州籍人士在岛内各界和台湾民众中有举足轻重的影响。文化地理共性突出，文缘相承。两地有共同的方言、相似的建筑风格、相同的戏曲艺术和民间信仰。经济地理互通互补，商缘相通。泉州一直是两岸经济往来最靠前的连接点，据记载，早在隋朝，泉州与台湾两地就有商贸往来。宋元时期，台湾作为泉州海上交通的中转站，通商贸易络绎不绝。即使在两岸关系处在紧张时期，泉州与台湾的民间贸易也未曾停止。政治地理历史归属，法缘相循。宋代，中央政府曾将澎湖划归泉州晋江县管辖；元代在澎湖设置巡检司，隶属泉州同安县。金门县历来都属泉州所辖。因泉州与台湾渊源关系的特殊性，泉州曾在两岸交往史上创下不少“第一”，如第一艘台轮停靠，第一次进行两岸小额贸易，第一个设置台轮停泊点，第一家台资企业上市等，曾被誉为两岸关系的“晴雨表”和“窗口”。全国性对台宣传基地、祖国大陆唯一的对台博物馆——中国闽台缘博物馆，在泉州建成开馆，比较系统地印证泉州与台湾两地关系的历史渊源脉络，更加凸显泉州市对台文化交流的窗口地位。

【华侨华人】 泉州市是全国著名地级市侨乡，有1700多年的华侨史。分布在世界130个国家和地区的泉州籍华侨华人有900多万人，90%居住在“海上丝绸之路”沿线，其中100万人以上的有印度尼西亚、马来西亚、菲律宾、新加坡。泉州人出国历史悠久。早在三国吴永安三年（260年），已有域内居者移居菲律宾。隋朝灭陈（589年）后，闽浙动乱，引发今泉州地区历时近30年的第一次出国潮。唐武德五年（622年）后，泉州人口开始剧增。地不足耕和拥有良好港湾、罕有台风登陆，使泉州港逐渐成为“海上丝绸之路”重要起点。至唐大历年间，泉州涌现“市井十洲人”“还珠入贡频”的兴盛景观。随泉州海商船舶出国未归者渐多。唐乾符五年（878年），黄巢义军入闽，破惠安、驻南安、攻泉州城，城郊多残破；泉州人出现大规模移居东南亚浪潮。此后，泉州人出国经商、谋生潮流延续千年之久。仅明、清厉行“海禁”期间，1942—1945年东南亚沦陷日军期间，以及1966年7月至1971年5月对出境严格限制时期，泉州人移居国外人数较少。1972年1月，泉州地区恢复出境审批，泉州再现新移民出国高潮。其后，泉州人出国潮一浪高过一浪。旅外泉州籍乡亲在当地具有很强的经济实力、政治影响力和社会活动能力，成为推动中国与“海丝”国家开展经贸文化交流合作的纽带和桥梁。

人 口

【概况】 2019年，泉州市常住人口874万人，比上年末增加4万人。65岁及以上老年人口占9.2%。人口出生率11.7‰，死亡率6.7‰，自然增长率5.0‰，常住人口城镇化率67.2%。

【人口增长】 2019年，泉州市常住人口874万人，比上年末增加4万人，自然增长率5.0‰。

【人口迁移】 2019年，泉州市迁入人口115462人，其中省内迁入95720人，省外迁入19742人。迁出人口141789人，其中迁往省内120456人，迁往省外21333人。

【外国人服务管理】 2019年，泉州市签发外国人签证证件3737人次。其中，普通签证359人次，居留许可3235人次，停留证件142人次，外国人出入境证1人次。采集外国人住宿登记数据128596条，住宿登记准确率99.62%，高于基础业务考评标准（99%）。办理签证、停居留证件人员住宿登记率100%，符合基础业务考评标准（100%）。上报及时率100%，高于基础业务考评标准（95%）。妥善处置各类涉外案（事）件393起1044人次，其中“三非”案件250起769人次（非法入境81起284人次，非法居留105起175人次，非法就业64起310人次），遣送出境326人。

表1

2019年泉州市年末人口数及其构成表

市、县、区	常住人口（万人）	出生率（‰）	死亡率（‰）	自然增长率(‰)	城镇化水平（%）
泉州市	874	11.7	6.7	5.0	67.2
鲤城区	40.3	10.9	8.8	2.1	100.0
开发区	4.2	10.8	5.9	4.9	100.0
丰泽区	60.3	12.3	5.9	6.4	100.0
洛江区	21.9	11.3	6.6	4.7	59.6
泉港区	33.6	13.2	6.7	6.5	53.7
泉州台商投资区	25.9	13.5	7.4	6.1	58.8
惠安县	76.3	13.1	7.2	5.9	59.8
安溪县	102.7	10.5	5.2	5.3	49.0
永春县	46.8	10.6	6.9	3.7	60.2
德化县	29.7	13.3	6.3	7.0	75.6
石狮市	69.4	12.1	7.1	5.0	79.9
晋江市	211.9	11.6	6.9	4.7	67.4
南安市	151	11.2	6.7	4.5	60.5

泉州古城一隅（2019年拍摄）　（图/吴寿民）

表2

2019年泉州市户籍人口表

	年末总户数（户）	年末总人口										本年度人口变动											
		合计	城镇人口	乡村人口	性别		年龄					出生			死亡			迁入		迁出			区划调整	
					男	女	0～15岁	0～17岁	18～34岁	35～59岁	60岁及以上	合计	男	女	合计	男	女	省内迁入	省外迁入	迁往省内	迁往省外	多报删除	增加	减少
泉州市	2132892	7607043	4009020	3598023	3938585	3668458	1671055	1803179	1894606	2801401	1107857	132347	71334	61013	47369	27751	19618	95720	19742	120456	21333	2832	23669	23669
泉州市鲤城区	89817	271138	271138	0	132278	138860	52752	56856	52431	106423	55428	4095	2205	1890	1874	1059	815	8839	967	5848	610	42	5607	5607
泉州市丰泽区	94122	284958	284958	0	137238	147720	67017	71780	62097	111599	39482	5221	2821	2400	1774	993	781	14599	1988	6293	944	57	3622	3622
泉州市洛江区	55360	205435	63832	141603	106709	98726	46015	49850	49280	78730	27575	3451	1899	1552	1190	680	510	3622	767	3020	215	47	1502	1502
泉州市泉港区	111742	421924	227676	194248	216951	204973	92108	98644	111298	151643	60339	7380	3869	3511	3005	1764	1241	3894	730	7068	539	192	2691	2691
惠安县	306938	1047213	513389	533824	529385	517828	219289	237154	268302	388227	153530	17660	9878	7782	8157	4698	3459	11004	1862	13534	1232	274	72	72
安溪县	321225	1211007	354295	856712	644780	566227	303311	326707	304534	421345	158421	25116	13052	12064	5912	3491	2421	5518	2164	29103	5985	323	5665	5665
永春县	168955	603643	286899	316744	319587	284056	124750	136142	143995	231200	92306	8254	4384	3870	4207	2469	1738	2520	793	8061	1039	95	160	160
德化县	103082	351870	128360	223510	186731	165139	78897	85014	82519	137395	46942	7225	4070	3155	2154	1342	812	9003	416	10845	358	61	170	170
石狮市	102832	351067	273775	77292	178047	173020	71056	76834	86668	135602	51963	5883	3228	2655	3012	1757	1255	7999	1648	5493	1296	162	224	224
晋江市	330911	1193686	698524	495162	609515	584171	245621	267119	304135	443736	178696	18775	10201	8574	7933	4686	3247	16473	4318	10817	3233	223	661	661
南安市	447908	1665102	906174	758928	877364	787738	370239	397079	429347	595501	243175	29287	15727	13560	8151	4812	3339	12249	4089	20374	5882	1356	3295	3295
金门县（待统一）	—	—	—	—	—	—	—	—	—	—	—	—	—	—	—	—	—	—	—	—	—	—	—	—

民族 宗教

【民族】　泉州市人口以汉族为主。根据2010年第六次全国人口普查数据，少数民族有53个，以回族、土家族、苗族和畲族居多。泉州是古代海上丝绸之路的重要起点城市之一，伴随着泉州经济和海外贸易的发展，世界各大宗教从陆路和海路传入泉州，使泉州云集多种宗教。各种外来宗教与本土的道教，长期共存，互相渗透，共同创造泉州丰富的宗教文化。

【宗教】　泉州市历史上有佛教、道教、伊斯兰教、景教（古天主教的一个支派）、天主教、印度教（婆罗门教）、基督教、摩尼教（明教）、拜物教、犹太教等诸多宗教，历史悠久、史迹丰富，在海内外有很大影响，被誉为“世界宗教博物馆”。

行政区划

【概况】　2019年，泉州市辖鲤城、丰泽、洛江、泉港4个区，石狮、晋江、南安3个市，惠安、安溪、永春、德化、金门（待统一）5个县和泉州经济技术开发区、泉州台商投资区2个管委会，30个街道、108个镇、25个乡（其中1个民族乡），473个社区、2055个村。

【区划调整】　2019年，泉州市新设立5个社区：丰泽区东海街道千亿社区、南安市水头镇滨海社区、安溪县凤城镇清水湾社区、德化县浔中镇祥安社区和东裕社区。南安市石井镇浯港村更名为老港村。

表3

2019年泉州市行政区划基本情况一览表

单位：个

	街道办事处	镇	乡	社区居委会	村委会
合　计	30	108	25	473	2055
鲤城区	8	—	—	82	—
丰泽区	8	—	—	81	—
洛江区	2	3	1	19	67
泉港区	1	6	—	9	92
泉州经济技术开发区管委会	—	—	—	—	—
泉州市台商投资区	—	3	1	—	78
石狮市	2	7	—	27	101
晋江市	6	13	—	102	293
南安市	3	21	2	46	379
惠安县	—	12	—	11	207
安溪县	—	13	11	44	438
永春县	—	18	4	27	209
德化县	—	12	6	25	191
金门县（待统一）	—	—	—	—	—

经济社会发展

【综合】　2019年，泉州市实现地区生产总值9946.66亿元，按可比价格计算，比上年增长8.0%，经济总量连续21年保持福建省第一。其中，第一产业增加值218.61亿元，增长2.4%；第二产业增加值5855.27亿元，增长8.3%；第三产业增加值3872.78亿元，增长7.8%。第一、二、三产业对GDP增长的贡献率分别为0.7%、63.0%和36.3%，分别拉动GDP增加0.1个、5.0个和2.9个百分点。三次产业比例为2.2：58.9：38.9。按常住人口计算，人均地区生产总值114067元（按年平均汇率折合16535美元），比上年增长7.4%。全市城镇新增就业人员12.57万人，1390名就业困难人员实现再就业；全年培训各类劳动者20万人，转移就业1.63万人。年末城镇登记失业率1.05%。全年市辖区居民消费价格总水平比上年上涨2.3%。其中，消费品价格比上年上涨3.4%，服务项目价格比上年上涨0.6%。12月，全市新建商品住宅销售价格比上年上涨3.0%，二手住宅交易价格比上年上涨2.0%。全市一般公共预算收入457.75亿元，比上年减收16.41亿元，下降3.5%，加上上划中央税收收入381.22亿元，全市一般公共预算总收入合计完成838.97亿元，比上年减收22.07亿元，下降2.6%。一般公共预算支出658.25亿元，比上年增长25.86亿元，增长4.1%。其中，教育支出150.91亿元，增长1.9%。政府性基金收入315.69亿元，政府性基金支出376.10亿元。税务部门组织各项收入956.3亿元，比上年增长2.3%，其中，税收收入756.88亿元，下降5.5%。海关代征税收收入125.04亿元，比上年下降13.4%。

【农业】 2019年，泉州市农林牧渔业完成总产值394.75亿元，比上年增长2.4%。粮食种植面积8.59万公顷，比上年增长0.5%。粮食总产量48.98万吨，比上年增加0.47万吨，增长1.0%。其中，稻谷 33.69万吨，减少0.30万吨，下降0.9%。全年全市植树造林总面积6440公顷，占总任务的120.8%。全年商品材产量38.79万立方米，比上年下降10.7%。全年全市肉蛋奶总产量25.82万吨，比上年下降0.7%。其中，肉类总产量17.82万吨，比上年下降2.2%；禽蛋7.46万吨，比上年增长2.3%。肉猪出栏数116.82万头，比上年下降12.4%，年末生猪存栏数71.20万头，比上年下降15.1%。全年全市水产品总产量107.00万吨，比上年下降0.8%。其中，淡水产品产量1.55万吨，增长4.2%；海水产品产量105.45万吨，比上年下降0.8%，其中，海洋捕捞69.61万吨，下降3.8%；海水养殖35.84万吨，增长5.6%。年末全市拥有国家级、福建省级农业产业化龙头企业9个和126个；无公害农产品548个、绿色食品154个、有机食品12个，农产品地理标志产品18个；福建十大农产品区域公用品牌1个。

【工业和建筑业】 2019年，泉州市工业实现增加值5167.98亿元，比上年增长8.6%，工业对经济增长的贡献率达59.0%。其中规模以上工业增加值4501.41亿元，增长8.6%。全年规模以上工业实现销售产值17594.35亿元，其中出口交货值2936.51 亿元，比上年增长12.6%。拥有超亿元企业2809个，比上年增加117个，其中超10亿元企业328个，比上年增加47个。规模以上工业企业经济效益综合指数为359.3，比上年上升20.8点。其中，总资产贡献率21.4%，下降1.9个百分点；资本保值增值率106.1%，下降4.8个百分点；资产负债率45.2%，上升2.0%；全员劳动生产率34.92万元/人，提高4.15万元/人；流动资产周转率3.6次，提高0.1次；工业产品销售率96.4%，提高0.1个百分点。全年规模以上工业企业实现利润总额1347.58亿元，比上年增长4.7%。规模以上工业亏损企业亏损额16.05亿元，增亏6.09亿元。全市建筑业实现增加值695.92亿元，比上年增长5.5%。全市资质等级以上的建筑企业有876个，完成建筑业总产值1978.28亿元，现价比上年增长10.9%。全市建筑房屋施工面积9612.95万平方米，比上年增长3.8%；房屋竣工面积3192.79万平方米，比上年增长4.9%。全市建筑业总产值达到亿元及以上的企业204个，其中5亿元及以上的企业75个。

【固定资产投资】 2019年，泉州市固定资产投资比上年增长6.3%。其中，固定资产投资（不含福建省反馈铁路数据）增长6.1%，项目投资增长1.3%，房地产开发投资增长15.8%。固定资产投资按三次产业分，第一产业投资下降44.7%；第二产业投资增长8.1%；第三产业投资增长6.7%。工业投资增长9.1%，占固定资产投资的比重为32.4%。基础设施投资下降8.6%，占固定资产投资的比重为20.7%。先进制造业投资增长12.8%，占固定资产投资的比重为14.1%。

【国内贸易】 2019年，全市社会消费品零售总额3761.82亿元，比上年增长10.2%。按构成分，限额以上消费品零售额1572.98亿元，增长11.4%；限额以下消费品零售额2188.84亿元，增长9.4%。全市限额以上批发和零售业企业通过互联网实现商品零售额230.76亿元，比上年增长20.0%。

【对外经济】 2019年，泉州市进出口总额2111.80亿元，比上年增长13.9%。其中，出口1453.49亿元，增长21.9%；进口658.32亿元，下降0.4%。进出口顺差795.17亿元，比上年增加263.67亿元。全市新签外商直接投资合同项目314个，比上年增长12.1%，投资总额292.63亿元，比上年增长7.3%；合同外资金额155.91亿元，增长30.2%；按验资口径，实际利用外资44.13亿元，增长5.3%。新批外商投资超千万美元（含增资）的项目51家。在新签利用外资合同中，投向第二产业的合同金额45亿元，比上年下降25.7%，投向第三产业的合同金额109.3亿元，比上年增长88.5%。外商投资企业当年开业投产73家。全年签订对外经济技术合作合同金额7674万美元，比上年下降1.6%；完成营业额6016万美元，比上年增长7.6%。全年批准境外投资企业17个，境外投资金额1.55亿美元。

【金融】 2019年，泉州市金融机构本外币各项存款余额7728.61亿元，比上年末增长11.2%，其中人民币各项存款余额7647.23亿元，比上年末增长11.4%。人民币存款中，住户存款余额4290.60亿元，比上年末增长13.5%；企业存款1983.08亿元，比上年末增长8.1%。全市金融机构本外币各项贷款余额7140.23亿元，比上年末增长11.7%，其中人民币各项贷款余额7110.15亿元，比上年末增长11.5%。人民币贷款中，个人消费贷款余额2292.68亿元，当年新增377亿元，其中住房贷款余额1754.48亿元，当年新增332.11亿元。截至年末，境内上市公司（A、B股）18家，总市值981.07亿元，比上年末增长21.5%；境外上市公司84家。全年全市保险业实现各项保费收入240.38亿元，比上年增长12.4%。其中，财产保险保费收入63.09亿元，增长6.0%；人寿保险保费收入177.29亿元，增长14.9%。赔款及给付支出64.76亿元，增长0.9%。其中，财产保险赔款及给付支出34.23亿元，增长3.7%；人寿保险赔款及给付支出30.53亿元，下降2.1%。

【人民生活与社会保障】 2019年，全市居民人均可支配收入39155元，比上年增长8.5%；人均消费支出25447元，比上年增长9.3%；人均住房建筑面积69.0平方米。按常住地分，全市城镇居民人均可支配收入49592元，比上年增长7.5%，人均消费支出30754元，比上年增长9.1%，人均住房建筑面积65.3平方米；农村居民人均可支配收入22142元，比上年增长9.2%，人均消费支出16794元，比上年增长8.3%，人均住房建筑面积75.0平方米。城乡居民家庭恩格尔系数分别为31.1%和40.9%。年末城镇每百户家庭拥有彩色电视机121.8台、洗衣机87.7台、电冰箱（柜）107.3台、空调186.8台、计算机67.8台、家用汽车45.4辆、移动电话268.8部。年末农村百户家庭拥有彩色电视机115.8台、摩托车90.6辆、家用汽车16.2辆、洗衣机85.6台、空调134.0台、移动电话259.3部。全市年末参加养老保险人数540.25万人，比上年新增9.76万人。其中，参加企业养老保险人数149.35万人，比上年新增5.58万人；参加机关事业单位养老保险人数19.94万人（含退休），比上年减少0.02万人；参加城乡居民社会养老保险人数370.96万人，比上年新增4.20万人。年末企业离退休人员领取基本养老保险金人数11.10万人，全部实现养老金按时足额发放。年末全市参加失业保险人数72.90万人，领取失业保险金人数0.86万人；参加工伤保险人数为118.66万人；参加生育保险人数为78.69万人；参加职工基本医疗保险人数96.01万人；参加城乡居民基本医疗保险人数607.15万人，参保率95.6%。年末全市收养性社会福利单位有661个。其中，儿童收养性福利机构12个，床位448张，年末在院人数313人；城镇老年收养性福利机构69个。全市养老服务床位42380张。全市社区服务机构和设施2989个，其中社区服务中心31个，社区服务站2269个，未登记的农村特困人员救助供养机构85个，社区养老机构和设施168个，社区互助型养老设施319个，其他社区服务机构和设施117个。城市有8431人享受到最低生活保障救助，比上年减少765人；农村有61412人享受到最低生活保障救助，比上年增加2556人。全年销售社会福利彩票11.19亿元。全年直接接收社会捐赠款1.85亿元。全市创建145个省级乡村振兴示范点，投入实际扶持资金1.32亿元。34个省级扶贫开发帮扶村争取各类资金2.32亿元，实施帮扶项目567个。

【社会事业】 2019年，全市有高等院校18所，其中本科高校5所，独立学院1所，高职、高专12所。研究生在校生5563人，招生1830人，毕业生1188人。普通高校本、专科在校生15.44万人，招生6.03万人，毕业生3.39万人。全市中等职业学校38所，普通高中119所。高中阶段在校生22.39万人，招生8.41万人。全市普通初中210所，初中在校生30.84万人，招生11.09万人。全市小学1331所，在校学生80.17万人，招生14.69万人。全市幼儿园1610所，在园幼儿40.29万人，招生13.68万人。在泉州就读进城务工人员随迁子女义务教育阶段38.31万人。全市有国家高新技术企业685家，省级高新技术企业477家，拥有省级、市级工程技术研究中心分别为85个和201个，228家企业被评为福建省创新型企业。全年实施国家、省、市各级各类科技计划项目358项。全年专利申请49492件，授权32596件。其中，本年新增发明专利授权量1780件，年末每万人口发明专利拥有量9.48件。全市有国有艺术表演团体12个，影（剧）院74个，群众艺术馆1个，文化馆11个，博物馆（纪念馆）17个，乡镇文化站163个，公共图书馆11个。图书馆藏书总量625.21万册，电子图书622.87万册。文化系统专业艺术表演团体艺术演出2060场，观众105.52万人次；剧场、影剧院演（映）出87.54万场次。全市有广播电视台9座，调频、电视转播发射台9座，广播节目12套，广播综合人口覆盖率98.61%；电视节目12套，电视综合人口覆盖率98.82%。全市有线广播电视覆盖用户237.12万户，实际用户140.19万户，有线广播电视传输干线总长45714.58千米。全市有各类卫生机构（不含村卫生室）1825个，其中医院127个、卫生院126个、社区卫生服务中心40个、预防保健机构（含妇幼所、院）98个。卫生技术人员46177人，其中医生17783人、注册护士19259人。卫生机构拥有编制病床36444张，开放床位43834张。

综 述

【习近平新时代中国特色社会主义思想学习贯彻】 2019年，中共泉州市委把学习贯彻习近平总书记重要讲话重要指示批示精神、中共十九大精神和党中央决策部署，作为践行“两个维护”最根本的重大政治责任、第一责任，推动落深落细落实。

学习贯彻习近平总书记重要讲话重要指示批示精神。按照省委“三四八”（即三个具体阶段、四个重点、八个环节）贯彻落实机制，对习近平总书记的每次重要讲话重要指示批示，市委都及时召开常委会会议、专题会、理论中心组学习会等认真学习领会，建立工作台账，明确落实举措，持续跟踪推进，推动落地见效。组织开展“回头看”，逐项对照检查督促，按照发展战略、高质量发展和对外开放、脱贫攻坚和乡村振兴、对台工作、文化和自然遗产等9类，进一步梳理细化习近平总书记对福建、对泉州重要指示批示37项55件，建机制、固成果、补短板、强弱项。实行项目清单化管理，并作为干部考核、巡察监督、主体责任检查的重要内容，健全整改、督办、问责、问效等机制，推动贯彻落实常态化长效化。

2019年12月11日，中共泉州市委十二届十次全会召开　（图/陈英杰）

贯彻落实习近平总书记在参加十三届全国人大二次会议福建代表团审议时的重要讲话精神。组织全市认真学习领会，广泛宣传发动，开展工作调研，边学习边落实14个重点专项。贯彻落实省委十届八次全会精神，召开市委十二届九次全会，按照省委“六个新突破”要求，制定《意见》及7份配套文件，细化108项具体措施，成立4个专项工作组，逐条逐项抓好落实。（“六个新突破”具体是指：1. 革除体制机制障碍，在营造有利于创新创业创造的良好发展环境上取得新突破；2. 全面落实各项政策措施，在帮助民营企业创新发展上取得新突破；3. 建设开放型经济新体制，在吸引优质生产要素集中集聚上取得新突破；4. 探索海峡两岸融合发展新路，在建设台胞台企登陆的第一家园上取得新突破；5. 扎实做好老区苏区脱贫奔小康工作，在老区苏区振兴发展上取得新突破；6.加快国家生态文明试验区建设，在推动生态省建设上取得新突破。）在重要讲话发表半年时，召开常委会会议、专题会，对学习贯彻落实情况进行再研究、再推动、再落实。年底对一年来贯彻落实情况进行全面盘点，总结成效、持续深化，推动贯彻落实工作走深走实。

学习贯彻中共十九届四中全会精神。及时召开市委常委会（扩大）会议进行传达学习，市委常委带头开展调研宣讲，市委宣讲团、宣讲小分队全方位、多层次宣传解读全会精神，带动掀起学习宣传贯彻热潮。召开市委十二届十次全会，研究制定泉州市实施意见，梳理了近年来有效探索、今后还要坚持完善的重点体制机制。我们立足既有抓手巩固完善，在健全党的领导制度体系上下功夫，在完善高质量发展长效机制、共建共治共享社会治理长效机制、为民惠民利民长效机制、中心城市统筹长效机制上下功夫，确保中共十九届四中全会各项决策部署落实到各方面、各领域。

开展“不忘初心、牢记使命”主题教育。学习贯彻习近平总书记关于“不忘初心、牢记使命”主题教育的重要讲话重要指示批示精神，落实中央《意见》要求和省委部署，从严从实开展好主题教育。成立市委主题教育领导小组，召开工作会议、下发实施方案、制定“路线图”和任务清单，派出市委巡回指导组，分级分类加强指导，全市1.5万个基层党组织、32万名党员、1465名县处级以上党员领导干部参加主题教育。市委常委班子带头开展10次专题集中学习研讨，班子成员带头讲专题党课，组织党员干部重温入党誓词、开展革命传统教育等，锤炼对党绝对忠诚的政治品格。策划“1+N”调研课题体系，市委常委班子以“自觉对标对表，引领高质量发展”为主题，四套班子成员立足分管领域，确定25个子课题，市县两级领导班子累计开展调研987场次，召开调研成果交流会52场次，梳理对策措施1091条。建立“强基础、补短板、建机制、解难题”任务清单，推行领导挂钩包案、市县联动、台账管理，广大党员主动亮承诺、办实事、比作为，市县共梳理1343项难题积案，全部得到解决。

【高质量发展】 2019年，泉州市坚持稳中求进工作总基调，集中力量办好自己的事，做好“六稳”工作。2019年，泉州市GDP比上年增长8%，规模以上工业增加值增长8.6%，出口增长21.9%，实际利用外资增长5.3%，社会消费品零售总额增长10.2%。

机制化应对外经贸形势。成立市县两级协调小组，建立信息互通共享、风险监测、法律援助、政策落实跟踪四项机制，全覆盖调研输美企业，抓好品牌建设、外贸转型升级、市场开拓、展会补助等扶持，召开大型政策宣讲会17场，开展涉外法律知识培训和服务6场次，一家一家现场解惑引导，避免“打乱仗”，指导近1300家企业申请加税排除、出口额35亿元。实施外贸经营主体培育“双十、双百、双千”工程，市场采购贸易方式试点出口额173亿元，获批全国首个预包装食品出口试点，外贸出口实现逆势增长。实施支持民营企业健康发展行动方案和系列配套措施，设立惠企服务热线，开展“政策面对面”宣讲活动，落实减税降费125.5亿元。建立全市重点龙头企业库，市、县领导挂钩常态化跟踪、精准服务，首批梳理163家重点龙头企业。

推进强链建链补链。泉州市获批海峡两岸集成电路产业合作试验区，进一步理顺泉州芯谷建设体制机制，盯紧技术迭代期培育产业链条，矽品逻辑封测、三安氮化镓项目投产，光子、激光、特种气体等半导体产业全市布局。传统产业改造提升工作成为全国典型，加快构建产业生态圈，促进龙头、代工、专精特新、配套紧密协作，一企一策鼓励龙头企业“扩能生根”，实施项目64个，包括20亿元的361°、10亿的特步等一批智能化项目。分行业开展“手拉手”，引导国外代工转国内代工，组织重点行业推介20多场，对接产能300亿元，一批原辅料、代工企业进入安踏、利郎、柒牌等供应链。加快补齐石化新材料、精细化工等环节，中化炼化一体化二期建成中交，福建化工创新实验室落地建设。大力培育轻工装备、机床机器人、电气电子设备等行业，引进落地三一筑工机器人、中信重工等项目。深化“第三产业提升年”活动，加快推进百大项目建设，举办购物节、汽车文化节等展销活动35场，完成首批“六大旅游产品”认定，全市旅游总人数和总收入分别比上年增长17%、20%。

创新能力建设。加强生产赋能、产品赋能、平台赋能，实施国家自主创新示范区首创举措45项，开展研发活动企业近1000家，规模以上工业R&D占全社会比重93%、全省是84%，占规模以上工业增加值2.22%。落实国家研发费用税前加计扣除政策，专门出台简化办理的措施，为400多家企业节约费用4.6亿元；叠加支持省里研发经费投入分段补助政策，324家企业获得补助1.3亿元，撬动企业研发费用投入32亿元。建立高新企业梯度培育奖补机制，新增高新技术企业200家、科技小巨人领军企业123家。制定实施数字泉州建设三年行动，成立5G产业发展联盟，启动网络规划和基站建设，入选全国首批5G商用城市。获批国家知识产权运营服务体系建设重点城市。中科院泉州装备所获批国家级重大创新平台，引进落地中科院智能制造学院、天大集成电路研究院、福大微电子研究院等大院大所项目，创新产学研合作机制，探索合作项目企业点题、科研绩效不封顶、职称评聘看成果转化等措施。

深化项目攻坚做实投资支撑。推进“项目攻坚2019”，开展“外资攻坚年”，“五个一批”（即发展生产脱贫一批、易地搬迁脱贫一批、生态补偿脱贫一批、发展教育脱贫一批、社会保障兜底一批）正向激励考评连续7个季度进入全省前3。分阶段分主题实施春季攻坚行动、清明坟墓征迁、审批服务攻坚、集中开竣工、七个专项攻坚等，出台完善“五个一批”项目推进机制、台账管理服务和政府投资项目管理等，房屋征迁、征地（海）、坟墓征迁均超额完成计划，白濑水利枢纽初设获水利部批复、主体工程已开工。突出“一把手”招商，完善“三个三”工作机制，推行“龙头企业开单、政企联手招商”，建立203个重要客商信息库，新签约国乔石化、建新轮胎等产业项目293个、总投资2239亿元。

激发金融发展活力和动力。获批全国深化民营和小微企业金融服务综合改革试点城市，实施制造业贷款增速增量提效工程，建立金融支持民营企业“白名单”，推动银行机构建立尽职免责“负面清单”。健全信贷监测协调，落实银行抽压贷提前报告制度，设立上市公司纾困基金，一企一策加大不良贷款处置，推进互联网金融风险专项整治，实现不良贷款率“四连降”，2019年底降为1.68%。

【城乡人居环境提升】 2019年，泉州市实施国家生态修复城市修补试点，全面融入闽西南协同发展区，加快产城人融合发展，开展城市建设提速年，城乡宜居环境加快提升。

文化遗产保护。学习贯彻习近平总书记关于文化和自然遗产保护工作的重要论述及《〈福州古厝〉序》精神，召开市委常委会会议、专题会研究贯彻，建立“1+3+N”体系，明确20项实体清单、7项法规机制任务和6项重点研究专项，市县乡村四级上下联动一起抓，夯实全市各级党委（党组）政治责任、主体责任。把古泉州（刺桐）史迹申遗作为全市“一号工程”，按节点抓细抓实，较好完成国际古迹遗址理事会专家现场考察，做好申报文本编制、新增遗产点考古等工作。新增13个国家文物保护单位，累计达44个，新增数全国地级市第2，南音成为文旅部“优秀保护实践案例”。启动26项文物保护工程，建成市文物数据库，完成国保单位监测和智慧用电系统建设，南音成为文旅部“优秀保护实践案例”。

环湾向湾布局发展。完善环湾、两翼新城、县域大城关等统筹机制，专题研究城市规划、片区改造、景观提升、业态培育等，兴泉铁路、福厦客专、厦漳泉城市联盟路加快推进，火车站综合交通枢纽顺利投用，城东至北峰快速通道部分通车，东海、金屿、百崎、武荣等跨江通道前期有序推进。紧抓古城活态保护，持续推进“七个一”示范工程，基本完成中山路示范段改造提升、小山丛竹公园建设，有机融入老习俗、老字号、古早味、研学旅游、非遗展示等业态，“润物无声”系列主题展览、古城徒步穿越活动成为品牌。推进新城集聚发展，西华洋片区征迁全面启动，泉州大剧院投入使用。紧抓都市型产业集聚，高标准抓好泉州科学城前期策划，引进落地中科院授时中心及下游产业链项目。着力打造山水田园城市，实施晋江九十九溪、百崎湖等23个整治项目，建设30个以农田、苗圃为主的“农民帮助维护的公园”，石狮生态公园建成开放、峡谷旅游线全线贯通。

乡村振兴。步步升级展开农村人居环境整治，1.0版本解决“脏乱差”问题，2.0版本提升整村宜居水平，3.0版本推动乡村振兴，充分发动群众“家园共造”，实现人居环境考评全覆盖。推进省级乡村振兴4个重点县、13个特色乡镇、145个试点村建设，打造14条乡村振兴示范线路。统筹抓好“一革命四行动”、“千村整治、百村示范”、乡村业态培育、古村落保护等工作，推动农村公路、水利、能源等基础设施提档升级。丰富拓展科技特派员制度，实现乡镇（街道）全覆盖，在全省率先把服务延伸到二三产业。加快发展现代特色农业，深入实施“五百示范项目”“百社百村带千户”创建。

【全面深化改革扩大开放】 2019年，泉州市贯彻中央、省委关于深化改革扩大开放的重要部署，主动融入“一带一路”建设和全省海丝“核心区”，推进改革系统集成、协同高效。

重点领域和关键环节改革。市委深改委召开9次会议，审议改革议题25项，部署推进75项重点改革事项，推广40个改革典型案例，抓好改革的统筹谋划、对接协调、跟踪推进和督促落实。全面完成市县机构改革任务，有序推进综合行政执法改革。深化“放管服”改革，开展“营商环境提升年”活动，推行“一号一窗一网”，“最多跑一趟”和“一趟不用跑”审批事项比例达92%，市场主体突破100万户，规范自由裁量权改革成果提升为全省行政服务的“地方标准”。深化国企改革，推进五大集团内部二次整合重组，有效提升重大项目承接能力和建设运营水平。深入实施人才“港湾计划”，出台改进人才服务8条措施，全面放开人才落户，激活用人主体、中介机构、协会等市场化引才主体，全市新增市级高层次人才6664人，企业自主评价高层次人才377人。

对外开放。推进世界中学生运动会筹备工作，召开组委会第一次全会，举办国际大体联足球世界杯、环泉州湾国际公路自行车赛等。深化泉州品牌“境外行”“海丝行”展销活动，组织企业参加境外专业知名展会200多场，中意“两国双园”开展多场投资促进推介、项目签约，泉州晋江机场列入全国首批18个实施“一带一路”沿线国家地区人员出入境便利安排口岸之一，晋江陆地港获联合国批准国际代码，成为国际运输“始发港”“目的港”。2019年，泉州市与“海丝”沿线国家和地区出口增长37.6%，机场旅客吞吐量844万人次、增长13.3%，港口货物吞吐量1.3亿吨、集装箱258万标箱。

【泉台融合发展】　2019年，泉州市学习贯彻习近平总书记在《告台湾同胞书》发表40周年纪念会上的重要讲话精神，落实中央、福建省各项惠台政策，着力建设台胞台企登陆“第一家园”。深化经贸产业合作，拓展文创、物流等领域对接，新批台资企业818家。

金门供水保障体系。全力保障金门供水工程水质水量，全方位整治水源地龙湖水库，设置环湖电子围网、封闭管理，专门成立巡防警务队，全覆盖治理沿线66个村庄生活垃圾，加快建设沿线7个村的污水管道和环湖排污沟等配套截污工程。建设龙湖水库第二引水通道，全程全封闭输水，2019年7月试通水，解决单线供水、备用水源水量不足等问题。同时，跟进策划整个供水系统“工程包”，一揽子解决湖库连通、双线供水、水源地保护、智慧水利等问题。白濑水利枢纽主体正式开工，总投资143亿元，建成后能基本解决泉州中期2030年、远期2040年水资源紧缺问题，也是金门供水量和质的稳定保障。

便利政策举措。对台胞普遍关注的，包括参加医保、住房、子女教育等，实行市民同等待遇。医保方面，2018年起，在泉常住的台胞就能一样参保、一样报销比例。强化对台引智引才，累计认定市台湾高层次人才142人，入选省引进台湾高层次人才238人，新增到泉创业就业实习台湾青年近千人。泉州台商投资区建成“拎包入住式”台湾人才公寓80套，晋江对集成电路人才提供每人每年最高18万工作津贴、创业团队最高750万启动资金。

文化交流。打好“民间信仰、宗族宗亲、传统文化、青年一代”四大交流品牌，重启泉州澎湖妈祖直航会香，开展泉台民俗文化、研学旅游等，组织两岸青年联欢节、文创设计邀请赛等活动，到泉台湾民间交流信众超9万人次、宗亲交流3000多人次、青少年互动3500多人次，其中台胞“首来族”到泉参访1000多人。

2019年7月4日，2019泉州澎湖直航妈祖会香活动在泉州举行

（图/何国辉）

【社会主义民主政治发展】　2019年，泉州市学习贯彻习近平总书记关于坚持和完善人民代表大会制度、加强和改进人民政协工作的重要思想，坚持党的领导、人民当家做主、依法治国有机统一，积极推进社会主义民主政治制度化、规范化、程序化。

提升新时代人大工作水平。支持人大及其常委会依法履行立法、监督、决定等职责。发挥立法引领推动作用，《泉州市晋江洛阳江流域水环境保护条例》获省人大常委会批准，在全省率先建立地方性法规“三入”工作机制。围绕行政审批服务提质提速、扶持民营企业政策措施落实等，开展专题调研、专题询问、专项工作评议，人大制度优势有效转化为社会治理效能。注重发挥代表主体作用，提升“代表联系活动室”建设水平。

推动协商民主深入发展。召开市委政协工作会议，部署加强和改进新时代政协工作，出台关于加强新时代人民政协党的建设工作的实施意见，发挥人民政协专门协商机构作用。支持政协开展建言资政，围绕民营经济、学前教育、智慧城市建设等开展协商、调研，提出意见建议100多条，一批成果被全国政协采用。发挥政协联系广泛优势，加强思想政治引领，画好团结奋进最大同心圆。严格履职考评，加强委员业务培训，提高履职能力。

巩固和发展爱国统一战线。支持指导各民主党派和无党派人士开展“不忘合作初心，继续携手前进”主题教育、非公经济人士开展“守法诚信经营，坚定发展信心”主题教育，运用各种场合，深化对党外人士宣讲新思想。完善党外知识分子和新社会阶层人士联谊组织，举办党外人士参政议政调研课题选题指导会。健全完善宗教工作长效机制，坚决落实宗教工作督查整改，加强宗教活动场所建设依法规范化管理，推进安全生态和谐寺观创建。贯彻落实全国民族团结进步表彰大会精神，促进各民族和谐共处、共同发展。深化港澳台和海外联络联谊，南洋华裔寻根谒祖服务平台建设有序推进。以聚集统战系统力量、主动服务民生改善为主题的“同心助学”“同心安居工程”“同心泉州健康行”等活动取得良好成效。支持工会、妇联、共青团、科协、侨联、文联、残联及各人民团体按照各自章程开展工作。

推进全面依法治市。构建党委领导下全面依法治市新格局，成立市委全面依法治市委员会，统筹协调立法、执法、司法、守法工作，实施“七五”普法规划。开展“法治政府建设年”活动，健全完善依法行政制度体系，推动法律服务“五在场”、法务保障“六个有”，推行行政执法“三项制度”。深化司法责任制综合配套改革和诉讼制度改革，创新司法便民利民机制。

【宣传思想文化工作强化与改进】 2019年，泉州市聚焦聚力“一个高举、两个巩固、三个建设”的根本任务，旗帜鲜明坚持党管宣传、党管意识形态、党管媒体，促进全市广大干部群众在思想上精神上团结在一起。

庆祝中华人民共和国成立70周年活动。周密部署庆祝工作，组织各级收听收看庆祝中华人民共和国成立70周年大会，全市开展展览、展示、展演、展播等文艺活动3000多场次，市县媒体开设“壮丽70年、奋斗新时代”专栏专题、主题采访，浓墨重彩宣传经济社会发展历史成就。人民日报、新华社等中央媒体把泉州作为六个展示代表性城市之一，推出“转型升级·一线城市调研行”专题报道。举办福建省庆祝中华人民共和国成立70周年系列主题新闻发布会泉州专场，《人民日报》、新华社、中央广播电视总台等52家主流媒体参加，境内外各级各类媒体共刊发报道300余篇（条），新媒体总阅读数突破千万。

思想理论武装。开展新思想学习宣传，组织市委中心组学习研讨34场，建立领导干部宣讲常态化机制，组建“10+1+N”宣讲小分队、新乡村讲师团，全市开展宣讲1.3万多场次，直接受众近55万人次。组织开展主题教育巡回宣讲25场，深入各地基层一线宣传宣讲。丰富学习教育载体，推广“学习强国”学习平台，用好泉州市党内政治生活体验馆，10.6万名党员参观体验。

意识形态责任制落实。多次专题研究意识形态工作，健全意识形态工作协调、风险分析防范化解、专项巡察检查机制。落实网络安全工作责任制，开展常态化网络舆情巡查监测，推进市网络应急指挥中心建设，加强关键信息基础设施安全保护，打造清朗网络空间。落实敏感舆情处置“1+N”机制，建立敏感舆情处置工作领导小组和工作专班，及时稳妥处置敏感舆情。加强新媒体、论坛、讲坛类阵地管理，抓好公共领域宣传载体检查整改。

海丝文化影响力提升。精心承办第四届海上丝绸之路国际艺术节，在北京召开新闻发布会，举办艺术展演展示、艺术发展论坛、网络艺术节等活动，吸引57个国家和地区、130多个文化团体、1500多位国内外来宾参与。组织参加世界闽南文化节、第四届中法论坛等，南音乐团、提线木偶剧团参加外交部福建省全球推介活动演出。推进国家公共文化服务体系示范区创建，市非遗馆、歌舞剧院建成投用，深入开展“欢乐泉州”“万千百十”文化惠民服务，开展文艺精品公益演出。闽南文化生态保护实验区建设通过国家评审验收，推动21个整体性保护重点区域建设。

社会主义核心价值观培育践行。推进全国文明城市创建机制化，常态化开展测评巡查，抓好新时代文明实践中心、所、站建设。开展先进典型选树宣传活动，入选全国道德模范提名奖、省道德模范各2人，评选表彰市级道德模范25人，深化“身边故事、共同铭记”“家+文化”活动。抓好关心下一代工作，开展未成年人思想道德教育实践活动，加强青少年党史国情教育。深化移风易俗专项治理，持续推进“一县一方案”，总结推广典型案例，健全常态长效机制，群众支持率、满意率均超过96%。

【民生保障和改善】 2019年，泉州市坚持以人民为中心的发展思想，既尽力而为，又量力而行，推进民生“四心”工程，滚动实施“XIN”行动，完成33项为民办实事项目。

高质量稳定脱贫。建立防返贫、控新贫、稳脱贫长效机制，跟踪精准帮扶贫困户“两不愁三保障”、脱贫不稳定重点对象，建档立卡贫困人口未出现返贫现象。加大老区苏区扶贫倾斜力度，扶持老区村完善基础设施建设、发展特色产业示范村。实施扶贫医疗叠加保险政策，建档立卡贫困人口医疗费用实际医保报销比例91%，31种重大疾病实际报销比例99%以上。深入实施村集体经济“消薄倍增”行动，经营性收入“薄弱村”全面消除。深化对口扶贫协作，加大资金、项目、产业、人才等帮扶力度，闽宁协作和对口支援新疆、西藏及省内山海协作工作取得新成果。

补齐社会事业短板。召开全市教育大会，出台泉州教育现代化2035、泉州市加快教育现代化实施方案（2019—2022年）。重点解决“入公办园难”问题，三年投入20亿元，新改扩建近150所、新增幼儿园学位3.3万个，新增中小学学位1.2万个，普惠性幼儿园覆盖率近82%；省对市教育督导综合评估位居全省第2；黎明职业大学入选国家“双高计划”建设单位，泉州职业技术大学成为全国首批本科层次职业教育试点学校。紧抓“健康泉州”建设，新增医疗机构床位3580张，市老年医院投入使用；泉州市获批国家城市医疗联合体试点市，获评全国基层中医药先进市，公立医院综合改革评价考核全省第2；开展“暖心服务”行动，二级以上公立医院总体满意度连续三年位居全省首位。获评全国居家和社区养老服务改革试点，实现所有街道、重点乡镇居家社区养老服务照料中心全覆盖，新增养老床位4442张。聚焦民生小切口，制定实施城市管理精细化标准，试点推行垃圾分类，开展交通“堵点”改造、背街小巷整治、水环境综合治理等专项，新增中心市区停车位1.03万个，老旧小区启动整治200多个，已完成35个，完成防洪排涝项目31个。

完善社会保障体系。把稳就业摆在重要位置，抓好去产能职工、农民工、高校毕业生、退役军人等重点群体就业创业，新增城镇就业13万人，城镇登记失业率1.05%。城乡居民基本养老保险参保率99.7%、保持全省各设区市首位，职工医保、城乡居民医保实际报销比例分别达76.3%、55.8%，医保待遇水平位居全省前列。强化社会救助兜底保障，城乡低保标准稳步提高，并实现城乡一体化。坚持房子居住属性定位，落实房地产发展八年规划，保持住房价格合理稳定。推进棚户区改造，基本建成率157%。

【社会治理现代化】　2019年，泉州市坚持系统治理、依法治理、综合治理、源头治理，打造共建共治共享的社会治理格局。

实施“强基促稳”行动。坚持和发扬新时代“枫桥经验”，从提升基层组织力、治理能力、矛盾化解能力着手，实施11个专项行动，包括民意诉求回应机制创新、末梢神经监督全覆盖等，注重解决一批“表现在基层、根子在机制”的共性问题。抓住“最后一公里”“盆景变风景”两个关键，整合市县党政职能部门，下沉到镇村一线指导，建立民生热难点问题摸排化解长效机制，推广一批基层善治典型案例，用问题交办单代替层层转发文件，更大范围地解决群众反映强烈、历史积累的“老大难”问题。2019年，全市信访总量比上年下降13.5%、全省降幅最高，到省集体上访、进京到非接待场所上访下降65.1%、43.8%，信访积案办结化解率91.7%，纪检监察机关检控类初信初访件总量下降近四成，乡镇纪委自收信访则上升11.3%，群众对基层组织、基层干部更加信任，多数问题就地化解、避免上交。

提升社会治理水平。开展“社会治理专业化提升年”活动，深化“网格化+职能应用”工作模式，设立泉州市矛盾纠纷多元化解中心，深化“雪亮工程”“城安系统”建设，推进“E通政法”信息共享平台、公安智慧警务、24小时自助检察服务、法院统一送达等建设。健全基层共治机制，出台落实村级民主议事协商制度指导意见，建立阳光议事厅、社区听证会、乡贤议事会、民事协商会等制度。出台提升社区治理水平工作方案，打造一批社区建设示范样板。加强党管武装工作，深化军地双拥共建，创新“双拥+扶贫”“双拥+和谐家园”模式，建立退役军人服务管理体系，营造崇尚军人荣誉的社会氛围。

维护安全稳定发展环境。打好忠诚保大庆关键之战，严紧细实抓好保安全、护稳定、促和谐各项工作，着力为庆祝中华人民共和国成立70周年营造安全稳定环境。成立市委国家安全委员会，建立重点领域国家安全工作协调机制和专项工作机制，制定落实党委（党组）国家安全责任制实施细则。推进扫黑除恶专项斗争，开展专项打击和重点治乱行动，全年，全市打掉涉黑涉恶犯罪组织团伙54个，涉黑涉恶腐败立案44件55人。专项斗争考评位居全省前列。全面落实“党政同责”，加大对环境污染、安全生产、消防安全、道路交通、校园安全等领域的监管，强化安全风险防控和隐患排查整治，防范暴雨、台风灾害有力有效，非洲猪瘟疫情得到有效控制。深化食品药品网格化监管，持续深化“餐桌污染”治理，食品安全状况总体良好。

【生态文明建设】　2019年，泉州市贯彻习近平生态文明思想，树立绿水青山就是金山银山的理念，落实生态环境保护工作职责规定，加大力度解决生态环境问题，生态环境质量保持优良、不断向好。

生态环境保护督察整改。配合做好中央第二轮生态环境保护督察，建立党政领导挂钩督办机制，坚持边督边改、即知即改，中央督察组移交信访件860件，办结641件。持续抓紧30项中央第一轮环保督察整改事项，已完成整改18项，125项省级环保督察整改事项已完成101项，其他均按序时推进。开展环境风险隐患排查、百姓身边突出生态环境问题整治行动，严厉打击环境违法行为。

生态文明试验区建设。完成林权收储等33项改革任务。推进自然资源产权制度改革，抓好自然资源统一确权登记工作，加快构建统一国土空间用途管制体系。推进排污权交易、环境污染责任保险、排污许可证、环境信用评价等制度改革。建立突发环境事件应急管理工作机制，全力保障生态环境安全。

污染防治攻坚战。实施区域联防联控和轻微污染天气应对机制，全年市区环境空气质量优良天数比例96.7%、比上年提升0.3个百分点。全面推进河湖长制，实施入海排污口分类整治和规范管理，近岸海域一二类水质比例达到省定目标，县级以上13个饮用水水源地三类水质达标率保持100%。逐步建立土壤环境质量基础数据库，开展“清废行动”，实行危险废物信息化全过程监管。完成植树造林6466公顷、水土流失治理24133公顷、矿山生态修复63.9万平方米。

【全面从严治党】 2019年，泉州市全面贯彻新时代党的建设总要求，深化落实省委“五抓五看”“八个坚定不移”具体部署，不断提高党的建设质量，推进全面从严治党向纵深发展。

把党的政治建设摆在首位。坚决贯彻落实党中央关于加强党的政治建设的意见，严格执行新形势下党内政治生活若干准则等党内法规，教育引导各级党组织和党员干部增强“四个意识”、坚定“四个自信”、做到“两个维护”，在政治立场、政治方向、政治原则、政治道路上同以习近平同志为核心的党中央保持高度一致。制定全面加强新时代党的建设的若干措施，以党的政治建设为统领推进党的各方面建设。召开市委机关党的建设工作会议，全面部署新时代机关党的建设工作。严明政治纪律和政治规矩，教育党员干部做到“五个必须”、杜绝“七个有之”。2019年，泉州市处分存在违反政治纪律行为的党员22人。抓牢省委主体责任检查反馈问题整改，4方面16个整改项目已全部整改，组织对各地各部门主体责任落实情况“全覆盖”检查。

提升基层党建工作水平。贯彻《中国共产党支部工作条例（试行）》，出台提高党支部建设质量六条措施，实施“海丝先锋”达标创星专项行动，整顿软弱涣散基层党组织。实施村（社区）“领头雁”引领示范专项行动，轮训村主干和村干部4.1万人次。实施城市党建23个重点项目，统筹推进国企、高校、民营企业、社会组织、新兴业态和互联网企业党的建设。推动“党建入章”扩面提质，全市“三有”非公企业实现“入章”6100多家，新注册企业基本同步实现“入章”。

建设高素质干部队伍。严格落实党委（党组）干部培养主体责任，把政治素质考察摆在干部工作重中之重，健全领导干部政治素质识别和评价机制。旗帜鲜明激励干部担当作为，全面推行市管干部量化考评，建立“一线考、两个优先、三类严管”激励约束干部制度。出台《建立容错纠错机制鼓励改革创新激励干部干事创业的实施意见》，建立为被诬告陷害的党员干部澄清正名机制。发现培养选拔优秀年轻干部，建立“两坚持、两突出、两注重”工作常态化机制，开展中青年干部双向交流挂职。实施新修订的公务员法，推行公务员职务与职级并行制度。加强干部教育管理监督，建立市管干部日常管理监督信息库，召开全市警示教育大会，让党员干部知敬畏、存戒惧、守底线。

正风肃纪。2019年，全市严肃查处形式主义、官僚主义问题119起201人，给予党纪政务处分64人。落实“基层减负年”要求，出台28条整治措施，市县两级文件会议精简均超50%、督查检查考核减少近80%，实实在在为基层减负。落实中央八项规定及其实施细则精神，优化“1+X”督查机制，严肃查处违规吃喝等顶风违纪行为和隐形变异问题，整治领导干部利用名贵特产类特殊资源谋取私利问题，查处违反中央八项规定精神问题173起214人、给予党纪政务处分141人，通报曝光典型案例107件。对苗头性倾向性问题及时谈话函询，巩固拓展“管住大多数”的态势。

保持惩治腐败高压态势。贯彻落实新修订的问责条例，推动失责必问、问责必严。坚持有贪肃贪、有腐反腐，实施靶向治疗、精准惩治。2019年，全市立案审查调查1519件，涉及处级干部24人、乡科级干部133人，给予党纪政务处分1509人，移送司法机关处理56人，追回在逃人员22人。坚决亮剑整治群众身边腐败和作风问题，查处扶贫领域违纪违法问题51起76人，查处教育、医疗、环保、食品、药品、民生资金等领域问题103起152人。发挥巡察利剑作用，开展6批常规巡察、2次联动巡察，组织4批138个巡察组开展扫黑除恶、人防系统等重点领域专项巡察，实现对全市21个小城镇、13家市属国有企业、2174个村（居）等三个板块巡察全覆盖，发现问题14143个，移交问题线索2622条，立案534人。

推进巡视整改。抓牢巡视整改主体责任，一体推进中央巡视、省委巡视反馈问题整改，定期研究巡视整改工作，加强整改督查督办，确保整改落地见效，相关经验做法在全省巡视巡察工作会议上介绍推广。推进整改常态长效，着力从根子上解决问题，梳理省委巡视泉州市及相关县（市、区）发现的64个共性问题，督促各级党委（党组）对照查摆、整改落实，完善村务监督、土地出让等91项制度，做到整改一个、解决一类问题。

【市委常委会会议】 2019年，中共泉州市第十二届常委会召开第129～174次会议。

表4

2019年泉州市委十二届常委会会议情况表

时间	会次	议题内容
1月3日	第129次	研究《中共泉州市委关于省委巡视二组巡视泉州市反馈意见整改落实情况的报告》，部署推进下一步巡视整改工作
		听取市人大常委会、市政府、市政协党组和市纪委监委以及市中级人民法院、市检察院党组工作汇报
		传达学习习近平总书记在中共中央政治局第十一次集体学习时的重要讲话和省委常委会会议精神，研究泉州市贯彻意见
		传达贯彻省委办公厅《关于贯彻落实习近平总书记重要讲话精神严肃整治领导干部利用名贵特产类特殊资源谋取私利问题的通知》
		传达省科协第九次代表大会精神，研究泉州市贯彻意见
1月20日	第130次	传达贯彻省十三届人大二次会议、省政协十二届二次会议精神
		传达学习习近平总书记在中央政治局民主生活会上的重要讲话和省委理论学习中心组学习会以及《福建省县以上党和国家机关党员领导干部民主生活会实施细则》精神，研究开好市委常委班子民主生活会有关事项
		传达学习十九届中央纪委三次全会、省纪委十届四次全会精神，研究召开市纪委十二届四次全会有关事宜
		传达省委2018年度市委书记抓基层党建述职评议会议精神，研究泉州市贯彻意见
		研究有关干部事项
1月28日	第131次	传达学习全国、全省扫黑除恶专项斗争视频会议精神，研究泉州市贯彻意见
		传达学习中央、省委农村工作会议和全省人居环境整治、扶贫开发工作会议精神，研究泉州市贯彻意见
		传达学习习近平总书记在《告台湾同胞书》发表40周年纪念会上的重要讲话和省委常委会会议精神，研究泉州市贯彻意见
		传达学习全国、全省宣传部长会议及全国、全省网信办主任会议精神，研究泉州市贯彻意见
		研究《泉州市建设国家创新型城市实施方案（送审稿）》
		研究《泉州市国资委以管资本为主推进职能转变方案（送审稿）》
		研究《关于建立市政府向市人大常委会报告国有资产管理情况制度的意见（送审稿）》
		研究泉州市推荐参评全省住房和城乡建设系统先进集体事宜
2月1日	第132次	传达学习全国、全省组织部长会议和2019年省委人才工作领导小组第一次会议暨全省人才工作联席会议主要精神，研究泉州市贯彻意见
		听取泉州市机构改革工作情况汇报，研究《关于规范市级事业单位调整工作的通知（送审稿）》
		研究“项目攻坚2018”活动下半年遴选表扬工作考评结果及全年表彰相关事宜
		传达学习中央办公厅文件精神（《中央办公厅关于印发〈关于党的十九大以来中央政治局贯彻执行中央八项规定情况的报告〉的通知》）
		研究组织实施“强基促稳”行动有关事项
		研究《保障和提升新形势下公安基层基础工作的实施意见（送审稿）》
		2019年泉州元宵灯会有关事项

续表4

时间	会次	议题内容
2月11日	第133次	传达学习习近平总书记在省部级主要领导干部坚持底线思维着力防范化解重大风险专题研讨班上的重要讲话精神和王沪宁在结业式上的总结讲话以及省委常委会会议精神，研究泉州市贯彻意见
		研究《泉州市实施乡村振兴战略规划（2018—2022年）》
		研究《泉州市关于全面加强生态环境保护坚决打好污染防治攻坚战的实施方案》《泉州市深化环境监测改革提高环境监测数据质量实施方案》《泉州市生态环境损害赔偿制度改革实施方案》
		传达中央政法工作会议、省委政法工作会议精神，学习《中国共产党政法工作条例》，研究泉州市贯彻意见
		传达全国、全省统战部长会议精神，研究泉州市贯彻意见
2月18日	第134次	传达学习习近平总书记在中央政治局第十二次集体学习时的重要讲话和省委常委会会议精神，研究泉州市贯彻意见
		学习《中国共产党纪律检查机关监督执纪工作规则》
		学习《中国共产党农村基层组织工作条例》
		听取2018年度市委常委述责述廉评议结果和整改情况报告
		研究《中共泉州市委常委会2019年工作要点》
		研究泉州市推荐参评共和国勋章和国家荣誉称号人选有关事宜
		研究有关干部事项
2月28日	第135次	学习习近平总书记关于退役军人工作的重要论述和重要批示精神，传达全国、全省有关退役军人工作会议精神，研究部署泉州市退役军人工作
		学习习近平总书记关于信访工作重要批示精神，听取一年来信访工作情况汇报，研究部署下一阶段工作
		传达全省公共安全领域突出问题大排查大化解大整治攻坚行动视频会议和全省反邪教工作视频会议精神，研究泉州市贯彻意见
		研究《泉州市建设新时代文明实践中心试点工作实施方案（送审稿）》
		研究《关于适应新时代要求大力发现培养选拔优秀年轻干部的实施意见（送审稿）》和《2019—2022年泉州市干部教育培训规划（送审稿）》
		学习贯彻《中国共产党重大事项请示报告条例》
		学习贯彻《社会主义学院工作条例》
		传达全省新闻舆论工作会议精神，研究泉州市贯彻意见
		传达全省机关党的工作会议精神，研究泉州市贯彻意见
		研究泉州市推荐参评全国、全省“七五”普法中期先进集体事宜
		学习研读《习近平关于狠抓落实做好督查工作论述摘编》，研究加强和改进泉州市督查工作，推动习近平总书记重要指示批示精神和党中央各项决策部署在泉州市不折不扣得到贯彻落实
		部署全国“两会”期间泉州市有关工作

续表4

时间	会次	议题内容
3月19日	第136次	宣布省委有关干部任免决定
		研究有关干部任免事项
		研究部署泉州市贯彻落实习近平总书记在参加十三届全国人大二次会议福建代表团审议时的重要讲话和省委会议精神有关工作
		学习习近平总书记重要文章《推动我国生态文明建设迈上新台阶》和省委常委会会议精神，研究部署泉州市生态文明试验区建设工作
		传达全省挂钩帮扶民族乡暨民族、宗教工作联席会议及民族宗教局长视频会议精神，研究泉州市贯彻意见
		传达全省对台工作会议精神，研究泉州市贯彻意见
		传达全省教育大会精神，研究泉州市贯彻意见
		传达学习王鸿津到闽调研讲话精神和全省巡视巡察干部培训班精神，研究泉州市贯彻意见
		听取2018年市委党建工作重点项目完成情况汇报，研究2019年度市委党建工作重点项目
		研究市委议事协调机构组成人员任职程序、原则
3月27日	第137次	深入学习贯彻习近平总书记、李克强总理对响水“3•21”特大爆炸事故的重要指示批示精神和省委、省政府部署要求，研究部署泉州市安全生产工作
		听取泉州市推进古泉州（刺桐）史迹申遗工作情况汇报，研究部署下阶段工作
		研究部署泉州市贯彻落实习近平总书记在参加十三届全国人大二次会议福建代表团审议时重要讲话精神的重点专项任务
		传达学习习近平总书记在中央政治局第十三次集体学习时的重要讲话和省委常委会会议精神，研究泉州市贯彻意见
		学习贯彻《地方党政领导干部食品安全责任制规定》，研究分析泉州市食品安全工作情况
		研究《关于营造企业家健康成长环境弘扬优秀企业家精神更好发挥企业家作用的实施方案（送审稿）》
		研究《泉州市第一医院医疗集团工作方案（送审稿）》
		研究泉州市推荐参评福建省五一劳动奖和工人先锋号事项
		研究部署经济普查工作
4月3日	第138次	研究《关于坚持农业农村优先发展做好“三农”工作的实施意见（送审稿）》
		研究《关于完善国有金融资本管理的实施方案（送审稿）》
		研究《泉州市贯彻〈中国共产党党内功勋荣誉表彰条例〉实施细则（送审稿）》
		传达学习省委常委会会议暨省委巡视整改工作领导小组第十二次会议精神，听取2019年来省委巡视整改未完成问题汇报，研究推进省委巡视整改工作
		传达十九届中央国安委第二次全体会议、省委国安委第一次全体会议精神，研究泉州市贯彻意见
		听取市县机构改革工作情况汇报
		研究有关干部事项

续表4

时间	会次	议题内容
4月12日	第139次	分析第一季度经济运行情况
		研究贯彻省委常委会会议、闽西南协同发展区建设工作座谈会和省委书记于伟国、省长唐登杰到泉调研精神
		学习《中共中央关于加强党的政治建设的意见》和省委理论学习中心组学习会精神，研究泉州市贯彻意见
		学习中央、省委解决形式主义突出问题为基层减负主要精神，研究泉州市贯彻措施
		传达全省部署宗教工作督查整改工作视频会议精神，研究泉州市贯彻意见
		研究市委常委工作分工
4月16日	第140次	学习习近平总书记在学校思想政治理论课教师座谈会的重要讲话和省委常委会会议精神，研究泉州市贯彻意见
		传达学习省扫黑除恶专项斗争相关会议精神，研究泉州市贯彻意见
		研究《进一步深化落实省委巡视反馈的部分国有资产管理使用问题整改措施的方案（送审稿）》
4月25日	第141次	研究《关于防范化解政府隐性债务风险的实施方案（送审稿）》
		研究部署市委全会筹备工作
		研究《关于加强新时代人民政协党的建设工作的实施意见（送审稿）》
		研究《泉州市人民政府2019年规章制定计划（送审稿）》
		研究泉州市推荐参评全国、全省“人民满意公务员”“人民满意的公务员集体”事项
		研究有关干部事项
4月29日	第142次	学习习近平总书记在中央党校（国家行政学院）中青年干部培训班开班式上的重要讲话精神，学习新修订的《中华人民共和国公务员法》《党政领导干部选拔任用工作条例》《中国共产党党组工作条例》《公务员职务与职级并行规定》和省委常委会会议精神，研究泉州市贯彻意见
		学习《关于加强和改进中央和国家机关党的建设的意见》（中发〔2019〕7号），研究泉州市贯彻意见
		研究省委检查组移交的泉州市2018年度落实全面从严治党主体责任问题清单整改工作
		研究《泉州市重大风险摸排及防范化解责任分工（送审稿）》
		学习贯彻习近平总书记对民政工作的重要指示及全国民政会议和省委常委会会议精神，听取“十三五”以来泉州市民政工作情况汇报
		研究有关干部事项
5月9日	第143次	学习习近平总书记在中央全面依法治国委员会第一次、第二次全体会议上的重要讲话精神和省委全面依法治省委员会第一次会议精神，研究部署推进全面依法治市工作
		研究“强基促稳”年度市级拟出台指导意见专项清单
		学习习近平总书记在中央编委第一次会议上的重要讲话和省委常委会会议精神，研究泉州市贯彻意见
		传达全省扫黑除恶专项斗争视频会精神，研究泉州市贯彻意见

续表4

时间	会次	议题内容
5月17日	第144次	学习习近平总书记在国家安全委员会第二次会议上的重要讲话、2019年度重点任务贯彻落实部署会议暨全国国安办主任会议和省委国家安全委员会第一次、第二会议精神，研究泉州市贯彻意见
		学习习近平总书记在全国公安工作会议上的重要讲话、省委常委扩大会议和全省公安机关视频会议以及全省公安机关学习推广新时代“漳州110”现场会精神，研究泉州市贯彻意见
		学习习近平总书记在中央外事工作委员会第一次会议和中央外事工作会议上的重要讲话和省委外事工作委员会第一次会议精神，研究泉州市贯彻意见
		学习习近平总书记在中央审计委员会第一次会议上的重要讲话和省委审计委员会第一次会议精神，研究泉州市贯彻意见
		学习习近平总书记关于巡视工作的重要讲话精神和中央、省委巡视巡察有关会议精神，研究泉州市贯彻意见
		研究《泉州市安全生产事故隐患排查治理问题整改督办和问责移送暂行规定（送审稿）》
		研究有关干部事项
5月23日	第145次	学习习近平总书记在中央财经委员会第四次会议上的重要讲话精神以及省委财经委员会第一次会议精神，研究泉州市贯彻意见
		学习习近平总书记在中央政治局会议听取2018年脱贫攻坚成效考核等情况汇报和主持召开解决“两不愁三保障”突出问题座谈会时重要讲话精神以及省委常委会会议精神，研究泉州市贯彻意见
		学习习近平总书记在第二届“一带一路”国际合作高峰论坛上的重要讲话和省委常委会会议精神，研究泉州市贯彻意见
		学习中共福建省纪委办公厅关于印发《福建省纪检监察机关查处诬告陷害行为实施办法（试行）》的通知
		研究推荐第六届世界闽商大会福建省非公有制经济优秀建设者和第五届全国非公有制经济人士优秀中国特色社会主义事业建设者人选
5月30日	第146次	传达贯彻省委十届八次全会会议精神，研究市委十二届九次全会方案及《市委书记康涛在市委十二届九次全体会议上的讲话》
		研究《中共泉州市委关于深入学习贯彻习近平总书记在参加十三届全国人大二次会议福建代表团审议时重要讲话精神的意见》；研究《关于全面加强新时代党的建设的若干措施》；研究《关于建立防返贫控新贫稳脱贫长效机制的若干措施》；研究《关于探索海峡两岸融合发展新路的若干措施》；研究《关于加快推动制造业高质量发展的若干措施》；研究《关于推进适应高质量发展产业工人队伍建设的若干措施》；研究《关于加强金融服务民营和小微企业的若干措施》
6月11日	第147次	集体学习《学习时报》刊发的《习近平在宁德》等采访实录，交流研讨学习体会，进一步部署推进泉州市学习宣传贯彻习近平新时代中国特色社会主义思想
		传达学习全国、全省“不忘初心、牢记使命”主题教育工作会议精神和习近平总书记为第五批全国干部学习培训教材所作《序言》精神，研究部署泉州市主题教育工作
		集体学习《习近平关于力戒形式主义官僚主义论述摘编》，传达中央、省委关于解决形式主义突出问题为基层减负工作系列会议精神，部署下一步工作
		学习《中国共产党党员教育管理工作条例》精神，研究泉州市贯彻意见
		传达全国、全省违建别墅问题清查整治专项行动电视电话会议精神，研究泉州市贯彻意见
		研究《中共泉州市委教育工作领导小组工作规则》《中共泉州市委教育工作领导小组秘书组工作细则》《关于加强民办学校党的建设工作实施意见》
		研究《中共泉州市委统战工作领导小组工作规则》《中共泉州市委统战工作领导小组办公室工作细则》《市委统战工作领导小组成员及联络员名单》
		研究《泉州市贸促会深化改革方案（送审稿）》

续表4

时间	会次	议题内容
6月20日	第148次	传达学习中共中央关于印发《习近平新时代中国特色社会主义思想学习纲要》的通知和省委常委会会议精神 传达学习中央办公厅《关于当前意识形态领域形势的通报》和省委宣传部《当前意识形态领域风险综合分析报告》精神，研究《当前泉州市意识形态领域风险综合分析报告》，部署下一阶段工作 传达全省宣传思想战线开展增强“四力”教育实践工作电视电话会议精神，研究泉州市贯彻意见 听取泉州市实施公务员职务与职级并行制度工作汇报，研究《泉州市公务员职务与职级并行制度实施方案（送审稿）》 传达深化省纪委监委派驻机构改革动员部署会精神，研究泉州市贯彻意见 传达全省追逃追赃工作会议精神，研究泉州市贯彻意见 研究泉州市推荐参评全省人大系统先进集体和先进工作者事宜 研究表彰泉州市优秀共产党员、优秀党务工作者和先进党组织事宜 研究有关干部事项
6月27日	第149次	进一步强调部署泉州市力戒形式主义官僚主义有关工作 传达学习习近平总书记对四川长宁6.0级地震做出的重要指示精神和李克强总理的批示要求以及省委常委会会议精神，部署泉州市防汛防台和近阶段有关重点工作 学习贯彻习近平总书记《〈福州古厝〉序》和省委常委会扩大会议精神，研究部署泉州市文物保护利用及文化和自然遗产保护传承工作
7月3日	第150次	研究有关干部事项 研究《进一步完善“五个一批”项目推进机制的意见（送审稿）》 传达学习中央网信委第二次会议、省委网信委第一次会议精神，研究泉州市贯彻意见 传达学习全省公安工作会议和全省公安局长座谈会精神，研究泉州市贯彻意见 研究《关于加强水土保持工作的实施意见（送审稿）》，部署全市河湖长制工作问题整改 学习习近平总书记重要文章，传达全国农村人居环境整治暨“厕所革命”现场会和省委常委会会议精神，研究泉州市贯彻意见 传达省委常委会暨巡视整改工作领导小组第十三次会议精神，研究部署泉州市巡视整改工作
7月10日	第151次	传达学习习近平总书记在中央政治局第十五次集体学习时的重要讲话、中央“不忘初心、牢记使命”主题教育领导小组《通知》和省委常委会扩大会议暨省委主题教育领导小组第三次会议精神，研究泉州市贯彻意见 学习《中央生态环境保护督察工作规定》和省委常委会会议精神，研究推进第一轮中央环保督察反馈问题整改及第二轮督察迎检工作 学习习近平总书记关于残疾人事业的重要论述和指示，传达全国、全省自强模范暨助残先进表彰大会精神和省委常委会会议精神，研究泉州市贯彻意见 研究泉州市推荐参评全国维护儿童权益先进集体事宜
7月18日	第152次	学习习近平总书记对垃圾分类工作做出的重要指示和省委常委会会议精神，研究《泉州市加快推进生活垃圾分类工作方案（送审稿）》 研究泉州市推荐参评全国优秀教育工作者事项 研究有关干部事项

续表4

时间	会次	议题内容
7月25日	第153次	学习习近平总书记在中央和国家机关党的建设工作会议上的重要讲话和省委常委会会议精神，研究泉州市贯彻意见
		学习习近平总书记在中央政治局会议审议《中国共产党机构编制工作条例》时和在中央深化党和国家机构改革总结会上的重要讲话及省委常委会会议精神，研究泉州市贯彻意见
		传达省纪委监委半年工作会议精神，研究泉州市贯彻意见
		传达全省巡视巡察工作会议精神，研究泉州市贯彻意见
		听取全市宗教工作督查整改工作进展情况汇报，研究部署下一阶段工作
		研究个别政协委员申请辞去政协委员事项
		听取“强基促稳”7份指导意见研究起草及审议情况汇报
7月30日	第154次	学习习近平总书记对地方人大及其常委会工作做出的重要指示和省委常委会会议精神，研究泉州市贯彻意见
		传达学习习近平总书记对贵州水城“7•23”特大山体滑坡灾害做出的重要指示和全国安全生产电视电话会议、省委常委会、省政府常务会议精神，听取2019年上半年全市安全生产工作情况汇报，研究部署下阶段工作
		研究部署中央生态环境保护督察反馈问题和交办信访件整改工作
		传达全省市县政协主席工作座谈会精神，研究泉州市贯彻意见
		研究泉州市推荐参评全国民族团结进步模范集体事项
8月8日	第155次	研究干部有关事项
		学习习近平总书记给下党乡乡亲的回信和省委常委会扩大会议精神，研究泉州市贯彻意见
		学习习近平总书记在中央政治局会议上研究当前经济形势和在中共中央召开的党外人士座谈会上的重要讲话以及省委常委会会议精神，研究泉州市贯彻意见
		传达学习省委非公企业和社会组织工委工作会议精神，研究泉州市贯彻意见
		研究泉州市推荐参评全国红十字系统先进集体事项
8月16日	第156次	传达省委书记于伟国到泉调研讲话精神，研究泉州市贯彻意见
		研究《泉州市晋江洛阳江流域水环境保护条例（草案）》
8月23日	第157次	研究第四届海上丝绸之路国际艺术节相关事宜
		听取2018年度省委主体责任检查反馈问题整改情况和市委主体责任检查工作情况汇报，研究部署下一步工作
		研究泉州市推荐参评全国水利系统先进集体和先进工作者事项
		传达学习《中共福建省委组织部关于转发中共中央组织部〈省区市规范领导干部配偶、子女及其配偶经商办企业行为规定〉的通知》精神，研究泉州市贯彻意见
		研究有关干部事项
8月28日	第158次	传达学习贯彻省委全面依法治省委员会第二次会议精神和中办国办《法治政府建设与责任落实督察工作规定》，研究泉州市参加全国法治政府示范创建评选活动事宜和《2019年督察计划》
		研究泉州市上报全省乡村振兴重点县（市、区）、特色乡（镇）、试点村名单
		传达省委新时代新担当新作为工作领导小组第三次会议精神，研究泉州市贯彻意见

续表4

时间	会次	议题内容
9月6日	第159次	听取泉州市学习贯彻习近平总书记在参加十三届全国人大二次会议福建代表团审议时重要讲话精神的工作推进情况汇报，研究部署下阶段工作
		学习中央财经委员会第五次会议和省委常委会会议暨省委财经委员会第三次会议精神，研究谋划下半年全市经济工作
		听取2019年上半年部分民生热难点问题整改落实情况汇报，研究部署下阶段工作
		研究《泉州市侨联改革方案（送审稿）》
		传达省委机关党的建设工作会议精神，研究泉州市贯彻意见
		研究泉州市推荐参评中宣部基层理论宣讲先进个人事宜
9月11日	第160次	传达学习习近平总书记重要批示、省委书记于伟国批示和省委常委会会议精神，研究进一步做好泉州市社会稳定和安全生产工作
		传达贯彻中央、全省“不忘初心、牢记使命”主题教育第一批总结暨第二批部署会议精神，研究《泉州市开展“不忘初心、牢记使命”主题教育实施方案》《市委常委会开展“不忘初心、牢记使命”主题教育工作方案》
		传达学习省委常委会会议和全省深入学习贯彻习近平总书记重要论述加强新时代文化和自然遗产保护利用工作会议精神，研究泉州市贯彻意见
		研究泉州市推荐参评全国财政系统先进集体事宜
9月19日	第161次	传达学习全国扫黑除恶第七次会议精神，听取省扫黑除恶督导“回头看”反馈情况汇报，研究泉州市贯彻意见
		研究《关于新时代加强党政军警民合力强边固防的实施方案》
		学习《中国共产党农村工作条例》，研究泉州市贯彻意见
		研究有关干部事项
9月24日	第162次	学习《中国共产党宣传工作条例》，研究泉州市贯彻意见
		学习《中国共产党问责条例》，研究泉州市贯彻意见
		学习习近平总书记对国家网络安全宣传周重要指示精神和省委常委会会议暨省委网信委第二次会议精神，研究泉州市贯彻意见
		研究《泉州市职业教育改革工作方案》
		研究《数字泉州建设三年行动方案（2019—2021）（送审稿）》
		听取民主党派省委会负责和设区市党委统战部长座谈会主要精神汇报，研究泉州市贯彻意见
9月27日	第163次	传达学习中共中央政治局委员、中央书记处书记、中央政法委书记郭声琨到闽调研时的讲话和省委常委会会议精神，研究泉州市贯彻意见
		传达学习习近平总书记在河南考察调研“不忘初心、牢记使命”主题教育重要讲话和全省市、县主题教育工作推进会精神，研究泉州市贯彻意见
		研究有关干部事项
10月8日	第164次	传达学习习近平总书记在中央政治局第十七次集体学习时的重要讲话和省委常委会会议精神，研究泉州市贯彻意见
		研究《关于进一步完善市本级政府投资项目管理的若干意见（送审稿）》
		研究《泉州市行政审批服务中介超市管理规定（试行）（送审稿）》
		研究《派驻市行政服务中心人员管理规定(试行)（送审稿）》
		研究《关于进一步完善泉州芯谷南安分园区投融资体制机制的总体方案（送审稿）》
		传达学习中办、国办印发《关于深化新时代学校思想政治理论课改革创新的若干意见》的通知，研究泉州市贯彻意见

续表4

时间	会次	议题内容
10月24日	第165次	传达福建省党政代表团到宁夏学习考察精神，听取泉州市与宁夏对口支援工作情况汇报，研究部署下一步工作
		传达学习习近平总书记在庆祝中华人民共和国成立70周年大会和招待会、向国家勋章和国家荣誉称号获得者颁授勋章奖章时的重要讲话、对“最美奋斗者”评选表彰和学习宣传活动做出的重要指示精神和中华人民共和国成立70周年庆祝活动总结会议以及省委常委会会议精神，研究泉州市贯彻意见
		传达贯彻习近平总书记关于巡视工作的重要讲话精神和中央、省委有关巡视会议精神，听取巡视整改责任单位落实巡视整改情况汇报，部署巡视整改工作
		学习《中国共产党机构编制工作条例》和省委编委会议精神，研究泉州市贯彻意见
		传达中央第二批“不忘初心、牢记使命”主题教育推进会精神，研究部署主题教育分类指导有关工作
		传达贯彻10月23日省委专题会议精神
		听取全市文物保护工作情况汇报，研究部署进一步加强文物安全工作
		研究召开市十六届人大五次会议、市政协十二届四次会议有关事项
		研究《泉州闽侨公司整合重组股权划转方案（送审稿）》
		研究泉州市推荐参评全国交通运输系统先进集体、先进工作者和全国市场监管系统先进集体以及全省保密系统先进集体事项
10月31日	第166次	研究干部有关事项
		传达学习中央、省委主题教育专项整治工作推进会精神，研究推进全市专项整治和化积案工作
		传达学习中央政治局会议、省委常委会会议关于加强党内法规制度建设精神，研究泉州市贯彻意见
		传达学习习近平总书记对全国道德模范表彰活动的重要指示精神和第七届全国、第六届福建省道德模范座谈会精神，研究泉州市贯彻意见
		传达学习习近平总书记对脱贫攻坚工作的重要指示精神和省委常委会会议、全省实施乡村振兴战略暨农村人居环境整治现场推进会精神，研究泉州市贯彻意见
		通报省纪委、监委有关文件
11月6日	第167次	传达学习全国、全省推进扫黑除恶专项斗争工作视频会议和省委常委会会议精神，研究泉州市贯彻意见
		传达省委主题教育领导小组到泉调研座谈会精神，研究泉州市贯彻意见
		研究《泉州市建设项目工程建设许可阶段“多评合一”实施意见（试行）》
		通报省委办有关文件
11月12日	第168次	传达学习中央有关统计工作重要文件
		传达学习习近平总书记对科技特派员制度推行20周年重要指示精神、省委常委会会议和全省现场会精神，研究泉州市贯彻意见
		传达学习中央、省委政协工作会议精神，研究泉州市贯彻意见
		传达中央、省委关于整治形式主义为基层减负工作系列会议和省级领导班子秘书长联席会（扩大）会议精神，研究泉州市贯彻意见
		传达贯彻中央全面深化改革委员会第十次会议和省委全面深化改革委员会第八次会议精神，研究《关于进一步完善化解民生热难点问题工作机制提升社会治理能力水平的意见（送审稿）》和《晋江市县域集成改革试点总体方案（送审稿）》

续表4

时间	会次	议题内容
11月25日	第169次	通报中央、省委统一战线工作领导小组有关文件精神，研究泉州市贯彻意见
		传达学习习近平总书记在中央政治局第十八次集体学习时的重要讲话和省委常委会会议精神，研究泉州市贯彻意见
		传达贯彻中央、省委深入推进第二批主题教育工作座谈会精神，听取市委常委班子“不忘初心、牢记使命”专题民主生活会准备情况汇报，研究市委班子对照检查材料
		传达中央、省委部署要求，研究泉州市推进“1028工程”工作
12月4日	第170次	传达学习习近平总书记关于加强和改进统一战线工作的重要思想研讨会和省委常委会会议精神，研究泉州市贯彻意见
		传达学习习近平总书记在全国民族团结进步表彰大会上的重要讲话精神和中办、国办印发《关于全面深入持久开展民族团结进步创建工作筑牢中华民族共同体意识的意见》，研究泉州市贯彻意见
		研究泉州市推荐参评中华人民共和国成立70周年庆祝活动信访保障工作成绩突出集体和个人事宜
		研究部分市政协委员、常委调整事宜
		研究有关干部事项
12月9日	第171次	传达贯彻省委十届九次全会精神，研究召开市委十二届十次全会方案及会议文件
		研究泉州市人大常委会2020年立法计划草案
		传达全省干部监督暨干部教育培训工作会议精神，研究泉州市贯彻意见
		学习《中共中央保密委员会关于切实加强基层保密工作的通知》，听取全市保密工作情况汇报，研究泉州市贯彻意见
12月20日	第172次	研究市政府工作报告、中级人民法院工作报告、检察院工作报告、计划报告、预算报告等文稿
		研究市委、市政府2020年为民办实事项目
		学习贯彻《中国共产党党校（行政学院）工作条例》，听取市委党校工作情况汇报
		传达全省乡村治理体系暨乡风文明建设现场推进会精神，研究泉州市贯彻意见
		听取泉州市关心关爱基层干部工作情况汇报
		传达中央组织部、省委组织部有关会议精神，研究泉州市贯彻意见
		传达中央经济工作会议精神
		研究有关干部事项
12月25日	第173次	传达贯彻省委经济工作会议精神，研究市委经济工作会议文稿
		2019年度市委常委专题议军会
		研究《关于深入学习贯彻习近平总书记重要论述加强新时代文化和自然遗产保护利用工作的实施意见》和《关于加强文物保护利用改革的工作方案》《泉州市历史文化名城名镇名村传统村落和历史建筑保护利用工作方案》《关于建立泉州市自然保护地体系的工作方案》等文稿
		学习习近平总书记在中央政治局第十九次集体学习时的重要讲话、习近平总书记为国家综合性消防救援队伍授旗训词精神座谈会和省委常委会会议精神，研究泉州市贯彻意见
		研究召开市政协十二届四次会议有关事项和市政协常委会工作报告文稿
12月31日	第174次	研究有关干部事项
		研究召开市十六届人大五次会议有关事项和市人大常委会工作报告文稿
		听取《“古泉州（刺桐）史迹”申报世界遗产补报文本》编制情况汇报
		研究《泉州市深化改革加强食品安全工作实施方案（送审稿）》
		研究泉州市推荐参评全省广播电视系统先进工作者事项

组织工作

【概况】 2019年，中共泉州市委组织部开展“不忘初心·牢记使命”主题教育，以开展组织工作“聚力攻坚年”活动为抓手，推进组织体系建设，建设忠诚干净担当的高素质干部队伍，集聚爱国奉献的各方面优秀人才，锐意改革创新、狠抓工作落实，为高质量发展落实赶超提供坚强组织保证。2019年，选拔任用40岁以下副处级干部5名，调配市管女干部68名、少数民族干部11名、党外干部16名。制定《泉州市公务员职务与职级并行制度实施方案》，指导各县（市、区）、市直各单位稳妥开展职级晋升工作。全市职级设置和套转全部完成，晋升职级近500人次。

【政治建设】 2019年，泉州市组织工作在政治建设方面突出干部政治素质考察、政治能力培训和政治激励关爱。

突出干部政治素质考察。结合年度考核，探索开展领导班子和领导干部政治素质考察。对领导班子，突出对“政治生态”考察；对领导干部，突出对“政治表现”（包含“真学真用、言行一致、担当作为、清正廉洁”4项）考察，鲜明树立考核导向。严格把好选人用人动议关、廉洁关，落实“凡提四必”（即凡提必审、凡提必核、凡提必听、凡提必查）要求，坚持重要干部实行全会表决，闭会期间11次征求全会成员对21名正处职领导的任用意见。完善综合分析研判制度，采取县（市、区）、市直单位轮流重点考核的方式，2019年主要对县（市、区）进行重点考核，在组织量化考评的基础上，运用经济责任审计、绩效考评、专项督查等成果，结合平时掌握情况，进行全面科学研判和比对印证，综合评出一批表现优秀的班子和“好”“差”两头的干部。

突出干部政治能力培训。制定实施《2019—2022年泉州市干部教育培训规划》，以政治能力培训核心，组织实施“习近平新时代中国特色社会主义思想及‘晋江经验’在泉州的成功实践教育培训工程”，推进“1+X”干部教育培训，举办领导干部提升政治能力、新提任领导干部廉洁从政、年轻干部宗旨教育等专题班。围绕服务高质量发展组织开展新业态新技能培训，举办领导干部专业化能力“七个专题”培训班、办好东海干部学堂等，促进干部党性和本领双提高。

突出干部政治激励关爱。坚持严管厚爱相结合，既大力开展干事创业精气神不够、患得患失、不担当不作为问题专项整治，又制定出台容错纠错机制实施办法，从制度层面建立责任明晰、措施具体、程序严密、配套完善的容错纠错体系。重视关心关爱基层干部，强化政治激励和待遇保障，现有县级党政领导班子成员中，具有乡镇街道党（工）委书记经历的达37.5%，全市有56名长期在偏远乡镇工作的干部得到调整交流，各县（市、区）每年至少组织一次干部健康体检，干部待遇保障措施日益健全。

2019年6月27日，泉州市庆祝中国共产党成立98周年暨“两优一先”表彰大会召开 （图/市委组织部）

【干部管理】 2019年，泉州市组织工作在干部管理方面树立鲜明选人用人导向，健全完善干部宏观管理，从严监督管理干部队伍，持续深化公务员分类改革。

树立鲜明选人用人导向。坚持“两个优先”原则选用干部，对考核被评为“好”的班子，优先使用其培养推荐的干部，对考核被评为优秀等次的干部，优先考虑培养和提拔使用。注重改善班子结构，有针对性地选配熟悉相关领域业务的优秀干部，统筹选配女干部、少数民族干部和党外干部。2019年，选拔任用40岁以下副处级干部5名，调配市管女干部68名、少数民族干部11名、党外干部16名。制定实施《关于适应新时代要求大力发现培养选拔优秀年轻干部的实施意见》，建立“两坚持、两突出、两注重”常态化年轻干部工作机制，全市共推荐人选500多名，人选年龄结构更加优化、学历层次得到较大幅度提升、基层导向更加突出、来源更加广泛。

健全完善干部宏观管理。选派干部到晋江“世中运”执委会和市信访局挂职锻炼，开展第二批市县中青年干部交流挂职锻炼，实行干部点名调训等办法，树立干部“重在培养”的鲜明导向。根据机构改革总体部署，坚持编随事走、人随编走、人事相随，坚持先转隶再做三定，按照平稳有序快捷的要求，做好1451名涉改公务员（含参公）、522名综合执法大队转隶人员及2300多名事业单位人员的转隶审核审批工作。从严做好2019年度69名选调生的接收、考核及到村任职安排工作，做好2017届大学生村官期满考核和有序流动工作，举办选调生岗前培训班、提高班等培训班，有意识有计划选派14名选调生挂职锻炼。

从严监督管理干部队伍。开展领导干部个人有关事项报告集中填报和查核工作，对查核发现存在填报不一致情况的报告对象进行严格处理，共批评教育、责令做出检查16人次、诫勉8人次。配合市委巡察工作，选派选人用人专项检查组5批40人次，对28个被巡察党委（党组）开展选人用人专项检查。全面落实干部任前监督工作，市管领导干部任前征求纪检监察机关意见355人次，组织对132名市委拟任人选进行党风廉政测试。严把国家工作人员出国（境）管理工作，审批或审核处级及以上干部因公出国境283人次、因私出国境85人次。深化市管干部日常管理监督信息沟通制度，每月形成专报报送部领导和市委领导参阅。深化提醒函询诫勉工作，对县处级干部进行提醒39人次、函询2人次、诫勉8人次。制定下发《关于开展全市领导干部配偶、子女及其配偶违规经商办企业行为专项整治实施方案》和《关于进一步规范市管干部配偶、子女及其配偶经商办企业行为的通知》，对可能存在的风险隐患及时进行规范清理。

深化公务员分类改革。开展“提高公务员管理科学化水平”专题调研，结合运用公务员信息库，全面统计分析全市公务员队伍年龄、性别、学历、专业、工作经历等结构特点，形成《公务员队伍来源结构分析》《市直科级领导职务公务员队伍结构分析》《党政机关公务员队伍分析与建议》等调研报告。制定《泉州市公务员职务与职级并行制度实施方案》，在全省率先提出职级晋升工作要求和统筹职数管理办法等实施细则，严格职级晋升条件，举办全市业务培训班，开展系列专题讲座，有效指导各县（市、区）、市直各单位稳妥开展职级晋升工作。截至12月31日，全市职级设置和套转均全部完成，晋升职级近500人次。做好全年公务员（含参公人员）考试录用工作，面向社会公开招录172人、面向公安院校公安专业应届毕业生招考59人、公安现役部队转改士兵录用为公务员189人。

【基层组织建设】 2019年，泉州市组织工作在基层组织建设方面，抓党建促脱贫攻坚、促乡村振兴，打造民营企业党建工作品牌，推进城市基层党建工作，提升党员教育管理水平。

党建促脱贫攻坚、促乡村振兴。以“强基促稳”三年行动为统领，制定《泉州市乡村组织振兴专项小组实施方案》，抓实农村基层组织建设。持续抓好村级集体经济“消薄倍增”计划，采取县乡统筹、抱团发展、市场运作，全面消除经营性年收入5万元以下的薄弱村，经营性收入10万元以上的村1655个，占比80.5%。开展“海丝先锋”达标创星活动，出台提升支部建设质量《六条措施》，集中整顿306个基层党组织，全市96.1%的村完成外观标识规范工作，新建29条乡村党建文化走廊。实施村（社区）“领头雁”引领示范专项行动，在浙江湖州等地举办村（社区）党组织书记示范培训班，推动各地举办村干部培训班642期，培训2.4万人次。组织开展新一轮村主干异地挂职锻炼，选派192名村党组织书记到152个先进村挂职。出台《泉州市村级班子绩效考评工作指导意见》，推动各地建立村级党组织书记县级备案管理和村干部退出调整机制。出台《关于完善和落实村级民主议事协商制度的指导意见》，指导基层做好矛盾纠纷调解等工作，晋江市被列入全国乡村治理体系建设试点单位，洛江区罗溪镇“构建党建‘同心圆’”案例入选首批20个全国乡村治理典型案例。

民营企业党建工作品牌打造。调整充实市委“两新”工委组成，出台各委员单位职责清单及工委内部工作制度，召开市委“两新”工委工作会议，建立工委委员挂钩联系制度。实施“党建入章”扩面提质项目，全市通过修改章程实现“党建入章”的企业1.05万家，新注册企业基本实现同步入章。推行党组织班子成员和企业决策管理层“双向进入、交叉任职”、党企联席会等，新培育20个党组织参与企业治理典型，全市17篇案例入选中央党校“新时代民营企业党建典型案例”，安溪凯鹰公司在全国首场小个专党建典型巡回宣讲会上作经验介绍，鲤城功夫动漫被评为“2019全国企业党建十佳案例”。转化495家“空壳化”“半空壳化”党组织，选派206名党建指导员，新建273个党组织，推进党组织标准化、规范化建设，相关做法在《人民日报》刊发报道。印发《关于开展“强党建 促发展”联合行动的实施方案》，协调20多个涉企部门实施“减税降费”“应对贸易摩擦”等54个服务项目，各级领导干部帮助企业解决问题难题1310个。扎实抓好社会组织党建工作，举办商会党组织书记示范培训班，与市社科联联合举办社会组织党建研讨会，营造良好氛围。

城市基层党建工作推进。出台《关于党建引领城市基层治理创新服务机制的指导意见》，总结形成“三清单”服务制度、“街巷长”

制等9个方面行之有效的创新制度。组织召开泉州市城市基层党建联席会议第二次会议，调整联席会议召集人及成员单位，修订完善《关于建立城市基层党建专职工作者队伍的实施意见》。分类施行“单独组建”“联合组建”“兼合式”及党员议事会的“3+1”小区党组织组建模式，建成小区党组织930个，党组织覆盖率58.7%。推进街道体制改革，指导石狮市出台《关于深化街道管理体制改革的实施方案（试行）》，推行“五办一中心”街道设置架构，全面推行社区治理“1+1+N”模式。组织参加全国城市基层党建创新案例征集评选，案例入选数量位居全省第一名，全国地级市第2名。中国网、中国共产党新闻网、《中国城市报》报道泉州市以党建引领城市管理水平相关做法，鲤城区“创新推行‘党员+巷长’基层治理模式”经验做法得到省委领导批示肯定。

提升党员教育管理水平。制发全市2019年发展党员指导计划，全年发展党员7727名。出台《市县乡三级挂钩联系连续三年未发展党员的农村党组织整改方案》，“一村一策”制定整改方案，39个村全部整改到位。出台《泉州市开展排查解决农村发展党员违规违纪问题试点工作方案》，确定2个市级试点乡镇和8个县级试点农村，共排查发现32条疑似违规违纪问题线索。印发《退役军人党员组织关系排查工作方案》，摸排退役军人1.4万人次。组织开展纪念建党98周年系列活动，召开泉州市庆祝中国共产党成立98周年暨“两优一先”表彰大会，表彰119名优秀共产党员、120名优秀党务工作者和120个先进党组织。创新流动党员管理新模式，激励流动党员比奉献、晒成绩，《福建泉州积极破解流动党员管理难问题》在中国组织人事报刊发。推进党员电化教育工作创新，泉州市选送的《率先》《阿丰成长记》《绽放》等作品获第十五届全国党员教育电视片观摩交流活动三等奖。

【人才“港湾计划”】 2019年，泉州市推进实施人才“港湾计划”，优化人才服务环境，激活市场主体活力，推动协同创新发展。

做优人才服务环境。推动人才工作职责首次写入28个涉才部门“三定”规定，细化生成67个年度人才工作项目，压实各级党委（党组）人才工作主责。实施“改进人才服务8条措施”，评估高层次人才20项待遇落地情况，推出吸引高校毕业生11项举措和海外人才、台湾人才、青年创业人才3项服务办法，全市高层次人才总量突破1万名，全年新增引进产业发展急需高校毕业生超过1万名。全面放开人才落户，大抓优质教育医疗资源扩容提质、职业教育产教融合改革，首创人才住房、子女入学跨县域保障机制，推进公共文化阵地开放、刚需购房指标单列，创造宜居温馨的生活环境。延伸服务架构，统筹布局泉州（晋江）国际人才港等41个市级“人才之家”，上线“人才港湾”APP，完善“一窗、一网、一码、多站点”服务网络，让人才“随时随地可办事、一趟不用跑”。《中国组织人事报》头版刊发泉州市做法。

激活市场主体活力。把人才的认定权交给企业，累计确定113家试点企业，分批自主认定市高层次人才377名。探索“人才层次+贡献大小”的积分制评价，给予用人单位占主导权重的评价系数，建立以创新能力、业绩贡献为导向的人才评价体系，相关做法被中组部刊发、获评全国人才工作创新最佳案例。出台鼓励人力资源服务机构引才奖励办法和支持行业协会开展人才工作“15条措施”，扶持市人才发展促进会做强“以才引才”功能，让协会机构“走上前台”、成为引才主体，全市累计吸引60多家海内外机构、社团到泉州驻点或离岸服务。借助省“6·18”、“9·8”、人才福建周、福建人才创业周等活动平台，办好“海丝”青创大会、海峡菁英人才节、全国集成电路“创业之芯”大赛等区域性行业性赛事，推动中科院大学智能制造学院、天津大学集成电路研究院等泉州产业急需的科研平台落地。

推动协同创新发展。坚持用事业平台引才聚才，中科院泉州装备所获批国家级重大创新平台，福建化学工程创新实验室、福州大学微电子研究院，中科院海上丝绸之路时间中心等3家大院大所建设有序推进。常态化组织“博士专家泉州行”，与清华大学深化共建博士研究生社会实践基地，全市柔性招引和使用的高端创新人才超过2万名，全年新增13家院士工作站、21家专家工作站、7个市级海外引才平台。推动市人才创新共享联盟扩容提级，研究制定促进科技成果转移转化20条意见，立项支持高层次人才创新创业团队9个、创新创业项目100个。做强创投服务，设立总规模10亿元的市级人才创投基金和创新创业创造基金，规划建设泉州创新创业广场以及海归E谷留学生创业园区、海丝基金小镇等双创综合体，倾斜扶持200家中小科创企业。深化“弘扬爱国奋斗精神、建功立业新时代”活动，推出“初心使命·榜样力量”“爱国情·奋斗者”系列专访，常态化举办高层次人才“爱国奋斗”专题研修、研学、快闪等活动60余场，推动各行业各领域人才将个人价值实现融入中华民族伟大复兴进程中，相关做法被学习强国刊载。

宣传工作

【概况】 2019年，泉州市宣传思想文化战线围绕学习宣传贯彻习近平新时代中国特色社会主义思想这个首要任务，围绕庆祝中华人民共和国成立70周年这条主线，坚持守正创新，自觉承担起“举旗帜、聚民心、育新人、兴文化、展形象”的使命任务，推进宣传思想文化工作行稳致远。组织集中学习宣传习近平总书记参加福建代表团审议时的重要讲话精神，其间全市14924个基层党组织开展专题学习讨论、主题宣讲近千场次，刊发相关新闻报道和文章1000余篇（条）。

【思想理论建设】 2019年，泉州市委宣传部推动掀起习近平新时代中国特色社会主义思想“大学习”新热潮，推进党的创新理论走深走实、入脑入心。

深化“大学习”。印发《2019年全市理论学习安排意见》《深入学习贯彻习近平总书记在参加十三届全国人大二次会议福建代表团审议时的重要讲话精神的学习宣传方案》等文件，组织《学习纲要》学习宣传发行工作，分阶段、分层次组织开展主题学习宣传活动，引领全市广大党员干部群众把思想行动统一到习近平新时代中国特色社会主义思想上来。依托“华大讲堂”，持续做好泉州市委理论学习中心组学习服务和协调工作，完善党委（党组）中心组学习秘书等报备制度，落实学习情况报告、通报，加强检查和督促，2019年共组织市委中心组学习、研讨26场。召开全市宣传思想文化工作学习交流会，举办学习贯彻“习近平总书记关于宣传思想工作的重要思想”专题培训班。

“大宣讲”活动。探索建立领导干部宣讲常态化机制，印发全市理论和时事“大宣讲”专题目录。推动业余讲师团、农民讲师团和县级乡村讲师团等队伍建设，扩充泉州市宣讲员库和宣讲精品菜单，打通理论进基层“最后一公里”。组织“10+1+N”宣讲小分队围绕学习宣传贯彻习近平新时代中国特色社会主义思想等开展宣讲11000多场次，直接受众近44万人次。

“学习强国”学习平台推广运用。建立13个县（市、区）和市直6个系统党委节点，组建学习管理员、通信员队伍，举办全市“学习强国”学习平台学习管理员培训会，深入基层点对点分类指导。积极申请学习平台专项经费，搭建工作专班，建立供稿架构，打通供稿链路，积极提供优质稿件，定期通报全市推广、学习情况。至2019年，泉州市加入认证组织党员人数为25万多，实现60岁及以下党员全覆盖，加入总数保持全省首位；累计在平台上刊发稿件近600篇，供稿量和刊发量保持全省前三。

【主流舆论宣传】 2019年，泉州市主流舆论宣传工作紧扣全市中心大局，加强正面舆论引导，组织泉州市直媒体做好习近平新时代中国特色社会主义思想“大学习”宣传报道，做好中共十九届四中全会等中央、省级重要会议精神和重大理论政策的宣传阐释。重点策划组织庆祝中华人民共和国成立70周年宣传报道，制定印发《泉州市庆祝中华人民共和国成立70周年宣传报道方案》，围绕中华人民共和国成立70年来特别是中共十八大以来全国、全省及泉州市经济社会发生的巨大变化、取得的伟大成就开展浓墨重彩的主题宣传报道。重点统筹好中央和福建省委、泉州市委各项重大会议活动、重要纪念日宣传，组织各级媒体开设“壮丽70年奋斗新时代”专栏专题，精心策划开展“70年70人”“中国心泉州情”等主题采访活动，开展线上线下一体宣传，激发全市人民爱党爱国热情、干事创业激情。紧扣泉州市委市政府重点工作，做好“强基促稳”、项目攻坚、扫黑除恶专项斗争、人才“港湾计划”、古城保护发展、乡村振兴、“不忘初心、牢记使命”主题教育等重大主题宣传报道。据不完全统计，全年《人民日报》《光明日报》、人民网、新华网、光明网等中央级媒体推出有关泉州市报道8200多篇（条），福建日报刊发400多篇、福建广播影视集团刊播900多条。

【社会主义核心价值观建设】 2019年，泉州市开展“践行社会主义核心价值观最美人物”推选，全市44万多人次参与。开展“一镇一孝廉”创建活动，挖掘宣传180多个典型孝廉人物事迹，力促党风与民风、家风与社风形成良性互动。做好春节、元宵等传统节日氛围营造，发挥“我们的节日”思想熏陶和文化教育功能。对全市137个各级爱国主义教育基地开展复评，启动新一批爱国主义教育基地命名工作，新增8个市级爱国主义教育基地。组织开展中华人民共和国成立70周年群众性主题教育，通过“我和我的祖国”“礼赞新中国 奋进新时代”等主题活动，吸引群众广泛参与、满足群众期待。召开全市移风易俗工作现场观摩（推进）会，巩固深化“一县一方案”工作成果。

【社会主义文化建设】 2019年，泉州市实施文化惠民、文艺高峰、优秀传统文化传承发展工程，推动社会主义文艺繁荣发展。

传承和弘扬传统文化。开展泉州市优秀传统文化传承发展专项资金项目申报工作，奖励支持各类优秀传统文化传承发展项目共40个；闽南文化生态保护实验区公布为国家级文化生态保护区；新增13个国家级文物保护单位，新增数量位居全省首位；新增国家级非物质文化遗产代表性项目4个、省级10个。开展泉州市历史名人文化传承保护工作，各县（市、区）对辖区内历史名人文化资源进行全面梳理摸底、登记造册，深入挖掘泉州历史名人思想文化资源及其当代价值，推动名人馆、名人墙等建设，依托文化公园、百姓书房等公共场所、文化空间宣传弘扬泉州历史名人，打响泉州历史名人文化品牌。组织开展戏曲进校园活动，推动戏曲名家、非物质文化传承人、戏曲表演类民间艺人走进课堂，开展戏曲通识教育等，推动建立并形成长效机制。惠安小岞中心小学等5所学校入选2019年全国中小学中华优秀传统文化传承学校。

文艺创作再上新台阶。实施文艺精品创作工程，宣传“晋江经验”的电视连续剧《爱拼会赢》开机拍摄；联手著名作词家邓永祥、作曲家戚建波创作推出反映泉州多元海丝文化歌曲《丝路扬帆》；鼓励全市文艺院团创排新剧目和复排传统剧目相结合，推出一批优秀作品，如梨园剧团创排梨园戏《御碑亭2》《倪氏教子》，南音乐团创作专场音乐会《听见历史的声音》，高甲剧团创作高甲戏《真假王岫》《凤仪亭》、打城戏《劈山救母》《目连救母·做生日》《目连救母·三步一拜》，木偶剧团抢救排演经典传统木偶戏《目连救母》等；完成《中国戏曲剧种全集》梨园戏、高甲戏、大城戏剧种分册编撰工作；30件作品入选第十三届全国美术作品展览，17人19件作品入展中国文联、中国书协主办的全国第十二届书法篆刻展览，占福建省入展数的44.2%；组织12个专业剧团、2个业务剧团参加第十四届福建省戏剧水仙花奖比赛，获专业组表演奖一等奖3个、二等奖6个，专业组演奏奖一等奖2个、二等奖1个。积极参评第十五届“五个一工程奖”和第九届省“百花文艺奖”，选送音乐舞蹈史诗《向大海》、高甲戏《李光地》《浮海孤臣》、电影《海门深处》、电视纪录片《石狮故事》、动画片《熊仔之录绿战纪》、广播剧《马兰花开》《姑嫂塔》、歌曲《一封信》、图书《晋江，奔流向海》《古刺桐港的故事》《江海不渡》等12部作品参评“五个一工程奖”，其中《晋江，奔流向海》《海门深处》《恐龙王》三部作品代表福建参评“五个一工程奖”，受到福建省委宣传部的表彰；选送36个优秀作品参评第九届福建省“百花文艺奖”。

【对外宣传】 2019年，泉州市宣传战线加强国际传播能力建设，讲好中华文化、泉州故事，提升泉州对外知名度。

重大活动对外宣传。做好“海丝海博会”宣传工作，组织60多家境内外媒体、100多名记者到会采访报道，共刊发上千篇报道。开展2019“清新福建行”采访活动。开展古泉州（刺桐）史迹申遗、世界中学生运动会、“中国白”国际陶瓷大奖赛等活动的新闻宣传工作，向国外展现泉州城市形象。

对外传播能力建设。加强与四大洲最大华文媒体《欧洲时报》《美国侨报》《大洋日报》《非洲时报》合作办报，每月刊发2期“海上丝绸之路•泉州”专版。继续与菲律宾《商报》同步发行《泉州晚报•海外版》，每周5期，2019年共刊发泉州专版约60个版面、200多条图文。继续加强与汉雅星空传媒公司合作，通过魅力中国网络电视台（IPTV）的50多个频道在海外播出节目，10档闽南语电视节目在北美、欧洲、澳大利亚和东南亚等地落地，在世界范围内更好地宣传闽南文化和海丝文化；继续在美国斯科拉卫星电视台开设《中国泉州》栏目，播出泉州外宣专题片。与菲中电视台联合开办24小时电视节目频道，扩大泉州影响。

统一战线工作

【概况】 2019年，中共泉州市委统战部推动全市统一战线汇聚共识、凝聚力量，落实市委各项决策部署，服务全市高质量发展和民生改善。市委统战部整合统战资源，助力招商引资。用好世界闽商大会、“9·8”厦洽会、“海丝”国际艺术节和统战联络联谊活动等平台，引导乡亲乡贤回归创业，协同政府有关部门引进项目289个，投资总额1931.21亿元。其中，港澳专场招商推介会对接项目投资总额183.66亿元；全国泉属商会会长及秘书长工作交流会暨招商推介活动签约项目投资总额184.15亿元；结合海联会五届二次理事会开展产业招商推介。关注民生福祉，助力脱贫攻坚。落实中央定点扶贫工作部署，筹集100万元支持全国妇联定点帮扶县脱贫工作，得到全国妇联肯定并发函致谢。开展“三百工程”，民营企业、商会组织、侨商侨企、新阶联、留联等参与精准扶贫及实施乡村振兴战略，发动企业和商会1095家，帮扶贫困村643个，落实帮扶资金2.88亿元，帮扶困难群众2.4万人次。做好厅处级干部结对帮扶贫困户工作，到永春县桂洋镇壶永村调研脱贫攻坚、乡村振兴工作，落实帮扶资金39万元并协调解决饮水安全问题；到洛江区虹山乡走访慰问挂钩帮扶对象12户，落实帮扶资金10.9万元。协同市住建局、农业农村局、扶贫办等部门实施“同心安居工程”，筹集432万元助力108户贫困户实施危房改造，该项工作在中央统战部《每日汇报》上刊载推介。开展“同心助学 松柏成才”行动，筹集202万元助学金资助237名家庭困难学生。泉州市统战成员参与社会公益慈善的氛围日益浓厚，捐赠17.97亿元开展助医、助学、助困等活动。

【新型政党制度建设】 2019年，中共泉州市委统战部指导各民主党派开展“不忘合作初心，继续携手前进”主题教育活动，印发活动方案，成立指导组，全面推进活动开展。开展“不忘初心 共筑同心——庆祝中华人民共和国成立70周年义诊赠药”等活动133场，受益群众5.12万人次。各民主党派市委会举办培训、讲座、座谈研讨、理论宣传、参观展览等164场次、6700多人次参与。制定《2019年政党协商计划》，组织对市委重点工作的意见建议座谈会、城市建设提质提速参政调研工作座谈会等专题政党协商会议。

2019年9月7日，泉州市统一战线庆祝中华人民共和国成立70周年“我和我的祖国”音乐快闪活动在开元寺举行。图为活动参与者共唱国歌

（图/王树帆　丁子翔）

各民主党派撰写调研报告、社情民意信息和建议、提案1371篇，24篇得到中央、省、市领导的批示肯定；5篇专题调研纳入省、市党委政府决策部署。各民主党派市委会积极参加市人大、政协、法院、检察院等组织的视察、检查、通报活动。9名民主党派成员被推荐为市监察委员会特约监察员，8名民主党派成员被推荐为市特邀行政执法监督员。贯彻落实中央关于加强参政党建设等3份文件精神，加强民主党派基层组织建设。做好民盟永春总支、民进洛江总支换届相关工作。各民主党派被党派中央、省委会评为先进集体21次，先进个人50人次。

【团结服务新的社会阶层人士】 2019年，中共泉州市委统战部强化组织网络建设，成立泉州市党外知识分子联谊会，推动丰泽、洛江等8个县（市、区）新成立8个新阶联组织，实现县级新阶联全覆盖。在社区（村）和园区新建立新的社会阶层人士同心服务站10个，新成立8个实践创新基地和4个创享驿站。在新的社会阶层人士中开展“凝聚新力量·筑梦新时代”主题教育活动，在党外知识分子中开展“弘扬爱国奋斗精神·建功立业新时代”主题教育活动，在市社会主义学院举办新的社会阶层人士与留学人员专题研讨班和党外知识分子代表人士培训班。围绕中华人民共和国成立70周年等重大节庆节点，组织开展音乐快闪等6场形式多样的庆祝活动。策划开展慈善公益募捐，发动新的社会阶层人士、留学人员、党外知识分子等积极参与同心安居工程、同心救护车捐赠、爱心厨房捐赠以及慰问贫困户等慈善公益活动，共募集善款248.2万元。发起成立“微授渔公益平台”，将在全市建设100座“同心图书室”，助力全民阅读和示范区建设。至年底建成89座，累计捐赠图书8.9万册。推动留学人员创新创业，助力“五个泉州”建设。组织开展“2019年泉州市留学人员优秀创业项目申报活动”，对9个优秀创业项目进行扶持。邀请隐形冠军之父西蒙到泉州举办《隐形冠军》超级公开课，致力提升留学人员综合素质。

【民营经济发展助推】 2019年，中共泉州市委统战部强化思想政治教育，举办民营企业家、“创二代”座谈会，学习习近平总书记在民营企业家座谈会和参加十三届全国人大二次会议福建代表团审议时发表的重要讲话精神。在民营经济人士中开展以“守法诚信经营、坚定发展信心”为主题的理想信念教育，深入宣讲新思想。完善政企沟通协调机制，构建“1+3”政策体系，市委市政府主要领导主持召开各类企业座谈会、年轻企业家和创新创业座谈会20多场，听取意见，解决问题。推动构建亲清政商关系，牵头组织16个市直部门，对各地支持民营经济发展政策措施落实情况进行督查评估；联合市检察院、市税务局等单位举办“检税降负亲清护企”活动，助推民营企业心无旁骛做实业。协助行业商协会与中国银行等5家银行签订战略合作协议，为企业争取100多亿元授信贷款额度。助推泉商发展壮大，组织泉籍商会人士、企业家代表参加2019年异地泉籍商会专题恳谈会、京津冀招商引智泉籍商会座谈会，助力企业深化合作。设立泉商商学院，开展系列培训，1500多人次参与。建设网上商会——“泉商部落”，打造海内外泉商共同参与、资源互补、抱团发展的平台。

【民族宗教团结进步工作】 2019年，中共泉州市委统战部贯彻落实全国民族团结进步表彰大会精神，开展全市第十二个民族团结进步宣传月活动，推进各民族筑牢中华民族共同体意识。结合实际扎实开展城市民族工作，督促指导基层落实外来少数民族务工人员服务管理“五个一”机制。协同相关部门通过市直部门挂钩帮扶民族乡村等抓手，助力民族乡村经济社会发展。制定《关于落实宗教工作三级网络两级责任制的实施意见》，建立民族宗教工作网格化服务管理体系。制定《泉州市关于有力有效解决违规违法宗教活动问题的实施意见》《泉州市规范宗教活动场所管理工作方案》《泉州市全市性宗教团体重大事项报备制度》等规章制度，加强对宗教团体、活动场所、宗教活动依法规范化管理。开展文明敬香工作，引导重点佛道教和民间信仰场所做到“一少三无”（“一少”即少烧香，只敬一支或三支环保香，“三无”即无烧金纸、点蜡烛、放鞭炮等影响环境、安全行为），全市主要佛道教和民间信仰场所基本落实“一少三无”。制定《关于解决宗教活动场所不动产登记历史遗留问题的若干意见》，对宗教活动场所办理不动产登记的法律法规适用、程序等提出分类指导意见，为宗教活动场所建设项目依法规范化管理提供制度保障。引导宗教界走与社会主义社会相适应道路，着力推动“四进”宗教场所（即国旗、宪法和法律法规、社会主义核心价值观、中华优秀传统文化进宗教场所）。结合庆祝中华人民共和国成立70周年，推动全市宗教界开展以“助力新时代 共筑中国梦”为主题的爱国主义学习教育活动，组织宗教团体和重点宗教、民间信仰场所负责人举办迎国庆升国旗仪式。引导宗教界支持扶贫、助学等公益慈善事业，筹集善款4300余万元。

【港澳台统战工作】 2019年，泉州市在香港举办世界闽南文化节、香港泉州市社团联合总会换届庆典、泉州市产业项目香港专场招商会等系列活动，3000多人次泉州乡亲、客商参加。在深圳举办香港泉籍社团庆祝中华人民共和国成立70周年座谈会，全市所有241个香港泉籍同乡会、校友会、姓氏宗亲会、民间信仰团体等社团，近400名社团负责人参加。扩大联络联谊面，接待港澳参访团组32批1500多人次，组织11批团组到港澳参加换届庆典等活动。组织港澳台泉籍青少年回乡培训、参访、交流、研学等活动。与市台港澳办联合举办第四期“海丝情·中国梦”港澳青年骨干培训班；与团市委联合举办香港、泉州中学生“三比一”交流活动，250名香港中学生与80名泉州中学生参与；协助、指导市台联、市金联会举办华侨大学2019届毕业台生欢送会、在泉台湾师生中秋联谊、在泉就业台湾青年交流联谊、金门籍青少年祖地行、两岸中学生暑期体验营等活动。

【海外统战及侨务工作】 2019年，中共泉州市委统战部开展“泉籍精英故乡行”活动，邀请海外著名侨领、财团负责人及其后代24批600多人次返乡寻根谒祖。组团7批前往印度尼西亚、菲律宾、马来西亚、泰国、柬埔寨等国家参加社团庆典等活动，增进乡情乡谊。着力涵养新生代资源，促进“世界泉州青年联谊会”发展壮大，召开世界泉州青年联谊会（简称“世泉青”）第八次会长办公会，举办“我们都是追梦人”创业分享会暨慈善义拍活动，吸纳42名新理监事成员，充实青年骨干力量。推动成立“世泉青”泰国、柬埔寨、马来西亚分会，填补当地无泉州市一级社团的空白。拓展延伸工作触手，主动与华侨大学协作，联合制定《关于协同做好港澳台侨学生教育培养联络联谊工作的意见》，建立沟通联系机制，通过加强信息资料互通、设立专项奖助学金、共建社会实践基地、帮助侨生在泉就业、联合开展“华大新生看泉州”活动等方式，有效发挥政治引领作用。出台《海外人才服务管理若干措施（试行）》，吸引海外人才集聚泉州、投身创业、致力创新。落实依法护侨工作，完成市人大立法预备项目《泉州市华侨遗存保护条例》初撰工作；开展侨乡文化名镇名村创建，此项工作走在全省前列；继续做好侨捐项目信息资料库完善工作，及时录入2018年侨捐信息资料1.8万条；下拨各级侨务专项经费274.17万元解决贫困归侨生产生活困难问题，对163名遭遇大灾大病贫困归侨进行临时救助。选派34位优秀教师到菲律宾、印度尼西亚任教，数量居历史高位。开展8期海外华裔青少年夏令营，有力促进了海外新生代的情感认同和文化认同。

推进改革与政策研究

【概况】 2019年，泉州市委改革办（政研室）贯彻落实和服务市委决策部署，按照机构改革后职能拓展的新要求，聚焦“改革、政研、财经”三大主业，全面加强研究谋划、统筹协调、督促落实三项工作，发挥市委参谋助手作用。牵头或参与起草市委市政府重要政策文件19份，统筹组织25个市级年度重点调研课题和14个重点专项研究，编发《泉州改革调研》64期、《泉州通讯》12期，统筹推进服务好强基促稳、化解民生热难点问题、解难题化积案等市委中心工作，政策研究和党的建设取得新成效。调研报告获省重点课题优秀调研成果特别奖、一等奖各1篇，获第二届“推进机制活 建设新福建”机关体制创新优秀案例二等奖1篇，党建论文获市委党建课题调研一、二等奖，获全市机关“我们的初心使命”主题征文二等奖1篇、三等奖2篇、优秀奖1篇。

【推进改革】 2019年，泉州市委改革办组织研究分析制约各领域改革的突出问题，牵头起草市委深改委、财经委2019年度《工作要点》，部署推动75项重点改革突破事项和30项财经工作要点，勾勒全年改革财经工作“施工图”。

服务市委深改委、财经委会议组织工作。全年服务市委召开9次市委深改委会议、2次市委财经委会议，审议改革议题26项、财经议题2项，以市委深改委（改革办）名义印发规范性文件13份。每一次会议都认真准备议题方案、领导讲话素材，严格把关上会文稿文件，会后及时编发会议纪要并做好资料归档。

协调推动一批重要改革事项。聚焦重点领域、关键环节加强改革攻坚。主要有：推动行政审批提质提速方面，聚焦一批审批服务中的“中梗阻”“卡脖子”问题，梳理出政府投资项目管理、行政审批队伍建设管理、“中介超市”管理、政府投资与国企投资责任划分界定、“多评合一”等亟须突破的10个事项并转化为任务清单；组织专题调研重点项目建设落实的机制问题，会同有关部门研究出台《进一步完善“五个一批”项目推进机制》政策文件；民生热难点问题摸排化解方面，出台实施《关于进一步完善化解民生热难点问题工作机制　提升社会治理能力水平的意见》，创新定期摸排、限期解决、长期跟进、定期不定期“回头看”、可预期向群众反馈等五个机制，牵头开展的32个民生热难点问题摸排整改取得阶段性成效；在市委“不忘初心、牢记使命”主题教育“解难题、化积案”专项行动中承担项目协调组工作，梳理下发309个难题积案项目清单，办结率95.1%。相关做法“中国网”以《福建泉州：民生“XIN”行动 向着“幸”福出发》为题予以宣传推介。

改革督察推进和经验复制推广。加强改革、财经工作的横向统筹、纵向指导，发挥改革督察职能，聚焦重要改革专项、改革任务真抓实督，及时向市委反馈落实情况。先后围绕城乡整合发展国家级改革试点、省委省政府和省直部门布置开展的改革试点、贯彻省委“三四八”工作机制、市委14个重点专项研究、市委十二届九次全会“1+7”文件落实、“强基促稳”推进及突出问题整改、民生热难点问题整改和“解难题化积案”落实等工作情况，采取书面督察、明察暗访、直奔现场、查阅资料等方式开展“回头看”，确保改革举措落深落细。支持基层特色主题改革探索，推动晋江获批全省首批县域集成改革试点，打造改革先行先试“试验田”。同时，定期跟进各地各领域改革、财经工作亮点和阶段性成效，梳理筛选出40个典型案例汇编成册并加强复制推广。其中，《创新六项机制　打造泉州版河长制》获第二届“推进机制活　建设新福建”机关体制创新优秀案例二等奖；与石狮市委改革办联合撰写的“石狮市市场采购贸易方式试点”改革经验获《学习强国》《改革内参》等刊发；撰写改革“三个机制”建设专题调研报告，向省委改革办报送“三个机制”建设典型案例8篇、改革信息66条，被《福建改革财经情况》采用11条，10篇经验案例被省委改革办“改革屏道”公众号刊发推介。

【调查研究】　2019年，泉州市委改革办牵头开展政策性研究和相关政策文件的起草工作，服务市委决策谋划和工作部署。

文件起草。发挥政策研究工作优势，以学习贯彻习近平总书记在参加十三届全国人大二次会议福建代表团审议时重要讲话精神《中共泉州市委关于深入学习贯彻习近平总书记在参加十三届全国人大二次会议福建代表团审议时重要讲话》为抓手，细化生成14个重点专项并组织深入调研，在此基础上起草市委十二届九次全会主文件，并组织相关部门起草配套文件，形成“1+7”文件体系。围绕学习贯彻习近平关于文化和自然遗产保护的重要论述，牵头起草《中共泉州市委　泉州市人民政府关于深入学习贯彻习近平总书记重要论述　加强新时代文化和自然遗产保护利用工作的实施意见》，形成“1份《实施意见》+3份《工作方案》+N个重点专项攻坚”体系，并在《泉州晚报》“东海潮声”栏目做好文件解读工作。围绕深入学习贯彻中共十九届四中全会精神和省委十届九次全会部署要求，牵头起草市委十二届十次全会文件《中共泉州市委深入贯彻〈中共中央关于坚持和完善中国特色社会主义制度、推进国家治理体系和治理能力现代化若干重大问题的决定〉的实施意见》。

决策咨询。为市委决策谋划和工作部署提供优质服务，先后围绕“亲清政商关系”“强基促稳”“10年间泉州与福州GDP比例变动趋势”“文化资源转化为城市竞争优势”等开展专项研究，并及时梳理形成“优化营商环境条例”相关素材、“三大中心城市”思想相关素材、省“两会”建议提案、城乡融合发展相关改革试点等素材信息，为市领导提供决策参考。参与做好市委务虚会、经济工作会文稿服务，推动企业家代表座谈会意见建议分解落实，参与2020年全市经济工作思路研究，提出“经济要稳、城市要聚、民生要实、机制要活”建议。配合上级提供相关重要文稿，向省委政研室、改革办报送10多份汇报材料。

专题调研。发挥课题调研的“龙头”作用，围绕市委工作重点要点热点，统筹组织全市25个年度重点调研课题，牵头开展泉州城市发展战略、产业发展战略、“十四五”发展思路等重大课题研究，形成一批有价值、有分量的研究成果，《新时代践行“晋江经验”增创泉州改革开放新优势的研究》获“省重点课题优秀调研成果”一等奖；《培育发展智能激光显示产业集群的分析与建议》获“省重点课题优秀调研成果”特别奖。主动策划热难点专题研究，围绕境外上市公司被做空、集中办丧改革、传统工艺振兴发展、培育科创型智造型“创二代”群体等开展专题调研，为市领导、有关部门和方块提供有针对性、建设性的建议参考，《理顺体制机制，促进古城保护修复永续发展》等文稿获得市委、市政府领导批示肯定，《加快振兴发展泉州传统工艺的研究》等5篇调研文稿在省委政研室《调研文稿》上刊发，总篇数居全省设区市首位。

【强基促稳】 2019年，泉州市委部署开展“强基促稳”三年行动，“强基促稳”办公室依托在市委改革办。市委改革办运用改革思维、改革方法推进工作，强化牵头抓总、调度协调、督促落实，服务市委领导部署工作推进会、半年点评会和总结大会，安排市委领导深入基层调研和工作督导，推动提升基层“组织力”“治理力”“矛盾化解水平”3个方面11个专项行动扎实开展，实现市、县、乡、村四级统筹协作，一些关键指标呈现明显向好势头，信访人次下降11.5%，历史积案办结化解率93.8%，息诉息访率达66.11%。

突出制度创新。聚焦村集体“三资”监管不规范、民主协商议事落实不到位、村居工作队伍建设薄弱等基层治理难题，出台一批市级指导意见，加强对县一级的制度供给和政策指导。培育推广一批基层“小切口”善治典型，推动一些微创新做法上升成为制度性安排，加速实现从“解决一个问题”到“解决一类问题”。

强化风险防范。推进防范化解重大风险专项工作，系统摸排全市9个方面77项风险点，逐一制定防范化解措施，织牢应对风险隐患的托底“安全网”；分县域梳理防范化解重大风险工作薄弱环节，为市领导开展点对点“教练”提供素材。

改进激励机制。采取“自主申报+专业抽查+综合评价”办法，以成果“晾晒”替代留痕检查，层层压实责任。本年度全市共评选出6个先进集体、43个先进个人（其中镇、村一线干部占比超过50%）、十佳示范案例以及25个优秀创新案例。

注重总结推广。依托《泉州晚报》、泉州电视台开辟宣传专栏，先后归纳提炼58个基层“微创新”“集成创新”改革典型在全市推广；注重“强基促稳”工作规律性调研总结，撰写的《推深做实“中国之治”的泉州探索 “强基促稳”专项行动成效初显》获“中国网”“光明网”“学习强国”“福建改革屏道”等宣传推介，《运用“三项机制”推进“强基促稳”》《泉州市开展“强基促稳”行动积极探索基层社会治理新路径》等在《福建改革财经情况》《八闽快讯》刊发，获省委改革办主要领导批示肯定。

【内刊编辑】 2019年，泉州市委改革办发挥其主办的市委内部刊物《泉州通讯》《泉州改革调研》的主渠道作用，增强精品意识，打造探讨理论问题、交流调研成果的重要平台，组织编发一批观点新、份量重的信息，提供决策参考。全年共编发《泉州通讯》12期、《泉州改革调研》64期。

网络安全和信息化

【概况】 2019年，泉州市网信系统贯彻落实全国、全省网络安全和信息化工作会议精神，做到机构筹建、工作推进和建章立制“三同步”，推动党委（党组）网络意识形态工作责任制、网络安全工作责任制落实到位，全市网上正面宣传和舆论引导持续发力，网络舆情调控管控平稳有序，网络安全保障工作落地见效，网上网下“同心圆”有效构建，网信队伍建设稳步推进。探索创新网络执法联动模式，得到中央网信办、省委、市委主要领导的批示肯定。开通“泉州网信”公众号，全年共刊发各类文章、图表、视频等318篇，搭建对外宣传窗口，有效提升泉州网信工作的社会知晓率和公众影响力。

【网上正面宣传和舆论引导】 2019年，泉州市网信系统加强网上正面宣传和舆论引导，组织参与各项主题评选宣传活动。

网上正面宣传引导。深化习近平新时代中国特色社会主义思想的学习宣传贯彻，组织做好“习近平在宁德”“习近平在厦门”“习近平在福州”等主题推送工作，在网上兴起“大学习”热潮。在做好常规宣传推送的同时，抓好中心工作和重大主题宣传，指导属地重点新闻网站策划、开设“高质量发展落实赶超”“作答时代命题、聚力赶超攻坚”“不忘初心、牢记使命”主题教育等专题专栏，加强与人民网、新华网、东南网、闽南网等主流新闻网站及新浪、腾讯、今日头条等商业网站和新兴媒体的宣传合作，为中心工作推进营造浓厚的网上舆论氛围。精心组织“福建全球推介活动”“坚定不移推动绿色发展的福建实践”北京新闻发布会以及福建省庆祝中华人民共和国成立70周年泉州专场发布会等3场重大主题活动的网上宣传推介，广泛发动全市各界力量，重点推介泉州元素，总曝光量超过1.5亿次，其中《你好，世界！我是泉州！》总阅读量突破100万，居全省第一。策划组织第四届海艺节网络新闻宣传活动，举办网络艺术节，联动人民网、新华网、中国网、东南网、新浪、腾讯等16家主流网站和属地新闻网站，开设专题专栏，推出“抖音秀出来”短视频拍摄、“超话嗨起来”微博话题讨论、“拍出你精彩”有奖征集等活动，形成网络媒体宣传矩阵，近百家网站和新媒体聚焦海艺节，网民点赞和评论3万多条，总曝光量突破1.4亿次，网上宣传效应显著。

组织参与各项评选宣传活动。落实网上宣传优秀作品遴选工作任务，加强项目策划，指导和选送《泉州创客联盟服务平台》项目上榜全国“网信创新工作50例”，为福建省唯一入选案例；发动全市各地各网选送作品，参加中央网信办“五个一百”网络正能量精品申报评选，报送参评作品165件，数量居全省前列，其中石狮市公安局永宁派出所民警蔡海炳获评“正能量榜样”，《山中乐园——这个支教女教师靠“破玩意”，让姚明都给她颁奖了》获评“正能量动漫音视频”；选送2件作品参评“讲好中国故事大赛”，1件获省一等奖；选送16个案例参加中央和省委网信办“走好网上群众路线”典型案例征集评选，2个获奖；5件作品参评“中国网民优秀故事”；4件作品作为全省2019年网上宣传优秀作品；16件作品参加省办廉政短视频征集活动；2件作品参评全国第三届“我与宪法”优秀微视频征集；6个集体和个人参加网评先进集体（个人）评选，精心挖掘网络典型，弘扬网上正能量。

【网络舆情调控管控】 2019年，泉州市网信系统加强网络舆情调控管控，抓好网络应急值守，全面搜集妥善处置网络舆情，建好用好网络民情观察员队伍。

网络应急值守。结合泉州市实际，制定《泉州市网络信息安全应急响应值守工作规范》，提升网络应急工作规范化、科学化水平。坚持全天候在线轮班制度，密切关注和处置好涉泉敏感网络舆情，加强对苗头性、倾向性舆情的搜集预警。围绕中心工作和社会民生热点，加强舆情监测分析，在全国两会、国庆、四中全会期间启动互联网应急响应，在元宵灯会、第二轮环保督察、国际大体联足球世界杯、第四届海艺节等重要时间和重大活动节点，制定网络舆情应急处置预案。

网络舆情处置。发挥统筹协调作用，根据“及时介入，靠前处置”的工作思路，综合网上舆情信息内容、类型、传播情况明确涉事地区或责任单位，指导做好信息内容核查和线上分类应对处置工作，编发《网络舆情》《网络舆情专报》和《网络舆情提示》。

建好用好网络民情观察员队伍。聘请热心社会公益事业、关注社会民生、善于捕捉社情民意，具有一定社会影响力和社会责任感的网民为市委网信办第一届“网络民情观察员”。制定《网络民情观察员工作办法》，规范网络民情观察员服务管理工作。发挥网络民情观察员联系面广、代表性强、影响力大的优势，实现通过网络收集民情、传递民意、汇聚民智、化解民忧，有效凝聚网络正能量。

【网络安全保障】 2019年，泉州市网信系统加强网络安全保障工作，创新网络执法联动模式，开展专项整治，强化网络安全检查。

创新网络执法联动模式。在全国率先探索创新网络执法联动模式，发挥市委网信办统筹协调作用，牵头会同公安、教育、民宗、民政、文旅、市场监管、金融监管、通管办等部门建立泉州市网络安全和信息内容管理执法联席会议制度，整合各成员单位的优势资源，形成网络执法合力，出台联席办工作规则、情报信息共享、宣传报道和信息发布、联合执法和紧急事项应急处置等工作办法，成立综合协调、情报信息、联合执法等3个工作小组，组织开展专项行动，网络综合治理取得初步成效。

专项整治。围绕营造清朗网络空间，会同政法、公安等有关部门和单位，开展“清网”“清朗”“扫黄打非”扫黑除恶专项斗争、严厉打击网络淫秽色情等违法违规行为、网络平台数据流量造假、网络虚假信息和恶意传播整治等30余项专项工作。同时，与市公安局联合建立打击治理互联网新型违法犯罪工作协作机制，提升成员单位在打击整治重点领域违法犯罪活动的成效。针对网络执法涉及部门多、程序不够规范问题，及时建立泉州市委网信办机关法律顾问制度。10月12日，举行法律顾问聘用仪式暨网络执法座谈会，发放聘书，聘请5名律师和法律专家担任法律顾问，为市委网信办依法管网治网提供法律咨询和法律援助。

网络安全检查。组织第三方专业机构对泉州市重点单位的信息系统和网站开展多轮远程技术扫描。联合市公安局对部分重点单位开展现场检查，针对存在的安全漏洞和隐患发出整改意见，督促各相关单位抓好整改落实，及时封堵漏洞、排除隐患。针对部分单位网站和信息系统存在高危漏洞、弱口令等问题，召开集体约谈会，发出预警和整改通知书，并组织人员对出现问题的单位进行网络安全现场执法检查，跟踪落实整改情况，提升网络安全防范水平。

网络安全宣传周活动。加大网络安全宣传力度，策划泉州市2019国家网络安全宣传周活动，组织开展网络安全知识宣传展、网络安全知识专题讲座、网络安全与密码应用研究专题论坛、“网络强国及网络安全知识”答题学习、网络安全知识下基层等系列网络安全教育活动34场次，覆盖人数超15万人。其中，1万多人参观网络安全知识宣传展，6.5万人参加网络安全知识答题活动。

【网络评论和社会工作】 2019年，泉州市网信系统开展网络评论和社会工作，加强网评员队伍建设，实施“网络公益工程”。

网评员队伍建设。组织策划主题网评引导，推进网评工作，打造网评品牌，做好重要时政报道、网络文章转载、推送、评论，主动设置议题，协调多方力量联合发声，传播网络正能量。成立“泉州市新媒体联盟”，构建资源共享、交流合作、协同发展的良好合作平台，打造新媒体矩阵品牌。重视和发挥自媒体在网上正面宣传的作用，最大限度地扩大网上传播覆盖面，提升正面宣传的引导力。

网络公益工程。通过网络公益平台，指导策划地方特色网络公益项目，开展网络公益活动。开设网络公益专栏，制作正能量作品，扩大网络公益的社会影响。加强网络公益组织和志愿者队伍建设，指导网信企业践行公益，联合媒体网站、微公益协会等组织，开展以“我的长辈”为主题的公益扶贫和助老帮困、“建设美丽乡村”为主题的公益植树、“穿越刺桐港”泉州古城徒步公益活动、“邻里守望·情暖洛江”党员志愿服务及2019东南公益年度盛典等多场活动，不断扩大网络公益活动的社会影响，让网络公益成为社会风尚。

机构编制

【概况】 2019年，泉州市机构编制工作突出抓好深化市县机构改革、事业单位改革、“放管服”（简政放权、放管结合、优化服务）改革、推进体制机制创新等重点工作，全面完成38个党政部门、6个领域综合执法队伍的“三定”规定制定和调整工作，近6000名机关事业单位人员完成转隶。

【市县机构改革】 2019年，泉州市开展市县机构改革。按照“编随事走、人随编走”原则，结合机构编制调研评估掌握情况，统筹全市党政机关编制资源，精准测算提出市级涉改部门之间、市县两级涉及的医疗保障、市场监管、自然资源和规划等方面的编制和人员划转方案。根据行政机关职能划转和隶属关系的调整，相应转隶事业单位及其人员编制。会同组织、人社部门开展人员转隶工作，严格审核把关，确保近6000名机关事业单位人员转隶工作平稳有序完成。

“三定”（确定主要职责、内设机构和人员编制）。按照“奋战一个月，攻坚三十天”的要求，全面完成38个党政部门、6个领域综合执法队伍的“三定”规定制定和调整工作。坚持从职能配置上把加强党的领导落实到各领域各环节，把转变政府职能、简政放权体现到职责配置各方面；坚持严格控制、动态调整、合理保障的原则，从严从紧控制部门领导职数、内设机构和行政编制，在实现总量控制、适度精简的同时，提升机构编制资源集聚使用效益；按照“一类事项原则上由一个部门统筹，一件事情原则上由一个部门负责”的要求，厘清部门主要职责，理顺部门之间职责关系，初步构建优化协同高效的行政管理体制和运行机制。

市直机构改革调研评估。按照市委常委会部署要求，组织专门工作力量开展调研评估工作，及时督促各部门抓紧抓好“三定”规定的组织实施。深入38个涉改党政部门及所属89家事业单位同步调研，召开座谈会52场次，个别访谈310人次，查阅相关文书档案780份，直接协调推动部门解决实际问题20件（项），收集梳理各类意见建议近100条，掌握大量第一手资料，全面总结改革成效、客观分析存在问题，并形成《关于市级党政机构改革调研评估报告》《关于市级议事协调机构调研评估报告》《关于市直涉改党政部门所属事业单位调研评估报告》3份综合调研报告，提出加强领导班子和干部队伍建设、提升编制资源使用效益、统筹推进相关改革等方面的意见建议，为巩固和深化机构改革提出对策建议。

【行政管理体制改革】 2019年，泉州市平稳有序推进综合行政执法改革、事业单位改革，精准推进减权放权工作，推进其他重点领域改革。

综合行政执法改革。在全省率先开展生态环境保护、文化市场、交通运输、农业、市场监管、城市管理等6个领域综合行政执法改革工作，着力减少执法层次，整合执法队伍，统筹配置执法资源，集中行使行政处罚、行政监督检查、行政强制等行政执法职责，有效推动解决执法层次过多、重复执法，执法专业不强、力量不足，执法职责不清、关系不顺等问题，初步构建权责统一、权威高效的综合行政执法体制，提升执法水平和事中事后监管能力。

事业单位改革。做好暂缓分类事业单位职责调整和类别确定工作，稳步推进职能萎缩或相近相似及规模较小事业单位的撤并整合工作。推进承担行政职能事业单位改革，将91个事业单位承担的行政职能全部剥离划转到相关主管部门，并对161个事业单位的名称、主要职责和类别进行研究调整，推进政事分开，强化事业单位公益属性和服务保障能力。推进9家生产经营类事业单位改革，督促指导各县（市、区）按时序进度抓紧事业单位转企改制工作。

减权放权工作。统筹制定实施《泉州市深入推进审批服务便民化的实施方案》等制度性文件，强化改革的系统性和集成度。持续减权放权，动态调整市直部门权责事项410项，差异化精准下放县（市、区）审批服务事项28项。部署全面开展市县两级部门权责清单重新梳理工作，并与省、市、县行政审批和公共服务事项通用目录（“三级四同”目录）相衔接，完成首批7个市直部门权责清单公布工作。积极跟踪泉州台商投资区相对集中许可权改革报批工作，认真指导台商投资区审批服务“一窗办”改革试点工作并在全市范围内推广。

其他重点领域改革。制定《关于市级非涉改党政部门和有关群团机关“三定”规定调整工作方案》，明确非涉改党政部门和群团机关“三定”规定调整的原则意见、工作流程和时间安排，研究提出调整优化泉州开发区、泉州台商投资区等特殊区域管理机构的职能配置、机构设置和编制配备方案；调整优化市人大常委会机关、市政协机关、市委党校机构编制配置，扎实推进监察体制改革、环保机构监测监察执法垂直管理体制改革、海防体制改革、警卫体制改革等重点改革事项，完善市、县、乡退役军人保障体系相关机构设置、指导推动县级完成融媒体中心组建工作。提前谋划经济发达镇行政管理体制改革和乡镇（街道）机构改革工作，指导各县（市、区）系统谋划改革方案。部署开展市级议事协调机构清理规范工作。

【机构编制管理】 2019年，泉州市强化机构编制刚性约束，组织《中国共产党机构编制工作条例》学习宣传贯彻，邀请省委编办主要负责人为市委理论学习中心组作专题辅导，组织机构编制系统和市直人事干部开展知识答题活动，以多种形式强化各级各部门依法依规管理机构编制的意识。保持编制“严控”态势，严格执行机构限额、领导职数、编制总量等规定，全市行政编制不突破中央核定的总额，事业编制不突破2012年底总量，机关工勤人员编制只减不增。对照中央第一轮巡视选人用人专项检查发现的机构编制问题及整改工作要求，开展机构编制管理情况自查，全面查清存在问题，并结合党政机构改革抓好问题整改。创新日常检查制度，运用实名制数据库，开展每月“随机”抽查，推进机构编制监督检查常态化规范化。会同组织、人社、财政、纪检监察等部门开展选人用人等专项督查，与干部管理等制度规定有机衔接，及时纠正机构编制违纪违法行为。

机构编制管理科学化。建立健全机构编制资源科学管理制度和办法，制定出台《关于泉州市市级党政群机关行政编制管理的意见》和《泉州市市级党政机关行政编制周转保障工作方案》，加强机构编制资源的统筹力，提升资源使用的组织力，统筹优化机构编制资源配备和使用，着力提升机构编制资源效益，促进高素质专业化干部队伍建设。加大资源挖潜创新力度，针对教育、医疗卫生等群众反映强烈的突出问题，认真分析研究管理体制机制，研究探索解决编制缺口新方式、新举措，通过减编控编为全市重点产业发展、教育卫生民生领域等提供强有力的机构编制保障。在全省率先推行公立医院用编备案制，促进市属公立医院以考聘、直聘等方式快速引进专业性强、紧缺度高的医疗卫生人才。落实市委、市政府《关于实施人才“港湾计划”的若干意见》精神，参与人才“港湾计划”工作，将市直部门人才工作职责写入部门“三定”规定，在全省率先推行高层次人才编制周转池制度，推行高层次人才用编一个工作日办结制度，为高层次人才引进和入编开通绿色通道。

事业单位登记管理服务。在全省率先建立“户籍式”登记档案电子数据库，实施法人年度报告公示工作“全流程无纸化网上办理”，全市完成4411家（其中：市直341家）事业单位法人年度报告审核工作，实现办事单位“一趟不用跑”。健全“双随机”抽查机制，通过随机抽取检查对象、随机选派执法人员“双向互盲”的方式对市直32家事业单位法人进行实地抽查，并督促抓好问题整改。创新服务方式，采取集中批量办理完成涉改党政机关和统一转隶事业单位的登记、赋码调整、变更等登记管理工作，做好市直党政机关、事业单位中文域名续费申报，加强域名数据库动态管理，保护机关、事业单位在互联网空间的合法性、权威性。强化信用监管，密切与社会信用体系监管职能部门联系，合力推进联合惩戒，维护社会信用体系建设严肃性。推动“互联网+机构编制”进程，推进中央编办确定的机构编制云平台应用试点工作。

机关党建

【概况】 2019年，泉州市机关各级党组织以习近平新时代中国特色社会主义思想为指导，学习贯彻习近平总书记在中央和国家机关党的建设工作会议上的重要讲话精神，围绕市委“作答时代命题、聚力赶超攻坚”，注力推广实施“三合一”（即一个总机制、一个总载体、一个总方法）机关党建工作体系，组织开展“不忘初心、牢记使命”主题教育，推动新时代党的建设总要求在机关落地落效，努力提高机关党的建设质量，促进机关党的工作更好服务保障泉州市高质量发展落实赶超。及时调整机构改革后的机关党组织设置，增设3个系统党委、10个机关党委（党总支），撤销8个机关党委（党总支），更名3个系统党委、3个机关党委（党总支），党组织隶属关系和管理权限更加顺治。

【以政治建设为统领提升机关党建工作水平】 2019年，泉州市机关各级党组织坚持以党的政治建设为统领，把“旗帜鲜明讲政治、理直气壮抓党建”理念贯穿到机关党的建设中，引导机关广大党员增强“四个意识”、坚定“四个自信”、做到“两个维护”，推动“模范机关”建设，奋力作答“三个时代命题”。学习贯彻《关于加强和改进中央和国家机关党的建设的意见》和中央、省委机关党的建设工作会议精神，及时向市委常委会汇报，提出贯彻意见建议。9月11日，市委召开机关党的建设工作会议，市委书记康涛在会上部署“四方面下功夫”重点工作，强调全面提高机关党的建设质量。充实完善“三合一”机关党建工作体系，印制推广《应用指南》，该案例入选第二届全国党建创新成果展示活动百优案例。工委受邀在全国、全省机关党建工作研讨会上交流发言。

【用新思想指导实践推进工作】 2019年，泉州市机关各级党组织不断加强理论武装，推动持续兴起“大学习”热潮，推进“两学一做”学习教育常态化制度化，用习近平新时代中国特色社会主义思想武装头脑、指导实践、推动工作。把意识形态工作责任制落实到党的建设工作中，进一步统一思想、明确任务。召开市直机关社会宣传工作会议，组织市直各单位开展公共领域宣传载体自查。定期督促并通报各中心组学习情况，力促成为领学导学的“示范组”，推荐市委宣传部、市水利局、供电公司3个党组（党委）入选上级理论学习中心组典型案例。发挥有效载体和重要平台作用，召开“学习强国”使用培训会和工作推进会，市直机关“学习强国”认证率和学习积分排在各县（市、区）前列，对“泉州机关党建”网站进行全新改版，机关党建“一网一微”影响力不断增强，成为学习交流综合阵地。一年来，网站刊发信息1123篇次，微信公众号关注数18236人，阅读量20.96万人次。在泉州广播电视台开办《泉州机关党建》电视栏目，每月制播一期，提升机关党建的辐射力、影响力，全年制播10期。举办9期“机关大讲堂”“东海干部学堂”，编制16期机关党员理论学习材料及安排表，推动党员干部学懂弄通做实。

【发挥党组织主心骨作用】 2019年，泉州市机关各级党组织树立大抓基层鲜明导向，推动支部建设全面进步、全面过硬，增强政治功能，筑强战斗堡垒，发挥党支部组织引领党员、群众“听党话、跟党走”的主心骨作用。贯彻落实《中国共产党支部工作条例》，制发《中共泉州市委市直机关工委关于贯彻〈中国共产党支部工作条例〉，提高市直党支部建设质量的若干意见》，开展“海丝先锋”达标创星和“五好”党支部创建，推动市直机关党支部标准化规范化建设。加强和规范市直机关党费收缴、使用和管理工作，全年共收缴922.07万元，全额上缴。发展新党员146名。督促指导34个党委（党总支）换届选举。工委派员参加32个单位处级领导班子民主生活会。确定首批16个机关党组织主题党日教育基地，从留成党费拨补80万元，按照“五个一”要求推进基地完善提升，拓展主题教育阵地。举办各类培训班11个班次，参训2204人次。“七一”前夕，表彰优秀共产党员102人、优秀党务工作者99人、先进基层党组织83个，并推荐11名共产党员、10名党务工作者、10个基层党组织获市委表彰，激励各基层党支部和机关广大党员在推进高质量发展中建功立业。

【党建与业务融合】 2019年，泉州市机关各级党组织推进机关体制机制创新，在第二届全省机关体制机制创新案例征集评选中，全市4个案例获一等奖、各有8个案例分获二、三等奖，并获得优秀组织奖。指导48个党建重点项目建设，组织机关特色党建项目评展，通过项目申报、筛选初评、预赛决赛，分别从市直和县（市、区）两个序列筛选出32个党建与业务一体推进的项目，并汇编推广运用。开展机关党员干部政治思想作风状况调查，调研成果评为全市党建重点课题一等优秀文稿。坚持以党建带群建，推动岗位练兵等活动，选树全国、省、市“五一劳动奖章（状）”“工人（五一）先锋号”50人次（单位），增强职工素质、提升工作效能。学习贯彻习近平有关应急管理及防灾减灾重要论述，工委与市应急管理局等牵头举办全市应急管理知识竞赛，65支代表队共260名参赛选手参赛，决出8支代表队在泉州电视台演播大厅进行决赛；270多万人次参与网上竞答，网上平台总访问量达1400万人次。

【全面从严治党主体责任落实】 2019年，泉州市机关各级党组织坚持问题导向，运用巡视巡察整改、主体责任检查、述职评议、调研督导、考核展评“五位一体”的责任落实机制，将全面从严治党压力层层传导到基层。召开部分单位党组书记抓机关党建述职评议会，组织52个直属党组织书记述职并接受评议，指导各级党组织开展述职工作，着力形成党组书记、机关党委书记、支部书记“三级书记”齐抓共管的工作格局。受市委委托，工委组织5个检查组对24个部门开展上年度主体责任落实情况检查，汇总问题清单118个，督促推动整改。根据《市委巡察反馈机关党的建设方面存在问题落实整改对接协调工作机制》，及时向被巡察单位移交机关党的建设方面存在问题清单并督促整改落实，深入13个被巡察单位开展督促指导，提出指导性意见建议。

【机关党风廉政建设】 2019年，泉州市机关各级党组织开展经常性纪律教育，推动机关党风廉政建设向纵深发展，逐步构筑风清气正的机关政治生态。在重要节日节点组织学习有关典型案例、责任追究等违纪情况的通报，持续敲响警钟。元旦、春节前，通报违反中央八项规定精神等典型问题案件3件，抽调9名干部分3组对20个市直单位下属单位开展明察暗访，汇总上报问题线索13个。开展纪律处分决定执行情况自查自纠工作，自查2013年以来审理党员违纪案件120件。组织对2018年7月以来的15件案件开展审理文书规范自查整改工作，对发现的问题进行即知即改。做好处分决定执行情况“回头看”发现问题整改工作，49件案件发现的27个问题已全部整改完毕。指导市直单位开展违纪党员案件审查及处分相关工作，累计提出审理建议148条。综合运用监督执纪“四种形态”，做好市直机关案件审理工作，审理党员违纪违法案件18件，给予党纪处分18人。

【机关文化构建】 2019年，泉州市机关各级党组织立足凝心聚力，工委与多家市直单位联合开展“我和我的祖国”主题合唱展演、“践行新思想 建功新时代”书法展、“初心永在·放歌祖国”散文诵读会、“不忘初心再出发 牢记使命建新功”主题晚会等党员群众喜闻乐见的活动，激发机关党员干部爱国情怀，为庆祝中华人民共和国成立70周年营造良好氛围。组织开展泉州市第七届（2016—2018年度）市直机关文明单位总评工作，67个单位获表彰。做好机构改革后市级以上文明单位补申报工作，共完成23家涉改机构补申报工作。与市委文明办、市双拥办联合开展2017—2019年度市级军民共建精神文明先进单位创建测评，对13对参评结对共建单位进行考评。举办全市机关“践行新思想·建功新时代”身边的感动主题演讲比赛活动，集中宣传一批身边的感动人物和先进事迹，弘扬新时代文明风尚。组织开展“点亮微心愿·真情暖新村”“古城奉茶·润泽乡邻”志愿服务、义务植树、爱心助残、民族团结进步宣传等活动，大力弘扬“雷锋精神”。激发机关文化建设活力，举办增强“四力”教育实践工作艺术讲堂、科学育儿公益大讲堂，开展“书法走基层、春联进万家”系列活动、闹元宵、工间操及集体花式跳长绳比赛、单身职工交友活动等群众性文体活动，增强机关干部职工凝聚力。组织市直机关代表团参加市第十一届运动会，87名运动员参加9个项目的角逐。

巡察工作

【概况】 2019年，泉州市委巡察机构将巡察监督融入“三不”（不敢腐、不能腐、不想腐）一体推进工作格局，着力发挥巡察平台作用，坚持常规巡察与专项巡察并进、上下联动与异地交叉结合，一体推进深查细纠与全面整改，保障党中央重大决策部署和省委、市委工作要求落到实处。中央巡视办指导督导组、省委巡视办对泉州市开展联动巡察、专项交叉巡察等工作给予充分肯定，交叉巡察、联动巡察、对村巡察、深化“四个监督”（党内监督、民主监督、法律监督、舆论监督）贯通融合等相关经验做法在《巡视巡察参考》等刊载；市委主要领导在全省巡视巡察工作会议上作整改工作典型发言。

2019年，泉州市级全年组织开展6批常规巡察、2次联动巡察、4次专项巡察，完成对13家国有企业、21个小城镇巡察全覆盖，截至2019年12月市级完成8轮18批、对130个单位党组（党委）的巡察，十二届市委巡察任务完成率超过73%；各县（市、区）完成6轮以上、对3292个党组织的巡察，其中全覆盖对象842个，完成率超过69%；完成对11个县（市、区）2174个村（社区）的巡察全覆盖。市县两级巡察共发现问题13699个，移交问题线索2312条。

【巡察制度】 2019年，泉州市建立巡察机构与纪检监察机关、组织部门、审计机关工作协调机制；出台巡察整改“四跟进一报告”制度，完善巡察档案管理制度，制定巡察集中驻点管理制度、巡察干部驻点期间行为守则；探索巡察后评估制度，逐步建立健全巡察制度体系，持续提升巡察工作规范化水平。全面实行县级巡察工作领导小组组长由县（市、区）党委书记担任，进一步压紧压实分级负责的主体责任。出台推进巡察向村级党组织指导意见，注重发挥县纪委监委、乡镇纪检监察组和村级党组织纪检委员日常监督作用，高质量推进对村巡察。

【巡察整改】 2019年，泉州市委巡察机构坚持把中央巡视福建省和省委巡视泉州市及部分县（市、区）反馈问题的整改落实纳入市县巡察监督重点，建立中央和省委巡视反馈问题整改工作台账，及时跟踪汇总报告整改持续推进和集中攻坚等工作情况，提请市委常委会会议定期研究巡视整改工作；改进巡察反馈机制，市委巡察工作领导小组组长带头参加小城镇情况反馈会，建立落实纪委监委班子成员挂点督办、纪检监察室加强整改日常监督等工作机制，常态长效开展跟踪督办检查，推动持续改、彻底改。

【成果运用】 2019年，泉州市委巡察机构重点围绕加快推进市属国有资本授权经营体制改革和优化营商环境等形成5份专题报告，向市国资委及市属国有企业提出意见建议53条；梳理制约小城镇健康发展的体制机制问题，督促相关县（市）及小城镇党委开展专项整改，保障小城镇高质量发展。全年共向有关单位及县（市）党委移交国有资产管理、“三资”管理等方面事项7件，推动完善制度849项，挽回经济损失1.21亿元。

【巡察队伍及规范化建设】 2019年，泉州市委巡察机构健全完善巡察干部管理体制和激励约束机制，严格抓好巡察干部的日常监督管理。综合运用“以干代训”、分级培训等形式，组织市县两级300多名巡察干部参加中央巡视办“讲师团”授课，召开县（市、区）委巡察办主任座谈会，20多次深入县（市、区）开展巡察工作规范化调研，组织开展3次专题讲座，总结经验做法。高标准推进市县两级巡察集中驻点建设，市级以及11个县（市、区）驻点全面建成。

老干部工作

【概况】 2019年，泉州市老干部工作统筹推进离退休干部政治、思想、党组织建设和精准服务、发挥作用以及老干部工作信息化、精准化、规范化建设，推进老干部工作创特色、强品牌、走前列，助力高质量发展落实赶超和“五个泉州”建设。制发市委离退休干部工委有关职责、制度，召开离退休干部党建工作推进会，推广安溪县构建“三级网络”模式，培育第二批离退休干部示范党支部30个、示范老党员之家13个、示范老党员服务站13个、先锋离退休党员50名。建设“老党员之家”经验在全省离退休干部党建工作推进会上推广。

【离退休干部党建工作】 2019年，泉州市委老干部局组织老干部集中收听收看庆祝中华人民共和国成立70周年大会和阅兵式实况直播，举办第31期市直老干部读书班、第20期全市离退休干部党支部书记暨专（兼）职党务干部培训班，推动各县(市、区)依托老年大学全面成立老干部党校，举办老年大学时政班，在“老党员之家”开展“共度政治生日”等主题党日活动，运用学习强国APP、党员e家、老年远程教育云平台、微信公众号、老干部“时政沙龙”“老干部之声”微视频等形式载体，加强老干部政治思想建设，引导他们践行“两个维护”。

【老干部服务管理】 2019年，泉州市委老干部局巩固离休干部离休费保障、医药费保障、财政支持“三个机制”，落实离休干部生活待遇。贯彻落实闽委组综〔2018〕100号文件精神，做好全市420名离休干部“一人一策”信息资料收集汇总工作。持续开展政府购买服务，为80位市直老干部提供失能帮扶、家政保洁、精神慰籍等服务。实施老干部工作人员联系离休干部制度，依托百源、泉秀、金山干休所建立“一对一”帮扶机制。推广泉州市第一医院导诊员做法，协调在福建医大附属二院、泉州市人民医院增设导诊员，畅通看病就医“绿色通道”。协调市老干部保健服务中心简化医药费报销流程，满意率测评99%以上。做好一年一次老干部健康体检工作，按政策规定提高老干部医疗待遇。配合组织、人社部门分别做好庆祝中华人民共和国成立70周年纪念章颁发和老干部增资工作。走访慰省内外问易地安置离休干部和遗属35名、市直离退休干部及遗属385人次。

【老干部优势作用发挥】 2019年，泉州市委老干部局先后举办“我看中华人民共和国成立70周年新成就”座谈访谈、“壮丽70年　奋进新时代”文艺会演、“银龄放歌　祝福祖国”泉州市老干部庆祝中华人民共和国70华诞音乐“快闪”“我看中华人民共和国成立70周年成就图片展”“讲党史国史、传承红色基因”走进高校等主题活动，激发广大离退休干部爱党爱国和增添正能量新热情。依托关工委、老年大学及各类涉老团体，引导老干部在弘扬红色基因和传统美德、扶贫助学、移风易俗、社会管理等领域发挥积极作用。“千名离退休干部志愿服务走基层”持续开展，《爱心骑行路》《侨心在故乡》《泉山晋水》等微视频分别在《人民网》《学习强国》福建平台、福建离退休干部微信公众号刊播，“老干部之家”时政沙龙、“老干部之声”微视频列入全省离退休干部正能量十佳精品品牌。与晋江市委组织部联合创作的《晋江赶上好时光》情景剧获全省“传承红色基因、讲好红色故事”八闽离退休干部舞台剧展演金奖。

【关心下一代工作】 2019年，泉州市委老干部局落实市委、市政府关于加强关心下一代工作要求，坚持用社会主义核心价值观培育青少年，开展“腾飞中国、辉煌70年”主题教育活动；管好用好119个青少年社会教育活动中心，开展“大手牵小手，共筑中国梦”暑期社会实践服务活动；开展精准关爱行动，为青少年办实事解难事，提升“百万大手牵小手”关爱活动品牌，筹集发放助学金90多万元，资助250多名贫困学生，推动两岸青少年交流基地建设，弘扬“五老”优势，壮大关心下一代志愿者联盟，组建泉州市未成年人保护联盟，关心帮教省未管所泉州籍服刑人员，组织爱心企业举办就业推介会。市

2019年9月14日，泉州市关工委、泉州老年大学在晋江市围头村举行中华人民共和国成立70周年“两岸缘聚同声，共度中秋佳节”音乐会。图为音乐会现场

（图/市关工委）

关工委精准关爱进村居、进企业、进校园、进“高墙”、进两岸“五进”活动得到全国人大常委会原副委员长、中国关工委主任顾秀莲批示表扬。

【学习活动阵地建设】 2019年，泉州老年大学办好时政系和时政讲堂，突出创“五名”（名师、名课、名讲堂、名社团、名校）工作重点，深化品牌打造，示范、辐射、带动基层办学，推进老年教育发展规划的贯彻落实。按时序推进全市重点建设项目泉州老年大学城东新校区建设、市委市政府为民办实事项目“实施老年远程教育提升工程”“改造提升泉州市老干部（老年）活动中心”工程。有效发挥“老党员之家”“老干部之家”作用，为市直离退休干部党组织、涉老组织和老党员、老干部提供周到优质服务。成功举办泉州市第十二届老年文化艺术节。

精神文明建设

【概况】 2019年，泉州市培育和践行社会主义核心价值观，深化群众性精神文明创建活动，提高人民思想觉悟、道德水准、文明素养和社会文明程度，助推地方经济社会发展。深化“我推荐、我评议身边好人”活动，泉州市6人（次）、20人分别入选中国好人榜、福建好人榜。落实文明家庭创建要求，开展“携手心连心、与爱共同行”共创和谐家园行动，推进“传家训、立家规、扬家风”“身边故事、共同铭记”“一镇一孝廉”等，新增省级家风家训乡贤文化馆1个，评定市级家风家训馆9个。

【社会主义核心价值观建设】 2019年，泉州市深化弘扬时代新风行动，做好刺桐路、新门街91座公益广告平台和侨乡体育馆户外公益广告常态化巡查，完成公益广告宣传版面更新182版（次）。举办“文明旅游、文明泉州”公益微视频大赛，组织 “寻找最美快递员”“爱心相伴、‘救’在身边”健步（徒步）宣传等，引导游客文明旅游、低碳出行。编发《市民诚信手册》，开展“3·15”消费者权益日基层诚信宣传，完成第二批省级“诚信经营示范街区”申报，深化诚信示范街区（行业、单位）创建等，涂门街入选市十大优秀信用案例。实施传统节日振兴工程，发动群众参与“我们的节日”主题活动，石狮举办第十三届闽台对渡文化节暨蚶江海上泼水节、晋江举办第十一届海峡论坛·晋江（安海）第八届两岸端午民俗旅游文化节、惠安承办福建省“我们的节日·中秋”主题系列活动。

【全国文明城市创建】 2019年，泉州市结合机构改革及其确定的单位职能修订建制区、市直部门文明城市创建考核办法，常态化开展测评巡查，组织到三明石狮等地学习考察、全国文明城市创建工作业务培训等，推动夯实创建基础、落实创建机制建设。组织拍摄文明城市宣传片、制作专题宣传品、开展全国文明城市问卷调查等，更好发挥人民群众参与文明城市创建主体作用。完成年度全国文明城市实地暗访考察场所信息更新和网上材料申报。

【新时代文明实践中心试点工作】 2019年，泉州市印发新时代文明实践中心试点工作实施方案，组织到宁德福安（首批全国试点县）学习考察，加强专题调研督查，开展网络专题宣传等，推动纳入首批省级试点的晋江全域和石狮祥芝、惠安崇武、永春五里街、德化龙浔4个市级试点镇开展文明实践活动，总结提炼“大美晋江”、石狮祥芝“海上枫桥”、惠安“惠女哨所消防队”、永春“儒林风尚公益广角”、德化“小城大爱”等试点工作品牌。10月，中宣部深化拓展新时代文明实践中心建设试点工作电视电话会议确定第二轮全国试点县500个，石狮、晋江、德化名列其中，泉州市确定该三县（市）以外的18个乡镇（街道）为市级第二批试点。全市建成476个文明实践所（站），开展文明实践活动3000余场（次）。

【道德典型学习宣传】 2019年，泉州市紧扣庆祝中华人民共和国成立70周年主线，推荐参评第七届全国、第六届福建省道德模范人选，蔡玉华、吴亦澈获得第七届全国道德模范提名奖（同时获得省级道德模范称号），杨宝贵、王耀国被授予第六届福建省道德模范称号。评选表彰第六届泉州市道德模范25人。举办 “弘扬雷锋精神·传播道德力量”主题演讲，组织市级道德模范微视频展播，落实帮扶礼遇措施，春节、国庆期间市县两级共走访慰问困难道德模范、身边好人243人（次）、发放慰问金33.35万元。举办市总堂道德讲堂4期。

【基层基础文明创建】 2019年，泉州市围绕实施乡村振兴战略，加快老区苏区村文明创建，组织农村精神文明建设实证研究课题调研，开展“守护森林城市 助力乡村振兴”义务植树等公益活动，推动乡风民风建设迈开新步伐，分别培育省级、市级文明乡风建设联系点4个、10个。落实中央文明办调研组到泉开展非公企业精神文明创建专题调研时的指导意见，出台有关文件，发动非公企业广泛参与文明创建。培育市级文明社区创建示范点6个。推动全市954所各级各类学校参与文明校园创建，组织省级文明校园创建专题宣传，文明校园创建工作先进的分别有5个、15个案例参与全国、全省展示。完成涉改的第十四届省级文明单位、2017—2019年度市级文明单位参评对象补申报工作，做好新一届创建全国文明村镇、文明单位、文明校园及培育对象和省级文明村镇、文明单位（社区、风景旅游区）、文明校园届中网上材料申报及审核。

【移风易俗】 2019年，泉州市深化全国农村移风易俗试点市工作成效，实行综合施策，采取推进实施“一县一方案”、落实“一约四会”（村规民约、红白理事会、道德评议会、禁毒禁赌会、村民议事会）、组织专题调研、推动以移风易俗为主要内容的文明行为促进条例地方立法、召开现场推进会、推动文明敬香建设安全生态和谐寺观、发放文明治丧基本殡葬服务费、实施党员干部引领行动、开展“三率”（知晓率、支持率、满意率）调查、推广典型案例、推动丧事扰民网格化综合治理等工作措施，解决婚丧陋习和中心城区治丧占道、噪声扰民等问题有较大成效；参与违建坟墓整治攻坚战，将无违建坟墓作为文明创建考评内容，总结提炼移风易俗工作“泉州样本”。全市移风易俗工作纳入村规民约比例98%、群众知晓率75.5%、支持率99.2%、满意率98.9%。

【未成年人思想道德建设】 2019年，泉州市组织开展首届“新时代好少年”事迹发布和全市中小学生“清明祭英烈”、“童心向党”歌咏、“庆国庆、品经典、传美德 争做新时代泉州好少年”经典诵读、“向国旗敬礼”等活动，开展“扣好人生第一粒扣子”主题教育实践活动，唱响“我和我的祖国共奋进”的时代强音。10人、1人（次）分别入选首届泉州市、福建省“新时代好少年”。完成作为市委市政府年度为民办实事项目的20个城区社区未成年人文体活动设施场所建设，组织承建社区开展“暑期活动营”活动，推选社区“十佳场所”。深化省市级文明校园（单位）与学校少年宫结对共建帮扶，在德化举办福建省少年宫特色项目展示（泉州专场）活动，泉州市6所学校入选中央彩票公益金支持的学校少年宫建设单位。推进未成年人心理健康辅导站（室）建设，举办“公益九月”“阳光心灵，亲近父母”“走进感觉统合，开启智慧大门”未成年人心理健康辅导进校园进社区进家庭等公益活动，推选市级示范站（点）10个、举办专项培训班4期。

2019年8月9日，泉州市委文明办在南安市召开全市移风易俗工作现场推进会。图为与会者听取相关情况介绍 （图/市委文明办）

【学雷锋志愿服务】 2019年，泉州市扩大“志愿情·泉州红”活动品牌影响，举办学雷锋为老“六送”（送温暖、送健康、送文化、送平安、送新风、送科技）志愿服务暨社区志愿助老服务队授牌仪式，召开“我们的名字叫志愿者”主题座谈会，开展“情满旅途”“绿色泉城 垃圾分类我先行”“爱心午餐”“音乐梦想教室”等主题志愿服务活动，组织“缅怀先烈·文明祭扫”“红五月”和庆祝中华人民共和国成立70周年、纪念国际志愿者日节庆志愿服务，全年1.6万名志愿者参与海艺节、环湾自行车赛、古城徒步等大型活动（赛会）志愿服务，推动“助力新泉州 建功新时代”志愿服务行动持续深化。持续加强志愿服务制度化建设，依托全国志愿服务信息系统，推进“互联网+志愿服务”制度建设，泉州市在线注册志愿者达127.1万余名、注册团队7765个、发布服务项目超7万个。推进表彰激励制度建设，林克新、“启梦者”科普志愿服务项目获评全国志愿服务“四个100”先进典型，安溪县茜茜公益协会（全省唯一）参加全国学雷锋志愿服务座谈会并获专项资金支持，鲤城区坂头社区、德化县龙井社区（全省只有两个）获全国社区学雷锋志愿服务联络工作示范点。继续组织参加2019年度全国社区网络春晚演出。完成年度市志愿服务组织负责人培训。

党史和地方志工作

【概况】 2019年，泉州市史志系统树立“为党修史、为党立言”和“为党修志、为国修志、为民修志”的信念，扣紧学习贯彻落实中共十九大精神和习近平新时代中国特色社会主义思想这条主线，围绕市委“作答时代命题、聚力赶超攻坚”总体部署，统筹做好史志征研、志鉴编纂、宣传教育、开发利用等工作，筑牢党史和地方志事业高质量发展根基。至2019年，泉州市各县（市、区）已出版4部党史“二卷”，市级部门志已出版30部，已完稿7部。

【史志工作主业】 2019年，泉州市委史志研究室围绕市委工作大局，聚焦党史和地方志工作主业，奋力打好党史正本和和地方志“两全”（全面完成省市县三级二轮修志任务、实现省市县三级综合年鉴全覆盖）目标攻坚战，推进党史地方志事业转型升级，提升史志机构服务全市中心工作的作为能力和水平。

党史正本和专题编纂。编纂《泉州党史70年大事记》，基本完成初稿。编纂《泉州市改革开放口述史》，着重反映改革开放以来泉州市委领导广大干部和群众进行奋斗的历程、取得的经验和存在的问题。指导、督促南安、安溪、惠安3县（市）推进党史“二卷”正本编纂进程，泉州市各县已正式出版4部党史“二卷”，安溪提交送审稿，南安、惠安完成初稿。

文史资料征集整理。征集社会主义革命和建设、改革开放时期等有关史料，重点征集泉州历史上重大事件、老干部口述史、日记、回忆录等方面资料。根据党史馆、方志馆布展的需要，扩大征集范围，拓宽征集渠道，征集到建国初期一些珍贵文史资料33件，包括泉州非物质文化遗产项目《泉州讲古》代表性传承人杨江东之父杨祖琛当选惠安县第一至五届人民代表大会代表及福建省人民代表大会代表当选证书、与会代表证等。完成省委党史方志办精品丛书《不忘初心、牢记使命——福建党史公开课》泉州部分稿件的征集（泉州新民主主义革命时期的党史研究成果）。开展对安溪、南安、永春、德化四县（市）“中央红军村”史料征编工作。

史志文化宣传。根据省委党史方志办编撰《站起来》《富起来》《强起来》系列丛书需要，撰写《转型攻坚聚力跨越 开创“五个泉州”新局面》上报省委党史方志办，宣传中华人民共和国成立以来特别是改革开放以来泉州所取得的历史性成就和历史性变革。宣传泉州红色文化和优秀文化，完成专题文章《发挥泉州红色文化资源作用加强党的政治建设的理论与现实思考》。撰写《改革开放以来泉州县域经济发展成就与实践经验》专题文章，加深对泉州市县域经济发展差距的研究，为泉州市制定县域经济政策提供科学依据，并获泉州市委宣传部主办的“庆祝改革开放40周年理论征文活动”优秀奖。2019年10月30日至11月2日，香港特别行政区政府教育局组织的香港教育界历史文化考察团到泉州考察，泉州市委史志研究室陪同考察团参观并深入开展史志文化宣传与交流。

史志文化研究。撰写党建调研课题《学党史、跟党走——关于开展党史学习情况的调查》，获泉州市2019年度党建重点调研课题优秀成果三等奖。完成省委党史方志办部署的“运用红色资源，加强党员干部党性教育和党性锻炼”的主题教育调查研究；联合有关部门编纂《铭记——泉州革命英烈画传选编》，第一辑出版发行。《撰写聚力转型跨越，打造经济发展升级版》《泉州共青团发展历程》等专题在《福建党史月刊》上发表。完成《清礼部郎中雅虎致祭妈祖处考辨》的研究，发表于《福建史志》。研究探索石湖妈祖宫林銮渡前“镇海神针”的传说，发掘其与“海丝”文化之间的不解之缘。

重要题材审核把关。坚持从政治上、史实上和敏感问题上入手，对涉及党史题材的作品、展陈认真审核，严格把关，不容许宣传历史虚无主义、歪曲历史事实的现象出现。审核中共泉州中心县委机关旧址修缮暨泉州（南安）党性教育基地布展内容，市闽浙赣边区革命史研究会编纂的《铭记——泉州革命英烈画传选编》，南安、惠安党史二卷以及市委宣传部、泉州晚报社等部门（单位）提交的相关文稿。

二轮修志。以二轮修志工作为重中之重，集中力量补充、审核、修订二轮《泉州市志》志稿，完成过半修订稿。在推进市志编纂的同时，加强对县（市、区）及部门修志工作的指导服务。组织并完成《丰泽区志》

2019年10月30日至11月2日，香港特别行政区政府教育局组织的香港教育界历史文化考察团到泉州考察。图为市委史志研究室陪同考察团参观泉州少林寺 （图/周 芸）

一审、《洛江区志》二审、二轮《惠安县志》终审工作及《泉州华侨志》《泉州老干部工作志》《泉州农科所志》审查验收工作，审稿量490万字。二轮《石狮市志》《晋江市志》提交出版；《泉州开发区志》完成初审工作；二轮《永春县志》修改完善；二轮《南安市志》《安溪县志》《德化县志》已出版；部门志已出版30部，已完稿7部。

年鉴及内部资料出版物编纂。精心编纂《泉州年鉴2019》，以打造精品为目标，科学设计编纂大纲，对框架、栏目设置进行调整优化，对内容进行精细化编纂；同时编纂分册《泉州日记》，提高记述广度和深度，着力反映泉州市物质文明、政治文明、精神文明、社会文明、生态文明建设成果，提高社会民生关注度。市县联动，强化指导，全市年鉴事业形成创先争优、比学赶超的良好氛围。《泉州年鉴2018》获评全省特等年鉴；推荐参评第六届全国地方志优秀成果（年鉴类）的晋江年鉴、安溪年鉴、泉港年鉴、德化年鉴2018卷全数获奖，其中晋江年鉴获评特等年鉴。编印连续性内部资料出版物《泉州月志》12期，向市四套班子、市直各部门、史志系统和有关机构、个人赠阅，广泛提供决策、研究参考，充分发挥资政、教化功能。

地情研究开发。完成《泉州海洋文化系列丛书》编辑及初排工作。多次为“泉州古城保护与提升工程”提供参考资料和意见建议。完成泉州古城文化丛书撰稿任务，协助完成《泉州古城老口味》等7本地情书的编纂出版工作。2019年，泉州地情中心数据库设17个分库，分别为志书库、图书库、年鉴库、音像库、地图库、人物库、会议库、期刊库、论文库、简报库、古籍库、文件库、企业库、戏曲库、族谱库、图片库、新闻报道库，为受众提供阅读、摘取及打印功能等。9月，文献数据整体迁移至福建党史方志网。至年底，数字化加工各类志、鉴、地情文献入库2.6亿多字。

2019年10月26日，中央党史和文献研究院学术和编审委员会主任陈理（右四）带领调研组在泉州（南安）党性教育基地考察　（图/周　芸）

【服务党政中心工作】　2019年，市委史志研究室在推进党史和地方志工作主业的同时，强化服务理念，发挥职能优势，为市委、市政府中心工作提供推动力。

在全市开展“不忘初心、牢记使命”主题教育中出谋献策。立足于史志部门“存史、资政、育人”的职能，发掘泉州丰富的红色资源优势，配合全市“不忘初心，牢记使命”主题教育，指导泉州中心县委旧址修缮及泉州市党性教育基地布展工作，为开展主题教育提供现场教育场所；负责邀请福建省革命历史纪念馆馆长为市委常委会第二次集中学习作“不忘来时的路”专题讲座，与会领导干部受到一场深刻的党史、新中国史教育，给予充分肯定。

开展庆祝中华人民共和国成立70周年系列活动。根据中共中央办公厅、国务院办公厅《关于隆重庆祝中华人民共和国成立70周年广泛组织开展“我和我的祖国”群众性主题宣传教育活动的通知》精神和市委的部署，结合史志部门的职责和实际，策划庆祝中华人民共和国成立70系列活动，共3大方面13个项目：深化学习开展各类学习体验活动，包括开展主题学习体验活动、缅怀革命先烈活动、先进模范学习活动3个项目；立足本职夯实讲好泉州故事的基础，包括做好党史研究、史料编纂、年鉴编纂、二轮修志4个项目；转化成果助推全市主题宣传教育活动深入开展，包括营造主题宣传教育浓厚氛围、撰写宣传文章、编纂《百家企事业单位口述档案》、做好“刺桐风物——泉州市情展”布展、推进乡村记忆文化项目、开展史志“六进”活动6个项目。

服务乡村振兴战略。围绕泉州市乡村振兴战略目标要求，继续实施泉州市“乡村记忆文化”项目建设三年行动方案，根据分工做好乡村记忆文化阵地建设、搜集乡村记忆相关资料、编修村史村志、地情书籍、家谱族谱等工作的培训、指导。指导晋江围头村依托“七夕返亲节”开展闽台基层乡村发展交流、举办纪念“八·二三”炮战60周年系列活动；通过丰富多彩的活动将史志文化与乡村文化相结合，助力乡村振兴建设。全市50个泉州市“乡村记忆文化”项目建设试点村（社区）建设扎实推进，惠安崇武大岞村、晋江金井围头村通过验收。

配合城市“双修”工作。市委史志研究室主任张惠评任城市“双修”领导小组历史文化组组长，牵头开展全市文史资料征集和泉州市历史文献资料共享数据平台筹建工作。在泉州地情数据库基础上，建设泉州市历史文献资料共享数据平台，初建成库并顺利测试运行。该项目借助原市方志委数据平台建设，为财政节省资金100多万元。已从原市方志委“方志书库”、市政协文史委、文史专家、旧书店和社会人士处征集或购买地情书500余册及数据，包括《内沟河志》《中山路志》等，并加工形成电子版；完成清乾隆初刻版《泉州府志》（76卷，48册）点校工作以及《清源文献》整理工作。为市古城办提供小山丛竹、内沟河、中山路等双修项目历史文献参考资料。

指导村镇志、特色志编纂及影像志拍摄工作。指导《清源山志》申报中国名山志工程，《清源山志》作为全省唯一入围的名山志参加在扬州召开的中国系列名志申报篇目交流。协调安溪湖头镇配合省委党史方志办与省广播影视集团联合摄制的《中国影像志·福建名镇名村影像志》安溪湖头篇，已拍摄完成并在福建电视台综合频道播放。借助“乡村记忆文化”项目推动村级志书编修，全市50个试点村全面开编村志，其中晋江围头村、德化丁墘村已出版村志，丰泽蟳埔社区、泉港前黄村、石狮市东埔村、南安市铺前村、惠安县大岞村、安溪县湖二村已完成村志初稿，其他已完成村志篇目大纲设计。

筹备泉州市情展。根据市委主要领导的指示，联合市文广新局在泉州府文庙内布置“刺桐风物”泉州市情展，作为泉州市青少年地情教育基地。展陈大纲已形成，并进行布展内容设计，进入施工阶段。

【维护意识形态安全】 2019年，泉州市委史志研究室根据中央、省委有关意识形态工作的精神和市委部署，坚持党史姓党和党管意识形态工作原则， 按照“一岗双责”要求，把加强组织领导和压实工作责任作为做好意识形态工作的前提和保障，采取措施，落实责任，维护党史地方志领域的意识形态安全。

“泉州史志”公微号升级改版。围绕庆祝中华人民共和国成立70周年这一主线，以展示泉州的历史性巨变、历史性成就特别是泉州优秀的史志文化为主线，通过调整栏目，精选内容，严格审核、保证质量，唱响主旋律，弘扬正能量，积极发出史志声音，提升史志影响力，已发布24期。

“泉州史志”网站融合建设。从机构改革的实际出发，做好泉州党史网、泉州史志网的融合工作，把泉州史志网站建成全市史志工作宣传教育平台、成果展示平台并纳入省史志网。根据市政府网站建设要求，泉州史志网从政府网站信息普查填报系统剥离工作。

史志“六进”活动。抓住全党上下开展“不忘初心、牢记使命”主题教育等时机，以泉州党史二卷、《泉州乡规民约》《泉州家训》等史志图书的出版发行为契机，以史志“六进”（进机关、进院校、进军营、进企业、进农村、进社区）活动和乡村记忆文化项目验收为载体，通过指导组织史志部门做好红色教育基地布展讲解工作、赠送史志书籍等方式，推进史志“六进”，深化党史、国史、改革开放史和社会主义发展史的学习教育。与驻围头某部、福建省第五建筑公司联合开展史志图书进军营、进企业活动等，共赠送给有关部门、单位、学校和社区史志书刊2万多册。

党校工作

【概况】 2019年，泉州市委党校（泉州行政学院、市社会主义学院）贯彻落实《中国共产党党校（行政学院）工作条例》《社会主义学院工作条例》，坚持围绕中心，服务大局，以实施名师名课名校“三名工程”为抓手，围绕主业主课主责，聚焦“一流党校”建设，推动各项工作取得新成效。全年举办各级各类培训班93期，培训干部5018人次（教务处办班41期，培训2178人次；公务员培训处办班23期，培训1569人次；继续教育处办班29期，培训1271人次）。加强软硬件建设，推进新校区建设，全年完成投资1.6亿元。

【教学工作】 2019年，泉州市委党校（泉州行政学院、市社会主义学院）围绕教学这个中心，找准载体和抓手，狠抓教学质量提升，不断提高党校办学水平。

实施名师名课名校“三名工程”。启动实施“名师工程”，在全省党校系统成立首个名师工作室，吸引市、县两级党校16名年轻教师加入。启动实施“名课工程”，成立“晋江经验”“非公党建”两个项目组，集中力量打造“晋江经验”“非公党建”2门示范性的精品课程和2类在全国有影响的现场教学基地。启动实施“名校工程”，加快新校区建设步伐，着力改善党校办学条件。

校地战略合作。省委党校、福建行政学院和泉州市委签署战略合作框架协议，深化在干部教育培训、地方特色课题研究、教学实践基地建设、教师培养等领域合作，共同打造党校工作品牌。培育 “晋江经验”培训品牌。联合市委组织部、市社科联开展践行“晋江经验”实践活动，加强教学专题研究和现场教学点建设，18项课题成果通过鉴定。举办泉州市传承弘扬“晋江经验”专题培训班，学员就弘扬“晋江经验”建言献策，获得省委党校、福建行政学院主要领导和市领导批示肯定。同时，“晋江经验”吸引13个省份学员到泉州学习，扩大影响。

完善精品导向机制。连续第三年开展经典阅读活动，严格课程准入淘汰制度，全年组织新课试讲5次，30个新课进入课堂，6个教学专题被列入全省党校、行政学院系统优秀师资共享平台第七批优秀教学专题库，2门课程获得全省社会主义学院系统“十佳精品课”评选二、三等奖，1门课程获评中央组织部学习贯彻习近平新时代中国特色社会主义思想的全国好课程。

【科研咨政】 2019年，泉州市委党校（泉州行政学院、市社会主义学院）获各类课题项目立项27项，其中省委党校、行政学院系统中国特色社会主义理论体系研究基地课题项目12个，市社科规划课题项目重点项目1个、委托项目2个；市委党建办重点调研课题5个；校级课题项目6个，校任务性课题1个。结项各类课题项目32个，其中省委党校、行政学院系统中国特色社会主义理论体系研究基地课题项目15个，市社科课题5个，省党校系统科研与决策咨询项目1个。发表文章55篇，其中CN刊物发表24篇。编发《泉州党校》学报4期、《泉州市情研究》4期、《市情调研报告》1期。全年组织开展15项市情课题研究，4篇咨政报告获省校院和市领导7人次肯定性批示。与10多个部门建立课题合作关系，与市委改革办签订战略合作协议，与市委党史和地方志研究室、市社科联联合举办学习习近平新时代中国特色社会主义思想暨第十一届党校市情论坛。

【学校建设与机构改革】 2019年，泉州市委党校（泉州行政学院、市社会主义学院）全面加强软硬件建设，稳步推进新校区建设，全年累计完成投资1.6亿元。同时，深化内设机构改革，调整设置行政管理机构3个：办公室、组织处、总务处（保卫处）；教学管理机构4个：教学科研处、培训一处、培训二处、统战教育培训处；教学科研机构7个：马克思主义教研室、经济学教研室、党史党建教研室、公共管理与法学教研室、统战理论与中华文化教研室、市情研究与图书文献中心、信息技术中心。通过此次调整，进一步整合资源，突出重点，彰显党校办学特色。

【队伍建设与人才培养】 2019年，泉州市委党校（泉州行政学院、市社会主义学院）做好教师职称评审工作，组织6人参评省校（院）系统教师中、高级职务评审，5人通过评审。加强队伍建设和人才引进工作，接收军转干部1人，招录教师7人（6名研究生，首度引进博士研究生1人）。做好干部和教师培养工作，选派扶贫驻村干部1人，选派教师参加中央党校和省委党校举办的各类师资培训。连续5届举办高级师资人才研修班，组织全市党校系统教师赴湖南省委党校开展以“培育精品意识，提升‘用学术讲政治能力’水平”主题的全市党校系统师资培训。

【非公企业党建教学实践基地和研究生工作】 2019年，泉州市非公有制企业和社会组织党建展馆接待参观团23批次907人。泉州市非公企业党建教学实践基地举办和承接非公党建培训、对外培训和境外考察团29班次，培训1271人。其中，举办非公党建培训16班次，培训人数724人，培训班次和人数显著增加，影响力扩大到全省乃至全国。福建省委党校研究生泉州教学点录取经济管理专业硕士研究生38人，毕业51人。

2019年6月27日，泉州市委党校“三名工程”启动仪式举行

（图/苏展辉）

综述

【贯彻落实决策部署】 2019年，泉州市人大常委会把学习贯彻习近平新时代中国特色社会主义思想作为首要政治任务，落实省委“三四八”机制要求，在真学真用、笃信笃行中增强“四个意识”、坚定“四个自信”、做到“两个维护”。坚持把传达学习习近平总书记重要讲话、重要指示批示作为常委会党组中心组学习的首要议题，用习近平新时代中国特色社会主义思想武装头脑、指导实践、推动工作。坚持党的领导，传达贯彻市委十二届八次、九次、十次全会精神，确保市委重大决策部署在人大工作中得到贯彻落实。开展主题教育，组织9次专题集中学习研讨，开展调研，推动调研成果转化，督促有关部门解决基层和群众反映的惠企政策落实不够到位、山区县部分乡村养老事业经费困难等问题。征集意见建议，查摆存在问题，制定专项整治方案，立说立行、真改实改，锤炼党员干部忠诚干净担当的政治品格。

2019年7月24日，泉州市人大常委会与泉州市政府召开联席会议
（图/王虎文）

【履行法定职责】 2019年，泉州市人大常委会坚持党的领导、人民当家做主、依法治国有机统一，学习贯彻习近平总书记关于坚持和完善人民代表大会制度的重要思想，传达学习习近平总书记参加十三届全国人大二次会议福建代表团审议时的重要讲话精神，在中共泉州市委领导下，传承弘扬“晋江经验”，围绕“作答时代命题、聚力赶超攻坚”工作主线，履行法定职责，为推动高质量发展落实赶超、加快“五个泉州”建设做出贡献。地方立法特色彰显，制定《泉州市晋江洛阳江流域水环境保护条例》。开展华侨历史遗存保护、沿海沙滩保护等7个立法项目调研。省人大常委会肯定泉州立法坚持“小切口、可操作、有特色”“有效推动泉州历史文化和生态环境保护工作”；在全国地方立法培训班上，市人大常委会作为全国8个发言单位之一作典型经验介绍。监督工作得到加强，明确提出“没有实效的监督坚决撤下来”，在找准问题、一抓到

底上狠下功夫。听取审议专项工作报告17项，对3部法律法规实施情况进行检查，开展专（综）题询问2次、专项工作评议1次、满意度测评10次，组织专题调研、集中视察18次，对报送备案的34件规范性文件依法进行审查。省人大常委会、中共泉州市委对市人大常委会助推民营经济发展、行政审批服务提质提速、精准扶贫、华侨权益保护以及人大信访工作做出批示、予以肯定。决定重大事项有新进展，在全省率先出台关于全面推动地方性法规进入执法、融入司法、列入普法工作的“三入”决定，省人大常委会将该决定批转各设区市人大常委会和平潭综合实验区人大工委学习借鉴。围绕泉州市与菲律宾怡朗市建立友好城市关系、预算调整等做出决议决定18项。人事任免依法进行，先后任免国家机关工作人员93人次，接受辞职7人次，组织新任命的40名国家机关工作人员进行宪法宣誓。代表活动更加活跃，指导建立代表联系群众活动室596个。组织全市五级人大代表依托活动室接待群众14600多人次，收集社情民意7370条，推动解决一批发生在群众“家门口”的堵心事。学习强国平台、中国网等知名媒体和全国人大办公厅《联络动态》对泉州市各级代表密切联系群众予以宣传点赞。18名代表履职故事被编入省人大常委会出版的《履迹》一书，入选人数全省设区市最多。

2019年1月8日，泉州市十六届人大四次会议开幕　（图/陈起拓）

重要会议

【市十六届人大四次会议】 2019年1月8—11日，泉州市十六届人大四次会议在泉州影剧院召开。此次大会的主要议程：听取和审议泉州市人民政府工作报告。审查和批准泉州市2018年国民经济和社会发展计划执行情况及2019年国民经济和社会发展计划草案的报告；批准泉州市2019年国民经济和社会发展计划。审查和批准泉州市2018年预算执行情况及2019年预算草案的报告；批准泉州市2019年市本级预算。听取和审议泉州市人民代表大会常务委员会工作报告。听取和审议泉州市中级人民法院工作报告。听取和审议泉州市人民检察院工作报告。选举泉州市人大常委会主任、泉州市监察委员会主任。决定泉州市第十六届人民代表大会社会建设委员会、监察和司法委员会的设立及其组成人员的人选。此次大会共收到代表建议、批评和意见443件。

【常委会会议】 2019年，泉州市十六届人大常委会召开常委会会议7次。会议审议表决通过市政府关于提请审议2019年提前下达地方政府债券转贷收支市本级预算调整方案的议案；审议市人大常委会关于2018年度规范性文件备案审查工作情况报告、关于个别代表的代表资格的审查报告，表决通过泉州市人民代表大会常务委员会公告稿。听取和审议市政府关于2018年度全市环境状况和环境保护目标完成情况、地方政府性债务管理情况等报告，市检察院刑事执行检查工作情况的报告；听取和审议市政府关于泉州市扶持民营经济发展政策措施落实情况的报告，并开展综题询问；审议表决并通过市人大常委会关于全面推动地方性法规进入执法融入司法列入普法工作的决定。审议并表决通过关于批准2018年市本级决算的决议和关于批准《泉州市人民政府关于提请审议2019年地方政府债券转贷收支市本级预算调整方案的议案》的决议；听取和审议市人大常委会执法检查组关于检查《中华人民共和国水污染防治法》《中华人民共和国传染病防治法》实施情况的报告，关于推进泉州市宗教工作三级网络和两级责任制的调研报告，市中级人民法院审判监督工作情况的报告。审议通过《泉州市晋江洛阳江流域水环境保护条例（草案表决稿）》；听取和审议市政府关于2019年1—7月泉州市国民经济和社会发展计划、预算执行情况的报告，和开展扫黑除恶专项斗争工作情况、关于泉州市石化园区环境保护工作情况、关于推进行政审批服务提质提速的报告。听取和审议市政府关于加强全市流域水环境保护情况的报告，并开展专题询问；听取和审议市政府关于垃圾分类处理利用情况、关于《市人大常委会关于依法推动打好防范化解重大风险、精准脱贫、污染防治三大攻坚战的决定》执行情况、关于2018年度国有资产管理情况、关于泉州市妇女儿童发展纲要（2011—2020年）实施情况的报告；听取和审议市政府关于泉州市发展壮大村集体经济专项工作、关于提请审议泉州市与菲律宾怡朗市建立友好城市关系的议案。审议通过市人大常委会关于召开泉州市第十六届人民代表大会第五次会议的决定。听取和审议市政府关于市十六届人大四次会议代表建议办理工作的报告和市人大常委会视察组综合报告等。会议开展各种满意度测评。决定任免国家工作人员等主要事项。

表5

2019年泉州市十六届人大常委会会议情况表

时间	会议名称	参加人员	会议内容
2019年2月27日	市十六届人大常委会第十九次会议	市人大常委会主任陈灿辉主持会议，副主任朱团能、张建生、曾巍、许文贵、吴友才、蔡思红，秘书长欧阳秋虹参加会议。市政府副市长吕刚，市监察委员会、市中级人民法院、市人民检察院相关负责人列席会议	会议审议表决通过市政府关于提请审议2019年提前下达地方政府债券转贷收支市本级预算调整方案的议案；听取和审议市政府研究处理《市人大常委会关于〈中华人民共和国人民调解法〉实施情况的审议意见》情况及《市人大常委会关于泉州市环湾城市规划建设管理工作情况综题询问的审议意见》情况的报告，并进行满意度测评，测评结果均为满意；审议市人大常委会关于2018年度规范性文件备案审查工作情况报告、关于个别代表的代表资格的审查报告。表决通过泉州市人民代表大会常务委员会公告稿，以及有关人事任免事项
2019年4月28日	市十六届人大常委会第二十次会议	市人大常委会主任陈灿辉主持会议，副主任朱团能、曾巍、许文贵、吴友才、蔡思红，秘书长欧阳秋虹参加会议。市委常委、常务副市长洪自强，市监察委员会、市中级人民法院、市人民检察院相关负责人列席会议	会议听取和审议市政府关于2018年度全市环境状况和环境保护目标完成情况、地方政府性债务管理情况等的报告，市检察院刑事执行检查工作情况的报告；听取和审议市政府关于泉州市扶持民营经济发展政策措施落实情况的报告，并开展综题询问。听取和审议市政府研究处理《市人大常委会关于国有企业发展情况的审议意见》的情况的报告，并进行满意度测评，测评结果为满意；听取和审议市中级法院研究处理《市人大常委会关于泉州市法院推进以审判为中心的刑事诉讼制度改革及金融犯罪审判工作情况的审议意见》的情况的报告，并进行满意度测评，测评结果为满意。审议表决并通过市人大常委会关于全面推动地方性法规进入执法融入司法列入普法工作的决定、市人大常委会代表资格审查委员会关于个别代表的代表资格的报告，以及有关人事任免事项

续表5

时间	会议名称	参加人员	会议内容
2019年6月17日	市十六届人大常委会第二十一次会议	市人大常委会主任陈灿辉主持会议，副主任朱团能、张建生、曾巍、吴友才、蔡思红，秘书长欧阳秋虹参加会议。市政府副市长周真平、肖汉辉，市监察委员会、市中级人民法院、市人民检察院相关负责人列席会议	会议听取和审议市政府关于提请审议《泉州市晋江洛阳江流域水环境保护条例（草案）》的议案，市政府关于2018年市本级决算草案的报告、关于2018年市本级预算执行和其他财政收支的审计工作报告，审议并表决通过关于批准2018年市本级决算的决议和关于批准《泉州市人民政府关于提请审议2019年地方政府债券转贷收支市本级预算调整方案的议案》的决议；听取和审议市政府研究处理《市人大常委会关于〈中华人民共和国水土保持法〉实施情况的审议意见》的情况、市人民检察院研究处理《市人大常委会关于市人民检察院公益诉讼工作情况的审议意见》的情况等报告，并进行满意度测评，测评结果均为满意；听取和审议市人大常委会执法检查组关于检查《中华人民共和国水污染防治法》《中华人民共和国传染病防治法》实施情况的报告，关于推进泉州市宗教工作三级网络和两级责任制的调研报告，市中级人民法院审判监督工作情况的报告；审议表决通过有关人事任免事项
2019年8月28日	市十六届人大常委会第二十二次会议	市人大常委会主任陈灿辉主持会议，副主任朱团能、张建生、曾巍、吴友才、蔡思红，秘书长欧阳秋虹参加会议。副市长周真平、吕刚，市中级人民法院院长陈明，市监察委员会、市人民检察院相关负责人列席会议	会议学习贯彻习近平总书记对地方人大及其常委会工作的重要指示和全国人大、省委、市委有关会议精神；听取市人大法制委关于《泉州市晋江洛阳江流域水环境保护条例（草案一审稿）》修改情况的报告，审议通过《泉州市晋江洛阳江流域水环境保护条例（草案表决稿）》；听取和审议市政府关于2019年1—7月泉州市国民经济和社会发展计划、预算执行情况的报告，和开展扫黑除恶专项斗争工作情况、关于泉州市石化园区环境保护工作情况、关于推进行政审批服务提质提速的报告；表决通过有关人事任免事项

续表5

时间	会议名称	参加人员	会议内容
2019年10月25日	市十六届人大常委会第二十三次会议	市人大常委会主任陈灿辉主持会议，副主任朱团能、张建生、曾巍、许文贵、吴友才、蔡思红参加会议。市委常委、常务副市长洪自强，副市长肖汉辉，市中级人民法院院长陈明，市监察委员会、市人民检察院相关负责人列席会议	会议听取和审议市政府关于加强全市流域水环境保护情况的报告，并开展专题询问；听取和审议市政府关于泉州市石化园区环境保护工作情况的整改报告，并进行测评表决，结果为满意；听取和审议市政府关于垃圾分类处理利用情况、关于《市人大常委会关于依法推动打好防范化解重大风险、精准脱贫、污染防治三大攻坚战的决定》执行情况、关于2018年度国有资产管理情况、关于泉州市妇女儿童发展纲要（2011—2020年）实施情况的报告；听取和审议市政府关于市十六届人大四次会议部分代表建议办理情况的报告，并进行满意度测评，测评结果为满意；听取和审议市政府研究处理《关于专题询问泉州市深化医改工作情况的审议意见》情况的报告，并进行满意度测评，测评结果为满意；听取和审议市政府关于泉州市发展壮大村集体经济专项工作、关于提请审议泉州市与菲律宾怡朗市建立友好城市关系的议案；讨论、通过市人大常委会有关制度（修订稿）；审议通过有关人事任免事项
2019年11月29日	市十六届人大常委会第二十四次会议	市人大常委会主任陈灿辉主持会议，副主任朱团能、张建生、曾巍、许文贵、吴友才、蔡思红，秘书长欧阳秋虹参加会议。市政府副市长吕刚，市监察委员会、市中级人民法院、市人民检察院相关负责人列席会议	会议审议通过市人大常委会关于召开泉州市第十六届人民代表大会第五次会议的决定；审议通过有关人事任免事项
2019年12月31日	市十六届人大常委会第二十五次会议	市人大常委会主任陈灿辉主持会议，副主任朱团能、张建生、曾巍、许文贵、吴友才、蔡思红，秘书长欧阳秋虹参加会议。市政府副市长吕刚，市人民检察院检察长高扬捷，市监察委员会、市中级人民法院相关负责人列席会议	会议听取和审议市政府关于市十六届人大四次会议代表建议办理工作的报告和市人大常委会视察组综合报告，市中级法院、市检察院关于市十六届人大四次会议代表建议办理工作情况报告；听取和审议有关被审计单位关于2018年度审计查处问题整改情况的报告，并对其开展满意度测评，测评结果为满意；听取和审议市人大常委会代表资格审查委员会关于个别代表的代表资格的审查报告；讨论、通过泉州市人大常委会工作报告稿；审议市十六届人大五次会议的日程安排（草案）及各项建议名单，补选省十三届人大代表；审议通过有关人事任免事项

【主任会议】 2019年，泉州市十六届人大常委会召开13次主任会议。会议讨论通过2019年市人大常委会工作要点（草案），讨论市人大常委会代表资格审查委员会关于个别代表的代表资格的审查报告稿，关于2018年度规范性文件备案审查情况的报告稿，以及《泉州市市区内沟河保护管理条例》实施情况报告（书面）。讨论关于2019年提前下达地方政府债券转贷收支调整市本级预算的审查报告稿。讨论关于地方政府性债务管理情况等审议意见稿，关于泉州市扶持民营经济发展政策措施落实情况等调研报告和审议意见稿，关于全面推动地方性法规进入执法融入司法列入普法工作的决定（草案），关于全市海岸线保护管理工作调研情况。听取市政府有关部门研究处理《关于泉州市扶持民营经济发展政策措施落实情况的审议意见》情况的汇报。讨论关于泉州市2018年市本级财政收支决算报告等审议意见稿，2019年地方政府债券转贷收支相应调整市本级预算的审查报告，市中级人民法院审判监督工作情况的调研报告和审议意见稿等。讨论关于推进行政审批服务提质提速的综合调研报告。讨论关于2019年1—7月国民经济和社会发展计划、预算执行情况等审议意见稿，关于泉州市石化园区环境保护工作情况评议的调查报告和评议意见等。讨论《泉州市晋江洛阳江流域水环境保护条例（草案建议表决稿）》。听取市人大常委会调研组关于泉州市养老服务体系建设调研情况的报告。讨论关于加强全市流域水环境保护情况等调研报告和审议意见稿，关于市十六届人大四次会议部分代表建议办理情况的调研报告，关于泉州市与菲律宾怡朗市建立友好城市关系的初审意见；听取市人大常委会关于加快发展泉州市乡村休闲旅游助推乡村振兴战略情况的调研情况。讨论关于泉州市精准扶贫帮扶措施落实的调研情况。讨论补选省十三届人大代表事项和市人大常委会工作报告稿；讨论、通过2020年市人大常委会工作要点，关于市十六届人大四次会议代表建议办理工作的综合报告稿，关于泉台经济文化交流合作若干措施落实、《泉州市中山路骑楼建筑保护条例》实施的调研情况报告等，讨论有关人事任免。

表6

2019年泉州市十六届人大常委会主任会议情况表

时间	会议名称	参加人员	会议内容
2019年2月14日	市十六届人大常委会第三十三次主任会议	市人大常委会主任陈灿辉主持会议，副主任朱团能、张建生、曾巍、许文贵、吴友才、蔡思红，秘书长欧阳秋虹参加会议	会议讨论通过市人大常委会机关有关人事任免事项及2019年市人大常委会工作要点，讨论市人大常委会代表资格审查委员会关于个别代表的代表资格的审查报告稿，关于2018年度规范性文件备案审查情况的报告稿，关于泉州市扶持民营经济发展政策措施落实情况综题询问工作方案，关于市人民检察院刑事执行检察工作情况专题调研方案，关于开展2018年度全市环境状况和环境保护目标完成情况专题调研方案，以及《泉州市市区内沟河保护管理条例》实施情况报告（书面）；确定市十六届人大常委会第十九次会议的召开时间和建议议程；提出第三十四次主任会议建议议题
2019年2月27日	市十六届人大常委会第三十四次主任会议	市人大常委会主任陈灿辉主持会议，副主任朱团能、张建生、曾巍、许文贵、吴友才、蔡思红，秘书长欧阳秋虹参加会议	会议讨论有关人事任免事项，关于2019年提前下达地方政府债券转贷收支调整市本级预算的审查报告稿，泉州市行政审批服务提质提速专题调研方案，以及市十六届人大常委会委员、专门委员会委员工作联系安排；提出第三十五次主任会建议议题

续表6

时间	会议名称	参加人员	会议内容
2019年3月29日	市十六届人大常委会第三十五次主任会议	市人大常委会主任陈灿辉主持会议，副主任朱团能、曾巍、许文贵、吴友才、蔡思红，秘书长欧阳秋虹参加会议	会议讨论通过关于市十六届人大四次代表建议重点办理件督办安排，提出第三十六次主任会议建议议题；会议还初定了市十六届人大常委会第二十次会议的召开时间和建议议程
2019年4月23、28日上午	市十六届人大常委会第三十六次主任会议	市人大常委会主任陈灿辉主持会议，副主任朱团能、曾巍、许文贵、蔡思红，秘书长欧阳秋虹参加会议	会议讨论有关人事任免事项，关于全市2018 年度环境状况和环境保护目标完成情况、地方政府性债务管理情况的审议意见稿，关于泉州市扶持民营经济发展政策措施落实情况、市人民检察院刑事执行检察工作情况的调研报告和审议意见稿，关于全面推动地方性法规进入执法融入司法列入普法工作的决定（草案），关于开展市中级人民法院审判监督工作情况、推进泉州市宗教工作三级网络和两级责任制情况的调研方案，关于开展《中华人民共和国传染病防治法》执法检查方案，关于全市海岸线保护管理工作调研情况，市人大常委会代表资格审查委员会关于个别代表的代表资格的审查报告稿；确定市十六届人大常委会第二十次会议的召开时间和建议议程，并提出第三十七次主任会议建议议题（注：28日上午讨论市人大常委会代表资格审查委员会关于个别代表的代表资格的审查报告稿）
2019年5月22日	市十六届人大常委会第三十七次主任会议	市人大常委会主任陈灿辉主持会议，副主任朱团能、张建生、曾巍、许文贵、吴友才、蔡思红，秘书长欧阳秋虹参加会议	会议听取市政府有关部门研究处理《关于泉州市扶持民营经济发展政策措施落实情况的审议意见》情况的汇报；讨论关于开展泉州市石化园区环境保护工作情况评议调查的方案、关于开展《中华人民共和国水污染防治法》执法检查方案；提出第三十八次主任会议建议议题，并初定市十六届人大常委会第二十一次会议的召开时间和建议议程

续表6

时间	会议名称	参加人员	会议内容
2019年6月10日	市十六届人大常委会第三十八次主任会议	市人大常委会主任陈灿辉主持会议，副主任朱团能、张建生、曾巍、吴友才、蔡思红参加会议	会议讨论有关人事任免事项；讨论关于泉州市2018年市本级财政收支决算报告与2018年市本级预算执行和其他财政收支审计工作报告的审议意见稿，2019年地方政府债券转贷收支相应调整市本级预算的审查报告，《泉州市晋江洛阳江流域水环境保护条例（草案）》的初步审查报告，市中级人民法院审判监督工作情况的调研报告和审议意见稿，检查水污染防治法、传染病防治法实施情况的报告和审议意见稿以及推进泉州市宗教工作三级网络和两级责任制情况的调研报告；讨论开展扫黑除恶专项斗争工作情况、发展壮大村集体经济等调研方案。会议还确定市十六届人大常委会第二十一次会议的召开时间和建议议程，并提出第三十九次主任会议建议议题
2019年7月18日	市十六届人大常委会第三十九次主任会议	市人大常委会主任陈灿辉主持会议，副主任朱团能、张建生、曾巍、吴友才、蔡思红，秘书长欧阳秋虹参加会议	会议讨论关于推进行政审批服务提质提速的综合调研报告，关于进一步加强全市流域水环境保护情况专题询问工作方案；提出第四十次主任会议建议议题，初定市十六届人大常委会第二十二次会议的召开时间和建议议程
2019年8月20日	市十六届人大常委会第四十次主任会议	市人大常委会主任陈灿辉主持会议，副主任朱团能、张建生、曾巍、吴友才、蔡思红，秘书长欧阳秋虹参加会议	会议讨论有关人事任免事项，讨论《泉州市晋江洛阳江流域水环境保护条例（草案二审稿）》，关于推进行政审批服务提质提速和2019年1—7月国民经济和社会发展计划、预算执行情况的审议意见稿，关于泉州市石化园区环境保护工作情况评议的调查报告和评议意见，关于市政府开展扫黑除恶专项斗争工作情况的调研报告和审议意见稿，关于对市十六届人大四次会议代表建议办理情况开展满意度测评的实施方案；讨论《市人大常委会关于依法推动打好防范化解重大风险、精准脱贫、污染防治三大攻坚战的决定》执行情况、关于泉州市妇女、儿童发展纲要（2011—2020年）实施情况、关于全市垃圾分类处理利用情况的专题调研方案；确定市十六届人大常委会第二十二次会议的召开时间和建议议程，提出第四十一次主任会议建议议题
2019年8月28日	市十六届人大常委会第四十一次主任会议	市人大常委会主任陈灿辉主持会议，副主任朱团能、张建生、曾巍、吴友才、蔡思红，秘书长欧阳秋虹参加会议	会议讨论《泉州市晋江洛阳江流域水环境保护条例（草案建议表决稿）》，提出第四十二次主任会议建议议题

续表6

时间	会议名称	参加人员	会议内容
2019年9月12日	市十六届人大常委会第四十二次主任会议	市人大常委会主任陈灿辉主持会议，副主任朱团能、张建生、曾巍、许文贵、吴友才，秘书长欧阳秋虹参加会议	会议讨论关于市十六届人大四次会议代表建议办理工作的视察方案，听取市人大常委会调研组关于泉州市养老服务体系建设调研情况的报告，初定市十六届人大常委会第二十三次会议的召开时间和建议议程，提出第四十三次主任会议建议议题
2019年10月18日	市十六届人大常委会第四十三次主任会议	市人大常委会主任陈灿辉主持会议，副主任朱团能、张建生、许文贵、蔡思红，秘书长欧阳秋虹参加会议	会议讨论有关人事任免事项，关于加强全市流域水环境保护情况、加快全市垃圾分类处理利用情况、2018 年度国有资产管理情况、《市人大常委会依法推动打好防范化解重大风险、精准脱贫、污染防治三大攻坚战的决定》执行情况、泉州市妇女儿童发展纲要（2011—2020 年）实施情况、泉州市发展壮大村集体经济的调研报告和审议意见稿，关于市十六届人大四次会议部分代表建议办理情况的调研报告，关于泉州市与菲律宾怡朗市建立友好城市关系的初审意见；讨论修改市人大常委会有关制度，听取市人大常委会关于加快发展泉州市乡村休闲旅游助推乡村振兴战略情况的调研情况；确定市十六届人大常委会第二十三次会议的召开时间和建议议程，提出第四十四次主任会议建议议题，初定市十六届人大常委会第二十四次会议的召开时间和建议议程
2019年11月19日	市十六届人大常委会第四十四次主任会议	市人大常委会主任陈灿辉主持会议，副主任朱团能、张建生、曾巍、许文贵、吴友才、蔡思红，秘书长欧阳秋虹参加会议	会议讨论有关人事任免事项，关于召开泉州市第十六届人民代表大会第五次会议的决定（草案），关于泉州市精准扶贫帮扶措施落实的调研情况；确定市十六届人大常委会第二十四次会议的召开时间和建议议程，提出第四十五次主任会议建议议题，初定市十六届人大常委会第二十五次会议的召开时间和建议议程
2019年12月31日	市十六届人大常委会第四十五次主任会议	市人大常委会主任陈灿辉主持会议，副主任朱团能、张建生、曾巍、许文贵、吴友才、蔡思红，秘书长欧阳秋虹参加会议	会议讨论有关人事任免事项、补选省十三届人大代表事项和市人大常委会工作报告稿；讨论、通过2020年市人大常委会工作要点，关于市十六届人大四次会议代表建议办理工作的综合报告稿，市人大常委会代表资格审查委员会关于个别代表的代表资格的审查报告稿，市十六届人大五次会议的日程安排（草案）及各项建议名单，市人大常委会2020年立法计划（草案），关于泉台经济文化交流合作若干措施落实、《泉州市中山路骑楼建筑保护条例》实施的调研情况报告。会议还确定市十六届人大常委会第二十五次会议的召开时间和建议议程

检查监督

【执法检查】 2019年，泉州市人大常委会按照全国人大常委会统一部署，组织开展水污染防治法执法检查，就增强水污染防治“一盘棋”意识、压实水污染防治各方责任、健全水生态补偿机制、加快城乡污水处理设施和管网建设等提出审议意见。对传染病防治法实施情况进行检查，督促提升县级疾控机构检验检测能力，加强专业疾控队伍建设。开展教师法执法检查，督促加快教师管理体制改革，完善教师待遇保障机制。对市区内沟河保护管理条例、中山路骑楼建筑保护条例实施情况进行专题调研。配合全国人大常委会和省人大常委会对中小企业促进法、闽台农业合作条例等7部法律法规的执行情况进行检查。

【审判监督】 2019年，泉州市人大常委会听取和审议市中级法院审判监督工作情况专项报告，督促全面落实司法责任制，坚持有序放权和依法监督有机结合，外部监督和内部监督有效衔接，确保裁判依法、公正、高效。听取和审议市检察院刑事执行检察工作情况专项报告，要求检察机关加大对刑罚交付执行、羁押必要性审查、在押人员权利保障等方面的监督力度。常委会还跟踪检查人民调解、刑事诉讼制度改革及金融犯罪审判、公益诉讼等工作，开展满意度测评，促进提高司法公信力。

调研视察

【促进发展提质增效】 2019年，泉州市人大常委会听取和审议市政府国民经济和社会发展计划执行情况报告，与市政府召开联席会议，针对国内外风险挑战明显上升的复杂局面，就下大力气做好“六稳”工作、加快推进新旧动能转换、强化重点项目要素保障、组织开展“卡脖子”核心技术攻关、有为应对中美经贸摩擦等提出意见建议。首次听取和审议市政府关于国有资产管理情况专项报告，督促加强规范管理，促进国有资产保值增值。加强预算执行审查监督，促使盘活政府资产资金，增强财政统筹保障能力。督促有关部门整改审计查出问题，对市交通运输局整改情况进行满意度测评。专题调研乡村休闲旅游产业发展情况，推动农村增美、农业增效、农民增收。对促进泉台经济文化交流合作若干措施落实情况进行督促检查，助力加快打造台商台胞登陆“第一家园”。

【助力打好三大攻坚战】 2019年，泉州市人大常委会强化风险防控，对地方性政府债务管理、打好重大风险攻坚战情况进行专题调研，要求加快构建政府债务运行“闭环”管理体系，打击各类涉众型非法金融活动，确保全市政府债务和金融风险基本实现总体可控。聚焦精准脱贫，听取和审议市政府关于打好精准脱贫攻坚战和发展壮大村集体经济专项工作报告，督促严格落实“两不愁三保障”，解决因病因残因灾致贫返贫问题，拓宽“薄弱村”集体经济增收渠道。力促污染防治，重点对石化工业园区生态环保工作进行专项评议。采取市、县两级联动方式，督促有关责任部门和园区企业进行自查自纠，同时委托省环境科学研究院开展第三方评估。在此基础上，对园区环保68项指标落实情况进行评议，提出抓紧建设风险预警体系、强化环境执法监督等5方面22条意见，确定亟须解决的5个重点问题，并在两个月后听取市政府工作推进情况报告、开展评议测评，促使石化工业园区一些环保问题得到较为妥善解决。市人大常委会还听取和审议市政府关于年度环境状况和环境保护目标完成情况的专项报告，跟踪检查全市垃圾分类处理利用情况，对加强全市流域水环境保护工作进行专题询问，推动全市生态环境质量实现持续向好。

【维护社会安定稳定】 2019年，泉州市人大常委会听取和审议市政府开展扫黑除恶专项斗争工作情况报告，督促深挖彻查黑恶势力“保护伞”，铲除黑恶势力经济基础，惩处黑恶犯罪分子。专题调研宗教工作三级网络和两级责任制落实情况，推动做好宗教事务网格化服务管理。加强和改进人大信访工作，受理人民群众来信来访636件次，重点跟踪督办环境保护、食品安全、涉法涉诉等信访件，督促积案化解，维护群众合法权益。

【调研工作】 2019年，泉州市人大

表7

2019年市人大常委会调查研究情况表

时间	带队领导	调研地点	调研内容
2月—6月	市人大常委会主任陈灿辉，副主任张建生、朱团能、曾巍、许文贵、吴友才、蔡思红，秘书长欧阳秋虹	各县（市、区）	行政审批服务提质提速专题调研

续表7

时间	带队领导	调研地点	调研内容
3月5—6日	市人大常委会副主任许文贵	惠安、晋江、石狮	开展海岸线保护管理情况调研
3月13—14日	市人大常委会副主任吴友才	鲤城、丰泽、石狮、永春	开展市人民检察院刑事执行检察工作情况专题调研
3月14日	市人大常委会副主任蔡思红	丰泽、石狮	开展2018年度全市环境状况和环境保护目标完成情况调研
3月21、22日和26日	市人大常委会副主任朱团能	南安、安溪、石狮、惠安	开展扶持民营经济发展政策措施落实情况专题调研
4月24—25日	市人大常委会主任陈灿辉，副主任许文贵	安溪、南安、泉港、洛江	开展发展壮大村集体经济情况调研
5月15—17日	市人大常委会副主任张建生	市区、南安、晋江	开展《中华人民共和国传染病防治法》实施情况检查
5月21—22日	市人大常委会副主任吴友才	惠安、南安、德化	开展市中级法院审判监督工作情况专题调研
5月28 —30日	市人大常委会副主任张建生	泉港、惠安、安溪、南安	开展推进泉州市宗教工作三级网络和两级责任制情况专题调研
5月28—29日	市人大常委会主任陈灿辉，副主任蔡思红	南安	开展《中华人民共和国水污染防治法》 执法检查
7月11—12日	市人大常委会副主任吴友才	丰泽、南安	对市政府开展扫黑除恶专项斗争工作情况进行专题调研
7月19、23、30、31日	市人大常委会副主任蔡思红	泉港、惠安	组织对泉州市石化工业园区环境保护工作情况进行评议调查
8月下旬至9月上旬	市人大常委会主任陈灿辉，副主任朱团能、许文贵、蔡思红	晋江、安溪、永春	开展《泉州市人大常委会关于依法推动打好防范化解重大风险、精准脱贫、污染防治三大攻坚战的决定》执行情况调研
9月3—4日	市人大常委会副主任朱团能	丰泽、石狮	开展泉州市妇女、儿童发展纲要（2011—2020年）实施情况专题调研
9月5—6日	市人大常委会副主任蔡思红	鲤城、丰泽、南安、泉州开发区	开展加快全市垃圾分类处理利用情况调研
9月9日	市人大常委会副主任朱团能	市行政中心会议中心202会议室，召开汇报座谈会	开展国有资产管理情况调研
9月16日	市人大常委会主任陈灿辉，副主任许文贵	泉州台商投资	开展发展壮大村集体经济专题调研
9月17—19日	市人大常委会副主任张建生	石狮、惠安、永春、德化	开展加快发展泉州市乡村休闲旅游助推乡村振兴战略情况调研
9月25日	市人大常委会副主任许文贵	丰泽、晋江、南安、台商区投资区	开展全市流域水环境保护情况专题调研
10月11日	市人大常委会副主任朱团能	丰泽	开展居家养老服务体系建设情况调研暨“双联2+1”活动
10月11日	市人大常委会副主任蔡思红	安溪、德化	开展践行习近平总书记生态文明思想专题调研
10月12日	市人大常委会副主任吴友才	南安	开展社会治安综合治理工作调研
10月12日	市人大常委会秘书长欧阳秋虹	丰泽	赴丰泽区开展“不忘初心 牢记使命”主题教育专题调研和“双联2+1”活动

续表7

时间	带队领导	调研地点	调研内容
10月17日	市人大常委会副主任张建生	永春	开展传染病防治法实施情况主题教育调研和联系基层代表群众活动
10月17日	市人大常委会副主任蔡思红	鲤城	开展联系基层代表群众和困难党员活动
10月17日	市人大常委会主任陈灿辉，副主任张建生、朱团能、曾巍、许文贵、吴友才、蔡思红，秘书长欧阳秋虹	各县（市、区）	开展专题调研，并结合“双联2+1”活动和慰问结对帮扶贫困户，收集基层代表和群众意见
10月22日	市人大常委会副主任张建生	晋江、泉州台商投资	开展泉台经济文化交流合作若干措施落实情况专题调研
10月22日	市人大常委会副主任吴友才	石狮	前往石狮市灵秀镇开展“不忘初心、牢记使命”主题教育
10月29—30日	市人大常委会主任陈灿辉，副主任张建生、朱团能、曾巍、许文贵、吴友才、蔡思红，秘书长欧阳秋虹	石狮、南安、永春、泉州台商投资	组织视察市十六届人大四次会议代表建议办理工作情况
11月21日	市人大常委会副主任朱团能	市行政中心会议中心11号楼202会议室，召开汇报座谈会	关于对泉州市2019年计划、预算执行情况和2020年计划、预算编制情况进行调研

常委会开展调研31次，市人大常委会领导分别带领调研组调研行政审批服务提质提速情况、民营经济发展政策措施落实情况、石化工业园区环境保护工作情况、垃圾分类处理利用情况等主要事项。

建议议案

【建议督办】 2019年，泉州市人大常委会对市十六届人大四次会议代表提出的443件建议进行梳理，交由88个承办单位研究办理。常委会确定加快水电站生态下泄流量改造、加强农村医疗队伍建设等11件建议作为重点督办件，以点带面提高代表建议办理质量。市政府高度重视代表建议办理，市发改委、卫健委等多个部门把建议办理工作列入本单位绩效管理考评内容。通过常委会领导领衔督办、副市长牵头承办、人大各工委室具体督办、“不满意件”退回重办等方式，促使承办单位有压力、人大代表有动力、办理工作有效力。截至12月底，代表建议所提问题解决或基本解决的（A类）占47.4%，比上年提高13个百分点；正在解决或列入计划逐步解决的（B类）占44.7%，办理实效明显增强。

【推动行政审批服务提质提速】 2019年，泉州市人大常委会把推动打造一流营商环境作为重中之重，贯穿全年持续用力。综合运用三级联动、明查暗访、舆论监督等方式，收集核实在企业开办、中介组织监管等9方面163个具体问题和案例，借鉴先进地区的经验做法，提出意见建议，要求政府有关部门正视营商环境存在的突出问题，增强危机感和紧迫感，推进权责关系重塑、管理模式再造、工作方式转型，以政府的减权限权激发市场活力和改革动力。市委召开专题会议听取常委会汇报，推进“行政审批服务提质提速改革”10项任务，组织开展“营商环境提升年”活动。市政府研究处理常委会提出的审议意见，把发现的问题交由37个单位限期整改。常委会强化跟踪督办，采取随机抽查、定期听取汇报等形式，推动整改工作取得阶段性成效。市政府制定出台建设项目工程建设许可阶段“多评合一”实施意见等12份文件；设立企业开办专区，创建全省首个企业开办“零费用”城市，取消证明事项102项，企业和群众反映强烈的“审批条件互为前置”“不动产交易登记难”“收取企业用电押金”等120多个堵点、难点、痛点得到有效破解。

【落实扶持民营经济政策措施】 2019年，泉州市人大常委会历时两个多月，到各县（市、区）和115家企业调研，发现梳理出11方面75个问题。市委主要领导对常委会的调研报告做出批示。聚焦与民营经济发展息息相关的减税降费、金融支持、规范执法、清欠账款等方面问题，组织开展综题询问。在肯定成绩的基础上，要求各有关部门对标对表党中央、国务院和省、市扶持政策措施，对落实不到位的逐项提出整改意见。市政府迅速回应，召开专题会议研究处理。常委会紧盯不放，听取市财政局、科技局、工信局等单位整改情况汇报，强调在落实扶持政策措施方面坚决不能打折扣、讲条件、搞变通。市政府相应出台一系列扶持民营经济发展的配套措施，分地域分行业开展“政策面对面”宣讲活动，在减轻企业税费负担、督促兑现县级配套资金、完善政策执行方式等方面取得新进展，64个问题得到较好解决。

【民生问题解决】 2019年，泉州市人大常委会听取和审议泉州市妇女、儿童发展纲要（2011—2020年）实施情况报告，督促提升妇幼健康服务水平、加快儿童活动场所建设。回应社会对教育领域的关切，推动中小学开展课后延时服务。关注自闭症儿童融合教育，推动有关部门在全省率先出台相关扶持工作意见。跟踪检查医药卫生体制改革推进情况，督促、强化“三医联动”，完善分级诊疗体系。开展居家养老服务体系建设专题调研，对新建居住小区按照国家标准配建养老服务设施提出明确要求。督促加强娱乐场所管理，推动未成年人权益保护。

代表工作

【代表履职保障】 2019年，泉州市人大常委会分期组织263名市人大代表参加履职培训，邀请86名企业界人大代表参加《民营企业法律风险及对策研究》专题讲座。鼓励和支持有条件的村、社区、开发区、高校、行业等建立代表联系群众活动室。根据代表职业行业专业特点，有计划地安排73名代表列席常委会会议，邀请277名代表参加常委会开展的立法、监督活动。组织代表围绕支持实体经济发展、推进福厦泉国家自主创新示范区建设、实施人才“港湾计划”等开展集中视察和专题调研。加强代表履职管理监督，健全代表履职档案，提升代表履职的积极性、规范性和实效性。

【“双联”活动】 2019年，泉州市人大常委会组织到基层接待143名代表和189名群众，收集意见建议432条。强化跟踪督办，代表提出的“放宽编外教师报考编内教师专业限制”等149条建议，以及群众提出的“加大新型职业农民培训力度”等141条意见得到妥善办理并及时反馈。鼓励和支持代表定期、就近到活动室接待选民，常态化听取基层群众呼声。“双联”活动畅通民众诉求表达渠道，促进代表提出建议向闭会期间延伸。省人大常委会肯定泉州人大“双联”活动“做到真联系、取得真效果”。

人事任免

【概况】 2019年，泉州市人大常委会全年任免地方国家机关工作人员93人（次），接受辞职7人次。

【十六届人大常委会第十九次会议人事任免】 2019年2月27日，经泉州市第十六届人大常委会第十九次会议审议通过：决定免去张永宁的泉州市人民政府副市长职务；决定任命王克思为泉州市人民政府办公室主任；决定任命刘德旺为泉州市交通运输局局长；决定任命肖惠中为泉州市医疗保障局局长；决定免去黄文捷的泉州市人民政府办公室主任职务；任命谢希鹏为泉州市中级人民法院副院长；免去沈毅青的泉州市中级人民法院副院长职务；免去叶少风的泉州市人民检察院检察委员会委员、检察员职务。

【十六届人大常委会第二十次会议人事任免】 2019年4月28日，经泉州市第十六届人大常委会第二十次会议审议通过：决定免去季翔峰的泉州市人民政府副市长职务；决定免去李宏绪的泉州市人民政府副市长职务；决定任命陈劲松为泉州市人民政府国有资产监督管理委员会主任；任命甘泽阳为泉州市人民检察院副检察长；任命叶小全为泉州市人民检察院检察委员会委员；任命吴美满为泉州市人民检察院检察委员会委员；任命傅科研为泉州市人民检察院检察委员会委员。

【十六届人大常委会第二十一次会议人事任免】 2019年6月17日，经泉州市第十六届人大常委会第二十一次会议审议通过：任命蒋鸿滨为泉州市人民检察院检察员；免去吴红的泉州市人民检察院检察员职务。

【十六届人大常委会第二十二次会议人事任免】 2019年8月28日，经泉州市第十六届人大常委会第二十二次会议审议通过：决定免去杨晓山的泉州市人民政府副市长职务；任命郑敏为泉州市中级人民法院审判员、审判委员会委员；免去苏子凡的泉州市中级人民法院审判委员会委员、审判员职务；免去庄能宗的泉州市中级人民法院刑事审判第一庭庭长、审判员职务；免去林天法的泉州市中级人民法院民事审判第四庭庭长、审判员职务；免去张维劲的泉州市人民检察院检察员职务；免去胡向阳的泉州市人民检察院检察员职务；免去李翔毅的泉州市人民检察院检察员职务；免去郑忠贤的泉州市人民检察院检察员职务；免去洪游逸的泉州市人民检察院检察员职务；免去黄新民的泉州市人民检察院检察员职务；免去谢叶强的泉州市人民检察院检察员职务；免去吕建益的泉州市人民检察院检察员职务；免去史晓方的泉州市人民检察院检察员职务；

免去邱春霖的泉州市人民检察院检察员职务；免去颜小玲的泉州市人民检察院检察员职务；免去黄佐辉的泉州市人民检察院检察员职务；免去李剑杰的泉州市人民检察院检察员职务；免去黄帅仁的泉州市人民检察院检察员职务；免去张翼的泉州市人民检察院检察员职务；免去王芳的泉州市人民检察院检察员职务。

【十六届人大常委会第二十三次会议人事任免】 2019年10月25日，经泉州市第十六届人大常委会第二十三次会议审议通过：决定任命黄继业为泉州市司法局局长；决定免去林培新的泉州市司法局局长职务；任命林锡平为泉州市中级人民法院审判委员会委员，免去其泉州市中级人民法院审判监督庭庭长职务；任命庄希文为泉州市中级人民法院审判委员会委员，免去其泉州市中级人民法院行政审判庭庭长职务；任命陈忠俊为泉州市中级人民法院审判委员会委员，免去其泉州市中级人民法院刑事审判第二庭庭长职务；任命郑玲玲为泉州市中级人民法院审判委员会委员、刑事审判第一庭庭长；任命连晓东为泉州市中级人民法院刑事审判第二庭庭长，免去其泉州市中级人民法院生态环境审判庭庭长职务；任命陈锦平为泉州市中级人民法院民事审判第一庭庭长；任命黄祥彪为泉州市中级人民法院民事审判第四庭庭长，免去其泉州市中级人民法院民事审判第一庭庭长职务；任命丰兰为泉州市中级人民法院行政审判庭庭长，免去其泉州市中级人民法院民事审判第二庭副庭长职务；任命林明清为泉州市中级人民法院审判监督庭庭长，免去其泉州市中级人民法院执行庭副庭长职务；任命黄川龙为泉州市中级人民法院执行庭庭长；任命傅家顶为泉州市中级人民法院生态环境审判庭庭长，免去其泉州市中级人民法院民事审判第一庭副庭长职务；免去谢希鹏的泉州市中级人民法院执行庭庭长职务；免去黄小丹的泉州市中级人民法院立案庭副庭长职务；免去蔡建南的泉州市中级人民法院审判员职务；批准王文龙辞去泉州市鲤城区人民检察院检察长职务；批准甘泽阳辞去晋江市人民检察院检察长职务；批准许金标辞去惠安县人民检察院检察长职务；免去林立红的泉州市人民检察院检察员职务；免去余冬阳的泉州市人民检察院检察员职务；免去王伟明的泉州市人大常委会研究室主任职务。

【十六届人大常委会第二十四次会议人事任免】 经泉州市第十六届人大常委会第二十四次会议于2019年11月29日审议通过：任命王文郴为泉州市人大常委会研究室主任；任命陈云毅为泉州市人大常委会财政经济工作委员会主任；任命齐清秀为泉州市人大常委会监察和司法工作委员会主任；免去傅天富的泉州市人大常委会财政经济工作委员会主任职务；免去齐清秀的泉州市人大常委会内务司法工作委员会主任职务。

【十六届人大常委会第二十五次会议人事任免】 2019年12月31日，经泉州市第十六届人大常委会第二十五次会议审议通过：决定任命朱启平为泉州市人民政府副市长；决定任命杨昌文为泉州市科学技术局局长；决定任命蔡龙群为泉州市农业农村局局长；决定免去李文生的泉州市科学技术局局长职务；决定免去刘锦川的泉州市农业农村局局长职务；任命甘泽阳为泉州市人民检察院检察委员会委员、检察员；免去林明宇的泉州市人民检察院副检察长、检察委员会委员、检察员职务；批准任命王文龙为晋江市人民检察院检察长；批准任命余冬阳为惠安县人民检察院检察长；任命陈云毅为泉州市第十六届人民代表大会财政经济委员会副主任委员、社会建设委员会副主任委员；任命史桐融为泉州市第十六届人民代表大会财政经济委员会委员；任命黄雅莉为泉州市第十六届人民代表大会财政经济委员会委员；任命李燕玉为泉州市第十六届人民代表大会教育科学文化卫生委员会委员；决定接受傅天富辞去泉州市第十六届人民代表大会常务委员会委员职务的请求，报本级人民代表大会第五次会议备案；决定接受陈建通辞去泉州市第十六届人民代表大会常务委员会委员职务的请求，报本级人民代表大会第五次会议备案；决定接受曾巍辞去泉州市第十六届人民代表大会法制委员会主任委员职务的请求，报本级人民代表大会第五次会议备案；决定接受傅天富辞去泉州市第十六届人民代表大会财政经济委员会副主任委员职务的请求，报本级人民代表大会第五次会议备案；决定接受傅天富辞去泉州市第十六届人民代表大会社会建设委员会副主任委员职务的请求，报本级人民代表大会第五次会议备案；决定接受陈建通辞去泉州市第十六届人民代表大会财政经济委员会委员职务的请求，报本级人民代表大会第五次会议备案；决定接受郑玉宝辞去泉州市第十六届人民代表大会教育科学文化卫生委员会委员职务的请求，报本级人民代表大会第五次会议备案。

泉州市人民政府

综 述

【市政府工作概况】 2019年，泉州市人民政府落实党中央、国务院和省委、省政府及市委决策部署，坚持稳中求进工作总基调，践行新发展理念，传承弘扬“晋江经验”，“作答时代命题、聚力赶超攻坚”，全面落实61项政府重点改革任务，开展“城市建设提速年”活动，完成33个为民办实事项目，开展“法治政府建设年”活动，推动“五个泉州”建设迈出新步伐。

【经济发展】 2019年，泉州市全面落实“六稳”政策措施，全市生产总值增长8%，规模以上工业增加值比上年增长8.6%，第三产业增加值增长7.8%，主要指标增长平稳。

精准帮扶企业发展。组织实施支持民营企业健康发展一揽子政策措施，兑现惠企资金45.5亿元，估算减税降费120亿元。市、县领导“一对一”挂钩联系163家龙头企业，落实“领导干部一线办公”活动周、党政领导与企业家恳谈会制度，设立“政策面对面”平台，开通“12345”企业服务热线，政企保持良性互动。

强力推进“项目攻坚2019”。完善项目推进机制，成立要素服务保障专项攻坚组，组织开展“春季攻坚行动”、年中“七个专项攻坚”，推动解决一批久拖未决的项目征迁问题；460个在建重点项目完成投资1400亿元，开工86个、竣工80个；新签约产业项目332个、总投资2557亿元，“五个一批”考评稳居全省前列。

有为应对中美贸易摩擦影响。实施外贸经营主体培育“双十、双百、双千”工程，对出口美国企业全覆盖调研、“一对一”帮扶，举办海丝国际品牌博览会、品牌“境外行”“海丝行”等系列展销活动，外贸出口逆势增长21.9%。市场采购贸易方式出口货值达170亿元，获批全国首个预包装食品出口试点。

防范化解重大风险。设立上市公司纾困基金，“一企一策”帮扶重点风险大户，推进互联网金融风险专项整治，不良贷款率连续4年下降。依法合规清理隐性债务，有效防范化解政府债务风险。

【科技创新驱动产业升级】 2019年，泉州市实施科技赋能计划，推动第一、二、三产业高质量发展。

加快传统产业改造提升。出台推进制造业高质量发展的意见，实施龙头企业“扩能生根”项目64个，推广数字化、智能化生产线120条，培育省级智能制造试点示范（样板工厂）14个，新增“上云上平台”企业超1000家；建材家居、工艺制品、纸业印刷等产业增加值实现两位数增长；承办全国传统产业改造提升泉州现场会。

提高自主创新能力。落实研发费用税前加计扣除、高新技术企业所得税优惠等政策，新增高新技术企业超200家、科技小巨人领军企业123家，新增发明专利1653件，成为国家知识产权运营服务体系建设重点城市。获批国家级海峡两岸集成电路产业合作试验区，三安、矽品等重大项目陆续投产，集成电路、半导体产业链条初现雏形，泉州芯谷投融资体制进一步完善。制定数字泉州建设三年行动方案，成立5G产业发展联盟，启动5G网络规划编制和基站建设，入选全国首批50个5G商用城市。

夯实平台和人才支撑。泉州装备所获批国家级重大创新平台，落地建设福建化学工程创新实验室、中科院海上丝绸之路时间中心、中科院大学智能制造学院、福州大学微电子研究院、天津大学集成电路研究院。推进人才“港湾计划”，实施改进人才服务“八条措施”，创新人才住房、子女入学等公共服务跨县域保障机制，新认定高层次人才7508人、团队9个，开展高层次人才自主认定试点企业113家；引进产业急需高校毕业生1.04万人，新认定技能人才3.7万人。

开展“第三产业提升年”活动。服务业百大项目完成投资175亿元，新增现代服务业集聚示范区6个。全市3A级以上物流企业突破100家，国际邮件互换局启动运营，快递业务量12亿件、比上年增长24%。全市完成旅游总收入1312.7亿元、比上年增长20.5%。开展促进消费专项行动，全市社会消费品零售总额3780亿元、比上年增长11%，网络零售额1797亿元、比上年增长27%，德化成为国家电子商务进农村综合示范县。

推动农业高质量发展。启动实施农业“五百”示范项目，新增省级农业产业化龙头企业28家、优质农产品标准化示范基地34家、农产品产地初加工中心23家、“三品一标”认证农产品42个、特色产业示范村40个。茶叶、水产、食用菌等10个优势特色产业全产业链产值1852亿元，增长6.7%；安溪入选首批国家现代农业产业园。农村科技特派员实现乡镇“全覆盖”。农田水利设施不断完善，建成高标准农田1.1万公顷，开工白濑水利枢纽主体工程。

【改革开放激活蛰伏潜能】 2019年，泉州市政府全面落实市委确定的61项政府重点改革任务。

“放管服”改革。开展“营商环境提升年”活动，在全省率先创建企业开办“零费用”城市，全市市场主体突破100万家，网商产业园入驻市场主体达8.6万家；建成市政务数据汇聚与共享应用平台（一期）和“互联网+政务服务”市县乡村四级一体化平台，市政务信息网云平台投入运行。

金融服务实体经济改革。出台金融服务民营和小微企业政策，在全省率先实施金融支持民营企业“白名单”、政策性融资担保“负面清单”等措施，入选全国深化民营和小微企业金融服务综合改革试点城市。获批设立全省首家市场化征信机构，开启两岸民间征信机构首次合作。实施制造业贷款增量增速提升工程，各项贷款余额比上年增长11.9%。

国企改革。初步完成市属国企公司制改制，支持在产业引导、片区改造、古城提升、民生保障中发挥积极作用，市属国企资产总额达1450亿元。

医药卫生体制改革。县级二级以上公立医院全面实施现代医院管理制度，市第一医院医疗集团列入全国百家城市医联体试点，安溪、石狮列入国家紧密型县域医共体建设试点。开展药品和医用耗材采购改革，调整优化174项医疗服务价格。

海丝先行区建设。密切与海丝沿线国家（地区）经贸合作，贸易总额比上年增长21%，其中出口增长31%，获批国家跨境电子商务综合试验区。打响港澳青年精英故乡行品牌，与海外侨社、侨领联络联谊更加密切，友城间实质性交往持续深化。泉州晋江国际机场旅客吞吐量突破840万人次，国际旅客突破100万人次，国际航线数位居全国地级市第二。新开通海丝沿线国家（地区）海上航线6条，港口货物吞吐量1.25亿吨、集装箱250万标箱。

对台交流合作。推动台胞台企同等待遇政策落地；出台支持泉州—金门客运航线发展措施，客运量超14万人次；向金门供水超500万立方米，完成金门供水保障工程项目可研编制工作。

【城市建设注重品质品位】 2019年，泉州市开展“城市建设提速年”活动，环湾建成区面积230平方千米，城镇化率67.5%。

统筹建设古城新城。古城“七个一”示范工程有序推进，中山路示范段改造提升、小山丛竹公园建设接近尾声，爱国路、奎霞巷等断头路打通，“东亚之窗”文创园正式开园。北峰丰州西华洋、台商区白沙、晋东等片区改造开发加快；泉州大剧院、东海工人文化宫、市图书馆新馆投用。福厦客专、兴泉铁路泉州段启动架梁铺轨；厦漳泉城市联盟路泉州段主体工程基本完工，洛江至永春段高速公路接刺桐路北拓前期工作加快推进。后渚大桥东桥头互通工程竣工通车，火车站综合交通枢纽顺利投用。

提升城市面貌。深化交通廊道沿线环境综合整治，37条城乡重要通道景观风貌持续提升，百崎湖、九十九溪等23个“山水田园城市”项目启动实施，桃花山至观音山绿廊、大坪山步行环线、绿道二期工程向市民开放。实施200个老旧小区整治提升，分类处置安全隐患房屋，推动烂尾项目复工。整治积水节点36处，消除黑臭水体5条，改造农贸市场9家。

精细管理。制定并实施城市管理精细化标准，出台老旧小区住宅加装电梯扶持措施。依法有序推进垃圾分类工作，扩大试点社区范围，实现学校全覆盖，开工餐厨垃圾处理厂，建成晋江、石狮飞灰填埋场。推动城市交通综合整治，新增停车位近万个，开展国家电动自行车管理提升试点。全市拆除“两违”415万平方米，清理批而未供、闲置土地1933.33公顷，“大棚房”、违建别墅整治成效明显。

【发展成果更加惠民利民】 2019年，泉州市实施“四心”工程、民生“XIN”行动，33项为民办实事项目顺利完成，超七成五财力投入民生。

精准脱贫攻坚战。建立防返贫、控新贫、稳脱贫长效机制，经营性收入低于5万元的薄弱村全部消除，支持1551户贫困户改善住房条件。

农村人居环境整治。推进“一革命四行动”，农村公厕、生活污水处理设施、三格化粪池建设和农房（裸房）整治等任务全面完成。永春入选全国推进美丽乡村经营管护机制改革试点县。

教育优先发展。新增公办幼儿园学位1.3万个、中小学学位1.2万个，乡村小规模学校全部实现达标，48.8%的小学开展课后服务试点。乡村教师生活补助政策得到落实。省对市教育督导年度综合评估居全省第二。实施新一轮华侨大学部省市共建工作，支持泉州师院“三步走”战略。黎明职业大学入选国家“双高计划”建设单位，泉州职业技术大学成为全国首批本科层次职业教育试点学校。

卫生健康事业发展。15个在建重点医疗项目有序推进，市老年医院、德化县医院医技楼投入使用，市一院城东院区二期病房大楼、光前医院综合病房大楼等主体工程完工；135家基层医疗卫生机构完成达标建设。共新增医疗机构床位3580张、卫技人员3037人。深化与福建医科大学、上海中医药大学的战略协作。

社会保障。实施稳定岗位、招工引才等政策措施，新增城镇就业13万人。在全省率先实施医保“全城通办”，职工“五险”人数增加16.8万人次。建成市社会福利中心（一期），实现街道、重点乡镇居家社区养老服务照料中心全覆盖，全市新增养老床位4442张，列入全国居家和社区养老服务改革试点、家政服务业提质扩容‘领跑者’行动重点推进城市；老龄、老干部工作得到加强。房地产市场保持平稳，基本建成保障性安居工程1.62万套。

提升文化软实力。新增全国重点文物保护单位13处，启动26项文物保护工程，完成国保单位监测和智慧用电系统建设，建成泉州市文物数据库。“古泉州（刺桐）史迹”申遗工作进展顺利。国家级闽南文化生态保护区公布，市非遗馆建成投用，南音成为文旅部“优秀保护实践案例”，安溪获评“世界藤铁工艺之都”。“万千百十”文化惠民服务深入实施，开展文艺精品公益性演出1510场。举办国际大体联足球世界杯赛、第十一届市运会。第18届世界中学生运动会筹备工作进展顺利。

污染防治攻坚战。加强全市流域水环境保护，落实河湖长制，新建改造污水管网219千米，小流域、近岸海域水质达到省定目标，县级以上13个饮用水水源地水质达标率保持100%。完成植树造林6466.67公顷、水土流失治理2.41万公顷、矿山生态修复63.9万平方米。泉州成为国家节水型城市，新增鲤城入选国家生态文明建设示范区。配合做好中央第二轮生态环境保护督察，狠抓问题整改和机制建设。

“强基促稳”三年行动。推进平安泉州建设，打击涉黑涉恶、网络诈骗，开展矛盾纠纷大排查大化解，依法处置信访违法行为。加强食品药品安全网格化监管，非洲猪瘟疫情有效防控。完成城市安全风险评估，实行领导挂钩安全生产“疑难杂症”，推进41个市级重大安全生产问题整治，推行工业厂房消防建设规范导则，安全生产形势总体稳定。

军地双拥共建。落实拥军十项举措，解决军人“三后”问题，首创“双拥+扶贫”“双拥+和谐家园”模式。民族宗教、人防、海防、气象、地震以及工会、妇女儿童、青少年、残疾人、红十字会、慈善等工作都取得新成效。

【法治思维贯穿政府履职】 2019年，泉州市政府组织开展政府系统“不忘初心、牢记使命”主题教育，实施“领导挂钩民生急忧盼问题”专项行动。开展“法治政府建设年”活动，制定首部实体性政府规章；推动村（社区）法律服务“五在场”、项目攻坚法务保障“六个有”，推行行政执法“三项制度”，实现行政争议调解县域全覆盖。严格执行市人大及其常委会决议决定，自觉接受市人大法律监督和工作监督，主动接受市政协民主监督，办理人大代表建议414件、政协提案574件。有序完成政府机构改革。政府带头过紧日子，压缩一般性支出11.3亿元。落实“基层减负年”部署，减少文件、会议50%以上。加强政府廉政建设，强化审计监督，营造风清气正的政治生态。

2019年10月19日，第18届世界中学生运动会倒计时一周年晚会在晋江全民健身中心举行。图为第18届世界中学生运动会倒计时启动仪式

（图/晋江市委史志研究室）

表8

2019年泉州市委、市政府为民办实事项目完成情况表

项目	责任单位	目标任务	完成情况
新改扩建20所公办幼儿园	市教育局	2019年继续扶持新改扩建20所公办幼儿园，新增学位5400个，规划建设面积约6万平方米，计划总投资近1.8亿元，其中2019年完成投资1.2亿元，2020年秋季开学前交付使用	已完成。20所公办幼儿园已全部开工建设，共完成投资15885万元，占年度计划的132.61%
在乡、镇（街道）医疗卫生机构开展医养结合服务	市卫健委	2019年对全市开展老年人康复医疗服务的乡、镇（街道）医疗卫生机构予以资金补助，支持其建设康复治疗室、购置康复医疗设备、聘请康复治疗师等，共计划完成建设78家乡镇卫生院、社区卫生服务中心的康复治疗室	已完成。全市78家乡镇（街道）医疗卫生机构已完成康复治疗室建设和配备康复医疗设备，开展医养结合服务
提升全市疾控机构检验检测能力	市卫健委	2019年投入1400万元，采用市级补助、县级配套的办法，支持市、县两级疾控机构更新、添置实验室检验检测仪器设备	已完成。市、县两级经费已全部到位，共投入1400万元，完成46台仪器设备采购任务
实施呵护母婴健康工程	市卫健委	①为2万名城乡居民适龄（35～64岁）妇女免费提供宫颈癌、乳腺癌检查。检查项目内容参照《泉州市卫生和计划生育委员会转发福建省农村妇女两癌检查项目管理方案（2015年版）的通知》相关内容；已参加该项目检查的适龄妇女不再参与城乡已婚低保妇女常见妇女病免费检查项目和国家“两癌”检查项目的检查。②为1万名孕妇免费提供产前筛查诊断。检查项目内容参照《福建省卫生厅 福建省财政厅关于印发2012年福建省农村孕妇和城市低保孕妇免费产前筛查诊断项目实施方案的通知》相关内容。③实施产妇产后康复呵护工程。在市、县两级妇幼保健院建立产妇产后盆底康复中心，通过非治疗方式，开展女性盆底功能障碍康复工作，促进产妇早日恢复	已完成。①为2万名适龄妇女免费提供宫颈癌、乳腺癌检查：已完成乳腺癌检查2万名，完成率100%；完成宫颈癌筛查2万名，完成率100%。②为1万名孕妇免费提供产前筛查诊断：已完成血清学检查1万名，完成率100%；完成超声检查1万名，完成率100%。③实施产妇产后康复呵护工程：市、县两级13家妇幼保健院（所）均已全部建立产后盆底康复中心，并已开展业务
实施居家社区养老服务工程	市民政局	①以“特困供养人员、低保对象、建档立卡的贫困人口、重点优抚对象、计划生育特殊家庭成员、重度残疾人”中的老年人和80周岁以上老年人为基数，按照每人每月不低于20元的标准，引进居家养老专业化服务组织，或依托居家社区养老服务照料中心，提供居家养老基础服务。②在全市建设12所居家社区养老服务照料中心，鼓励社区引进专业化组织进驻或运营管理居家社区养老服务站、日间照料中心，开展专业化的居家社区养老服务和照料服务。社区居家养老服务照料中心示范点标准参照《福建省社区居家养老服务照料中心星级评定暂行办法》	已完成。①持续为特困供养人员、低保对象、建档立卡贫困人口、重点优抚对象、计生特殊家庭成员、重度残疾人、80周岁以上等“6+1”类老年人购买居养老基础信息服务，智慧养老服务信息平台实现全覆盖，15万名老人享受政府购买的居家养老信息化服务，0.7万名老人享有实体援助服务。②12所居家社区养老服务照料中心已全部完工并完成验收，共到位补助资金720万元

续表8

项目	责任单位	目标任务	完成情况
新建139个农村居家养老服务站（农村幸福院）	市民政局	在全市范围内选取139个条件较好的农村，建设139个农村居家养老服务站（农村幸福院），整合现有的老年活动中心、托老所、老年灶、日间照料室等公共服务设施和场所，为农村老年人提供生活照料、家政服务、短期托养、文化娱乐等服务，重点为留守老年人、空巢老人及其他老年人提供服务	已完成。139个农村居家养老服务站（农村幸福院）已全部完工并完成验收，共到位补助资金2085万元
实施老年远程教育提升工程	市老干局	2019年在全市重点培育50个基层老年远程教育示范点，由市、县两级财政给予一定补助，用于添置远程教育设施设备（电脑、投影仪、音响、课桌椅等）、修缮场所、购买教材、培训村（社区）老年远程教育收视点管理人员，推动引领全市老年远程教育科学发展，全面实现全市老年远程教育全覆盖，全面提升全市基层老年教育教学质量	已完成。总投入292.78万元，完成50个老年远程教育示范点建设
实施城乡污水管网新建改造工程	市住建局	2019年在全市实施城乡污水管网新建改造工程，计划新建改造污水管网160千米	已完成。全市累计完成投资5.5亿元，完成城乡污水管网新建改造219千米，完成率136.9%
实施中心城区供水旧管网改造及水质优化工程	泉州水务集团 泉州市自来水有限公司	2019年完成辖区内部分小区和社区（东涂新村、城市之星、后茂社区、浔埔社区、洛江双阳街道新阳社区等）给水管道改造工程和市区部分老旧住宅楼（如国有宿舍楼）表后给水立管改造工程	已完成。累计完成给水管道改造约15千米（管径DN75以上），完成年度计划任务。完成投资约1650万元，占年度计划投资的110%
推进城乡公共厕所建设	市城管局	2019年在全市新建改造城市公厕70座、乡镇公厕61座、农村公厕143座	已完成。共建成城乡公厕659座（其中：城市135座、乡镇135座、农村389座），完成投资10814万元，占年度计划投资的276%
低保和建档立卡贫困重度肢体残疾人发放居家养护补助	市残联	2019年为全市近4500名具有泉州市户籍，持有第二代《中华人民共和国残疾人证》，未享受当年省级居家养护项目，建档立卡贫困重度肢体残疾人（含国定、省定、市定标准贫困户）和2019年5月31日前纳入低保的重度肢体残疾人发放居家养护补助	已完成。共投入427.9万元（其中市级补助资金192.56万元），为4279名符合条件的残疾人发放居家养护补助，补助资金已由县级残联发放到位
为“一户多残”家庭残疾人发放生活补贴	市残联	2019年为具有泉州市户籍，一本户口簿内家庭成员有2人（含2人）以上持有第二代《中华人民共和国残疾人证》，且共同生活、具有法定的赡（抚、扶）养关系家庭中的残疾人	已完成。共投入1854.5万元（其中市级补助资金559.3万元），为2.2万名“一户多残”家庭残疾人发放生活补贴，补贴资金已由县级残联发放到位

续表8

项目	责任单位	目标任务	完成情况
实施农村低保（含特困人员）安居工程	市民政局	2019年计划帮助不少于150户农村低保户、特困人员新建或修缮住宅。对新建项目，低保家庭安居工程建设应与正在进行的旧村改造、新村建设相结合，充分利用原有旧宅基地或空闲地，由乡镇政府（街道办事处）、村（居）委会负责协调解决。对修缮项目，在对象筛选时要严格按照保障住房安全、修复住宅破损、完善功能需求的顺序进行，不得将相关资金用于非必要的装饰性支出和立面改造	基本完成。全市150户对象主体建设已全部完成，其中148户已装修完成，剩余2户正在装修中，可按时于春节前完成
持续开展“救急难”工作	市民政局	市级财政筹集150万元“救急难”资金，用于对突遇各类困难的“急难”对象进行救助、帮扶或慰问，完成“社会救助综合施救平台”建设，当年度资金结余可结转下年度使用。各县（市、区）要在当地行政服务中心、各乡（镇）、街道办事处全面建立“社会救助综合受理窗口”，在市本级完成社会救助综合施救平台（“救急难”信息交换平台）后，整合社会救助项目，逐步实现信息化一门受理、协同办理	已完成。全年共完成三批“救急难”再救助，发放救助金151.05万元，累计救助342人。泉州市社会救助综合施救平台已基本达到应用要求。各乡(镇)街道办事处实现“社会救助综合受理窗口”全覆盖，救助项目通过救助平台逐步整合，推动实现“一门受理”
持续开展“计生特殊家庭”关爱行动	市计生协会	采取上门走访慰问、办理住院补助保险、志愿者服务等一系列关爱措施，全方位、多渠道帮助计生特殊家庭解决生活、生产、医疗等实际问题。其中，对新发生的独生子女死亡家庭，每户给予一次性抚慰金5000元，对新发生的独生子女伤残家庭，每户给予一次性慰问金3000元；为所有失独家庭办理住院医疗补充保险每人每年保费250元，住院护理补助保险每人每年保费100元	已完成。①关怀走访。对113户新增失独家庭逐户进行关怀走访，心理慰藉疏导，共发放一次性抚慰金56.5万元，并向19户新增独生子女伤残家庭发放一次性抚慰金5.7万元。②开展“两节”慰问活动。市卫健委、计生协会联合开展全面走访慰问失独家庭活动，共发放慰问金75.4万元。③为失独家庭提供医疗保障。投入13.79万元为1472人办理住院护理补助险，投入42万元为1369人办理住院医疗补充险。④为部分贫困失独家庭修缮房屋。投入22万元为11户经审核后经济比较困难、住房破损的失独家庭修缮房屋

续表8

项目	责任单位	目标任务	完成情况
实施“关爱女孩”五项工程	市卫健委	2019年继续实施关爱女孩“五项工程”（安居、成才、致富、保障、亲情），帮助贫困计生女孩家庭解决住房、就学、生产、生活、就医等方面遇到的困难，帮扶312620人（户）次	已完成。全市关爱女孩“五项工程”共帮扶350949人（户）次，投入资金10208.92万元。其中：①“安居工程”：全市计划帮扶443户、投入资金1277.5万元，已竣工446户、投入资金1289.8万元。②“成才工程”：全市计划帮扶和减免12660人次、投入资金1361.8万元，开展春季就学减免费用活动，惠及16314人，减免费用1720.02万元。③“致富工程”：全市计划帮扶908户、投入资金444.7万元，已帮扶1095户、投入资金572.82万元。④“保障工程”：全市计划帮扶287785人次、投入资金5136.23万元，已帮扶320673人次、投入资金6215.05万元。⑤“亲情工程”：全市计划帮扶10824人次、投入资金327.3万元，已帮扶12421人次、投入资金411.23万元
实施农村生活污水治理工程	市生态环境局	2019年在全市开展农村三格化粪池新建改造工作，计划新建改造58220户（洛江883户、泉港4577户、石狮7236户、晋江10000户、南安7721户、惠安3412户，安溪14600户、永春7081户、德化2300户、泉州台商投资区410户）	已完成。全市投入1.68亿元，共完成农村新建改造三格化粪池58232户
开展农民工创业联盟行动	市总工会	2019年在全市开展农民工创业联盟行动，扶持100个市级农民工创业项目，通过打造组织共建、技术共扶、信息共享、产销共促、银企共携、求学圆梦等六大平台，形成联盟效应，助推创业项目更好发展，带动周边更多农民、农民工更好实现就业，助力乡村振兴	已完成。市县两级工会、财政投入专项资金500万元（其中南安市增加扶持资金22万），共扶持100个市级农民工创业项目。累计培训创业农民工137名；建立由22名农业、法律、文创方面的专家组成的专家顾问团；编印农民工创业联盟项目宣传画册；推动组建农民工创业项目工会56家；带动周边农民、农民工就业2510人，创造产值1.4亿元

续表8

项目	责任单位	目标任务	完成情况
实施乡村医疗卫生服务提升工程	市卫健委	①乡镇卫生院设施设备提升工程。在全市选择20家乡镇卫生院，补助设施设备提升建设（包括DR、心电或全自动生化仪等仪器设备）及建设卫生院“健康自测小屋”（配备身高体重仪、自动血压计、肺功能检测仪、心功能检测仪、骨密度仪等仪器设备）。②建设100个示范村卫生所，业务用房面积不少于60平方米，标准设置三室（诊疗室、注射室和观察室），配备基本设备和急救设备；同时，标配健康自测小屋，配置健康一体机（集成血压、血氧、心电、心率、血糖、血脂等检测设备）、身高体重计、自动血压计等设备，方便村民健康检测和数据采集	已完成。①乡镇卫生院设施设备提升工程：20家乡镇卫生院均已完成设施设备提升及“健康自测小屋”建设；②示范村卫生所建设：100个示范村卫生所已完成建设，每个面积不少于60平方米，标准设置三室，建成“健康自测小屋”
继续实施公路安全生命防护工程和农村公路危（病）桥改造工程	市交通运输局	①实施公路安全生命防护工程200千米，前三季度完成前期测设和招投标工作，第四季度开工建设，年底前完成。②改造农村公路危（病）桥15座以上，上半年完成前期测设和招投标工作，下半年开工建设，年底前完成	已完成。①实施公路安全生命防护工程：累计完成农村公路安全生命防护工程723千米，占计划的361.5%；完成投资10360万元。②改造农村公路危（病）桥：累计完成农村公路危（病）桥改造31座，占计划的206.7%；完成投资6717万元
推进全市97处道路交通安全隐患路段整治	市交警支队	2019年对全市97处道路交通安全隐患路段进行整治。6月底前完成隐患整治方案设计及工程招投标，12月底前完成整治施工	已完成。共投入资金6522万元，完成整治97处，完成率100%
持续推进水土流失治理工程	市水利局	2019年持续推进省级水土流失重点县和省级重点乡镇水土流失治理项目，水利部门计划综合治理水土流失面积6666公顷	已完成。共完成水土流失治理面积8733公顷，占计划任务的131%，治理崩岗38个，修筑拦沙坝7座、蓄水池25口，排水沟35.38千米，护岸护坡17.95千米，道路34.96千米；完成投资6321.6万元，占计划投资的126.4%
在全市推广网络订餐食品安全封签	市食安办 市市场监管局	2019年在全市推广网络订餐食安封签，由市食品药品监管局印制食安封签发放给获得B级以上量化分级评价或B级以上信用等级评价的线下外卖餐饮企业。订餐平台出台配套政策，对使用食安封签的入网餐饮服务提供者予以流量支持，引导消费者采购。督促送餐员监督入网餐饮服务提供者使用食安封签，拒绝配送没有食安封签的餐品。外卖餐饮企业履行食品安全第一责任人责任，保障外卖食品安全；与监管部门签订使用食安封签承诺书，建立使用台账并如实做好使用记录。B级以下信用等级评价的线下外卖餐饮企业自行印制、投放食安封签	已完成。全年投入200万元专项资金，共印制5630万张食安封签和20万个食安餐盒封签，逐级发放至覆盖全市13个县（市、区）的推广单位使用

续表8

项目	责任单位	目标任务	完成情况
完善“菜篮子”工程体系建设	市商务局	2019年全市新增或优化无公害蔬菜或畜禽基地20个；推进基地直销体系建设，新建或改造2个销售网点；建立健全重要“菜篮子”产品储备制度，开展市级生猪活体储备1.2万头，建立蔬菜市场价格异常波动应急储备调控，保障副食品市场供应	已完成。全市共新增蔬菜畜禽基地8个、优化蔬菜畜禽基地33个，推动2个基地直销点建设，完成市级生猪活体1.2万头储备工作
在中心市区开展垃圾分类、垃圾收运及垃圾分类进校园试点	市城管局（市垃圾分类办公室）	在2017年、2018年实施垃圾分类试点基础上，2019年继续对除市直机关事业单位和街道办事处外的37个试点进行巩固提升。同时，在鲤城区、丰泽区、洛江区（万安街道、双阳街道）、泉州开发区建立大件垃圾（共19个点，每个补助5万元）、园林垃圾（共19个点，每个补助5万元）、有害垃圾（4个点，每个补助15万元）收运体系，并在市直、区直公办中小学、幼儿园（市直15所，鲤城区47所，丰泽区54所，洛江区万安、双阳街道12所，每所补助3万元）开展垃圾分类进校园活动	已完成。①巩固提升2017年、2018年原有垃圾分类试点。开展垃圾分类专项考评工作，印发垃圾分类考评通报；开展示范创建活动，促进习惯养成，探索提升分类效果。②完善收运配套体系建设。已建成19个大件垃圾收集点、19个园林垃圾收集点、4个有害垃圾暂存点，均已投用。③开展垃圾分类进校园活动。印发《2019年中心市区垃圾分类进校园实施方案》，在校园内进行垃圾分类宣传氛围和配套设施布置；累计下达市直、鲤城区、丰泽区“垃圾分类进校园”市级资金补助合计196.5万元；开展中小学、幼儿园垃圾分类知识读本编印工作
推行“泉城通”APP实现全市公交移动支付	市交通发展集团	由泉州交发集团权属子公司泉州市搏浪信息科技有限公司负责，在全市范围内推行“泉城通”APP（具备公交移动支付等交通出行、惠民便民、公共服务功能），实现一个APP畅享全市公交移动支付	已完成。累计投入1600万元，主要用于车辆机具改造、软件开发、第三方平台支付接入等。积极推行“泉城通”APP，共完成2086部交发集团自有及非自有车辆的机具改造，完成泉州区域内所有运营车辆平台接口对接，实现中心市区及永春、德化、石狮、惠安、泉港、安溪、晋江、南安等全市域公交移动支付覆盖
完善提升城市安全信息系统	市委政法委 市公安局	①分批分次在2019—2021年内完成2万路（2019年、2020年、2021年分别完成4000路、8000路、8000路）智能感知设备（含高清视频监控、治安卡口、人像卡口、RFID和智能门禁等各类信息感知单元），推进安防智慧小区建设，并提供城市安全信息系统1～6期及新建内容的数据处理、系统优化、软件开发、电费支付、线路租赁、运维保障等服务；②基于智能感知大数据平台，拓展完善视频监控、语音识别、物联网、人工智能、大数据等前沿技术的多维融合应用，全面提升公安工作的智能感知、立体防控、快速处置与精准服务方面的能力	基本完成。项目经前期立项评审、方案评审、概（预）算评审、采购（招标）审批等工作后，全市公安局完成项目点位勘查、定点、设备选型等工作；全面完成项目（三年）采购工作（集中采购，分年建设）并启动项目施工建设，同时基于智能感知大数据平台进一步拓展完善平台实战功能，并全面启动项目维保服务。预计项目可于1月上旬完成第一批次（年度）工程建设。项目已在公安警务实战、社会综合治理、服务民生等方面凸显成效

续表8

项目	责任单位	目标任务	完成情况
完善中心市区公共体育服务工程	市体育局	①在中心市区新建60条全民健身路径，每条含18～20件健身器材。②在中心市区新建15座多功能运动场，每座建设面积700多平方米，配备整体拼装式包塑围网，具有篮球、五人制足球、气排球、羽毛球、广场舞等活动功能	已完成。中心市区60条全民健身路径和15座多功能运动场已全部建设完成
建设33个“妇女儿童之家”	市妇联	①在全市提升13个“妇女援助中心”服务能力。整合公安、检察、法院、司法、妇联以及社工机关、志愿者等各类资源，协同提供面向弱势妇女群体的专业化、社会化、人性化援助服务。②建设20个“儿童之家”。 在各县（市、区）儿童较聚集（特别是留守流动儿童较多）、有一定条件的20个城乡社区建设“儿童之家”	已完成。①妇女援助中心项目：各项目点开展妇女维权法制宣传和妇女援助宣传，开展普法宣传、维权微课堂等192场次，分发宣传品1万多份，受益人数19万多人。全年共接待来访、来电、来信1124件。②儿童之家项目：20个项目点已全部建成并投入使用，开办四点钟学校15家，全年共开展主题活动、公益讲座及其他服务项目活动817场次，共有61543人次的儿童及家长受益
改造提升24个村（社区）综合性文化服务中心示范点	市文旅局	2019年在全市11个县(市、区）和泉州台商投资区各改造提升2个村（社区）综合性文化服务中心示范点。各示范点主要是以村（社区）党组织活动场所、城乡社区综合服务设施、文化活动室、闲置中小学校、新建住宅小区公共服务配套设施以及其他城乡综合公共服务设施为基础，主要采取盘活存量、调整置换、集中利用等方式进行建设	已完成。全市24个村（社区）综合性文化服务中心示范点按照国家公共文化服务体系示范区创建标准要求改造提升，已全部建成，基本功能包括宣传栏、图书室（农家书屋）、多功能室、科普活动室、文体活动室等，主要用于宣传文化、党员教育、科技普及、普法教育、体育健身、文化遗产保护等
开展文艺精品公益性演出250场	市文旅局	2019年在部分文艺院团开展公益性文艺演出250场，其中市直文艺院团演出150场，晋江市、惠安县、安溪县文艺院团共演出100场	已完成。全市共完成演出340场，累计超10万名观众观看演出，其中市直5个文艺院团完成演出155场，晋江市、惠安县、安溪县文艺院团完成演出185场
新建10座农村老年体育活动中心	市体育局 市老体协	在全市新建10座农村老年体育活动中心，配套室外门球场、气排球场和地掷球场。项目建设用地由承建乡镇（街道）和村（社区）协调解决	已完成。10座农村老年体育活动中心已全部建成，建筑面积共24445平方米，配套三场面积约6769平方米。总投资3540多万元，其中，市政府补助400万（每座40万元），各承建项目所在地县（市、区）政府和乡镇总计补助300万元，项目所在地基层老体协发动社会集资2840多万元
建设20个社区未成年人文体活动设施场所	市文明办	2019年继续以全面深化全国文明城市创建活动为载体，扶持20个社区（鲤城区10个、丰泽区10个）开展未成年人文体活动设施场所建设，重点推进社区未成年人宣传栏、图书角、文体活动场（室）、绿色网吧、心理咨询室、青少年科技工作室（科技小制作室）、志愿服务点（小小志愿者之家）和特色文化活动项目建设	已完成。项目总投入534万元，20个项目点均已按照标准建设完成并通过验收

信访

【概况】 2019年，泉州市深化信访工作制度改革，组织实施“强基促稳”专项行动，及时回应民意诉求、做好矛盾纠纷排查化解，组织开展信访矛盾化解攻坚、维护正常信访秩序。全市信访态势总体平稳，呈现“三下降一好转”的特点，即全市信访总量、到省集体访人次、进京到非接待场所人次分别比上年下降11.5%、65.1%、43.8%，信访秩序持续好转。泉州市信访工作年度考核成绩居全省前列。

【信访工作责任落实】 2019年，泉州市委书记康涛、市长王永礼多次召开市委常委会会议、专题会议、市政府常务会议、党组会议等，传达贯彻习近平总书记关于信访工作的重要批示精神，听取信访工作情况汇报，部署矛盾纠纷排查化解、信访维稳等工作。市委市政府分管领导多次召开工作会、社会稳定形势分析会、专题会等，对年度信访工作进行安排部署，每季度分析研判信访形势，对重大活动信访保障工作进行专题研究部署。

强化督查督办。探索创新督查方式，严格按照“三不局限”（不局限于原调查结论、不局限于原处理意见、不局限于原领导表态）原则，重新查清案情，梳理分析成因，找准问题症结，从促进信访问题解决、落实信访责任、提高工作水平等方面着手，做到严格规范、真督实查。采取走出去、请上来、专案评审、实地督查、召开会商会等办法跟踪督办中央、省、市交办的重点案件45件。全市共开展专案评审72件，公开听证39件。

及时分析预判。每月、每季度、每半年分析一次全市信访形势，发现存在问题，提出下一步工作建议。共制作信访专报47期，泉州信访15期、季度分析报告4件。每季度在市委政法委召开的社会稳定形势分析会上通报信访形势，提出工作意见。协调处置群众到市行政中心2号楼区域上访事项，维护市行政中心正常的办公秩序。

发挥“三项建议权”。针对群众反映比较集中、涉及面较广的拆迁未安置问题，开展专题调查研究，形成专项工作报告呈报市委、市政府作为决策参考。市委、市政府领导多次召开专题会研究，成立领导小组，制定工作方案，解决“安置回迁难”问题。

严格责任追究。全市共查处信访工作失职失责问题25件，问责科级干部59人次、其他干部6人次，其中效能告诫6人次、通报批评49人次、约谈10人次。

【基层基础建设】 2019年，泉州市继续实行党政领导干部接访群众“三固定”机制。全市各级党政领导参加接访25452人次，接待群众来访1343批2411人次，受理信访事项726件，当场解决228件、落实责任单位703件、落实领导包案367件。其中，市级党政领导参加接访110人次，接待群众来访66批114人次，受理信访事项47件。

建立“信访评理室”。深入弘扬新时代“枫桥经验”，邀请人大代表、政协委员、律师、老干部等担任评理员，参与信访事项评理，引入第三方评估说理机制，有效推动矛盾化解。全市共建立县级评理室17个、乡级150个、村级1656个，开展信访评理1272件、已化解1054件。

信访案件化解攻坚。根据“强基促稳”专项行动任务要求，对2017年以来进京到非接待场所、到国家信访局上访、到省集体访、上级督办事项仍未息诉息访等事项进行全面排查梳理，排查交办各类积案240件。已办结化解225件、办结化解率93.8%，其中息诉息访179件、息诉息访率74.6%。全市上报使用信访补助资金12件，省财政厅、省信访局审核批准7件，共下达补助资金122.4万元。

信访矛盾化解攻坚战。全市排查“重点领域”问题40件，已化解39件，化解率97.5%；“重点群体”2件，均已化解，化解率100%；“重点问题”56件，已全部息诉息访；“重点人员”40件，化解稳控率100%。中央信访工作联席会议简报第19、71期刊发泉州市经验做法《福建泉州市安排部署今年的信访矛盾化解攻坚工作》《福建泉州漳州龙岩宁德等市主要领导接待信访群众》。

【信访业务规范】 2019年，泉州市实施民意诉求回应机制创新专项行动。加强省信访信息系统运用管理，有权处理机关账户全部实现手机绑定、登录账号全部实现实名制。建立信访数据台账，加强信访事项办理“三率”管理，提升办理水平。2019年，信访事项及时受理率100%、按期办结率100%，群众对信访机构、有权机关满意率分别为95.3%、84.3%。

网上信访。2019年，泉州市呈现“访降信降邮升”的局面，全市共受理群众来信8541件，比上年下降7.5%；来访2997批5410人次，分别比上年下降15%、48.8%；来邮12272件，比上年上升24.7%，全市网上信访占比51.4%。其中，市信访局本部受理来信2385件、下降8.8%；省长信箱来邮2537件、上升9.3%，市长信箱来邮2002件、上升5.8%，人民网地方领导留言板431件、上升74.5%；来访774批1359人次，分别下降12.2%、56.6%。

“最多投一次”阳光信访工作机制。晋江市纳入全省“最多投一次”办理试点地区。打造精准信访工作模式（精准投诉、精准转交、精准研判、精准办理、精准督查、精准帮扶、精准处置、精准问责），极大缩短办理时限，切实提升初信初访一次性办结率。全市纳入“最多投一次”办理的信访件共306件，责任单位回应平均时间3.3天，办理平均时间18.9天，群众对信访机构满意率98.8%。

【信访法治化建设】 2019年，泉州市规范依法分类处理工作。市住建局、资源规划局、人社局针对房屋产权办理、房屋拆迁与安置补偿、物业服务、劳动和社会保障等信访热点，印发本系统依法分类处理工作导则。市信访局选取12件办理过程完整、文书格式规范、有代表性的典型案例，运用“条款+案例”的方式，逐案对信访诉求性质的认定、适用的法定途径、依据的法律法规名称及条款、受理告知和处理反馈等情况进行解析，汇编形成案例集。印制《泉州市依法分类处理信访诉求案例汇编》，供各地各相关单位参照执行，指导、推动行政机关普遍提升依法分类处理工作水平。共完成依法分类处理信访诉求1388件，比上年上升121%。

复查复核工作。全市办理信访事项复查案件152件，比上年下降16%；办理复核案件63件，比上年下降30.8%，其中决定维持复查意见25件，部分维持复查意见5件，撤销复查意见29件，正在办理4件。在开展市政府受理的复查复核工作中，着力建立健全及时纠错机制，严格对照法定途径清单，将符合法定途径清单范畴且未超出法定途径受理期限的事项，发回有权处理机关依法纳入法定途径办理。通过市政府复查复核机制，引导信访人通过法定途径反映诉求23件。

信访违法行为依法处置工作。持续深化信访违法行为集中整治行动成效，着力健全依法处置工作长效机制。2019年，全市对违法信访人追究刑事责任12件41人，南安、惠安、德化、泉州台商投资区等地分别以扰乱国家机关工作秩序罪、寻衅滋事罪对41名违法信访人做出刑事判决。

律师参与接访工作。市信访局、市司法局联合印发《2019年律师参与接访工作方案》，继续实行每周一和每月15日由律师轮值在市群众来访接待室参与接访制度，充分发挥律师在维护群众合法权益、促进社会和谐稳定的法律服务职能。2019年市群众来访接待室共有55名律师轮值接待来访群众208批242人次。

法治宣传教育活动。组织各县（市、区）信访局、乡镇（街道）综合信访维稳中心集中开展为期一个月的信访法规宣传活动。全市共制作、分发宣传材料25.2万份，悬挂宣传横幅、张贴标语和图片4900份，开展上街咨询宣传活动290次。结合“不忘初心、牢记使命”主题教育，集中开展12场阳光信访、责任信访、法治信访宣导活动，向群众发放网上信访操作指南等宣传材料和笔记本、纸巾等宣传品，营造依法上访的浓厚氛围。

【信访保障】 2019年，泉州市做好重大会议期间信访保障工作。中华人民共和国成立70周年庆祝活动、党的十九届四中全会、全国、省、市“两会”、第二届“一带一路”合作高峰论坛、第二届“数字中国”建设峰会、亚洲文明对话大会等重大会议期间，积极开展信访问题排查化解活动，做好各类矛盾风险防范管控，组成工作组进驻活动地开展值班驻守和劝返接离工作，维护重大会议期间社会安定稳定，总体信访秩序良好。

推进扫黑除恶专项斗争。调整充实扫黑除恶线索摸排工作小组成员，建立健全线索摸排工作会商机制和扫黑除恶专项斗争督查工作机制，做好涉黑涉恶线索摸排移交工作。市信访局被省扫黑除恶专项斗争工作领导小组评为2018年度福建省扫黑除恶专项斗争先进单位。

配合第二轮中央生态环境保护督察。牵头承担信访工作组工作任务，抽调部分工作人员，连续一个多月取消节假日，连续作战、加班加点，按时完成上级交办信访件的办理反馈工作。

发展研究

【概况】 2019年，泉州市政府发展研究中心推进课题研究，完成市委、市政府重点课题《泉州“十四五”规划前期研究》，撰写《“十四五”期间泉州产业规划思路的几点思考》、委托社科联公开招标《“十四五”时期泉州促进数字经济发展思路和对策研究》《“十四五”时期推动泉州制造业高质量发展的基本思路研究》两个课题。

【经济发展和民生方面调研】 2019年，泉州市政府发展研究中心完成《泉州市民营经济发展调查报告》《泉州民营企业实施知识产权战略的成功经验》《攻坚产业链招商 推动经济高质量发展》《关于加快农民合作社规范提升的研究》《各地促进养老服务质量提升的主要做法和启示》调研课题。

【城市规划和管理方面调研】 2019年，泉州市政府发展研究中心完成《加快闽西南协同发展区建设的研究》《泉州与经济总量相近城市主要经济指标的对比》《推进规划布局精准化 为现代服务业提质增效赋能》《关于我市产业发展战略规划的研究》《城市管理应该像绣花一样精细的积极探索》《赴青岛、烟台、威海学习考察报告》等研究、考察报告，完成《借鉴兄弟城市做法聚集周边资源打造高能级东南沿海区域中心城市》《积极应对美对华政策重大转变加快引进在美华裔人才》课题。

【民生项目督查】 2019年，泉州市政府发展研究中心助推泉州"XIN"行动开展，强化民生项目督查推动，及时提出意见，形成季度督查报告（或专项督查报告），开展民生"XIN"行动项目督查。2019年中心城区防洪排涝项目，按时序推进建设项目15个；内沟河综合整治项目完成可研批复及投资优化、初设与概算并报批以及文物申报办理；农贸市场升级改造、历史遗留安置房不动产权办证、老城区背街小巷破损修补、工程文明施工与工程用车文明行车、农村生活污水垃圾治理年度各子项目均按工程时序推进，高效完成市级领导布置任务。

行政服务

【概况】　2019年，泉州市行政服务中心贯彻"马上就办、真抓实干"要求，以人民满意为目标，以推进"互联网+"政务服务为核心，促进行政审批服务提速提质。2019年度福建省对泉州市绩效考核涉及政务服务4项指标中，泉州市便民服务效能、行政服务便民化、"互联网+政务服务"3项位居全省设区市第1位，行政服务效率位居全省设区市第3位。

【行政审批】　2019年，泉州市行政服务中心着力完善权责清晰、管理科学、运行高效、监督有力的行政审批制度，打造依法审批的示范窗口。

规范自由裁量权监管机制。深化行政服务自由裁量权改革，推动改革向下延伸，指导13个县（市、区）行政服务中心同步改革，形成市县一体的自由裁量权监管体系，提高了行政审批标准化水平。推动改革向上拓展，与省标准化院共同起草行政审批和服务事项《办事指南编写规范》《审查细则编写规范》，让规范行政服务自由裁量权"泉州标准"上升为"全省标准"。

规范全流程台账管理机制。组织升级重点项目台账管理系统，实现台账登记、咨询、查询、档案等全面智能化管理，做到每月"部门有台账报告、中心有大数据分析"，疏通审批梗阻，推动重点项目加快攻坚落地。2019年以来，共有28个重点项目和政府性投资项目列入台账管理，先后集智研究解决突出堵点问题19个，审批时限累计压缩450个工作日。

2019年8月3日，外籍人士在泉州市行政服务中心出入境业务办理窗口领取五年签证护照　（图/陈起拓）

规范中介超市管理机制。会同市审改办印发《泉州市行政审批服务中介超市管理规定》，全面规范技术审查、论证、评估、鉴定等中介服务的运营和监管。组织升级网上中介超市管理系统并融入"行政服务一体化平台"，拓展了事项信息查询、合同文件上传等9项功能，形成了标准化、扁平化、集约化的管理机制。至2019年，进驻泉州市"网上中介超市"的机构达1479家，有力提升了中介服务质量和服务水平。

【服务体系建设】　2019年，泉州市行政服务中心推进同办、通办、联办等审批服务模式改革，当好"放管服"改革的排头兵。

推行"多部门同办"。2019年6月起展开工程建设项目审批制度改革，全面开启"多部门同步办理、分阶段并联审批"模式。及时建成覆盖13个县（市、区）的全市工程建设项目审批管理系统，完善"多规合一"业务协同、在线并联审批、统计分析、监督管理等功能。采取联合评审、联合踏勘、联合验收等举措实施同步许可办理，审批环节大幅减少，审批时限全部压缩至90个工作日内，其中社会投资项目压缩至70个工作日内，小型工程建设项目压缩至50个工作日内。

推行"一窗通办"。全面改"部门摆摊"为"一窗通办"，将"一窗通办"从房地产交易登记推广到市场准入、投资建设、社会民生、医保社保等主题专厅，让群众办事不再重复排队。如实行企业开办"一窗式"审批后，将企业设立登记、公章刻制、初次申领发票、涉税事项、医保社保等整合到"企业开办专区"，将"多次填表、多个流程、多次跑路"转化为"一次填表、一次流转、一次跑路"，申请人可少跑8个窗口、精减21份材料，企业开办全部压缩至2.5天以内，最快1天就可办成。

推行“政企联办”。将企业提供的便民事项接入“行政服务一体化平台”，嵌入公共服务事项办理链条。如创新推出“二手房交易登记+水电气广电”联动过户便民服务新模式，将水、电、气、广电等部门受理环节精减纳入二手房过户受理环节，实现“一网通办”、“一站服务”、“一天办结”，办理时限压降50%以上，该创新服务模式已在福建全省复制推广。再如开拓电力工程占用挖掘道路快捷审批通道，牵头供电、城管、资源规划、公路、交警、燃气、石油、通信等相关单位，对电力工程占用挖掘道路推行分类审批，即简单事项、报备即可；单部门能批、直接审批；复杂事项、联合会审。破路审批服务平均时长压在5天以内，最快的1天内完成，较改革前的“串联”审批压降了80%，被福建省树为提升营商环境的典型经验并在全省复制推广。

【办件模式建设】 2019年，泉州市行政服务中心紧跟大数据时代的发展步伐，围绕载体信息化、手段智能化加快行政服务改革步伐。

行政审批“一网通办”。在全省设区市中首家建成连通市、县、镇、村四级的“行政服务一体化平台”，全面实行“网上办”，企业和群众可在线申办、邮寄申办、查询进度、咨询投诉等，实现不见面政务服务。至2019年，已有1817项事项可进行在线申报，占比96.7%；1204项事项实现“一趟不用跑”，占比64.1%。

网上办事“一端服务”。组织升级“泉州政务服务”APP，在全省范围内率先运用“区块链+电子证照”新技术，让企业和群众通过手机APP可安全查验、管理、调用自己名下的电子证照，真正实现全流程网上申报。组织对接泉州政务数据汇聚与共享应用平台，实现身份、学籍、婚姻等8项信息的集成，为群众提供从出生到养老全生命周期的查询办事服务。

网上网下“一体联动”。推行“1+1=0”直连办件新模式，研发出“不动产登记外网批量申请直连系统”，实现不动产登记数据与银行数据共享，从之前的“从头申请、多次办理”转变为“不见面受理、全程网办”，网办抵押登记业务占比已达91.3%，极大提高办事效率。推进“就近办”便民服务，建成中心市区15个24小时自助服务区，在13个县（市、区）行政服务中心、街道（乡镇）便民服务中心、社区便民服务站等场所投放200多台政务服务自助一体机，实现不动产抵押、企业信用、养老缴费等16项查询服务都可在“家门口”办理，打造群众“15分钟办 事圈”。

【监督平台建设】 2019年，泉州市行政服务中心打造“窗口党旗红、为民我光荣”党建品牌，厚植“党建+服务”红色文化，打造尽责服务的“满意之窗”。

立起窗口服务高标准。开展“对标厦航”活动，组队到厦航参观见学，引入唯一获中国质量奖的航企厦航“双引擎四系统”管理体系，全面实施厦航标准的服务礼仪培训，参照厦航规定出台《窗口管理规范》，落实窗口纪律“每日巡查、每月考评、每季表彰、随时通报”，让窗口人员一言一行向厦航对标看齐。

激发窗口人员新活力。出台《派驻市行政服务中心人员管理规定》，全方位规范选派、管理、激励和退出机制，实现选派人员向优、日常管理向严、进退机制向活、激励机制向好“四向”目标。组织2019年度派驻干部考核，优秀等次比例提高5%；组织进驻部门窗口行风评议，分值占比由7%提高到10%，有效调动派驻人员工作热情。

强化窗口监管硬举措。综合采取巡、看、核、查、访、督、评“七招”，打造企业和群众办事的“满意之窗”。“巡”即每天2次组织对窗口纪律进行巡查并督促整改；“看”即8小时以内专人看守效能远程视频进行实时监督；“核”即对“不满意”评价24小时内进行核实；“查”即每月抽查10个部门共100份办件卷宗满意度情况；“访”即对办事群众反映和投诉的问题当天回访并48小时内处理完毕；“督”即全方位推行党务公开和信息公开接受广泛监督；“评”即每年2次邀请第三方调查评议以解决堵点问题。办事群众对服务质量、投诉处理“两项满意度”都在95%以上。

山海协作

【概况】 2019年，泉州市推进山海协作工作，向南平市捐赠项目贷款（贴息）和社会事业资金200万元，向三明市捐赠山海协作项目扶持资金及公益事业扶持资金200万元，合计400万元。

【县区协作】 2019年，鲤城区、丰泽区、泉港区、石狮市、晋江市、南安市、惠安县7个县（市、区）分别对口帮扶三明市明溪县、南平市顺昌县、三明市宁化县、南平市政和县、龙岩市长汀县、宁德市古田县、南平市光泽县。全市拨付对口帮扶资金10940万元，加快对口帮扶地区产业园区建设，帮助园区引进企业15个。

对口支援

【概况】 2019年，泉州市推进对口支援工作，落实援藏、援疆、援宁各项任务，进行第八批、第九批援藏干部交接工作，推动产业、人才、消费支援。投入项目资金19532.5万元、工作经费486万元，组织实施85个民生援建项目，16501

个“建档立卡”贫困人员实现脱贫，宁夏同心县和红寺堡区提前一年脱贫“摘帽”，宁夏盐池县代表福建省通过国务院2019年度东西部扶贫协作工作成效专项考核。

【援藏工作】 2019年，泉州市安排计划内资金2786万元和规划外资金200万元开展援藏工作。洛隆县实际使用福建省统筹和泉州市安排资金13528万元。组织实施计划内项目9个和计划外项目36个。6月，布许福建小康示范村建成，3个福建新村共9.18万平方米（655套住宅，一层沿街部分作为经营性店面），解决655户2994人（其中建档立卡户586户2590人）居住困难问题，解决部分群众的就业工作和脱贫增收问题；向洛隆县集中扶贫搬迁点试点引进实施分布式光伏扶贫项目，县人民医院项目启动建设并完成主体建设和全部砌体，年底前提前投用；福建省、泉州市交通系统援助的计划外项目洛隆养护段十道班改扩建工程（400万元）和洛隆县交通运输局农村公路养护中心项目（200万元）全面建成；援助各乡镇卫生专项工作用车投入使用，计划外援助昌都市金龙电池环保公交车3辆（120万元）投入运营。第八批为期三年援藏期间，泉州市安排投入项目资金11920万元。7月，第九批援藏工作的10位干部、人才分别抵达昌都新区和洛隆县，完成第八、九批交接工作。推进2019—2020年度10个援藏项目建设，对接泉州达利集团、盼盼集团等食品加工企业，争取在洛隆青稞食品加工产业招商引资上有所突破，实施招商引资项目5个，落实5家企业在洛隆县注册登记。争取中亦乡通门滑坡地质灾害点整治项目，争取国家专项治理资金1800万元。开展系列爱心物资捐赠活动，募捐到鞋服、书籍等物资价值近400万元，筹建洛隆县“泉洛缘--爱心衣物室”、洛隆中学图书漂流站等，关心关爱洛隆县困难群体。12月，分别组织24名骨干教师、12名医疗人员到泉州进行为期20天、6个月的业务培训，提升当地专业技术水平。

【援疆工作】 2019年，泉州市坚持“项目援疆保民生、产业援疆助发展、智力援疆结硕果、情感援疆促交融、干部援疆树形象”的思路，第七批74位干部人才（其中党政干部8位、专技人才66位）参加援疆工作。投入资金7530万元，援建农牧民定居、反恐维稳基地、昌吉职业教育实训基地、滨河路幼儿园等民生项目53个（其中非工程类项目28个）。昌吉市第十四小学教学楼、庙尔沟乡民族手工刺绣示范基地、贫困白内障患者复明手术等46个项目完成，其他7个跨年度项目按计划实施。援疆干部还争取工作经费近500万元和社会各界捐赠经费（含物资）485万元，全部用于昌吉市各项民生改善、脱贫攻坚和社会事业。完成援疆“十三五规划”中期调整，重点聚焦社会稳定、安居富民、教育医疗、就业创业等民生项目，援疆资金重点向农牧区、特困人群倾斜，把援疆资金80%用于民生、80%用于基层。第七批三年期间投入援疆项目资金2.13亿元。

【援宁工作】 2019年1月，泉州市第十一批援宁工作开始实施，由洛江区与盐池县、永春县与同心县、德化县与红寺堡区，选派6名干部，开展对口帮扶；10月，选派12名专业技术人才抵达吴忠市工作。泉州市投入资金8864.5万元，其中福建省财政两批统筹使用资金6857.5万元（含洛江区1597.5万元、永春县1065万元、德化县1065万元）、社会帮扶资金拨付到位2007万元；对口帮扶的宁夏三个县（区）实际使用财政资金10400万元，其中盐池县2300万元、同心县4200万元、红寺堡区3900万元。实施财政资金项目66个。盐池县组织实施项目15个，推动产业、道路、老年饭桌、扶贫车间建设、技能培训、劳动力就业转移等方面项目，重点帮助以滩羊为主导，黄花菜、小杂粮、牧草、中药材为辅助的盐池县“1+4+X”特色优势产业发展，如围绕滩羊产业高端化发展，投资300万元，用于推进滩羊全产业链建设项目，以滩羊为主导的特色产业对群众增收贡献率达80%，帮助712名贫困人口脱贫。同心县实施基础设施建设、特色产业发展、闽宁示范村巩固提升等8大领域33个项目，如实施11个特色产业扶贫项目，帮助发展苹果、梨、红梅杏等经果林113.33公顷和红葱166.66公顷，支持下马关镇南安村发展食用菌大棚种植，带动脱贫5034人。红寺堡区实施基础设施、产业合作、劳务协作、扶贫车间等项目18个，如用于产业扶贫2667万元，帮助建设黄花菜晾晒场、烘干房、冷库项目，助力黄花菜、枸杞产业发展，帮助5776名“建档立卡”贫困人口脱贫。盐池县2017年在宁夏自治区第一个脱贫“摘帽”，同心县和红寺堡区于2019年提前一年脱贫“摘帽”，183638名贫困人口脱贫。

政协泉州市委员会

综　述

【贯彻落实决策部署】　2019年，政协泉州市委员会学习贯彻习近平关于加强和改进人民政协工作的思想，把握政协组织的政治属性，落实意识形态工作责任。修订完善《中共泉州市政协党组理论学习中心组学习制度》，形成以市政协党组中心组学习为引领，以党组扩大会议、主席会议、常委会议、机关干部学习会、委员培训等为重点的理论学习制度体系。通过集体学习、个人自学、辅导讲座、专题研讨、现场教学等多种形式，传达学习习近平在中央政协工作会议暨庆祝中国人民政治协商会议成立70周年大会上的讲话精神，做到学思用贯通、知信行合一。学习贯彻中央和省、市委的重要会议、重要文件精神，领会党的基本理论、基本路线、基本方略，把加强思想政治引领、广泛凝聚共识作为政协履职的中心环节，引领各党派团体和各族各界人士把握人民政协是中国共产党领导的政治共同体，坚定不移走中国特色社会主义政治发展道路。

【履行法定职责】　2019年，政协泉州市委员会通过举办届中委员培训班，结合专题讲座、实地调研、交流研讨多种形式，开展履职业务培训。坚持为委员订阅政协报刊杂志，分发学习资料，及时向委员传递政协的重大活动、重要会议、重点工作，引导委员加强学习、拓宽视野、提升素质。着眼“委员作业”高质量，落实委员履职量化考评管理规定，建立市政协常委提交年度履职报告工作制度，严格履职考评，抓好履职成果转化，发挥委员主体作用。委员参加市政协组织的各种履职活动3000多人次，履职考评优秀率86.3%。以改革思维、创新理念、务实举措加强政协机关干部队伍建设。开展“大调研”活动，“项目化”推进重点工作，全员参与年度重点调研、重点协商，强化工作实践，锤炼过硬本领。召开全市政协主席工作座谈会，研究共性问题、交流工作经验、促进提质增效。与县（市、区）政协联合开展15个专题调研、10项专项视察、督办6件重点提案，形成上下联动互促，整体协调推进的格局。

【委员履职能力建设】　2019年，政协泉州市委员会按照“懂政协、会协商、善议政，守纪律、讲规矩、重品行”的要求，把委员履职能力建设摆在突出位置，强化责任担当，激发履职活力。举办届中委员培训班，结合专题讲座、实地调研、交流研讨多种形式，开展履职业务培训。坚持为委员订阅政协报刊杂志，分发学习资料，及时向委员传递政协的重大活动、重要会议、重点工作，引导委员加强学习、拓宽视野、提高履职能力。着眼“委员作业”高质量，落实委员履职情况量化考评管理规定，建立市政协常委提交年度履职报告工作制度，严格履职考评，抓好履职成果转化，发挥委员主体作用。委员参加市政协组织的各种履职活动3000多人次，履职考评优秀率86.3%。

【海内外团结联谊】　2019年，政协泉州市委员会组织港澳委员、特邀嘉宾参加市委、市政府召开的专题座谈会，紧扣泉州市发展大局，踊跃资政建言。承办全省政协港澳台侨工作会议，交流互鉴各地经验。组织港澳委员到浙江台州和江西婺源学习考察，聚焦小微企业融资“难点”和乡村旅游发展主题，提出意见建议。与有关部门开展“推动侨商侨企转型、助力高质量发展”专题调研，参与全国政协“国际经贸环境变化对港澳台侨企业的影响及对策建议”课题调研，听取港澳台侨企业代表的诉求和建议，帮助解决实际困难。组团参加港澳地区泉州籍社团庆典活动，引导和鼓励港区委员支持特区政府依法施政、止暴制乱、恢复秩序，维护香港繁荣稳定。组织华侨大学境外新生开展“看海丝·爱泉州”活动，增进对祖国对家乡的归属感和认同感。带领泉州妈祖文化交流团到澎湖、金门开展文化、民俗、旅游系列活动，时隔17年，“温陵妈祖”再到澎湖展开会香之旅，促进两岸民心相通，引起两岸媒体关注。开展“推动泉州市惠台政策的贯彻落实”对口协商，编辑出版《民族英雄郑成功》史料专辑，参与全国“海峡论坛—两岸基层治理论坛”，配合《人民政协报》到泉州开展“两岸青年走进福建”主题活动。发挥泉台民间交流协会作用，促进泉州和台湾两地交流交往。

重要会议

【市政协十二届三次会议】 2019年1月7—10日，中国人民政治协商会议第十二届泉州市委员会第三次会议召开。会议审议并通过李转生所作的《常委会工作报告》和骆沙鸣所作的《提案工作情况报告》。市发改委、市医保局作提案办理工作典型发言，市政协各专门委员会向大会提交书面工作报告。会议增补一批市政协委员，撤销一些委员资格。会议听取市政协十二届三次会议提案初审情况的报告，审议通过《中国人民政治协商会议第十二届泉州市委员会第三次会议决议》。会议期间，市政协十二届三次会议收到提案721件，其中各市民主党派、工商联、人民团体和政协专委会提案147件，占20.39%；委员提案574件，占79.61%，参与撰写提案的委员306人。其中，经济建设提案155件，政治建设提案32件，社会建设提案343件，文化建设提案85件，生态文明建设提案21件。根据《政协泉州市委员会提案工作条例》规定，提案委员会于9日对收到的提案进行初审，立案634件，立案率87.93%。

【主席会议】 2019年，十二届泉州市政协召开9次主席会议。会议协商市政协2019年工作要点及市政协十二届三次会议重点提案，协商《政协泉州市委员会常务委员提交年度履职报告工作办法（试行）》；听取“推动民营企业发展”“加快服务业提质扩量”课题调研方案汇报；协商人事相关事

表9

2019年十二届泉州市政协主席会议情况表

时间	会议名称	参加人员	会议内容
2019年1月7日	十二届市政协第十三次主席会议	市政协党组书记李转生，副主席骆沙鸣、陈铭福、王祖耀、李冀平、王瑞强、陈益、洪川夫、林志建，秘书长陈伟平出席会议。市委常委、组织部部长孔繁军应邀参加会议	市委常委、组织部部长孔繁军到会就候选人名单（草案）作说明。会议协商选举办法（草案）、大会选举总监票人和监票人名单（草案）；协商候选人名单（草案）。会议决定，将以上事项提交十二届市政协常委会第十二次会议酝酿协商
2019年1月7日	十二届市政协第十四次主席会议	市政协党组书记李转生，副主席骆沙鸣、陈铭福、王祖耀、李冀平、王瑞强、陈益、洪川夫、林志建，秘书长陈伟平出席会议	会议听取各组召集人汇报酝酿协商选举办法（草案）、大会选举总监票人和监票人名单（草案）、候选人名单（草案）的情况。会议决定提交十二届市政协常委会第十三次会议审议
2019年3月16日	十二届市政协第十五次主席会议	市政协主席李转生，副主席骆沙鸣、陈铭福、王祖耀、李冀平、王瑞强、陈益、洪川夫、林志建，秘书长陈伟平出席会议	协商市政协2019年工作要点及市政协十二届三次会议重点提案
2019年3月21日	十二届市政协第十六次主席会议	市政协主席李转生，副主席骆沙鸣、陈铭福、王祖耀、李冀平、王瑞强、陈益、洪川夫、林志建，秘书长陈伟平出席会议	协商市政协常委会2019年工作要点；协商《政协泉州市委员会常务委员提交年度履职报告工作办法（试行）》；听取“推动民营企业发展”“加快服务业提质扩量”课题调研方案汇报；协商人事相关事宜；协商十二届市政协常委会第十五次会议相关事宜
2019年5月30日	十二届市政协第十七次主席会议	市政协主席李转生，副主席骆沙鸣、陈铭福、李冀平、王瑞强、陈益、洪川夫、林志建，秘书长陈伟平出席会议	会议研究《政协泉州市委员会提案工作条例》《政协泉州市委员会重点提案遴选与督办办法》《政协泉州市委员会提案办理协商实施办法》；协商人事相关事项

续表9

时间	会议名称	参加人员	会议内容
2019年6月24日	十二届市政协第十八次主席会议	市政协主席李转生，副主席骆沙鸣、陈铭福、王祖耀、王瑞强、陈益、洪川夫、林志建，秘书长陈伟平出席会议	协商十二届泉州市政协常委会第十六次会议相关事项
2019年9月26日	十二届市政协第十九次主席会议	市政协主席李转生，副主席骆沙鸣、陈铭福、王瑞强、洪川夫，秘书长陈伟平出席会议	协商十二届泉州市政协常委会第十七次会议相关事项
2019年12月16日	十二届市政协第二十次主席会议	市政协主席李转生，副主席骆沙鸣、陈铭福、王祖耀、王瑞强、洪川夫、林志建，党组成员王春金，秘书长陈伟平出席会议	协商常委会第十八次会议相关事宜、第四次全体会议相关事项、第三次全体会议“好提案”相关事宜、有关人事事项，讨论政协常委会工作报告、提案工作情况报告
2019年12月24日	十二届市政协第二十一次主席会议	市政协主席李转生，副主席骆沙鸣、陈铭福、王祖耀、王瑞强、陈益、洪川夫、林志建，党组成员王春金，秘书长陈伟平出席会议	会议听取市政协十二届四次会议各筹备组负责人汇报工作进展情况；协商有关人事事项

宜，协商十二届市政协常委会第十五次会议相关事宜，研究《政协泉州市委员会提案工作条例》《政协泉州市委员会重点提案遴选与督办办法》《政协泉州市委员会提案办理协商实施办法》，协商有关人事事项。

【常委会会议】 2019年，十二届泉州市政协常委会召开7次会议。会议学习贯彻全国政协十三届二次会议精神，审议通过《泉州市政协常委会2019年工作要点》《泉州市政协常务委员提交年度履职报告工作办法（试行）》，审议通过《政协泉州市委员会提案工作条例（草案）》，围绕“推进学前教育优质普惠发展”展开专题协商，讨论修改十二届市政协《常委会工作报告（讨论稿）》和《提案工作情况报告（讨论稿）》，协商通过市政协十二届四次会议相关事宜，协商通过有关人事事项。

表10

2019年十二届泉州市政协常委会会议情况表

时间	会议名称	参加人员	会议内容
2019年1月7日	十二届市政协常委会第十二次会议	市政协党组书记李转生，副主席骆沙鸣、陈铭福、王祖耀、李冀平、王瑞强、陈益、洪川夫、林志建，秘书长陈伟平出席会议。市委常委、组织部部长孔繁军应邀参加会议	市委常委、组织部部长孔繁军到会就候选人名单（草案）作说明。会议协商选举办法（草案）、大会选举总监票人和监票人名单（草案）；协商候选人名单（草案）。会议决定，将以上事项提交各委员小组酝酿协商
2019年1月7日	十二届市政协常委会第十三次会议	市政协党组书记李转生，副主席骆沙鸣、陈铭福、王祖耀、李冀平、王瑞强、陈益、洪川夫、林志建，秘书长陈伟平出席会议	会议审议通过选举办法（草案）、大会选举总监票人和监票人名单（草案）、候选人名单（草案）。会议决定，将以上事项提交8日下午举行的市政协十二届三次会议第二次全体会议进行审议和选举
2019年1月10日	十二届市政协常委会第十四次会议	市政协主席李转生，副主席骆沙鸣、陈铭福、王祖耀、李冀平、王瑞强、陈益、洪川夫、林志建，秘书长陈伟平出席会议	会议听取各组召集人汇报讨论市政协十二届三次会议决议（草案）情况；审议通过市政协十二届三次会议决议（草案），并决定提请市政协十二届三次会议闭幕大会进行表决
2019年3月22日	十二届市政协常委会第十五次会议	市政协主席李转生，副主席骆沙鸣、陈铭福、李冀平、王瑞强、陈益、洪川夫、林志建，秘书长陈伟平出席会议	会议学习贯彻全国政协十三届二次会议精神，审议通过《泉州市政协常委会2019年工作要点》《泉州市政协常务委员提交年度履职报告工作办法（试行）》及有关人事任免事项

续表10

时间	会议名称	参加人员	会议内容
2019年6月26日	十二届市政协常委会第十六次会议	市政协主席李转生，副主席骆沙鸣、陈铭福、王祖耀、李冀平、王瑞强、陈益、洪川夫、林志建，秘书长陈伟平出席会议	会议审议通过《政协泉州市委员会提案工作条例（草案）》；协商通过有关人事事项
2019年9月27日	十二届市政协常委会第十七次会议	市政协主席李转生，副主席骆沙鸣、陈铭福、王瑞强、洪川夫，秘书长陈伟平出席会议	围绕“推进学前教育优质普惠发展”展开专题协商
2019年12月25日	十二届市政协常委会第十八次会议	市政协主席李转生，副主席骆沙鸣、陈铭福、王祖耀、王瑞强、陈益、洪川夫、林志建，党组成员王春金，秘书长陈伟平出席会议。副市长肖汉辉应邀参加会议	副市长肖汉辉通报市政协十二届三次会议以来提案办理情况。会议协商通过有关人事事项；讨论修改十二届市政协《常委会工作报告（讨论稿）》和《提案工作情况报告（讨论稿）》；协商通过市政协十二届四次会议相关事宜

参政议政

【建言献策推动工作落实】 2019年，政协泉州市委员会贯彻习近平在民营企业座谈会和参加十三届全国人大二次全会福建代表团审议时的讲话精神，按照市委再创“晋江经验”新辉煌的部署要求，在市政协十二届三次全会期间，通过政协提案、大会发言、联组讨论，组织委员围绕民企发展、产业生态、营商环境、人才集聚等方面建言献策，提交提案748件、发言材料48篇，《关于贯彻落实民营企业座谈会精神，推进泉州市民营经济发展的建议》等一批委员建言被市委、市政府领导批转有关部门，推动工作落实。发动全市政协系统围绕“推动民营企业发展，高质量落实赶超”议题，到企业和部门开展调研，组织到深圳、东莞、杭州等先进地区学习考察，形成23篇调研报告，与市委召开专题协商会，就优化布局转型升级、强化民企要素保障、打造一流营商环境、落实普惠扶持政策、提振民企发展信心等方面提出100多条建设性意见建议。参与市委组织的“领导干部一线办公”活动周，市政协领导到企业、项目调研，倾听企业诉求困难，鼓励企业坚守实业，帮助协调解决发展难题，推动支持民企健康发展的各项优惠政策落实落地。与省政协开展“为民营经济提供有力司法服务和保障”专题调研，就探索司法服务新思路、坚持“亲”“清”服务保障、慎用财产保全措施等方面提出意见建议。

【现代服务业制造业调研】 2019年，政协泉州市委员会按照市委指示要求，组织开展现代服务业专题调研，到基层、企业、部门，摸清底数、找准症结，学习借鉴先进地区经验做法，邀请专家学者和部门领导，反复研讨论证，提交《关于泉州市发展现代服务业的建议》专题报告。组织督办关于企业并购重组、机器人产业发展、公共服务平台建设、传统产业科研创新4件产业转型升级重点提案，就贯彻落实好国家、省、市一系列扶持政策，构建全方位支持创新发展、转型升级的政策体系，实施“智能+”“互联网+”“新材料+”“平台+”四大工程等方面提出意见建议。开展“高新技术企业发展”专题视察，配合省政协开展“制造业高质量发展”“数字经济协同发展机制构建”等课题调研，结合泉州实际，提出增强制造业核心技术创新能力、打造“产业互联网”生态圈样板工程、“五个结合”实现数字经济共享共赢、以智能化数据化为契机推进泉州高质量赶超等意见建议，《抓住机遇，推动高端服务业创新发展》《制造业数字化转型正当时》等履职成果被全国政协采用。

【全域旅游格局推动】 2019年，政协泉州市委员会立足泉州市历史文化积淀深厚、旅游资源特色鲜明的优势，通过各种履职形式，推动泉州历史文化资源与旅游产业深度融合，为打造“亮点在古城、厚度在山海、空间在生态连绵带”的全域旅游格局献计出力。组织开展“推动泉州文化与旅游融合发展”课题调研，提出编制融合发展规划、搭建融合发展载体、营造融合发展氛围等7个方面34条建议。把提升西街观光游览体验、深化泉州和台湾文化旅游产业发展、推动泉州文化和旅游融合发展、加快蟳埔社区传统渔村文化旅游开发等提案列为重点提案，市政府、市政协分管领导领衔督办，围绕“促进文旅融合发展”主题深入协商，推动相关工作落实。配合省政协开展《培育文旅融合新业态，推动研学旅行产业化》督办调研和“福建省产教融合政策落实情况”监督视察，为增强产业核心竞争力、汇聚发展新动能积极建言。围绕“推动泉州市服务业和制造业融合发展”“商贸流通与互联网融合发展”开展对口协商，提出的设立数字经济和互联网产业园区、争创信息化和工业化深度融合国家示范区、创建国家跨境电商综合试验区、建设新型商贸服务市场等一批意见建议得到转化应用。

政治协商

【学前教育优质普惠发展专题协商】 2019年，政协泉州市委员会针对群众反映“入公办园难”“入民办园贵”问题，组织开展调查研究，与市政府围绕“推进学前教育优质普惠发展”议题开展专题协商，就扩大优质普惠性学前教育资源有效供给、优化学前教育规划布局等6个方面提出90多条建议。市政府办将委员建议意见归纳分类为37条分解到有关部门及各县（市、区）政府，将办理工作纳入主题教育整改内容，协调推进、落细落实。

【智慧城市建设督办协商】 2019年，政协泉州市委员会着眼城市品位提升，与市政府开展“加强智慧城市建设”重点提案督办协商，围绕基础设施智能化、公共服务便利化、社会治理精细化、产业经济高端化等方面共商务实之策。

【生态环境保护专题调研】 2019年，政协泉州市委员会紧盯生态环境保护，开展“推进石化园区环境治理” 回头看、“加强土壤污染防治工作”专题调研，组织委员到工业园区、生产企业、项目工地，摸排污染源头，查看防治措施，共商改进办法，为营造“天更蓝、山更绿、水更清”的优美环境献计出力。

【泉州城市快速交通建设专题协商】 2019年，政协泉州市委员会围绕“泉州城市快速交通建设”议题开展调研，与市政府召开民主监督专题协商会，就完善快速路网规划、加快推进快速路网体系建设、运用大数据提升交通治理水平等建言献策。市政府主要领导面对面听取委员建言，部分协商成果被吸纳到政府工作报告中，转化为相关部门工作思路举措。

【社会民生领域专题调研协调】 2019年，政协泉州市委员会组织开展“推动精准化、精细化社区服务”课题调研、“世界中学生运动会场馆建设”“养老服务照料中心建设”专题视察，与有关部门就“推动公交事业发展”开展对口协商，督办“改善营商环境”“实施乡村振兴战略”重点提案，配合全国政协开展“推进‘四好’农村路建设”专题调研，为提升人民群众获得感协商出力。开展“福建省法治宣传教育条例贯彻落实情况”专题调研，提出推行“谁执法谁普法”履职评议活动等意见建议，市委领导批示相关部门抓好落实，推动泉州市部分县（市、区）在全省率先启动相关工作。组织委员听取市中级人民法院、市检察院工作情况通报，就司法便民利民等议题建言献策。开展“构建多元化纠纷调解机制”专题调研，组织政协委员参与司法调解和法院诉讼调解，致力化解社会矛盾。

民主监督

【履职平台展保障】 2019年，政协泉州市委员会学习贯彻习近平关于新型政党制度的论述，加强与各民主党派、工商联、人民团体和无党派人士的联系，增进平等协商、合作共事履职成效。坚持市政协领导挂钩联系民主党派制度，听取意见建议，加强对各党派、团体参加政协共同性事务的协商，发挥民主党派、工商联、无党派人士作用，做到提案重点督办、发言重点安排、建议重点报送，保障党派、团体在政协履职平台上展现作为。市各民主党派、工商联和有关人民团体深入调研、踊跃建言，提交提案143件，各类发言材料65篇，调研报告42篇。其中，列入年度重点提案13件、占比56%；在市政协十二届三次全会、2019年度议政性常委会议作大会发言18篇、占比45%；得到省市领导签批29件、占比53%。

【开放平台打造】 2019年，政协泉州市委员会开通“泉州政协”微信公众号、支持政协委员活动室和乡镇委员联络组开展履职活动，打造政协开放性平台，延伸履职触角，打通服务通道，近距离倾听群众心声。邀请群众代表列席政协全会，邀请专家学者、基层代表列席政协常委会和专题协商会，发挥多形式民意平台作用，把“协商于民、协商为民”落到实处。完善反映社情民意信息网络和工作机制，畅通反映民意渠道，坚持把反映社情民意贯穿于调研视察、协商座谈、挂钩帮扶等各项履职过程，及时收集、整理和报送政协委员反映的群众呼声与诉求。编发《社情民意信息》专报156期，《政协信息》16期，《关于进一步规范我国行政审批自由裁量权的建议》《完善我国农业保险财政补贴制度，确保国家粮食安全》等5件被全国政协采用。

纪检监察

综 述

【纪检监察概况】 2019年，泉州市纪委监委坚持以习近平新时代中国特色社会主义思想为指导，履行党章和宪法赋予的职责，增强监督严肃性协同性有效性，深入整治群众身边腐败和作风问题，规范化法治化提升反腐败工作整体质效，加强领导班子和干部队伍建设，一体推进“三不”“三项改革”“三转”，推动新时代纪检监察工作高质量发展，为作答时代命题、建设“五个泉州”提供坚强纪法保障。

【监督检查强化】 2019年，泉州市纪检监察机关落实习近平总书记参加十三届全国人大二次会议福建代表团审议时的重要讲话精神，深化省委“三四八”贯彻落实机制，创新发展“晋江经验”，制定容错纠错实施意见，细化纪委监委构建亲清政商关系9条措施，严惩诬告陷害行为，激励干部主动担当作为、服务优化营商环境。推进政治监督具体化常态化，围绕加强党的政治建设、打好三大攻坚战、减税降费、“五个一批”等强化监督检查，做到党委中心工作延伸到哪里、政治监督就跟进到哪里。在推进巡视整改、推动文物保护，以及整治泉州湾河口湿地违法围堰问题等过程中，坚持监督在一线跟进，保障民生民利、维护发展稳定大局。

【中共泉州市纪委十二届四次全会】 2019年1月22日，中共泉州市纪委十二届四次全体会议召开。会议学习贯彻习近平新时代中国特色社会主义思想和中共十九大精神，全面贯彻落实习近平总书记在十九届中央纪委三次全会上的重要讲话精神和中央纪委全会、省纪委全会部署，研究布置2019年泉州市全面从严治党工作。市委书记康涛参加会议并讲话，市委副书记、市长王永礼传达十九届中央纪委三次全会和省纪委十届四次全会精神，市委常委、市纪委书记游宇飞作《牢记政治使命 忠实履行职责 为推动高质量发展落实赶超提供坚强纪法保障》工作报告。会议要求，全市党员领导干部要严守政治纪律政治规矩，加强和规范党内政治生活，在坚决做到“两个维护”、坚定落实党中央决策部署、严格请示报告制度、保

2019年1月22日，中共泉州市纪委十二届四次全会召开

（图/市纪委监委）

持健康党内同志关系、贯彻执行民主集中制等方面发挥表率作用，时刻保持清正廉洁的政治本色。会议强调，全市纪检监察机关和干部要立场坚定、意志坚强、行动坚决，以实际行动坚持和加强党的领导，建立健全行使纪检监察权的监督制约机制，强化自我监督，建设一支忠诚干净担当的纪检监察铁军。

正风 肃纪 反腐

【概况】　2019年，泉州市纪检监察机关立足“监督的再监督”职责定位，把监督融入日常，坚持纪严于法、纪在法前，执纪执法贯通、有效衔接司法，推动“四个监督”贯通融合。巩固拓展作风建设成果，推进落实中央八项规定精神，重点整治群众反映强烈的突出问题、易发多发问题和隐形变异新动向新表现。实施分系统分领域靶向治理，强化对权力集中、资金密集、资源富集、资产聚集的部门和行业的监督，巩固发展反腐败斗争压倒性胜利。

【群众身边腐败和作风问题整治】　2019年，泉州市纪检监察机关开展“打通‘末梢神经’监督全覆盖”和“纪检监察服务基层化解矛盾”两个专项行动，推动全市信访举报实现“四降一升”，历史积案息诉息访率74.6%。紧盯漠视侵害群众利益问题进行重点治理，推动解决教育、医疗、食品药品安全等民生领域一批热点难点问题。集中开展建筑渣土运输管理、村级小额工程招投标规范管理等专项整治，督促职能部门查摆问题327个、落实整治措施564条。深化重点领域专项治理，对103个承担扶贫攻坚任务的乡镇全面开展交叉巡察，解决巡察发现问题1364个，为决战脱贫攻坚打下坚实基础；查处涉黑涉恶腐败和“保护伞”案件66件，给予党纪政务处分46人，移送司法机关处理12人，实现全市新一轮“打伞”全覆盖，“保护伞”立案件数、人数均居全省第一；推动移风易俗，集中整治丧葬庸俗、婚嫁攀比等歪风陋习，群众支持率、满意率均超过95%。

【党风政风监督】　2019年，泉州市纪检监察机关严抓中央八项规定精神落实，部署开展领导干部利用名贵特产、特殊资源谋取私利问题专项整治，密切关注“不吃公款吃老板”“一桌餐”等新动向，查处违反中央八项规定精神问题173起214人，给予党纪政务处分141人，通报曝光典型案例107起。在13个县域深入开展“集中整治形式主义、官僚主义，推动‘六个落实’”专项交叉巡察，发现涉及三大攻坚战等六大类问题428个。督促市行政服务中心窗口专项整治大量使用临时工问题，清理临时工218人，提升依法行政和服务能力水平；贯彻中央“基层减负年”决策部署，督促全市各类督查检查考核减少近80%，查处不担当、不作为、乱作为等问题147起238人。健全作风建设长效机制，深化“1+X”监督机制，督促开展“回头看”，推动财政、商务、国资委等相关职能部门制定出台差旅费管理、公务接待、招商引资接待等规定办法，及时健全制度、补强短板，消除“模糊地带”。

【监督第一职责突出】　2019年，泉州市纪检监察机关运用监督执纪“四种形态”处理6899人次，第一至第四种形态分别占比77.13%、12.7%、4.88%、5.29%。突出抓早抓小，谈话函询2779人次。做实做细日常监督，推动各级党委（党组）班子成员开展谈话222件（占谈话总数20%）。规范管理和运用市管、县管干部廉政档案，动态分析研判“树木”“森林”关系，从严把好选人用人关，提出暂缓使用、不宜使用或不适合担任现职119人次。融合贯通“四个监督”，创新组织形式，强化协同配合，推动“四个监督”优势叠加、形成合力。在精准发现、严肃查处福建第一公路工程集团有限公司、泉州水务集团有限公司等问题线索过程中，推动纪律监督、监察监督、派驻监督与巡察监督高效衔接，实现初核、纠治、查处和案后整改一体推进，相关工作经验被中央巡视办专刊推广。

【审查调查】　2019年，泉州市纪检监察机关立案审查调查1519件，涉及处级干部24人、乡科级干部133人，给予党纪政务处分1509人，移送司法

2019年7月29日，泉州市纪委开展泉州湾河口湿地非法围堰整治工作调研
（图/市纪委监委）

机关处理56人，追回在逃人员22人。严肃查处市国资委党委原书记黄某芳、泉州水务集团原总经理吴某来等国企领域腐败案件，协助查办泉州经贸职业技术学院系列腐败案件，严肃查办省纪委监委指定管辖的福州长乐区公安局原局长吴某、提级查办永春县公安局原副局长高某、颜某文等涉黑涉恶腐败案件，以点带面巩固发展反腐败斗争压倒性胜利。协调推动市公安局成立全省首家监察协作勤务支队，实现机构、编制、人员、经费、场地“五到位”。规范建设和管理市县乡三级93个标准谈话室，从程序流程上严控“走读式”谈话，全市所有谈话、审查调查工作实现“零事故”“双安全”。

2019年9月27日，泉州市委常委、市纪委书记、市监委主任游宇飞（右一）在晋江市金井镇纪委调研　（图/市纪委监委）

助推全面从严治党

【概况】 2019年，泉州市纪委监委坚持以党的政治建设为统领，开展“不忘初心、牢记使命”主题教育，履行全面从严治党协助职责，推动全市各级党委（党组）落实省委“八个坚定不移”要求。增强党内政治生活政治性、时代性、原则性、战斗性，发展积极健康的党内政治文化，营造风清气正的从政环境和社会氛围。深化纪检监察体制改革，探索全面从严治党向基层延伸有效机制，提升全市乡镇纪检监察机构履职能力和水平，将监察监督覆盖到“最后一公里”。

【“两个责任”落实】 2019年，泉州市坚持以市委常委、党员副市长带队开展全面从严治党主体责任落实情况检查，突出政治检查、问题导向和“关键少数”，推动主体责任落实落细。实施县级党委“一把手”兼任巡察工作领导小组组长制度，强化党委书记对巡察工作的组织领导、统筹协调。贯彻落实新修订的《中国共产党问责条例》，提高问责工作的政治性、精准性、实效性，共督促问题整改570个，问责74名领导干部，给予党纪处分32人，推动“两个责任”贯通协同。

【纪检监察体制改革】 2019年，泉州市深化党的纪律检查体制改革、国家监察体制改革、纪检监察机构改革，完善对下级纪委监委“两为主”、对派驻机构“三为主”领导机制，科学调整派驻机构监督范围并赋予相应监察权，向全市163个乡镇（街道）和10个特殊区域派出监察机构。健全监督检查与审查调查协作配合机制，修订市县乡三级文书格式，完善工作标准化流程，强化信息技术保障能力。对接以审判为中心的刑事诉讼制度改革，建立与公、检、法协作配合四项机制，开通8类42条信息查询专线，规范留置与刑事拘留衔接流程，对外协作进一步顺畅高效。

【反腐倡廉宣传教育】 2019年，泉州市纪检监察机关注重以案为鉴，常态化组织党员干部参观廉政（警示）教育基地、旁听庭审，协助市委召开两次全市领导干部警示教育大会，制作播放国资系统、公安系统腐败案件忏悔录，集中通报市自来水有限公司原总经理王某荣等6件典型案件，全市3272名党员领导干部现场接受思想教育。健全泉州纪检监察“一网一微一刊”融媒体矩阵，全面推开“一镇一孝廉”创建活动，创新“家风+旅游”廉洁教育模式，出版《温陵清官史话》《泉南家风故事》等廉政书籍。

【“5533”工作机制创新实施】 2019年，泉州市纪检监察机关按照稳中求进工作总基调，创新实施打通“末梢神经”监督的“5533”工作机制，即推进乡镇纪委“五统一”规范化建设，为乡镇纪检监察组织建设打牢桩基；推行乡镇纪检监察干部进村入户“五个必”工作法，让乡镇纪检监察组织找准履职路径，增强监督效能；构建市纪委监委班子成员“三挂钩”机制、拧紧“三元主体”监督链条，促进工作系统联动协同，提升监督质效。全市163个乡镇运用实践“四种形态”3281人次，立案863件，实现100%有自办案件，全面从严治党在基层见到实效。据国家统计局泉州调查队统计显示，层干部和群众对乡镇纪委满意度、认可度均达在90%以上；《泉州：规范化建设赋能基层纪检监察工作》在《人民日报》客户端福建频道两日内阅读量突破65万人次（成为该频道2019年度唯一阅读量超50万人次的文章）。

民主党派和工商联

中国国民党革命委员会泉州市委员会

【概况】 2019年，中国国民党革命委员会泉州市委会（简称民革泉州市委会）团结全市各级民革组织和广大党员不忘合作初心，继续携手前进，为推动泉州高质量赶超发展做贡献。民革法律支部、石狮总支第二支部被民革中央评为“民革示范支部”，民革泉州市委会党员之家、市直第一综合支部党员之家被民革中央评为“优秀民革党员之家”。全市有民革党员1008人，大学及以上学历742人，占74%；中高级职称511人，占51%；各级人大代表、政协委员135人。

【参政议政】 2019年，民革泉州市委会按照参政参到点子上、议政议到关键处的要求，聚焦群众关心关注的热点和痛点问题，各级“两会”期间共提交人大建议和政协提案198件，对承办单位的答复满意率100%。其中，提交市政协集体提案20件、个人提案33件、大会发言4件，提案《关于加大扶持力度推动我市实体经济发展的建议》和《关于完善泉州晋江流域入城交通系统的建议》被列为2019年市政协重点提案，《关于进一步加强全市安全应急指挥系统建设的建议》等4件提案作为重要提案摘报获康涛、张永宁、李伙金等市领导批示。各基层组织在各县（市、区）“两会”上共计有13件提案被列为重点提案或优秀提案。

在中共泉州市委、市政府、市政协召开的政治协商会、民主生活会、征求意见会、情况通报会等活动中，提出可行性意见和建议。在中共泉州市委副书记张永宁走访民主党派机关召开的座谈会上，围绕城市建设、文化旅游、经济发展等提出建议，得到有关部门的重视采纳及办理落实。与中共泉州市委统战部围绕“城市建设提质提速年”召开专题协商，《关于优化市区交通促进城市建设提质提速的建议》得到中共泉州市委常委、统战部长林万明的肯定。与泉州市政协港澳侨台委围绕“实施乡村振兴战略”召开专题协商，《关于抢抓乡村振兴战略机遇，加快田园综合体试点建设的建议》得到泉州市政府副市长肖汉辉、泉州市政协副主席洪川夫的好评。

鼓励基层组织和专委会参与调研课题申报立项，“金点子”案由评选活动。精心策划生成重点课题10个，形成调研报告15份，提交民革中央、省政协、民革省委，市政协、市委统战部等部门，深受好评。参加市政协二季度常委会以“推动民营企业发展　高质量落实赶超”为主题的委员论坛，副主委陈海鹏所作“关于构建新型政商关系的建议”现场发言得到中共泉州市委书记康涛的肯定。参加市政协三季度常委会以“推进学前教育优质普惠发展”为主题的委员论坛，民革党员陈小冠所作“关于完善优质普惠性学前教育财政扶持机制的建议”重点发言得到市长王永礼的好评。

向各级各有关部门提交社情民意96件，其中，《党外人士建议借鉴“台湾社区营造”做法　助推大陆乡村振兴》等3条社情民意被中共中央办公厅和中共中央统战部采用，《党外人士建议落实区块链与经济社会融合发展》等3条社情民意被民革中央采用，《党外人士建议加快推进福建“夜经济”产业深度融合发展》等4条社情民意被中共福建省委办公厅《八闽快讯》、省政协和中共省委统战部采用，民革省委采用23条，泉州市政协、中共泉州市委统战部采用24条，社情民意信息工作在全市统战系统排名第一。

【社会服务】 2019年，民革泉州市委会响应中共泉州市委统战部开展“同心松柏成长助学行动”的号召，发动丰泽工委、惠安总支、洛江支部、泉港支部捐资4万元，帮扶贫困学子。发动党员陈照玉为泉州市统一战线“同心安居工程”捐款8万元，为民革福建省委挂钩的贫困县政和县熊山街道稻香社区捐款30万元。联合民革南安市委会组织医务、法律、科普等党员工作者40余人前往南安市霞美镇梧坑村开展医疗、法律、科普“三下乡”惠民活动，服务群众500多人次，捐赠药品1万多元，发放科普宣传手册300余份；市委会领导深入梧坑村开展入户走访慰问活动，与少数民族困难户们面对面交流谈心，并送上1万元慰问金，党员张美玉向梧坑村满族文化中心修缮提升项目捐赠5万元；在晋江、南安召开企业家座谈会，传达学习习近平总书记在民营企业座谈会上的重要讲话精神，鼓励民革企业家为推动泉州市经济社会发展转型提供力量。依托志愿福建平台，开展义诊送药、义务植树、垃圾分类、讲文明树新风等志愿服务活动。通过“博爱·牵手”“春蕾计划”“救助贫困母亲”“六一关爱儿童”“结对帮扶”等各类公益活动，帮助困难群众、贫困学生100多名，捐助爱心款项50多万元。

全市各级组织开展扶贫济困活动。民革南安市委被授予“南安市学雷锋活动示范点”称号，二十多年持之以恒慰问敬老院，赴英都镇仕林村开展脱贫巩固工作，赴丰州镇、省新镇开展“进企入户”、公益植树等惠民活动；晋江市委发动筹集博爱助学基金29.4万元，承办晋江“民主党派智库讲坛”第一期专题讲座，连续六年开展与灵源街道结对共建图书捐赠活动，举行“三下乡”惠民活动，深入企业开展安全生产知识进车间主题宣传活动；鲤城工委举办“倾情礼赞巾帼妇女”喜迎妇女节活动；丰泽工委组织党员赴泉州南少林寺参加植树造林活动；永春总支开展爱心助学活动资助宁夏回族自治区同心县第五中学贫困生；石狮总支连续十一年开展“金秋助学”活动，连续七年慰问孤儿、慈爱老人福利院，连续六年义送春联，连续五年慰问“五老”，与相关部门共同举办石狮市青少年科技创新大赛和全民科学素质电视大赛；惠安总支联合惠安县医院开展义诊活动；洛江支部坚持“同心法律援助工作站”轮值，免费提供法律援助服务，开展慰问老党员、帮扶村困难群众“暖冬”行动，举办高考志愿填报公益讲座；泉港支部参加“3•5”学雷锋志愿服务日系列活动；市直法律支部开展社区老年人法律权益保护知识讲座、普法专题讲座；其他市直各支部也发挥自身优势和特点，结合自身实际，深入开展捐资助学、爱心义诊、法律援助等活动，产生良好的社会反响。据不完全统计，2019年全市各级组织及党员向社会捐资捐物折合人民币1000万元。

【对台交流】 2019年，民革泉州市委会挖掘优势资源，探索对台交流的新方式和新举措，创造性开展祖国统一工作。

法律服务交流。在泉州台商投资区职工服务中心成立台籍职工法律服务工作站，来自两岸中台湾律师联盟律师团队和泉州民革台湾同胞法律服务中心律师团队120名律师精英将通过定期轮值和连线合作的模式，为泉州台商投资区的台籍职工提供免费法律咨询服务。举办第三届泉台两地法律实务交流探讨会，引导泉台两地律师增进交流。

涉台课题调研。组织前往厦门、平潭等地考察调研，形成省民革重点涉台调研课题《将福建率先打造成台湾青年登陆的“第一家园”》，被省民革推荐到全省统战系统建言献策论坛参评。涉台社情民意《党外人士建议新时期两岸建设共同家园》被中共福建省委办公厅《八闽快讯》采用。

常态化交流合作。民革晋江市委访问泉州台商企业促进会副会长、晋江市台商企业投资协会会长吴志超，巩固情谊。前往龙湖镇、金井镇开展纪念第35个教师节暨对台相关工作调研活动，接待台湾律师一行20多人到晋江考察访问；石狮总支党员洪亚怀参与第十三届闽台对渡文化节暨蚶江海上泼水节开幕式直播现场；泉港支部到台资企业开展“送法”进台资企业“把脉问诊”活动，接待中国国民党人士到泉港开展交流活动；市直法律支部接待台湾律师一行到泉州民革台湾同胞法律服务中心参观交流；其他基层组织也充分结合自身特点，多渠道、多形式地开展交流与服务工作。

【民革泉州企业家联谊会成立】 2019年，民革泉州市委会组织成立民革泉州企业家联谊会。推选民革党员陈照玉任会长，常务副会长7人，副会长13人，吸收118名党员入会，搭建促进发展的协作平台、参政议政的交流平台、提升素质的学习平台、回报社会的爱心平台，并与海南省等民革企业家联谊会建立对口联系机制。会长陈照玉为惠安慈善公益事业捐资2000万元，顾问蔡清淳为家乡养老院捐资50万元，常务副会长任剑锋为洛江区卫健局捐赠价值30万元的“同心工程救护车”2辆。

中国民主同盟泉州市委员会

【概况】 2019年，中国民主同盟泉州市委员会（简称民盟泉州市委会）不断提高新时代履职能力，各项工作取得新成效，被民盟中央评为民盟思想政治建设和宣传工作先进集体。全年发展新盟员81名。至2019年12月底，泉州民盟有地方组织2个、区工委2个、基层委员会1个、总支7个，支部91个，小组1个，专门工作委员会13个。全市盟员总数2174人，平均年龄50.9岁。具有高级职称盟员659人，占总数的30.3%；中级以上职称盟员1539人，占总数的70.7%，重点界别（即教育、文化、科技）人士1417人，占总数的65.1%。

【参政议政】 2019年，民盟泉州市委会在泉州市“两会”上，提交市人大建议18件；提交市政协集体提案16件，个人提案32件，大会发言2件。其中，集体提案《关于充分发挥乡贤作用，助推泉州乡村振兴的建议》确定为市政协十二届三次会议重点提案。集体提案《关于完善泉州旅游信息服务平台建设的建议》《关于以举办世中运为契机 推动我市体育产业发展的建议》作为重要提案摘报，得到中共泉州市委书记康涛等市领导批示。民盟泉州市委会参加中共泉州市委、市政府、市政协召开的政党协商、专题协商、征求意见会和市检察院、法院、纪委工作情况通报会等，就经济、社会和民生发展等问题提出建议。

【调查研究】 2019年，民盟泉州市委会向民盟中央、民盟福建省委会，市政协、中共泉州市委统战部等提交各类调研报告、论文30多篇。其中《职业教育助推乡村振兴的建议》《因地区基础教育资源失衡所引发的社会问题分析》，被盟省委采纳并报送民盟中央。围绕2019年民盟福建省教育研讨会议题“加快教育均衡，助力脱贫攻坚”，组织盟员撰写提交《关于推进乡村教师队伍建设的思考》等6篇调研文章。参加市政协二季度、三季度常委会专题调研，多次参与市政协组织的“推进石化园区环境治理”“泉州城市快速交通建设”“泉州市土壤污染防治”专题调研及中共泉州市委统战部组织的专题调研活动。6月26日，专职副主委余嘉容在中共泉州市委与市政协召开的“推动民营企业发展、高质量落实赶超”专题协商会议作发言，从鼓励企业对标对表、引导培育发展团体标准、修订标准奖励政策等方面提出建议，其中多条建议被泉州市政府常务会议研究通过的《泉州市人民政府关于进一步实施技术标准战略工作的意见》吸收采纳。8月，主委陈建通参加盟省委组织的赴宁夏“如何坚持新时代我国宗教中国化的建议”课题调研活动。9月19日，民盟第七届教育论坛在昆明举行，该论坛以“加快教育均衡 助力脱贫攻坚”为主题，由专职副主委余嘉容和盟员连伟文共同执笔的《因地区基础教育资源失衡所引发的社会问题分析》获评全国优秀论文，连伟文作为福建民盟代表在论坛上作发言。9月21日，泉州与厦门、漳州、龙岩、三明五市盟市委联合在厦门市举办2019年民盟闽西南协同发展区教育研讨会，盟市委提交论文7篇，盟员连伟文、陈雄在会上进行汇报交流。

【民主监督】 2019年，民盟泉州市委会盟员中的人大代表、政协委员、特邀监察员、行风监督员履行监督职责，利用人大视察、政协视察、议案提案办理会、大会发言等形式有效开展民主监督。先后参加市人大对泉州市计划及预算执行情况、推动打好防范化解重大风险、精准脱贫、污染防治三大攻坚战等视察活动；围绕市政协“泉州城市快速交通建设”民主监督协商课题调研并作专题发言；在政府、政协、法院、检察院、纪委监委等的工作报告征求意见会、工作情况通报会上提出民盟的建议；推荐优秀盟员担任泉州市监察委员会特约监察员，泉州市特邀行政执法监督员；盟员人大代表、政协委员、特约监督员等还围绕“国有资产管理情况”“垃圾分类处理”等议题进行视察监督。

【信息工作】 2019年，民盟泉州市委会提交信息70多条，多条信息被各级各部门采用或被有关领导批示。4月，在民盟福建省2019年参政议政工作会上，民盟泉州市委会获2018年度民盟福建省参政议政优秀调研成果三等奖、2018年度民盟福建省反映社情民意信息工作先进单位三等奖；盟员李建辉、曾远跃、陈彬强被评为2018年度民盟福建省反映社情民意信息工作先进个人；《加强“智慧海洋”工程建设 全面提升海洋治理能力》《党外人士建议“课后服务”列入福建省定价目录》等10篇信息被评为“2018年度民盟福建省优秀社情民意信息”。盟员李劲松参与撰写的信息被《零讯》采用并获得国家领导人批示，盟员王曦参与民盟福建省委会联合撰写的信息被全国政协采用。

【社会服务】 2019年，民盟泉州市委会各级盟组织和盟员参与各种爱心公益活动。5月29日，盟市委到泉港区峰尾镇开展助力乡村振兴主题活动。与峰尾镇郭厝村签约结对共建协议书，向郭厝村同心书屋捐赠2万元，捐助峰尾镇前亭村文化广场5万元，走访慰问峰尾镇贫困户并送上慰问金；6月，盟市委发动经济专委会成员向市委统战部“同心松柏成长助学行动”捐款4万元，定向帮扶4名贫困学子；12月，盟市委捐资4万元助力市统一战线“同心安居工程”建设；8月28日，民盟惠安县委会财经支部举行第三届“金秋助学”活动，共资助23名学生4.5万元。1月17日，盟市委在泉港区峰尾镇主办“翰墨迎新春 同心送祝福”活动，现场为群众书写出1000多副春联。1月22日，由民盟泉州市书画工作委员会、民盟泉州市书画总支主办的“泉州民盟书画家走进企业送春联”活动在福建五建综合楼廉政文化基地举行，20位盟

2019年5月29日，民盟泉州市委会组织盟员到泉港区峰尾镇开展助力乡村振兴主题活动。图为活动现场　　（图/民盟泉州市委会）

员书法家为广大职工书写春联，受到职工群众的好评；4月22日“世界读书日”，由民盟泉州市委会作为指导单位的“书香瓷都•文化共享”暨“你看书•我买单”全民阅读启动仪式在德化瓷都广场举行，旨在推进全民阅读的普及和深入，营造全民爱读书、读好书、读经典的良好氛围；11月23日，盟市委和石狮市总支联合开展“不忘合作初心　继续携手前进——送健康义诊活动”，免费发放药品价值5000元；盟市委志愿者服务队广泛开展义诊送药、讲文明树新风、垃圾分类等志愿服务活动。

【组织建设】　2019年，民盟永春支部升格为总支部；民盟泉州市委会推进民盟中建名城集团公司综合支部、福师大泉州附属中学、小教支部等3个基层组织的换届工作。6月，在民盟福建省十三届常委会第九次会议暨2019年组织工作会议上，民盟泉州市泉港总支、民盟泉州市南安基层委员会、民盟泉州市丰泽区综合二支部、民盟惠安县财经支部等四个基层组织在民盟福建省“创特色，增活力”主题活动中成绩优异，获评2018年度民盟福建省先进基层组织。

【民盟中央美术院泉州分院成立】
2019年1月23日，民盟中央美术院泉州分院活动基地揭牌仪式在南安市丰州镇燕山小筑举行。该基地设立于南安市丰州镇燕山小筑，其旨在发挥泉州民盟文化界人才优势，为民盟基层组织和广大盟员开展艺术创作、艺术扶贫、文化研究、建言献策构建集学习、交流、展示为一体的活动平台。

中国民主建国会泉州市委员会

【概况】　2019年，中国民主建国会泉州市委员会（简称民建泉州市委会）有委员39人（其中主委1人，副主委5人，常委18人），设有8个专门委员会，有民建会员1580人。下辖晋江市委会、南安市委会、市直工委会、鲤城区工委会、丰泽区工委会、洛江区总支部、惠安县基层委员会、石狮市总支部、泉港区支部、永春县支部等组织。2019年在严格考察的基础上发展新会员85人，是年全市有会员1580名，其中经济界人士1133名，占71.7%，中高级职称506名，占32%，新社会阶层（299人）和非公有经济人士（361名）占比42%，累计660名；会员各级人大代表、政协委员占比9%，其中全国政协委员2名，省人大代表2名、省政协委员3名，市人大代表10名、市政协委员25名，各县（市）区人大代表22名、政协委员80名。

【参政议政】　2019年，民建泉州市委会会员中担任省人大代表2人、市人大代表10人，全国政协委员2人、省政协委员3人、市政协委员28人。全国层面，市委会报送的《人大常委会直面热点、难点，全方位监督“掷地有声”》获中央统战部《零讯》综合采用。省级层面，报送的5件提案作为省民建集体提案提交省政协大会，《关于通过产业并购重组，推动传统产业转型升级的建议》获时任省政府副省长郑新聪批示。市级层面，民建泉州市委及会员中的人大代表、政协委员围绕泉州市产业结构调整、物流园区转型升级、存量资产盘活、金融风险监管防控等领域积极建言献策，共向大会提交提案和建议近百件，其中集体提案17件，《关于通过产业并购重组，推动泉州传统产业转型升级的建议》《关于加强对我市金融风险监管和防控的建议》《关于合理规范市内各类共享单车的几点建议》3件提案入选大会重要提案摘报并获得市委书记康涛批示；《关于通过产业并购重组，推动泉州传统产业转型升级的建议》《关于在县（市、区）推行分散式生活污水处理“0+EPC”模式的建议》2件集体提案入选市政协重点督办提案；《关于促进泉州物流园区转型升级的建议》等2篇调研成果入选政协大会发言材料汇编并作大会发言。

主题调研成果丰硕。组织精干力量做好课题调研工作，其中《关于着力推动军转民技术助推高质量发展的建议》入选省政协专题议政常委会发言材料汇编，《中美经贸摩擦背景下亟需加强我省粮食安全突发应急保障体系建设》被福建省委改革办采用，《落实乡村振兴不做不等式》《基于大数据背景下的福建省旅游数据统计及应用》等6篇社情民意信息获民建福建省委采用；《组建非在编幼师人才库，补齐幼师队伍建设短板》《科学规划和提升我市城市交通基础设施建设水平》提交市政府市政协专题协商会并作专题发言；《关于推动我市建筑产业绿色化、资源化、信息化的建议》在中共泉州市委举办的市政党专题协商会议上作专题发言。11月8日，民建福建省委、泉州市委联合举办社情民意培训班。

参政议政平台优化。11月8日，成立民建泉州市委民营经济研究院，由泉州市政府经济组顾问洪国彬、吕振奎、民建福建省委企业委员会主任吕少阳担任顾问，华侨大学教授陈金龙担任院长，华侨大学教授杨树青、福建帝牌集团总裁吕锜担任副院长，市委机关干部、各基层组织代表担任常务委员，是集参政议政、科学研究、人才培养和社会服务于一体的内设机构，是建言献策的智库和学术研究的基地。民建泉州市委会获2018—2019年度全省民建社情民意信息工作先进单位二等奖。3名会员获2018—2019年度全省民建社情民意信息先进工作者；《建议加强跨省知识产权维权机制建设》（获国家领导人批示、中央《零讯》采用）、《关于通过产业并购重组，推动传统产业转型升级的建议》（获省领导批示）2篇均获2018—2019年度全省民建社情民意好信息。

【宣传报道】 2019年，民建泉州市委会发挥会刊、网站、微信公众号等平台的作用，力宣传会内先进人物事迹，展示市委会的参政议政和社会服务工作成果，在《泉州晚报》、《泉州商报》、泉州通、泉州广播电视台、泉州通APP、中国网、泉州网等新闻媒体上宣传报道87篇次。其中民建泉州市委献礼中华人民共和国成立70周年《我爱你中国》视频MV在泉州通APP上浏览量达8210人次，在泉州网上浏览量突破5000人次，总浏览人次达1.6万人次。在泉州统一战线70周年的演讲会上，用民建会员林常德的生动事例《乡村里走出来的联合国和平使者》，以此为窗口展现民建人“守初心 执纯念”的精神。以网络主阵地宣传引导会员，2019年泉州民建微信公众号累计推送201条信息，总阅读量突破5.5万人次。民建晋江、南安市委先后成立民建微信公众号，宣传覆盖面不断拓展，民建影响力持续向好提升。民建泉州市委会获2018—2019年度全省民建新闻宣传工作先进单位一等奖；5名会员获2018—2019年度全省民建新闻宣传工作先进个人；《祖国有我，我有祖国——民建泉州市委以这样的方式献礼新中国成立70周年》获评全省民建新闻宣传工作优秀作品。

【社会服务】 2019年，民建泉州市委会发挥组织优势，调动会员积极性，聚焦社会服务品牌建设，在脱贫攻坚、公益助学助医等方面取得新成效，2019年共开展扶贫脱贫等社会服务100场次，捐资总额6071.95万元。结合“不忘合作初心，继续携手前进”主题活动，民建泉州市委会积极响应并持续参与“同心”系列工程，助力脱贫攻坚，开展“三下乡”活动30余场次，参与人数近千人。参与泉州市委统战部“同心助学 松柏成才”行动，资助 10万元帮助10名贫困大学生完成学业；响应民建中央、民建福建省委号召，民建泉州市委会、民建晋江市委会、民建石狮第三支部、市直城建支部帮扶丰宁县共捐建“民建爱心超市”4个，计12万元；1月22日，对接联合会员企业金穗米业捐赠19000斤大米，赴政和县外屯村开展“三下乡”活动，慰问外屯村的贫困家庭；响应民建省委部署，共筹集资金100万元，捐建政和“同心桥”。9月22日，举办民建建华课堂福建分课堂暨民建泉州刺桐讲坛2019石狮科技论坛。法律委与省律协知识产权法律专业委员会联合举办法律讲堂活动。4月15—16日，邀请民建中央社会服务部到泉州开展专题调研活动并形成提案，促进有关部门出台更多有利于民营企业发展的政策措施。民建泉州市

2019年11月8日，民建泉州市委会民营经济研究院成立。图为成立仪式
（图/民建泉州市委会）

委会获2019年度全国民建脱贫攻坚先进集体，获2019年度全省民建社会服务工作先进一等奖。6名会员获2019年度民建中央脱贫攻坚先进个人。5名会员获2019年度全省社会服务工作优秀个人。

【会员之家】 2019年，泉州市有19个民建“会员之家”，其中民建洛江基层委员会、民建石狮总支实现各个支部“会员之家”的全覆盖。民建福建省委书画院泉州分院、福建民建泉州艺术馆、民建泉州市委书画院建立民建福建省委“会员之家”。与民建山东省委、聊城市委、韶关市委、三明市委等地的民建组织开展交流活动，组织会员参加学习互动、共同发展。民建泉州市委会获2019年全省组织管理信息系统工作先进单位一等奖。

中国民主促进会泉州市委员会

【概况】 2019年，中国民主促进会泉州市委员会（简称民进泉州市委会）下辖工委会2个、总支4个（直属1个）、县域支部2个、县域小组2个、市直属支部11个。设有9个专门委员会，全市会员729人，主要分布在教育、文化、出版等部门。洛江总支、泉州师院支部完成换届，新创建“会员之家”4家、累计6家，财经支部获评民进全国先进基层组织。

【参政议政】 2019年，民进泉州会员中担任福建省政协委员1人、泉州市人大代表3人（副主任1人），泉州市政协委员14人（常委3人），提交省政协提案2件、市政协提案25件。开展“促进我市民企加大研发投入、在社区卫生服务中心建设康复科、规范医疗机构护工市场管理、加强闽南文化教育传承”等15个立项课题调研。会员撰写社情民意100多篇、被《福建民进信息》采用15篇。

提案落实。《关于进一步健全完善新时代行政调解工作的建议》得到积极回应，省司法厅出台相关政策；《关于加强我市幼儿师资队伍建设的建议》《关于加强海丝遗址（市舶司）保护利用工作的建议》2篇提案得到中共泉州市委、市政府主要领导批示；还有《关于进一步优化泉州火车站综合交通枢纽功能和周边环境的建议》《关于加快中心城市新区公办优质中小学配套的建议》《关于提升泉州古城公厕数量品质的建议》等提案，均得到有效落实或转化为政策措施。基层组织也有多篇提案被列为市、县两级政协年度重点提案，得到相关职能部门的高度重视，为促进经济发展、民生保障、社会和谐等做出应有的贡献。

政党协商、政协协商。按照《2019年政党协商计划》，对中共泉州市委重点工作、市政府工作报告提出修改建议，在经济形势分析会和经济工作通报会上，提出工业互联网等方面建议得到采纳；在与中共泉州市委“推动民营企业发展，高质量落实赶超”专题协商会上，提出促进民企加大研发投入的建议。在市政府、市政协“泉州城市快速交通建设”“推进学前教育优质普惠发展”协商会上，提出《关于开展快速交通建设与泉州未来城市发展影响研究的建议》《关于破解丰泽区学前教育发展瓶颈的建议》。在省政协“为民营经济提供有力司法保障和服务”对口协商座谈会、“构建和完善矛盾纠纷多元化解机制”专题协商会上，提出务实建议，省检察院等单位领导多次到泉州进行沟通交流，有力推动相关工作的落实。

民主监督。通过会员中的省市县三级政协委员、人大代表，以及各类监察员、监督员的履职，利用视察、议案提案办理会、大会发言等形式开展民主监督，在执法、审计、监察等领域发挥推动作用，为促进泉州市经济发展、社会进步、民主政治建设尽心尽力。

【社会服务】 2019年，民进泉州市委会组织送教下乡（专家服务团）“走进泉港 送医送教 扶贫扶弱”、义诊赠药扶贫、同心助学、同心安居工程等活动。各基层组织也发挥自身优势，打造社会服务品牌。鲤城工委坚持十多年的接官亭送医送药、开智学校捐款；南安支部坚持8年的儿童福利院捐赠；丰泽工委打造文艺晚会品牌，坚持送医送药活动；还有洛江总支的周末少年宫活动、暑假夏令营，晋江总支的“六一”捐书助学献爱心，石狮总支的“民进杯”中学生现场作文竞赛，泉港支部的爱心图书捐赠，妇女儿童委的“三八”节慰问贫困母亲和送教下乡等。2019年，泉州各级民进组织累计开展助医、助学、助困等公益活动50余场，服务基层群众700多人次。

【承办全市统一战线主题演讲会】 2019年9月23日，由中共泉州市委统战部主办、民进泉州市委会承办的泉州统一战线庆祝中华人民共和国成立70周年“我和我的祖国”主题演讲会在泉州市青少年宫音乐厅举行，全市统一战线成员350多人参加活动。泉州市各民主党派、工商联、宗教界、港澳同胞、少数民族、民办教育界等14位代表讲述了泉州市统一战线成员与共和国同成长、共命运，为建设祖国不懈努力的生动典型，抒发他们热爱祖国的真挚情感。该活动得到各级媒体关注，人民网、团结网、香港经济导报等媒体对演讲会进行报道。

中国农工民主党泉州市委员会

【概况】 2019年，中国农工民主

党泉州市委员会（简称农工党泉州市委会）抓好组织发展工作，特别是发展一批有代表性、素质高的对象加入农工党，全年发展党员86人，全市党员总数1637人。其中医药卫生、人口资源和生态环境领域主界别党员占比51.7%，教育界党员占比27.2%，新阶人士占7.4%。具有大专以上学历党员占比82.9%，具有高中级职称党员占比62.3%。在丰泽区工委会和泉港总支党员企业中挂牌建立“农工党党员之家”，形成集学习交流、开展活动功能为一体的新平台。

【参政议政】 2019年，农工党泉州市委会做好省、市“两会”提案建议工作，以大会发言材料、提案等形式积极建言献策，向泉州市政协会议报送大会发言材料2篇，集体提案29件。其中，《关于打造“闽南中医药名城”的建议》被市政协选编为《发言摘报》，得到中共泉州市委主要领导的重要批示；同时，大会发言《关于打造“闽南中医药名城”的建议》被确定为市政协重点提案。政协全会期间，集体提案《关于加快绿色物流业发展的建议》被市政协选编为《重要提案摘报》，所提意见建议得到泉州市领导高度重视，并在送阅件上做出重要批示。2019年，农工党泉州市委会召开社情民意信息工作研讨会，建立健全信息考核制度，落实信息月统计通报制度，每月编制各基层组织信息撰写采用情况，提升基层组织报送信息热情；根据全国政协、中共中央统战部、省政协、中共福建省委统战部、农工党福建省委会的工作需要，发挥特约信息员作用，强化各级约稿撰写报送力度。2019年收到各级组织、党员报送的社情民意信息325件，经编辑、整理，并通过农工党中央、农工党福建省委会、泉州市政协、中共泉州市委统战部等信息渠道向各有关单位报送报送反映社情民意信息186件次，被上级部门采用68件次，其中：主委陈益的《关于推进医院营养专科建设 助力我省慢性病管理的建议》获省领导批示，《建议妥善解决军转干部医保“空窗期”问题》被全国政协信息局采用，《中国斗鱼产业化价值巨大 建议给予重视和扶持》等7件被农工党中央采用，《当前儿童预防接种信息数字化管理存在问题建议给予重视解决》等2条信息被中共福建省委办公厅采用。此外，福建省政协采用5件，农工党福建省委采用36件。农工党泉州市委会被农工党福建省委会评为2018年度社情民意信息工作标兵单位；8人被农工党福建省委会评为2018年度社情民意信息工作先进个人。

【社会服务】 2019年，农工党泉州市委会按照农工党中央的统一要求，把脱贫质量放在首位，坚持寓帮于监、寓监于帮的工作特色，继续对基层一线脱贫进程跟踪问效。1月，主委陈益先后带队前往南安眉山乡、向阳乡等地开展慰问和精准扶贫与乡村振兴战略调研活动；春节前夕，发动农工党泉州市委会全体机关干部职工和丰泽工委会部分党员开展农产品消费帮扶脱贫工作，购买安溪县祥华乡东坑村的山药共计9000元。5月，丰泽工委会、南安总支、石狮总支的农工党党员在中共泉州市委统战部牵头开展的“同心助学 松柏成才”活动中捐资3万元，用于资助3名贫困学生。11月中旬起，响应农工党中央号召，发动党员开展助力大方县农产品消费帮扶脱贫工作。12月，在中共泉州市委统战部发起的“同心安居工程”活动中帮扶一户贫困户，捐款4万元。

依托党派界别优势，围绕“美丽泉州”“健康泉州”两条主线，在全市范围内广泛开展宣传咨询、义诊赠药、健康讲座等特色活动。组织“世界环境日”宣传和“同心助医助学”两次专题活动，共开展义诊13场次，扶贫助学活动7次，教育、科普、健康保健知识讲座宣传7场次，服务群众近6000人次，共扶贫、赠药约6万元，发放宣传材料2000多份。

把老年人和青少年儿童作为社会服务活动的重点关怀对象。6月1日，农工党泉州市委会捐资3万余元为安溪县祥华乡东坑小学建设“同心书屋”，购买图书1800册；7月30日，由农工党福建省委主办，农工党泉州市委会协办的“美丽中国，同心光明行”儿童青少年近视防控（福建站）活动在泉州举行。

践行公益理念，在春节、妇女

2019年7月31日，全国政协常委、副秘书长、农工党中央专职副主席兼秘书长曲凤宏（中）在晋江市调研医保服务工作 （图/市医保局）

节、劳动节、中秋节、重阳节等节日期间，为群众送去节日的温暖与祝福。1月17日，市委会、医卫专委会、中医院支部、综合总支联合清源山景区党工委走进清源山社区开展义诊、送春联活动。为庆祝妇女节，关怀女性身心健康，惠安总支、丰泽工委会正骨医院支部分别走进惠安高级中学、城东中学开展女性健康知识讲座和骨科健康咨询义诊活动；五一劳动节期间，经济专委会联合丰泽工委会泉州市正骨医院支部赴安溪县龙桥开发区开展“庆祝五一劳动节，关爱身边劳动者”的义诊宣传活动；中秋节前，晋江市委会组织党员到安海慈静敬老院开展“同心健康行”中秋慰问系列活动，为敬老院老人建立健康档案，送去慰问品和一台精彩的文艺演出；重阳节前后，惠安总支分别在北关社区、黄塘镇聚龙医院开展“老年慢性病疼痛自我管理”健康知识讲座和“情暖金秋 爱在重阳”义诊赠药活动。

【农工党中央妇女委全会在泉州召开】 2019年12月7日，农工党中央妇女工作委员会2019年全体会议在泉州召开。会议传达中共十九届四中全会精神、农工党十六届三中全会精神，回顾了中央妇女委2019年的工作，并提出2020年工作计划。与会人员结合自身工作进行深入交流，并对中央妇女委今后的工作提出意见和建议。农工党中央妇女委第一副主任张涓、副主任兼执行秘书刘会新、副主任邹鲜红等13名委员参加会议，农工党福建省委会妇女委、厦门市委会妇女委、泉州市委会妇女委的部分委员应邀参会。

中国致公党泉州市委员会

【概况】 2019年，中国致公党泉州市委会（简称致公党泉州市委会）深入调查研究，提高议政建言整体水平，拓展海外联谊工作，提升社会服务工作水平，被致公党中央评为“致公党先进集体”。鲤城区工委会、丰泽区工委会、晋江市委会西园支部“党员之家”发挥示范引领作用，在省委会主题教育活动总结会上获得致公党福建省委会“党员之家”授牌。中国新闻社福建分社等6家媒体组成采风团，对3个“党员之家”建设情况进行专题采访报道。2019年，泉州市发展致公党党员81名，其中研究生12人，中级职称以上30人，高级职称6人，平均年龄34.9岁；全市有致公党基层组织83个，致公党党员1700人。

【参政议政】 2019年，致公党泉州市委会党员在泉州市十六届人大四次会议、政协十二届三次会议上，提交人大建议13件，政协个人提案39件，致公党泉州市委会提交政协集体提案15件。建议案、提案经过深入调研，内容涉及人才工作、乡村振兴、政务改革、社会管理、侨务工作等方面，其中《关于大力发展融资租赁业重塑“泉州造”新价值的建议》《关于推动政务信息系统整合共享提高社会治理和公共服务水平》《关于加强泉州市“南建筑”保护工作的建议》3篇集体提案入选《重要提案摘报》，得到市领导批示。《关于创建我市地方金融风险监测防控平台与机制的建议》作为大会发言，致公党泉州市委会提交的《加快供水市场整合 推进市域供水一体化的建议》入选《发言材料汇编》，获市领导批示。《关于打造泉州城市荣誉展示平台的提案》《关于进一步深化移风易俗倡导文明新风的建议》等9篇集体提案、委员个人提案入选《2018年度市政协提案意见建议采纳情况选编》。

致公党泉州市委会《推动政务信息系统整合共享提高社会治理和公共服务水平》等2篇党派提案和致公党党员个人提案《关于推进网格化管理创新我市社会治理机制的建议》被列为市政协2019年督办的重点提案。其中《关于推进大泉州城乡公交一体化助推乡村振兴战略实施的建议》获评2019年度市政协优秀提案。人大建议案《关于省市共建福建医科大学附属第二医院的建议》促使泉州市政府和福建医科大学签署战略合作协议。

致公党泉州市委会做好参政议政基础工作，完善“一支部一提案”活动机制。开展“提案质量年”活动，充分发挥领导班子、基层党员的集体智慧，完善调研机制，全年各级组织及基层党员撰写完成提案、调研报告和反映社情民意信息170多篇，其中《缓解建筑用砂产业供需矛盾推动我省砂石行业循环有序发展的建议》《关于创建我市地方金融风险监测防控平台与机制的建议》等5篇得到省市领导的批示肯定。《推动政务信息系统整合共享提高社会治理和公共服务水平》《关于推进大泉州城乡公交一体化 助推乡村振兴战略实施的建议》等被列为重点提案，进入市委、市政府工作决策部署。《关于完善中小学课后延时服务长效机制的建议》等社情民意信息被中央统战部、致公党中央、省政协等单位采用。编辑《致公党泉州市委会2018年度参政议政文集》，召开参政议政工作会暨骨干党员培训班。邀请中共泉州市委政研室作调研课题选题方向辅导。

做好政党协商、民主监督协商、对口协商、界别协商、提案办理协商，十二届四次全会大会发言、提案和党外人士建言献策论坛的准备工作。做好市委会提交的重点提案《关于推进大泉州城乡公交一体化助推乡村振兴战略实施的建议》《推动政务信息系统整合共享 提高社会治理和公共服务水平》办理协商工作，参加督办活动并在会上发言。与中共泉州市委、市政府、市政协开展“推动民营企业发

展 高质量落实赶超”“城市建设提质提速”“推进学前教育优质普惠发展”等专题协商。协商会上，致公党泉州市委会作《关于进一步缓解民营企业融资难融资贵的建议》《推进优质公办园集团化办学，拓展优质学前教育覆盖面》等专题发言。向党外人士建言献策论坛提交《创建融合教育试点学校，推行社会共赢教育模式》等5篇高质量的调研文章。常委会深入基层和企事业单位，开展“商贸流通业和互联网产业”“闽台农业合作”“传统村落保护与利用”“城市快速交通建设”等方面的调研，收集、梳理、归纳意见和建议，为党委政府的科学决策提供参考。

【海外联谊】 2019年，致公党泉州市委会服务“一带一路”建设，促进对外交流经贸往来。借力“福建致公”侨情研究基地，为海外侨胞和留学人员提供服务和帮助，召开调研座谈会，及时听取和反映他们的意见诉求。接待南美洲洪门总会会长洪维新、缅甸福建同乡会会长吕振膑以及菲律宾中国洪门致公党宿务支部访问团张鸿义一行，就持续开展良好互动合作，增强互访机制等问题达成共识。致公党泉州市委会领导出席菲律宾中国洪门联合总会系列庆典活动。做好海峡论坛·两岸社区服务恳谈会前期准备和接待工作，接待参加第十一届海峡论坛·两岸社区服务恳谈会的40多位两岸嘉宾到永春县东关镇南美回族村开展互动交流，并参观余光中文学馆。妇女工作委员会主任参加致公女校海峡两岸妇女论坛，并围绕“和谐家庭·亲情社区”作主题发言。致公党泉州市委会被致公党中央授予“对外联络工作先进集体”称号。

【社会服务】 2019年，致公党泉州市委会持续开展爱心助学、助困、助侨等社会服务。各级组织举办24场庆祝中华人民共和国成立70周年义诊赠药活动。协助省委会开展爱心助侨活动。赴双阳街道开展“爱心助侨”帮扶及新春慰问活动，并为20名困难学生发放“爱心助侨”奖学金。到坪山、阳山社区看望困难归侨并送上新春慰问金。赴晋江安海镇开展关爱困难归侨、慰问育婴院儿童。和致公党福建省委会机关在晋江市安海镇水后村联合举办“幸福新时代 侨乡新风貌”暨重阳节走进侨乡敬老慰问活动。捐赠“同心助学 松柏成才”行动助学金3万元，资助品学兼优的准大学生圆大学梦。捐赠“同心安居工程”用于困难群众危房改造4万元。与社区开展结对共建慰问帮扶活动，慰问泉淮社区20户困难家庭。社会服务工作委员会继续资助永春县仙夹镇两名贫困家庭学生上学。妇女工作委员会开展“泉州致公爱心妈妈”关爱服刑人员子女活动，还与泉州市中医联合医院等单位联合举办“快乐女人节 寻宝总动员”活动，现场开展插花、烘焙、茶艺等文化项目，丰富女同胞的节日文化生活。致公党泉州市委会还坚持办好“社区致公学校”，与泉淮社区开展“移风易俗树新风，张灯结彩闹元宵”等主题活动。

【广东两市在泉州举办致公党骨干党员培训班】 2019年5月27—31日，致公党中山市委会与致公党佛山市委会联合到华侨大学泉州校区举办2019年骨干党员及新党员培训班，两地市委会的骨干党员、新党员以及办公室专干等共55人参加培训。在泉州期间，中山、佛山两地市委会与致公党泉州市委会开展党务工作经验交流。

该培训班结合致公党的侨海特色以及履行参政党职责的需要，由华侨大学马克思主义学院院长林怀艺主讲《领会十九大精神，在中国特色社会主义新时代推进共享理念的实现》和《新型政党制度与社会主义协商民主》，由泉州市民族民间文化工作研究会会长陈日升主讲《文化泉州》等专题理论课程，还组织学员们到全国爱国主义教育示范基地“中国闽台缘博物馆”开展现场教学。

九三学社泉州市委员会

【概况】 2019年，九三学社泉州市委员会开展“不忘合作初心，继续携手前进”主题教育活动，履行参政议政、民主监督、政治协商基本职能，获九三学社省委“参政议政先进集体”“全省新闻宣传工作先进集体”称号和“社会服务工作优秀组织奖”。2019年，九三学社泉州市委员会新发展社员25人。1名社员获评九三学社中央组织部2019年度组织工作先进个人，17人次获评九三学社福建省委优秀社员、优秀信息员、参政议政工作、社会服务工作先进个人。

【参政议政】 2019年，九三学社泉州市委员会参加市政协“推动民营企业发展”“提速提质发展服务业”等调研活动，完成九三学社福建省委《发挥科技创新平台支撑作用，助推福建高质量赶超发展》《新时代促进我省新型农村集体经济发展研究》等课题调研，《关于进一步促进我省茶旅产业融合的建议》《关于进一步发挥我省农村集体经济作用的建议》《关于对因病致贫患者精准扶助的建议》作为九三学社省委提案提交省政协十二届二次会议，《关于特种设备使用电子化登记的建议》作为专报件刊登于《八闽快讯》，并得到省长唐登杰批示。向市政协十二届三次会议提交2件大会发言材料、20件集体提案，其中《关于完善泉州城市文化标识系统的建议》《关于对因

2019年11月19—22日，九三学社全国机关建设暨2019年交叉检查工作总结交流会在泉州举行 （图/九三学社泉州市委会）

病致贫大病患者精准扶助的建议》《关于加快我市技术转移体系建设的建议》得到中共泉州市委书记康涛、市长王永礼等领导批示，《关于加强我市检验检测公共服务平台建设的建议》列为重点提案。九三学社泉州市委员会社员《关于进一步加强我市农村基层医院医疗队伍建设的建议》定为市人大常委会2019年度代表建议重点督办件，社员《关于丰泽区蟳埔社区传统渔村文化旅游开发的建议》列为市政协十二届三次会议重点提案。《关于进一步促进福建省茶旅产业融合的建议》入选社省委《2018年度参政议政成果选编》，《乡村振兴战略下农村集体经济发展现状分析与优化路径探索》等5件调研成果选送第十一届泉州市党外人士建言献策论坛。

【社会服务】 2019年，九三学社泉州市委员会募款支持市统一战线“同心助学 松柏成才”活动，参加“不忘初心 共筑同心——泉州市统一战线庆祝新中国成立70周年义诊赠药扶贫活动”。对接“乡村振兴帮扶基地”项目，与德化县委统战部等携手在雷峰镇蕉溪村举办“关爱留守老人”义诊宣传活动，捐助潘祠村“罗浪教育基金”。据不完全统计，2019年九三学社泉州市委员会组织公益捐资100余万元、捐物10余万元、赠书600余册；举办义诊36次、诊察患者4000余人、施药5万余元，咨询10场、服务1000余人，讲座21场（听众2000余人），展览9次（观众2000余人），发放宣传材料3000余册。

【九三学社闽南书画院成立】 2019年9月1日，九三学社闽南书画院成立。该书画院由九三学社厦门市委会、九三学社泉州市委会、九三学社漳州市委会共同组建成立，由九三学社中央书画院院委、厦门大学艺术学院郑盛龙教授担任院长，泉州画家江松、漳州画家李艳等担任副院长。2019年是中华人民共和国成立70周年、中国共产党领导的多党合作和政治协商制度确立70周年和九三学社创建74周年。在这个时间节点，三地联合成立九三学社闽南书画院，旨在加强自身宣传、扩大社会影响，开展“不忘合作初心，继续携手前进”的具体实践。

台湾民主自治同盟泉州市委员会

【概况】 2019年，台湾民主自治同盟泉州市委员会（简称台盟泉州市委会）推进自身建设、参政议政“两个高质量”发展。全年发展台盟盟员8名，盟员总数180名，多数分布在文教、医卫、公有制经济、政府机关等行业（部门），其中大学本科及以上学历占56.11%，中级及以上职称占46.67%。盟员中担任台盟中央委员2人（其中常委1人），盟省委委员7人（其中副主委1人、常委1人）；担任全国政协委员1人，省人大常委会委员1人，市政协副主席1人。盟市委被台盟中央评为2019年度参政议政先进集体，并获参政议政突出进步奖。

【参政议政】 2019年，台盟泉州市委会完善机制，在抓质量、重协商、求实效下功夫，全面提升参政履职水平。举办首次“盟员议政论坛”，落实“上下联动、横向联合”、资源共享、考评激励、导师辅导等工作机制，建立参政议政骨干盟员和机关干部信息库，注重发挥“外脑”“智库”作用，建立参政议政专家顾问库，促进参政履职能力的整体提升。围绕改革、发展、民生大计和两岸关系发展中出现的新情况、新问题，推动建言献策显特色、上水平。踊跃参与各专题政党协商和政协协商，多件建议得到市领导的肯定与批示。在全国、省、市“两会”期间，盟市委提交党派提案 14件、大会口头发言2件、书面发言16 件；提交委员提案28件，人大建议11件。其中，4件提案或建议分别被评为台盟中央年度优秀党派提案、省人大优秀代表建议、市政协“好提案”和重点提案，3件入选市政协《重要提案摘报》。2019年向上级有关部门报送社情民意信息52件，其中35件被全国政协办公厅、台盟中央、台盟省委采用，有2件获得省领导批示，1件被评为省政协年度优秀社情民意信息。

【调查研究】 2019年，台盟泉州市委会完成调研文章21篇，参与台盟中央年度重点课题5个，调研报告中部分建议被中央统战部采纳。选送盟省委调研文章7篇，《关于积极打造我省高质量营商环境的建议》被确定为年度重点课题和评为优秀调研成果，《关于推动构建海峡两岸渔业交流合作（泉州）基地的建议》被转化为省政协大会书面发言材料，《台湾社区营造经验及其对大陆乡村振兴的启示》被刊登在《福建省社会主义学院学报》上。参与市政协、市委统战部、市委台办等单位组织的专题调研，《关于发展泉州海丝旅游文化产业的思考与建议》等5篇调研报告被收录在“泉州市第十一届党外人士建言献策论坛”文集中。组织前往上海开展专题调研，邀请专家“把脉问诊”，推动调研成果转化再上新台阶；赴晋江市英林镇“人大代表联系群众活动室”深入开展调研，倾听民情、反映民意。

【对台交流】　2019年，台盟泉州市委会发挥亲情乡情优势，推动泉台经贸文化交流合作，促进两岸经济社会融合发展。参与举办第十一届海峡论坛2019年海峡科技专家论坛分会场活动，召开海峡两岸美丽乡村融合发展研讨会和海峡两岸社区营造分享会，举办“海峡两岸闽南语歌星选拔赛”“海峡两岸（泉州）闽南童谣大赛”“泉州海峡两岸大学生设计工作坊”“泉州市工业设计名师讲堂”“2019年海峡两岸（泉台）青少年学生足球、篮球友谊赛”等交流活动，为打造台胞台企登陆第一家园做出新贡献。为对台招商引资、招才引智牵线搭桥，促成台湾元培医事科技大学与泉州医高专的产学研交流合作；在泉台资养老机构也与泉州医高专就老年健康管理科系达成校企合作意向，准备实行订单式招生，开展建教合作；先后两次联系台湾有机农业发展协会副理事长李文权博士等5位台湾农业专家团到晋江九十九溪拓展区现场交流指导，并就如何开展合作进行探讨，助推泉州市现代高效农业示范建设发展。

【社会服务】　2019年，台盟泉州市委会响应市委统战部“同心安居工程”“同心助学　松柏成才”活动号召，发动盟员及所联系的台胞捐款50150元。组织妇委会盟员到安溪县开展“关爱留守儿童　播撒爱心阳光”活动，并向慈恩小学10名农村留守儿童发放慰问金5000元。组织医疗卫生界盟员到泉港区参加“庆祝新中国成立70周年义诊赠药扶贫暨市委统战部主题党日志愿活动”，向困难群众发放慰问金4000元，取得良好的社会效果。

【盟员议政论坛】　2019年8月18日，台盟泉州市委2019年盟员议政论坛举行，台盟中央组织部副部长陈勇到会指导，近60名盟员参加。论坛上，泉州市8个台盟基层组织的8位选手，结合自身工作和履职实践，在经过前期充分调研的基础上，分别围绕“乡村振兴”“治理共享单车乱象”“垃圾分类推进难”“两岸渔业交流合作”“实施教育提升行动”“讲好海丝故事”“推进香产业做大做强”等方面进行演讲和阐述。该论坛旨在增强全市盟员协商议政能力，推动盟内参政议政人才队伍及智库建设，实现盟市委参政议政工作上水平、突出调研工作实效性，更好地围绕中共泉州市委、市政府中心工作积极建言献策。

2019年4月23—26日，台盟泉州市委会调研组到上海就“积极打造公平竞争营商环境”和“建立完善老年人长期护理服务体系”开展调研

（图/台盟泉州市委会）

泉州市工商业联合会（泉州市总商会）

【概况】　2019年，泉州市工商业联合会（泉州市总商会）开展以“守法诚信经营、坚定发展信心”为重点的理想信念教育，有效增进商界政治共识。与泉州晚报合作开展“心无旁骛做实业　推动高质量发展”异地泉州籍商会献礼中华人民共和国成立70周年系列活动，传递主流声音，营造庆祝活动的浓厚氛围。开展“壮丽七十年　奋进新时

代·泉商中国行”主题巡回采风活动，历时4个多月，跨越全国18个省（市）走访70余家异地泉州籍商会，在《泉州商报》推出异地泉州籍商会献礼中华人民共和国成立70周年特刊，建设泉商文化展示馆，推出“泉商在中国”异地泉州籍商会风采图片展，通过系列活动，回顾异地泉州籍商会奋斗创业轨迹，传承优秀泉商精神，弘扬爱国主义精神，引导泉商听党话、跟党走。

2019年，泉州市工商业联合会（泉州市总商会）指导新成立哈尔滨泉州商会，指导漳州泉州商会、贵州安顺泉州商会等2家开展筹备工作，指导黑龙江泉州商会、深圳市泉州商会、杭州泉州商会、南宁泉州商会等4家异地泉州籍商会有序完成换届工作。2019年，泉州市成立行业商会1个（泉州化妆品美业协会），成立4个驻泉异地商会（泉州市赣州商会、泉州金溪商会、泉州泉安企业商会、泉州鹰潭商会），泉州市福州商会、泉州市上饶商会、泉州湖南商会、泉州明溪商会、泉州宁化商会、泉州山东商会、泉州市金银珠宝协会完成换届。

2019年，泉州市工商业联合会（泉州市总商会）联合泉州市司法局、泉州市律协共同举办律师与民营企业家法治沙龙，民营企业家和律师代表围绕“一带一路”有关企业法律风险防范展开交流探讨，由律师代表逐一解答；做好《刺桐检阅（服务民营经济专刊）》2019年第一、二、三期编发工作；与市检察院召开2019年联席会议，联合出台《关于建立健全检察机关与工商联沟通联系机制继续深化十二项工作的实施意见》，开展“走百家企上千堂课”活动，为企业提供相关政策法律咨询，帮助预防和减少涉法风险；联合市检察院、税务局举办“检税降负 亲清护企”主题活动启动仪式；组织企业参加“司法护航民企体验日”活动，旁听商事案件庭审，见证并参与商事调解，参加座谈交流，组织20余家企业参加市财政局、市税务局减税降费工作座谈会；组织11名企业家参加三级检察机关“检察护航民企发展”检察开放日活动。开展三方接访活动，到晋江、泉港、惠安、洛江等县（市、区），举办“遵法守法·携手筑梦”“遵章守法·共创和谐”“关注职工心理健康·共建和谐劳动关系”“要约行动月”等共四场宣传教育活动。同时，开展法律“三进”，组织涉法培训、讲座。

【民营企业经贸交流】 2019年，泉州市工商业联合会（泉州市总商会）邀请民营企业家参加中以（泉州）创新合作对接会。8月，组织人员与以色列银山集团中国合作伙伴、磐石投资产业基金合伙人、众声引力（福建）科技发展有限公司等，到永春县开展中以创新合作对接推介交流活动，推动中以福建创新合作示范区泉州中以国际科创产业小镇落地事项、推动泉州和以色列开展更高层次、更宽领域的项目合作，促进泉州市经济高质量赶超发展；组织奇峰食品、盼盼食品与新疆焉耆回族自治县泉州考察团对接，洽谈马铃薯合作事宜；组织工商理事会会员柬埔寨泉州同乡会会长黄文集等五人参加第六届世界闽商会大会；推进“一带一路”交流合作，筹划在印度金奈成立金奈泉州商会筹备处和南安石材协会印度分会筹备处，并组织企业出席中国福建—印度泰米尔纳德经贸推介会、开展商务洽谈对接，为两地企业加强互动交流、深化互利合作搭建平台；组织企业参加首届中国—东盟民营企业家峰会、2019中国—东盟博览会动漫游戏展等，发动泉州籍企业参与印度龙城项目，首批组织8名泉州籍企业家到印度实地考察，有5家落地入驻，推动泉州民企走出去；引导组织民营企业参加厦门“9·8”投洽会中德经济合作对接会环节、第二届中国国际进口博览会。作为2019年第六届世界闽商大会的延续活动，6月，泉州市工商联、泉州市金融监管局、丰泽区人民政府在泉州市迎宾馆联合主办“新视野·新动能”海丝闽商资本高峰论坛，助推泉州经济高质量发展。其间，海丝闽商文化产业基金、海丝基金小镇配置未来中国母基金等系列基金现场签约，正式入驻海丝基金小镇。

【“百企帮百村”精准扶贫行动】 2019年，泉州市工商业联合会开展“百企帮百村”精准扶贫行动，市县两级工商联发动参与企业和商会1130家，帮扶建档立卡和非建档立卡贫困村、薄弱村、空壳村、引导民营企业参与实施乡村振兴战略村等678个，落实帮扶资金2.89亿元，受帮扶群众26000多人。2019年，泉州市民营企业、商会组织参与精准扶贫及实施乡村振兴战略128家，落实帮扶资金660多万元，推荐宝龙集团、恒安集团等12家企业（商会）获评省“千企帮千村”精准扶贫行动先进民营企业。

【民营企业参与实施乡村振兴战略】 2019年3月，泉州市工商业联合会（泉州市总商会）在常（执）委会上发出倡议书，发动全市各商（协）会组织、民营经济人士参与脱贫攻坚战，做好“同心安居工程”，助推乡村振兴战略，共筹集资金200万元。开展消费扶贫，助力乡村振兴战略。联合市邮政公司渠道部到安溪、永春、德化、惠安等地实地走访扶贫村8个、企业20余家，实地查看芦柑、淮山、山茶油、茶业、茭白、姜、海产品等100余种扶贫产品。多次与市邮政公司磋商，并就消费扶贫达成合作意向，在市邮政“泉州名特优农品展示中心”APP中设立泉州市总商会扶贫展示专区，拓宽扶贫产品网上销售渠道。

【民营企业参与社会慈善公益事业】 2019年，泉州市工商业联合会（泉州市总商会）为福州市泉州商会牵线搭桥，向福州泉州商会推荐20名在榕就读的泉州籍贫困大学生供商会会员资助；组织20名贫困学生参加市委统战部“同心助学·松柏成才”活动；8月，组织民营企业家一行5人随福建省民营企业家考察团到宁夏回族自治区银川市、固原市开展产业协作扶贫考察，进一步落实泉州籍民营企业福建省闽宁投资有限公司向宁夏农垦集团购买扶贫产品的协议。

【“回归工程”服务】 2019年4月，泉州市发改委、市工商联联合率队到京津冀区域开展招商对接工作，举行三场次京津冀招商引智泉州籍商会座谈会。8月，泉州市京津冀区域招商工作座谈会暨招商联络站授牌仪式在北京泉州商会举行。分别在北京泉州商会、河北福建商会、天津福建商会设立泉州市招商工作北京联络站。北京泉州商会在原有人才工作联络站基础上升级实现了招商引智捆绑联动。举办2019年异地泉州籍商会专题恳谈会，邀请市金融局、市中级人民法院就有关政策进行解读，并就促进回归创业、加强金融服务实体经济、为民企提供法律服务等话题开展互动交流，促进政企互动，搭建异地泉商参与家乡投资建设的有效通道。10月，市委统战部与市工商联联合举办2019年全国泉州籍商会会长及秘书长工作经验交流会暨招商推介会，24个项目在会上举行集中签约，签约金额共184.15亿元。

【服务载体和手段创新】 2019年，泉州市工商业联合会（泉州市总商会）为破解泉州籍外出经商、务工群体异地就医基本医保报销难题，泉州市率先在全国开展医保异地就医费用双向代结报服务，依托29个省（市、县）的泉州籍商会设立泉州市医保异地代结报服务站，由泉州籍商会专人与泉州市医保经办机构对接，为在外经商、务工的泉州籍参保人员提供便捷的医保费用代结报服务。2019年，泉州市医保异地代结报服务工作受理泉州市在外人员咨询服务106人次，已办理结报98人次，医疗总费用218万元。同时，持续拓展泉州市人才工作联络站工作网络。9月，设立泉州人才工作深圳联络站。依托各地泉州籍商会平台，已在北京、上海、济南、武汉、西安、深圳等6个城市布局泉州市人才工作联络站，为企业创新创业提供人才支撑。

【参政议政】 2019年，泉州市工商业联合会（泉州市总商会）围绕党委政府关心、会员企业期盼、工商联能够有所作为的课题开展调研，做好政协大会发言、政协提案和每季度常委会材料的组织撰写工作。由市工商联撰写的《关于推动鞋服制造业与体育休闲服务业融合发展的建议》被省工商联作为团体提案在省政协十二届二次会议上提交，该提案得到于伟国、唐登杰、郑新聪等省领导共4次批示，获省工商联发函通报表彰。向市政协提交4份团体提案，其中《关于贯彻落实民营企业座谈会精神、大力推进泉州市民营经济发展的建议》被市政协十二届三次会议大会秘书处提案组作为14期“重要提案摘报”重点督办。配合做好市政府、市政协“推进学前教育优质普惠发展”专题协商会发言的组织工作，在协商会进行《引导社会力量兴办优质普惠性民办幼儿园发展的建议》主题发言，得到市领导的重视和肯定，切实推动普惠性民办教育发展。

【调查研究】 2019年，泉州市工商业联合会（泉州市总商会）组织开展“创二代”群体研究、泉州民企非税类负担、泉州市关键领域民企核心技术创新情况等专题调研，形成一批高质量调研报告。与泉州团市委、市侨联联合召开青年创新创业情况调研座谈会，深入基层、企业进行调研，完成市重点调研课题《培育科创型、智造型“创二代”群体研究》，并在《泉州改革调研》第18期进行全文刊发。配合做好全联、省联开展2019年度万家民营企业评营商环境暨民营企业运行状况网络调查四次。配合做好泉州非公有制经济理论研究基地有关工作。

【“12345”民营企业服务平台】 2019年，泉州市“12345”民营企业服务平台接到热线来电8351个，热线涵盖民营企业诉求、服务窗口接访、话音留言等。民企诉求受理服务窗口累计接访26人次，热线来电反映的诉求件中民营企业诉求件103个，现场办结件45个，平台受理上报并形成转派单58件，其中转派单已办结反馈54件，协调解决部分民企在发展过程中存在的问题和困难，有效优化营商环境。

群众团体

泉州市总工会

【概况】 2019年，泉州市总工会按照中共泉州市委十二届八次、九次全会和福建省总工会十三届七次全委会的部署，各项工作取得新成效。泉州市总工会集中推动城镇困难职工脱困解困，2019年元旦春节期间为7224户困难职工家庭发放帮扶金543.5万元，典型经验在全省现场会推广。四点半课后服务工作得到省人大常委会副主任、省总工会主席黄琪玉批示肯定；市总工会获评“全国安康杯竞赛先进单位”“全国设区市财务工作先进单位”“省级文明单位”“市级平安单位”等。

【职工劳动竞赛】 2019年，泉州市总工会在重点工程、重点项目和支柱产业开展较大规模劳动竞赛526场，在数控、机器人、雕艺等重点行业105个工种举办市级以上技能竞赛32场，参加竞赛总人次突破120万，1500多人晋升技术等级，80名职工获“泉州市技术能手”称号，98名职工通过审核被认定为市高层次人才；发挥对台工作优势，承办闽港服装技能竞赛、闽台青年劳模研讨营、海峡职工论坛嘉宾到泉州参访等工作，举办首届泉台医护人员技能竞赛，为泉州打造台胞“登陆”第一家园做出贡献；做好职工技术创新项目的培育、展示、转化工作，全市350项职工技术创新成果获省级以上奖励，成绩居全国设区市前列。

【职工教育培训】 2019年，泉州市总工会开展“中国梦·劳动美”“送文化进企业”“职工网络春晚”“手机摄影大赛”“庆祝中华人民共和国成立70周年”系列活动，组织工会干部和劳动模范进企业、进车间、进项目，把课堂搬到车间，把宣讲植入基层，教育引导职工高举旗帜、维护核心、努力奋斗。举办农民工创业培训班，组织200名农民工参加“求学圆梦行动”，超20万职工参加工会和其他部门联合组织的岗位技能培训，“名师带高徒”结对师徒超5000对，命名表彰第三批41名“泉州工匠”，晋级省级以上劳模创新工作室14家，在全社会大力弘扬了劳模精神和工匠精神。依托“泉工e家”网上工会平台举办学习习近平总书记关于工人阶级和工会工作重要论述、“我和我的祖国　共学习同成长”学习答题活动，及时推送各类微信、网页100多条（个），职工互动总量突破50万人次，市总工会微信公众号获评“全省工会2019年度最具影响力新媒体”。

【职工权益维护】 2019年，泉州市建成一批多功能综合性的职工服务枢纽，职工服务中心（站）转型升级取得阶段性成果，构建“十分钟职工服务圈”工作经验在全省推广，“园区枫桥”矛盾化解工作登上《工人日报》头版头条；市总工会深入德化杨梅乡开展挂钩扶贫活动，巩固32户贫困户脱贫成果；全面融入“强基促稳”行动，开展多场“尊法守法·携手筑梦”服务农民工公益法律服务行动和多方多部门联合接访活动，开展职工队伍状况线上线下协同调研，做好劳资矛盾排查和信访调解工作，维护职工队伍和谐稳定。

【职工帮扶服务】 2019年，泉州市四点半课后服务持续扩面提质，市、区两级工会合计投入500万元，推动全市开设四点半课后服务学校649所，服务学生34.81万人，覆盖全市13个县（市、区）近半数小学，做成在全国有影响力的工作品牌。建成“妈妈小屋”254家，推广“缘在工会·泉州相亲角”专栏，为青年职工婚恋交友搭建平

2019年1月，泉州市总工会开通"平安返乡"动车专列送外地职工回家过年。图为在泉州火车站举行的欢送仪式　　（图/市总工会）

台；开展"万名工会干部进万家"帮扶建档困难职工活动，完善困难职工三级档案、依档帮扶、动态管理制度，集中推动城镇困难职工脱困解困，如2019年元旦春节期间为7224户困难职工家庭发放帮扶金543.5万元，典型经验在全省现场会推广；推出非公企业职工四类重疾补助，开通医疗互助网上办理系统，2019年第十三期医疗互助筹集56.9万名职工共2770万元互助金，补助15058人次3280万元；金秋助学筹集助学资金228.66万元，资助459名困难学子助学金197.96万元；开展"情系环卫工·致敬最美劳动者"为主题活动，开通3趟外来工返乡动车专列，帮助10万名外来工春节期间免费游泉州，2019年春节"幸福返泉"活动共补助1230名外来工22.57万元交通费；做好农民工创业联盟行动，市县两级工会投入500万元扶持市级农民工创业项目100个，举办农民工创业培训班，建立农民工创业联盟产销平台，带动周边农民工就业2510人，创造产值近1.4亿元，助力乡村振兴取得新成效。

【网上工会建设】　2019年，泉州市总工会推进网上工会建设，创新服务职工手段、方式和内容，在"泉工e家"网上工会平台先后举办"工会干部大学习""女职工权益保护有奖竞答""劳动保护知识有奖竞答"等多场活动，推出公交出行、景区门票系列优惠、福利；健全网上工会平台组织架构和工作模块，上线网上工会会员日活动系统、个人中心、积分系统等，开展"红五月"线上线下普惠活动，提升职工在网上工会的获得感。开展会员日活动24场，发行职工服务卡近31.2万张，采集会员实名制信息超150.9万条，吸粉9.5万人，网上工会在泉州职工中的影响力和知名度与日俱增。

共青团泉州市委员会

【概况】　2019年，共青团泉州市委围绕共青团改革工作目标，构建"凝聚青年、服务大局、当好桥梁、从严治团"四维工作格局，团结带领全市团员青年为泉州建设贡献青春力量。2019年，全市14015个团组织入驻"智慧团建"系统，有241708个团员在线报到，综合排名位列全省第二。开展"青年大学习"活动，通过集中学习、撰写心得、专题研讨、辅导讲座、外出调研等形式，集中组织3次"青年大学习"宣讲调研活动，宣讲交流89场次，开展大型学习活动12场次，常规学习活动33场次。在团市委微信公众号及《泉州青年》开辟"青年大学习"专栏，重点学习党的十九大及习总书记关于青年工作的重要思想、在福建代表团审议时重要讲话、在纪念五四运动100周年发表的重要讲话精神等，让学习形式常态化、长效化，确保了学习内容与模式的创新。在全市共青团部署开展"青年大学习"行动，2019年度组织14期"青年大学习"网上主题团课，累计开展学习活动570场次，覆盖青年约6万人次，历次青年大学习参与学习总数全省第一。

【核心价值观教育】　2019年，共青团泉州市委开展纪念五四运动100周年主题活动，组织全市团员青年收听收看纪念五四运动100周年大会直播，邀请中央团校教师举办"五四运动与新时代中国青年的使命担当"专题讲座。全市各级团组织开展87场庆祝中华人民共和国成立70周年主题活动，唱响礼赞新中国、奋进新时代的青春主旋律。开展"泉州青年五四奖章""泉州市优秀共青团员""泉州市五四红旗团委""泉州市五四红旗团总（支）部"等先进典型选树活动，引导青少年见贤思齐、向上向善。组织各界青年典型走进校园、企业，通过座谈交流、事迹分享等形式，打造有温度、能感知的青年典型。

【青少年意识形态教育】　2019年，共青团泉州市委深化实施"青马工程"（青年马克思主义者培养工程）。健全大学生骨干培养体系，每月定期开展全市大学生骨干学习会，提高大学生骨干、团干部等青年群体的思想政治素质和政策理论水平。开展"青春心向党　建功新福建”千场“青马之光”主题宣讲活动，团市委处级领导及各部室负责人带队开展高校宣讲12场，全市高校校内宣讲64场。组织各高校团委开展习近平新时代中国特色社会主义新思想“进支部、进社团、进网络、进团课”活动，举办100多期专题培训班（团课）和70场报告会，开展学生社团专题活动200多场次。加强青少年舆论阵地建设，巩固《泉州青年》传统媒体建设，夯实团属新媒体阵地，切实增强青年群体对党的认同感和向心力。全市组建运营团属网站27个、官方认证微博42个（累计吸引粉丝390多万人）、微信公众号34个（累计关注人数60多万人）、抖音号3个（累计关注人数10多万人）。“青春泉州”在地市团委微信综合影响力常年稳居全省前列，在全市形成占领青少年思想引领的网络阵地，扩大青少年思想引领的有效覆盖面。

【创新创业行动】 2019年，共青团泉州市委启动实施“新时代•创业泉州”（2019—2022）三年行动，力争用三年时间，实现青创企业在“青创板”上挂牌超100家，建立100家青年创业基地，培育1000家小微创新型企业，培训青年创业者1万人次，并成立“亿元”青年人才创新创业投资基金。整合智力资源服务青年创业，联合市税务局举办泉州市青年创业人才“减税降费创新创业”专题讲座，定期带领青年创业人才走进晋江和惠安，举办以鞋服知识产权、财务法律实务等主题沙龙。针对提升营商环境和简化审批流程开展为期2个月的专题调研，邀请青年企业家和青年创业者召开多场座谈会，实地走访了解创业人才在政策运用、项目建设、产权登记、水电气设施使用等审批报建过程中遇到的问题，形成《关于提升营商环境和简化审批流程的调研报告》。开展青年创新创优活动，分别联合燃气公司、电信公司、铁塔公司等策划开展青年职工岗位技能竞赛活动，组织评选“泉州市青年岗位能手”，并择优向上推荐参评省级荣誉。以青年安全生产示范岗为抓手，联合市应急局开展2019年泉州市青年安全生产示范岗创建活动，引导青年职工在企业安全生产中发挥示范作用。

【脱贫攻坚行动】 2019年，共青团泉州市委引领、动员青联、青商、青年志愿者等青年量助力精准脱贫工作，常态化开展“泉州市青联委员走基层服务月”活动，捐赠泉州市青少年成长基金爱心助学金、爱心书包、爱心童装等用品，开设流动少年宫活动，青联委员、青商会员走访建档立卡贫困户，教授农业养殖和饲养技巧，聚焦产业扶贫；开展“泉州市青年文明号爱心助力脱贫攻坚——号户结对”第四期结对工作，发动青年文明号集体与贫困户结对帮扶。深化爱心助学品牌活动，开展泉州市“希望工程·圆梦行动”，2019年筹集圆梦行动助学款137.8万元，资助贫困学生324名；援建3所希望小学，援建资金120万元；针对农村留守儿童，开设“启明星”爱心班，累计开展关爱活动200场，服务青少年1万多人次。2019年春节举办“青商益起跑·步步暖冬行”泉州青商公益跑活动，吸引90余支团队、近500名泉州市各县（市、区）青商会员参与，创新采用组队同行+公益筹款的形式，筹得善款7万余元善款，用于“关爱孤儿·暖冬行动”，帮助特殊困难青少年健康成长。加强挂钩贫困村结对帮扶力度。机关党员领导干部对接德化县桂阳乡12户建档立卡贫困户，干部入村帮扶指导24人次，发放慰问金2.4万元及慰问品。团市委派驻一部挂钩扶贫村永春县达埔镇前峰村，在完成上级交办工作任务的前提下，为前锋村争取资金100多万元，硬化环村路、改造前峰小学硬件设施和村农田水利灌溉设施等基础设施建设。

【文明新风行动】 2019年，共青团泉州市委深化“共青团员义务星期六”“社区青年志愿服务和谐行动”等主题活动，启动“海丝青年奉茶驿站”公益项目，组织青年志愿者深入社区、学校等公共场所，开展公益奉茶、服务引导、垃圾分类讲解以及法制宣讲、预防青少年犯罪、青少年维权、心理咨询等方面的志愿服务活动。服务文明城市创建，全市共有青年志愿者77万名，志愿服务组织3107个，2019年发放爱心物资钱款超60万元，受益民众超3万人次。每周五在全市各重要交通路口维持交通秩序，全市有5000多人次的青年志愿者在铁路、客运、民航枢纽参与到服务春运暖冬行动中，累计提供志愿服务时长5000多小时。服务大型赛事活动，承担古城徒步穿越活动和2019年央视戏曲春晚泉州分会场等大型赛会及活动的志愿者工作，参与志愿者1.2万人次、时长超过9000多小时。参与植绿护绿，指导制定“保护母亲河、争当‘河小禹’”活动方案，深化全国文明城市创建工作目标，着力加强青年生态园建设。植树节期间，与泉州清源山风景名胜区管理委员会、泉州文化旅游发展集团共同举行以“捐植一棵树，增绿母亲山”为主题的青年林植树活动，吸引近500位公益人士开展认捐活动。服务青年婚恋需求，开展2019年市级青年文明号创建活动，围绕贯彻中央、省关于中长期青年发展规划对“青年婚恋”相关规定精神，举办“与时光相遇•和青春有约——2019泉州市单身青年联谊活动”。加大正面婚恋观念的宣传力度，形成积极健康的舆论导向，进而强化青年对情感生活的尊重意识、诚信意识和责任意识，引导青年树立文明、健康、理性的婚恋观。

【对外交流行动】 2019年8月，共青团泉州市委开展以“品味刺桐古城·文化寻根之旅”为主题的第五届海峡两岸大学生记者挑战赛，邀请33所台湾高校和22所大陆高校94名青年媒体人到泉州参赛，6天时间里两岸青年媒体人足迹遍布9个县（市、区），体验20多项泉州传统技艺和民俗活动，形成新闻作品36篇。2019年7月开展“香港青少年红色之旅福建行”活动，200多名香港青少年到泉州体验泉州民俗风情，近距离互动交流，更好地增进两地青少年的友谊。暑假期间，与香港福建社团联会有限公司、香港生涯规划协会有限公司联合开展2019年“香港大学生暑期内地（泉州）实习计划”，来自香港的17名大学生在泉州6家企业开展为期一个月的暑期实习。2019年10月27—30日，共青团泉州市委为主承办以“海丝聚力·汇智共赢”为主题第二届21世纪海上丝绸之路青年创新大会，来自海丝沿线的25个国家和地区的青年侨商、社团负责人及创业者参与，大会启动海上丝绸之路青年创新城市社团联盟，旨在促进和深化区域内青年创业创新社团对话合作，使海丝沿线青年与创新创业、贸易投资、项目对接、文化交流等平台进行对接。大会期间还举行“海丝青年创新的机遇与挑战”主旨论坛，“数字经济与海丝未来”等3场平行论坛，“逐梦海丝”大型歌舞晚会，海丝（泉州）青年人才创新项目展示会和参观考察等多项活动。

【青年“社团之家”建设】 2019年，共青团泉州市委定期举办“活力创新·青商同行”泉州市青年商会走进县（市、区）活动，建立全市青商会互动联动机制，开展走进晋江、惠安联谊活动，邀请郭振辉等老一辈青商现身说法，以“传、帮、带”的形式，分享各自创业历程、心得。5月，市长王永礼邀请市青年商会员代表座谈交流，共话如何在新时代弘扬“五四精神”，传承好晋江精神，走实创新创业之路，推动泉州经济高质量发展，为提升营商环境方面的建言献策。二是市青创会助力创新创业。依托泉州市青年创业促进会，注册成立泉州市新生代青年创业学院，筹备青年创业人才培训计划——鸿鹄班，围绕“新时代·创业泉州”主题，坚持举办青创超级公开课，培训覆盖青年创业者3000人次，2019年4月，邀请德国著名管理学家赫尔曼·西蒙参加第六期 “泉州市青创会超级公开课”，并作“隐形冠军——未来全球化的前锋”讲座。团属青年社团活动亮点纷呈。组织、指导团属青年社团组织开展各类活动。泉州市青年音乐人协会组织青年音乐爱好者举办2019年新春音乐会；市青年书法家协会连续举办多期青年书法公益讲堂，覆盖300余名书法爱好者；市青年美术家协会举办“绽放青春——泉州美术新人展”；市青年摄影家协会顺利完成换届工作，并举办第五届十佳青年摄影师评选活动。

【青年“人才之家”建设】 2019年，共青团泉州市委牵头制定出台《泉州市支持青年创业人才若干措施（试行）》，从青年创业平台建设、创业融资、创业辅导及创业人才队伍建设、创业人才住房保障等方面制定8大专项服务措施，聚集创新要素，强化创业保障，为引领支撑泉州高质量发展，作答时代命题、聚力赶超跨越注入新动力。深化泉州籍大学生返乡就业创业直通车工程，启动泉州籍在外就读“985”“211”高校大学生和泉州本地高校就读大学生信息摸底调查，利用大学假期召开座谈会，建立微信联络群，畅通就业信息对接渠道。连续举办两届泉州市优秀大学生拓展营活动，对泉州市考入“985”或“211”重点高校的应届毕业生进行战略性跟踪培养，建立互动联系联谊机制，录入泉州市青年人才库。启动“六位一体”在泉大中专毕业生留泉就业创业工作，联合市人力资源和社会保障局，依托全省首个大中专院校共青团工作联盟，启动“六位一体”在泉大中专毕业生留泉就业创业工作体系，制作发布泉州市大中专学生留泉就业创业指导系列微课，详细介绍讲解泉州的城市、产业、文化以及引才用才留才的政策措施，第一期微课《才聚港湾·筑梦泉州》在腾讯视频达到54.4万次播放量。

【青年“权益之家”建设】 2019年，共青团泉州市委强化社工项目阵地建设，确定十个社工试点和项目，拨付社工专项经费48万元，以阵地化试点和项目化运作为重点，突出体系构建，深化市县两级联动。团市委以国际禁毒日为契机，举办以“健康人生 绿色无毒”为主题的禁毒宣传教育活动，传播禁毒知识。发动全市各县（市、区）团委、以及高校团委共开展禁毒专场活动36场，覆盖青少年近2800多人次，发放各类禁毒宣传材料2万多份。全市各级团组织联合各级检察、公安、教育、妇联等部门持续开展青少年安全自护教育等活动，重点围绕“预防溺水”、“预防烫伤”、“爱眼护眼”、“防灾减灾”、应急自救、消防安全、交通安全、国家安全等主题，组织开展各类活动110多场次，制作宣传板、漫画、视频等资料2万多份，覆盖青少年及家长3.5万人次，线上安全教育活动覆盖青少年30万人。

【基层组织建设】 2019年，共青团泉州市委制定出台《关于加强新时代团的基层建设着力提升团的组织力的实施意见》等相关文件，把2019年定为“基层建设年”，分解建立34项工作任务清单，明确任务目标、严控时间节点。深化重点领域“团建创新”，开展23项基层组织力提升试点工作。围绕“规范化建设”这一问题导向，坚持线上线下双同步，采取自上而下形式，逐级开展智慧团建业务培训工作。对

"智慧团建"数据情况实行每日通报、每周公告制，层层压力传导，确保工作落实到位。

【团属各项事业建设】 2019年，泉州市青少年宫发挥未成年人思想道德教育主阵地作用，塑造新时代全面发展青少年。全年开展青少年公益活动200多场，公益演出近百场，服务全市青少年近10万人次；侨乡少儿艺术团有团员600多人，参加各级比赛，取得优异的成绩。全年全市希望工程募捐资金282.28万元，其中希望工程圆梦行动137.8万元，资助贫困学生324名，帮助家族经济困难的大学新生圆大学梦想；援建3所希望小学，援建资金120万元；援建音乐教室2间，援建资金10万元；开展"青春同行•暖冬行动"慰问帮扶贫困青少年，慰问贫困青少年56名，慰问金额4.48万元。泉州青年报编辑部转变发展理念，探索和创新新形势下采编和运营的方式方法。开展多项交流合作活动，组团到宁夏同心县捐建青年图书角，并慰问援宁青年干部，与闽浙赣边区革命史研究会联办《泉州革命英烈画传选编》专栏，与晋江世中运执委会、晋江团市委联办《世中运》专栏，有效提升自身影响力；编辑出版《凡人匠心》一书作为庆祝，选取46位典型个人和8个典型集体进行刊发，向青年传递"匠心精神"，营造"尊重劳动、尊重知识、尊重人才、尊重创造"的氛围，助力"五个泉州"建设。

泉州市妇女联合会

【概况】 2019年，泉州市各级妇联组织聚焦"引领、服务、联系、改革、家庭"五个职能，用足市委、市政府支持妇联工作政策，办好实事，实施"巾帼八项行动"，全市妇女儿童工作取得明显成效，走在全国前列。全国妇联党组书记、副主席黄晓薇到泉州调研给予肯定，并批示表扬"泉州市妇联在党委领导下，工作活跃，富有特色，一些好做法、好经验值得宣传推广"。中国妇女报头版头条刊发《"泉州方案"为基层妇联组织改革提供创新样板》宣传泉州市妇联改革经验做法。泉州市妇联被评为全国维护妇女儿童权益先进集体。2019年，泉州市13个"妇女援助中心"全年接待来访、来电、来信1124件，开展妇女维权法制宣传和妇女援助宣传，开展普法宣传、维权微课堂等192场次，分发宣传品1万多份，受益人数19万多人。20个"儿童之家"开展主题活动、公益讲座及其他服务项目活动817场次，6万多人次的儿童及家长受益。

【"八项行动"深化实施】 2019年，泉州市妇女联合会深化实施"强基促稳，巾帼建功·助力乡村振兴、跨越发展"八项行动，凝聚巾帼发展合力。主动响应市委、市政府"强基促稳"三年行动号召，推进"巾帼建功·助力乡村振兴、跨越发展"行动实施，征集市本级27个项目、县级64个项目，发挥妇女和家庭在防范风险、维护大局稳定中的独特作用。

泉州市各级妇联组织深化习近平新时代中国特色社会主义思想学习教育活动，在妇联干部和妇女群众中唱响学新思想、用新思想的时代强音，推动党的创新理论入脑入心。紧扣庆祝中华人民共和国成立70周年主线，围绕"巾帼心向党·礼赞新中国"主题，依托遍布城乡的"妇女之家"阵地，以主题快闪、演讲比赛、朗读会、闽南"三句半"、广场舞展演、文艺会演、书法展等形式，多载体、多视角，唱响礼赞新中国、巾帼奋进新时代的昂扬旋律。注重妇女工作理论研究，筹建泉州妇女文化展示厅，组织专家开展泉州妇女运动、妇女人才理论研讨和专题调研，征集14篇调研论文，形成《"她力量"——泉州女性多群体发展报告》，被列入2019年泉州市社会科学规划项目重大课题。筹备结集出版《"献礼70周年"巾帼丛书》，提高思想政治引领工作的精准度。

2019年，泉州市举办新型职业女农民、实用技术培、电商、家政员、女企业家等各类城乡妇女培训班128期7000多人次，举办市直机关第七期"书香女人写意生活"国画、书法培训班，第九期"美丽家庭巧主妇"技能展示活动，有效提升妇女自身发展。开展"春风送岗位行动"，组织举办专场招聘活动43场，提供免费服务70368人次，成功介绍女性就业4818人，为453名妇女提供劳动维权服务和法律援助。建立"巧妇贷"工作机制，推广妇女创业贷款"巧妇贷"工作31场，办理妇女创业贷款10621笔10.07亿元，助力乡村产业振兴。培育"美丽经济"，营造巾帼林21片361.53公顷，18个农家乐（家庭农场）和44个巾帼农业专业合作社带动妇女就业1300多名，妇女在绿色经济发展中作用得到充分发挥。开展巾帼示范基地创建工作，鼓励扶持妇女发展特色新产业新业态，2019年新增省级巾帼示范基地7个。创设县级以上妇女众创空间15个、女大学生就业创业实践基地10个，承办省女大学生创业创新大赛科技创新赛决赛，市妇联获得中国（福建）女大学生创新创业大赛优秀组织奖。做好全国妇女手工创业创新大赛组织发动工作，德化如瓷雄欣手工瓷艺创业创新项目入围全国32强。加强女企业家联谊会和女工艺美术师分会的建设，组织开展会员参观走访活动，优选巾帼企业产品入展第十七届"6·18"全国妇联巾帼馆展示，扩大会员和会员企业之间的学习交流和项目合作。深化巾帼文明岗创建工作，完成全国文明岗信息采集工作，新推荐命名11个全国巾帼文明岗、27个省级巾帼文明岗和48个市巾帼文明岗，有4名优秀女性被全国妇联授予“全国巾帼建功标兵”，联合相关部门开展11场职工技能竞赛，激励城乡女性在“双创”时代洪流中追梦圆梦。

【“大维权”工作机制打造】 2019年，泉州市妇女联合会助推国家治理体系和治理能力现代化。参与社会治理创新，扩大社会化维权范围，主动关注和回应妇女群众的利益多元化诉求，探索创新妇联维权工作机制，有效维护妇女儿童合法权益。

泉州市妇女联合会推动成立市法规政策性别平等咨询评估委员会，出台工作意见，建立工作制度，推动男女两性平等和谐发展。重点关注未成年人保护问题，推动公安等相关部门在全省率先出台《关于建立侵害未成年人权益案件强制报告制度的意见》，推广《性侵害未成年人刑事案件办理机制》《教育行业从业人员准入查询工作规定》从源头预防性侵未成年人犯罪。充分发挥妇儿工委办作用，推动成员单位出台有关妇女儿童权益规范性文件7件，涉及妇女儿童民生文件8件，在全社会营造维护妇女儿童权益的良好氛围。探索建立1459个村、社区级家事纠纷调解室，及时把不利于家庭平安、社会稳定的矛盾纠纷化解在最基层、最一线，打通服务妇女群众的“最后一百米”。

泉州市妇女联合会联合政法委、司法局、中级人民法院等部门出台“一方案两意见”（《关于建立村（社区）级家事纠纷调解室的实施方案》《关于建立泉州市家事审判方式和工作机制改革联席会议制度的意见》《关于成立未成年人保护联盟落实未成年人保护社会治理护卫青少年健康成长的意见》），并将“平安家庭”纳入平安泉州考核内容，“婚姻家庭纠纷排查”纳入县（市、区）党政领导平安建设（综治工作）考核内容，通过多部门共同发力，形成问题联治、工作联动、矛盾联调、风险联控的工作格局，保护妇女儿童合法权益。2019年全市共受理妇女儿童法律援助案件妇女1581件，儿童969件；解答妇女儿童来访咨询306次；为妇女儿童免收法律服务费699.57万元，帮助挽回损失妇女方面4127.8万元，儿童方面145.14万元。借助抖音APP拍摄10部以“平安家庭”为主题的公益科普小视频，以妇女群众喜闻乐见的形式提高法治宣传教育效果，播放量379.1万，点赞14452个，评论963条，社会反响热烈。

泉州市妇女联合会推进“两纲”完成情况首次列入市人大执法检查年度计划安排，通过开展实地调研、召开专题座谈会等形式全面掌握“两纲”实施进度。市人大常委会专题听取和审议市政府关于“两纲”实施情况的报告，并提出五个方面的意见建议，形成4件督办件，强有力地破解重难点目标指标，取得明显成效。召开联络员工作会议，明确责任分工，指导、督促各成员单位组织开展“两纲”年度统计工作。泉州市“两纲”工作走在全省前列，全市“两纲”可量化指标100个，其中提前达标的90个，发展平稳预期可达标的5个，预期达标困难的5个，提前达标及预期可达标的指标占比达95%。

【家家幸福安康工程】 2019年，泉州市妇女联合会推动构建覆盖城乡的家庭教育服务体系，家庭教育指导服务工作在省妇联家庭能力提升研修班上进行典型发言；亲子阅读品牌活动经验在《中国妇女报》《中国妇运》进行刊登报道。

家庭文明创建行动。深化拓展寻找“最美家庭”活动，推荐胡云豹家庭、黄雪梅家庭入选全国“最美家庭”，推荐许世吟娥、孙亚宏家庭等23户家庭入选省级“最美家庭”，寻找50户市级最美家庭，通过承办“八闽好家庭好家风巡讲走进泉州暨最美家庭揭晓活动”、悦读·家@万家“刺桐花贝之夜”泉州专场展示，开展“一镇一孝廉”创建活动，与省妇联联合主办“两岸情思．让爱回家”原创音乐会等载体活动，直播浏览量破38万人次，弘扬好家风引领社会新风尚。

家庭教育支持行动。连续11年开展泉州市“争做合格家长，培养合格人才”家庭教育宣传实践活动，市县两级开展讲座436场次，参与家长近9万人次。培育一批家风家教家训基地、家庭教育工作示范点，举办“书香小芽儿”阅读系列活动、“快乐童心·祝福祖国”亲子诵读展演活动、亲子绘本DIY现场比赛、“故事爸妈总动员”全城志愿活动等活动135场次，近4000人参与活动。开展2019年“阳光下的微笑”“大手拉小手，助力世中运”家庭亲子操展演活动，线上网络直播受众达13万多人次。

家庭服务提升行动。实施巾帼家政服务专项培训工程，开展家政培训提升行动，常年举办家政服务培训班。举办“守护生态家园”巾帼健步行活动，开展“巾帼美丽家园”建设活动，全市组建巾帼清洁志愿服务队、巾帼护河队642支7546人，参与村庄清洁行动、巾帼美丽家园创建、巾帼护河等活动731场。选送巾帼志愿故事《守护碧海银滩 弘扬良好家风》获2019年全国妇联新时代“巾帼志愿者十大暖心故事”，弘扬巾帼志愿精神。发挥各级妇女援助中心、家事调解室、金牌调解员作用，常态化开展婚姻家庭纠纷预防化解，提升妇女儿童安全感幸福感获得感。承接台湾妇女到泉州考察交流活动，开展闽台家庭联谊结对、创建闽台妇女合作发展基地和闽台家风家训交流基地，深耕两岸交流和家庭文化，增进两岸妇女和家庭的交流联谊。

家庭研究深化行动。开展家庭教育理论研讨活动，积极探索家庭教育指导服务活动新模式，一等奖作品鲤城区《家庭亲子互动的品质研究——基于泉州市鲤城区826份样本的分析》获得中国妇女研究会2019年会入选论文。完善家庭建设专家储备，成立家庭教育指导服务队，开展家教骨干交流培训，推荐12名讲师参与2019年度福建省家庭教育讲师风采大赛，10名讲师入围初赛选手、3位讲师冲拼决赛、1位讲师获得三等奖，泉州市妇联获得组织奖。

【关爱帮扶体系构建】 2019年，泉州市妇女联合会助力妇女儿童共建共享和谐社会。按照习近平总书记关于“把更多注意力放在最普通的妇女特别是困难妇女身上，格外关心贫困妇女、残疾妇女、留守妇女等困难妇女，为她们做好事、解难事、办实事”的指示精神，市妇联把为妇女群众谋福利作为工作的出发点和落脚点，积极作为，建立关爱帮扶机制。

全年开展各类儿童公益培训活动402场次，受益人数近2万人次。长期开展女性素养提升公益培训，每周开办健身操、民族舞、合唱团、形体班、表演班、国画、书法培训课程，年参与人数达到3.2万人次，组建泉州市妇联刺桐花女子合唱团活跃在各大舞台，备受好评。发挥辐射带动作用，定期举办“刺桐花讲堂”，走进洛江区永安村开展送教下乡暑期培训，与市区11家幼儿园、小学签订共建协议，举办未成年人心理健康团体辅导进校园、社区公益活动，阵地作用成效显著。

开展为贫困母亲圆梦活动、“母亲健康1+1”公益募捐活动，筹资243.9万元，申拨全国、省级救助款项253.77万元，帮助80名贫困母亲圆梦，救助538位“两癌”贫困妇女。筹资300万资金，定点帮扶甘肃省临夏市，用心用情用力做好贫困妇女帮扶工作，得到全国妇联发展部的表扬肯定。联合国寿公司开展关爱女性健康行动，开展女性健康公益讲座12场次，推广女性安康保险2.5万人，为全市女性提供14.6亿元的风险保障，有25名女性获得理赔款105.84万元。开展岗村结对帮扶活动，组织103个“巾帼文明岗”71名女企业家与农村结对，捐资42.7万元，扶贫助困妇女儿童351人。举办3场“我们和留守流动儿童在一起”关爱活动，发动183名爱心人士与留守流动儿童结对，启动“小桔灯点亮计划”泉州市关爱困境儿童主题活动，开展“爱心父母”牵手“困境儿童”志愿行动，通过一对一、一对多、多对一、多对多的方式实现“结亲”帮扶。持续开展“守护童年·悦享暑期”安全教育活动，承办中国儿童少年基金会“春蕾计划”青春期教育项目，落地泉州市30所中小学，科学普及青春期教育知识，妇女儿童安全感、获得感进一步提升。

泉州市科学技术协会

【概况】 2019年，泉州市坚持科普创建示范引领，再次成为全省唯一的科普示范县（市、区）“满堂红”的设区市。2019年泉州市公民科学素质比例达到9.81%（高于全国8.47%、全省9.05%的平均水平）。落实“科普中国·十城百镇千校万人三年行动”，加大科普e站建设、科普员培训力度，推进“科普中国”落地应用。全市注册“科普中国”信息员34172人，传播科普信息132.6万多篇次（注册量和传播量均居全省第一，比上年增长10倍，分别占全省63.9%和60.9%）。2019年，泉州市科学技术协会连续第8年获评全国科普日活动优秀组织单位，获评全国“全民科学素质网络竞赛优秀组织单位”。

【科普展教模式创新】 2019年，泉州市科技馆实现“固定馆+临时馆+数字馆+流动馆”四馆并进的展教模式，建成360度全景数字展馆并上线，引进《智能机器人》和《恐龙时代主题展》等科普临展，常设展厅全年接待公众8万多人次，流动科技馆巡展惠及公众5万多人次。实施基层科普行动计划，建设“科普中国”示范e站、科普示范村、示范农技协、特色科普场馆70个，提升基层科普公共服务的覆盖面和实效性。实施“万人科技培训”工程，举办实用技术培训班1万余人，推荐84家单位入驻智慧农技协网上平台。

【科普品牌创先争优】 2019年，泉州市科学技术协会创新“科普+旅游”，联合宣传部、文旅局等开展“泉州市我最喜爱的十佳科普教育基地”推选活动，规划7条科普旅游路线，吸引10万余人关注和参与；创新“科普+互联网”，开展科普沙龙漫谈直播、电视科普文艺展演全媒体展播等线上线下传播，吸引4万多名市民通过网上观看；创新“科普+方言”，开展“闽南四句讲科普”活动，依托泉州广播电视台904《欢喜就好》节目征集闽南科普四句608篇。

【科技社团建设】 2019年，泉州市科学技术协会沟通政府有关职能部门，指导市给排水协会、市土木建筑学会2个5A级学会作为市科协业务主管科技社团试点，争取承接政府职能转移，并最终获得相关专业的中级职称评审权。全市征集决策咨询项目12个，择优资助7个课题立项，并与中国工程院联合召开“无废泉州”课题结题会和“新时代泉州智慧社会建设战略研究”课题启动会，为政府部门决策提供科学依据。

泉州市科技馆新馆完成展教工程PPP项目的监理服务采购和社会资本招投标阶段评标工作，成立采购结果确认工作小组并与中标候选人谈判，是全国首个采用PPP模式建设的科技馆；历时4个多月编制完成《泉州市科技馆（新馆）展教工程建设规范》，开创全国地级市科技馆编制场馆建设规范的先例。泉港、永春、安溪等县级科技馆建设步伐加快，扶持新建“两室一站”等基层科普设施及推动社会力量兴建特色科普场馆77个。

泉州市科学技术协会加大科技社团党建力度，推动成立泉州市园艺学会等7个兼合式党支部，总数达到63个，覆盖面达到90%。指导新成立市观鸟学会、青少年科技创新教育学会，吸收泉州健康营养协会为团体会员，指导市抗癌协会等9个学会换届。加大举荐人才力度，推荐2名企业科技人员参评第十五届福建青年科技奖。泉州市践行社会主义核心价值观“最美人物”之“最美科技工作者”推选工作首度由市科协负责组织，推荐5名基层科技工作者参与评选。引入退出机制，配合民政部门对长期不年检、不换届、不活动的学会给予注销，有序做好行业协会脱钩工作。

【科技创新助力发展】 2019年，泉州市科学技术协会实施创新驱动助力工程，承办全省院士专家工作站推进会并作典型发言。推动新组建院士工作站13家、专家工作站21家，柔性引进中国工程院院士11名、海外院士1名，院士专家创新团队170名；1家院士站获评“福建省院士专家示范工作站”，12家院士站被授予“福建省院士专家工作站”称号（数量居全省第一，比上年增长50%，创历年之最）；对接中国水利学会、中国茶叶学会、省农学会等国家级、省级学会，资助新建8个学会创新驱动服务站，推荐并获认定国家级学会创新驱动服务站2个、省级3个，推进产学研用相结合。

选送6家院士（专家）工作站的9项优秀项目创新成果到“6·18”院士专家馆参展，组织泉州市12家民营企业参加“院士民企对接会”，实现全年签约院士合作项目14个，总投资额9445万元，专家合作项目25个，总投资额4187万元。邀请13位院士到泉开展“院士专家泉州行”活动，深入合作单位答疑解难，提高院士服务的针对性和实效性。新组建企业科协21家，全市已达608家（含园区科协6家），数量居全省首位。

与泉州师范学院联办第17届市科协年会，主会场签约3个产学研项目，设15个分会场并首设县（区、市）分会场。与国家建材研究所联合举办2019海丝建筑文化与绿色建材融合发展高端论坛等。持续打好“海峡牌”，组织5家企业科协的台籍负责人参加“2019海峡科技专家论坛”（全省仅9家）；参与主办第十届海峡两岸生物多样性与森林保护文化研讨会，120多名两岸专家学者参与研讨。指导市级学会举办“2019第七届南方（福建）口腔医学大会暨南方牙科器械与耗材展览会”“第四届海峡乳腺影像论坛暨乳腺影像新技术进展学习班”“首届海峡两岸学生营养健康论坛”等活动。

【科技活动】 2019年，泉州市科学技术协会首次引导社会力量出资成立泉州市青少年科技创新成果转化平台，建成专利陈列室、征集作品200多件，并与企业对接，为青少年创新成果转化开辟新通道。首次在县（市、区）举办市级创新大赛，发动2万多名师生、近千件创新作品、297支队伍参加第十六届市青少年科技创新大赛和第四届市机器人竞赛，进一步扩大赛事影响力。选送优秀作品参加省级以上竞赛优异成绩，蝉联省赛入围国赛数和金牌数“双第一”，获得全国学生创新项目一等奖2项（全省仅3个）、二等奖5项；辅导员项目一等奖1项、三等奖2项；科幻画项目一等奖4项、二等奖4项、三等奖1项；实践活动项目一等奖1项、二等奖2项。获全国机器人竞赛一等奖1项，二等奖4项，三等奖1项，总成绩居全国前列。

结合庆祝中华人民共和国成立70周年，举办以“礼赞共和国、智慧新生活”为主题的2019年泉州市“全国科普日”启动仪式，首次通过泉州广播电视台录播科普文艺展演活动，并通过全媒体播出，吸引3万多名网上市民观看，激发爱国情、奋斗志，活动得到“学习强国”“科普中国”APP平台推送。全市各级各部门共组织开展517项重点科普活动，占全省活动总数1/3，有630多个机关、企事业单位和70余万市民以及科技工作者参与，规模创历年之最。

“启梦者”科普巡展志愿服务活动深入全市11个县（市、区）的学校、村镇、社区开展流动科技馆展览25场、教育活动46场，惠及5.2万人次，有效弥补山区、偏远村镇科普资源稀缺短板，为乡村振兴战略服务。该项目被中宣部和中央文明委等13个部委联合表彰为“全国学雷锋志愿服务‘四个100’先进典型”。刺桐科学传播学者团队逐步壮大。形成百人服务团队，成立首家“刺桐科学传播驿站”、启动“刺桐科学传播学者下基层”活动，举办科普沙龙、培训、讲座、广播电视采访等志愿活动1107场次，创作科普原创文章54篇、科普微信自媒体17个，受众达11.89万人次。开展泉州市“美丽社区科普行”暑期大学生科普志愿服务活动，选派在泉高校37支共203名大学生志愿者，深入49个社区（农村）开展电器维修、防灾减灾、垃圾分类、“科普中国”APP使用等科普志愿服务。

泉州市归国华侨联合会

【概况】 2019年以来，泉州市归国华侨联合会坚持以侨为本，为侨服务，立足改革创新，履行侨联各项职能，凝聚侨心侨力，服务“五个泉州”建设。策划组织泉州侨界开展庆祝中华人民共和国成立70周年系列活动，引导侨界群众始终紧密团结在以习近平为核心的党中央周围，激发爱国主义热情。组织侨界群众100多名到西街开展“古城徒步行”活动，畅游古城，更好地团结侨界群众。组织华大泉州校友会开展“礼赞新中国·奋进新时代”青年晚会，激发他们的爱国爱乡热情。联合拍摄完成爱国华侨题材电影《天涯芬芳》，首映获侨界关注。依托泉州华侨历史学会组织举办侨界座谈会，共同学习宣传和传承泉州籍华人华侨创业历程和奉献精神，用“根魂梦”凝聚侨心侨力。2019年有马来西亚林连玉基金会、马来西亚柔佛哥打丁宜福建会馆、新加坡族谱学会、柬埔寨泉州市同乡会等团体和陈祖昌等知名侨领52批次近1000人次到泉州访问。

【社会服务】 2019年，泉州市归国华侨联合会参与泉州市各项招商活动，提供泉州市紧缺产业客商推荐等工作。组织侨商会会员出访菲律宾、新加坡，与当地侨商组织、工商社团和企业家联络联谊，探讨侨商企业“走出去、请进来”等问题。参与人才工作，在美国“任鸟飞”猎头集团和新加坡南洋超级公司设立引才联络站。依托大闽科技孵化器有限公司、华大电商园等设立“新侨创新创业基地”。举办“华人华侨爱国故事青年绘本创作人才培养”成果展览。主动对接“日本华人教授会”访闽团到泉州访问，与之建立长期联系机制。做好与九牧厨卫股份有限公司人才直接联系。

全市侨联系统“百侨帮百村”服务精准扶贫工作，共发动侨青、侨商213人，侨企23家共同参与，结对帮扶贫困村数54个，实施帮扶项目66个，落实帮扶资金1853万元，帮扶群众6565人。参与“同心安居工程”，筹资113万元精准帮扶泉州市农村危旧房改造计划贫困户；筹集40多万元捐建永春县东关镇山城村“侨爱心幸福院”；筹集15万元支持全市统一战线“同心助学 松柏成才”助学工程；筹集11.1万元开展“侨青助学”活动；定向捐助甘肃贫困山区50万元开展精准扶贫。加强贫侨救助慰问工作，发放市财政贫困侨救助资金50万元扶助115户贫困归侨侨眷，监督落实省财政贫困侨财政救助专项资金18.27万元扶助97户。春节期间发放福建省黄仲咸教育基金会资金15.8万元慰问316户特困贫难侨。推进“侨爱心·光明行”活动，在全市1000多个自然村开展961场眼科义诊，为近5万名群众进行免费眼科健康检查和眼科疾病排查，为1533名白内障患者免费实施复明手术。

泉州市归国华侨联合会推进南洋华裔族群寻根谒祖综合服务平台项目建设，委托泉州交发集团实施代建工作。筹建寻根平台展示体验馆，计划采用现代技术展示项目规划、寻根服务试点系统、3D/全景试点系统和部分数字化成果，完成该馆陈列大纲编写及专家论证。与新加坡族谱学会、泉州姓氏文化交流协会等团体开展交流，商讨合作形式；推进在马来西亚马六甲沈慕羽书法文物馆设立泉州首个华裔族谱海外征集联络处。全市征集族谱7000多册，涵盖90个姓氏，扫描族谱100多万页。采取边建边服务方式，主动为侨胞寻根提供服务，先后帮助10多位海外侨胞成功寻根。

2019年6月30日，泉州市侨联组织侨界医疗队到永春县东关镇开展义诊活动 （图/市侨联）

【联谊联络】 2019年，泉州市侨联系统举办青少年夏冬令营16个，营员近800人。紧扣弘扬华侨精神，通过与营员住家结对子，制作营期视频纪念优盘，谋划泉州文化特色营，举办寻根方式专题讲解等多种方式，确保工作成效，实现稳步过渡。参加基层侨联换届、涉侨团体活动以及泉州市姓氏文化交流协会等宗亲组织庆典活动，拓展联谊联络广度和深度。

2019年，泉州市归国华侨联合会举办“记住乡愁”2019泉州海外南音联谊会唱活动，以乡音系乡谊，弘扬泉州传统文化。组织参加第20届世界华人学生作文大赛。全市17所学校702人参赛，其中2人获全国一等奖，5人获二等奖，14人获三等奖，12人获优秀指导老师奖，成绩居全省前列。协同推荐晋江安海、永春岵山申报福建省侨乡文化名镇名村。推进文化交流基地建设，组织泉州华侨革命历史博物馆、晋江五店市等单位推荐申报中国侨联国际华侨文化交流基地。指导总结南安弘扬华侨精神，获各级侨联充分肯定。

2019年，泉州市归国华侨联合会推进华侨历史博物馆建设，发挥阵地作用，精心组织“永远的丰碑”——纪念南侨机工回国抗战80周年图片展，与中国华侨历史博物馆联合举办“根脉何处”——中华姓氏现代雕塑群展览和举办“世纪峥嵘　凛然长歌”——纪念华教领袖沈慕羽逝世十周年书法展，在泉州华侨革命历史博物馆举办“轨迹——华侨与铁路”展览等多个精品展览，通过对海丝文化交流重要载体的展示，宣传华侨文化，弘扬华侨精神。加强市华侨服务中心建设，以“追梦中华　我的根魂梦”为主题，正组织拍摄侨联工作者、侨商侨青、海外华人华侨等70名侨界重点人士，以视频及图文方式，全面展示泉州侨界群众爱国爱乡、努力奋斗的精神风貌。开展侨史侨情、侨批侨乡等与海丝文化相关的学术研究，举办“‘一带一路’视域下华人华侨研究”、华侨与菲律宾棉兰佬岛的开发等专题讲座等。依托法顾委开展侨界维权工作，落实信访接待日工作，年处理信访12件，咨询200多人次。

【“侨胞之家”建设】　2019年，泉州市归国华侨联合会开展“基层组织建设落实年”活动，扩大基层侨联组织覆盖面。推动德化县新成立上涌镇侨联等一批基层侨联组织成立。指导22个基层侨联组织获评为省级“侨胞之家”。组织对全市基层侨联组织及侨联干部开展摸底调研工作，推进基层侨联统一社会信用代码赋码工作。推进“地方侨联+大学侨联+校友会”模式，组织与华侨大学国际学院开展侨校深度合作，从五个方面进行合作对接，拓展发展平台。支持市侨商会、侨青联、华大校友会等主管社团开展年会、活动等组织建设工作。指导南安加强基层组织建设获时任中国侨联副主席李波肯定。落实“基层侨联+海外华侨华人社团”工作，推进基层侨联在海外新成立社团组织。

【全媒体整合】　2019年，泉州市归国华侨联合会统筹运用网站、微信公众号、乡讯、侨情专报等载体，坚持全媒体融合，将信息作为推动侨联事业发展的有效抓手，实现信息工作的新突破。对接省侨联设立“福侨世界总网泉州站”，建立与省侨联上下联动、共享资源、互联互通的宣传新模式，拓宽宣传渠道。组建“闽侨智库泉州委员会”，吸收成员93人。组织召开信息宣传工作会议，加强信息员培训。《“瓷帮古道”申遗建议》获省领导的重视，使德化县“瓷帮古道”列入古泉州（刺桐）史迹申遗预备申报点，是宣传工作与推动成果落地的有益探索和有效结合。《泉州乡讯》发往30多个国家和地区。办好“泉州侨联”微信公众号，年发布文章300多篇，阅读4万多人次。全市侨联系统获《中国侨联》杂志采用7篇，省以上侨情专报件采用18篇，获《侨区快讯》采用17篇。

泉州市台湾同胞联谊会

【概况】　2019年，泉州市台湾同胞联谊会学习贯彻习近平总书记在《告台湾同胞书》发表40周年纪念会的重要讲话精神，团结服务广大台湾同胞，履职尽责，各项工作取得新进展新成效。2019年接待台湾台胞团体和知名人士10批298人次；探望老、弱、病、困台胞68人，发放困难补助、慰问金4.87万元；发放扶贫济困专项资金166.61万元，538位定居台胞受益；出具“台籍证明”28份、“台籍子女证明”66份。

【惠台政策落实】　2019年，泉州市台湾同胞联谊会选派2名干部参加市委宣传部牵头组成的宣讲团，先后到安溪县西坪镇、石狮闽台两岸青年文化产业创业创新基地等地开展宣讲活动；为7名常住台胞子女参加中考享受加分照顾提供服务；帮助台湾基隆闽南同乡会顾问骆惠杰办理大陆的公证手续；台籍教师罗尹希成为泉州市惠台73条出台以来，第一位申领支取基本养老保险个人账户存额的在泉工作台胞。

【联谊活动】　2019年，泉州市台湾同胞联谊会先后主办或承办定居台胞亲子阅读活动、第十一届海峡论坛主要子项目“同名村·心连心”联谊活动、泉台同名同宗村乡亲“原乡之旅”、华大毕业台生欢送会、2019年两岸台胞中学生暑假体验营、“乡亲相爱一家人”在泉台湾师生中秋联谊等活动，邀请在泉定居台胞、高校台湾老师、华侨大学台湾学生、在泉创业台湾青年等台胞群体代表参加相关活动。2019年，泉州市台湾同胞联谊会组织30多位泉州籍台湾宗亲代表分别返回泉州各祖籍地开展“原乡之旅”活动；邀请“第六届海峡两岸青少年新媒体高峰论坛”的100多位嘉宾以及“海峡百姓论坛”的20多位嘉宾到泉州考察交流或寻根谒祖。

【关注台胞】　2019年，泉州市台湾同胞联谊会深入台湾教师群体中开展调研活动，采访多位台湾教师并撰写文章刊登在《台声》《海峡瞭望》等媒体上。在庆祝中华人民共和国成立70周年之际，以“我与共和国同成长”为主题，在台胞中开展征文活动，多篇优秀文章在省台联网站刊登。

2019年9月21日，泉州市台湾同胞联谊会组织在泉州的台湾师生到华安县开展“乡亲相爱一家人”联谊活动。图为活动现场　（图/张少滨）

泉州市文学艺术界联合会

【概况】　2019年，泉州市文学艺术界联合会围绕庆祝中华人民共和国成立70周年这条主线，坚持以人民为中心的工作导向，弘扬社会主义核心价值观，最广泛地团结引导文艺工作者听党话、跟党走，举办30场古城文艺活动、20场“礼赞新中国　奋进新时代”文艺志愿服务活动、10场全市机关庆祝中华人民共和国成立70周年“践行新思想　建功新时代”主题系列活动，13场庆祝中华人民共和国成立70周年“我和我的祖国”音乐快闪以及“我和我的祖国”红色经典电影海报展、“古城展风采，盛世铸辉煌”泉州市庆祝中华人民共和国成立70周年摄影展、泉州市庆祝中华人民共和国成立70周年美术作品展等。

【文艺创作引领】　2019年，泉州市文学艺术界联合会开展“不忘初心、牢记使命”主题教育，将主题教育与文艺工作有机结合，以文艺形式开展形式多样、内容丰富的教育活动，利用文艺演出、文艺展览、电视记录片等形式宣传“不忘初心　牢记使命”主题教育，举办“欢乐泉州　走进罗东”——泉州市庆祝中国共产党成立98周年暨“不忘初心、牢记使命”主题教育文艺演出等，推动主题教育往深里走、往实里走、往心里走。

开展增强“四力”教育实践工作，通过召开泉州市文联系统工作推进会、中共泉州市文联社会组织委员会中心组（扩大）学习会、市文联三届二次全委会等会议，在泉州、晋江两地举办习近平新时代中国特色社会主义思想和开展增强“四力”教育实践工作培训班等培训活动，引导文艺界加强“四力”建设，进一步增强“四个意识”，坚定“四个自信”，做到“两个维护”，自觉承担起“举旗帜、聚民心、育新人、兴文化、展形象”的使命任务，肩负起新时代文艺繁荣兴盛的责任。举办增强“四力”教育实践工作艺术讲堂，邀请泉州知名文艺家为市直机关干部作艺术鉴赏讲座，举办讲座6场，参与总人次近1000人，赢得机关干部的好评。落实意识形态责任制工作责任，加大对《泉州文学》和各文艺家协会的管理，增强意识形态工作责任，准确理解和把握意识形态工作的极端重要性，增强政治意识、大局意识、核心意识、看齐意识，掌握意识形态工作的领导权、管理权和话语权。

把握正确文艺导向，引导全市文艺工作者坚持正确创作导向，增强文化自信和文化自觉，增强做好文联和文艺工作的责任感使命感，切实担当建设社会主义文化强国的神圣使命，主动适应社会主要矛盾变化，努力满足人民美好生活需要，坚持立心铸魂，发挥文艺弘扬社会主义核心价值观的重要作用，坚持以人民为中心的创作导向，坚持守正创新，弘扬中华优秀传统文化，推动文艺创新，组织围绕“中国梦”和社会主义核心价值观开展创作和展示活动，推出更多文艺精品，提高文联和文艺界主动作为、积极作为的能力和水平。召开泉州市文联系统文艺志愿服务经验交流会，表彰88名优秀文艺志愿者，泉港、安溪、德化文联，市舞协、市书协分别交流工作经验。泉州市书法家协会获2019元旦、春节两节期间中国文联、中国书协“同心同书·祖国新年好”书法文化惠民暨“送万福进万家”志愿服务公益活动先进集体，市作协在省文联、省作协等主办的“我为改革开放点个赞”纪念改革开放40周年征文活动、“我为祖国写首诗”诗歌征集活动中获优秀组织奖。

【文艺创作推动】　2019年，泉州市文学艺术界联合会坚持管理与服务并重，提升服务水平和管理能力。举办系列名家讲座和作品研讨会，在泉州晚报《清源》副刊《刺桐红》文艺专版每周一期推出“刺桐丹青”“刺桐翰墨”专栏推介泉州美术家、书法家及其作品，加大各类文艺人才培养力度。关心关爱文艺工作者，帮助他们解决工作生活中的实际困难。加强新文艺组织群体的团结引领，着力搭建联络服务工作平台，扩大吸收新文艺群体中的优秀人才入会，团结凝聚新文艺组织和新文艺群体。加强对网络文艺的关注度，拓展网上文艺发展，加大网络文艺宣传，扩大文艺舆论的宣传力传播力影响力。创新文艺精品创作扶持机制，引导文艺工作者创作更多讴歌党、讴歌祖国、讴歌人民、讴歌英雄的文艺精品，抓好“五个一”（一部电影、一部电视剧、一台戏、一本书、一首歌），推动电视连续剧《爱拼会赢》和纪录片《光明之城》拍摄，推动小说和歌曲创作。推进原创文艺精品创作，组织泉州市首届获全国奖书家作品提名展、匠心高致——全国书画小品精品展、“象外——书画六人展”“青春心向党·建功新时代”泉州市青年书法精品邀请展等展览研讨活动，举办海丝文评大赛，推动文艺评论繁荣发展。举办第三届福建省曲艺丹桂奖大赛南音专场比赛，2019中国·泉州“海丝情”第五届国际标准舞全国公开赛暨第九届福建省国际标准舞精英赛、省队选拔赛，2019年泉州市少儿电视艺术节暨泉州市中小学生艺术节等，让更多优秀人才和优秀作品脱颖而出。

【文艺精品生产】 2019年，泉州市文学艺术界联合会加大文艺精品扶持力度，落实好系列文艺创作扶持奖励办法，经协会推荐，并组织评委评审，对符合文艺创作扶持条件的郭子健等5人进行扶持奖励。完善文艺评奖，文艺评论、文艺激励不断强化，评选2018年度泉州文学优秀作品、泉州市广播电视艺术优秀作品。文艺创作成果丰硕，30件作品入选第十三届全国美术作品展览，11件作品入展中国美协主办的“风生水起——中国当代水彩画作品展”等其他展览。17人19件作品入展中国文联、中国书协主办的全国第十二届书法篆刻展览，占全省入展数的44.2%。3名书法家入展“源流•时代——以王羲之为中心的历代法书与当代书法创作”活动，6人入选全国第六届妇女书法篆刻作品展。在福建省第二届守望兰亭书法展中，入展作品37件，占入展作品的34%。4幅作品入展第27届全国摄影艺术展。全市作家在《散文》《美文》《散文选刊》《星星》《散文诗》《散文诗世界》《文艺报》《福建文学》《芒种》等国家级、省级报刊发表作品近400篇（首），数十篇文学作品入选年度选集，作家出版个人作品集30多部。31人次获第十四届福建省戏剧水仙花奖。4个节目获庆祝中华人民共和国成立70周年——第八届福建省原创少儿舞蹈大赛奖项。5个节目获省文联、省文旅厅主办，省舞协承办的第五届福建舞蹈“百合花奖”专业舞蹈大赛奖项。12个节目获第三届福建省曲艺丹桂奖大赛奖项。

2019年5月23日，由泉州市委宣传部、泉州市文学艺术界联合会、泉州广播电视台主办的“向人民汇报”2019泉州市中国文艺志愿者服务日主题晚会在泉州广播电视台举行。图为晚会演出现场 （图/洪宗洲）

【文艺主题活动】 2019年，泉州市文学艺术界联合会围绕中华人民共和国成立70周年等重要时间节点，突出抓好重大主题文艺实践活动，组织文艺精品的展演展示、宣传推介，开展一系列有声势有影响有特色、引导性示范性较强的重大主题文艺活动，拍摄38集系列微视频《泉州故事》第1季、第2季在中国黄河电视台、美国斯科拉卫视《中国泉州》栏目、菲律宾的菲中电视台和央视长城精品频道和《学习强国》平台播出，讲好泉州故事，讲好中国故事。

【文艺服务中心工作大局】 2019年，泉州市文学艺术界联合会围绕中国梦和社会主义核心价值观，围绕市委、市政府中心工作，围绕创建全国文明城市，开展“学习新思想，建设新泉州”书法作品展及全市巡展、“弘扬雷锋精神·传播道德力量”主题演讲比赛暨2019年度道德模范基层巡讲、“同心追梦·共奔小康”——泉州市2019残疾人艺术作品展暨爱心助残广场活动等主题鲜明、形式多样的文艺活动，弘扬核心价值观。在《泉州文学》月刊刊登社会主义核心价值观公益广告，助力全国文明城市建设。围绕创建国家公共文化服务体系示范区、“古泉州（刺桐）史迹”申报世界文化遗产，推进“泉州南音记录工程”，围绕中华美育进校园活动，组织戏曲、书法、南音、传统工艺进校园，推动海丝文化传承发展。

【文艺志愿服务】 2019年，泉州市文学艺术界联合会突出“送文化”与“种文化”相结合，推动“深入生活、扎根人民”主题实践和文艺志愿服务向更深更实发展。开展“为民惠民乐民”“送欢乐 下基层”文艺活动，弘扬乌兰牧骑文艺轻骑兵优秀传统，组织文艺志愿服务队和各协会文艺小分队下基层、进军营、进农村、进社区、进校园、进企业，开展文艺展演和创作采风等文艺志愿服务活动，参与建设新时代文明实践中心、“乡村振兴战略”“文化振兴计划”、文艺“精准扶贫”活动。举办“礼赞新中国 奋进新时代”庆祝中华人民共和国成立70周年文艺志愿服务活动、“点亮微心愿·真情暖新村”学雷锋志愿服务活动、“书法走基层 春联进万家”系列活动，送欢乐送知识送艺术下基层。

【文艺惠民】 2019年，泉州市文学艺术界联合会加大开展公益性惠民文艺活动的力度，联办好“欢乐泉州”基层宣传文化活动，举办“欢乐泉州·走进开发区”——2019年泉州市庆祝“五一国际劳动节”文艺演出等，联办“三下乡”“党报送祝福 春联抒真情”“送万福进万家”义务写送春联等活动，传统节假日期间开展组织“温陵弦歌庆元宵——泉州市曲协2019元宵南音大会唱”、“我们的节日·端午诗会”、福建省“我们的节日·中秋”主题系列活动——“牵一缕月光回家”诗文朗诵会等主题活动，“5·23”第六个中国文艺志愿者服务日期间举办“向人民汇报”系列文艺活动，表彰一批优秀文艺志愿者，其中“向人民汇报”——2019泉州市“中国文艺志愿者服务日”主题晚会市四套班子等领导出席并向泉州市优秀文艺志愿者颁发奖杯，通过泉州电视台一套、三套和泉州网络电视台播出。精心组织2019泉州市庆祝“六一”国际儿童节少儿电视文艺演出、“为成长插上翅膀——2019年泉州市舞蹈美育教育交流讲座暨李琼琼从艺50周年专场晚会等文艺为民惠民乐民活动，在泉州凿山艺术馆设立泉州市文联书画创作交流基地，满足群众精神文化生活新期待。

中国国际贸易促进会泉州市支会

【概况】 2019年，中国国际贸易促进会泉州市支会按照市委、市政府关于打造海丝重要门户城市的部署要求，着力打造海丝国际品牌博览会重要载体，开展泉州品牌“境外行”“海丝行”展销活动，服务“海丝”核心区先行区建设。全年全市贸促系统共为企业签发一般产地证32493份、优惠产地证6109份、代办领事认证940份、办理国际商事证明书2213份，涉及出口总金额152264万美元，可为企业减免关税858.75万美元，为企业“走出去”减负。

【办展组展】 2019年，中国国际贸易促进会泉州市支会以“新丝路、新合作、新生活”为主题，筹办第五届中国（泉州）海上丝绸之路国际品牌博览会。该展会于4月18—21日举行，吸引来自48个“海丝”沿线国家及地区的340家企业携上千个品类的品牌或特色产品参展，参展国家（地区）数、参展企业数均创历年新高。在展会中嵌入泉州文化、旅游等特色元素，精心策划设立“五馆一区”，即安溪茗茶与藤铁工艺馆、德化瓷器馆、永春香道馆、惠安雕艺馆、泉州商标品牌展馆、“海丝”泉州文旅展区，提升泉州作为“海上丝绸之路”起点城市的知名度和影响力。拓展“海丝”沿线国家地区间的经贸合作空间，采取“1+X”的展区设置模式，首次设立“马来西亚主宾国”和“海丝文化旅游”两个展区，邀请古丝绸之路重要节点的马来西亚作为主宾国，带动其他9个国家展商代表深度参与，形成了良好的辐射和带动效应。展会期间，人流量突破6.7万人次；现场零售额1600多万元，意向成交额5026万元；吸引60余家境内外主流媒体、上百名记者、200多个媒体平台竞相报道，展会整体的规模、档次、水平均超历届。展会的成功举办，得到省贸促会领导、市领导的高度肯定。借年初随团到东南亚、非洲出访之机，开展泉州营商环境和“海丝品牌博览会”的宣传推介，吸引“海丝”沿线客商到泉州参展、考察、采购。通过广泛宣传发动，着重引导企业参加“海丝”沿线国家（地区）举办的展销活动，促进泉州与海丝沿线国家（地区）的经贸往来。2019年共组织508家企业参加125个国际展会，展位数达653个。

【商事法律服务】 2019年，中国国际贸易促进会泉州市支会跟进贸易摩擦发展态势，立足贸促职能，探索应对思路和对策，为企业开展国际化经营保驾护航。

“便捷化”开展出证认证。按照全省统一部署，推进产地证电子化签证进程，持续开展“单一窗口”新旧企业注册指导工作，推广自主打印项目，至年底平台注册企业720家、37家企业实现自主打印。

“靶向式”咨询培训。围绕应对经贸摩擦和贸易壁垒，“线上”借助各类网络平台，第一时间为企业开展业务咨询，全年为近500家企业答疑解惑2000多条；“线下”带政策、带案例，向企业宣讲各级惠企政策，“一对一”做好指导服务。加大“落地式”培训力度，到石狮、惠安、南安、德化等举办“欧美市场鞋服产品标准法规及企业社会责任解析”“出证认证暨商事法律业务培训”“涉外商事法律服务八闽行（惠安站）”“陶瓷产品质量管控及风险评估分析培训”“国际商事法律风险防范”“出国展览知识培训”讲座等6场次，共有泉州市550家企业、800余人参加，有效帮助企业了解最新法律知识、调整出国参展思路、有效规避贸易风险。各县（市、区）贸促会也积极协同当地商务、税务、科技等部门，“并船出海”开展有针对性的政策宣讲，指导企业把政策红利转化为发展动力。

“前瞻性”预警提醒。参与市应对外经贸形势协调小组，坚持上下联动、共建共享的信息传递机制，采取走访调研、座谈了解、问卷调查、信息预警等方式，主动做好商事法律宣传，全年向企业发送经贸摩擦预警信息829条；在恒昂工贸、众志金刚石、莱登克进出口等12家企业中设立“应对贸易摩擦挂钩联系点”，并依托5家“福建省经贸摩擦企业检测点”，及时搜集企业生产经营情况及进出口贸易过程中遇到的困难问题和国际贸易摩擦中所受影响。申请将德化陶瓷涉及的税则号商品纳入中国国际商会拟到美答辩材料汇编和作为答辩内容之一，争取产品排除，减少贸易摩擦对陶瓷生产企业的影响。8月与市商务局共同举办贸易摩擦应对培训会，邀请专家律师向企业介绍美国对3000亿美元中国输美商品加征关税情况及应对方略，指导企业合理调整产品出口区域、巧用自贸区优惠原产地证减免关税、防范出口集中风险，有280家出美企业、近300名代表参会。

【对外联络】　2019年，中国国际贸易促进会泉州市支会适应推进更高层次、更高水平对外开放的新要求，发挥贸促系统桥梁纽带作用，服务全市外经贸工作大局。

以重大经贸活动牵线，强化供需匹配链接。借助“4·18”“5·18”“9·8”及“海峡两岸工商合作论坛”等重大经贸活动，组织泉州市218家企业参加17场国际经贸推介会、洽谈会、对接会等，帮助企业寻找经贸投资项目和合作伙伴。“第五届海丝国际品牌博览会”上，注重强化参展商、采购商等供给侧改革，把展会从群众性、零散式采购为主向专业性、组团式采购转变，让展会更贴近市场、产业和企业需求；配套组织10余场专业商贸对接会，其中2019国际贸易方式创新交流大会暨石狮服装城市场采购贸易方式推介会，吸引逾千名海内外采购商及福建各地出口企业代表参会，现场有9家境内外商协会、企业签订入驻意向协议书，推动贸易新业态发展。晋江市贸促会以“中国（晋江）国际鞋业暨第四届国际体育产业博览会”为平台，与辅城网络签订鞋体博会线上线下战略合作协议，运用“辅城支付”供应链交易系统，为企业间供需对接提供更为便捷的渠道。

以创新展会模式铺路，助力开拓国际市场。探索推进“展览+产业”“展览+文化”的会展模式，提高展览服务与产业发展、文化传播、企业需求的匹配度。“第十一届香港国际茶展”期间，打包整合并重点推介安溪茶产业和德化陶瓷产业，扩大泉州茶文化的对外传播和国际影响，实现文化推广与商业合作双促进、双丰收。石狮市贸促会举办首届中国校服服饰国际博览会，推动石狮校服产业加速拓展国际市场。德化县贸促会发挥后“金砖”效应，推动携厦门金砖会晤部分国礼、国宴用瓷和陶瓷文化艺术品作为省文化产业产品，打响世界陶瓷之都和中国白品牌，获得省委宣传部高度肯定。

以深化友好合作搭桥，拓宽国际商务网络。加强与国（境）外商协会的联系沟通，分别与斯里兰卡国家商会、菲华工商总会、南非闽南总商会等12家国（境）外商协会签订友好合作备忘录，依托南部非洲闽南总商会、斯里兰卡福建总商会设立2个海外联络处，拓宽对外联络网络。与境外48个经贸机构和商协会签署合作协议、在海外7个国家设立联络处。接待尼日利亚联邦共和国经贸考察团、孟加拉国经济区管理局等28批次、358人到泉州商务考察，以“点对点”的对接洽谈、“面对面”的深度交流，力促双方产生合作意向。发挥贸促系统独特优势，主动服务招商引资等中心工作，联合南安市贸促会，助推引进的台资项目成功落地注册为富宸科技股份有限公司，助力其半导体项目第一期的三条生产线全部建成并投入量产运营；惠安县贸促会积极跟进当地招商项目，牵线相关公司到惠安洽谈招商事宜，取得较好成效。

【商会建设】　2019年，中国国际贸易促进会泉州市支会做好商会会员的发展、管理、服务工作，团结凝聚会员企业，着力把国际商会打造成“会员之家”。

增强凝聚力。3月召开二届五次理事会议，选举增补7家上规模、有代表性的企业为副会长单位，邀请国家税务总局泉州市税务局党委书记、局长沈家骏作“减税降费促发展——2019时代的主题”讲座，剖析当前实行减税降费政策的国内外背景，结合实际案例详细解析减税降费的职能和举措，让会员企业充分感受政府支持实体经济发展的政策红利，达到凝聚共识、提振信心、联谊交流、政策宣介、共谋发展的叠加效果。惠安县贸促会推动“一带一路”大惠安商会联盟建设，加强与国际商会会员企业的沟通联系，召开新春企业家恳谈会、中秋话雕博茶叙会等活动，有效拉近与会员企业的沟通联系。日常工作中，落实领导挂钩联系企业制

2019年5月24日，泉州市贸促会会同石狮市贸促会在石狮市公务大厦举办出证认证暨商事法律业务培训　　（图/泉州市贸促会）

度，开展调查研究、指导发展、协调服务等工作，营造清上加亲的政商关系。

提升传播力。办好自主媒体《泉州贸促简讯》、泉州贸促网以及微信公众平台，将其作为与会员企业开展信息传递、政策落实、内外沟通的窗口与平台，2019年编制印发《泉州贸促简讯》16期4800份，在网站、公众号发布信息200余条。深化和主流媒体合作，宣传推介泉州贸促系统良好风貌和商会会员企业风采，在“学习强国”平台、中国贸易报、中国贸易新闻网、泉州晚报等主流媒体刊登信息或报道64篇，1人获评2019年度全国贸促系统宣传工作先进个人。

扩大影响力。采取主办、联办、协办等方式，扩大泉州国际商会在各类重大经贸活动中的参与度和影响力。发动会员企业参加中国贸促会、省贸促会组织的高端出访团组，帮助企业对接国际资源、开拓国际市场。发挥国际商会联系经贸界人士、企业较广泛的优势，在深化改革过程中，推动企业会员可经贸促会（国际商会）推荐担任政协委员工作。强化政策研究和决策咨询功能，带课题、带问题深入会员企业开展调查研究，就深化对外联络、会展业发展、经贸摩擦应对等形成3篇调研报告，为下一步落深落细落实深化改革举措打牢基础。

泉州市残疾人联合会

【概况】　2019年，泉州市拓展政府购买助残服务的实施范围和内容，扩大购买规模，完善购买机制，严格服务质量要求，不断提升财政资金使用效益和残疾人公共服务管理水平。全市投入1500多万元，在残疾人家政服务、意外伤害保险、市残疾人托养中心运作服务、残疾人康复服务、残疾人联络员培训、残疾人职业技能培训、法律援助、助残广场活动、微信公众号运营、心理健康服务、文艺会演、婚恋辅导及专项调查等领域开展购买服务，受益残疾人16.35万人。市委市政府为民办实事助残项目提标扩面，其中，“一户多残”家庭重度残疾人补贴从每人每月50元提高到100元，投入1856.7万元补贴1.05万户2.2万名残疾人；重度肢体残疾人居家养护受助对象从低保扩面覆盖建档立卡贫困残疾人，投入427.9万元补助4279人。

【残疾人康复】　2019年，泉州市投入4000多万元，在落实市残疾人基本康复服务目录41个项目基础上提标扩面，全面提高残疾人康复覆盖面和服务水平，全市残疾人基本康复服务率96.83%、辅具适配服务率97.31%，精神残疾人康复服务率96.91%。投入2829.65万元救助0～14岁残疾儿童2625名，帮助20名听障儿童成功申请免费人工耳蜗手术；优化完善市级脑瘫儿童康复基地建设，为200多名脑瘫患儿提供早期干预康复服务；举办残疾儿童康复服务规范培训、儿童脑瘫早期诊断和治疗等专题培训4场，提升康复服务水平。在全面落实省级辅具补贴制基础上，对假肢矫形器、助听器两类辅具补贴分别叠加50%、100%，同时特困供养人员、7～14岁残疾儿童少年两类对象补贴比例从80%提高到100%，投入400多万元为2638名残疾人提供辅具补贴；开展“辅具流动服务车百乡行”精准康复辅具服务活动，回访抽查助听器适配机构及残疾人佩戴状况。投入400多万元为2000多名精神残疾人提供服药补助。投入52.69万元为2054名老年残疾人提供筛查评估服务，为756名老年残疾人购买居家康复服务。在爱耳日、爱眼日、世界自闭症日、全国助残日、残疾预防日、国际盲人节、国际残疾人日期间，举办健康咨询和大型义诊活动，开展残疾预防和康复救助政策宣传进社区、进家庭及网络有奖知识问答，在泉州电视台《健康责任田》栏目制作录播残疾预防及康复专题系列节目，在主流报刊、移动通信、公交车身内外、居民住宅区公共梯厢、出租车顶灯、主要交通路口等宣传普及残疾预防知识和康复政策，多渠道、多形式提升残疾预防宣传教育的覆盖面和影响力。指导丰泽区做好全国残疾预防综合试验区创建试点工作。持续开展康复义诊和心理咨询“双下乡”巡回服务，组织医务专家、心理医生、辅助适配员、康复技师、助残志愿者等深入全市31个偏远乡村开展便民服务，为7500名出行不便残疾人提供康复服务。

【残疾人社会保障与权益维护】 2019年，泉州市落实残疾人参加城乡居民社会保险个人缴费资助政策，帮助残疾人普遍参加基本养老保险和基本医疗保险，两项保险参保率均高于95%。投入10303.51万元为5.32万名困难残疾人和5.27万名重度残疾人提供生活补贴和护理补贴。投入393万元为16.35万名残疾人提供意外伤害商业保险。投入1213.9万元为8041名困难残疾人提供居家托养、机构托养、政府购买居家生活照料等服务。市残疾人托养中心投入使用，创新“托养照护+辅助性就业”模式，为65名16～45周岁二、三、四级智力残疾人和稳定期精神残疾人提供托养服务。开展残疾人基本服务状况和需求信息数据动态更新工作，培训调查员2912人，入户调查15.27万名残疾人，手机APP采集率97.6%。强化残疾人证核发管理，部署开展第三代残疾人证（智能化）换发工作，完善十年到期残疾人证换领和死亡残疾人证注销工作。各县（市、区）全部成立残疾人法律救助工作站。为244名残疾人发放残疾人家庭无障碍改造和机动轮椅车燃油补贴12.4万元。承办人大议案和政协提案8件，妥善办理残疾人来信来访720人次，促进社会和谐稳定。

【残疾人帮扶】 2019年，泉州市精准落实贫困残疾人康复、教育、就业、住房、医疗等扶贫政策，投入301.5万元扶持563户农村困难残疾人就业创业、创建2家市级农村残疾人扶贫基地，多渠道增加残疾农民收入。投入700多万元为300多户残疾人家庭实施“造福工程”“安居工程”和危房改造项目。投入100万元救助发生重大疾病、重大变故等临时特殊困难残疾人。落实结对挂钩德化县大铭乡和驻村帮扶永春县下洋镇含春村助残扶贫政策，春节、中秋等节日期间走访慰问全市困难残疾人家庭和见义勇为残疾人8500多户，发放物资560多万元。

【残疾人就业创业】 2019年，泉州市全面落实集中就业、超比例安置就业、灵活就业等扶持残疾人就业创业优惠政策，常态化开展残疾人技能培训、专场招聘、推介指导等工作。发放残疾人就业安置奖励补助358万元；举办残疾人就业专场招聘会17场，培训残疾人22班次1321人；新增就业1870人，审核认定按比例安排残疾人就业用人单位265家、安排残疾人就业1020人。开展省、市两级“安排残疾人就业爱心单位”推荐认定工作，全市入选“福建省安排残疾人就业爱心单位”3家，认定“泉州市安排残疾人就业爱心单位”18家。全市征收残疾人就业保障金2.51亿元。出台残疾人辅助性就业机构扶持政策，加快推动全市残疾人辅助性就业发展。联合市财政局优化完善盲人保健按摩机构扶持政策，实行达标、示范分级递进式扶持，减轻机构创业初期成本负担，促进机构持续做大做强。举办盲按中级培训班和盲人保健按摩职业技能竞赛，搭建盲按从业人员学习交流和技能比武平台。5名残疾人获评“泉州市高层次人才”“泉州市工艺美术大师”“泉州市技术能手”。泉州师范学院教育科学学院被确定为第三批“国家级残疾人职业培训基地”，残疾人创办的德化非凡陶瓷有限公司入选全国首批“残疾人文化创意产业基地”。

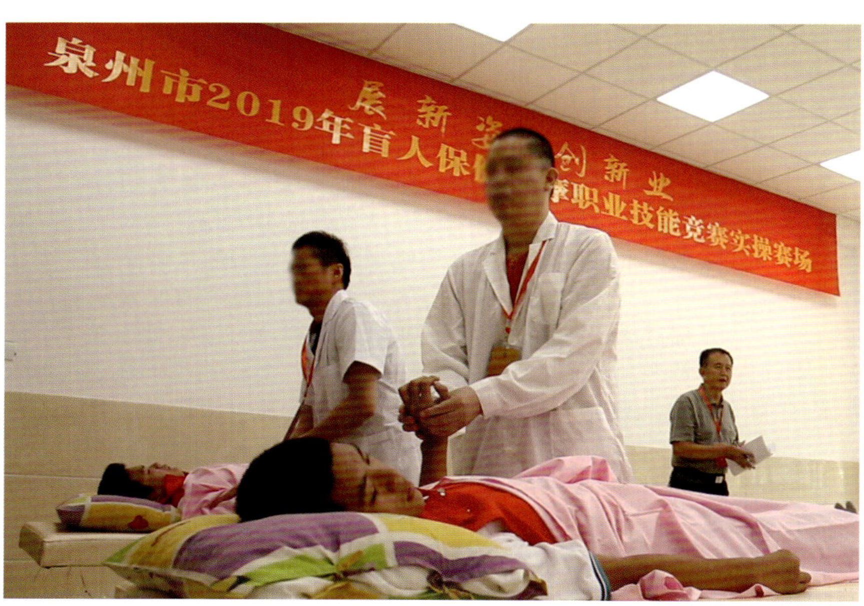

2019年10月16日，泉州市2019年盲人保健按摩职业技能竞赛在泉州市特殊教育学校举行。图为竞赛现场（图/市残联）

【残疾人教育】 2019年，泉州市连续第11年实施扶残助学项目，投入323.85万元资助1775名残疾学生及困难残疾人家庭子女就学；实施中央彩票公益金助学（学前教育）项目，投入18.9万元资助63名残疾儿童。开展新考录优秀残疾人大学生走访慰问活动，关心关爱残疾人大学生群体。为58名中、高考残疾学生提供合理便利服务。联合教育、财政、卫健部门出台自闭症等残疾儿童少年随班就读普校政策，举办融合教育师资培训班，提升融合教育水平。

【残疾人文化体育】 2019年，泉州市残疾人联合会做好残疾人运动员的组织选送工作，泉州体育运动员在国际残疾人体育赛事中取得4枚金牌，在全国第十届残疾人运动会暨第七届特殊奥林匹克运动会上获得9金6银3铜佳绩。承办全国第五届残疾人民间足球争霸赛福建分区暨残疾人城市足球挑战赛，开展“融合共享·喜迎新中国70华诞”特奥融合运动会，残疾人群众性体育项目“轮椅五祖拳健身操”首次融入全市全民健身日活动内容，残疾人体育锻炼参与率与覆盖率不断提高，市残联获全国残疾人体育先进单位。组织实施文化进家庭“五个一”活动，残健共融、文明共享效应更加彰显。

【基层残疾人组织建设】 2019年，泉州市残疾人联合会指导晋江开展全国基层残联组织专项改革试点工作；推动52个常住人口超5万的乡镇（街道）增配1名残疾人联络员，基层残疾人工作队伍发展壮大。全面开展残疾人联络员素质能力提升培训，帮助提高服务能力和水平。落实残疾人联络员待遇保障，推动乡镇（街道）残疾人联络员纳入所在乡镇（街道）社会工作者队伍管理范畴。

【全国助残日主题活动】 2019年，泉州市残疾人联合会举办“爱在刺桐·同心筑梦”第九届闽台残疾人文化周走进泉州暨扶残助残慈善晚会，募集爱心捐款52万元、艺术名家作品23件。在南安举办“同心追梦·共奔小康”爱心助残广场活动，现场开展残疾人艺术作品展卖、健康义诊、便民服务、政策宣传、法律咨询等活动，收到社会爱心企业及人士捐赠物资近50万元，惠及400多个残疾人家庭。举办残疾人艺术作品展览和工艺美术技能竞赛活动，征集书法绘画、工艺美术等作品360多件，网络关注50万人次。承办“心手相牵·飞向健康”——首届闽台听障人士飞镖大赛，组织开展关爱贫困残疾母亲及残疾儿童行动、“无障碍体验行”等活动，着力营造残健融合、共享小康的良好社会氛围。

【宣传信息工作】 2019年，泉州市残疾人联合会利用电视台、报纸、网络、微信公众号、移动通信、户外广告牌等载体，结合开展庆祝中华人民共和国成立70周年、国家扶贫日、全国助残日等活动，专版专题宣传报道助残优惠政策、残疾人自强模范和助残先进典型事迹，弘扬时代主旋律，传递社会正能量。制作《残健融合·残健同行》短片荣获中国残联“康复健身·共享残运·喜迎新中国70华诞”第九届残疾人健身周微视频征集活动一等奖。在“学习强国”平台刊载报道泉州市携手残疾人共奔小康、残健共融活动等信息。

泉州市红十字会

【概况】 2019年，泉州市红十字会把握“人道传播、生命救护”职能定位，推进“三救三献”（应急救援、应急救护、人道救助，献血液、献造血干细胞、献人体器官组织）核心业务，强化自身建设，提升人道工作实力和为民服务能力。开展红十字博爱驿站创建工作，首批建设6个博爱驿站，获省级资金支持30万元及6台全自动体外除颤仪（AED）训练机的物资支持。在华侨大学成立红十字应急救护培训基地，全年培训红十字救护员104名，普及培训810人次。

【应急救援】 2019年5月，泉州市红十字迅捷应急救援队参加全国首届社会应急力量技能竞赛，获水域类团体第2名和个人第2名、第10名。全年参加34场各类应急抢险救援工作，出动抢险救援563人384小时，救援转移受灾群众1700多人次；参加防台风备勤4场，参与志愿服务人员共360人次，其中7月到南平市顺昌县参加强降雨抢险救援转移被困群众100余人次。6—9月，全市6支红十字水上安全救援队开展水上安全宣传和应急值班工作，劝导和宣传1200人次，施救179人。

【应急救护】 2019年，泉州市红十字会开展持证应急救护培训32场次，培训持证救护员892名。开展应急救护普及活动379场次，受益6.32万人次。4月，组织水上安全师资培训，为各县（市、区）培训宣讲业务骨干38名。全年举办“水上安全进校园”知识宣讲及防溺水安全宣传95场次，受益人数3.85万人次。其中，暑期联合市妇联举办“守护童年•悦享暑期”安全教育系列活动，开展27场，受益儿童1700余人次；组建水上安全进校园宣讲团，在各县（市、区）中小学校宣讲68场，受益学生及家长1.36万人次；结合其他活动载体以及志愿服务进社区宣传活动，开展防溺水安全知识宣传，受益人数2.2万人次。联合市总工会、市卫健委举办泉州市第二届应急救护大赛，全市8支参赛队伍40名选手参赛，对优胜者分别授予个人和团体奖项，其中对个人全能赛第一名和第二、三名选手分别按程序申报“泉州市五一劳动奖章”“泉州市金牌工人”；对团体第一名按程序申报“泉州市五一先锋号”。选拔优胜选手组成泉州市代表队，参加福建省第四届应急救护大赛，获团体优秀奖。

【人道救助】 2019年，泉州市红十字会以项目为引领，提升人道救助实力。全年筹集377.05万元。主要救助项目包括“博爱送万家”“爱心公益日”“99公益日”“天使系列基金”“福万通少儿重特大疾病基金”“儿童光明基金”“刘经文大病救助基金”“眼角膜捐献基金”。其中，“博爱送万家”项目筹集价值120多万元物资慰问困难群众，受益困难群众1600余人；“99公益日”项目筹集9.04万多元，筹集资金用于元旦、春节慰问困难家庭；“天使系列基金”争取到救助款47万元，救助18人；“福万通少儿重特大疾病基金”申请救助款6万元，救助6名儿童；泉港区红十字会“刘经文大病救助基金”开展对泉港区大病贫困家庭救助，救助大病患者147人次，支出117.27万元；“眼角膜捐献基金”筹集5万元，用于眼角膜捐献者的慰问。发动社会捐赠，募捐45.37万元用于慰问困难群众；募集价值23万元物资（成人鞋）慰问西藏洛隆县困难群众；泉州市红十字义工服务团募集4.35万元，救助87名贫困家庭孩子上学。

【三献工作】 2019年，泉州市红十字会通过各种方式加大宣传力度，推动“三献”工作的开展。全市捐献造血干细胞志愿者登记人数245人（全省排名第三位），实现造血干细胞捐献数2人（全省排名第二位）；全市实现遗体器官捐献13例（全省排名第二位），遗体捐献5例（全省排名第三位）；全市完成献血89282.5单位（1单位合200毫升）。市直属泉州市红十字Rh阴性血型志愿服务队利用自身稀有血型特点，推动无偿献血工作宣传，坚持每周末在市文化宫进行献血宣传，参与稀有血型应急献血100多次（其中跨地市献血8人次），帮助100多位手术患者摆脱生命危险。

【人道交流】 2019年，泉州市红十字会举办闽台红十字大学生人道之旅夏令营，100多名两岸大学生参加活动，其中50多名台湾大学生为首次到大陆。通过在泉州为期一周的交流实践和参访，让台湾学生加深对大陆快速发展的了解，增进对泉州的认知和情谊。

2019年8月12日，闽台红十字大学生人道之旅夏令营授旗仪式

（图/市红十字会）

泉州市中华职业教育社

【概况】 2019年，泉州市中华职业教育社（以下简称“泉州市职教社”）突出“统战性、教育性、社”）突出“统战性、教育性、民间性”优势和特点，在助力泉州市经济社会建设、推动职业教育研究与实践、开展温暖工程、服务社员发展、深化对外交流合作、加强自身建设等方面着力开展工作。在省中华职教社第四届“清海杯——黄炎培职业教育奖”评选中，有8位（所）社员、团体社员获评杰出校长奖、杰出教师奖以及优秀学校奖，历年来最多一次，入选数量居全省前列。市职教社组建“暖心文艺志愿者”队伍，为泉州市医院、福利院等机构提供“文艺暖心”服务，全年累计举办了31场义演，“同心·文艺暖心行动”先后被《人民日报》等多家媒体报道，得到社会广泛好评。市职教社参与泉州市统一战线开展的“同心助学松柏成才”行动，资助30名团体社员院校大学生。与团体社员院校共同举办、承办2019丝路国家青少年国际摄影竞赛、全省“有业者乐业”——职业教育立德树人文化育人研讨会、“全省职教社系统业务工作骨干培训班”等活动。

【建言献策】 2019年，泉州市职教社委员、社员向省、市、县三级两会提交议案、提案、建议30余篇。社务委员杨京钟在省政协十二届二次会议上提交的《关于深入推进我省产教融合的建议》等提案得到大会好评。市职教社参与市委统战部组织的第十一届党外人士建言献策论坛活动，其中《基于“立交桥”模式的职业教育台湾经验与借鉴》等5篇建言献策文章被收录。市职教社完成《创新职业院校课堂教学的思考》等8个专题调研课题，其中《民办应用型本科院校提高课堂教学质量的路径探讨》《提升中职教育教学质量的几点看法》《浅谈如何在中职语文教学中渗透情商教育》等4项调研成果发表在公开刊物《中华职业教育》。民建泉州市委会主委、泉州市中华职教社主任戴仲川参加中共泉州市委实施乡村振兴战略参政调研工作政党协商会并发言，为实施乡村振兴战略献计献策。市职教社还对泉州市中职院校的办学困难情况开展专题调研。参与中华职业教育社（总社）、省中华职教社的调研活动。市职教社承接总社到泉州开展“做好新时代对台统战工作”专题调研任务。参与省中华职教社到泉州市开展主题教育活动的专题调研工作，对如何助推泉州市职业教育服务地方产业转型升级做较全面的思考，形成的调研成果得到主管部门和社员院校的好评。

【温暖工程】 2019年，泉州市职教社动员社会力量，在实施同心暖心文艺行动、精准扶贫助学等公益活动方面取得新成效。市职教社在社员及社员单位中组建“暖心文艺志愿者”队伍，为泉州市医院、福利院等机构提供“文艺暖心”服务，全年举办31场义演，有百余名志愿者参与活动。其中，在泉州一院开展的“同心·文艺暖心行动”先后被《人民日报》等多家媒体报道。获得泉州市统一战线开展的“同心助学 松柏成才”行动的资金支持，定向资助职业院校学生。2019年，市职教社将助学金发放到泉州医学高等专科学校、泉州幼儿高等专科学校、福建师范大学闽南科技学院、泉州经贸职业技术学院、泉州工艺美术职业学院等5所院校的30名品学兼优、家境困难的学生手中，每人受资助金额5000元，总计15万元。

【交流合作】 2019年，泉州市职教社与泉州华光职业学院共同举办2019丝路国家青少年国际摄影竞赛、丝路国家国际摄影优秀作品巡展，为中华人民共和国成立七十周年献礼。中国艺术摄影学会主席杨元惺、国际摄联主席里卡多·布希等近20个国家的摄影艺术家、嘉宾、各大主流媒体汇聚泉州，用摄影艺术作品呈现“一带一路”沿线国家及地区的历史文明、经济发展、民俗风情以及文化艺术，传播“和平、发展、共存”的理念。5月，市职教社组织参加福建社参访团，到香港、澳门开展职业教育交流。先后走访香港职业训练局、澳门劳工事务局和香港知专设计学院、澳门城市大学等8家院校，与海外的职教同仁开展交流，达成多项初步的合作意向，邀请香港职业训练局专家到泉州授课，邀请多家院校管理人员到泉州院校走访对接。7月，市职教社与市教育局、南少林国际学校等单位联合主办“2019年台湾青少年海丝泉州行夏令营”，邀请来自金门大学、台湾亚洲大学等19所学校、社团的90名台湾学生在泉州研学，加深两岸青少年的相互了解。市职教社与团体社员泉州华光职业学院承办“全省职教社系统业务工作骨干培训班”，组织来自全省9地市的52名学员参加为期一周的培训，市委统战部庄绍进副部长出席开班式并讲话。12月18日，泉州市职教社、团体社员泉州轻工职业学院承办全省“有业者乐业”——职业教育立德树人文化育人研讨会，共同交流、探讨职业教育立德树人、文化育人的任务和举措、方式和路径，为培养社会主义建设者和接班人提供理论成果和实践经验。邀请山西省职教社一行65人到团体社员单位黎明大学参观考察，并由市职教社职教专家为山西职教同行做专题讲座，受到山西省政协、省委统战部及职教社领导的好评。

【职业院校服务】 2019年，泉州市职教社协助泉州华光职业学院邀请省中华职教社联合举办2019丝路国家青少年国际摄影竞赛、丝路国家国际摄影优秀作品巡展。在省中华职教社第四届“清海杯——黄炎培职业教育奖”评选中，由市职教社推荐的10位候选人有8位获评优秀学校奖、杰出校长奖和杰出教师奖，历年来最多一次，入选数量居全省前列。教师节期间，在市委统战部组织下先后走访慰问泉州市工商旅游职业中专学校、泉州信息工程学院等团体社员院校，了解学校的办学情况，倾听他们对职业教育发展及职教社工作的意见和建议。市职教社就座谈时了解到的教学用地等比较突出的问题，结合主题教育活动进行专题研究，形成的《关于泉州市中职教育发展存在部分问题的思考及建议》等材料及时向有关部门反映。

泉州市金门同胞联谊会

【概况】 2019年，泉州市金门同胞联谊会（简称金联）学习习近平在《告台湾同胞书》发表40周年纪念会上的重要讲话，凝聚全市金门同胞（简称金胞）力量，拓展与深化“以金联台、以金促台”的工作内涵，坚持用习近平新时代中国特色社会主义思想引领金门同胞，以更高的政治站位、更昂扬的精神状态、更有力的思路举措，把各项工作抓实做好，为促进泉台关系发展贡献力量。2019年，市金联接待到访的金门、台湾乡亲12团470余人次，参与出访3团14人次，协助出访1团500余人。

【交流联谊】 2019年，泉州市金门同胞联谊会围绕巩固深化两岸关系和平发展这一主要任务，贯彻习近平总书记在纪念《告台湾同胞书》发表40周年大会上的重要讲话精神，将习总书记的讲话，坚持把团结台湾同胞作为对台工作主线，热情“迎进来”，积极“走出去”，做好联络联谊工作。

金门县乡土文化建设促进会到泉州交流。1月26日，台湾金门同乡会总会副总会长蔡少雄带领金门县乡土文化建设促进会一行14人到泉州交流。

金门县相关人士组团访问泉州。1月28—29日，金门县县长杨镇浯率领金门县相关部门负责人一行15人到泉考察，拜访泉州市领导，先后走访开元寺、天后宫等地。省、市金联与参访团深入交流。4月13日，金门县民意机构负责人洪允典、周子杰率领参访团一行23人到访市金联，这是金门县新一届民意机构首次组团到访。

泉州市金门同胞联谊会到金门、台湾参访。4月23—29日，市金联常务副会长张亚轮等3人参加省金联团组到金门、台湾参访。这是省金联第九届理事会第一次组织全省九家金联的金门同胞代表及相关工作人员共20人到台参访，旨在宣传贯彻习近平在《告台湾同胞书》发表40周年纪念会上的讲话精神，加强两岸同乡会交流往来，凝聚力量，共同推进两岸“四通”“三化”尽快落地。

泉州市金门同胞联谊会带队到台参加夏令营。7月30日至8月3日，市金联相关负责人带领福建省金门籍青少年一行34人到台湾省高雄市参加第十三届海峡两岸金门籍青少年国学夏令营，60余名两岸青少年参加。

【金门同胞服务】　2019年，泉州市金门同胞联谊会发放32.16万元资助困难金门同胞6人，老龄金门同胞106人。1月15日，市金联在鲤城大酒店召开2019年度鲤城片区乡亲联谊工作会，鲤城区40多位乡亲齐聚一堂，联络乡谊，共谋发展。1月21—31日，市金联组织到全市各地进行春节慰问，为部分老龄金门同胞送去党委和政府的关怀。10月10日，市金联在鲤城大酒店举行庆祝中华人民共和国成立70周年暨重阳节老金胞座谈会，在泉年满60周岁以上的金门籍乡亲和金胞遗偶近百名参加。

【第二届东南亚金门籍青少年祖地行活动】　2019年6月3—8日，第二届东南亚金门籍青少年祖地行活动在泉州举行，共有来自马来西亚、文莱等地的金门籍青少年与泉州当地青少年30余人共同开启“泉州海丝之旅”。活动由省金联、市金联、市海外联谊会、泉州信息工程学院、闽南科技学院共同主办，马来西亚雪兰莪金门会馆、文莱福建会馆、永春县金联、晋江市金联协办。在六天的活动中，东南亚金门籍青少年聆听闽南文化讲座；与闽南科技学院师生一起动手包粽子，体验端午传统习俗；参观崇武古城、南少林寺、海交馆、华侨大学、五店市、草庵等文物景点。东南亚金门籍青少年通过走访海丝遗迹，品读古韵泉州，探寻泉州故事，切身感受泉州深厚的历史文化底蕴，让学生们了解泉州、了解中华文化与祖籍地的人文历史，寻找共同的根，以及血溶于水的深厚情感，增进文化认同，传承中华文化。

2019年12月12—15日，泉州市金门同胞联谊会参与主办第三届海峡两岸（泉州）闽南童谣大赛，并组织两岸三校学生举行“两岸学子山美水库溯源行”活动。图为活动现场　（图/市金联会）

【两岸闽南语歌谣比赛】　2019年12月12—15日，由泉州市金联等单位主办的第三届海峡两岸（泉州）闽南童谣大赛在泉州举办，台中市、金门县受邀组队到泉参加，金门县代表队以融入乡土特色的原创作品——《石狮爷的愿望》获得集体项目小学组一等奖。活动期间特地组织了台中市西区大勇小学、金门县金湖小学与鲤城区第二实验小学两岸三校学生进行“种友谊树　取源头水——两岸学子山美水库溯源行”活动。12月20日，由市金联等单位主办的首届全球闽南语歌星选拔赛暨第十届海峡两岸闽南语歌星选拔赛大陆赛区决赛在泉州广播电视台举行，共决出10强选手。

【信息宣传】　2019年，泉州市金门同胞联谊会编辑《金联会讯》8期，向海内外金门乡亲介绍金门同胞交流联谊情况、金联会务工作动态、金门县经济社会发展情况等。通过市金联的“金胞之家”和“理事群”两个微信群，每天发送《金门日报》电子版，让全市金胞及时全面了解家乡的政治、经济、社会、文化等方面发展情况。

外事 侨务 台港澳事务

外 事

【概况】 2019年，泉州市以机构改革为契机，强化党委对外事工作的集中领导和统筹协调。推进泉州市与印度金奈缔结友好城市工作、古泉州（刺桐）史迹申报世界文化遗产和第18届世界中学生运动会筹备工作，取得阶段性成果。参与外交部福建全球推介活动，在活动中展示“泉州元素”。举办第五届“海丝”国际品牌博览会和第四届“海丝”国际艺术节等涉外活动，提升城市国际知名度和美誉度。

【到访】 2019年，泉州市接待重要外宾团组52批716人次（其中副部级以上外宾团组8批114人次）、外国驻华使领馆官员17批213人次、外国主流媒体4批29人次。新加坡文化、社区及青年部长兼社区事务署主管部长傅海燕，以叙利亚经贸部副部长为团长的叙利亚外交研修班，老挝人民革命党中央委员、国家社会科学院院长、国家社会科学委员会常务副主席宋塔努•坦马冯，以瓦努阿图基础设施及公共事业部部长克劳德•埃米利为团长的瓦努阿图政府议会联合考察团，菲律宾外交部部长助理兼海洋司司长杰纳罗索•卡隆赫，菲律宾前贸工部长罗伯特•王彬，印度尼西亚多党议员考察团、以摩洛哥前任内阁新闻大臣、议会和公共关系负责人穆斯塔法•卡勒菲为团长的摩洛哥媒体联合会代表访问团等到访泉州。泉州市邀请菲律宾怡朗市、泰国孔敬市、保加利亚加布罗沃市等组团参加“海丝”国际品牌博览会和“海丝”国际艺术节。

【出访】 2019年，泉州市委书记康涛率团到法国、市长王永礼率团到德国和意大利开展招商活动。泉州市组团访问马来西亚古晋南市、菲律宾怡朗市、摩洛哥丹吉尔市和非斯市等“海丝”沿线国家城市。

【国际友好城市工作】 2019年，泉州市推进国际友好城市工作，扩大国际“朋友圈”。市长王永礼率团到印度访问，推进泉州市与印度金奈缔结友好城市工作。与友好城市德国诺伊施塔特市、日本浦添市开展国际青少年交流，对外交流与务实合作不断深化。鲤城区与斯里兰卡科特市缔结友城事宜获批。泉州市与菲律宾怡朗市、南安市与菲律宾曼达威市缔结友城事宜按程序报批。

【外事管理】 2019年，泉州市优化出入境管理与服务，按照“总量控制、突出重点、保压结合、服务发展”的原则，加强统筹，合理规划、科学调配因公出国指标，做到“管理要严、服务要优”。全年办理国家工作人员因公出国125批410人次。从严从紧审核审批因公出国（境），调整、压缩团组10批17人次，国家工作人员因公出国总人次比上年下降。举办APEC商务旅行卡现场推介会1场，办理APEC商务旅行卡申报事项73批116人次，发卡144张。受理邀请外国人事项673批1097人次。开展海外领事保护宣传“进机关、进企业、进校园、进社区”活动，提升宣传覆盖面。举办海外领事保护宣传活动8场次，发放宣传资料近3万份。

表11

2019年泉州市国际交流活动情况表

2月17—22日	斯里兰卡科特市市长维塔纳奇和汉班托塔市市长费尔南多率斯里兰卡考察团一行11人访问泉州市鲤城区，座谈并出席鲤城区海上丝绸之路交流平台揭牌仪式
2月25—26日	以韩国庆尚北道东海发展本部长金南镒为团长的庆尚北道政府代表团一行5人访问泉州，了解泉州市“海丝”先行区发展情况，探讨两地开展友好交流与务实合作事宜
2月25日至3月3日	国际友好城市德国诺伊施塔特市市长马克·魏格尔率该市代表团一行9人访问泉州，巩固和拓展两市在经贸、文化、旅游、职业培训、教育等领域的交流与合作。市长王永礼、副市长季翔峰会见代表团一行。两市在悦华酒店举办旅游交流推介座谈会
3月2—5日	德国费斯托集团教学培训高级顾问赫尔曼·纳格尔一行2人访问泉州。其间，客人参观泉州信息工程学院，考察中德（福建）教育合作与发展中心、职业院校及实训中心，以及校企合作企业等
3月25—26日	韩国光州广域市市政府投资通商科外资负责人金银哲访问泉州，洽谈对接第五届“海丝”品牌博览会事宜
3月26—28日	菲律宾前贸工部长罗伯特·王彬（罗曼·王彬曾孙，祖籍晋江池店）率代表团一行10人访问泉州，了解泉州市经济社会发展情况，探讨加强双方各领域合作事宜，并参访其祖籍地
3月27—28日	印度尼西亚青年官员和大学生代表与福建省高校学生代表及双方媒体代表约60人组成第三届中国—印度尼西亚青年互访交流活动团访问泉州
4月3日	安博公司全球高级副总裁兼安博（中国）公司总裁康斌一行6人访问泉州市泉港区，对接项目
4月11—13日	菲律宾外交部部长助理兼海洋司司长杰纳罗索·卡隆赫（副部）一行4人在中国外交部边界与海洋司和福建省外办相关人员陪同下，于4月11—13日访问泉州，了解泉州市经济社会发展及泉州市与菲律宾的交流合作情况
4月17—19日	韩国光州广域市外办主务官李知衍一行3人到泉州参加第五届中国（泉州）海上丝绸之路国际品牌博览会。4月18日，光州投资环境推介会在南安大酒店举行。光州投资通商课主务官金银哲介绍光州市城市简况、优势产业、未来规划及投资奖励优惠政策等
4月17—19日	泰国孔敬市市政厅副书记官克里萨娜·珊萨德率政府官员一行8人访问泉州，参加第五届中国（泉州）海上丝绸之路国际品牌博览会
4月16—20日	菲律宾怡朗市市长何塞·埃斯皮诺萨三世率政府官员一行9人访问泉州，参加第五届中国（泉州）海上丝绸之路国际品牌博览会
4月21—23日	斯里兰卡中国社会文化合作协会主席阿贝塞克拉率考察团一行5人访问泉州市鲤城区
5月13—14日	以拉美政党常设大会主席皮查多为团长的中美洲议会考察团一行16人访问泉州
5月25日至6月1日	国际古迹遗址理事会专家2人到泉州考察。副省长杨贤金、市委书记康涛、市长王永礼会见客人
5月27—28日	以瓦努阿图基础设施及公共事业部部长克劳德·埃米利为团长的瓦努阿图政府议会联合考察团一行8人，到永春县考察美丽乡村和生态文明建设，并座谈交流
5月29日至6月5日	菲律宾警察代表团一行6人访问泉州，参观泉州市公安局110指挥中心、平安建设设施并座谈
6月23—25日	“中国白”国际陶瓷艺术大奖赛评审委专家一行2人访问泉州，考察泉州陶瓷产业发展情况，参加在德化县举办的“‘中国白’再出发——2019‘中国白’国际陶瓷艺术交流活动”
7月11—12日	老挝人民革命党中央委员、国家社会科学院院长、国家社会科学委员会常务副主席宋塔努·坦马冯一行12人访问泉州，中共泉州市委副书记张永宁与其会见
7月21—22日	由老挝琅勃拉邦省计划投资厅厅长西丽蓬·苏潘通率领的老挝北部六省代表团一行13人访问泉州，了解泉州市经贸发展情况及与老挝友好交往、经贸往来现状，考察泉州市风土人情
7月22日至8月2日	国际友好城市德国诺伊施塔特市常务副市长因格·罗特令斯霍夫率领青少年代表团一行27人（其中学生团员21人）到泉州访问，与泉州市中学生开展“1+1住家式”交流活动。市长王永礼会见代表团
7月27—29日	2019福建省东盟官员暨国际友城联络员研修班一行28人访问泉州市，旨在密切与各国际友好城市之间的联系，增进研修学员对泉州市经济社会发展情况的了解，推动双方友好交流与务实合作

续表11

8月5—8日	以日本冲绳浦添市教育委员会指导部长平良亮为团长的日本浦添市少儿友好交流团一行22人（其中学生16名）访问泉州，与泉州市小学生开展交流活动。市长王永礼、副市长吕刚会见代表团
8月30日至9月1日	印度尼西亚多党议员考察团一行22人访问泉州
9月3—4日	意大利经贸代表团一行14人（涉及领域：食品、红酒、旅游、通信等）访问泉州
9月8—9日	以哈萨克斯坦“祖国之光”党青年组织“青年祖国”执行书记丘克耶夫为团长的哈萨克斯坦“祖国之光”党青年干部考察团一行12人访问泉州
9月8—10日	马达加斯加工业部工业司司长耶腾·拉民多一行7人到泉州访问
9月9日	比利时列日省分管教育与培训事务议员穆里耶·布罗德-薇兰一行5人访问泉州
9月9—10日	印度奥里萨邦代表团一行5人访问泉州
9月21—22日	由菲律宾达沃国际机场移民局航站楼主管埃里克·费尔南德斯率领的达沃国际机场移民局代表团一行5人访问泉州
9月21—23日	由菲律宾青年官员和大学生代表与福建省高校学生代表及双方媒体代表组成的第二届中菲青年互访交流游学活动团一行60人访问泉州市
9月23—24日	菲律宾警察培训班一行11人访问泉州
9月25日	以叙利亚经贸部副部长为团长的外交研修班一行19人访问泉州
9月26日	中国福建—印度尼西亚伊斯兰文化研讨会一行26人访问泉州
9月29—30日	澳大利亚中国友好协会副会长珍妮特·罗琳·艾弗里特率塔斯马尼亚州友好代表团一行5人访问泉州
10月8—9日	德国莱茵兰—普法尔茨州福建友好促进会主席一行2人访问泉州
10月13—18日	德国莱茵兰—普法尔茨州职业教育代表团一行3人访问泉州。其间，代表团参观泉州信息学院，走访校企合作企业，开展职业教育及双元制课程培训
10月14日	第二届中马青年互访游学交流代表团一行约50人访问泉州
10月24—26日	缅甸中央僧伽委员会副秘书长巴丹达·桑达纳达拉博士率缅甸高僧团一行12人访问泉州，泉州开元寺僧人与高僧团座谈交流
10月25—26日	波兰艺术家格热高什·涅姆楚克访问泉州
10月27日至11月2日	菲律宾达沃海关代表团一行8人访问泉州
10月31日	菲律宾达沃市议员、国际关系事务委员会主席奥古斯特·哈维尔·坎波斯率达沃市议员代表团一行6人访问泉州
11月5—6日	菲律宾海岸警卫队代表团一行6人到泉州交流访问，与海警泉州大队座谈交流
11月13日	菲律宾内阁部长夫人玛格·诺格拉斯一行4人访问泉州，副市长周真平会见代表团
11月17—19日	菲律宾达沃副市长塞巴斯汀·杜特尔特一行16人访问泉州
11月21—23日	新加坡文化、社区及青年部长兼社区事务署主管部长傅海燕率政府官员、新加坡企业家代表一行28人访问泉州市
11月22—25日	泰国孔敬市副市长朱拉诺普·通索皮特率孔敬代表团一行6人、保加利亚加布洛市副市长沃内拉·莱切维奇率领加布洛沃代表团一行3人、菲律宾怡朗市市政府办公室行政助理萨尔瓦多·萨拉维亚率领怡朗代表团一行5人（三市总计14人）到泉州参加第四届“海艺节”
12月7—8日	以摩洛哥前任内阁新闻大臣、议会和公共关系负责人穆斯塔法·卡勒菲为团长的摩洛哥媒体联合会代表访问团一行11人访问泉州
12月12日	波兰艺术圈基金会主席沃伊切赫·马耶夫斯基率波兰爵士乐团一行8人访问泉州，在泉州市大剧院演出
12月29—31日	韩国光州文化艺术代表团一行13人（团长为中心主任曹庚完）访问泉州

侨务

【概况】 2019年，泉州市凝聚侨心、侨力，开展“泉籍精英故乡行”活动，邀请海外著名侨领、财团负责人及其后代24批600多人次返乡寻根谒祖。组团7批到印度尼西亚、菲律宾、马来西亚、泰国、柬埔寨等国家参加社团庆典等活动，增进乡情乡谊，开展经贸洽谈、友好交流及侨务访问，密切同海外重点人士、重要社团的联络联谊，巩固和拓展泉州市的侨务联谊工作。落实依法护侨工作，完成市人大常委会立法预备项目《泉州市华侨遗存保护条例》初撰工作；开展侨乡文化名镇、名村创建；完善侨捐项目信息资料库，及时录入侨捐信息资料1.8万条；下拨各级侨务专项经费274.17万元，解决贫困归侨生产生活困难问题，对163名遭遇大灾、大病的贫困归侨进行临时救助。

【侨务联谊与招才引智】 2019年，泉州市涵养新生代资源，促进“世界泉州青年联谊会”发展壮大，吸纳42名新理监事成员，充实青年骨干力量。8月，举办“我们都是追梦人”创业分享会暨慈善义拍活动。推动成立“世界泉州青年联谊会”泰国分会（3月）、柬埔寨分会（4月）、马来西亚分会（12月），填补当地无泉州市一级社团的空白。市委统战部与华侨大学协作，建立沟通联系机制，加强信息资料互通，设立专项奖助学金，共建社会实践基地，帮助侨生在泉州就业，开展“华大新生看泉州”等活动。3月，出台《海外人才服务管理若干措施（试行）》，吸引海外人才集聚泉州、投身创业、致力创新。

【侨务对外宣传】 2019年，泉州市加强侨务外宣工作，推进全媒体整合。市侨联统筹运用网站、微信公众号、乡讯、侨情专报等载体，坚持全媒体融合，以信息工作推动侨联事业发展。对接福建省侨联设立“福侨世界总网泉州站”，建立与省侨联上下联动、共享资源、互联互通的宣传新模式，拓宽宣传渠道。组建“闽侨智库泉州委员会”，吸收成员93人。组织召开信息宣传工作会议，加强信息员培训。推荐德化县《“瓷帮古道”申遗建议》，使“瓷帮古道”列入“古泉州（刺桐）史迹”申遗预备申报点，实现宣传工作与推动成果落地的有益探索和有效结合。办好《泉州乡讯》，出版10期，发往30多个国家和地区。办好“泉州侨联”微信公众号，年发布文章300多篇，阅读4万多人次。全年全市侨联系统获《中国侨联》杂志采用7篇，省以上侨情专报件采用18篇，获《侨区快讯》采用17篇。是年，泉州市选派34位优秀教师到菲律宾、印度尼西亚任教。暑期，开展8期海外华裔青少年夏令营，促进海外新生代的情感认同和文化认同。

台湾事务

【概况】 2019年，泉州市出台探索海峡两岸融合发展新路的若干措施，开展新形势下对台各项工作。建立促进泉州和台湾经济文化交流合作部门联席会议机制，由市台港澳办、市发改委作为牵头单位，每季度召开联席会议，梳理汇总“惠台”政策落实情况，协调落实过程

2019年7月30日，2019年“寻根之旅”夏令营——福建泉州营在洛江区南少林武术学校开营 （图/市侨联）

中存在的问题。推动惠台政策各责任单位明确各自服务窗口、咨询电话、联络人以及申报条件、操作流程，通过中国台湾网统一对外公布。11月15日，市委、市政府召开专题会议，研究部署推进国台办、国家发改委新出台的“对台26条措施”的落实措施，在台胞最关切的住房、社保、教育等领域出台同等待遇政策。对已在中心市区办理台湾居民居住证且在全市范围内无住房的台胞，允许其参加中心市区商品住房项目“保刚需”摇号；取消“在泉居住满一年”的条件限制，在泉州取得居住证的台港澳人员均可直接在居住地参保；针对台湾设计人才建立“海峡两岸（泉州）注册设计师认定体系”；在泉州台商投资区、半导体高新区试行台湾人才自主评价模式；率先提出“在泉州优质学校预留一定比例的学位，由居住地所属县级教育部门按志愿统筹就近安排优质学校就读”的做法等。

【泉台经贸合作】 2019年，泉州市新批台资企业97家、投资总额10.92亿美元、合同台资3.71亿美元。至年底，累计批准台资企业1797家、投资总额53.04亿美元、合同台资32.50亿美元。6月，国台办、国家工信部批复在福建设立海峡两岸集成电路产业合作试验区，试验区为一区两园，包括厦门产业园和泉州产业园。福建品尚征信有限公司与台湾一征信所签署全面战略合作协议，系两岸民间征信机构首次正式合作。6月，市长王永礼率团到台湾推介项目、进行政策说明、拜访重点台商、专访有关行业协会，泉州台商投资区管委会主要负责人和晋江市、南安市、惠安县领导分别率团到台湾开展考察参访工作。推动厦门银行泉州分行台北富邦银行建立长效联动机制，为台湾籍客户提供“两岸通”美元速汇业务及外保内贷、内保外贷、异地抵押融资、保理、跨境人民币贷款等产品，解决台湾籍客户在大陆创业的融资及结算需求。4月17—21日，第22届“海博会”举行，21家台湾品牌企业和100名对口石狮采购的专业采购商到会，“海博会”还邀请台湾逢甲大学、台湾科技大学、昆山科技大学等台湾纺织学术界知名教授、学者及企业家参展。4月19—22日，第21届“鞋博会”举行，台湾馆参展规模为历年之最，台湾展商团参展近100个展位，台湾制鞋工业同业工会、机器人工业同业工会继续率团参展，台湾媒体随团跟踪报道。“9•7”农产品订货会，台湾展区设展位341个，台北、高雄等13个县、市的229家台湾参展商参展。在厦门举办的“9•8投洽会”，泉州市有7个涉台项目签约，投资总额75.08亿元。

【泉台交通往来】 2019年，泉州—澎湖货运直航稳步发展，直航台湾本岛航线常态化运营。泉州和台湾空中直航运送两岸旅客10.90万人次。7月3日，澎湖县妈祖信众504人，搭乘台湾百丽航运公司的“云豹”高速客轮，从澎湖马公码头出发，直航3小时，抵达泉州市南安石井对台客运码头，随后到泉州市区开展为期3天的妈祖会香活动。这是继2002年泉州与澎湖两地为服务两岸乡亲开展“妈祖”文化交流活动后，再次开启海上客运航线。

【泉台民间交流】 2019年，泉州市完成第11届海峡论坛泉州相关活动任务，举办国台办对台交流重点项目“2019年海峡两岸青年体育产业创业成长营”，德化戴云山保护区、南安凤山寺、泉州少林寺等获评福建省级对台交流基地，泉州和台湾各领域交流保持热络。泉州泉台民间交流协会发挥独特民间优势，热心为会员，特别是为到泉台商台胞提供服务，促进泉台两地经济文化交流合作。

海峡论坛泉州市相关活动 6月15－21日，第11届海峡论坛举行，泉州市相关活动包括“泉台青年交流汇——分享体验融合”系列活动、晋江市（安海）第八届两岸端午民俗旅游文化节和纪念郑成功诞辰395周年系列活动等。论坛期间，对接“同名村•心连心”联谊活动，组织30多名台胞到石狮、晋江等地祭祖参拜及参加宗亲联谊交流，组织108位台胞探访南安石井社区、晋江围头村，与当地村民共同探讨交流两岸在乡村建设、民俗

2019年6月19日，第六届海峡两岸青少年新媒体高峰论坛嘉宾参观闽台缘博物馆 （图/张少滨）

2019年6月11日，第11届海峡论坛·纪念郑成功诞辰395周年系列活动在南安市开幕。图为活动现场　（图/市委台港澳办）

文化、研学旅游等方面的协作；对接海峡妇女论坛，组织近30名台胞在晋江市围头村部开展两岸家庭联谊结对签约活动，两岸5对10户家庭联谊结对。

民间信仰交流　台湾信众到泉州天后宫、关岳庙、富美宫、花桥宫、清水岩等祖庙“进香”参拜热络。7月，泉州天后宫与澎湖天后宫开展两岸妈祖“会香”回访活动，澎湖县妈祖信众500余人从澎湖直航泉州，市政协副主席洪川夫率领泉州妈祖文化交流团到澎湖回访。11月，南安凤山寺祖庙广泽尊王金身时隔10年之后再次到台湾“巡香”29天，途经台湾12个县市，驻驾25间奉祀庙宇。较大规模的进香交流活动还有：新北市林口顶福岩显应祖师信众一行约300人到安溪湖头泰山岩“进香”谒祖；彰化德安宫清水祖师进香团300余人到安溪清水岩祖庙“进香”谒祖；台湾“中华道教文化团体联合会”组织信众200多人到安溪善坛妈祖庙、清水岩、南安凤山寺“进香”参访。

宗族宗亲和基层交流　台湾嘉义陈氏宗亲、云林李氏宗亲、苗栗林氏宗亲等组织较大规模团组到泉州泉港、南安等地谒祖交流。

闽南民间习俗及传统文化交流　元宵期间，举办2019泉州•澎湖“乞龟”民俗文化活动、霞洲妈祖宫“乞龟”祈福活动、2019年闽台东石灯俗、围头“两岸一家亲共赏元宵灯”等系列两岸节庆活动，邀请两岸乡亲共同感受传统节庆文化魅力。4月，加强南少林武林文化交流，台湾南宗少林弟子到泉州少林寺参拜祖庭，两岸少林弟子交流禅武文化。同月，邀请台湾岛内南音社团、南音艺术家到泉州参与第三届福建省曲艺“丹桂奖”大赛专场展演等交流演出活动。同月，加强陶瓷文化艺术交流，促成“‘匠心•禅意’德化陶瓷佛光山艺术展”在高雄佛光山展出。6月，举办第十三届闽台对渡文化节暨蚶江海上泼水节。7月，泉州大剧院运营方与台湾果陀剧场签订联合打造剧目的合作意向，结合两岸风土人情，打造具有闽南味道的原创剧目。

青少年交流　7月，举办2019年两岸学生语言文化夏令营，两岸百余名学生交流、传承语言文化；同月，围绕文创设计，举办第十四届两岸青年联欢节•2019年两岸青年人才文创设计邀请赛，在两岸青年设计界启动2019年“海峡杯”（晋江）工业设计大赛征集工作；同月，围绕书法艺术，举办海峡两岸青少年学生第二届“魅力海丝”杯书法大赛暨泉州和台湾书法教育交流活动、第三届“蔡襄杯”闽台中小学生书法大赛等活动，以比赛、办展、课堂交流等形式促进两岸青少年的文化互动，共同传承中华传统文化的精髓；围绕体育运动及武术，1月，组织开展2019海丝青少年足球精英赛，海峡两岸（泉州）青少年女子篮球友谊赛，闽台东石灯俗羽毛球、乒乓球、女子篮球“三

2019年8月9日，台盟泉州市委会联合泉州工业设计协会在泉州台商投资区举办两岸台胞青年交流座谈会。图为与会者　（图/台盟泉州市委会）

球”友谊赛；7月，2019年全国青少年体育冬夏令营（福建站）暨闽台青少年武术文化夏令营等。7月，以研学旅游形式举办“2019我的民俗相册——两岸青年走进福建”活动。

【泉台文旅交流】 2019年，泉州市加强泉台文旅交流。5月，泉州市组团参加2019台北两岸观光博览会，推介泉州旅游产品，加强与台湾旅游业界交流合作。依托台北、高雄旅游形象店，加强泉州文化旅游在台湾宣传推广。7月，对接台湾旅行商业同业公会总会理事长萧博仁等到泉州考察，协助澎湖县举办2019澎湖海洋派对嘉年华旅游推介会，探讨推动双向旅游互动事宜。台湾大仁科技大学、岭东科技大学、明道大学、仁德医护管理专科学校等院校到泉州与泉州市华光职业学院、泉州轻工职业学院、泉州纺织服装学院、泉州师范学院、泉州医高专等院校深化校校交流合作，形成交流共识。4月，泉州市承办两岸合编语文教材研修交流暨闽台中小学校长论坛，两岸合编高中语文教材第5册新书在开幕式上发布，闽台20多所中小学的校长教师、两岸文化教育界专家学者近百人参加活动。泉州七中与苗栗县乌眉中学、泉州鲤城区实验小学与新北市淡水小学在开幕式上签约缔结姊妹校，推进两岸文教融合发展。7月，台湾牙医师公会联合会理事长、高雄市牙医公会理事长等13位台湾牙医界人士到泉州参加第七届南方（福建）口腔医学大会。同月，泉州台商投资区首次举办泉州和台湾医护人员岗位职工技能竞赛活动。

【引智引才】 2019年，泉州市推进台湾高层次人才引进，新增列为“福建省引进台湾高层次人才”55人、列为“福建省引进台湾高层次人才百人计划”4人。泉州市引进以周迪仑为带头人的台湾高层次人才团队“新型生物标记在肿瘤代谢医学的应用”项目，补助金额100万元。落实台湾青年引聘工作，探索开展网络招聘工作，制定《关于征集合作岗位对接引进台湾青年人才及人力资源的通知》，征集1100多个台湾青年就业岗位，通过中国海峡人才网“台湾青年就业广场”专区发布；支持各地发挥对台资源和优势，设立各具特色、形式多样的台湾人才工作服务平台。

【台湾青年就业创业基地】 2019年，泉州市培育台湾青年就业创业基地，石狮市闽台优创基地和安溪台湾人才重点企业福建天电光电公司获批福建省级台湾青年就业创业。新设立安海兆泰1988文创园、泉港新辉大电子商务园区为泉州市级台湾青年就业创业基地。全市有19个市级以上台湾青年就业创业基地，其中国家级基地1个、省级基地3个。2019年度兑现台湾青年就业创业基地建设及实习实训就业奖励补助资金近200万元。

港澳事务

【概况】 2019年，泉州市加强与香港、澳门特别行政区政府部门间的交流合作，举办第四届“海丝情•中国梦”港澳青年精英故乡行、2019年“微影神州、印象晋江”香港青年研学夏令营等活动，增进泉州与香港、澳门的交流与合作，促进泉州与香港、澳门优势互补、合作共赢、共同发展。

【泉州与港澳政务交流】 2019年，泉州市加强与香港、澳门特别行政区政府部门间的交流合作。6月20日，邀请香港特别行政区政府警务、海关、税务、创新科技、规划、路政、商务、运输等近20个部门的24位负责人、业务骨干、专业人才到泉州访问，与泉州市政府办公室、台港澳办公室、科技局、公安局、住建局等相关部门开展座谈交流，建立初步联系，为交流合作打下基础。

【泉州与港澳青年交流】 2019年，泉州市举办第四届“海丝情•中国梦”港澳青年精英故乡行。4月18—22日，以“情系桑梓回故乡，创新创业我先行”为主题，邀请香港、澳门30个主要社团的95名泉州籍青年精英参加第四届“海丝情•中国梦”港澳青年精英故乡行活动。团组到泉州、晋江、永春、德化、福州等地考察交流，以实地考察、现场观摩体验等方式，向参加活动的港澳青年展示家乡泉州日新月异的发展成就和泉州市建设“21世纪海上丝绸之路”先行区的宏伟蓝图，提供各类商机及创新创业机会。中国网、《福建日报》、《八闽快讯》等主流媒体对此进行宣传报道，提高港澳青年品牌活动的知名度和影响力。8月1—8日，举办2019“微影神州、印象晋江”香港青年研学夏令营活动，有80名香港青年应邀参加。

【香港教育界历史文化考察团到泉州考察】 2019年10月30日至11月2日，香港特别行政区政府教育局组织的香港教育界历史文化考察团一行33人，由香港方志办原主任、香港岭南大学香港与华南历史研究部教授刘智鹏带队，以“华风传扬”为主题，到泉州进行考察交流活动。市委党史和地方志研究室与考察团进行交流。考察团参观了解泉州的海丝文化和非物质文化遗产，了解泉州在传承和弘扬中华优秀传统文化方面的情况。考察期间，团员们欣赏并体验“非遗”项目南音、提线木偶、南少林武术表演，品尝泉州传统风味小吃。此次考察活动作为香港教育界庆祝中华人民共和国成立70周年系列活动之一，旨在加深香港教师对国情、国家历史文化和中华人民共和国成立70周年取得辉煌成就的了解，推动香港青少年爱国主义教育，为香港中学生到泉州考察搭建桥梁。

法　治

人大立法

【概况】 2019年，泉州市人大常委会制定《泉州市晋江洛阳江流域水环境保护条例》，开展华侨历史遗存保护、沿海沙滩保护等7个立法项目调研。开展教师法执法检查，督促加快教师管理体制改革，完善教师待遇保障机制。对市区内沟河保护管理条例、中山路骑楼建筑保护条例实施情况进行专题调研。

【立法计划与审议】 2019年，泉州市聚焦群众立法需求，建立民生热点立法项目库，选取涉及城乡建设与管理、环境保护、历史文化保护3方面10个项目入库。科学编制市政府2019年立法计划，选定5个规章立法项目。做好地方法规、规章的法律意见征求工作和审查工作。出台首部实体政府规章《泉州市燃气管道设施保护办法》。完成《泉州市露天烧烤管理办法（草案）》制定工作和《泉州市中心市区电动自行车管理办法》审查工作。开展《泉州市晋江、洛阳江水环境保护条例（草案）》审议工作，开展《泉州市文明行为促进条例（草案）》起草工作。全面启动立法听证会制度，实现开门立法，促进地方立法科学化、民主化。

【科学立法】 2019年，泉州市人大常委会坚持党对立法工作的领导，发挥人大主导作用。加强与政府沟通联系，形成“同心同向、携手合力”良好工作机制。坚持开门立法，听取人大代表、立法专家顾问、基层立法联系点的意见，确保地方立法更接地气、更具实效。制定晋江洛阳江流域水环境保护条例，守住水环境质量“只能更好、不能变坏”底线，正确处理水环境保护和经济发展、民生保障的关系，对推进“两江”上下游统筹、干支流共治、左右岸齐抓，实施饮用水源、黑臭水体、工业废水、城镇污水、农村排水“五水同治”做出严格规定，为实现“河畅、水清、岸绿、景美”提供法治保障。

政法与综治

【概况】 2019年，泉州市委政法委贯彻落实中央、省委政法工作会议精神和省、市党政领导平安建设（综治工作）责任书要求，坚持国内政治优先，“稳”字当头，围绕为中华人民共和国成立70周年创造安全稳定环境的总目标，把握稳定压倒一切的总要求，结合实际开展主题实践活动，最大限度激发政法队伍活力，最大限度维护喜庆氛围，最大限度保障社会安定，深化专项整治，创新社会治理，推动平安建设（综治工作）各项措施落实，营造安全稳定的社会环境。

【维稳工作】 2019年，泉州市政法部门在市委领导下，按照“六个坚决防止、三个确保”的工作目标，从严从细从实抓好安保维稳各项工作；建立健全联动工作机制，强化涉稳信息预警预判和及时处置；组建泉州市平安铁路联勤联动中心，打破“滴水为界”“各自为战”格局，实现“一点预警，多点联处”指挥集成化，确保全国“两会”、中华人民共和国成立70周年大庆、第七届世界军运会、第四届海丝国际艺术节安保任务完成。

【扫黑除恶专项斗争】 2019年，泉州市政法部门以中央督导和“回头看”督导整改为牵引，推进扫黑除恶专项斗争。市委、市政府主要领导亲自部署、协调、督导，推动建立“四级书记一起抓、党政同责共同抓、行业部门联动抓”工作格局。市委书记康涛、市长王永礼13次带队到基层督导，实现各县（市、区）、泉州开发区、泉州台商投资区督导全覆盖。创新涉黑涉恶线索深度核查机制，实行“三长负责制”，对中央督导组交办、公安部督办转办线索，推行“清单式”管理。完善线索移交质量通报制度，提高线索办结率和成案率。公检法部门落实联席会议制度，在全省率先实行“捕诉一体”机制，实现快捕快审快判。攻坚“打伞破网”，建立“1+X”督查机制和协同办案、联点包案制度，纪委监委与公安机关每周至少会商一次。

【执法司法工作】 2019年，泉州市政法部门开展全市政法部门优化营商环境专题案件评查活动，开展执法工作满意率靠后县区刑事案件专项评查活动，针对执法工作满意率排名全省后十位的县域分别开展专题调研督导，通报发现问题，开展重点案件核查工作，推动整改落实到位。抓好领导批示督办，规范案件督办流程，要求相关部门严格按时限反馈办理情况，建立案件督办全程台账，做到件件有反馈，件件有落实，回应群众诉求。落实防止干预司法“三个规定”工作情况定期通报制度。落实重要节点、重大活动期间各类重点群体的化解稳控，整合多部门与属地的情报资源，建立沟通协作机制。与市信访局开展信访违法行为整治专项行动，集中曝光一批违法信访案事件。深化涉法涉诉信访改革，政法工作创新项目“坚持‘建联解控’，推进涉法涉诉信访多元联动化解工程”受到省委政法委肯定；做好司法救助工作，与市财政局印发《泉州市市级国家司法救助分类标准》，加强和改进市级国家司法救助工作。

【基层平安建设】 2019年，泉州市把项目化管理方式引入政法综治工作，开展“社会治理专业化提升年”活动，推动15个项目创新。网格化服务管理平台实现“基础网格+专业网格”双网叠加，职能应用深度拓展；未成年人联盟保护工作入选最高检、团中央十大典型案（事）例；全省首家政法大数据智能化应用的“E通政法”平台搭建完成并开展试点应用；创新建立市级矛盾纠纷多元化解中心，实现纵向贯通、横向联动、多元调解；严重精神障碍患者“村医网格化”多元救治管理模式深度推广；政府全额出资购买综治保险实现全市全覆盖。市委、市政府连续第八期将“雪亮工程”建设列入为民办实事项目，提升“雪亮工程”建设水平。全市建设一类视频监控8235路、整合联网二三类视频监控18267路。全市重点公共区域和重点行业、领域视频监控覆盖率100%。完成80.46%的户籍人口千人以上和69.6%的户籍人口千人以下行政村视频监控联网，超额完成省定指标。

【专项整治】 2019年，泉州市加强严打暴恐活动等专项行动，守住不发生暴恐案事件底线。开展“净网2019”专项行动，打击整治网络政治谣言和有害信息。开展集成打击、精准打击，全力整肃社会治安。全市立刑事案件40453件，比上年下降16.7%。整治涉众型经济领域违法犯罪，开展打击恶意逃废债、非法集资、网络传销和“猎狐2019”等专项行动，严打涉众型、风险型经济犯罪。全市公安机关约谈各类风险企业62家，防止银行贷款劣变28亿余元。稳妥处置“团贷网”“海星宝”“盛世车房”“云联惠”等涉众涉稳案（事）件。推进道路交通安全整治，全面压事故、保安全。全市道路交通事故、死亡人数、受伤人数均有不同程度下降。纳入省、市为民办实事项目的97处道路交通安全隐患整治项目全部完成整治。

【综治宣传】 2019年，泉州市政法部门以庆祝中华人民共和国成立70周年宣传为主线，组织策划“壮丽70年 护航新时代”系列宣传活动，推出泉州市政法系统多位模范人物在人民网福建频道访谈节目，弘扬政法先进典型正能量；国庆期间创新推出“我为祖国点赞”活动，点赞人数达8万多人。主动加强与中央、省级媒体的沟通，多渠道宣传泉州市政法创新经验的生动实践。《长安》杂志连续刊载7篇报道，保持政法主流媒体泉州较高的“曝光率”。“不忘初心、牢记使命”主题教育期间，在各类媒体刊登29篇，营造学习氛围。强化政法新媒体集群建设，“平安泉州”微信公众号获评“泉州政务创新传播微信公众号”“全省政法新媒体优秀帐号”称号，全市6项作品获全省政法优秀新闻奖，1项作品获全国“三微”大赛优秀微电影奖。

【“强基促稳”三年行动】 2019年，泉州市围绕提升基层组织力、治理能力、矛盾化解水平三个方面，组织实施11个专项行动。组织部门牵头“海丝先锋”达标创星、“领头雁”引领示范、村（社区）集体“三资”监管整治等专项行动，带动基层组织建设。政法部门牵头基层法治建设提升、扫黑除恶“治根”“治本”、信访案件化解攻坚等专项行动，补齐基层综治维稳短板。纪检监察部门牵头“末梢神经”监督全覆盖、纪检监察服务基层化解矛盾等专项行动，完善全链条监督机制。

【电信网络诈骗打击】 2019年，泉州市成立以市委书记康涛为组长的全市打击治理电信网络违法犯罪领导小组，出台防范打击电信网络违法犯罪七条措施。市、县组建专业队伍到云南中缅边境，清剿诈骗窝点。全市电信网络诈骗案件、群众被骗损失比上年均有下降；案件破获数、抓获犯罪嫌疑人数比上年均有上升。全市发送预警提醒短信534万余条，阻止1701件被骗案件。安溪县召开县乡村千人大会，四套班子领导挂钩乡镇督导，采取“五个一律”强硬措施，突出诚信教育、文化养成等综合施策，发展健康经济，严防合法“电商”变“电骗”。

法治政府建设

【概况】 2019年，泉州市政府主要负责人履行推进法治建设第一责任人职责，加强对全市法治政府建设的组织领导，将“法治政府建设年”行动纳入年度政府工作报告，召开专题会议研究起草行动方案并经市政府常务会审议通过。落实规范性文件和重大行政决策合法性审核机制，对需提交市政府集体研究的规范性文件和重大行政决策，实现事前合法性审核全覆盖。落实领导学法制度。部署开展“法治政府建设年”行动，重点围绕推进科学立法、提升法治服务中心工作、提升法治服务民生工作水平、提升营商环境法治化水平、提升行政权力运行规范化水平、强化政府公务人员法治思维6方面，推进20项任务86个具体工作及20项延伸举措落实落细。

【地方特色法治政府打造】 2019年，泉州市推动法律服务“五在场”，将“五在场”写入法律顾问合同的村（社区）2510个，全市村（社区）法律顾问开展重大村务决策在场145次，重要村规民约修改审核在场131次，重大事项法律咨询解答在场2187次，重大纠纷调解在场83次，重要节点普法宣传在场327次。推进法务保障“六个有”，围绕服务项目攻坚，推动实现有法务人员深度参与，有对法务风险点进行评估，有对安征迁工作人员进行相关法律法规培训，有对执法和征收文书进行法律把关，有按法定程序规范操作流程，有对重点项目涉及的民事纠纷及时进行调解。明确全市第一批80个征迁攻坚项目和“两高”整治工作法务保障“六个有”规范。推动提升法治思维和依法行政能力，重新梳理公布53个市直单位普法责任清单和普法计划，创新推行普法内容提示制度；在“泉州政务”微信公众号开设“法治微课堂”发布栏目17期，举办“新法面对面”“政策面对面”活动27期，受众5190人次；落实政府公务人员学法制度，支持党校开设法治政府培训班。

【权力运行规范】 2019年，泉州市开展营商环境“寻标·对标·创标”大比拼竞赛活动，新设企业开办专区及综合服务窗口，将企业开办压缩至3个工作日，率先在全省创建企业开办“零费用”城市；推进企业简易注销登记改革，企业适用新政办理简易注销数逾万家，占企业注销总数的66%，比上年增长200%；搭建网上中介服务超市平台，规范中介管理，进驻1279家。行政审批提质提速，推进行政审批服务事项“四级四同”，创新工程项目等事项审批并联集成、全流程电子化，推进审批流程和审批要件重整。建设中心市区15个24小时自助服务区，打造百姓15分钟办事圈；在全省首创并推广政企联署办公模式，开辟电力工程占用挖掘道路“一窗式”联审服务，平均审批时长5天，压降80%。规范完善权责清单，结合新一轮机构改革职责划转情况，依据现行法律法规和重新修订的“三定”规定，参照省委编办公布省直政府部门权责清单情况，分期分批梳理5批32个市直部门权责清单。

【依法行政保障】 2019年，泉州市加强合法性审查工作，市司法局审查拟提交市委、市政府研究的文件181件，出具书面法律审核意见101件；审查涉重大决策、重大具体行政行为、重要合同、重大国有资产处置等法律事务119件。加强规范性文件监督管理，创新实行规范性文件备案告知提示制度，推动规范性文件备案审查由“事后监管”变“事前服务”，审查各县（市、区）政府和市直部门备案规范性文件325件，提出审查意见35次，向省政府、市人大报备规范性文件37件；取消规范性文件设定证明事项，组织对462份规范性文件是否涉及证明事项进行清理，修改规范性文件1件，废止2件，取消市政府规范性文件设定的8项证明事项；组织开展专项清规工作，废止或修改涉及民营经济发展规范性文件70件、涉及生态环境保护规范性文件42件，取消证明事项102项。组织清理到期行政机关规范性文件。

【公正文明执法】 2019年，泉州市落实行政执法“三项制度”，出台泉州市实施方案及相关配套制度。在全省率先推行特邀行政执法监督员制度。开展案卷评查工作，市直执法部门报备重大行政处罚1747件。开展行政执法主体和行政执法人员资格清理确认工作，公告市直行政执法主体。深化行政执法体制改革，围绕重点领域建立综合执法队伍，构建“1+3+N”执法体系；推行食品安全“一品一码”追溯体系建设，整治药品零售企业不按规定销售处方药和执业药师“挂证”等违法行为；排查整治涉危险化学品企业59家问题隐患268条，涉煤矿企业安全隐患24条。加强规范事中事后监管，启动“互联网+监管”工作，结合信用风险分类，突出监管重点；推进“双随机、一公开”监管部门内常态化运行，部门间“清单式”联查；组织“双随机、一公开”抽查221次，检查各类市场主体、项目4867个，责令整改1160户，立案查处436起。推动府院良性互动，牵头召开府检、府院联席会议。推进行政执法与刑事司法有机衔接，全市行政执法机关移送涉嫌犯罪案件59件。

【依法化解矛盾纠纷】 2019年，泉州市完善行政争议多元化解机制，召开行政争议调解工作现场会，推广泉港行政争议调解典型经验，推进县级行政争议中心建设；探索在全市86个乡镇（街道）建立派出所、司法所、律师事务所“三所”结对共建机制，调处矛盾纠纷案件12011件；市政府与厦门中级人民法院在泉港区召开司法服务保障闽西南协同发展区域建设座谈会。建立城市社区“1+2+N”及“一村一警务助理”警务模式，推进“驻警务室调解”工作。强化行政复议和应诉工作，健全完善行政复议工作机制，建立重大疑难行政复议案件集体研讨制度。市政府收到行政复议案件139件，办结146件（含上年结余案件）；市政府出庭应诉案件28件。推进法治信访建设，规范分类信访处理工作，针对房屋产权办理、劳动和社会保障等信访热点，绘制信访工作导则，梳理筛选依法分类处理案例，依法分类处理信访案件。完成依法分类处理信访诉求1085件，对违法信访人追究刑事责任8件29人，律师接待到访群众195批223人次。

【制约监督和激励保护】 2019年，泉州市加强考核评价，把法治政府建设成效作为衡量领导班子和领导干部实绩的重要内容，将“正风肃纪”等法治建设相关内容作为年度考核重要测评指标，列入个别谈话重点内容。主动接受人大建议监督，倾听政协意见建议，市十六届人大四次会议和市政协十二届三次会议以来，收到代表建议414件，占总数的93.5%，收到政协提案574件，占总数的92.4%，按时办复率、办理满意率（含基本满意）均为100%。建立健全容错纠错机制，细化容错纠错清单，合理规范容错程序，完善澄清保护机制。

【行政审批改革】 2019年，泉州市司法部门进驻行政服务中心审批项目52个，所有审批事项均实现“全程网办”“最多跑一趟”，审批环节均为受理、审查、决定3个环节，将办理时限全部压缩至法定时限50%以内。将48个事项调整为“一趟不用跑”要求项目，推行“一窗受理、集成服务”，加快推动电子证照生成与应用，并将其作为审批件办结方式；规范电子档案管理，实现“一次采集、一库管理、多方使用、即调即用”。办理行政审批1289件。

公 安

【概况】 2019年，泉州市立刑事案件40453件，破案21708件，抓获刑事作案成员22312人、移送起诉犯罪嫌疑人16938人。立各类经济犯罪案件1994件，涉案总额359亿元；破案1427件（其中部督案件5件、省督案件8件），抓获犯罪嫌疑人1605人，挽回经济损失2.78亿元。破获各类毒品案件953件，抓获毒品犯罪嫌疑人1028人，缴获各类毒品187.05千克，查获吸毒人员1974人次。6月26日国际禁毒日，泉州市禁毒教育基地开馆运行。完成290场大型活动安保工作。全市公安机关受理矛盾纠纷48312件，调解成功率98.69%，成功阻止群体性事件319件，防止民转刑案件593件。加强群防群治建设，建成1976支8756人的村级巡逻队。全年为94595名外来人员办理户口迁入。全年受理中国公民出国境申请83.1万人次，泉州晋江国际机场和南安石井码头口岸服务出入航班2786班，办理一次性台胞证1624本，签发外国人签证证件3737人次。全市发生适用一般程序处理的道路交通事故3382起，造成632人死亡，死亡人数比上年下降2.17%（减少14人），全市道路交通安全形势持续稳定向好。加强执法质量考评，开展受立案突出问题专项整治，自主研发执法办案助手软件，优化执法流程，提供办案模板，提升民警办案效率。推进泉州市跨部门执法办案平台建设，联合政法各部门举行泉州市刑事诉讼涉案财物管理中心暨全市跨部门办案平台启动仪式，并在全市推广使用。

【刑事侦查】 2019年，泉州市破获

2019年8月2日，全省公安机关学习推广新时代晋江刑警“背包精神”现场会在晋江市召开 （图/市公安局）

刑事案件21708件，破案率53.64%，比上年上升5.85个百分点；抓获刑事作案成员22312人，比上年上升1.4%；移送审查起诉16995人，比上年上升0.52%。打掉黑社会性质组织10个、恶势力犯罪集团32个、恶势力犯罪团伙22个，破获黑恶9类典型案件1519件，抓获犯罪嫌疑人2150名，查封、冻结和扣押涉案财物价值8.42亿元。破获电信网络诈骗案件2321件，比上年上升26.14%；抓获犯罪嫌疑人2468名，比上年上升48.85%；电信网络诈骗案件立案9154件，比上年下降7.03%；群众经济损失数9942.44万元，比上年下降12.23%，实现“两降两升”目标。破获“盗抢骗”案件12007起，破案率41.3%，比上年上升6.76个百分点，破案率居全省第一，其中抢劫案件实现100%破获，抢夺案件破案率92%。破获“八类”严重暴力案件836起，破案率96.77%，其中立现行命案44起，破案44起，破案率100%。全市刑侦工作综合绩效排名全省第一，其中扫黑除恶、打击电信网络诈骗、追逃、打击民族资产解冻类诈骗犯罪、打击文物犯罪工作绩效位居全省第一，侦破命案、打击网络贩枪、刑事技术工作绩效均在全省名列前茅。

【经济犯罪案件侦查】　2019年，泉州市立各类经济犯罪案件1994件，涉案总额359亿元；破案1427件（含部督案件5件、省督案件8件），抓获犯罪嫌疑人1605名，挽回经济损失2.78亿元；发起全国集群战役39件，破获和甲公司特大网络传销案、“4·1”非法经营资金结算案、“5·7”特大跨国境贩卖银行卡案、“8·23”特大洗钱虚开骗税案等一批大要案件。打击非法集资犯罪专项行动中，立非法集资案件23件、涉案金额7.1亿元，破案27件（含年前积案12件）、销案6件，抓获犯罪嫌疑人62人；立组织、领导传销案件24件，破案28件（含年前积案6件），抓获犯罪嫌疑人32人；查封、冻结、扣押涉案资产约1.6亿元；协助外地公安机关核查P2P网贷平台等非法集资案件200件，涉及泉州市投资人18931人，利益受损投资款7.53亿元。“猎狐2019”专项行动中，组织7批民警到菲律宾、泰国、尼日利亚、越南、希腊等国家开展境外缉捕工作，抓获境外逃犯19人，抓获总数创历史新高。打击银行卡犯罪“断链”行动中，立信用卡诈骗，妨害信用卡管理，窃取、收买、非法提供信用卡信息，伪造变造金融票证，非法经营资金结算等案件664件，破案301件，抓获犯罪嫌疑人238人。打击虚开、骗税违法犯罪两年专项行动和“百城会战”专项行动中，立虚开、骗税犯罪案件77件，涉案金额210亿余元，破案52件，抓获犯罪嫌疑人74人；发起集群战役13件，取得“会战25号”“会战28号”2个战役编号，占全省一半战果。

【禁毒工作】　2019年，泉州市破获各类毒品案件953件（含5件部督和10件省督毒品目标案件），抓获毒品犯罪嫌疑人1028人，缴获冰毒、氯胺酮、海洛因等毒品187.05千克、制毒原料麻黄碱2.66吨，查获吸毒人员1974人次，依法强制隔离戒毒460人，责令社区戒毒569人、社区康复279人。推进吸毒人员“清库”“清零”“清隐”行动，新发现吸毒人员866人，查找脱失人员348人，完成中华人民共和国成立70周年大庆禁毒安保工作。泉州市禁毒教育基地于“6·26”国际禁毒日期间开馆运行，被纳入“全市中小学校课外研学基地”，被授予福建省首批“林则徐禁毒品牌教育基地”。8月6日，泉州市公安机关联合广东、广西和越南警方破获“6·26”特大跨国制毒案，此案系中越两国首次联合侦破的特大跨国制毒犯罪案件，国务委员、公安部部长赵克志签发嘉奖令予以通令嘉奖。加强对易制毒化学品、精麻药品的监管力度，核查易制毒化学品企业、单位754家，核发二、三类易制毒化学品购买备案证明5034份，易制毒化学品运输备案证明1451份。

【治安管理】　2019年，泉州市公安机关完成2019年市“两会”、中心市区元宵灯会、第十一届海峡论坛泉州系列活动、2019环泉州湾国际公路自行车赛等290场大型活动安保工作。开展打击整治枪爆物品违法犯罪专项行动，收缴各类枪支427支、子弹22882发、雷管6428枚、黑火药77.9千克。开展旅馆业实名登记工作专项整治行动，全市旅馆业1314家，录入旅客信息总数1289.8万多条，通过旅馆抓获在逃人员298人。开展“护校安园”行动，排查、整改安全隐患1512处，整治校园周边乱点407处，排查、化解涉校纠纷151件；强化校园“三防”建设，封闭化管理率、专职保安员配备率、一键式紧急报警及视频监控系统与属地公安机关联网率实现“三个100%”，配备防护设备设施13628件、安装技防设备3242套，安装一键式报警设备2975套，校园周边建立治安岗亭510个，设立“护校岗”1356个；开展“全国中小学生安全教育日”主题活动，举办宣传活动6896余场，开展应急演练6539余次，发放宣传资料4万多份。开展食药环领域违法犯罪专项整治，破获假劣案件315件，其中食品案件83件、药品案件154件、农资案件3件、烟草案件43件、其他案件132件，侦办1件案例入选全国农村假冒伪劣食品治理工作十大典型案例。开展打击整治黄赌专项行动，查处涉赌刑事案件861件、行政案件2390件；破获涉黄刑事案件212件、查处行政案件1569件；破获省督重特大黄赌案件16件，黄赌综治考评列全省第一。

【户籍管理】　2019年，泉州市公安机关坚持和发展新时代“枫桥经验”，推动派出所、司法所、律师事务所“三所”结对共建机制建设。全市公安机关受理矛盾纠纷48312件，调解成功率98.69%，阻止群体性事件319件，防止民转刑593件。加强公安基层基础建设，以市委办、市政府办名义下发《保障和提升新形势下公安基层基础工作实施意见》。科学合理划分警务网格，全市划分警务网格699个、建设规范化警务室554个，配备社区民警794人、专职辅警858人；全市328名社区民警兼任所在村（居）副职，占41.3%，1362个村（居）落实“一村一警务助理”。加强群防群治力量建设，建成1976支8756人的村级巡逻队，整合物业、企业、单位和行业场所保安力量22735人，社区网格员2052人、平安志愿者19172人，全市全年协破案件686件，抓获嫌疑人1134人。强化户籍窗口规范化建设，制定《全市户籍管理领域政务公开标准目录》《全市公安机关户籍窗口服务标准》。全面放开户口迁移限制，联合市人社局出台《关于做好高校毕业生及重点群体户口迁移服务工作的通知》，全年为94595名外来人员办理户口迁入。完善便民利民措施，推广标准地址二维码应用，会同市政公用事业局推出“周边服务”功能。贯彻落实《福建省流动人口服务管理条例》，加大流动人口管理力度，全年登记流动人口2737512人，出租房屋588321间。

【出入境管理】 2019年，泉州市新增鲤城出入境办证窗口，解决群众办证“最后一公里”问题。全年受理中国公民出国境申请83.1万人次，晋江国际机场和南安石井码头口岸服务出入航班2786班，办理一次性台胞证1624本。全市签发外国人签证证件3737人次，其中普通签证359人次，居留许可3235人次，停留证件142人次，外国人出入境证1人次；采集外国人住宿登记数据128596条，住宿登记准确率99.62%，高于基础业务考评标准（99%），办理签证、停居留证件人员住宿登记率100%，符合基础业务考评标准（100%），上报及时率100%，高于基础业务考评标准（95%）；妥善处置各类涉外案（事）件393起1044人次，其中“三非”案件250起769人次（非法入境81起284人次，非法居留105起175人次，非法就业64起310人次），遣送出境326人。

【交通管理】 2019年，泉州市发生适用一般程序处理的道路交通事故3382起，造成632人死亡，与上年相比，死亡人数下降2.17%（减少14人），全市道路交通安全形势持续稳定向好。全年常态化开展交通违法专项整治，查处各类严重交通违法行为626307起（含醉驾5446起、酒驾10395起），总量位居全省第一。完成省委、省政府为民办实事项目道路隐患整治97处，完成率100%，全省警保合作农村交通安全劝导站建设工作现场推进会在南安召开。推行车驾管业务一窗受理、集成服务和缴费支付电子化，全市配备13辆流动服务车办理业务，全市开通81家机动车登记服务站，办理业务61832件。深化警邮合作，全市首批13个邮政网点全部运营；全面启用新能源汽车专用号牌，核发新能源汽车专用号牌4320副。开辟新能源汽车注册登记绿色通道，试行申领摩托车驾驶证“自主报考”制度。依托“智慧汽车”试点，推进中心市区电动自行车综合管理提升，在建行人、非机动车闯红灯人脸识别、违停自动抓拍、机动车不礼让行人抓拍、鸣喇叭自动抓拍等设备183套；在中心市区各主要进出城通道增设20套交通信息诱导及发布系统；完成中心市区路内停车泊位排查整改与施划；推动完善城市交通规划，配合完成《泉州古城交通提升改造设计方案》编制工作。优化城市交通组织，通过设置单行交通、可变车道、潮汐交通等方式，打通支路、街巷微循环，精准分配空间路权和时间路权。在安吉路（丰泽段）、丰海路（东海段）和滨海街等重点路段，推广实施信号“绿波”改造，提高道路通行效率。在高德地图最新发布的2019年中国主要城市交通分析报告中，泉州市位列中国主要城市“交通健康指数”榜第五名。

【执法规范化建设】 2019年，泉州市公安机关加强执法质量考评，开展受立案突出问题专项整治，全市公安机关执法质量成绩位居全省第二。针对公安执法过程中发现的涉及其他部门职责的违法行为，以市公安局名义发送12份《公安建议函》，及时督促整改一些执法安全隐患。推进执法办案管理中心建设，提升执法办案场所智能化建设和管理水平，在德化县公安局召开执法办案管理中心建设现场推进会，推动全市公安执法办案管理中心建设。自主研发执法办案助手软件，在南安召开全市公安机关“执法办案助手”软件推广工作会，优化执法流程，提供办案模板，提升民警办案效率。推进泉州市跨部门执法办案平台建设，联合政法各部门举行泉州市刑事诉讼涉案财物管理中心暨全市跨部门办案平台启动仪式，并在全市推广使用，实现涉案财物在公检法之间的“有序化”流转、“一体化”管理、“换押式”移交，有效杜绝涉案财物遗失、挪用、损毁、超期处置等违法违规情况的发生。推行“一趟不用跑和最多跑一趟制度”，公安行政审批服务事项基本实现“最多跑一趟”，一趟不用跑42项，占比近46%；一趟不用跑与最多跑一趟为89项，占比约98%。依法开展行政复议、行政诉讼和国家赔偿工作，市公安局办理行政复议申请341起，办理行政应诉案件145起，办理国家赔偿复议案件3起。开展信访维稳工作，处理群众来信来访3980件，比上年上升4.5%；市局信访部门办理各级领导批示督办件517件，办结511件，办结率98.8%；受理群众申请复查信访事项9件，全部办结并书面答复信访人；接收处理厅、局长信箱等各类来邮1524件，办结1466件，办结率96.1%，群众满意率98.7%。

检 察

【概况】 2019年，泉州市检察机关受理审查逮捕各类刑事犯罪案件7653件10736人；经审查，批准逮捕6229件8660人。受理移送审查起诉13007件17057人，经审查，提起公诉11944件15719人。市检察院未成年人检察处获评全国维护妇女儿童权益先进集体。深化“一院一亮点”创建活动，《人民日报》《检察日报》《法治日报》《福建法治报》等主流媒体重要版面多次报道泉州市检察工作亮点。

【刑事检察】 2019年，泉州市检察机关落实“捕诉一体”办案机制改革，深化侦查活动监督平台、审判监督预警平台建设，完善引导侦查取证、审查逮捕案件诉讼化审查、检察长列席法院审委会等机制。强化立案、侦查、审判、执行活动监督，依法监督公安机关立案49件、撤案54件；抗诉刑事案件16件，法院改判或发回重审8件。重视发挥审前主导作用，落实认罪认罚从宽制度。强化人权司法保障，针对泉州监狱提请减刑案件不当情形提出书面纠正65件，提请假释案件不当情形提出书面纠正6件；审查提请减刑案件1783件，提出不同意减刑11件，提出改变意见56件，审查提请假释案件128件，不同意假释1件；审查减刑裁定1625件，假释裁定175件。启动首轮监狱巡回检察并成立巡回检察专家咨询委员会，对泉州监狱开展巡回检察2次，发现监管安全、生活卫生等方面问题38个，发出检察建议书3份，专人跟踪督促整改，巩固巡回检察成效。市检察院巡回检察工作情况被《检察日报》头版报道。市检察院办理的3件案件、惠安县院办理的1件案件获评2019年度全国检察机关刑事执行检察和司法工作人员相关职务犯罪侦查精品案件，数量居全省首位。贯彻全国人大常委会对部分服刑罪犯予以特赦决定，对1名监狱服刑罪犯和7名社区矫正对象建议不予特赦。

2019年7月15日，泉州市检察院与市工商局举办“法治教育课”活动，市检察院检察长高扬捷以“民营企业高级管理人员刑事法律风险防控”为题为青年企业家代表授课。图为授课现场 （图/市检察院）

【民事检察】 2019年，泉州市检察机关受理各类民事检察监督案件536件，比上年上升57.2%，受理不服生效民事裁判、调解书申请监督案件237件，提请、提出抗诉、再审检察建议63件，比上年上升138%，法院改判、发回重审28件。办理民事执行检察监督案件220件，提出检察建议188件，比上年上升106.6%。对拒不执行判决、裁定情节严重的，起诉70人。将常态化开展虚假诉讼监督作为重点工作之一，建立与法院、公安线索移送机制和信息沟通平台，办理虚假诉讼案件33件，向法院提出抗诉或检察建议，对涉嫌犯罪的依法提起公诉14人。德化县检察院依法办理10件涉嫌虚假诉讼的“套路贷”案件，维护诉讼秩序和司法权威。聘请15名专家成立第一届民事行政与公益诉讼检察业务专家咨询委员会，借助“外脑”提升监督工作专业化和权威性。

【行政检察】 2019年，泉州市检察机关支持推进法治政府建设，连续五年与市政府召开联席会议。受理行政检察监督案件186件，占全省四分之一强，受理不服生效行政裁判申请监督案件18件，对事实认定正确、法律适用正确、程序合法的，依法不支持监督申请15件。开展行政非诉执行专项监督活动，针对环保、食品药品、卫生管理等行政执行环节突出问题，向法院及相关行政机关发出行政非诉执行监督检察建议120件，监督法院依法审查办理，督促行政机关依法申请强制执行，追缴行政征收、行政罚款等77万元。制定《关于发挥行政检察职能依法保障和促进民营经济健康高质量发展的意见》，妥善办理涉及民营企业的民事行政生效裁判和调解书监督案件20件；向法院发出执行监督检察建议56件，获采纳39件。洛江区院针对个体工商户以党政机关办公场所所在地进行虚假注册问题，督促监管部门立案403件，保障优化投资发展环境。与泉州海关召开首次联席会议，制定《关于开展打击洋垃圾和进口食品药品走私专项监督行动的实施细则》《泉州市人民检察院泉州海关关于建立检察监督与海关执法工作协作配合机制的意见》，加强打击走私犯罪、行政执法监督、公益诉讼等工作协作配合。

【公益诉讼检察】 2019年，泉州市检察机关践行双赢多赢共赢理念，与市政府围绕“法治政府建设与公益诉讼工作”主题召开联席会议，强化加强协作、深化公益诉讼工作、促进依法行政共识。办理公益诉讼案件313件，办理诉前程序案件292件，提起公益诉讼案件11件。督促治理被污染损毁的耕地、林地、湿地113公顷；追收国有土地出让金等国有财产11亿元；向违法者追偿修复生态、治理环境费用3700万元。部署开展“保障千家万户舌尖上的安全”检察公益诉讼专项监督活动，立案相关公益诉讼案件122件，提出行政公益诉讼诉前检察建议115件，反馈并整改137件。洛江区检察院办理的1起行政公益诉讼案被评为全省“十起食品安全领域典型案例”。晋江市检察院对某炼油加工点污染环境案提起刑事附带民事诉讼，被生态环境部列入典型案例并通报表扬。惠安县检察院督促相关部门对莲城卫城、青龙桥、獭窟城址等5处文物保护单位采取保护性措施，发出行政公益诉前检察建议2件；石狮市检察院发现侮辱四川凉山救火烈士言论，及时与公安机关沟通，督促当事人在《法制日报》公开道歉。发挥福建师范大学法学院教学实践研究基地作用，完成2篇公益诉讼“等外领域”调研课题，均入选2019年召开的全国检察公益诉讼理论研讨会论文。

【亲清护企】 2019年，泉州市检察机关以“亲清护企”泉州检察模式写入最高检察院工作报告为新起点，拓展“亲清护企”工作广度、深度与维度。联合市工商联出台《关于建立健全检察机关与工商联沟通联系机制继续深化十二项工作的实施意见》，开展“走百家企、上百堂课”等“1234”亲清护企主题行动，走访203家企业，为企业上法治课100余场次，受众人数5300余人。与市税务局开展“检税降负•亲清护企”主题活动，为落实减税新政贡献检察力量。围绕优化投资发展环境，加大办理侵害民营企业合法权益犯罪案件力度，依法起诉各类影响民营企业合法权益犯罪370人。丰泽区检察院办理的1起职务侵占案入选最高检察院首批涉民营企业司法保护典型案例，写入最高检察院在2019年全国“两会”上的工作报告中，并在央视《焦点访谈》栏目播出。把握法律政策界限，把握罪与非罪、重罪与轻罪、个人犯罪与单位犯罪的界限，开展“三个涉企专项活动”，依法规范慎重采取强制措施，强调对涉民营企业负责人案件，可捕可不捕的不捕，可诉可不诉的不诉，依法监督变更强制措施43人，11家企业生产经营得到保障。石狮市检察院妥善办理一起故意毁坏企业财物案，受害企业恢复投资信心，主动追加投资1.5亿元，并吸纳180余名村民就业。升级建设泉州（晋江）非公企业法治教育基地，从源头促进企业自治，获评福建省首批省级法治文化建设示范基地。持续加大知识产权保护力度，针对侵权发现难问题，推动17家入盟企业进驻市场监管局“商标品牌网络保护监测室”，打造泉商品牌网络联合打假平台，实现侵权线索即时发现、取证存证实时认证。联合市中级人民法院、市公安局、市市监局、市物价局对办理商标侵权案件若干疑难问题形成共识，规范全市执法尺度。联合税务部门召开新闻发布会，发布知识产权检察和金融检察白皮书及保障提升泉州营商环境十个案（事）例，营造更好的创新创业创造环境。安溪县检察院联合县工商联设立“民营企业服务工作站”，收集企业司法需求，做好供需对接，为企业提供个性化法律服务。南安市检察院组建“亲清护企”法治宣讲团，打造打击金融犯罪、知识产权维权、法律风险防控等6个精品法治课程。

【检察机关扫黑除恶专项斗争】 2019年，泉州市检察机关注重分析案件规律和特点，提高办案效率，全市检察机关批准逮捕涉黑恶犯罪嫌疑人453人，起诉535人。以中央扫黑除恶督导“回头看”为契机，把打击面上犯罪和深挖彻查“保护伞”相结合，同步推动综合治理。建立黑恶势力保护伞双向移送反馈线索机制，发现、移送“保护伞”线索23条，起诉6人，向有关部门发出检察建议46份，促进标本兼治。对照中央督导反馈问题，落实24项具体整改措施，促进工作机制更加科学完善，打击更加有序高效。加强对涉黑恶案件定性、证据方面的指导，依法追加认定黑恶案件17件，不认定6件。落实“打财断血”，对财产性判项2900万元执行情况进行逐案监督，推动摧毁黑恶团伙经济基础。强化涉黑服刑罪犯减刑假释暂予监外执行监督，依法对89名涉黑服刑罪犯从严掌握减刑假释。市检察院获评“省扫黑除恶专项斗争先进单位”。

【检察机关参与反腐败斗争】 2019年，泉州市检察机关加强与纪委监委沟通协调，制定监检衔接办法、职务犯罪强制措施执行衔接办法，在依法惩治腐败中继续发挥重要职能作用。应监察机关邀请提前介入案件27件32人，受理监察机关移送案件42件47人，涉案金额6300万元，经审查决定逮捕8件10人，提起公诉22件29人。用好14个罪名的立案侦查权，依法办理刑事诉讼法修改后福建省首例司法人员渎职侵权犯罪案件。根据省检察院指定管辖，起诉3名原厅处级人员。市检察院承办全省职务犯罪检察部门监检衔接研讨会，就职务犯罪案件质量情况及突出问题进行研讨。

【检察机关参与社会治安综合治理】 2019年，泉州市检察机关强化弱势群体司法保护，深化“协助解决农民工讨薪问题”专项监督活动，办理支持起诉案件33件，法院判决支持29件，判赔金额50.9万元，发出执行监督检察建议6份，助力解决农民工“讨薪难”问题。加强未成年人司法保护工作，联合12个部门成立“未成年人保护联盟”，构建未成年人保护工作合力，入选最高检察院、团中央发布的未成年人检察社会支持体系建设工作十大典型案（事）例，并被市委、市政府纳入2020年为民办实事项目，被市委政法委纳入“社会治理专业化提升年”创新项目在全市铺开。落实最高检察院“一号检察建议”，两级院12名检察长带头兼任学校法治副校长，带动全市34名副检察长及其他院领导、112名检察官担任法治副校长。严惩侵害未成年人犯罪，起诉284人，2件案例分获全国、全省维护妇女儿童权益典型案例。深化未检刑事、民行一体化试点工作，与法院等13家单位成立涉少纠纷化解联盟，强化与法院家事审判庭沟通，强化对未成年社区矫正对象监督，形成社会化帮扶力量。重视防治校园欺凌，发出检察建议，促使56起校园欺凌事件得到排查处置。“刺桐花”团队走进央视“守护明天”宣讲校园欺凌正当防卫，获福建省十大法治人物提名奖。永春县检察院预防校园欺凌微视频“不再沉默”获检察新媒体创新大赛金奖。强化阵地建设，晋江市检察院、安溪县检察院2项工作机制入选第二批未检工作全国创新实践基地，为全省仅有的两个。最高检察院、联合国儿童基金会驻华办事处举办的研修班上，市检察院、安溪县检察院受邀作主题发言。南安市检察院联合南安一中编写“青春之歌、法治同行”普法校本教材，入选全国法治巡讲活动系列图书。

【检察机关保障“三大攻坚战”】 2019年，泉州市检察机关服务打好防范化解重大风险攻坚战，打击各类经济犯罪，起诉各类金融犯罪案件558人。晋江市检察院、安溪县检察院妥善办理一起利用“第四方支付平台”进行非法资金结算30亿元新型金融犯罪案件。南安市检察院办理全市首例侵犯网络游戏软件著作权案，被省“扫黄打非”办列为打击侵犯知识产权典型案例。将办理案件与化解风险、追赃挽损、维护稳定相结合，主动配合有关部门做好依法追缴、处置涉案资产工作，最大限度减少投资者损失。与市公安局会签工作意见，明确对重大非法吸收公众存款、骗取贷款、票据承兑、金融票证犯罪案件实施强制审计，推动防范化解系统性金融风险，配合追缴3400万元。注重前移关口，丰泽区检察院发现辖区内存在以“台海生态农业”名义实施非法集资情况，及时向党委和有关部门发出“风险提示”。出台服务保障乡村振兴战略助力“四振兴一攻坚”实施意见，永春县检察院在仙夹镇龙水村设立“乡村振兴检察服务点”。会同市监察委建立扶贫领域涉案款物快速返还机制，促进精准扶贫政策落地落实。将司法救助融入保障精准脱贫工作，救助陷入生活困境的刑事被害人、未成年人、残疾人30人，发放救助金57万元，防止因刑致困、因案返贫。做好助力扶贫联系点持续稳定脱贫工作，向德化县上涌镇挂钩联系户发放蔬菜大棚基地分红收益15万元，46户帮扶对象实现真脱贫。泉港区检察院与东张村“两委”组成党员脱贫帮扶队，帮助筹资12万元解决贫困户生产生活中的实际难题，介绍4名贫困群众就业，扶持2户贫困户开展个体经商。落实市委、市政府关于全面加强生态环境保护坚决打好污染防治攻坚战的实施意见，加大对破坏生态环境犯罪惩治力度，起诉134人，配合河长办开展工作巡查、开展联合执法48次，督促完成整改13件。升级护卫泉州海岸线生态检察联盟建设，建立“涉海环境损害案件司法鉴定机构名录”，将国内3家知名鉴定机构纳入名录，探索解决海洋生态检察诉讼鉴定难、专业技术支撑不足问题。围绕保障泉州“生态连绵带”建设，联合市河长办建立泉州市南部安全供水保护联盟，推动将南部供水安全工作纳入全市河长制工作年度考核重要指标，为南部安全供水提供坚实保障。深化恢复性司法实践，督促补植复绿14.68公顷，增殖放流1.1亿尾鱼虾苗、210万粒花蛤苗，修复矿山2个，收缴生态修复基金22.3万元。

【司法体制改革】 2019年，泉州市检察机关推进内设机构改革，制定两级院内设机构改革方案，按照“一类事项由一个部门统筹、一件事情由一个部门负责”原则，重新设立九个主要业务部门。落实入额领导办案制度、检察官办案责任制，保障检察权依法独立公正行使。全市355名员额检察官实现独立办案，对案件质量终身负责，两级院入额院领导办理各类案件3391件，列席法院审委会40次。制定权力清单，专项抽查、评查各类案件2475件，做到放权不放任、用权受监督。对8名不适应的检察官依程序予以退额，遴选增补14名员额检察官。

【智慧检务】 2019年，泉州市检察机关建设落成检察数据运用管理中心，集成信息化应用、数据分析和管理、视频监控指挥、网络安全和信息保密、网络通信和机房运维保障、楼宇智能化管理六大功能板块，实现对全市检察机关工作集中监测、预警、管理，推动智慧检务提档升级。快速推进检察工作网建设，鲤城、泉港、晋江、德化等地已完成本地局域网改造方案设计及工作网设备采购、安装、验收。自主研发开通运行“答企网”，搭建释法说理新载体。

【便捷法律服务】 2019年，泉州市检察机关优化升级检察监督指导中心建设，引入AI智能检务机器人，试点推行24小时自助检察服务平台，为律师提供电子卷宗查询刻录服务。抓住案件信息公开核心，主动推送案件程序性信息短信2万余条、法律文书1.09万份，以公开促公正、赢公信。把化解矛盾贯穿办案始终，引入律师等第三方力量进驻检察监督指导中心、市看守所，促进矛盾纠纷预防化解。落实“7日内程序性回复、3个月内实体性回复”要求，对2550件群众来信，全部实现7日内回复，3个月内答复。

法 院

【概况】 2019年，泉州市各级法院受理各类案件21.8万件，办结20.3万件。其中，中级人民法院受理2.03万件，办结1.9万件。落实市委“强基促稳”部署，推进最高人民法院倡导的一站式诉讼服务、一站式多元解纷机制，引领全国法院跨域服务。牵头的多项指标位居全省营商环境评估前列，其中，知识产权保护指标、执行合同中的“司法效率”指标全省最好，涉诉信访考评连续两年获全省中级人民法院最好成绩。

【社会稳定维护】 2019年，泉州市各级法院依法惩治犯罪，审结一审刑事案件1.2万件1.6万人，其中故意杀人、抢劫、绑架等严重暴力犯罪案件948件1165人。参与禁毒斗争，审结一审毒品犯罪案件520件718人，对制造600余千克冰毒的被告人判处死刑。保持反腐败高压态势，与市纪委监察委配合协作，凝聚反腐合力，全市法院院庭长带头办理职务犯罪案件，完成省法院指定的多名原省管干部受贿案的重大审判任务，全市审结一审贪污贿赂和渎职犯罪案件53件70人。尊重保障人权，贯彻宽严相济刑事政策，对3243名被告人适用非监禁刑。依法完成特赦实施工作。

【法院系统扫黑除恶专项斗争】 2019年，泉州市各级法院坚持高压严惩，组建专业审判团队，逐案挂牌督办，审结一审涉黑涉恶案件101件474人，判处五年以上有期徒刑占28.9%。市中级人民法院二审审结32人涉黑案等一批有影响的案件，组织集中公开宣判7场64件376名被告人，发布7批典型案例。紧盯“深挖根治”，坚决“打伞破网”，审结一审涉黑恶“保护伞”案件2件2人。落实“一案三查”，省高级人民法院在全国扫黑除恶专项斗争推进会上介绍石狮人民法院移送破获的陈某洪等42人涉黑案。追缴黑恶犯罪分子全部违法所得，并追加没收财产、罚金等财产刑罚共2970万元；组织“打财断血”专项执行行动，切断黑恶势力经济命脉。推进市域综合治理，源头防范黑恶犯罪，全市法院发出司法建议25条。

【集中执行行动】 2019年，泉州市各级法院组织“夏季攻势”等集中执行行动，把涉民生民企案件作为执行重点，开展强制搬迁腾房等专项行动，全市法院集中执行735次，出动人员9783人次，重点整治规避执行、抗拒执行、软对抗执行等顽疾。加大对被执行人的拘传拘留力度，拘传、拘留人数分别比上年上升75%和69%。审结拒执罪案件56件63人，执行到位标的额100.8亿元。强化失信联合惩戒，通过中国执行信息公开网、微信曝光台等公布失信被执行人5.6万人次。坚持善执惠商，依法采取“活查封”“放水养鱼”等柔性执行措施124件次，最大限度减少对暂时困难企业的负面影响。深化执行综合改革，市中级人民法院推行分段集约执行模式，加强关键节点管理，结案平均用时下降54%。构建执行信息公开平台，全面推行网络司法评估，通过淘宝、京东平台实现网络司法拍卖，组织“双十一”等法院拍卖专场，全市法院网拍成交1649宗39.1亿元，溢价率27%。规范执行款管理，落实执行案款全程留痕、动态监督机制。最高人民法院在石狮举行“基本解决执行难”先进经验座谈会。

2019年7月23日，泉州市中级人民法院社会服务中心揭牌

（图/市中级人民法院）

【优化营商环境】 2019年，泉州市各级法院贯彻落实市委十二届八次、九次、十次全会精神，对标营商环境国际标准、国内先进指标，传承弘扬“晋江经验”，制定服务民营经济健康发展26条意见。落实高质量发展要求，审结公司、证券等商事案件1438件，比上年增长91%。针对知识产权案件证据隐蔽、易毁等特点，组建知识产权保护“区块链存取证”等三大平台，审结知识产权案件3246件，比上年上升38%。加大对商标侵权行为的惩治力度，妥善审理特步、九牧等泉州企业品牌维权案件253件。受理破产案件148件，府院联动，做好司法重整和清算；市中级人民法院牵头制定《加快推进企业破产处置工作措施》，推动解决涉税、信用修复等难题。南安市人民法院依托异地商会成立“法商e动”平台，洛江区人民法院开展“亲清助企•司法护航”活动，德化县人民法院实施服务陶瓷产业发展“七大保障行动”，助解企业发展法律难题。

【重大风险化解】 2019年，泉州市各级法院着眼金融系统稳定大局，推行金融审判在线办案快车道。整治民间非法金融行为，建立“职业放贷人”审查机制，以审判引导资本服务实体经济，审结民间借贷案件1.8万件，判处“套路贷”犯罪案件8件。下大力气整治群众反映强烈的生态环境问题，审结污染环境、破坏资源等犯罪案件66件，受理刑事附带民事公益诉讼案件4件，完善生态修复司法机制，推进生态环境系统治理。泉州市中级人民法院、晋江市人民法院联合教育部门成立生态司法体验馆，永春县人民法院建立生态保护协作机制，夯实绿色发展基础。畅通涉诉信访渠道，市中级人民法院排查风险隐患267件次，防范审判执行中的各类风险演变为公共风险，息诉率大幅提升。

【法院助建“海丝”先行区】 2019年，泉州市各级法院审结涉外、涉侨、涉台港澳民商事案件1084件。组建海丝史迹保护巡回法庭，为古泉州（刺桐）史迹申遗提供法律服务。破解涉外审判中域外法查明难问题，院校合作建立域外法查明机制，建设“一带一路”司法案例研究基地。落实惠台司法举措，设立台胞诉讼服务绿色通道，升级台胞权益司法保护中心，办理全省首例台胞授权委托免面签手续。全市法院成立5个台胞权益保障法官工作室，做好涉台案件咨询、服务、调解等工作。影响力覆盖全国的第十一届“海峡两岸司法实务研讨会”在泉州召开。

【依法行政促进】 2019年，泉州市各级法院保护行政相对人合法权益，履行司法审查职责，审结一审行政案件966件。市中级人民法院受理以漳州市两级政府为被告的一审行政案件77件。聚力赶超攻坚，出台方案服务保障重点项目建设，支持行政机关依法开展安征迁、“两违”治理等工作。助力“法治政府建设年”，深化府院、司法审判与行政执法协调配合机制，加强与税务、海关等部门的共建协作，推动国家工作人员旁听庭审常态化。适应跨区域管辖机制改革，市政府、市中级人民法院与管辖泉州市两级政府一审行政案件的厦门中级人民法院举行座谈，助推行政争议实质化解。推广“行政争议调解中心”、异地管辖“123”全程全域调解的泉港做法，全市法院委托调解重大行政案件52件。

【民生权益保护】 2019年，泉州市各级法院审结一审民事案件8.8万件。聚焦农村土地养老等问题，妥善审理农村土地承包、相邻权、扶养等案件559件。密切关注家事、医疗、住房等民生诉求，优化家事审判多部门联动机制，建立未成年人权益保护代表人制度，鲤城法院建成全国法院首个家事文化馆，弘扬闽南优良家风，获评全国维护妇女儿童权益先进集体。联动化解医患矛盾，审结医疗纠纷案件71件。处理政策调控背景下的涉房产消费纠纷，审结商品房预售合同案件2174件、物业服务合同案件3729件，引导消费者理性维权、经营者诚信守法。应对产业转型升级中的劳动争议多发态势，调处利益冲突，深化仲裁与审判衔接机制，审结劳动争议案件2422件，比上年上升75%，其中，追索劳动报酬案件比上年上年增长长224%。打击虚假诉讼，树立司法公信权威。加大司法救助力度，为生活确有困难的当事人缓、减、免交诉讼费521万元；健全执行救助机制，向确因“执行不能”而陷入困境的申请执行人发放救助金1428万元，让困难群众感受法治温暖。

【诉讼制度改革】 2019年，泉州市各级法院推进“三项规程”“认罪认罚从宽”等制度改革，落实证据裁判、疑罪从无、无罪推定等原则，市中级人民法院两起无罪判决被最高人民法院专刊推广。最高人民法院《刑事诉讼制度改革工作动态》指出：泉州中级人民法院在两案审理过程中，庭审实质化得到充分体现，证据裁判和疑罪从无原则得到严格贯彻，较好地落实刑事诉讼制度改革要求，要求全国各地法院研究借鉴。全市一审普通刑事案件的律师辩护率居全省第一，高出全省均值47.9个百分点，体现改革成效的法律援助辩护率达44.7%。

【审判管理机制创新】 2019年，泉州市各级法院直面案件持续增长压力，紧盯重点指标，统一量化考评，市中级人民法院完善《审判管理大表》，一表管全院、管部门、管团队、管个人，全体法官办好案、快办案。年轻干警发扬斗争精神，主动参与大要案审理、执行攻坚，队伍敬业爱岗，高度稳定。组织案件质量评查，开展日常审务督察5633次。推进法官、司法警察、行政等职务职级序列改革，评选首批15名泉州市审判业务专家。加强应用法学研究，市中级人民法院完成最高人民法院两项司法研究重大课题，连续三年获评全国法院学术讨论会组织工作先进奖。

【诉讼服务】 2019年，泉州市各级法院打造最强“两个一站式”，最高人民法院联合央视全媒体直播泉州法院“两个一站式”建设成效。市中级人民法院以共建共治共享为价值导向，建成集24小时自助服务、社会服务对接、司法公开等为一体的法院社会公共服务中心。深化市域诉源治理，在市委政法委的领导下，与司法局等部门合作，为主推动建立泉州市矛盾纠纷多元化解中心，以化解矛盾为己任，把非诉讼纠纷解决机制挺在前面，构建多层次解纷格局。推进“网格化+人民调解”，升级“枫桥经验”泉州模式，全市新收民事案件比上年仅上升4.2%，增幅全省最低。市中级人民法院将商事调解网络拓宽至异地泉籍商会。鲤城区人民法院出台全省首个医疗纠纷诉前鉴定规范。晋江市人民法院探索速调、速裁、速执“三速”快审新模式。南安市人民法院创新“1234”诉调模式助推诉源减量。惠安县人民法院以惠女党建引领多元解纷，获最高人民法院推介。贯彻习近平关于“加快推进跨域立案诉讼服务改革，推动诉讼事项跨区域远程办理、跨层级联动办理，解决好异地诉讼难等问题”的讲话精神，发扬跨域首创精神，市中级人民法院新推出32项跨域诉讼服务项目。全市法院诉讼服务诸多事项“通存通兑”，当事人就近能办、同城通办、异地可办、网上线下同办。新增跨域智慧法庭，推行跨域庭审、调解和证人远程视频作证，813名当事人远程参与庭审及调解。市中级人民法院跨域调解2件涉柬埔寨公民的跨国民商事案件，标的额2.24亿元。推行刑事案件在线送达平台、电子换押制度。将传唤、拘传、保全、调查等十五个事项纳入跨域执行委托范围，大幅缩短执行案件周期。市中级人民法院编写国家法官学院《司法信息学》教材跨域服务和电子卷宗两个章节。

【司法公开】 2019年，泉州市各级法院建设全国法院信息化样板，健全五大司法公开平台。全市法院成立电子文档中心，实现95%的民商事案件卷宗材料当天同步生成电子卷宗，市中级人民法院、石狮市人民法院、安溪县人民法院力推审判业务全流程无纸化网上办案，无纸化办案率30%以上。市中级人民法院、晋江市人民法院等建立统一送达中心，推行电子化、集约化送达管理模式，民商事一、二审案件送达周期平均缩短6.9天和10.1天。泉州法院电子卷宗、送达平台和卷宗智能中间柜等成果在第二届数字中国峰会展示推广，入选全国“智慧法院建设成果展”。健全五大司法公开平台，当事人随时可查案件进展、流程节点等审执信息，全市庭审直播1.3万场，比上年上升99.6%，在中国裁判文书网公开文书11万份。全力打造“新媒体+法治宣传”机制。

司法行政

【概况】 2019年，泉州市及时建立工作机构，组建泉州市委全面依法治市委员会，由市委书记任主任，市长、人大常委会主任、市委副书记任副主任，委员会下设办公室。全市11个县（市、区）均成立机构并召开委员会会议。牵头组织召开全面依法治市委员会第一、二次会议，审议通过委员会工作规则、协调小组工作规则、办公室工作细则、协调小组人员名单、2019年重点工作和年度督察计划，健全完善市委全面依法治市委员会的领导体制和工作机制。制定出台泉州市2019年全面依法治市工作要点，覆盖立法、执法、司法、守法普法等重点领域。在全省率先开展地方性全面依法治市综合督察，将市委“强基促稳”基层法治建设提升专项行动、市人大地方性法规“三入”以及市政府“法治政府建设年”行动落实情入纳入年度重点工作和2019和督察范畴；配合中央依法治国办做好食药监执法司法、优

2019年12月24日，泉州市矛盾纠纷多元化解中心揭牌

（图/市中级人民法院）

化法治营商环境保护民营企业发展以及法治政府建设三项督察。以首届全国法治政府建设示范创建评选活动为契机，市本级组织申报全国优化法治化营商环境示范市。

【普法依法治理】 2019年，泉州市司法部门集中深入学习宣传宪法，在泉州桃花山法治文化公园开展“12•4”宪法宣传日主场综合活动；举办“弘扬宪法精神，争做爱国青年”高校宣讲会暨新媒体普法大赛启动仪式；由市直各有关牵头单位结合行业和地方实际开展宪法专题宣传活动，“宪法宣传周”期间全市开展宪法主题宣传活动278场。结合中华人民共和国成立70周年节点，在全市组织开展《国旗法》《国歌法》《国徽法》专题宣传教育活动。围绕服务民营企业开展宣传活动，举办涉外法律培训会，开展“法律进企业”巡回讲座。落实“谁执法谁普法”责任制，梳理公布53个市直单位普法责任清单和普法计划；以丰泽区为试点在全省率先启动“谁执法谁普法”履职评议活动；组织“新法面对面”活动，开展新颁布法律法规讲座5场；向5个市直部门发出《部门学法建议函》，落实政府公务人员学法制度；建立国家工作人员旁听庭审活动常态机制；加强法治文化阵地建设，推进法治文化阵地“一地一品”建设，全市法治文化阵地达167个。组织落实“百千万计划”，“百千万计划”线上展示平台上传主题宣传活动16347场，全市开展主题宣传活动4421场，参与人数超1000万人次。建立以“泉州公共法律服务”微信公众号为龙头，各地各单位政务新媒体为支撑的宣传矩阵，实现指尖普法。全市开展“新媒体法雨行动”5048场，惠及粉丝1200万多人次。在“泉州政务”微信公众号设立“法治微课堂”。加强国家工作人员和青少年两类重点对象的学法工作。推动地方性法规“三入”工作，加强含《泉州市晋江洛阳江流域水环境保护条例》在内的地方性法规普及宣传工作。

【人民调解】 2019年，泉州市构建“以县级人民调解中心为引领，基层人民调解委员会为主体，行业性专业性人民调解组织为两翼，个人调解室为补充，纠纷信息员为触角”的新时期人民调解组织网络体系。新成立行业性专业性人民调解委员会90个，涵盖金融、物业、企业、商会等系统和领域。全市建立各类人民调解委员会3107个，其中乡镇（街道）人民调解委员会163个、村（社区）人民调解委员会2517个、企事业单位人民调解委员会119个、行业性和专业性人民调解委员会308个。设立品牌调解室113个，培育市级金牌调解工作室4个，创建推荐省级金牌调解室2个。按照市委“强基促稳”工作部署，牵头起草《关于加强矛盾纠纷多元化解体系建设的指导意见》，联合市委政法委、市中院建成市级矛盾纠纷多元化解中心。在泉港区试点并全面推开行政争议调解中心建设，构建一体化行政争议解决机制，全市成立行政争议调解中心12个，受理纠纷102起，成功调解65起。创新公调对接形式，建立人民调解与110非警务事项对接分流机制，建立公安派出所、司法所、律师所（法律服务所）“三所联动”点86个，全年调解纠纷4266件。建立健全镇、街道矛盾纠纷排查月例会制度，在“两节”“两会”等节点开展矛盾纠纷大排查大调处等专项活动。全市各级人民调解委员会排查调处各类矛盾纠纷26489件，调解成功26309件，调解成功率99%。防止民间纠纷转化为治安案件3件9人、民间纠纷转化为刑事案件1件2人。

【社区矫正与安置帮教】 截至2019年底，泉州市接收社区矫正对象34278人，解除矫正29533人，在册社区矫正对象4745人；衔接新回归刑满释放人员5170人，重点帮教对象接送率100%，安置率98%，帮教率99%。开展扫黑除恶排查走访，走访社区服刑人员52195人次，安置帮教人员30248人次，排查出原罪涉黑涉恶涉恐的刑释安帮对象190名，新发现并移交涉黑恶线索1条。建成10个县级社区矫正中心，完成市、县、乡三级社区矫正远程视频督察系统建设，社区矫正对象电子监管率99.43%。深化社区矫正对象违规专项打击，全市全年警告659人次、治安处罚67人次、撤销缓刑21人、对暂予监外执行对象收监8人。做好社区矫正对象报请特赦工作，经摸排评审向市中院报请特赦301人，衔接特赦安置帮教对象267人。推进刑罚执行一体化建设工作，泉州监狱、洛江监狱、翔安监狱选派37名监狱警察以队建制形式加入县级社区矫正机构参与工作。5月16日，全省第一季度社区矫正安全稳定分析交流会在石狮市召开，市司法局作典型经验发言；5月21日，司法部副部长刘振宇到石狮市调研基层司法行政工作，对泉州社区矫正工作给予肯定。

【公共法律服务】 2019年，泉州市司法部门推进公共法律服务“三大平台”建设。实体平台实现县、乡、村三级全覆盖，延伸服务触角，“一村（社区）一法律顾问”及其工作微信群提前实现全覆盖。市、县两级“12348”热线平台全部建立并落实值班制度。全面整合线上公共法律服务资源，依托“泉州司法在线”微信公众号优化集成法律援助、公证、人民调解等网络服务平台，搭建“1+11”市县联动掌上公共法律服务微信公众号矩阵，聚力打造覆盖全业务全时空的公共法律服务“一张网”，实现公共法律服务事项“指尖点”“掌上办”。

【律师管理】 2019年，泉州市拥有165家律师事务所和2007名律师。全市律师办理各类案件52637件，担任法律顾问4308家，提供公益法律服务5721件次，咨询和代写法律文书6689件，业务创收34333万元。市司法局开展法律服务“五在场”、法务保障“六个有”工作，（社区）法律顾问律师开展重大村务决策在场145次，重要村规民约修改审核在场131次，重大事项法律咨询解答在场2187次，重大纠纷调解在场83次，重要节点普法宣传在场327次；加强政府法律顾问工作，推动市政府及其组成部门聘请法律顾问率提升10%，提升至94%；确定316个村（社区）为示范点创建对象，实现县（市、区）将村（社区）法律顾问工作纳入财政经费予以保障全覆盖。联合市发改委、市律协成立服务项目攻坚律师志愿团；与市工商联、市律协举办律师与民营企业家法治沙龙，举办营商环境优化与民营企业法律保障论坛，牵头召开泉州营商环境调研座谈会。完成对155家律师所和1789名律师的年度考核工作，按照“双随机一公开”原则抽查44家律师所；联合市律协印发《关于进一步严格落实律师行业监督管理工作的通知》，加强律师办理涉黑恶案件监管指导，收到报备484起；查处律师违法违规行为，接到投诉律师案件33件，做出行业处分4件，行政处罚2件；组织80名律师、公证员到北京大学开办第四期涉外法律服务人才培训班；启动律师专业水平评价体系和评定机制试点工作，80名参审律师均通过评审。推进律师调解试点工作，全市设立38家律师调解工作室，调解案件305件；推进律师参与化解和代理涉法涉诉信访案件工作，律师到市中级人民法院、市公安局、市信访局参加信访值班工作114人次。

【公证管理】　2019年，泉州市有11家公证机构和55名公证员。全市公证机构办理各类公证事项43921件，收费2071万元。服务重点项目99个，涉及标的额296.58亿元。拒绝非法公证，为政府、企事业单位和人民群众挽回经济损失69万元。探索公证服务民营企业新形式，泉州市海峡公证处在全省首创公证顾问制度，与100家民营企业建立战略合作关系。推行办理公证“最多跑一次”工作，提供服务10300件。完成对全市11家公证机构和59名公证员年度考核备案工作，与南平市公证行业开展公证质量互查工作。

【司法鉴定管理】　2019年，泉州市有17家司法鉴定机构，125名司法鉴定人。全市司法鉴定机构承办司法鉴定案件26054件，业务收入2790万元。指导15家司法鉴定机构通过省级资质认定。开展司法鉴定机构和司法鉴定人年度考核。推进“四类外”鉴定人和鉴定机构规范整改，组织4家司法鉴定机构、23名司法鉴定人开展执业事项变更登记。在全省司法鉴定业务技能现场比武活动中，泉州市代表队获得总评第三。加强司法鉴定投诉处理工作，办理司法鉴定投诉10件，办理行政处罚案件2件，给予行政处理3件。

【法律援助】　2019年，泉州市法律援助部门受理、指派法律援助案件7845件，比上年增长4.47%，受援群众8130人次，挽回经济损失18596.4万元，解答法律咨询14640人次。启动月“服务之星”评选活动，提升服务质量。开展刑事案件律师辩护全覆盖试点和值班律师工作，配合检察院等部门推进认罪认罚从宽制度落实，全年全市办理刑事法律援助案件4484件，比上年增长56.84%，位居全省第一；提供法律帮助8218件，其中认罪认罚4761件。开展“法援惠民生”品牌建设工作，确定鲤城、晋江为农民工品牌建设示范点，南安、永春为残疾人品牌建设示范点，全年全市农民工、残疾人、妇女儿童、老年人获得法律援助6373人次。完善泉州市法律援助信息管理系统，增设公安、检察院等端口，推进“互联网+”法律援助在市残联等部门多点应用。

【法律职业资格考试】　2019年，泉州市司法局完成2019年国家统一法律职业资格考试考务工作，被司法部表彰为“全国司法行政机关2019年国家统一法律职业资格考试工作表现突出单位”。全市客观题考试报名2058人，参考率76.6%，主观题考试报名1246人，参考率98.7%，其中泉州考生934人，莆田

2019年3月13日，泉州监狱开展人大代表开放日活动。图为人大代表参观监狱伙食安排　（图/泉州监狱）

考生312人。

【监狱工作】　2019年，泉州监狱建设全省监狱系统首家“党员政治微生活馆”，首推《干部政治考察“六个是否”具体标准》，打造“智慧政工”平台，集成指尖党务、在线练兵等9个功能模块，打造“随身携带的手机党校”。开展为期3年以“学新思想、比政治素质、比履职能力、比纪律作风”为主题的“一学三比”大练兵大比武活动。推行“一线工作法”，党委成员带队到基层调研问计，形成年度重点项目108个。推行警员职务序列套改，自行开发的套改软件在全省系统推广。开辟扫黑除恶专项斗争“第二战场”，推进法治监狱三年规划建设，抓好司法部驻在式检查和检察机关巡回检察发现问题专项治理整顿。制定《限制减刑罪犯管理教育指导意见》《高危监区罪犯管理教育实施意见》等系列精细化管理制度。打磨全国首家狱内110中队和特警队，常态化开展预案演练。完善民警、罪犯两套狱情信息收集奖励办法，出台《提请罪犯减刑假释工作规定》。全年办理减假暂案件1583件，无一错漏，执法满意率96%。坚持政治改造为统领，建立入监宣誓、重要节日宣誓、出监宣誓为主的“3种宣誓+”政治改造教育模式。在全国首家以购买社会服务方式，构建中华优秀传统文化融入罪犯日常改造体系，传承花灯、妆糕人、拍胸舞等18个闽南“非遗”文化项目。制定民警包号房量化考核制度，调研《特定顽危犯攻坚转化招标方案》。成功转化顽危犯20人，罪犯改造正面典型被《法制日报》、“人民网”等媒体刊载；罪犯教育落实率、心理健康教育普及率100%，刑满释放罪犯取得技术资格证书率85%以上。

2019年，福建省洛江监狱贯彻落实刑罚执行一体化建设部署要求，主动与挂钩的县（区）司法局联系，在监狱设置社区矫正工作联络办公室，配合司法局组织社区服刑人员到监狱开展队列训练和警示教育，发挥监狱警察参与社区矫正工作的职能作用。紧扣“练兵比武提高年”的主题任务，聚焦教、学、练、战一体化要求，开展“书香机关•清风朗读”、党员“政治生日”、“观看中国共产党创建历史图片展”、“宪法宣传周”等活动，以浓厚的政治生活仪式感，推动政治理论、法律法规等学习入脑入心。完成高压双回路、配电工程、围墙电网控制系统、智能化综合布线采购与安装、配套的电梯空调等工程建设及验收工作。监狱建设项目土建工程基本完成验收，着手进行工程结算资料整理送审工作。

2019年3月27日，泉州司法强制隔离戒毒所联合丰泽区清源街道在市区西湖公园举行“3·5”学雷锋禁毒宣传活动。图为活动现场

（图/泉州司法强制隔离戒毒所）

【泉州司法强制隔离戒毒所】　2019年，福建省泉州司法强制隔离戒毒所通过加强民警队伍建设、强化戒毒人员思想教育感化，采取谈心谈话、以案说法、戒毒康复训练、信心戒毒、运动戒毒、心理辅导等多种形式有效开展戒毒工作，提升教育戒治水平，探索教育实践新技术新方法。完善戒毒医疗机构建设，与泉州市第三医院和泉州市人民医院建立协作帮扶关系，构建戒毒医联体。开展“戒毒工作千里行”宣讲活动，戒毒宣传进社区、进学校，以巡回宣讲的形式进行毒品知识普及教育，主动邀请社会团体到戒毒场所内开展禁毒教育，5家社会团体和学校230人次到所接受禁毒教育，起到提高社会群体抵制毒品意识，关心关爱戒毒人员的效果。通过教育矫正、心理矫治、康复训练等戒毒治疗方法，提高戒断率，265名吸毒人员戒毒成功，康复回归社会。

军　　事

泉州军分区

【概况】 2019年，泉州军分区以习近平新时代中国特色社会主义思想为指导，贯彻习近平强军思想，贯彻新时代军事战略方针，坚决落实军委国防动员部党委、省军区党委决策部署，按照“一年一个重点、三年一个周期”工作思路，围绕“创特色、上层次、促正规”工作目标，完成各项任务，全面建设呈现出向上向好、稳中有进的局面。建立习近平重要讲话跟进学习机制，统筹党委中心组理论学习，组织团以上干部参加省军区理论培训班，结合年度重大课题调研促进转化运用。抓好军委主席负责制学习贯彻，狠抓上级巡察反馈问题整改，坚决做到维护核心、令行禁止。创新抓好“传承红色基因、担当强军重任”主题教育试点，经验做法被军委国防动员部转发。常态抓好经常性思想教育，组织学习宣扬王继才、张富清等时代典型，紧跟国际国内形势开展中美经贸摩擦、军事政策制度改革、香港局势等形势政策教育，做好意识形态领域工作，定制英模雕塑，浓厚国动文化氛围，确保部队高度集中统一。

【练兵备战】 2019年，泉州军分区贯彻落实习近平主席开训动员令和军委军事工作会议精神，纠治和平积弊，强化备战打仗鲜明导向，推进战备训练落实。加强党委对备战打仗的领导，落实聚力推进备战打仗，坚持每季度党委议战议训议动，开展2017—2019年军事训练落实情况检查，召开党委常委扩大会讲评问责，归正备战打仗重心。强化战备制度落实，开展军情研究、作战值班业务培训、日常战备专项整顿，推进市民兵训练基地和“县乡村”三级武装机构及海防民兵哨所战备规范化建设。强化训练任务落实，参加省军区战役理论集训，组织首长机关训练考核，开展群众性岗位练兵比武活动，统筹推进军事职业教育试点，组织预编人员返岗复训和专业技术骨干集训，完成参训任务，落实夜训时间，完成18所高校大学新生军训任务。

【国防动员】 2019年，泉州军分区健全国防动员机构，结合机构改革调整国动委成员单位，组织泉州市国防动员委员会组成人员调整及成立海上动员办公室。组织海上国防动员潜力专项调查，完成相关数据采集更新。开展非公企业编兵专题调研，组织民兵调整改革落实情况检查，组织专武干部强化集训，重组市民兵应急营，建成综合救援、工程机械等一批新质应急民兵力量，高标准完成上级检查考评准备。组织新任职专武干部参加省军区集训，被评为优胜单位。做好兵员征集工作，大学生比例80.06%，大学毕业生比例10.7%，两项指标均高于全省平均水平。

【基层建设】 2019年，泉州军分区组织学习《军队基层建设纲要》和军委基层建设工作会议精神，贯彻落实新一代共同条令，按照“三个一线”集训精神抓基层打基础。加强正规化建设，开展“贯彻落实新条令、塑造军队好样子”活动，组织管法创新课题研究，拟制军分区机关人员分工及管理《责任区分表》，官兵法治观念和依法办事能力不断增强。狠抓重大安全问题防范和隐患排查治理，围绕“两会”、中华人民共和国成立70周年等敏感时段，分阶段推进重点领域安全整治、重要时节安全管控、重大活动安全监管，迎接军委国防动员部安全大检查，部队安全形势稳中向好。加强保密清理核查，开展专题保密教育，组织保密骨干业务培训和退役人员涉密清理清查，防止失泄密问题发生。推进“百日安全活动”，组织应急防暴、突发火灾和反恐怖行动演练，安全防患意识不断增强。落实现役干部健康体检、困难救济、探亲休假、干部疗养、职工绩效车补等利益诉求，增强官兵职工幸福感获得感。

【综合保障】 2019年，泉州军分区持续推进装备保障，开展民兵装备仓库管理秩序整治，完成全区枪支弹药账物清查，规范民间发现未爆弹处置流程。抓好住房清理整治，组织空余房地产安全排查，拟制军分区空余房地产管理《实施意见》，有效解决军用土地、房地产管理等历史遗留问题。加强停偿项目移交管理，核查停偿项目租金收缴。加强营区营院规划建设，开展固定资产清查，规范物业费收缴，拟制机关公寓住房管理《暂行办法》。开展账户资金专项清理和财经纪律检查自查，迎接上级财经纪律大检查，规范财经秩序。落实“三个不降”指示要求，推进干休所综合整治，开展医疗保健“贴心贴身”服务。

【党管武装】 2019年，泉州军分区落实向第一书记请示汇报、党委第一书记述职和党政四套班子“过军事日”等制度，协调召开议军会研究海上民兵队伍建设和林俊德纪念馆建设，抓好上年议军会议定事项落实，常态优化和组织开展党管武装工作绩效考评。协调安置军转干部，营职以下军转干部进公务员和“参公”单位比例85.6%，安置退役士兵，安置公务员和事业编制身份随军家属，政策助力随军家属就业，军人子女就读优质学校。动员驻泉部队和民兵参与“五个泉州”建设，制定关于新时代加强党政军警民合力强边固防实施方案、加强军地合作服务地方安全生产工作措施，构建军地联合应急维稳机制。总结推广“蓉中村”经验做法，开展“双拥+和谐家园”活动，联合整治驻泉部队营区周边环境和进出通道；首创“双拥+扶贫”工作模式，组织驻泉部队与12个市级以上重点贫困乡（镇）、24个重点村和62户重点贫困户结对挂钩，实现扶贫和双拥同开展、共促进。

2019年4月22日，泉州军分区、泉州市公路局等举行应急抢险突击队公路钢桥架设应急演练。图为演练现场（图/市公路局）

泉州预备役高炮团

【概况】 2019年，泉州预备役高炮团把思想政治建设摆在首位，紧贴预备役部队军地联系密切、改革尚未展开、官兵思想活跃等特点，打牢官兵听党指挥、对党忠诚的思想根基。组织团党委中心组带机关理论学习，开展“习主席著作引领我成长”读书活动，系统学习《习近平论强军兴军》《干在实处、走在前列》等10本书，并把习近平重要思想、经典金句搬上营区灯箱、宣传展板、LED显示屏，让官兵系统学习。紧扣“传承红色基因、担当强军重任”和“不忘初心、牢记使命”两个主题教育，学习领会上级指示，分析官兵思想，制定教育计划，坚持活动配合、增强时效。开展“向习主席那样抓规范”主题宣讲和实践活动，协调泉州电视台，完成录像拍摄。通过开展经常性教育，增强教育的针对性、实效性。做好帮带工作，紧贴通报的问题和官兵现实活思想，突出抓好法纪观、婚恋观、消费观、交往观、用网观等经常性教育，开展谈心交心活动，做好一人一事思想工作。同时，向军地媒体反映团队建设成效，在军委强军网《政工研究》、战区陆军强军网《部队新闻》等媒介报道建设事迹。

【练兵备战】 2019年，泉州预备役高炮团学习领会习近平关于练兵备战的指示，组织开训动员，通过学习近平训令，体悟胜战期盼，强化练兵备战担当。专题学习《中国人民解放军军事训练监察条例（试行）》、军委《关于聚力推进备战打战的决定》以及陆军、战区陆军贯彻落实决定的措施，人人谈体会、找差距、定目标，激发练兵热情。每周一综合大交班，开展形势战备教育，强化官兵一线意识、忧患意识、使命意识。落实制度严格战备。落实日常战备制度，及时修订方案，规范设置库室，叫响“进值班场所就是进战场、守值班席位就是守战位”，时刻保持戒备状态。突出节假日战备落实，坚持机关每日正常交班、分队每日按时作息，确保节日期间人员在位、工作有序。组织战场勘察及作战方案修订，对防区内营连防空阵地进行勘察，结合任务对部分阵地进行调整，并与师进行对接会审。抓实应急分队建设，坚持每月组织1次现役应急分队演练，元旦、春节、五一、国庆组织预备役应急分队抽点，强化快速反应和应急处置能力。以官兵军事训练等级评定为牵引，落实备课、授课、训练、考核、讲评，精心筹划、严密组织、专人负责、科学组训。组织现役官兵及部分预备役军官手枪步枪实弹射击、现役官兵等级评定、30千米徒步拉练、应急分队为期半个月的训练以及预编官兵为期1个月的建制连训练。通过训练，掌握基本技能、熟悉专业协同、提升组织能力。落实“半工半训”、每周实训2.5天要求，与过去不良训风、考风作斗争，学习贯彻《中国人民解放军军事训练条例（试行）》《中国人民解放军军事训练监察条例（试行）》，严格训练计划制定与执行，严格训练考勤、成绩登记，如实建立军事训练档案，杜绝训练登记统计造假问题。抓好训练场组织管理，组织每季官兵体能普考，及时张榜公布成绩，督促官兵自我加压训练。

【部队管理】 2019年，泉州预备役高炮团把握稳中求进总基调，依据大纲、条令法规和上级指示，抓好团队规范化建设和安全稳控工作，部队管理更加正规。经常教育提醒。开展“条令每日学”活动，3—4月，坚持每个工作日交班后利用半小时组织学习新共同条令，通过原文阅读、新旧对比、案例剖析等，引导官兵系统学习新条令，领会新精神，把握新要求。组织参加各级安全工作会议，第一时间传达学习上级安全管理问题通报或检讨反思，并组织对照整改。5月起，坚持每周五利用半小时重温陆军、战区陆军3本《警示录》和《血色镜鉴》，组织观看20部安全警示教育片，筑牢人人想安全、事事讲安全、时时抓安全的思想自觉。强化安全训练。把安全训练纳入每月训练计划，在训练中学要领、懂防范、强技能。结合形势任务、季节变化、驻地特点常讲常抓，邀请鲤城区消防大队消防员、泉州市中医院急救科医师、泉州市特巡警支队教官进行火灾救援技能训练、生命支持训练、维稳处突训练等示范教学，官兵安全防范意识和应急处突能力得到提升。严格制度落实。贯彻落实新条令，对作战值班、营门警卫、办公保密、请示报告、公勤队管理等进行规范，依法依令抓好末端落实。严格一日生活制度，从集合站队抓起，每次出操、上课、训练落实点名，坚持次日值班员履行当日检查巡查职责，每日进行1次午查和2次夜查，次日交班时进行讲评。坚持每周五办公保密和安全检查，促进官兵强化安全意识，养成保密习惯。坚持人防和技防相结合，安装保密室智能指纹锁，更换机房等重要目标报警器，对营区监控系统进行检修和调整，摄像头实现全覆盖无死角；检测更换临近过期灭火器，指定人员每月对灭火器技术状况进行检查，对营区用电线路进行检修、对污水井盖进行加固，消除问题隐患。注重群策群防。开展“四个从严”（从严治松、从严治散、从严治虚、从严治软）、“百日安全竞赛”以及“迎国庆、保稳定”安全隐患排查整治等活动，每个阶段突出整治重点，区分单位、个人进行对照整改，突出“人、车、枪、弹、密、网、酒、危”，分类组织安全隐患排查，构建教育、训练、管理、防控、督查等于一体的安全网。针对各阶段任务重点，传达上级指示，组织学习相关法规，开展相关案例解析，帮助理思路教方法，强化职责意识，增强发现解决问题的能力。

【基础建设】 2019年，泉州预备役高炮团抓好基础建设。对团党委、各部门以及公勤队会议室政治氛围进行更新改造，规范各会议室设置。开展双拥共建，坚持有为才有位，走访驻地党政机关和企事业单位，主动承担国防教育、党政军训、医疗助民等，与泉州市委党史和地方志研究室、泉州市中级人民法院刑二庭党支部、鲤城区实验小学等开展双拥共建活动。抓好预备役军官队伍建设，到各预编单位了解情况，召开会议专题分析，对照标准条件，根据岗位职责、作用发挥、建设发展等，研究制定预备役军官调整方案，通过轻武器实弹射击、30千米徒步拉练、参加主题教育、组织回营日活动等，增强团队预备役军官队伍的凝聚力、战斗力和使命感、荣誉感。抓好后装保障，紧盯战备抓保障，完善直属分队库室规范化建设，补充战备物资储备，完善卫生队政工氛围设置。瞄准打赢抓训练，结合应急分队训练、成建制训练组织现役及预备役官兵进行战伤自救互救、炊事员训练，参训人员合格率100%。贯彻落实陆军车炮场日现场会精神，集中组织3次爱装管装教育，按照4个步骤9项内容落实每周车炮场日，清查各类装备并建立台账。整肃治理抓风气，推进后勤重点行业领域整肃治理，对3个方面8个可能出现的隐患苗头进行自查整改，做到责任到人、拉单销账，整肃治理情况受到师部通报表扬。

【正风肃纪】 2019年，泉州预备役高炮团落实党中央、中央军委、两级陆军制定的各项新规禁令，坚持正风肃纪，构建风清气正的环境，促进团队建设转型发展。传导责任压力。第一时间传达学习各级关于正风肃纪重要指示、各类典型案例通报，组织观看7部警示录像，每个阶段结合实际突出重点，每名官兵查找剖析个人在思想觉悟、精神状态、履职尽责、道德修养、作风形象等方面的问题，开展专项清理整治，让官兵心有所畏、行有所戒。组织法规教育，利用工作日交班、组织生活、领导讲党课等方式，逐篇学习《中国共产党纪律处分条例》《中国共产党问责条例》《中国共产党纪律检查机关监督执纪工作规则》《军委主席负责制问责规定》《廉政教育资料》《关于军队实践运用监督执纪“四种形态”的意见提纲》等新规禁令。抓好整改纠治，贯彻落实上级部署，开展军委纪委执纪情况检查指出问题、陆军党委巡视反馈问题以及留存名贵特产类物品等专项清理整治，召开3次常委会研究部署，召开5次纪委会分析形势、制定措施，明确分工、标准和时限。迎接陆军明察暗访组、战区陆军作风纪律检查组、综合检查组以及师多次检查，团队风气更加纯正，官兵履职更加尽责。建立机制加大督查。执行陆军“禁酒令”，提醒“饭碗重要还是酒杯重要”的自问，强化“若要人不知除非己莫为”的自觉。贯彻《军队实施党内监督的规定》，综合运用事务公开、日常监管、检查考评、畅通举报渠道等方式，督促官兵始终牢记“党和人民在监督、众目睽睽难逃脱”的道理，采取通报批评、责令检查、党内谈话教育、组织生活帮助等，抓早抓小、防微杜渐，让遵规守纪、慎独慎微成为官兵的行为自觉。

泉州海警局

【概况】 2019年6月，根据党中央《深化党和国家机构改革方案》《武警部队改革实施方案》决策部署，原福建省公安边防总队海警第二支队机构撤销，调整组建泉州海警局，副团级建制，主要担负全国人大赋予的“7+1”职责任务：即组织实施海上维权行动，执行打击海上违法犯罪活动、维护海上治安和安全保卫、海洋资源开发利用、海洋生态环境保护、海洋渔业管理、海上缉私等方面的执法任务，以及协调指导地方海上执法工作。2019年，泉州海警局聚力练兵备战，聚焦主责主业，完成维权执法、改革整编、军事训练等各项工作任务。

【辖区管控】 2019年，泉州海警局针对辖区海域复杂治安形势，强化重点区域管防，出动舰艇巡逻988次，航程41640.9海里、航时6929小时，海上巡逻频次为全省海警前列。查办各类案件143件，其中刑事案件25件、行政案件118件，查获无合法手续成品油3629.11吨、虾苗126箱、台杂货16件、海砂8万余吨，没收“三无”（无船名船号、无船舶证书、无船籍港）船舶19艘，查办案件数占全省总数29.6%。组织侦破支队“10·16”特大走私毒品案，抓获嫌疑人3名，查获疑似制毒化学品（羟亚胺）约1吨，为福建海警调整组建以来现场查获涉毒违禁品数量之最。

【“海上枫桥”建设】 2019年，泉州海警局将新时代“海上枫桥”模式和“不忘初心、牢记使命”主题教育相融合，创新群众工作方法，以合署办事处和舰艇为基点，协调驻地120急救中心打造海上救援“绿色通道”，化解海上矛盾纠纷23起，救助14次、船舶3艘17人，查办各类违法犯罪案件126件，劝阻进入敏感海域渔船11艘次。

【练兵备战】 2019年，泉州海警局贯彻习近平训词精神，强化战斗队思想，树立战斗力标准，坚持按纲施训，严格训练管理，全面提升军事业务水平。抓好群众性练兵，完成舰艇科目训练1500余课时，个人能力认证考核、补差训练合格率85.2%，优良率58.1%。开展体能训练326课时，合格率75%，比上年提升10%。在全省海警群众性练兵比武竞赛中，包揽舰艇航海专业3个单项第一，部队战斗力稳步提升。

【监管执纪】 2019年，泉州海警局出台《预防职务犯罪九条刚性措施》《涉案财物管理工作规范》等规定，加大对官兵朋友圈、手机网络、精力外移等摸排力度，开展安全专项检查6次，日常督察52次，查纠各类问题130余个，33人受到问责。派出纪检督察力量参与监督涉案油品过驳、招投标等，涉及金额2500万元，构建全覆盖监督防控网。

【基础建设】 2019年，泉州海警局争取地方经费2261万余元，支持基础项目建设6处。坚持“新官”理旧账，开展后勤领域重点问题

2019年10月17日，泉州海警局组织海上编队巡逻 （图/泉州海警局）

“清仓归零”等，厘清固定资产旧账，协调推进解决历史遗留问题3个。落实舰艇日常维保，提高自主维修能力，排除各类故障200余项，确保舰艇良好的技术状态，1人取得中央军委颁发的装备保障专业技师资格证。

人民防空

【概况】 2019年，泉州市人防部门组织力量对标对表“十三五”规划任务和人防军事斗争准备检验评估标准，梳理人防全面建设情况，开展自查自评，找差距补短板，列出清单，提出整改方案，印发《泉州人防2019年工作要点》《泉州市人防系统2019年度目标考评任务分解表》，指导全市人防工作开展。组织开展市、县两级人防军事斗争潜力调查，补充完善人防数据库。

【指挥场所建设】 2019年，泉州市人防部门推进市本级和沿海县（市、区）人防基本指挥所升级改造工作，市本级基本指挥所按国家、省人防办的要求完成技术摸底和评估等前期工作，组织开展招标工作，沿海县级基本指挥所开展技术摸底评估工作。加大市、县两级地面指挥中心建设力度，完善“八室一库一中心”（会议室、防化室、洗消室、后勤保障室、电源室、控制室、水泵室、综合室，战备物资库，指挥中心）功能配置，泉州市和晋江市、惠安县、德化县、泉州台商投资区人防地面指挥中心建成，逐步完善功能配置，永春县、安溪县启动项目立项工作。召开协调会议，部署市本级机动指挥所系统功能提升和沿海县（市、区）人防办机动指挥所建设任务，推进全市地下基本指挥所、地面指挥中心和机动指挥所三所融合联通的应急应战指挥保障网络建设。市本级机动指挥所信息系统完成升级，地下指挥所升级改造工作完成设计工作，晋江市、石狮市、南安市、惠安县机动指挥所建设采取市人防办统一确定标准、统一采购模式，经省人防办和市政府批准启动立项工作。

【战备制度落实】 2019年，泉州市人防部门建立市、县两级战备值班、定期呼点、联调联试工作机制，保持有线网络、视频会议系统和军用短波电台等战备值班执勤系统常态化运行，落实24小时战备值班、请示报告、交班接班、战备检查等制度。加强战备训练，建立市机动指挥所和基本指挥所与县级指挥所每周呼点，每月联调联试的工作机制，促进人防系统指挥所战备值班水平和指挥保障人员处置任务能力提升。制订机动指挥所训练计划，细化跨省、跨市和市域机动演练训练方案，建立每周维管训练、每月市域机动训练机制。3月，组织参加全省机动指挥联调联训活动；7月，组织到南安市开展联调联试；9月，组织到德化县参与人口疏散演练通信保障，通过演训活动，优化机动指挥所运管机制，促进人防队伍遂行任务能力的提升。11月，配合省人防办全程参与跨省演练。

【指挥保障能力建设】 2019年，泉州市人防部门紧贴机构改革步伐，研究人防指挥部编成调整工作，开展指挥部实名制编成的前期准备工作，在机构改革和职级并行完成后进行调整。按省人防办的统一部署，推进《防空袭方案》修订完善工作，开展方案编制的要素调研和数据采集工作。推进第三代军用短波电台组网工作，提升全市无线短波通信网建设水平和人防指挥信息保障能力。6月，组织开展无线短波电台演练训练活动，检验全市无线通信建设水平。按省人防办的统一安排，加快人防战备数据工程建设，为智慧人防建设打基础。加强人防预警报知体系建设，提高市、县两级人防预警报知水平。突出城市核心区、重要经济目标毗邻区和城市新区、高新区、工业园区的警报补盲工作，采用北斗卫星控制系统解决山区县人防警报统控问题，推进警报建设向乡镇延伸，向地灾多发村布设。配合省人防办开展全市警报网对接国家突发事件预警信息发布系统工作，开展前期技术培训工作。加强空情系统建设，开展空情接收与处理、传输线路和人才培训工作。开展以德化县为主场的泉州市第22次防空警报试鸣暨人口疏散演练活动，全市30万人参与演练，组织雷霆和蓝天等人防应急救援志愿队参与演练，首次启用无人机试点应急救援工作。在鲤城区新门社区、金山社区和丰泽区东湖社区开展社区人防工作站建设，提高城市居民防空防灾意识，打造人防应急应战基层模范单位。

【实战化训练演练】 2019年，泉州市人防部门加强人民防空作战理论学习研究，针对现代战争空袭特点规律和风险挑战问题，创新紧贴泉州发展实际的人防防护理论和人防战法训法。依据《人民防空训练与考核大纲》，制订泉州市人民防空训练计划，组织参与实兵演习，启动人防战备机制，开设地下、地面和机动指挥所，加大指挥通信保障系统的临战演训，组织专业队开展临战突训，购置演习物资和设施，调配2套机动指挥系统，加强向市委、市政府、市国动委的请示汇报，完成上级部署的任务。开展机动指挥信息系统等关键岗位人员集训，提高遂行任务的能力。3月，根据人防军事斗争新形势，开展全市人防指挥业务集训，提升人防指挥通信人员应急应战能力；4月，组织指挥通信骨干力量参与省人防组织指挥通信业务集训；7月，到晋江消防机动大队开展消防技能训练和军训工作，推进人防队伍准军事化建设；10月，组织党员干部到解放军某部开展过军事日活动，深化对强

应急管理

综述

【安全生产制度建设】 2019年，泉州市深化安全生产领域改革发展，着力提升应急保障能力和管理水平。制定出台《泉州市危险化学品重大危险源监管工作督长制（试行）》，将全市95处危险化学品重大危险源逐一明确督长，明确职责及监督检查内容。建立生产经营单位安全生产“红黑名单”制度，明确守信享有优先提供服务等10项激励措施、失信在融资受限等15项惩戒措施，有效压实企业安全生产主体责任。制定出台《泉州市安全生产事故隐患排查治理问题整改督办和问责移送暂行规定》《提示告知警示通报和约谈、问题整改督办以及问责、事故查处挂牌督办三项制度》，对5起一次死亡两人的生产安全事故进行挂牌督办，督促严格事故查处，严肃责任追究；组织4场约谈会，以市政府的名义约谈属地政府、相关行业主管部门，深刻检讨事故发生原因，研究提出下一步整改措施。严格事故责任追究，2019年组织事故调查6起，一般事故2起，较大事故4起（其中一起初步认定为非生产安全事故）。建议党政纪处分17人，其中科级干部6人，移送监委进一步调查处理23人，其中科级干部5人，追究刑事责任6人，行政处罚1人，并对2个事故发生单位进行行政处罚。同时，组织开展生产安全事故责任追究和整改措施落实情况评估。

【综合监管】 2019年，泉州市安全生产委员会针对安全生产工作中存在的突出问题和薄弱环节，研究对策措施，调研、检查、部署安全生产工作。结合“强基促稳”及防范化解重大风险工作，对各县（市、区）安全生产工作存在的主要问题、薄弱环节进行全面梳理，函告鲤城区危旧房屋存在安全隐患，需要整改落实。研究部署安全生产集中整治等阶段性活动，指导各级各部门扎实深入开展危险化学品、煤矿、建筑施工、交通运输、非煤矿山、消防、燃气、冶金、铁路沿线、房屋安全、海上安全、电力、渔业船舶、民爆物品、特种设备、旅游、民航、森林防火、水利、油气输送管道、农业机械、学校实验室、游乐场所、游乐设施等重点行业领域专项整治工作。

【应急体系建设】 2019年，泉州市推进应急救援力量建设。推进国家危险化学品应急救援（泉州）基地建设工作，计划总投资11260万元，中化泉州石化有限公司完成应急救援车辆、装备采购合同签订，生产厂家正按合同要求积极备货，特勤消防营房有序建设中。全面摸清全市社会应急力量及专职应急救援队伍，普查出19支社会应急救援力量及132支重点行业领域应急救援队伍，初步建立起泉州市应急救援队伍基本信息库，为应急准备打好基础。

应急管理信息化建设。按照应急管理部、省应急管理厅和市委、市政府对应急管理指挥的要求，开展应急指挥中心和应急管理信息化建设工作，市应急指挥中心完成在东海大厦的选址并获市政府批准，列入2020年建设计划，建设面积2800平方米，进行编制项目可研报告和初步设计。同时，按照应急管理部和省厅提出的“边应急、边建设”的要求，深度整合引接现有防汛、数字城管、交通、安全生产等数据和信息资源，编制泉州市应急管理信息化发展三年规划和信息化建设项目建议书。

应急物资储备体系建设。泉州市应急物资保障工作遵循“党委政府统一领导、部门分工协作、地方分级负责、各方共同参与”的原

2019年6月28日，泉州市应急管理知识竞赛总决赛在泉州广播电视台演播厅举行。图为颁奖现场　（图/市应急管理局）

则，初步构建泉州市自然灾害应急物资保障体系。全市建设救灾物资储备库11个，其中：市级救灾物资储备库1个，县（市、区）级救灾物资储备库10个。此外，乡镇、村（居）和全市2835个自然灾害避灾点中，也储备自然灾害救助物资。市级救灾物资储备库存储帐篷、棉被、军大衣、毛毯、发电机等救灾物资1万余件。对于食品、饮用水等易变质生活物资，主要采用由县(市、区)与生产企业和大型商超签订协议的方式储备。

应急救援

【概况】　2019年，泉州市应急管理部门强化基础体系，完善制度建设。统筹规划建设石化应急救援中心。为提高防范和应对泉港、泉惠石化工业区重特大化工生产安全事故的能力，最大限度地降低化工事故造成的损失，市政府印发《泉州市人民政府办公室关于印发泉州市（泉港、泉惠）石化安全生产应急救援中心建设工作方案的通知》，强化措施，推进泉港、泉惠石化安全生产应急救援中心建设。推进国家危险化学品应急救援（泉州）基地建设，加强与国家、省沟通联系，依托中化泉州石化有限公司大型国企优势，争取国家危险化学品应急救援基地落户。国家8000万元应急专项资金已拨付中化集团，中化集团配套建设资金3260万元，总投资11260万元。建立健全应急处置专家技术支撑制度，发挥安全生产专家在事故预防和处置工作中的技术支撑作用，聘任185名安全生产专家组成员，涵盖矿山、危险化学品、冶金等19个领域，并组织专家参与应急预案的制定、修订、评审和事故应急处置及评估等工作。

【优化应急预案】　2019年7—12月，泉州市开展应急预案信息填报工作，通过网上填报应急预案基本信息，建立“应急预案数据库”，掌握全市各地区、各部门、各行业领域应急预案制定颁布执行情况，推动全市各类应急预案汇集共享，提高科学、规范、高效应对生产安全事故灾难和自然灾难的能力。开展应急演练活动，突出“防控风险、实战演练”活动主题，督促指导全市危险化学品、矿山、道路运输等高危企业和人员密集场所经营单位开展应急演练。市应急管理局联合惠安县政府、中化公司组织举办危险化学品生产安全事故应急救援演练，出动大型石化类专业消防车辆及侦察、灭火机器人、无人机20余部，200余人参演。

【应急救援队伍建设】　2019年，泉州市全面摸清全市各类应急救援力量，加强对全市主要社会应急救援力量调研研究，掌握重点行业领域企业应急救援队伍建设、应急资源配备和应急联动情况。全市普查出各类应急救援队伍152支，其中社会应急力量22支，重点行业领域应急救援队伍132支，并为13支重点行业领域应急救援队伍及社会应急救援力量进行授牌。形成以国家综合性消防救援队伍为主干力量，以危化品、城镇燃气、森林消防、医疗、电力等相关行业领域专业队伍为基础力量，以社会应急救援队伍为有力补充的应急救援队伍体系，初步建立起泉州市应急救援队伍基本信息库，同时加强应急演练联防联训联战工作，为应急准备打下坚实基础。针对泉港石化工业区应急救援力量薄弱，泉州市创新工作方法，采用招商的模式与第三方专业消防服务公司合作组建泉港石化工业园区消防服务公司，累计投入3000多万元建设南山片区消防特勤站，投入4000万元配备7台进口大功率消防车及器材装备，配备专业管理人员、消防技术人员和战斗员58人，为泉港石化工业园区入驻企业提供专业消防技术和应急救援服务。加强企业应急救援队伍建设，福建联合石化有限公司专门成立一支250多人准军事化管理的消防支队，配备各种消防和应急救援装备、器材，可有效应对危险化学品安全生产事故。中化泉州石化有限公司配有专职消防员90人，多功能消防车10辆，福建湄洲湾氯碱公司、石狮市佳龙石化公司等规模较大的高危企业，也都成立较为专业的企业应急救援专职队伍。泉州市危化企业有专职消防队伍7支，兼职消防队伍166支，拥有40辆各式消防车，成为泉州市应急救援领域一股不可或缺的重要力量。

应急执法监督

【概况】 2019年，泉州市应急管理部门结合安全生产法律法规的立、改、废和机构改革职能调整，推进全市安全生产行政执法透明、规范、合法、公正，不断键全执法制度，完善执法程序、创新执法方式、加强执法监督，全面提高执法效能，推动形成权责统一、权威高效的行政执法体系，着力提高安全生产监管执法水平。

【授权经济开发区实施生产安全事故调查】 2019年，泉州市政府授权市应急管理局牵头组织泉州市较大生产安全事故及提级调查一般生产安全事故的调查；授权泉州台商投资区管委会、泉州经济技术开发区管委会在本辖区范围内，行使县级人民政府生产安全事故调查处理权限，负责开展各自辖区范围内一般生产安全事故的调查处理。健全完善泉州市事故调查工作规范，全面提升事故调查工作质量和效率，确保生产安全事故调查处理主体和程序合法、有效。委托经济开发区实施行政处罚。为依法加强对生产经营单位的安全监管，构建市、县、乡三级安全生产执法体系，实现安全生产监管工作“关口前移、重心下移”，防范安全生产事故的发生，市应急管理局依据《行政处罚法》《安全生产违法行为行政处罚办法》等法律、法规和规章规定，结合实际，分别同泉州台商投资区管委会、泉州经济技术开发区管委会签订《行政执法委托书》，明确委托执法依据、范围、期限及委托执法权限，依法确立双方的权利义务和法律责任，及时填补泉州市两个经济开发区没有安全生产行政处罚权的空白。

【安全生产行政执法“三项制度”】 2019年，泉州市为促进依法行政，保护公民、法人和其他组织的合法权益，营造公平高效的法治营商环境，制定《泉州市应急管理局行政执法公示制度》《泉州市应急管理局行政执法全过程记录制度》《泉州市应急管理局重大行政执法决定法制审核制度》，聚焦行政执法的源头、过程、结果等关键环节，全面推行“三项制度”，对促进严格规范公正文明执法具有基础性、整体性、突破性作用。

实施行政处罚“管罚分离”制度。按照“处罚归口、管罚分离”的原则，制定《泉州市应急管理局行政处罚案件内部移交规定》，明确局各监管科室在行政检查过程中，发现生产经营单位及个人存在涉嫌违法违规行为，拟移交执法支队立案处罚的，应在发现涉嫌违法违规行为后3个工作日内移交执法支队，执法支队办结行政处罚案件后，要及时将办理情况反馈给案件移交科室，加强跟踪督促落实整改。以此规范局内设科室向执法支队移交违法违规案件的有关事项，做好违法违规案件的及时有效查处，确保案件质量。

曝光安全生产行政处罚典型案例和失信联合惩戒对象。市应急管理局联合市安全隐患大排查大整治指挥部，对安全生产行政处罚典型案例和失信联合惩戒对象，定期在泉州电视台、泉州晚报等主流媒体予以公开曝光。分三批对49起安全生产行政处罚典型案例和24家失信惩戒对象予以公开曝光，在社会上起到警示和震慑作用，增强安全生产行政执法效能。

【建立安全生产权力和责任清单】 2019年，泉州市按照强化安全生产监管与透明、高效、便民相结合的原则，优化安全生产行政审批事项，制定完善事中和事后监管办法，提高安全生产监管服务水平。依照《安全生产法》《福建省安全生产条例》等法律法规和规章，以清单方式明确每项安全生产监管监察职权和责任，共梳理行政权力事项和公共服务事项共186项，其中行政许可10项、行政处罚134项、行政强制6项、行政监督检查4项、其他行政权力2项、公共服务事项2项、其他权责事项28项制定工作流程图，并通过政府网站等载体，及时向社会公开，做到安全生产监管执法不缺位、不越位。

【行政执法案卷评查】 2019年，泉州市市应急管理局在全市定期开展安全生产行政处罚案卷和事故案卷考核评议工作，2019年评查案卷50多宗。针对案卷评查中发现的在实体和程序方面存在的问题，逐一梳理并进行通报，查找差距和不足，加大整改力度，真正使行政执法案卷评查活动达到查找问题、纠正不足、规范执法和促进工作的目的，提高安全生产监管执法水平。

安全生产行政执法与刑事司法衔接工作机制构建。市应急管理局与市公安局、市中级人民法院、市人民检察院联合印发《安全生产行政执法与刑事司法衔接工作办法》，明确非法采矿，非法制造、买卖、储存爆炸物，非法经营危险化学品，责任事故等涉嫌安全生产的犯罪案件移送；建立健全联席会议制度，研究安全生产行政执法与刑事司法衔接工作中遇到的问题，协调解决相关事宜；建立健全联络员制度，各级应急管理部门和公安机关、法院、检察机关明确安全生产行政执法与刑事司法衔接工作，加强日常沟通联系，及时通报相关工作情况，严厉打击安全生产领域非法违法行为。

防灾减灾

【概况】 2019年，泉州市应急管

理局在综合防灾减灾救灾方面完成职能划转，做好工作衔接，并组织全市应急管理系统分管领导、业务骨干和街道、乡、镇报灾员进行全员培训，确保全市系统救灾减灾队伍适应新的工作要求。抓好救灾减灾工作基础建设工作，提升救灾减灾应对水平。对全市的避灾点进行梳理，查找存在的问题，提升建设。全市有避灾点2803个，通过检查核查，梳理出3大方面的问题，要求各县（市、区）对照督促整改。会同市财政部门及时向7个县（市、区）下达“省级2019年自然灾害避灾点提升建设补助资金”65万元用于避灾点提升建设。

【开展全国综合减灾示范社区评选及复核工作】 2019年，泉州市有4个社区被授予“2018全国综合减灾示范社区”、6个社区经过省、市应急、地考核被推荐参加“2019全国综合减灾示范社区”评选。按覆盖率44%的比例对历年被授予全国综合减灾示范社区的单位进行抽查复核。

【保险补贴】 下达2019年政策性农村住房叠加保险市级财政补贴资金118.89万元，用于补贴购买2019年政策性农村住房叠加保险的农户。做好自然灾害救灾资金的下达工作。2019年会同市财政下达中央自然灾害救灾资金两笔共计600万元到各县（市、区）用于抗洪抢险、应急度汛、抢险应急物资及设备购置等工作。加强基层抗灾救灾物质条件，提高基层抗灾救灾能力。

安全生产监督管理

【概况】 2019年，泉州市推进安全生产领域改革发展，着重从落实安全生产责任、建立安全生产监管体系、强化风险管控和隐患排查治理双重预防机制建设，深化重点领域专项整治，严格安全监管执法检查，夯实安全生产基层基础、着力提升应急保障能力和水平、扎实做好防灾减灾工作等方面入手，探索建立完善安全生产的长效机制，推动全市安全生产形势持续稳定向好。2019年，全市发生各类生产安全事故246起、比上年下降17.1%，死亡118人、下降15.7%，受伤220人、下降3.5%，直接经济损失1496.45万元、基本持平。全市发生较大事故3起，死亡11人、受伤1人。

【安全监管执法】 2019年，泉州市应急管理局结合泉州市本级安全生产监管工作实际和机构改革后工作职能。组织制定《泉州市应急管理局2019年度安全生产监督检查计划》，明确安全生产监督检查的数量、方式和责任科室，计划2019年检查重点企业76家，抽查一般企业30家。严厉查处安全生产违法违规行为。2019年泉州市应急管理局立案查处32件，罚没收入227.67万元，震慑安全生产违法违规行为，强化企业安全生产管理意识，取得良好社会效应。严肃调查较大生产安全事故。2019年市应急管理局组织相关部门开展生产安全事故调查，调查较大事故4起（其中3起生产安全事故、1起非生产安全事故），并提级调查一般亡人生产安全事故2起。

【重点领域安全生产专项整治】 2019年，泉州市应急管理局开展安全生产重大风险、重大问题排查摸底，建立重大安全生产问题库，分解给市委、市政府领导进行挂钩督导整治。全市41处重大安全生产问题完成整改30处，其余11处按时序进度推进并落实好临时管控措施。全市各县（市、区）也摸排挂钩重大安全生产问题240处，完成整改188处。组织开展安全生产“春季攻坚行动”，突出道路和水上交通、消防、危险化学品等12个重点行业（领域）专项整治，严格考核评比。全市有3.9万家生产经营单位参与“春季攻坚行动”暨大排查大整治活动，检查排查发现隐患7.6万处，停产停业整顿84家，取缔关闭35家，罚款788万元。组织开展隐患排查治理专项行动，全市有40657家生产经营单位参与安全生产隐患排查治理专项行动，检查单位和场所32564家，检查排查发现隐患111512处，完成整改110232处，整改率

2019年6月，泉州市应急管理局在洛江区举行安全生产月宣传活动。图为活动现场 （图/市应急管理局）

98.85%，限期整改7647家，停产停业整改106家，取缔关闭94家，罚款1910万元，到期应完成整改的隐患全部按期完成整改。

【安全生产基础夯实】 2019年，泉州市出台《泉州市推行安全生产社会化服务的实施意见》，在市、县两级和重点乡镇建立安全生产专家工作站，引入与当地产业、企业类型相适应的专家长期入驻，协助开展安全生产监管。全市共组建安全生产专家库35个，专家人数973人次，聘请专家21072人次协助开展检查14592次，检查企业7447家次，排查隐患35292处，指导企业整改31178处，发放专家劳务补贴1271.5万元。在全市高危行业领域推行安全生产责任保险，督促保险公司把工作的重点由传统的注重善后理赔服务转变为注重事前预防方面上来，共承保215笔，累计提供风险保障18.69亿元。

地震应急管理

【概况】 2019年，泉州市推进地震监测预报、地震灾害风险防治、地震应急响应和防震减灾公共服务等方面工作。构筑人民群众生命财产安全屏障，强化地震预警信息发布工作，全市新建设预警终端近600处；加大地震应急避难场所建设力度，完成15处新建应急避难场所的建设工作并顺利举办沿海片区130处地震应急避难场所管理人员培训；推进民众知识宣教，广泛动员社会力量参与防震减灾宣传“进机关、进学校、进企业、进农村、进社区、进家庭”等活动，组织开展泉州市防震减灾主题摄影大赛；推进综合减灾示范社区创建，5个社区被应急管理部认定为2019年度全国综合减灾示范社区。

【地震预警信息发布】 2019年，泉州市新建设预警终端近600处，全市终端数总数量达3065处，省政府下达给泉州市的三年终端建设任务已完成约80%；协调相关主管部门，推动市管（驻泉）单位预警终端建设工作，完成46所市管（驻泉）学校的92处预警终端、47套广播系统的安装，在全省率先开展市管医院预警终端建设工作，5所市管医院已安装终端14个、广播系统11套；扩展地震预警终端运用领域，在晋江世纪公园开展预警户外大屏终端试点工作，在晋江试点预警终端发布政务信息服务，实现一机多用；与媒体配合加大地震预警宣传力度借助台湾花莲6.7级地震及四川宜宾6.0级地震契机，与《泉州晚报》《海峡都市报》等媒体配合，刊登地震预警相关报道，提升地震预警认知度。

【地震监测台站改造维护】 2019年，泉州市完成永春桃东地下流体观测室翻建，丰泽宝山台、南安梅山台的升级改造，以及鲤城、泉州晚报社等强震台和局属体应变观测项目的升级改造；强化监测台站日常巡查维护，加强设备维修维护管理。全年市县两级地震部门开展台站日常巡查维护100多次。

【观测资料分析应用】 2019年，泉州市加强地震监测设施设备管理，完善强化前兆数据库软硬件，及时跟踪学科、前兆台网的新标准新要求，进行规范化管理。强化地震监测台站的日常运行和资料报送，落实AB岗工作制，并根据《地震监测预报工作考评办法》对各县（市、区）进行季度考评通报。推进全市地震震情会商改革，在坚持周、月会商的基础上，每季度组织召开全市地震趋势会商会，强化年中、年度地震趋势会商工作，完成全市地震远程视频会商系统的升级改造。及时做好前兆异常跟踪分析工作，第一时间落实资料异常。

【宏观观测网络完善】 2019年，泉州市加强宏观观测点日常管理。全市宏观观测数据报送率100%，确保宏观与微观观测资料对比应用有效开展。落实宏观网点优化淘汰制度，新增永春一都南虹石蛙养殖宏观观测点。全市宏观观测点增至18个。选取洛江马甲玉丰畜牧研究所、石狮蚶江水禽保种中心2个宏观点，试点利用远程视频监控系统实现实时观测。做好地震群测群防管理工作，及时收集上报宏观观测资料，并做好晋江等地多起地震宏观异常核实工作，做到宏观异常落实不过夜。

【防震减灾法治建设】 2019年，泉州市制定《2019年防震减灾法治宣传教育计划》、普法清单及普法计划，组织学习《宪法》《防震减灾法》等。将防震减灾法治宣传教育与科普知识宣传相结合，宣传贯彻防震减灾法律法规，提高全社会防震减灾意识，促进依法依规办事。加强社会防震减灾行为的监督管理，依法组织开展地震监测设施及地震观测环境保护的行政检查及防震减灾工作年度巡查核验。利用福建省“互联网+监管”系统，承接行政事权6大项11小项，并依托系统开展防震减灾行政检查，有效提高依法履职能力。

【地震应急避难场所建设管理】 2019年，泉州市按照“十三五”期间建设任务和年初工作计划安排，加大避难场所建设力度。2019年全市建设15处地震应急避难场所，惠安县体育场由Ⅳ类应急避难场所升级改造为Ⅱ类应急避难场所。建立市区公园应急避难场所月巡查制度。各县（市、区）定期开展辖区内应急避难场所的巡查工作。晋江实现地震应急避难场所全面常态化监管。首次组织沿海片区130处地震应急避难场所管理人员培训。

【地震现场工作队建设】 2019年，泉州市开展现场工作队自救互救知识培训，模拟永春县湖洋镇发生4.8

2019年5月12日，防灾减灾日，泉州市地震局组织开展“防震减灾知识进校园”系列活动，运用新科技，组织学生进行VR体验。图为活动现场
（图/市地震局）

级地震，组织开展流动观测、应急通信、无人机操控、夜间紧急集合和个人体能训练等科目在内的地震现场工作演练。对地震现场工作队各项装备进行管理维护，定期开展卫星电话、对讲机等通信设备调试，加强移动发电设备的维护，开展地震现场工作队物资储备仓库升级改造工作。

【中小学校防震减灾宣传教育】 2019年，泉州市下发《关于进一步加强全市中小学校防震减灾宣传教育的通知》，要求深入开展防震减灾宣传教育，提高中小学师生地震安全意识。在全国防灾减灾日期间，组织开展“防震减灾知识进校园”系列活动，运用新科技，组织学生进行VR体验，参与活动3000多人次。组织泉州市防震减灾科学传播师开展“开学第一课”地震安全宣传教育活动，举办讲座60余场，参与人数超过3万人。

消防救援

【概况】 2019年，泉州市推进消防救援工作和队伍建设，实现火灾形势和队伍高度稳定，无较大消防安全责任事故，为泉州经济社会发展创造良好的消防安全环境。2019年接处警2万余次，抢救和疏散被困人员3052人，抢救财产价值4547万元，完成国庆等重大安保任务，成功处置“1·23”台商锦盛轻工厂房火灾、“3·16”丰泽区匹克仓库火灾、“7·17”晋江温克王体育用品仓库火灾等一系列复杂灾情。

【社会化火灾防控体系建设】 2019年，泉州市发生火灾2764起，死亡24人，受伤16人，直接经济损失2269.28万元，火灾“四项指数”（接报火灾数量、火灾死亡人数、火灾受伤人数、直接财产损失）比2018年分别下降38.24%、44%、18.75%和19.52%，消防安全形势总体稳定向好。2019年是泉州市火灾隐患整治年。泉州市制定出台《消防安全责任制实施办法》贯彻意见，下达消防工作目标责任，明确落实属地责任和部门监管责任，将消防安全工作纳入各县（市、区）政府、市直单位“综治平安建设”“绩效考评”“安全生产目标考核、巡查”范畴，将14个消防突出问题纳入“找差距、抓落实、解难题、化积案”专项行动项目清单。推动各部门相继召开行业管理试点现场会，明确网吧、餐饮、非星级酒店、工贸企业、出租屋等场所的部门职责，落实参谋挂点行业部门、派出所、乡镇街道工作制度。结合全市消防安全形势，深入开展冬春整治大会战、“防保迎”火灾隐患整治年行动和“三合一”场所百日会战行动，地毯式摸清“三合一”场所10266家，实现整改率100%，对283个文博单位消防问题落实清单销号管理。组织开展文博单位、电气火灾等10个重点领域整治，保持火灾隐患严查严处的高压态势。市、县领导及行业部门负责人挂钩整治33处重大隐患和历史遗留难点，推进住宅小区、出租屋、文保单位、综合体等场所等消防安全综合治理工作。2019年检查单位1.18万家，督改隐患1.06万处，处罚544家，查封105家，三停135家，罚款642.46万元。探索建立“查原因、查责任、查教训”的“一案三查”模式，试行中队参与简易程序事故调查，火灾事故调查率实现100%。

【社会化消防体系建设】 2019年，泉州市消防救援支队针对出租屋、古城、工贸企业等高风险点制度空白，在全省率先出台《出租屋消防安全管理若干规定》《中山路骑楼建筑消防安全保障导则》等一系列规范性文件。借鉴浙江、江苏等地“智慧消防”建设经验，全市投入1500万元加强“智慧用电”建设，因地制宜出台《智慧式电气火灾监控系统建设防火导则》《电动自行车智能充电桩系统建设防火导则》《工贸电气消防安全导则》等标准规范，投入93万元为全市4663户农村留守老人住所免费安装“智能烟感”。全市安装电气火灾监控系统2441套，设置智能充电桩4.2万个，安装独立式感烟火灾探测报警器2.4万个，简易喷淋3700件套，36

个社区被评为省级“消防安全示范社区”，基层火灾防控基础得到有效夯实。在德化县试点电力精准扶贫，为506户农村贫困家庭改造老旧电气线路。在全省现场会推广晋江“三合一”整治工作经验，将晋江作为全省“智慧消防”试点城市建设。按照“坚决落实到位、平稳移交承接”的总要求，完成审验职责平稳划转。深化消防“放管服”改革工作，落实简政放权措施，实行容缺后补、绿色通道、邮政或快递送达等便民利民举措。全面推广政府购买消防宣传培训服务，创新打造消防主题公交站、公交车，深入开展“消防安全三年行”“消防进军训”“消防安全进万家”“畅通城市生命线”等活动，挂牌成立2个市级和13个县级“消防科普教育基地”，组建13支百人消防公益宣传队。

2019年11月14日，泉州市“119”消防宣传月主题活动举行。图为活动现场俯瞰（图/市消防支队）

【综合应急救援能力提升】 2019年，泉州市消防救援支队聚焦“全灾种、大应急”形势任务，以提高综合救援能力为目标，确立“321”训练模式，即着眼全灾种、全岗位、全员额3个全面，加强人才建设和装备建设2个支撑，树立训练考核1个刚性标尺。选拔20名水域、山岳、化工等方面骨干分批开展培训，组织49名业务骨干分灾害类型研究处置技术，制定《泉州市危险化学品单位灾害事故处置指南》《泉州市文保单位及博物馆灾害事故处置指南》，开展体能、绳索、电梯、水域等领域专题授课7次，采取分批对抗、尖兵比武等模式开展比武竞赛2次，针对山岳、水域救援及高层、地下火灾扑救开展典型战评研讨会2次，训练水平和实战能力得到大幅提升。建立“编组出动、编队调派、编成作战、专业指挥”的作战模式，灭火救援前后方同步指挥运行，明确消防队员在火情侦察、人员搜救、控火灭火、破拆排烟、安全评估等方面的能力指标，提升单兵防护、班组攻坚、合成作战能力。投入200万元集中采购三维建模无人机、卫星便携站、现场应急自主网等高精尖装备，投入180余万元升级改造指挥中心接处警系统。组建3个无人机操作编队，建立常态化训练机制，模块化、轻型化配备应急通信装备。配备4G推流模块，探索“公网+专网”的可视化调度体系建设，依托微信管理平台开通无人机和4G单兵直播模块，为警情快速、高效处置提供强大科技保障。推动市应急管理局牵头，对蓝天救援队、迅捷水上救援队、荒野召唤救援队、兴晖工程机械4支龙头队伍挂牌管理，统一指挥调度，落实“一月一会商”制度。结合泉州地区灾害事故特点，建成涵盖“高低大化”和地震、水域、山岳等灾害事故类型的综合应急救援专业队伍7支，成立鲤城南环路专职供水中队，实现随调随用、模块集结。组建由消防、安监、地震、通信等7家单位专家为成员的市应急救援专家组，定期进行会商研判，组织开展大型联合实战演练10次。实现与市、县级交管、地震、气象等部门的联勤联动，在台风和地震等灾害事故救援任务中，统一调度指挥，形成多部门定向作战能力。

2019年4月24日，国务院消防工作考核组在泉州考核消防工作（图/市消防支队）

自然资源与规划管理

责任编辑：谢晓艺

综述

【用地审批】 2019年，泉州市完成用地审批238批次、面积1838.48公顷，超额完成项目用地保障攻坚任务。南安“芯谷”石井高新区B片区、晋江集成电路产业园区等2个项目围填海历史遗留问题处理方案获自然资源部备案批复。完成经营性用地、工业用地出让499宗，面积1446.72公顷，成交金额288.76亿元。处置批而未供、闲置土地面积约1933.33公顷，批而未供处置率位居全省第一。加强城市设计工作，推进“生态连绵带”建设。全市完成补充耕地940.8公顷，超额完成省下达目标任务的392%，连续20年实现耕地占补平衡。永久基本农田储备区划定成果通过福建省自然资源厅验收，共划入储备区1820.73公顷。完成废弃矿山生态恢复治理面积66.4公顷，德化邱村金矿、鑫阳铁矿成功入选自然资源部绿色矿山名单。完成全市483个围填海历史遗留问题图斑分类处理意见的制定并汇总上报福建省自然资源厅。

【耕地保护与开发】 2019年，泉州市完成补充耕地940.8公顷，超额完成省下达目标任务的392%，连续20年实现耕地占补平衡，其中完成补充水田517.53公顷，超额完成目标任务的431.3%。永久基本农田储备区划定成果通过福建省自然资源厅验收，共划入储备区1820.73公顷，其中城市周边160.13公顷，占泉州市永久基本农田划定任务的1.59%，划定比例高于上级要求的1%任务数，储备区平均质量等别高于部下发的储备区潜力成果中耕地平均质量等别。

【建设用地使用权出让】 2019年，泉州市经营性国有建设用地使用权招拍挂出让138宗，出让土地面积462.43公顷，成交总金额257.63亿元，其中市本级7宗，出让土地面积43.38公顷，成交金额57.47亿元；工业国有建设用地使用权拍卖、挂牌出让361宗，出让土地面积984.29公顷，成交总金额32.13亿元，其中市本级2宗，出让土地面积7.81公顷，成交金额0.6亿元。

【废弃矿山生态修复】 2019年，泉州市废弃矿山生态恢复治理面积66.4公顷，完成投资4054万元。正在实施废弃矿山治理工程包4个。其中，官桥—龙门石材矿区治理项目已于6月全面竣工，项目治理面积达1100公顷，治理区直接增加林地401.87公顷、耕地281.2公顷、建设用地225.73公顷，治理经验在2019年中国绿色矿山建设高峰论坛上作典型发言。石狮市全市域废弃采石场治理工程包2019年完成治理面积24公顷，完成投资2655万元。南安市石井—水头连片废弃采石场治理工程包一期治理工程已进场施工，一期工程将废弃矿山整治为工业用地160公顷并作为泉州芯谷的项目用地。洛江—台商投资区连片废弃采石场治理工程包一期（洛江片区）工程，4个治理点已同时进场施工，完成治理面积10.67公顷，完成投资1500万元。德化邱村金矿、鑫阳铁矿成功入选自然资源部绿色矿山名单。

国土资源管理

【概况】 2019年，泉州市开展年度土地变更调查与全国第三次国土调查，泉州市12个县（市、区）全国第三次国土调查成果均通过国家级核查，通过率位居全省第一。深入开展批而未供与闲置土地处置专项行动，批而未供处置率位居全省第一。搭建数字泉州地理空间框架平台，初步实现全市地理信息深度共享。全市不动产一般登记、抵押登记的业务办理时间全部压缩至5个工作日以内，抵押登记实现“不见面办理”和“一趟不用跑”。

【第三次国土调查】 2019年，全国第三次国土调查（简称三调）工作覆盖泉州市163个乡镇97万个图斑、举证图斑14万个以及补充调查图斑8万个。2月15日全市12个县（市、区）（含台商区）完成三调项目招投标工作，确定作业单位。通过现场督导、蹲点指导、定期通报、集中约谈等多种方式，并派专人驻点福州对接福建省第三次全国国土调查领导小组办公室（简称省三调办），第一时间收集上级检查情况并及时反馈各地整改，推进全市三调工作。落实三调工作经费预算5988万元，投入作业人员606人。全市12个县（市、区）三调成果均已通过国家级核查，错误率全部低于1%，通过率位居全省第一。

【土地变更调查】 2019年，泉州市自然资源和规划局组织各县（市、区）开展2018年度土地变更调查与遥感监测工作，总计调查图斑6231个，面积2945.45公顷。采用内外业核查等多种作业方式，确保年度变更成果的真实性、准确性。根据上年度变更数据统计，泉州市共有耕地14.51万公顷，园地11.09万公顷，林地56.10万公顷，草地3.46万公顷，城镇村及工矿用地14.46万公顷，交通运输用地3.26万公顷，水域及水利设施用地6.08万公顷，其他土地3.91万公顷。

【信息化建设】 2019年，数字泉州地理空间框架平台项目建设成果已经逐步广泛应用于泉州市政府各部门管理、决策与公共服务。已有泉州市政府的应急指挥系统、市公安局的公安警用地理信息系统、市水利局的监管平台、市安监局的智慧安监系统、重大危险源地理信息系统、原市国土资源局的国土资源管理系统、市综治委的网格化管理系统、原市房产测绘队的房地产信息管理系统、市自来水有限公司的供水管网地理信息系统、泉州市地图服务网、泉惠石化工业园区管委会的综合应急救援指挥系统、泉港石化工业园区的应急指挥系统、惠安县城市管理综合考评中心的数字化城市管理信息系统等14个应用系统接入使用平台基础影像数据服务。初步实现全市地理信息深度共享，避免行业部门重复投资，节约财政资金5000余万元。

【农业地质调查】 2019年，泉州市开展德化县、安溪县农业地质调查。通过农业地质调查，查明德化县县、安溪县土壤酸碱度、有机质和氮、磷、钾、铅、汞、锌、硒等25项指标的含量和具体分布范围，为从地球化学的角度指导土壤利用方向、土壤污染防治、永久基本农田划定提供科学依据。洛江区、泉港区、晋江市、石狮市、台商投资区已由福建省自然资源厅下达任务书，将于2020年实施。

【专项清理整治】 2019年，泉州市开展存量用地盘活深度攻坚，加快推进批而未供清理和闲置土地处置工作。泉州市2011-2016年度批次批而未供面积已从2018年底的4833.73公顷减少至目前的3251.73公顷，处置率32.73%，处置进展位居全省第一位。闲置土地已从年初的756.8公顷减少至目前的483.47，处置率36.12%。泉州市“大棚房”问题违法违规项目全部完成整改，整改率为100%，其中全部拆除建筑设施31宗，面积4.35公顷；部分拆除整改合规7宗，面积0.74公顷；完善建设用地1宗，面积2.65公顷；完善设施用地备案6宗，面积0.24公顷。恢复农业生产功能面积5.34公顷。追责问责1宗共10人。顺利通过国家协调小组及省协调小组验收。

【地灾防治】 2019年，泉州市开展汛期前排查共发现地质灾害点1737处，高陡边坡7631处，1.7107万户6.3146万人的生命和5.54亿财产受到威胁，发放“防灾明白卡”“避险明白卡”25165张，发布风险预警17次，转移受地质灾害威胁群众28347人次，最大限度保障人民群众生命财产安全。2019年治理完成地灾隐患点64处涉及126户常住人口145人。编制《2019年泉州市地质灾害防治方案》，及时下达2019年度37个省、市主要地质灾害点的监测人员补贴。市、县两级自然资源部门均以购买服务的方式，与地勘队伍签订地质灾害应急技术支撑服务合同，利用其专业技术优势，协助当地政府做好地灾隐患调查工作。高度重视地质灾害隐患点居民搬迁工作，南安市九都镇林坑村地灾点444户2303人，采用异地统规统建集中安置方式。搬迁工程完成主体工程建设和重建户选房工作，正在进行小区绿化及其他配套设施的施工，永春县已搬迁12户，其中9户拆除旧宅。结合地质灾害隐患点居民搬迁工作，组织实施地质灾害危险点治理工程。安溪县西坪镇尧山村地质灾害治理工程正在开展竣工验收的前期准备；安溪县湖头镇福井埔湖上安置区北侧山体地灾治理点已完成70%工程量；安溪县虎邱镇美亭村滑坡治理工程项目完成招标并签定施工合同；永春县一都镇光山小学滑坡治理工程、永春县蓬壶镇高丽村崩塌治理工程（北侧）、东平镇冷水村桐枳林地质灾害点治理工程、永春县南星片区后山滑坡治理工程4处地质灾害治理工程峻工验收，可消除受地质灾害威胁人数279人。

【不动产登记】 2019年，泉州市扎实推进“互联网+不动产登记”，泉州市11个不动产登记大厅通过“专线直连”等方式，全部实现将不动产登记服务场所延伸至银行网点。累计办理各类抵押登记直连业务

25070宗，签约设立抵押登记便民服务点的金融机构达到57家。全市不动产一般登记、抵押登记业务办理时间全部实现5个工作日内办结，比法定的30个工作日缩减80%以上，8个县（市、区）不动产抵押登记压缩至3个工作日内办结。其中石狮市、永春县不动产一般登记、抵押登记均实现3个工作内办结。不动产登记发证平均用时为1.57天，比上年平均用时减少2.87天。

城乡规划

【概况】 2019年，泉州市推进“生态连绵带”建设，用绿道串起山林、水体、田园、湿地、海洋等自然资源，23个项目陆续实施。加强城市设计工作，推动泉州加速融入闽西南协同发展区。严格落实古城保护规划整治要求，推进古城环境整治和有机更新。深化“放管服”改革，提升行政审批效率。

【生态连绵带规划建设】 2019年12月12日，《泉州市生态连绵带统筹实施规划》通过技术审查。生态连绵带在理念上重点强调三个方面：在要素构成上，强调生态资源的多样化，涵盖“山水林田湖”以及部分人文资源系统；在空间格局上，强调绿色空间的网络连通性，达到“连绵成片”的效果；在价值导向上，强调生态资源的综合效益，尤其是需要体现“人民群众”需求的社会效益。从“居民常走、客人常走”的山海联“廊”做起，构建城市生态结构，从泉州戴云山山脉往南延续，沿着晋江、洛阳江的山水肌理，在环泉州湾地区形成了十条山海通廊。按照“全市统筹、分区落实、分期实施”的推进计划和“做强中心、联动两岸”的城建思路，陆续开展了23个生态连绵带项目，初步形成了依托洛阳江两侧生态资源以及依托晋江两侧生态资源的东西两个展示面。主城生态廊道山线绿道示范段、晋江生态廊道滨江水线工程、台商区百崎湖湿地公园、晋江九十九溪以及晋江大桥以南山水田园城市示范项目等项目建设工作已取得明显的成效，陆续向市民开放。

【城市专项规划】 2019年，泉州市《环泉州湾都市产业发展总体策划》对各片区功能规划布局进一步明确，其中刺桐组团着力打造特色鲜明的文商、文创街区（园区）；东海组团着力打造高端产业资源集聚的现代化国际都市功能区；城东组团着力打造“海上丝绸之路经济带”国际合作的示范区、引领区、先导区；江南组团着力打造具有区域影响力的先进制造业集聚区；北峰组团着力布局系统性的智能产业体系。逐步引导业态、人口、公共服务要素向海丝新城聚集。针对于以教育、医疗为代表的公共服务配套设施，按照环湾区域均等化布局的思路，完成对环湾各县（市、区）教育、医疗设施“补短板”项目库。同时，积极策划优质教育、医疗设施向环湾区域集中，完善人才、资源向环湾区域集聚的“组合拳”。

【历史文化名城保护规划】 2019年，泉州市自然资源和规划局推进《泉州历史文化名城保护规划（修编）》报批，起草《中山路骑楼建筑修复整治办法》，会同住建部门完成起草《泉州中心市区（古城区）个人危房改造管理规定（征求意见稿）》，严格落实古城保护规划整治要求，做好古城区危房整治翻建审批，推动名城保护法制化建设；主动对接古城环境品质提升工程，深化古城建筑风貌保护研究专题，组织开展《泉州古城水系及周边环境综合提升规划》方案研究，完成《泉州古城传统建筑修缮技术导则》编制工作，推进古城环境整治和有机更新。

10月16日，《泉州市辖区第一批历史建筑定线落图和挂牌保护》成果通过评审。该项目成果内容丰富，包含市辖区第一批历史建筑保护范围划定和图则编制、泉州市历史建筑保护LOGO的公开征集和保护牌设计制作。对历史建筑进行挂牌，是对历史建筑保护的重要举措。挂牌保护的历史建筑，建造年代主要为清代、民国，涵盖传统民居、祭祀建筑、宫庙建筑、宗教建筑、公共建筑等多种建筑类型，基本保留原有历史风貌，空间格局、符号元素具有代表性，具有较高的历史文化、科学研究及社会价值。其中，历史建筑LOGO征集过程中充分汇聚民智，尊重民意，项目整体开展与社会公众、媒体的互动配合充分，取得较好的社会反响。历史建筑档案和保护图则编制内容具体，归类明确，资料齐全。历史建筑数据库和专题网页制作界面友好，操作方便，结果直观。历史建筑保护牌的设计和制作体现历史建筑的历史感，彰显地方特色。

【城市环境综合整治规划指导】 2019年，泉州市以环泉州湾及两江（晋江、洛阳江）为重点区域，策划生成东海后渚、北峰黄龙大桥至丰州、江南站前大道两侧等重点建设片区的城市设计工作，提升“两江一湾”和城市重要门户等展示面。加快东海通道、百崎通道、金屿大桥、武荣大桥、城东至北峰通道等重大通道工程建设，大力推进市政交通、排水防涝、市政配套、绿化景观等基础设施建设，补齐城市功能短板。

开展城市眺望点、观景台的规划选点及策划工作，利用泉州市四山、两江、环湾、面海等自然条件，依托城市重要自然制高点、主要开敞空间和重要公共建筑，结合生态连绵带建设，选取重点旅游景区、公园绿地、滨海滨江地带建设风光眺望点；充分利用中心市区已建建筑物天台、退台等可塑造空间，加以局部绿化、加设遮阳设施、配置休闲娱乐设施等相应改造后作为城市内部眺望、观景台。在对第一批观景台选址进行策划研究、前期调研、分析评价工作后组织开展《泉州市城市观景台规划—第一批观景台选址策划》编制工作，经评审，已将规划编制成果分配给各业主单位建设实施。

【生态保护红线】 2019年，泉州市完成生态保护红线评估，评估后建议调入生态保护红线总面积9773.33公顷，调出总面积9746.67公顷，调整后陆域生态红线面积共2.03万公顷，与评估前保持基本一致，占泉州市陆域国土总面积的18.01%，生态保护红线空间布局更加合理、边界更加清晰，为科学编制国土空间规划打好基础。

【闽西南协同发展】 2019年，泉州市发挥南翼新城发展带动区域协同的引擎作用，以“泉州芯谷”南安园区为核心规划建设南翼新城空港经济区，加快推进交通基础设施互联互通，不断完善城市功能，优化“两心一轴一带一区”空间格局，推动泉州全面加速融入闽西南协同发展区。完成《泉州市城市规划建设发展战略研究》《泉州市南翼地区空间发展策略研究》。

【县（市、区）规划指导】 2019年，泉州市制定《泉州市村庄分类指引（试行）》和《泉州市村庄规划编制技术导则》，作为编制村庄规划的技术指导性文件依据。邀请专家举办全市乡村规划培训班，从村庄规划分类、评估、编制和管理等方面进行专门培训。统筹安排全市村镇规划建设经费，加大对镇村规划编制项目的扶持力度，2019年共下达市级村镇规划扶持资金400万元，补助镇村规划项目近一百个。组织各县（市、区）完成村庄规划评估工作，为后续村庄规划编制工作摸清家底。结合市县乡镇国土空间规划的编制及村庄分类工作，分门别类、有针对性地开展村庄规划编制工作，先行启动12个省级试点村145个市级试点村庄的村庄规划编制工作。晋江村庄规划工作作为典型在全国村庄规划工作推进会上作经验交流。

海域管理

【概况】 2019年，泉州市开展海岸线修测和海砂资源调查。依法依规指导各地做好用海报批工作，保障重点建设项目用海需求。加快推进全市围填海历史遗留问题处理工作，完成全市483个问题图斑的生态评估和生态保护修复方案的编制工作。全市大陆自然岸线保有率不低于35.65%。

【海岸线修测】 2019年，泉州市根据自然资源部、福建省自然资源厅的统一部署，开展新一轮海岸线修测工作，全面查清2008年以来全市海岸线主要变化，准确掌握海岸线的位置、长度、类型及开发利用等基本情况，确定海陆分界线，妥善处理好开发和保护、现实与历史管理问题。通过竞争性磋商确定技术承担单位，完成全市遥感影像、三调数据、围填海现状调查数据等基础资料的收集整理工作。12月，全市海岸线修测完成初步成果，在通过福建省自然资源厅的审查后，由福建省自然资源厅提交自然资源部接受国家级审查。按初步成果，泉州市大陆海岸线长度约为471.9km，有居民海岛岸线约130km（含金门）。

【海砂资源调查】 2019年，泉州市为科学有效的选划泉州海域海砂开采区域，合理开发利用海洋矿产资源，服务泉州市经济建设，泉州市启动海砂资源调查及可采区选划工作。先后开展调查海域的海洋地球物理勘察、工程地质钻孔与表层沉积物取样等工作，通过初步调查，大致了解泉州近海海砂的分布情况，估算了调查区内的海砂资源量，提出勘查区备选方案，为下一步工作提供依据。

【重点项目用海要素保障】 2019年，泉州市先后组织召开泉港区惠屿陆岛交通码头工程、石狮市锦尚东店一级渔港工程、泉州湾航道二期工程（大坠航道）海域使用论证报告书评审会，分别出具项目用海预审意见，同时督促用海单位抓紧办理用海手续。泉港区南埔电厂储灰场项目通过自然资源部东海局组织的海域使用填海竣工验收。石狮市经济开发区污水处理厂尾水深海排放工程海底管道路由调查报告通过自然资源部东海局组织的评审。

【围填海历史遗留问题处理】 2019年，泉州市根据福建省自然资源厅下发的清单，全市纳入围填海历史遗留问题图斑数483个、面积约1859.4公顷。根据围填海历史遗留问题的处理要求，沿海各县（市、区）对483个围填海历史遗留问题图斑制定了处理意见和生态保护修复措施。各县（市、区）自然资源主管部门按照时间节点、按规范要求编制围填海历史遗留问题生态评估和生态保护修复方案处理工作。全市22本围填海历史遗留问题评估报告、21本修复方案，先后通过评估审查。11月，全市围填海历史遗留问题处理意见上报福建省自然资源厅。同时“泉州”芯谷石井高新区B片区（约220.11公顷）、晋江集成电路产业园区项目（约276.138公顷）围填海历史遗留问题处理方案已经自然资源部备案批复，这是2019年福建省内获自然资源部备案的仅有的2个围填海项目。

生 态 环 境

综 述

【环境状况】　2019年，泉州市环境质量状况总体良好。中心市区空气质量达标天数比例 96.4%，晋江流域13个国、省控断面Ⅰ类～Ⅲ类水质比例100%，县级以上13个饮用水水源地Ⅲ类水质达标率100%，小流域58个监测断面Ⅰ类～Ⅲ类水质比例93.1%，近海海域16个监测站位一类～二类水质比例87.5%。

【环境保护】　2019年，泉州市落实生态环境保护工作职责规定，解决生态环境问题，配合做好中央第二轮生态环境保护督察，建立党政领导挂钩督办机制，坚持边督边改、即知即改，推进生态环境保护督察整改。开展环境风险隐患排查、百姓身边突出生态环境问题整治行动，打击环境违法行为。实施区域联防联控和轻微污染天气应对机制，是年市区环境空气质量优良天数比例96.7%，比上年提升0.3%。推进河湖长制，实施入海排污口分类整治和规范管理，近岸海域一、二类水质比例达到省定目标，县级以上13个饮用水水源地三类水质达标率保持100%。逐步建立土壤环境质量基础数据库，开展“清废行动”，实行危险废物信息化全过程监管。完成植树造林6466.67公顷、水土流失治理2.41万公顷、矿山生态修复63.9万平方米。

【生态保护】　2019年，泉州市和10个县（市、区）建成国家生态市、县、区并获命名；鲤城区、德化县、永春县获评国家生态文明建设示范县。全市建成111个国家级生态乡镇、1659个市级以上生态村。全市拥有省级以上林业自然保护区4个，其中国家级自然保护区1个；林业自然保护区面积（含保护小区）4.29万公顷，占全市面积的3.9%。另有福建深沪湾海底古森林遗迹国家级自然保护区，面积31平方千米。全市拥有森林公园38个，其中国家级1个、省级22个，森林公园总面积3.94万公顷，占全市面积的3.6%。全市森林面积65.7万公顷，森林覆盖率58.7%，活立木总蓄积量4497.3万立方米，森林蓄积量4338.5万立方米。

【生态文明示范区建设】　2019年，泉州市组织并指导鲤城区做好第三批国家生态文明建设示范区评选申报、材料整理、迎检准备等各项工作，加强上下沟通衔接工作。11月，鲤城区获第三批国家生态文明建设示范区命名。至年底，全市有德化县、永春县、鲤城区三个县（市、区）获国家生态文明建设示范市、县命名。

【环评审批】　2019年，泉州市优化环评审批服务，落实简政放权，助力高质量发展，加强“区域—规划—项目”环评联动，实行项目从简和环评审批告知承诺制度。优化提升服务，保障重点项目落地，优化提升重点项目审批服务，全市审批环评报告书99个、报告表1675个。推进环境安全与应急能力建设。坚持环境安全隐患整治，开展环境安全隐患排查整治工作，出台《全市环境风险企业环境安全隐患排查指导意见》，指导基层监管人员查找关键隐患环节，提高风险防范能力。推进石化园区有毒有害气体预警体系建设，完善环境应急机制建设。优化环评审批服务，落实简政放权，助力高质量发展。加强“区域—规划—项目”环评联动，实行项目从简和环评审批告知承诺制度。在已完成规划环评的自贸区、省级及以上产业园区、旅游度假区、重大开发区（片区、新区），对规划中包含的基础设施、民生工程及环境风险低、环境影响小的项目，试行环评审批告知承诺制，由建设单位做出书面承诺后，自行公开承诺书和符合规定的环评文件，审批部门直接做出审批决定，环评批复实现“立等可取”。实行相关建设项目豁免管理，对列入省级环评豁免管理名录的建设项目免于办理环评手续。优化提升服务，保障重点项目落地，优化提升重点项目审批服务，对635个市重点项目环评审批进行分级分类、责任分解，落实重点项目台账管理制度，指派专人跟踪、调度，及时了解重点项目进展情况，提供指导，主动对接重点项目，保障重点项目落地。严格环评审批，形成生态环境分区管控体系，把好环保准入关口，强化建设项目环境影响登记表备案事中事后管理，严格执行环评机构考核、通报制度。全市审批环评报告书99个、报告表1675个。规范环境影响登记表备案，完成登记表网上备案项目2868个，近七成建设项目环评实现“一趟不用跑”。为规范和加强登记表项目事中事后监管，市生态环境局出台并实施《加强建设项目环境影响登记表备案事中事后管理实施意见》，结合事中事后监管，主动服务、指导建设单位规范备案行为。

【主要污染物减排情况】 2019年，泉州市主要水污染总量减排情况：化学需氧量排放量79586.49吨，比上年减少10.02%，氨氮排放量11571.36吨，比上年减少9.17%。2019年主要水污染物排放总量削减比例高于福建省下达的进度要求。

主要大气污染总量减排情况：二氧化硫排放量76163.64吨，比上年减少4.27%，氮氧化物排放量73754.66吨，比上年减少6.97%。2019年度主要大气污染物排放总量削减比例高于福建省下达的进度要求。

大气污染防治

【概况】 2019年，泉州市印发《泉州市打赢蓝天保卫战三年行动计划贯彻实施方案》，组织实施夏季、秋季“百日攻坚”专项行动，强化各类大气污染源整治力度，提升环境空气质量。加强工业企业大气污染综合治理，推进重点行业挥发性有机物治理，完成省、市级大气环境精准治理减排项目140个，项目完成数量全省第二。加强晋江、南安市建陶行业综合整治，晋江、南安两地137家在产建陶企业全部安装烟气自动监控设施并完成窑炉尾气治理设施升级改造。印发实施《泉州市涉气“散乱污”企业专项整治工作方案》，按照“关停取缔一批、整治提升一批、搬迁整合一批”的原则，排查、整治涉气“散乱污”企业442家。

【柴油货车污染治理】 2019年，泉州市印发实施《泉州市柴油货车污染治理攻坚战行动计划实施方案》《泉州市人民政府关于划定中心城区禁止使用高排放非道路移动机械区域的通告》，全市于1月1日起全面供应国六标准的车用汽、柴油。市生态环境局联合公安交管、交通运输等开展柴油货车超标排放专项行动，查处超标排放的车辆，全年检查机动车322辆，处罚超标机动车51辆。机动车排放监控系统项目基本建成。

【区域联防联控和空气污染防治】 2019年，泉州市建立健全空气质量联合会商制度，会同气象部门每月加强会商，强化污染天气预测，及时向各地政府发出污染天气防控预警函22份，有效管控可能出现的空气污染天数12天。完成泉州市大气污染源清单编制，推进颗粒物、VOCs走航观测及网格化精准监测。市生态环境局协同市直有关部门开展建筑工地、道路扬尘、餐饮油烟、露天烧烤、焚烧垃圾、露天矿山等大气污染源专项整治。开展温室气体减排工作，督促全市104家碳排放重点单位全部按时清缴履约，清缴配额4989万吨。发布《泉州市人民政府关于调整高污染燃料禁燃区的通告》，重新调整中心市区禁燃区范围和管理规定，其他县（市、区）政府完成本行政区域内的禁燃区范围划定或调整。

水环境保护

【概况】 2019年，泉州市以全面推行河湖长制为抓手，推进各项流域水环境保护工作。开展流域水质提升“碧水清源”专项行动，以丰泽蟳埔、南安霞东桥、永春东关桥等水质不稳定主要流域断面以及11条未达III类的超标小流域为重点，实施精准治理项目120项，完成投资7.91亿元（超年度计划12.6%）。

【饮用水水源地保护】 2019年，泉州市组织开展饮用水水源地保护专项行动，巩固2018年市级饮用水水源地环境问题整改成效，完成15项县级饮用水水源地环境问题整改任务。组织开展“千吨万人”水源地排查，发现48项环境问题，完成整改29项。新改建饮用水水源地水质自动监测站9座，实现县级以上水质自动监测和视频监控全覆盖。

【近岸海域污染防治】 2019年，泉州市强化入海排污口分类整治和规范管控，组织对384个入海排污口开展水质监测，重点管控29个工业企业及城镇污水处理厂排污口。实行入海排污口备案制度，对4个拟新增入海排污口依法予以备案。组织海漂垃圾治理，加大考评和宣传力度，全市海岸带卫生环境保持良好状态（全年考评得分均稳定在90分以上）。完成加油站地下油罐防渗改造558家，其中193家私营加油站全部完成改造。

土地环境保护

【概况】 2019年，泉州市推进土壤污染防治各项工作。加强土壤环境调查和规范化管理，开展重点行业企业用地调查，完成472家重点行业企业用地基础信息采集、风险筛查以及调查上传数据工作，逐步建立土壤环境质量基础数据库。实行疑似污染地块清单动态管理，督促土地使用权人开展场地土壤调查。启动泉港区土壤污染风险防控试点工作。完成104家涉重金属企业全口径清单排查工作。

【危险废物规范化管理】 2019年，泉州市实行危险废物信息化全过程监管，运行电子转移联单18993份，转运处置危险废物25.7万吨。开展“清废行动”，全市危险废物贮存量0.7万吨（比2018年减少58.3%），超一年贮存量基本清零。开展废铅蓄电池集中收集和跨区域转运制度试点，4家试点单位入围全省第一批试点单位名单。

【农村生活污水治理行动】 2019年，泉州市农村生活污水治理投资5.68亿元，完成新建改造三格化粪池85130户；整村推进农村生活污水治理467个，完成市委、市政府“为民办实事”下达目标任务。完成全市农村生活污水处理设施建设运营现状和农村黑臭水体调查摸底。

【自然保护地强化监督】 2019年，泉州市自然保护区276个疑似问题完成整改销号274个，2个完成整改待省级部门销号。组织开展自然保护区2019年人类活动变化遥感监测点位实地核查工作，12个点位均未发现违法违规活动。以“绿盈乡村”建设为抓手，推进实施乡村生态振兴。组织开展1549个“绿盈乡村”基础信息摸底调查工作，逐步建立完善“绿盈乡村”建设“一村一档”电子档案。督促指导各县（市、区）加快推进516个“绿盈乡村”建设（其中初级版320个、中级版125个、高级版71个）。永春县桃城镇南星社区小流域治理、安溪县城厢镇经岭村污水治理、石狮市永宁镇西偏村矿山修复治理等入选第一批省乡村生态振兴案例选编。

环境安全

【概况】 2019年，泉州市推进环境安全与应急能力建设。坚持环境安全隐患整治，开展环境安全隐患排查整治工作，制定专项行动方案，开展全市2019年环境安全隐患排查治理专项行动。3月，召开全市环境安全工作会议，集中力量利用两个月时间在全市组织开展重点环境风险企业和工业园区环境安全隐患排查工作。根据石化、化工、涉重金属、印染等行业不同的风险点，出台《全市环境风险企业环境安全隐患排查指导意见》，指导基层监管人员查找关键隐患环节，提高风险防范能力。

【环境安全隐患排查与演练】 2019年，泉州市排查336家次企业，发现环境安全隐患问题155个，完成整改154个。创新环境应急演练，组织开展环境应急演练，扩展演练类型、内容，通过演练查找差距、提高能力。11月28日，市生态环境局、丰泽区政府主办2019年泉州市突发环境事件应急演练，演练集合市、区两级18个职能部门108人，动用高性能环境应急指挥车、环境应急监测车、救护车、消防车、无人机、海事监测救援船只等多种车辆船只和设备，检验泉州环境应急能力建设水平，为后期环境应急能力现代化建设查找不足。推进石化园区有毒有害气体预警体系建设，协调泉港、泉惠石化园区对现有有毒有害气体环境风险预警体系进行优化升级。泉港石化园区完成有毒有害气体环境风险预警体系建设方案并通过专家评审，完成项目建议书发改部门审批，开展有毒有害气体环境预警平台可行性研究、初步设计等技术服务招标。泉惠石化园区完成可行性研究编制，初步设计方案基本完成。

【环境应急能力建设】 2019年，泉州市生态环境局的环境应急管理职能由泉州市环境监察支队具体承担。市生态环境局完善环境应急装备配置，配备完善应急监测和个人防护装备。12月，完成3架无人机、便携式测油仪等应急设备的招标采购，提升市环境应急能力硬件装备。完善环境应急机制建设，环境应急物资储备体系方面，全市建立32座环境应急储备库，与相关运输单位签署调拨协议，印发各协作单位的应急通信录，市环境应急物资储备、调拨和紧急配送保障体系进一步健全。环境应急专家方面，经广泛征集、严格甄选，形成有88名专家的泉州市生态环境应急专家库（不含核与辐射专家），更新、充实市级环境应急专家库。环境应急预案方面，市、县两级政府印发实施政府、重污染天气、饮用水源地等环境应急预案；各级生态环境部门编制部门环境应急预案；全市1647家各类企事业单位（其中重大级26家、较大级157家）完成环境应急预案备案，全市环境应急预案体系基本建立完善。至年底，完成5个市级饮用水源地和山美水库（非饮用水源地保护区）的环境应急预案编修工作，并报请市政府印发实施；完成8个在用县级饮用水源地环境应急预案完成修编工作。组织对市本级环境应急预案进行修订。

环境监察与监测

【概况】 2019年，泉州市铁腕治污，严厉打击环境违法行为。坚持勤查重罚，组织开展“清水蓝天”环保专项行动、“千吨万人”水源地环境问题排查、突出生态环境问题集中排查、“散乱污”企业专项整治、排污许可证专项执法检查等执法行动，打击震慑各类环境违法行为。全市出动执法人员59178人次，检查企业23832个次；立案查处企业1343个，罚款8690.45万元；实施停产、限产案件18件，查封、扣押案件388件，移送侦办案件77件（其中行政拘留64件、涉嫌环境犯罪13件）。提升执法监管效能，发挥打击环境污染违法犯罪工作联席会议制度，建立“快取证、快移送、快审理、快判决”工作机制，及时协调、指导案件查办中的问题。加强环境网格化监管，全市各级网格员上报环境事件信息42101条、日常巡查信息190831条。对全市129个重点监控企业258个排污口以及晋江、南安两地建陶企业实施24小时监控。推进水电站生态下泄流量监控系统联网，完成390个水电站生态下泄流量监控数据联网。规范公正文明执法，综合运用约谈、警示、整改、处罚等方式，避免“以罚代管”。推行“双随机、一公开”监管，避免环保选择性执法。规范自由裁量权，公平公正实施处罚，推行柔性执法，对违法情节轻微、未造成社会影响的环境违法行为加强行政指导，督促企业及时纠正，规范运行污染治理设施稳定达标排放。实施联合惩戒机制，强化企业环境信用动态评价，完成781个强制参评企业和85个应约参评企业动态评价工作。对重点环境问题挂牌督办，确定市级挂牌督办企业13个。将企业信用评价信息和行政处罚案件信息及时录入相关平台公开，并通报相关部门。

【环境监察能力建设】 2019年，泉州市从执法装备、网格化监管能力及污染源自动监控三方面入手，制定2020—2022年度环境监管能力建设三年规划中环境监察执法能力建设部分内容。强化执法队伍培训，组织全市78人次参加省级以上环境监察岗位培训。

【生态环境监察监测体系改革】 2019年，泉州市辖区内的环境监测机构有较大变化。原隶属于泉州市生态环境局的泉州市环境监测站成建制上收至福建省生态环境厅，为省生态环境厅派驻泉州的监测机构，更名为福建省泉州环境监测中心站。原隶属于各县（市、区）生态环境局的11个县级环境监测站成建制上收至泉州市生态环境局，为泉州市生态环境局派驻各县（市、区）的监测机构；原隶属于泉州台商投资区环境与国土资源局的环境监测站管辖关系不变；泉州市开发区未设立环境监测站。泉州市社会化生态环境监测机构有较大发展，注册成立22个社会化生态环境监测机构，分布于鲤城区、丰泽区、洛江区、泉港区、石狮市、晋江市、南安市、安溪县、泉州台商投资区等地。注册成立61个机动车环保检验机构，分布在11个县（市、区）和泉州开发区、泉州台商投资区。

【环境监测】 2019年，泉州市生态环境局和福建省泉州环境监测中心站组织完成辖区环境空气、水环境、土壤环境、生态环境、海洋生态环境及其他专项等生态环境质量监测等环境监测工作，发布环境空气质量日报和预报各365期，编发全市饮用水源地水质、主要河流、湖库和环境空气质量月报等24期，出具大气、水、噪声、土壤等监测报告2000多份；编制完成《2018年泉州市生态环境质量报告书》《2018年泉州市环境状况公报》《泉州市农村环境质量试点监测报告》等。组织开展污染源监督性监测等工作，完成常规重点排污企业监测141家次、危险废物企业监测52家次、挥发性有机化合物（VOCs）专项检查监测企业9个、重点排污单位自行监测监督检查企业93个；对14个社会化生态环境监测机构的数据质量开展评估，涉及接受政府委托实施的生态环境监测项目214项。编制完成5份污染源监督性监测季度（年度）报告、4份VOCs专项检查监测季度报告、4份排污单位自行监测专项检查季度报告、1份社会化监测机构监测数据质量评估报告等。

泉州市加强环境监测网络建设。布设28个环境空气质量监测点位。其中，5个“国控”监测点位分布在鲤城区、丰泽区、洛江区；23个福建省控点位分布在丰泽区、泉港区、石狮市、晋江市、南安市、惠安县、安溪县、永春县、德化县等地。布设主要河流水环境质量监测断面24个，其中，“国控”监测断面14个，福建省控监测断面10个；主要湖泊水库监测点位6个，其中，“国控”监测点位1个，福建省控监测点位5个；地表水水质自动监测站点8个，其中，“国控”6座，福建省控1座，市控1座；县级及以上在用集中式生活饮用水水源地监测点位13个；小流域水质监测断面59个，其中，1个“国控”断面，58个福建省控断面；水功能区监测断面65个，其中，“国控”断面25个，非“国控”断面40个。泉州市区和石狮市、晋江市、南安市布设7个酸雨监测点位。泉州市区和石狮市、晋江市、南安市布设436个城市区域声环境质量监测点位、150个城市道路交通声环境质量监测点位、19个城市功能区声环境质量监测点位。

【环境监测能力建设】 2019年，泉州市生态环境局所属环境监测站新增3台红外测油仪、1台紫外可见分光光度计、1台电感耦合等离子体质谱仪、1台全自动汞分析仪等大型监测仪器。新建晋江干流水源保护区、北高干渠水源保护区、泗洲水库水源保护区、美林水厂水源保护区、安溪县城关水厂水源保护区、菱溪水库水源保护区、永春县第三自来水厂水源、德化县第二水厂水源保护区、洛阳江和黄塘溪水源保护区9座饮用水源地水质自动监测站。完成“十四五”新增“城华南路”1座“国控”环境空气质量自动监测城市站改造。建设“泉州市机动车排放监控系统”项目。

经济监督管理

宏观经济管理

【概况】 2019年，泉州市发展改革委员会紧扣稳中求进工作总基调，紧扣供给侧结构性改革，紧扣高质量发展，强化项目带动，着力挖掘投资潜力，做好稳投资各项工作，泉州市固定资产投资比2018年增长6.3%。组织“春季攻坚行动”，启动产业链招商、电网建设等7个专项攻坚，开展四次重点项目集中开竣工活动，2019年泉州市重点项目完成投资超1400亿元，新开工建设项目86个，完成年度新开工任务115%；建成（或部分建成）投产项目80个，完成年度竣工任务107%。突破拆迁“卡脖子”问题，针对跨县区、线性工程等难点，先后下达80个市级重点项目征迁任务、节点计划，兴泉铁路、福厦客专征迁全省最快，全市房屋征迁、征地（海）、坟墓征迁分别完成全年计划120%、118%、154%。每季度开展“领导干部一线办公”活动周，专业小组提前摸排，市级领导带着问题清单到企业、项目现场办公，协调项目315个、解决问题414个。

【“五个一批”推进机制】 2019年，泉州市率先在福建省出台《关于进一步完善“五个一批”项目推进机制的意见》，建立“周汇总、月协调、季调度”工作制度，强化提前对接和会商机制，预先排除资金、用地用林用海、文物、生态环境等可能存在的“红线”或重大政策障碍。泉州市列入省“五个一批”项目3953个、总投资3.03万亿元；新增项目1403个、新增总投资7479亿元；2019年获全省“五个一批”正向激励综合考评前期工作经费奖励2950万元。

【投资项目规范管理】 2019年，泉州市政府办公室出台《关于印发建立正向激励机制促进经济社会高质量发展相关工作任务分工的通知》，针对省上若干措施提出的38条激励措施，细化提出46项工作任务，明确具体责任单位。强化政府投资项目管理，研究起草《关于进一步完善市本级政府投资项目管理的若干意见（试行）》，强化项目策划与前端规划、投资计划与财政预算的有效衔接。市发改委牵头实施33个领域投资工程包，全年完成投资289.7亿元，完成年度计划110.2%。

【招商项目策划推介】 2019年，泉州市出台《泉州市推动外商投资新开放领域重点产业精准招商工作方案》，指导各县（市、区）和各部门做好外商投资新开放领域和鼓励产业精准招商工作。编制《2019年泉州投资指南》《2019泉州市重点招商项目册》，制作泉州形象宣传片，推出全市重点招商项目210个、总投资4739.3亿元。组织推行“龙头企业开单政企联手招商”的产业链招商会商机制，围绕产业链建链强链补链要求和产业链重点企业的招商信息需求，生成全市产业链招商目标客商239个、其中第一批目标客商32个。协调推进京津冀区域驻外招商，与北京、天津、石家庄3个异地泉州商会签订招商合作协议并挂牌设立招商联络站进行运作。承接国家发改委、工信部在泉州主办的全国加快传统产业改造提升现场会，泉州市介绍的有关典型经验做法、高效的会务和企业调研安排工作受到国家发改委、工信部的肯定和表扬，国家发改委特地致函感谢。开展项目招商对接洽谈，牵头组织北航资产、长城会、中纺院、长城汽车等超40家（次）的投资客商到泉考察洽谈，促进多个意向项目转化落地。

【产业结构优化升级】 2019年，泉州市组织推行“龙头企业开单政企联手招商”产业链招商。组织实施一批重大工业项目加快投建投产，台商玖龙纸业65万吨牛卡纸扩建项目（二期项目）、晋江特步鞋服生产、实施建新轮胎生产、天际汽车技术改造等项目相继开竣工，晋江百宏年产33万吨差别化化学纤维、晋江龙峰纺织生产等项目建设有序推进，中化泉州乙烯及炼油改扩建项目建成中交。

推动服务业扩量提质。开展“第三产业提升年”活动，研究制定《泉州市2019年“第三产业提升年”活动方案》，提出第三产业各主要行业、主要指标年度发展目标，做好三产指标运行监测分析工作。组织实施全市服务业百大项目，101个服务业重点项目完成投资176.5亿元，超时序进度7.7个百分点。开展对各县（市、区、管委会）和市直有关行业主管部门第三产业工作绩效考评工作。筛选推荐4个项目获2019年省级现代服务业引导资金支持。组织评选认定6个市级现代服务业集聚示范区。开展高速公路服务区及落地互通、港区物流、冷链物流等项目策划工作。组织本土服务业企业申报“2019福建省服务业企业百强”，12家企业入围。牵头制定《泉州市人民政府办公室关于进一步促进消费增长若干措施的通知》，促进泉州市消费增长。开展楼宇经济专题调研和泉州服务业发展指数等服务业重点课题研究。

【区域协调发展】 2019年，泉州市融入闽西南协同发展区建设。完善协同区推进机制，加快推进基础设施互联互通，督促协调各地各部门融入闽西南协同发展区工作。成立泉州市加快推进闽西南协同发展区建设领导小组，19组对口部门搭建机制，分工协作展开具体对接。推进专项规划编制，在发展空间协同、重大基础设施布局、产业合作、生态环境保护等方面，组织对口部门做好15个专项规划（重大专项研究）编制工作。9月17日，泉州市与三明市签订《共建泉三高端装备产业园合作协议》，推动泉三高端装备产业园项目的合作共建。20个项目签订入园协议。推进“一集团一基金”建设，五地市国企于9月共同出资成立福建省闽西南城市协作开发集团有限公司，搭建五市产业协作平台，推进协同区协作发展。推进闽西南协同发展区重大项目建设。2019年泉州市项目25个，总投资4401.44亿元，完成投资378.2亿元。

2019年12月，泉州市东海跨境电商示范园二期开工。图为开工仪式
（图/市发改委）

强化易地扶贫搬迁日常监督管理。“十三五”期间，泉州市易地扶贫搬迁任务987户3658人，全部完工并搬迁入住，入住率和脱贫率均达到100%。2019年先后下发《关于做好易地扶贫搬迁和以工代赈领域问题线索排查的通知》《关于做好2019年以工代赈工作的通知》《关于组织开展“十三五”易地扶贫搬迁全面排查工作的通知》《关于组织开展易地扶贫搬迁工作整改的通知》《关于全面抓紧抓好易地扶贫搬迁工程质量安全集中排查发现问题整改的通知》《泉州市发展和改革委员会等十一部门转发关于进一步做好易地扶贫搬迁后续扶持工作的实施意见的通知》《泉州市发展和改革委员会等十一部门转发关于进一步做好易地扶贫搬迁全覆盖排查提升工作的指导意见的通知》等一系列文件，建立长期排查工作机制，加大力度做好以工代赈和易地扶贫搬迁项目监督检查和违法违纪问题摸查工作。

【省级特色小镇创建】 2019年，泉州市按照中央和省上推进美丽特色小（城）镇的统一部署，贯彻“五大发展理念”，坚持“以人为本、因地制宜、突出特色、创新机制”的指导思想，以促进城乡发展一体化为着力点，通过实施小城市培育试点、特色小镇创建试点，不断完善功能配套，夯实产业基础和服务功能。泉州市有永春达埔香都小镇、安溪尚卿藤云小镇、德化三班瓷都茶具小镇、晋江金井人才梦想小镇、晋江深沪体育小镇、晋江“芯”小镇等6个小镇纳入省级特色小镇创建名单。市发改委连续第四年将特色小镇项目建设纳入省、市两级投资工程包进行协调推动，发挥项目带动支撑作用，夯实特色小镇发展基础。印发《2019年特色小镇投资工程包实施方案》，2019年列入6个省级特色小镇工程包计划投资103.12亿元，完成81.06亿元，完成年度计划79%，投资额完成量位居全省九地市首位。

【重点领域改革】 2019年，泉州市打造“清单式管理”制度框架，构建市、县、乡基本统一、权责一致的行政权力体系。结合新一轮机构改革，重新梳理调整市级政府部门权责清单，同步部署县（市、区）进行梳理调整，完成12个市级政府部门权责清单调整工作。

“互联网+政务服务”新模式。建设覆盖市、县、乡、村四级应用体系的泉州市“互联网+政务服务”一体化行政服务平台。全面实行“网上办”、推行“邮递办”、推进“就近办”。通过福建省网上办事大厅、泉州政务服务旗舰店，实现不见面政务服务。搭建“泉州市政务服务”APP、微信公众号，打造“指尖上的行政服务中心”，1820项事项可在网上进行在线申报。对设在中心市区15个24小时自助服务区和投放在13个县（市、区）行政服务中心、街道（乡镇）等场所的200多台政务服务自助一体机进行改造，通过植入与企业、群众办事息息相关的便民事项，实现无房产证明、不动产抵押查档、企业信用报告查询、企业工商基本信息查询、养老缴费信息查询、公积金相关账户信息查询以及网约车、巡游车驾驶员、货运驾驶员、客运驾驶员从业资格证补发申请等在一体机上可自助办理和打印有效证明文件。

“一窗式”改革。推行“一趟不用跑”和“最多跑一趟”办事清单，推进投资建设类、市场准入类、社会民生类、二手房交易、企业开办、医社保等“一窗式”改革。推进工程建设项目审批制度改革。首创电力工程挖掘“一窗联审”新模式，推出工程用电用水用气“一窗式”，提前介入联合审批。试行推进二手房交易登记同步办理水、电、气、广电等公共服务事项。

商事制度改革。率先探索“微信申请+直接登记+无人审核+自助打照”的个体工商户全程智能化登记模式。率先启动“多证合一”，实行企业简易注销登记，福建省以石狮为首个试点探索“三证合办”；探索实践，使证照登记从“串联式”转为“一站式”审批，节约企业大量办事时间与成本。

事中事后监管。启动“互联网+监管”工作，组织13个县（市、区）、45个市直职能部门人员录入登记本部门执法人员信息以及2019年实施的监管业务信息（包括行政检查、行政处罚、行政强制，以及“双随机一公开”监管等监管行为信息）。打造“双随机、一公开”监管升级版，结合信用风险分类，突出监管重点。推进“双随机、一公开”监管部门内常态化运行，部门间“清单式”联查，提升后续监管成效，营造公平竞争市场环境。组织“双随机、一公开”抽查 221次，检查各类市场主体、项目4867个，责令整改1160户，立案查处436件。

机制体制创新活动。泉州市发改委会同市直机关工委、效能办开展第二批机制体制创新优秀案例征集评选活动，征集案例210个，推送20个案例获评省优秀案例，泉州市直机关工委、市发改委、效能办获得省优秀组织奖。同时，评选出70个市级优秀案例。

科技体制机制创新。抓好国家级高新区建设，围绕示范区七大改革任务，制定出台创新发展“1+X”政策体系，开展先行先试，实施45项有含金量、新颖性的政策措施，其中19项被省里列入三批复制推广清单。加快规划建设半导体产业高新园区，重点围绕服务芯谷发展建设、招商引资及招才引智、推动泉州市高新产业发展等方面，组织实施泉州市电子信息产业三年行动方案。

国有企业改革。泉州市启动市属国有企业整合重组，制定出台《泉州市属国有企业整合重组方案》，完成30家企业移交、24家企业产权划转，组建5家市级国资集团公司，谋划中长期发展战略和实施方案，完善集团公司架构，建立规范的议事决策机制和内部管理制度。创新市属国有企业分类考核制度，出台《泉州市属国有企业负责人履职待遇和业务支出管理规定》。

医药卫生体制改革。推进定价方式改革，实施以按病种收付费为主的多元复合型医保支付方式改革。推进医疗服务价格分类管理，对18个特需医疗服务项目及其他市场竞争比较充分、个性化需求比较强的70个医疗服务项目放开价格，实行市场调节价管理。跟进国家组织第一批、第二批药品集中采购和省组织药品集中带量采购工作，将70种药品纳入泉州集中带量采购范围。推进现代医院管理制度建设，做好市属公立医院院长目标年薪制考核，按照综合医院、中医医院和专科医院三类进行分类考核，考核社会效益、医疗服务提供、综合管理、可持续发展，实施公立医院院长激励与约束机制。同时，发挥医保管理作用，提高医保部门指标考核分值比例。对县域紧密型医共体总医院实行医保基金总额打包支付，推进县域主动控费。

教育体制综合改革。推进城区义务教育学校“小片区管理”、农村薄弱学校“委托管理”、集团化办学等管理机制改革，截至年底，全市初中小片区数24个、学校67所，小学小片区数136个、学校642所，农村受托管理的薄弱初中19所、托管校17所，受托管理的薄弱小学47所、托管校39所，办学集团中学8个、小学8个、幼儿园27个。健全示范高中对口帮扶机制，发挥优质学校示范辐射作用，11所示范性高中建设学校对口帮扶12所初中学校、14所普通高中学校；4所市直小学帮扶35所新建校、薄弱校和乡村学校，晋光小学挂钩西藏洛隆县3所小学，扩大优质教育资源覆盖面。推进中考中招改革准备工作，推动普通高中特色办学多样化发展，截至年底，省级示范性高中建设学校11所，泉州市特色高中20所。推进学校内涵发展。推动义务教育学校管理标准化建设。截至年底，泉州市义务教育管理标准化学校初中181所、小学427所。规范中小学教育教学行为，组织泉州市减轻中小学生课外负担开展校外培训机构专项治理行动。推动教育信息化建设，加快中小学智慧校园建设。

【生态文明建设】 2019年，泉州市推进生态文明建设，以加快建设国家生态文明试验区为重要抓手，创新生态文明体制机制，加快融入经济建设、政治建设、文化建设、社会建设各方面和全过程。出台《泉州市生态文明建设2019年度实施计划》，统筹推进优化国土空间开发格局、推动绿色发展、节约和高效利用能源资源、筑牢生态安全屏障、生态文明制度体系建设、生态文化建设等6项生态文明建设重点任务。探索泉州制造业转型升级与生态文明建设正向互动机制，完善《泉州市制造业转型升级与生态文明建设形成正向互动的典型经验总结与发展战略研究报告》编制。2019年泉州市获得第九批“国家节水型城市”命名，鲤城区获第三批国家生态文明建设示范区命名，德化县获中国气象服务协会授予“中国天然氧吧”称号，南安市、石狮市获得“福建省森林城市”称号。

加快推进国家生态文明试验区建设。按时序进度深入推进国家生态文明试验区试点改革任务，已完成泉州市贯彻意见提出的泉州市永久基本农田范围、林权收储、垃圾分类等36项改革任务，永春全域生态综合体模式入选国家生态文明试验区（福建）第三批改革成果并复制推广，生态产品市场化改革试点典型做法被省委改革办点赞，河长制、垃圾分类、存量垃圾治理、农村人居环境整治、生态立体联动保护机制、水土保持监管模式等多项改革任务获得国家、省级肯定。

【社会事业发展】 2019年，泉州市筛选申报泉州市民生社会领域项目，争取上级资金支持。2019年争取到中央和省预算内资金15863万元，其中教育方面，支持2所幼儿园、7所义务教育学校、1所普通高中学校，2所职业院校等项目建设。民政方面，支持3所敬老院、1个社会福利中心、10个老年人照料中心等项目建设。文化旅游方面，支持2个旅游基础设施建设项目。公共体育方面，支持3个足球场地设施建设、1个公共运动场地设施建设。

推进基本公共服务均等化。制定出台《泉州市推进基本公共服务均等化实施意见》，以加快基本公共教育、基本劳动就业创业、基本社会保险、基本医疗卫生服务、基本社会服务、基本住房保障、基本公共文化体育、残疾人基本公共服务等措施和细化具体服务清单，进一步提升泉州市基本公共服务保障水平和均等化程度。

主动适应新常态，把握国家社会事业领域改革试点城市的契机。积极争创家政、足球等试点城市。泉州获批全国家政服务业提质扩容“领跑者”行动重点推进城市；南安市作为全省唯一县域获批全国社会足球场地设施建设专项行动重点推进城市。

【减税降费政策落实】 2019年，泉州市落实降低一般工商业电价政策措施，从4月1日、7月1日起两次降低泉州市一般工商业电价每千瓦时6.49分，平均降幅10.02%，年可减轻一般工商业企业用电负担5.7亿元。贯彻国家降低增值税率政策，从4月1日起降低泉州市管道燃气销售价格，其中非居民用户管道燃气最高销售价格每立方米降低0.035元、居民生活用气价格每立方米降低0.035元，年可减少企业和居民用气负担4000万元。重新核定泉州市新建住宅供气工程建设费标准，从9月16日起将原来的2720元/户降低至1900元/户，年可减轻群众负担近1亿元。

重新核定德化九仙山门票和观光车价格，保持原来门票价格55元/人（次），观光车票价仍为20元人（次）（往返）。二是核定德化石牛山旅游度假区门票价格等定价项目的收费标准：主景区票价90元/人（次），大索道票价140元/人（次）（单程），小索道票价单程30元/人（次）（单程），观光车票价30元/人（次），岱仙溪竹筏漂流票价90元/人（次）。三是下调惠安崇武古城风景区（中华石雕工艺博览城）门票价格，从原来的45元/人降至40元/人，年可减轻游客负担200多万元。

国有资产管理

【概况】 2019年，泉州市国资委和所出资企业紧抓国资国企改革发展新机遇，确保国有经济运行稳中有进，国有资产保值增值不流失。截至年底，市国资委监管企业资产总额1477.03亿元，比上年增长8.68%；实现营业收入196.91亿元，增长6.39%；利润总额12.68亿元，增长23.50%；已交税费7.02亿元。所出资企业竞争力、影响力在稳步提升，12家所出资企业中有11家营业收入超亿元，其中，金控集团营收增幅122.28%、城建集团43.80%、省集英保安集团25.18%、水务集团19.91%。城建集团、文旅集团、交发集团、水务集团、省五建公司、中泉（集团）公司、泉州晋江国际机场、五矿集团、省集英保安集团9家企业利润超千万元。其中，城建集团实现利润4.99亿元、文旅集团2.39亿元、水务集团2.15亿元，文旅集团实现利润增幅128.85%、交发集团89.77%、五矿集团28.13%。

【国有资本结构调整】 2019年，泉州市国资委以聚焦主责主业、做强做精实业为抓手，助推市属国有企业整体进入高质量发展新阶段。

国企整合重组。完成五家市级国资集团公司战略发展规划，明确未来五年内战略定位、发展方向和实施路径。加快企业内部资源整合，完成划转、合并、取消一级子公司20家。完成厂办大集体改革工作。推动闽侨公司整合重组股权划转，市属国有类金融产业布局得到进一步优化。推动市县公交、水务、港口、安保等国企战略性整合取得阶段性进展。推动宏福陵园公司和殡仪服务公司、古建筑设计院、园林绿化工程公司以及市直属粮库等5家粮企划转移交。

混合所有制和股权多元化改革。加强与央企、省企、民企战略合作，指导市属国有企业与中科院国家授时中心、美的集团、广东薛航集团等企业和机构开展合作，实现各方优势和资源集聚放大，有效提升企业竞争力。累计设立混合所有制企业19家，注册资本金总计45.25亿元。指导蓝深环保科技有限公司加快上市步伐。

公司制改制。完成39家企业公司制改制工作。其中，五家市级国资集团公司及权属企业公司制改制工作全面完成，标志着市属国有企业彻底告别“老国企”时代，向建立完善中国特色现代国有企业制度迈出基础性、关键性一步。

【国企转型】 2019年，泉州市国资委引导、支持国有资本在涉及民生领域的项目建设、产业投资中发挥有力支撑作用，助推企业更快实现转型升级。

项目支撑。全年参与70个市政基础设施项目建设，完成年度投资额28.56亿元，累计完成总投资额78.07亿元。火车站综合交通枢纽站PPP项目、丰泽蟳埔渔人码头、一院城东院区二期、市老年医院、“水线”公园、“山线”绿道二期（景观提升）等民生工程陆续竣工或投用，美食城、东亚之窗、大寺逅等古城文创园区投入运营。兴泉铁路、福厦客专泉州段进入全面施工阶段。白濑水利枢纽主体工程开工建设。东海、金屿、百崎通道前期工作有序推进。

产业转型升级。推动四家市级国资集团公司实现AA+以上信用评级（水务集团暂未启动信用评级），其中，城建集团获评最高信用等级AAA。指导五家市级国资集团公司融资95.5亿元，成功发行55亿元企业债券。市产业基金累计对外投资8.41亿元，直投西人马高端传感器项目1个，参股设立集成电路、企业技改、企业兼并重组、新兴产业等6只产业子基金，覆盖集成电路、智能制造、软件信息、现代服务业等泉州市重点支持产业。积极对接牧月无人驾驶项目、海上丝绸之路时间中心项目和大数据项目落地，加快建设市创新创业广场。

开发新业态，增强自我造血功能。文旅集团旗下富士电梯新增与14个“一带一路”沿线国家地区建立合作代理关系，年增收500万美元。交发集团主动融入闽西南协同发展，参股福建闽西南城市协作开发集团有限公司；与德化县达成20余亿元中国陶瓷电商物流园区投建及运营合作。水务集团与中国环境科学院联合设立蓝深环保研究院，开展科技项目申报和发明专利申请工作。

致力民生保障。完善公共交通体系，公交客运量9671万人次，公交出行分担率提升至16.72%，全面实现泉城通APP、支付宝、云闪付和微信等多元移动支付。金鸡水厂（一期）工程竣工投产，采用国内最先进的净水处理工艺，出厂水指标优于国标。完成新建和改造给水管网51.35千米，完成北区、金浦、泉南三大水厂的次氯酸钠消毒系统改造，市区供水水质合格率99.8%以上。泉州晋江国际机场被列为首批全国18个“一带一路”沿线国家（地区）出入境便利口岸之一，全年完成航班起降6.5万架次、旅客吞吐量843.5万人次、货邮吞吐量7.5万吨，各项指标增速均高于行业增速。泉州大剧院投入运营，开演《马可·波罗》《大海承诺》等原创戏剧53场，租场及公益演出12

2019年6月15日，泉州金控集团召开战略规划发布会。发布会上，金控集团与20家合作伙伴签订战略合作协议。图为签约仪式（图/市国资委）

场。西街游客服务中心竣工投用。成功举办2019环泉州湾国际公路自行车赛、海丝泉州古城徒步穿越、探索泉州·中国（泉州）全能定向公开赛等大型文体活动。

【国资监管机制】　2019年，泉州市国资委坚持以出台“一个方案、两个清单”。在全省各设区市中率先出台《泉州市国资委职能转变方案》，确定18项监管重点，取消、下放、授权21项监管事项。梳理调整国资委权力清单和责任清单，厘清理顺国资委与企业间的权责边界。根据职能转变方案，在已有38项制度基础上修订完善违规经营责任追究等11项制度性文件，从制度治理上维护国有资产安全。结合全市机构改革契机，对委机关内设科室职能进行归并调整。

监管制度落实。逐步落实《关于近期监管企业发生的违纪违法案件案后整改的七项措施》。指导企业从16个方面全面梳理管理漏洞、完善内控制度。指导企业整合内部监督力量，10家企业设立履行内审职责的机构并配备专职审计人员（轻工工艺、外贸公司除外），五5家市级国资集团公司和重点企业分别设立纪检监察室、审计室和财务中心。10家企业制定出台内部审计制度18项，市国资委完成审计项目2个，指导企业完成审计项目73个。

高风险领域防范。开展企业投资和项目建设调研检查、履职待遇和业务支出等专项检查。会同驻委纪检监察组对12家所出资企业审计调查发现问题、企业涉诉事项及应收账款清收等风险业务整改落实情况进行实地检查。建立健全国资委对集团公司以及集团公司对重要子企业的债务监测体系，实现动态监测、分级预警、快速响应监管机制。

统　计

【概况】　2019年，泉州市贯彻落实国家、省各种统计方法制度，组织实施规模以上工业、资质建筑业、限额以上商业、规模以上服务业、房地产开发业等“一套表”企业联网直报工作，加强报送进度监测，做好2018年年报和2019年定报数据的收集、审核、汇总和上报工作。

国民经济核算工作。根据省统计局工作安排，取消下算县（市、区）月度地区生产总值数据。市统计局顺应改革，同时加强月度指标监测和季度核算工作。规范出台工业、建筑业、商贸专业数据评估办法，实行“阳光下”的数据评估机制。

名录库、农业、人口、科技、能源等专业统计工作。夯实基层基础，强化部门协作，组织业务培训，加强走访调研和督促检查，不断提高统计数据质量。

提升统计服务水平。抓好《统计月报》《统计公报》《统计手册》《统计年鉴》等综合性统计资料编印和电子化，方便社会各界和各有关部门查阅数据。撰写中华人民共和国成立70周年泉州经济社会发展成就系列报告13篇，在各大主流媒体上连载发布，在社会上引起强烈反响。

【统计执法与监督】　2019年，泉州市市、县两级机构成立由统计局主要领导担任组长“七五”统计法制宣传教育领导小组，按工作要求落实机构人员，强化对统计普法工作组织领导，保证全市统计“七五”普法工作的顺利实施。加强与同级政府法制办、司法局、依法治市（县）办和宣传部等相关部门的联系，根据当地统计法制工作的特点，把统计普法工作纳入当地“七五”普法工作的重要内容。将“七五”普法工作列入统计局工作议事日程，做到“三个纳入”即纳入了年度工作计划、纳入全市统计系统干部职工学习计划、纳入年度工作目标考核。确保“七五”普法工作做到有组织、有计划、有措施、有成效，有效落实各项工作任务。

加强监督检查落实统计执法“双随机一公开”抽查制度，严格按抽查方法、抽查事项清单及工作细则，强化并规范线索收集、管理、核实处理工作，完善统计数据质量监管责任，健全发现统计违法行为追溯机制。规范数据，确保与省级执法数据平台顺利接轨。对执

2019年12月14日，由泉州市统计局主办的纪念《中华人民共和国统计法》颁布36周年大型普法宣传活动举行。图为活动现场　（图/市统计局）

法平台数据进行规范和完善。执行统计行政处罚自由裁量权制度，对自由裁量权配套制度及制约制度、裁量标准和规范情况等进行网上公开，让公众一目了然地了解执法部门的“权力清单”，做到有权必有责、用权受监督、违法受追究。树立统计阳光执法新形象，公示统计违法行为举报途径，通过书信、电话、传真、电子邮件等多种形式，拓宽监督举报渠道。聚集行政执法的源头、过程、结果等关键环节，加强统计执法人员的职业道德教育，制定统计文明执法守则，严格要求统计执法过程的检查用语及工作态度，要求执法人员做到廉洁自律、按章办事，营造更加公开透明、规范有序、公平高效的法治环境。积极构建统计阳光执法模式，打造统计阳光执法形象。

【统计管理】 2019年，泉州市规范统计调查项目的管理与审批。严格按照《国家统计局关于印发统计调查项目审批管理规定的通知》《福建省统计局关于进一步加强统计调查项目审批和管理工作的通知》《福建省统计局关于建立健全地方统计调查项目审批管理制度的通知》要求进行统计调查项目审批管理，全市统计调查项目的管理逐步规范，形成依法接受管理、依法实施统计调查的氛围和机制。根据《福建省统计局关于印发〈统计造假专项整治工作实施方案〉的通知》及《福建省统计局关于进一步加强地方统计调查管理的通知》文件要求，印发《泉州市统计局关于进一步加强地方统计调查管理的通知》，对全市统计系统及相关部门执行国家统计政令、国家统计标准和统计调查制度情况进行全面排查和规范管理。

【第四次全国经济普查工作】 2019年，泉州市组织开展第四次全国经济普查，普查的标准时点为2018年12月31日，普查的时期资料为2018年度，普查对象是泉州市境内（不含金门，下同）从事第二产业和第三产业活动的全部法人单位、产业活动单位和个体经营户。泉州市各级各部门和普查机构全面完成单位清查、现场登记、事后质量抽查、汇总评估等各项任务，取得重要成果。泉州市统计局获评第四次全国经济普查先进集体。

1月1日至4月30日，全市近万名基层普查人员对泉州市境内从事第二产业和第三产业的法人单位、产业活动单位和抽取的个体经营户逐一入户完成数据采集。通过这次普查，既摸清泉州市第二产业和第三产业的发展规模、布局和效益，了解产业组织、产业结构、产业技术、产业形态的现状以及各生产要素的构成，也掌握全部法人单位资产负债状况和新兴产业发展情况，查实各类单位的基本情况和主要产品产量、服务活动，全面准确反映泉州市供给侧结构性改革、新动能培育壮大、经济结构优化升级等方面的新进展。泉州市普查数据质量通过省统计局和国家统计局的验收。普查结果显示，2018年末，全市有从事第二产业和第三产业活动的法人单位16.97万个，与2013年第三次全国经济普查相比，增长125.7%；从业人员390.83万人，增长14.7%；产业活动单位18.60万个，增长102.6%；个体经营户57.54万个。

审 计

【概况】 2019年，泉州市完成审计项目300个，查出违规金额4.54亿元，处理应上缴财政2.72亿元；审计促进整改落实有关问题金额19.72亿元，其中增收节支3.86亿元，挽回（避免）损失0.16亿元；移送处理事项8件。出具审计报告和专项审计调查报告382篇，被批示、采用147篇次；提交审计信息976篇，被批示、采用356篇次。提出审计建议935条，被采纳808条。积极推行信息、分析和专报“三个一”做法，加大审计成果转化，向市委审计委上报审计要目专报3份、审计结果报告10期，向市政府上报审计要情专报12份，得到市领导重视，清退各类津补贴21.83万元，盘活专项资金1.62亿元，制定完善规章制度6项。

【国家重大政策措施落实情况跟踪审计】 2019年，泉州市审计局安排7个政策专题审计和4个行业的部分重点建设项目的审计，推进减税降费政策落实，促进全市企业职工社保减负上亿元，推动省级电子政务平台捆绑服务收费改革和涉企服务“减费保质”，清退城市基础设施配套费近3000万元和工程保证金233.6万元；防范化解政府债务和隐性债务，推动《关于防范化解政府隐性债务风险的实施方案》等文件出台，加强隐形债务管理；开展拖欠账款清偿审计，全市清偿拖欠民营企业中小企业账款1.45亿元；开展简政放权政策落实情况跟踪审计，加速推进泉州政务信息系统整合共享、完善细化审批服务便民化、深化中介服务市场化改革等措施出台，持续推进“放管服”改革。

【财政审计】 2019年，泉州市审计局创新大数据审计方式，首次实现对市本级财政及372个预算单位财政资金的全覆盖，揭示344个单位结余结转资金20.15亿元、138个单位两年未使用结余的2.81亿元未收回、348个单位24.29亿元资金沉淀等问题。对市财政、教育局、住建局、国土局等部门开展预算执行审计，促进收回部门结转结余资金1.28亿元，盘活存量资金28.04亿元，推动出台《全面实施预算绩效管理的若干措施》，落实财政资金全过程绩效管理，得到市人大肯定。

2019年4月1日，福建省首个涉税融合宣传服务中心在泉州市成立。市审计局与市税务局、市纪委、市人民法院、市检察院、市财政局、市人社局、市医保局、市工商联等签订共建协议，推进减税降费宣传辅导工作。图为共建签约仪式　（图/市审计局）

【经济责任审计】　2019年，泉州市审计局强化权力制约，推进廉政建设，深化“一体两翼”领导干部责任审计制度，促进经济责任和自然资源资产审计的有机融合，全市对101位领导干部开展经济责任审计，查出违规金额2.26万元，促进增收节支0.8亿元。落实经济责任审计新规定要求，及时向市委审计委上报审计结果。

【固定资产投资审计】　2019年，泉州市审计局开展全市保障性安居工程资金投入和使用绩效审计，揭露4805套公租房未按期建成、4716套安居房空置1年以上、2.82亿元资金分配不及时或未投入使用，形成风险较高的政府债务369.38亿元等问题，及时清退不符合条件保障对象216户。选取市政、水利、交通等领域若干重点建设项目和“五个一批”赶超项目进行跟踪审计，部署开展全市政府投资项目指挥部规范运行情况审计，推进26个省市重点建设项目加快进度、规范管理、发挥效益。开展援疆绩效审计，客观反映三年来在项目、智力、产业援助取得的成效、不足和问题，助推泉州昌吉交流。

【民生资金（项目）审计】　2019年，泉州市审计局对扶贫村建档立卡的南安、安溪、永春、德化4个县市实施精准扶贫审计，促进拨付及盘活扶贫资金1500多万元，持续推动9577人未获得住院和特殊门诊救助1017.11万元问题整改到位；开展全市薄弱校改造资金“最后一公里”专项审计调查，促进落实配套资金2300万元、拨付资金3800万元。围绕民生领域的重大问题，推动归还和盘活资金3.58亿元，完善制度133项。

【专项资金审计】　2019年，泉州市审计局开展全市研究开发经费投入情况审计调查，揭示泉州市社会研发经费投入方面存在的R&D经费投入占GDP比重相对偏小、企业R&D统计口径不尽合理、财政补助资金滞后、高新企业未尽享受税收优惠政策等问题。

粮食储备与供应

【概况】　2019年，泉州市粮食总消费量约242万吨（主要食品、副食品酿造用粮减少），总产量48.97万吨，粮食自给率20%。泉州市地方储备粮实际到位数47.61万吨（折合原粮），完成省政府下达泉州市47万吨储备任务的101.3%，应急储备大米1万吨和食用油4000吨，保持常年足额到位。

【仓储物流基础设施建设】　2019年，泉州市为适应粮食储备规模扩大和优化仓储设施布局的需要，改善粮食仓储物流基础设施条件。2016—2019年，泉州市动工建设标准化仓容52万吨，预算总投资12.54亿元，7个粮库在建项目，完成投资额10.12亿元。2019年，市区中心粮库、晋江、南安、永春、惠安、安溪、泉州台商投资区粮库建设项目全部竣工，泉州市标准化仓容达79.8万吨。

【粮库智能化建设】　2019年，泉州市按照“粮安工程”建设规划的要求，为加快泉州市粮食行业信息化建设步伐，全面提升粮食收储能力。市区中心粮库、晋江、南安、永春、惠安、安溪、泉州台商投资区8个粮库“粮安工程”智能化信息升级改造项目全部竣工（计划总投资5481万元，涉及标准化仓容55.92万吨），实现与省级平台对接，信息数据互联互通。

【粮油加工能力】　2019年，泉州市粮油加工填报企业32家，其中：大米加工企业13家，食用油加工企业5家，小麦粉加工企业9家，副食品加工企业5家。泉州市粮油加工企业完成工业总产值141.45亿元，主营业务收入141.11亿元，销售收入139.08亿元，销售成本123.93亿元，利润总额9.55

亿元。泉州市粮油加工企业年处理稻谷量35.01万吨，年处理小麦78.94万吨，年处理油料14.73万吨，年精炼油脂39.80万吨，年产主食食品3354吨。

【粮食应急保障】 2019年，泉州市粮食应急加工企业19家，其中大米加工企业9家，小麦粉加工企业7家，食用油加工企业3家。确认为省级粮食应急加工企业6家，市级粮食（应急）骨干加工企业7家，还有16家为县（市、区）骨干粮油加工企业。建立粮食应急供应网点193家，分布在市、县和重点城镇，基本形成分布合理的粮食加工和供应应急网络体系，完善粮食应急保障预案体系，增强应对突发事件的处置能力。

【粮油监督检查】 2019年，泉州市组织开展政策性粮食库存数量和质量大清查工作。加强对储备粮、政策性用粮、放心粮油质量的监督管理，抽检粮油样品393份，粮食系统内原粮卫生指标抽检合格率100%。市财政补助资金100万元用于市、县两级粮食质量安全检验监测能力建设，增强泉州市粮食质量检验监测能力。加强与粮食主产区的沟通协作，签订粮食购销协议70多万吨，补给粮源缺口。

市场监督管理

【概况】 2019年，泉州市市场监督管理部门深化“放管服”改革，加强市场监管，防范市场风险，完成鲤城、丰泽、洛江3个区市场监管体制“条改块”下放及39名干部的转隶工作，基本完成市场监管机构改革任务。6月，泉州市被国家知识产权局确定为国家知识产权运营服务体系建设重点城市，获中央财政1.5亿元的资金支持。

【商事制度改革】 2019年，泉州市被国家市场监管总局确定为全国企业简易注销登记改革试点，企业注销实现更简、更快、更省。2019年，全市办理企业简易注销登记1.2万户，是2018年的近2.5倍，简易注销的数量已占企业注销总数的65%，节约公告费用超800万元。全省率先实行企业在市辖区内迁移，只需到迁入地登记机关即可同时办理迁出迁入手续的“新政”。全省率先从放宽主体准入机制、激励产业升级对接、对接台港澳经济等方面出台10项扶持直营连锁经济发展的举措，对试点连锁企业食品经营许可实行“评审承诺制”，对通过评审的连锁企业新设门店免于现场勘察，实现当天核准、当天发证。全面推行企业开办“一窗通办”；对从事预包装食品销售的经营者同时申请个体工商户开业登记及食品经营许可的实行“证照合办”改革；食品药品相关的审批时限压缩到法定时限的30%以内。食品生产许可实施“一县一策、精准放权”，将惠安县辖区内速冻食品、茶叶及相关制品食品生产许可的审批权限下放惠安县局审批，将安溪辖区内的茶叶的审批权限下放安溪县局审批。持续推行集群注册登记模式，推进“证照分离”改革有力推进。全市企业开办环节已由3个压缩至2个，企业设立登记与公章刻制实现合并办理。随着减环节、压时间、降成本等改革措施的不断推进，全市市场主体持续活跃增长。截至12月底，全市有各类市场主体1017062户，其中2019年新增28万户，总量继续保持全省地级市首位。

【市场综合监管】 2019年，泉州市政府办公室印发《进一步规范市场秩序保障制造业高质量发展行动工作方案》，全市市场监管部门联合相关部门深入开展舌尖安全、质量提升、品牌保护、消费守护、打击伪造证件五个专项行动，立案查处各类案件245件，罚没1200多万元，取缔“黑作坊”“黑窝点”14个。食品安全“一品一码”信息追溯体系建设综合排名位居全省设区市第二位。2019年市委、市政府为民办实事项目“网络订餐食品安全封签”印制5600万条封签和20万个食品餐盒。全市“明厨亮灶”餐饮单位占餐饮业主体数量的一半。发布《泉州市餐饮外烩行业自律管

2019年6月15日，国家市场监督管理总局局长肖亚庆（左四）在泉州虚拟产业园调研 （图/市市场监管局）

2019年10月，泉州市市场监督管理局审批登记窗口人员热情服务企业办事人员（图/市市场监管局）

理规范》，28个“家宴中心”“共享厨房”创建点纳入县（市、区）政府为民办实事项目或基础设施建设规划。推行农村集体聚餐食品安全责任险，总保障金额超过3亿元。抓好非洲猪瘟防控，对全市猪肉制品生产企业、经营户开展拉网式检查，责令整改142家次，市场销售环节立案查处3件、移送公安案件2件。

推动药品连锁企业在门店增设过期失效药品回收点，对14000多盒家庭过期失效药品组织集中无害化销毁。加大对国产非特殊用途化妆品的检查力度，责令整改303个品种次。完成全市309家二级及以上医疗机构及2850家民营医疗机构、个体诊所规范化建设工作。市政府出台推进药品医疗器械研发创新促进产业健康发展的21项措施，市市场监管局联合市医保局出台《关于支持和鼓励药品零售连锁企业创新发展的意见》。建成国家级哨点单位3家，上报的药品不良反应报告数量分别居全省前三位。

在全国首设特种设备监管“一处两点”（即特种设备使用登记办事处、特种设备监督检验联络点、特种设备作业人员培训联络点）。全市特种设备“三率”（使用登记率、定期检验合格率、隐患检查率）创历史最好成绩，未发生安全生产责任事故。全市2132.5千米公用燃气管道纳入监管，35家危化品生产企业8533台（套）特种设备建立“防风险、防隐患”的“双防”机制建设，实行电梯定期检验不合格单位约谈机制，在台商投资区试点开展“电梯三长制”（梯长负责制、楼长监督制、片长监管制）。开展重点产品质量抽查820批次，立案查处各类质量案件1445件。

结合“扫黑除恶”斗争开展行业治乱专项行动和整治，出动执法人员2万多人次，查处各种违法案件3000多件。建立公平竞争审查工作局际联席会议制度，2019年度省对市打传（打击传销）综治考评中列全省第一。开展转供电环节收费监督检查，全市一般工商业电价比上年降低20%，降费近10.5亿元，惠及用户近112万户次。

开展信用分类监管、涉企金融领域失信企业专项核查清理，全市立案查处骗取登记、虚假注册等违法行为为626起，注销99716家（其中企业20113户家，个体79603户），吊销3649户家（其中企业1128户家，个体2521户）。

【质量监督管理】 2019年，泉州市出台《关于深入开展质量提升行动加快建设质量强市的实施意见》，开展第5五届泉州市政府质量奖评选活动及2019年度市民质量满意度、服务业顾客满意度及2018年度制造业竞争力指数测评工作。全省首家省级能源计量中心获批筹建。全市新建社会公用标准13项，累计已建社会公用标准213项，率先全省完成国务院2013—2020计量发展规划的建标任务。修订《关于进一步实施技术标准战略工作的意见》，全市新参与各级标准修订数129项，总数累计1191项，其中团体标准数（11项）居全省设区市首位。全市有361项企业产品示准进行公示，并兑现奖励资金2573万元；3个国家标准化技术机构落户泉州（全国机械安全标准化技术委员会机械安全设计分技术委员会、全国电子业务标准化技术委员会陶瓷电商工作组、全国茶叶标准化技术委员会有机茶工作组），330家企事业单位通过国家标准馆泉州技术服务中心获得各类标准2800份。3家企业通过省级家政服务业标准化试点项目验收，2家农业标准化示范项目验收通过考评。免费检定计量器具17.7万台件，减轻企业负担1682.2万元。全市市场监管系统拥有7个国家级质检中心、4个省级质检中心，全市通过检验检测资质认定（CMA）的各类检验检测机构263家，获得各类有效认证证书13758张，涉及组织4667家。

【知识产权保护】 2019年，泉州市制定《泉州市知识产权运营服务体系建设实施方案（2019—2021年）》，兑现知识产权资助资金1600多万元，新增知识产权质押贷款近8.5亿元。全市新增专利申请量4.9万多件、专利授权量3.2万多件、发明专利1780件，每万人发明专利拥有量达9.48件。全市专利申请量、授权量、累计通过贯标认证企业数及知识产权质押贷款额度等均位居全省设区市前列。全市新增有效注册商标8.9万件，累计达40万件，居全国地级市第二位；新增驰名商标2件，截至年底共159件，位居全国地级市前列；新增马德里商标国际注册34件，累计达865件，位居全国地级市第三位；新增地理标志证明商标5件，累计拥有地理标志证明商标44件，国家地理标志产品11项。

【智慧监管】 2019年，泉州市建立消费者权益保护局际联席会议制度，市市场监管局与泉州中院、市消委会联合印发《关于开展消费纠纷非诉调解司法确认以及诉讼调解衔接工作意见》。“12315”“12365”“12331”“12358”“12330”热线整合为“12315”，实现“一号对外、集中接听、各级承办、部门依责办理”，受理线上线下各类消费者咨询、投诉、举报案件14万件，为消费者挽回经济损失约2400万元。市政府办印发《关于在市场监管领域全面推行部门联合“双随机、一公开”监管的通知》，建立“双随机、一公开”跨部门联合监管工作联席会议制度。组织开展2次跨部门多行业综合性的和2次针对电商、住房租赁中介的“双随机、一公开”监管，抽查企业13189户家，列入经营异常名录1403家，不予配合情节严重予以公示32家。全市470个部门通过国家企业信用信息系统、部门协同监管平台等渠道归集公示市场主体信息200多万条。履行国家总局“网络监管试验基地”和“网络传销监测查处试点单位”职责，开展2019网剑行动，发现网络违法线索1365条，查处网络违法案件1269件，罚没款572万元。完善泉州知识产权快速维权六方协作机制，推动第三批10家企业入盟阿里巴巴“可信唯一认证渠道”。

消费者权益保护

【概况】 2019年，泉州市消费者权益保护委员会着力做好消费教育、社会监督和受理消费者投诉等消费维权工作，各项工作取得了良好成效。市消委会被中消协评为“2018—2019年度全国消协组织消费维权先进集体”。紧扣“信用让消费更放心”维权年主题，在鲤城开元盛世广场举办全市纪念“3·15”国际消费者权益日现场投诉举报咨询活动。组织协调市、区两级市场监管局、法院、卫健委、住建、消委会律师团等近50个职能部门和相关行业协会、企业代表参加，活动现场发放宣传材料7880份，接受消费咨询580多人（次），受理投诉举报9件，为群众提供便民服务150多人（次）。编制并发放《维权之剑》《消费实用攻略》5000本消费教育读本，深受广大消费者的喜爱，通过制作大型展板曝光典型维权、侵权案例，以案说法，提高广大消费者的维权能力。2019年，全市消费维权系统受理投诉16048件，已办结15469起件，办结率96.39%，为消费者挽回经济损失2541.05万元；举报3481起件，已办结3359起件，办结率为96.49%。

【消费教育】 2019年，泉州市消费者权益保护委员会通过“12315”微信公众号平台开展消费法律法规知识有奖问答活动，调动消费者学法的积极性，以提高消费者维权意识和自我保护能力。有奖问答活动参与人数达1460人次，送出奖品价值15000元。

“3·15”期间，市消委会联合市市场监管局依托泉州晚报、海峡都市报等本地主流媒体及“12315”微信公众号，采取传统媒体与新兴媒体相结合的方式，发布侵犯消费者权益典型案例13件和维护消费者权益典型案例10件，真正起到震慑违法经营者，引导经营者树立诚信经营理念的作用。联合市市场监管局、人民银行泉州支行、市保险行业协会等部门整理九大消费警示，在各主流媒体上发布，提醒广大消费者提高维权意识，避免在消费过程中遭受侵害。在国庆、“双十一”、春节等消费高峰节点，发布购物、旅游、餐饮、春运等热点提示。针对工信部印发的携号转网新规定，发布携号转网应注意事项。关注儿童健康，发布警示提醒广大家长警惕危险玩具。

开展老年人消费教育引导活动。联合原鲤城区、丰泽区工商分局，邀请市中医药协会资深老中医分别在鲤城伍堡社区、丰泽东涂、云谷社区举办4场以中医药知识为主的老年人消费维权知识讲座，指导老年消费者防范消费陷阱，提高老年人消费维权能力，倡导老年人消费者树立科学理性的消费理念。

开展大学生消费教育。邀请市市场监管局干部在黎明大学消费教育基地，为新70多名新生作《〈电子商务法〉与消费权益保护讲座》。结合学生群体做“微商”、现代年轻人的消费特点和一些现实典型案例，对《电子商务法》涉及的消费权益保护问题等知识作介绍。通过年轻人易于接受的方式，结合案例教育引导学生规范开网店、科学理性消费。

【消费环境建设】 2019年，泉州市消费者权益保护委员会联合市市场监管局、市快递行业协会召开快递服务行业消费评议情况通报会，通报快递公司存在的投递不及时、寄件损毁、丢失现象和“格式合同”等问题。督促指导快递服务企业针对消费调查反映的问题，落实整改措施，提升服务质量和管理水平。市快递行业协会和与会的11家快递企业代表均签署《泉州市快递企业诚信公约》，各企业对规范快递经营行为，提升快递服务质量等做出明确承诺。

通报央视曝光案例和警示。针对2019年央视“3·15”晚会曝光的7个案例和3个消费警示，收集整理相关材料，发函提请市消委会相关常委单位，根据部门职能职责，组织全面排查，查处侵害消费者权益的违法行为，健全长效机制，及时回应社会关切，保障消费环境，提升泉州市消费者满意度。

放心消费环境建设。对中消协2018年消费者满意度测评报告中的相关数据进行分析和调查研究，形成报告，在泉州市消费者权益保护工作局际联席会议上进行通报，敦促各职能部门针对泉州市在消费供给、消费环境和消费维权方面还存在不少薄弱环节，在保持优势、亮点的同时，对短板、问题应有针对性地进行改进，消除扩大消费的障碍，增强人民群众在消费领域的获得感、幸福感和安全感。

2019年3月15日，泉州市纪念“3·15”国际消费者权益保护日活动在市区开元盛世广场举行。图为工作人员解答市民咨询

（图/市市场监管局）

健身行业服务消费评议。为提高健身行业服务水平，更好的为人民生活服务，市消委会联合市市场监督管理局，通过拦截调查、体验式暗访调查和网络调查多种形式开展健身服务行业消费评议，旨在去除不合理的行业规则，改善行业服务质量，促进企业加强自律，自觉承担保护消费者合法权益的社会责任，营造全民健身、无忧健身的消费环境。

2019年3月15日，泉州市消费者权益保护委员会在丰泽区东涂社区举办老年人消费讲座　　（图/泉州市消费者权益保护委员会）

【维权机制建设与资源整合】　2019年，泉州市各级消委会加强机制建设，加强维权资源社会整合，创新消费者权益保护方式，提高维权效能。重点加强与市场监管部门“12315”维权资源整合，促进与其他成员单位协调联动，健全消费维权立体网络，有效地提高维权效能。与市中级人民法院、市市场监管局建立诉讼调解衔接机制，提升人民法院的诉讼调解、市场监管的行政调解和消费者权益保护委员会调解在解决社会矛盾纠纷中的职能作用，推动“三调联动”，促进优势互补，形成合力，将矛盾纠纷化解在基层，打通服务消费“最后一公里”。

财税 金融

责任编辑：陈建强

财 政

【概况】 2019年，泉州市财政部门多措并举促进财政可持续发展。落实中央减税降费政策，做到应减尽减的同时，坚持依法管征，加强收入监测分析，多方多渠道挖潜，有效弥补减收缺口，稳定财政收入质量。制定落实减税降费28条措施，强化收费项目管理，加强政策宣传辅导，开展减税降费落实情况督导，确保政策严格落实到位。全市新增减税120.04亿元、社保费减征5.91亿元。强化建设资金筹措运作，促进扩大有效投资，做好融资方案策划实施清单化运作。收集项目收益专项债券发行实例、编印辅导资料并组织培训，精心策划生成项目。加强土地资源统筹预算管理，市本级全年出让用地6宗、31公顷，土地出让金收入31.34亿元。调优财政支出结构，突出保障重点和民生领域，全市民生支出505.95亿元，占一般公共预算支出的比重77%。推进改革创新，促进财政管理科学化规范化，加强预算编制执行管理，实施《政府会计制度》；全面实施预算绩效管理，在全省最早出台全面实施预算绩效管理文件，健全完善工作机制，明确时间表、路线图；规范财政专户设立、大额资金存放管理；加强国有资产管理，出台完善国有金融资本管理实施方案；加强财政投资评审质效管理，构建财政监督检查长效机制。

【全市预算收支执行情况】 2019年，泉州市一般公共预算总收入完成838.97亿元，比上年减收22.07亿元，下降2.6%。其中，全市一般公共预算收入完成457.75亿元，比上年减收16.41亿元，下降3.5%。全市一般公共预算支出658.25亿元，比上年增加25.86亿元，增长4.1%。其中，民生支出498.83亿元，比上年增加15.15亿元，增长3.1%，占全市一般公共预算支出的75.8%，比上年下降0.7%。全市政府性基金收入315.69亿元，比上年减少44.58亿元，下降12.3%；全市政府性基金支出376.10亿元，比上年减少31.01亿元，下降7.62%。

【市本级预算收支执行情况】 2019年，泉州市本级一般公共预算总收入完成109.82亿元，比上年减少8.24亿元，下降7.0%。其中，一般公共预算收入完成59.59亿元，比上年减少7.71亿元，下降11.5%。市本级一般公共预算支出98.92亿元，比上年增加1.71亿元，增长1.8%。市本级政府性基金收入33.37亿元，比上年减少11.41亿元，下降25.5%；市本级政府性基金支出55.08亿元，比上年增加21.86亿元，增长65.8%。

表12

2019年泉州市一般公共预算收入完成情况表

单位：万元

预算科目	泉州市	市本级
一、税收收入	3407594	425265
增值税	1499390	167123
企业所得税	581410	76408

续表12

预算科目	泉州市	市本级
企业所得税退税		0
个人所得税	239626	25838
资源税	7060	109
城市维护建设税	219636	36293
房产税	136648	16796
印花税	63842	7878
城镇土地使用税	102130	4866
土地增值税	297447	31601
车船税	56193	9182
耕地占用税	29158	23
契税	169538	48170
烟叶税		0
环境保护税	5254	968
其他税收收入	262	10
二、非税收入	1169941	170623
专项收入	292079	51284
行政事业性收费收入	95136	23138
罚没收入	124105	28040
国有资本经营收入	20163	2644
国有资源（资产）有偿使用收入	546845	31163
捐赠收入	33265	2805
政府住房基金	20761	17299
其他收入	37587	14250
本年收入合计	4577535	595888

说明：本表根据2019年度年终决算数填报，市本级不含泉州台商投资区

表13

2019年泉州市一般公共预算支出完成情况表

单位：万元

预算科目	泉州市	市本级
一、一般公共服务支出	525129	89852
二、外交支出		
三、国防支出	8783	2399
四、公共安全支出	396325	113298
五、教育支出	1509125	146883
六、科学技术支出	157351	24642
七、文化体育与传媒支出	128126	31448
八、社会保障和就业支出	664948	69641
九、医疗卫生与计划生育支出	726311	253535
十、节能环保支出	134633	13291
十一、城乡社区支出	587443	44435
十二、农林水支出	653081	97847
十三、交通运输支出	146507	29414
十四、资源勘探信息等支出	340715	26627
十五、商业服务业等支出	79990	4156

续表13

预算科目	泉州市	市本级
十六、金融支出	6436	1847
十七、援助其他地区支出	2822	2289
十八、国土海洋气象等支出	44785	5875
十九、住房保障支出	132693	9843
二十、粮油物资储备支出	23344	1429
二十一、灾害防治及应急管理支出	41143	7045
二十二、其他支出	31962	1231
二十三、债务付息支出	240379	12091
其中:地方政府一般债券付息支出	240379	12091
二十四、债务发行费用支出	419	32
本年支出合计	6582151	989150

说明：本表根据2019年度年终决算数填报，市本级不含泉州台商投资区

税 务

【概况】 2019年，泉州市税务系统累计组织各项收入956.3亿元，增长2.3%。税收收入765.88亿元，其中，增值税收入3212929万元，企业所得税收入1543823万元，消费税收入836794万元，个人所得税收入599067万元，土地增值税收入297447万元，契税收入272118万元，城市维护建设税收入250115万元，车辆购置税收入244464万元，城镇土地使用税收入102130万元，房产税收入136647万元，印花税收入63842万元，车船税收入56193万元，耕地占用税收入29157万元，资源税收入7060万元，营业税收入400万元，环境保护税收入6568万元。

【减税免税】 2019年，泉州市税务部门把落实减税降费作为一项重大政治任务来抓，市县减税办实体化运作，确保政策落地生根，以入库期统计，全市新增减税降费93.69亿元（其中减税84.95亿元、降费8.74亿元）。注重创新宣传、服务、管理方式方法，与纪委、财政、人社等8个部门和新华网、福建电视台等4家主流媒体共建全省首个“融合宣传服务中心”，依托泉州开发区税务局率先开发首款小微企业普惠性优惠计算器“税秒算”，在惠安县先行先试“县局盯分局、分局盯片区、干部盯税户”的网格化管理模式，以创新驱动减税政策真正落实落地。

【税收风险管理】 2019年，泉州市税务部门发掘大数据潜力，紧盯重点税源税收管理，查找征管漏洞，分行业、逐税种开展税收风险分析。通过严格增值税发票管控，加强对增值税薄弱环节和重点项目的管理；强化企业所得税预缴申报、汇算清缴和后续管理力度，实现汇算面100%，数据准确率100%；加强土地增值税预征和清算管理，强化对房产税、土地使用税等税种的联动管理和资源税等税种的源泉控管。发挥风险管理在税收征管中的导向作用，建立健全重点税源税收风险管理模式，加强千户集团税收风险管理和个性化服务，通过“大数据”与“全税务”相结合，精分析，找风险，全年推送实施应对风险任务3116户，累计补缴税费1.02亿元。

【纳税信用体系建设】 2019年，泉州市税务部门利用大数据，采集纳税人涉税行为信息，健全“黑名单”动态管理和信用修复机制，推动联合惩戒扩围、加大惩戒力度，推动税收信用体系建设。在全省首创纳税信用动态提醒，系统自动识别纳税人信用扣分事项，通过微信智能提醒纳税人自行修复，促进纳税遵从度，被全省推广。加大“银税互动”力度，通过“互联网+大数据”，打破税企银三方信息壁垒，对全省企业的纳税状况开展纳税信用评价，运用税收大数据生成“数据画像”，协助银行精准放贷，与建设银行、农业银行、邮政储蓄银行、招商银行、农村信用合作社等40多家商业银行合作，通过开发“云税贷”“小微e贷”“企税宝·小微征信贷”等“银税互动”产品，为守信纳税企业获得银行融资发挥作用，全年为6655户企业发放贷款61亿元。

【税收法治建设】 2019年，泉州市税务部门制定泉州市全面推进“三项制度”实施方案，按照时间表和路线图，把握节点，对表推进；完善重大案件审理机制，审核重大执法决定285件；制发相关制度文件15件，按总局规定公示清单35项。深化增值税改革试行留抵退税制度，平稳有序做好社保费和非税收入征管职责划转等后续工作，推广个人所得税APP，推进税制改革持继深入。发挥税务稽查作用，组织查处虚开、偷逃骗税案件，重点推进打击虚开骗税两年专项行动，增强税务稽查执法的权威性和

威慑力。推进“扫黑除恶”专项斗争，对人民群众反映的黑恶乱问题深挖细查，循迹追踪查处“诱骗大学生虚开发票系列案”。

【营商环境优化】 2019年，泉州市税务部门落实纳税服务规范，宣传税收政策，创新服务模式，提升办税服务质效。159个涉税事项实现“最多跑一次”，86%以上涉税事项一次办结。与市场监督、公安、社保等部门协作，整合企业设立、税务、社保、五险一金等业务，推行企业开办“一窗受理”。破解企业注销难，推行清税证明免办、税务注销即办，做到即申请即办结；提升退税便利化水平，扣除四类企业按规定不能推行无纸化外，全市正常通过无纸化申报企业户数和退税额双双100%；推行电子税务局、自助办税终端等多样化办税缴费渠道，满足纳税人的多元化需求，网上涉税事项办理率提升至85%。

表14

2019年泉州市各县（市、区）税收收入情况表

单位：万元

单位	累计入库
全市	7658755
鲤城	244415
丰泽	518395
洛江	201264
惠安	750806
泉州台商投资区	199588
晋江	1830997
石狮	503006
南安	868973
安溪	447865
永春	167039
德化	163634
泉港	950402
泉州开发区	160314
市直属单位	652056

金融监督管理

【概况】 2019年，泉州市金融工作继续深化金融供给侧结构性改革，落实服务实体经济、防范金融风险、深化金融改革三项重点任务，增强金融服务实体经济能力，推动全市金融工作高质量发展全市各项贷款余额年初增加664.12亿元，比上年增长10.44%。发展“助保贷”“科创贷”“高成长型领军企业贷款保证保险”。发展线上信贷，建行“小微快贷”为11747家企业发贷222.48亿元。推广“银税互动”“云电贷”产品，规模达33亿元，创新“纳税e贷”“好税

2019年4月18日，中央电视台财经频道对建设银行泉州分行加快小微企业金融服务创新的经验做法进行采访 （图/建设银行泉州分行）

贷”“林好贷”等融资产品。在全省率先出台金融服务民营和小微企业政策，在全省率先实施融资担保公司负面清单、尽职免责、免于考核等政策措施。地方法人银行全面开展小微企业贷款“尽职免责”，建行、民生、兴业银行分别给予20人、63人和30人认定免责。设立全省首家市场化征信机构，率先开展两岸征信机构全面战略合作。率先开展企业公共信用综合评价，完成全市近20万家法人主体的公共信用综合评价工作。实施企业改制挂牌上市“育苗成林”工程，推进问题清单责任制、上市公司“导师制”、基层专家服务团等措施。加强科创板上市培育，遴选21家企业进入科创板后备企业库，推动3家企业冲刺科创板上市申报。设立海丝基金小镇，吸引25家基金及管理机构入驻。新增各类债券23只，融资规模154.9亿元。市产业股权投资基金投放资金达现有规模的80%，设立首期规模1亿元的人才创新创业投资基金，完成创新创造创业基金管理机构公开遴选工作。加大信贷风险化解力度，全市不良贷款余额、不良贷款率“双降”。坚持“一企一策”协调帮扶，多家僵尸企业实现不良贷款出清，利用应急周转资金帮助企业转贷1371.16亿元，帮助283家企业“活解封”转续贷50.95亿元。开展非法集资、互联网金融、交易场所等涉众风险隐患排查化解工作，实现风险总体平稳可控。

【政策引导】 2019年，泉州市金融监管部门出台实施《泉州市关于加强金融服务民营和小微企业若干措施》《关于加强实体经济金融服务进一步缓解融资难融资贵的实施意见》《加强信贷服务支持实体经济发展八条措施》，对未能实现“两增”目标的银行业机构由银保监分局通过监管约谈、下发监管意见书等方式开展督导，提高银行信贷对民营企业和小微企业的支持力度。“奖”“考”先导。实施《鼓励金融业发展的若干意见》，根据新增信贷投放、新增小微企业贷款和户数等对银行业机构进行奖励。同时，由银保监分局构建银行业服务实体质效评价体系，单列“小微贷款”等考核指标，按月进行考评和通报，并将评价结果与银行业机构监管评级、高管履职评价、市场准入等挂钩，促进银行业机构加大信贷投放。方向指导。推动银保监分局出台《泉州市银行业支持制造业转型升级指导意见》等政策措施，强化金融支持“数控一代”、智能制造等转型升级重点领域。在泉银行业机构安排专项规模和授信额度150亿元，其中平安银行总行授信100亿元支持泉州“数控一代”产业升级。

【金融服务覆盖】 2019年，泉州市金融监管部门找准金融服务短板，提升优惠政策覆盖。争取人行福州中支两次增加泉州市再贷款、再贴现9.2亿元，年末再贷款、再贴现余额19.8亿元。金融机构全年申请借用人民银行低成本再贷款资金14.49亿元，直接支持民营企业207家，直接支持小微企业（含个人经营贷款）1201户。再贴现全年发放6.9亿元，间接支持民营企业81家、小微企业56家。发展小微快贷、“农e贷”等“金融+互联网”服务，实施农村金融服务三年行动，发展小额信贷“1+N”等金融精准扶贫模式。截至5月末，小微企业贷款余额2186.22亿元、涉农贷款余额3583.01亿元，分别占各项贷款总额的32.33%和52.9%。

【金融服务创新】 2019年，泉州市金融监管部门支持相关金融机构从准入门槛、授信金额及期限、企业覆盖面、服务四个方面创新升级，将普惠金融理念嵌入企业流动资金贷款全流程，落实名单制管理，将符合条件的到期客户自动纳入信贷系统，主动筛选客户，主动提示符合条件的客户办理无间贷。重点发展供应链金融，创新“N+1+N”供应链融资模式，支持55家核心企业带动538家上下游企业实现融资，融资余额39.18亿元；推进新型供应链金融模式，推进中物联、一品嘉等供应链金融平台建设，品尚供应链金融为鞋服产业链企业提供融资139.9亿元；推广应收账款融资服务，注册用户数434户，开通用户数339户，融资笔数379笔，融资金额187亿元。改进对接方式。将“泉州金融服务平台”升格为“泉州小微金融服务平台”，通过大数据资料筛选，收集注册企业的股权、经营、财务等信息，并提交银行机构完成贷款审核等前期工作，注册户数6.29万、服务中小企业1.37万家，融资金额63.08亿元。

【银企联动互动】 2019年，泉州市金融监管部门鼓励银行业机构顺应数字化趋势，做活线上产品，泉州银行与网商银行合作推出“网商贷”，投放量12.08亿元，惠及6.97万户；与微众银行合作推出“微粒贷”，发放贷款余额48.9亿元。简化审贷。发展线上申贷、核贷、放贷，缩短审批时效。建行泉州分行“小微快贷”，利用小微企业及企业主在银行的结算金额、存量放贷等数据，运用大数据分析技术进行线上审批，为全市6123户小微企业发放贷款33.77亿元。简化小微企业审批流程和材料，泉州银行对300万元以内的信贷项目在报送后1个工作内出具审批意见，其他小微信贷项目在2个工作日内完成最终审批。降低门槛。建立“首贷”模式，通过“征信+政府担保+银行贷款”等联动，支持有一定成长性但缺乏抵押担保、未与银行建立信贷关系的小微企业与银行建立“首贷”关系，推荐小微企业2472户。

【企业增信支持】 2019年，泉州市金融监管部门增强金融服务可得性，构建公用信用综合评价模型。

相关机构完成全市近20万家企业法人主体的公共信用综合评价工作，搭建泉州市公共信用信息监测平台。品尚电商和市税务局达成首个信用应用场景设计，计划利用市税务局掌握的企业及个人纳税数据，结合国家公共信用信息数据，构建全市纳税人信用评级模型。提高政府增信资金效用，发挥市、县两级政策性融资担保公司作用，推行“442”政银担合作风险分担机制。发展“助保贷”“科创贷”“高成长型领军企业贷款保证保险”业务，其中“助保贷”放款60笔、金额1.97亿元，“科创贷”办理66家、授信7.24亿元，高成长型领军企业贷款保证保险业务，首批筛选10家企业试点，对2家公司授信1亿元。开展公益性信用修复，率先在全省开展失信企业信用修复，梳理信用修复流程，举办首期公益性信用修复培训班，49名经营异常名录企业的法定代表人或实际控制人参加培训活动，44家企业通过现场考试，签署信用承诺，修复通过率90%，拓宽失信企业获得信用修复的途径。

【企业融资渠道】 2019年，泉州市金融监管部门支持完善泉州市产业股权投资基金体系，建立产业基金子基金投资进度阶梯督导机制，产业股权投资基金及7只子基金为企业提供融资支持61.26亿元。推进建设海丝“基金小镇”，设立高层次人才创新创业基金，全市新增创业投资、股权投资、产业投资基金及管理企业54家。推进区域资本市场建设，新增“新三板”挂牌企业1家，海峡股权泉州交易中心挂牌企业新增182家，增至890家。支持直接融资。启动新一轮支持企业改制上市工作，挖掘上市后备资源，特别是细分行业龙头企业、战略性新兴产业等，并给予重点扶持和培育。支持优质中小企业通过银行间债券市场发行短期融资券、中期票据等改善融资结构，全年民营企业发债28.1亿元。激活民间资本。

【金融环境维护】 2019年，泉州市金融监管部门支持完善信贷投放及不良风险双向监测机制，年前提前预判，月度按旬监测。滚动更新重点风险大户情况，提前摸清当月拟劣变企业，并下发相关县（市、区）提前处置。强化政司银企保风险处置会商机制，落实“一企一策”协调帮扶制度，利用应急周转资金帮助企业转贷1335.39亿元，帮助283家企业“活解封”转续贷50.95亿元。督促银行业机构加快不良处置，多家重点大户得到有效处置。推进金融案件一体化办案平台全面运行，协调银行业机构不良处置中需支持事项。推进国企接包工作。完善上市企业化险应对机制，出台上市公司化解流动性风险八条措施，国有企业出资30%与社会资本共同设立总规模30亿元的上市公司纾困基金。推进民营企业债转股项目，起草扶持政策，协调建信投资修改完善投资方案。实施非法集资案件风险处置三年攻坚，依法查处“财佰通”“梦熙金融”等非法集资案件。完成跨界从事互联网资产业务整治验收，“一户一策”引导4家P2P网贷机构退出市场，实现互联网金融从业机构和业务余额“双下降”。开展地方金融行业领域扫黑除恶专项斗争，实行县域领导挂钩制，逐县督促指导；实施“扫楼”行动，排查580家企业；打击非法高利放贷、套路贷等涉黑涉恶行为。

银行业

【概况】 至2019年末，全市金融机构本外币各项存款余额7728.61亿元，比上年末增长11.2%，其中人民币各项存款余额7647.23亿元，比上年末增长11.4%。人民币存款中，住户存款余额4290.60亿元，比上年末增长13.5%；企业存款1983.08亿元，比上年末增长8.1%。全市金融机构本外币各项贷款余额7140.23亿元，比上年末增长11.7%，其中人民币各项贷款余额7110.15亿元，比上年末增长11.5%。人民币贷款中，个人消费贷款余额2292.68亿元，当年新增377亿元，其中住房贷款余额1754.48亿元，当年新增332.11亿元。

【农业发展银行泉州分行】 2019年，中国农业发展银行泉州分行各项贷款余额265.02亿元，各项存款余额64.29亿元，账面盈利3.65亿元，信贷资产质量优良。分转型步伐持续加快，推进“重点客户、重点项目”工程，走访政府部门、重点办、地方国企、优质民营企业等单位，到一线精准对接客户需求。审批项目22个、审批金额132.58亿元，重点客户10个、审批金额43.39亿元。对PPP项目采取“四必一争”营销模式，营销评估PPP项目占比泉州PPP项目库落地签约项目融资金额的81.3%；开展大型银企融资对接会，与泉州城建集团等四家企业签订战略合作协议；获批泉州分行首笔产业扶贫贷款2亿元，延伸促成盼盼集团、劲霸男装与安海镇社坛村、达埔镇乌石村建立村企结对，并制定扶贫方案；开办农发行全省系统首笔项目工程保函业务300万元，全市办理保函业务2笔、3300万元。推进“服务民营小微提升”工程。采取“优质房产全额抵押、地方政府专业担保公司全额担保、商业银行保函全额担保、供应链担保”“双押双保”风控措施，降低小微企业贷款风险。支持9家、投放贷款3430万元，储备18家，提前、超额完成省分行下达任务；创新“港区产业链担保模式”和“商业银行存单100%质押模式”，解决小微企业融资难融资贵问题。推进“存款优化”工程。借助网银做好优势宣传，通过紧盯地方债、大额资金增存，走“农村包围城市”路线重视乡镇揽存，开展老乡营销聚力乡贤稳存，聚焦房地产企业促成

2019年12月6日，农业发展银行泉州银行与泉州城建集团有限公司、福建省晋江城市建设投资开发集团有限责任公司、福建陆地港集团有限责任公司、泉州市南翼港区发展有限公司签订战略合作协议

（图/农业发展银行泉州银行）

同业返存等方式拓宽引存渠道。引存地方政府债券、乡镇、乡贤资金422笔、金额45.89亿元。落实贷后检查尽职管理系统“周巡查、月分析、季点评”制度，对总行新核心系统相关配套制度及操作手册进行梳理编册，实现系统上线；推进市分行及辖内支行基建项目建设；确定辖内涉密岗位、涉密等级，规范保密工作；开展印章撤减工作，实现印章电子化管理。

【工商银行泉州分行】 2019年，中国工商银行泉州分行全部存款余额839.99亿元，比年初增加147.33亿元。年末各项贷款余额774.15亿元，比年初增加52.98亿元。实现拨备前利润18.02亿元。截至年末，制造业贷款92.01亿元，完成市政府下达的“12月份制造业贷款余额止跌”的要求；银监口径普惠贷款金额21.87亿元，比年初增加6.42亿元，比上年增幅41.55%，增速比各项贷款增速高出34.25%，完成省分行银监口径普惠贷款任务数的107%，普惠贷款总量、增量均为全省第二；银监口径普惠客户数2849户，比年初增加1350户，其中普惠法人客户数为419户，较二季度增加193户，较三季度增加132户，完成省行下达全年任务指标的101.58%，完成总量居全省第二，完成普惠贷款增速及普惠金融客户数增长的“两增”监管目标。对部分普惠产品执行基准利率，实时根据总行利率指导进行动态调整。严禁小微客户借贷搭售其他金融产品，减轻小微客户融资成本，包括承担小微客户抵押登记费用和抵押物评估费用，对于灭失风险较低的住房、商用房免于办理财产保险。全年普惠贷款比重不断提升，在2019年贷款总量的比重由年初的3.22%提升到3.62%，普惠贷款增量占总贷款增量的14.67%，成为分行贷款增长的重要力量，优化贷款结构。普惠线上和线下业务齐头并进，新产品和新业务特别是线上产品拓宽获客、活客、黏客的新渠道，成为普惠贷款主要增长点。其中，e抵快贷新增52844万元，占全年普惠新增贷款的82.24%，成为普惠金融业务发展的拳头产品；“跨境贷”作为总行经营快贷的场景之一，自10月业务开办以来，分行积极抓联动、聚合力，推进“跨境贷”驶入业务发展“快车道”。截至年末，为39户优质进出口小微企业提供4852万元的授信支持，客户数全省占比31.97%，客户数量及授信额度均位居全省第一。完成鲤城海天汽车城产业集群、德化陶瓷产业集群、安溪藤铁工艺产业集群、南安机械装备产业集群，以及进出口客户跟单式风险控制型客户集群的审批，其中德化陶瓷产业集群方案在原有的基础上对整体方案进行优化，在线下拓户方面取得较好的成果。截至年末，陶瓷贷为47户小企业发放约

2019年10月30日，中国工商银行董事走访九牧王股份有限公司生产车间

（图/工商银行泉州分行）

3.33亿元融资，为38户小微企业主发放约0.86亿元融资。发展无还本续贷，截至年末，实现小微企业无还本续贷21.22亿元，余额15.88亿元，涉及小微企业160户，无还本续贷覆盖率65.98%。“无还本转贷”业务降低企业融资成本，为企业缓解资金压力、化解风险，争取时间和空间。

2019年9月20日，中国农业银行泉州分行举办“我和我的祖国”职工歌咏比赛（图/农业银行泉州分行）

【农业银行泉州分行】 2019年，中国农业银行泉州分行发挥国有大型商业银行的优势，加大对泉州实体经济、重大项目的支持，为泉州经济社会发展持续注入金融新动能。2019年1月18日，泉州分行各项存款首次突破千亿。2019年末，各项存款余额1067.7亿元，比年初增加108.02亿元，增幅11.26%，增量“四行”占比29.19%，比年初增加2.54个百分点。信贷投放力度加大，信贷结构持续优化。2019年末，全行本外币各项贷款余额983.47亿元，比年初增加79.37亿元，增长8.78%，贷款增量居“四行”首位。风险管控有力，不良贷款保持“双降”。2019年末，全行不良贷款余额8.68亿元，比年初减少2.57亿元；不良贷款率0.88%，比年初下降0.36个百分点。贷款不良率低于全市平均水平。综合绩效考核全省第一，经营效益良好。2019年，分行综合绩效考核位居全省第一，在全国重点城市行排名从2018年的全国35名提升至第10名。实现中间业务收入7.83亿元，实现营业收入35.42亿元，比上年增加0.12亿元。实现净利润13.16亿元，比上年增加3.84亿元，增长41.19%。

【中国银行泉州分行】 2019年，中国银行泉州分行全行本外币贷款余额499.09亿元，比上年增长8.43%，本外币客户存款余额折人民币507.34亿元，比上年增长2.21%；实现拨备前利润10.24亿元。截至年末，银保监会口径普惠贷款余额25.36亿元，完成全年任务的109.8%，普惠考核口径贷款户数为1693户，较上年末新增264户。人行定向降准口径贷款余额261346.06万元，较上年末新增52784.73万元，完成全年任务（45200万元）的116.78%，新增占比14.48%。推进机构、产品、管理创新，瞄准投行业务，争揽发债资金，债券承销业务实现较大突破。债券承销完成发行45.30亿元，比上年增长42.90%，市场份额仍排名第一，在“四大行”占比超过70%，实现非息收入1896万元。包括成功营销包括晋江城投、南安贸工农、泉州城建等重点客户发债资金，带动该行日均存款约12亿元。获批的债券融资工具金额104亿元，品种涉及中期票据、PPN及超短期融资券。打造“方便快捷、优质高效、热情周到、保值增值”的现代金融服务品牌，截至年末，全辖81家网点投产智柜设备205台（其中综合型119台，增强型85台，旧机复用1台），P端设备252台，港澳台非居民证件边柜23个，存折边条64

2019年7月16日，中国银行泉州分行承办泉州地区国有企业债务市场投融资交流会。图为交流会现场（图/中国银行泉州分行）

个，智能柜台网点覆盖面100%。

【建设银行泉州分行】 2019年，建设银行泉州全行一般性存款时点余额757亿元，当年新增47亿元；一般性存款日均余额733亿元，当年新增72亿元。截至年底，全行各项贷款余额643亿元，当年新增41亿元；个人住房贷款投放创历史新高，全年突破百亿大关，贷款余额达309亿元，居同业首位。实现中间业务净收入6.46亿元，净收入总量居全省建行系统及同业首位。不良贷款余额4.36亿元，不良贷款率0.67%，全年处置不良贷款7.75亿元。立足区域经济特色，主动担负起支持实体经济、民营和小微企业的社会责任，加大对泉州重要基础设施建设、战略性新兴产业、特色优势产业、民生工程、城市化建设和中小企业等领域的支持力度，同时重点跟踪民营经济升级改造主体中的投资目标，围绕产业集群特性、区域特色和县域经济特征加大民营经济的支持力度。截至12月底，民营企业对公贷款占全行对公贷款比例54.87%。聚焦社会痛点、难点，通过普惠金融、住房租赁、金融科技等重大战略，做大做强普惠金融业务，通过金融+科技，创新小微企业信用产品，推出多款方便快捷的小微企业专属融资产品：适用于工艺美术大师创办经营企业的“闽匠贷”；面向茶叶种植、生产加工的小微企业的“闽茶贷”；为政府采购中标企业提供的“政采云贷”；手续简便、利率优惠的抵押快贷；与国家电网数据直连，借助小微企业用电信息授信的“云电贷”；与福建省税务局通过数据直连，借助纳税信息实现以税授信、以税促信的“云税贷”等。普惠金融贷款余额63亿元，普惠金融小微有效授信户近七千户。推进住房租赁业务。与政府合作共同打造泉州市住建租赁官方网站—泉州市住房服务与监管平台，成立住房租赁业务团队，持续扩大住房租赁客群规模。推进金融科技应用，参与“智慧泉州”建设，对接银政、银医、银税等政务金融服务项目。2019年推出丰泽区、泉港区政府服务终端一体机，与泉州交通发展集团合作“泉城通直销银行”项目，实现银行端与泉州不动产抵押登记网上直连，使网点成为“互联网+不动产抵押登记”便民服务点。落实新金融行动，坚持零售优先战略，做好ETC营销服务，完善“裕农通+ ”服务体系，将银行服务窗口延伸到农村，实现全市行政村全覆盖；通过“民工惠”为解决农民工工资拖欠的社会难题提出的全面服务方案，为建筑总包企业或项目业主发放“民工惠”贷款近亿元，受益农民工1.42万人次。

【交通银行泉州分行】 2019年，交通银行泉州分行全行本外币各项存款余额54.72亿元，比年初增加12.52亿元，增幅29.68%。当地同业市场占比1.09%，较年初上升0.15%。本外币各项贷款余额86亿元，比年初增加4.18亿元，增幅5.11%，当地同业市场占比1.72%，较年初下降0.07%。依托授信资源，加大政府项目、创新项目的营销力度，截至12月，泉州分行有对公储备项目62个，储备金额170亿元，其中国有企业14个、民营企业48个。涉及市政府产业布局项目34个，占比54.84%，金额137.71亿元。加大对上市公司、现金流充裕客户的走访频率，加快储备项目资金落地和沉淀，提高客户综合回报。做好修渠引水工程，推动平台系统搭建，带动批量客户数增长。依托特色产品，拓展小微企业和个人经营性贷款客户，实现普惠金融小微企业贷款客户数的增长。依托产业链融资产品优势，落地九牧厨卫中征应收账款融资平台线上模式融资业务。该业务为福建省同业首单，交行系统内第二笔业务。利用线上渠道拓宽小微营销途径，办理线上产品户数69户，发放金额6116.8万元。抓好同业业务发展，截至12月末人民币同业负债日均余额6.05亿元，较年初新增2.85亿元；同业存单平均日均余额1.21亿元，较年初新增1.17亿元。夯实国际客户基础，打造国际业务核心客户群。通过离岸牌照优势，挖掘潜在客户，结合存量客户进行展业。办理省分行首笔存量业务转卖业务和泉州分行首笔的二级市场福费廷即时转卖业务。依托三年期、五年期储蓄定期存款利率上浮活动，优选目标客户，重点针对中老年客户，拓展新客户新资金。销售中长期储蓄定期存款143笔，金额7278万元，带动日均增长，实现储蓄稳增稳存。结合总行、省分行工作部署，开展广场舞活动，该活动实现季日均AUM新增3301万元、行外资金新增6461万元、沃德客户新增36户、有效活跃客户新增657户的成效。加强中收产品营销，针对对公、对私、中后台等条线制定专项营销方案。开展“贵金属专场PK赛”，强化各条线联动配合，销售贵金属377.22万元，实现中收53.5万元。加强私银重点信托、6款净值型理财、券商专户产品销售，销售信托2笔600万元、专户1291万元、净值型理财14476万元，实现中收84.18万元。提升授信管理基础工作水平，提高贷款抵质押率，新介入对公授信客户79户，发放贷款余额23.16亿元，抵质押金额11.836亿元，抵质押率51.1%。加快风险化解与处置，处置不良资产6.93亿元，其中打包2.53亿元、核销3.86亿元、重组0.39亿元、现金收回0.06亿元，其他0.09亿元。截至12月，泉州分行不良贷款余额2.99亿元，不良贷款率3.48%，分别较年初减少2.84亿元和3.64%。

【兴业银行泉州分行】 2019年，兴业银行泉州分行全行各项贷款余额652.58亿元，各项存款余额674.53亿元，不良贷款继续保持“双降”。发挥金融服务实体经济功能，紧跟泉州市委市政府“五个泉州”建设步伐，加大金融支持力度，特别是为泉州制造业发展和传统产业转型升级提供金融支持，新投向实体经济领域信贷资金超过50亿元，年末制造业贷款余额超130亿元；推进乡村振兴，涉农贷款余额超240亿元，其中支持农村基础设施建设融资余额超50亿元。践行“绿水青山就是金山银山”的发展理念，深耕绿色金融，为南安五里桥畔休闲慢道景观项目、晋江供水项目、南安高畲山风电场等项目提供绿色金融融资支持，绿色金融融资余额超50亿元。支持普惠金融，通过“贴现+再贴现”模式，主动降低票据贴现利率，用好用足再贴现资金，定向精准地对民营小微企业进行信贷投放，推广福建省“金服云”平台，依托大数据支撑，逐步解决民营企业及中小微企业融资难、融资慢、融资贵的问题，普惠型小微企业贷款超30个亿，贴现金额超20亿元；落地跨境贸易投资便利化服务，落地泉州市首笔外商投资合伙企业直接投资人民币结算业务。践行“合规盈利、合规致胜”理念，开展“兴航程”合规经营示范年活动。

【泉州银行】 2019年，泉州银行全行资产总额1069.88亿元，各项存款769.42亿元，各项贷款529.47亿元，实现净利润3.49亿元，纳税总额4.28亿元。贷款占总资产比重较上年末有所上升，信贷投向结构持续优化，资产配置“脱虚向实”。存款占总负债比重较上年末提高，主动负债能力增强，同业负债比持续控制在33%以内，比例较上年末有所下降。零售存贷款年增幅均超30%，余额占全行比重较上年末有所提升；获客能力增强；创利能力逐步提高；社区产能有效提升，社区金融资产首破百亿元。打造“泛零售团队”管理体系，落地“泰隆模式”等措施，优化普惠金融体系建设，完成“两增两控”任务目标；深化“线上获客和线下深耕”双向服务模式，深耕惠普金融，落地泉州首笔创业担保财政贴息贷款。公司条线存贷款年增量占比全行比重为42.08%、43.56%；投行转型稳健推进，债券承销分销量在全国银行类承销商、福建省各类承销商中稳居首位；国际业务主要指标超额完成年度计划；加强政企银合作，新增厦门、泉州社保基金等高价值账户，对接“泉城通”、泉州文旅集团等银企直连平台；市场与资管业务合规拓展，完善活期理财、悦盈系列等净值型产品的投资运作，年末净值型产品占比69.38%。推进信用风险防范化解工作，构建贷后风险监测预警平台，执行风险资产年度处置规划、“百日清收攻坚战”等重点项目。加强极端情况下流动性压力测试，针对市场突发风险事件制定专项应急预案，年末各项流动性指标较上年末有所提升；强化市场风险管理，加强同业准入及授信审查，对同业账户、同业授信机构及金融市场板块存量业务等开展风险排查；强化信息科技风险管理，首次开展全行业务连续性风险评估、制定业务连续性计划；强化声誉风险管理，开展舆情应急演练及后续管理培训。

【泉州市农村信用社　农商银行】 截至2019年末，泉州市八家农村信用社、农商银行资产总额1946.68亿元。各项存款余额1630.07亿元，比年初增加150.79亿元，增幅10.19%，存款市场份额21.12%，增量市场份额18.84%，增量和总量均居全市银行业金融机构首位，实现八家行社存款规模100亿全覆盖。各项贷款余额1053.09亿元，比年初增加135.48亿元，贷款实际净投放（剔除核销剥离因素）147.88亿元，新增贷款户数6.56万户，贷款市场份额14.49%，增量市场份额18.43%，增量和总量分居全市银行业金融机构第1、第2。其中，涉农贷款余额873.4亿元，农户贷款685.06亿元，涉农贷款占比82.94%，三项指标皆位居全市第一；普惠型小微企业贷款户数18.39万户，比年初多增3.72万户，贷款余额489.07亿元，增幅15.86%，高于各项贷款增幅1.09%，实现“两增”监管目标，支农支小成效显著。全年纳税10.81亿元，占全市财政总收入1.29%。与市政府签订服务乡村振兴战略框架合作协议，与市数字办签订普惠金融大数据战略合作协议，与各县市区有关部门、行业协会分别签订服务乡村振兴战略项目相关协议。创新开展“千名金融助理驻千村”工程，派驻1117名金融助理和244名乡村振兴信息员，到泉州市2218个村（居）提供“一站式”驻村服务。全省首创农村集体经济组织股权质押贷款产品“农股贷”和支持发展壮大村集体经济的产品“福村贷”，其中“农股贷”亮相“6•18”海交会，并获国家农业农村部2019年度金融支农创新试点。将金融助理驻村服务、农户建档和信用工程建设有机结合，精准建档85.75万户，授信16.52万户，授信总额128.56亿元；评定信用户61.82万户、信用村1002个、信用乡镇39个，提高提升金融服务的覆盖率、可得性及满意度。创新发展“税e贷”“创业担保贷”“数控易贷”“瓷艺贷”“科创贷”“新秀贷”等产品，利用政策性融资担保政策支持，实现政府、银行、企业三方风险共担，为科技型、成长型企业提供资金保障。以创新信贷产品、融资模式、担保方式为抓手，推动制造业贷款余额攀升至269.58亿元，比年初增加19.53亿元，增幅7.81%。有针对性地推出“小微征信贷”“能源贷”“民盈贷”“银行+平台+担保+政策”供应链金融服务模式等，以精准服务满足小微民企多元化需求，助力传统产业升级，支持新兴产业做大。

【招商银行泉州分行】 2019年，招商银行泉州分行全行全折人民币存款时点余额119.64亿元，较年初增加22.47亿元；全折人民币一般性贷款200.56亿元，较年初增加21.92亿元；不良贷款余额8.27亿元，比年初增加2.54亿元，不良资产生成额8.5亿元，其中对公不良生成额8.19亿元、零售不良生成额3100万元。围绕“科技+客户”，锁定“考核、宣导、过程、进度、项目、服务、合规”等重点工作，条线实现经济利润2.21亿元，比上年增幅44.15%，条线营业净收入3.79亿元，全年计划完成率101.7%。人民币对公一般性存款年日均57.14亿元，考核增量3.9亿元，超额完成对公一般性存款全年增量任务。加快探索数字化转型，联合连锁商户开展020新零售营销活动，新增缴费客户19801人，新增MAU近60000户，拓展党、团费缴费商户，新增缴费客户4434户。流量场景建设通过“走出泉州，寻找全国头部”战略，全年新增一网通商户10家，包括五个全国头部互联网企业营销及开发；开展122个APP线上运营活动，覆盖客群超94.57万户。 聚焦资产投放，轻型FPA成效显著，FPA融资余额226.1亿元，较年初增长35.6亿元；实现市场交易业务投放零的突破，助力企业融资9.6亿元，斩获轻型FPA9.14亿元；发展交易银行福费廷业务，资产经营新突破，FPA余额较年初增长超24亿元。房贷市场份额逐步提升，房贷收单金额30.87亿元，累计投放23.33亿元。闪电贷获客创新高，规模大幅增长，VIP闪电贷获客较上年增幅204%；车位闪市场竞争优势突出，获客规模增长突破1亿元。加大不良资产处置，通过调整优化清收策略和谈判技巧，逐步摸索出适合分行的清收模式。截至12月，零售信贷新生成不良现金清收491.24万元，新生成不良清收率13.84%；存量不良现金清收12587.99万元，其中利息清收1907.12万元，预算完成率228.88%，存量不良清收率32.13%。组织、推进对公不良资产诉讼清收工作，对可入账的项目及资金做到“能收尽收，颗粒归仓”，提前完成全年考核任务，对公实现全口径现金清收34752.52万元。通过现金清收处置，冲回拨备26444.1万元。协作实现证券化资产再转让，分行证券化不良资产全部出清，提前超额完成全年证券化清收任务。

【邮政储蓄银行泉州分行】 截至2019年末，邮储银行泉州市分行各项存款余额283.74亿元，增长7.92%；各项贷款余额230.5亿元，增长13.98%，提前8个月完成市政府下达的贷款年末指导目标。完成精准扶贫、两增两控、利率管控等社会责任指标，投入实体经济贷款141.95亿元，比上年增加11.24亿元。在践行普惠金融方面，贯彻落实国务院关于降低小微企业融资成本的要求，普惠金融口径小微贷款执行利率比上年下降56BP，较好地落实小微企业“两增两控”的相关要求。普惠小微结余82.84亿元，年净增9.16亿元，目标完成率127%；户数结余12531户，年净增1686户，目标完成率537%，超额完成普惠小微增量与增户两个目标。在助力打好污染防治攻坚战方面，推进排污贷、节能贷等民生领域产品，加大绿色贷款投放。排污贷结余9039万元，排名全省邮储银行第一；节能贷结余、年净增1600万元，均列全省邮储银行第一。在服务民生民企方面，搭建银政、银协、银园、银担、银保、银税、银商等各类“邮储银行+”合作平台，举办首届小企业高端客户节活动，践行服务民营大走访活动。走访平台机构275次，新增与泉州市食品行业协会、泉州市泉安企业商会等10个平台签订战略合作协议，预授信81亿元。联动市财政局、市人社局、泉州市中小企业融资担保有限责任公司推出创业贷款，发放创业贷款3904万元。助推乡村振兴战略发展，涉农贷款规模134.1亿元，较年初增幅4.261%。个人精准扶贫年净增1153.7万元，产业精准扶贫新增1353万元，较好完成监管指标。与市农业农村局签订战略合作框架协议，为泉州市涉农产业和服务乡村振兴战略提供100亿元的信贷金融支持。截至年末，建成信用镇8个、信用村242个，实现信用村贷款结余6.46亿元。

表15

2019年泉州市银行业机构基本情况表

名称	地址
农发行泉州分行	丰泽区田安南路328号丰盛花苑农发行
工商银行泉州分行	丰泽区丰泽街610号
工商银行晋江分行	晋江市崇德路273号
农业银行泉州分行	丰泽区泉秀路农行大厦
中国银行泉州分行	丰泽街中银大厦
建设银行泉州分行	丰泽区丰泽街608号
建设银行晋江分行	晋江市青阳街道迎宾路169号
建设银行石狮分行	石狮市八七路1865号建行大厦
交通银行泉州分行	丰泽区宝洲街浦西万达广场商业综合楼4号建筑1号商铺

续表15

名称	地址
邮储银行泉州市分行	丰泽区九一街160号邮政大楼11层至14层及东配楼1层至2层
兴业银行泉州分行	丰泽区丰泽街兴业银行大厦
中信银行泉州分行	丰泽街336号凯祥大厦1—3层
光大银行泉州分行	丰泽区田安北路288号青年大厦
招商银行泉州分行	丰泽区江滨北路180号招银大厦
民生银行泉州分行	丰泽区刺桐路689号
华夏银行泉州分行	鲤城区温陵路81号
浦发银行泉州分行	丰泽区丰泽街29号
平安银行泉州分行	丰泽区滨海街109号连捷国际中心大厦
恒丰银行泉州分行	丰泽区江滨北路368号中骏国际中心4号楼
广发银行泉州分行	丰泽区津淮街25号燃气大厦A幢1—2层和15—16层
渤海银行泉州分行	丰泽区宝洲街492—496号
泉州银行	丰泽区云鹿路3号
海峡银行泉州分行	丰泽区泉秀路496号海峡银行泉州分行
厦门银行泉州分行	丰泽区湖心街474号
厦门国际银行泉州分行	丰泽区宝洲路288号1—2层
省农信联社泉州办事处	丰泽区浦西万达写字楼A幢4楼
泉州农商银行	丰泽区滨海街222号香缤中心1层靠府东路区域10层、11层
石狮农商银行	石狮市八七路2128—2150号
晋江农商银行	晋江市青阳崇德路196号
南安农商银行	南安市成功街889号
安溪联社	安溪县建安大道230号
惠安联社	惠安县螺城镇建设南路118号
永春联社	永春县桃城镇湖滨路301号
德化联社	德化县浔东北路中段福万通大厦
安溪民生村镇银行	安溪县河滨南路526号
惠安中成村镇银行	惠安县螺阳镇世纪大道维斯财富中心
南安汇通村镇银行	南安市成功街鑫溢财富广场一楼
石狮渝农商村镇银行	石狮市八七路鸿兴国际大厦2454、2456、2458号
永春漳农商村镇银行	永春县823东路商业大厦一层
德化成功村镇银行	德化县浔中镇龙津北路群盛翰林府邸6号楼108号
泉州台商投资区晋农商村镇银行	泉州台商投资区东园镇杏秀路盛达商贸城2幢1楼13—17号
首都银行（中国）泉州分行	丰泽区丰泽街666号南益广场1302—1303单元

表16

2019年泉州市典当行基本情况表

机构名称	地址
泉州市宏基典当行有限责任公司	鲤城区新门街610号源和1916创意产业园37号楼一层
泉州中泰创展典当有限责任公司	鲤城区新门街南区11号（新门街449号店面）
泉州市兆南典当有限责任公司	鲤城区南环路鲤城科技创业服务中心大楼一楼
福建省百源典当有限责任公司	鲤城区后城巷旧城改造工程7号楼141号（新编门牌号193号）
泉州市豪康典当有限公司	丰泽区丰泽街361号国投大厦8楼
泉州信和典当有限公司	丰泽区田安路与丰泽街交叉口东南侧和昌花苑5号楼A～30号店面

续表16

机构名称	地址
福建泉州万泰利典当有限公司	丰泽区宝洲路北侧与浦西路交叉处
泉州市海城典当有限责任公司	丰泽区田安北路东湖大厦一楼
泉州市闽侨实业典当有限公司	丰泽区田安北路闽侨大厦一楼
泉州市闽侨实业典当有限公司晋江分公司	晋江市青阳街道办事处泉安中路晋兴国际公寓一楼
新联发（泉州）典当有限责任公司	丰泽区北峰工业区泉州市侨乡服装设计公司1幢1楼
泉州正道典当有限公司	丰泽区北峰街道西贤路福建烟草机械大楼三楼
福建省华兴（泉州）典当有限责任公司	泉港区山腰南山南路东侧万星（泉港）影城2号楼店面03、05、06、07
泉州恒盛典当有限公司	晋江市安海镇鸿塔小区第B7幢1—3层店1号房
福建省晋江市柚兴典当有限公司	晋江市磁瓷市场釉花大厦10号
福建信源典当有限公司	晋江市磁灶镇天工陶瓷城
福建元亨典当有限公司	晋江市世纪大道华美国际花园
晋江金山典当有限公司	晋江市新塘街道占头工业区1—4号
福建富邦典当有限公司	晋江市英林镇英龙南路99号
泉州同丰典当有限公司	晋江市青阳阳光东路宏伟大厦第5～6号店面
福建中美典当有限公司	晋江市梅岭街道双沟社区河滨路中美大厦1楼
石狮市达狮雄典当有限责任公司	石狮市八七路2412号达狮雄大厦
福建省庆东昇典当行有限公司	石狮市石泉路426号华山K25号楼
石狮市富之达典当有限责任公司	石狮市子芳路狮城帝苑11幢H101号店
安溪黎昌典当有限责任公司	安溪县凤城镇龙湖益民路546号
安溪县顺鑫典当有限责任公司	安溪县凤城镇大同路306号
福建省银晟典当有限责任公司	安溪县凤城镇河滨北路756～757号
泉州市同吉典当有限公司	安溪县凤城镇河滨南路888号9幢19～20店
泉州诚信典当有限公司	安溪县城厢镇文兴路397号绿绦大厦B201
德化县中信典当有限责任公司	德化县龙浔镇瓷都大道6号楼
德化县天顺祥典当行有限公司	德化县龙浔镇浔南西路58号
福建聚亿典当有限公司	泉州经济技术开发区德泰路锦绣江南3号楼连接体一层二层
泉州经济技术开发区万丰典当有限公司	泉州市清濛经济技术开发区德泰路328号万兴大厦1楼

保险业

【概况】 2019年，泉州市保险业实现各项保费收入240.38亿元，比上年增长12.4%。其中，财产保险保费收入63.09亿元，增长6.0%；人寿保险保费收入177.29亿元，增长14.9%。赔款及给付支出64.76亿元，增长0.9%。其中，财产保险赔款及给付支出34.23亿元，增长3.7%；人寿保险赔款及给付支出30.53亿元，下降2.1%。全市拥有地市级保险公司56家，其中财产险公司27家、人身险公司29家。另有中介代理公司41家。

【泉州保险业多举措服务民营企业发展】 2019年，泉州保险业多措并举，为民营企业提供保险保障，通过出口信用保险、企财险、安全生产责任险、环境污染责任险等稳定企业生产经营，为民营企业提供风险保障资金。为民营企业融资提供支持，泉州保险业通过保单贷款、信用保证保险支持小微民营企业及个体工商户，服务民营小微企业融资需求。为民营企业提供风险管理和防灾减损服务，通过“保险+服务”模式，为企业提供安全培训、开展安全隐患排查并提出整改建议，降低风险发生概率。

表17

2019年泉州地区保险系统机构基本情况表

财产保险公司			人寿保险公司		
机构数(个)	职工(人)	营销员(人)	机构数(个)	职工(人)	营销员(人)
174	3417	7520	267	2399	44811
25	1845	1995	26	1441	3849
63	1101	4273	38	481	6416
86	471	1252	203	477	34546

【市银行业保险业消保中心成立】 2019年9月20日，泉州市银行业保险业消费者权益保护服务中心成立，中心旨在建立银行业保险业消费纠纷非诉讼解决机制，建设富有公益性和专业性、公信力和执行力的第三方调解组织，维护银行保险消费者的合法权益。泉州市消保中心主要承担为银行保险消费者提供咨询、投诉受理、转办投诉、调解、裁决、仲裁等“一站式、多元化”纠纷调处服务；承接调解法院按照诉调对接机制转来的涉诉案件，协同公安、司法等部门开展纠纷多元调处工作；统计监测银行保险机构被投诉情况、纠纷调解情况等，分析预警消费投诉风险，并定期向银保监部门报告等职责。该中心成立后，泉州市银行业保险业消费者可通过全省统一服务热线968133和泉州市消保中心服务热线0595—22912315咨询投诉。此外，市消保中心还设置咨询投诉现场受理窗口、银行业保险业纠纷调解委员会，引入泉州仲裁委银行保险分会，并邀请多名律师入驻，为消费者提供服务。

证券业

【概况】 2019年，泉州市通过证券市场发行、配售股票筹集资金0亿元，比上年减少6.60亿元。其中，配股0只，筹集资金0亿元，比上年减少6.60亿元。截至年末，全市有境内上市公司（A、B股）18家，总市值981.07亿元，比上年末增长21.5%；境外上市公司84家。

【拓宽企业融资渠道】 2019年，泉州市持续完善泉州市产业股权投资基金体系，建立产业基金子基金投资进度阶梯督导机制。推进建设“基金小镇”，设立高层次人才创新创业基金，新增创业投资、股权投资企业38家。推进区域资本市场建设，新增“新三板”挂牌企业4家，海峡股权泉州交易中心挂牌企业新增103家。启动新一轮支持企业改制上市工作，挖掘上市后备资源。泉州金改工作持续围绕强化金融回归服务实体经济本源，发展供应链金融，推进企业上市“育苗成林”工程，探索创建民营企业债转股全国示范性典型经验。

【市政府与兴业证券签订战略合作协议】 2019年12月12日，泉州市政府与兴业证券股份有限公司签订战略合作协议，双方将加强在投资基金、投资银行、直接融资、投资研究服务、区域股权市场等证券金融领域的合作，提升泉州市金融服务实体经济水平，推进泉州地区多层次资本市场健康发展。

表18

2019年泉州市证券机构基本情况表

名称	地址
证券分公司（4家）	
兴业证券股份有限公司泉州分公司	丰泽区丰泽街361号国投大厦5楼
华福证券有限责任公司泉州分公司	丰泽区丰泽街213号兴业银行泉州大厦第13层第A、B、C、D单元
东兴证券股份有限公司泉州分公司	丰泽区东湖街道田安路武夷花园11号中心商场明旺金融中心四层北侧
民生证券股份有限公司泉州分公司	丰泽区津淮街25号燃气大厦A栋11楼
营业部（85家）	
兴业证券股份有限公司安溪中山街证券营业部	安溪县凤城镇新景商业广场中山街87～6、7、8、9、10号店面
兴业证券股份有限公司惠安中山南路证券营业部	惠安县螺城镇中山南路欧景帝苑广场二楼
兴业证券股份有限公司晋江崇德路证券营业部	晋江市青阳街道崇德路金融广场3栋101号1层
兴业证券股份有限公司晋江泉安路证券营业部	晋江市安海镇泉安路西畲工业区万兴泰工贸城联泰综合楼A1、2层
兴业证券股份有限公司南安新华街证券营业部	南安市新华街成功大厦裙楼一、三、四层

续表18

名称	地址
兴业证券股份有限公司泉州德泰路证券营业部	泉州经济技术开发区德泰路3～14（A）号地块娱乐城紧挨中信银行一侧
兴业证券股份有限公司泉州丰泽街证券营业部	鲤城区丰泽街361号原财政综合大楼（国投大厦）3、4楼
兴业证券股份有限公司石狮八七路证券营业部	石狮市湖滨街道八七路1279号中天国际1号楼一、三层
华福证券有限责任公司安溪民主路证券营业部	安溪县凤城镇民主路D1、D2幢二层商场3
华福证券有限责任公司惠安八二三东路证券营业部	惠安县螺城镇八二三东路新东街兴业银行惠安支行办公楼3层
华福证券有限责任公司晋江崇德路证券营业部	晋江市青阳街道曾井崇德路271号兴业大厦3层
华福证券有限责任公司南安成功街证券营业部	南安市柳城办事处成功街滨江大厦1幢一层商场
华福证券有限责任公司泉州丰泽街证券营业部	丰泽区丰泽街666号南益广场写字楼第26层
华福证券有限责任公司泉州湖心街证券营业部	丰泽区湖心街西段南侧星湖雅苑1号楼办公201、办公202
华福证券有限责任公司泉州田安路证券营业部	丰泽区田安路外代大厦二层
华福证券有限责任公司石狮金林路证券营业部	石狮市金林路38号（B幢）
华福证券有限责任公司永春留安路证券营业部	永春县留安路口建行大厦七层
东兴证券股份有限公司德化浔南西路证券营业部	德化县龙浔镇浔南西路202、204、206
东兴证券股份有限公司惠安建设南路证券营业部	惠安县螺城镇中新大厦6号楼1层、4层
东兴证券股份有限公司晋江和平路证券营业部	晋江市青阳镇阳光时代广场A1栋6楼
东兴证券股份有限公司泉州丰泽街证券营业部	丰泽区丰泽街666号南益集团大厦首层101单元及23层
东兴证券股份有限公司泉州田安路证券营业部	丰泽区田安路武夷花园明旺金融中心2层
东兴证券股份有限公司石狮濠江路证券营业部	石狮市濠江路东侧前园段众和国际大厦A座八层
东兴证券股份有限公司永春八二三东路证券营业部	永春县八二三东路189～191号
安信证券股份有限公司泉州湖心街证券营业部	丰泽区湖心街湖心铭典2号楼店面10
长城国瑞证券有限公司晋江东华街证券营业部	晋江市东华街北侧福隆商业广场一期1～6幢连接体新街129号
长城证券股份有限公司晋江迎宾路证券营业部	晋江市青阳街道迎宾路新世纪豪园一期7A7
长江证券股份有限公司泉州刺桐路证券营业部	丰泽区刺桐路3号浦西万达广场二期5号建筑一至二层商铺S355号
大同证券有限责任公司泉州丰泽街证券营业部	丰泽区丰泽街666号南益广场写字楼1401单元
东北证券股份有限公司晋江长兴路证券营业部	晋江市青阳街道长兴路明鑫财富中心办公综合楼801单元
东北证券股份有限公司泉州丰泽街证券营业部	丰泽街信息大厦一楼店面及二楼办公楼
东方证券股份有限公司泉州津淮街证券营业部	丰泽区津淮街25号燃气大厦A座502
东海证券股份有限公司泉州丰泽街证券营业部	丰泽街560号保险大厦十四层
东海证券股份有限公司石狮宝岛中路证券营业部	石狮市宝盖镇宝岛中路178号濠江国际二期2幢1层108～109单元
东吴证券股份有限公司泉州宝洲路证券营业部	丰泽区宝洲路万达广场写字楼B3601
方正证券股份有限公司泉州津淮街证券营业部	丰泽区津淮街16号中骏广场1号楼10F03、05单位及负一层商铺179号
光大证券股份有限公司泉州田安路证券营业部	丰泽区田安北路288号青年大厦三楼
光大证券股份有限公司石狮濠江路证券营业部	石狮市濠江路众和国际大厦十楼
广发证券股份有限公司晋江长兴路证券营业部	晋江市青阳街道陈村社区长兴路明鑫广场B栋一层13～14号店面
广发证券股份有限公司泉州涂门街证券营业部	鲤城区涂门街改造工程E1春晖楼二楼及五楼
广州证券股份有限公司泉州津淮街证券营业部	丰泽区刺桐东路与津淮街交叉口东北侧群盛国际华城1号楼店面31、32号
国金证券股份有限公司泉州云鹿路证券营业部	丰泽区云鹿路鲲鹏国际中心7层703、705单元
国盛证券有限责任公司泉州津淮街证券营业部	丰泽区津淮街东段新城花园1号楼06～07号店
国泰君安证券股份有限公司晋江长兴路证券营业部	晋江市青阳街道长兴路222号明鑫财富中心第六层601、605单元
国泰君安证券股份有限公司南安成功街证券营业部	南安市柳城成功街鑫溢财富中心1～2号楼商业3层18～23、25～31号单元
国泰君安证券股份有限公司泉州云鹿路证券营业部	丰泽区云鹿路仟禧汇大厦1～2层

续表18

名称	地址
国信证券股份有限公司泉州德泰路证券营业部	泉州经济技术开发区德泰路114～118号建行综合楼四楼
海通证券股份有限公司泉州田安路证券营业部	丰泽区田安路288号青年大厦四层
华安证券股份有限公司泉州宝洲路证券营业部	丰泽区宝洲路万达中心B座1002～1003
华林证券股份有限公司泉州田安北路证券营业部	丰泽区丰泽街道田安北路128号明鑫花苑1号楼A15店面
华泰证券股份有限公司泉州九一街证券营业部	鲤城区九一街百源大厦四层
华鑫证券有限责任公司泉州宝洲路证券营业部	丰泽区浦西万达广场甲级写字楼1B塔808\809单元
华鑫证券有限责任公司泉州南山南路证券营业部	泉港区山腰街道南山南路大德左岸115～116号店面
江海证券有限公司晋江长兴路证券营业部	晋江市青阳街道长兴路明鑫办公综合楼2205～2206
联储证券有限责任公司泉州宝洲路证券营业部	丰泽区宝洲路东段南侧中骏国金中心5号楼店面37号
联讯证券股份有限公司泉州宝洲路证券营业部	丰泽区宝洲路浦西万达写字楼B座4303、4305室
平安证券股份有限公司泉州安吉南路证券营业部	洛江区万安办事处万安开发区Ⅱ期安吉南路东侧恒盛（汽车）商城AB栋第六层
申万宏源证券有限公司泉州田安路证券营业部	丰泽区田安路丰盛商住楼4号店面F02～04
申万宏源证券有限公司石狮石龙路证券营业部	石狮市八七路灵秀镇服装城北区百德汇峰广场6栋商铺112～113
太平洋证券股份有限公司石狮福辉路证券营业部	石狮市建德花园二期3号楼101～102室
天风证券股份有限公司泉州泉秀路证券营业部	丰泽区泉秀路巴厘印象1号楼一、二层
万和证券股份有限公司石狮石龙路证券营业部	石狮市灵秀镇百德汇峰广场6幢1706单元
西藏东方财富证券股份有限公司泉州田安路证券营业部	丰泽区丰泽街道田安南路外代大厦一楼
西藏东方财富证券股份有限公司晋江长兴路证券营业部	晋江市青阳街道陈村社区长兴路明鑫广场208～12号
信达证券股份有限公司泉州丰泽街证券营业部	丰泽区丰泽街东方银座21号楼店面102、202
招商证券股份有限公司晋江和平中路证券营业部	晋江市青阳莲屿社区和平中路1号泰兴达大厦六层东北侧A单元
浙商证券股份有限公司泉州云鹿路证券营业部	丰泽区云鹿路鲲鹏国际中心5楼509
中国银河证券股份有限公司泉州南俊路证券营业部	鲤城区开元街道东升社区南俊北路132号
中国中投证券有限责任公司晋江迎宾路证券营业部	晋江市青阳迎宾路新世纪豪园一期二层（7B1、7B2、7B3、7B7、7B8、8B1）
中国中投证券有限责任公司石狮八七路证券营业部	石狮市八七路天恒国际中心七楼F0707
中航证券有限公司泉州田安路证券营业部	丰泽区田安路与泉秀路交叉口丰盛大厦写字楼15层15F2
中山证券有限责任公司泉州丰海路证券营业部	丰泽区丰海路海丝国际中心第一号楼第七层07单元
中山证券有限责任公司泉州丰泽街证券营业部	丰泽区丰泽街建设银行大厦17层C7
中泰证券股份有限公司泉州宝洲路证券营业部	丰泽区宝洲路中段南侧泉州浦西万达广场商业综合体1号建筑（甲级写字塔1A塔）A1702、A1703号
中泰证券股份有限公司泉州万荣街证券营业部	洛江区万荣街现代华城科技中心广场1号楼右侧101、102室
中信建投证券股份有限公司泉州丰泽街证券营业部	丰泽区丰泽街中段煌星大厦西区裙楼1楼
中信证券股份有限公司晋江长兴路证券营业部	晋江市青阳街道长兴路222号明鑫办公综合楼7楼708、709室
中信证券股份有限公司泉州安吉路证券营业部	洛江区安吉路28号
中信证券股份有限公司泉州宝洲路证券营业部	丰泽区宝洲路中段南侧泉州浦西万达广场商业综合体1号建筑（甲级写字楼1B塔）B1903单元
中银国际证券股份有限公司泉州丰泽街证券营业部	丰泽区丰泽街中银大厦13楼
天风证券股份有限公司泉州丰泽街证券营业部	丰泽区丰泽街道丰泽街666号南益广场13楼1301室
西藏东方财富证券股份有限公司南安江北大道证券营业部	南安市美林街道江北大道滨江一号1号楼商业用房108
长城国瑞证券有限公司泉州通源街证券营业部	丰泽区通源街194号
西藏东方财富证券股份有限公司泉州惠安县南阳路证券营业部	惠安县螺城镇东南豪苑4号楼一层22号商铺
华西证券股份有限公司泉州附中路证券营业部	丰泽区东海街道附中路157号鲲鹏国际大厦11层1107单元

口岸综合管理

责任编辑：刘楷彬

综述

【口岸与航线】 2019年，泉州市海岸线长541千米，建成生产性码头泊位91个，其中万吨级以上泊位25个（最大泊位为30万吨级专用油码头）。泉州港口岸辖区海岸线427千米，由肖厝、斗尾、泉州湾、围头湾和深沪湾五大开放港区组成，对外开放码头泊位40个。泉州港开通航线130多条，外贸航线30多条，其中外贸集装箱航线20多条。泉州晋江国际机场有国内外28家航空公司进场运营，开通国际（地区）、国内客货运航线80条，每周进出港航班1500余架次。2019年，泉州港口岸外贸进出口吞吐量4207.9435万吨，集装箱进出口90373标箱，泉州—金门客运航线运送两岸旅客141573人次。泉州晋江国际机场空航口岸进出飞机7873架次，出入境旅客989785人次（其中入境488900人次、出境500885人次，平均每架次126人），比上年增长23.58%。

【地区贸易】 2019年，泉州市对东盟、欧盟等贸易伙伴出口保持增长势头。其中，对东盟出口额410.45亿元，比上年增长48.8%；对欧盟出口191.35亿元，比上年增长5.7%；对美国出口额190.94亿元，比上年增长0.8%。进口方面：对沙特阿拉伯进口增长，对东盟、欧盟、美国进口下降。对沙特阿拉伯进口额334.23亿元，比上年增长18.5%；对东盟进口额29.65亿元，比上年下降12.5%，对欧盟进口额27.28亿元，比上年下降37.7%，对美国进口额17.34亿元，比上年下降60.5%。

【通关便利化】 2019年，泉州口岸各相关单位立足工作职能，从“优化流程”“减少环节”“减少单证”“降低成本”“优化服务”等方面着手，疏通堵点、攻克难点，完成目标任务。推行口岸收费目录清单公示制度，对进出口环节的行政事业性收费、政府性基金、实行政府定价（含政府指导价）的经营服务型收费目录清单进行全面梳理，组织梳理跨境贸易通关及物流全流程、集装箱、散杂货进出口环节收费项目以及企业在通关准备、报关和货物提离等各流程中可能出现的难点、堵点问题，对口岸收费进行全面排查，取消不合理收费项目。制定港区服务“阳光价格”清单，包括口岸单位、船公司、码头、船代、报关报检行、堆场等收费主体的相关费用，并通过《福建日报》、口岸现场及中国（福建）国际贸易单一窗口网站予以公布。规范口岸各类收费，推动降低报关、货代、船代、物流、仓储等环节经营服务性收费，改善优化口岸营商环境。按照“减项、并项”原则，合并收费项目。对货物港务费、港口设施保安费、引航（移泊）费分别降低15%、20%、10%收费。提前完成整体通关时间比2017年压缩一半的目标，实现进口整体通关时间25.30小时，出口整体通关时间3.55小时，压缩比分别为75.7%和80%。压缩通关时间成效显著，泉州口岸跨境贸易便利化水平有效提升。下达免除查验没有问题外贸企业吊装移位仓储费用试点经费53.94万元。制定免除查验作业费方案措施，改变由查验公司“先收后退”传统方式，执行政府垫付、年度结算、超标补贴的创新做法，对属于查验没有问题范围的直接免除费用，促进外贸通关减负增效。为413家进口企业办理增值税降税9.29亿元，涵盖1297个商品编号。对货物港务费、港口设施保安费、引航（移泊）费分别降低15%、20%、10%收费。发挥“统计+分析”优势及时主动分析中美贸易摩擦影响和对策，通过创新监管方式帮助重点企业减负200万元。采用“边运抵边装船”和“运抵海关监管仓”两种监管模式同时监管成品油出口，提高监管效能。

海关监管

【概况】　2019年，根据国务院机构改革方案和上级海关统一部署，原泉州出入境检验检疫管理职责和队伍划入泉州海关。7月11日，泉州报关查验中心启用。9月11日，海关总署同意增设关区代码3732，关区全称“泉州海关”，用于办理泉州海关除货运监管业务以外的各项海关业务。全年检疫监管出入境运输工具14319艘/架次，比上年增长1.86%，其中监管进出境船舶6442艘次、进出境飞机7881架次，分别比上年下降11.4%和增长16.1%；检疫监管进出境人员126.72万人次，比上年增长15.5%，其中进出境旅客113.2万人次，比上年增长17.3%。检验监管出入境工业品3893批、169.45亿美元，分别比上年增长226.4%、98.9%，其中出口法检工业品369批、37.82亿美元，分别比上年增长89.5%、20.6%；进口法检工业品3524批、131.64亿美元，分别比上年增长690.7%、125.4%。

【税收征管】　2019年，泉州海关税收入库128.69亿元，比上年下降13.3%，其中关税3.65亿元，进口环节税125.04亿元，分别比上年下降12.8%、13.4%。指导辖区企业用好用准减免税、增值税减税等政策，为外贸企业减税29.14亿元，其中落实增值税减税20.78亿元，审批减免税1.95亿元，为进口协定税率项下商品减税1.77亿元，签发原产地证书35630份，帮助企业取得自贸协定关税优惠4.64亿元。落实税收征管改革，推广关税保证保险模式。关税保证保险担保报关单近500份，担保金额超35亿元，缓解企业资金压力，增强企业进口动力。

【卫生检疫】　2019年，泉州海关筑牢口岸检疫防线，加强口岸传染病防控。发现疑似传染病症状者516例，其中确诊口岸传染病94例，确诊率18.22%，居厦门海关前列。监测出入境体检人员8173人次，监测传染病78例。强化口岸公共卫生监督，执行口岸和输入性病媒生物监测，其中检出鼠类汉坦病毒阳性3例。

【动植物检疫】　2019年，泉州海关检验检疫出入境动植物及其产品10706批、6.08亿美元，分别比上年增长49.2%、119.3%，其中出口9506批、货值2.84亿美元，分别比上年增长47.3%、54.7%；进口1200批、3.24亿美元，分别比上年增长62.3%、254.6%。泉州关区有进出境动植物及其产品注册登记/备案企业187家，主要进境动植物及其产品为大豆、盐渍牛皮、木片、鳖卵等；主要出境动植物及其产品为竹木草制品、种苗花卉、芦柑、观赏鱼饲料、豆粕。以最严措施强化非洲猪瘟防控，对来自或者途经动物疫区的船舶100%实施登临检查和监督、船上的垃圾和泔水100%进行预防性消毒处理，对来自动物疫区的肉制品100%进行封存，严防疫情从口岸传入，截获并封存疫区进境猪肉及其制品376批次、2446.57千克；在全国口岸首次截获普露链蚧等5种次，在福建口岸首次截获毛吹绵蚧等7种次，防止疫情输入，严守国门生物安全。

2019年1月4日，泉州海关关员在泉州综保区对航材维修产业进行监管（图/黄鸿炜）

【商品检验】　2019年，泉州海关严格查检合一作业场所（场地）优化整合和规范建设，实现对关区25个监管作业场所、4个集中作业场地、1个综保区查验场、3个免税商店全覆盖。落实进口危化品及其包装“口岸查验、目的地检验”、出口危险化学品及其包装“产地检验、口岸查验”的要求，辖区未发生危化品安全事故。监管进出口危险货物及其包装635批次，2632.14万吨，132.01亿美元，分别比上年增长29.59%、下降4.75%、下降11.92%。进口危化品种类为原油、甲醇、苯乙烯、液化石油气（丙烷、丁烷）、丙烯、鞋用接着剂、硬化剂、脱模剂等。其中进口原油2459.22万吨，货值118.31亿美元，分别比上年增长15.28%、7.60%，双双创下年度历史新高；出口成品油659.71万吨，货值38.87亿美元，分别比上年增长30.80%、19.49%，出口量创历史新高并跃居全国单个口岸第一位。

【食品监管】 2019年，泉州海关检验监管出入境食品12909批、8.70亿美元，分别比上年增长70.9%、24.7%，其中出口食品10626批、货值7.21亿美元，分别比上年增长60.7%、16.8%；进口食品2283批，1.49亿美元，分别比上年增长162.4%、82.3%。主要进口品种有水产品、食用油、酒类、茶叶、糖果巧克力类；主要出口食品品种有水产品、糖果类、水产制品、茶叶、蜜饯制品。泉州海关加强食品安全监管，推进“进口食品安全放心工程”，实施进口食品“清源行动”计划，深化“源头管理、口岸验放”监管制度，加强对邮快件婴幼儿配方乳粉等重点进口食品监管。推进“出口食品竞争力提升工程”，实施进出口食品安全监测抽样计划，严把准入关。检出进口不合格食品56批次。同时，推动闽台农公司和万弘公司2个配套的进口肉类查验和储存一体化冷库启动运作，并于5月17日从石湖港区首批进口25吨西班牙猪肉，成为2018年获批进口肉类指定口岸以来泉州口岸首度进口猪肉。

【快邮件监管】 2019年，泉州海关监管快件报关单561.9万件，比上年增长0.72%，进口快件报关单量占厦门关区近七成；重量1.6万吨，总价13.68亿元，应税票数43.71万票，比上年增长45.22%；已税票数43.71万票，已税金额3099.58万元，比上年增长44.71%。12月27日，泉州国际邮件互换局兼交换站投入运营，实现出口邮件在本地直接通关放行；跨境电商发展较快，泉州市于12月24日成为第四批获批设立跨境电子商务综合试验区城市。全年跨境电商贸易额8769万元，比上年增长62.6%。

【市场采购试点监管】 2019年，泉州海关监管石狮服装城市场采购贸易试点货物30565票，出口额177亿元。主要出口商品有家纺类织物、建材、服装等14大类，参与备案的各类市场主体10159家，出口国家和地区149个。试点自2018年11月15日运行以来，截至2019年12月31日，出口货值180.29亿。3月28日，石狮服装城市场采购项目首批采用“采购地申报、口岸验放”模式货物通关并创造14分钟快速验放；7月24日，首个搭乘中欧班列市场采购整柜货物通关运往波兰，标志石狮服装城市场采购货物将辐射到更多“一带一路”沿线国家；8月27日，首批石狮服装城市场采购货物通过厦门至美国洛杉矶的航班，打通市场采购货物空港出口通道；9月27日，海关总署批复同意在泉州石狮服装城开展市场采购贸易方式出口预包装食品，成为全国首个试点。11月14日，首批市场采购预包装食品出口。全年出口预包装食品77批，货值1195.16万元。泉州海关通过创新“采购地申报、口岸验放”通关模式，通关便利、降低物流成本和有效监管并举；引导市场采购货物通过厦门空港、中欧班列等运输渠道出口，搭建“海、陆、空、铁、快件”多式联运通关服务体系；用好预包装食品出口试点政策，创新“出口食品生产企业备案”和“产地检验”两项核心管理制度，实现预包装食品的集中查验及日常监管，石狮服装城市场采购贸易试点“买全国、卖全球”外贸格局初步形成。

【泉州综合保税区监管】 2019年，按照国务院1月14日印发《关于促进综合保税区高水平开放高质量发展的若干意见》，泉州海关立即制定《促进综合保税区高水平开放高质量发展工作方案》，推动一般纳税人资格试点、委托加工、入区食品“抽样后即放行”、简化进出区管理、优化企业信用等级管理、检测维修和“便利货物流转”等政策在泉州综保区内落地。其中“一般纳税人”试点为福建省及厦门关区首个应用，并率先在厦门关区内实现海关特殊监管区域管理系统上线全覆盖，为泉州综保区叠加创新政策奠定基础。截至年底，泉州综保区内有企业24家，涉及航空维修、高端印刷、电子、酒类食品、化工品、贵金属等业务，形成保税加工（占54%）、保税维修（占36%）、保税物流（占10%）三类产业格局。受理进出口报关单7335票、监管进出口货值152.48亿元。

【关区企业管理】 2019年，泉州海关设立企业备案窗口，实现与多部门数据互联共享，简化审批流程，实现所有业务网上办理，实现“数据多跑路、企业少跑腿”，提升行政审批效率。截至年底，泉州关区有注册登记报关单位14469家，占厦门关区报关单位总量的27%（其中，进出口货物收发货人14427家，报关企业42家，本年度有进出口实绩企业4664家）。泉州关区累计备案进口食品化妆品企业252家、出口食品备案企业161家、出口食品原料种植基地91个，供港出口食品原料种植基地1个。截至年底，泉州关区有高级认证企业15家，占厦门关区高级认证企业总数的21.43%。

【打私工作】 2019年，泉州海关深化关警协作，开展“国门利剑2019”“蓝天2019”行动，严打洋垃圾、野生动物、濒危物种、毒品、枪支弹药、农产品、涉税敏感商品等重点领域走私，保持打击走私犯罪活动的高压态势，维护国门安全。移送刑事立案61起，案值12.31亿元，涉税2.34亿元，行政立案397件，案值44.97亿元，涉税8834.83万元；自主查获进口轻循环油走私案，被总署缉私局列为一级挂牌督办案件；查获洋垃圾案件3起、固体废物47.3吨，清退固体废物145吨，查获象牙等濒危物种走私案件107件。

海 事

【概况】 2019年，泉州辖区船舶进出港47285艘次，其中国际航行船舶进出口岸5468艘次。辖区港口货物吞吐量1.19亿吨，连续第八年突破亿吨大关。其中，外贸货物3472万吨，危险货物6488万吨，集装箱302万标箱，超大型油轮进出港182艘次，接卸原油2314万吨；泉州—金门航线直航客船安全运营2002航次，运送两岸旅客140101人次，比上年下降12.8%，泉州—金门航线自2006年6月8日开通来，十三年来安全运送旅客138万人次。完成海上巡航1563航次，巡航里程40334海里。辖区未发生事故，无死亡（失踪）人员，处置各类险情70起，救助遇险人员227人、遇险船舶21艘，人命救助成功率100%。实施船舶安全检查1096艘次，比上年减少30.9%，查出缺陷3654项，滞留船舶57艘。港口建设费征收2.77亿元，比上年增长9%，港务监督管理费429.71万元，比上年增长46%。

【海上安全监管】 2019年，泉州海事局实施驻点执法和重点水域突击执法行动，查处采运砂船、内河船68艘次，移送海警、公安机关6艘，实施行政强制扣押38起。推进地方政府连续三年将渡口渡船安全管理纳入安全生产目标责任考核内容，推动地方政府投资3500余万元，分别升级惠屿—肖厝渡运、泉州—金门客运航线的码头航道设施，并分别新建客（渡）船一艘。开展滨海景区非法载客集中整治，查扣非法船艇7艘，拆解2艘。开展福建东港石化化学品泄漏事故后评估，探索主管部门、石化企业双向联动合作模式，打击、驱离低标准船舶，到港危险品船舶的安全技术状况明显改善。制定《泉州海事局重大风险防范化解专项工作方案》，向市政府反映八个方面安全生产突出问题和工作建议，将整治非法采运砂、碍航养殖、滨海旅游非法载客以及跨海桥梁管线保护等内容纳入《泉州市城市安全风险评估报告》。定期开展重点涉海工程项目安全监管与服务回访，强化项目安全管理跟踪指导。开展辖区长期脱管船舶专项清查整治行动，推动辖区85艘长期脱管船舶全部完成“解脱”。

2019年6月5日，泉州海事部门组织石湖港区码头、清污单位举行船载危货过境突发事故应急演练。图为码头消防演练现场 （图/泉州海事局）

【搜救应急保障】 2019年，泉州海事局落实应急值班制度，科学有效做好“昌汇9”轮和“富宏6”轮碰撞、“湘岳阳货1588”轮自沉应急处置工作。牵头编制并由市安委会发布《泉州市海上危化品事故应急预案》。扶持社会志愿者队伍建设，强化搜救成员单位信息互通和资源共享，提升海上应急搜救合力。增强装备硬实力，率先引进智能语音提醒系统，提升VTS（船舶交通服务）预警预控和智能化水平，VTS覆盖区连续三年“零事故”。完成4G高清布控球和4G单兵执法装备配置工作，实现搜救应急“现场成图”。

【港航经济服务】 2019年，泉州海事局落实“放管服”改革要求，主动对接优化营商环境需求，出台《泉州海事局优化海事侧营商环境工作方案》，提出50项创新服务举措、12条履职指导意见及实施推进路线图。多举措优化政务服务，改进政务大厅功能布局，配置综合服务多媒体查询引导系统，改善群众办事体验。下放船员信息采集权限，就近为船员信息采集超过1000人次。帮助8艘新船快速投运，审批期限大幅缩短。11个行政办理事项实现“一趟不用跑”，35项行政办理事项实现“最多跑一趟”。服务重点工程建设，保障湄洲湾航道三期工程顺利完工，协调开通中化三期回填工程临时运输通道、百宏石化大件进出南山片区临时航道，保障福厦铁路安海湾特大桥等一批重点工程建设有序推进。

农业　农村

责任编辑：吴远鹏

综　述

【政策支持】　2019年，泉州市出台强农惠农政策，市级财政实际支出5072.2万元用于扶持特色现代农业发展，包括农产品质量安全与监管400万元，优秀农村实用人才评选54万元，农机发展134万元，泉台农业合作项目60万元，互联网、冷链物流300万元，“百社百村带千户”合作社项目700万元，农药使用量零增长减量化专项行动50万元，种粮大户农业“五新”示范推广项目100万元，山垅田复耕种粮奖励50万元，水稻生产功能区建设项目60万元，国有农场基础设施的建设45万元，耕地质量保护与提升项目130万元，农作物新品种试验示范60万元，补助农业保险（水稻、马铃薯、设施蔬菜等）134万元，扶持农业基地建设400万元，农业龙头企业贷款贴息500万元，现代农业产业园建设1000万元，促进淮山产业发展80万元，扶持福建农民创业园发展200万元，畜禽标准化示范场奖励300万元等。

【三农体制改革】　2019年，泉州市完善实施“乡村振兴战略”的配套政策措施，出台《泉州市市级乡村振兴专项资金管理暂行规定》，安排市级财政预算专项资金1.34亿元。加快发展特色现代农业，形成10个优势特色产业。完成新型职业农民培训任务5908人次，村级人口健康助理员队伍建设覆盖超过30%的行政村。确定4个新时代文明实践中心市级试点，打造“七大平台”，推进国家公共文化服务体系示范区创建，开展基层综合性文化服务中心建设试点；建立完善“一村一档”工作，推动30%以上村庄通过“绿盈乡村”认定，加快实施“海丝”乡村“千名头雁”引领行动。农村“三块地改革”探索形成土地制度改革的“晋江方案”。推进农业供给侧结构性改革。推进“五百示范项目”，创建福建省级优质农产品标准化示范基地34个、“一村一品”特色产业示范村28个。落实粮食安全行政首长责任制，粮食总

2019年9月7日，第十三届海峡两岸（泉州）农产品采购订货会在南安市举行。图为绿色食品展区　（图/市农业农村局）

产48.98万吨。推进现代农业园区建设，创建7个福建农民创业园（示范基地）和15个市级以上现代农业产业园。推进农产品品牌建设，拥有“三品一标”认证产品716个。推动畜牧业健康发展，严防、严控非洲猪瘟，促进生猪产业健康发展，有效保障市场供给。推进农村一、二、三产业融合发展，结合举办泉州市“中国农民丰收节”“泉州市品牌农产品展销对接会”等系列活动，开展农业普法宣传。推进农业农村“创新创业”工作，晋江市、安溪县入选全国农村创新创业典型县，第三届福建省农村创新创业大赛在晋江举办。实现科技特派员乡镇全覆盖，将服务延伸拓展到二、三产业。推进农村集体产权制度改革全面开展，全市2451个村(居、组)完成清产核资及验收工作。深化农村水利建设管理体制改革，加强农田水利设施监管工作。深化集体林权制度改革，推进重点区位商品林赎买改革试点工作，加快推荐国有林场绿化苗木培育基地建设，推进生态公益林补偿，规范生态公益林保护管理，发展林下经济。巩固完善农村基本经营制度，探索村集体经营性收入长效增收机制，出台《泉州市发展壮大薄弱村集体经济三年行动方案》《泉州市2019年发展壮大薄弱村集体经济工作方案》，探索抱团发展、股份合作、村企联合、资源开发、产业带动、资产租赁等多种模式壮大村级集体经济。开展“百社百村带千户”行动，全市全部消除经营性收入5万元以下的行政村。深化供销合作社综合改革，重点扶持基层社经营服务网点改造建设，提升基层供销社为农服务功能，改造提升基层社12个，新建改造提升10家新型庄稼医院。健全乡村振兴投入机制，加强涉农资金管理制度建设，推进涉农资金从“项目管理”转向“任务管理”。推进农村“两权”抵押贷款试点，在全市复制推广永春农地抵押贷款试点业务，推动晋江、石狮继续在宅基地制度改革试点框架下，按照风险可控原则，探索宅基地使用权抵押贷款业务。农村信用体系建设初显成效，全市评定信用乡镇38个、信用村1140个、信用户61.88万户。构建起多层次保险保障机制，全市保险业设立28个“三农”营销服务部、38个服务站、24个服务点，农房保险覆盖率100%、森林保险覆盖率95%、水稻种植保险覆盖率98%，各类涉农保险保障金额556亿元，受益农户433万户次。推进“四好农村路”建设，安溪县入选第三批“四好农村路”省级示范县名单。

【村财监督管理】 2019年，泉州市加强农村（社区）集体资金资产资源管理工作，解决农村集体“三资”管理不规范、监督不到位、队伍不稳定等突出问题。开展村集体经济合同清理，及时纠正租赁合同条款执行不到位、合同到期未及时变更调整等突出问题，组织力量依法催收欠交的承包金。全市清理合同1424份，涉及金额8331.09万元；重新修订合同份数425份，取消合同65份。

【农产品质量安全监管】 2019年，泉州市农业农村局成立整治农产品质量安全问题行动领导小组，下设3个专项组，制定行动方案细化落实行动措施。开展专项监督抽检，配合完成省级以上3批次（省级2批次、国家1批次）监督抽样工作，抽取样品116份，检测结果均合格。组织开展市级主题教育专项监督抽检，抽检安溪茶叶和永春芦柑136份。强化监管监测，完成国家农产品质量安全风险监测抽样82个；完成福建省级农产品质量安全例行监测抽样488个（含散户样36个），其中监督抽检452个，合格449个，合格率99.3%。组织开展市级监督抽检，抽检样品1192个，合格1191个。

完善农产品追溯平台。3月开展为期一个月食用农产品“一品一码”攻坚月行动。补齐追溯链条，将生猪屠宰企业纳入“一品一码”范围。开展一品一码自查自纠，建立线上巡查制度，做到每周县级巡查全覆盖，市级随机查，发现问题及时督促生产主体整改，确保农产品质量安全追溯信息规范完整，落实源头赋码。全市线上巡查生产主体53193家次，现场检查可追溯管理生产主体2145家次，下发整改通知书147份，1621家单位纳入追溯体系管理平台，赋码55970批次。

开展农产品质量安全地方标准修订。提交永春白番鸭饲养管理技术规范等4个福建省农业地方标准制修订计划推荐项目。完成34个优质农产品示范基地创建工作。开展质量安全专项整治，围绕农药兽药残留超标、非法添加、违禁使用、制假售假等问题开展农药及农药残留、“瘦肉精”、兽用抗菌药及兽药残留、生猪屠宰、生鲜乳、茶叶农残、农资打假等7项专项整治行动。全市出动执法人员13558人次，检查各类涉农企业4927家次，查办案件70件，移送公安7件，捣毁窝点35个。完成农资产品抽检189批次；茶叶农残定量检测1812个批次；在养殖、屠宰环节抽检尿液79763批次，进行快速检测盐酸克伦特罗、莱克多巴胺和沙丁胺醇，结果均为阴性；抽检314批次生鲜乳，进行三聚氰胺残留快速检测，结果均为阴性。成立泉州市农村假冒伪劣食品专项整治工作组，建立协调联动机制，制定整治方案，推动各项整治措施落实。

【国有农场管理】 2019年，泉州市有国有农场10个，形成多种经济成分并存的综合生产经营体系。全市农垦系统工农业总产值7262.57万元。其中，农林牧渔业总产值4448.56万元，工业总产值4263万元。7月，泉州市下达国有农场产业转型发展项目资金45万元，专项用于农垦国有农场及区域内的农业产业化龙头企业、农民专业合作组织、家庭农场、种养大户（专业户）等实施产业转型发展项目奖励补助，对10个农垦国有农场区域内的国有农场、农民专业合作社、家庭农场、个体户等分别给予5万～8万元的补助。对全市农垦国有农场办社会职能改革落实情况进行“回头看”，全市10个农场按照方案，全部完成国有农场办社会职能移交。清理农垦国有土地对外不合理租赁合同，全市农垦国有农场清理对外租赁合同数131份，对外租赁土地面积2862.8公顷，完成清理任务100%。6月，组织全市10个国有农场登记农垦国有土地使用权确权登记发证成果，录入信息135宗。

【乡村振兴战略实施】 2019年，泉州市印发《泉州市实施乡村振兴战略十项重点任务》，推进乡村振兴的19个三年行动，“五大振兴”取得实质性进展：在产业振兴方面，创建福建省级优质农产品标准化示范基地35个、“一村一品”特色产业示范村40个，新增“三品一标”认证42个，永春县五里街镇、晋江市金井镇围头村被评为全国“一村一品”特色产业示范村镇。人才振兴方面，人才信息库登记录入农村实用人才59024人，培训新型职业农民4742人，公布农村建筑工匠1201名，选认省、市级自然人科技特派员1029人、法人（团队）科技特派员66个。文化振兴方面，建设72个村（社区）基层综合文化服务中心市级示范点、21个整体性保护重点区域、10个“非遗”展示馆、100个“非遗”传习所（传习中心）、1000个闽南文化生态保护区示范点，举办崇武音乐季、永春北溪桃花节、泉港涂岭猪脚美食节等，新增福建省级旅游村18个，四星级休闲集镇1个、三星级休闲集镇1个、四星级旅游村3个、三星级旅游村4个。生态振兴方面，出台《泉州市农村人居环境整治日常考评办法（试行）》，1549个村庄纳入“绿盈乡村”建设，认定539个“绿盈乡村”；“清新水域”工程创新累计完成5.89亿元；农村饮水安全巩固提升工程受益人口11.08万人；畜禽粪污综合利用率达到85%以上；完成植树造林6440.67公顷，占总任务的119.1%。组织振兴方面，选派192名村党组织书记到152个先进村开展挂职锻炼，强化村级组织活动场所标准化规范化建设，95.1%的村完成外观标识规范工作，建设29个乡村党建文化走廊，整顿146个软弱涣散基层党组织。

【脱贫攻坚】 2019年，泉州市推进贫困户“两不愁三保障”和饮水安全目标，出台《关于建立防返贫控新贫稳脱贫长效机制的若干措施》，市级财政统筹1.74亿元专项资金用于脱贫攻坚工作，落实已脱贫户返贫预警、收入水平略高于贫困户标准群众预防监测、因病因残因灾因学致贫应急救助等三项机制的若干措施，巩固脱贫成效，确保农村建档立卡贫困人口3.31万人无返贫现象、无新增贫困对象。安排3000万元，用于扶持贫困村和市级扶贫开发重点乡镇、重点村的基础设施建设项目，改善提升基础设施水平。

农业产业化

【概况】 2019年，泉州市一、二、三产业比例为2.2∶58.9∶38.9，十大特色产业全产业链产值1852亿元，全市农村居民人均可支配收入22142元。培育新型农业经营主体，评审认定第九轮市级农业产业化龙头企业224家，新增福建省级重点龙头企业28家。重点扶持农业产业化龙头企业，以加工销售型龙头企业为依托，实行“龙头企业+合作社+基地+农户”的经营模式，采取合同订单、种苗供给、技术指导、保价收购等契约化合作形式。以园区、功能区、产业带为平台，推动优势特色产业向适宜发展区域集聚，创建1个国家级、2个省级、11个市级现代农业产业园，推进2个福建农民创业园、5个示范基地建设。建设现代农业重点建设项目55个，完成年度投资17.92亿元。新增国家级“一村一品”示范镇2个。

【农业经营主体】 2019年，泉州市按照“发展一批、规范一批、提升一批、推介一批”的思路，加快培育一批规模适度、生产集约、管理先进、效益明显的家庭农场，全市有经工商注册家庭农场1711家，农场经营面积6753.33公顷，其中流转土地经营1753.33公顷。开展市、县两级家庭农场示范场创建活动，市级评选出30家家庭农场示范场。全年有两批31家评为福建省级家庭农场示范场。

【休闲农业】 2019年，泉州市有各类休闲农业点303个，从业人员1.36万人（其中农民就业1.09万人），年接待游客1143.67万人次，营业收入14.37亿元（其中农副产品销售收入9.97亿元），实现利润总额2.99亿元，带动农户数6.27万户。安溪县芦田镇福岭村获评为“中国美丽休闲乡村”。休闲农业成为泉州市农民创业、就业、增收的新途径和农业功能拓展的新亮点。

【品牌农业】 2019年，泉州市新增“三品一标”产品42个，其中无公害农产品31个，绿色食品10个，农产品地理标志1个。组织5个生产企业、单位参评福建农产品区域公用品牌、福建名牌农产品等福建省著名农业品牌，开展“清新福建•绿色农业”品牌宣传，新设置高速公路路牌广告12座，组织辖区内绿色食品获证和农产品地理标志授权使用企业参加“绿博会”“有机博览会”“地标农产品专展”等展会，4个产品获得金奖。9月6—9日，在南安市会展中心举办第十二届海峡两岸（泉州）农产品采购订货会，设立“春风万里 绿食有你”绿色食品专馆，组织部分绿色食品生产企业参展，展示泉州市绿色农业的发展成就。

【农民专业合作社】 2019年，泉州市有4943家农民合作社，入社社员10.73万人（户），注册资金104.48亿元。全市评选出28家市级农民专业合作社示范社。推荐22家农民专业合作社为福建省级农民专业合作社，21家进入省级农民专业合作社示范公示名单。安溪县入选为全国农民合作社质量提升整地区推进试点单位。出台《泉州市实施农民专业合作社规范提升行动方案》。组织24家合作社参评福建省级农民合作社示范社。确认安溪芳亭茶叶专业合作社等10家合作社为2019年农民合作社发展项目建设农民合作社，下拨资金100万元。

开展市级“百社百村带千户”创建活动，组织专家实地对各县（市、区）申报的合作社复核考评，确定泉州市泉港区源汇泓鲍鱼养殖专业合作社等35家合作社为2019年“百社百村带千户”农民合作社，下拨资金700万元。开展“空壳社”清理，清查被列入经营异常的农民专业合作社564家，发现72家因经营不善停止运行的合作社，无实质性经营活动的合作社369家，自愿注销合作社11家，指导62家合作社规范办社。

【农业安全监管】 2019年，泉州市在农机、沼气、饲料、农药、屠宰等领域加强安全监管，排查整改安全隐患。农机领域。强化督促指导，各级农机部门投入农机安全检查人员428人次，组织农机安全生产检查124组次，检查农业机械216台，排查整改安全隐患24处，与农机手签订《安全生产责任书》2400份，开展农机安全宣传活动21场次，发放农机安全宣传材料7600份，发送农机安全短信4800条。是年，取得国家级“平安农机”示范县（永春县）、福建省级“平安农机”示范县（洛江区）各1个，市级“平安农机”示范乡镇10个。

组织相关县（市、区）开展沼气领域全面检查，以“黑膜沼气池”为重点，对实施农村沼气工程的各类沼气池进行巡回大检查，列出问题清单，督促企业和农户制定整改措施，明确负责人和整改时限，防范和遏制重特大沼气安全事故的发生。全市发动排查人数1633人次，排查户用沼气3781户，大、中型沼气工程13处，发现并排除一般安全隐患357处，整改率100%。

饲料领域。组织开展饲料企业安全隐患治理专项行动，对辖区内的13家饲料、饲料添加剂生产企业进行全覆盖检查，全市开展巡查70次，出动231人次，检查饲料、饲料添加剂生产企业78个次，发现隐患 36个，整改36个，整改率100%。农药领域。对全市12家在产蚊香厂开展全覆盖安全生产集中整治，建立一企一档，明确事故易发的重点场所、要害部位、关键环节，监管做到有的放矢。组织农药生产行业安全生产检查47个次，发现安全隐患490项，已整改487项，剩余3项要求企业做出说明、承诺整改期限。研究制定《泉州市卫生杀虫剂生产企业安全突发事故应急预案》，规范企业安全突发事故的应急管理和应急响应程序，提高保障生产安全和处置事故的能力。农药经营方面，市本级自行组织抽检34批次农药及肥料产品；指导所辖县完成195批次抽检；市本级按“双随机”原则对31个农药经营主体经营资质、电子台账制度、安全生产等活动进行专项检查；

组织643个企业进入农资监管信息平台备案，备案农业投入品类型8592种。市、县两级每月开展平台线上巡查均不少于20次，全市开展线上巡查13151次，线下巡查2156个（次）农资企业。

农药使用方面，开展农药使用领域安全生产隐患排查治理，组织检查组抽查4个农药使用企业，对检查发现的问题要求其限期整改，排查出的安全隐患全部按时整改到位。屠宰领域。分阶段开展屠宰行业安全生产隐患排查治理专项行动，在第一阶段隐患排查治理专项中，发现一般隐患42处，完成整改，签订《企业隐患排查治理专项行动自查自改承诺书》40份。第二阶段出动执法人员156人次，检查生产企业29家，发现一般隐患50处，全部整改完成。

种植业

【概况】 2019年，泉州市落实粮食安全行政首长责任制，完成粮食播种面积8.59万公顷、总产48.98万吨，分别比上年增加444公顷、4725吨；建立23个五新技术推广示范片，面积337公顷；完成水稻生产功能区3.99公顷，完成率101.5%；完成抛荒山垅田复耕种粮19.48公顷；坚持绿色生态发展，实现全市秸秆综合利用率92.53%。围绕特色现代农业，发展茶叶、蔬菜、水果、食用菌产业，在南安、永春、德化建立高标准百香果育苗基地3个1.33公顷，年育苗能力100万株以上。建成标准钢架设施大棚146.27公顷。

【粮食生产】 2019年，泉州市谷类作物播种面积5.68公顷，总产34.48万吨，其中春收作物种植面积80公顷，总产200吨；夏收作物2.17万公顷，总产13.01万吨；秋收作物种植面积3.51万公顷，总产21.45万吨。稻谷播种面积5.53万公顷，占谷类作物97.35%，总产33.69万吨，占谷类作物97.71%。其中早稻面积2.06万公顷，总产12.39万吨；中稻面积1.33万公顷，总产8.65万吨；晚稻面积2.15万公顷，总产12.66万吨。大小麦播种面积80公顷，总

永春县吾峰镇梯田美景（2019年拍摄） （图/林劲峰）

产200吨。以小麦为主，面积66.67公顷，占83.33%。主要分布在泉港区、惠安县。杂粮播种面积1426.67公顷，总产7600吨。以玉米为主，面积1226.67公顷，其次是高粱20公顷。薯类播种面积2.77万公顷，总产14.11万吨。甘薯播种面积2.07万公顷，占薯类面积74.60%，总产11.34万吨，占薯类总产80.37%。马铃薯播种面积0.70万公顷，总产2.77万吨。豆类面积1280公顷，总产0.39万吨。以大豆为主，播种面积993.33公顷，总产2400吨。油料作物播种面积1.47万公顷，总产4.56万吨。以花生为主，播种面积1.43万公顷，总产4.40万吨。

【经济作物】 2019年，泉州市经济作物主要有水果、茶叶、蔬菜、中药材、食用菌。水果总面积1.36万公顷，比上年增长3.2%，总产量13.95万吨，比上年增长5.6%。其中，柑橘面积0.37万公顷，比上年增长3.1%，产量6.72万吨，比上年增长2.9%；龙眼面积0.46万公顷，比上年增长1.2%，产量1.57万吨，比上年下降0.6%。茶叶栽种面积5.27万公顷，采摘面积为5.23万公顷，全年毛茶产量8.71万吨。其中，安溪县栽种面积4.4万公顷，产量7.34万吨；永春县栽种面积0.52万公顷，产量1.04万吨。全市乌龙茶产量占全国乌龙茶产量的26.44%，占全省乌龙茶产量的33.76%。主要在本省的泉州、厦门、福州销售，福建省外主要销区为广东、上海、北京等地，全国各大中城市都有安溪铁观音销售。蔬菜播种面积5.09万公顷，比上年增长5.7%，产量97.12万吨，比上年增长8.1%。中药材播种面积386.87公顷，比上年增长10%，全年产量1112吨，比上年增长40%。食用菌总产量8.92万吨，比上年增长7.6%。

【植物病虫害防控】 2019年，泉州市发布病虫情报111期、7825份，病虫电视预报12期，手机短信68期、4970条，农业信息网发布78条，培训村级植保员221人次、农民6213人次，科学指导农民防治病虫害。

林 业

【概况】 2019年，泉州市以创建“国家森林城市”为主题，巩固提升“全国绿化模范城市”创建成果，深化林业改革，提升森林质量，加大资源保护力度，促进绿色生态产业发展。全市完成植树造林任务6441公顷，占计划5486公顷（含国有林场）的117.4%，其中“三沿一环”森林景观带935公顷、林分修复814公顷、珍贵用材树种造林1375公顷、村庄绿化186.7公顷、生物防火林带53.7公顷、木本油料示范基地355.6公顷、其他造林更新2720.7公顷；完成森林抚育1.69万公顷、封山育林1.07万公顷。建设森林近自然经营示范基地1049.2公顷。开展全民义务植树活动，全市设立义务植树基地86个，面积77.8公顷，参加义务植树446.2万人次，完成义务植树1422.2万株，义务植树尽责率100.27%。

【林业经济（产业）】 2019年，泉州市林业产业产值亿元，比上年增长12.59%。新增国家级林业产业化重点龙头企业1个、省级农业产业化重点龙头企业5个、市级农业产业化龙头企业35个。组织林业企业参加义乌森林博览会、“6•18”项目成果交易会、厦门国际投资贸易洽谈会、三明林博会等展会活动，获金奖产品称号2个。安排市级林下经济项目40个200万元、争取省级资金440万元，新增种植面积80公顷。扶持18个林业产业化重点龙头企业贷款贴息129万元。扶持林产品主产区就地加工、可食用林产品质量安全可追溯体系建设。泉州永春达盛香业有限公司“达盛香业永春篾香”获2019年度福建名牌农产品称号。

【林业改革】 2019年，泉州市深化林业改革，增强林业发展活力。深化集体林权制度改革。落实林地家庭承包经营政策，规范林权流转，维护林农作为林业经营主体的合法权益。年度流转林权5起，促进森林资源的市场化配置。规范引导林业专业合作社、家庭林场等林业新型经营主体健康发展，新增林业专业合作社26个、家庭林场11个，申报省级新型林业经营主体标准化21家。全市经工商部门登记林业新型经营主体1352个，其中国家级、省级和市级示范新型经营主体达155个。推进林业金融创新，新增林权抵押贷款400万元。永春联社推出针对从事森林资源培育、林下经济发展、林产品加工等林业企业法人、其他经济组织和自然人的信贷产品“林好贷”，累计发放“林好贷”500多户8000多万元。永春县推出花卉行业担保基金贷款，发放超过2000万元。安溪县推出茶业助保金贷款和农业技术服务创新项目贷款风险补偿金项目，发放1565万元。做好国有林场改革验收准备工作。推进近自然森林经营，邀请中国林业科学院资源信息所和中国林业科学院热带林业实验中心专家，到泉州开展近自然森林经营技术培训。实施作业面积1650.2公顷。推进森林综合保险等配套改革，完成森林保险财政保费补贴资金的申请拨付，全市生态林在保面积26.13万公顷、投保率100%，商品林在保面积25.49万公顷。开展重点生态区位商品林赎买试点（2016—2020年），永春县落实年度赎买，完成赎买任务200公顷。

【国土绿化】 2019年，泉州市着眼提升林业生态颜值，推进“三个百千”绿化美化行动，把造林绿化融入保护和发展森林资源、“河长制”、水土保持、农村人居环境整治等生态环境建设综合推进，提高森林质量，增加群众绿色福祉。全市（含国有林场）完成植树造林6440公顷，占总任务的119.1%。其中“三沿一环”森林景观带完成植树造林934.53公顷，占总任务的101.2%，乡村绿化完成186.73公顷，占任务的103.7%。推进“百城千村”工程。巩固森林城市创建成果，推进南安、惠安、石狮等3个省级森林城市（县城）和6个省级森林城镇（安溪县湖头镇、城厢镇、永春县桃城镇、蓬壶镇、德化县南埕镇、水口镇）创建工作。11月，南安、石狮、惠安获“福建省森林城市（县城）”称号。26个村庄获2018年“福建省森林村庄”称号，启动2019年省级森林村庄申报和市级核查验收工作，开展国家森林乡村评价认定工作，全市向上级推荐52个村庄。实施“百区千带”工程。坚持分类施策，在南安市、安溪县、永春县、德化县四地集中打造珍贵树种造林示范区；以高铁高速及城乡重要通道沿线、晋江洛阳江等重点流域及其主要支流（包括水库库周）、沿海岸线、环城一重山为重点，对荒山荒地、疏林地、迹地实施新造，对稀疏林分、低产低效林、退化防护林进行改造，为主采用2年生以上珍贵或景观乡土树种容器苗造林，统筹推进沿线村庄绿化。开展“百园千道”工程，泉州森林公园、安溪龙门、德化唐寨山等3个省级森林公园实施森林公园改造提升项目，项目总投资500万元。惠安崇武海滨森林公园等7个实施森林公园森林步道建设项目，项目总投资1300.17万元，新建游步道21.73千米。推进特色项目建设，开展“绿色乡村三年行动”，年度实施100个村，突出宜居、自然、经济的乡村绿化导向，项目实施中优先倾斜清新流域样板工程建设村、扶贫重点村、乡村旅游特色村、少数民族村、人口大村和“两高”沿线村庄，通过项目建设，村庄绿化与其他乡村振兴行动的协同效益明显。开展森林质量精准提升示范项目建设，在景观林建设、用材林改培、经济林提升三个方面各打造一批精准提升的示范基地，首批项目完成作业设计评审，各项工作有序推进。开展珍贵乡土树种进城活动，选择红豆杉、紫薇、菩提、红豆树、贝壳杉、闽楠等16种珍贵或乡土树种向城市建成区（含各县市区建成区）的110所学校、寺庙进行推广种植，赠送苗木3650株。

【林业生态建设】 2019年，泉州市加强自然保护地管理，加强沟通对接，做好有关自然保护地管理职责转隶工作，摸清各类自然保护地本底数据。推进自然保护区勘界立标和湿地名录编制工作。加强自然保护区、风景名胜区等自然保护地的监管，对生态破坏问题进行核查整治，并依法依规整改。推进永春桃溪国家湿地公园建设，石狮湿地公园于9月揭牌。强化林业有害生物防治，开展松材线虫病除治“冬春攻坚”行动。完成松墨天牛综合防治、松枯死树清理和松林优化任务

2019年3月20日，泉州市四套班子领导在福建经贸学校洛江新校区开展义务植树活动 （图/陈意鸣）

清理松枯死树10.65万株。抓好森林火灾防控工作，落实森林防火过渡期间保持“六个不变”的要求，抓好森林火灾防范，强化巡山护林、火源管理、宣传教育、督导检查、应急备勤、值班值守、安全培训等各项工作。强化森林资源监管和保护。对2018年森林督查中发现的问题线索，逐一核查整改，查处到位率97.9%。开展2019年森林督查工作，坚持重点整治、专项打击和安全防范同步发力，开展“大棚房”问题清理整治、涉林违法违规私建墓地专项排摸整治和“绿卫2019”森林草原执法等专项行动，开展涉林扫黑除恶专项斗争，遏制破坏森林资源违法犯罪行为，推进“平安林区”建设，维护林区安定稳定。开展森林资源动态监测和森林经营方案编制工作。落实生态公益林补偿，严格天然林保护管理、森林采伐限额管理，2019年，全市年森林采伐限额总量89.45万立方米，办理林木采伐许可证3095份，采伐蓄积量46.29万立方米。

【绿民富民产业发展】 2019年，泉州市主动融入加快高质量发展落实赶超战略，培育林业经济新增长点。全年林业行业总产值1070亿元，比上年增长5%。发展特色现代林业，安排专项资金，实施优势特色产业提升行动，以林竹、花卉苗木、林下经济、森林旅游等为重点，策划生成并推进一批特色现代林业项目，助力脱贫攻坚和乡村振兴。扶持服务企业发展，完善服务林业企业平台，通过微信群等新媒体及时发布政策信息和林业动态，指导企业对接。调查全市林业产业化龙头企业贷款及付息情况，按档次进行贴息补助。推荐2个林业企业申报国家级林业产业化龙头企业。推进使用林产品安全可追溯体系建设。

【林业品牌创建】 2019年，泉州市扶持林业品牌创建和林产品加工业发展，鼓励林农加强与林业企业的合作，在申报省级林业龙头企业时把带动农户作为一项重要指标进行审核，引导林农与电商企业对接，通过电商平台销售林产品，拓展产品销售渠道。印发《2019年市级林业专项资金申报指南》，对林业创品牌主产区林产品就地加工给予资金补助。

畜牧业

【概况】 2019年，泉州市各级畜牧兽医部门采取措施，开展重大动物疫病防控、牲畜屠宰管理、病死畜禽无害化处理；推广畜牧“五新”技术；推进畜禽标准化规模化养殖和畜禽粪污资源化利用；促进畜牧业生产有序健康发展，保障市场肉、蛋、奶有效供给。泉州市推进畜牧业产业化经营，生猪存栏71.20万头，比上年下降15.11%；出栏116.82万头，比上年下降12.37%。家禽存栏1948.74万羽，比上年增长15.28%，出栏4870.86万羽，比上年增长15.43%；牛存栏5.26万头，比上年下降6.57%，出栏3.99万头，比上年增长23.52%；羊存栏14万头，比上年增长7.61%，出栏23.13万头，比上年增长6.29%。全市肉蛋奶总产量25.84万吨，比上年下降0.69%。

【动物疫病防控】 2019年，泉州市加强动物疫病防控工作，按照“政府保密度，业务部门保质量”的原则，开展高致病性禽流感、口蹄疫、小反刍兽疫集中强制免疫工作，确保3种强制免疫病种在畜禽群体以及规模养殖场免疫密度常年维持在90%以上，应免畜禽免疫密度达到100%，免疫抗体合格率常年保持在70%以上。春秋两季集中强制免疫抗体合格率达到80%以上。

【动物卫生监督】 2019年，泉州市加强动物卫生监督执法，全市立案查处动物卫生案件230件，其中12件移送公安，案件涉及动物防疫、牲畜屠宰等。开展行政处罚案件评查，采取县级自评选送，市级推荐，选送6件比较优秀的动物卫生监督案件（晋江市2件，丰泽区、惠安县、安溪县和永春县各1件）参加省农业与农村厅组织的评选，安溪县和晋江市各1件被评为优秀案件。

【饲料行业监管】 2019年，泉州市加强饲料质量安全监督管理，开展饲料和饲料添加剂生产企业安全生产专项整治，对辖区内的13家饲料和饲料添加剂生产企业进行全覆盖检查。

【畜禽屠宰监管】 2019年，泉州市加强畜禽屠宰监管，公布石狮、南安上报的2个整改合格生猪定点屠宰企业，取消鲤城、泉港、石狮、台商投资区上报6个不合格的生猪定点屠宰企业资格。全市有45个牲畜屠宰企业（18个屠宰场，27个屠宰点）。推荐泉州市洛江区副食品有限公司、安溪城区牲畜定点屠宰有限公司、安溪县食品有限公司官桥牲畜定点屠宰场、永春县城区牲畜定点屠宰场、德化县裕盛牲畜屠宰公司5个屠宰企业进行标准化建设。组织开展生猪屠宰监管“扫雷行动”，坚持专项整治与日常监管相结合，严厉打击收购和屠宰病死畜禽、生猪私屠滥宰、注水注物等违法行为。申报2018年5月至2019年12月屠宰环节病死猪无害化处理财政补贴225头。督促指导兽药、屠宰企业落实安全生产责任，健全完善安全生产相关制度和应急预案，全面排查安全隐患。强化兽医实验室生物安全监管，开展动物病原微生物实验室生物安全专项检查，规范高致病性动物病原微生物实验活动，严防病原微生物失窃、泄露等事件发生，全市出动执法人员524人次，检查屠宰企业41个，排查并整改安全隐患数42项，对各地安全生产检查工作的开展情况进行督查，及时发现问题，不留隐患，并对检查情况进行汇总上报。加强官方兽医、执业兽医和乡村兽医的管理，全市现有官方兽医292人、诊疗机构64个，执业兽医105人和乡村兽医269人。

【畜禽无害化处理】 2019年，泉州市加强《动物防疫法》等有关法律法规的宣传工作，加强病死猪无害化处理日常监管，查阅档案记录或视频监控等，强化畜禽养殖、屠宰和病死畜禽集中无害化处理等生产经营者的主体责任，加强对养殖场（户）、屠宰企业、病死畜禽无害化处理单位的技术指导，对经检疫不合格的畜禽、畜禽产品，监督有关单位和个人按照《病死及病害动物无害化处理技术规范》进行无害化处理。开展乱抛乱弃病死动物排查工作，县、乡出动人员283人次，对养殖场（户）、河道及水库等重点场所进行巡查、排查。全市开展打击非法处理病死畜禽专项整治行动51次，出动监督执法人员208人次，检查养殖场114个次、屠宰企业44家次、病死畜禽集中处理运营单位4个次，督促84个养殖场和18个屠宰场完善病死畜禽无害化处理设施设备，督促97个养殖场、27个屠宰场建立完善无害化处理管理制度；配合公安、食药监等部门开展联合执法10次，出动监督执法人员75人次。是年，全市无害化处理病死猪29308头，核实上报无害化处理补助20343头。

渔 业

【概况】 2019年，泉州市扶持渔业项目建设，安排1200万元专项资金，对标准化池塘改造，工厂化养殖设施建设、苗种场建设、三品一标认证、水产品加工、互联网+渔业、水产品质量可追溯以及品牌建设等76个项目进行补助资金支持。诚峰一级渔港工程完成进度85%，祥芝中心渔港扩建工程完成进度74%。全市28个省级海洋经济重大项目完成投资396.18亿元，其中当年投资182.68亿元，占年度计划投资的116.8%，带动海洋产业的集聚规模发展。投入3515万元专项资金扶持海洋生物制药、海洋综合利用等项目，培育壮大海洋新兴产业。加强海洋经济创新发展区域示范延期项目监管，如期完成全部项目验收工作。在第17届“6·18”海峡成果交易会中，推动2个海洋渔业重大对接项目达成意向协议。全市海洋经济调查工作通过省级验收。是年，全市水产品总产量107.00万吨，比上年下降0.8%。其中，淡水产品产量1.55万吨，比上年增长4.2%；海水产品产量105.45万吨，比上年下降0.8%。海水产品产量中，海洋捕捞69.61万吨，比上年下降3.8%；海水养殖35.84万吨，比上年增长5.6%。

【渔业惠民政策】 2019年，泉州市继续实施中央渔业油价补助政策。中央下达泉州市渔业油价补助资金2.69亿元，惠及捕捞渔船2479艘。推动渔船更新改造和捕捞渔民减船转产。兑现捕捞渔民减船转产补助资金490.5万元（减船4艘），进行渔船更新改造补助资金2382万元（渔船更新改造47艘）。

【水产养殖业】 2019年，泉州市推广稻田综合生态养殖，在南安市英都镇泉州嵘昊生态休闲农庄有限公司开展稻田养虾试验，解决闲置稻田的综合利用，促进农业增收增效。开展水产新技术试验，在泉港区投入使用新型网箱养殖2600多平方米。推广生态混养技术，在泉州台商投资区、安溪县等地利用小山塘、小水库，进行南美白对虾、黄鳍鲷、黑鲷、鲻鱼等多品种混养技术试验，促进农业增收增效。安溪引进澳大利亚淡水龙虾新品种。转变传统养殖方式，开展标准化池塘改造、陆基工厂化养殖和工厂化循环水养殖，推进优质苗种繁育培育。

【远洋渔业】 2019年，泉州市发展远洋渔业企业6个，新增远洋渔船2艘，全市投产远洋渔船61艘。作业范围从单一的北太平洋渔场到覆盖太平洋、印度洋公海及朝鲜北部湾海域；经营模式由简单的“捕捞+运输”发展到“捕捞+加工+运输”，朝规模化、多元化方向发展。是年，全市海洋捕捞69.61万吨，比上年下降3.8%。

【水产加工业】 2019年，泉州市推进水产加工业发展。4月，邀请上海海洋大学、集美大学等食品领域多名知名专家考察泉州市紫菜加工产

2019年6月，石狮市举办渔民文化节。图为竞渡现场

（图/石狮市委史志研究室）

业发展。走访阿一波、力绿、美味强等三家规模紫菜加工企业，与企业高管和技术人员开展深入的交流研讨。通过调研考察，专家组表示愿意为推动校企、产学合作发挥专业技术特长，为泉州紫菜加工引进技术设备、开发新产品提供技术支撑和专家顾问。

【渔业交流】 2019年，泉州市力绿食品公司、美味强食品公司、安海三源食品公司、深沪湾海洋科技有限公司等10多个水产品加工企业，参加在高雄举办的首届台湾渔业博览会，学习借鉴台湾在捕捞、养殖、水产品加工、渔业服务等方面的先进技术、经验，寻求泉州和台湾渔业交流合作新机遇。晋江力绿食品有限公司投资52.9万元向台湾台南市甲云翔机械有限公司购买紫菜调味设备2台，提升公司生产水平。晋江南星海水产食品有限公司策划开展两岸冷链物流产业合作项目。

【渔业品牌建设】 2019年，泉州市在晋江金井举办泉州市鲍鱼节，融合鲍鱼美食品鉴、观赏、文化展示等宣传鲍鱼产业、普及鲍鱼产业知识。“华宝明祥烤鱼片”“阿一波紫菜”入选福建省级著名农产品称号，“安海土笋冻”入选福建省级十大渔业品牌，“晋江紫菜”获国家地理标志注册商标认定。

【渔业安全体系】 2019年，泉州市推行“一品一码”全程可追溯管理，组织开展系统培训2期，培训养殖生产主体230人次。全市280个工商登记在册养殖企业纳入水产品质量安全“一品一码”全程可追溯平台注册管理，上传经营台账15799条，赋码水产品1743批次；开展水产品快检工作，扩大抽检范围和频次。全市快检水产品样品562个，委托第三方开展水产品实验室检测样品300个，配合完成福建省级抽检样品60个，合格率100%。提升渔业船员专业水平，考试、考核发证3866本。加强敏感海域作业渔船管控，为全市1436艘大中型海洋渔船免费安装北斗示位仪，拆解处置“三无”船舶70艘。加强渔船安全应急值班和海事救助工作，组织海事救助27起，救回船员349人，挽回经济损失1.54亿元。

【海洋渔业综合执法】 2019年，泉州市开展“蓝剑2019”、“中国渔政亮剑2019”、打击海上非法采砂百日行动等专项执法活动，查获违法采砂船12艘，清理整治违规网具2651（张、顶）。强化船检质量把关，完成第二、三批小型标准船型评价工作，新增小型渔船标准船型40艘，22艘样船入选福建省第三批渔船标准船型（占该批标准船型数的48.9%）。全年开展海岸线巡查822车次、行程5.33万千米，组织海域巡航315航次、航程6800海里；办结海洋行政处罚案件13件、收缴罚款984.10万元，办结渔业行政处罚案件69件、收缴罚没款56.96万元，移送涉嫌犯罪案件线索13条，依法规范正常生产秩序。

【休闲渔业】 2019年，泉州市推动休闲渔业产业建设，在休闲、食用、科普、观赏等功能上进行挖掘，南安凤翔谷水乡渔村获得省第十二批“水乡渔村”项目，全市创建渔业与旅游、休闲和文化等产业结合的福建省级“水乡渔村”20家，建设休闲海钓示范基地1个（晋江深沪休闲海钓基地）；休闲渔业产值规模增长、高质量发展。

水利

【概况】 2019年，泉州市创新流域保护管理机制，坚持实行“河湖长制”，推进生态文明建设。推进“河湖长制”从“有名”到“有实”转变，从“全面建立”到“全面见效”转变。成立泉州河长学院，开展常态化“河长”培训；开展19个“河长办”标准化试点，提升“河长办”战斗力；建成泉州“智慧河长”指挥平台、提升“河长制”信息化水平；设立人民法院驻“河长办”法官工作室，成立南部安全供水保护联盟，纵深推进行政执法与司法衔接；建立28个相邻区域河湖治理保护协调联动机制，加强跨区域跨流域协调监督；建设“河长制”主题公园，开展护河志愿者行动。

【水资源管理】 2019年，泉州市落实最严格水资源管理制度，开展水资源监管和节约用水管理工作，开展取水工程（设施）核查登记、计划用水、水利行业节水机关建设、县域节水型社会达标建设等。是年，全市用水总量28.25亿立方米，万元工业增加值用水量25.3立方米，万元国内生产总值用水量28.4立方米，农田灌溉水有效利用系数0.5581，主要水功能区水质达标率96.6%，均达到水资源管理“三条红线”控制目标值要求。

【水利工程建设】 2019年，泉州市加强重大项目和民生水利工程建设管理。泉州白濑水利枢纽工程初步设计10月获水利部批复，12月开工建设；永春马跳水库工程于11月开工建设；推进七库连通工程惠女至菱溪段施工进度，晋江向金门供水工程供水水质检测指标均能满足要求；北渠潭美倒虹吸工程、彭村水库、八峰水库3个项目完工，相继投入使用。完成农村饮水安全巩固提升工程，受益人口11.08万人，同步推进农业水价综合改革；加固水库2座，加固中型水闸1座、治理河道41千米；建设安全生态水系101千米。委托第三方开展小型水库运行管理问题排查、水管单位运行管理年度考核、堤防水闸调查和1万～10万立方米山塘注册登记，

2019年，泉州金鸡水厂实现通水运行。图为金鸡水厂俯瞰
（图/市国资委）

出台《小型水库物业式管理指导意见》，推进南安、泉港、永春、洛江小型水库物业式管理；深化水利“放管服”改革，水利项目审批时间由平均260个工作日减至90个工作日以内。推行水利工程电子招投标，健全完善水利工程质量监管体系，推广运用工程质量监督平台和水利工程信息（信用）管理系统，实行水利建设质量工作和项目质量综合考核，加强水利工程质量监管力度，严格执行福建省有关水利工程质量的技术规范、规程和标准，规范建筑市场秩序，提升建设质量管理。6月，彭村水库工程获福建省重点项目建设优胜奖。加强水利行业安全生产工作，推进风险管控和隐患排查治理双重预防机制建设，提升水利安全生产标准化建设，开展多元宣教，强化安全意识，安全生产实现零事故。

【水库移民】 2019年，泉州市有农村移民86266人，其中核定大中型水库移民后期扶持资金直接补助人数50117人，项目扶持到村36149人，向上级争取移民扶持资金1.08亿元，组织实施涵盖饮水安全、道路交通、环境整治、社会事业等类型的后扶项目121个。按照“产业兴旺、生态宜居、乡风文明、治理有效、生活富裕”的总要求，南安市、德化县列为省级库区移民后扶项目示范区，加快库区人居环境整治，助力乡村振兴战略实施。推动征地移民安置区建设与移民安置等工作，泉州白濑水利枢纽工程先行工程动工；水利部核定德化彭村水库农村移民后期扶持人数3833人，所在安置区水库移民分房工作如期完成；永春马跳水库移民安置规划获省上批复。通过多措并举、完善联动机制，及时排查化解库区矛盾纠纷，依法依规处理信访问题，9件移民来信、来访件得到处理。

2019年1月3—4日，水利部部长鄂竟平（第一排中）在永春县考察小水电绿色改造、河长制及治水工作
（图/市水利局）

工　　业

综 述

【工业经济概况】 2019年，泉州市规模以上工业实现增加值4501.41亿元，比2018年增长8.6%，增速与上半年、前三季度均持平。工业经济总体保持平稳运行，生产结构持续优化，企业效益继续改善，多数行业实现增长，超七成产品产量比2018年增长，亿元企业单位数量增加，民营工业贡献率提高，石油化工产业增速加快。

【工业经济运行】 2019年，泉州市规模以上工业37个大类行业中有31个行业增加值比2018年增长83.8%。其中，非金属矿物制品业（增长15.2%）、文教工美体育和娱乐用品制造业（增长13.5%）、造纸和纸制品业（增长15.4%）、橡胶和塑料制品业（增长15.5%）、化学原料和化学制品制造业（增长21.2%）等16个行业实现两位数以上增长。全市列入统计的193种产品中有139种产品产量比2018年增长72.0%，有58种产品增速超过20%，占全部监测产品的30.1%。装备类产品中，建筑工程用机械比2018年增长18.9%，阀门增长23.4%，铸铁件增长18.2%；消费品类产品中，饮料比2018年增长18.4%，针织服装增长13.0%，家具增长22.1%。截至12月底，泉州市产值超亿元工业企业有2809家，分别比前三季度和2018年增加424和117家，完成产值17239.88亿元，现价比2018年增长13.4%，占全市规模以上工业总产值的94.5%。分产值段看，全市亿元企业中10亿元以上328家，完成产值9042.55亿元，现价比2018年增长14.1%；5亿～10亿元501家，完成产值3459.03亿元，现价比2018年增长14.4%；2亿～5亿元1069家，完成产值3435.71亿元，现价比2018年增长12.7%；1亿～2亿元911家，完成产值1302.59亿元，现价比2018年增长8.4%。全市规模以上工业中民营企业完成增加值4155.23亿元，占规模以上工业增加值的比重92.3%，比2018年增长9.2%，快于全市规模以上工业增加值增速0.6个百分点，对规模以上工业增长的贡献率98.4%，比2018年提高4.0个百分点。全市规模以上石油化工产业实现增加值747.41亿元，比2018年增长10.0%，快于全市规模以上工业增加值增速1.4个百分点，对规模以上工业增长的贡献率19.0%。

2019年5月27日，泉州市城镇集体工业联合社组织调研工艺美术产业
（图/市城镇集体工业联合社）

【工业经济结构】　2019年，泉州市规模以上高新技术产业实现增加值865.22 亿元，占规模以上工业增加值的比重19.2%，占比较2018年提高2.9个百分点，比上年增长9.9%，增速加快0.7个百分点，快于全市规模以上工业增加值增速1.3个百分点。新一代信息产业增速加快，全市规模以上新一代信息技术产业实现增加值126.57亿元，比上年增长29.7%，增速快于上年13.4个百分点。高耗能行业占比下降，全市六大高耗能行业合计实现增加值1282.27 亿元，占规模以上工业增加值的比重28.5%。

【工业经济效益】　2019年，泉州市规模以上工业企业实现利润总额1347.58亿元，比上年增长4.7%。分行业大类看，有23个行业利润比上年增加，占比超过六成（62.2%）。其中，非金属矿物制品业实现利润184.32亿元，比上年增长37.8%，增速快于全市规模以上工业平均水平33.1个百分点，对规模以上工业利润增长贡献率82.8%；皮革毛皮羽毛及其制品和制鞋业实现利润217.19亿元，比上年增长9.0%，增速快于全市规模以上工业平均水平4.3个百分点，对规模以上工业利润增长贡献率29.4%。资金周转效率提高，全市规模以上工业企业总资产周转天数185.9天，比上年加快0.8天。其中，流动资产周转天数为100.3天，比上年加快3.7天；产成品存货周转天数11.2天，比上年加快0.7天；应收票据及应收账款平均回收期为22.0天，比上年加快0.6天。全市规模以上工业企业流动资产周转率3.6次，比上年提高0.1次。费用增速有所放缓，全市规模以上工业企业三项费用1032.59亿元，比上年增长2.2%。其中，发生销售费用450.63亿元，比上年增长5.6%；发生管理费用488.47亿元，比上年增长1.1%；发生财务费用93.49 亿元，比上年下降7.4%。

【城镇集体工业管理】　2019年，泉州市有城镇集体工业工艺制品企业6000多个，从业人员40多万人，其中，中国工艺美术大师8名，福建省工艺美术大师195名、福建省工艺美术名人225名，泉州市工艺美术大师306名；全市规模以上工艺制品企业销售产值1233.48亿元，增加值311.06亿元，比上年增长13.2%，出口交货值548.61亿元。是年，泉州市市属集体企业46家，在职职工约190人。推动城镇企业转型发展，盘活集体资产。创新集体资产运营管理模式，制定《泉州市城镇集体企业资产委托管理办法（试行）》，规范托管程序。开展实地调研，形成《关于加强城镇集体企业资产托管工作的调研报告》，为加强集体企业管理提供新思路。指导市二轻联社做好市属集体企业资产托管工作，完成市皮件三厂、市皮件服装厂托管工作。推动集体资产运营管理，提高资产收益。强化集贸市场管理工作，加强新门市场管理，深化龙宫市场合作运营。强化资产运营工作，筹备利用市区花巷旧工艺美术大院建设泉州市工艺美术中心，成立项目筹建工作组，完成泉州市工艺美术中心项目规划设计方案、资产评估等工作，市城镇集体工业联合社多次与泉州市文旅集团、集英集团等国有企业接洽，加大项目招商宣传力度。

【工业节能】　2019年，泉州市全面落实能耗总量和强度“双控”目标责任，制定《2019年泉州市节能和循环经济工作计划》，实施节能（循环经济）项目35个，年节能量4.25万吨标煤。深化能效对标、达标工作，组织开展重点用能企业节能监察192家，完成重点用能企业能耗“双控”考核155家。完成福建省对泉州市2018年的能耗“双控”考核。

表19

2019年泉州市规模以上工业企业主要经济指标表

指标名称	企业单位数（个）	工业销售产值（当年价格）（万元）	出口交货值（万元）	资产总计（万元）	负债合计（万元）	主营业务收入（万元）	利润总额（万元）	利税总额（万元）	平均用工人数（万人）	工业增加值（万元）
总计	4842	175943512	29365094	95728134	43289795	166831576	13475817	17859577	128.55	45014128
煤炭开采和洗选业	3	57401	0	90636	21898	63582	9513	18061	0.26	51169
采盐	1	3911	21	262606	17856	1664	360	487	0.11	3454
制造业	4736	169260640	29365074	90709036	41026032	162634180	13053197	17325303	126.89	43589125
按三大板块分										
传统产业	3603	119076895	20807670	61595995	25549145	113555073	9625706	12156010	101.67	30401859

续表19

指标名称	企业单位数（个）	工业销售产值（当年价格）（万元）	出口交货值（万元）	资产总计（万元）	负债合计（万元）	主营业务收入（万元）	利润总额（万元）	利税总额（万元）	平均用工人数（万人）	工业增加值（万元）
重化产业	1024	48054148	5523991	29807464	15568721	46974295	3491492	5206165	21.84	12905351
高新技术产业	656	33602593	3056238	20590415	9597780	31522222	2618101	3200797	20.44	8652209
按“十三五”规划重点产业分										
主导产业	3924	137739827	23921895	72776676	33593010	132896856	10554486	14266586	105.16	36081264
纺织鞋服	1855	56099217	11589379	28104522	11736637	53330711	4092735	5239991	58.44	14630615
#纺织服装	1280	33623388	8262306	16702906	6605163	31433917	2193433	2762016	32.95	8648956
鞋业	575	22475829	3327072	11401616	5131474	21896794	1899303	2477975	25.49	5981659
石油化工	351	27461788	3482333	17521389	10122567	26876511	1769832	3152428	7.52	7474073
机械装备	673	20592360	2041658	12286075	5446153	20097784	1721660	2053737	14.33	5431279
建材家居	1292	41455999	7335261	20829465	8738418	40288049	3682827	4677508	29.82	10515775
特色产业	863	33856458	7369144	16913544	7420171	31675407	2899876	3508273	25.77	8366084
食品饮料	260	12777324	1519335	7000105	1773622	12524619	1218571	1456979	8.83	3089058
工艺制品	407	12334779	5486114	4251536	2346081	11739093	1049733	1269762	12.35	3110615
纸业印刷	196	8744355	363695	5661903	3300468	7411695	631572	781532	4.58	2166411
新兴产业：新一代信息技术	82	4223549	381348	1665415	730569	4152685	341885	387956	2.77	1265741
新兴产业：生物医药	16	499906	6973	576617	201575	502567	54202	67684	0.71	161539
农副食品加工业	52	3153312	820086	1118989	492268	3098758	139626	160212	1.12	546703
食品制造业	108	6517744	623007	4267158	1037319	6376662	724843	870424	4.46	1525318
盐加工	1	8367	0	11848	9486	8165	1422	1538	0.01	1334
酒、饮料和精制茶制造业	100	3106268	76243	1613958	244035	3049199	354103	426343	3.26	1017037
纺织业	325	12638918	948366	6457284	2915072	12064235	737238	921127	8.95	3312051
纺织服装、服饰业	955	20984470	7313940	10245622	3690092	19369682	1456194	1840889	24.00	5336905
皮革、毛皮、羽毛及其制品和制鞋业	761	26612186	5153174	13965975	6464952	25894390	2171921	2826761	29.16	6939740
木材加工和木、竹、藤、棕、草制品业	15	414419	1384	165987	35139	413725	41002	49391	0.30	126265
家具制造业	39	1396239	379900	776966	430225	1372342	118535	138850	0.99	472301
造纸和纸制品业	129	6893661	296232	4954829	3008515	5635666	489622	605309	3.32	1809359
印刷和记录媒介复制业	67	1850695	67463	707074	291953	1776029	141950	176223	1.27	357052
文教、工美、体育和娱乐用品制造业	278	8951042	3843979	2762618	1047818	8577716	826885	983058	6.48	1876275

续表19

指标名称	企业单位数（个）	工业销售产值（当年价格）（万元）	出口交货值（万元）	资产总计（万元）	负债合计（万元）	主营业务收入（万元）	利润总额（万元）	利税总额（万元）	平均用工人数（万人）	工业增加值（万元）
石油、煤炭及其他燃料加工业	6	13956609	2600889	9890225	6165081	13935442	902771	2015850	0.49	4089559
化学原料和化学制品制造业	106	4740644	208278	2463990	1214428	4679387	297619	397631	1.79	1238777
医药制造业	14	440586	6973	529846	200617	443247	45637	55474	0.64	150803
化学纤维制造业	47	3440456	89666	2579905	1548582	3061147	126296	170825	1.56	722063
橡胶和塑料制品业	192	5324079	583499	2587269	1194477	5200536	443147	568122	3.67	1423675
非金属矿物制品业	757	21947935	3477468	10668038	4633848	21410787	1843227	2488274	17.52	5612755
黑色金属冶炼和压延加工业	11	2915162	0	1064886	416528	2811242	285635	347486	0.52	837783
有色金属冶炼和压延加工业	14	1258583	24332	388380	132319	1256082	44018	54152	0.47	243131
金属制品业	122	2999534	222204	1460648	557620	2933203	214001	273938	1.95	724869
通用设备制造业	152	4916241	392405	3348794	1489019	4832006	432209	508875	3.22	1253464
专用设备制造业	163	3815270	306283	2447297	1136086	3735000	328190	400403	2.77	941422
汽车制造业	82	1427676	234547	622316	247594	1313556	96994	127899	1.34	296481
铁路、船舶、航空航天和其他运输设备制造业	11	442667	166316	270623	200921	416285	15359	27030	0.23	96297
电气机械和器材制造业	60	2550183	121314	2450454	1080254	2497807	286138	320751	2.02	785033
计算机、通信和其他电子设备制造业	69	4008350	367098	1551767	687147	3937088	322773	364990	2.53	1228633
仪器仪表制造业	13	215199	14251	113648	43421	215596	19112	22966	0.24	37108
其他制造业	83	2096673	808535	1109692	363903	2081518	140847	174502	2.55	515355
废弃资源综合利用业	4	28601	0	104270	52709	28605	422	665	0.05	4940
金属制品、机械和设备修理业	1	217241	217241	20530	4090	217241	6885	6885	0.01	67972

煤炭业

【概况】　2019年，泉州市有煤矿企业2家，采矿许可证3本，矿井3处，生产能力60万吨/年。其中，福建省属国有煤矿企业天湖山能源实业有限公司有采矿许可证2本，矿井2处、核定总产能45万吨/年，均为生产矿井；乡镇煤矿企业1家，采矿许可证1本，矿井1处，设计产能15万吨/年，为建设矿井。是年，泉州市煤矿实现安全生产。泉州市天湖山矿区煤炭保有储量5004.83万吨，其中省属煤矿天湖山能源公司保有储量2138.69万吨，地方（含县属、乡镇）煤矿合计保有资源储量2866.14万吨（其中长汀煤矿683万吨，其余煤矿2019年底前退出）。永春县是泉州市唯一产煤县。8月，因机构改革，永春县煤炭管理局和永春县煤炭工业公司整合为永春县煤炭技术服务中心，人员随转，归口永春县工业信息化和商务局管理。

【煤炭生产销售】　2019年，天湖山能源公司实际生产原煤41.25万吨，销售45.75万吨；企业实现营业收入2.69亿元，实现利润848.8万元，纳税5433.22万元。永春县长汀煤矿有限责任公司长汀煤矿掘进产煤3吨，销售煤炭2吨。

【基本建设与技术改造】 2019年6月，永春县长汀煤矿建设项目主体工程建成，根据永春县委、县政府关于全县地方煤矿整体退出的决策部署，该建设项目未转入试运转阶段，处于停工状态，后因管理问题，煤矿爆破作业许可证被公安机关吊销。6月，永春县其余9处建设煤矿相继关闭退出。天湖山能源公司含春煤矿含三采区提升运输系统优化工程项目系福建能源集团重点工程建设项目，2019年完成井巷工程541.5米，投入资金193.5万元，自2018年初开工以来完成井巷工程量1746.5米，投入技改资金625.8万元（其中省财政补助200万元、自筹425.8万元），2019年12月通过福建能源集团组织的竣工验收。5月，天湖山能源公司下洋片区国有工矿棚户区改造、配套基础设施改造工程竣工，改造工程涉及公司机关下洋片区25栋楼536户，建筑面积31335.71平方米，实际完成投资1715.49万元。6月，天湖山能源公司曲斗煤矿二号井矿山生态环境恢复治理工程项目通过永春县自然资源局组织的验收，完成治理面积6.47公顷，投入资金312.34万元。6月，天湖山能源公司“永春县下洋镇曲斗—下洋村福能集团2018年旧村复垦项目”开工，12月通过泉州市级验收，新增耕地面积0.42公顷，投入资金30万元。

【煤矿资源储量核查和矿井测量】 2019年，泉州市组织开展煤矿资源储量核查和矿井测量工作。永春县自然资源局制定实施方案，委托福建省197地质大队对辖区内11家（省属2家、地方9家）煤矿的资源储量进行重新核查，对煤矿井巷工程进行测量，11家煤矿保有储量4190.61万吨，未存在资源枯竭的煤矿；测量井下巷道30006米，未发现煤矿超层越界开采现象。

【煤矿关闭退出】 2019年4月，泉州市政府部署深化煤炭去产能等专项工作。永春县关闭煤矿9处、化解产能99万吨/年，均为关闭退出类。按照煤炭去产能标准，对退出煤矿停电停火工、拆除井上下生产设备设施、封闭填实井口并设置标识牌，注销有关证照，报备矿井闭坑地质报告。煤矿企业制定职工安置方案，经职工代表大会审议通过，采取取现走人、提前解除劳动合同、辞退、自谋职业等形式对职工分期分批妥善安置。市、县人社部门核实职工安置人员有关信息，录入到人社部去产能职工安置实名制信息系统的安置职工294人，实行动态管理。年底，泉州市首批2019—2020年煤矿关闭退出市级奖励补助资金1000万元下达永春县，由永春县统筹用于推进煤矿关闭退出工作。9处关闭煤矿参与当年度全国煤炭产能指标交易，原始产能99万吨/年，经在线网络竞价交易，以每万吨/年产能124.8万元成交。截至年底，9处煤矿先后通过县、市、省三级验收，符合产能退出标准。

【国有企业经营管理与改革】 2019年，天湖山能源公司深化企业改革，激发企业运营活力。推进煤矿安全生产标准化建设，开展机械化开采、通风设计编制及安全措施制定、含春煤矿煤炭储量核实、顶板压力观测等工作。推进薪酬改革，以生产单价、福利保障和中层管理人员薪酬为重点，推进薪酬体系深化改革；规范经济业务重点领域重点问题、薪酬福利津补贴、五项费用开支，促进生产经营、财务收支、资金运营等内部控制机制建立和完善；强化经济业务的过程监督，防范风险、规范运作，推动历史遗留问题的清理处置。严控成本费用，以“盯预算、降成本、促增盈”为基调，把握环节要素控制，推进成本管控。深度调整营销，根据区域行业形势变化，以“深化调整、优化结构”为主线，紧跟市场形势，灵活应对。

表20

2019年泉州市关闭退出煤矿一览表

关闭煤矿名称	封闭井硐名称	化解产能（万吨/年）
永春县荷殊煤矿有限责任公司荷殊煤矿	+920、+970、+975、+1015	15
永春县新嘉煤矿有限责任公司新一煤矿	+698、+792、+825	9
永春县新嘉煤矿有限责任公司含春煤矿	+860、+910	9
永春县新嘉煤矿有限责任公司南湖煤矿	+658、+688	9
永春县青竹安煤矿有限责任公司青竹安煤矿	+671、+678、+665、+691	9
永春县新二煤矿有限责任公司新二煤矿	+950、+991	9
永春县新嘉煤矿有限责任公司曲斗煤矿	+728、+763	9
永春县铅坑煤矿有限责任公司铅坑煤矿	+975、+980、+1031、+1047	15
永春县西萍煤矿有限责任公司西萍煤矿	+884、+902	15
关闭煤矿9处	封闭井硐25个	99

【煤矿安全生产】 2019年，泉州市开展为期三个月的煤矿安全生产“春季攻坚行动”暨大排查大整治活动，采用“双随机”方式开展监督检查，检查在籍煤矿15个矿次，检查历年关闭煤矿2处，查出安全隐患或问题52个。永春县每月对所辖12处煤矿开展全覆盖检查，查出安全隐患或问题77个。各煤矿企业自查出安全隐患或问题85个。上述安全隐患或问题均落实整改。

开展全市煤矿企业安全生产主体责任落实年活动，查出安全隐患或问题136条，逐一落实整改。天湖山能源公司建立安全风险分级管控及风险清单、重大隐患整改和重大专项工作安全盯守责任制度，推进矿区动态抽查联动和安全信息共享机制建设，提高安全巡查质量，突出落实“三个盯守”（重点面、生产过程、班末），推进现场管理的责任落实，全年安全生产费用投入535万元，推进安全基础建设，落实煤矿企业安全生产主体责任。

开展全方位、多层次煤矿安全生产宣传教育培训活动。在矿区现场举办“6•16”安全生产宣传咨询日、煤矿事故警示教育、应急演练和救护队指战员救护技能比武、应急管理知识竞赛等活动。全年组织召开安全生产专题会议18场次、煤矿事故警示教育会18场次。

开展相对高风险煤矿安全“体检”工作，在煤矿企业自检自改的基础上，省、市、县分级开展煤矿安全“体检”。4月，泉州市工信局聘请专家成立煤矿安全“体检”专家组，对纳入市级安全“体检”对象的天湖山能源公司铅坑煤矿、永春县西萍煤矿2处煤矿开展检查，查出安全隐患或问题34个，责令1处掘进面停止作业。全市完成应检煤矿6家（其中纳入县级体检3家、市级体检2家、省级体检1家） 安全“体检”，占辖区内煤矿数的50%，各级安全“体检”发现的隐患或问题均限期整改完成。

泉州市公安机关开展矿区民爆物品安全整治专项行动，依法打击和重点整治涉爆违法违规行为，查处涉爆案件8起，采取刑事强制措施19人，清查收缴炸药2810.9千克，雷管2844发。打击煤矿非法和违规开采行为，拆除地面建筑物50.53万平方米、煤场28.78万平方米、地磅26座、变压器86台、绞车36部、缆绳20条，重新砌封硐口285个。

3月，泉州市开展煤矿分类管理，提升煤矿安全保障能力，全市12处煤矿进行监管分类，其中A10类2处、A20类9处、D类1处。11月，鉴于当年度有9处煤矿关闭退出，重新进行监管分类：A10类、C10类、D类煤矿各1处。是年，泉州市经信局执法支队和永春县煤管局结合月度监管执法计划开展煤矿安全监管执法检查，检查39个矿次，查出安全隐患或问题94条并督促落实整改，实现闭环管理。针对天湖山煤矿区安全生产重点、难点问题，尤其是地方煤矿关闭后，井下采空区、盲巷、废巷存在水害、有毒气体风险隐患，可能对天湖山能源公司铅坑煤矿、含春煤矿造成威胁的情况，永春县煤管局会同相关部门多次开展专题会商，对潜在的隐患进行全面梳理、分析、研判，研究制定针对性的对策措施。天湖山能源公司开展水害补充调查，重新调查可能进入矿界的周边小煤矿49个，基本排除其水害及瓦斯隐患。

制造业

【概况】 2019年，泉州市制造业实现增加值5167.98亿元，比上年增长8.6%，对经济增长的贡献率59.0%。其中规模以上工业增加值4501.41亿元，比上年增长8.6%。全年规模以上工业实现销售产值17594.35亿元，其中出口交货值2936.51 亿元，比上年增长12.6%。拥有超亿元企业2809家，比上年增加117个，其中超10亿元企业328个，比上年增加47家。制造业规模以上企业经济效益综合指数为359.3，比上年上升20.8点，其中总资产贡献率21.4%，下降1.9%；资本保值增值率106.1%，下降4.8%；资产负债率45.2%，上升2.0%；全员劳动生产率34.92万元/人，提高4.15万元/人；流动资产周转率3.6次，提高0.1次；工业产品销售率96.4%，提高0.1个百分点。全年规模以上工业企业实现利润总额1347.58亿元，比上年增长4.7%，其中外商投资企业利润增长0.7%、中国台港澳商投资企业利润增长

2019年4月19日，第二十一届中国（晋江）国际鞋业暨第四届国际体育产业博览会现场 （图/林劲峰）

7.5%、股份制企业和股份合作制企业利润增长29.5%。规模以上工业亏损企业亏损额16.05亿元，增亏6.09亿元。全市制造业用电量342.63亿千瓦时，增长0.9%。

【纺织鞋服业】 2019年，泉州市实施纺织鞋服业转型升级路线图，开展国家级自主创新示范区、推进“中国制造2025”城市试点示范建设、“数控一代”“互联网+”等工作，促进产业的转型升级。全市纺织鞋服规模以上企业1855个，完成规模以上工业增加值1463.06亿元，比上年增长5.4%。全市纺织鞋服产值超亿元的龙头企业数977个，产值占全行业产值的92.7%，行业集中度提升2个百分点。纺织鞋服工业投资比上年增长22.7%，主要投向两类，一类是智能化生产物流项目，包括智能化工厂、车间、生产线等；一类是差别化纤维、高端织造、新型鞋材、高端印染等中间项目。纺织鞋服业的生产效率、质量以及产业链关键环节的技术水平得到明显提升。

【食品饮料业】 2019年，泉州市食品饮料业行业布局合理，形成以晋江市和惠安县为主的全国休闲食品生产基地；以安溪县、永春县为主的闽南乌龙茶生产基地；以泉港区、南安市为主的粮油食品加工基地；以石狮市、晋江市为主的海洋食品基地。产品种类齐全，全市烘焙、糖果、果冻、饼干、膨化食品占据全国最大市场份额，其中糖果占福建省产量的90%以上，占全国产量的20%。拥有“中国名牌”13项、“中国驰名商标”17项，尤其是晋江、惠安的休闲食品及饮料业，已由品牌影响力走向品牌经营效应。全市食品企业1000多个，其中规模以上企业257个，完成规模以上工业增加值308.91亿元，比上年增长6.0%。产值超亿元企业192个，占全部规模以上产值的97.4%。形成达利、盼盼、蜡笔小新、金冠、雅客、福海粮油、八马茶叶、安记、明祥、金穗米业、加多宝饮料、正源水产等一批龙头企业，总产值居全省前列。龙头企业重视技术提升和设备更新，引进国内外先进水平的各类生产线600多条，确保休闲食品领域设备技术在国内的领先地位。

【造纸及纸制品业】 2019年，泉州市造纸及纸制品业具备原材料保障、商品销售、物流便捷和产销信息反馈快捷等方面优势，市场发展前景好，有利于产业发展，是福建省纸业市场中心。行业中龙头企业生产技术装备先进，产业链完整。行业分为造纸和纸制品两大部分，具有各自不同的特殊优势。造纸业产业集中度高，具有可持续发展前景。全市形成恒安集团、玖龙纸业等一批龙头企业，企业生产线具有国际或国内先进水平，科技水平先进，节能减排效果显著。纸制品业企业数量多，产业基础比较好。主要产品包括纸质包装印刷品（纸箱纸盒等）和生活用纸及纸制品（包括卫生纸卷、纸巾、卫生巾、纸尿裤等）两大类。全市形成恒安集团、恒利集团、雀氏实业、中天集团等一批龙头企业。是年，造纸及纸制品业129个规模以上企业实现工业增加值161.72亿元，占全省50%，比上年增长11.6%，其中年产值超亿元企业82个，保持平稳增长态势。

【建材家居业】 2019年，泉州市建材家居产业完成规模以上工业增加值1051.58亿元，比上年增长11.1%；完成规模以上工业销售产值4145.6亿元，产品产销率98%。建材家居行业规模以上工业主要建材产品产量：钢材707.31万吨，比上年增长18.2%；水泥920.39万吨，比上年增长2.9%；陶质砖27.83亿平方米，比上年增长15.2%；花岗石板材4909.63万平方米，比上年下降1.8%；卫生陶瓷制品417万件，比上年增长46.1%。

【石油化工业】 2019年，泉州市发展炼化一体化产业和多元化原料加工产业，打造五条石化产业链，以联合石化、中化为上游，为下游产业链发展提供烯烃原料支撑，打造烯烃原料产业链；以百宏化纤、佳龙石化为上游，为纺织服装产业提供优质原料，打造合成纤维产业链；以联合石化、中化、福橡化工等企业为主生产专用合成树脂，为下游发展各类功能性塑料制品提供支持，打造塑料橡胶制品（建材、

2019年7月10日，泉州海关关员在中化泉州石化码头对出口成品油进行监管。泉州市已成为全国最大的出口成品油出口口岸 （图/李津凯）

包装材料、薄膜等）产业链；以邦丽达、中仑塑业等企业为主，为汽车、家电和一次性卫生用品等提供原料和生产高性能塑料合金材料，打造工程塑料等化工新材料产业链；以联合石化、中化、湄洲湾氯碱、钟山化工等企业为主，为环保高性能轻纺助剂、水性油墨、水性及粉末涂料、水性高固分高强度粘合剂、聚羧酸减水剂等产品提供支撑，打造专用精细化学品产业链。推进重大在建项目投产达效，围绕产业链延伸环节，推进项目招商和筹备，重点推进中化乙烯、天骄化学、百宏石化等重点项目建设。重点发展产业链招商，围绕化工原料进行深度延伸产业链，培育经济新增长点，扩大烯烃、芳烃产能，重点提高PX生产能力，扩大环氧乙烷/乙二醇生产能力，开辟发展苯乙烯，填补省内空白，构筑PX—PTA—PET—长短纤的产品链条和苯—CPL—PA6（尼龙6）产品链条，为下游锦纶纤维、氨纶纤维、涤纶纤维、改性塑料、合成革提供原料，为下游纺织、服装、鞋业等产业发展提供原料。是年，全市石化产业产值2959亿元，增加值747.41亿元，增长10%。

【机械装备业】 2019年，泉州市机械装备产业发展平稳。机械装备业细分领域占国内较大市场份额，工程机械中的路面机械、装载挖掘机械，专用设备中的砌块机械、石材机械和金刚石工具、陶瓷机械、纺织机械、制鞋机械，通用设备中的轴承、阀门、电动工具、空气压缩机等均占有较大的国内市场份额，其中圆盘针织机（大圆机）、砌块机械、石材机械和金刚石工具等产品产量居全国首位。培育出一批单项冠军企业（产品），全市在机械装备领域拥有国家级制造业单项冠军示范（培育）企业2家（泉工股份、铁拓机械），获评省级制造业单项冠军企业（产品）13项，获评省级首台（套）重大技术装备（含智能制造装备）产品29项。泉州机械装备产业涉及8个大类、47个中类、111个小类，行业门类相对齐全，其中通用设备、专用设备、金属制品、电气机械和器材及计算机、通信和其他电子设备等5个大类的产值均超百亿元。是年，全市机械装备产业完成规模以上增加值543.13亿元，比上年增长5.7%，完成规模以上工业产值2133.9亿元。

【工艺美术业】 2019年，泉州市开展工艺振兴融合发展课题调研，全面调查传统民间工艺的发展状况以及存在的困难问题，提出振兴发展传统工艺的思路对策，形成《加快泉州传统工艺振兴发展的研究》调研报告。根据市委、市政府关于2020年达到“万亿总量”、2030年建设“千万人口”城市的设想和市政府专题会议精神，组织开展工艺美术“产城人”互动发展研究并形成《关于工艺美术“产城人”互动发展的情况报告》。建设泉州工艺美术资源数据库，完成数据库平台建设和资料采集入库，建成集人才信息、品种技艺信息、产业信息等为一体的“泉州工艺美术资源数据库”，实现全市工艺美术信息统一管理、资源共享。塑造工艺美术文化品牌，指导安溪县开展“世界藤铁工艺之都”创建工作，6月，安溪县获世界手工艺理事会授予的“世界藤铁工艺之都”称号，11月5日授牌；编印《中国工艺美术之都·泉州》画册，宣传泉州工艺美术和大师品牌。加大人才培养服务力度，修订印发《关于加强工艺美术大师服务管理的实施意见》，命名30个工艺美术大师工作室，落实补助资金30万元；开展第三届市工艺美术大师评选，完成现场创作、艺德业绩和代表作品考评工作，评审委员会提出建议名单，报经市政府批准认定，授予137名技艺人员“泉州市工艺美术大师”称号并颁发证书。市城镇集体工业联合社联合惠安县、德化县、永春县城联社举办三场高级研修班，研修人员684名；评选十佳工艺美术大师，在泉州经济年会年度峰会进行表彰；指导开展首届南安市工艺美术大师评审工作，评选南安市工艺美术大师11名；配合开展高层次人才认定，435名工艺美术从业人员分别被认定第二、三、四、五层次人才；指导工艺美术从业人员申报专业技术资格，获评正高级工艺美术师1名、高级工艺美术师5名、中级工艺美术师10名、初级工艺美术师1名。加强工艺美术大师服务管理，促进大师经济带动。修订印发《关于加强工艺美术大师服务管理的实施意见》，命名30个工艺美术大师工作室、落实补助资金30万元；评选第三届“泉州市工艺美术大师”137名；在泉州经济年会年度峰会进行“十佳工艺美术大师”表彰；首届南安市工艺美术大师评审“南安市工艺美术大师”11名。引导工艺美术企业和大师重视创作创新，组织参展参评和行业交流，服务大师经济带动发展。推动工艺美术产业招商工作，开展招商、引资、引智活动，“厦洽会”期间，做好与香港嘉伟工艺有限公司以及潜在客商的对接工作，全市25个工艺美术产业链招商项目，其中列入市里跟踪项目3个、签约落地2个。是年全市规模以上工艺制品企业销售产值1233.48亿元，出口交货值548.61亿元。组织参展参评和行业交流，举办第三届市工艺美术创新设计“天工奖”大赛，全市参评作品466件，经专家评委评选，获奖作品233件。组织参加第十四届“艺博会”、第十届“争艳杯”大赛、第54届全国工艺品交易会、2019中国工艺美术博览会、山西运城工业博览会及世界闽南文化节，获奖作品367件。在2019中国工艺美术博览会中，28件作品在工艺美术界最具权威的“百鹤杯”工艺美术设计创新大赛中获奖，其中金奖9件，占全国50件的18%，位居全国设区市第一。11名选手在2019中国技能大赛第五届全国陶瓷（雕塑）职业技能竞赛总决赛中获奖，占全国35名的31.43%。

【生物医药业】 2019年，泉州市有药品生产企业19家，其中制剂企业12家、中药饮片企业4家、医用氧企业2家、出口国外的原料药生产企业1家。持有药品批准文号441家，主要分布在泉州开发区（4家）、南安（3家）、永春（2家）、石狮（2家）等地，其中较大的企业有太平洋制药、华宝海洋生物等亿元企业，国有控股为中侨药业。全市药品生产企业均为中小企业，底子薄、产品技术含量不高，发展速度不快。是年，全市生物医药业16个规模以上企业实现工业增加值16.15亿元，比上年下降11.7%。

【新一代信息技术产业】 2019年，泉州市推进新一代信息技术产业发展，获批海峡两岸集成电路产业合作试验区，理顺泉州芯谷建设体制机制，盯紧技术迭代期培育产业链条，矽品逻辑封测、三安氮化镓项目投产，光子、激光、特种气体等半导体产业全市布局。建立高新企业梯度培育奖励补助机制，新增高新技术企业200家、科技小巨人领军企业123家。制定实施数字泉州建设三年行动，成立5G产业发展联盟，启动网络规划和基站建设，入选全国首批5G商用城市。获批国家知识产权运营服务体系建设重点城市。中科院泉州装备所获批国家级重大创新平台，引进落地中科院智能制造学院、天大集成电路研究院、福大微电子研究院等大院大所项目，创新产学研合作机制，探索合作项目企业点题、科研绩效不封顶、职称评聘看成果转化等措施。是年，泉州市新一代信息技术企业82个，工业销售产值422.35亿元。

【盐业】 2019年，泉州市有泉港区的山腰、潘南等2个盐场。其中，山腰盐场是福建省第二大国有盐场，最大的食盐（载体盐）生产基地，盐田保护区面积0.61万公顷，控制废转区盐田0.14万公顷，下辖8个工区，在岗职工人数560名，年生产能力约7.5万吨，2019年，产盐8万吨，产值5000万元。潘南盐场隶属泉港区界山镇集体企业，生产面积523.4公顷，在岗职工人数30人，规模较小、产量较低，2019年，产盐0.2万吨，已列入省盐田治理控制区。

现有国家碘盐定点生产厂1家，为福建省泉州晶海轻化有限公司，该公司是由福建省盐业集团有限公司与福建省山腰盐场共同出资建立的国有股份制企业，国家食盐定点生产企业及食盐批发企业。下设精制盐、自然盐及日晒盐生产车间。其中：精制盐设备年生产能力6万吨，自然盐、日晒盐小包装设备年生产能力4万吨。生产车间符合食品卫生法规和标准要求。主要产品有自然盐、日晒盐，精制盐及其他食品加工用盐，主要销往省内各地市。2019年，生产盐产品5.8万吨，产值6700万元。

电力工业

【概况】 2019年，泉州地区有电厂617座，各类电源总装机1596.65兆瓦（不包含省调直调的晋江热电厂100兆瓦、云顶风电96.8兆瓦、双格风电68.2 兆瓦、尖峰风电46兆瓦、外山风电40兆瓦、凤巢风电70兆瓦、板屿风电43.2兆瓦以及营销部管辖的居民光伏165.95兆瓦）。其中，水电装机容量为889.63兆瓦，占地区各类电源55.71%；垃圾电厂装机容量132兆瓦，占地区各类电源8.27%；风电装机容量44兆瓦，占地区各类电源2.76%；分布式光伏电站装机容量250.02兆瓦，占地区各类电源15.67%；其他包括热电厂、企业自备发电装机容量281兆瓦，占各类电源17.6%。国家电网泉州供电公司与市政府签订泛在电力物联网战略合作协议。泉州市应用国网公司新能源汽车公共服务平台，全地区接入场站303个、充电桩2906个。投运集光伏发电、储能、充电于一体的公交示范充电站。全年实现综合能源服务收入3449万元。国家电网泉州供电公司完成电网建设固定资产投资22.08亿元；社会用电量515.25亿千瓦时，比上年增长2.9%；电网最大负荷864万千瓦，创历史新高。

2019年6月20日，泉州市政府与国网福建省电力有限公司签署《共建泛在电力物联网 助推“智造泉州”创新发展》战略合作框架协议。图为签约仪式
（图/国网泉州供电公司）

【发电】 2019年，泉州地区非统调机组年发电量67.39亿千瓦时，比上年增长3.54%。水电装机容量889.63兆瓦，占地区各类电源55.71%；水电发电27.06亿千瓦时，比上年增长17.36%。火电发电20.75亿千瓦时，比上年下降12.01%。分布式光伏电站装机容量250.02兆瓦，占地区各类电源15.67%；10千伏光伏发电3.10亿千瓦时，比上年增长7.68%。风电装机容量44兆瓦，占地区各类电源2.76%；风电发电8.36亿千瓦时，比上年增长78.73%。垃圾电厂装机容量132兆瓦，占地区各类电源8.27%；垃圾发电8.13亿千瓦时，比上年增长9.12%。

【社会用电】 2019年，泉州市社会用电量515.25亿千瓦时，比上年增长2.9%，增长率比上年降低3.56个百分点。其中，工业用电量342.63亿千瓦时，比上年增长0.88%，增长率比上年提高4.82个百分点。最高负荷863.98万千瓦，比上年增长8.12%，增长率提高0.59个百分点。第一产业用电量1.5亿千瓦时，比上年增长3.56%，增长率比上年下降19.56个百分点。第二产业用电量348.6亿千瓦时，比上年增长1.43%，增长率下降4.72个百分点。第三产业用电量64.47亿千瓦时，比上年增长7.47%，增长率下降3.62个百分点。城乡居民生活用电量100.68亿千瓦时，比上年增长5.32%，增长率提高0.71个百分点。

【电网建设】 2019年，泉州市完成电网建设投资25.74亿元，完成年度计划的100%。开工35千伏及以上输变电工程24项、线路205千米，投产29项、线路394千米；新建及改造10千伏线路1607千米，新增配电容量36万千伏安，电网建设规模为历年之最。截至12月底，全市有500千伏变电站5座、容量820万千伏安，线路567千米；220千伏变电站43座、容量1582万千伏安、线路2045千米；110千伏变电站178座、容量1609万千伏安、线路3473千米。地区配网10千伏馈线3615条，其中公用馈线3186条，10千伏线路总长度27922千米，其中电缆10467千米。公用配电变压器32861台，总容量为1453万千伏安。专变配电变压器45665台，总容量1744万千伏安。

【电网运营维护】 2019年，国家电网泉州供电公司深化电网精益运营维护，高故障线路比降76.2%，10千伏线路百千米故障压降43.2%，用户平均停电时间压降30.9%，频繁停电台次比上年下降39.3%，高、低压故障平均复电时长分别比降26.1%、20.5%，可靠供电能力日益提升。提升农村配电网运营维护，落实28项专项提升重点任务。梳理配电网负面清单，滚动更新项目储备，系统开展树障、雷害频发等高故障综合整治，配变故障率压降37.8%。建立配网合班作业机制，开展联合作业344次，减少停电603次。142条配网10千伏馈线实现“全研判、全遥控”。优化用电营商环境，推行高压客户“三同时”、小微企业“1+1”服务模式，压降办电环节和时长。高、低压业扩平均时长分别压降至27.69天、4.05天，分别比上年下降56%、8.5%。研制应用“票易领”增值税发票自助换领柜，推进政企数据共享专用通道，构建“便民”数字服务体系。加强经营管理，改进作业组织模式，优化低压网格化综合服务，深化调控一体化、变电检修试验一体化“大班组”建设；实体化运作供电服务指挥中心。建立施工结算提示与预警、结算超期约谈机制，完成1764项、22亿元工程转资。推进线损治理，高损线路、负损台区分别减少102条、255台。查处违约用电及窃电1164户，追缴电费及违约金1631万元。

表21

2019年泉州市全社会用电量及工业用电量统计表

分区名称	全社会用电量（万千瓦时）	比上年增长（%）	工业用电量（万千瓦时）	比上年增长（%）
泉州市	5007371	6.46	3396524	5.70
晋江市	1618674	9.26	1260653	9.28
南安市	790696	11.19	536712	12.38
石狮市	394483	3.92	237403	3.41
惠安县	450620	5.59	280896	4.54
安溪县	414725	9.49	270184	8.56
德化县	175842	14.24	131600	14.62
永春县	138364	12.73	75946	14.96
直供区及其他	1023967	-2.40	603131	-7.81
全市合计	5007371	6.46	3396524	5.70

开发园区建设

责任编辑：吴远鹏

综 述

【园区发展概况】 2019年，泉州市省级及以上开发区（以下简称“开发区”）落实国家、省、市推动开发区改革开放和创新发展的战略部署，坚持高质量发展落实赶超目标，围绕国家级和省级开发区综合发展水平评价体系，创新体制机制，培育产业集聚，优化管理服务，提升载体建设，推进开发区高质量发展。全市开发区实现地区生产总值3459亿元，规模以上工业增加值2199亿元，固定资产投资完成额1013亿元，税收收入293亿元，实际利用外资总额36.21亿元，进出口总额1670亿元，总体经济运行平稳发展。

【园区建设】 2019年，泉州市各开发区总体经济运行平稳发展，增强开发区促进全市经济发展示范带动作用。在2018年度全省开发区综合发展水平考核评价工作中，全市15个参评开发区（全省参评单位97个）取得历史最好成绩，其中排名全省前10的有3个，排名前20的有7个，均创全省第一，并获850万元奖励资金。其中，晋江经济开发区、泉州经济技术开发区、泉惠石化工业区、泉州台商投资区、泉港石化工业园区、泉州高新技术产业开发区、惠安经济开发区分别排名第4位、第5位、第9位、第11位、第12位、第14位、第16位。

【招商引资】 2019年，泉州市各开发区以运营公司为依托，引进专业招商公司和团队，共同出资建设“区中园”，由专业公司为主负责“区中园”项目的招商运营等工作，逐步实现市场化、专业化、公司化招商。惠安经开区引进中国民企500强中南高科集团，打造创智产业谷项目，投入运营后，将引进智能制造、人工智能、电子信息等400家企业入驻，实现年产值超25亿元，税收收入2亿元。立足开发区的主导产业、龙头企业等重点招商方向，梳理各开发区产业链招商需求和目标客商，制定开发区产业链招商需求清单，借助全市京津冀、长三角、珠三角等驻外招商平台开展产业链“专、精、特”招商。推进招商方式多元化与招商项目多元化，通过“走出去引商”“以商引商”“协作引商”，创造多种招商途径。石狮高新区组织招商小组

泉州经济技术开发区一隅（2019年拍摄）　（图/吴寿民）

开展市域内项目挖掘和赴外地项目考察，以龙头企业为平台，引进智能产业和海洋科技发展产业链的上下游企业入驻园区，推动园区产业多元化发展。各开发区不断深化改革，落实《泉州市提升营商环境计划》，复制推广福建省自贸试验区改革创新成果，打造高水平营商环境。

【重点建设】　2019年，泉州市各开发区发挥发挥传统产业积淀优势，突出龙头企业带动作用，拓展新兴产业，加快产业转型升级，促进主导和新兴产业集群化发展。各开发区加大政策引导力度，为区内企业提供技术创新服务，对区内设立的创业服务和创新研发平台机构给予资金扶持，促进产学研加快融合，实现创新创造质的提升。全市开发区内省级以上部门认定的高新技术企业348家，建成创新创业平台机构233个，有效发明专利数2581个。各开发区强化用地保障，优化土地供给，重点从严格工业项目准入门槛、创新土地出让方式、盘活存量用地以及减费降负等方面，推进区内土地集约节约利用工作，提高土地利用率。各开发区坚持绿色发展，按时保质完成规划环评、污水集中处理等环境整治工作。全市开发区实现污水处理厂100%覆盖，并接入省环保厅实时在线监控系统。省级绿色园区实现100%覆盖，泉州开发区、泉惠石化工业园区被确认为第一批“绿色开发区示范区创建单位”。

表22

2019年泉州市省级以上开发园区一览表

名称	层级	行政区域	主导产业	组成区块	核准面积（平方千米）	规划面积（平方千米）	地区生产总值（万元）	规模以上工业增加值（万元）	税收收入（万元）	进出口总额（万元）	实际利用外资（万元）
泉州经济技术开发区	国家级	泉州市	纺织鞋服、电子信息、机械制造、医药食品	2	12.5	31.5	2455199	1902312	165771	2246953.68	23770
泉州台商投资区	国家级	台商投资区	纺织鞋服、机电设备、造纸及纸制品	1	15	200	3303400	1997200	188506	320354	64185
泉州综合保税区	国家级	晋江市	保税物流、进出口贸易、加工贸易、航空维修	1	2.0472	4	未统计	未统计	10082	0	208
泉州高新技术产业开发区（江南园）	国家级	鲤城区	电子信息、纺织鞋服、机械汽配	1	8.0712	5.57	1667035.23	695278	95170	201551	4020
泉州高新技术产业开发区（石狮园）	国家级	石狮市	纺织服装、电子科技、精细化工、五金机械	1		23.47	1054160	940560	70716.8	368820	33113
泉州半导体高新技术产业园区	省级	晋江市 南安市 安溪县	化合物半导体、集成电路、光电	3	14.8	39.3	831265	299910	28881.2	185418.03	16210
泉港石化工业园区	省级	泉港区	石化产业	4	19.1657	29.6	3705900	3352431	827085	3823265.1	10905
泉惠石化工业园区	省级	惠安县	石化产业	1	32.12	33.8	1472702.41	1325432.17	323290	6710357	25140
晋江经济开发区	省级	晋江市	鞋服纺织、食品饮料、纸制品	3	9.8427	60	3433304	2942597	386570	1197865.46	[illegible]0043
洛江经济开发区	省级	洛江区	工艺制品、纺织鞋服、机械装备，提升智能装备产业	5	14.367	23.24	2418297	1372764	146804	502246	[illegible]7486
南安经济开发区	省级	南安市	水暖厨卫、消防阀门、日用制品	3	3.2457	44.1	4969644	2209762	130040	332096	7558.4
惠安经济开发区城南工业园区	省级	惠安县	鞋服包袋、建材机械、食品	1	9.3354	8	1189275.08	1095165.76	39539	61690.39	146

续表22

名称	层级	行政区域	主导产业	组成区块	核准面积（平方千米）	规划面积（平方千米）	地区生产总值（万元）	规模以上工业增加值（万元）	税收收入（万元）	进出口总额（万元）	实际利用外资（万元）
惠安惠东工业园区	省级	惠安县	纸制品、化纤、食品、机械	1	5.09	9.03	591817	442739	30018	55780.27	2000
安溪经济开发区	省级	安溪县	建材、藤铁工艺、服装鞋帽、茶叶业、轻纺、轻工机械	6	8.2622	123	5530064	2001434	368715	317250	12142
永春经济开发区	省级	永春县	轻纺鞋服、机械铸造、陶瓷树脂	1	0.3996	10.46	1244355	1092126	24000	238593	5511
德化陶瓷产业园区	省级	德化县	日用陶瓷、工艺品、树脂	1	1.1334	22.46	723190	323429	98003	139832	100

泉州经济技术开发区

【区情概况】 2019年，泉州经济技术开发区国家级开发区面积12.5平方千米（含综合保税区3平方千米）；与晋江市合作开发的泉州特种汽车基地4平方千米；与南安市政府合作开发的官桥园区15平方千米。有商住小区13个、在建楼盘小区4个。人口40926人（其中流动人口36800人、户籍人口4126人）。全区有各类市场主体13409个，规模以上工业企业112家，限额以上商贸企业94家；拥有产值超亿元企业58家；税收超亿元企业2家，超千万元企业11家；上市企业8家，挂牌企业11家。拥有中国驰名商标11件、福建省著名商标42件，作为主要起草单位参与国家行业标准制定企业17个；国家级工程研究中心等“国字号”科技品牌52个（项），“科技小巨人”领军企业21个，国家高新技术企业39个，国家知识产权优势企业5个。形成纺织鞋服、电子信息、机械制造、医药食品四个主导产业。每万人发明专利拥有量71.19件，高新技术产业产值占全区工业总产值的33.9%。是全省首个被联合国工发组织授予的“绿色开发区”。在省级以上开发区综合发展水平评价中，泉州经济技术开发区综合实力位居全省第五位，管理服务质量位居全省第一。

【经济发展】 2019年，泉州经济技术开发区实现地区生产总值228.09亿元，比上年增长10%；工业增加值178.5亿元，比上年增长7.9%；一般公共预算总收入16.37亿元；一般公共预算收入8.08亿元，比上年增长2.4%；全社会固定资产投资比上年增长12%；社会消费品零售额77.29亿元，比上年增长6.9%；出口商品总值59.27亿元，比上年增长41.03%；实际利用外资（验资口径）1.24亿元。发挥产业龙头企业支撑和引领作用，加快壮大现有龙头企业，紧盯规模以上企业，培育新的龙头企业，特步、九牧王、宏远被认定为2019年省级工业龙头企业，推荐太平洋、锐驰、万龙等14个企业列入市级产业龙头企业；新增规模以下转规模以上工业企业13个，可新增产值3亿元；天际SUV汽车生产、九牧王产业园、足力健老人鞋、友臣食品等20个优质企业项目，可新增产值38.53亿元。稳妥应对中美贸易摩擦，壮大出口主体，全区全年新增出口备案企业64家，新增出口实绩企业59家。把产业升级作为经济增长的“动力源”，鼓励企业创新创造，支持传统制造业通过技术改造向中高端迈进，培育产业转型升级典型示范企业，推动高新技术产业快速发展。抢抓服务制造融合大趋势，开展“第三产业提升年”活动，推进九牧王智能物流配送中心、建筑业和商贸服务业集聚园区及国脉生物科技项目等“三产”在建项目建设，引导新华旭智慧物流园申报市级现代服务业集聚示范区，促进“三产”集聚发展。坚持高端引领，培育有特色的战略新兴产业，推进科技创新与构建现代产业体系紧密结合，加快构建以高新技术产业为主导、服务经济为主体、先进制造业为支撑的现代产业体系。思安公司等5家企业入选市战略性新兴产业成长型企业培育库；新增泰亚鞋业等5个省级“科技小巨人”领军企业；力声电子被认定为泉州市瞪羚企业；国家级高新技术企业孵化基地累计孵化企业278家，毕业企业175家。发展商贸服务业、创意产业、现代生产性服务业，引导中小企业参与龙头企业、品牌企业的协作配套，推动产业之间横向结盟上规模，纵向整合成链条。

【城乡建设】 2019年，泉州经济技术开发区注重城乡建设，落实“城市提速年”项目，全区5个纳入泉州市的在建项目完成投资3050万元，完成年度计划的100%，西片区第一公共停车场、学园路市政道路项目、A区慢行道及德泰路部分道路综合提升工程及泉州开发区智慧公厕工程建设改造项目等5个项目完工，园区宜居宜业舒适度提升。重视污染防治，配合第二轮中央环境保护督察迎检工作，开展环境执法大练兵、“清水蓝天”专项执法行动、污染源“双随机”抽查，重点开展散乱污企业排查，采用错时执法、联合执法、信息公开等手段，严厉打击环境违法行为。作为泉州市唯一的全省生活垃圾分类试点，推行市场化智能垃圾分类系统。

【社会事业】 2019年，泉州经济技术开发区注重社会事业发展。教育方面，市二实小开发区校区开学，新增学位2400个；回购开发区实验幼儿园办学场所，该园通过“省级示范幼儿园”评定；开展民办幼儿园等级评估工作，全区公办和普惠性民办幼儿园可提供的学位数达到83.6%；推进教育人才引育和激励，11名教师被认定为市第五层次人才、2名校（园）长被认定为市首批名校（园）长、5名教师参评市级骨干教师、1名教师入选省教学带头人；出台中小学课后服务工作方案，为全区3545名中小学生提供免费服务。卫生方面，开展“基层公共卫生服务提升年”活动，延伸市中医院名医工作室至开发区中医馆开展就诊服务，更新健康档案11951份、预防接种24219针次、儿童管理2674人次、孕产妇管理760人次，处置公卫事例36次，完成家庭医生签约880人次，依托清濛医院建成6间12床养老服务照料中心。全年处置不良贷款3.04亿元，全区不良贷款余额自2016年以来首次降至1亿元以下，区域信贷风险呈现出企稳筑底态势。重视安全生产，对危化企业、道路交通、消防安全、建筑工地、食品药品等重点行业和领域，排查安全隐患220多处，整改率100%。推出“智慧用电”监控系统，实现对重点企业安全用电情况进行全天候实时监控，让企业通过可视化手段预防电器火灾事故的发生。全区169家企业安装“智慧用电”系统895台，提前超额完成市安委会下达的任务数。健全“劳资和谐”保障、议事、调解机制，开展“无欠薪项目部”创建等活动，实现保证金覆盖率、欠薪应急周转金覆盖率、工伤认定申请办结率、劳资矛盾受理率、调处成功率“五个100%”。

【招商引资】 2019年，泉州经济技术开发区以“提升招商引资水平，促进高质量发展”为工作重点，突出招大引强，打造特色产业，促进经济持续发展。制定出台《项目入驻、项目评估、项目退出管理办法（暂行）》，推进“2.5产业园”及智能产业园规范清理工作，清退出企业9家，清理出闲置低效及违规占用的办公用房2.7万平方米，盘活存量土地16.13公顷、闲置厂房19.9万平方米，嫁接引进新项目136个，项目总投资8.2亿元。实施“三个一”招商工作机制（“一把手”带头抓招商，“一条龙”服务抓招商，“一队伍”专业抓招商），对接入库9个民企项目，合同总投资额46.1亿元，超额完成泉州市下达的25亿元民企对接任务，完成率184.4%。引进集聚1765个互联网经济、工业设计、检验检测、创新金融、文化创意等新型业态。制定出台《泉州开发区关于鼓励利用空置厂房和土地进行二次招商的若干措施》等优惠政策，吸引项目进驻，激发招商活力，引进斐乐（FILA）全球采购中心、德尔电梯、维佳石材机械等大型优质项目。加快推进中意“两国双园”建设，引进“中意（泉州）时尚创意谷”“意大利CSMT（泉州）中心”两个平台入驻。

【项目建设成效】 2019年，泉州经济技术开发区开展“项目攻坚2019”活动。全区20个技改项目完成投资5.6亿元，完成年度计划112.56%，超过时序进度12.56个百分点。特步、天地星、星美健3个项目被纳入市级重点技改项目。培育产业转型升级典型示范企业，兆兴无纺布公司、三星电气公司生产车间被认定为市级数字化车间；天地星被认定为省级单项冠军企业；九牧王公司被认定为省级智能制造试点示范企业；安记、三星、万龙被认定为省级“专精特新”中小企业。全区46个在建重点项目，完成投资25.66亿元，完成年度计划投资100.01%。其中，14个列入市级在建重点项目完成投资12.43亿元，完成年度计划投资107.58%，超额完成年度目标任务。谋划“五个一批”项目27个，总投资287.49亿元，完成谋划任务的135%；签约24个，总投资93.40亿元，完成签约任务的240%；开工19个，总投资72.57亿元；竣工投产15个，总投资33.20 亿元。

【营商环境优化】 2019年，泉州经济技术开发区审批服务注重提速，推行手机微信终端“自主申报、自动审核、自助打照”的智能登记新模式，使商事登记服务从“面对面”向“键对键”转变，从“8小时”向“24小时”延伸，从“窗口领证”向“自助打证”转变，降低群众办事成本。全区通过智能审批的个体工商户达6995户。按照企业开办“一窗一表一日结”的工作原则，梳理、优化涉及企业开办工作流程，压缩审批服务时间，提升行政审批服务效率，审批时限压缩比11.5%。实行“限时办结”制度，坚持“区内事，日内结”，对简易审批服务事项明确实行“即收即办”制度，实行当日踏勘，达到全事项、全过程、全环节的标准化审批，最大限度减少自由裁量权。全区有行政审批服务事项289项，其中288项授权至分管领导或审批窗口，授权率97%，事项即办率71%。政务服务注重提质，推行“快递式上门”、“一趟不用跑”，推进企业开办“零成本”建设，为305个区内新开办企业免费发放一套印章（公章、财务章、发票章）。推行自助服务，在区工商分局门岗处设置24小时自助服务区，配置自助办税终端、医保社保、不动产查询、公积金、政务一体

表23

2019年泉州经济技术开发区经济和社会发展主要指标一览表

指标名称	单位	实绩	比上年增长（%）
地区生产总值	亿元	228.09	10
财政总收入	亿元	16.37	-0.6
地方一般预算收入	亿元	8.08	2.4
财政支出	亿元	3.66	-12.02
工业增加值	亿元	178.5	7.9
第三产业增加值	亿元	46.32	17.3
社会消费品零售额	亿元	77.29	6.9
出口商品总值（海关口径）	亿元	59.27	41.03
实际利用外资（验资口径）	亿元	1.24	-35.5

机等自助服务设备，企业、群众可24小时自助办理纳税申报、税款缴纳、涉税书证打印、不动产抵押查档、企业基本信息查询、社会保障卡挂失和查询等业务。全区新增各类市场主体2894个；新增市场主体注册资本总额30.24亿元，比上年增长16.67%。开展金融服务，发挥泉州股权投融资服务中心作为区域股权综合服务的聚集效应，做好投资和金融服务机构引进招商工作，全年新引进机构7个。海交中心推进企业挂牌工作，新增挂牌企业207个；开展排污权交易业务20场次，交易二氧化硫、氮氧化物、化学需氧量、氨氮合计243吨，成交金额1131万元；海金中心聚焦不良资产流转业务，实现金融类资产挂牌流转项目65项，债权总额199亿元。创新开展综合金融服务，推动泉州银行等银行完成整体股权登记托管46.58亿股；提供定向增发、私募股权融资、银行增信贷款、要素质押融资等多元化、个性化的融资服务，为企业融资34.36亿元。

泉州台商投资区

【区情概况】 2019年，泉州台商投资区面积219平方千米，辖洛阳镇、东园镇、张坂镇、百崎乡，年末户籍人口22.51万人，常住人口28.3万人，人口自然增长率7.18‰。耕地面积4200公顷，粮食播种面积1640公，粮食产量0.78万吨。林地面积4500公顷，森林覆盖率20.83%，活立木蓄积量19.51万立方米。矿产资源以花岗岩为主。海水鱼类主要有鲥鱼、黄鲫、遮目鱼、尖头银鱼、鳗鲶、海鳗、鳗鲡、青石斑鱼、乌鲳、银鲳、灰鲳、刺鲳、大黄鱼（亦称黄花鱼）、小黄鱼、白姑鱼、黄姑鱼、鮸鱼、黄唇鱼、黑鲷、断斑石鲈、褐蓝子鱼、带鱼、小带鱼、沙带鱼、蓝点马鲛、扁舵鲣等。是年，百崎郭氏墓群被国务院确定为第八批全国重点文物保护单位，洛阳镇万安村被列入第五批中国传统村落名录。

【经济发展】 2019年，泉州台商投资区完成地区生产总值330.34亿元，比上年增长8.6%；规模以上工业增加值199.72亿元，比上年增长8.5%；一般公共预算总收入20.05亿元，比上年增长16.0%；一般公共预算收入11.65亿元，比上年增长16.4%；社会消费品零售总额97.41亿，比上年增长11.3%；出口商品总额24.53亿元，比上年增长1.7%；实际利用外资6.42亿元，比上年增长1.8%。

落实粮食安全行政首长责任制，实现农业总产值9.15亿元。区级粮食储备仓库投入使用。培育新型农业生产经营主体，实现规模化、集约化经营333公顷。加强良种推广，主要粮食作物主推技术到位率95%。落实各项惠农补贴政策，下发耕地地力保护补贴399.9万元。建设市级耕地质量监测点3个。强化畜产品质量安全监管，开展“非洲猪瘟”猪肉市场应急供应保障工作。

工业25个大类中有23个行业实现增长，五大支柱产业完成规模以上工业产值720.16亿元。玖龙纸业、立亚新材等9个福建省级工业新增长点项目新增产值18.83亿元。新增各类市场主体5035户，比上年增长8.7%。组织开展“十三五”中期评估修编。制定全区持续打造一流营商环境方案，搭建服务企业OA平台。培育福建省级龙头企业2个、泉州市级龙头企业13个、区级龙头企业30个，开工建设总部企业5个，实现产值过亿企业172个。完成第四次全国经济普查入户登记工作。

开展“第三产业提升年”活动，实施海丝+新区+旅游、生产基地+物流+互联网、产业+科技+金融、医+养+健+智四大第三产业提升工程，第三产业增加值比上年增长13.4%。世茂、金茂、海湾国际等大型房地产项目全面启动，房地产行业投资51.93亿元，比上年增长128.5%；商品房销售面积72.49万平方米，比上年增长118.5%。投资2.9亿元新增4艘船舶，全区现有船舶总数29艘，船舶总载重吨数44万吨。水路货物运输周转量287亿吨千米，比上年增长15.02%。洛阳镇、东园镇及屿头村等6个村连续3年被评为中国淘宝镇、淘宝村，全区“双十一购物节”电商交易额3.8亿元，比上年增长31%。洛阳古街文化旅游项目列入第二批福建省级服务业发展引导资金项目，东霖建工、路港集团获评福建省服务业百强企业，海丝文旅特色小镇等17个“三产”项目完成投资31.11亿元。海丝艺术公园、海丝生态公园、洛阳古桥、张坂雕艺街等全域旅游空间格局初步形成，上塘雕艺街获评市旅游特色街区。

2019年，泉州台商投资区在全国国家级开发区综合发展水平考核中位居第168位，比上年提升15位。舒华健身器材、立亚新材碳化硅研制等15个项目列入福建省、泉州市技改项目，华德机电、力达空压机等7个企业列入“数控一代”产品企业。新增国家级“星创天地”1个、国家高新技术企业11个、国家知识产权管理规范标准认定企业7家、福建省科技小巨人领军企业9家、福建省高成长企业11家、泉州市“瞪羚企业”5家，泉州市级企业技术中心2个。

【招商引资】　2019年，泉州台商投资区制定工作实施方案，建立区领导定期带队到台湾开展招商推介机制，设立珠三角（东莞）、长三角（上海）、台北、台中、高雄招商联络处，规划台中产业园，针对新材料等五大主导产业实施精准招商。组建招商服务公司，与中国国际贸易促进委员会台港澳企业服务中心、中国国际经济咨询有限公司等专业第三方平台达成合作意向。全年签约泉州干细胞与再生医学研究院、东风重工、彩蝶湾养老养生村、中信重工智能装备产业基地等项目15个，总投资额130.2亿元；新签约彩蝶湾养老养生村、东风重工等台资项目，利用台资总额11亿元；签订启迪美术高级中学等项目框架协议13个，投资总额超百亿元。承办由国家工信部主办的2019年“创客中国”两岸新兴产业中小企业创新创业大赛，决赛获奖项目中的CSI晶圆生产、无人驾驶机器人、基于北斗导航系统及天线等项目意向落户，拟共同建设创客中国中小企业创新创业产业园。举办工业设计暨台湾大学生到泉工作座谈会、2019泉州海峡两岸工业设计大赛暨海峡两岸大学生设计工作坊启动仪式、第二届海峡两岸（泉州）检验技术暨医保人才交流论坛、首届泉台医护人员岗位职工技能竞赛、第四届海峡泉台职工雕艺技能大赛等。组织企业参加“进博会”、“广交会”、慕尼黑国际体育用品展等展会。第十七届“6·18”中国·海峡项目成果交易会对接合同项目58个，总投资34.6亿元。编印《台湾人才生活服务指南》，通过“产业+项目+对台+人才”的方式实现团队式引进医疗专家团队、企业管理顾问团队等台湾人才队伍，集聚台湾人才241名。

【城乡建设】　2019年，泉州台商投资区119个区级以上重点项目完成投资219.7亿元，完成年度计划的101.5%，其中在建项目完成投资217.68亿元，完成年度计划的104.7%。实施大片区作战，实行重大建设项目定期、定量、定性考核机制，创新重点项目联合攻坚机制、村级成建制拆迁等措施。海城大道（海山大道至张纬四路）等33个项目开工建设；海灵大道北段、嘉德利二期项目等51个建成投产。28个福建省、泉州市重点项目完成投资103.47亿元，其中玖龙纸业65万吨高档牛卡纸扩建、八仙过海大型旅游、白沙棚户区改造等21个在建项目（考核类）完成投资102.59亿元。开展“项目攻坚年”活动，新增谋划生成项目36个、招商（谋划转签约）项目34个、开工项目23个、建成（含部分建成）项目27个，完成8个泉州市级征迁攻坚项目房屋征迁2.34万平方米、征地（征海）107公顷、坟墓拆除213个。实施2019年工程包活动，组织实施城镇污水管网等工程包19个，完成投资35.64亿元。

实施“城市建设提速年”项目27个，完成投资45.8亿元。启动全域乡村建设规划。海湾大道（八仙段、双山段）等项目有序推进；杏东片区“七通一平”工程、江锦街（杏秀路—海山大道段）基本完成；海灵大道北段、滨湖东路北延伸段完工。泉州后渚大桥东桥头互通建成通车。投资72亿建设海湾大道，打造泉州版最美“环岛路”。总投资7亿元的海丝生态公园开园。引进10万平方米的“世茂昱河城”城市综合体，打造湖东片区商业新城、高品质生活圈。按照“三留一活”工作目标，推进洛阳古街保护与利用。引进中建集团投资300亿建设白沙片区。推进“四好农村路”建设，创建洛阳镇3.39千米和东园镇 8.89千米生态示范路工程，东园镇被评为泉州市“四好农村路”示范乡镇。全区行政村公交覆盖率96.15%，实现客车村村通。全区实施污水处理设施建设项目22个，完成投资1.5亿元，完成污水管道施工74千米。

加强城市环境建设，推进人居环境及重要通道沿线环境整治，完成裸房整治270宗，整治绿化面积10多万平方米。实施内涝排查整治专项行动，启动百崎湖后海片区排涝工程、玉前村渠道整治工程等防洪排涝工程，五一水闸、湖东水系二期等在建防洪排涝工程按时序进度推进。巩固提升生活垃圾治理成效，推进生活垃圾分类试点工作，新建公厕36座。落实河湖长制责任，清退泉州湾河口湿地自然保护区违规围垦养殖14处，整改面积33.65公顷。推进海丝艺术公园绿化提升工程建设。实施“蓝天保卫”“碧水行动”“土壤净化行动”三大污染防治攻坚，加快实施城乡污水PPP治理项目和污水处理厂及配套管网建设，完成三格化粪池新建改造任务410户，整村推进行政村生活污水治理任务村庄7个、8家企业完成VOCs精准治理。

加强城市服务管理，治理“两违”158宗，面积25.05万平方米。住宅小区物业服务覆盖率84%。开展平安台商区创建，全区群众安全感率98.6%，兑现2018年度平安村“3个10%”奖励经费694万元。深化公共安全视频监控“一纵三横”E治理模式，建成高清视频摄像头2万多个，重点公共区域视频监控覆盖率、联网率100%。实施扫黑除恶“治根”“治本”专项行动，完成省部级下发线索核查率100%，八类严重暴力案件破案率100%。推进“七五”普法，建成区法治教育馆、洛阳镇法治文化公园、6个村级法治文化阵地，村级法治阵地覆盖率71.8%。聘请村级专职调解员，深化“一村一法律顾问”工作，构建区、镇、村三级联动的矛盾纠纷多元化解工作格局，完成镇、村调委会规范化建设，新建涉台纠纷、医疗纠纷、洛阳古街、月亮湾等一批行业性专业性调委会。

【社会事业】 2019年，泉州台商投资区推进43件为民办实事项目，提升人民群众幸福感、获得感。实施“教育强区”战略，新开办公办幼儿园5所，平均每个乡镇3.75所公办园。公办园在园幼儿数占比50.1%，普惠性幼儿园覆盖率90.1%。引进首都师范大学附属泉州学校、福建省实验幼儿园泉州分园、泉州实验中学台商分校、清华启迪美术学校等优质学校。启动市委党校新校区一期工程建设。设立海丝教育基金，全区有奖教、奖学基金40个。区慈善总会基金4亿多元大部分定向用于教育事业。

启动公共文化服务体系示范区建设，规划建设文化馆、图书馆、博物馆等10个场馆。完成区文化服务中心改造，图书馆、文化馆对外开放，建成2个百姓书房、30个村级文化服务中心并投入使用。元宵灯会登上央视《新闻联播》，文旅宣传片《Hi，新区，你好》登上“学习强国”，百崎乡白奇村获评福建省级旅游村，洛阳古街、张坂上塘雕艺街获评泉州市旅游特色街区。

实施区公共卫生和社会保障中心、区医院门急诊大楼建设等卫生健康重点项目。推行电子健康卡在区内医疗卫生单位“一码就诊”跨院通用。与泉州市中医院、泉州市皮肤病防治医院、泉州市急救指挥中心等市级优质医疗机构建立“专科联盟”。实施“名医反哺”工程，在区医院设立谢渭芬、上海九院骨科、孙维峰、何奔4个“名

表24

2019年泉州台商投资区经济和社会发展主要指标一览表

指标名称	单位	实绩	比上年增长（%）
地区生产总值	亿元	330.34	8.6
财政总收入	亿元	20.05	16.0
地方一般预算收入	亿元	11.65	16.4
地方财政支出	亿元	19.33	46.4
农业总产值	亿元	9.15	0.1
全部工业总产值	亿元	217.85	8.5
社会消费品零售额	亿元	97.41	11.3
出口商品总值（海关口径）	亿元	24.53	1.73
实际利用外资（验资口径）	亿元	6.42	1.8
城镇居民人均可支配收入	元	46743	7.8
农村居民人均可支配收入	元	22711	9.9

医工作室”，在百崎乡卫生院设立福建中医药大学国医堂“名医工作室”。发放城镇居民养老金和被征地农民养老保障金1.83亿元，惠及3.1万名群众。各乡镇敬老院启用运营。建成农村幸福院48个，其中福建省五星级3个。投入1500多万元新建老年人“三场”10处、老年活动中心3座，建筑面积1.35万平方米。全区每千名老人拥有养老床位数38张。实施政府购买居家养老服务工程，为全区6000多名“6+1”类特定老年人提供服务。

开展“因病因残因灾因学”临时救助，实施临时救助515人次，发放临时救助资金140万元。纳入“低保”救助对象2551人，生活不能自理特困供养人员集中供养率100%，全年发放生活保障金1140万元。完善残疾人“两项补贴”“一户多残”救助制度，全年发放补贴555.21万元，受益残疾人4035人。创新开展“信息化发布+微服务”工作，城镇登记失业率控制在2%以内。设立区、乡镇两级欠薪应急周转金专户，其中区级500万元，乡镇230万元。

推动“相对集中行政许可权”改革试点，率先推行工业项目建设委托行政服务中心管委会集中审批模式。实行房屋建筑与市政基础设施工程专项联合验收，项目竣工验收时限从原来24工作日缩短至7个工作日。首创工程建设项目水电气网“一窗办”模式，实行“一窗受理、集成服务、联合勘验、折叠审批”，5个工作日内办结。实行个体工商户开业登记、食品经营许可证（仅限预包装食品销售）合并办理，提交表格从12张减至4张，优化审批流程。率先推行新办企业“全链条+套餐式”精准服务，最多3天即可轻松办一个企业。创新不动产登记“333”服务新模式，打造台商区不动产业务“秒办”样本。建设覆盖到乡镇的“互联网+政务服务”一体化平台，开发“政省心”微信公众号。与浙江省温州市瓯海区合作试行跨省远程异地评标工作。推进产业扶贫、就业扶贫、教育扶贫、健康扶贫、住房安全扶贫和兜底保障。在市、区两级“建档立卡”117户贫困户实现全部脱贫的基础上，投入专项扶贫资金74.31万元，购买相对贫困人口“政府扶贫救助医疗保险”，落实精准救助项目98个，全区未发生返贫或新增贫困人口。开展村集体经济“消薄倍增”行动，采取“跨村联带”“抱团发展”等办法，推动“空壳村”“薄弱村”100%消除、经济相对薄弱村100%策划生成发展项目，年经营性收入10万元以上村达65个、占比83.3%。

信　息　业

综　述

【软件和信息业发展】　2019年，泉州市出台加快数字经济发展七条措施，支持软件和信息服务、动漫游戏、物联网、泉企上云、工业互联网、公共服务平台发展。全市55个企业通过工信部信息产业监测平台（软件业）填报年报数据，实现营收29亿元，比上年增长16%，保持平稳增长态势，其中具有代表性的软件企业有南威软件、软众文化传播、即富金服、联誉信息等。产业结构方面，在云计算、大数据、工业互联网和移动互联网等新兴信息技术蓬勃发展，实施“互联网+”战略和建设智慧城市的驱动下，信息系统集成服务仍是泉州市软件和信息技术服务业的主要业务类型，伴随集成电路产业的发展，嵌入式系统软件收入快速增长。开展软件产业专项申报工作，从公共服务平台补助、工业互联网示范工程、工业软件推广奖励、首购首用风险补偿资金补助、省外项目招标奖励、高层次创业创新人才引进、优秀骨干人才承担的软件产业化项目、入选《民参军技术与产品推荐目录》奖励等方面支持软件企业发展。

【工业云平台建设】　2019年，泉州市重视发展工业互联网，推动1500多家企业“上云、上平台”，立足产业基础和县域特色经济，以行业龙头等为主要依托，培育一批面向特定行业、特定集群的行业级平台标杆，促进企业互联、数据整合、资源共享、产业协同。重点打造“互联网+鞋业”（鞋创云）、“互联网+家居”（泛家居）和“互联网+陶瓷”（爱陶瓷）3个平台，以及近40个企业级工业互联网平台，加强上下游产业资源优势互补，形成比较完整的配套供给。

【动漫产业】　2019年，泉州市有动漫游戏相关企业约100家，从业人数约1000人，在制作、发行、衍生品等开发方面发展较好的企业有功夫动漫、子燕动漫、熊仔动漫和恒盛动漫。推动动漫产业与实体经济深度融合。泉州市的童装、童鞋、箱包、食品等主要传统行业，通过创意设计与动漫元素相结合、市场开拓与动漫形象相对接、品牌打造与动漫主题相联动，实现产品内涵提升、渠道运营能力提升、企业竞争优势提升。培育新模式新业态，探索产业动漫延伸到城市超级IP的运营和打造，形成完整的动漫IP生态链。组织召开2019中国卡通形象营销大会泉州论坛。泉州及国内其他地区动漫、鞋服、食品、箱包、旅游、文创等重点企业等250余人参加，8个企业代表在会上进行IP授权项目签约。加强政策扶持，落实加快泉州市数字经济发展七条措施，从原创动画播出奖励、动漫企业参展补助、原创动漫游戏形象品牌授权奖励等方面对动漫产业进行扶持，对5个企业申报的7个项目下达市级补助资金148.72万元。

数字泉州

【概况】　2019年，泉州市调整市数字泉州建设领导小组，制定《数字泉州建设三年行动计划（2019—2021年）》《泉州市推进5G建设工作方案》《泉州市“互联网+政务服务”绩效考核办法》《泉州市电子政务绩效考核办法》，围绕产业数字化和数字产业化融合发展，推进经济社会数字化智能化转型，为“五个泉州”建设提供信息化引领和支撑。

【政务网络平台建设】　2019年，泉州市以星型结构建设泉州市政务信息网、政务外网，覆盖全市各乡镇，接入客户2910个。组织完成政务信息网、政务外网核心接入设备、市直单位网络巡检72次，发现问题37次，针对存在问题组织整改11次，提供支撑26次，主要是设备老旧、网络线路乱、基础IP信息不准确、业务信息有误等问题，通过有效巡检及网络优化，提升接入单位网络可用率。开展政务内、外网核心接入网络演练8次，发现问题5次，完善应急预案。完成安全加固7次，加固ACL及访问限制，导入本地SOM，开展涉及设备账号及安全密码整治。完成对政务信息网老旧设备更新改造，完成6台接入设备升级改造。

【电子政务服务】 2019年，泉州市深化“互联网+政务服务”，建成跨政务外网、政务信息网的市级电子政务云平台。泉州市政务数据汇聚与共享平台（一期）建成投用，推进数据中心整合，政务数据汇聚共享效用渐显，实现从“通”到“办”，为一批行政审批典型应用场景（如企业开办、工程建设项目审批等）提供数据服务，助力提高行政服务效能；“闽政通”方面，建成上线“泉服务”小程序，打通“掌上政务”服务最后一千米，实现泉州便民服务“小程序”的全聚合。2019年度“互联网+政务服务”绩效考评全省第一。

【“政务云平台”维护管理】 2019年，泉州市推动泉州市政务信息网云平台建设，依托市政府政务数据中心及数字福建（安溪）产业园，构建“双中心架构，统一纳管”的政务私有云平台。云平台落实信息安全等制度，8月建成投入运营，为市直各部门及各县（市、区）电子非涉密政务应用提供基础硬件支撑环境。推进市、县政务数据中心整合相关工作，依托政务云平台迁移整合267套非涉密业务系统，开通671台虚机服务器。建立110人的“一点响应、三级支撑”的专业运行维护团队，实行7×24小时全年无休的现场安全值守。完成“两会”、数字中国峰会、70周年国庆的保障任务；加强应急预案及演练工作，制定平台级应急预案制度，全年完成4次安全大巡检，5次应急演练。

【信息基础网络建设】 2019年，泉州市推进信息基础网络建设，出台《新时代“数字泉州·宽带工程”行动计划》和《泉州市推进5G建设工作方案》，完成信息通信网络工程投资15.81亿元，新增100M及以上固定互联网宽带接入端口183万个，新建4G基站12835个，4G用户857万户，NB-IoT站址4239个。开展5G基站专项规划编制工作，建成5G基站物理站点295个、逻辑站点1120个。

【数字经济发展】 2019年，泉州市举办2019泉州数字经济推进大会，建立全市数字经济重点项目库和企业库，在库项目111个，投资总额935亿元，入库企业超350家。促进平台经济发展，全市各类数字经济平台数量超过120个，其中年交易额超百亿的平台有5个。开展项目招商，主动对接华为、SAP、中软国际、依图科技、科大讯飞、海康威视、牧月科技、云知声等国内龙头企业或独角兽企业，与福建省联通公司、福建省电力公司、福建省农信社签署合作备忘录或战略协议。引进中国科学院国家授时中心在泉州建设“海上丝绸之路时间中心”，筹划建设时空大数据产业园。联合中国电子信息产业发展研究院（赛迪研究院）开展全市数字经济发展情况调研。立足泉州市产业基础和县域特色经济，以行业龙头等为主要依托，培育建成“鞋创云”“泛家居”和“爱陶瓷”等一批面向特定行业、特定集群的行业级平台标杆。加快制造业与互联网融合步伐，鼓励龙头企业建设工业互联网平台，推动1500多家企业“上云上平台”。印发《数字经济发展政策汇编》超千册，组织5批次32个项目申报福建省数字经济扶持政策，获福建省补助2000万元，为57个企业兑现市级扶持资金829万元。

【5G建设】 2019年，泉州市固定互联网宽带用户 398.8万户，比上年增加83.8万户，固定互联网宽带家庭普及率147.7%，比上年末提高31%，100M以上固定宽带用户占82.3%。全市移动互联网用户855.8万户，比上年增加1.9万户。全市行

2019年4月30日，泉州市首个5G语音和高清视频电话拨出
（图/中国移动泉州分公司）

政村完成100%光纤覆盖与4G网络覆盖，向20户以上自然村延伸覆盖。城市固定宽带接入能力100M，农村固定宽带接入能力50M，部分区域试点1000M。争创“双千兆”城市，即固定宽带速率与无线宽带速率都达到1000M。入选全国首批50个5G商用城市，出台《新时代“数字泉州·宽带工程”行动计划》和《泉州市推进5G建设工作方案》，开展5G基站专项规划编制工作，建成5G基站1120个。成立5G产业发展联盟、5G应用联合创新中心和物联网协会，举办2场5G商用及产业应用对接会，首次5G通话、首次5G远程医疗试验、首次无人机5G+4K超高清直播、5G无人驾驶等行业应用。华为、中国电信、九牧“5G智慧制造示范产业园项目”作为全市首个5G智慧制造产业园落户永春。

【智慧城市建设】 2019年，泉州市召开以“智慧赋能•数化未来”为主题的智慧城市建设会议。建立智慧城市建设项目库，项目完成131个。升级“数字城管”平台，新增“中心市区内沟河河长制”子平台，“智慧医疗”“智慧交通”“智慧教育”有关项目有序推进。以信息化项目建设作为智慧城市建设的重要支撑，9个项目列入2019年市级财政性投资信息化项目建设计划，总投资6.77亿元。

无线电管理

【概况】 2019年，泉州市无线电管理局强化服务意识，合理配置和利用各项无线电管理资源，规范无线电台站审批与管理，加大执法监督检查力度，加快技术设施建设步伐，做好无线电安全保障，维护好空中电波秩序。

【频率台站规范管理】 2019年，泉州市无线电管理局落实和推动简政放权，主动服务重点设台单位，落实无线电发射设备销售备案制度，做好服务指南更新维护以及行政审批受理工作。全市党委、政府以及其他民用各类无线电台站近1058.7万个。其中，移动电话用户1050万个，各类台站8.7万个（其中：蜂窝基站8.4万个、其他0.3万个），核准生产发射设备企业100多个，备案销售发射设备单位1090个。受理行政审批107件，转报频率申请7份，核发电台执照16073份，换发电台执照24791份，注销电台执照9174份。

2019年1月20日，由泉州无线电管理局主办的2019年泉州市打击电信网络新型违法犯罪宣传月咨询活动举行。图为活动现场

（图/泉州无线电管理局）

【5G产业发展】 2019年，泉州市无线电管理局邀请移动通信运营商、广电部门、气象局等相关部门，召开5G基站与卫星地球站等无线电台（站）干扰协调座谈会。各参会单位代表对5G干扰协调中遇到的困难和问题进行沟通，研究和建立5G干扰协调机制，推进5G业务健康发展。为5G试商用保驾护航，根据泉州移动5G临时基站现场测试台站的使用频率、带宽等参数指标，为泉州移动办理临时设台手续，并通过媒体采访的形式，向群众宣传普及5G的场景应用知识。排查5G干扰隐患，10月，泉州市无线电管理局技术人员在日常监测中发现5G通信频段有一个常发的不明信号，影响卫星地球站和5G通信安全。通过几天的拉网式不间断排查，最终确定设备为早期的WiMax试点站，通过对该设备进行断电处理，不明信号消失，排除一起5G和广播卫星地球站业务的干扰隐患。

【对讲机产业发展】 2019年7月，工业和信息化部无线电管理局副局长祁锋、国家无线电监测中心主任张枢带领调研组到泉州就无线电发射设备型号核准情况开展专题调研。泉州市无线电管理局组织60多家企业，配合工信部无线电管理局在泉州召开的无线电发射设备型号核准工作座谈会，推动企业反映合理化建议。9月，工业和信息化部根据相关调研成果，发布关于无线电发射设备型号核准若干事项的公告，从深化“放管服”改革，优化营商环境，服务企业发展的角度提出一系列优惠措施，解决企业在型号核准申请过程中存在的突出问题。

【无线电监督检查】 2019年，泉州市受理及排查干扰投诉共7起，分别是3起公众通信基站受干扰案件、1起公安数字集群干扰、1起铁路专用对讲机干扰、1起航空干扰、起广电网络卫星地球站受5G信号干扰，解决率100%。根据工信部无线电管理局随机抽查工作要求，3月，泉州市无线电管理局配合省工信厅对被抽中的无线电发射设备型号开展随机抽查。联合检查组对泉州市13家企业的18款对讲机产品进行现场抽查、封样，当场移交第三方承检机构进行检测，完成抽查任务。协助完成全省设台双随机抽查任务，泉州市无线电管理局配合省工信厅编制抽查方案，完成全省24家单位的抽查工作。完成2019年泉州市设台“双随机”抽查工作，5月，出动人员78人次，抽查全市6家业余电台和1家公众通信运营公司，抽查82个台站、设备234台，完成年度“双随机”抽查工作任务。查处非法销售无线电发射设备案件，4月1日，泉州市无线电管理局组织开展销售无线电发射设备现场监督检查，发现南安市尤利克通讯设备有限公司正在销售的8台无线电发射设备，未取得型号核准。执法人员开具责令改正通知书，并立案进行调查，根据相关法律法规，做出给予没收违法销售的公网对讲机8台，没收违法销售所得2988元，并处违法销售的设备总货值6972元的5%罚款348.6元。

【无线电安全保障】 2019年，泉州市无线电管理局完成公务员录用考试、2019年全国普通高校招生统一考试、2019年全国卫生专业技术资格考试、会计资格考试等18场考试的无线电安全保障工作。借助新型智能考试保障系统，加强对数字作弊信号的监测，在一级建造师考试中阻断1起无线电作弊信号，维护考试的公平与公正。做好2019年环泉州湾国际公路自行车赛无线电安全保障，11月8—10日，作为赛事组委会成员单位，泉州市无线电管理局参与保障，派出保障人员24人次、移动监测车3车次、便携式监测设备18套，利用移动监测车、区域监测网重点保障起点及终点的无线电安全，未发生无线电干扰事件。完成“第四届海丝国际艺术节”系列活动无线电安全保障，11月，泉州市无线电管理局作为艺术节执委会接待与保障部成员单位，派出执法及技术保障人员45人次，技术保障车辆20车次，启用各类无线电监测设备25台套，保障各类无线电频率约150个，无线电台站约300台套，完成保障任务。完成2019年国际大体联足球世界杯无线电安全保障，11月21日至12月1日，泉州市无线电管理局派出执法及技术保障人员10人次，技术保障车辆2车次，启用各类无线电监测设备6台套，完成开幕式、决赛和闭幕式等系列活动的无线电安全保障任务。

【无线电监测检测】 2019年，泉州市无线电管理局加强无线电监测，为无线电管理提供技术支撑，做好日常监测与专项监测，利用监测固定站5个，小型站20个，可搬移监测站1个，移动监测车1辆开展日常监测、专项监测和无线电安全保障，有效开机监测时间106736小时，其中移动监测1440小时。按时完成超短波频谱的监测任务，完成每月边境（界）电磁环境测试的专项监测任务并记录监测结果，提交监测数据月报。做好无线电设备检测工作，检测各类无线电发射设备7台，为办理设台审批提供技术支撑。做好实验室质量体系运行维护工作，定期开展设备维护和运行检查，严格执行检测工作规范，确保数据准确无误。加强无线电监测技术设施建设，推进南安石鼓山监测固定站升级改造、泉州边海固定监测站建设等项目的政府采购工作。推进技术设施维护服务、计算机网络及系统运维服务、无线电监测及检测设备维修年度服务等项目的采购和实施，缓解技术人员不足，改善设施维护不到位的现象，提高技术设施运行效率，保障无线电工作正常开展。快速完成故障设备维修和系统恢复，全年维修设备12台（套），涉及南安石鼓山站、南安邮政所小型站、网格化监测站等监测设施和数字综测仪等检测仪器，保障无线电技术设施的正常运行。

【无线电信息宣传】 2019年1月，泉州市无线电管理局联合多部门举办打击电信网络新型违法犯罪宣传月咨询活动，营造全民打击“伪基站”、防范电话诈骗的氛围，树立“电波卫士”形象。活动使广大泉州市民了解电信网络新型违法犯罪的作案手段、造成危害和防范方法，提高人民群众防范应对电信网络诈骗犯罪的意识和能力。12月，市无线电管理在丰泽新村举办的“宪法宣传周”系列宣传活动，在活动现场设置咨询点，发放宣传资料100多份、向群众宣传宪法和无线电管理法律法规，科普相关法治知识。利用无线电管理大楼户外宣传栏张贴“维护宪法权威，弘扬宪法精神”宣传画，通过宪法周系列宣传活动，让群众零距离了解宪法，提高民众对“黑广播”“伪基站”等违法行为的甄别能力。市无线电管理结合案件办理、各类监督检查，开展无线电法律法规的宣传，提高民众遵守无线电管理法律法规的意识。为保障国庆70周年期间重大活动的无线电安全，结合2020年世界中学生运动会非法设台清理整顿工作，确保机场、高铁、安全调度等重点无线电业务的正常运行，打击黑广播、伪基站等非法设台，维护空中电波秩序，9月起，开展为期半年的无线电设台单位专项检查。出动人员46人次，检查37家设台单位，对设台单位进行无线电法律法规宣传。

通信业

【概况】 2019年，泉州市完成电信业务总量739.37亿元，比上年增长58.8%。全市电话用户总数1194.41万户。其中，固定电话用户161.42万户；移动电话用户1032.98

万户，其中4G电话用户857.18万户，比上年增加91.15万户；移动宽带用户普及率104.1%，比上年提高1.9%。全市电话普及率136.7%。其中，固定电话普及率18.5%，移动电话普及率118.7%。全市互联网用户1250.41万户，比上年增加45.26万户。其中，固定宽带用户385.03万户，比上年增加33.85万户。固定宽带家庭普及率128.0%，比上年提高11.4%；移动互联网用户865.38万户，比上年增加11.41万户。

【中国电信泉州分公司】 2019年，中国电信泉州分公司下设12个县（区）分公司，有全口径员工5781人，服务网点1277个，年收入规模33.2亿元，实现利润总额7.16亿元，上缴税收1.89亿元。拥有天翼（321万部）、宽带（217万部）、天翼高清电视（113万部）、物联网（360万户）等用户1000多万户。宽带网络方面，完成全市所有主要光节点10G PON全覆盖工作，千兆用户接入能力达到238万户，全市100%区域具备受理千兆光网能力，万兆PON口规模全省最大。移动网络方面，实现行政村以上区域4G信号连续全覆盖，并作为中国电信首批46个5G建设城市之一，10月31日在全市启动5G商用。截至年底，完成首批5G建设工程110个站、300个载扇的建设开通，实现泉州市区核心区域基本连片覆盖。云网融合方面，建成集团政企分组OTN泉州城域网，新建骨干出口带宽640G，新增28条100G分组波道；IDC出口带宽实现翻番，院前IDC出口扩容至6.4T、EC产业园出口扩容至2.4T。

【中国移动泉州分公司】 2019年，中国移动泉州分公司实现通信服务收入51.84亿元，净利润14.66亿元，上缴各类税收2.21亿元。公司移动通信客户用户数602.8万户，区域市场份额62.8%，宽带客户数132.4万户，市场地位保持绝对领先。网络覆盖品质持续增强，4G基站总数1.86万个，扩容4G网络，严重高负荷小区比例改善67PP，提升整体网络容量。加快5G基站网络建设，规划5G站点2988个，开通5G站点115个，联合市科技局建立“青春移动，建功5G”青年突击队，打造西街5G精品网络示范区。加强宽带运维能力，全年新建宽带端口28.2万个，快补端口11.4万个，支撑装机9.68万户。落实提速降费、携号转网，推动降费与服务水平提升，2019年平均资费比上年降低20%以上，百兆光纤接入网费、中小微企业互联网宽带和专线平均资费降低15%；推进客户权益保护系列行动，不知情定制投诉比上年下降64%。引领5G示范应用，建成并开通泉州首个5G基站，率先拨出全市第一个5G高清视频通话，实现5G海洋无人监测船成功首航；公司牵头成立泉州5G+应用联创中心、泉州5G产业发展联盟、5G供需平台；联合泉州太平洋码头在石湖港打造“5G智慧港口”；与市教育局合作建设5G专递课堂；打造“柒牌5G智慧工厂”，实现柒牌厂区MES系统（智慧办公）和车间AGV无人运输车应用（智慧物流），入围中国移动首批5G龙头示范项目，是全国首个商用鞋服5G行业应用案例。

2019年12月，中国移动泉州分公司打造的“柒牌5G智慧工厂”成为福建省首批5G龙头示范项目。图为柒牌厂区车间一角（图/中国移动泉州分公司）

【中国联通泉州分公司】 2019年，中国联通泉州分公司业务经营收入12.35亿元，其中固网业务收入4.15亿元、移动业务收入8.20亿元。联通移动网络用户年度减少10.9万户，总数130.8万户，其中4G用户总数117.0万户；宽带用户年度（含无线宽带）净增8.5万户，总数29.37万户。聚焦4G网络建设，全面做优、做强4G网络覆盖，4G网络覆盖率99%，推进5G网络储备研究及网络部署，做好流量激增网络容量保障，为手机用户提供快速、流畅的网络体验，提高客户口碑值。在家庭宽带方面，推进光纤入户、宽带免费提速，实现家庭宽带“千兆引领，200M主流，100M普及”。召开“数智互联 慧聚泉城”数字赋能实体经济发展推进大会，重点围绕解读数字经济、应用案例分享和项目招商推介等内容，探讨泉州如何通过数字产业化和产业数字化两条路径来实现实体经济和数字经济的深度融合。推动互联网、大数据、人工智能与各行业应用深度融合，助力泉州数字经济发展，共建5G引领的智慧生活。

经贸与技术合作

对台港澳经贸与技术合作

【概况】 2019年，泉州市贯彻《关于促进泉台经济文化交流合作的若干措施》，引进台湾投资项目97个，投资总额10.9亿美元，合同台资额3.7亿美元，实际利用台资额6408万美元。投资领域主要分布在电气机械和器材制造业、通用设备制造业、纺织服装、服饰业等行业。推动港澳招商引资工作，新批香港地区到泉州投资企业118个，投资总额24亿美元，新批澳门地区到泉州投资企业16个，投资总额3051万美元。8月，组织招商团组到香港开展招商活动，与240多位客商座谈交流，对接36个产业项目，投资总额183.66亿元；9个项目签约，总投资47亿元，拟利用外资36.36亿元。

【对台合作平台】 2019年，泉州市举办海峡两岸农产品采购订货会、海峡两岸食品交易会等国家级涉台经贸活动，完善泉台经贸合作平台。海峡两岸食品交易会吸引456个食品企业参展，展览面积4.2万平方米，设1900个标准展位，达成交易额107.8亿元。海峡两岸农产品采购订货会吸引15个大陆省市和台湾地区470家企业客商参会，达成协议合作意向382笔，意向金额14.3亿元，比上年增长15%；3天时间展会人流量15万人次，现场销售额近4500万元，比上年增长7%。

【对台经贸活动】 2019年，泉州市对接国家、福建省有关部门，开展对台经贸交流活动。在“9·8”投洽会期间，举办闽台合作对接会，推出泉州市电子资讯、智能制造、机械装备、文化创意、文化旅游、现代服务业6个领域22个闽台合作项目，拟投资总额136.9亿美元，拟吸引投资额50.5亿美元。参会人员与台湾客商进行交流与对接，有关县（市、区）与太平洋自行车股份有限公司、新合群科技股份有限公司、汉王塑胶机械有限公司等16个台资企业建立联系渠道，争取进一步深入合作。

【对台小额贸易】 2019年，泉州市对台小额贸易总额5359万美元，主要输入台湾的鳖卵、鲜槟榔、水产品、五金、机械零配件、化工原料及纺织服装等。冰鲜白带鱼、冻鱿鱼、冰鲜午仔鱼等10多个品种从泉州登陆后输送往各大城市。

【港澳投资项目】 2019年，泉州市新批香港地区到泉州投资企业118个，投资总额24亿美元，合同外资15.9亿美元，实际投产企业25个，实际利用外资5亿美元。新批澳门地区到泉州投资企业16个，投资总额3051万美元，合同外资1841万美元，实际投产企业7个，实际利用外资19万美元。

【对港澳贸易】 2019年，泉州市对港澳贸易持续增长，与香港地区贸易总额106.7亿元，比上年增长16.17%。其中销往香港总额106亿元，比上年增长17.13%；从香港输入总额7166万元。对澳门地区销售总额5925万元，比上年增长399.7%。组织企业参加港澳展会，帮助企业拓展国际市场，组织44个企业参加“品牌泉州香江行10周年”活动。组织8个企业参加第24届澳门国际贸易投资展览会，泉州卫生用品展区与福鼎白茶等构成福建馆四大专业展区，吸引众多客商关注。借助港澳优势，举办相关培训研讨活动。9月，举办“通过香港，拓展一带一路投资合作”研讨会，市、县商务主管部门相关负责人及近100名企业家代表参加研讨。

对外经贸与技术合作

【概况】 2019年，泉州市新备案外资企业314家，比上年增长12.1%；投资总额292.63亿元，比上年增长7.3%；合同外资155.91亿元，比上年增长30.2%；实际利用外资44.13亿元，比上年增长5.3%。新备案（含增资）投资总额超亿美元项目7个，投资总额186.2亿元，合同外资额80.9亿元。全市完成进出口总额2111.80亿元，比上年增长13.9%。其中，出口额1453.49亿元，比上年增长21.9%；进口额658.32亿元，下降0.4%。

【境外投资】 2019年，泉州市经备案（核准）到境外开展对外投资合作项目17个，协议投资总额1.55亿美元，中方协议投资总额1.07亿美元，对外劳务派出人数6305人次，营业额5589万美元，分别比上年增长8.1%、7.6%。

【招商引资】 2019年，泉州市全方位开展招商推介活动，签约对接一批优质项目。市委主要领导带队到法国、西班牙开展招商活动，签订5个项目投资合同（协议），总金额60亿元。市政府主要领导带队到德国、意大利举行投资招商活动，签订4个合作备忘录、7个项目投资合同。组织参加2019厦门国际投资贸易洽谈会，签约外商投资项目58个，投资总额267亿元，拟利用外资162.2亿元。其中，合同项目43个，投资总额198.3亿元，合同外资114.1亿元。在厦门举行2019外资招商推介会，签约20个外资项目，投资总额149.1亿元，拟利用外资79.8亿元。2019厦门国际投资贸易洽谈会签约的43个合同项目中，有30个项目履约落地。全市纳入福建省“五个一批”动态管理系统的外资项目167个，投资总额1864.5亿元。

【“贸易摩擦”应对】 2019年，泉州市有为应对“贸易摩擦”，成立应对外经贸形势协调小组，实行双周工作碰头例会制，建立健全信息通报和预警、风险监测、法律援助、政策效果反馈4项工作机制。坚持上下联动，及时出台促进外经贸健康发展相关政策措施，召开17场大型政策宣讲会，参会企业超过3000家。组织对全市输美企业开展全覆盖调研，梳理并帮助解决企业提出的诉求超过200条。开展6场（次）涉外法律知识培训和服务，指导企业及时进行产品排除申请，全市18批次、319项产品被排除加税，涉及企业1738家（次），出口额36.6亿元。全市对美出口实现190.94亿元，比上年增长0.76%。

2019年9月8日，泉州市外资招商推介会在厦门举行。图为签约仪式（图/市商务局）

【外贸新业态培育】 2019年，泉州市创新培育外贸新业态，把石狮市场采购贸易方式试点作为稳定外贸增长的重要抓手，整合集成外贸领域改革举措，支持和推动市场采购贸易持续丰富改革内涵、平台和实现渠道，扩大新业态试点辐射范围和改革红利，初步形成“买全国、卖全球”的外贸发展新格局。全年实现市场采购贸易出口货值173.25亿元，为全省外贸出口增长贡献约2个百分点。推动晋江华闽、嘉晟供应链等7家企业列入省级外贸综合服务试点企业，占全省58%。

【外贸经营主体培育】 2019年，泉州市组织实施外贸经营主体培育“双十、双百、双千”工程，引导民营外贸企业心无旁骛做实体，全市新增外贸备案企业1837家。对百家重点出口企业实行“一对一”跟踪服务，实现出口额526.54亿元，比上年增长55.73%。开展外贸企业孵化中心建设，泉州工艺美术学院被列入福建省外贸进出口培训基地，石狮市获批国家外贸转型升级基地（纺织服装），石狮纺织服装和安溪装饰工艺品获批省级外贸转型升级基地。

【市场开拓】 2019年，泉州市引导企业多元开拓市场，呼应企业诉求，将泉州品牌“境外行”“海丝行”系列展销活动范围扩大到所有境外非省级重点展会，组织超3200家次企业参加境外展销活动，组织582家企业参加“广交会”。密切与“海丝”沿线国家（地区）经贸合作，贸易总额962.24亿元，比上年增长27.06%，其中出口比上年增长37.61%。

【进口贸易】 2019年，泉州市强化进口与出口并重，推动晋江争创进口贸易创新示范区。组织869家单位参加第二届进口博览会，场内采购成交金额3.5亿美元，实现现场及意向采购好于上届。

民企与泉商

综述

【民营经济概况】 2019年，泉州市推进民营经济发展政策措施的落实，促进民营企业创新发展和转型升级。在推动落实各项涉企政策措施的同时，制定出台一系列促进民营经济发展的政策文件，包括实施鼓励企业技术改造、提升企业家素质培训、发展服务型制造、扶持中小微企业做大做强、促进企业增产增效电力奖励、帮助企业降本减负等系列政策措施。同时，围绕政策执行中存在的问题综合汇总各相关单位落实情况，促进政策措施落到实处，这些政策措施执行落实情况较好，在稳增长、调结构、促发展方面发挥重要作用，得到企业的认可及好评。民营经济成为当地经济发展的强大动力和最具活力的增长点。2019年，全市实现民营经济增加值8165.81亿元，占全市经济总量的82.1%，比上年增长8.7%，增速比全市平均水平高0.7个百分点，对全市经济增长的贡献89.3%。全市规模以上工业中民营工业企业完成工业增加值4155.23亿元，占全市规模工业的92.3%，比上年增长9.2%，分别高于国有控股企业、全市平均水平6.6个、0.6个百分点，对规模以上工业增加值增长贡献率达98.4%，拉动全市规模以上工业增加值增长8.5个百分点。

【营商环境建设】 2019年，泉州市推进营商环境建设，提升营商环境竞争力和便利度。为推进惠企政策落实，相关部门牵头对扶持民营经济发展政策落实情况进行调研、督查，推动惠企政策的落实。从调研、督查情况看，全市各县（市、区）贯彻中央、省、市有关民营经济发展的决策部署，落实各项政策，完善服务体系，优化发展环境，推动民营经济健康发展。

推动减税降费落地 减轻企业税费负担，降低民营企业用地成本、用电成本、用气成本，落实减税降费各项措施。

解决民企融资难、融资贵问题 直面民企融资难、融资贵问题，强化金融机构监管考核和内部激励；设立政策性帮扶资金，推动各县（市、区）设立应急保障周转资金，帮助民营和小微企业转贷。每年对支持民营和小微企业贡献度大的金融机构进行奖励，加大贷款扶持力度；拓宽民企融资渠道，探索建立市工商联、市金融局及各在泉州银行业金融机构联动工作机制。

优化营商环境，促进公平竞争 建立自由裁量“泉州标准”；推进公共服务便民化，推进受审分离“一号一窗一网”改革、推进重点领域和高频审批事项提速增效、深化行政审批中介服务改革，简化优化公共服务流程、全面清理各类证明事项、优化提升行政服务中心“一站式”功能、加强服务能力建设和作风建设；推进商事登记制度改革，推进“多证合一”、企业名称登记便利化、市场主体住所申报制等改革，作为改革试点，完善企业注销工作，优化市场主体退出机制。推进“集群注册”，解决无办公场所的网商等主体无法办理工商登记的问题，强化公平竞争审查及反不正当竞争执法。

完善政策执行方式 出台系列惠企政策措施，支持民营企业健康发展行动、推动构建亲清新型政商关系、营造企业家健康成长环境弘扬优秀企业家精神更好发挥企业家作用等文件，市直各部门及县（市、区）完善相关配套措施，细化政策条款，覆盖产业转型、创业创新、金融支持、人才支撑、营商环境、减税降费、要素保障等方面；整合现行政策措施，建立政策清单化管理制度，完善清单目录动态调整和约束机制，对市级多项政策进行梳理，解决政策“零、散、

2019年5月24日，以“心无旁骛做实业 传承发展‘晋江经验’”为主题的2019年晋江企业创新发展大会召开。图为大会现场（图/泉州晚报社）

乱”现象；鼓励和支持民营企业参与PPP项目和政府采购。

厘清界限，构建亲清政商关系 用制度规范亲清关系，建立常态化政企沟通机制；市委统战部、市工商联强化与公、检、法、税务等部门协作互动，打造新型政商关系，形成“亲清护企”泉州模式。

保护企业家人身和财产安全 依法保护企业家合法权益，围绕优化投资发展环境，加大办理侵害民营企业合法权益犯罪案件力度，依法批准逮捕各类破坏市场经济秩序犯罪人，依法保护企业知识产权，全面清理拖欠民营中小企业账款，做好企业法律风险防控。

支持鼓励民营企业创新转型 推进产学研协同创新，推动创新对接和平台建设；强化资金支持，设立泉州市产业转型升级引导资金，对相关重点产业、重点平台及重点项目进行扶持；实施高层次人才科技创新创业扶持政策；实施培育科技小巨人领军企业行动计划。

【支持政策措施的执行落实】 2019年，泉州市各级各部门根据市委、市政府决策部署，推进民营经济发展政策措施的落实，促进民营企业创新发展和转型升级。推进各类涉企政策措施的执行落实，采取多种形式开展政策的宣传解读，支持民营企业健康发展。

企业技术改造 为适应技术进步新趋势，支持企业实施技术改造，推动企业转型升级，促进经济平稳健康可持续发展，省、市两级出台多项政策措施，鼓励企业实施技术改造。根据省政府政策规定，支持企业设备更新、科技成果转化、产品升级换代、发展新兴产业等技术改造项目建设，省级财政按项目设备（含技术、软件）投资额的5%给予补助，单个企业最高不超过500万元，其中省级产业龙头不超过1000万元。根据市政府政策规定，对市级财政按项目设备投资额的不高于5%的比例给予补助，单个企业最高不超过100万元，其中市级产业龙头补助金额上浮10%，最高不超过110万元。

智能制造推进 为加快产业转型升级，以鼓励引导智能制造作为重要抓手，开展两化深度融合，推动智能装备、工业机器人、重大智能成套装备等重大技术装备产品研发，促进智能装备、工业机器人在制造业上广泛应用。泉州市相关部门加大智能制造推进力度，并引导企业对照各级政策规定，主动申报各种政策资金补助，重点开展“数字化车间”“智能工厂”认定补助、“数控一代”产品市场推广补助、本地企业购置“数控一代”产品补助、“数控一代”产品融资租赁补助（融资租赁公司）、“数控一代”产品融资租赁补助（生产和使用企业）、“数控一代”生产示范流水线项目补助、省级智能制造企业试点示范奖励、市级重点研发示范企业奖励、首台（套）重大装备和关键部件研发奖励、国家智能制造试点项目奖励、两化融合管理体系贯标评定通过奖励、市级两化融合示范（公共服务平台）建设项目、机器人公共创新和服务平台补助、国家级机器人中心（实验室）认定奖励、机器人领域进军补助、机器人企业产出达标奖励等专项补助方向17个。

数字经济推进 推动数字技术与实体经济深度融合，加快软件、集成电路、动漫、物联网、云计算、大数据等产业发展，各级政府陆续出台政策促进数字经济高质量、集聚化发展。政策主要从支持平台建设、推动关键技术产业化、加快发展集成电路设计业、实施工业互联网示范工程、拓展市场、加强人才队伍建设等方面支持软件和信息技术服务业发展，促进产业规模持续壮大，质量效益显著提升。

服务型制造推进 为推动制造业转型升级，促进制造业企业向服务型制造转变，从服务型制造、产业供应链、工业设计、智慧仓配物流四个方面为着力点，引导和鼓励制造业企业立足主业，以产品制造为核心向产品加服务、提供整体解决方案转变，助力制造业高质量发展。

加强惠企政策宣传贯彻 开展“政策落实年”活动，加大各级对支持企业发展政策的宣传贯彻力度，与主流媒体加强合作，在《泉州晚报》重要版面设立《培育中小企业发展新模式，助推民营经济高质量发展》专栏，解读泉州市支持促进企业发展系列政策，以及惠企政策给企业发展带来的成效。运用

政府网站、新闻媒体以及短信、QQ群、微信公众号等多种形式广泛开展政策宣传，指导和帮助企业充分掌握和运用各项政策，最大限度地发挥各种扶持政策的促进作用。结合开展“双创活动周”等主题活动，加强市、县两级联动，到重点工业园区、中小企业集聚区，编制发放惠企政策汇编，多形式、多载体开展“送政策进园区、进企业活动”；依托“刺桐新声 政策面对面”及举办政策解读会，加强对企业扶持政策的宣传解读，提高政策知晓率，提高政策执行透明度，扩大政策影响力，引导中小企业用好、用足、用活政策，发挥政策叠加效应。市、县两级工信部门编发各类政策汇编近两万册，召开政策宣讲解读会40多场，进企业“点对点”解读政策3000多家次。

市场拓展

【南威软件斥资5000万元增资扩股】 2019年2月28日，南威软件与四方伟业及查文宇签订《成都四方伟业软件股份有限公司增资扩股协议》，公司拟向四方伟业出资5000万元，增资完成后公司持有四方伟业的股份比例由10%增加至15.2941%。四方伟业是国内一流的大数据核心技术及大数据全系列产品厂商。此次投资是南威软件实施产业链垂直整合战略的又一次突破，南威软件将与四方伟业进行业务、技术资源的深度整合，发挥南威软件上市公司平台优势以及四方伟业在专业领域的实力，协同发展，抓住大数据发展机遇，共同拓展市场。

【特步收购多个海外品牌】 2019年3月，特步发布公告称，公司与Wolverine Group（WWW.N）订立合资协议，合资公司于中国内地、港澳开展Saucony（圣康尼）与Merrell（迈乐）品牌业务。5月特步再次发布，公司的全资附属Xtep Global Limited拟以2.6亿美元（约17.5亿元人民币）从韩国E-land集团手中收购E-land Footwear USA。

【越南晋江企业服务中心成立】 2019年3月23日，越南晋江企业服务中心在天虹海河工业园成立，为晋江到越南投资、经商的企业提供专业服务、政策咨询，开展国际产能对接合作，引导晋江企业抱团拓展“一带一路”市场。越南是东南亚地区重要的贸易中转站，也是中国在东盟国家中第一大贸易伙伴。晋江与越南的贸易往来不断深化，双方合作的渠道、领域正不断拓展。越南成为不少晋江企业布局海外首选之地，据统计，晋江到越南经商、设厂的企业超百家，主要集中在纺织鞋服等领域。

【泉州泳装首度参展法国巴黎展会】 2019年7月，泉州泳装企业首度抱团参展2019年法国巴黎国际内衣泳装面料展。这是泉州泳装业界首次组织企业参加境外的展会。此次参展的企业包括福建省铌欧服装制造有限公司、晋江市浪仕服装织造有限公司、福建省卡诗雯数码科技有限公司、泉州鑫纤贸易有限公司、福建和德福服装织造有限公司、福建省劲峰纺织工贸有限公司、晋江梵妮服装有限公司、晋江博文织造有限公司、晋江市邦妮服饰制造有限公司、福建埠煌服装有限公司等。法国巴黎国际内衣泳装及面料展是全球规模最大、最驰名的专业内衣、贴身服装、泳装沙滩装及面料展览会。每届展会成交额达数十亿欧元，是国际展览联盟（UFI）特别推荐的展会，享有极高的国际知名度。

展会论坛

【泉州经济年会年度峰会】 2019年2月20日，由中共泉州市委宣传部，泉州市发改委、市工信局、市科技局、市金融局、市总工会、市工商联、市城联社和泉州晚报社主办的2018泉州经济年会年度峰会举行。年会以“新时代 新动能 新作为”为主题。峰会现场，2018年泉州“年度经济人物”“泉州智能制造十大装备”“年度十佳高成长性科技企业”“年度十佳工匠精神企业”“年度十佳工艺美术大师”“年度企业社会责任奖”榜单揭晓，峰会现场还展示年度优秀信用案例，发布《泉州民营经济蓝皮书·现代物流篇》，并举办2018泉州现代服务业年度创新项目征集暨项目资本对接活动，系列活动多达10项。峰会上，国家发改委国际合作中心总经济师张亚雄为泉州企业家作题为《信用数据与共享经济》的演讲，并与南威软件、中闽百汇、派顿中国、品尚电商等本土知名民营企业负责人交流，探讨大数据视角下的企业转型，研判未来经济走势。

【晋江（长三角）投资推介会】 2019年3月5—6日，晋江（长三角）投资推介会暨招商项目集中签约活动在上海举行，14个项目现场签约，计划总投资286亿元。其中，晋江乡贤回乡投资项目7个，计划总投资279亿元，分别占此次签约项目总数和投资总额的50%和97%。此次招商项目集中签约活动具有体量大、质量高、见效快、回归多等特点。14个签约项目平均单体投资额超20亿元，包括先进制造业项目、现代服务业项目、文体旅游项目及高端教育等民生补短板项目和钢贸总部、企业销售中心、贸易公司6个总部经济型项目。活动中，100余位晋江乡贤通过招商推荐了解晋江市投资环境和招商项目。此次活动还举行招商联络点授牌仪式，向上海晋江商会授予“晋江市招商工作联络点”牌匾。

【第五届中国（泉州）海上丝绸之路国际品牌博览会】 2019年4月18—

21日，第五届“海丝品博会”在石狮服装城展览艺术中心举行，展会以“新丝路、新合作、新生活”为主题，展出面积26000平方米，国际标准展位700个，参展品牌企业340家，来自“海丝”沿线48个国家和地区，创历届之最。展馆一层设泉州“海丝”精品展区、主宾国精品展区、“海丝”旅游文化展区、“海丝”国家精品展区（友城区）、泉州商标品牌馆、城市IP展示区、海关及市场监督管理局咨询处。展馆二层设“海丝”国家及地区精品展区。展馆三层设“海丝”泉州文旅展区、伴手礼展区、茶歇区及活动区。该届“海丝”品博会突出以下几个亮点：首设主宾国概念，创新展会经济互动模式；凸显“海丝”沿线特色和泉州产业优势，参展国家数历届最多；品牌企业集中亮相，质量把关展品审查历届最严；点亮丝路旅游，推动文旅经济协同发展。

4月18—20日，第二十二届“海博会”同域举行，展会继续以“时尚石狮、魅力海丝”为主题，紧抓石狮服装城获批国家市场采购贸易方式试点及中国服装辅料大会举办契机，全方位展现海峡两岸纺织服装行业的新技术、新产品、新机遇，打造独具闽派特色的最佳行业交流展示平台。主展区设于石狮服装城展览艺术中心2号馆，共六大展区：进出口贸易展示区、流行趋势展区、台湾馆、纺织新技术展示区、面料展区、辅料展区。主展区参展企业121家，折合国际标准展位共200摊。台湾展商主要由台湾纺拓会组织，共20家企业21个摊位。主办方还邀请台湾逢甲大学、台湾科技大学、昆山科技大学、万能科技大学纺织服装界的知名教授携带新产品于纺织新技术展示区亮相。主办方还举行系列活动，包括2019石狮国际时装周、第七届石狮电商大会、第十届中国纺织服装企业家活动日、2019中国服装辅料大会、2019年闽港服装设计师职业技能大赛、第八届“石狮杯”全国高校毕业生服装设计大赛等，不少活动直接对接当地企业。

【第二十一届中国（晋江）国际鞋业博览会】　2019年4月19—22日，第二十一届中国（晋江）国际鞋业暨第四届国际体育产业博览会在晋江市举办。博览会以“彰显品牌展会国际风采，谱写‘晋江经验’崭新篇章”为主题，“聚焦体育新动能、拓展国际新市场、引领行业新趋势、打造经贸新平台”的办展特点更加突出。展览面积6万平方米，设置2200个国际标准展位，规划鞋类成品/体育用品、鞋纺材料、机械设备等主体展区，同时设立“一带一路”品牌馆、国际流行趋势馆、科技馆、招商馆、晋江鞋业指数馆、品牌产品馆、中小企业鞋类精装区、媒体展示区和台湾鞋机馆等10多个特色馆。在国家发展体育产业和本土企业转型的背景下，博览会融入“体育+”“互联网+”及健康服务概念，引导参展企业深耕细化市场，跑步、足球、篮球、冰雪、泳装、赛事运营，每一个细分领域都得到充分展示。

【泉州市八大类文创产品参展第十五届深圳“文博会”】　2019年5月16—20日，第十五届深圳“文博会”在广东深圳举行，泉州市7家企业8大类文创产品参展。深圳“文博会”是中国唯一一个国家级、国际化、综合性文化产业博览交易会。福建综合展馆以“全福游　有全福”为主题，设置福州、泉州、南平、龙岩文化旅游展示板块，组织全省各地市文创企业参展参演。泉州市有功夫动漫、如瓷生活文化、大魏文化、太和文化、新海峡石材、泉港文创产业协会、泉州市木偶剧团7家企业在福建综合馆参展，包括8大类文创产品，包括德化白瓷、玉雕、影雕、创意木偶、藤铁工艺、非遗产品、古船模、禅音文创、功漫IP等70多个小类展品。

【首届泉州国际工程机械展】　2019年5月18—20日，以“智能智造，创享未来”为主题的“首届泉州国际工程机械展暨南控机床专用设备博览会在福建南安国际会展中心举办，展会规模4万平方米，设标准展位2000个，参展企业1000家，设工程机械、建材机械、矿山机械、数控设备、工矿车辆、应急装备等展区，是泉州地区承办的规格最高、规模最大的行业展会。

【“海丝”闽商资本高峰论坛】　2019年6月20日，第六届世界闽商大会延续活动——“新视野·新动能”“海丝”闽商资本高峰论坛在泉州举办。100多位福建企业家代表与会，交流探讨闽商资本在新时代下的转型升级，吸引海内外闽商资本和其他产业目光聚焦和回流泉州。论坛上举行闽商系列基金签约仪式。高盛亚洲投资管理团队主管、亚洲投资策略团队联席主管邓智杰博士，厦门大学经济学院院长、厦门大学王亚南经济研究院（WISE）院长洪永淼分别作主题演讲。泉州经贸职业技术学院院长杜朝运、福建七匹狼控股集团执行总裁陈欣慰、嘉泰数控董事长苏亚帅、中民石材产业集团董事长邱尚启、亚伦集团董事长陈方林、世界晋江同乡总会常务顾问许金聪围绕闽商产业与资本的共生共赢开展圆桌对话讨论。

【第三届中国（安溪）家居藤铁工艺文化博览会】　2019年11月5日，第三届中国（安溪）家居藤铁工艺文化博览会在安溪县开幕。开幕现场举行“世界手工艺理事会手工艺城市——藤铁工艺之都”授牌仪式。在千人见证下，世界手工艺理事会主席罗茜·格林丽丝、世界手工艺理事会亚太地区主席嘎达·席佳薇向安溪颁授“世界藤铁工艺之都”牌匾和证书。为期三天的世界手工艺城市工艺精品联展同时开幕。此次联展吸引包括“世界宝石之都——

伊朗马什哈德”“世界马赛克之都——约旦马达巴”“世界石雕之都——惠安”“世界陶瓷之都——德化”“世界水晶之都——江苏东海”等在内的其他38个世界手工艺城市，与“世界藤铁工艺之都——安溪”一道向社会各界展示人类手工技艺的精华。此系世界手工艺城市的首次聚会。

【第二十届中国（南安）水头国际石材博览会】 2019年11月8—11日，第二十届中国（南安）水头国际石材博览会暨石材设计周在南安市石材产业展示中心举办。国际室内建筑师设计师团体联盟、中国石材协会等各级行业协会负责人，以及乌兹别克斯坦、印度、土耳其、意大利等国家和地区的经济部门负责人和客商代表等参见活动。展会设11个展区，包括1个主展区以及10个常年展区，总展示面积91.1万平方米，还设有11处固定企业体验馆。在总结历届办会经验基础上，该届展会以“绿色•创意•共融”为主题，首次将设计融入展会，以“一带一路”倡议为契机，突出“以设计为牵引，以科技、文创、金融为推手”的产业发展思路，构筑石材产业市场拓展、经贸合作、品牌培育、新品发布、资讯交流平台。继2017年品牌启动年、2018年品牌提升年之后，2019年展会由材料产业展升级为设计应用展，集“材料展示+品牌运营+石材设计”于一体的365天的永不落幕展会，把握展会发展新脉搏，多维立体展示石材商业艺术与设计价值。与国际室内建筑师设计师团体联盟（IFI）、上海大学上海电影学院等著名设计机构战略合作，让设计前沿势力引领石材圈发展，为石材界带来更多艺术美学价值。该届展会还新增中国石材新品美学馆、中意设计馆、集中采购平台区等，配套石材智造高峰论坛、设计圆桌峰会等多场活动，由“展会发力”升级为“石材展示+石材设计+品牌运营”，让设计的前沿力量与品牌化运作为展会开道领航，促进石材产业转型升级。

【第五届中国（惠安）国际雕刻艺术品博览会】 2019年11月9—12日，由惠安县政府、中国工艺美术学会和中国工艺美术协会主办的第五届中国（惠安）国际雕刻艺术品博览会在惠安雕艺文创园举行。该届博览会以“相约世界石雕之都，共享雕艺文化盛宴”为主题，采取“展与销、展与会、展与赛”相结合举行一系列商贸洽谈、产业对接和雕刻技艺交流活动，旨在加快惠安“世界石雕之都”建设，提升“惠安雕艺”品牌知名度和国际化水平。展览规划总面积6万平方米，较上届增加20%，设置652个国际标准展位。设置石雕工艺展区、木雕工艺展区、大型石雕及机械展区、玉雕工艺展区、其他工艺展区、中国港澳台展区和国际展区。安徽、广东、广西、河南、江苏、山东、四川、浙江、江西、福建、台湾、香港等地的200多家企业参展。此外，博览会还吸引越南、斯里兰卡、赞比亚、尼泊尔、也门、孟加拉国、印度等10个国家的企业参展。博览会现场，惠安文旅部门单独设置惠安文旅展区，以“风情惠安”古城、滨海、惠安女民俗风情为整体形象对外展示。

商会活动

【惠安县校园服饰装备行业协会成立】 2019年2月17日，惠安县校园服饰装备行业协会举行成立大会。登记入会的会员企业有160多家，会员200多人，会员企业注册地涵盖全国20多个省、市。惠安县校服行业萌芽于二十世纪80年代，经过30多年的持续发展，已经形成集服装面辅料产品的研发、生产和校园服饰的研发设计、生产加工、销售服务为一体的完整产业供应链条，形成包括校服、园服和鞋、帽、箱包、床上用品等从幼儿园到中小学和高等院校及教师工作服、单位团体制服的全系列产品的开放和生产能力，业务服务范围遍布全国各地。

【13家泉州商会获评全国“四好”商会】 2019年3月10日，经全国工商联主席办公会议审议通过，认定498家工商联所属商会为2017—2018年度全国“四好”商会。13家泉州商会获全国“四好”商会称号，其中异地泉州籍商会8家，分别是杭州泉州商会、芜湖泉州商会、福州市泉州商会、厦门市泉州商会、厦门市南安商会、龙岩市南安商会、郑州市泉州商会、百色南安商会；泉州城镇级商会2家，分别是晋江市安海商会、南安市梅山商会；泉州县级行业商协会2家，分别是惠安县商家服务协会、安溪县家居工艺商会；以及1家驻泉州异地商会——泉州江西商会。

【2019年异地泉州籍商会专题恳谈会】 2019年4月3日，泉州市召开2019年异地泉州籍商会专题恳谈会。异地泉州籍商会的100多名代表参加恳谈会。会上，市金融监管局就泉州市投资基金政策进行推介，市中级人民法院作服务民企法律政策宣讲，参会代表就金融、法律服务实体经济有关问题与相关部门进行咨询交流。

【泉州籍商会获评“千企帮千村”工作先进商会】 2019年5月23日，福建省“千企帮千村”精准扶贫行动推进会暨民企参与实施乡村振兴战略工作会议在福州召开。会上表彰一批“千企帮千村”工作先进商会，5家县级工商联和泉州属异地商会获得荣誉，分别是厦门市南安商会、厦门市泉州商会、深圳南安企业协会、南安市水头镇商会、安溪县总商会。

【成都南安商会承办第九届世界南安青年联谊大会】 2019年12月8日，第九届世界南安青年联谊大会在四川成都举行，海内外南安籍乡贤、青年代表以及国内异地商会青年代表参加活动，大会由成都南安商会承办。会上宣读第九届世界南安青年联谊会理事会成员名单，为第九届世界南安青年联谊会理事会主席、第一副主席、常务副主席、副主席、秘书长、执行秘书长、副秘书长授牌，并为成都南安商会第四届理监事会成员代表授牌。当天，还举行第九届世界南安青年联谊会第一次理事会、世界南安青年新时代新奉献论坛、2019年南安（成都）产业招商推介会。

公益慈善

【海内外乡贤捐资支持第18届世界中学生运动会举办】 2019年10月19日，晋江市举办第18届“世中运”倒计时一周年活动，活动中，海内外乡贤捐赠人民币6165万元、美元2万元，支持“世中运”赛事筹办等各项慈善事业。

【恒安集团施文博捐赠3000万元】 2019年10月19日，恒安集团有限公司董事局主席施文博向晋江市慈善总会捐赠2800万元，向福建省公安民警英烈基金捐款200万。

【源昌集团捐赠2000万元建设南安一中体育馆】 2019年11月16日，由源昌集团捐资2000万元建设的南安一中昌财体育馆奠基仪式举行。昌财体育馆规划1楼为多功能综合场馆，2楼为标准篮球馆，同时还将设计移动报告厅。

【福建柒牌向晋江英林心捐赠2000万元】 2019年11月18日，福建柒牌时装科技有限公司公益慈善基金捐赠仪式在晋江市英林镇举行。仪式上，柒牌时装科技股份有限公司董事长洪肇设代表公司向晋江英林心公益慈善基金会捐赠2000万元，其中部分善款将定向捐赠给英林中学建设宿舍楼一幢。

泉商荣誉

【10位泉州籍富豪跻身全球房地产富豪榜】 2019年3月13日，胡润研究院发布“201胡润全球房地产富豪榜”，该榜单上榜富豪主要财富来源于房地产领域，上榜门槛为十亿美元，财富计算截止日期为1月31日。此系胡润研究院首次发布“全球房地产富豪榜”。全球239位房地产富豪上榜，其中包括10位泉州籍房地产富豪。上榜的10位泉州籍富豪中，唯一实现财富增长的是世茂许荣茂家族，财富增加30%至900亿元人民币，位居泉州籍房地产富豪首位，并排在胡润全球房地产富豪榜第12名，世茂房地产全年合约销售金额1761.5亿元，比上年上升75%，业绩大幅上涨。有6位泉州籍富豪位列榜单前100强，2位跻身前50强。除许荣茂家族外，联邦林张素娥家族以285亿元的财富排在许荣茂家族之后，位居全球房地产富豪榜第50名。林张素娥为已故的联邦集团创办人林荣三（祖籍石狮）的遗孀。8位泉州籍富豪财富减少，其中财富减少幅度最大的为宏泰的林鸿南家族，以205亿元位列第82名，财富减少58%。

【10位泉州籍企业家登上中国慈善企业家榜】 2019年4月16日，2019中国慈善企业家榜发布，100位企业家入选。10位泉州商人榜上有名，分别是：中骏集团黄朝阳、新华都陈发树、世茂集团许荣茂、恒安集团许连捷施文博家族、信义集团李贤义、宝龙集团许健康、源昌集团侯昌财、厦门恒兴集团柯希平、达利食品许世辉。

【泉州5个企业家（家族）上榜福布斯2019中国慈善榜】 2019年7月24日，《福布斯》中文版发布2019中国慈善榜。泉州5个企业家（家族）上榜：恒安集团的许连捷家族、施文博以2.0555亿元排名第2[illegible]位，安踏的丁世家家族以5000万元排名第63位，七匹狼集团的周永伟以2800万元排名第84位，达利食品集团的许世辉以2126万元排名第89位，柒牌集团的洪肇设以2000万元排名第90位。

【3家泉州企业入围中国民企500强】 2019年8月22日，全国工商联发布“2019中国民营企业500强”榜单和《2019中国民营企业500强调研分析报告》。福建省22家企业上榜，其中泉州市3家企业入围。泉州市的安踏体育用品集团有限公司、达利食品集团有限公司、福建恒安集团有限公司，分别以营收2[illegible]10004万元、2086356万元和2051388万元，位列“2019年中国民营企业500强”的第353位、第427位和第441位。数据显示，进入“2019年中国民营企业500强”的22家福建民企平均年营业收入为529.78亿元，较上年报告数据增长24.13%；营业收入总额为11655.08亿元，在全国占比4.09%；资产总额18013.48亿元，在全国占比5.20%。全国工商联还发布2019中国民营企业制造业500强名单，泉州市的安踏体育、达利食品、恒安集团、百宏聚纤分列第203位、第250位、第259位、第49[illegible]位。

【周少雄获评“第五届全国非公有制经济人士优秀中国特色社会主义事业建设者”】 2019年8月29日，“第五届全国非公有制经济人士优秀中国特色社会主义事业建设者”表彰大会在北京召开，100名民营企业出资人、个体工商户和新的社会阶层人士受到表彰。经过层层推荐审查把关，泉州民营企业家、七匹狼实业有限公司董事长周少雄、获评“第五届全国非公有制经济人士优秀中国特色社会主义事业建设者”。

【9家泉州企业登上中国时尚零售企业百强榜】 2019年10月11日，中国连锁经营协会发布2018年中国时尚零售企业百强榜，泉州市9家企业进入榜单。安踏体育以241亿元的营业收入位列榜单第三位，特步、361°、七匹狼、中国利郎、马克华菲、贵人鸟、九牧王、卡宾等泉州鞋服企业均上榜。2018年中国时尚零售企业百强榜由中国连锁经营协会参照国家统计局的分类发布，其借鉴国际经验和市场实际情况，将时尚零售企业分为服装服饰鞋履家纺类、金银珠宝首饰类、护肤美妆类进行汇总分析，统计研究上市集团的财务报告、企业提报数据，按各企业2018年营业收入统计排列。2018时尚零售百强企业包括服装服饰鞋履家纺类企业74家、金银珠宝首饰类企业15家、护肤美妆类企业11家。其中，服装家纺企业占据榜单四分之三的名额。2018时尚零售百强企业总营收额6515.67亿元，74家服装服饰鞋履家纺类企业的总营收额3728.27亿元，占2018年全国鞋帽服饰、纺织类限额以上企业零售总额的27%，上榜的百强企业年营业收入均超过5.4亿元。

【石狮服装城获“2019中国十大服装专业市场”称号】 2019年10月15日，由中国商业联合会和中国纺织报社主办的“2019中国十大纺织服装专业市场”评选颁奖典礼在辽宁西柳举行，石狮服装城获“2019中国十大服装专业市场”称号。石狮服装城2005年建成营业，总建筑面积80万平方米，设8座交易区，商铺4791间，停车位5000个，入驻商户3200多家，并配套展览艺术中心、名牌展示中心（市场贸易采购中心）2座展馆，获“中国十大服装专业市场”“中国十大服装批发市场”“全国大型品牌市场”“全国工业旅游示范点”“中国十强创新市场”“中国服装品牌孵化基地”“福建省现代服务业集聚示范区”等称号。2018年11月，石狮服装城市场采购贸易方式试点启动，至2019年9月底，出口货值15亿美元，业绩保持全国试点领先地位。2019年“海丝海博会”期间，中国石狮国际商贸城挂牌运营，由石狮服装城、石狮国际轻纺城组成，包括纺织面辅料、服装鞋帽、福建地方特色产品、国际采购集贸四大业态，使石狮的市场模式从传统内贸为主的产业批发，逐步走向综合性内外贸并举的国际贸易。

【31家泉州籍企业登上福建民企百强榜】 2019年11月19日，福建省工商联发布“2019福建省民营企业100强”“2019福建省民营企业制造业50强”榜单，以及《2019福建省民营企业100强调研分析报告》和《福建省民营企业社会责任报告》。2019福建省民营企业100强榜单中，31家泉州籍企业上榜，占总数31%，7家企业营业收入超百亿元。

【15位泉州籍富豪登上福布斯中国富豪榜】 2019年11月7日，福布斯发布2019年度中国富豪榜，400位中国富豪登上这份顶级财富榜单。上榜的400位富豪中，有15位祖籍泉州，世茂许荣茂财富大增231.5亿元至728.3亿元，位列福布斯2019年度泉州籍首富。

【20家泉州企业入选“2019福建省民营企业百强”榜单】 2019年11月19日，福建省工商联公布“2019福建省民营企业百强”榜单，并首次发布“制造业50强”榜单。百强企业主要集中于福州市、厦门市和泉州市，共85家。泉州占据五分之一。上榜的20家泉州企业，主要以传统制造业及建筑业为主。安踏体育、达利食品、恒安集团上年营业收入列20家泉州企业的前三位。闽南建筑工程、百宏科技、特步中国、惠东建筑、九牧集团、盼盼食品、七匹狼实业、嘉晟供应链、匹克集团、三叶集团、鸿星尔克体育、中晟海峡建设、恒利集团、通达（厦门）科技、百凯经编、利郎（中国）、兴业皮革等17家企业紧随其后。数据显示，福建省百强企业实力整体提升，此次榜单入围门槛明显提高。2019年百强企业入围门槛是15.06亿元，比上年增加5.06亿元，增幅达50.06%。100家入围的民营企业平均营业收入155.2亿元，比上年增加41.15亿元；平均资产总额224.81亿元，相比上年平均资产总额增长19.62%。

2019年4月18日，中国石狮国际商贸城揭牌。图为中国石狮国际商贸城外观 （图/吴寿民）

民企创新

【七匹狼与中国男装博物馆跨界合作】　2019年3月18日，七匹狼与中国男装博物馆跨界合作的“寻觅图腾•匠艺东方”民族图腾文化探索计划发布会开幕仪式在国内首座男仕服饰文化主题博物馆——中国男装博物馆举行。此次“寻觅图腾•匠艺东方”的民族文化探索计划，七匹狼以“探索”为马，深度挖掘民族文化瑰宝，创造性地从五个少数民族——汉族、苗族、蒙古族、彝族、傣族的文化信仰和服饰特色入手，以寻觅图腾的方式，将传统民族文化以焕然一新的方式呈现在大众面前。

【南威软件将区块链与电子证照结合应用】　2019年3月，南威软件携手蚂蚁区块链发布寄语区块链私有云下的证照通平台——区块链证照通。11月，“区块链+电子证照”技术落地泉州，泉州政务服务系统中的电子证照库实现区块链电子证照+实体证照同步颁发，此举在福建属首创，在全国也居率先施行的行列。将区块链与电子证照结合应用，让群众办事使用电子证照时，每一次的证照授权取用，通过区块链的共识机制，都能安全地将群众使用证照的行为存证记录，确保所有电子证照使用行为皆可溯源，防止他人盗用。

【安踏集团推出超轻跑鞋】　2019年4月10日，安踏集团出搭载全新FLASHLITE安踏“氢科技”的安踏氢跑鞋。以航空材料为创作灵感，安踏自主研发一种兼具运动功能和超轻特性的材料科技——安踏FLASHLITE“氢科技”中底材料，在保证足够刚性和韧性的同时做到极致轻量。安踏氢跑鞋鞋底拥有4680亿个气泡，密度仅为纸的1/9。安踏氢跑鞋透明纱款37.5码单只为113克，飞织款则更加轻盈，仅为110克，男生的41码数也仅为130克，约为一包薯片的重量。

【匹克成立美国设计中心】　2019年5月27日，匹克态极1.0Plus——“天择”发布会在北京举行。匹克体育将此前的态极1.0内核全面提升，打造出更为贴合跑者需求的专业级跑鞋态极1.0Plus——“天择”。会上，匹克CEO许志华宣布，匹克正式成立全球材料创新研发中心——125创新工场，以及匹克美国设计中心，匹克将打造更多满足用户需求的创新型产品。

【九牧5G智慧制造示范项目落地】　2019年11月6日，九牧5G智慧制造示范产业园项目签约仪式在永春县举行。九牧联合中国电信、华为云打造首个5G智慧产业园，通过数字化变革，实现制造能耗下降50%、物流周期缩短60%、质量一次合格率提升提升20%的“提质增效”发展目标。

泉州市个体劳动者协会

【概况】　2019年，市个体劳动者协会坚持“突出服务、增强活力、促进发展、规范管理”的工作要求，把政府关注、社会关心、会员关切的问题作为协会工作的重点，提升服务会员、服务个体私营经济发展工作水平，开创个体私营协会工作新局面。截至年底，泉州市有个体工商户704488户，从业人员1369362人；私营企业283410户，从业人员2374045人。

【经营管理业务培训】　2019年，泉州市个体劳动者协会与市场监督管理局联合组织会员进行企业网上电子商务经营管理业务培训，200多家会员企业参加培训。洛江区个私协利用在当地网站，国、地税等部门设立年报宣传栏，协同乡镇企业办、村（居）委会等基层机构共同督促企业年报。发送提示短信26066条。7月13日，永春个私协与市管局、外烩餐饮协会共同组织参加《中华人民共和国食品安全法》等相关业务知识培训，培训中邀请到省餐饮服务食品安全专家郭胜利为参加培训的会员讲课，保障日后食品安全工作更加顺利有效进行。全年各县（市、区）协会组织会员进行企业网上电子商务经营管理和SYB公益创业等业务培训36期，为4000多家会员企业开展培训。支持个体工商户，私营企业吸纳下岗工人再就业；通过培训，学员们掌握系统的创业体系，增强创业愿望，为以创业促就业，缓解就业压力打下基础。

【“六五”普法教育活动】　2019年，泉州市个体劳动者协会做好新《中华人民共和国广告法》的宣传工作，重点针对新广告法调整，修改的内容，提高会员对新《中华人民共和国广告法》的知晓率。各分会、联络站开展“六五”普法宣传活动，依托市场监督管理所职能，与市场监督管理所联合组织人员通过举办现场咨询会、发放宣传材料、悬挂宣传标语、发布消费警示，现场讲解真假商品辨别技巧等形式，宣传新《消费者权益保护法》《网络交易管理办法》《市场监督管理部门处理消费者投诉办法》《泉州市电子商务监督管理暂行办法》《中华人民共和国广告法》等法律法规，在辖区范围内开展各类市场专项检查，维护市场秩序和消费安全，保护消费者合法权益。3月15日，泉州市个体、私营企业协会联合泉州市、鲤城区两级市场监管局、消费者委员会、文明办主办的纪念“3•15”现场宣传活动在鲤城区开元盛世广场举行。市、区两级司法局、文旅局等40多家单位参与现场普法宣传以及便民利民活动，发放《消费维权实用攻略》《保健食品基本常识》等宣传材料7880份，接受消费咨询580多人次，受理消费投诉8件、举报无照经营1件。南安市个私协3月份和各基层分会组织会员开展“学雷锋”活动，提供各种服务近16个种类，各分会在辖区的大型超市和人流密集地设立学雷锋义务服务站，为过往群众提供义务修鞋、义诊、量血压、询问身体状况等服务。德化县个私协联合县工商联联合印发《加强诚信建设 打响“世界陶瓷之都”品牌——致全县陶瓷企业的一封公开信》5000份，提倡陶瓷企业严以律己，做到禁止假冒他人注册商标、禁止伪造产地等“八项禁止”，要求各市场主体对照要求开展自查自纠。做好诚信经营宣传动员工作，至11月发放3500份诚信经营公约，宣传“我经营、我负责”“不售假、不欺诈、公平交易，自觉接受社会监督”和“文明诚信、优质服务”。安溪县个协组织发动会员参加国际消费者权益日纪念活动，各个协分会（办事处）、私协联络站依托市场监管职能，与市场监管所联合组织人员通过举办现场咨询会、发放宣传材料、悬挂宣传标语、发布消费警示，现场讲解真假商品辨别技巧等形式，宣传法律法规，在辖区范围内开展各类市场专项检查，维护市场秩序和消费安全，保护消费者合法权益。提升消费者保护自身的合法权益能力，指导和推动经营者主动履责。

【无偿代理服务】 2019年，泉州市个体劳动者协会发挥“会员绿色通道”和“会员服务窗口”的作用，配合工商局做好辖区会员企业的工商登记制度改革的宣传，指派专人现场为会员提供答疑解惑、代理年报等各种无偿、便捷的服务。开通咨询热线，做好个体工商户、私营企业咨询服务工作。惠安县个私协发送提醒会员参加年报、换照的信息29次计5180多户次，为会员提供代理服务1600多户次、接受咨询2780多户次。

【企业用工难问题化解】 2019年，泉州市个体劳动者协会了解企业用工信息，开展节后企业开工情况调研，引导企业通过改善企业软硬件条件，注重教育培训，帮助解决员工子女“上学难”等实际困难，营造良好用工环境，使人才引得来、留得住、发展好，为企业发展提供保障。石狮市个私协围绕服务实体经济目标不放松，建立定期走访会员企业机制，了解各种实际需求和困难，在力所能及提供帮助的同时，梳理成文向相关政府部门反馈。搭建服务用工平台，为会员企业解决用工难。一方面通过互联网等渠道为企业搜集所需人才；另一方面搭建供需平台，每年春节后或高校“毕业季”期间，携手人社部门和相关行业协（商）会组织会员企业开展招聘活动，帮助会员企业引进发展所需的人力资源2000多人次。为解决企业融资难融资贵等问题，与建行银行、农商银行、兴业银行、邮政储蓄等多家金融机构签订授信协议，促成40家会员企业与金融机构签署合作协议。举办11届海峡两岸青年辩论赛，增进海峡两岸企业之间的沟通与交流。此外，协会还十分注意提高会员企业管理水平，举办“现代企业投资与融资”“企业消防安全防范”等培训讲座40多场。

【市场经济秩序维护】 2019年，泉州市个体劳动者协会引导会员自觉维护正常的市场经济秩序，特别是配合做好食品安全、网吧、农资专项整顿、公共娱乐场所等专项整治工作，维护市场经济秩序。配合市场监督管理部门对市政府确定的重点项目、重点企业开展各种服务。为企业多准入、多生存、多发展壮大营造良好的发展环境。与市场监督管理人员一道、联合公安、消防等部门，开展安全生产大检查和安全生产重点区域专项整治行动。

【“金秋助学”活动】 2019年，泉州市私营企业协会与泉州市总工会等九个部门开展“金秋助学”活动，通过在全市个、私协系统中广泛发动、宣传，号召个、私协会会员为贫困学生排忧解难。活动得到全市个、私协系统响应，其中泉州市私营企业协会捐款1000元，晋江市私营企业为贫困学子认捐44人，发放助学金13.2万元；石狮市个私协连续14年组织会员企业、党员和各界爱心人士到永春、德化、安溪、安徽等地的贫困大学生家里，现场开展“金秋助学”活动。大学入学前，捐助贫困大学生137人，捐助金额近200万元。响应“百会联百村·千贤帮千户”爱心助残活动，携手爱心企业分别与石狮市宝盖镇苏厝村、石狮市宝盖镇郑厝村签订为期三年的爱心助残结对帮扶协议，分别对11位精神、视力、听力和肢体等方面存在障碍的村民进行走访慰问，送去大米、食用油和慰问金。

交通 邮政

交通建设

【概况】 2019年，泉州市完成交通基础设施投资109.8亿元（不含铁路），其中高速公路10.9亿元、普通公路42.6亿元、港航21.5亿元、站场建设及运输装备7.6亿元、现代服务业26.1亿元。全市公路通车总里程达到17740千米，较2018年增长44千米，公路密度达到161.28千米/百平方千米；高速公路通车总里程达653千米，高速公路密度达到5.94千米/百平方千米，继续保持全国前列。

【高速公路建设】 2019年，泉厦漳城市联盟路泉州段主体工程基本完工，全年完成投资10.02亿元。加快启动加密扩容，泉南、厦沙两个路段改扩建工程可行性研究报告获批，初步设计文件通过交通运输部审查，获批部补资金9.51亿元，到位政府专项债5.4亿元。沈海扩容二期泉州段基本完成工程可行性研究报告修编，大田广平至安溪官桥高速泉州段等项目前期加速推进，争取交通运输部支持初步确定将洛江至永春段高速公路接刺桐路北拓纳入国家高速公路网。泉厦漳城市联盟路泉州段项目起于晋江市永和镇福田村，设福田枢纽互通接已建成通车的晋石高速围头疏港支线，经晋江市永和镇、安海镇、东石镇，跨安海湾后进入南安市石井镇，设促进枢纽互通接已建成通车的南石高速公路，终于石井镇坂头村，与厦门海翔大道相接。全线采用高速

国道355线永春岵山服务区俯瞰（2019年拍摄） （图/市公路局）

公路标准建设，设计速度100千米/小时，双向六车道，路基宽度33.5米，设福田（枢纽）、永和、东石、促进（枢纽）、院前5处互通式立交。路线全长27.318千米，概算总投资47.08亿元。完成年度投资10.02亿元，累计完成投资46.13亿元，预计2020年建成通车。

【公路建设与养护】 2019年，泉州市境内有1359.292千米国省道（其中国道5条708.474千米、省道6条505.912千米、绕行路线144.906千米）。投入专养公路建设及养护资金6.52亿元（含地方投入）。省道312线安溪祥华至福田（与漳平交界段）新建工程第一期（莆永高速福田出口至漳平交界段）项目总投资1.2亿元，计划工期2年。计划投资8000万元（含征迁费用），完成投资8000万元，占年度计划的100%。省道215线（原省道307线）丰州至洪濑段改造工程项目总投资5.56亿元（其中建安工程费2.2亿元），计划工期2年。计划投资1亿万元，完成投资1亿万元，占年度计划的100%。公路养护专项工程实施8个路面改建工程793478平方米/64千米，投资27223万元；实施公路安全生命防护工程140.4千米，投资3339.4万元；实施绿化提升工程47.8千米，投资402.4万元；实施公路站标准化改造5个，投资255.3万元；实施排水系统整治152.59千米，投资589.87万元；实施52座桥梁护栏改造，投资516.2万元；实施3座隧道整治，投资275万元；实施国道355线、国道324线部分路段集镇整治，投资63.8万元。

【枢纽场站】 2019年，泉州火车站综合交通枢纽建成投用，立体化交通枢纽作用凸显，城市主要交通窗口面貌焕然一新。安溪尚卿综合运输服务站建成投用。继成为福建首个“国际陆港”后，晋江陆地港加快推进二期建设，全年完成投资3700万元，快件中心、快件监管中心二期、三个电商仓库等工程竣工投用。泉州晋江国际机场扩能改造，建成投用中央机坪4个停机位、北机坪9个停机位及附属设施。

2019年11月27日，国道358线南安市官桥镇塘上村公路四知廉政园路段航拍 （图/市公路局）

【普通国省干线公路建设】 2019年，泉州市建设联二线（S310）德化龙门滩至苏洋段等13个项目，新改建115千米，完成投资8.3818亿元，建成通车G355（纵四线）安溪南翼新城段6.937千米、G355（纵四线）德化城关至三班段8.515千米。开展专项治理，打造S312（联三线）惠安黄塘至虎窟、晋江东石连接线、石狮红塔湾旅游公路等品质工程和绿色公路市级示范项目。

【农村公路建设】 2019年，泉州市交通部门贯彻落实习近平对“四好农村路”的批示和指示精神，创新“建管护运”建设和管理体制机制。开展2018—2020年“三年集中攻坚”行动，将农村公路建设管理纳入市、县两级绩效考核体系，全市建立覆盖县、乡、村三级的路长组织体系，建立乡村道专管员制度。农村公路建设完成年度投资10.7亿元。其中，建设与改造农村路网213千米，完成投资8.99亿元；实施公路安全生命防护工程723千米，完成投资1.04亿元；改造危病桥33座，完成投资0.67亿元；新建农村公路生态示范路100千米。首次开展农村公路建设市场信用考核工作。全市选树德化县美湖镇等15个“四好农村路”示范乡镇。安溪县获评2019年省级“四好农村路”示范县。

交通运输

【概况】 截至2019年末，泉州市拥有营运汽车总数39534辆，其中客运车辆8022辆（含客运班车1342辆、旅游客车347辆、包车客车364辆、公交车3192辆、出租车2777辆），货运汽车 31512 辆（含普通货车18766辆、牵引车5457辆、挂车7289 辆）。全市公路运输总周转量增幅8.5%，全省排名第三位。全市新增公交线路15条，优化公交线路10条，新增新能源公交车辆173辆，分别完成年度计划的500%、200%、173%。全市有公交企业17家，公交车3316辆，营运线路280条，公交驾驶员2809人。全市有水运企业59家，其中水路货物运输企业58家、海峡两岸直航客运企业1家。有营运船舶226艘（货船225艘、客船1艘），货船载重吨

313.21万吨，比上年增长3.75%；集装箱箱位161937TEU，比上年增长4.2%；客船238客位。全年全市水路货运量14704.44万吨，比上年增长15.45%；水路货物运输总周转量2343.31亿吨千米，比上年增长15.03%，增幅位居全省第二位；泉州—金门客运航运营2002航次，运载两岸旅客14万人次，客运周转量569.63万人千米。泉台集装箱班轮运输航线运营120航次，运载集装箱4524TEU；泉州与台湾本岛海上直航货运量1.13万吨、与金马澎海上直航货运量28.05万吨。

【道路运输】

交通运输现代服务业　2019年，泉州市开展交通运输现代服务业集中攻坚，梳理50个攻坚项目进入省级项目库，谋划项目中通快递福建总部、安溪南翼新城多式联运基地等17个，签约德邦东南总部等等5个项目，开工惠安中国物流泉州综合物流园等20个项目，增资天天（泉州）多式联运基地1个项目，投产晋江市韵达快递有限公司操作场地等7个项目，全年完成投资额24.8亿元。

交通运输新业态　无车承运人虹吸效应显著，泉州传化公路港、南安天地汇、晋江闽运兴3家交通部试点企业成交票数39.17万票，交易运送量598.69万吨，营业收入77.72亿元，为地方创收3.07亿元，营业收入和纳税额均居全省第一。晋江陆地港国际陆港口岸集装箱吞吐量26.23万标箱；跨境服务口岸报关单量569.62万件。冷链物流方面，新增冷链运输车辆38辆，完成年度计划126.6%，下达2018年度市级补助资金139.19万元；下达2018年度省级补助资金245.87万元。甩挂运输方面，完成投资3388.3万元，占年度投资计划的135.5%，新增（更新）牵引车53辆，完成年度计划的132.5%；新增挂车109辆，完成年度计划的136.2%。

城乡交通一体化　实施“村村通客车工程”，更新农村客运车辆25辆，完成投资536.4万元，全市从事农村客运企业18家，开通农村客运班线101条，运行班车363辆，通客车建制村数达2055个，通客车率100%。其中，1744个建制村以公交班车行驶开通，311个建制村以预约形式开通。乡镇综合运输服务站建设稳步推进，德化县赤水、永春蓬壶、安溪尚卿乡镇综合运输服务站投入运营，泉港区涂岭镇综合运输服务站正在招商引资，安溪县龙门、德化县杨梅乡镇综合运输服务站正在建设中。加快县、乡、村三级农村物流网络体系建设，建成乡镇物流节点数133个，农村物流节点数1895个。

道路客运　开展道路客运企业经营资质核查，实行道路客运服务质量招投标，引导经营者提高运输安全水平和服务质量。发展旅游包车客运，下达市际旅游包车客运运力64辆，服务旅游城市发展。扩大定制客运试点范围，开通安溪至石狮、永春至泉州、洛江至泉州、泉州至石狮等多条定制客运线路，推动道路客运转型升级。

网约车合规化　截至12月31日，全市18家网约车平台公司取得经营许可证，16836辆网约车取得网约车运输许可证，其中纯电动网约车8327辆，38632人取得网约车从业资格。合规车辆合规驾驶员订单率80%，居全国第四、全省第二。

【铁路运输】　2019年，泉州市辖区内铁路运营里程360千米，其中货运铁路为漳泉肖铁路（330.85千米）、湄洲湾南岸铁路支线（26千米）、中化泉州石化专用线（3.15千米）。

【水路运输】　2019年，泉州市制定出台加快泉州港口集装箱运输发展专项资金管理规定，以及对水水中转集装箱和外贸集装箱货物港务费实施减半征收，推动新开航线和新增运力，全年新增3条外贸集装箱班轮航线、1条市场采购外贸内支线、8条内贸集装箱航线；全市货船载重吨313.21万吨，集装箱箱位16.19万标箱，分别位居全省第二、第一位。7月3—6日，“澎湖谒祖进香团”搭乘“云豹”号高速客轮往返泉州、澎湖两地4个航次（运载1472人次），完成会香回访活动，这是继2002年和2006年后泉州和澎湖两地为服务两岸文化交流活动，再次开通海上客运直航。

【航空运输】　2019年，泉州市完

表25

2019年泉州铁路有限责任公司主要指标完成情况表

项　目	单位	实绩	预算	完成预算计划率(%)
货物发送量	万吨	433.76	447.00	97.04
货物周转量	万吨千米	132541.80	131100.00	101.10
货运收入	万元	35791.16	33423.00	107.09
提供服务收入	万元	10432.97	10204.00	102.24
运输收入	万元	46224.13	43627.00	105.95

成航班起降6.5万架次、旅客吞吐量843.58万人次、货邮吞吐量7.5万吨，比上年增长11.4%、13.3%和17.9%；28家国内外航空公司驻场运营，通航航点70个（国内53个、国际地区17个），客座率提升至79.9%；完成总收入14亿元，完成建设投资1.01亿元，停机位数量增加至34个。12月13日，泉州晋江国际机场年旅客吞吐量首次突破800万人次，其中出入境人数突破100万人次。泉州晋江国际机场通过引进航空公司，增加驻场运力，航线航班拓展取得显著成效，尤其是新增“一带一路”航线，推动泉州与东南亚、南亚和东北亚等国家和地区的互联互通。新增克拉克、宿务、槟城、仰光、西哈努克港、曼德勒、吉隆坡等多个“一带一路”沿线航点。在泉州晋江国际机场运营的航空公司有28家，航点69个，高峰期每天起降210架次以上。

【城市公交】

成本规制　2019年，泉州市交通局联合市财政局出台《泉州市市级城市公交成本规制管理暂行规定的通知》，为公交优先发展提供可持续的资金保障。

智能公交　中心市区全部实现扫码乘车功能，乘坐泉州公交可使用“泉城通”APP、银联云闪付APP、支付宝APP、微信乘车码、银行卡、公交卡、现金等多种方式支付。中心市区实现三语报站，“互联网+”与城市交通融合发展，差异化定制服务模式持续推进，中心市区形成以常规公交为主，快速公交、社区巴士、定制公交为辅的公交出行体系。

社区巴士　完善社区巴士“小白”特色服务，以“泉州公交”微信公众号为载体，上线社区巴士“小白”约租功能，实现“点对点、门对门”服务。提高覆盖中心城区公交盲区，延伸“小白”服务至聚宝街周边，解决老城区聚宝街群众出行问题，通过开展社区巴士“小白”知识有奖答题活动，提高市民知晓率。

社区巴士“小白”（2019年拍摄）　（图/市交通运输集团公司）

邮政业

【概况】　2019年，泉州市邮政业业务总量和业务收入分别完成273.27亿元和111.18亿元，分别比上年增长30.02%和26.35%。快递业务量和业务收入分别完成12.17亿件和95.59亿元，分别比上年增长25.10%和23.28%，支撑网上零售额超1600亿元，业务量占全省比重46%，居全国第11位。四项指标均居全省首位。全年邮政业减税降费金额近2000万元。邮政快递，立足长远发展，编制《泉州市快递集聚发展规划（2020—2025）》及《泉州市推动快递集聚发展的若干措施》，邮政业在地方经济社会发展中的基础性作用显著增强，为助力地方经济发展、促进城乡和区域协调发展、保障改善民生方面做出贡献。晋江市获评全国首个县域“中国快递示

2019年12月27日，泉州国际邮件互换局在晋江陆地港挂牌运营。图为挂牌仪式　（图/市邮政管理局）

范城市”，泉州市成为全国唯一一个市、县两级同时拥有“中国快递示范城市”称号的地市。泉州国际邮件互换局投入运营。

【邮政公司】　2019年，泉州市提供邮政普遍服务的营业场所有220处，服务半径4.2千米，平均服务人口4.35万人，电子化营业场所有220处，邮筒（箱）493个，村村通邮率100%，村邮站171个，三农服务站14个，便民服务站2057个，邮政专用标识车辆207部，新建住宅小区信报箱配置率100%。推动邮政综合服务平台建设，警邮、税邮、政邮合作铺开，全年有12个普服网点代办公安交通管理业务，125个普服网点开通代开发票业务。邮政企业进驻市、县两级政务服务中心，帮助政务实现“一趟不用跑，最多跑一趟”，助力泉州市成为全省首个开办企业“零费用”城市。

【快递企业】　2019年，泉州市拥有许可法人快递企业121家、登记备案的分支机构和末端网点近1600家，涵盖国内主要快递品牌和FedEx、DHL等国际品牌超20个，其中业务量超过1亿件的快递品牌6个、业务收入超过10亿元的快递品牌4个。泉州市是省内快递业功能集聚区，设有快递区域总部或省级分拨中心12个。

【行业发展】　2019年，泉州市邮政管理部门加速推进顺丰、中通、圆通、德邦等总部项目落地。快递企业在泉州办事处升级为法人机构29家。推动邮政快递企业开展仓配一体化服务，从“他赋能”向“赋他能”转变，11个成熟的仓配一体化项目质效得到提升。“快递+泉州（安溪）茶叶”连续两年获选国家邮政局快递服务现代农业金牌项目，安溪茶叶全年快递业务量3130万件，支撑产值25亿元，带动当地收入4.17亿元。绿色快递发展初见成效，全市快递业配置20余条全自动分拣线，电子面单使用率超99%，占全市近90%业务量的主要品牌快递全面推广使用可循环中转袋，设置标准化快递包装回收装置，投入使用的可循环快递箱超过10万个，投入使用的新能源汽车41辆。

【行业服务】　2019年，泉州市邮政管理部门在全省率先启动普遍服务监管信息化，晋江市普遍服务网点实现视频监控全覆盖。全省率先开展全市邮政业扶贫带头人及典型项目征集，涌现向阳乡顺三超级服务模式、安溪邮政“一村一策”、福建中通“助农分队”等扶贫项目。安溪县县乡村三级物流配送体系和县乡镇村服务站点体系建设持续推进，完成1个冷藏库、1个县级物流仓储中心、24个镇级物流点和202个村级物流服务站建设。推动快递电动三轮车便捷通行政策向县域延伸，全市拥有1000余辆电动三轮车上路通行。推进末端投递质量提升，信报箱智能化建设和改造获地方财政100万元资金支持，全市建成并投入智能快件箱或智能信包箱2975组（比上年增长47%），月均使用量562万件（比上年增长42%）。项目化开展快递末端网点违规收费治理，实施“放心消费工程”，邮政普遍服务和快递服务满意度稳中有升，消费者申诉处理满意率98.3%。

【安全监管】　2019年，泉州市邮政管理部门推进邮政业安全生产分级管控和隐患排查治理双重预防机制建设，实现快递品牌全覆盖。寄递安全“收寄验视+实名收寄+过机安检”三项制度落实日益扎实，创新开展网点验视区标准化建设，全市260个网点完成建设；综合实名率（保持99%以上）稳居全省第一；全市安检机125台（全省最多），具备可联网条件的81台安检机（全省最多）全部实现联网。全省率先印发《寄递企业安全员工作制度》，实现安全生产例会季度化，企业安全互检互查常态化，安全员工作内容清单化，安全员队伍建设定制化。建成晋江市寄递业视频监控系统，实现泉州市主要快递省级分拨中心、晋江县级快递企业和部分偏远快递网点全覆盖。

2019年，泉州顺丰速运公司上线快递分拣机器人（图 市邮政管理局）

商贸流通服务业

批发和零售业

【概况】 2019年，泉州市限额以上批发零售业法人企业3022家，比上年增加196家，实现商品销售总额6864.25亿元，比上年增长14.9%；其中商品零售额1464.1亿元，比上年增长9.5%。

【产品批发及零售】

农畜产品批发及零售 2019年，泉州市限额以上农、林、牧、渔产品批发业法人企业11家，从业人员229人，年销售总额11.19亿元。

食品饮料批发及零售 2019年，泉州市限额以上食品饮料批发及零售业法人企业452家，从业人员21765人，年销售总额473.26亿元。

纺织、服装及日用品批发及零售 2019年，泉州市限额以上纺织、服装及家庭用品批发及零售业法人企业1046家，从业人员18324人，年销售总额2146.09亿元。

文化、体育用品及器材批发及零售 2019年，泉州市限额以上文化、体育用品及器材批发及零售业法人企业77家，从业人员1385人，年销售总额124.10亿元。

医药及医疗器材批发及零售 2019年，泉州市限额以上医药及医疗器材批发及零售法人企业65家，从业人员4355人，年销售总额121.61亿元。

矿产品、建材及化工产品批发 2019年，泉州市限额以上矿产品、建材及化工产品批发业法人企业510家，从业人员8710人，年销售总额2587.45亿元。

机械设备、五金交电及电子 2019年，泉州市限额以上机械设备、五金产品及电子产品批发法人企业102家，从业人员2799人，年销售总额132.09亿元。

汽车、摩托车、零配件和燃料及其他动力零售 2019年，泉州市限额以上汽车、摩托车、零配件和燃料及其他动力零售法人企业350家，从业人员13393人，年销售总额520.84亿元。

烟草批发及零售 2019年，泉州市限额以上烟草批发及零售法人企业2家，年末从业人员1143人，年销售总额129.28亿元。

【供销社批发及零售】 2019年，泉州市供销社系统实现商品销售总额201.78亿元，比上年增长17.65%，实现利润总额9756万元，比上年增长23.9%。

住宿餐饮业

【概况】 2019年，泉州市限额以上住宿餐饮业法人企业实现营业额65.29亿元，比上年增长18.1%；实现餐费收入和商品销售额收入44.94亿元，比上年增长19.9%。

【旅游饭店】 2019年，泉州市限额以上旅游饭店法人企业112家，从业人员15090人，年营业额33.48亿元。

【星级酒店】 截至2019年底，泉州市有星级饭店70家，星级饭店客房总数10385间，床位数16929床。其中，五星级酒店13家，四星级酒店30家，三星级酒店27家；年度未新评星级饭店。

【一般旅馆】 2019年，泉州市限额以上一般旅馆法人企业76家，从业人员3195人，年营业额8.64亿元。

【餐饮服务】 2019年，泉州市限额以上餐饮业法人企业103家，从业人员5391人，年营业额21.63亿元。

会展业

【概况】 2019年，泉州市贸促会践行国家“一带一路”重大倡议，按照市委、市政府关于打造海丝重要门户城市的部署要求，打造海丝国际品牌博览会这个重要载体，开展泉州品牌“境外行”“海丝行”展销活动。4月18—21日，举办第五届中国（泉州）海上丝绸之路国际品牌博览会，48个“海丝”沿线国家及地区的340家企业携上千个品类的品牌或特色产品参展，参展国家（地区）数、参展企业数均创历年新高。在展会中嵌入泉州文化、旅游等特色元素，策划设立“五馆一区”，即安溪茗茶与藤铁工艺馆、德化瓷器馆、永春香道馆、惠安雕艺馆、泉州商标品牌展馆、“海丝”泉州文旅展区，提升泉州作为“海上丝绸之路”起点城市的知名度和影响力。拓展“海丝”沿线国家地区间的经贸合作空间，采取“1+X”的展区设置模式，首次设立“马来西亚主宾国”和“海丝文化旅游”两个展区，邀请古丝绸之路重要节点的马来西亚作为主宾国，带动其他9个国家展商代表深度参与。展会期间，人流量突破6.7万人次；零售额1600多万元，意向成交额5026万元；吸引60余家境内外主流媒体、上百名记者、200多个媒体平台竞相报道，展会整体的规模、档次、水平均超历届。开展泉州营商环境和“海丝品牌博览会”的宣传推介，吸引“海丝”沿线客商到泉州参展、考察、采购。通过宣传发动，引导企业参加“海丝”沿线国家（地区）举办的展销活动，促进泉州与“海丝”沿线国家（地区）的经贸往来。全年组织508家企业参加125个国际展会，展位数653个。

【商事法律服务】 2019年，泉州市贸促会跟进贸易摩擦发展态势，探索应对思路和对策，为企业开展国际化经营保驾护航。推进产地证电子化签证进程，开展“单一窗口”新旧企业注册指导工作，推广自主打印项目，平台注册企业720家、37家企业实现自主打印。截至年底，全市贸促系统为企业签发一般产地证32493份、优惠产地证6109份、代办领事认证940份、办理国际商事证明书2213份，涉及出口总金额约152264万美元，可为企业减免关税约858.75万美元，为企业“走出去”减负。围绕应对经贸摩擦和贸易壁垒，“线上”借助各类网络平台，第一时间为企业开展业务咨询，全年为近500家企业答疑解惑2000多条；“线下”带政策、带案例，向企业宣讲各级惠企政策，“一对一”做好指导服务。加大“落地式”培训力度，到石狮、惠安、南安、德化等举办“欧美市场鞋服产品标准法规及企业社会责任解析”“出证认证暨商事法律业务培训”“涉外商事法律服务八闽行（惠安站）”“陶瓷产品质量管控及风险评估分析培训”“国际商事法律风险防范”“出国展览知识培训”讲座等6场次，550家企业800余人参加，帮助企业了解最新法律知识、调整出国参展思路。参与市应对外经贸形势协调小组，坚持上下联动、共建共享的信息传递机制，采取走访调研、座谈了解、问卷调查、信息预警等方式，主动做好商事法律宣传，全年向企业发送经贸摩擦预警信息829条；在恒昂工贸、众志金刚石、莱登克进出口等12家企业中设立“应对贸易摩擦挂钩联系点”，并依托5家“福建省经贸摩擦企业检测点”，搜集企业生产经营情况及进出口贸易过程中遇到的困难问题和国际贸易摩擦中所受影响。申请将德化陶瓷涉及的税则号商品纳入中国国际商会拟到美答辩材料汇编和作为答辩内容之一，争取产品排除，减少贸易摩擦对陶瓷生产企业的影响。8月，市贸促会与市商务局举办贸易摩擦应对培训会，邀请专家律师向企业介绍美国对3000亿美元中国输美商品加征关税情况及应对方略，指导企业合理调整产品出口区域、巧用自贸区优惠原产地证减免关税、防范出口集中风险，280家企业近300名代表参会。

2019年3月21日，泉州市贸促会联合法国必维国际检验集团在泉州华侨大厦举办“欧美市场鞋服产品标准法规及企业社会责任解析”讲座。图为讲座现场（图/市贸促会）

【对外联络】 2019年，泉州市贸促会借助重大经贸活动，组织泉州218家企业参加17场国际经贸推介会、洽谈会、对接会等，帮助企业寻找经贸投资项目和合作伙伴。配套组织10余场专业商贸对接会。其中，2019国际贸易方式创新交流大会暨石狮服装城市场采购贸易方式推介会，吸引逾千名海内外采购商及福建各地出口企业代表参会，9家境内外商协会、企业签订入驻意向协议书。推进“展览+产业”“展览+文化”的会展模式，提高展览服务与产业发展、文化传播、企业需求的匹配度。加强与国（境）外商协会的联系沟通，分别与斯里兰卡国家商会、菲华工商总会、南非闽南总商会等12家国（境）外商协会签订友好合作备忘录，依托南部非洲闽南总商会、斯里兰卡福建总商会设立2个海外联络处，拓宽对外联络网络。截至年底，与境外48个经贸机构和商协会签署合作协议，在海外7个国家设立联络处。接待尼日利亚联邦共和国经贸考察团、孟加拉国经济区管理局等28批次358人到泉州开展商务考察，力促双方产生合作意向。

盐　业

【概况】 2019年，泉州市实现盐产品销售总量49794吨，完成年度总计划81.92%，比上年减少11364吨，减幅18.58%。盐产品利润总额450.82万元，比2018年同期1884.71万元减少1433.89万元，完成年度计划1440万元的31.30%。

【食盐销售】 2019年，泉州市实现盐产品销售总量49794吨，完成年度总计划81.92%，比上年减少11364吨，减幅18.58%。其中小包装盐实现销售18624吨，完成年度计划79.98%，比上年减少5632吨，减幅30.24%。福建原盐及中高端盐实现销售5251吨，完成年度预算计划60.06%，比上年减销3402吨，减幅39.3%。大包装盐实现销售31170吨，完成年度计划83.12%，比上年减少5732吨，减幅15.53%。

【食盐市场监管】 2019年，泉州市盐政管理支队出动2954次，出动人数12267人次，检查餐饮店27161家、批发零售店27839家、加工用盐户411家、学校223所，发现违规线索1636起，重大违规线索13起，移交各市场监管部门79起，查获涉嫌违规盐产品153.35吨，市场监管部门办结案件51起，没收盐产品23.82吨，罚没款466051.9元，分发各种盐政宣传材料10600份。

表26

2019年泉州市贸促会组织企业参加的展会项目

时间	展会项目
2019年1月	巴基斯坦皮革鞋材及机械展
2019年2月	巴黎国际服装面料采购展
2019年2月	德国柏林亚洲纺织服装、面辅料展
2019年4月	韩国首尔国际水产食品博览会
2019年4月	越南国际纺织面料及服装辅料展览会
2019年5月	美国迈阿密服装纺织品采购展
2019年5月	波兰国际礼品及家居用品展
2019年5月	泰国国际食品展
2019年6月	南非国际贸易展
2019年6月	中国（墨西哥）贸易博览会
2019年7月	美国拉斯维加斯国际消费品展
2019年7月	印度尼西亚国际玩具及婴童用品展
2019年8月	美国拉斯维加斯服装展
2019年8月	日本东京国际海产品及技术展
2019年8月	香港国际茶展
2019年9月	一带一路东盟（泰国）贸易采购展
2019年9月	孟加拉达卡国际纺织面辅料及纱线展
2019年10月	环球资源（香港）时尚产品展
2019年11月	俄罗斯莫斯科国际茶业博览会

烟草业

2019年3月13日，泉州市烟草专卖局举行“信用让消费更放心”主题宣传活动（图/黄 斌）

【概况】 2019年，泉州市销售卷烟36.88万箱，比增0.4%；实现销售总额129.28亿元，比增6.7%；实现税利34.5亿元，比增5.7%，税利增幅排名连续两年位列全省九地市第一。全年查获大型烟机12台，比上年减少70%，假烟1577件，比上年减少81%。破获国标网络案件8起，省督10起，刑拘68人，逮捕47人，判刑38人。

【专卖管理】 2019年，泉州市烟草专卖部门推动落实政府主导的卷烟打假责任制，11个县（市、区）地方党委、政府均把卷烟打假纳入扫黑除恶专项斗争。定期联合公安、海关、邮管等部门开展对物流寄递业以及重点区域的联合检查，严防制假活动向泉州转移扩散。市场经营秩序更加规范。在5个县级局试点推行应用“五要素”专卖课题，完善课题应用成果。开展“筑篱”、打击销售“串码烟”及“借套订”等7次市场专项整治行动，加大市场监管力度，明确“借套证”行为的认定、处置，切断市场违法卷烟的源头和运输渠道。落实新型烟草制品监管，强化对辖区电子烟的监管。专卖内部监管有序开展。加大大户专项整治，开展“大户控制小户”专项整治行动，瓦解以“大户控制小户”为主要环节的分销网络。全市查处大户“双5”案件36起，取缔大户16户。加强真烟流通治理，查获非法流通真烟1740件，比增94%，查获量排名全省首位。督促各单位修订合理布局管理规定，定期开展一人多证、人证不符等异常零售户的专项清理检查，全市拥有持证零售户43902户，办证率约5‰。

【卷烟销售调控】 2019年，泉州市烟草专卖部门构建精准施策的市场调控体系，通过调控，在销卷烟全部顺价销售，零售毛利率达14%，比上年增长2个百分点，为近年来最好水平。构建重点突出的品牌发展体系。借助“一部一品规，一部一特色”营销活动，以“线上+线下”双轮驱动为模式，开展品牌宣传活动。全年重点骨干品牌销售34.54万箱，比增0.7%，销售占比93.7%。主抓省产烟品牌培育，打造200户具有“古田元素”或“海丝元素”的终端展示店。优化客户分布结构，除海晟直营店外，全市没有月限量15件以上的大户；中户占比85.89%，小户占比14.1%。开展“1+2”中小客户精准帮扶活动，全市4件以下小户销量占比比上年提高14个百分点。多方协作打造文明吸烟环境，建设户外吸烟亭、吸烟点、终端体验区等吸烟场所2537个。探索实践卷烟新零售，试点打造4户“新零售”业态标杆客户。构建专业高效的营销工作体系。优化岗位流程，对现有营销业务流程进行全面梳理改造，实现“市县岗位垂直配套、业务无缝对接”。探索“大片区”服务工作制，实现工作指令从简单分解向智能分配、片区服务从平均分包向精确匹配转变。构建标签化的能力管理体系，搭建配套的绩效考核体系，持续激发队伍活力。

2019年9月6日，福州、泉州烟草对标结对子签约仪式举行（图/黄 斌）

旅　游　业

综　述

【旅游业概况】　2019年，泉州市接待国内外游客7801.16万人次，比2018年增长17.1%。其中，国内游客7624.94万人次，比上年增长17.6%；境外游客176.21万人次，下降1.0%。全年实现旅游总收入1312.68亿元，比上年增长20.5%。其中，国内旅游收入1189.08亿元，比上年增长22.4%；旅游创汇17.89亿美元，增长0.3%。

【专项课题研究】　2019年5—12月，泉州市文化广电和旅游局联合福建师范大学开展文旅深度融合发展课题研究，就泉州文旅融合顶层设计、发展现状及存在的问题进行摸底，提出对策建议。

【智慧旅游平台】　2019年，泉州市文化广电和旅游局继续推进泉州文化云平台建设，通过整合区域公共文化资源和服务，运用网站、手机、线下多媒体终端等服务渠道，对辖区范围内文化活动、文化场馆、数字文化资源进行整合，使群众可以通过泉州文化云平台获取全市文化资源。泉州文化云平台设置活动预约、文旅场馆、文旅资讯、数字图书、非遗传承、文博博物、文旅地图、特色旅游、特产美食、影视推介、文旅品牌、精品剧目、培训报名、文旅直播、文旅点播、作品征集、志愿服务、文旅社团18个版块，并开通PC端网站、H5微网站、安卓APP等前端应用。

2019年10月2日，泉州清源山老君岩，市民和游客在一面巨大的五星红旗前合影　（图/陈英杰）

【导游培训】　2019年，泉州市文化广电和旅游局举办闽西南五地市青年骨干导游培训、2019年度专职导游技能提升班、福建省千名导游培训、第五届泉州古城讲解员培训班、2019泉州文物保护管理与利用培训班等各类培训班12场，培训4000余人次，参训对象涵盖文旅行政管理人员、文化和旅游企业管理、专兼职导游、旅游景区讲解员、文保单位管理员。组织2019年全国导游资格考试，泉州考区共有593名考生参加。发动符合条件的导游参加全国中高级导游考试，新增9名中级导游、1名高级导游。

A级旅游景区建设

【概况】 2019年，泉州市有A级旅游景区49家，其中AAAAA级1家、AAAA级12家、AAA级22家、AA级14家。清源山（含老君岩、九日山、伊斯兰教圣墓）是唯一一家AAAAA级旅游景区。AAAA级景区包括开元寺、安溪清水岩旅游区、牛姆林生态旅游区、崇武古城风景区、德化石牛山景区、中国闽台缘博物馆、泉州市博物馆、德化九仙山、晋江五店市、源和1916创意产业园、泉州安平桥（五里桥）和永春北溪文苑生态旅游区。

【景区品质提升】 2019年，泉州市文化广电和旅游局完善A级旅游景区动态管理机制，开展“体检式”暗访，约谈4家、警告1家AAA级景区并限期整改，对1家AA级景区给予摘牌，督促指导A级景区找差补短，提升服务品质。加强景区标准化创建，推动景区品质持续优化。永春北溪文苑生态旅游区获评AAAA级旅游景区，德化顺美、安溪花千谷等7家景区获评AA级旅游景区。

【景区道路和设施建设】 2019年，源和1916创意产业园开展亮化、提升景区内夜景工程。清源山景区完成地质灾害调查与防范工程和4座旅游厕所建设。仙公山景区完成景区智慧用电改造、智慧停车场工程建设。红星生态园更新景区标识导览系统。五店市传统文化旅游区对景区地铺石进行修缮，更新标识导览系统及垃圾桶。安平桥（五里桥）景区提升游客服务中心夜景工程、视频监控系统。围头战地文化渔村完成路灯改造、南路一期绿化、西线四号炮位前微景观、旅游厕所、标识标牌建设。灵源山景区建设旅游厕所。七匹狼中国男装博物馆全面提升二楼展馆。崇武古城景区完成内环城石板路改造提升工程。净峰寺布置惠女服饰体验区，完成生态园环山防火路道路铺设、消防管道、智能监控安装、夜景灯亮化、绿化种植、景区安全警示标识标牌提升。惠女风情园建成1千米观海栈道、360度观景台及部分绿化园林地带、景观夜景等提升项目。鼎模农场建成1千米观光步道、茶园景观、茶叶粗加工体验工坊。清水岩完成游步道提升、安防改造工程、游客服务中心第三卫生间提升。湖东大桥至洪恩岩景区公路改造提升路基工程完工。洪恩岩完成土地公殿门口文化广场工程提升、莲花池亭项目。凤山完善新游客服务中心配套设施并投入使用。志闽生态旅游区桫椤谷房车营地段游步道提升工程完成路面建设。国心绿谷景区新建完成农土特产品一条街建设、道路硬化400米、1座旅游厕所、1个停车场。北溪文苑景区完成9500平方米的道路白改黑工程建设，提升旅游厕所、游客服务中心。北溪文苑景区溪塔格至牛姆林景区5千米道路拓宽工程完工。牛姆林景区新建AAA级旅游厕所1座。乌髻岩景区建成7200平方米、78个车位的停车场，新建长廊驿站、旅游厕所1座。魁星岩景区完成景区绿化提升。百丈岩景区改造完成游客服务中心。天湖岩新建1座旅游厕所。德化石牛山景区完成岱仙瀑布和主峰景区悬崖栈道、石龙溪漂流项目。九仙山农特产品展示中心、九仙山生活馆、九仙山酒店建成并投入使用。云龙谷景区完善提升智慧旅游、广播、监控系统、标识标牌。顺美陶瓷文化世界建设窑炉过道体验灯光系统，引入VR技术、服务租赁讲解器、驿站智能讲解等科技手段，完善观光工厂道路安全设施以及标志系统。涌溪水寨新建水上漂浮栈道、环库区栈道，完成停车场建设。江山美人茶庄园完成生态停车区、禅修茶苑、第二观光露台、茶园漫步道等项目建设。华光文博园建成游客中心、五经大道游步道。

【清源山风景名胜区建设与管理】 2019年，清源山风景名胜区管委会按照国家AAAAA级旅游景区的标准，推进清源山总体规划修编、清源山风景名胜区污水处理工程、旅游公厕新改建工程、路标工程、清源山地质灾害调查与防范工程4个项目（总投资约9000万）建设；启动清源山上山第二通道等工程、势至路（双拥路）路面及景观改造提升工程、智慧景区、大山门至老君岩木栈道改造等前期工程；加强生态建设，启动清源山景区废弃采石窟（原有“五建”旧采石场）生态修复工程，推进清源山景区松材线虫病、红火蚁、白蚂蚁等病虫害综合防控工作。加强综合整治，对景区内违章建筑开展摸排工作，重点对执法台账、2017年1月至2019年10月开具执法通知单以及2019年申请危房翻建项目进行复核；全年拆除违法建筑及违法简易搭盖等17处约1040平方米，及时制止和拆除违法建墓4座。推进景区文物保护，开展“古泉州（刺桐）史迹”遗产点的资料补充完善、日常巡查、监控监测、制度完善等相关申遗准备工作；启动清源山锡兰侨民墓地安防项目及碧霄岩、瑞像岩两处国家级文物保护单位保养维护及修缮申报项目；加强规划监管，对清源山公交停车场充电站建设方案等27个方案的规划选址提出初审意见。以国家AAAAA级景区整改为抓手，梳理存在问题，制定整改措施，加强干部职工培训，建立景区有奖举报平台和沟通协调机制，强化督查整改落实，健全常态化、制度化综合管理长效机制，提升景区管理服务水平。

旅游行业管理

【概况】 2019年，泉州市文化广电和旅游局注重提升行业管理水平，主动服务旅游企业，强化旅行社和星级酒店的日常监督和管理。组织开展全市文旅行业安全生产培训、消防应急演练和反恐防暴演练，推动旅游企业提高安全生产工作，引导旅游企业开展安全培训和应急演练。监督实施旅游行业标准。承担旅游行业信用和质量体系建设。监管旅游服务质量，指导服务品质提升。负责旅游经济运行监测、假日旅游市场综合协调和监管。

【文明旅游宣传引导】 2019年，泉州市文化广电和旅游局举办“文明旅游 为中国加分—出行有礼”启动仪式、“文明旅游、安全出行”宣传教育、“5·19”中国旅游日宣传、徒步惠安•天风海涛话崇武暨“文明旅游 为中国加分”（惠安）启动仪式等主题活动。结合2019年环泉州湾国际公路自行车赛、2019“海丝”泉州古城徒步穿越活动、2019探索泉州定向公开赛等赛事，开展文明旅游宣传活动，融入文明旅游新理念，普及文明旅游常识，引导市民树立出境文明旅游和安全出行意识。

【星级酒店扶持与管理】 2019年，泉州市文化广电和旅游局加大星级饭店监管力度，对6家对硬件设施不达标、安全管理不到位、服务质量偏低的星级饭店给予撤销星级饭店称号的处罚，其中四星级4家，三星级2家。组织力量，对企业进行检查指导并现场培训，督促抓好问题整改。有针对性地抓薄弱环节，注重加强员工培训，提升企业员工业务知识和服务技能。引导各星级饭店根据经营重点推行个性化、人性化服务。

【旅行社地接业务奖励报批】 2019年，泉州市文化广电和旅游局鼓励旅行社开展地接业务，扩大客源市场，拉动旅游消费，促进经济增长，联合泉州市财政局出台旅行社扶持措施，制定《泉州市文旅局 泉州市财政局关于鼓励旅行社开展地接业务的通知》，重点扶持泉州市辖区内所有独立法人旅行社及外地旅行社在泉州设立的分社（分公司）。共有泉州中旅旅行社等8家旅行社申请2019年度地接境内外游客奖励资金，相关申报材料由所在县（市、区）财政局、文旅局审验，并提交审验报告，确认符合奖励条件的人数。经审验，符合奖励条件人数为境内游客48994人、境外游客20053人，游客奖励资金239.38万元。

旅游市场开发

【概况】 2019年，泉州市文化广电和旅游局坚持推动品牌形象宣传和客源市场拓展，打造海上丝绸之路起点旅游形象和“全福游、有全福·海丝泉州”旅游品牌，取得良好成效，“海丝”泉州旅游知名度、美誉度和影响力均有较大提升。

【媒体宣传】 2019年2月，泉州市文化广电和旅游局制作推出《半城烟火半城仙》泉州文化旅游宣传短视频，微信单篇文章24小时阅读量突破50万，在外交部福建全球推介、福建省庆祝中华人民共和国成立70周年系列主题新闻发布会·泉州专场、2019全国“两会”·看福建等重要主题推广活动中被使用传播，获2019年度博鳌国际旅游奖“年度短视频创意榜”大奖。11月12日，IAI国际文化旅游峰会在北京举办，泉州市文化广电和旅游局“做一回泉州人·古城人居体验计划第二季”获“品牌营销类/体验营销”金奖，成为福建省唯一金奖案例。“做一回泉州人”“古城人居体验计划”微博双话题阅读量超2.7亿。

【旅游推介】 2019年4月19—21日，泉州市文化广电和旅游局组织近120家旅游企事业单位参加第十五届海峡旅游博览会，获最佳人气奖。“海丝”泉州精装馆围绕“海丝文化”核心，分“海洋”“陆地”两个部分，体现泉州作为古代海上丝绸之路起点的历史地位，惠安女服饰表演、南音、掌中木偶表演等文化民俗在馆内轮番展示，热卖产品丰富多样，旅游伴手礼商家、景区、酒店纷纷推出优惠产品。7月22—27日，与泉州晋江国际机场联合亚洲航空邀请马来西亚旅行社和媒体代表到泉州考察采风，推动泉州与马来西亚旅游业界合作，拓展国际客源市场。9月1日至10月31日，与泉州市教育局等举办2019年在泉州高校新生免费游泉州活

2019年12月1日，以“多彩海丝、文明共鉴”为主题的2019第四届“海丝”泉州古城徒步穿越活动举行。图为活动启动仪式

（图/市国资委）

动，高校新生凭相应证件，可免费畅游全市48家景区，覆盖所有A级景区，陪同亲属享受5折优惠，惠及16所高校43406人。12月6—8日，组织60多家泉州文旅企事业单位参加2019福建旅游生活展。泉州馆以闽南古厝建筑为主体设计形象，融入“海丝”元素，结合现代时尚设计风格，展示独特的闽南文化。展会期间，香道表演、闽南语歌曲演唱、猜拳赢好礼等互动活动及泉州城市旅游宣传片吸引众多旅行商和福州市民。12月10日、12日，组织各县（市、区、管委会）文旅主管部门、文旅企业负责人、泉州晋江国际机场代表、演职人员到嘉兴、苏州举办“全福游、有全福·海丝泉州”（嘉兴站、苏州站）文化旅游推介会，邀请当地旅游主管部门、旅行商、商会代表、媒体记者、旅游达人等参与。推介团为嘉兴、苏州游客定制“古韵闽南山海泉州之旅”“深度探寻海丝文化之旅”“清新文艺体验之旅”3条精品线路，在当地各大媒体平台宣传推广；泉州旅行社与嘉兴、苏州两地旅行社达成战略合作协议，签订《客源输送战略合作协议》，共拓两地旅游客源市场，促进双方旅游互动合作。2019年，组织文旅企事业单位到中国台湾、香港、澳门等地，参加海峡两岸台北观光博览会、台北夏季旅展、香港国际旅游展、澳门国际旅游（产业）博览会等重要文旅展会，加强泉州与台港澳旅游业界的交流合作，增进台港澳民众对泉州文化的了解，向海外游客宣传推介泉州城市品牌，提高城市知名度。

【文旅活动】 2019年2月5—20日，泉州市文化广电和旅游局组织开展“打卡经典·寻味古城”免费游活动。2月5—19日，举办“逛古城·听南音”活动，让游客近距离欣赏世界级非物质文化遗产——泉州南音。5月1—5日，举办“遇见城南”街巷挑战活动。以寻宝通关游戏为载体，通过“寻迹、窄巷、寻字”三关挑战环节，寓学于乐，让参与者与城南历史亲密接触，引导市民、游客关注城南街巷，发现城南之宝。10月1—5日，举办“全福游　有全福·海丝泉州”第二届闽南美好生活嘉年华活动。以“原真闽南”为主题，以沉浸式快闪体验馆为核心主场，结合“礼赞新中国　逐梦新时代”庆祝中华人民共和国成立70周年精品剧目展演以及各县（市、区）的特色主题活动，打响“全福游　有全福· 海丝泉州”文化旅游品牌。12月1日，举办2019第四届海丝泉州古城徒步穿越活动。海内外5000多人参加活动，挑战6千米、15千米、30千米、50千米四条路线，足迹遍布古城两百多条古街老巷。

2019年5月1日，泉州市“遇见城南”街巷挑战活动举行。图为活动现场（图/张素萍 曾世彬）

特色旅游

【概况】 2019年，泉州市文化广电和旅游局制定《泉州市加快全域旅游发展实施方案（2019—2020年）》，推进永春、德化国家全域旅游示范区创建。完成首批“六大旅游产品”（特色旅游风景道、特色文化旅游示范基地、旅游休闲集镇、旅游特色村、旅游特色街区、旅游度假区）认定工作，15家单位（特色文化旅游示范基地3个、旅游休闲集镇2个、旅游村3个、旅游度假区2个、旅游特色街区3个、特色旅游风景道2条）通过首批认定。晋江紫帽山度假区获评省级旅游度假区，安溪铁观音集团、德化陆升集团等4家企业获评省级观光工厂，惠安聚龙旅游区获评省级养生旅游休闲示范基地，永春雪山风雅颂休闲山庄获评省级体育旅游休闲基地。

【乡村旅游】 2019年，惠安县崇武镇大岞村入选第一批全国乡村旅游重点村名录，晋江金井镇围头村、永春五里街镇大羽村、德化国宝乡佛岭村3个村获评首批福建省金牌旅游村宣传对象。全市新增省级旅游村18个，新增福建省四星级休闲集镇1个、三星级休闲集镇1个、四星级旅游村3个、三星级旅游村4个。

【购物旅游】 2019年，泉州旅游商品在2019中国特色旅游商品大赛上获1金4铜，包揽福建省所有奖项。德化如瓷“国庆杯”获全国优秀红色旅游文创产品。泉州市文化广电和旅游局举办2019年“润物无声”泉州文创旅游商品设计创作大赛，聚焦“海丝泉州，刺桐有礼”主题，设食品伴手礼类、文创旅游工艺品类、动漫IP类三个类别，征集参赛作品285件（套）。

城乡建设与管理

城市建设

【概况】 2019年，泉州市城镇化率67.5%，环湾建成区面积230平方千米，中心城市环湾向湾框架形成，组团式城市格局日渐成型，城市品质丰富，提升城市宜居度、居民获得感。

【民生基础设施建设】 2019年，泉州市宜居办印发实施《2019年城乡民生基础设施建设实施方案》，围绕交通畅通、水环境治理、供水安全、防洪防涝、城乡洁净、管网建设、景观提升、配套服务、智慧城市九大工程，加快补齐城乡民生基础设施短板。市宜居办完善领导挂钩、定期会商、问题专报、跟踪督办等工作机制，加强资金、用地、用海、能源、环境容量等要素保障，创新投融资方式，通过投资工程包、规范实施PPP等创新模式，推动城乡民生领域基础设施扩大投入。截至年底，全市新改扩建城市道路255.09千米、新建改造城乡地下管网769.47千米、新建绿道79.71千米、新增公共停车泊位9383个、新改扩建公厕342座，建设改造农村公路637.16千米，城乡景观面貌持续改善提升。“四朵花瓣”之一的泉州大剧院率先启用，标志市公共文化中心投用，泉州科技与规划馆、东海工人文化宫、泉州图书馆陆续开馆。石狮市蚶江片区环湾生态公园完工，将湿地景观、生态农田景观融为一体，建成兼具城市防洪排涝和生态休闲功能的生态公园，为市民提供一个休闲、亲子、娱乐的活动场所。晋东新区二体片区加快推进体育馆、游泳馆、训练馆等场馆建设。全市建成8千米山线绿道、21千米水线绿道、11千米环城河慢道和观音山城市绿廊等。百崎湖海丝公园打造“魅力泉州之眼、生态城市之魂”“泉州城市绿肺”。西湖公园、东湖公园、刺桐公园等各大城市公园的围墙悉数拆除，改建成亲邻型的街边花园，更好地融入街区生活。建成少林路加油站附近、原赖氨酸厂、海城花苑等多个“口袋公园”；新增街头绿地、小游园等小微绿地83处。

【中心市区交通提升】 2019年，泉州市推进中心市区交通提升三年行动，重点实施组团间通道及干道建设工程、干道及堵点疏解工程、断头路打通及片区交通整治工程、停车设施建设工程、慢行系统提升工程、公交综合提升等六项工程。推进城市环境品质交通建设类项目14个，完成投资10.3亿元，其中南环路整治工程、笋江路整治工程、经贸学院过街天桥、泉州火车站综合交通枢纽停车场、泉州市公共文化中心停车场和城东中学人行天桥完工。福厦客专、兴泉铁路、厦漳泉城市联盟路、泉州火车站综合交通枢纽项目等加快推进；打通爱国路、奎霞巷、金融后街等一批“断头路”；实施城乡公共停车场项目41个，建成停车位6959个，翻倍完成省上下达任务，完成投资3.6亿元；“小黄、小白、小蓝、小红”多彩公共交通出行体系逐步形成，市民出行更加便捷。

【城市智慧汽车基础设施和机制建设试点】 2019年，泉州市推进住建部城市智慧汽车基础设施和机制建设试点城市工作。在中国百人会专家组的指导下，市政府制定印发《关于泉州市智慧汽车基础设施和机制建设试点（电动自行车管理提升）工作的协调意见》，在“车、路、法、人、行、技、宣”七个方面开展中心市区电动自行车交通违法行为整治及其智能管理提升。

【高速高铁及城乡重要通道沿线环境综合整治】 2019年，泉州市针对福厦铁路、沈海高速公路泉州段，8条中心市区重要通道29条城乡重要通道，同步启动、分阶段推进环境综合整治，推动实现红线两侧至100米范围内“八无四有”，“八无”为无杂乱搭盖、无破弃建筑、无乱堆物料、无垃圾渣土、无黄土裸露、无破旧广告、无水体漂浮物、无不协调房屋，“四有”即有绿色廊道，有青山净水，有田园风光，有风貌建筑；1000米可视范围内沿线建筑物和村庄形成安全有序、整洁美观、自然协调、富有特色的景观廊道。全年“高铁、高速”沿线整治完成投资9.5亿元，整治“裸房”4861宗、“平改坡”3615宗、“两违”拆除425宗、绿化提升387万平方米。

村镇建设

【概况】 2019年，泉州市推进历史文化名镇名村改善提升、传统村落保护发展、特色小（城）镇建设、培育发展特色村镇、美丽乡村建设、农村危房改造等村镇建设工作，统筹推进城乡生活污水处理设施建设。全年完成特色村镇建设项目582个、完成投资469.02亿元。实施“千村整治、百村示范”美丽乡村建设139个，完成投资3.1亿元，打造7条美丽乡村景观带、完成投资1.1亿元。

【名镇名村、传统村落保护】 2019年，泉州市成立城乡建筑风貌管理工作办公室，下设名城街区、名镇名村、园林绿化三个小组，推动出台《泉州市历史文化名镇名村传统村落和历史建筑保护利用实施方案》，列入市委、市政府“1+3+N”政策体系，启动泉州市城乡建筑风貌综合管理平台项目建设工作。是年，市级重点扶持1个历史文化名镇、10个历史文化名村（传统村落）保护提升，每村（镇）奖补50万元。推荐德化县国宝乡佛岭村列入2019年第二批省级重点扶持历史文化名镇名村，获省级奖补500万元。协助推动崇武古城保护工作，崇武镇获省级奖补500万元。开展全市1.3万栋历史建筑线索的复核工作，提交市政府公布第二批历史建筑25栋。16个村庄列入第三批福建省传统村落。

【特色小城镇建设】 2019年，泉州市印发《2019年小城市培育试点工作方案》《2019年度特色村镇建设项目工程包方案》，开展“规划管控提质”“特色产业提升”“项目建设提速”“体制机制提效”四个专项行动，建设一批具有明确产业定位、文化内涵、兼具旅游和社区功能的特色村镇。全年完成建设项目582个、完成投资469.02亿元，占年度计划的115.1%。泉州市小城市培育试点中期评估工作完成，22个试点镇固定资产投资等多项发展指标逐年稳步提升，其中财政总收入较2016年增长31.8%，经济实力增强。开展“2019年度十佳特色小城镇”评选，建立正向激励、以奖代补制度，兑现奖励资金168[illegible]万元。

【房屋安全隐患排查整治专项行动】 2019年，泉州市建立健全市、县、乡镇（街道）、村（居）四级联动协调机制，市住房和城乡建设局、市公安局等7个部门围绕“三区七重点”不放过，立足实际制定发布《全市房屋安全隐患排查整治专项行动实施方案》，配套制定《泉州市房屋安全隐患自（排）查手册》和自（排）查标准和自（排）查表，成立由22名高级工程师、一级注册结构工程师组成的市级技术指导专家组，组织发动企业427个，专业技术人员305人，推动集中连片旧屋区改造、城中村改造。推进专项行动有序开展。各县（市、区）高位推动，加大人力财力投入，排查房屋159.49万栋，排查总数全省最多，发现重大安全隐患房屋6625栋，通过采取封房、加固、拆除等措施分类处置6190栋，消除大部分房屋安全隐患。

【农村危房改造】 2019年，泉州市建立贫困户动态调整名单实时共享机制，对动态调整的贫困户及时组织住房安全情况评定，确保“一户都不能少”。实施农村危房改造170户，实施贫困户“同心安居工程”108户，建立“政府政策+社会力量”的帮扶机制，组织企业对口帮扶108户农村贫困户实施危房改造（每户帮扶4万元）。“十三五”规划实施以来，全市排查发现并完成改造农村危房5928户，超额完成省、市《农村危房改造“十三五”规划》5035户的目标任务。

【农房整治】 2019年，泉州市开展农房整治专项行动，编制《泉州市农房整治试点工作评价标准》，加强农房建设审批及管理，推动落实专图审

2019年12月，泉州海丝新城六大片区开发建设改造项目之一白沙片区项目部分项目封顶（图/林劲峰）

2019年10月，永春县湖洋溪清白村段由废弃小水电车间改造的湖洋恋乡主题文化驿站建成投用。图为湖洋恋乡主题文化驿站外观

（图/永春县委史志研究室）

批制度，推动永春县列入福建省级既有农房整治试点，全市开展既有农房（裸房）整治试点镇10个、试点村50个，创建“无裸房村庄”20个，整治既有农房（裸房）13671栋，新建成示范农房3792栋。新增“新闽派”村镇住宅小区5个。突出农房风貌引导，市级编印30套《农村住宅建筑设计通用图集》，全市开展设计下乡的村庄数量140个，全部涉农县（市、区）均配套印发农房建设图集、立面图册。建立农村建筑工匠培训管理制度，培训农村建筑工匠和镇村干部数量4147名。

【美丽乡村建设】 2019年，泉州市总结美丽乡村建设1.0、2.0经验，探索美丽乡村建设3.0标准。全年实施“千村整治、百村示范”美丽乡村建设139个，完成投资3.1亿元，打造7条美丽乡村景观带、完成投资1.1亿元，占年度计划的101%。德化县焦溪—瑞坂美丽乡村景观带创建省级优秀示范景观带。

城市管理

【概况】 2019年，泉州市推进城市管理工作，改革理顺城管领域体制机制，补齐各类市政基础设施配套，施行城市精细化管理、科学治理等工作，优化提升城市品质、宜居环境、承载功能。城市生活垃圾无害化处理率100%、污水处理率94.47%，城镇建成区绿化覆盖率43.69%、绿地率40.17%，中心市区气化率97.46.%，市区亮灯率保持99%以上、污水泵站完好率保持95%以上。

【城市污染监管】 2019年，泉州市加强城市污染监管。重点整治各主、次干道，城乡接合部和集贸市场、汽车站、火车站、医院、景区、学校、交通节点及学校周边等流动摊点、店外店占道经营等违规行为，全年纠正、劝导占道经营200742处。“滴洒漏”整治方面，开展渣土车“滴洒漏”和乱倾倒渣土专项治理，强化路面巡查，全年查处“滴洒漏”违规行为 3805起，暂扣运输车辆2610辆。全年查纠夜市大排档、烧烤摊18641起。全年查纠露天焚烧垃圾833起。城市污水治理方面，深化市区水体整治，完成省级重点督办的5条黑臭水体和市级5条重点水体的整治任务，实现长治久清。加强污水处理厂运行监管，抓好镇区污水设施整改，提升污水收集率，确保污水处理厂进水浓度达到160毫克/升以上，出厂水水质达标排放（地表水类Ⅳ类）。

【城市管理进社区】 2019年，泉州市推进“社区营造”，按照初阶培训—组队报名—路演进阶—带薪实训—择优选点，确定鲤城区金龙街道玉霞社区、丰泽区东湖街道东凤社区、华大街道华大社区、洛江区双阳街道阳江社区为2019年“社区营造”试点社区，整合驻区单位的“资源清单”和社区居民的“需求清单”，形成社区服务的“项目清单”，打造社区营造“泉州版”。

【“两违”综合治理】 2019年，泉州市按照“控新增、化存量、抓长效”要求，完善新增“两违”防控机制，化解历史“两违”遗留存量，健全“两违”综合治理常态化监管体系，全市拆除“两违”428.92万平方米（其中违法建设176.08万平方米），完成福建省下达拆违任务的116%。防控新增“两违”，从“发现、处置、问责”三个环节明确责任分工，督促各县（市、区）建立网格化巡查机制，实行分片包干、责任到人制度，及时制止新增“两违”。建立中心市区卫星影像图斑核查比对机制，实行每月核查比对；7月，中心城区以外的其他县（市、区）城区、中心镇、重点镇卫星影像图斑核查比对管控平台全部运行。

【渣土车整治】 2019年，泉州市完善渣土平台信息资料，严密监控渣土车“进出工地、路面运输、倾倒渣土”三道环节，组织建筑渣土运输管理专项整治和“百日攻坚”集中整治行动，开展渣土车管控平台专项业务培训，遏制城市渣土车乱象。全年查扣违规渣土车5643辆，清退外籍渣土车197辆，实现全市渣土运输车辆平台管控率、净车密闭上路率、建筑渣土核准处置率三个100%。

【“数字城管”建设】　2019年，泉州市扩大数字化城市管理网络监管范围，数字城管系统保持平稳运行，中心市区“数字城管”平台全年各类采集受理案件420702件，结案418517件。市城管局对中心市区“数字城管”系统进行升级，内容包括底层架构升级改造、管理模式提档升级、多业务流程支持、功能操作优化、库存数据整理、系统运维管理简化，新增领导通、无人机、视频车载终端等配套设备，将整体系统部署在泉州市政务外网云平台，旧系统数据整体迁移到云平台。各县（市、区）城管（分）局“数字城管”平台全面建成并投入使用。

市政建设

【概况】　2019年，泉州市完善市政设施配套，开展垃圾、污水处理及设施建设，推进城市生活垃圾分类，做好城市供水和燃气供应工作，公用事业稳步发展，加快城市绿化美化步伐，构建“山水园林、文化园林、百姓园林”的生态格局。全年完成市政公用设施建设项目19项，总投资10亿元。

【市政公用设施建设】　2019年，泉州市完成市政公用设施建设项目19项，总投资10亿元，主要包括山线绿道二期（景观提升）、大坪山步行环线、市政道路沥青罩面加铺、城华路—坪山路、新华路、新门街—涂门街—津淮街、省道307（泉山路—九日山）、江滨北路、通港东街、丰海路—山海路—安吉路、城东街、刺桐路、温陵路整治改造等工程。其中，山线绿道项目成为泉州“网红景点”，每天市民、游客络绎不绝。

山线绿道建设项目。该项目是《泉州市城市绿道系统规划》中城市1号绿道和城市8号绿道的重要组成部分，规划起点位于西湖公园北大门，经清源山、南少林寺、圣墓、大坪山、桃花山、森林公园、观音山等风景区，终点止于东海滨海公园，全长22.5千米，与晋江滨江水线构成泉州绿道山水环线。2019年完成3个方面建设：大坪山步行环线景观项目，位于大坪山之上，起点与示范段主线停车楼对接，沿大坪山西北坡串接至大坪山公园步行系统，再沿大坪村南侧山坡向东接入形成大坪山步行环线，全长1.6千米，沿线设置休息平台、观景平台、休憩空间、公厕等附属设施，项目总投资概算9638.27万元，6月竣工；桃花山至观音山绿廊项目，主要包含三层，其中第三层为山线绿道，绿道长约0.2千米，设有自行车道及人行车道；第二层设有箱涵和隧道，A、B调头匝道，连接村庄的C、D道路及人行过街景观平台；第一层为通港街远期快速路，改造0.65千米，项目概算总投资1.57亿元，9月竣工；山线绿道二期（景观提升）工程，包括“成功驿站”“云麓花园”“桃源茶谷”三个景观节点及20多公顷的“片花片林”，项目概算总投资2.11亿元，12月竣工。

泉州北高速出口沿普贤路、泉山路、北清东路至温陵北路口沿线环境综合整治（道路优化提升工程）。项目建设规模和主要建设内容为对旧普贤路（新旧普贤路交界处至180环岛）、泉山路（180环岛至北清东路与泉山路交叉口）及北清东路（泉山路口至剑影学校，粮库入口至温陵北路交叉口）（总长2700米，面积8.42万平方米）三条道路路面进行道路沥青罩面加铺、人行道改建、路灯改建、排水工程及井盖、标志标线、护栏等其他附属设施改造，泉州北高速出入口区段道路长850米两侧防护墩及防抛网翻新，沿月山岭立交西北侧匝道长350米防护墩设置隔音板，泉州北高速出口沿普贤路、泉山路、少林路至温陵北路沿线配套相关设施更新及改建。项目设计中标单位为天津市市政工程设计研究院，监理单位为福建省建福工程管理有限公司，施工中标单位为福建省亿方建设工程有限公司。10月进场施工，完成少林路、泉山路、普贤路路面沥青化改造5.21万平方米，普贤路人行道水泥路面改造3436平方米，铺设少林路、泉山路人行道透水砖1.02万平方米，安装路缘石2.10万米。项目有效改善泉州北高速出口通道的交通环境，完善道路功能，减少噪音和扬尘污染，提升中心市区道路景观和安全舒适度。

建设中的石狮市峡谷旅游路景观提升工程（2019年拍摄）
（图/石狮市委史志研究室）

【垃圾、污水处理及设施建设】 2019年，泉州市中心市区垃圾处理总量53.56万吨，其中外运焚烧处理18.72万吨，室仔前填埋场填埋处理34.84万吨，无害化处理率100%。完成城市生活垃圾处理费征收6660.05万元。泉州市宝洲污水处理厂日均处理水量12.03万吨；北峰污水处理厂日均处理水量4.07万吨；城东污水处理厂日均处理水量4.4万吨，东海污水处理厂日均处理水量2.26万吨。

大件垃圾处理车间提升改造项目。总投资820万元，建设主要内容包括扩增钢结构厂房730.8平方米，增配一套大件垃圾处理系统，磁分选设备和除尘除噪通风系统，处理规模从原来的200立方米/天提升到400立方米/天，工程于5月通过竣工验收。

北峰环卫基地项目。占地面积12137平方米，建设内容包括环卫宣教厅、机修车间和环卫停车场，以及相应道路、绿化等，总投资2603万元。项目3月动工建设，12月通过初步验收。

安吉路（坪山隧道口-洋店路口）污水管道改造工程。计划总投资额600万元，2019年完成投资额200万元，建设内容对安吉路新建1千米污水管道（含支管），12月开工，完成管道开挖埋设70米。工程为安吉路（坪山隧道口—洋店路口）两侧埋设污水管道，保障周边排水户排水需求。

中心市区污水管网普查发现的管道缺陷第五批改造工程。计划总投资额600万元，2019年完成投资额200万元，建设内容包括对泉秀路、田安南路、城西路进北峰污水厂、东海2号泵站进出水管等节点进行改造，12月开工，完成管道开挖埋管30米，管道内衬修复45米。工程实施解决宝洲、北峰、东海片区污水管网存在的多处节点破损、渗漏等管道病害。

301县道（池峰路口）及江滨南路（泉州大桥）污水管断头并网改造工程。计划总投资额350万元，2019年完成投资额200万元，建设内容包括对301县道（池峰路口）连接浮桥街新建污水管约0.1千米；江滨南路（泉州大桥）上下游污水管连接并网，新建污水管0.1千米。12月开工。工程实施对301县道污水管断头处和江滨南路污水管断头处接通并网，完善中心市区污水配套管网设施。

农村生活垃圾治理三年行动（2017—2019年）。健全生活垃圾收运处置体系，泉州市新建改造11座乡镇生活垃圾转运站，投入资金1550.6万元，争取到2019年乡镇生活垃圾转运系统建设省级补助资金414万元；完善农村生活垃圾治理常态机制，市、县两级常态化开展每月农村人居环境卫生考评、完成农村生活垃圾治理自检工作。市城管局会同市财政局按照省级10元/人/年、市级12元/人/年的标准，下达2019年省、市两级农村生活垃圾治理常态机制补助资金6528.5万元，增加下达市级正向激励资金2000.07万元。11月，全市通过省级农村生活垃圾治理验收；推进农村垃圾干湿分类试点工作，2019年，省住建厅、农业农村厅、供销合作社下达泉州市9个农村生活垃圾干湿分类试点任务，截至年底，全市9个试点村基本实现农村生活垃圾干湿分类模式，完成投资268.15万元。

公用事业

【概况】 2019年，泉州市推进城市生活垃圾分类，做好城市供水和燃气供应工作，公用事业稳步发展。

国家节水型城市创建。1月，泉州市通过国家专家组现场考核。5月，被住建部和国家发改委命名为“第九批（2018年度）国家节水型城市”。推进城市节水工作，开展节水宣传，以“世界水日”“中国水周”“城市节水宣传周”等活动为契机，开展节水宣传进社区、进校园等活动。5月14日，在泉州晋光小学东海校区举办第28届“全国城市节约用水宣传周”启动仪式暨“节水进校园”专题活动，将节水知识带进课堂，提升学生节水意识；深化节水型企业、单位、居民小区创建，通过各节水部门对所辖范围内企业、单位、小区的宣传发动，引导用水单位完善内部节水制度、查漏堵漏、改造老旧用水器具等，提升节水管理水平。截至年底，全市有183个市级节水型企业（单位、小区），其中144个为省级节水型企业（单位、小区）。

【城市生活垃圾分类】 2019年，泉州市60%的公共机构，鲤城区通政社区等40个社区、15余万户居民开展生活垃圾分类工作，其中，泉州市市直党政机关（含事业单位）、泉州开发区实现垃圾分类全覆盖。泉州市中心市区建成19个大件垃圾收集点、19个园林垃圾收集点、5个有害垃圾收集点、5个再生资源回收中心。举行泉州市生活垃圾分类志愿者服务启动仪式，创作泉州市生活垃圾分类卡通形象（“童桐”），完成泉州市中学、小学和幼儿园知识读本编写工作。

【城乡公厕“厕所革命”】 2019年，泉州市完成新建、改造城乡公厕659座（计划274座），完工率240.5%，其中城市公厕135座，乡、镇公厕135座，农村公厕389座。10月，市城管局联合市文明办发动各级文明单位内部厕所对外开放，在中心市区城市主次干道、商业大街文明单位集中的位置设置内部厕所对外开放的标示牌和路线引上百块，开放沿街企事业单位内部厕所77座，提高泉州市公厕分布密度，提升城市公厕管理服务品质，补齐民生短板，

【城市供水】 2019年，泉州市对仍在使用液氯消毒的供水企业进行消毒系统改造，推广采用次氯酸钠消

毒。完成中心市区、泉港、石狮、惠安等8座供水厂的消毒系统升级改造，投入生产运行，标志泉州市使用多年的液氯消毒方式成为历史。是年，市区供水量14770万吨，售水量12379万吨，供水管网长度4564千米，注册用水户469686个。

【城市燃气管理】 2019年，泉州市强化源头治理，开展燃气“打非治违”、日常考评、危险化学品整治、“隐患排查治理”等，全覆盖、多形式开展燃气行业安全生产集中整治，全市燃气安全生产形势持续稳定。组织燃气场站检查272次，发现并整改安全隐患729处；取缔“黑气点”52家，扣押钢瓶1891个，处罚燃气企业4个、个人3人，处罚金13万元；组织行业培训30期，培训燃气从业人员4219人；加快燃气设施建设，完成全市燃气管道建设150千米和泉州市西三线天然气高压管网利用工程，推进泉海西天然气管网工程德化支线对接建设项目。全市天然气供气总量20.1亿方，占全省供气总量的50%以上，比上年增长10%；推动燃气立法，首部政府规章《泉州市燃气管道设施保护办法》以市政府第15号令公布施行。

【户外广告管理】 2019年4月，泉州市市政府修订印发《泉州市城市户外广告设施设置管理规定》和《泉州市户外广告设施设置技术规定》，规范城市户外广告设施设置的规划和管理，维护市容整洁美观。6月，市城市管理局制定《泉州市城市户外广告精细化管理实施细则》，提升户外广告设置标准化、精细化水平。9月，市城市管理局制定《泉州中心市区户外广告专项整治行动方案》，整治清理违规户外广告，拆除单立体、屋顶、墙面广告9556块，拆除不规范店招8537块，清理布条、横幅、灯箱29745处，城市环境更加规范、整洁、有序、优美。发布公益宣传广告，在中心市区大型LED显示屏、公交站亭、广告灯箱、公园、天桥等发布建国70周年宣传、节约用水、垃圾分类、海丝国际艺术节、扫黑除恶等公益广告。

园林绿化

【概况】 2019年，泉州市以建设国家级“生态修复城市修补”试点和海丝重要门户城市为契机，组织开展“绿化提升三年行动（2017—2019年）”“泉州市‘城市建设提速年’暨提升城市环境品质”等活动，加快城市绿化美化步伐，构建“山水园林、文化园林、百姓园林”的生态格局。加大花化、彩化力度，对城市多条主干道增植开花大乔木打造景观绿廊，中心市区初步建成丰海路宫粉紫荆大道，江滨北路樱花木棉大道、通港街刺桐及黄花风铃木大道、法坊路蓝花楹大道等多条景观花廊，形成“一路一景一特色”道路景观。建成西湖公园桃花岛、小山丛竹公园、许厝埕、古榕巷、南俊路闽南小埕院等一批主题鲜明、功能多样、风格各异的综合性、区域性公园和街头绿地，公园服务半径不断缩短、配套设施日臻完善。推进泉州植物园建设，投入9.28亿元，一期、二期主体工程基本建成。全市新增绿地面积418公顷，其中新增公园绿地面积292公顷，新建改造立体绿化33处、城市片林25处、街头绿地、小游园28处，城市生态和人居环境持续改善。

【城市道路绿化建设】 2019年，泉州市中心市区完成站前南北大道江南段绿化景观提升工程、江滨南路金塔段绿化提升工程，对城市多条主干道增植开花大乔木打造景观绿廊，初步建成丰海路宫粉紫荆大道，江滨北路樱花木棉大道、通港街刺桐及黄花风铃木大道、法坊路蓝花楹大道等多条景观花廊，满足市民“四季有花”的出行需求。

【公园建设和景观提升】 2019年，泉州市中心市区完成小山丛竹公园和西湖公园桃花岛两个精品园林工程，小山丛竹公园利用旧泉州八景“小山丛竹”遗址，整合同莲寺、府城隍庙等周边历史文化

2019年2月20日，开元寺西塔附近樱花盛开，吸引游客驻足欣赏、留影
（图/吴寿民）

资源，建设历史文化公园，建设面积0.6公顷，投资2200万元；西湖公园桃花岛景观提升工程建设面积2.33公顷，其中陆地面积1.97公顷，古建区域面积0.16公顷，投资6755.20万元打造“生态的闽南传统园林”。

【绿道建设】 2019年，泉州市中心市区投资10300万元完成大坪山步行环线景观项目、山线绿道二期（景观提升）工程、山线绿道工程桃花山至观音山绿廊等项目，推进水线绿道项目，构筑起长36千米的山水田园城市展示面。

【泉州植物园建设】 泉州植物园系泉州市重点建设项目，投资估算15亿元，已完成9.28亿元投资，2019年完成投资1.8亿元。完成植物园一期道路工程、景观桥工程、管理房工程、人工湖拦水坝工程、一期景观工程建设；完成科普馆、盆艺园、棕榈阁、二期入口区大门及游客服务设施、台湾园主体结构建设；三期工程过境交通道路、次入口服务设施已动工建设。

【开展“古城植绿”行动】 2019年，泉州市以泉州古城为重点，围绕名胜古迹和“客人常走、市民有感”的路径进行串点连线，策划生成50个项目，通过摸缺查漏补绿、拆违（危）、拆墙透绿、破硬添绿、立体绿化扩绿、保护性建绿、腾地找地增绿等手段，全面补植常绿和开花乔木，建设小微绿地，拓展绿色休闲空间，打造“300米见绿、500米见园”15分钟休闲生活圈。完成古榕巷—三朝巷—旧馆驿等历史街巷及沿线13个节点的绿化补植和景观营造。建成古榕巷、南俊路闽南小埕院等9个口袋公园（街头游园）。在人口高度密集、绿地空间极其有限的老城区，新增种植常绿、开花大乔木278株，完成绿化种植10200平方米，营造泉州老城区“推窗见绿、转角见绿、散步见园”的生态环境。

【城市花化、彩化工程建设】 2019年，泉州市开展中心市区及进出城道路沿线花化彩化工程，完成东海法石片区及主干道路路侧空地直播草花工程，种植马鞭草、向日葵、高粱、玉米、木芙蓉等苗木品种，种植面积39000平方米，形成四季花海景观。

建筑业

【概况】 2019年，泉州市建筑业健康快速发展，各项经济指标持续创新高，全市完成建筑业总产值1970亿元，比上年增长10%。其中，完成建筑业省外产值约1075亿元，比上年增长7.21%，产业外向度54.8%；一级以上企业完成产值约1161亿元，比上年增长7.72%，产业集中度59.2%，建筑业作为国民经济支柱产业的地位进一步巩固。

【建筑业转型升级】 2019年，泉州市按照“扶优扶强、做专做精”的原则，实施点对点帮扶，引导和帮扶建筑企业提升资质等级，全市10个企业申报晋升特级企业，7家企业通过省级企业技术中心验收。截至年底，全市建筑业总承包、专业承包企业1536家，其中特级总承包企业3个，一级总承包、专业承包企业164个，占企业总数10%以上。全年企业晋升一级资质60多项次。企业经营领域不断拓宽，巩固房屋建筑、市政基础设施、装饰装修、建筑幕墙、古建筑传统专业，拓展公路、水利、港航、通信、隧道等专业，形成优势专业突出、各专业齐备的建筑业格局，公路、水利、港航、隧道、古建筑等稀缺专业企业总数达476个，占企业总数的31%。

【装配式建筑发展】 2019年，泉州市装配式建筑新开工项目45个，新增建筑面积151万平方米，完成建筑产业化工程投资包9.7亿元，完成工作任务的194%。引入美的集团联城住工和三一筑工两个企业在泉州市布局工业化建筑产业园区，开展前期建设工作。推动闽南建工、东霖建工、桃城建工、中建远南、荣盛钢构等一批本地龙头企业投资PC生产基地或钢结构生产基地。

【建筑行业市场监管】 2019年，泉州市修订建筑施工企业和招标代理机构的行业监管文件，从体制机制方面规范行业秩序。开展“挂证”行为专项整治，按时完成省住建厅下发的2537名挂证存疑人员的督促整改和272名挂证存疑人员的调查取证。开展建筑市场监督检查工作，全年排查项目470项次，排查施工企业457家次。开展招标代理机构成果文件检查，检查72份成果文件，进行信用扣分216分，对成果文件质量较好的20家企业通报表扬，对8家企业责令整改，对3个企业通报批评。

【建筑行业企业减负】 2019年，泉州市住房和城乡建设局配合市工信委减负办推进清理拖欠民营企业中小企业账款工作。市直住建系统归口统计摸底各建设单位欠款4176.97万元，至10月底全部偿还，清偿率100%。根据市减负办统一部署，开展11月1笔新增的413.84万元欠款的督促还款工作。经督促，建设单位清偿352.16万元，应还尽还率100%。剩余61.68万元有争议的变更增项待第三方审核后立即拨付。市住房和城乡建设局按照全市统一部署安排，督促欠款单位按照报送的还款计划进行还款工作，完成无争议欠款清零。

房地产业

【概况】 2019年，泉州市房地产市场持续平稳健康发展，全年完成房地产开发投资916.64亿元，比上年增长15.8%，全市商品房销售1541.64万平方米，比上年增长8.9%。坚持中央“房子是用来住的，不是用来炒的”定位，分类精准调控，落实限购、限售、限价等调控措施，确保房地产市场稳定。强化分类精准施策，解决产业急需人员和到泉就业、创业人员的购房需求。开展“春季攻坚行动”“房地产业专项攻坚行动”，通过增加房地产用地供应、加快新供应土地开发进度、加快项目推盘上市等，多措并举促投资、促销售。推进“烂尾”项目整治，出台《关于加快“烂尾”建设项目整治的通知》，对全市18个“烂尾”房地产项目逐宗排查、化解，通过支持建设单位盘活项目、推动项目转型、鼓励接盘建设和合作建设等方式，加快“烂尾”问题解决，7宗项目复工。开展住房发展课题调研，摸清全市住房市场现状、土地、人口、居民收入等情况，对未来房地产发展提出合理化建议，编制泉州市住房发展规划（2020—2025年）。完善商品住房摇号销售机制，印发《泉州市高层次人才在中心市区刚需购房实施方案》，在每个摇号销售项目中划出10%房源专供无住房的高层次人才不需摇号购买，社会效果良好。

【存量房交易】 2019年，泉州市存量房交易479.97万平方米，比上年增长4.4%；其中存量住房交易354.29万平方米，比上年下降0.4%。市本级存量房交易153.45万平方米，比上年增长20.3%；其中存量住房交易117.43万平方米，比上年增长16.2%。

【商品房价格】 2019年，泉州市商品房均价8503元/平方米，比上年上涨1.5%；其中商品住房均价8519元/平方米，比上年上涨6.3%。市本级商品房均价9328元/平方米，比上年下降1.3%；商品住房均价8958元/平方米，比上年下降3.9%。

【商品房库存】 2019年，泉州市商品房库存1366.62万平方米，去化周期14.2个月；其中商品住房库存854.1万平方米，去化周期10.6个月；非住宅库存512.52万平方米，去化周期32.2个月。市级商品房库存372.39万平方米，去化周期13.5个月；其中商品住房库存218.2万平方米，去化周期9.2个月；非住宅库存154.19万平方米，去化周期38.1个月。全市商品房供应1120.03万平方米，比上年下降35.4%；其中商品住房供应911.42万平方米，比上年下降35.6%。市级商品房供应360.09万平方米，比上年增长35.0%；其中商品住房供应289.53万平方米，比上年下降30.9%。

【物业服务】 2019年，泉州市2170个住宅小区中有1215个交由物业企业进行管理，955个由业主自治或由社区管理，住宅小区物业管理面积占全市住宅小区面积88%，全市实际运行的物业服务企业224家，从业人员4万多人；成立696个业委会，其中2019年新成立101个。全市成立57个物业服务企业党支部，在125个住宅小区成立建制式党支部，兼合式党组织覆盖930个住宅小区，成立90个小区物业矛盾纠纷调解委员会。

表27

2019年泉州市房地产开发和销售主要指标完成情况表

指　标	单位	绝对数	比上年增长（%）
投资完成额	亿元	916.64	15.8
其中：住宅	亿元	662.62	16.3
其中：土地购置费	亿元	235.56	17.4
房屋施工面积	万平方米	7348.97	6.8
其中：住宅	万平方米	5059.40	10.1
房屋新开工面积	万平方米	1344.85	-27.6
其中：住宅	万平方米	989.6	-30.4
房屋竣工面积	万平方米	470.56	-34.8
其中：住宅	万平方米	276.75	-37.5
房屋销售面积	万平方米	1541.64	8.9
其中：住宅	万平方米	1274.69	7.4
本年资金来源	亿元	1622.48	-0.03
其中：国内贷款	亿元	65.13	-63.8
其中：个人按揭贷款	亿元	297.59	8.9
本年购置土地面积	万平方米	183.31	23.0
本年土地成交价款	亿元	95.38	1.4

教　育

综　述

【各级各类学校基本情况】 2019年，泉州市有高等学校18所，其中本科高校6所、高职高专院校11所、成人高校1所，招生60281人，在校生154359人；中等职业教育学校32所（含技工学校3所），招生36724人，在校生87333人；普通中学329所，招生158219人，在校生445001人；小学1331所，招生146930人，在校生801744人；幼儿园1610所，招生136827人，在园幼儿402946人；特殊教育学校10所，招生1031人，在校生5513人。全市各级各类学校教职工129079人，其中专任教师102631人；普通高等学校教职工11628人，其中专任教师8026人；中等职业教育学校（含技工学校）教职工3990人，其中专任教师3421人；普通中学教职工38240人，其中专任教师33920人；小学教职工36729人，其中专任教师35053人；幼儿园教职工37980人，其中专任教师21774人；特殊教育教职工494人，其中专任教师437人。

【教师队伍建设】 2019年，泉州市教育局开展全市教育系统警示教育活动、师德建设年活动，建立市直学校管理人才库，调整充实部分市直中小学班子。补充编内教师1432名、编外合同教师3039人，力促城乡师资均衡、学科结构配套。实施六项教育工程（领航团队、名师名校长名班主任培养工程，初中“壮腰”工程、乡村校长助力工程、乡村教师素质提升工程，职业院校教师素质提升计划），培养第二批“领航团队”成员99人，培训校长教师1489名。开展2019年泉州市教育系统初中（语文、物理），小学（数学、英语）教师教育教学技能岗位练兵竞赛，参赛教师获泉州市“五一劳动奖章”1枚、“泉州市教学能手”称号12名、泉州市“五一巾帼标兵”6名。全市教师队伍综合素质、精神状态均有较大幅度提升，在国家、省基础教育、职业教育教学成果奖评选中，获奖总数均居全省第一。提升中小学教师收入水平，全市中小学教师平均工资六平均不低于或高于当地公务员平均工资水平，落实乡村教师生活补助“提标扩面”，乡村教师生活补助标准2018年由人均300元/人提升至人均400元/人，2019年继续提标至人均500元/人，全市有乡村的县（市、区）均落实乡村教师生活补助。推进教师“县管校聘”管理体制改革，市直学校、泉港区、永春县开展首批试点工作，成效较明显。

【城乡义务教育经费保障】 2019年，泉州市落实省政府完善城乡义务教育经费保障机制的实施意见，全市义务教育公办学校生均公用经费按省定基准定额或高于省定基准定额拨款，其中小学750元、初中950元，泉州市本级高于省定标准250元；对公办寄宿制学校学生，按每生每年400元标准增加安排公用经费，足额落实对寄宿制学校和小规模学校增加公用经费的规定；特殊教育学校生均公用经费按普通初中生均公用经费9倍安排为8550元。全市城乡义务教育经费投入126.34亿元，其中财政性经费112.75亿元；特殊教育经费投入1.21亿元。

【校舍建设】 2019年，泉州市开工建设校安工程项目35个（规划37个），争取省级资金1.0564亿元，开工面积14.56万平米，竣工项目13个，完成投资 2.71亿元。丰泽幼儿园争取2020年9月投入使用；泉州七中部分楼栋结构封顶，预计2020年9月完工；泉州市第二实验小学开发区校区2019年秋季投入使用。

【助学与教育扶贫】 2019年，泉州市安排学生资助资金3.8亿元，惠及学生248万人次。覆盖各个教育阶段。全年办理生源地助学贷款1.43万笔，支付生源地信用助学贷款贴息503.13万元。市本级及12个县（区、市）的学生资助中心全部通过省级标准化评估验收，合格率100%。

【教育督导】 2019年，泉州市做好省“对市督导”迎检工作，并接受实地督导。42个具体测评点，取得24A、14B、4C的成绩，位居全省设区市第二位、三个接受实地督导设区市第一位。市教育局组织对泉港区、德化县和泉州台商投资区开展市级核查和跟踪，并通过省级督导评估。深化实施责任督学挂牌督导制度，加强幼儿园责任督学挂牌督导工作。全市配有责任督学1071名，13个县（市、区）实现公办、民办中小学和幼儿园挂牌督导全覆盖。组织12个县（区、市）参加国家和省义务教育质量监测，内容涵盖科学、德育、体育与健康三个学科，涉及中小学282所、师生上万名。加强教育督导理论研究。全市有3篇责任督学案例入选全省优秀案例汇编。

【质量监测、反馈、指导系统建设】 2019年，泉州市教育局构建以提高质量为导向的管理机制，科学应用网上阅卷系统等信息化手段，立足基于实证的大数据分析。组织2019年全市中考网上阅卷工作，组织全市高中、初中质量检查并做好质量分析，考前组织编制高考中考适应性试卷、制作“试题解析微视频”供全市各校共享，提高复习备考的针对性与实效性。

【民办教育】 2019年，泉州市教育局根据《福建省人民政府关于民办教育分类管理改革的通知》精神，对支持民办学校发展、规范管理、完善政策措施开展调研。12月17日，起草《关于加快推进泉州市民办教育分类管理改革的实施意见》，在12月底征求各县（市、区）和市直各相关部门意见后，按照规范性文件要求，提交市政府审核并发文。截至2019年秋，泉州市有民办学校985所，其中民办中等职业学校7所、民办高中16所、民办初中13所、民办小学29所、民办幼儿园920所。全市有非学历教育培训机构303所，其中在教育部门办理办学许可证的275所；无证非学历教育培训机构193所，其中限期整改的教育机构188所，依法被取缔的无证教育机构70所。全市有1所民办高中通过省三级达标高中的验收，6所民办园被评为“福建省示范园”，16所民办园被评为“泉州市示范园”。

社会力量办学　2019年，中国红十字会总会事业发展中心和福建伟冠集团联合创办晋江市拔萃双语学校，规划占地10.4公顷，总投资6亿元人民币，建筑面积11万平方米，规划教学班123个，为幼儿园、小学、初中、高中15年一贯制学校，7月开始招生。福建达利集团创办惠安县亮亮中学，规划占地21.33公顷，总投资10亿元人民币，建筑面积20万平方米，为规划高中90班、初中60班的民办完全中学。学校所有建筑主体工程全面开工建设，规划2020年7月开始招生。

民办学校办学情况摸底调查　2019年，泉州市教育局为贯彻落实民办教育新政新法，有序推进民办教育分类管理改革工作，根据《福建省教育厅办公室关于开展民办学校办学情况摸底调查工作的通知》精神，重点调查民办学校用地和校舍使用情况、学校资产情况、未来发展规划和存在问题等，并形成泉州市民办教育发展情况报告。

校外培训机构治理　2019年，泉州市教育局在2018年对校外培训机构治理工作基础上，加大治理工作力度，从根本上遏制违规培训机构反弹的势头。经再次全面摸排治理，全市新增需整改机构数178家，全部按时完成整改，其中办证96家、关停82家。1月28日，市教育局、市民政局、市人力资源和社会保障局、市市场监督管理局印发《泉州市校外培训机构设置标准（试行）》，建立健全培训机构审批登记、日常监管等方面的制度保障。通过政府网站、新闻媒体、校园公告栏等方式公布校外培训机构黑、白名单及主要信息，并公布举报电话，全面接受社会监督。全市公布第二批和第三批校外培训机构“黑白名单”161家，其中“白名单”90家、“黑名单”71家。

民办学校监管检查　2019年，泉州市教育局结合年检工作，组织对泉州实验中学和泉州外国语学校办学行为进行专项督导，对仰恩大学附属中学和泉州市第三实验小学进行监管检查，采用书面材料审核和实地检查的形式，对检查发现的问题责成学校限期整改。约谈部分民办学校的董事长和校长，通报5月21日教育部办公厅印发的《关于严格规范大中小学招生秩序的紧急通知》等文件精神，从教育主管部门履行监管职能和督导职责方面，要求学校对存在问题进行整改。

表28

2019年泉州市民办高校基本情况表

学校	在校生数（人）	毕业生数（人）
仰恩大学	6180	1529
闽南科技学院	7493	1795
闽南理工学院	15300	3612

续表28

学校	在校生数（人）	毕业生数（人）
泉州信息工程学院	10797	1589
泉州职业技术大学	7665	1759
泉州纺织服装职业学院	3185	560
泉州华光职业学院	6096	1241
泉州轻工职业学院	6812	1406
泉州海洋职业学院	7222	578
泉州工程职业技术学院	93	213
合计	70843	14282

学前教育

【概况】 2019年，泉州市推动学前教育优质普惠发展。市教育局督促各县（市、区）落实《福建省关于建立学前教育经费保障机制的指导意见》，全市公办幼儿园生均公用经费财政拨款标准均达到或超过每生每年450元，指导督促各地通过生均公用经费或政府购买服务等方式对普惠性民办幼儿园进行奖补，奖励各县（市、区）普惠性民办幼儿园、集体办幼儿园提高非在编持证专任教师工资待遇617.6万元。落实小区配套幼儿园建设联审联批制度，排查发现城镇小区配套幼儿园专项治理存在问题项目29宗，基本完成整改16宗（完成率55.2%）。是年，全市有独立幼儿园1610所，其中公办性质幼儿园536所（公办334所、集体办202所）、民办幼儿园1074所（其中普惠性民办园626所）；小学附设学前班（幼儿班）485个。在园幼儿数40.29万人，其中外来工子女11.55万人，占在园幼儿总数的28.67%。学前三年入园率98.55%。

2019年5月，泉州市学前教育宣传月活动启动。图为在鲤城区第二幼儿园举行的启动仪式 （图/市教育局）

【普惠性学前教育】 2019年，泉州市教育局贯彻《中共中央、国务院关于学前教育深化改革规范发展》《中共福建省委教育工作领导小组关于印发福建省学前教育深化改革规范发展的实施方案的通知》要求，结合省、市部署开展的“找差距、抓落实、解难题、化积案”行动和市委“强基促稳”专项行动等文件精神，继续实施第三期学前教育行动计划。配合开展城镇小区配套幼儿园治理工作，全市建成移交35宗，新增学位9360个（其中公办园31所学位8160个，普惠性民办园4所学位1200个）；指导、督促各县（市、区）继续落实普惠性民办园的认定和扶持办法，做好重点协调解决难题积案项目进展情况周报表和普惠性民办园认定管理工作进展情况月报表，落实支持普惠性民办幼儿园提升师资素质实施方案，促进普惠性幼儿园覆盖率不断提高。截至12月30日，新增公办幼儿园35所，新增学位5522个；公办性质幼儿园在园幼儿数占比45.68%，比2019年提高0.84%；新增普惠性民办幼儿园187所（主题教育期间增加67所、14629个），普惠性幼儿园覆盖率81.92%，比2019年提高9.2%，在各级示范园就读的幼儿占比35.20%，比2019年提高1.25%。

【示范园创建】 2019年，泉州市有5所、2所幼儿园被确认为省、市级示范性幼儿园（其中省级有：晋江市第二实验幼儿园、晋江市第四实验幼儿园、石狮市第三实验幼儿园、德化县金锁幼儿园、泉州经济技术开发区实验幼儿园；市级有：晋江市第八实验幼儿园、泉州台商投资区第一幼儿园），全市共有391所示范园（其中省级50所、市级63所、县级278所），35.20%的幼儿在各级示范园就读。

【幼儿园办园行为专项督导】 自2018年秋季启动幼儿园办园行为专项督导以来，按照5年一周期的评估要求，泉州市各县（市、区）积极统筹谋划、制定督导计划，开展幼儿园办园行为督导评估。至2019年11月，各县（市、区）在园级自评的基础上对181所幼儿园开展县级督评。12月，市政府教育督导室采用购买服务方式，通过公开招标，委托社会第三方评估机构，分两个阶段对11个县（市、区）的18所幼儿园开展督导评估。

【幼教师资队伍专业素养】 2019年，泉州市教育局通过多渠道培训，提升泉州市学前教育保教水平。举行泉州市第八个学前教育宣传月启动仪式暨省级示范幼儿园开放活动，举办2019年泉州市幼儿园卫生保健知识提高班，组织第十一期园长跟班学习活动，组织16所省级示范性幼儿园面向全市开展开放活动。对全市56所福建省首批保教改革建设幼儿园进行中期绩效评价工作。

【学前教育调查研究和督查通报】 2019年，泉州市教育局为推动解决“学前教育公办学位不足、入公办园难、入民办园贵”问题，促进泉州市学前教育普及、普惠、优质、安全发展开展调查研究。对普惠性民办园覆盖率低于全市平均水平的4个县（市、区）（安溪、泉港、南安、惠安）开展专项调研与督导，共同研究问题、解决问题，促进普惠率提升。草拟《泉州市学前教育“总园+”办园的实施方案》。对7个公办率低于全市平均水平的县（市、区）进行梳理与分析，查找存在问题及其原因，分类提出解决问题的措施。

【普惠性民办幼儿园政府购买机制】 截至2019年10月底，泉州市各县（市、区）公办园生均公用经费财政拨款标准均达到或超过省定的450元/生·年标准。争取省级普惠性民办园奖补资金948.51万元并下拨。督促各地通过财政划拨生均公用经费或政府购买等方式对普惠性民办幼儿园进行奖补，石狮市、泉港区、鲤城区、泉州台商投资区每生每年生均补助达952元、55[illegible].6元、450元、450元；对各县（市、区）普惠性民办幼儿园、集体办幼儿园和小学附设学前班提高非在编持证教师工资待遇，采取以奖代补形式给予奖补，补助617.6万元（其中普惠民办园持证教师2119人，每人补助2000元、共423.8万元）。

表29

2019年泉州市幼儿适龄人口入园分县（市、区）情况表

地区	园内外适龄幼儿数（3～5岁）（人）		在园内适龄幼儿数（3～5岁）（人）		入园率（%）	在园幼儿数（人）	毛入园率（%）
	小计	其中：女	小计	其中：女			
合计	402538	173196	396684	170509	98.55	402946	100.10
鲤城区	20857	9123	20853	9123	99.98	20853	99.98
丰泽区	24626	10842	24626	10842	100.00	25759	104.60
洛江区	12421	5272	12226	5185	98.43	12344	99.38
泉港区	20658	9317	20441	9157	98.95	20743	100.41
惠安县	34395	14466	33432	14062	97.20	33506	97.42
安溪县	47718	20857	46773	20288	98.02	47656	99.87
永春县	16937	7272	16633	7163	98.21	16790	99.13
德化县	19682	8219	19387	8100	98.50	20305	103.17
石狮市	33965	14604	33387	14193	98.30	33832	99.6
晋江市	86543	37302	85568	37052	98.87	86859	100.37
南安市	73607	31284	72393	30731	98.35	73202	99.45
泉州台商投资区	11129	4638	10965	4613	98.53	11097	99.71

义务教育

【概况】 2019年，泉州市促进义务教育优质均衡发展，深化义务教育学校管理改革，推动城乡义务教育一体化发展，加大对薄弱学校的扶持力度，推动学校内涵发展与质量提升。是年，全市有普通中学329所（其中初级中学183所、完全中学107所、十二年一贯制学校7所、九年一贯制学校27所）；初中一年级招生110930人，在校生308407人，毕业生93676人，初中学龄人口入学率99.27%，毛入学率104.39%。小学1331所，一年级招生146930人，在校生801744人，适龄儿童入学率100%。小学18862个班级，56～65人班级436个，大班额占比2.31%，比2018年全市小学大班额670个减少234个。普通中学329所（其中初级中学183所、九年一贯制学校27所、完全中学107所、高级中学5所、十二年一贯制学校7所）；初中一年级招生110930人，在校生308407人，毕业生86442人，初中学龄人口入学率99.27%，毛入学率104.39%。

【办学机制体制改革】 2019年，泉州市教育局在义务教育阶段把握城区小片区管理与农村薄弱校委托管理相结合，创新管理模式，拓宽管理范围，完善管理机制，推进捆绑考核，扩大优质资源覆盖面，缩小办学差距，促进教育公平，初步实现优质均衡发展。全市城区义务教育小学学校“小片区管理”学校247所，小片区136个，参加小片区管理学校数642所，片区内教师交流1092人，开展捆绑考核片区88个；农村薄弱学校“委托管理”承担托管任务学校（优质小学）39所，农村受托管理学校（农村薄弱学校）学校47所、教师739人、学生12061人，双方学校教师交流325人；小学集团化办学集团8个，集团内龙头学校教师1156人、学生19114人，集团内成员学校10所、学生10179人。全市城区义务教育阶段中学学校“小片区管理”城区“小片区”数24个，参加小片区管理初中学校数（含参与小片区管理的镇区、乡村学校）73所，片区内教师交流总数初中307人；义务教育阶段农村薄弱学校“委托管理”承担托管任务学校数初中17 所，农村受托管理学校（农村薄弱学校）初中19所；集团初中9个，集团内成员校初中10个。

2019年8月25日，2019年第四届海丝（两岸）青少年足球精英赛在泉州东海湾实验学校开幕。图为比赛现场 （图/泉州东海湾实验学校）

【义务教育管理标准化学校建设】 2019年，泉州市教育局注重学校内涵与办学条件建设，坚持“以评促建”原则，成熟一所创建一所评估一所，组织开展市级评估，以“义务教育管理标准化学校”创建和“义务教育教改示范性建设学校中期绩效评估 ”为抓手，深化义务教育学校管理改革，促进学校依法办学与科学管理，推动学校内涵发展与质量提升。4—10月期间，在对各县（市、区）教育局报送的申报材料进行审核的基础上，从评估专家库中抽调234位市级评估专家，组成39个市级评估组，分期分批进行泉州市级评估验收。推荐193所小学申报省教育厅评估确认，184所通过省级确认，总创建数427所，创建率32.08%，比2019年提高13.82%。2019年泉州市又有48所初中校被省教育厅确认为“福建省义务教育管理标准化学校”。至此，泉州市共有181所初中校被评为“福建省义务教育管理标准化学校”，创建率56.03%。创建省级义务教育教改示范性建设学校39所。组织开展2019年泉州市普通中学“教坛新秀”评选活动，评出泉州市普通中学“教坛新秀”231名。

【进城务工人员随迁子女就学】 2019年，泉州市教育局围绕“平等、融入、成才”的理念，保障进城务工人员随迁子女平等接受教育。结合户籍政策改革等要求，修订进城务工人员随迁子女小学入学条件。2019年入读中心市区公办小学的条件为：居住证和务工证“两证”均达一年及以上。随迁子女27.64万人，占总在校生数的34.48%；普通初中外来工子女10.67万人，占在校生34.60%。

【小升初免试就近入学】 2019年，泉州市教育局落实《中华人民共和国义务教育法》《中华人民共和国未成年人保护法》等法律规定，保障适龄儿童少年接受义务教育的权利。落实教育部、省教育厅、市教育局的小学升入初中免试就近入学要求。科学制定泉州市小升初招生入学政策，坚持单校划片、对口直升和多校划片、随机派位相结合的初中招生办法，坚持依法招生、规范招生、阳光招生，推进义务教育优质均衡发展。

【乡村教育发展】 2019年，泉州市教育局根据《福建省教育厅关于做好乡村小规模学校建设与评估工作的指导意见》《福建省教育厅办公室关于打赢脱贫攻坚战进一步做好农村义务教育有关工作的通知》等文件精神，结合泉州市实际，制定乡村小规模学校建设与评估标准，下发《泉州市教育局关于做好乡村小规模学校建设与评估工作的通知》，推进乡村小规模学校标准化建设，探索将乡村小学办成小而美、小而优的新学校样态，满足学生就近入学需要。全市有乡村小规模学校（小学）203所，其中完全小学155所，教学点48个，均通过县级评估合格和市级核查，推动县域内所有小规模学校布局更加合理，标准化建设水平、管理水平显著提升。

【教学改革项目培育】 2019年，泉州市教育局按照省级统筹、市县推进、学校实施的工作机制，加强协同培育132所义务教育教改示范性建设学校、96所学前教育保教改革建设幼儿园。按照省教育厅中期绩效评估工作方案，立足泉州发展实际，评估前期组织专题培训、项目校自评、县级初评，并从教育行政人员、教研专家、名师名校长组成的专家指导组库中抽取专家组建市评估组。分两个阶段开展评估，一是报告材料审核，二是实地抽查评估。通过实地考察、听取汇报、查阅资料、交流访谈、问卷调查和总结反馈等方式，对全市67所小学“省级义务教育教改示范性建设学校”、56所首批省级保教改革建设幼儿园进行中期绩效评估。指导各地各校坚持问题导向，查找问题差距，探索泉州教改运作模式，总结提炼阶段成果，打造“泉州品牌”。以推动学校内涵发展为目标导向，深化教育管理和教学方式改革，形成具有推广价值的泉州基础教育教学新成果。

【教育质量提升】 2019年，泉州市教育局组织对全市小学六年级语文、数学、英语学科和三年级道德与法治、四年级科学学科进行教学质量抽查；举办小学道德与法治、语文学科新教材教师市级培训活动；在惠安县举办全市小学教育教学开放活动；开展“送教下乡”活动，组织9大学科25人次与省、市级学科带头人、小学名师、“教坛新秀”分别到永春县仰贤小学和吴峰中心小学、鲤城区第三实验小学和明新中心小学开展“送教下乡”活动。

【小学课后服务试点】 2019年春季，泉州市有598所小学开展课后服务，占学校总数44.69%；参加课后服务学生24.56万人，占在校生的31.81%；参与教师1.4万人。秋季，全市开展课后服务的小学增至649所，占学校总数48.76%；参加课后服务学生34.81万人，占在校生的43.56%；参与教师1.7万人。课后服务工作得到学生、家长和社会的一致好评。市教育局下发《关于下达2019年小学课后延时服务补助资金的通知》，争取投入资金拨补助金额954.1945万元（其中市财政从教育部门专项安排741.19万元、市总工会补助213.0045万元）。

表30

2019年泉州市小学教育普及分县（市、区）基本情况表

地区	校内外学龄人口总数（人）	在校学龄人口总数（人）	学龄入学率（%）	在校学生数（人）	毛入学率（%）
合计	795027	794887	100	801744	100.86
鲤城区	51715	51715	100	51738	100.04
丰泽区	43104	43104	100	43374	100.63
洛江区	19664	19664	100	19754	100.46
泉港区	33455	33315	100	33443	99.96
惠安县	67094	67094	100	67202	100.16
安溪县	109363	109363	100	112556	102.92
永春县	38311	38311	100	38456	100.38
德化县	26532	26532	100	26639	100.40
石狮市	65867	65867	100	66296	100.65
晋江市	186704	186704	100	188304	100.86
南安市	133708	133708	100	134273	100.42
泉州台商投资区	19510	19510	100	19709	101.02

表31

2019年泉州市初中教育普及分县（市、区）基本情况表

地区	校内外学龄人口总数（人）	在校学龄人口总数（人）		学龄入学率（%）	在校学生数（人）		毛入学率（%）
		数量	其中：普通初中		数量	其中：普通初中	
合计	295447	293281	293281	99.27	308407	308407	104.39
鲤城区	26340	26340	26340	100	27753	27753	105.36
丰泽区	16780	16762	16762	99.89	17334	17334	103.3
洛江区	7643	7643	7643	100	7956	7956	104.1
泉港区	11810	11294	11294	95.63	11610	11610	98.31
惠安县	21758	21691	21691	99.69	22453	22453	103.19
安溪县	46892	46189	46189	98.5	49582	49582	105.74
永春县	15133	15101	15101	99.79	15502	15502	102.44
德化县	10525	10465	10465	99.43	10747	10747	102.11
石狮市	23607	23600	23600	99.97	24934	24934	105.62
晋江市	62192	62165	62165	99.96	66497	66497	106.92
南安市	45899	45280	45280	98.65	46935	46935	102.26
泉州台商投资区	6868	6751	6751	98.3	7104	7104	103.44

普通高中教育

【概况】 2019年，泉州市推进高中教育优质多样发展。市教育局发挥泉州市11所省首批示范性普通高中建设学校、20所省市普通高中课程改革基地建设学校、10所普通中学学科教学联盟基地校的示范辐射作用，培育20所泉州市特色普通高中，推动泉州市普通高中特色办学、多样化发展。省三级以上公办高中达标率93.6%。高考成绩稳中有进，全省文科前50、理科前100名人数（32人）位居全省第二；本一上线率（26.2%）、本科上线率（72.0%），超过全省平均水平。全国中学生五大学科竞赛（113人）、省青少年科技创新大赛（12项）、机器人竞赛（25项）中获一等奖、金牌总数均居全省第一。是年，全市有普通高中119所（其中高级中学5所、完中107所、十二年一贯制7所），普通高中招生47289人，毕业生46891人，全市在校生136594人，其中进城务工人员随迁子女在校生45465人。全市有省级达标高中89所。全市普通高中在校生中有86.91%在省达标高中学校就读。

【普通高中建设与发展】 2019年，泉州市教育局统筹指导11所省示范建设高中修订建设方案、落实对口帮扶、落实特色体育项目建设，培育11所“福建省示范性普通高中建设学校”、10所省级和20所市级高中课程改革基地校、20所市特色高中、10所市学科教学联盟基地校。

【达标高中复查评估】 2019年，泉州市教育局开展省达标高中建设，以评促建、评建结合，加强达标复查的过程性指导，推动学校对标整改、依法办学、提升内涵，组织对24所省达标高中的市级复查工作。

【教学教研】 2019年，泉州市教育局完善行政主导与教研引领的协同推进机制，加强毕业班复习备考工作精准研究与指导。发挥泉州市普通高中课程教学指导委员会的作用，提高高中课程教学建设专业化水平。举办泉州市优质高中建设暨2019届高中毕业班教学工作培训班，推进优质高中建设，深化高中课程改革。召开全市“聚焦中高考改革推动高质量发展”专题培训班，开展高考综合改革背景下的质量提升工作研讨；组织“一师一优课 一课一名师”评选，提高信息技术与学科教学深度融合水平。加强普通高中新课程方案、学科课程标准的研训，发挥学科教学教研指导组专业引领作用，借助名师工作室、学科教学联盟基地校和联盟校、学科教研基地校、送教（研）下乡、教学开放周等多种载体，加强区域教研和教学开放工作。开展面向全省6场（校）、全市48场（校）的教学公开周活动，开放活动授课节数7386节，参与观摩研讨教师数66218人。

【拔尖创新人才培养】 2019年，泉州市教育局加强对学科教学联盟基地校的培育指导，继续安排500万元

资金支持建设。发挥学科教学联盟10个基地校与58个联盟校的示范、辐射与引领作用，重视培养学生创新精神和实践能力，抓学科竞赛科技创新，提高人才培养质量。组织开展科技创新教育骨干教师及电脑制作、机器人竞赛与学科竞赛辅导老师的培养培训，建立五项学科竞赛专项奖励激励制度，保持五项学科竞赛、青少年科技创新大赛、机器人竞赛和电脑制作活动成绩全省走前列。

【高考改革】　2019年，泉州市教育局统筹推进高考综合改革与课程改革。注重研训，举办全市“聚焦中高考改革 推动高质量发展”“泉州市普通高中特色办学经验交流会议”“全市省级义务教育教改项目校经验交流暨培训会”“全市首批省级义务教育教改示范性建设学校中期绩效评估工作培训会”等多形式系列专项专题培训。立足新高考文理不分科、“3+1+2”选考科目模式、选课走班的新特点，研究探索建立学生发展指导、选课走班教学、综合素质评价的新管理制度，开展“泉州市新高考选课走班教学调研”，坚持问题导向和目标导向，从加强教师管理、教室管理、教学管理、质量管理、教研管理、学生发展指导等方面提出对策。注重教研，成立全市普通高中、初中课程教学指导委员会，通过高中课改基地校、学科教学联盟、教学指导组开展多形式创新教研，研制《泉州市普通高中（2018级）课程实施工作方案》《泉州市普通高中过渡时期（2018级与2019级）新高考学校课程建设与实施建议》和《泉州市普通高中各学科教学建议》，发挥专业引领，加强课程教学指导。注重宣传，公布《泉州市教育局关于印发泉州市高中阶段学校考试招生制度改革的实施方案的通知》，通过《一图读懂 泉州市高中阶段学校考试招生制度改革实施方案》《快讯 泉州市中考中招改革，你最关心的30个问题》等多媒体多形式宣传，2021届初中毕业生全面实施新的高中阶段学校考试招生方案，形成基于初中学业水平考试成绩、结合综合素质评价的高中阶段学校考试招生录取模式和规范有序、监督有力的管理机制。

2019年6月26日，由泉州市教育局和泉州晚报社主办的2019年泉州高招志愿填报咨询会在泉州晚报大厦举行　（图/陈小阳）

表32

2019年泉州市普通高中分县（市、区）学生基本情况表

单位：人

地区	毕业生数	招生数	在校生数				
			合计	其中：女	一年级	二年级	三年级
合计	46891	47289	136594	67301	47313	44606	44675
鲤城区	5909	5429	15981	7351	5430	5320	5231
丰泽区	2568	2537	7133	3280	2538	2327	2268
洛江区	1305	1754	4290	1881	1754	1271	1265
泉港区	1958	1796	5630	2919	1800	1895	1935
惠安县	4541	3985	12325	6060	3992	4086	4247
安溪县	4776	5208	14647	7262	5211	4796	4640
永春县	2735	2521	7637	3906	2521	2461	2655
德化县	1818	1839	5449	2678	1840	1790	1819
石狮市	3742	3889	11738	5732	3893	3838	4007

续表32

地区	毕业生数	招生数	在校生数				
			合计	其中：女	一年级	二年级	三年级
晋江市	8974	10010	27572	13529	10010	8861	8701
南安市	7462	7406	21312	11206	7408	7009	6895
泉州台商投资区	1103	915	2880	1497	916	952	1012

高等教育

【概况】 2019年，泉州市推动高校分类发展，实施服务产业特色专业（群）建设工程，加快高等教育产教融合发展。是年，全市有本科高校6所（公办2所、民办4所）、本科层次职业院校1所（民办）、高职高专院校11所（公办6所、民办5所），在校生14万人；另有福州大学石化学院、福建农林大学安溪茶学院在泉州办学。全市高校与2414家企业建立校企合作关系，其中年产值亿元以上企业653家。截至12月，全市高校毕业生3.7万名，就业率98%，其中，在福建就业占80%、在泉州就业占40%。

【高校综合实力提升】 2019年，华侨大学入选省一流高校；泉州师范学院入选省一流学科建设高校和省示范性应用型本科高校；泉州职业技术大学为全国首批“本科层次职业学校”改革试点（全省唯一一所）；黎明职业大学为中国特色高水平专业群建设单位、国家优质高等职业院校、省示范性现代职业院校建设工程重点建设院校；泉州医学高等专科学校、泉州幼儿师范高等专科学校、泉州轻工职业学院入选省示范性现代职业院校建设工程项目院校。发挥优质高职院校引领作用，1个省级和6个市级（汽车、文化创意、纺织服装、智能制造、学前教育、财贸）职业院校联盟有效运作，重点开展师资培训、中高职联合培养等工作，促进区域内职业教育整体水平有效提升。

【专业设置与产业发展对接】 2019年，泉州市高校有省级高峰学科、高原学科、服务产业特色专业群、产教融合示范专业点等各类对接产业的学科专业类质量工作项目164个，位居全省前列，初步形成覆盖重要产业链的专业布局。建立职业院校专业设置“正面清单”，对19个产业发展急需、相对艰苦的“正面清单”专业高职学生实施学费减免（每生每学年0.6万元，年均支出2000多万元，惠及4000多名学生）。开展“学历证书+若干职业技能等级证书”制度试点工作，提升职业学生的就业能力和职业教育质量，全市18所高校、职业院校开展70个试点，占全省总试点数的22.2%，涉及智能制造、建筑、信息技术、健康照护、现代物流、新能源、现代金融、汽车等技能人才紧缺领域。

【学生综合素质增强】 2019年，泉州市高校有校内外创新创业实践基地17.7万平方米，入驻项目775个；市级以上创业孵化基地34个，每年孵化项目200多个；省级以上创业培训基地22个，每年培训学生1万名。为推进大学生创新创业，省教育厅与市政府共建福建省大学生创新创业基地（泉州），由市教育局牵头，市直各相关部门和各高校协同配合，泉州师范学院、连捷投资集团有限公司共同管理运营，入驻大学生企业22家，从业人员200多人。

【师资队伍建设】 2019年，泉州市教育局修订《泉州市“桐江学者奖励计划”实施规定》，新引进“桐江学者”特聘教授12名、讲座教授12名。依托职业院校联盟，组织职业院校校长、学科带头人、骨干教师到职业教育先进地区考察学习，提高职业院校校长院校治理能力和师资教育教学水平。实施职业教育名师“百人计划”培育项目和职业教育技能名师工作室建设工程，形成一批以名师为核心的高层次教学团队和专家型教师群体。

【产教融合和校企合作】 2019年，泉州市7所高校分别牵头组建3个省级（智能制造、建筑、医药护理）、7个市级（机械、信息、幼教、经贸、纺织服装、鞋业、食品）职教集团，353家行业企业参与。获批26个省级试点（全省最多）、73个省级现代学徒制试点，试点专业基本覆盖泉州市主要产业，培养学生2000多人。政府联合企业和职业院校，建设各级各类产教融合实训基地334个（国家级16个、省级39个、市级7个、校级278个）。结合“一带一路”、福建自贸区建设和泉州市产业转型升级的需要，培育建设1个省级（市教育局牵头）、4个市级公共实训基地（智能制造、健康照护、汽车后市场服务、茶业），获批21个省级专业群实训基地（占全省1/5）、7个省级VR/AR实训基地，推动教育教学与生产实践有效对接。支持高校主动面向区域、行业办学，与智能制造、信息技术、化工、纺织服装、海洋等泉州市重点产业领域的龙头企业共建产业学院，实现行业企业全方位全过程参与人才培养。全市9所高校与32家企业共建24个产业学院。聚焦产业转型升级，打造研发创新团队，共建技术研发平台，提升产教融合的层次和水平。校企共建研发平台57个（国家级4个、省级22个）。全市高校设立职业技能鉴定站可鉴定工种135个，每年面向进城务工人员、企业员工、退伍军人、下岗工人等开展职业技能培训、技能鉴定近11万人次，服务从业人员素质提升与再就业。

【华侨大学】 2019年，华侨大学有教学学院28个、本科专业94个，其中10个专业通过工程教育认证；一级学科硕士点27个、二级学科硕士点2个、专业学位硕士点20个、一级学科博士点8个、二级学科博士点2个、博士后流动站5个。设12个学科门类，有国家重点学科、省部级重点学科41个，福建省高峰高原学科17个。16个一级学科入选教育部全国高校学科评估排名榜。有教职工2797名，其中专任教师1682名。新引进教师65人，其中高层次人才4人，新增省部级及以上人才项目入选者56人次，1位教授入选英国皇家化学会“Top 1%高被引中国作者”榜单，1位教授入选国家“百千万人才工程”并获评“有突出贡献中青年专家”，2人入选“四个一批”青年英才，3人获国务院政府特殊津贴。具有博士学位教师占比上升到64%，45岁以下中青年教师占70%，境外教师和具有海外留学经历教师比例提升到36.3%。全日制普通本科生25748人，研究生6444人。2019年度招收本科生7546名，研究生1875名。

学科和专业建设 工程、材料和化学学科保持ESI全球前1%。在上海软科2019“中国最好学科排名”中，机械工程、能源科学与工程进入软科世界学科排名榜单。17个学科上榜“中国最好学科排名”，连续三年上榜学科数进入全国前100名。2019年软科最好大学行榜中位列中国高校百强。在2019泰晤士高等教育亚太地区大学排名中位列大陆高校第68名；自然指数内地高校top200排行榜中位列内地高校第66位，世界高校第402位。2个专业通过中国工程教育认证，评审7门一流在线课程（线上金课）、22门一流线下课程（线下金课）、9门一流混合式课程（混合式金课），其中3门课程入选国家级精品在线开放课程和国家虚拟仿真实验教学项目，18门课程入选省级精品在线开放课程，11门课程入选省级线上线下混合式课程，2个慕课教学团队入选省级慕课教学团队。8个团队获评省级本科教学团队，17个项目获省级本科教改立项。6个项目入选福建省“思政课程”“课程思政”教育教学改革精品项目，立项建设3个思政课程“名师示范课堂”、11个辅导员工作室、19个“课程思政”特色示范课堂。

科研情况 获批各级各类科技项目近600项，经费1.04亿元；获批各级各类社科项目323项，经费1674.34万元，教育部人文社科研究项目数在全国排名46位，承担10余项“一带一路”省部级课题。在国际顶级期刊发表论文多篇，其中两篇在Nature子刊发表，Web of Science核心数据库收录论文中热点论文3篇，高被引论文53篇，1篇论文入选2018年中国百篇最具影响国际学术论文。学校新增6个国家地方联合工程研究中心等省级以上科技平台，新增2个福建省高校人文社会科学研究基地。获专利授权373项，转让专利等科技成果17项。5项成果获福建省科学技术奖，20项成果获福建省社会科学优秀成果奖（含一等奖1项），18项成果获厦门市社科成果奖。7个项目获批教育部产学合作协同育人项目，3个项目在第二届中俄（工业）创新大赛中获奖，3个项目在第十届国际发明展览会中获奖。继续发布《泰国蓝皮书》《海丝蓝皮书》研究报告。《华侨华人蓝皮书》连续三年获中国社会科学院“优秀皮书奖”。举办华侨华人与周边公共外交论坛等涉侨学术会议；12篇决策咨询报告被中央统战部采用。

学生获奖 学校学生在国内外学科竞赛中获奖434项，位列全国普通高校学科竞赛排行榜第75位，其

表33

2019年泉州市本科高校基本情况表

单位：人

学校＼项目	在校生数	招生数	毕业生数		办学性质
华侨大学	26117	6821	6003	公办	公办
仰恩大学	6180	1825	1529	民办	民办
泉州师范学院	16441	4557	4547	公办	公办
闽南科技学院	7493	2300	1795	民办	民办
闽南理工学院	15300	4048	3612	民办	民办
泉州信息工程学院	10797	3360	1589	民办	—
合计	82328	22911	19075	—	

中获2019年全国大学生英语竞赛特等奖8个（获特等奖比例位居福建高校第一），研究生学科竞赛获奖总数、省级以上学科竞赛获奖数均位列福建省第二，获2019年国际大体联三对三篮球世界杯男子团体季军，2件港澳学生作品入选全国美术作品展。加强学生创新能力提升，立项大学生创新创业训练计划项目157项，其中国家级42项，资助总金额73万元。3个项目入选第十二届全国大学生创新创业年会展示项目。30个团队入驻学校创新创业园区。

国家战略服务　推动完成为侨服务的使命，在涉侨业务培训会议、海外华裔传统文化活动、海外华校活动、海外华文教育等方面开展精彩纷呈的活动。在涉侨业务培训会议方面，举办"一带一路"贸易畅通高级研修班和第十五期"一带一路"沿线国家政府官员中文学习班。举办第八届中泰战略研讨会等，10余个国家200多名官员、学者和侨领参加。举办"一带一路"与海外华人发展研修班等涉侨培训班，培训侨务干部和侨团骨干400余人。为中石油哈萨克斯坦公司等90余家中资企业2万余名员工开展培训。在开展海外华裔传统文化活动方面，全年组织6000余人次参加"海外华裔青少年夏令营"等传统文化体验学习活动。举办"精彩亚洲·对话文明"等多元文化展示，以及"承志·传统文化大观园"等优秀传统文化体验活动，参与人数近2万人次。在开展海外华校活动方面，发挥海外华校和孔子学院在海外传播中华文化的作用，在10余所海外华校开展"中国文化海外行"等20余场传统文化展示活动，参与人数2000余人。新建菲律宾达沃雅典耀大学孔子学院；依托泰国农业大学孔子学院，为近300名泰国国家立法议会议员和政府官员讲授中华传统文化。组织166名侨台港澳学生到8个国家40多所学校开展"华文星火""逐梦海丝"等中华文化传播活动，吸引1万余名中小学生参与。

2019年12月14日，华侨大学第八届董事会第一次会议召开

（图/华侨大学）

在海外华文教育方面，完成《周末制中文学校教学大纲（小学阶段）》编写工作，参与华文教育培训体系建设，开展"培训—考核—认证"三位一体的华文教师师资培训活动；通过"华文教师完美远程培训"全球直播平台，对46个国家和地区的华文教师进行培训；举办7期师资培训，培训18个国家278名华文教师；到蒙古、阿联酋等4国开展"名师巡讲"，培训1400多名中小学华文教师；举办"一带一路"华文教育研究青年人才培训班。参与华文教育支撑体系建设，发布《"海上丝绸之路"沿线国家华文教育年度发展报告》；建设4门华文教育数字在线精品课程。

地方经济服务　推动2家校友企业入驻厦门汽车小镇产学研基地、15家校友企业入驻泉州丰泽区华创园。服务福建美丽乡村建设，为福建省大田县石牌镇拱桥村等9个乡村和景点编制发展规划。组织30支侨台港澳学生"百村千人行"团队到南平顺昌秀吴村等地开展慰农、支农、助农活动。举办75期地方政府及企事业专题培训班，培训学员4112名。服务地方政府决策，出版发行2本闽南金三角系列丛书。

交流合作　选派628名学生到17个国家和地区开展交流，接收爱尔兰、日本等国家和地区的交流生119人。聘请33个国家和地区的长短期境外专家277人，组织申报国家"高端外国专家引进计划"，获批外专经费882万。接待到访团组38个，1000余人次。因公出访团组347个，678人次。与13个国家和地区的19个教育机构签署22项协议。举办中国（福建）—印度尼西亚伊斯兰文化研讨会等各类国际会议20余场。

【泉州师范学院】　2019年，泉州师范学院有东海、诗山和江南三个校区，占地面积121公顷。设二级学院17个、本科招生专业58个。教职工1400多人，其中专任教师1100多人，台湾全职教师近20人。拥有国家级人才3人，享受国务院政府特殊津贴专家4人，教育部教学指导委员会委员2人，福建省百千万人才工程人选、福建省高校领军人才、福建省特殊支持高层次人才"双百计划"人选、福建省闽江学者等省级高层次人才100多人，福建省高等学校科技创新团队2个，福建省本科应用型教学团队5个，福建省硕士专业学位研究生导师团队2个。全日制在校本科生、研究生近1.8万人。

本科教学与人才培养　制定实

施《泉州师范学院关于加快建设高水平本科教育，全面提高人才培养能力的实施办法》，修订2019版本科人才培养方案。获批教育部产学合作协同育人项目13项、国家虚拟仿真实验教学项目1个、省级虚拟仿真实验教学中心（培育）1个、省级虚拟仿真实验教学项目3个、省级重大教改项目3项、省级一般教改项目10项。入选省级慕课应用型教学团队1个，获批省级线上线下混合式课程立项与培育21门、省级线下一流本科课程7门、省级社会实践一流本科课程4门、省级精品在线开放课程认定20门。以专业认证为抓手，推进一流专业建设，特殊教育获批国家一流专业，10个专业获批省级一流专业。小学教育专业通过教育部普通高等学校师范类专业二级认证，2个师范类专业接受省教育厅第二级认证现场考查。2个专业通过IEET工程及科技教育认证。新增数据科学与大数据技术本科专业。组织7个闽台合作项目参加年审。组织学生参加各级各类学科专业赛事，获省级以上奖项500多项。加强创新创业教育，获中华职业教育创新创业大赛全国总决赛金奖1项，获福建省“互联网+”大学生创新创业大赛职教赛道金奖1项、主赛道银奖1项、铜奖2项。入选福建省产创融合教育实践示范基地。本科毕业生考取研究生165人，国（境）外留学22人；2019届毕业生就业率97.45%。

学科建设与研究生教育　加强省级一流学科和应用型学科建设，对标找差、规划建设。邀请国务院学位办专家作学科建设专题讲座，指导硕士学位授予单位申报以及学科建设工作。制定硕士学位授予单位申报工作方案，全面推进2020年硕士学位授予单位和各硕士授权点申报。扩大研究生招生规模，增加招生领域2个，招生方向5个，录取研究生73名。推进研究生联合培养模式改革，与福州大学、福建师范大学、福建农林大学联合培养硕士研究生39人。在校研究生近200人。2019届毕业生有28名获硕士学位。艺术硕士音乐教育导师团队获批福建省专业学位研究生导师团队。获批福建省研究生教育教学改革项目2项。获省级以上专业赛事奖项29项，其中2名研究生书法作品入展全国第十二届书法篆刻作品展。1篇学位论文获评福建省优秀专业硕士学位论文。

科研工作　获批国家自然科学基金项目4项、国家社科基金项目3项、全国教育科学“十三五”规划教育部重点项目1项、教育部人文社科青年基金项目1项。入选省政府发展研究中心首批智库成员单位。首次获批福建省科技重大专项项目1项，获批资助金额300万元。获评福建省第十三届社会科学优秀成果奖5项。联合申报获评福建省科技进步三等奖1项。获批省级先进微纳光子与器件重点实验室、省级产学研合作示范基地、省级超精密光学工程技术与应用协同创新中心。成立技术转移中心并获批省级技术转移机构。2019年第二次在“6·18”高校成果展区设独立展馆，展出205项科技成果。学报获第六届全国高校社科优秀期刊奖。

社会服务　承担省体育局、市发改委等委托的发展规划编制、咨询服务项目80余项，承担中国石油化工股份有限公司等企业委托的技术开发、技术服务50多项。选派福建省科技特派员、泉州市科技特派员近50人，科技特派团队3个。咨询报告获省、市各级政府采纳近20项。与市河长制办公室共建福建省首个河长学院并揭牌，开展泉州市河长专业培训。与高科环保工程集团共建环境监测与废弃物资源化联合实验室并揭牌，高科环保工程集团投入2000万元用于实验室建设、运行和研发。获批第十一批泉州市院士工作站并揭牌。校企合作申报国家级产教融合实训基地。与泉州大剧院签订战略合作协议，共建艺术教育实践基地。获批中国残疾人联合会国家级残疾人职业培训基地。做大做强继续教育，多渠道拓展继续教育项目，完成省级各类培训千余人次，市级校长（教师）、公务员等各类培训近3000人次；1个项目获评2019年全省终身学习品牌项目。

交流合作　拓展留学生教育，招收摩洛哥、厄瓜多尔、马达加斯加、加蓬、菲律宾、泰国、越南、孟加拉、印度尼西亚等国留学生近百人。新增4所国外签约高校和机构，合作高校拓展至北非、南美国家。推进与法国里昂商学院、波兰克拉科夫音乐学院的合作，与法国里昂商学院合作举办海丝体育产业国际学术研讨会；与波兰克拉科夫音乐学院合作，围绕传统音乐研究申报波兰文化部课题和举办工作坊。接待国（境）外团组、专家、学者近500人到校交流；选派500多名师生到国（境）外学习进修和开展文化学术交流。致力汉语国际推广，承办2019年菲律宾华裔学生学中文夏令营、马来西亚华裔青少年中国寻根之旅冬令营，首次承办突尼斯中央大学师生文化研习营，近200人到校学习汉语和中华传统文化。承担国家外派教师和国际汉语教师中国志愿者项目，新选派33名学生到菲律宾、泰国、柬埔寨、缅甸任教。拓展华文教育基地功能，选派2名教师参加福建省华文巡讲活动到南非、毛里求斯讲学；首次承办马来西亚华小校长研修班，为29名华小校长开设培训课程。深化闽台教育合作，承办2019年两岸学生语言文化交流夏令营开营式暨“一带一路”送经典活动和台湾逢甲大学闽南文化遗产与历史考察等，接待150多名台湾学生到访，推动两岸青年学生交流融合；加强闽台学术交流，举办海峡两岸八校“融合教育的本土化”学术研讨会。

【仰恩大学】　2019年，仰恩大学占地面积1217550平方米，建筑面积 415484平方米，教学行政用房面积152815平方米，实验室、实习场所面积58232平方米，运动场地面积118885平方米。设有9个学院、4个直属系部、22个专业。有专任教师313人，外聘教师191人。硕士及以上学位教师占66.45%，高级职称教师占27.80%。3位教师入选“福建省高校杰出青年科研人才培育计划”，11位教师获评泉州市高层次人才。年内下达普通本科和专升本招生计划1900人，实际录取1900人，报到1820人，学生报到率98.95%。全日制在校生6180人，生师比14.5:1。

学科专业建设　围绕应用型高校建设目标任务，继续调整优化专业结构。新增设商务英语专业，恢复人力资源管理专业招生，按本科专业设置程序申请撤销财政学、经济统计学专业。制定《仰恩大学专业教学质量标准》，涵盖学校20个专业。制定《仰恩大学2019—2021年一流专业建设规划》，构建国家级一流专业建设计划、省级一流专业建设计划，校级一流专业建设计划的三层次一流专业建设体系。开展广告学、金融学专业国家一流本科专业的申报工作，开展国际经济与贸易、计算机科学与技术专业省级一流本科专业的申报工作。国际经济与贸易专业入选省级一流本科专业建设点。经济学院经济学、国际经济与贸易专业电子商务数据分析1+X证书制度人才培养模式改革入选教育部第二批1+X证书制度试点建设项目。

教学与科研　启动仰恩大学教学团队建设工作，制定《关于开展仰恩大学教学团队建设工作的通知》，全校建设34个教学团队。开展仰恩大学第一届移动教学大赛，推动“金课”建设。举办2019年校级青年教师教学竞赛，提升任课教师教学能力水平。参加第五届福建省高校青年教师教学竞赛，2名教师分获人文社会科学组、自然科学基础学科组三等奖及“福建省高校青年教坛新秀”称号。落实《中共教育部党组关于加强高校课堂教学建设提高教学质量的指导意见》文件精神，制定《仰恩大学课堂教学管理规定》。落实教育部《关于深化本科教育教学改革全面提高人才培养质量的意见》，严把考试和毕业出口关。加强考试管理，实行交叉监考、主考制度、加强巡视等措施，严肃考试纪律。科学合理制定本科毕业设计（论文）要求，严格全过程管理，严肃处理各类学术不端行为，严把毕业出口关。出台《仰恩大学学士学位授予工作细则》，健全学士学位管理制度，严格学士学位标准和授权管理，严把学位授予关。教师申报各类科研项目112项，其中市级及以上各类项目79项、校级项目33项。其中，省级科研项目有教育部人文社科项目1项，福建省软科学项目2项、福建省教育科学十三五规划课题2项。公开发表学术论文121篇。教师专利授权26项，其中实用新型专利授权8项、外观设计专利授权185项。省级教育教学改革研究项目立项5个，其中《新文科视阈下服务地方的全媒化复合型品牌传播人才培养研究》获立省级重大教改项目。《软木画3D创意元素设计虚拟仿真实验》获批2019年省级虚拟仿真实验教学项目。民营经济与品牌研究中心获批建设福建省高校人文社科研究基地。

创新创业教育　开展人才培养方案修订工作，重新制定专业人才培养目标，设立创新创业学分。开展第二课堂活动，学生创新创业成果显著。获第十四届“挑战杯”福建省大学生课外学术科技作品竞赛5个三等奖；获第十四届“挑战杯”全国大学生课外学术科技作品竞赛获1个三等奖；获第九届全国大学生电子商务“创新、创意及创业”挑战赛福建赛区2个二等奖、3个三等奖；获第五届福建省“互联网+”大学生创新创业大赛1个三等奖。获第二届福建省大学生会计及税务技能创新大赛4个三等奖。学生公开发表学术论文6篇，授权专利90项，其中实用新型专利授权47项、外观设计专利授权43项。获省级以上学科和技能竞赛奖项113项，其中国家级41项。完善创新创业平台建设，86个创新创业教育实践基地开展创新创业实践活动。5月，继“福建省众创空间”“泉州市众创空间”后，大学生创业园又成为首批“泉州市青年创业基地”。12月，园区被省教育厅评为“省级产创融合教育实践示范基地”。

交流合作　与4所境外高校签订合作协议或备忘录，十多位境外校方领导和学者到访交流、座谈、举办讲座。在与中国台湾地区合作高校共建工业工程与管理研究院、三创研究院等研究机构基础上，继续深化闽台合作，开展暑期游学推介活动。

职业教育与成人教育

【概况】　2019年，泉州市加快职业教育产教融合发展。市教育局出台《泉州市职业教育改革工作方案》，建设泉州区域特色的现代职业教育体系。15所职业院校（高职4所、中职11所）入选省级示范性现代职业院校，数量全省最多（占全省68所的22%），争取省上资金近6000万元。教育部《高等职业教育创新发展行动（2015—2018年》项目认定名单中，泉州市获批21个骨干专业、9个生产性实训基地、2个双师基地、4个协同创新中心，黎明职业大学入选优质校。教育部公布的首批1+X证书试点工作中，泉州市8所职业院校22个项目入选。组建财贸职业院校联盟，促进区域财贸类职业教育整体水平提升。是年，全市有招生资格的职业中专学校29所，其中公办学校22所、民办学校7所。教育部评定的“国家级改革发展示范性中等职业学校”3所，省教育厅评定的“省改革发展示范性中等职业学校”4所。省教育厅立项建设的　“示范性现代中等职业学校”11所，均为A级。10所泉州市中职特色校建设取得阶段性成果。在29所职业中专学校中，规范化校18所，规范化及以上等级学校占62.1%；提前完成省教育厅规定的“到2020年，各设区市规范化及以上等级学校不少于50%”的要求。全市中职学校设置102个专业，其中，属于第一产业的有6个专业，第二产业的有22个专业，第三产业的有74个专业。全市中等职业学校招生36724人，在校生87333人。

【中等职业教育质量提升】　2019年，泉州市实现29所中等职业学校达标校全覆盖。5月，市教育局开展中等职业学校特色校建设工程中期评估验收，泉州工商旅游职业中专学校等10所学校按期完成中期建设任务，推动各特色校发展。评选泉州市第二批中等职业学校专业带头人和名师工作室，确认第二批名师工作室2个、专业带头人17名。编制完成年泉州市中等职业教育质量年度报告（2020）。

【赛事获奖】　2019年，在福建省职业院校技能大赛中，泉州市23所中职学校300名学生参加，30个项目48人获一等奖，51个项目89人获二等奖，61个项目89人获三等奖。在全国职业院校技能大赛中，泉州市4人（2个项目）获一等奖，13人（5个项目）获二等奖，38人（19个项目）获三等奖。在“网龙杯”2019年福建省职业院校教师教学能力比赛中，泉州市参赛作品获一等奖7件、二等奖10件、三等奖17件。在全国职业院校教师教学能力比赛（中职组）中，泉州市为福建省获得唯一一个一等奖。

【终身教育和老年教育】　2019年，泉州市有各级老年大学（学校）2535所，市、县、乡三级建校率稳定在100%，村级建校率92.6%；在校学员332760人，占全市老年人口总数的30.06%。泉州老年大学设9个系、47个专业、160个班、11个学会，在校学员3916人、7265人次，3所老年大学被评为全国示范性老年大学、省一级老年大学示范校，8所县（市、区）老年大学被评为省级老年大学示范校，各县（市、区）评出407所乡镇、村老年学校示范校。实现远程教育全覆盖，开通老年远程教育接收点2467个，占全市老年大学（学校）总数的98.3%，每年参加学习有24万多人、212万多人次，在全国率先基本实现老年远程教育全覆盖的目标，普及率、入学率继续居全省、全国前列，为泉州市终身教育体系建设、学习型城市建设做出贡献。开展2019年“9·28终身教育活动日”暨全民终身学习活动周。

【泉州黎明职业大学】　2019年，泉州黎明职业大学有丰泽、鲤城2个校区，占地面积43.4公顷，设13个学院、48个专业，形成以应用工科、现代生产性服务业为主的专业布局，在校生14000多人。拥有国家级重点专业2个、骨干专业5个、生产性实训基地3个、“双师型”教师培养培训基地1个、协同创新中心1个，主持教育部高职专业教学资源库1个、备选库1个，参与建设14个，立项省级示范专业9个，精品专业7个，省服务产业特色专业群5个，国家级现代学徒制试点项目1个，省级现代学徒制试点项目6个，“二元制”技术技能人才培养改革试点项目19个，省级精品在线开放课程39门，省级专业教学资源库3个，专业群实训基地4个，产教融合专业示范点4个，省级创新创业教育改革试点专业4个、创新创业教育精品资源共享课程6门，国家级教学成果奖1项，省级教学成果奖12项，中

表34

2018年泉州市高职高专院校基本情况表

单位：人

学校＼项目	在校生数	招生数	毕业生数	办学性质
黎明职业大学	13590	7281	2826	公办
泉州幼儿师范高等专科学校	6726	3178	1621	公办
泉州医学高等专科学校	9014	3330	2316	公办
泉州经贸职业技术学院	6330	3376	1296	公办
泉州工艺美术职业学院	3298	1654	501	公办
福建电力职业技术学院	2000	909	524	公办
泉州纺织服装职业学院	3185	1590	560	民办
泉州华光职业学院	6096	2820	1241	民办
泉州轻工职业学院	6812	3897	1406	民办
泉州海洋职业学院	7222	5802	578	民办
泉州工程职业技术学院	93	60	213	民办
合计	64366	33897	13082	—

高职衔接专业指导性人才培养方案开发项目5个，高职院校产业学院试点项目1个。

招生与就业工作　响应高职扩招100万要求，招生计划、录取人数均较2018年增加一倍，学校共有招生专业48个（包括2个中美合作项目和1个闽台合作项目），实际录取5602人，计划完成率95.73%，报到人数5392人，报到率96.25%。在计划人数、录取人数和报到率方面均有较大突破，毕业生就业率100%，用人单位满意度96%以上。构建“通识教育—融入专业教育—实践活动—就创业实战”创新创业教育体系，学生获省级以上创新创业竞赛奖项140项（国家级14项），获评全国KAB创业培训基地、全国高职高专创新创业教育协作会副会长单位，福建省创新创业创造教育示范院校、省创业孵化示范基地、省高校创业教育培训基地，泉州市丰泽区国家双创示范基地示范点，工作成果获全国职业教育教学成果奖二等奖、福建省职业教育教学成果奖特等奖。2019届毕业生就业率100%，专业对口率82.7%，在泉州就业率75.29%，用人单位满意度97.03%。

科研与社会服务　强化应用科研和技术服务，全年技术服务收入3669.09万元，新增授权专利368件（发明专利24件），转让专利2件，智能制造应用技术协同创新中心升级为国家级项目，省级科研平台数居全省高职院校首位。获福建省科技进步奖二等奖1项，获第十二届海峡两岸（厦门）文化产业博览交易会优秀组织奖（全省高职高专唯一）。设有技能鉴定站，主动承担省经信委、科协和市科技局、经信委、住建局、财政局、旅游局、社科联等部门技术、社会服务，全年开展30个工种、4806人次职业技能鉴定，承接59971人次社会培训，比上年增长15.6%。主动服务社区教育、精准扶贫和乡村振兴计划，举办终身教育学习活动周，加强农民工培训，挂牌成立黎大社区学院，

2019年5月20日，全国首场1+X汽车运用与维修（含智能新能源汽车）职业技能等级证书制度全国试点工作说明会暨职业教育培训考核办公室授牌仪式在黎明职业大学举行。图为黎明职业大学与北京中车行高新技术有限公司被授予汽车专业领域校企合作职业教育培训考核办公室牌匾

（图/黎明职业大学）

建设70门远程培训课程及120门社区教育通识课程，全年公益性培训超65万人日，入选福建省社区教育示范基地。全年承办省级以上大型会议、比赛26场，承办市级以上技能大赛11项，推进闽宁合作，面向19所中高职院校开展对口支援。

交流合作　坚持“引进来”“走出去”相结合，引进国际优质教育资源，发起组建21世纪海上丝绸之路职业教育联盟、福建省“一带一路”职业教育国际化联盟，接待境内外90多所院校参访，与19个国家（地区）50多家院校及科研单位建立合作关系，在境外建立5个黎明海丝学院，拓展海外技术服务，共享“黎明”专业教学标准体系，与跨国企业在缅甸共建黎大双喜学院，面向9个国家招收63名留学生。引进优质国际（境外）智力资源，柔性引进境外高素质领军人才5名。

【福建广播电视大学泉州分校】

2019年，福建广播电视大学泉州分校辖鲤城、南安、石狮、晋江、惠安、安溪、永春、德化、泉港9个工作站（学院）。本部占地0.33公顷，建筑面积5050平方米。拥有教职员工54人，其中副高以上职称11人、中级职称11人；外聘兼职教师40多人。

招生工作　坚持项目带动，面向基层，扩大合作覆盖面，整合资源，实现共赢。全市电大招生4387人，比2018年增加1116人，增幅34.1%。春、秋两季均超额完成省电大下达的招生指标，位居全省招生首位，创电大历年来招生人数新高。特别是2019年春季，全市电大招生2772人，创地区电大招生总量新高，排名地区电大第一，完成基本目标的277.2%，比上年增长82.2%。在2019年招生中，项目招生总人数达2200人，占2019年招生总数的51%左右。其中，警务辅助人员学历提升计划项目全市招生1295人。校军共建项目得到市政府高度认可，并决定2018到2020年每年安排专项助经费，用于武警泉州支队学员学费补助。

教务教学　践行听课评课制度，提高教学效率和教学质量。举行全市电大系统教学“金课大赛”，提升教师教学综合素质，并选送三位教师参加省电大“金课大

赛”，获二等奖和三等奖。组建学科教研团队，组织教师参加省电大网络课程教学比赛，获2019年福建广播电视大学“开放教育网上教学活动比赛”二等奖和三等奖。组织参加省电大首届教育类案例大赛，获全省电大一等奖和三等奖，并获国家开放大学二等奖。开展专业研讨、申报各级科研课题，学校教师发表各级别论文近10篇，出版书籍一部，申报课题8个（立项课题三个）。挂牌成立泉州台商投资区张坂镇山内村实践基地、晋江市东石镇萧下村实践基地和磁灶镇延泽社区实践基地、永春县云山花园实践基地、德化县雷峰镇潘嗣村美丽乡村实践基地、泉港区绿宇园艺进口红掌蝴蝶兰生产基地等十几个教学实践基地，锻炼和提升学员的综合实践能力。向市委、市政府提出申请，依托泉州电大成立泉州乡村振兴学院，加大乡村振兴人才培养力度。

继续教育　拓展合作覆盖面，新增县（市、区）远程继续教育网络培训及泉州台商投资区基层党支部书记主题教育培训等项目，形成继续教育培训范围辐射整个大泉州地区的态势。创建泉州终身教育大数据平台，为各类培训工作开展创造更加有利的条件。组织并完成试点高校网络教育部分公共基础课全国统一考试3次，共3762人次。完成继续教育网络及面授培训人数近1.5万人，实现培训收入340万元左右。

社区教育　挂牌成立泉州市老年开放（互联网）大学。发表《老老龄化趋势下发展社区老年教育的实践与探索》终身教育科研论文，申报的“文化养老进社区　共画刺桐最美夕阳红——泉州社区大学开展文化养老进社区”项目获全国“终身教育品牌项目”。“乡村振兴人才培养计划社区教育理论学习团队”和“多元化社区教育的探索与实践”入选第二批省终身教育重点项目。强化与丰泽社区合作，新开设南音教学班，举办教学成果展。拓展市总工会工人文化宫为社区教育示范基地。联合市妇联举办16场刺桐花讲座。

【泉州医学高等专科学校】　2019年，泉州医学高等专科学校有洛江、惠安、北门街三个校区，占地面积46.43公顷，建筑面积191487.91平方米。校内实训基地面积72496.31平方米，教学、科研仪器设备总值13821.85万元，馆藏图书总量55.57万册。拥有7所附属医院（含直属1家）及分布在全省各地的教学实习医院、实习药企255家。设11个教学教辅院部、中心、馆，20个专业。有教职员工649人，专任教师455人，其中副高以上职称142人，享受国务院特殊津贴专家1名，省级高校教学名师2名，泉州市“桐江学者”特聘教授1名。“双师型”教师占专业教师总数81.9%。全日制大专在校生9014人。

专业建设　开展专业质量评估（认证）工作，着力专业评估整改成效检查，加快和完善专业优化动态调整机制。贯彻落实国家教学标准，开展专业调研，修订32份专业人才培养方案。对中高职贯通培养的专业、二元制、学徒制专业等单独编制专业人才培养方案，使之更具针对性、适应性和实效性。推进校企共建福建省级“服务生物医药产业”药学类特色专业群、“服务基层医疗卫生行业”临床医学类特色专业群和医学技术专业群建设，做好临床医学、药学和医学检验技术三个国家骨干专业（群）建设。获批全国首批“老年照护”1+X试点项目，“母婴护理”（中、初级）和“失智老人照护”（中、初级）获全国第二批1+X证书4个试点项目。高职药学专业国家级教学资源库通过教育部验收。

产教融合　成立泉州市食品安全监测职业教育联盟，以学校为龙头，以市场为导向，以项目为纽带，开展“校校”“校校企”多种办学模式，形成“政校企联动、中高职衔接”的运行机制。创新合作育人模式，推动建立以学校、企业二元主导的现代学徒制技术技能人才培养模式，与晋江市医院合作的护理专业二元制试点项目获批高职教育“二元制”人才培养模式改革试点项目。开展工学结合校院（企）合作教育“1+1+1”（双主体）人才培养模式。与附属晋江市医院、福建医科大学附属第二医

2019年9月15日，孟加拉国访学团到泉州医学高等专科学校参观交流

（图/泉州医学高等专科学校）

院、泉州市第一医院、泉州市儿童医院及东南医药集团合作开展“厂中校”式校院（企）合作办学班。卫生检验与检疫技术专业与高品医学检验研发孵化基地、福食安食品检测基地共建“校中厂”，形成校院较为紧密的“专业共建、人才共育、责任共担、成果共享”的协同育人机制。学校“健康照护产教融合实训基地”和“检验检测服务实训基地”两个项目申报泉州市首批产教融合重大项目。

人才培养　省级技能竞赛获一等奖1个、二等奖7个、三等奖9个；国家级技能竞赛获一等奖1个、二等奖1个、三等奖1个；国家行业协会技能大赛获一等奖3个、二等奖13个、三等奖10个。教师在省级、国家行业协会技能竞赛中获一等奖2个、二等奖5个、三等奖3个。

科学研究　有市级及以上立项的科研项目24项，完成23项国家发明和实用新型专利的申请，新获授权实用新型专利31项，2019年学校技术服务到款额362.68万元。生命科学馆获评泉州市“我最喜爱的十佳科普教育基地”。母婴健康服务应用技术协同创新中心入选《高等职业教育创新发展行动计划（2015—2018年）》协同创新中心项目认定名单。

【泉州幼儿师范高等专科学校】 2019年，泉州幼儿师范高等专科学校有东海、永春两个校区，占地面积35.47公顷，设有附属实验幼儿园。建筑面积16.39万平方米，实训基地建筑面积5.2万平方米，固定资产总值47217万元，教学科研仪器设备总值6638万元，信息技术设备总值3556万元。图书馆馆藏纸质图书60.33万册，电子图书32.07万册。校内实训基地29个，校外实践基地168个。设17个专业。有教职员工422人，专任教师271人，硕士学位以上教师184人，副高以上教师107人，双师素质教师236人。招收新生3291人，全日制在校生7519人，培养二元制和现代学徒制项目学员186人，订单培养、委托培养与定向培养人数593人。

师资队伍建设　加强师德师风建设，组织实施专业带头人培养、骨干教师培养、青年教师培养、教学科研团队培养、“双师型”教师培养和兼职教师管理六项工程，整合校—地—园多方资源，采取导师引领式联合教研、校园互通式实践锻炼、课题带动式专题研讨、读书报告式理论研修、引领示范式课例观摩、技能竞赛式素质锻炼等措施打造校内外、专兼职智力互助团队，团队名师邹慧敏获2019年度全国“宋庆龄幼儿教育奖”。“双师素质”专任教师占87.1%，根据省教育评估中心发布的《福建省普通高校发展潜力监测报告》，学校双师素质教师人数位居全省高职院校第10名。专任教师中副高以上占39.5%，硕士以上学位占67.9%，生师比12.81：1。培养专业带头人18名、兼职专业带头人14名，新增培养骨干教师20名，新增2名教师入选省级职业院校专业带头人培养人选，继续建设教学科研团队5个；申报泉州市高层次人才19名。首批国家级职业教育教师教学创新团队立项1个；省、市课题立项36项，在各类CN刊物上发表论文152篇，其中人大复印报刊资料1篇，北大核心期刊论文1篇；国家一级出版社出版的著作、教材6部；实用新型专利5项。

实训基地建设　加强生产性实训基地建设，提升实训条件，推动校企协同实践育人。投入99.6万与幼乐美教育科技有限公司共建数字化早教虚拟仿真实训室，投入95万元建设科学教育实训室，建成仿真软件8套、校内实训基地29个、校内创业实践基地4个、校外创业实践基地10个。与泉州台商投资区第一幼儿园、丰泽区第八中心小学、泉州洲际酒店等20家单位共建校外实践基地，校外实践基地数达168家，推进“产学研训”一体化，实现专业全覆盖。创新创业基地占地面积3020平方米，已有学前教育类、特教服务类、文化服务类、艺术服务类等18个各类初创企业入驻校内创新创业教育实践平台。投入创新创业工作经费190万元，组建校级创业就业导师人才库，大学生创新创业园获评福建省产创融合教育实践示范基地，为福建省15个高职高专院校基地之一。艺术教育专业群生产性实训基地被教育部《高等职业教育创新发展行动计划（2015—2018年）》项目结果认定为国家级生产性实训基地。

社会服务　2019届毕业生

2019年7月25日，泉州幼儿师范高等专科学校艺术团应邀到马来西亚古晋南市参加2019年古晋节系列活动。图为艺术团全体成员

（图/泉州幼儿师范高等专科学校）

“双证书”获取率98.1%，就业率99.2%，专业对口率97.5%，毕业生对母校的满意度98.89%，用人单位对毕业生的认可度96.85%；与企业共建培训中心2个，完成培训项目53个、118个班次，总数达15262人次；完成省、市级送教项目4个，辐射人数3302人次；新增4个专业群技术服务团队、1所联办幼儿园及20家实践基地，与行业企业共建海丝文化艺术创作应用技术协同创新中心，参与市级以上大型文艺演出活动10场，文化志愿服务近200人次；承担闽宁、闽藏对口帮扶，选派一批管理干部和教师骨干到宁夏幼高专帮扶，开展办学探讨、管理交流、专题讲座、专业论证、教学研讨等，为西藏洛隆县培训中小学校长和管理骨干24名。根据省教育评估中心发布的《福建省普通高校发展潜力监测报告》，学校技术服务收入位居全省第3名，社会培训服务、新生报到率位居全省高职院校第5名。

【泉州经贸职业技术学院】 2019年，泉州经贸职业技术学院占地面积33公顷，建筑面积11.75万平方米。设8个教学系（部）和1个分院，开设31个专业（专业方向），形成适应地方经济社会建设发展需要的“突出经贸专业优势，协同发展轻工、电子类专业”的专业结构体系。拥有一支结构合理、爱岗敬业、具有较高教学水平和学术水平的教师队伍，其中高、中级职称教师占专任教师的88%以上，博士、硕士研究生学历学位教师占专任教师的54%以上，专业教师中“双师素质”教师占91%以上。拥有1个省教学团队；7名教师被确定为福建省高校教学名师或获福建省“优秀教师”“优秀教育工作者”等称号；1名福建省职业院校名校长。各级各类在校生达6865人。注重质量工程建设，拥有《财务会计》等11门省市级精品课程，《外贸单证实务》等3门省级精品在线开放课程；会计专业1个省级精品专业，现代商务专业群1个省级服务产业特色专业群，国际商务专业、会计专业是中央财政支持提升专业服务产业发展能力专业，获中央财政专项支持。新生平均报到率90%以上，毕业生初次就业率97%以上，78%的毕业生留在福建工作，45%的毕业生留在泉州就业，用人单位对毕业生满意率90%以上。

【泉州工艺美术职业学院】 2019年，泉州工艺美术职业学院占地面积20.33公顷，建筑面积8.42万平方米。设23个全日制专业和8个成人教育专业，面向全国招生。有教授3人、副教授36人，“双师型”教师94人，省级优秀教学团队1个、省级教学名师3人、省级专业带头人3人，省级工艺美术大师7人、省级陶瓷艺术大师9人、福建省工艺美术名人4人、高级工艺美术师14人，另有外聘兼职教授、行业大师40多人，教师作品获省级以上专业奖项100多项。

特色办学　实施差异化发展战略，走特色办学之路，坚持产教融合、校企合作，工学结合、知行合一，构建服务工艺美术全产业链、技术链、创新链三大专业群。其中，工艺美术专业群服务传统工艺美术传承与发展，文化创意专业群服务现代艺术设计和文化创意产业，“工艺商贸+”专业群服务工艺美术产业的下游产业链。有2个“中央财政支持高等职业学校提升专业服务产业发展能力”的重点建设专业、1个国家艺术基金资助人才培养项目、1个省级应用技术协同创新中心、7个省级现代学徒制试点专业、3个省级服务产业特色专业群、5个省级服务产业特色专业群实训基地、3个省级示范专业、4个省级创新创业教育改革试点专业、3个省级“二元制”人才培养模式改革试点专业、5门省级精品在线开放课程和精品共享课。探索“二元制”“大师班”“‘大师+名师’工作室”“跨界培养”等现代学徒制人才培养模式，获国家级教学成果奖二等奖1项，省级教学成果奖特等奖1项、一等奖1项、二等奖3项。

社会服务　坚持服务地方产业的宗旨，传承传统工艺美术文化和发展现代工艺美术创意产业，与60多家大型工艺美术企业建立长期合作关系，建设60多个校内外实训基地；建设成为福建省陶瓷产业技术开发基地、陶瓷新材料应用技术工程中心、陶瓷产品质量检测中心、陶瓷行业职业技能培训与考核中心、福建省高级技师培养基地。主持或参与国家、省、市科研项目80个，国家教学资源库项目4项，合作企业研发技术项目17个，研发陶瓷釉水110多种，出版著作10余部，校本教材20多种。

交流合作　坚持开放合作创新，主动融入“一带一路”建设，成为中国国际电子商务中心培训学院泉州分院、商务部援外培训项目承训学校、清华大学美术学院教学实习基地、阿里巴巴跨境电商人才培育基地，组建泉州市文化创意职业院校联盟，全方位开展对外交流与合作，已有100多个国家的2000多名外国友人到学院体验学习陶瓷文化。

科 学 技 术

责任编辑：刘楷彬

综 述

【科学技术概况】 2019年，泉州市科技局围绕中央、省、市要求和年度重点工作安排，实施创新驱动发展战略，全市科技创新工作呈现亮点频现、稳步快进的局面。年末全市企事业单位共有各类专业技术人员（不含退休及非公有制企业从业人员）12.98万人，其中高级职称1.43万人，中级职称4.84万人，初级职称4.73万人，未评职称1.98万人（含编外人员）。设立21个企业博士后科研工作站，引进博士后研究人员256人（次），在站博士后55人。全市拥有国家高新技术企业685家，省级高新技术企业477家，拥有省级、市级工程技术研究中心分别达85个和201个，228家企业被评为福建省创新型企业。全年实施国家、省、市各级各类科技计划项目358项，其中省级21个、市级337个。

【科技政策与计划】 2019年，泉州市科技局研究制定《泉州市建设国家创新型城市实施方案》，成立创建国家创新型城市建设工作领导小组。编制《福厦泉国家自主创新示范区泉州片区发展规划》，制定印发2019年泉州国家自主创新示范区建设工作要点，16个项目被列入省自创区2019年工作要点。泉州高新区工业总产值突破2200亿元，比上年增长15%，在全国排名实现“四连升”。

把泉州科学城建设作为打造创新要素集聚区的具体抓手和重要节点，以新材料、先进制造、智能信息技术等为重点进行规划建设。以福州大学、中化泉州石化有限公司为依托单位，共建中国福建化学工程科学与技术创新实验室，获省委、省政府批准启动。对接引进天津大学、南京大学等科研院校、龙头企业到泉州落地建设一批研究机构。全市共有市级以上新型研发机构44家，其中省级13家。对接引进北京青禾谷仓科技有限公司在泉州落地建设“小米谷仓泉州‘科技+消费’孵化基地”。至年底，全市有市级以上众创空间56家，其中国家级7家，省级42家；市级及以上科技企业孵化器35家，其中国家级3家，省级21家。

研究制订《泉州市促进科技

2019年11月22日，泉州市科技局、丰泽区政府、北京青禾谷仓科技有限公司、福建省谷仓创业投资服务有限公司共建小米生态链、谷仓学院“科技+大消费”泉州孵化基地签约仪式举行。图为“科技+大消费”泉州孵化基地揭牌现场 （图/市科技局）

成果转移转化的若干意见》政策文件，引进浙江伍一技术股份有限公司合作共建泉州科技大市场，与南京大学合作共建“国家技术转移示范机构——南京大学技术转移（泉州）中心”。2家企业入选“省级科技成果产业化基地”，1家企业入选“省级产学研合作示范基地”，3家单位入选“省级技术转移机构”。全市（含驻泉州单位）有25项成果获2018年度福建省科学技术奖。落实人才“港湾计划”，实施“人才+团队+项目”的精准引才模式。立项支持引进人才团队9个，高层次人才创新创业项目100项，入选“科技部创新人才推进计划”2人。

实施乡村振兴领域科技创新工程。编制印发国家农业科技园区综合评估工作方案，在全国157家参评的国家农业科技园区中，泉州国家农业科技园区创新能力指数位居前十（福建省唯一）。全市有市级及以上星创天地37家，其中国家级13家，数量居全省地市第一。选认省级个人科技特派员212名、团队科技特派员14名、法人科技特派员2名，选认二批市级科技特派员自然人349名、法人（团队）44个。全市选认省、市级自然人科技特派员1251人、法人（团队）科技特派员82个，科技特派员乡镇（街道）覆盖总数达163个，乡镇（街道）覆盖率100%。

【科技投入】 2019年，泉州市科技局开展研发投入提升攻坚行动，落实企业研发经费分段补助政策、企业研发费用税前加计扣除政策、高新技术企业所得税优惠政策。全市324家企业获研发经费分段补助，补助资金1.33亿元；全市414家申报企业研究发费用费税前加计扣除，增长48.92%，享受加计扣除额18.51亿元，比上年增长87.08%；全市R&D活动的纳统企业数990家，增长10.86%。

【科技企业】 2019年，《泉州市人民政府关于加速高新技术企业培育发展若干措施的通知》修订出台。下达2018年度省、市高新技术企业奖补资金5918.18万元，289家企业入库省级高新技术企业备案，新认定国家高新技术企业216家。实施培育科技小巨人领军企业行动计划，全市123家企业获2019年省科技小巨人领军企业认定，总量达602家，数量居全省第一，争取科技小巨人企业研发费用加计扣除奖励3079.1万元。科技型中小企业全年完成入库11批次，563家企业通过省级审查并取得国家级科技型中小企业入库编码，增长110%，数量居全省第二。在全省率先实施“瞪羚计划”，确认72家企业为2019年度泉州市瞪羚企业培育库入库企业，三年培育瞪羚种子企业124家。组织开展2019年泉州市战略性新兴产业成长型企业遴选工作。79家企业入选首批2019年泉州市战略性新兴产业成长型企业。

【科技人才】 2019年，泉州市科技局按照市委“绘制重点产业人才分布图，推动精准高效引才”精神，实施人才“港湾计划”，推进实施科技人才引育工程。按照“人才+团队+项目”的精准引才模式，组织开展人才团队及高层次人才创新创业项目申报。立项支持引进人才团队9个，高层次人才创新创业项目100项，经费3000多万元；推荐入选“科技部创新人才推进计划”2人。整合外专职责，激发“1+1＞2”的效应，审核到泉州创业就业的外专人才1500多人次。入选“国家高端外国专家引进计划”1项、省“闽台合作引智专项计划”1项。开展2019年度中国政府友谊奖、福建省政府友谊奖的申报工作。

壮大人才创新共享联盟实力，扩容吸纳泉州天津大学集成电路及人工智能研究院等5家新成员单位，已有涵盖智能制造、纺织、制鞋、化工、物联网、环保、新材料、人工智能、集成电路、医学检测、科技服务业等各领域的成员单位18家，聚集研发人员600人。“制鞋产业技术创新战略联盟”成为福建省首家国家级试点联盟。

完善《泉州市高层次人才认定和引进高层次人才团队评审规定（试行）》，对引进高层次人才团队时限适当放宽，对引进团队的补助方式进行调整和完善，赋予入选团队更加灵活的研究方向、课题选择权，提升团队分配及预算自主权，完善团队资助方式，确保团队引得进、创新创业好、资助效果好的目标。指导高校、科研院所、企业开放共享部分仪器设备，对人才使用仪器设备、购买科技服务，落实“科技创新券”政策补贴，确实增强人才获得感和存在感。全市审核认定高层次人才141人次，及时协调解决一批科技人才服务需求。

科技成果与奖励

【概况】 2019年，泉州市科技局继续做好科技成果奖励推荐及评审工作。开展推荐2019年度福建省科技奖提名推荐工作，收到申报项目30项，经初审，向省科技厅推荐申报项目28项。

【福建省科学技术奖和专利奖】 2019年9月30日，福建省政府表彰2018年度福建省科学技术奖。泉州市（含驻泉州单位）25项成果获2018年度福建省科学技术奖，其中，自然科学奖三等奖2项；技术发明奖三等奖1项；科学技术进步奖一等奖1项，二等奖8项，三等奖13项。

表35

2018年度泉州市获福建省科学技术奖名表

自然科学奖三等奖

序号	项目名称	完成单位	完成人
1	杂环化合物的绿色构筑	华侨大学	崔秀灵、程国林、沈金海、王雪松
2	基于新型凝胶电解质和杂化电极的超级电容器研究	华侨大学	吴季怀、范乐庆、余海君、林建明、黄妙良

技术发明奖三等奖

序号	项目名称	完成单位	完成人
1	节省使用空间的鞋类自动化生产线及鞋类自动化制作方法	黑金刚（福建）自动化科技股份公司	阙小鸿、阙　凯、阙　宇、杨昆欣、胡勇胜

科学技术进步奖

一等奖

序号	项目名称	完成单位	完成人
1	魔芋精深加工关键技术研究与产业化	福建农林大学、华南农业大学、西南大学、蜡笔小新（福建）食品工业有限公司、湖北一致魔芋生物科技股份有限公司、广东喜之郎集团有限公司	庞　杰、吴春华、孙远明、张盛林、钟　耕、张甫生、吴先辉、邓荣华、袁　萍、孙佳江

二等奖

序号	项目名称	完成单位	完成人
1	高性能碳纤维复合芯导线工程化关键技术及应用	国网福建省电力有限公司电力科学研究院、全球能源互联网研究院有限公司、国网福建省电力有限公司莆田供电公司、国网福建省电力有限公司福州供电公司、国网福建省电力有限公司泉州供电公司、中复碳芯电缆科技有限公司	何州文、林德源、刘　辉、蔡建宾、陈　新、郭敬东、刘　强
2	沥青混合料再生设备关键技术研究与应用	福建泉成机械有限公司	张小峰、田超常、龚万毅、朱志刚、黄兴煜、何伟川、庄主红
3	间歇染色色泽在线测量关键技术及应用	华侨大学、福建凤竹纺织科技股份有限公司、黎明职业大学、浩沙实业（福建）有限公司	金福江、汤仪平、张　鑫、周丽春、李振卓、付春林、黄彩虹
4	乌龙茶加工配套技术创新及关键技术装备研发与产业化	福建农林大学、福建省安溪县韵和机械有限公司、武夷星茶业有限公司、华祥苑茶业股份有限公司、福建八马茶业有限公司	孙威江、薛志慧、林馥茗、林清矫、陈志丹、邵静娜、黄　艳
5	锦纶织物低耗水经轴连续循环染色关键技术及产业化	浩沙实业（福建）有限公司、东华大学	付春林、侯爱芹、王　忠、高爱芹、谢孔良、常向真、施鸿雁
6	新成岩法透水性地基防渗堵漏处理关键技术与应用	厦门安能建设有限公司、华侨大学、厦门清能旺科技有限公司、福建闽清一建建设发展有限公司、浙江省隧道工程公司、福建省茂宏建设工程有限公司	陈新泉、陈星欣、李旺雷、吕虎波、唐　珺、阙　晋、缪子超
7	红掌新品种选育及产业化关键技术研究与应用	福建省林业科技试验中心、福建农林大学、阳光国际集团科技发展有限公司、厦门市江平生物基质技术股份有限公司、泉州市泉美生物科技有限公司、福建洋埕园艺有限公司	陈孝丑、陈发兴、陈　春、李　雪、林成立、江瑞荣、张毅智
8	选择性支气管封堵术治疗难治性气胸技术体系构建与临床应用	福建医科大学附属第二医院	曾奕明、张华平、陈晓阳、杨栋勇、陈云峰、刘华玲、林辉煌

续表35

三等奖			
序号	项目名称	完成单位	完成人
1	用于企业产品设计的云平台关键技术研发与应用	南威软件股份有限公司、厦门大学、福建省纳金网信息技术有限公司、厦门理工学院	侯济恭、姚俊峰、郭振宇、黄孕宁、游建友
2	海洋探测无人系统协同关键技术及其应用推广	华侨大学、哈尔滨工程大学、福建北斗星河通信有限公司、天津深之蓝海洋设备科技有限公司	蔡绍滨、王　伟、高振国、陈爱泉、魏建仓
3	环保节能组合式储罐清洗装置	福建省迅达石化工程有限公司	王龙添、王龙波、王龙真、王龙聪、王泉生
4	智能环保型沥青混合料搅拌设备	福建铁拓机械有限公司	蔡志勇、陈聪永、王俊峰、赖　鹏、郭丕贤
5	全伺服婴儿训练裤生产设备	泉州市汉威机械制造有限公司	林秉正、尤永生、余占波、陈子斌、高奇晖
6	高效益中小牛鞋面革绿色关键工艺设计、优化及其应用	兴业皮革科技股份有限公司	温会涛、李银生、梁永贤、任卫华、孙辉永
7	脱胎漆器的淡彩薄料制备关键技术及应用	福建工程学院、福州斯马特家居饰品有限公司、泉州信息工程学院	上官俊华、李静玲、叶晓云、许琼琦、黄立杰
8	高品质湿水柔韧乳霜原纸的研制	福建恒安集团有限公司、恒安（中国）纸业有限公司	林一速、王　伟、戴　飞、张富山、孙晓丽
9	废不锈钢衬纸制浆关键性技术及在高档薄型包装纸中的应用	福建省晋江优兰发纸业有限公司	张　俊、邱甜甜、杨晓日、古木林、陈长兴
10	肉制品加工过程品质提升及化学危害物控制关键技术	厦门银祥集团有限公司、江南大学、泉州师范学院、厦门华厦学院	陈　洁、张志刚、曾茂茂、郑宗平、郭凤仙
11	海洋环境大跨径组合梁斜拉桥结构耐久性相关技术研究	福建省交通建设工程监理咨询有限公司、泉州湾跨海大桥有限责任公司、中交第二航务工程局有限公司、江苏法尔胜缆索有限公司	齐云慧、王文清、颜明煌、黄　跃、方二宝
12	全自动智能环保型地坪磨抛机	福建兴翼机械有限公司、福建博业建设集团有限公司、福建省禹澄建设工程有限公司、福建协顺建筑工程有限公司	叶根翼、江明洪、叶允平、徐[illegible]新、洪文聪
13	混凝土与钢0混凝土结构抗火性能评估关键技术及应用	华侨大学、湖南大学、福建农林大学、福建省建筑科学研究院	霍静思、王玲玲、廖飞宇、刘艳芝、曾　文

科技交流与合作

【概况】　2019年，泉州市科技局组织实施产学研合作项目申报，立项资助8项。组织实施对外科技合作项目申报，立项支助5项。首次实施2019年度市级中科院科技服务网络计划（STS计划）项目申报，支持中科院系统科研机构服务泉州地方产业，立项资助14项。4个项目入选省级中科院STS计划，2个项目入选省级对外科技合作计划。

【科技交流】　2019年，泉州市科技局组团到印度、阿联酋等国开展科技招商工作，强化与“一带一路”国家的科技合作。组织泉州市企业、科研机构参加科技人才创新活动，1个项目获“高交会优秀产品奖”。组织开展“第八届中国创新创业大赛暨第七届福建创新创业大赛泉州市赛”“福建省智能制造成果对接活动”“创聚泉州一南京大学高新技术产业成果对接交流会”“人才创新共享联盟技术推介与交流鲤城、石狮、泉港专场活动”以及10多场对接会等，推动更多创新成果在泉州转化落地。

【科技合作】　2019年，泉州市科技局引进浙江伍一技术股份有限公司合作共建泉州科技大市场，与南京大学合作共建“国家技术转移示范机构——南京大学技术转移（泉州）中心”，推动南京大学科技研发、技术创新、创新创业人才培养等方面的优秀成果优先向泉州市转移转化。围绕泉州重点产业路线图，重点推动中船重工（沈阳）抗微生物科技有限公司到泉州推介对接锌离子抗菌技术，促成与新华宝纺织、水丰印染、达郎体育用品等企业对接合作。

科学普及与宣传

【概况】 2019年，泉州市科技局加大科学普及与宣传力度，围绕国家、省、市科技重点工作做好对外宣传。通过《科技日报》《泉州晚报》等主流媒体陆续刊发多条重要信息、专题报道、政策解读，集中展示泉州各项科技工作进展情况、取得成效。发挥泉州市科技信息网科技门户网站及微信公众号的作用，加强科技信息宣传工作。利用泉州市科技·人才活动周等活动，普及科学知识。

【科学普及】 2019年5月19—26日，根据国家、省统一部署，以“科技强国、科普惠民”为主题的2019年泉州市科技·人才活动周在全市各县（市、区）同时举办。活动周期间，各地开展科普宣传系列活动。邀请西安交通大学公管学院科技政策与发展研究所所长、人居环境学院环境科学与工程中心主任孙海鹰教授，举办以“坚持创新驱动发展，加快产业转型升级”为主题的“科技大讲堂”，镇（街道）、经济开发区分管科技工作领导、科技专干，高校、科研平台科研人员，以及企业相关研发人员150多人参加。邀请福建省大学生心理健康教育专业委员会主任何少颖教授开展大学生心理健康专题讲座。晋江市科学技术局联合晋江国际工业设计园科技孵化基地、科技馆、防震减灾科普馆和福建深沪湾海底古森林遗迹国家自然保护区地质科普馆，推出VR体验中心、生命科学展、互动科技展、地震练习小屋、古森林遗迹等科普展示。5月23日，由泉州市科技局、市农业农村局、市妇联和市计生协会主办，市科技开发中心承办，应用泉州市星火科技12396多媒体信息远程服务平台，开展泉州市科技活动周民生科技远程培训。邀请泉州师范学院陈艺华副教授和市农科所助理研究员陈朝文分别讲授《心理营养——当代父母的育儿之道》和《泉州延陵丝瓜栽培技术与产业发展分析》。各县（市、区）科技、农业主管部门组织科技示范乡镇、村主干，农民专业合作社社员、农民技术员及计生户等5000多人，分别在所在地视频会议系统分会场参加远程培训。各科普场馆开展免费参观活动。在科技教育示范校开展校园科普讲座、科技知识竞赛、科普挂图展览、放映科教影视片、青少年科技创新知识讲座等活动。牛姆林生态科普馆、九九科技文化园、青少年活动中心和桃溪社区青少年科学工作室等科普宣传基地免费开放参观，1600多人次参加活动。泉州医学高等专科学校生命科学馆接待社会各级观众近2000人次。

【科学宣传】 2019年，泉州市科技局在《经济日报》《经济参考报》《科技日报》《泉州晚报》等主流媒体刊发上百条科技工作相关报道，与泉州电视台开展合作，开辟“聚焦科技引领”专题栏目，发布专题新闻55期；在新华网、人民网等主流媒体网站推送科技宣传信息近十条；利用泉州市科技信息网站和微信公众号等自有媒介推送科技信息。加强科技信息上网发布工作，及时发布各级各类科技政策和解读信息，公开科技项目申报等各项办事指南，完善门户网站在线服务功能。通过泉州科技、泉州市科技局微信号发布科技相关信息416篇。编印《泉州科技信息参考》21期，为市领导科技决策提供决策参考。

科技服务

【概况】 2019年，泉州市完善科技创新服务体系，激发各类创新主体活力，加快重点科技创新平台建设，加快实施创新驱动发展战略，适应和引领经济发展新常态，顺应大众创业、万众创新的新趋势，构建“新型研发机构”“孵化平台”“众创空间”，推动传统产业和新兴产业创新发展，营造创新创业发展氛围。

【新型研发机构建设】 2019年，泉州市通过引进知名高校、科研机构、行业龙头企业等合作共建，引导推动民营企业、行业组织等投资创办，培育建设一批新型研发机构。至年底，全市有市级以上新型研发机构44家，其中省级13家。引进建设中科院海西研究院泉州装备制造研究所、华中科技大学智能制造研究院、福建（泉州）哈工大工程技术研究院等一批应用型的创新平台，解决产业关键共性技术难题，强化产业技术供给，实施高新技术成果转化，在大学、国家级院所与企业之间搭建起产业技术创新支撑平台。支持研发机构引进、培养领军人才、优秀人才，配备结构合理的研究人员、技术开发人员、工程技术人员等，加强优秀青年人才培养和使用，打造高水平、充满创新活力的科研创新团队。至年底，全市研发机构有固定研发人员2600多名，全市柔性引才及短期到泉州研发的1500名。研发机构通过自主研发，在若干重点领域获取一批技术专利和技术成果，并针对企业需求开展关键技术攻关、科技成果转化，提供设计、中试、测试、咨询等技术服务。如中科院海西研究院泉州装备制造研究所新增国家级项目3项、福建省级项目14项、其他各类科研项目和企业合作项目50多项，新增合作企业60多家，新增各类科研经费近5000万元，推动成果转移转化30多项。鼓励支持新型研发机构在建设模式、管理运行机制、薪酬激励机制、科研与成果转化机制等方面进行探索与实践，突破体制机制束缚，释放创新活力。实行建设主体多元化。发挥政府引导作用，鼓励支持高校、科研院所、企业、社会组织等各类创新组织，采取独立创办，或校（院）地、校（院）企、校（院）地企合作共建等多样化模式到泉州建设新型研发机构。建立现代治理机制，实行理事会、董事会领导下的院长、主任负责制，依照章程管理运行。建立多元化用人机制，采用合同制、聘用制、兼职制等多种用人方式，打破“唯论文、唯职称、唯学历、唯奖项”的评价制度，建立与创新能力和创新绩效相匹配的收入分配机制。建立科学化的科研组织管理制度，简化科研资金预算管理、报销等制度；建立科技成果转化激励和知识产权收益分享制度，加大对科技成果主要贡献者奖励力度。建立开放共享的协同创新机制，构建长效稳定的产学研结合机制，参与国际科技和人才交流合作。

【创业孵化基地建设】 2019年，泉州市贯彻落实国务院办公厅《关于发展众创空间推进大众创新创业的指导意见》、《关于推动创新创业高质量发展打造“双创”升级版的意见》、福建省《关于大力推进大众创业万众创新十条措施的通知》等文件精神，打造众创空间和科技企业孵化器，激发全社会创新活力，营造创新创业生态环境。对接引进北京青禾谷仓科技有限公司在泉州落地建设“小米谷仓泉州‘科技+消费’孵化基地”。全市新增省级众创空间11家，全市有众创空间56家（其中国家级7家，省级42家），孵化器35家（其中国家级3家，省级21家）。根据科技部火炬统计，泉州市通过各级认定的56家众创空间，总使用面积20.37万平方米，常驻创业团队、初创企业1257家，拥有知识产权数882项。35家孵化器总孵化面积54.93万平方米，在孵企业数661家，其中高新技术46家，拥有知识产权数2174项。

【科技成果转移转化】 2019年，泉州市以搭建科技成果转化载体为重点，实施科技成果转移转化工程。研究编制《泉州市促进科技成果转移转化的若干意见》，布局建设一批科技成果产业化基地，2家企业入选“省级科技成果产业化基地”，1家企业入选“省级产学研合作示范基地”，3家单位入选“省级技术转移机构”。承办2019年福建省技术经理人高级培训班，为泉州市储备一支技术经理人队伍。

【泉州科技大市场】 2019年9月，泉州市引进浙江伍一技术股份有限公司签约，作为泉州科技大市场合作共建单位，并在泉州注册成立公司。科技大市场运营团队走访华侨大学、泉州师范学院等在泉州高校，以及中科院海西研究院泉州装备制造研究所、泉州华中科技大学智能制造研究院、福建（泉州）哈工大工程技术研究院、福建师范大学泉港石化研究院等在泉州研究院所，收集筛选具有较好产业化前景的技术成果60多项，并初步建立技术合同认定登记等科技服务工作的辅导服务机制。策划推动一批项目洽谈对接。多次到各县（市、区）走访调研企业和行业协会，与泉州匹克鞋业有限公司、福建汇美光电有限公司、晋江甲古多媒体设计有限公司、泉州市依科达半导体致冷科技有限公司等37家企业达成技术服务初步合作意向，其中5家签订技术服务协议。同时，围绕泉州重点产业路线图，重点推动中船重工（沈阳）抗微生物科技有限公司到泉州推介对接锌离子抗菌技术，促成与新华宝纺织、永丰印染、达郎体育用品等企业对接合作。协办泉州市丰泽区科技成果转化对接活动、2019年福建省技术经理人培训班（高级班），承办2019年泉州市科技型企业专场挂牌鸣锣仪式等活动。举办南京大学高新技术产业成果对接会，现场推介7项科技成果，并编印南京大学科技成果汇编。

【技术合同认定登记】 2019年，泉州市新增开户注册企业100家，认定登记技术合同190项，增长131.70%，合同成交总金额1.37亿元，增长38.4%，成交总金额在全省地级市中排名第三。

农业科研与服务

【概况】 2019年，泉州市农业农村局承担国家级、省级和市级农业科研项目攻关，合作承担省、市科技计划项目建设，各项目研究均按计划推进，取得阶段性成果；在全市推广泉州市农科所培育、引进的农作物新品种、新技术；新增通过省级认定特派员、市级认定科技特派员9人、团队1个；加强泉州和台湾农业科技交流合作，建立两岸农业专家、学者交流互访制度；以新型职业农民为培育主体，提升农村实用人才的科技素质、职业技能和经营能力，落实省市优秀农村实用人才表彰奖励政策；发布落实农业主推技术，推进基层农技推广体系改革项目建设，建立科技示范基地，培育科技示范主体；开展科技助力乡村振兴行动，选派农业专家、技术员68名，与66个行政村开展对接帮扶，采取“线上线下”相结合的方式进村入户开展技术服务。

【农村实用人才】 2019年，泉州市农业农村局实施农村实用人才素质提升工程，科学合理设置培训课程，创新培训模式，通过集中面授、网络视频等形式，培训农民9万人次。选送214名符合条件的学员，采取单列考试入学、免费培训办法，依托福建农林大学、福建农业职业技术学院等农业院校免费进行学历教育和技能培训。落实省、市优秀农村实用人才表彰奖励政策，对素质高、能力强、带动好的农村实用人才，优先推荐参加团中央、农业部组织的“全国农村青年致富带头人”和农业部组织的“全国十佳农民”“科技兴村杰出带头人”等评选表彰。全年评选泉州市优秀农村实用人才20名。全市90名优秀农村实用人才所在的农业企业中，总产值5.6亿多元，人均300多万元。26家企业或个人取得专利106项。投入研发经费3000多万元，科技研发的CN级论文发表50篇。列入省级以上示范区（片、点）37个。全市127个建档立卡的贫困村实现脱贫摘帽，建档立卡的贫困人口3579人收入都达到贫困线以上。实施“百社百村带千户”创建活动，安排扶持资金700万元，扶持35家省、市级农民专业合作示范社与35个“薄弱村”集体签订入股或分红协议，带动“薄弱村”集体参股经营（股金5万元，保底分红8000元），350户贫困户及农户三年内每年收入增加6000元以上。

【农业技术推广】 2019年，泉州市农业农村局指导各县（市、区）结合生产实际，组织专家遴选确定水稻、果蔬、畜牧、茶叶、农膜污染综合防治技术等6个主导产业，推广应用134项主推技术，制定技术操作方案，印制技术明白纸，农业主推技术到位率99.63%；建立29个示范带动效果明显、长期稳定的农业科技示范基地，立足基层农技推广补助项目任务要求和当地优势特色产业发展需求，全市遴选3419个能力较强、乐于助人的新型农业经营主体带头人、种养大户、乡土专家等作为农业科技示范主体。为确保工作落实到位，当地农业农村局与农技人员、农业科技示范主体间分别签订技术服务协议，明确各自的责任、权利和义务。

【农业科研】 2019年，泉州市农科所主持承担在研农业科研项目44个，其中国家级项目2个、省级项目25个、市级项目17个；合作承担省、市科技计划项目5个。各项目研究均按计划推进，取得阶段性成果。育成泉花27、泉红花1号、泉花557、泉薯17和泉薯19五个新品种通过国家品种登记，泉珍12号、伍天A 两个水稻新品种通过福建省品种审定，合作育成杂交稻新组合泷两优713通过国家审定、伍天优713通过福建省审定。常规稻新品种“古早占”在福建省第十届优质稻品种品质鉴评活动中获后备品种组金奖。在全市推广泉州市农科所培育、引进的农作物新品种、新技术3万多公顷，由农科所创新和引进的各项新成果在省内外推广面积13万多公顷。新增通过省级认定特派员3人、市级认定科技特派员6人、团队1个。科技特派员挂钩服务区域覆盖全市各县（市、区），涉及30多个乡镇50多家企业。拍摄“万亩创业热土‘星创天地’在泉州”和“万亩热土上的创业人”2个专题片，在全国党员干部现代远程教育网播放。2个项目参加2019年省科技特派员技术成果推介会推介、签约。依托农科所建设福建省现代水稻产业技术体系泉州市综合试验推广站。加强对台农业科技交流合作，全年台湾专家、企业家15批次69人次。

2019年8月26—28日，由泉州市农业农村局主办的“海丝泉州、人才港湾”——2019年泉州市农业行业职业技能竞赛举行。图为动物疫病防治员技能竞赛现场 （图/市农业农村局）

知识产权

【概况】 2019年6月，泉州市被国家知识产权局确定为“国家知识产权运营服务体系建设重点城市”，获中央财政1.5亿元的资金支持。全年全市新增专利申请量4.9万多件、专利授权量3.2万多件、发明专利1780件，每万人发明专利拥有量9.48件。全市专利申请量、授权量、累计通过贯标认证企业数及知识产权质押贷款额度等均位居全省地级市前列。

【知识产权战略实施】 2019年，泉州市市场监督管理局以泉州市获批“国家知识产权运营服务体系建设重点城市”为契机，推进知识产权战略实施，制定《泉州市知识产权运营服务体系建设实施方案（2019—2021年）》，兑现知识产权资助资金1600多万元，新增知识产权质押贷款近8.5亿元。

【商标战略实施】 2019年，泉州市新增有效注册商标8.9万件，累计40万件，居全国地级市第二位；新增驰名商标2件，累计159件，位居全国地级市前列；新增马德里商标国际注册34件，累计865件，位居全国地级市第三位；新增地理标志证明商标5件，累计拥有地理标志证明商标44件、国家地理标志产品11项。

【知识产权保护】 2019年，泉州市市场监督管理局完善知识产权快速维权六方协作机制，推动第三批10家企业入盟阿里巴巴“可信唯一认证渠道”。探索通过“互联网+监管”的模式加强对同城快送的监管，尝试与美团、饿了吗等平台建立数据共享模式。升级“泉州知识产权网络保护系统”，设置知识产权网络保护监测室，完善企业派员入驻协同办公模式。

社会科学

综述

【社科项目】 2019年，泉州市24个课题获国家社科基金项目立项，其中一般项目13个、青年项目5个、后期资助项目4个、冷门“绝学”和国别史等研究专项1个、高校思政课研究专项1个。33个课题获福建省社科规划项目立项，其中年度一般项目24个、青年项目6个，普及出版资助项目1个、台胞专项扶持项目1个、福建省中国特色社会主义理论体系项目1个。市社科规划办立年度社科研究规划项目130个。其中重大项目1个、委托项目17个、重点项目18个、一般项目37个、青年项目20个、社团项目1个、合作项目36个（其中职业教育专题16个、“五四运动”专题7个）。

【社科成果】 2019年12月17日，福建省政府发文表彰省第十三届社会科学优秀成果奖，泉州市1项成果获一等奖，4项成果获二等奖，18项成果获三等奖，5项成果获青年佳作奖。另外，由泉州市邀请和组织中国社科院专家撰写的《泉州践行“晋江经验”的新发展新启示》获二等奖。

【社科学会】 2019年，泉州市社科联业务主管的社会组织有42个。2月26日，泉州市广播影视协会第四次会员代表大会召开，选举产生第四届理事会，张宏镕当选新一任会长。4月19日，泉州市闽粤赣边区革命史研究会第五届会员代表大会召开，肖清辉当选新一任会长。4月26日，泉州市泉台传统文化交流协会第二次会员代表大会召开，王世哲当选新一任会长。5月，泉州历史文化中心组织翻译《刺桐双塔》《泉水之城》《中国传奇》三本有关泉州的英文书籍，并合编为《泉城》丛书（汉译本），由九州出版社出版。6月14日，由市社科联、泉州孔子学会等主办的海峡两岸“乡村记忆文化与现代教育”座谈会在晋江举行。6月29日，泉州市高校马克思主义理论教学研究会第七次会员代表大会暨2019年学术年会召开。7月7日，由市社科联、泉州市人口学会主办的“人口生育转变与社会政策应对”学术研讨会暨泉州市人口学会第七届会员大会召开，汤兆云当选新一任会长。8月17日，泉州市心理咨询师协会第二届会员代表大会召开，陈本兰当选新一任会长。9月18日，泉州市中直会计学会第三届全体会员代表大会召开，万培育当选新一任会长。9月23日，由泉州市闽浙赣边区革命史研究会主办的纪念陈平山烈士诞辰115周年活动在惠安县聚龙小镇举行。9月26—28日，由台盟中央台情与两岸关系研究委员会、泉州郑成功研究会主办的“明郑人物的活动及其历史影响”研讨会在永春县举行。10月26日，泉州市求是文化促进会第一届全体会员代表大会召开，黄建祥当选会长。12月19日，泉州市老年学学会三届二次理事会暨学术交流会举行。12月21日，“曾公亮文化泉州论坛”暨泉州曾公亮学术研究会2019年会举办。12月25日，由市社科联、泉州市职业技术教育研究会、泉州市轻工职业学院主办的，以“校企合作，聚力打造行业工匠”为主题的两岸职业教育论坛第十次峰会举行。

社科活动

【概况】 2019年5月8日，经专家组评审并公示，泉州市2019年社科活动评出资助项目19个，其中学术交流类11个、宣传普及类8个。

2019年10月19日，由中共泉州市委宣传部、泉州市社科联等主办的泉州市2019年社会科学普及宣传周启动仪式举行　（图/洪　旭）

【社科研究与活动】　2019年1月15日，泉州市委党校、市委党史和地方志研究室、市社科联举办学习习近平新时代中国特色社会主义思想暨第十一届党校市情论坛。3月18—30日，市社科联、泉州市海西社工事业发展中心、泉州市社会发展协会举行“提升社会工作水平、推动社会治理创新”系列宣传活动，包括社科讲座及各类社工公益工作坊等。4月27日，由市农业局、市社科联主办的泉州市“全民饮茶日”活动在泉州工人文化宫举行。5月18日，由市侨联、市社科联主办的“永远的丰碑——纪念南侨机工回国抗战80周年”图片展在泉州华侨历史博物馆开幕。9月12日，由中国社会科学院社会学研究所、社会科学文献出版社主办的“晋江经验”主题座谈会在晋江召开。9月，由市社科联、泉州海外交通史博物馆和玉门市博物馆主办的“刺桐港与玉门关——海上与陆上的丝路对话”海丝文物展在泉州和玉门两地同时举行。10月30日，由省生态文明建设促进会、市社科联主办，泉州职业技术大学承办的第三届生态文明建设论坛在泉州职业技术大学举办，聚焦提高人居环境，引导公众将生态环保意识转化为保护生态环境的意愿和行动。11月2日，市社科联、泉州师范学院科研处和教育科学学院举行以“亲爱的祖国，亲爱的你”为主题的“关注特殊儿童·我们在一起第五季融合艺术”公益活动。11月25日，在巴金诞辰115周年之际，由黎明职业大学图书馆与市社科联主办的“巴金与泉州的研学体验活动”闭幕。该活动历时五个月，由“慢阅读”、手绘地图比赛、研学旅行体验、情景朗诵节目四部分组成。11月26日，由市社科联、丰泽区社科联和泉州市艺华戏韵文化有限公司主办的“梨园戏优秀传统戏曲艺术进校园”活动在泉州师范学院举行，推动优秀传统艺术走进校园。11月，市社科联与福建省级社科普及基地泉州海外交通史博物馆开展2019年“古刺桐遗珍”寻宝之旅研学课程，研学活动历时半年，在让学生了解泉州海丝历史文化的基础上，以“寻宝”的方式与与“海丝”文物展开对话，发掘文物背后的故事。12月1日，市社科联、泉州信息工程学院等召开乡村旅游发展模式研讨会，华侨大学、泉州师范学院、泉州信息工程学院、黑龙江农垦电视台和泉州文旅集团等省内外专家学者围绕“乡村旅游与乡村振兴”主题开展研讨。12月21日，泉州泛家居产业发展研讨会在南安市闽南科技学院举行，专家学者共同研讨“一带一路”倡议背景下泛家居产业国际化战略、产业转型升级和产业联盟建设等问题。12月27日，泉州市社科联在南安市光前教育基地举行2019年光前精神研讨会。2019年，为发挥泉州丰富的“海丝”文化资源，推进“一带一路”沿线国家人文交流，引导青年学生自觉参与“一带一路”建设，提升海外华裔师生对祖籍国、祖籍地的文化认同和民族认同，市社科联与华侨大学举行“一带一路”共建国家华裔师生泉州“海丝”文化宣传、交流系列活动。活动从下半年开始，历时半年，采用双向交流的互动方式，结合实地考察和“海丝”文化宣讲开展。

【社科学术交流合作】　2019年8月19—21日，第四届全国“一带一路”沿线城市智库联盟大会在陕西省宝鸡市举行，泉州师范学院社科处处长戴聪杰教授、福建省智库海丝文化研究院院长王万盈教授、泉州市社科联《泉州学林》执行编辑朱燕玉3人参加大会。8月30日至9月1日，全国大中城市社科联第30次工作会议在内蒙古自治区巴彦淖尔市召开，泉州市社科联应邀参会。泉州市社科联、南安市社科联获评2019年度全国社科组织先进单位，泉港区社科联主席钟兴枝和惠安县社科联原主席许建安获评2019年度全国社科工作先进个人。11月26日，由省社科联主办，市社科联、黎明职业大学科学研究与技术服务处承办的福建省社科界2019年学术年会分论坛——“海丝”文化数字化保护与影像化传播研讨会在黎明职业大学举行。12月18日，市委非公有制企业和社会组织工作委员会、市社科联举办泉州市社会组织党建研讨会。

泉州学研究

【概况】 2019年，泉州学研究所以研究、弘扬泉州文化和闽南文化为主要任务，发挥组织、联络、协调、服务作用，推进“泉州学”研究，办好《闽南》杂志。编辑出版《泉州学与21世纪海上丝绸之路》。该论文集由泉州学与21世纪海上丝绸之路研讨会的37篇参会论文及3篇较重要的发言稿组成，于上半年集结出版，并完成发行工作。开展“泉州学讲堂”系列科普公益讲座活动。通过开放式讲堂的形式，邀请专家学者围绕泉州学研究领域的各个方面开展宣讲，通过泉州学进机关、进课堂、进社区，宣传和弘扬泉州学，带动泉州学和泉州文化的研究热潮，提升泉州的城市知名度和美誉度。全年举行6次“泉州学讲堂”活动。推进基础研究，参与泉州市重点课题《处理好历史文化保护传承和经济发展关系》，负责成果论文的撰写和修改工作。泉州学研究所作为2019年世界闽南文化节协办单位参与此次文化节，主要负责闽南文化论坛的具体工作，并发表《闽南文化研究与智库建设》主旨演讲。

2019年3月28日，第13期泉州学讲堂——“闽南文化与海上丝绸之路”讲座举行 （图/泉州学研究所）

【泉州学研究成果】 2019年，泉州学研究成果斐然，文物研究、华侨华人研究、泉州港与海上丝绸之路研究、方言研究等方面的研究成果推陈出新，学术研讨气氛浓烈。泉州市2019年哲学社会科学研究规划结项课题与泉州学有关的有：《泉州地方特色优秀传统文化进校园研究》《李贽思想的海外传播研究》《“21世纪海上丝绸之路”视域下的泉州高校台港澳学生语言态度调查研究》《明代泉州防卫研究》《海丝语境下泉州金苍绣生态审美研究》《闽南话——普通话汉语者方音消解模式及影响因素研究》《近代儒教思想与华侨文化认同》《朱熹在闽游记与山水诗研究》《非遗视野下“泉州梨园戏舞蹈”的理论和实践研究》《“一路一带”视域下的泉州地方戏曲的传承与传播研究》《南派石雕传统技艺文化遗产旅游活化保护研究》《闽南多元宗教生态中的“共生”机制研究》《民俗文化语境中的闽南普渡民间绘画艺术研究》《工匠精神视域下泉州海丝“福船”模工艺美术技艺传承研究》《国际语境视域下海丝申遗多语言文种文本对比分析与编译研究》等。

2019年9月17日，第16期泉州学讲堂——“走进安溪藤铁工艺”活动在安溪县举行 （图/泉州学研究所）

文 化

综 述

【文化体制改革】 2019年，中共泉州市委宣传部制定《2019年泉州市深化文化体制改革工作要点》，确定4项重点突破改革事项。深化文化、旅游体制改革，撤消泉州市旅游局和泉州市文化广电新闻出版局，新成立泉州市文化广电和旅游局，将新闻出版职能划入中共泉州市委宣传部（加挂泉州市新闻出版局）。推进文化综合执法机构职能改革，实现“同城一支队伍”。探索宣传经营分离的领导体制和运营机制，推进《泉州晚报社、泉州广播电视台深化干部人事制度改革工作方案》落实。起草泉州晚报印刷厂改革初步方案。泉州市文化体制改革专项工作小组召开专题会议，研究通过《泉州市报业传媒集团有限公司组建方案》《泉州市文广传媒集团有限公司组建方案（送审稿）》，并按程序呈报市委。推进传统媒体和新媒体融合发展，“一报一台一网（端）”建设步伐不断加快，“泉州通”“无线泉州”等新媒体矩阵用户（粉丝）数突破630万，居全省地级市前列。推动县级融媒体中心建设，南安市、惠安县、德化县列入省级县级融媒体中心试点。

【文化公共服务体系建设】 2019年，泉州市重点推进第四批国家公共文化服务体系示范区创建工作。设计以泉州市公共文化服务体系共建共享机制研究为主题的“一套制度”，突出共建共享、一县一品的“两大特色”，发挥政府主导、媒介宣传、社会各界的“三大作用”，实施公共服务设施提升、文化惠民服务、公共文化服务示范、公共文化服务体系制度保障的“四大工程”，全面推进各项创建任务。县（市、区）创建实践案例和主要工作特色亮点初步形成，公共文化服务创新及制度设计研究形成初稿，在各县（市、区）试点开展《泉州市推进公共文化服务共建共享机制》等创新机制。基本建成市、县、乡、村四级公共文化服务设施网络；市级拥有泉州大剧院等8个剧场、4个博物馆、1个图书馆、1个艺术馆；县级有13个博物馆、12个文化馆、11个图书馆。其中，市公共文化中心总建筑面积32.68万平方米，总投资33亿多元。

【文化产业发展】 2019年，泉州市做好第11届文博会签约项目的跟踪服务工作，13个已动工建设，10个已建成营运，总投资67.2亿元。组织75家文创企业参加第十二届海峡两岸文博会，签约文旅项目20个，投资额196.68亿元。11个项目入选2019年省级文旅融合重点培育项目；22个市重点在建旅游项目完成年度投资额30.24亿元，超额完成年度投资任务。在省文旅厅主办的“全福游、有全福”文化旅游投融资暨重大项目推介会上，泉州刺桐时代村项目、金井铧龙酒店项目、沉瑜香与台湾先盈公司三个项目签约，总金额超6亿元。培育源和1916、领 SHOW天地、晋江洪山文化创意产业园、惠安雕艺文创园等17家市级以上文化创意产业园区。全市拥有国家级文化产业示范基地1家（晋江艾派），省级26家，市级185家。领SHOW天地创意园获评国家级海西广告园（泉州园），源和1916创意产业园获评全国文化创意产业最具特色十大园区，催生一批新型文化业态，形成产业集聚效应凸显的特色文化产业体系。全市持有广播电视节目经营许可证的广播影视节目制作企业共67家，注册资金逾4亿元，年产值超2.5亿元。

【文化交流与合作】 2019年，泉州市选派27个文化团组369人到20个国家和地区开展文化交流，接待中国台湾地区3个文化团组47人到泉州开展文化交流，传播泉州优秀的传统文化和艺术，宣传展示泉州文化建设的成果。承接文化旅游部组织、策划的对外文化交流活动，主动融入国家文化外交大局。2月，组织两个艺术团到马耳他、黑山、保加利亚和泰国，参加文化和旅游部组织的“2019欢乐春节”活动。泉州市木偶剧团执行国家艺术基金资助项目，到美国圣地亚哥州立大学孔子学院进行文化交流演出。随中外文化交流中心到坦桑尼亚、南非举办“匠之道”泉州非物质文化遗产体验展。打好“侨牌”，促进与“海丝”沿线国家的民心相通。组织3个艺术团到马来西亚、新加坡，参加马来西亚安溪会馆100周年庆典、古晋建市31周年庆典和新加坡“2019年华艺节”，与华人华侨及当地民众进行文化交流。加强与台港澳地区的文化交流。泉州天后宫组织到台湾20多家妈祖宫庙参访，邀请台湾歌手参加“石狮市2019两岸元宵灯迷游园活动”，邀请澎湖天后宫等到泉州参加2019泉·澎“乞龟”民俗文化活动。组织艺术团参加在香港举办的“2019世界闽南文化节”、中央驻港联络办举办的“公众开放日”活动，梨园戏传承中心到香港参加“2019中国戏曲节”。高甲戏传承中心到香港参加“国庆70周年福建高甲戏汇演”。组织艺术团到澳门参加“庆祝中华人民共和国成立70周年、澳门回归祖国20周年、福建南音成功申遗10周年”系列活动。

【文化活动】 2019年，泉州市围绕庆祝中华人民共和国成立70周年，举办“我和我的祖国”——泉州市庆祝中华人民共和国成立70周年交响音乐会和“礼赞新中国 逐梦新海丝”精品剧目展演，以及常态性开展扶持文艺精品等多项公益性演出活动。1月8日，由市委宣传部、市文联主办的 “新时代新征程”——泉州市宣传中共十九大精神文艺志愿服务活动在安溪县城厢镇举行。1月9日，由市委宣传部、市文联主办的“新时代新征程”——泉州市宣传中共十九大精神文艺志愿服务活动在丰泽区东海街道宝山社区举行。1月22日，由市文旅局、泉州市艺术馆主办的“文化走基层 春联送厝边”活动在丰泽区丰泽街道东淮社区举行。4月17—18日，由泉州市艺术馆、泉州市舞蹈家协会主办的“结对子、种文化——泉州市少儿舞蹈美育工程志愿者师资培训班”首站在南安举办。4月28日，由市文旅局主办的泉州市庆祝“五一”国际劳动节文艺晚会在府文庙广场举行。5月18日，由省文物局和市文旅局主办的“2019年5·18国际博物馆日福建省主会场暨泉州海外交通史博物馆建馆60周年系列活动”在海外交通史博物馆举行。5月20日，由省残联、市残联、市慈善总会、台湾“中华海峡两岸身障文创艺术协会”主办的“爱在刺桐 同心筑梦”第九届闽台残疾人文化周走进泉州暨扶残助残慈善晚会在泉州梨园古典剧院举行。5月31日，由市委宣传部、市教育局、市文联、泉州广播电视台主办的2019泉州市庆祝“六一”国际儿童节电视文艺晚会在泉州广播电视台举行。6月30日，由市文旅局主办的庆祝中国共产党成立98周年文艺演出在府文庙广场举行。7月23日，由市委宣传部、市文联主办的“礼赞新中国 奋进新时代”泉州市庆祝中华人民共和国成立70周年文艺志愿服务活动在泉港区峰尾镇姑妈文体广场举行。7月28日，由市委宣传部、市文旅局主办的泉州市第八届少儿普通话朗诵艺术大赛颁奖晚会在府文庙广场举行。9月13日，由市文旅局主办的2019中秋晚会在府文庙广场举行。9月27日，“我和我的祖国”——泉州市老年大学艺术团专场演出在府文庙广场举行。9月28日，由市委市直机关工作委员会、市总工会、市文联、市文旅局主办的“初心永在 放歌祖国”——泉州市直机关干部职工庆祝中华人民共和国成立70周年暨“不忘初心、牢记使命”主题教育散文诵读会在府文庙广场举行。9月29日，由市文旅局主办的泉州市文旅局老干部艺术团庆祝中华人民共和国成立70周年歌咏晚会在府文庙广场举行。9月30日，由市文旅局主办的“我和我的祖国”泉州市庆祝中华人民共和

2019年9月29日，由市委宣传部、市委市直机关工委、市文旅局主的“我和我的祖国”——泉州市庆祝中华人民共和国成立70周年交响音乐会在泉州大剧院举行。图为音乐会现场 （图/泉州晚报社）

国成立70周年文艺晚会在府文庙广场举行。10月1日，由市文旅局主办的“我和我的祖国”泉州市庆祝中华人民共和国成立70周年歌会在府文庙广场举行。10月19日，由市委宣传部、市文旅局、东南早报主办的第十四届“欢乐泉州”才艺大比拼决赛舞蹈、综合类专场在府文庙广场举行。10月20日，由市委宣传部、市文旅局、东南早报主办的第十四届“欢乐泉州”才艺大比拼决赛声乐、器乐类专场在府文庙广场举行。11月2日，由由省委文明办等主办的招商银行杯“全闽共舞，礼赞新中国”福建省第三届广场舞蹈大赛决赛在泉州举行。12月11日，由省政协教科卫体委员会、省文联、省教育厅主办的第二期“新时代 新美育 结对子 种文化——福建省少儿舞蹈美育工程百名志愿者培训班”（泉州站）在泉州市艺术馆开幕。

群众文化

【概况】 2019年，泉州市深入实施“万千百十”文化惠民工程，开展主题突出、特色鲜明、形式多样、群众喜闻乐见的文化活动，丰富群众文化生活。各县（市、区）开展系列特色文化活动，提升群众文化品位，促进城乡文化协调发展。组织市、县专家到基层讲课，传授公共文化服务体系建设、非物质文化遗产保护、文物保护、文艺创作等知识，指导各县（市、区）开展文化活动、文艺培训。全市设置35个流动图书点，方便群众就近读书。实施“万千百十”文化惠民工程，全市开展惠民活动1.2万余场，开展文化培训1300余场，开展文化展览130余场，流动图书下基层服务630余次。安排500万元优秀传统文化传承发展专项资金，扶持105个优秀传统文化传承发展项目，推动优秀传统文化传承发展。

【城乡“百姓书房”建设】 2019年，泉州市将建设“百姓书房”作为重要民生项目，打造“一公里半径阅读圈”，建成“百姓书房”163家。坚持政府主导，将百姓书房建设作为创新公共文化服务方式的重点项目，争取省财政专项资金200多万元，市本级财政配套500多万元，用于百姓书房建设、改造提升以及配套设施采购等。资源共建共享，优先盘活利用企事业单位、社区等现有闲置公共资源，实现资源集约化、效益最大化，共建共享改造建设项目占98%以上，实现经济效益和社会效益的“双赢”。社会力量参与，探索政府购买服务方式，采取冠名、表彰奖励等措施，引导企业、社会团体等社会力量参与百姓书房建设。纳入总分馆体系，依托图书馆总分馆服务体系，实现办证、借阅、还书等功能全自助。

【村（社区）综合性文化服务中心示范点改造提升】 截至2019年底，泉州市163个乡镇（街道）文化站达标162个，达标率99.4%；主要利用“三堂”（礼堂、祠堂、学堂）改造的全市2528个行政村（社区）综合文化服务中心，建成2327个，达标率92%。其中，12个县（市、区）为民办实事项目改造提升24个村（社区）综合文化服务中心示范点。按照国家公共文化服务体系示范区创建标准和要求，完善包括宣传栏、图书室（农家书屋）、多功能室、科普活动室、文体活动室等在内的基础配套，用于宣传文化、党员教育、科技普及、普法教育、体育健身、文化遗产保护等；结合各地实际配套活动广场，举办文体活动，满足群众精神文化需求。

【县级文化馆图书馆总分馆制建设】 2019年，泉州市各级图书馆实施统一平台、统一借还方式、统一条码标准，构建以泉州市图书馆新馆为中心总馆，各县（市、区）图书馆为总馆，乡镇（街道）综合文化站、村（社区）图书室（百姓书房、农家书屋）为分馆，图书流动车为补充，吸收企业、学校等其他系统图书馆加入的图书馆服务网络体系，建设从市级到村级图书馆“通借通还”的总分馆制。构建以县级文化馆为总馆，乡镇（街道）文化馆为分馆的文化馆总分馆制，以定量形式要求总馆对分馆进行文化培训指导，依托各级文化场所开展文艺演出，丰富群众文化生活。

【非物质文化遗产代表性项目代表性传承人保护】 2019年，泉州市完善国家、省、市、县四级非物质文化遗产保护名录体系。4个项目（泉州木雕、漆线雕、泉州刣狮、永春香）获福建省推荐申报第五批国家级非物质文化遗产代表性项目。新增省级非物质文化遗产代表性项目（第六批）10个。新增市级非物质文化遗产代表性项目（第六批）38个。全市有国家级“非遗”项目34个，省级“非遗”项目98个，市级“非遗”项目224个，县级“非遗”项目505个；有国家级“非遗”传承人53人，省级“非遗”传承人169人（含国家级53人），市级“非遗”传承人603人（含省级169人）。

【特色版乡村综合文化中心建设】 2019年，泉州市推动建设“百千特色文化服务中心”，依托乡镇（街道）综合文化站和村（社区）基层综合性文化服务中心等基层公共文化服务设施建设，重点挖掘闽南文化、海丝文化等区域特色文化的经典性元素和标志性符号，注入进行文化景观塑造，形成区域文化特征明显的建筑样式；从乡土文化资源中梳理文化肌理，建设特色文化长廊，展示展陈特色文化内容；贴近村民生活习俗和当地风土人情，挖掘和整合资源，创造出村民喜闻乐见的文化产品；弘扬家风家训和村规民约等文化内涵，引导村民破陋习、讲文明、树新风。

文学艺术

【概况】　2019年，泉州市推动文艺精品创作，促进艺术人才队伍建设，繁荣地方戏曲艺术事业。组织14个艺术团体（2个民营院团）69名演职员，参加第十四届福建省戏剧水仙花奖比赛，涵盖梨园戏、高甲戏、木偶戏、南音等剧种，获专业组表演奖一等奖3个、二等奖6个、三等奖7个；专业组演奏奖一等奖2个、二等奖1个、三等奖1个；院校组表演奖优秀新苗奖3个、新苗奖5个；民营组表演奖二等奖1个、三等奖1个。全市13个文艺院团开展文化惠民演出，推出精品剧目，推进传统文化进校园、进农村演出，常态化开展“传承薪火、筑梦海丝”百姓大舞台活动和泉州木偶体验馆等公益性演出，全年演出1604场，50万以上观众观看演出。

【音乐】　2019年4月9—13日，由中国文联文艺研修院、省文联主办的中国文联文艺研修院“2019筑梦计划·泉州：创造性转化、创新性发展”活动在泉州举行。活动期间，中国艺术研究院音乐研究所副研究员陈燕婷、泉州师范学院音乐与舞蹈学院副院长陈敏红等专家开展4场专题讲座，组织学员到泉州木偶剧院、泉州梨园古典剧院、南音艺苑等地开展现场教学。4月22—26日，由中国音协、省文联主办的第五期全国优秀青年词曲作家高级研修班在泉州举行。中国音协分党组书记、驻会副主席韩新安围绕习近平关于文艺工作的论述，与学员进行交流和探讨，著名作曲家张千一、戚建波、王晓锋和著名词作家屈塬等给学员授课并分享交流音乐创作心得。

【南音】　2019年，泉州市南音传承中心组织参加“看见·非遗”2019年“文化和自然遗产日”全国“非遗”宣传展示活动启动仪式暨主会场展演活动、“新时代的中国：生态福建·丝路扬帆”外交部福建全球推介活动等。

【戏剧】　2019年，泉州市31人次获第十四届福建省戏剧水仙花奖，12个节目获第三届福建省曲艺丹桂奖大赛奖项。9月11—14日，由中国文联、中国曲艺家协会、省文联主办的第九届海峡两岸曲艺欢乐汇在南安举行。活动内容包括“薪火相传”——两岸青少年曲艺交流暨优秀曲艺作品示范演出、“海峡情深”——海峡两岸优秀曲艺节目交流演出、“牡丹芳华”——中国曲协送欢笑走进福建南安暨中国曲艺之乡授牌演出等，3个专场、11个曲种、26个节目以不同形式诠释两岸曲艺相同的文化根源，以曲艺为纽带，深化“两岸一家亲”理念，海峡两岸160余名演员参演，参与人数、活动规模居历届之首。

2019年11月22日，由福建省美术家协会、福建省书法家协会、市文联、中国闽台缘博物馆主办的第六届中国“海丝”书画小品作品展在中国闽台缘博物馆开幕。图为作品展现场　　（图/市文联）

【文学】　2019年，泉州市作家在《散文》《美文》《散文选刊》《星星》《散文诗》《散文诗世界》《文艺报》《福建文学》《芒种》等国家级、省级报刊发表作品近400篇（首），数十篇文学作品入选年度选集，作家出版个人作品集30多部。

【美术】　2019年，泉州市30件作品入选第十三届全国美术作品展览，11件作品入选中国美协主办的“风生水起——中国当代水彩画作品展”等其他展览。市文联组织举办泉州市庆祝中华人民共和国成立70周年美术作品展、“相约刺桐古城”中国油画名家泉州写生作品展、福建省中青年油画家作品邀请展、“大写至道”——庄毓聪大写意花鸟画全国巡回展（泉州站）、首届福建省美协综合材料绘画艺委会委员作品巡回展（泉州站）、“丝路人和”——福建省美协中国人物画艺委会学术年展等。

【书法】　2019年，泉州市17人19件作品入选中国文联、中国书协主办的全国第十二届书法篆刻展览，占福建省入选数的44.2%。3名书法家入选“源流·时代——以王羲之为中心的历代法书与当代书法创作”活动，6人入选全国第六届妇女书法篆刻作品展。在福建省第二届守望兰亭书法展中，泉州市入选作品37件，占34%。市文联组织举办泉州市首届获全国奖书家作品提名展、“匠心高致”——全国书画小品精品展、“象外——书画六人展”、“青春心向党·建功新时代”泉州市青年书法精品邀请展、泉州市书法家协会2018年新会员优秀作品展、“同窗艺梦”——蔡沧洲、黄坚画展暨改革开放40年的中国艺术之梦座谈会、“刺桐翰墨颂辉煌”泉州市庆祝中华人民共和国成立70周年书法展、泉州市直机关庆祝中华人民共和国成立70周年书法展、“海丝扬帆新征程 翰墨丹青颂祖国”庆祝中华人民共和国成立70周年大型书画展、“学习新思想，建设新泉州”书法作品展及全市巡展等。

【摄影】 2019年，泉州市4幅作品入选第27届全国摄影艺术展。市文联组织举办第15届泉州市摄影艺术节、“古城展风采，盛世铸辉煌”泉州市庆祝中华人民共和国成立70周年摄影展等。

【舞蹈】 2019年，泉州市4个节目获“庆祝新中国成立70周年——第八届福建省原创少儿舞蹈大赛”奖项。5个节目获省文联、省文旅厅主办的第五届福建舞蹈“百合花奖”专业舞蹈大赛奖项。市文联组织举办2019中国·泉州“海丝情”第五届国际标准舞全国公开赛暨第九届福建省国际标准舞精英赛、省队选拔赛，2019第二届泉州（DFG）街舞大赛等。

新闻出版

【概况】 2019年，泉州市新闻出版局从严规范管理，加强新闻出版行业监管工作。组织发行单位年度核验工作，通过全国发行单位年度核验信息系统和福建省印刷发行行业管理系统的填报、管理和应用，提升核验信息质量，提升行业监管水平和产业发展研判能力。泉州市各级各有关部门围绕庆祝中华人民共和国成立70周年工作主线，按照职能分工，落实工作责任，坚持打防并举、疏导结合、标本兼治、综合治理和“只能加强、不能削弱”的要求，开展“清源”“净网”“固边”“护苗”“秋风”五大专项行动，加强日常巡查和重点检查。泉州市艾派、达利、泰兴、南王、文松、聚隆6家企业入选“2019中国印刷包装企业100强排行榜”，占全国6%，泉州市成为全国地级市中入选百强印刷企业最多的城市。全市版权作品登记量52155件，位居全省第一。

【全民阅读】 2019年，泉州市新闻出版局持续推动全民阅读活动。4—5月、9—10月分别举办纪念“世界读书日”全民阅读推广、第十三届“书香泉州”全民读书月等系列活动，开展启动仪式、主题演讲、经典诵读、读书征文等主题阅读活动，举办2019“书香泉州”图书展会，组织专项补助资金20万元补助市民购书补贴，激发全民读书热情。

【出版发行】 2019年，泉州市新闻出版局开展出版物网上发行治理，对泉州市辖区内新增网上书店备案情况进行核查，落实网上书店实名制，将网上书店纳入“双随机、一公开”抽查范围，规范网上书店经营活动。抓好泉州市侨刊乡讯督导检查工作，落实中央和省委对外宣传工作的部署要求，更好地发挥侨刊乡讯在对外宣传、服务海峡西岸经济区建设中的作用，规范侨刊乡讯出版发行活动，促进侨刊乡讯事业的健康发展，结合省督导检查，组织开展对全市侨刊乡讯的检查调研工作，摸清底数，及时发现和解决有关问题。抓好行政审批进工作，根据省行政审批制度改革工作小组办公室相关审批改革精神，做好通用目录动态管理和相关衔接工作，协调省经济信息中心和省密码管理局等相关单位，在泉州市行政审批中心开设数字证书、电子印章的申领窗口；贯彻落实《国务院关于在全国推开“证照分离”改革的通知》要求，按照福建省实施方案，围绕简政放权、放管结合、优化服务要求改革审批方式，精简涉企证照，加强事中事后综合监管。

【扫黄打非】 2019年，泉州市出动检查人员1.2万人次，检查出版物经营单位和印刷企业1400多家次、检查网吧830多家次、网络游戏企业90多家次，收缴非法出版物9千多本，邪教、有害出版物、非法宗教出版物1万余本（册、页），取缔无证无照印刷企业6家、各类非法店档摊点27个，查删拦截网站有害信息3.4万余条，查办“扫黄打非”各类案件51件，深化“扫黄打非”基层规范化标准化建设，维护出版物市场和网络环境健康有序。

【印刷业监管】 2019年，泉州市新闻出版局开展印刷企业年度报告和统计工作，将85家未报、迟报、谎报、瞒报年度报告的印刷企业列为省、市、县三级重点监管对象。联合市市场监管局组织开展打击无证无照印刷经营活动专项治理，集中攻坚化解印刷行业根在基层的突出隐患。制定下发《2019年度泉州市印刷复制暨内部资料管理工作风险防控方案》，严格制度、严把关口、严抓秩序。

【版权保护】 2019年，泉州市新闻出版局宣传推广版权保护“德化经验”，开展泉州市版权保护系列宣传活动。抓好经费预算、源头监管、督促检查、考核评议等关键环节，巩固扩大全市软件正版化工作成果。开展“剑网2019”专项行动，打击阶段性问题突出的侵权盗版行为，维护版权市场正常秩序。

报 刊

【概况】 2019年，泉州市有公开发行的报纸7家，分别是《泉州晚报》《东南早报》《泉州广播电视报》《海峡都市报·闽南版》《晋江经济报》《石狮日报》《海丝商报》。其中，《泉州晚报》是中共泉州市委机关报；《东南早报》属泉州晚报社旗下子报，是一份综合性市民生活报；《泉州广播电视报》是由泉州广播电视台主办的报纸；《海峡都市报·闽南版》《晋江经济报》《石狮日报》《海丝商报》4份报纸属福建日报报业集团旗下子报，由福建日报报业集团负责管理。

【《泉州晚报》】 2019年，泉州晚报社围绕市委、市政府中心工作开展新闻宣传和舆论引导工作，完成宣传贯彻习近平新时代中国特色社会主义思想、庆祝中华人民共和国成立70周年、第四届“海丝”艺术节、世界中学生运动会等20多个重大主题宣传报道。同时立足民生，关注泉州火车站站前交通乱象及相关问题，曝光私划停车位收费乱象，关注共享单车乱象，开展建设性舆论监督；创新做好“党报送祝福 春联抒真情”、“阳光母亲 携手同行”、“共同托起他们的理想2019行动”、东南公益等品牌公益活动，做好服务性宣传报道。以文化为统领，贴近读者生活，讲好泉州故事。泉州晚报“温陵志”开设《温陵名人府》栏目。《东南早报》《最闽南》栏目关注闽南文化相关内容，推出20多个专题报道。通过直播、专题、H5等多种传播形态，为用户带来更为丰富的阅读体验，总用户数430多万人，稳居全省地市报首位。其中，东南早报官方微信全年总阅读量超5353万人次，传播力超99.92%运营者，再获福建媒体微信号年度第一。泉州网与中国日报网、中国网达成合作，共同推出泉州国际传播平台，与华人头条合作建设“海丝起点 多彩泉州”国际频道。全年经营总收入3.1亿元，比上年增长2.6%。

2019年1月25日，由泉州晚报社主办的“党报送祝福 春联抒真情”活动在泉州晚报大厦举行。图为书法家为市民免费书写春联 （图/张九强）

【《侨乡科技报》】 2019年，《侨乡科技报》做好对外科技宣传工作。策划推出《科技新生活2019》特刊。围绕泉州市科技工作重点，聚焦泉州市传统产业转型升级和战略性新兴产业发展，在头版等重要版面结合本地产业，推出智能穿戴、科创版、氢能、区块链技术、工业互联网、数控机床等多期产业专题系列报道。组织采写、编辑“泉州市人才港湾计划：科技创新人才”专栏15期。全年编辑出版《侨乡科技报》50期，国内发行20万份，与菲律宾《商报》合作编印出版《侨乡科技报》海外版52期，海外发行50多万份。

【《泉州文学》】 2019年，《泉州文学》在办好常设栏目小说天地、散文荟萃、诗歌在线、散文诗苑、文学评论的基础上，增设“庆祝新中国成立七十周年”栏目，结合泉州市职工庆祝中华人民共和国成立70周年暨“我和我的祖国”散文大赛，刊登优秀作品。围绕女作者、青年作者创作群体，策划出版女作者作品专号、青年作者作品专号。扎根本土文化，在第10期策划弘扬晋江经验·蓝鲸诗社社员诗歌作品专辑。坚持艺术公益兼具，刊登公益广告，助力精神文明建设，全年刊登公益广告12版。注重作品推介，扩大刊物影响。发挥传统媒体、新媒体的宣传作用，在“泉州文学”微信公众号、《泉州晚报》及时发布卷首语、目录信息，在中国知网发布电子书，扩大知名度。

【《闽南》】 2019年，《闽南》杂志创新办刊理念，广泛组稿约稿，提高编印质量和稿件质量。全年按计划、按时、按质完成年度出版任务，编辑出版6期杂志（总69期至总74期）。通过加强编辑力量提高编辑水平，做好策划、组稿、校对等工作；完善作者群和专家审稿队伍，提升稿件质量和审稿水平；优化图片选择，做到文字图片有机结合；以刊会友，吸收各界有利建议，吸收编辑同行的先进经验等方式提升杂志编校质量。除延续原有的通过邮局邮寄等免费赠阅方式以外，借助各种交流团、访问团等契机随访入台，在两岸共同举办的大型活动、研讨会等现场分发，借助热心台湾学者的帮助，在台湾高校、科研机构中免费赠阅。通过邮局邮寄给新加坡、马来西亚、印度尼西亚、澳大利亚、日本、美国、英国等国侨领，扩大在海外的影响。通过互联网、微信订阅号等网上发行，全文上网，方便读者上网阅读、检索，扩大普及面。

广播电视

【概况】 2019年，泉州市有广播电视台9座（县级8座），无线电视台1座，有线电视台8座（县级8座）。调频转播发射台9座，发射机总功率37.75千瓦，电视转播发射台9座，电视发射机总功率70.95千瓦。全市广播综合覆盖率98.61%，电视综合覆盖率98.825。全市广播电台全年播音82374小时46分钟，全年自制节目71760小时58分钟；电视台全年播出53678小时0分钟，全年自制节目17233小时0分钟。有线广播电视用户237.12万户，其中数字电视用户140.19万户。全年广电收入123511.98万元，其中市直广电单位收入54299.04万元。泉州广播电视台拥有新闻、交通之声、都市之声和刺桐之声四个频率以及新闻综合、都市生活、影视剧和闽南语四个频道；泉州广播电视报社负责编辑出版以文化生活为主的广电报，每周一期。福建广电网络集团泉州分公司主要负责泉州市广播电视传输网络的规划、建设、运营以及多功能业务的开发和应用。

【主题宣传】 2019年，泉州市各级广电媒体开设中华人民共和国成立70周年系列报道、开展“壮丽70年 奋斗新时代”等主题宣传。泉州台《爱拼才会赢》入选全国“歌唱祖国·一首歌一座城”大型全媒体活动，泉州台《海峡第一村的战争与和平》、石狮台《来石狮拍电影》、惠安台《乌潭壮歌》等作品在“礼赞新中国 我说新福建”微视频主题活动中榜上有名。做好中共十九届四中全会精神和“不忘初心 牢记使命”主题教育宣传，围绕市委、市政府中心工作，组织策划一系列专栏报道。做好各级“两会”等会议活动宣传报道和“创建国家公共文化体系示范区”“移风易俗”“扫黑除恶”等社会宣传，开设专栏，推出专题，形成宣传合力，完成重大主题、重大活动的宣传报道任务。全市广电媒体播出各类主题宣传报道7000多条。

【精品创作】 2019年，石狮市广播电视台《童眼看交通》、泉州时空传媒有限公司《因为你，成就了我》等节目获国家广电总局扶持，石狮市广播电视台《镜语之鹭》等4件作品被国家广电总局推荐到学习强国平台播放。福建省优一影视有限公司《通水连心 两岸一家》公益广告入选国家广播电视总局庆祝中华人民共和国成立70周年广播电视公益广告展播名单。泉州时空文化传媒有限公司《同饮一江水 两岸一家亲》等4个节目入选全省庆祝中华人民共和国成立70周年公益广告扶持项目。泉州广播电视台两件新闻作品被推荐参加中国广播影视大奖评选。福建省西窗文化传播有限公司《活水》等5件作品被入选省广电局扶持奖励，占全省扶持数的三分之一。

【对台交流】 2019年，泉州广播电视台巩固对台传播平台，办好《安安时间》等入岛宣传节目；与台盟中央台情与两岸关系研究委员会、省广电局等联办第三届海峡两岸（泉州）闽南童谣大赛；与台中市教育局联办活动，邀请台湾师生参加“大陆溯源行”；与台盟中央台情与两岸关系研究委员会、省广电局联办首届全球闽南语歌星选拔赛暨第十届海峡两岸闽南语歌星选拔赛；组织策划执行第三届“我的海丝行——台湾青年参访‘刺桐城’交流活动”。

【对外交流】 2019年，泉州各广电媒体加强同美国斯科拉卫视、黄河台、菲律宾菲中电视台、汉雅星空“魅力中国”网络电视台等外宣平台的合作交流，播出一批优秀节目。泉州广播电视台联合省广电局等举办“视听福建”2019菲律宾·福建（泉州）电视周暨“唱歌拼输赢”全球闽南语歌星选拔赛菲律宾赛区启动仪式。“视听福建——闽南文化东南亚系列交流活动”项目入选国家广电总局重点项目。“唱歌拼输赢2018赛季总决赛”“喜气盈门——2019闽南人春晚”两个项目入选中宣部“2019年春节文化走出去”重点项目。参加省委宣传部组团到阿联酋、阿曼执行“福建影像季”活动，与中阿卫视建立合作关系。推进菲律宾菲中电视台综合频道共建活动。

文物

【概况】 2019年，泉州市投入文物保护资金近1.3亿元，新增文物修缮项目32个，新增文物安消防项目17个，完成前七批全国重点文物保护单位监测和智慧用电建设。开展文物安全检查、督查2000多人次，落实文物安全隐患整改197项。新增全国重点文物保护单位13处，市、县文物保护单位40处。培训文博工作者4场次，培训超过400人。

【考古调查】 2019年，泉州市文旅局围绕服务“申遗”工作，分阶段组织遗产点考古调查勘查及考古发掘工作。依托省考古所和市考古队，开展古城道路及水系、市舶司遗址、南外宗正司遗址、德化窑、安溪及洛江考古调查勘探冶铁生产体系的遗址和遗存等项目考古调查勘探工作。联合社科院考古所、北大考古文博学院、省博物院考古所对南外宗正司遗址、市舶司遗址和安溪宋元冶铁遗址进行考古发掘及考古资料整理。同时，由国家文物局水下文化遗产保护中心组织专业队伍完成泉州顺济桥水下考古调查。

【文物保护管理】 2019年，泉州市文旅局完善管理机制体制，配合相关部门人员变化，适时调整充实全市文物保护管理委员会；整合文物考古力量，调整设立泉州市文物考古研究所；探索加强私人产权文物安全管理办法，与市民宗局出台《关于加强宗教活动场所文物安全管理的意见》，逐步规范宗教和私人产权文物安全工作。聘请专业团队指导“四有”（有保护范围、有保护标志、有记录档案、有保管机构）工作，推进各级文物保护单位保护范围和建设控制地带的落图工作；完善保护界碑界桩建设；启动文物保护数据库建设，完善全市各级文物保护单位和文物点档案信息。加强海丝文物、革命文物、涉台文物三类文物保护，完善分类建档造册，同时以南安、安溪、永春、德化被确定为原中央苏区县为契机，联合市民政局制定《关于进一步加强革命遗址保护利用的工作方案》，推进革命文物保护利用。将文物保护相关内容纳入城乡规划，将不可移动文物保护范围、建设控制地带和保护控制要求纳入规划信息化管理平台。推动建立城市建设、旧区改造、土地储备、市政配套等事前会商征询机制，建立文物部门提前介入、及时跟踪机制，对于列入计划的城乡建设开发区域，组织开展不可移动文物与历史建筑专题调查，制定保护计划，落实保护措施。推进修缮、展示、考古“三个一批”工作，修缮李贽故居、花桥慈济宫、万正色故居、安礼逊图书楼、小山丛竹等近10个文保单位；设立李贽展馆、市情馆、历史文化展馆等文物展示馆；实施南外宗正司、府后山、旧人民医院、旧车站片区、天后宫等一批考古调查勘探项目；完善古城重要文物和遗产点的智慧讲解系统，提升古城文化内涵。建立文物本体保护工程项目库，按轻重缓急向上争取资金，落实修缮工作，重点组织推进崇武城墙、安平桥、蔡氏古民居、南安中宪第等15项“国保”单位修缮保护项目实施。

【古泉州（刺桐）史迹申报世界文化遗产】 2019年，泉州市文旅局按照第42届世界遗产委员会会议决议和国际古迹遗址理事会专家提出的意见，对接“申遗”技术团队，组织本系统力量、国内专家学者以及省考古所、厦门大学、华侨大学等高校、研究机构，保质高效做好专业材料和补报文本编制工作，确保高质量按节点递交国际组织。按照国家文物局提出的要求，将安平桥、顺济桥、市舶司遗址、南外宗正司遗址、安溪冶铁遗址、德化窑周边环境纳入“申遗”点管控范畴，加强文物保护范围、建控地带巡查监管；推动安平桥、顺济桥保护管理规划编制，划定遗产区、缓冲区，明确管控要求，纳入泉州项目“申遗”保护管理规划；抓紧安平桥修缮工作；加强对与古城相关的遗存如城墙城门遗址、市舶司遗址、南外宗正司遗址、古水系、古街巷、古厝及有待考古的重要区域地下文物的严格保护。开展专题研究，立足跨区协调、区划管控、保护修缮、日常管理、职能分工、保障要素等方面，按世界遗产标准，总结成功经验，借鉴国际理念，研究健全长效机制，推动更好的保护传承、展示阐释。建立文化遗产联动管理机制，加强对遗产点遗产区和缓冲区的管控工作，维护好各遗产点界桩界碑、标识系统等文化遗产设施安全。

【文物交流合作】 2019年，泉州市文旅局发挥文物、博物馆等对台文化交流的作用，打造台胞台青登陆的“第一家园”。开展包括泉州澎湖天后宫进香回访、两岸大学生聚落文化与传统建筑调查夏令营暨学术研讨会等泉州和台湾交流项目。举办泰兴号沉船文物捐赠等活动，扩大陶瓷对外影响。加强文物学术研究。加强与国家和省相关考古、遗产保护研究等专业机构合作，实施文物名家带徒研究课题计划，制定鼓励做课题研究和出著作的措施。编撰出版《刺桐史迹》《泉州国保》《海上集》等系列文物著作。

博物馆

【概况】 截至2019年底，泉州市登记备案的国有博物馆有17家（非国有博物馆4家：德化两家陶瓷行业馆，南安两家石材行业馆），国家一级博物馆2家（闽台缘博物馆和泉州海外交通史博物馆），二级博物馆4家（德化陶瓷博物馆、晋江市博物馆，泉州市博物馆、华侨历史博物馆），三级博物馆2家。全市博物馆总建筑面积超10万平方米，库房面积6000余平方米，常设展厅40个，临时展厅21个。全年开展485次社会教育活动，接待游客人数超216万人次。组织拍摄《刺桐宝藏》系列专题片，挑选海外交通史博物馆、南安市博物馆的渡海观音、宋代沉船、郑成功玉带三件藏品，由泉州电视台进行拍摄制作并播出。

【中国闽台缘博物馆】 2019年，中国闽台缘博物馆接待观众121.3万人次，其中台胞1.8万人次。加强藏品征集与管理，新增文物606件/套，其中从台湾岛内征集和接收捐赠598件/套，完成“清康熙三十六年黄地飞鹤云纹锦敕封邱天胜及上三代诰命”复制工作，完成“馆藏文物预防性保护项目”二期工程。拓展对外交流活动，联合举办“青铜之路——宁夏固原春秋战国时期北方青铜器文化特展”“2019丝路国家青少年国际摄影竞赛暨丝路国家国际优秀摄影作品巡展”“第六届中国海丝书画小品作品展”等展览25个，到宁夏、云南、江苏、上海等地输出“指掌春秋——闽台木偶艺术展”原创展览。打造“情系闽台缘——流动的博物馆”社会教育品牌，全年开展社会教育活动226场次，参与人数1.6万人。打造谱牒文化品牌，新增族谱57种88册、文献资料84种94册，接待族谱寻亲咨询、查阅27批次。举办第四届海峡两岸民间谱牒文化论坛系列活动，出版《馆藏陈林姓族谱迁台信息采集汇编》，推进“中国闽台缘博物馆涉台谱牒文献”专项建设项目，启动两岸同胞、海外侨胞涉台家庭往来信件征集工作，收集涉台信件700多封。推进学术研究交流，主办、合办2019年“朱子之路——闽台书院文化之旅”、“第七届两岸文教发展论坛”、第五届“两岸大学生聚落文化与传统建筑调查夏令营暨学术研讨会”、“2019闽南文化暨闽台科举学术研讨会”等活动。

【泉州市博物馆】 2019年，泉州市博物馆举办多场联合展览。2月，与中国文物学会纺织文物专业委员会举办金玉华裳中华传统服饰臻萃展；4月，与三明市博物馆、莆田市博物馆举办“海丝古戏经典”——泉州木偶戏剧文物展；5月，与北京民俗博物馆举办“华衣冠佩”——中国民间服饰艺术展；6月9日，与省教育厅、省文联举办“美育八闽”——福建省师生优秀美术作品展；7月，与福建省钱币学会、中国人民银行泉州市中心支行举办“家国情怀记忆遗产”——侨批与金融历史文化展；10月，与知名收藏家郭福荣举办专题展览“峥嵘岁月”——红色文化精品展。组织考古调查与发掘。4—5月，参与旧车站调查勘探（二期）工作，清理出宋至清代的瓷器标本以及一方完整的元代泰米尔文石碑。5—6月，参与天后宫寝殿北侧区域考古勘探工作，清理出北宋至清代的瓷器标本。3—6月，主持德化三班原始瓷窑址考古调查与勘探项目，新发现夏、商时期原始瓷遗址15处；勘探三班格梓山原始瓷窑址，发现两座龙窑窑炉遗迹及与窑炉遗迹相关的居住遗址，并出土一批原始瓷标本。7—9月，参与南外宗正司遗址考古调查勘探工作，清理出宋至清代的瓷器标本和建筑构件。参与盘光亭和江口码头考古勘探工作，配合泉州“申遗”主持德化三班梅岭窑址宋元窑址（内坂、尾林）考古调查与勘探及上寮溪水域生产瓷土作坊区遗址的考古调查。

2019年11月29日至12月22日，第四届海峡两岸民间谱牒文化论坛系列活动在中国闽台缘博物馆举行。图为活动参与者参观两岸民间谱牒

（图/中国闽台缘博物馆）

【泉州海外交通史博物馆】 2019年，泉州海外交通史博物馆举办《泉州出土宋元陶瓷与海上丝绸之路》《试说古代海上丝绸之路上的航线》《龙脑香、婆律国与古代南海香料贸易》等4场讲座。参与组织4场学术研讨会，包括泉州泉州海外交通史博物馆建馆60周年暨研究会成立40周年座谈会、“泰兴号”捐赠仪式暨“泰兴号”与古代陶瓷之路学术研讨会等。升级改造完固定展览泉州宗教石刻陈列馆并对外开放。全年举办17场展览，包括“文物情怀：泉州海交馆建馆60周年捐赠文物精品展”“异想世界——孩子眼中的博物馆”“少儿艺术设计展”“灯影的魅力——大连现代博物馆藏辽南皮影艺术展”“华夏初光 玉露河西——玉门4000年历史文物展”“刺桐帆影——泉州‘海上丝绸之路’遗存展”等。全年接待海内外游客103万人次。配合泉州“申遗”工作，到社区开展宣传，举办9场巡展活动，受众1800人次。策划举办科普讲座33场，受众1400多人。

【泉州华侨历史博物馆】 2019年，泉州华侨历史博物馆贯彻市长“立足公益、链接市场”指导意见，稳步推进南洋华裔族群寻根谒祖综合服务平台建设。以“出国史馆”“泉州人在南洋”“故土情深——泉籍华侨华人奉献史”三个基本陈列为核心，构建华侨文化宣传交流阵地，接待海内外观众10万余人。组织“永远的丰碑——纪念南侨机工回国抗战80周年图片展”“华人华侨爱国故事青年绘本创作人才培养”成果展等多个临时展览，通过对“海丝”文化交流重要载体的展示，宣传华侨文化，弘扬华侨精神。开展侨史、侨情、侨批、侨乡等与“海丝”文化相关的学术研究，与海内外学者开展学术交流，推动华侨文化的深入研究。申报出版的《泉州华侨历史博物馆馆藏侨批精粹》获中国博物馆协会10万元项目经费资助，并于年底由福建人民出版社出版，是中国博协华侨专委会涉侨文物精品集萃系列丛书的第一部。通过文物市场调研、委托征集等方式购买涉侨文物资料，征集、购买41件/套182件涉侨文物资料。通过征集、购买、接受捐赠等方式，增加图书资料897件，其中书籍842册、杂志40件、光盘照片等资料15件，丰富图书馆藏。

【南建筑博物馆】 2019年，南建筑博物馆接待国内外专家学者和游客近5万人次。加强传统文化保护和闽南传统建筑构件、旧材料征集工作，参与西华洋片区改造工作，多次组织专家到该片区北峰段和丰州段拆迁现场踏勘，对具有历史意义和保存价值的闽南传统建筑及构件进行指导、摸底调查、登记造册，配合拆迁指挥部做好传统建筑遗存工作。编辑出版《泉州市南建筑博物馆馆藏碑刻选》，完成前期拓片、拍照、排版等工作，正开展后期文字抄录和校对工作。着手编纂《泉州古建筑大系——土楼》，初稿已具雏形。

图书馆

【概况】 截至2019年底，泉州市有市、区、县公共图书馆12所（丰泽区图书馆在建），其中一级馆7个（泉州、晋江、南安、石狮、南安李成智、鲤城、永春）、二级馆4个（惠安、德化、安溪、泉港），洛江区图书馆未定级。泉州市图书馆新馆于12月27日揭牌开馆。全年投入250万元文献购置经费，完成10万多册图书的采访、编目、加工、入库工作；完成1394种刊报的订购、登到、上架流通工作；搜集地方图书近千册。流通总册次189万。采集20000条政府公开信息建库，举办各种读书活动204次。其中讲座54场，阅读活动140场，参加人数达1.5万人次以上；展览10场，参观人次十多万。

【泉州市图书馆新馆开馆】 2019年12月27日，泉州市图书馆新馆揭牌开馆。新馆位于丰泽区府东路中段公共文化中心，以“知识浮岛”为设计理念，建筑风格融合刺桐花、东西塔、洛阳桥、九宫格、书法等元素，彰显绿色共享、知识文化、交流休闲的特色，是一个阅读环境优美、可以享受学习乐趣的精神家园。新馆占地面积1.5公顷，总建筑面积4.8万平方米，分为地上七层，地下二层。设计藏书容量200万册，阅览座位2000个。新馆馆藏总量144.7万册，电子图书72万种，数字资源总量60TB。新馆利用物联网、云计算、数字化、移动互联等现代信息技术，配置数据墙、AI机器人、图书自动分拣系统、自助借还办证机、智能书架、预约柜、电子书阅读本、视听设备等图书馆智能化设备。力图实现智慧化管理和服务，实现知识共享、服务高效、使用便捷，最大化丰富图书馆知识服务内涵，提高图书馆知识服务水平。

【“共建共享·情暖泉州”爱心捐书活动】 2019年9月1日至10月31日，由中共泉州市委宣传部、泉州市文旅局、市教育局、市团委、市总工会、市妇联等主办，全市13个公共图书馆承办的“共建共享·情暖泉州”爱心捐书活动举行。活动旨在营造全民阅读氛围，建设“书香泉州”，兴起“大学习”热潮，助力国家公共文化服务体系示范区建设。截至12月，全市公共图书馆接受爱心捐书41000册。

【洛江图书馆开馆】 2019年12月14日，洛江图书馆开馆。洛江图书馆坐落于洛江区万安街道桥南花苑，建筑面积6345.62平方米，藏书23万余册，期刊、报纸500余种。共有三层，设有公共服务区、成人阅览室、少儿阅览室、残障阅览区、电子阅览区、艺术体验馆、少儿创作空间等特色区域，满足不同读者的阅读及休闲娱乐需求，为读者提供全方位阅读服务。

【泉州市图书馆学会2019年学术年会暨第六次会员代表大会】 2019年12月12—13日，泉州市图书馆学会2019年学术年会在南安举行。这也是泉州市图书馆学会第十七届学术研讨会，年会主题紧扣时代，研讨题目为“新时代图书馆转型发展”，收到论文64篇。12日，泉州市图书馆学会第六次会员代表大会举行，选举产生新一届理事会成员。泉州市图书馆馆长陈文革当选第六届理事会理事长。

档案

【概况】 2019年，泉州市机构改革后，市委办公室加挂档案局牌子，专门设置档案监管科，履行档案行政管理职能。针对市本级局、馆分设后，档案监管科承担的工作量大面广且人员不足、专业支撑不够等问题，市档案局、馆召开专门协调会，梳理明确原市档案局22项行政管理职能，形成局馆分工、协作配合、合力推进的工作机制。市档案局、馆继续牵头实施市委、市政府振兴乡村战略十九个行动方案之一的“乡村记忆文化”项目，下拨补助资金180万元，指导全市50个试点村开展村档案室、村史村志、村级历史文化展厅等项目建设，完成首批12个试点村验收。结合机构改革，指导完成37家市直单位到期档案的移交进馆工作，确保国家档案资源安全保存，接收纸质档案7916卷31232件、电子档案1737件、印章48个、公务礼品335件。开展馆藏档案数字化扫描及新进馆纸质档案与数字化扫描件同步接收工作，市档案馆馆藏文书档案数字化页数达1339.8万页。泉州、洛江、泉港、惠安基本实现馆藏文书档案数字化比率100%，鲤城、丰泽、晋江、石狮、南安、德化、泉州台商投资区等馆藏档案数字化率均超90%，其中晋江、惠安馆藏数字化扫描页数突破千万。全市十三家综合档案馆签订跨馆利用合作协议，建立跨馆利用协作机制，解决群众异地查档难的问题。

【侨批档案】 2019年，泉州市档案局、馆联合市纪委监委举办侨批家风展；联合泉州师范学院举办“传承优秀家风 助推乡村振兴”泉州侨批家风文化展，宣传侨批档案文化。晋江市档案馆推进梧林侨批文化展示馆建设，编纂出版《十九世纪以来晋江侨乡与马尼拉之间经济文化研究——以晋江侨批为中心》。德化县档案馆举办“德化县侨批·南洋红包封文化展”。社会各界主动宣传侨批档案文化，中国人民银行泉州市中心支行、市文旅局联合在市博物馆举办“家国情怀 记忆遗产”侨批与金融历史文化展。

【档案馆功能建设】 2019年，泉州市档案新馆项目用地挂牌出让成功，项目大楼预计于2020年启动建设。安溪、丰泽新馆建设顺利推进，主体工程均已封顶。洛江新馆已通过区政府用地会议，明确选址，并投入10余万元设置过渡库房投入使用。惠安县投入专项经费近12万元，用于档案馆大楼用电线路改造工程等。泉港、泉州台商投资区、南安、惠安新馆纳入党委、政府议事日程和项目用地选址规划，启动项目前期工作。泉州市档案馆结合新馆建设和国产替代工程，开始筹划数字馆建设可行性分析等前期工作；石狮市数字档案馆平台建设软硬件全部到位，机房和环境自动控制系统建设完成，并通过建设初验；泉州台商投资区数字档案馆平台建设软硬件项目完成招投标、采购合同签订工作；晋江市数字档案馆按序时推进各项前期 工作。

【档案宣传】 2019年，泉州市档案局、馆举办内容丰富多彩的“6·9”国际档案日系列活动，通过邀请市民、学生到档案馆体验档案文化，联合鲤城区档案馆开展“时间胶囊”启封仪式，联合泉州师范学院文传学院开展2015级书法专业毕业作品展示暨现场笔会活动，联合泉州晚报社编撰《百家企事业单位口述档案》，对“海丝”档案、档案法制、科普宣传等进行全方位、多渠道的宣传，提升社会档案意识。鲤城区档案馆被命名为“泉州市爱国主义教育基地”。石狮市档案馆完成“映像石狮”展厅的布展开放。惠安县档案馆发送档案科普短信1.8万条，录制《科普天地》电视栏目普及档案知识。永春县档案馆组织编纂《抗日战争档案汇编·永春县档案馆卷》。

【档案行政管理】 2019年，泉州市档案局主动联合市委组织部开展全市党员档案规范化管理提升工作，推动建立试点单位14家。常态化开展市直单位档案登记及目录数据报送工作，提升市直单位档案工作水平。开展国家、省级重点档案抢救与保护项目经费申报工作，获省级下达资金24万元。对接省、市“放管服”改革的工作部署，依法编制《泉州市档案局权责事项清单》，规范档案行政执法行为，完成12家档案服务机构的备案工作。

2019年4月13日，由泉州市纪委、市档案局、泉州师范学院纪委主办的“侨批家风进校园”主题侨批家风档案文化展在泉州师范学院举行。图为师生参观展览 （图/市档案局）

卫生 体育

医疗卫生

【概况】 2019年，泉州市卫健委突出“大卫生、大健康”理念，坚持稳中求进总基调，推进“健康泉州”建设，增强人民群众健康获得感。获“全国基层中医药先进市”（全省首个）、“全国无偿献血先进市”、国家级、省级“妇幼健康优质服务示范县”等称号，“深化医改和医疗服务群众满意度”、二级以上公立医院总体满意度以及公立医院综合改革评价考核结果均排名全省设区市第二。国家卫健委主办的世界银行贷款中国医疗卫生改革促进项目培训班暨国内医改经验交流会在安溪县召开，泉州市医改工作及安溪县医改特色亮点与做法、经验得到国家卫健委及与会专家代表的肯定。年末全市共有各类卫生机构（不含村卫生室）1825个，其中医院127个，卫生院126个，社区卫生服务中心40个，预防保健机构（含妇幼所、院）98个。年末共有卫生技术人员46177人，其中医生17783人，注册护士19259人。卫生机构拥有编制病床36444张，开放床位43834张。全市农村100%行政村有医疗点，乡村医生和卫生员5174人。全年报告法定甲乙类传染病病例23211例，报告发病率266.79/十万。县级以上医疗机构疫情报告网络直报覆盖率100%，乡镇卫生院覆盖率100%，儿童预防接种四苗接种率99.8%；乙肝疫苗接种率99.87%。

【医疗卫生体制改革】 2019年，泉州市卫健委加快医联体建设步伐，组建运行城市医疗集团。泉州市被列入国家100个城市医联体建设试点市，泉州市第一医院医疗集团及紧密型成员单位洛江区医院进入实质运行，医学影像、心电诊断等医技垂直管理运行，远程影像诊断6607例，心电诊断中心远程实时心电监护1451例，常规心电图16237例。指导合作医院完善临床二级分科，设立ICU、NICU、血透室等新科室，协助成立临床教研室。推进紧密型医共体建设。石狮、永春、德化3个世界银行贷款县域紧密型医共体试点县（市）加快实质运行，带动乡村一体化建设。泉港、晋江、南安、惠安等非紧密型医共体建设有序推进，开展双向转诊服务。安溪县在全国率先创建“云总院”，整合全县39家医院资源，实现县域医疗卫生“总院式”管理和资源互通共享；安溪县（中医院）中医共同体建设被国家卫健委列入八个地方典型经验和案例之一，编入中国医改发展报告蓝皮书。建设专科联盟。建立市县新生儿危急重症救治、危重症孕产妇转诊救治、中医康复和胸痛中心等专科联盟6家，县级综合公立医院胸痛分中心全部达标。建设远程医疗。市级、县级医院牵头建设远程医疗服务协作网8个，市、县级医学影像、心电中心全覆盖，提供远程医疗服务人数34037人。完成泉州市智慧医疗急救系统建设并启用，15家医院接入急救信息平台，实现“院前—院中—院内”患者疾病信息互联共享。

提升县域医疗服务能力。市政府分别与上海中医药大学、福建医科大学建立战略合作关系，福建医科大学附属医院对口帮扶人口大县，第一批重点提升5家县级医院7个临床科室综合能力。完成9个县域54个“六大中心”（心电诊断中心、远程会诊中心、病理检查中心、临床检验中心、医学影像中心、消毒供应中心）建设。县级公立医院出院病人数同上年相比增长6.78%，Ⅲ、Ⅳ手术占比38.69%。7家县级二级以上综合医院均达到国家县级综合医院推荐标准，居全省首位。

推进现代医院管理制度，全面

实行院长年薪制、目标考核制。全市25家县级二级以上公立医院全部实行院长年薪制，平均年薪42.5万元。融入国家三级公立医院绩效考核要求，制定出台2019年市属医院绩效考核方案，从5方面细化65项考核指标。实行公立医院工资总额绩效分配制度。核定2018年度7家市属公立医院工资总额11.36亿元，同上年相比增长17.78%，推行工分制为主的院、科两级分配制度，调动医务人员积极性。完善医院内部运行管理制度。23家县级二级以上公立医院章程已出台或进入报备程序，规范医院决策机制、内部治理结构和权力运行规则，建立健全13项医院运行制度。推广临床路径管理。实行临床路径管理的病种数量不断增多，26家二级以上公立医院实行临床路径管理的出院人数达54.19%，全省排名第二；21家公立医院开展日间手术14207例（占比9.12%）；全市公立医院出院患者平均住院日7.09天，低于全省均值。落实三级公立医院绩效考核。建立全市11家三级公立医院绩效考核机构，组织召开3场培训会，规范病案首页传送，及时掌握55个考核指标要义。全市完成上传病案首页数据近100万例，2016—2018年相关数据录入率99.2%。健全医疗质量管理控制体系，设立78个市县级质量控制中心，建立59个医疗质量监测指标，约谈8家医疗机构。

推进"三医联动"改革（医疗、医保、医药等相关领域联合配套改革），完善医药领域改革。市卫健委与医保部门相互配合、形成合力，共同治理药品、耗材价格虚高。组织全市268家公立医疗机构跟进国家组织药品集中采购和使用试点工作，落实53种国家谈判抗癌药政策，减轻群众负担。全市26家二级以上公立医院药品耗材收入占比38.2%，同上年相比下降1.16%。优化医疗收入结构。协调医保部门，核算服务成本，调整医疗服务项目价格63项；核定新增医疗服务项目价格29项；出台临床检验项目基本组合价格11项、"互联网+诊疗"医疗服务项目价格29项。全市26家二级以上公立医院医疗服务收入占比33.21%，全省排名第二，医疗收入结构趋于合理。推动医保支付方式改革。333个项目实施按病种收付费改革，纳入世界银行贷款医改促进项目的16家县级公立综合医院、中医院按病种出院人数占比33.3%。探索试行按疾病诊断相关分组（DRGs）收付费改革。实行世界银行贷款医改促进项目紧密型医共体总医院医保基金总额打包付费工作，石狮、永春、德化县总医院总额打包基金8.99亿元。建立通报约谈制度。建立26家县级以上公立医院医药费用重点指标监测、分析、约谈、通报制度，每月对各医院重点指标进行通报，控制医药费用不合理增长。全市公立医院门急诊次均收费水平降低0.69%，出院患者次均医药费用增长率8.3%，低于全省均值。

支持引导，鼓励发展社会办医，出台鼓励社会办医实施方案，在放宽准入、简化审批、财税和投融资支持、人力资源保障等方面给予更多优惠，激励招商引资，引导发展专科医院、高端医疗和新业态医疗健康机构。晋江乐康医院、晋江青鸟世嘉康复医院、丰泽区泉州奥美眼科医院3家社会办医机构完工投入使用，增加床位250张；新增福建童昌医院、泉州宝璋肿瘤医院（洛江）、丰泽区昊宇医疗健康产业园等一批社会办医项目。

【基层医疗卫生服务体系建设】 2019年，泉州市卫健委出台2019—2020年基层医疗卫生机构新增床位建设方案，加快推进扩建县域医疗资源，落实政府办医主体责任，利用现有条件增设床位，盘活空置，推动实力较强地段医院或中心卫生院扩大规模、晋档提级为县级医院分院，鼓励服务人口较多的磁灶、洪濑、东岭、湖头、蓬壶等14家卫生院升格发展为地段医院。

实施乡村医疗卫生服务能力提升工程。近3年来为民办实事项目投入近4000万元，推进乡村两级医疗卫生机构设施设备双达标建设，全市165家基层医疗机构中，有135家完成基本设施设备达标（占81.8%）；重新规划设置一体化村卫生所1875家，全部完成标准化建设。建设100家示范村卫生所，181

2019年8月9日，市委书记康涛（后排中）在福医大附属第二医院调研
（图/陈起拓）

个贫困村卫生所全部实现基本医疗全覆盖和市医保专线“村村通”或“就近通”，建档立卡贫困人口家庭医生实现应签尽签并实施住院治疗“先诊疗、后付费”。开展“优质服务基层行”活动，4家基层医疗卫生机构服务能力达到“国标”的推荐标准并代表福建接受国家考核，获得确认公布，数量居全省设区市第一；16家基层医疗卫生机构达到“国标”的基本标准。全市有29家国家级“群众满意的乡镇卫生院”、5家国家级“优质服务示范社区卫生服务中心”，数量居全省首位。推进卫生院延伸举办公办村卫生所，建设公办村卫生所1287个（占68.64%）。发展补齐乡镇卫生院床位。推动实力较强地段医院或中心卫生院扩大规模、晋档提级，鼓励乡镇卫生院（社区卫生服务中心）激活空置，发展社区康复、中医养生保健等特色科室。2019年，全市乡镇卫生院新增床位659张。探索适合泉州市实际的村卫生所建设模式，采取以一村一所为主，多村一所、卫生院分院、巡回医疗和“移动医院”为辅的多种模式并重的做法。规范家庭医生签约服务，统一全市签约服务包、服务内容、服务标准，并开展签约服务绩效考核，考核结果与服务费补偿挂钩。

深化健康扶贫，开展建档立卡贫困人口家庭医生签约服务，全市建档立卡47596人，实现应签尽签。开展高血压、糖尿病、结合病和严重精神障碍等四种慢病患者签约服务，建档立卡各类对象救治率在99%以上，优于同期全省指标。在全市范围内全面落实建档立卡贫困人口公立医疗机构住院治疗“先诊疗、后付费” 和“一站式服务”。落实“光明扶贫工程”，为国定建档立卡贫困白内障患者提供免费救治。

落实省为民办实事项目，对基本公共卫生服务进行提标扩面。各级财政补助资金从人均55元提高到人均69元；同时，将医养结合、卫生应急、妇幼重大公共卫生和职业病监管等19项纳入基本公共卫生服务项目中。落实市为民办实事项目，78家乡镇（街道）医疗卫生机构开展医养结合服务，完成康复治疗室建设和配备康复医疗设备；市级投入经费596万元，提升全市疾控机构检验检测能力；全市投入1255万元（其中市级420万元）用于开展乳腺癌检查、宫颈癌筛查、产前筛查诊断及产后康复呵护工程；实施“关爱女孩”五项工程，投入8735.37万元，帮扶31.5万人（户）；实施乡村医疗卫生服务提升工程，推进20家乡镇卫生院达标建设，建设100家示范村卫生所。

【卫生监督体系建设】 2019年，泉州市卫健委加强饮用水、公共场所卫生监测，全年完成饮用水检测300份、公共场所监测139点次、公共用品具281份，公告市区生活饮用水卫生质量4期；按时序开展食品污染和有害因素监测，完成检测任务1253份；食源性疾病监测实现二级以上综合医疗机构全覆盖，报告食源性疾病病例信息9017条。

强化医疗卫生执法监督，实施医疗卫生行业综合监管制度，明确监管主体和责任。抓好公共场所、生活饮用水、传染病防治、消毒产品、学校卫生、医疗卫生、母婴安全等日常监督执法和专项整治，立案查处968起，罚没款914.81万多元。推行卫健部门行政执法公示、全过程记录、法制审核“三项制度”，开展卫生行政执法案例评查，获评省、市级优秀案例各1件。

开展扫黑除恶治乱工作，突出破解难点，强化整治。紧盯涉黑涉恶护工整顿，出台《泉州市医疗机构涉黑涉恶护工清理整顿工作方案》，从准入、制度、培训等方面规范医疗机构护工管理，谋求长效治理；开展“黑救护车”专项整治，严禁“黑救护车”进入院区。加强医院殡仪领域乱象问题整治，中心城区医院太平间禁止一切办理吊唁丧事活动。

落实安全生产主体责任，全市卫健系统无重大安全生产事故发生。市卫健委与直属单位签订责任书，多次召开会议专题部署安全生产工作，组织2次危化品底数摸排，每季度组织安全生产检查，开展“安全生产月”、“职业病宣传周”活动，加强危化品、反恐和消防应急演练，推动直属单位落实安全风险分级管控。

【医政管理】 2019年，泉州市卫健委开展“敬佑生命、暖心服务”主题行动，26家医院整改解决“群众眼皮下”问题1053个，固化形成10项医疗服务制度和8项特殊服务措施。推行“暖医”10项措施，设立医生手术休息室346间。安溪县在公立医疗单位全面推行“先诊疗、后付费、一站式结算”服务模式。

【疾病预防控制】 2019年，泉州市卫健委科学有效防控流感、人感染H7N9禽流感、手足口病、霍乱等重大重点传染病，全市传染病疫情相对平稳，发病率259.61/10万，低于全省水平，无重大传染病流行；科学处置传染病聚集性疫情及突发公共卫生事件21起，其中流感5起，登革热、诺如病毒、水痘、流行性腮腺炎各4起。规范结核病服务，强化艾滋病综合措施，推动全国艾滋病示范区创建，结核病、艾滋病防治各项指标均达标；防控登革热疫情，通过完善联防联控机制、领导挂钩指导、网格化处置疫情等措施，在全省输入性病例最多的情况下，延缓本地病例发生时间，遏制本地病例蔓延。

全面规划，落实免疫接种工作。为适龄儿童免费接种乙肝疫苗、脊髓灰质炎疫苗、含麻疹成份疫苗等12种免疫规划疫苗2477000针次，各种疫苗报告接种率均在95%以上，乙肝首针及时接种率为99.49%；确认考核通过数字化预防接种门诊50家、基层预防接种示教基地15家，举办全市免疫规划技能竞赛，提高基层免疫规划人员实践技能水平；合理布局全市犬伤门诊，规范管理，方便群众及时就医。

加强慢性病和地方病防治、严重精神障碍救治管理工作。鲤城区、晋江市、石狮市通过省级慢性病综合防控示范区验收并获省级命名确认，泉港区、安溪县通过省级验收；完成洛江区、南安市、安溪县、永春县4个县（市、区）饮水型地方性氟中毒病区改水情况调查，督促安溪县争取专项资金用于病区改水，并申请基本控制氟中毒标准验收；落实全市严重精神障碍患者网格化服务管理等工作，强化督导检查，报告患病率（4.16‰）、规范管理率（86.6%）、规律服药率（58.34%）等指标均达到国家标准。安溪县依托县医院成立县域慢病管理中心，对慢病患者监测分析，提供专业的治疗方案。

【卫生应急】 2019年，泉州市卫健委提升卫生应急救援能力，强化部门间的信息沟通。组建市突发事件公共卫生风险评估专家库138人，组建市县级卫生应急救援队伍41支1254人。建立市域传染病防控联防联控工作机制，与泉州海关签署《口岸公共卫生安全保障协作备忘录》。组织协调医疗救治工作，及时处置10余起突发公共事件医疗救治。

【卫生人才队伍建设】 2019年，泉州市卫健委加强卫生人才培养，对接人才港湾计划，重点培养引进儿科、产科、重症医学、精神卫生等薄弱学科人才。全市医护人员较上年增加2779人，其中医生1296人、护士1483人，千人均执业（助理）医师数和注册护士数分别达到1.92人和2.23人。组织实施卫生人才“金字塔”行动计划，医疗卫生行业入选泉州市高层次人才1560人，占全市入选人数的14.82%。

【医学教研】 2019年，泉州市卫健委提升临床学科能力建设，30个市属公立医院临床学科与“国家队”重点学科建立协作共建，全市建设国家级重点专科3个、省级24个和省级医学中心1个，建立7家院士工作站、36个名医工作室，市县级公立医院开展新技术437项，合计51085例。开展疑难重症多学科远程会诊4056例。

【妇幼保健】 2019年，泉州市妇女儿童健康水平稳步提高。全市孕产妇死亡率7.99/10万、婴儿死亡率2.47‰、5岁以下儿童死亡率3.59‰，18岁以下儿童伤害死亡率7.79/10万，国家免疫规划的8种疫苗接种率都达98%以上。实施服务全面二孩，加大医疗资源配置三年行动，2019年增加产科床位85张、儿科床位466张，招聘妇产医技人员242人、儿科医生188人。全市5家妇幼保健院被评为二级妇幼保健院。推进儿童早期健康发展，全市有1家国家级和2家省级儿童早期发展示范基地，数量全省最多；安溪县被确定为福建省唯一的全国“农村儿童早期发展”试点县。泉州台商投资区、安溪县整合卫健和民政部门资源，实行婚检和孕检“一条龙”服务。

【中医中药】 2019年，泉州市卫健委推进基层中医药服务能力提升工程，加强与上海中医药大学及其附属龙华医院合作共建工作。上海中医药大学为泉州市量身定制举办高规格中医药管理骨干人才培训班。全市有省级中医学术流派传承工作室4个，新建7家基层医疗机构中医馆，鲤城区通过全国中医药工作先进县创建复审，安溪县中医院被省卫健委认定为三级中医医院。市中医院肿瘤科、市正骨医院风湿病科、晋江市中医院中医护理学3个专科被确定为第七批省级中医重点专科。安溪县中医院针灸科、老年病科、德化县中医院肺病科、泉港区医院康复科、惠安县医院老年科5个专科被确定为第六批省级农村特色专科。

【爱国卫生运动】 2019年，泉州市卫健委推进“厕所革命”，抓好全市农村户厕改造项目2.6万户。完成国务院大督查以及省卫健委等四部门联合调研组关于全市农村户厕项目建设的查访和督导评估。推进

2019年1月16日，泉州市优生优育·儿童早期发展指导中心在泉州市儿童医院·妇幼保健院揭牌 （图/市计生协会）

卫生城镇创建工作，德化县接受国家卫生县城复查暗访并上报全国爱卫办待重新确认命名。晋江市金井镇、西滨镇申报国家卫生乡镇创建通过考核待命名。做好省级卫生乡镇、村社区考核上报工作，上报9个乡镇、47个村、17个社区共73个单位待命名。开展爱国卫生运动，以“全国爱国卫生月”活动为契机，集中开展2次以上全市性爱国卫生运动，并在9月至10月在全市集中开展2次以灭蚊工作为重点的秋季爱国卫生运动，防控“登革热”滋生蔓延；推进全市城乡环境卫生整洁行动和农村人居环境整治工作，完成中央生态环保督导有关信访件的核实、督查、整改、反馈等工作。

2019年8月20日，泉州市生育关怀行动领导小组组织2019年度受助计生女大学生举行社会活动暨认助签约仪式。图为参加活动的受助计生女大学生参观泉州市禁毒教育基地　　（图/市计生协会）

【计划生育】　2019，泉州市稳步实施资助贫困计生女孩上大学项目。市生育关怀行动领导小组成员单位继续资助50名贫困计生女孩完成四年大学学业，并组织受助学生参加社会体验活动。完善全市计生家庭帮扶基础信息数据库，更好地服务计生家庭。实施计生小额贷款贴息帮扶，帮助530户计生户发展生产，申请贷款1946万元，落实贴息168.15万元；实施幸福工程项目，帮扶318户贫困母亲，发放帮扶款337万元。采取统招分签方式，对全市计生家庭意外伤害保险项目实行公开招投标，截至10月31日，全市参保户数148866户，缴交保费1488.66万元（其中财政投入988.03万元，个人缴费500.63万元），赔付金额1066.26万元，简单赔付率71.63%。对因遭遇重大病灾致贫返贫的计生家庭给予紧急救助，紧急救助59户，发放紧急救助金11.8万元。指导鲤城区创建省级法律援助示范点，创建省级法律援助示范点3个。全市成立法律援助站（点）849个，为计生户代理法律援助案件515件，挽回经济损失1080.87余万元，为计生户调解民事纠纷736宗，协调维护计生户合法权益578件，接受计生群众咨询10646人次，惠及计生群众13.58万人。承接中国计生协优生优育指导中心泉州（泉港）项目点建设，组建泉州市优生优育·儿童早期发展指导中心，成立专家组，举办市直机关科学育儿公益讲座，在全市建立2个市级指导中心、12个县级指导中心、1222个儿童早期发展工作项目点村（社区），所有乡镇实现全覆盖。各级开展科学育儿讲座、亲子辅导以及育婴员培训2000多场次，惠及6万多名群众。开展关爱女性健康“蓝氧”项目开展。洛江区、永春县蓬壶镇、一都镇、晋江市灵源街道和磁灶镇承接中国人口福利基金会“蓝氧”项目，治疗患病育妇3305人次。为97户符合条件的计生特殊家庭、高龄独生子女家庭提供定点医院诊疗服务。围绕失独家庭的实际困难和需求，从生活、精神、健康、养老、再生育等开展全方位关怀服务。建立820个失独家庭“关爱小组”，实施“一帮一”挂钩帮扶服务；对新增失独家庭逐户上门走访慰问，发放一次性抚慰金，办理住院护理补助险、住院医疗补充险，为26户失独家庭开展房屋修缮工作，为符合条件的提供不孕不育诊疗服务。

体　育

【概况】　2019年，泉州市坚持发展以人民为中心的体育，完善体育公共服务能力、增强竞技体育综合实力、提升体育消费和产业实力，泉州市获批全国2019年度轮滑试点城市，晋江、南安分别获批全国围棋之乡和全国社会足球场地设施建设重点推进城市，全市体育事业呈现出健康、和谐发展的局面。全年全市运动员获2项4人次世界冠军，3项5人次亚洲冠军，4项4人次全国冠军。全市新建“全民健身工程”点101个。全年销售体育彩票18.25亿元，位居全省第一位。

【竞技体育】　2019年5—9月，第十一届泉州市运动会举行，全市各县（市、区）、市直各系统、各行业的近万名运动员报名参赛，是历届市运会参赛人数最多、规模最大、竞争最激烈的一次。在设置县（市、区）青少年组（28大项）、行业组（9大项73小项）比赛的基础上，该届市运会增设笼式足球、乒乓球、气排球、羽毛球、三人篮球、健身气功6大项群众组比赛，其中2个青少组项目打破市运会最高记录。

泉州市体育局加强足球改革规划，推进泉州市足球事业改革工作，编制《泉州市足球改革发展实施方案》，并以市政府办公室名义印发执行。联合市发改委、市教育局编制印发《泉州市足球场地设施建设实施方案（2018—2020年）》和《泉州市足球中长期发展规划（2018—2050年）》，以强化专业人才培养、完善赛事体系、加强场地设施建设为抓手，构建与泉州市经济社会发展相适应的足球发展格局。实施社会足球场地设施建设，南安市被国家发改委确定为全国社会足球场地设施建设重点推进城市，系全省唯一入围的县级行政区。举办“元宵杯”城市元老足球邀请赛、2019年泉州市足球联赛、10期福建省足球协会E级教练员培训班和1期中国足协室内五人制初级教练员培训班，培养和提高基层教练员队伍的专业素质，为打造完善健全的青少年足球梯队系统输送合格的师资。完成各俱乐部、教练员、裁判员、运动员的注册登记制度，为全市足球良性有序的发展实行规范管理。

完成市海峡体育中心比赛场馆改造工程，确保卡尔美2019年国际大体联足球世界杯于11月21日至12月1日举行。完成泉州市域范围内体育人才摸底推荐及泉州市国家级裁判员名单统计建档工作。会同晋江市向上争取资金补助和政策扶持，经省政府办公厅批复，2018—2020年从地方级体彩公益金中按当年全省体彩销量的1%安排补助经费。晋江主题“顶呱刮”即开型体育彩票结合晋江体育品牌直营店在全国发行，5元版彩票在全国发行，扩大相关赛事宣传效应。

按照“轮转冰”“轮转雪”的发展思路，以冰雪运动进校园的方式，推动泉州冰雪运动开展，培养冰雪后备人才。全市有首批9所学校成立轮滑冰球队或滑轮队，8所学校申报教育部举办的冰雪示范校活动，申报数量位列全省第一。经国家体育总局冬运中心评审，泉州市获评2019年度全国轮滑试点推广城市，成为福建省唯一入选城市，获国家体育总局滑轮器材和推广经费支持。

全市120余名运动员参加第二届全国青运会田径、击剑、散打、攀岩、蹦床、冲浪、帆船、激流、武术套路、篮球、足球等项目的角逐，18人次获金牌。

【青少年体育】 2019年，泉州市体育局与市教育局举办泉州市中小学生市级联赛，通过举办篮球、足球、排球、乒乓球、羽毛球、田径、游泳、武术、啦啦操、五祖拳操等市级联赛，引导和吸引更多的学生参与体育运动，提高学生体质。2019年全市各中小学校组织5500余名师生参加市级联赛，同时通过各级联赛选拔学生参加福建省各项中学生体育联赛，田径、篮球、排球等项目上长期处于全省前三名的水平。组织多批次体育传统学校体育教师参加国家体育总局及福建省体育局组织的各项高水平教育集训、培训，促进泉州市各体育传统特色项目学校体育教师教学水平的提高。推动创建体育传统项目特色项目学校活动，截至2019年，全市3所中小学校被评定为国家级体育传统项目学校、58所中小学校被评定为省级体育传统特色项目学校。全年有22所省级传统校获省级奖助。以“营动福建”品牌活动为载体，引导相关体育传统校、社会青少年体育俱乐部、青少年校外体育中心等相关单位，利用寒暑假开展篮球、足球、排球等各项冬夏令营活动，全年培训青少年近8000人，开展活动35项。

【群众体育】 2019年，泉州市体育局加大全民健身设施建设力度，争取省、市两级财政资金2159万元，建设12座多功能运动场、4座笼式篮球场、7座笼式足球场和3座门球场（省级为民办实事项目）；新建60条全民健身路径、15座多功能运动场和10座村级老年体育活动中心（市级为民办实事项目）。制定印发泉州市2019年全民健身运动会工作方案，以春节、元宵等节假日为节点，开展全民健身活动。2019年全市各级举办501项活动，其中市级106项，直接参与群众413159人。健全市、县区、乡镇、社区四级体育组织网络，为市民健身提供科学指导和服务，全年举办2期二级健身气功社会体育指导员培训班，培训基层骨干206名；举办1期二级社会体育指导员培训班，培训基层骨干72名。

截至年底，全市建成老年人体

2019年9月20日，泉州市第十一届运动会在海峡体育中心开幕。图为开幕式 （图/市体育局）

育活动中心3104座，老年人人均体育场地面积位居全省前列；省级老年人康乐家园385家，占全省总数的25%，位居全省第一。以创建“老年人健身康乐家园”、第四届老年人智力运动会、泉州市第二十三届老年人健身节开幕式暨第二届老年人健身万人万步走活动为载体，开展气排球、柔力球、门球、乒乓球、棋牌等形式多样的老年人健身比赛活动，全年全市有13000余名老年人参加各类健身活动。全年全市创建市级“老年人健身康乐家园”单位220个；启动泉州市老年人体育强市创建工作，力争至2025年基本实现创建目标。同时，协助市老体协做好老年体育各级辅导站、点建设，健全完善市、县各级辅导站（点）规章制度，组织开展老年健身项目辅导员、教练员、裁判员和通信员培训班。

【体育产业】　2019年，泉州市推荐国家体育产业基地3个（示范单位2个，示范项目1个），特步（中国）有限公司、泉州市志闽旅游股份有限公司获评国家级体育产业示范单位；推荐浔兴篮球俱乐部有限公司等8个项目申报2019年省级体育产业基地，德化县南埕镇被命名为福建省体育产业特色基地暨特色体育小镇，福建浔兴篮球俱乐部有限公司、泉港红星生态生态园有限公司被认定为福建省体育产业示范单位，那尔多青少年足球培训与推广、泉明星足球教育与推广项目被认定为福建省体育产业示范项目。推荐海丝古城徒步、石龙谷生态景区、德化县塔兜生态旅游有限公司3个项目申报2019 年中国体育旅游精品项目；组织泉州市舒华、卡尔美等17家体育企业到上海参加2019中国国际体育用品博览会。全省体育产业高质量发展现场推进会于5月15日在晋江召开，德化霞田文体园、武汉体育学院晋江体育事业创新发展中心、卡尔美篮球产业创新中心、国际大体联足球世界杯4个项目参加签约，投资18.52亿元。

全市社会资本参与体育赛事的积极性不断提高。2019环泉州湾国际公路自行车赛连续举办4届，吸引欧洲、亚洲、澳大利亚、非洲的18支职业车队120多名选手参赛，成为具有较强国际影响、富有鲜明区域特色的品牌赛事。由国际排联主办的2019年世界沙滩排球巡回赛（晋江站）在晋江市龙湖镇举行，该赛事是仅次于奥运会和世锦赛的国际顶级赛事，共有中国、澳大利亚、巴西、加拿大、美国、法国、德国等29个国家和地区的48支正选队伍、51支资格队伍参赛。由泉州雪山风雅颂生态旅游文化有限公司承办的2019国际高山徒步大赛暨全球华人马拉松·永春站比赛，吸引美国、英国、印度、意大利、埃及等10多个国家和地区1000多名选手与徒步爱好者参加，中央电视台5套进行专题报道。舒华股份有限公司承办“舒华杯”全国健美健身冠军总决赛、福建浔兴篮球俱乐部有限责任公司承办CBA联赛晋江赛区、那尔多足球俱乐部举办海丝青少年足球精英赛和2019年亚足联草根足球日暨泉州幼儿足球嘉年华等，丰富泉州市体育赛事办赛模式。

加强体育产业人才库建设，选聘泉州市第二批体育产业专家9人，截至年底全市有体育产业专家20人。重点推进泉州体育旅游文创园，洛江石龙谷生态景区，南安清境桃园、威尔奇马术俱乐部、九都滑翔伞基地，永春外山云河运动休闲谷景区、永春白鹤拳特色小镇，德化九仙山、石牛山、桃仙溪等健身休闲项目建设经营，协调解决项目备案审批中存在的问题，确保项目安全高效运营。利用省级大中型公共体育场馆对外开放补助资金和省级体育产业专项资金，推动公共体育设施免费或低收费向社会开放，推动体育健身休闲业的快速发展。争取中央和省级体育场馆专项资金384万元，补助13个大中型体育场馆。争取省级体育产业专项资金793.25万元，补助泉州市第二十三届百队千场篮球赛、2019年海丝青少年足球精英赛等13项体育赛事及安踏（中国）有限公司、泉州威尔行体育科技有限公司等5家获评国家级、省级体育产业示范基地的企业。

【体育交流合作】　2019年，泉州市体育局协助以泉州市剑影武术学校、泉州市剑影武术文化研究社为保护单位的“少林地术犬法”“少林罗汉拳”两个拳种申报市级非物质文化遗产。举办国际南少林五祖拳联谊总会2019年年会暨国际南少林传统武术大赛，该赛事于11月3—4日举办，吸引菲律宾、马来西亚、美国、澳大利亚等20多个国家和地区的上千名南少林五祖拳选手到泉州寻访武术根源，观摩切磋、交流技艺。2019全国青少年体育冬夏令营（福建站）暨“海峡杯”两岸轮滑交流赛在泉州市实验小学晋江校区举行，吸引全国34支队伍参赛，其中五支球队来自台湾地区。此系泉州市首次举办国家级轮滑赛事。第十一届海峡论坛海峡两岸舞龙舞狮大赛暨狮阵大会演在石狮举行，海峡两岸18只龙狮队及7只狮阵队参赛，在促进两岸民俗体育交流的同时提升赛事的规模、深度和广度。

社会民生

居民生活

【概况】 2019年，泉州市全市居民人均可支配收入39155元，比上年增长8.5%；人均消费支出25447元，比上年增长9.3%；人均住房建筑面积69.0平方米。按常住地分，全市城镇居民人均可支配收入49592元，比上年增长7.5%，人均消费支出30754元，比上年增长9.1%，人均住房建筑面积65.3平方米；农村居民人均可支配收入22142元，比上年增长9.2%，人均消费支出16794元，比上年增长8.3%，人均住房建筑面积75.0平方米。城乡居民家庭恩格尔系数分别为31.1%和40.9%。

2019年9月24日，国家统计局泉州调查队CPI（消费者物价指数）专业人员在安溪县中闽百汇商场检查调查点相关原始记录、统计台账、统计报表数据 （图/国家统计局泉州调查队）

【耐用消费品拥有量】 2019年，泉州市城镇每百户家庭拥有彩色电视机121.8台、洗衣机87.7台、电冰箱（柜）107.3台、空调186.8台、计算机67.8台、家用汽车45.4辆、移动电话268.8部。农村百户家庭拥有彩色电视机115.8台、摩托车 90.6 辆、家用汽车16.2辆、洗衣机85.6台、空调134.0台、移动电话 259.3部。

表36

2019年1月25日泉州市区主要生活必需品零售价格情况表

商品名称	规格等级	计价单位	本期价格	与上旬同期比			与2018年同期比		
				上期价格	涨跌(元)	涨跌幅（%）	2018年同期价格	涨跌(元)	涨跌幅（%）
早籼米	标一	元/500克	2.80	2.80	—	—	2.80	—	—
花生油	鲁花一级桶装5升	元/桶	139.90	139.90	—	—	139.90	—	—
鲜猪肉	中段肉	元/500克	16.00	17.00	-1.00	-5.88	14.00	2.00	14.29

续表36

商品名称	规格等级	计价单位	本期价格	与上旬同期比			与2018年同期比		
				上期价格	涨跌(元)	涨跌幅(%)	2018年同期价格	涨跌(元)	涨跌幅(%)
鲜猪肉	精瘦肉	元/500克	18.00	20.00	-2.00	-10.00	17.00	1.00	5.88
鲜猪肉	腿肉	元/500克	16.00	17.00	-1.00	-5.88	13.00	3.00	23.08
鲜猪肉	排骨	元/500克	30.00	30.00	—	—	30.00	—	—
鲜牛肉	新鲜去骨	元/500克	37.00	37.00	—	—	33.00	4.00	12.12
鲜羊肉	新鲜带骨	元/500克	43.00	43.00	—	—	35.00	8.00	22.86
活鸡	活肉鸡1～1.5千克	元/500克	15.00	15.00	—	—	15.00	—	—
活鸭	中等毛鸭	元/500克	25.00	25.00	—	—	25.00	—	—
鸡肉	白条鸡、开膛、上等	元/500克	15.00	15.00	—	—	15.00	—	—
鸡蛋	新鲜完整	元/500克	5.50	5.00	0.50	10.00	5.50	—	—
鸭蛋	新鲜完整	元/500克	7.00	6.80	0.20	2.94	6.80	0.20	2.94
草鱼	活750克左右	元/500克	8.50	8.00	0.50	6.25	8.50	—	—
鲢鱼	活750克左右	元/500克	6.00	6.00	—	—	6.00	—	—
带鱼	鲜250克左右	元/500克	25.00	24.00	1.00	4.17	25.00	—	—
大白菜	新鲜一级	元/500克	1.80	1.80	—	—	1.50	0.30	20.00
小白菜	新鲜一级	元/500克	3.50	3.00	0.50	16.67	3.00	0.50	16.67
西红柿	新鲜一级	元/500克	4.00	4.00	—	—	3.00	1.00	33.33
上海青	新鲜一级	元/500克	2.50	2.50	—	—	2.50	—	—
空心菜	新鲜一级	元/500克	6.00	5.50	0.50	9.09	4.00	2.00	50.00
菜花	新鲜一级	元/500克	3.00	2.50	0.50	20.00	2.80	0.20	7.14

表37

2019年12月25日泉州市区主要生活必需品零售价格情况表

品种	品种规格	计量单位	今日价格（元）	与12月30日价格比		与上月同期比	
				价格（元）	涨跌幅（%）	价格（元）	涨跌幅（%）
晚籼米	二级	元/500克	2.8	2.8	—	2.8	—
粳米	二级	元/500克	2.6	2.6	—	2.6	—
花生油	桶装一级压榨	元/5升	115	115	—	115	—
大豆调和油	一级桶装	元/5升	57	57	—	57	—
鲜猪肉	精瘦肉	元/500克	33	33	—	33	—
鲜猪肉	肋条肉	元/500克	28	28	—	28	—
鲜猪肉	带皮后腿肉	元/500克	28	28	—	28	—
鲜猪肉	肋排	元/500克	35	35	—	35	—
鲜牛肉	腱子肉	元/500克	46	46	—	46	—
鲜羊肉	新鲜带骨	元/500克	48	48	—	48	—
鸡肉	白条鸡、开膛 上等	元/500克	15	15	—	18	-16.67
鸡蛋	新鲜完整	元/500克	5.5	5.5	—	5.8	-5.45
鸭蛋	新鲜完整	元/500克	7	7	—	7	—
虾	活体长10厘米左右	元/500克	40	40	—	35	-14.29
鳙鱼	活1500克左右一条	元/500克	9	9	—	10	-10.00
草鱼	鲜条重750克左右	元/500克	8	8	—	8	—
黄瓜鱼	冰鲜400克左右一条	元/500克	20	20	—	20	—

续表37

品种	品种规格	计量单位	今日价格（元）	与12月30日价格比		与上月同期比	
				价格（元）	涨跌幅（%）	价格（元）	涨跌幅（%）
大白菜	新鲜一级	元/500克	2	2	—	2	—
上海青	新鲜一级	元/500克	3	3	—	3	—
黄瓜	新鲜一级	元/500克	3.5	3.5	—	3	16.67
西红柿	新鲜一级	元/500克	5	5	—	3	66.67
圆白菜	新鲜一级	元/500克	2	2	—	2	—
菜花	新鲜一级	元/500克	3.5	3.5	—	3	16.67
苹果	红富士 一级	元/500克	5	5	—	5	—
梨	鸭梨 一级	元/500克	4	4	—	4	—
香蕉	国产 一级	元/500克	3	3	—	3	—

表38

2019年泉州市区及部分县（市）商品房成交金额排行表

排名	区域	销售金额（亿元）	市场占有率	金额同比	销售套数	销售面积（万平方米）	均价（元/平方米）
1	泉州市区	328.85	37.8%	-22%	38743	322.65	9811
2	晋江市	256.22	27.9%	-30%	26854	238.42	9305
3	安溪县	148.66	14.2%	-9%	17176	121.10	8146
4	南安市	133.38	12.7%	-15%	16068	108.37	8124
5	石狮市	68.95	7.4%	-30%	6088	63.22	9170
	总计	936.07	100.0%	-23%	104929	853.75	9121

资料来源：搜狐网

表39

2019年泉州市区及部分县（市）住宅成交面积排行表

排名	区域	销售面积（万平方米）	市场占有率	面积同比	销售套数	销售金额（亿元）	均价（元/平方米）
1	泉州市区	322.65	37.8%	-15%	38743	328.85	9811
2	晋江市	238.42	27.9%	-29%	26854	256.22	9305
3	安溪县	121.10	14.2%	-11%	17176	148.66	8146
4	南安市	108.37	12.7%	-20%	16068	133.38	8124
5	石狮市	63.22	7.4%	-30%	6088	68.95	9170
	总计	784.64	100.0%	-20%	66490	702.78	8957

资料来源：搜狐网

表40

2019年泉州市房企成交金额前15名情况表

排名	项目	销售金额（亿元）	市场占有率
1	世茂	66.02	7.7%
2	中骏	54.38	6.4%
3	保利	39.52	4.6%
4	万科	38.09	4.5%
5	碧桂园	36.94	4.3%
6	源昌	26.77	3.1%
7	阳光城	25.92	3.0%

续表40

排名	项目	销售金额（亿元）	市场占有率
8	金茂	23.22	2.7%
9	东海开发	21.76	2.5%
10	中南	21.25	2.5%
11	当代	20.34	2.4%
12	龙湖	20.23	2.4%
13	鼎盛	17.92	2.1%
14	上实	16.77	2.0%
15	西藏城发	16.20	1.9%

资料来源：搜狐网

表41

2019年泉州市单盘住宅成交金额前15名情况表

排名	项目	区域	销售金额（亿元）	市场占有率
1	檀悦	泉州市区	22.67	3.2%
2	东海湾门第	泉州市区	20.03	2.9%
3	当代万国城	晋江	18.74	2.7%
4	上实海上海	泉州市区	18.10	2.6%
5	海宸尊域九龙居	泉州市区	14.14	2.0%
6	龙湖嘉天下	晋江	13.93	2.0%
7	百信御江帝景	晋江	13.72	2.0%
8	保利上城	晋江	13.37	1.9%
9	侨城海景湾	晋江	12.10	1.7%
10	中南漫悦湾	泉州市区	11.82	1.7%
11	星河城	泉州市区	11.76	1.7%
12	源昌天悦湾	南安	11.08	1.6%
13	世茂紫茂府	晋江	10.75	1.5%
14	世茂云璟	泉州市区	10.20	1.5%
15	万科金域滨江	晋江	10.13	1.4%

资料来源：搜狐网

社会保障

【概况】 2019年，泉州市注重提高社会保障水平。实施稳定岗位、招工引才等政策措施，新增城镇就业13万人。实施医保“全城通办”，职工“五险”人数增加16.8万人次。建成泉州市社会福利中心（一期），实现街道、重点乡镇居家社区养老服务照料中心全覆盖，全市新增养老床位4442张，列入全国居家和社区养老服务改革试点、家政服务业提质扩容“领跑者”行动重点推进城市；房地产市场保持平稳，基本建成保障性安居工程1.62万套。是年，全市参加职工基本养老、失业、工伤保险人数分别为149.37万、72.5万、118.97万；其中，建筑工程项目参加工伤保险1716个，参保15.29万人，新开工项目参保率100%；城乡居民养老保险参保366.64万人、参保率99.72%。

【养老、失业、工伤保险】 2019年，泉州市首创“政策夜市”，开展政策宣传解读，鼓励企业扩大参保面，引导灵活就业人员、新业态从业人员参保，新增企业职工养老保险参保人员4.65万人。完成退休人员基本养老金调整，企业退休人员月人均养老金增加144.11元，月人均养老金2503.27元，惠及10.58万人；机关事业单位退休人员月人均增加212.54元，月人均4954.38元，惠及5.4万人。完成城乡居民基础养老金调整，全市平均标准146.6元，分别比国家、省高出58.6元、23.6元，惠及91.71万人。规范开展全市职业年金归集，职业年金投资运营准备工作基本就绪。强化困难群体基本保障，建立城乡居民扶贫对象全额代缴最低标准保费政策，惠及8.44万人。保障工伤职工工伤待遇，全市享受工伤保险待遇5508人，其中享受伤残待遇4678人、工亡待遇830人，发放工伤保险待遇2.6亿元。加强社保卡信息化服务。新发行社保卡65.3万张，总数806.64万张，新增“立等可取”社保卡服务窗口100个，总数343个；发行泉州市首张“电子社保卡”，计签发42.2万张。落实社保降费率政策，养老、工伤、失业三项社保费减负5.09亿元，惠及企业20.98万个次，其中企业职工养老保险、工伤保险、失业保险降费分别减负1.45亿元、2.6亿元、1.04亿元，惠及企业9.33万个、6.15万个、5.5万个。

2019年10月25日，国家医疗保障局副局长陈金甫在泉州市调研医疗保障工作 （图/市医保局）

【医疗保障】 2019年，泉州市医疗保障参保人数703.16万人（其中职工医保参保人员96.01万人、城乡居民医保参保人员607.15万人）。城乡居民医保筹资水平740元/人，其中各级政府补助520元/人、个人缴费220元/人，人均筹资比上年增加70元，政府补助比例70%以上。基本建成覆盖全民、城乡统筹、保障适度、可持续的多层次医疗保障体系。职工医保、城乡居民医保实际报销比例分别为76.64%、56.12%。7月，完善城乡居民基本医保普通门诊报销政策，打破城乡居民基本医保普通门诊只能在本县域就诊报销的限制，实现参保居民普通门诊可跨县域就诊报销。8月起，降低城乡居民大病保险起付线，将大病保险政策范围内报销比例提高到60%；对贫困人口起付线再降低50%，报销比例再提高5%，全面取消封顶线。开展大病医保二次补偿工作，使城乡居民补偿对象医保政策范围内医疗费用平均报销比例由原来67.37%提高到89.8%。

提高特殊群体待遇水平，针对低收入“边缘人群”制定出台一次性定额救助和重特大疾病救助认定标准，明确救助边界，提高“边缘人群”医疗救助精准度。推进省级精准扶贫医疗叠加保险工作，“第二道”补助疾病种类从原来的13种扩大到31种，实行“第三道”精准补助，落实市级精准医保扶贫补充补助政策，解决贫困人口就医问题。国定、省定建档立卡贫困人员实际报销比例91.63%，31种重大疾病实际报销比例98.43%。

推行以医保支付结算价为基础的联合限价阳光采购改革，发挥药品阳光采购联盟作用，实行联合带量谈判价格，降低药费负担，为医疗机构节省药品采购成本1.8亿元。在全省率先将53种国家谈判药品纳入医保支付范围，实行单独核算，不列入公立医院绩效考核药占比统计范围和基本医保总额控制范围，确保参保患者买得到、用得上、可报销国家谈判药品。6月起，全面跟进落实国家组织药品集中采购和使用试点工作，至12月底采购“4+7”中选药品1.05亿元。支持推动泉州东南医院等4家民营医院在全国率先跟进“4+7”药品采购试点工作。1月起，全市公立医疗机构全面实施医用耗材采购结果全省共享，采购医用耗材金额6.71亿元，节省采购资金8693.29万元，减轻群众负担3825万元。全面实施药品耗材货款由医保基金统一结算工作。5月，开展医用耗材货款医保统一结算支付工作。全年药品货款结算100%；医用耗材货款采购入库金额5.25亿元，实际结算金额3.74亿元，实际结算率71.29%。

梳理、规范公立医疗机构医疗服务项目及最高收费标准，医疗服务项目细化为9298项。实行医疗服务价格分类管理，放开市场竞争比较充分和个性化需求比较强的医疗服务项目价格，实行备案管理。完善医疗服务价格动态调整机制，按照“结构调整，有升有降”的要求，调整63项医疗服务项目收费标准，逐步理顺医疗服务项目比价关系，优化医疗收入结构。支持鼓励医疗机构发展新技术。核定新增29项医疗服务项目收费标准，出台11项临床检验项目基本组合及收费标准，出台29项“互联网+诊疗”医疗服务项目收费标准，规范远程会诊、远程诊断和互联网医院复诊医疗收费行为。全市县级以上公立医院医疗服务、药品耗材、检查化验的收入占比为34：41：25，与医保体制改革前的23：59：18相比，医院收入结构明显得到优化。推进按病种收付费改革为主的复合型医保支付方式改革，在开展270个按病种收付费改革的基础上，出台新增病种63

个，调整病种收费标准25个，在泉州市第三医院试行精神类疾病按床日收付费改革。全市实施按病种出院人次15.78万例，16家纳入"世行贷款医改促进项目"的县级医院按病种出院人数占33.3%，公立医院通过控费增加医务性收入1.37亿元，群众实际报销比例提高约10个百分点。推动DRG收付费改革，选取泉港区医院、石狮市医院为试点单位，初步提出开展DRG基本模式。建立医保基金总额打包支付机制。推动"世行贷款医改项目"建设，实行"一县一策"，建立"超支自负、结余留用、绩效考核"机制，对石狮、永春、德化等地县域紧密型医共体实行总医院医保基金总额打包支付。完成3个县（市）总额付费打包协议签订工作，年签订金额8.99亿元。

加强医保基金监管，强化"三函两牌"日常稽核和专项治理相结合，落实定点医药机构协议管理，开展全市"打击欺诈骗保 维护基金安全"集中宣传月和打击欺诈骗保集中整治专项行动，开设投诉举报专线和微信公众号投诉举报平台，出台《福建省欺诈骗取医疗保障基金行为举报奖励暂行实施办法》配套措施。以零容忍的态度严厉打击欺诈骗保行为，确保医保基金安全高效、合理使用。全市医保部门检查定点医药机构1381家，发出"三函两牌"1326张，约谈定点医药机构464家次，暂停医保服务174家，解除定点协议10家，暂停医师医保处方权37名，追回医保基金3871.81万元，依协议收取违约金1836.51万元。

【住房公积金】 2019年，泉州市住房公积金管理中心坚持住房正确定位，优化资金使用，提升服务质量，发挥住房消费平台作用，各项工作计划按时序进度完成。全年全市住房公积金注入房地产市场资金106.68亿元，支持购建面积1660.88万平方米。全市新增归集单位22941个，新增归集职工735463人、87.05亿元；全市批准提取住房公积金64.01亿元，发放个人公积金贷款6584笔、金额27.78亿元，发放贴息贷款5557笔、25.01亿元，合计发放公积金及贴息贷款52.79亿元，完成全年贷款使用计划的105.58%，个贷使用率103.76%（不含贴息贷款），比上年底下降12.31个百分点；实现业务收入8.38亿元、增值收益2.76亿元。

2019年4月25日，泉州市医保局举行全市"打击欺诈骗保 维护基金安全"集中宣传月活动启动仪式（图/市医保局）

加强宣传助推扩面工作，开展以"住房公积金•筑梦人才港湾•服务幸福泉州"为主题的宣传月活动，出台和完善"人才港湾计划"、在内地（大陆）就业的港澳台同胞享有住房公积金待遇、维护住房公积金缴存职工购房贷款权益、住房公积金贴息贷款等一系列新政，公积金制度惠及更多群体。公积金惠台政策实施以来，有329位台湾籍职工建缴，月缴存额超过百万元。

发挥消费平台作用，增加贴息贷款承办银行。市住房公积金管理中心与泉州工行、中行签订合作协议，将贴息贷款承办银行增加到四家，满足更多缴存职工购房融资需求。全年新增银行贷款7.5亿元、贴息贷款融资25.01亿元，合计融资32.51 亿元；增加归集和贷款受托银行，为加强归集扩面和拓展服务机构，经市住房公积金管委会研究同意，增加中国银行泉州分行、中国农业银行泉州分行、兴业银行泉州分行及下辖支行为归集业务受托银行，增加中信银行泉州分行、交通银行泉州分行、福建省农村信用社联合社泉州办事处下辖支行、行社为贷款业务受托银行；开展城市低收入家庭职工公积金贷款贴息工作，发放贴息贷款3户6946.22元。

突出风险防控管理，建立常态化电子稽查整改工作。除常规内审稽核工作外，建立管理中心、管理部、受托银行联动的常态化电子稽查整改工作机制，明确整改任务、人员、时限，对风险隐患疑点和历史数据及时归类处置；完善会计集中核算制度，在上线福建省专户统一核算系统的基础上，将全市39个公积金存款专户整合为5个专户，加强资金统筹管理，提高资金使用效率；优化会计核算流程和资金划拨流程，完善会计集中核算制度。加快归整存量会计档案。

拓宽"互联网+"服务，打造

2019年3月12日，泉州市住房公积金管理中心在东海行政服务中心揭牌
（图/市住房公积金管理中心）

智慧公积金。3月，开通网上办事大厅单位归集业务中的个人新增、个人启封、个人封存、汇缴核定总表打印、单位年度基数调整等业务；11月，开通网上办事大厅的个人离退休提取业务，为职工提供便捷服务；完成短信平台接入，按照住建部、省住建厅部署，完成福建省“12329”短信平台接入测试工作并投入使用，全年向职工发送短信655万条；拓宽移动服务渠道，开通网上个人离退休提取业务，在“闽政通”APP或者通过支付宝上的“闽政通”小程序，离退休刷脸提取、查询缴存明细、提取还贷等业务均可实现“掌上办”。

推进信息化建设。3月，住房公积金新服务大厅搬迁入驻东海行政服务中心，建设标准规范的服务环境，提供高效便捷的服务设施，形成合理便民的办事流程，设置优化的窗口布局，各公积金承办银行同步入驻提供“一站式”服务，初步实现“多元化、智能化、人性化”的信息化服务窗口；上线公积金业务新版系统，市住房公积金新业务系统于2月上线运行，新系统优化升级后直接嵌入住建部统一的全国异地转移接续平台以及银行结算平台，增加归集账户参数化控制、提取业务资金“秒到账”、网厅受理业务等功能，提升住房公积金“互联网+政务服务”水平；实现信息共享，开通与市房屋交易中心、不动产登记中心的信息共享，客户在市区管理部就可查询本人在中心市区的购房等情况，无须再到相关单位开具证明，实现“一站式”办结。

【最低生活保障】 2019年，泉州市建立“低保”标准动态调整机制，推动城乡“低保”标准一体化。综合考虑精准扶贫和缩小城乡差距需要，对农村最低生活保障标准进行大幅提高。全市城乡“低保”对象人数69843人，其中城市低保对象8431人、农村低保对象61412人，全年发放城乡低保金3.24亿元。11月，泉州市全面调整提高城乡“低保”、特困供养标准和补助水平。全市城乡“低保”标准除安溪县、永春县、德化县为每人每月660元，其余的县（市、区）均为每人每月720元。完善城乡最低生活保障制度。将无法通过开发性扶贫措施实现脱贫的贫困人口符合“低保”条件的全部纳入“低保”给予兜底保障，做到应保尽保。建立农村“低保”对象与扶贫开发对象比对机制，开展排查比对工作。截至12月，泉州市建档立卡贫困人口33119人，其中“低保”对象11712人、贫困人员239人。开展农村“低保”专项治理工作，全面排查、精准识别，落实政策、应保尽保，规范审核审批制度，收集“低保”等救助工作查处案例，全市移交问题线索6条，查处典型案例6件，健全完善城乡“低保”动态管理机制。规范和加强困难群众救助补助资金管理，提高资金使用效益，确保社会救助资金专项管理、专款专用，安全运行。资金实行社会化发放，建立起民政审批、财政拨款、银行代发三位一体的封闭运行模式，确保社会救助资金及时足额发放到位。同时全面公开社会救助信息，完善“互联网+监督”制度。推进全国“低保”信息系统、福建省扶贫（惠民）资金在线监管系统的应用管理，按月按时将保障对象、发放资金等信息准确录入全国“低保”信息系统，按月按时登录福建省扶贫（惠民）资金在线监管系统核对、确认导入数据，结合扶贫（惠民）资金外网公布情况，对数据有误的按程序备案修改。

【保险基金发放与管理】 2019年，泉州市推进保险基金发放与管理，围绕社会保障中心工作，坚持线下线上监督相结合，严格监督、依法监督，重审计、抓规范，提升社会保险基金监督能力，推动社保基金安全平稳运行。组织开展打击骗保行为、养老保险重点指标核查等检查200次，下达整改建议67个，追回损失2670.77万元。加强现场监督，按照《社会保障基金现场监督规则》开展基金监督专项检查工作，开展社会保险基金管理风险专项检查、打击骗取社会保险金行为专项行动、社保经办机构内部控制检查，查找基金管理使用中存在的风险点，推进基金管理风险防控机制建设，确保社保基金更安全规范。加强非现场监督，发挥网络优势，推进非现场监督，核查省人社厅通过社保基金监管系统发现可疑数据，开展养老保险重点指标核查，促进事后监督向事前、事中监督转变，完善社会保险基金监督体系。

人力资源与劳动就业

【概况】 2019年，泉州市加强人力资源开发、管理，深化人事管理制度改革、职称制度改革，实施人才“港湾计划”，全市新增各类人才29万人，推进构建和谐劳动关系，开展“稳就业”工作。是年，城镇新增就业人员12.57万人，有1390名就业困难人员实现再就业；全年培训各类劳动者20万人，转移就业1.63万人。年末城镇登记失业率1.05%。

【人事管理】 2019年，泉州市深化人事管理制度改革，加强事业单位人事管理，核准备案事业单位公开招聘方案65个，招聘工作人员4595人。会同组织、编制部门推进公务员和事业单位机构改革、编外人员安置、生产经营类和部分公益类事业单位改革人员分流安置。完成泉州市环保机构监测监察执法垂直管理人员划转工作。

开展对口支援工作，完成第九批援藏7名专业技术人才、第八批援疆16名专业技术人才、对口支援宁夏吴忠市12名专业技术人才选派任务。

开展各类考核考试工作，组织机关、事业单位工勤人员岗位等级晋升考核659人，聘任（续聘）303人。完成各类人事考试考务工作，有6.99万人参加考试。

加强干部绩效考核激励，完成市直机关事业单位年度考核415家、2.3万人，公务员记三等功奖励193人。

加强人事档案管理服务，市直机关干部人事档案数字化工作基本完成。

【职称制度改革】 2019年，泉州市深化职称制度改革，解决职称评审和资格考试堵点问题，职称评审申报改为诚信承诺，证书以快递形式发放；对17项专技人员资格考试取消现场审核，惠及全市2.8万人。深化教师职称制度改革，将中、小学教师中级职称评审权全部下放至县级开展，批准确认一级教师599人；提高市直中、小学幼儿园岗位结构比例，其中中、小学高级职称和幼儿园中级职称平均提高5个百分点，办理职称聘任2583人次。深化医疗卫生职称改革，开展基层卫生人才职称专项评审，获正高级职称13人，获副高级职称29人；加强全科医生队伍建设，获全科医生中级职称102人。创新职称聘任机制，推行高层次人才职称“直聘”机制，直聘15人，直接跳评正高级职称2人（其中台湾人才1人），该做法被确定为福、厦、泉国家自主创新示范区第二批改革创新举措在全省复制推广。加强非公和社会化职称评审评价，组织“非公”建筑、综合、工艺美术、经济等专业评审，批准确认1064人，其中高级109人、中级853人；首次开展“藤艺工艺美术师”评审，评审确认藤艺工艺美术师33人。推进社会化职称（职业资格）评价工作，批准确认15165人，其中高级614人、中级5382人。

【人才“港湾计划”】 2019年，泉州市实施人才“港湾计划”，全市新增各类人才29万人，总数174万人。全市人才发展指数居全省第一档次。提升人才服务水平，推动高层次人才服务中心创建福建省级党建重点项目，完成“泉州人才APP”，推行“一码通”，改造升级“一站式”服务系统，把第四、五层次人才认定权限下放至县级；新认定高层次人才7508人，总数1.1万人。新增享受国务院政府特殊津贴人员6人、国家级博士后科研工作站2家，入选福建省引进高层次人才47人、福建省引进台湾高层次人才55人、福建省工科类青年人才16[illegible]人。开展台湾人才职称和职业资格互认采认，颁发首批直接采认台湾地区职业技能资格证书7人。

深化人才分类评价改革，制定全市分类推进人才评价机制改革实施意见，出台专业技术人才分类评价实施意见，推动人才“帽子”、人才职称回归学术性、荣誉性本质。

开展企业人才自主评价试点，113家试点企业认定市级高层次人才377人。

吸引大学生到泉州就业创业，出台实施鼓励高校毕业生到泉州就业创业政策，申报高校毕业生1.04万人，审核可获安居补助89[illegible]1人，审核发放两批共4429人、补助资金884万元。

加强人力资源服务，出台人力资源服务机构“引才引团队”奖励措施，公布经营性人力资源服务机构53家，发布2019—2020年度紧缺急需人才引进指导目录；推动泉州民营经济与人力资源服务峰会成果转化，促成一批机构落地泉州或离岸服务；晋江产业园、石狮产业园分别新引进知名机构入驻23家、15家。

培养技能人才，出台职业技能提升行动方案，2019—2021年计划培训技能人才13.5万人，安排失业保险金5.68亿元作为培训补贴。2019年完成“春潮行动”农民工职业技能提升培训5.17万人次，新鉴定初级工以上技能人才3.7万人，其中高级工以上高技能人才381[illegible]人；举办或承办国家、省、市级职业技能竞赛40多场，新增国家级高技能人才培训基地1个、福建省技能大师工作室12个、市技能大师30人、泉州市技术能手35人。出台《泉州市产业实训基地建设项目实施管理暂行规定（试行）》，评选市级基地10家，培训、培养技能人才1万以上。出台《泉州市技能大师（名师）工作室建设管理暂行规定（试行）》，评选泉州市级技能大师（名师）工作室26家，开展“师带徒”800多人，发挥传授技艺和实现绝技绝活传承作用。泉州市技师学院列入泉州市重点预备项目、“十四五”规划项目。

【劳动保护】 2019年，泉州市推进构建和谐劳动关系，加强对劳动关系领域风险防控工作研究，制定具体实施意见，建立劳动关系预警、挂钩帮扶、部门联动等三项工作机制，加强劳动关系运行情况监测预警，密切关注经济形势发展、企业经营状况变化中出现的新情况、新问题，主动预防和妥善处理。

落实劳动合同制度，开展“非公”经济组织落实劳动合同制度专项行动，提高“非公”企业劳动合同签订率。全市劳动关系保持和谐稳定，各类企业劳动合同签订率动态保持在95%以上，集体合同签订率占已建工会企业的85%以上，欠薪案件、欠薪人数均呈下降趋势。

【就业服务】 2019年，泉州市开展“稳就业”工作，城镇新增就业12.55万人，比福建省政府下达任务超18.6%；城镇登记失业率1.06%。出台实施创业担保贷款政策，建立“最多跑一趟”贷款服务，取消反担保，建立线上实时解读政策、精准服务、常态推进、线上线下持续宣传“四个机制”，推动银行为稳定用工、扩大用工的企业提供贷款，发放贷款1430笔1.6亿元。出台就业补助资金使用管理规定，确保资金使用规范安全有效。2019年度资金使用近1.8亿元，2016年以前滚存结余的2.1亿元基本化解完毕。

破解结构性缺工问题，出台推进适应高质量发展产业工人队伍建设、加强企业用工保障、招工稳工稳岗和用工调剂、吸引外地劳动力到泉州就业、“招工引才”十条工作措施等政策。举办招聘会282场，参会企业1.09万家次，提供岗位35万多个次，达成就业意向3.5万多人次。组织699家次企业赴省内外41个地区，与175家院校和人力资源机构对接，引进市外人力资源约3.2万人。

加强大学生就业创业指导，支持大、中专毕业生创业，有57个项目获省、市级资助146万元。闽南科技学院“筑梦空间”大学生创业园、黎明职业大学“青创园”被认定为福建省级创业孵化示范基地，“领SHOW天地”文创园通过福建省级创业孵化示范基地复评。完成“三支一扶”（大学生在毕业后到农村基层从事支农、支教、支医和扶贫工作）派遣福建省级21人、市级84人。

吸引台湾青年到泉州就业、创业，首次举办台湾籍高校毕业生专场招聘会，提供面向台湾籍高校毕业生的福建省级“三支一扶”岗位2个，首次获福建省级资助的台湾籍高校毕业生创业项目1个。

做好精准就业扶贫，“建档立卡”贫困劳动力有就业意向的7448人全部实现就业，为“建档立卡”贫困人员提供公益性岗位265个。引进并解决宁夏“建档立卡”贫困劳动力就业184人。

【劳动权利维护】 2019年，泉州市组织实施促进劳资关系和谐专项行动。推进根治欠薪工作，全市立案查处劳动保障违法案件119件，结案率100%，比上年下降11.19%，为1612名劳动者追发劳动报酬2630.9万元，分别比上年下降66.5%、36.8%。保障农民工工资支付工作。促进劳资关系和谐，建成运行建筑工人实名制管理和工资专用账户监管系统，建立全市统一的实时动态监管平台，推行“一卡一户一平台”信息化管理模式，开设工资专户项目803个，通过工资专户发放工资项目400多个。滚存工资保证金14.3亿元，其中银行保函3.78亿元。工资保证金制度推进到装饰装修、园林绿化、交通、水利、铁路等其他工程建设行业。欠薪应急周转金市、县政府筹集3114万元，乡、镇政府（街道办事处）筹集5018万元。通报严重违反劳动保障法律法规的用人单位（自然人）25个，评价劳动保障守法诚信C级企业26家、工资支付行为严重失信单位14个，列入拖欠农民工工资“黑名单”6个。推进晋江、石狮“省级和谐劳动关系综合试验区”试点建设，获评全国模范劳动关系和谐企业、和谐工业园区各1家。

强化劳动争议调解仲裁，出台虚假仲裁案件防范措施，全市处理劳动争议案件、涉及金额、涉及人数分别比上年下降3.06%、1.14%、14.35%，市、县两级仲裁结案率93.7%。

加强工伤认定和劳动能力鉴定服务，完成工伤认定5668件、劳动能力鉴定1943件，工伤职工待遇依法得到保障。

开展法治政府建设年活动，制定劳动和社会保障信访工作导则、劳动监察执法路线图，提升法治服务民生工作水平。

【工资监管和指导】 2019年，泉州市深化国企薪酬制度改革，出台国有企业负责人薪酬制度改革《工作规程》《工作计划》《关于改革国有企业工资决定机制的实施意见》，指导履行出资人职责机构制定具体实施办法。加强工资宏观调控，加强企业工资分配，落实最低工资标准制度，执行企业工资指导线，企业货币工资增长上线为13%，基准线为8%，下线为3%，落实建筑业、批发零售业、住宿餐饮业、交通运输仓储和邮政业等四个重点行业的工资指导线。开展市直机关、事业单位“1+X”津贴、补贴专项督查，确保津贴、补贴规范发放。深化薪酬制度改革，完成市直机关事业单位工作人员工资晋升审批1.7万多人次，办理退休100多人。

民 政

【概况】 2019年，泉州市发挥民政在落实基本民生保障中的兜底作用、在完善基本社会服务中的支撑作用、在基层社会治理中的基础作用。聚焦脱贫攻坚，提升兜底保障水平，年度发放低保金3.24亿元和特困人员供养金7282万元；11873名建档立卡贫困户通过兜底实现脱贫；临时救助创新改革，分类分档分级施救格局初步形成。聚焦特殊群体，筑牢基本民生防线，关爱困境儿童和农村留守儿童，关心帮扶残疾人，推进精神障碍社区康复服务试点工作；加强流浪乞讨人员救助管理，促进慈善事业发展；优化福利彩票网点布局，全市销售额达11.19亿元。聚焦群众关切，改善基本社会服务，推动养老事业跨越发展。全市新增床位4442张，总数40301张，每千名老年人床位数36.57张，提升居家智慧养老服务；推进殡葬管理改革，完成与市国资委关于泉州市殡仪服务有限公司和泉州市集英宏福陵园有限公司两家企业移交工作，殡葬火化率100%，节地生态安葬率94.7%；推动基层治理服务能力建设。10个市级乡镇政府服务能力建设试点；建成30个“共建共享”新型示范社区和15个城乡社区服务站，推进社区治理能力现代化；规范社会组织管理，实现社会组织党组织应建尽建；壮大社会工作人才队伍；做好区划地名管理，推进“平安边界”；配合第18届世界中学生运动会，完成路名牌双语标识设置。

【社区建设与服务】 2019年，泉州市完善社区治理体系，加强村（居）务公开、决策、监督制度规范建设，落实“强基促稳”三年行动方案，推进村级组织民主制度建设，保障村（居）民对村（居）务的知情权、参与权、决策权、监督权；推进社区资源共建共享，实行党建共创、项目共建、资源共享、服务共办，强化社区资源优化整合；出台《泉州市提升社区治理水平工作方案》，选取10个城乡社区，实施“八大提升工程”，培育社区建设示范样板。提升社区服务水平，下达市级财政补助资金150万元建设10个社区服务站，全市城市社区综合服务设施覆盖率100%，农村社区综合服务设施覆盖率89.7%；下拨市级补助资金300万元开展30个“共建共享”新型示范社区建设；晋江市创建省级社区治理和服务创新实验区，通过省民政厅确认验收合格；组织各地学习福建省第一批优秀社区工作法，总结提炼各特色社区工作法，丰泽区东湖街道圣湖社区书香文化建设工作法、石狮市新湖社区“六横六纵”工作法、晋江市竹园社区“1+1+N”党建引领工作法3个社区工作法入选福建省第二批优秀社区工作法。优化社区人才队伍，加强村（居）社区专职工作队伍建设，推行设岗定责、提高待遇保障、完善激励机制、加强工作保障等，推动社区工作队伍建设职业化、社会化、专业化；落实福建省高校毕业生服务社区招募计划，招募和培养30名高校毕业生服务社区安溪、永春、德化的城市社区；推荐社区工作者参评2019年践行社会主义核心价值观基层“最美人物”。

2019年12月11日，由泉州市民政局主办的首届“筑梦港湾”社会工作创新创业大赛决赛路演在泉州酒店举行。图为主办方为优秀社工人才颁奖
（图/市民政局）

【社会组织管理】 2019年，泉州市加强社会组织党建工作，在社会组织章程中增加党的建设和社会主义核心价值观等内容，要求成立党组织的社会组织要到就近社区或所在社区报到，开展“共驻共建”。把党建工作纳入社会组织成立登记、年检年报、等级评估、变更登记四个环节。对于应建未建党组织的社会组织，年检结论给予不合格，并列入社会组织异常名录。136个社会组织中成立党组织的有48个（其中单独组建党组织1个、兼合式党组织47个），覆盖59个社会组织，党员人数344人。举办两期“社会组织大讲堂”，培训社会组织党员近300人次。推动社会组织诚信建设，强化信用约束，57个社会组织被列入异常名录、32个社会组织被列入失信黑名单。开展社会组织年检工作，应检社会组织744个，按期年检的679个，年检率91%。开展社会组织登记管理机关工作人员和社会组织从业人员业务培训。举办两期培训

班，培训人员250人次，提升社会组织登记管理机关工作人员业务素质和社会组织从业人员的工作能力。开展社会组织双随机检查工作，对26个随机抽取的社会组织开展检查工作，未发现问题的8个，存在问题的14个，正在办理注销手续1个，失去联系的3个。强化社会组织退出机制，给予符合撤销登记条件的35家社会组织撤销登记。清理整治政府部门下属单位涉企收费、中介机构收费，开展行业协会商会涉企收费检查工作，规范行业协会商会涉企收费行为。开展市级社会组织等级评估，有57家市级社会组织申报。加强社会工作人才队伍建设，引导和鼓励民政、司法、残联、工会、乡镇（街道）、村居社区、社工机构、志愿者机构等社会工作从业人员参加社工职业水平考试，推动其向专业社工过渡。3757人报考社会工作者职业水平考试，542人通过考试取得社会工作师资格证。全国社会工作者职业水平考试首次在泉州市设立考点。全市登记成立社工机构72个（其中市级社工机构17个），从事社会工作服务的工作者1.5万人，取得职业资格认证的社会工作者2620人（其中助理社会工作师1709人，中级社会工作师911人），拥有省级优秀社工6名、市级优秀社工30名、“第三层次人才”6名、“第五层次人才”23名。7—12月，举办首届“筑梦港湾”社会工作创新创业大赛，18人获社工人才奖、15个项目获项目成果奖、6个项目获项目创新奖、9个项目获组织宣传奖。其中社工人才、项目成果和项目创新奖金奖、银奖的12名获奖者，被认定为泉州市优秀社会工作人才。

【婚姻登记管理】 2019年，泉州市办理婚姻登记72209对，其中国内结婚登记46422对、离婚登记15410对、补领登记9572对。涉台港澳结婚登记270对、离婚登记56对、补领登记299对。涉外结婚登记158对、离婚登记10对、补领登记12对。

【儿童收养与儿童福利院】 2019年，泉州市办理收养登记22件，涉台港澳收养登记5件。全市有儿童福利机构12个（含综合福利院儿童部），床位468张，在院抚养儿童296人。

【老年福利院与“五老”供养】 2019年，泉州市有各类老年福利机构135个（含福利院、福利中心、敬老院、老年公寓、村级敬老院等），床位42380张（含日间照料室床位），年平均入住床位1677.04张。落实革命“五老”人员生活补助金自然增长机制，发放市级生活补助金59.53万元。各县（市、区）的革命“五老”定补标准均高于省定标准，其中晋江市革命“五老”人员生活补助金每人每月2164元。下达2019年革命“五老”医疗补助资金2.71万元，高龄补助4.02万、特困补助4.72万元，开展形式多样的节日慰问，帮助解决生产生活问题。

【地名与边界线管理】 2019年，泉州市推进行政区划管理、地名管理与边界线管理等工作。

开展大泉州行政区划调整的前期基础准备工作和有关撤镇设街道、撤乡设镇等有关基础材料收集和调研工作。9月，市政府关于安溪县参内乡撤乡设镇及长坑乡恢复原名设镇的请示材料上报省政府审批。加强各县（市、区）村镇行政区划调整业务指导工作，支持条件成熟的村设立社区居委会、新设社区居委会等工作。全市新设立5个社区居委会：丰泽区东海街道千亿社区居委会、南安市水头镇滨海社区居委会、安溪县凤城镇清水湾社区居委会、德化县浔中镇祥安社区居委会和东裕社区居委会。南安市石井镇浼港村民委员会更名为老港村民委员会。开展《福建省行政区划简册（至2019年）——泉州市》材料的编写上报、审稿、核对、补充等工作。收集整理有关泉州市行政区划调整变更的资料。开展《中华人民共和国标准地名词典—福建省—泉州市》第一部分词条的审校、补充、完善和上报工作。指导“福建省地名文化遗产千年古镇（古村落）”初审工作。全市设置双语标识街路巷牌5472块，进行标准地址二维码楼门牌的设置和管理应用。2月，开展不规范地名调查摸底工作，调查“大、洋、怪、重”（地名“刻意夸大、崇洋媚外、怪异难懂、重名同音”）48个。开展第二次全国地名普查补查成果材料的补充完善工作。要求逐条地名（逐张表格）认真核对，补充完善，推进地名“二普”成果的收尾工作。开展2019年度全市行政区域界线联检工作，完成县乡界线联检工作实施方案的制订。开展泉州与龙岩行政区域界线联合检查工作暨平安边界创建活动，完成2条市间县级界线、4条市内县级界线和60条乡（镇）级界线联检工作任务。联检报告按时上报省政府，并报省民政厅备案。有县乡界线联检任务的县（区、市）利用界线联检时机，修复损毁界桩，张贴“平安边界”宣传标语，加大宣传力度。开展“平安边界”创建活动。推动“平安边界”建设纳入“平安泉州”和各地平安建设总体规划。

【福利彩票发行与资金管理】 2019年，泉州市有电脑福利彩票投注站1093家，中福在线视频型彩票销售厅7家，即开型彩票刮刮乐销售点1093家；全年泉州市发行中国福利彩票11.19亿元（其中电脑票7.93亿元，即开型彩票刮刮乐1.095亿元，中福在线视频型彩票2.165亿元），占福建省福利彩票销售总额的26.19%；按比例上缴公益金约3.44亿元，其中市、县级公益金0.96亿元。

【救助】 2019年，泉州市推进特困人员救助供养工作，根据城乡“低保”标准，调整提高特困人员救助供养标准，基本生活标准原则上按当地城市“低保”标准的130%确定，照料护理标准按全自理、半自理、全护理三种分别参照当地最低工资标准10%、25%、40%确定。救助供养标准提高至最低870元/人/月、最高1752元/人/月。全市城乡特困人员共5602人，其中城市特困人员766人、农村特困人员4836人，全年发放救助供养资金7282.47万元，月人均补助1087元。11月，调整提高特困人员救助供养标准至最低1015元/人/月、最高1949元/人/月。

各县（市、区）财政按照户籍人口每人每年7元的标准筹集临时救助资金。修订完善临时救助政策，依据分类分档原则制定临时救助标准，根据救助对象不同的困难情形确定救助类型，根据不同的困难程度确定救助档次。全市所有县（市、区）将3000元以下的救助审批权限全部委托下放到乡镇（街道），分档分级救助格局基本建成，资金保障及时到位，提高临时救助时效性。全市救助城乡困难群众12672人次，发放临时救助金3168.04万元。

泉州市救助管理站全年救助流浪乞讨人员5814人次，其中男性5533人次，女性281人次；流浪未成年人55人，60周岁以上老年人123人；残疾人145人，智障人员67人，精神病受助人员74人；提供返乡乘车凭证1228张，护送112人（其中省内76人、省外36人），提供医疗救助36人，安置5人。泉州市救助管理站联合社工机构，做好受助人员的站内救助、站外托养机构的安全生产及回访工作和街头流浪乞讨人员的主动救助劝导工作。开展“炎热送清凉”专项行动32次，劝导救助流浪人员105人次。开展“寒冬送温暖”专项行动劝导救助流浪人员87人次。开展12场专场活动，跟踪个案29例，为86人寻亲成功。指导督促托养机构加强自身建设，健全托养规章制度，规范托养服务程序。强化托养机构的服务保障意识，在托养机构内设立托养人员专属服务区，提高管理质量和服务水平，改善托养人员的居住条件。泉州市救助管理站通过政府购买服务的方式，与泉州海西社工发展服务中心签订泉州市流浪乞讨人员救助社会工作服务项目。引入专业社工介入流浪乞讨人员救助服务，帮扶流浪乞讨人员，将站内救助和站外救助，物质救助和心理救助相结合，帮助流浪乞讨人员疏导心理情绪，改变偏差行为，找到生活支撑点。该项目开展日常街面劝导工作101次，服务街面流浪乞讨人员150人次，送出救助爱心包90份，建档70人，劝导入站3人。泉州市救助管理站提出“互联网+寻亲”服务理念，通过全国救助寻亲网、今日头条、微博、社会公益组织“宝贝回家”志愿者平台等新媒体手段，发布寻人信息，宣传救助政策，动员社会力量参与救助管理。5月，泉州市救助管理站与“宝贝回家”合作寻亲，帮助1名走失时间长达19年的受助人员和1名托养7年的受助人员寻亲成功。通过“互联网+”技术，泉州市救助管理站寻亲工作成效明显。

推进“救急难”综合试点工作，加强泉州市社会救助工作，提高社会救助工作水平，完善层次分明的社会救助制度，市、县两级落实2019年“为民办实事”的“救急难”项目，分三批开展“救急难”再救助，发放救助金151.05万元，救助342人，解决群众生活中遭遇的突发性、临时性、紧迫性困难问题。

坚持多渠道、多方式实施住房救助，满足最低生活保障家庭“住有所居”需求，改善群众的住房条件，提高困难群众生活质量。健全和完善农村“低保”安居房建设制度，落实2019年150户农村“低保”安居房建设项目，规范建设档案的收集、整理、建档造册，准确反映“低保”安居房建设项目实效。

【殡葬管理】　2019年，泉州市推动殡葬服务机构改革。4月，完成泉州宏福园的泉州市殡仪服务有限公司和泉州宏福陵园有限公司两家企业移交市国资委相关工作，推进泉州市殡葬管理所转企改制工作。

开展违建坟墓专项摸排整治工作，按照属地管理原则，推进专项摸排整治工作，重点对“三沿六区”范围内的违法、违规私建的“住宅式”墓地、大墓、豪华墓、“活人墓”进行摸排整治。全市摸排整治硬化大墓2181个、活人墓14个，未发现“住宅式”墓地。

规范宗教活动场所骨灰存放管理。5月，市民政局、市民宗局联合推行宗教活动场所骨灰存放设施办理备案，加强宗教活动场所骨灰存放管理，对全市宗教活动场所骨灰存放情况进行抽查，对宗教活动场所骨灰存放乱象进行整治。

推进殡葬改革工作，落实困难群众和惠民基本殡葬服务费减免制度，全年减免11198个困难群众基本殡葬费用，合计金额1165.2万元。扩大惠民殡葬覆盖面，在晋江、石狮实现基本殡葬服务费全免的基础上，8月，市民政局联合市文明办、市财政局出台《关于发放文明治丧基本殡葬服务费的通知》，推动鲤城、丰泽、洛江、泉港四区为辖区户籍居民在本辖区内文明治丧的丧属发放基本殡葬服务费每例1000元。

推进城乡公益性公墓、骨灰楼堂等殡葬设施建设，争取福建省级奖补专项资金115万元用于补助9个乡村骨灰堂建设。加大殡葬移风易俗宣传力度，引导丧俗理念转变，摒弃丧葬陋俗，倡导丧事简办，树立文明新风。利用清明节等祭扫高峰时机，推动“鲜花换鞭炮”、网上祭扫等文明祭扫方式；大力倡导树葬、花葬、草葬、壁葬、海葬等绿色殡葬安葬方式，普及厚养薄葬理念。泉州市为全境火化区，火化率100%。

养老事业

【概况】 2019年，泉州市新增养老床位4442张，每千名老人拥有养老床位达38.11张。完善城乡养老服务设施，投入福建省级补助资金935万元，完成55个农村幸福院建设。市、县两级投入补助资金2805万元，建设完成139个农村居家养老服务中心（站）。投资720万元新建12个街道和重点乡镇养老服务照料中心，实现全覆盖。整合资源，逐步形成符合各县（市、区）实际的居家养老专业化组织落地模式，实现对各乡、镇、街道的养老服务全覆盖。市、县两级投入2000万元用于为“7+1”类老年人购买居家养老基础信息化服务。培训养老服务从业人员2094人。

【“医养”结合】 2019年，泉州市出台非营利性养老机构一次性开办补助和床位运营补贴标准等相关政策，发放一次性开办补助、运营补助和“护理型”床位补贴420万元。扶持养老机构内设医疗机构，支持医疗机构内设养老护理中心，推动医疗卫生机构与养老机构建立合作机制，推动“医养”结合，提升养老刚性需求服务能力。

【退休干部职工】 2019年，泉州市落实退休人员“两项”待遇，办理市直机关事业单位工作人员退休审批手续103人（不含党群、教育系统和事业单位工勤人员），延长退休年限11人，一次性补贴发放审批25人。做好市级机构涉改部门离退休人员转隶工作，确保涉改部门离退休人员服务管理的平稳顺利衔接。重新核对养老制度改革时间节点2014年10月以来“中人”退休相关信息，完成1300多名“中人”退休费变动审批工作，确保养老金足额有序发放。落实《关于重大节日慰问离退休人员有关事项的通知》，开展“送温暖，解忧难”活动。“两节”期间，慰问困难退休干部、职工和特困人员、住院人员和当年牺牲、病故干部、职工遗属567人。按时足额100%社会化发放企业退休人员基本养老金。截至年末，全市有企业离退休人员11.1万人，发放养老金32.2亿元；机关事业单位离退休人员5.54万人，发放养老金34.64亿元。

2019年6月10日，泉州市“实施老年远程教育提升工程”推进会暨老年远程教育管理员现场教学辅导观摩会举行。图为会议现场

（图/泉州老年大学）

【老年教育】 2019年，泉州市推进老年教育工作，整合社会资源，提升办学能力，增强服务社会功能，实现高质量发展。全市有各级老年大学（学校）2535所，在校学员33万多人，占全市老年人总数30.06%。泉州老年大学按照“规范、优化、创新、提升”总体思路，创建福建省高水平示范性老年大学。市财政投入3000万元（累计投入1.2亿），推进新校舍项目建设，配强学校领导班子；形成新老结合的坚强领导集体；引进智能化教学管理系统，采用网络报名、微信报名，提高效率，方便学员。巩固提升基层老年学校办学水平，加大对基层老年学校办学指导帮扶力度。“实施老年远程教育提升工程”纳入市委、市政府“为民办实事”项目，市、县两级财政投入250万元，推进全市50个基层示范点建设。高质量建设远程教育云平台，加强基层老年远程教育收视点建设，全市开通2514个老年远程教育收视点（1877个独立收视点）；15所基层老年学校被评为全国老年远程教育优秀学习收视点；加强老年远程教育资源库建设，泉州老年大学和石狮、晋江老年远程教育课件制作基地制作70多课时视频教材。

慈善事业

【概况】 2019年，泉州市制定慈善事业发展的相关政策措施，促进慈善事业发展。引导民营企业参与公益慈善事业，健全完善慈善超市服务功能。推荐在赈灾、扶老、助残、救孤、济困、助学、助医等慈善领域做出贡献的个人、机构及项目参评“中华慈善奖”“八闽慈善奖”；慈善组织建立健全多元化的募捐机制，推进互联网慈善融合度，依托网络推进“掌中慈善”模式，营造“慈善人人可为、慈善近在身边”的社会氛围。开展“微慈善”进学校、进社区系列活动，培育爱心、提高慈善参与度；加强慈善文化宣传，借助新闻媒体和社会力量弘扬慈善精神，传播“乐善好施、行善积德”慈善文化理念，营造人人向善的社会氛围。以网页和公众号为载体普及慈善文化，为市民走近慈善、参与慈善搭建平台；以慈善项目为立足点弘扬慈善精神，带动更多的社会力量共创慈善事业。以“聚焦脱贫攻坚、聚焦特殊群体、聚焦群众关切”为工作中心，主动服务“决战决胜脱贫攻坚”的重大部署，实施多层次的精准实施慈善项目，采用政府购买服务、联合开展活动等形式，发动辖区内的各类慈善组织、企业，策划实施扶贫济困、为老助老等重点领域慈善项目，推动慈善助老超市建设，搭建社会新型助老服务平台，实现慈善救助与养老服务的有效衔接。是年，市慈善总会支出善款16671.44万元（其中资金支出14664.23万元、物资支出2007.21万元），实施“慈善助困、慈善助学、慈善助医、慈善助残、慈善助老、慈善公益”六大品牌慈善项目。

【慈善助困】　2019年，泉州市慈善总会慰问贫困群众、孤残儿童等特殊群体，为18户贫困户建设、修缮安居房，在德化县实施石蛙养殖、油茶种植产业带动40户贫困户脱贫，支援福建对口支援的宁夏贫困地区脱贫攻坚。

【慈善助学】　2019年，泉州市慈善总会资助应届贫困大学生100名、特别优秀贫困学生四年学费40名、华侨大学和泉州师范学院在校贫困生以及长沙民政学院养老服务专业委培生等55名。

【慈善助医】　2019年，泉州市慈善总会实施助医专项活动，为贫困地区赠送医疗设备131.7万元；承接中华慈善总会药品援助项目，药品价值2040万元，援助贫困重症患者332人，携手泉南协会为贫困地区义诊送医、送药3万元。

【慈善助残】　2019年，泉州市慈善总会投入21.5万元资助贫困残疾人安装假肢、扶持特校毕业生创业基地、帮扶残疾家庭就业。

【慈善公益】　2019年，泉州市慈善总会冠名慈善基金定向资助公益项目及香港希望工程基金会定向资助教育扶贫等投入1.27亿元。组织慈善项目参赛，展示泉州市公益慈善组织参与扶贫攻坚取得的成果。组织参加第二届“善行八闽·海峡公益慈善项目大赛”，泉港区民政局的“505微公益”获二等奖；泉州市慈善总会的“仁善扶贫基金——德化县产业扶贫项目”、南安市慈善总会的“造血式慈善扶贫”获三等奖；6个项目获优秀奖、7个项目获组织奖。

民族与宗教事务

【概况】　2019年，泉州市民族工作以促进民族团结为主线，践行守望相助理念，开展“石榴籽工程”，打造各民族交流交往交融窗口，铸牢中华民族共同体意识。在脱贫攻坚、民生改善上有新收获，在民族团结进步方面有新亮点，全市民族工作总体保持良好向上的局面。推进宗教工作法治化，突出规范引导，推进解决宗教领域突出问题；坚持宗教中国化方向，引导宗教与社会主义社会相适应，宗教积极作用得到充分发挥，全市宗教领域总体保持平稳和顺的局面。民间信仰工作代表福建省在全国性培训会议作典型发言，开展“文明敬香”工作，落实三级网络两级责任制、推动解决宗教活动场所不动产登记历史遗留问题。全市经登记的宗教团体40个、宗教活动场所898处（其中佛教466处、道教223处、伊斯兰教2处、天主教6处、基督教201处）；民间信仰活动场所（建筑面积10平米以上）6962处，其中试点管理的省、市、县民间信仰联系点128处。全市有宗教教职人员1621人，信教群众（不含民间信仰）70万人，占全市总人口近10%。

【少数民族脱贫攻坚】　2019年，泉

2019年6月，泉州市佛教协会、泉州市道教协会、福建省级民间信仰联系点代表在开元寺召开“倡导文明敬香 创建安全生态和谐寺观”工作推进会
（图/市民族与宗教事务局）

州市下达各级民族补助款1003万元，其中中央发展资金330万元、省级民族补助资金213万元、市级民族补助资金460万元、扶持项目建设24个，推进民族乡村经济快速发展，实现收入持续增长。规范少数民族补助资金使用。8月，重新调整泉州市民族协调委员会成员单位，调整挂钩帮扶民族村的市直单位，明确帮扶职责，并以全市第十二个民族团结进步宣传月活动启动仪式为契机，为挂钩帮扶民族村的市直单位和帮扶村提供对接平台，推动挂钩帮扶工作落实。全市各市直有关挂钩帮扶单位投入帮扶资金251万元，完成基础设施、公共服务和集体经济等方面帮扶项目40个。统筹推进宗教慈善资源对口支援10个民族村200多万元，实现与脱贫攻坚工作的有机结合。

【民族乡村经济社会发展】 2019年，泉州市推动以“三特”（特色民居改造、特色产业培育、特色文化传承）为主要内容的少数民族特色村寨保护与发展工程。指导钟厝畲族村等5个少数民族特色村寨挂牌验收工作，指导洛江区厝斗畲族村等6个民族村做好特色村寨试点建设。组织武术队、板鞋竞速队和表演队代表福建省参加第十一届全国少数民族传统体育运动会的比赛，获竞赛项目1个一等奖、2个二等奖、3个三等奖，表演项目综合类1个二等奖、1个三等奖。引导社会各界资助45名少数民族贫困大学生，发放助学金40万元。举办一期全市民族团结进步创建工作培训班，增强各级民族工作干部业务素质。选调3名少数民族干部参加福建省少数民族优秀年轻干部进修班。

【民族团结进步事业】 2019年，泉州市围绕“礼赞70年，铸牢中华民族共同体意识”主题，在泉州台商投资区百崎回族乡举行全市第十二个民族团结进步宣传月活动启动仪式。各县（市、区）、有关街道、民族村、民族中学相继开展宣传月系列活动，举办民族团结进步文艺演出、民族节庆、民族体育竞技活动91场次。市民族与宗教事务局指导鲤城区金龙街道办事处、丰泽区源淮社区、晋江陈埭岸兜回族村三个城市少数民族流动人口服务联系点开展工作，促进各民族交往交流交融。制定做好外来少数民族务工人员相关工作的文件，推动各县（市、区）健全完善相关工作机制。做好外来少数民族务工人员相对集中的企业的调查摸底工作，了解少数民族务工人员的生产生活情况；以洛江和诚鞋业、晋江宇踏鞋业等企业为主，推动流入地与流出地对接，实现双向服务、双向管理；关心慰问泉州农校、泉州华侨职校西藏班学生，完善城市少数民族的服务管理工作。

【宗教工作法治化】 2019年，泉州市开展法律、法规宣讲8次。11月，组织各县（市、区）31名宗教工作干部参加省民族宗教厅在厦门举办的执法培训班。市民族与宗教事务局联合市民政局下发《关于宗教活动场所骨灰存放设施办理备案的通知》，推行备案登记办法，36处宗教活动场所完成备案手续。推进宗教活动场所的安全工作。4月，在泉州青莲寺召开全市宗教活动场所安全工作会议并组织安全培训，制定安全工作要点和方案；采取双随机等方式开展安全检查、文保检查和非法宗教出版物联合检查4次，检查73家场所，整治安全隐患约200处，收缴非法宗教出版物1000件；制定《泉州市宗教活动场所八项管理制度（试行）》《泉州市宗教领域消防安全百日会战行动实施方案》等涉及安全、文保、场所管理相关文件6份。做好行政窗口服务工作，办结审批事项31件。办理各类信访件、局长信箱、12345便民服务平台诉求事项等31件。

【宗教活动场所管理】 2019年，泉州市规范宗教活动场所管理。7月，制定《泉州市宗教活动场所八项管理制度（试行）》，共8章47条，包括宗教活动场所人员管理制度、财务管理制度、消防安全制度、卫生防疫制度、治安管理制度、文物保护制度、会计管理制度和资产管理制度，自公布之日起在全市宗教领域试行，引导宗教活动场所加强规范化管理。成立宗教活动场所建设项目依法规范化管理专题调研组，按照“尊重历史、正视现实、区别对待、分类处理、稳妥推进”的原则推动解决宗教活动场所不动产登记历史遗留问题。11月，市资源规划局、民族与宗教事务局、住建局和林业局下发《关于解决宗教活动场所不动产登记历史遗留问题的若干意见》，对宗教活动场所办理不动产登记的法律法规适用、程序等提出分类指导意见，有序推进宗教活动场所不动产登记。规范民间信仰活动场所管理工作，推进民间信仰工作试点管理。9月，召开民间信仰工作会议，对民间信仰工作进行强调部署。新增南安郑成功庙、安溪进法殿和安溪水美宫为“福建省民间信仰活动场所联系点”，新增泉州五台寺、南安市郑成功庙、安溪水美宫等29处为“泉州市民间信仰活动场所联系点”。宗教工作“三级网络两级责任制”落实取得成效，市委政法委打造民族宗教工作三级网格化服务管理模块并纳入市综治平台，覆盖全市163个乡镇、2463个村（含48个民族村及民族村范围外的民族自然村）、898家宗教活动场所，把宗教工作延伸到乡、村两级。

【宗教界自身建设】 2019年，泉州市坚持宗教中国化方向，强化宗教思想建设。11月26日，市民族与宗教事务局在泉州承天寺召开宗教工作座谈会，全市性宗教团体主要负责人及部分宗教界人士参加会议。利用宗教团体例会、会长办公会，组织宗教界学习。开展讲经交流、解经、神学思想研讨活动。3月27日，泉州市佛教协会举办第六届讲经交流会。8月，举行全市佛教寺院主要执事培训。10月25日，泉州市道教协会召开市区宫观“双月”座谈暨讲经学习会。市伊协、市天主教爱国会分别举办解经、神学思想研讨活动，市基督教“两会”开展神学思想建设。在全市推动“四进”活动（国旗、宪法和法律法规、社会主义核心价值观、中华优秀传统文化进宗教活动场所），开展以“助力新时代、共筑中国梦”为主题的爱国主义教育活动，组织开展庆祝中华人民共和国成立70周年活动群众性主题宣传教育活动。加强宗教文化建设，市政协民宗委、市民族与宗教事务局、市佛教协会组织开展泉州佛教梵刹文化研究，编撰《泉州佛教综览》，挖掘泉州佛教文化资源优势，弘扬泉州佛教优秀文化，开展对外友好交流；开元寺编纂《泉州开元画册》，展现开元寺70年来的变化。做好宗教团体换届工作，市民族宗教局指导泉州台商投资区佛教协会、石狮市佛教协会、晋江市道教协会、安溪县道教协会完成换届工作，选举一批政治上靠得住、学识上有造诣、品德上能服众、关键时起作用的宗教界代表人士进入领导班子。完善宗教团体工作机制，制定《泉州市全市性宗教团体重大事项报备制度（试行）》和《泉州市全市性宗教团体负责人年度述职考核办法（试行）》，依法加强宗教工作管理，促进宗教工作规范化。

【文明敬香】　2019年，泉州市推动文明敬香建设安全生态和谐寺观活动。3月，市委统一战线工作领导小组成立专题调研组，到厦门、浙江、四川等地考察调研，学习借鉴各地在推进文明敬香、建设安全生态和谐寺观等方面的先进经验；市委宣传部、统战部和市民族与宗教事务局等制定《关于进一步推动文明敬香建设安全生态和谐寺观的通知》。6月，泉州市佛教协会、泉州市道教协会、福建省级民间信仰联系点代表在开元寺组织召开“倡导文明敬香　创建安全生态和谐寺观”工作推进会，倡导文明敬香理念，引导寺观宫庙做到“一少三无一规范”（“一少”即少烧香，只敬一支或三支环保香；“三无”即无烧金纸、点蜡烛、放鞭炮；“一规范”指规范佛教、道教和民间信仰活动场所管理）。在《泉州晚报》、泉州电视台等主流媒体平台开辟专栏，组织撰写稿件60余篇，《泉州晚报》制作文明敬香新闻专版，泉州电视台制作文明敬香宣传小视频，用普通话、闽南话在全市佛教、道教场所播放。市区通淮关岳庙、元妙观、承天寺等重点寺院宫观基本实现封存烧金炉、免费赠香、殿外燃香，烧香、烧金纸等现象减少80%以上。

【宗教界公益慈善活动】　2019年，泉州市引导宗教界开展公益慈善活动，打造“个十百千”公益慈善品牌，建设1个养老院（晋江庆莲寺颐养院）、集中帮扶10个少数民族村或集体经济薄弱村、资助100名贫困大学生、精准帮扶1000户贫困户，引导宗教界参与扶贫、救灾、助学、义诊等各项公益慈善活动。全市宗教界慈善金额4000多万元。帮扶贫困乡村精准脱贫，引导宗教界参与面向安溪、永春等贫困老区山区的精准扶贫活动。助力贫困学子圆梦校园，开展2019年度少数民族贫困大学生助学活动，引导宗教界慷慨解囊，资助少数民族贫困大学生1000名。宗教界还参与各项助力贫困学子的活动。开展爱心义诊情暖万家，引导宗教界利用自身资源和优势，为山区、老区群众义诊赠药。

2019年1月13日，腊八节，泉州承天寺开展免费施粥活动

（图/吴寿民）

县域概览

鲤城区

【区情概况】 2019年，鲤城区面积53.74平方千米，介于东经118°29′～118°37′，北纬24°52′～24°56′之间。辖开元、鲤中、海滨、临江、江南、浮桥、金龙、常泰8个街道和泉州高新技术产业园区（江南园），82个社区。常住人口40.3万人，自然增长率2.1‰。是年，鲤城区获评福建省级慢性病综合防控示范区。

【经济发展】 2019年，鲤城区落实“六稳”（稳就业、稳金融、稳外贸、稳外资、稳投资、稳预期）工作，推动全区经济持续健康向好。全年地区生产总值比上年增长8.5%，工业增加值比上年增长8.3%，第三产业增加值比上年增长8.9%；一般公共预算总收入比上年下降3%；一般公共预算收入比上年增长5.9%；全社会固定资产投资比上年增长16%；出口商品总值（海关口径）比上年增长3%；社会消费品零售总额比上年增长4.5%；居民人均可支配收入比上年增长7.6%。规模以上工业产值441.04亿元，比上年增长10.3%；规模以上工业三大支柱行业（纺织鞋服、机械汽配、电子通信）完成产值374亿元，比上年增长9%，纺织鞋服、机械汽配、电子通信分别完成产值215.16亿元、55.87亿元和102.97亿元，分别比上年增长12.5%、20.5%和下降2.4%。

【城市建设】 2019年，鲤城区城市建设“清零、征迁、招商、建设”并举，新开工在建重点项目9个、建成及部分建成11个，完成投资53.22亿元；29个投资工程包完成投资5.4亿元，超额完成年度投资计划；开工建设金泰花园一期安置房项目，建成并回迁高山、延陵东片区2个安置房项目。开展项目“征收清零活动”等专项行动，全年征收房屋40万平方米、土地33.33公顷。龙头山片区等7宗土地完成“招拍挂”。拓宽融资渠道，探索组建产业基金、发行债券、盘活闲置资产等，筹集资金25亿元，保障片区改造资金需求。聚焦产业链条，集中开展产业招商、集团招商等活动25场，签约项目28个、总投资240亿元，落地项目69个、总投资55.65亿元，履约转化率近60%。城市治理方面，统筹推进城市形象、城市治理、城市生态。实施31个老旧小区整治提升项目，改造完成老旧小区7个和背街小巷8条。全域开展城市秩序整治提升“5+1”行动，停车乱收费、占道经营、共享单车乱停放等城市顽疾得到遏制。新增8个垃圾分类试点社区，建成一批大件垃圾、园林垃圾和有害垃圾收集点。深化智慧城市建设，智能化升级改造菜市场9座。治理“两违”24.23万平方米。基本完成中山中路示范段改造提升。做好“申遗点”及其周边环境整治保护工作，配合市舶司、南外宗正司考古，抢修万正色故宅等历史遗迹，完成29处文保单位电气线路改造提升；新增安礼逊图书楼、崇福寺应庚塔2处全国重点文物保护单位。开展古城植绿行动，建成奎霞巷、花巷等一批街心公园，古城“古早味”越来越浓厚。完善江南新区城市路网，加快建设七中江南校区配套道路、林荫大道，南环路、笋江路等城市主干道完成升级，经贸学院、中医联合医院过街天桥建成投用。

【生态建设】 2019年，鲤城区开展污染防治攻坚战，推进城市宜居、碧水、蓝天、净土“四大工程”。完成生态保护红线调整，通过第三次全国国土调查国检复核。落实双河长制，启动晋江南岸（鲤城段）岸线整治，加强流域水质提升治理和重点水体巡查整治，按时完成锦坑沟和新天城市广场水体等截污、清淤工程，新建和改建污水管网5千米，南北二路渠水质明显改善，集中式饮用水源地和地表水水质达标率100%。全年空气质量优良率98.8%；PM_{10}、$PM_{2.5}$平均浓度持续下降。

【社会事业】 2019年，鲤城区着力补社会事业短板，稳步解决幸福民生资源不足，老、城新区不均等问题。社会保障方面，完成35个“为民办实事”项目，总投资1.9亿元。新增就业1.03万人，城镇登记失业率控制在1.15%以内，就业形势总体平稳。社保扩面、减负、提标一体推进，新增参保人数1.03万人。提高城乡居民基础养老金、被征地人员养老保障金和最低生活保障，以及特困人员供养、临时救助等标准。启动平价商店销售模式，发放价格补贴。破解安置房办证难题，完成安置房办证2850套。教育事业方面，完成江南花园城配套小学一期工程等5个教育项目建设，新增福建省级义务教育管理标准校3所、公办及普惠性幼儿园6所，普惠性幼儿园覆盖率83.7%。试点推广“四点半”课后服务，开展校园周边秩序综合整治“1+X+志愿者”网格化管理，打造和谐平安校园。卫生健康方面，开工建设泉州妇产医院二期，社区卫生服务100%覆盖，通过全国基层中医药工作先进单位复审，获评福建省级慢性病综合防控示范区。发展养老事业，实现街道日间照料中心全覆盖。文化事业方面，整改提升8个街道基层综合文化站点。配合做好2019 年“央视”戏曲春晚分会场录制。组队参加全国第十六届武术之乡比赛和第十一届市运会，金牌总数分列省、市前茅。组织开展60场科普活动，公民科学素质水平居全市第一。社会治理方面，推进扫黑除恶专项斗争，违法犯罪警情持续下降；常住人口、流动人口免费综治保险实现全覆盖。实行领导挂钩安全生产“疑难杂症”制度，完成10个市级重大安全生产问题整治。完成退役军人及军人家属安置任务，基本建成退役军人数据库，为9375户烈军属及退役军人家庭悬挂光荣牌，解决军人“三后”（后路、后院、后代）问题。

【制造业智能升级工程】 2019年，鲤城区实施制造业智能升级工程，10个省级和14个市级重点技改项目投资比上年增长126.3%；培育11个泉州市级“数控一代”示范项目，认定4个省级龙头企业、17个市级龙头企业和7个省级高成长培育企业。加快发展服务型制造，立信换热获评福建省级服务型制造示范企业，14个企业纳入泉州市级生产性服务业重点培育对象。主动融入福厦泉国家级自主创新示范区建设，实施园区挖潜增效工程，高新区在全市“一区多园”考核中实现三连冠。泉州市级新型研发机构增至10个。2个企业获评福建省级企业技术中心，6个企业被列入2019年泉州市级企业技术中心培育库。实施高质量企业成长培育工程，壮大高新技术产业企业群。获批国家级高新技术企业26个，获评福建省级专精特新中小企业和科技小巨人领军企业11个，3个企业产品获评福建省级单项冠军产品，佰源机械获评省级单项冠军企业。73个重点科技企业研发投入比上年增长12.8%。完善就业创新等科技新政，加大科技创新投入，争取各级配套专项资金补助3000多万元、省级区域发展项目和省创新资金项目2个。推进“人才港湾”计划，新增泉州市高层次人才231人。

【“第三产业提升年”活动】 2019年，鲤城区开展“第三产业提升年”活动，17个服务业在建重点项目完成投资8.6亿元。推动发展数字动漫等新兴产业，培育14个省、市级数字经济项目，总投资12.6 亿元。限上电子商务实现零售额 16.51亿元、比上年增长16.1%。现代商贸持续集聚壮大，整治提升幸福街电商生态圈，吸引53[illegible]个企业（个体）入驻；南环路汽车贸易走廊销售额连续3年突破120亿元；新天城市广场、开元盛世、温陵商贸中心等都市商圈人气商气加速集聚，实现销售额15.12亿元。文旅休闲业态向“街巷厝埕”拓展，打造小西埕、金鱼巷、侨光印象等一批

2019年12月20日，鲤城区数字经济智慧园项目开工 （图/市发改委）

表42

2019年鲤城区经济和社会发展主要指标一览表

指标名称	单位	实绩	比上年增长（%）
地区生产总值	亿元	420.33	8.5
财政总收入	亿元	19.79	-3
地方一般预算收入	亿元	11.24	5.9
地方财政支出	亿元	15.52	11.4
农业总产值	亿元	0.43	4.3
社会消费品零售额	亿元	375.9	4.5
出口商品总值（海关口径）	亿元	40.21	23.7
实际利用外资（验资口径）	亿元	0.4	-68.7
城镇居民人均可支配收入	元	47755	7.6

古城“网红打卡地”，开展“听鲤的声音”等系列活动，形成文旅活动新品牌，全年接待游客940万人次，实现旅游收入138亿元，分别比上年增长23.2%和28.8%。

【政风建设】 2019年，鲤城区构建“互联网+政务服务”一体化行政服务体系，全区80%以上的行政审批和公共服务事项实现“一趟不用跑”“最多跑一趟”。全年办理人大代表建议133件，满意或基本满意率100%。办结政协提案192件，满意或基本满意率100%。规范决策程序，聘任20名法律顾问、法治监督员，审查备案16件规范性文件。实施营商环境提升行动，实施市场准入负面清单，深化商事制度改革，新增市场主体1.49万个，比上年增长21.7%。扶持民营企业健康发展，落实减税降费，减轻企业负担4亿元，兑付各类财政奖励1.34亿元。获评福建省“七五”普法中期评估先进区。推进“精文减会”提高效能，解决26个制约企业发展的瓶颈难题。实施政务数据中心整合及政务数据汇聚共享工程，启动“互联网+监管”数据录入工作，监管行为覆盖率全市第一。推动办公系统自动化，建设“数字政府”。规范政府采购行为，政府采购资金节约率7.7%。严肃财经纪律，加强审计监督，完成19个审计项目。

丰泽区

【区情概况】 2019年，丰泽区面积129.63平方千米，介于东经118°32′～118°41′，北纬24°51′～25°00′之间。东与惠安县隔洛阳江相望，西与鲤城区、南安市毗邻，南与晋江市隔晋江相邻，北与洛江区接壤，东南濒临台湾海峡。辖东湖、丰泽、泉秀、华大、清源、东海、城东、北峰8个街道，81个社区。常住人口60.3万人，户籍人口284958人，人口自然增长率12.4‰。耕地面积425.93公顷，粮食播种面积45.6公顷，粮食产量21万千克。2019年全区生产总值723.85亿元，比上年增长7.2%。人均地区生产总值122065元，比上年增长5.0%。规模以上工业总产值285.62亿元，比上年增长1.2%。农林牧渔业总产值3.78亿元，比上年下降3.7%。固定资产投资比上年增长9.9%。社会消费品零售总额317.27亿元，比上年增长11.5%。外贸出口额145198万美元，比上年下降7.93%；实际利用外资22631万元，比上年增长5.1%。一般公共预算总收入33.00亿元，比上年下降16.5%；其中地方一般公共预算收入20.06亿元，比上年下降10.5%。城镇居民人均可支配收入58405元，比上年增长7.2%。

【经济发展】 2019年，丰泽区开展“项目攻坚2019”“大招商招大商”等活动，93个在建重点项目完成投资196.7亿元，安腾双创中心等30个项目开工建设，匹克总部大厦等21个项目建成或部分建成；新签约引进新诺机器人等149个产业项目、总投资325亿元，完成泉州市下达超亿元项目任务数290%。完善“五个一批”项目机制，新增入库项目120个、总投资642亿元。突破一批征迁“卡脖子”问题，完成法石宝盖安置区等征迁项目13个，回迁安置项目4个，征收房屋8.5万平方米、土地144.93公顷；西华洋片区征迁启动两个月签订协议1210宗，完成85.3%；后埔、后渚、南滨江国际社区等片区征迁前期工作有序推进。开展“领导干部一线办公”活动周、营商环境“寻标·对标·创标”大比拼竞赛活动，出台配套政策7项，实现企业开办“零费用”，及时兑现扶持资金3.5亿元，落实减税降费3.84亿元。表彰142个纳税大户、出口创汇大户，滚动确认198个重点企业，31个企业获稳岗补贴。成立企业与企业家联合会，新增市场主体4.95万户，比上年增长55%，总量14.5万户。应对中美贸易摩擦，组织企业参加泉州品牌“境外行”“海丝行”等展销活动，促进外贸出口。打好防范化解重大风险攻坚战，深化互联网金融领域专项整治，区属政策性中小企业融资担保公司投入运营比上年增长12.1%，不良贷款率压降至1.37%。完成全国第四次经济普查，全面摸清家底，新增纳统企业65个，个体转独立法人企业72个。68个“三产”重点项目完成投资163亿元，第三产业增加值占GDP比重突破70%。生产性、生活性服务业加速融合，引进7个高端专业服务企业，20个企业入选市级生产性服务业重点培育对象。金融服务实体功能不断增强，海丝基金小镇落地运营，12个企业被确定为2019年市级上市及场外市场挂牌后备企业，金融业增加值比上年增长10.5%。优化三大商圈业态布局，引进超级物种等一批新零售企业，做强鲜花港菊花节、购物节、婚博会等品牌，吸引消费人群350万人次，限上零售额比上年增长13.4%。发展全域旅游，旅游接待总人次、总收入分别比上年增长17.4%、23%。推进国家级“双创”示范基地建设，举办“创响中国”泉州丰泽站暨“双创”人才峰会等大型活动，新增国家级众创空间、科技企业孵化器、企业技术中心3个，新增省市级研发机构3家。加快与华侨大学合作共建“一带一路侨泽园”步伐，新增人才平台14个、市级以上高层次人才186人、科技特派员47人，市级“人才之家”入选总数、高层次人才购房资金补助总额均居全市第一。申请、授权发明专利数及每万人发明专利拥有量均居全市前列，知识产权机构数增至170个。全市首个留学生创业园——“海归E谷”动工建设，打造“台湾创新创业人才之家”等系列服务载体，落实各级惠台政策。发展外事、侨务事业，深化与港澳交流合作。融入“一带一路”建设，对接外资项目43个、总投资5.2亿元。深化与顺昌县交流协作，落实帮扶资金1340万元，签约4个产业合作项目。

【城乡建设】 2019年，丰泽区推进“城市建设提速年”暨提升城市环境品质活动，36个城建项目完成投资13.13亿元。实施民生“XIN”行动，提级改造道路3条，修复道路配套管网破损24处，分类处置化解安全隐患房屋442栋，新建、改造公厕20座、停车泊位200个。深化“乡村振兴典型社区”“美丽社区”“社区营造”创建活动，整治提升41个老旧小区，整改450个住宅小区雨污管网。完成福厦高铁高速沿线重要路段人居环境综合整治，打造“四季有彩、全年有绿”城市景观带。建成6000路高清视频防控网，数字城管采集立案数突破10万件、案件处置率99%。推进垃圾分类全覆盖工作，全区公共机构生活垃圾分类覆盖率60%。加大道路机械保洁、主次干道清洗和洒水降尘力度，开展占道经营、海漂垃圾、户外广告、共享单车、渣土车“滴洒漏”等专项整治。遏制新增“两违”，完成“大棚房”问题整改。完善社区管理体系，创建8个创新社区治理示范社区，建成3个省级社区综合服务站。打好污染防治攻坚战，落实中央和福建省、泉州市生态环保领域巡视巡察反馈问题整改，投入1.63亿元完成泉州湾河口湿地省级自然保护区违建拆除、围垦养殖清退、浔美渠黑臭水体整治等重难点项目，超序时完成第二轮中央环保督察期间群众信访件办理任务。治理餐饮油烟和“散乱污”涉气企业，完成10个大气减排项目。落实河湖长制，实施内沟河截污改造工程7个，开展东干渠清淤，北渠饮用水源水质III类达标率100%。完成植树造林14.67公顷、绿化提升55万平方米。严格环境监管执法，强化企业环保主体责任。

【社会事业】 2019年，丰泽区深化“放管服”改革，投用7个24小时自助行政服务区，94%的区级行政审批事项实现“一趟不用跑、最多跑一趟”，企业开办审批时限压缩至2个工作日、按时办结率100%。完成52个为民办实事项目。稳定高校毕业生、退役军人、农民工等重点群体就业创业，开展技能培训2.36万人次，新增城镇就业2.28万人，城镇登记失业率控制在0.93%，发放创业担保贷款人数及额度均居全市前列。降低失业、工伤、基本养老保险缴费费率，为企业及职工减负9000万元。打好精准扶贫攻坚战，解决因病、因残、因灾致贫问题，最低生活保障标准、特困人员供养标准分别提高到每人每月630元、819元，发放社会救助金1400万元。优抚对象抚恤和生活补助标准稳步提高，城镇居民基础养老金、被征地养老保障金分别提高到每人每月150元、225元。推进丰泽区福利中心项目建设。新建、改（扩）建公办学校8所，新增优质学位6500个。执行区人大《关于进一步加快丰泽区学前教育发展的决议》，加强住宅小区配套幼儿园使用管理，普惠性民办幼儿园增至79所。教育“五名”工程培育数量位居全市前列。城东中学被确认为“省示范性普通高中建设学校”，泉州工商旅游职业中专学校被确认为“省第二批规范化职业学校”，丰泽区代表福建省参评“全国智慧教育示范区”。区图书馆动工建设。加快正骨医院北峰院区、国医堂、疾控中心妇幼综合楼建设，新增规模专科医院2家、省级中医重点专科1个，正骨医院获“星耀中华·最具成长力中国医院创新之星”。新增16个医养结合服务点和5个康复治疗室，设立全市首个老年健康远程照护中心，居家社区养老服务中心实现全覆盖。创建“国家公共文化服务体系示范区”，新增6个多功能运动场，完成46条健身路径建设。市区首个“体医融合”实践基地、泉州骨伤科诊疗中心和运动防护中心揭牌。

推进“强基促稳”三年行动，处置65个社会治理风险点，矛盾纠纷调处成功率99.94%，中心城区警情5分钟到场率95%。扫黑除恶专项斗争和严打暴恐、禁毒等专项行动取得显著成果，刑事发案数下降43.7%，综治“三率”稳步提升。落实安全生产风险分级管控和隐患排查治理双重预防机制，建设投用“智慧用电”系统，推进23个市区两级重大安全生产及消防突出问题整治，生产安全事故起数、死亡人数、受伤人数“三下降”，消防火灾起数降至近十年最低值。成立餐饮行业协会，推进食品安全“一品一码”可追溯体系建设。防控非洲猪瘟、“登革热”疫情。推进农村集体产权制度改革，完成55个社区股份合作制改革。完成辖区第三次全国土地调查。城建、国投两大区属国资集团开展实体化运作，业务量突破10亿元。基层医疗机构全面推行医保门诊统筹、居民大病保险制度，降低特殊用药个人费用，仿制药中选价平均降幅52%。深化集团化办学、“小片区管理”教育改革，提升小学课后延时服务试点覆盖率。建立政府债务风险定期排查和台账式管理机制，债务风险总体安全可控。

【经济载体建设】 2019年，丰泽区推动经济载体建设，盘活闲置存量资源，腾出产业发展空间71万平方米，推进73个旧改项目，总投资68亿元；菲莉、鑫都等大厦启动招商，培育纳税500万元以上楼宇60幢、比上年增长17%。政府主导的八个产业园区加快“腾笼换鸟”，“华创园”产值突破9亿元、比上年增长20%；泉州软件园、海西国家广告产业园区税收收入分别比上年增长66%、22%。出台支持数字经济发展九条措施，签约项目24个、总投资40亿元，23个企业列入省数字经济项目库，5个企业获2100万元专项扶持资金。

【电商生态圈】 2019年，丰泽区“智慧丰泽”（一期）项目加快赋能数字产业，建成全市首个县、区级大数据中心，电信业务总量比上年增长70%；泉州软件行业协会落地运营，软件和信息技术服务业营业收入连续三年保持25%以上增长。电子商务与数字产业加快融合，华大电商园、东海跨境电商生态圈集聚企业600多个，限额以上电商企业销售额占限额以上社会消费品零售总额的29.6%。

【高新技术产业】 2019年，丰泽区高新技术企业实现产值149.4亿元、限额以上10.3%。实施科技计划项目85个，入选省级“两化融合”重点项目9个、省级首台（套）重大技术装备项目2个，申报国家级高新技术企业50个，新增省级高新技术企业（科技小巨人领军企业、专精特新企业）40个、市级“瞪羚企业”（指创业后跨过死亡谷以科技创新或商业模式创新为支撑进入高成长期的中小企业）7个。推进制造业数控化、智能化改造，完成工业技改投入5.5亿元，匹克鞋业被认定为“省级工业设计中心”，2个企业产品入选“泉州智能制造十大装备”。高新产业园主打数字通信、智能安防产业，企业入驻率100%。

2019年12月13日，2019“海丝”伯勒时尚文化周在丰泽区举办。图为文化周音乐表演现场 （图/泉州网）

表43

2019年丰泽区经济和社会发展主要指标一览表

指标名称	单位	实绩	比上年增长（%）
地区生产总值	亿元	723.85	7.2
财政总收入	亿元	33	-16.5
地方一般预算收入	亿元	20.06	-10.5
地方财政支出	亿元	23.60	5.7
农业总产值	亿元	3.78	-3.7
全部工业总产值	亿元	90.5	1.6
社会消费品零售额	亿元	317.3	11.5
出口商品总值（海关口径）	亿元	100.2	29.0
实际利用外资（验资口径）	亿元	6.4	-8.6
城镇居民人均可支配收入	元	58405	7.2

洛江区

【区情概况】 2019年洛江区面积374.81平方千米，辖2个街道3个镇1个乡。年末户籍人口20.5万人，常住人口21.9万人。人口自然增长率4.7‰。耕地面积0.36万公顷，粮食播种面积0.18万公顷，粮食产量1.13万吨。林地面积2.31万公顷，森林覆盖率64.31%，活立木蓄积量126.30万立方米，森林蓄积量123.69万立方米。矿产资源有高岭土、陶瓷土、耐火用黏土、砖瓦用黏土、建筑用花岗岩（凝灰岩）、饰面用及雕刻用辉长岩、冶金用石英岩、建筑用砂、矿泉水等。

【经济发展】 2019年，洛江区生产总值282.1亿元，比上年增长8.8%。人均地区生产总值129109元，比上年增长7.8%。规模以上工业总产值605.57亿元，比上年增长15.4%。农林牧渔业总产值9.68亿元，比上年增长3.9%。固定资产投资比上年增长13.7%。社会消费品零售总额61.09亿元，比上年增长14.3%。实际利用外资47486万元，比上年增长226.2%。一般公共预算总收入21.3亿元，比上年增长1%；其中地方一般公共预算收入12亿元，增长2.5%。城镇居民人均可支配收入43268元，比上年增长7.2%；农村居民人均可支配收入18777元，比上年增长9.2%。

启动智谷高新技术产业园洛江园区规划建设，铁拓机械改扩建工程建成投产，三一筑工（泉州）建筑科技产业园落地，一批机械装备制造项目加快建设和入驻河市西片区，省级智能制造试点示范基地成型成势，规模以上智能装备产业产值比上年增长25%。发挥信和新材料、嘉泰数控、西人马等重点企业和成长型企业带动效应，机器人、传感器、石墨烯新材料等产业链加快延伸。改造提升传统优势产业，11个企业25项产品入选泉州市“数控一代”示范项目名单，13个省、市重点技改项目完成投资11.4亿元，规模以上卫生用品、纺织鞋服行业分别比上年增长35.9%、17.2%。推动数字经济发展，列入福建省级数字经济项目完成投资4.9亿元，建成开通39个5G站点。修订建筑业发展壮大六条措施，推进建筑业产业化，建筑业实现产值213.74亿元，纳税4.2亿元。

落实泉州市国家创新型城市实施方案，规模以上工业企业研发投入比上年增长20%。高新技术企业、科技小巨人领军企业分别有29个、23个，入围、新增一批工信部专精特新“小巨人”企业、省级制造业单项冠军企业、市级产业龙头企业，西人马列入工信部工业强基项目，2个企业研发项目分别获省科学技术进步奖二、三等奖。落实“人才港湾”计划，新增泉州市高层次人才198人。

开展“第三产业提升年”活动，24个三产重点项目完成投资12.6亿元。万安、双阳一批酒店、餐饮、文创园等“退二进三”项目投入营业，全区应用网络销售企业1400个、销售额比上年增长18.6%。汽车服务业沿万虹路两侧形成规模效应，奔驰、宝马、雷克萨斯等知名汽车品牌入驻，汽车销售额比上年增长10%。现代物流业取得突破，新宜泉州枢纽物流中心开工建设，德邦物流东南基地等3个重大项目落地。全域游、生态游、乡村游项目建成或加快建设，虹山全域、河市北片区、仙公山、洛阳古桥等成为旅游热点，全区接待游客突破200万人次，比上年增长15%，旅游收入突破30亿元，比上年增长20%。

【城乡建设】 2019年，洛江区落实“城市建设提速年”“提升城市环境品质”活动部署，77个城建项目完成投资12.8亿元。实质性启动阳江片区规划建设，完成阳江新城城市设计，组织实施阳江片区土地收储和市政道路、水系整理、学校等项目建设。打通经五路和万安城区一批断头路，万安城区断头路问题基本解决；洛滨北路等主干道加快建设，西环路双阳段、经六路、经十路等前期工作有序推进。系统梳理城乡停车场、过街通道、公交停靠站、排水排污等领域短板，完成一批“XIN”行动和群众“急、忧、盼”项目建设。开展城乡环境综合整治，拆除消化“两违”27.6万平方米，完成一批道路景观、街心公园建设和湿地整治，万安城区2处市民公园建成开放。推进中心城区垃圾分类，大件垃圾、园林垃圾、有害垃圾收集点建成投入使用。启动“智慧城区”建设，城市管理更加智能、高效。107个乡村振兴项目完成投资1.4亿元。深化农村人居环境整治，推进“一革命四行动”，创建4个福建省级乡村振兴试点村、6个福建省级“千村整治、百村示范”美丽乡村。投入1700多万元实施虹山道路拓宽、改造和房屋立面整治，虹山乡获评省级乡村振兴特色乡镇。发展壮大村集体经济，全面消除15个年收入5万元以下的“薄弱村”。

【社会事业】 2019年，洛江区落实促进和稳定就业政策，全年新增城镇就业5100多人。扩大基本医疗保险覆盖面，参保率99.9%。建立稳脱贫长效机制，延长建房补助和“3+1”医疗保险等脱贫措施，落实建档立卡贫困户住房问题。强化特殊困难群体基本保障，发放救助、补助款1500万元。实施居家社区养老服务工程，建成城乡社区服务站、农村居家养老服务站15个。金秋颐园养老项目、区社会福利中心养老“公建民营”项目相继建成运营，新增养老床位174张。加快城乡一批中小学基础设施建设，扩充优质教育资源，泉州实验小学洛江校区扩建工程、洛江实验小学第二校区等建成使用，新增中、小学学位2100个，解决万安城区超大班额问题；小学课后服务试点覆盖12所学校；落实城镇新建小区规范配建幼儿园规定，新增公办幼儿园学位450个，普惠性幼儿园覆盖率82%。创新严重精神障碍患者“村医网格化”管理模式。创建国家公共文化服务体系示范区，区公共文化馆、图书馆建成对外开放，启动区档案馆项目前期工作，改建、提升6个乡、镇（街道）综合文化站、42个村（社区）综合文化服务中心。获“福建省科普示范区”称号。加强食品药品安全监管，建设食品安全“一品一码”全过程追溯体系。建成城市

2019年12月14日，洛江区图书馆开馆　（图/洛江区委史志研究室）

安全信息系统，加快打造“智慧警务”，开展扫黑除恶专项斗争，综治“三率”稳步提升。

【生态建设】　2019年，洛江区加快生态环保基础设施建设，开展中央和福建省、泉州市生态环保督察反馈问题整改，第二轮中央生态环保督察信访件办结率75%以上。投入1.3亿元实施22个流域水质提升精准治理项目，解决洛阳江西埭桥水质超标等突出环境问题，阳江泵站进水化学需氧量平均浓度首次达标并保持稳定。落实河（湖）长制，开展集中式饮用水水源地环保专项行动。委托第三方开展大气污染综合立体移动溯源服务，完成11个企业大气污染精准治理减排项目，空气质量优良天数比例比2018年提高4.6个百分点。配合开展土壤污染地块调查，加强危险废物全过程监管。

【洛江区全民阅读活动】　2019年4月21日，“悦读生活·书香家园”2019年洛江区全民阅读活动在河市镇乡韵花湾启动。4—10月，洛江区开展书香校园、书香企业、书香家庭、阅读达人、阅读推广员系列评选，举办“图书巡展”“全城寻书”“阅读文化讲座”“网络诵读征集展播”等多形式阅读活动，通过线上线下联动的形式，激发和培养干部群众的读书兴趣和习惯。12月14日，洛江图书馆开放，向社会公众提供文献借阅、网络和知识咨询等公益性文化服务，满足读者不同阅读及学习需求。该馆建筑面积6345.62平方米，拥有纸质图书23万册、电子图书5万种、名师讲坛资源1000集、远程期刊数据7000多种。

【全市首个5G电话在洛江区拨通】　2019年4月30日，泉州市首个5G语音和高清视频电话在洛江区西人马联合测控（泉州）科技有限公司内拨出，标志泉州跨入5G时代。同时，泉州第一个“中国移动5G智慧园区”也在西人马集团开通。

【香港参访团到洛江区考察智能制造产业】　2019年6月20日，香港特别行政区政府高级公务员清华大学国家事务研习班一行26人到洛江区参访，参观嘉泰数控科技股份有限公司展厅、加工车间，听取企业相关负责人介绍，了解企业发展方向、产品技术、自主研发能力及“数控一代”产品的应用和发展现状。

【洛江区与清华大学达成校地合作】　2019年10月22日，洛江区与

表44

2019年洛江区经济和社会发展主要指标一览表

指标名称	单位	实绩	比上年增长（%）
生产总值	万元	2821040	8.8
第一产业	万元	52005	3.4
第二产业	万元	1834718	10.4
第三产业	万元	934317	5.5
农业总产值	万元	96792	3.9
规模以上工业产值	万元	6055747	15.4
建筑业总产值	万元	2137354	0.0
限上批零住宿餐饮业销售额	万元	801722	15.8
商品房销售面积	平方米	484489	-20.7
一般公共预算总收入	万元	212573	1.0
一般公共预算收入	万元	119918	2.5
一般公共预算支出	万元	173188	9.6
财政八项支出	万元	134184	13.1
社会消费品零售总额	万元	610866	14.3
实际利用外资	万元	47486	226.2
居民人均可支配收入	元	31892	8.6
全社会用电量	万千瓦时	113090	14.3
工业用电量	万千瓦时	50372	13.2

清华大学举行校地合作座谈会暨初心服务站签约仪式。清华大学研究生初心服务团社会实践基地揭牌。洛江区与清华大学签订《共建清华大学研究生社会实践洛江区“初心服务站”协议书》。校地合作达成是洛江区深化“产教研”融合的一个重要举措，通过建立长期联系机制，邀请清华大学师生人才长期到洛江区参与重点项目、企业科研等探讨，推进企业（机构）开展人才、项目合作洽谈，助力洛江区产业结构转型升级，实现校地企资源优势互补、合作共赢。

泉港区

【区情概况】　2019年，泉港区面积341平方千米。辖南埔、界山、后龙、峰尾、前黄、涂岭6个镇，以及山腰街道和1个国营盐场，下辖92个行政村和9个社区。年末户籍人口42.19万人，常住人口33.6万人。以汉族为主，兼有回族、畲族、蒙古族等少数民族。泉港区是著名的侨乡和台胞祖籍地之一，有旅居海内外华侨、华人和台港澳同胞37万多人。

【经济发展】　2019年，泉港区实现地区生产总值720.99亿元，比上年增长7.6%。农林牧渔业总产值20.48亿元，比上年增长1.7%。工业增加值510.66亿元，比上年增长7.8%。其中，规模以上工业增加值476.88亿元，比上年增长7.8%。固定资产投资（不含农户）增长16.6%。社会消费品零售总额124.93亿元，比上年名义增长12.0%。实际利用外资1.39亿元，比上年下降35.2%。一般公共预算总收入25.32亿元，比上年下降28%；一般公共预算支出32.94亿元，比上年下降7.8%。居民人均可支配收入28549元，比上年名义增长8.7%，城镇居民人均可支配收入37951元，比上年名义增长7.6%；农村居民人均可支配收入21471元，比上年名义增长9.1%。

【城乡建设】　2019年，泉港区开展城市总体规划、湄洲湾石化基地发展规划修编和城市中心一期、岩山片区控规修编，完成乡村振兴规划、石化安控区利用概念性规划编制，以及凤安片区、高新园区、前欧片区、高铁站区等关键节点设计和乡村建设规划。统筹推进“一中心、四组团”建设，169个城建项目完成投资120亿元，房地产施工总面积358万平方米，助推城市建成区面积扩大5%、城镇化率提高2%。推进7个省级乡村振兴试点村、8个“千村整治、百村示范”美丽乡村和302个乡村振兴项目建设。健全完善市容环卫、市政维护、园林绿化等运作机制，拆除“两违”建筑37.9万平方米，完成农村户厕改造3323户、农村生活污水治理行政村14个，新建改建三格化粪池4577户，生活垃圾无害化处理率100%；推进市政雨污水“七镇连通”工程，投入1.5亿元，建设雨污水管道14.7千米。郭厝溪黑臭水体整治取得阶段成效，入海小流域全面消除劣V类水质，饮用水水质100%达标；实施石化行业挥发性有机物治理、石化园区有毒、有害气体监测预警体系等项目，空气质量优良率94.8%。完成高铁高速沿线“裸房”整治641栋、“坡屋顶”改造518栋、“拆违”191处、绿化提升35万平方米。

【社会事业】　2019年，泉港区投入1.09亿元举办28件“为民办实事”项目；落实就业创业政策，提供创业担保贴息贷款315人，组织技能培训4500人次，促进转移就业4532人。实施全民参保计划，新增参保登记2.5万人。提高养老、“低保”标准，救急难、“互联网+”居家养老助残向村（居）延伸，2.2万人次困难群众得到帮扶。实施中小学（幼儿园）新改扩建项目20个，新增学位4800个，转移安置安控区随迁子女就学778人，学前教育普惠率81.3%；美发中学、行政核心区实小分别与福州时代中学、福建师范大学附小合作创办福建师范大学泉港实验中学、福建师范大学泉港实验小学。推进妇幼保健院迁址重建、泉港区医院病房楼2号楼项目建设，区级“六大中心”建成投用，基本公共卫生服务工作考核全市第三；泉港区中医医院开业运营。开展第十一届海峡论坛·泉台青年交流汇，举办第七届全民健身运动会，建成区融媒体中心、有线广播电台。

【“505”救助新模式探索】　2019年，泉港区在全区101个村（社区）各征集5个贫困家庭“微心愿”505个，拓展“救急难”微公益救助渠道，创建“505”微公益救助平台，通过一对一、一对多、多对一网络平台捐赠认领形式，从困境家庭衣食住行等小心愿、小需求入手，帮助困难群众。是年，全区开展“505”微公益主题活动16场次，征集微心愿1005个，派送微心愿物品1360多份，落实帮扶资金107万元，参与征集、认领、派送等活动人数12000人次。以挂钩帮扶西藏自治区昌都市洛隆县为契机，推动“505”微心愿活动走进藏区。“505”微心愿特色做法在国务院和新华社网站刊登、获福建省机关体制创新案例一等奖。

【土坑村古建筑群入选第八批全国重点文物保护单位名单】　2019年10月7日，泉港区后龙镇土坑村古建筑群入选第八批全国重点文物保护单位名单，为全区首个全国重点文物保护单位。该建筑群为8幢与海商文化密切相关的古建筑，均建于清朝中期，商住两用，兼具闽南传统红砖文化与海洋文化特征，为古代海上丝绸之路港市遗址的典型代表。

2019年1月15日，“欢乐泉州 走进泉港涂岭”2019年泉州市“三下乡”启动仪式在泉港区举行。图为演出现场 （图/洪 旭）

表45

2019年泉港区经济和社会发展主要指标一览表

指标	单位	实绩	比上年增长(%)
地区生产总值	亿元	720.99	7.6
农林牧渔业总产值	亿元	20.48	1.7
工业增加值	亿元	510.66	7.8
其中：规模以上工业增加值	亿元	476.88	7.8
建筑业增加值	亿元	66.02	10.7
规模以上工业产值	亿元	1961.41	9.3
社会消费品零售总额	亿元	124.93	12.0
其中：限额以上零售额	亿元	50.55	15.8
一般公共预算总收入	亿元	96.92	-9.3
其中：一般公共预算收入	亿元	25.32	-28.0
一般公共预算支出	亿元	32.94	-7.8
金融机构本外币存款余额	亿元	224.32	-6.0
其中：人民币存款	亿元	221.61	-7.0
金融机构本外币贷款余额	亿元	243.84	7.6
其中：人民币贷款	亿元	228.57	3.8
全社会用电量	亿千瓦时	46.73	1.8
其中：工业用电	亿千瓦时	41.10	1.1
实际利用外资（验资口径）	亿元	1.39	-35.2
水路货运周转量	亿吨千米	54.90	15.0
港口货物吞吐量（肖厝港区）	万吨	1963.65	1.6
居民人均可支配收入	元	28549	8.7
其中：城镇居民人均可支配收入	元	37951	7.6
农村居民人均可支配收入	元	21471	9.1

石狮市

【区情概况】 2019年，石狮市陆地面积178.42平方千米，海岸线长64.06千米，海域面积968平方千米。辖2个街道7个镇。年末户籍人口35.18万人，常住人口73.72万人。人口自然增长率8.27‰。耕地面积2334公顷，粮食播种面积1100公顷，粮食产量4800吨。林地面积1313公顷，森林覆盖率10.8%。

【经济发展】 2019年，石狮市生产总值917.84亿元，比上年增长7.6%。规模以上工业总产值1277.00亿元，比上年增长4.5%。农林牧渔业总产值50.16亿元，比上年下降2.4%。固定资产投资577.90亿元，比上年增长3.4%。社会消费品零售总额568.08亿元，比上年增长11.7%。外贸出口额289.36亿元，比上年增长104.95%；实际利用外资6.24亿元，比上年增长8.4%。一般公共预算总收入58.80亿元，比上年下降9.6%；其中地方一般公共预算收入36.75亿元，下降12.1%。城镇居民人均可支配收入62881元，比上年增长6.7%；农村居民人均纯收入27380元，比上年增长9.7%。经济综合实力晋升至全国中小城市百强第15位。

完成重点项目投资199亿元。开展纺织服装产业质量提升行动，帮助60个成长型企业实施119个精细化管理提升项目，印染行业D级淘汰类企业占比由19.6%下降至8.6%，辅料行业保持全国领先地位，获批建设世界级面辅料产业集群先行区。通达三期、飞通通讯、申泰锂电池隔膜等一批高新项目建成投产，智能制造产业完成规模以上产值180亿元，比上年增长30%。光子产业取得突破，中石光芯、安元反光材料、昕润鸿光电等项目相继落地。市场采购贸易方式试点完成出口173亿元，带动外贸出口增长

107%，获批全国首个预包装食品出口试点，被认定为国家纺织服装外贸转型升级基地。举办首届全国校服展、第5届“海丝品博会”、第22届“海博会”和2019石狮国际时装周，石狮服装城入选中国十大服装专业市场。电商保持迅猛发展态势，7个镇、32个村上榜中国淘宝镇（村），社会消费品零售总额增长11.9%。推进石湖港5号和6号泊位、华锦码头4号泊位、石湖港疏港公路等项目，锦尚作业区获国务院批准对外开放。增开日本、越泰航线和厦门—石湖外贸内支线，外贸集装箱吞吐量比上年增长74.3%。海洋食品园基础设施建设全面展开，落地海洋食品深加工项目14个。构建全域旅游发展格局，全年接待游客680万人次、比上年增长15%。

【城乡建设】 2019年，石狮市海岸带开发建设全面铺开，红塔湾旅游路、一重环湾快速路（石狮段）等相继建成通车，镇中路中段、西南一路、回兴路塘后段等“断头路”打通，山海城联动发展格局初步形成。海岸带、重要通道沿线环境综合整治成效明显，宝盖山生态公园、环湾湿地公园、红塔湾海岸公园不断完善，十里黄金海岸、万亩城市公园成为新的休闲旅游好去处。坚持“创城”常态化，促进移风易俗、公益慈善蔚然成风，被列为全国第二批新时代文明实践中心建设试点。实施环卫一体化PPP项目，开展7个垃圾分类试点，改造修缮老旧小区11个，新建公共停车泊位1547个，拆除中心市区主干道两侧护栏，整治“两违”建筑30.6万平方米。发展特色现代农业，建成益农科技社82个，培育泉州市级以上农业产业化龙头企业6个，实现镇（街道）科技特派员全覆盖，基本完成农村集体经济成员身份确认和股份合作制改革。推进“一革命四行动”，完成10个重点村“十个一”项目建设，新改建城乡公厕51座，新建农村生活污水收集管网296千米，实现全域生活垃圾治理常态化。落实中央、福建省环保督察以及海洋督察反馈问题整改，泉州湾南岸河口湿地水头围堰养殖、梧垵溪跨境流域污染、将军山垃圾填埋场等环保问题得到治理。开展“打赢蓝天保卫战”三年行动，空气优良率提升至95.1%。落实河（湖）长制要求，推进23个水系环境综合治理项目，完成三大集控区“一企一管”改造和大堡、锦尚集控区污水处理厂提标改造，被命名为福建省节水型城市。开展市树、市花评选，造林绿化237.13公顷、整治废弃石窟21.7万平方米，获评省级森林城市。

【社会事业】 2019年，石狮市全年民生保障支出占财政预算超七成，完成23项为民办实事项目，全面小康指数排名全国县级市第23位。保障体系方面，建立边缘地带贫困家庭帮扶机制，发放低保、特困、“关爱女孩”五项工程、残疾人“两项补贴”等社会救助资金2028万元。排查整治房屋安全隐患，审批石结构房屋改造30.8万平方米。开展养老机构服务质量提升专项行动，建成湖滨社区居家养老服务照料中心，新增“医养结合”床位192张。完成教育类项目投资4.8亿元，第五实验小学第二校区、凤里街道第二中心幼儿园、城北幼儿园等一批学校建成投用，新增学位4170个、普惠性幼儿园33所。石光中学、石狮一中通过福建省一级达标高中评估；高考再创佳绩，本科上线率75.2%；入选省级基础教育改革发展实验区，通过福建省“两项督导”评估验收，获评福建省教育强市。启动按疾病诊断分组收付费改革试点，跟进“4+7”药品集中采购，为群众减轻药费负担1000万元；被列为国家级紧密型医疗卫生共同体建设试点县，获评全国基层中医药工作先进单位、省级慢性病综合防控示范区。强化文化遗产保护，景胜别墅入选第八批全国重点文物保护单位，华山村入选第五批“中国传统村落”，蚶江镇被命名为“中国民间文化艺术（灯谜）之乡”。承办两岸龙狮赛、环泉州湾国际公路自行车赛“城线”赛事，启动建设宝盖山体育公园，改造提升村（社区）综合文化服务中心49个，新建百姓书房2处、街头体育公园2个。开展扫黑除恶专项斗争和“强基促稳”三年行动，严打严控涉黑涉恶涉毒和走私等违法犯罪活动，强化道路交通、危险化学品、渔业渔船、消防等领域安全监管，社会总体保持安定稳定。加强农产

截至2019年9月28日，石狮市市场采购贸易试点额破百亿。图为集装箱在石湖港区装载上船 （图/石狮市委史志研究室）

表46

2019年石狮市经济和社会发展主要指标一览表

指标名称	单位	实绩	比上年增长（%）
地区生产总值	亿元	917.84	7.6
固定资产投资	亿元	577.90	3.4
财政总收入	亿元	58.80	-9.6
地方一般预算收入	亿元	36.75	-12.1
地方财政支出	亿元	83.09	-22
农业总产值	亿元	50.16	-2.4
全部工业总产值	亿元	7747.55	4.9
社会消费品零售额	亿元	568.08	11.7
出口商品总值（海关口径）	亿元	289.36	104.95
实际利用外资（验资口径）	亿元	6.24	8.4
城镇居民人均可支配收入	元	62881	6.7
农村居民人均可支配收入	元	27380	9.7

品“一品一码”可追溯体系建设，严密防控非洲猪瘟疫情，实现校园食堂“明厨亮灶”和快检室全覆盖，获评省级食品安全社会共治示范市。重视国防动员能力建设和双拥共建，建立退役军人“一中心两站”服务保障体系。完成第四次全国经济普查。

【石狮被认定为国家外贸转型升级基地】 2019年8月，商务部公布2019年新认定国家外贸转型升级基地名单，石狮市国家外贸转型升级基地（纺织服装）获评。此前，石狮市被认定为福建省外贸转型升级基地。

【石狮获批预包装食品出口试点】 2019年9月27日，国家海关总署食品局批复，同意在石狮服装城开展市场采购贸易方式出口预包装食品试点。石狮市成为全国首个预包装食品出口试点。

【石狮市市场采购贸易方式出口货值破百亿】 截至2019年9月28日，当年度石狮市以市场采购贸易方式出口申报16230票报关单，出口货值14.61亿美元，折合人民币100.16亿元。出口商品包括纺织服装、鞋、建材等12大类，涉及菲律宾、越南等133个国家和地区，带动外贸出口增长71.8%，带动石湖港外贸集装箱出口箱量增长60.2%。

【石狮市确定市树、市花】 2019年11月21日，经石狮市第七届人大常委会第二十四次会议审议，确定石狮市的市树为朴树，石狮市的市花为紫薇。

晋江市

【市情概况】 2019年，晋江市陆地面积649平方千米。海岸线长121千米，海域面积957平方千米。地处福建东南沿海，晋江下游南岸。周边东濒台湾海峡，南与金门县隔海相望，西和南安市接壤，北同鲤城区、丰泽区毗邻，东北紧邻石狮市。辖13个镇、6个街道。重要矿产资源有土、砂、石等12种。优势矿产主要是饰面用花岗岩、建筑用石材、玻璃用砂和铸型用砂四种。水生生物资源丰富，种类繁多。海洋捕捞的主要渔获种类有100多种，经济价值较高的有带鱼、鲨鱼、海鳗、鲳、鲷、毛虾、梭子蟹、鱿鱼、乌贼等。浅海滩涂和陆上工厂化养殖的主要贝藻类有牡蛎、缢蛏、花蛤、鲍鱼、紫菜、海带、江蓠等。淡水鱼类有青鱼、草鱼、鲢鱼、鳙鱼、鲤鱼、鲫鱼、罗非鱼、胡子鲶、鲈鱼等20多种。海珍品有大黄鱼、石斑鱼、西施舌、鲍鱼、海参、日本对虾、青蟹等10多种。年末户籍人口119.37万人，常住人口211.9万人。是全国著名侨乡和台湾汉族同胞祖籍地之一，祖籍晋江的华侨华人和台港澳同胞300多万人。是年，晋江市县域经济基本竞争力位居全国第四位，城市投资潜力、营商环境位居全国县域第二位，综合经济实力连续26年居全省县域首位，获中国十大慈善城市、中国快递示范城市、全国县域旅游竞争力百强、全国乡村治理体系试点示范县、中国纺织产业基地市、中国泳装产业名城、中国华侨国际文化交流基地、全省首批县域集成改革试点、省级教育强市、全省“七五”普法中期先进市称号。

【经济发展】 2019年，晋江市地区生产总值2546.18亿元，按可比价格计算，比上年增长8.0%。

全市实现农林牧渔业总产值39.83亿元，比上年下降1.6%。全年完成粮食播种面积3720公顷，比上年增长1.4%，产量2.38万吨，比上年增长2.2%；蔬菜种植面积8060公顷，比上年增长4.3%，产量19.27万吨，比上年增长14.4%；食用菌产量9460吨，比上年增长13.6%；水果产量4413吨，比上年增长4.5%。肉蛋奶总产量1.26万吨，比上年下降4.6%。水产品产量24.55万吨，比上年增长2.2%。造林绿化1100公顷。

全市实现工业总产值5930.16亿元，比上年增长9.2%，其中，规模以上工业实现产值5489.10亿元，增长9.5%。主要产业总体向好，全市32个行业大类中有25个行业产值实现正增长，增长面78.1%；规模以上工业产品销售率95.8%，比上年提升0.1%。龙头企业带动作用突出，全年产值超亿元工业企业达940个，比上年增加41个，实现工业产值5072.70亿元，比上年增长12.9%，比全部规模以上工业产值增幅高出3.4个百分点，对规模以上工业产值的贡献率121.8%，拉动规模以上工业产值增长11.5个百分点。转型升级步伐加快，五大新兴产业实现规模以上产值664.00亿元，比上年增长12.8%，增幅比五大传统优势产业高出3.6%；占规模以上产值的比重12.1%，比上年提升0.4%。全市高新技术企业实现产值1185.09亿元，比上年增长9.8%，增速比全部规模以上企业高出0.3%，占规模以上产值的比重21.6%。节能降耗成效显著，全市规模以上工业企业综合能源消费量363.57万吨标准煤，比上年下降10.7%；单位增加值能耗下降17.7%。

全市第三产业增加值938.86亿元，比上年增长7.7%，对GDP的贡献度33.9%，拉动GDP增长2.7个百分点。营利性服务业快速增长，得益于互联网、信息技术和商务服务业的快速发展，规模以上其他营利性服务业营业收入增长23.2%。商贸业不断壮大，全市限额以上批发零售业企业975家，实现销售额2813.77亿元，比上年增长13.1%。限上住宿餐饮业实现营业额24.81亿元，比上年增长12.9%。房地产业和金融业平稳增长，全市商品房销售额面积378.82万平方米，比上年增长5.5%。金融系统本外币存款余额1810.34亿元、比上年增长11.6%，其中人民币存款余额1793.11亿元，比上年增长11.9%；金融系统本外币贷款余额1509.49亿元，比上年增长5.7%，其中人民币贷款余额1503.15亿元，比上年增长5.5%。

完成第四次全国经济普查，落实“六稳”工作要求，托稳经济发展大盘。实施新一轮产业扶持政策，减免企业税费30.97亿元，兑现惠企资金16.97亿元。应对贸易摩擦，优化出口布局，新增自营出口企业354家，外贸出口总值增长8.43%。开展领导挂钩帮扶活动，分行业推进“手拉手”产能对接，促成合作订单20亿元，市场主体突破20万户。“晋金私募汇”引入私募基金52个，规模预计超27亿元。银企对接常态化开展，新增贷款160亿元。信贷风险有效防范，企业不良贷款率控制在2.5%以内。全面盘活土地资源，梳理用地空间2466.67公顷，清理处置批而未供和闲置土地486.67公顷，开展老旧工业区改造提升。开展“主官招商、全员招商”，签约中探针、宝能物流、展志钢材等项目83个，总投资650亿元。推进606个“五个一批”项目，515个在建重点项目完成投资675亿元，超额完成年度投资计划。京通易购、华宇织造等85个项目开工，锂电池储能、金融广场等93个项目投产投用，安海装备园、龙湖时尚园新入驻在建企业29个。推进43个国企经营运作项目。

新兴业态集聚成势，集成电路“三园一区”、石墨烯产业园加快建设，集成电路龙头项目投产营收。鞋都市场整体迁入“国际鞋纺城”，陆地港升级为国际港口。新增三产市场主体4万个、限上商贸业和规模以上服务业企业200个、3A级以上物流企业3个。快递业务量突破5亿件，比上年增长60%，占泉州比重42%。第三产业增加值比上年增长8.5%。传统动能加速升级，出台传统优势产业全链条全流程升级方案，安踏、特步等龙头企业收购国际品牌，加速产业链全球化布局。恒安、乔丹、百宏等龙头企业增资扩营势头强劲，带动全市技改投资比上年增长24.6%。一批成长型企业深耕细分市场，挺进行业高端，新增产值超亿元企业44个、省级“专精特新”企业8个。举办中国民营经济创新发展高峰论坛、国家制造强国建设专家论坛，“体博会”“食交会”“家博会”交易额再创新高。创新活力竞相迸发，推进国家创新型县（市）建设，福大微电子研究院、国科大智能制造学院相继落户，中科院装备所获批国家级重大创新平台，制鞋产业技术创新战略联盟成为全省首家国家级试点联盟，10项成果获评省科学技术进步奖。引导企业把税费减免资金投向科技创新，落实研发费用税前加计扣除政策。146个企业实行智能装备改造，认定国家高新技术企业74个，新增国家技术创新示范企业1各、省级工业设计中心2个，专利申请量、授权量分别为8.74万件、6.02万件，位居全国科技创新百强县第六位。国际人才港投用，新增各类高层次人才1928人、“海峡”团队21个、院士专家工作站4个。

【城乡建设】 2019年，晋江市推进新型城镇化试点建设，城市彰显品牌魅力。按照“以赛兴城、以赛促产、以赛惠民”的要求，国际化创新型品质城市展现新局。

统筹“办赛事”与“办城市”，推进16个城市专项行动计划，城市颜值和内涵持续提升。“世中运”组委会第一次全体会议召开，赛事LOGO、主题口号和形象大使揭晓，赛事官网、志愿者招募系统开通启用，足球公园等3个场馆建成投用，第二体育中心、少体校等场馆提速建设，通过国际中体联三次赛前考察，举行倒计时一周年活动。世界沙滩排球巡回赛、国际马拉松赛、CBA联赛等11项体育赛事举办，首届国际大体联足球世界杯举行，16个国家24支球队参加。

高铁二期征迁完成，晋东新区、紫帽片区加快开发。2个老旧小区完成改造，2个安置房项目实现回迁，国际人才社区启用入住，象山超高端人才社区动工开建。沿海大通道、江滨南路、深安线完成拓改，兴紫大道、晋新路军垦农场段建成通车，加快推进厦漳泉联盟路、福厦客运专线。泉州晋江国际机场成为全国首批“一带一路”沿线国家人员出入境便利安排口岸，年吞吐量突破800万人次。2个公交枢纽站投用，公共交通全面实现新能源替代。完成1.5万户二次供水改造，新改建公厕102座。

中心市区停车收费启动实施，陆续盘活地下闲置停车位，破解停车难题。大数据管理中心建成投用，“数字城管”扩能提级，线上线下联动对接，推进小区物业、建筑工地、渣土车等专项治理。10个事故多发点、10个易堵点、35处积水点完成改造。开展133个生活垃圾分类试点，覆盖19个社区和所有学校医院。

开展中央生态环境保护督察反馈意见整改，推进污染源整治“霹雳”系列行动，查处违法排污企业330家，关停“散乱污”企业245家，巩固石材行业整治成效。完成陶瓷企业干燥塔在线监控，晋南热电厂集中供热项目投用。建成农村污水处理项目33个，打通污水“断头网”8条，铺设污水管道47.76千米。安东园、深沪污水处理厂试运行，南港二期扩建、泉荣远东三期提标工程开工建设。加强泉州湾河口湿地、深沪湾古森林遗址等自然保护区保护管理。划定水源保护红线、龙湖工程管理保护范围，深化饮用水源地和金门供水水源保护。实施173个河流整治项目，整治河道41.2千米，引水第二通道、市区生态水系连通工程通水，流域水质明显改善。

推进乡村振兴，磁灶、英林2个镇获评福建省级乡村振兴特色乡镇，瑶前、华海、檗谷等20个村入选福建省级乡村振兴示范村。完成农村土地制度改革试点。新增省级以上农业产业化龙头企业9家，“安海土笋冻”获评国家农产品地理标志。村级集体经营性收入全部突破10万元，68%突破20万元。全面实施扶持革命老区建设三年规划，投入扶持资金1050万元。

环境整治持续强化，开展“城乡环境整治攻坚年”活动，推进“两高”及重要通道沿线环境整治，整治“裸房”1442栋，拆除“两违”50.7万平方米。植树造林1100公顷，回填废弃石窟11个，绿化矿山迹地13公顷，崎山公园、晋江下游（南岸）生态公园部分开放，九十九溪万亩田园风光初具雏形。乡村治理更加有效，开展乡村善治试验，推进“三治”融合，创立农村治理人才认定机制，推行基层议事协商，逐步完善“1+3+N”调解格局。

【社会事业】 2019年，晋江市保障和改善民生，财政投入86亿元用于民生建设，占本级支出71.13%。办好29件为民实事和224件“民生微实事”，通过民生观察眼、市民考察团等活动，回应“群众点题”，破解学生配餐、交通出行、课后延时服务等一批难点问题。237户困难家庭得到暖心帮扶，4166宗石结构危房完成改造。公共服务扩面提质，获评“省级教育强市”，实施122个教育项目，新增优质学位8040个，普惠性幼儿园覆盖率88.1%。精准做好“控辍保学”工作。福大科教园迎来首批本科生，泉州职业技术大学挂牌，拔萃双语学校开办，晋江一中、养正中学入选全省首批示范性普通高中建设名单。晋江健儿时隔20年重夺泉州市运会金牌总分“双第一”。

实施18个医疗卫生项目，新增病床位852张，深化与“树兰医疗”等优质资源对接，打造3个医疗服务“航空港”，成立卫生健康人才发展促进会，全国知名专家、院士坐诊1500多人次。全市26万名中小学生享受免费健康体检。开展爱国卫生运动，防控登革热等疫情，省级慢性病综合防控示范区通过验收。

建成4个镇级敬老院、20个居家养老服务站、5个“嵌入式”小型养老机构，新增养老床位653张，社会福利中心老年康复医院投用，社会救助综合改革试点通过国家验收。举办首届文化旅游节，公布第六批市级文保单位和“非遗”代表性项目，梧林传统村落提速建设，五店市被确认为中国华侨国际文化交流基地，安海镇、福林村获评第七批中国历史文化名镇、名村，晋江市入选全国县域旅游竞争力百强。

社会治理全面加强，实施安全生产技术顾问服务，推进“智慧消防”建设。

【世界沙滩排球巡回赛（晋江站）】 2019年5月22—26日，2019年世界沙滩排球巡回赛（晋江站）在晋江市龙湖镇衙口风景区举行。29个国家和地区的200多名排球运动员参赛。赛事由国际排球联合会主办，是仅次于奥运会和世锦赛的又一重要国际沙排赛事，也是奥运会选拔赛的积分赛，2019年世界沙排巡回赛晋江站是四星赛事，也是晋江市有史以来举办级别最高的沙排赛，男女总奖金额为30万美元。

【第18届世界中学生运动会组织委员会成立】 2019年8月27日，第18届世界中学生运动会组织委员会成立，并召开第一次全体会议。组委会主席、教育部部长陈宝生，组委会主席、福建省省长唐登杰出席会议并讲话。现场举行第18届世界中学生运动会组织委员会揭牌仪式，听取筹办工作进展及下一步工作计划，审议通过《第18届世界中学生运动会总体工作方案》。

【第18届世界中学生运动会倒计时一周年活动】 2019年10月19日，第18届世界中学生运动会倒计时一周年活动在晋江全民健身中心举行。世界各地学生代表参加，表演文艺节目。各级领导及海外嘉宾代表、异地商会代表、企业代表、中学生代表等1500余人参加活动。活动举行“世中运”一周年倒计时启动仪式，对外发布“世中运”赛事会徽、主题口号“在一起，更出彩”，向“世中运”形象大使授牌，并举行捐赠仪式。

【首届国际大体联足球世界杯】 2019年11月21日至12月1日，首届国际大体联足球世界杯在福建晋江举办。赛事呈现五大亮点：赛事规格高，五大洲16个国家和地区24支队伍456名运动员参赛，在11天内开展62场比赛，赛事范围广、规模大，是水平最高的全球大学生足球赛事。赛事定位高，严格进行竞赛组织、竞赛管理人才选派、竞赛信息系统建设；大部分国际裁判由国际足联、亚洲足联选派，竞赛信息系统采用2019年世界军人运动会供应商。服务标准高，招募培训志愿者435名，采购赛事车辆85部，组织安保队伍1700余人，设救急网点13个、救护车36部，组织市级应急队伍5支，确保服务保障对标国际标准。竞技水平高，参赛队伍从国际大体联170个会员国家和地区层层选拔、优中选优，实力强劲。关注热点高，世界杯冠名合作新闻发布会及抽签仪式直播，吸引超90万观众观看；举办球童选拔、绿茵女神活动吸引线上观众超347万人次，微信阅读量超20万；对接央视体育频道、省和泉州电视台及优酷、新浪菁体育、班马邦、FISU.TV等各大网络直播平台。

2019年11月21日，2019年国际大体联足球世界杯在晋江市开幕。图为运动员进场

（图/晋江市委史志研究室）

表47

2019年晋江市经济和社会发展主要指标一览表

指标名称	单位	实绩	比上年增长（%）
地区生产总值	亿元	2546.18	8.0
财政总收入	亿元	221.62	-3.6
地方一般预算收入	亿元	137.91	2.0
地方财政支出	亿元	138.79	2.4
农业总产值	亿元	39.83	-1.6
全部工业总产值	亿元	5930.16	9.2
社会消费品零售额	亿元	783.30	8.1
出口商品总值（海关口径）	亿元	590.11	8.1
实际利用外资（验资口径）	亿元	15.01	7.5
城镇居民人均可支配收入	元	53185	7.0
农村居民人均可支配收入	元	25965	9.2
农村居民人均可支配收入	元	23781	8.7

南安市

【市情概况】 2019年，南安市面积2036平方千米，海岸线长32.8千米。辖23个乡镇、3个街道、2个省级经济开发区。年末户籍人口166.51万人，人口自然增长率12.7‰。全市耕地面积3万公顷，粮食播种面积2.53万公顷，粮食产量15.07万吨。林地面积10.93万公顷，森林覆盖率52.7%，活立木蓄积量473.64万立方米。重要矿产资源有铁锰矿、钼矿、钨矿、泥炭、饰面用花岗岩、饰面用闪长岩、工艺用辉绿岩、建筑用花岗岩、建筑用凝灰岩、建筑用砂、陶瓷土、高岭土、绢云母、伊利石、叶蜡石。是年，南安市位居全国中小城市百强第29位、最具投资潜力百强第11位、综合经济竞争力百强第40位、工业百强第24位。上榜全面小康指数百强第68位、全国营商环境百强第16位，分别比上年提升5位和30位。获评全国基层中医药工作先进单位、中国曲艺之乡。

【经济发展】 2019年，南安市全市生产总值1295.44亿元，比上年增长8%。规模以上工业总产值2600.1亿元，比上年增长8%。农林牧渔业总产值54.48亿元，比上年增长5.6%。固定资产投资比上年增长15.5%。社会消费品零售总额521.73亿元，比上年增长9.7%。外贸出口额224.98亿元，比上年增长18.3%；实际利用外资3.82亿元，比上年增长14.2%。一般公共预算总收入89.23亿元，比上年增长11.6%；

其中地方一般公共预算收入50.05亿元，比上年增长8.8%。城镇居民人均可支配收入49340元，比上年增长7.1%；农村居民人均可支配收入23698元，比上年增长9.6%。

全市拥有规模以上工业企业843个、产值超亿元企业481个、国家高新企业92个、省级高新技术企业44个、省级高成长企业15个、省级科技型创新企业47个、省级科技“小巨人”领军企业104个、省级“专精特新”中小企业18个。“泛家居”整合引领作用增强，联盟会员企业超1300个，自主线上平台交易额突破150亿元，大宗采购额近300亿元，晋身千亿产业集群；技改投资超百亿元，全市拥有2000多条自动化生产线，建成10个泉州市级“数字化车间”，实现机器换工17.6万多人，金鹿、九牧入选中华人民共和国成立70周年70品牌行列，4家企业入选省民营企业百强。“芯谷”加速崛起，三安高端半导体、富宸封测、安芯半导体等项目相继投产，获批设立“海峡两岸集成电路产业合作试验区”；红星美凯龙、美的智慧家居科创项目、武夷泛家展贸项目有序落地建设；高端装备铸造、电子信息等新产业板块积极布局。电商、物流、展会、市场、供应链、金融服务等流量平台加快发展，完成服务业项目投资119.6亿元，新增现代服务业集聚示范区1个、限上商贸企业87家，实现社会消费品零售总额566.7亿元，三产增加值比上年增长8%。新增3家福建省级服务型制造示范企业。“石博会”、水暖泵阀交易会、“农订会”融入新元素。网络零售额突破115亿元，比上年增长14.5%，淘宝镇数量居全省首位。全域生态旅游蓬勃发展，实现旅游总收入148亿元，比上年增长17.5%。创新工程管理机制，推行“三多三联”审批服务，建立政府性投资项目专家评审机制，推行前期代办，加强合同管理，551个重点项目完成投资610多亿元，新对接招商项目219个、总投资980多亿元。

【城市建设】 2019年，南安市投入城建资金72亿多元，加快实施“五馆一校一场”项目，新行政服务中心建成投用，城北新城框架逐步拉开，推进城南片区旧城改造，加快建设火车站片区市政配套设施，市区建成区面积拓展至46.4平方千米；南翼新城全面对接融入厦门，同城一体化聚合效应凸显，水头、石井、官桥再度入围全国千强镇；北部组团各具特色、竞相发展，罗东成为新型城镇化建设新典范，全市城镇化率提高至61.2%。按照构建“外—中—内”环立体交通网络思路，投入30.2亿元推进交通建设，兴泉铁路南安隧道贯通，厦漳泉城市联盟高速南安段完成主体工程，创意大道（一期）、大岭公路改造工程实现通车，南金、南同公路市区路段完成市政化改造，新增公路里程67.6千米，蓬华、金淘成为泉州市“四好农村路”示范镇。

【乡村振兴】 2019年，南安市新认定泉州市级以上农业产业化重点龙头企业40家，新增高效设施农业面积86.67公顷、优质农产品标准化示范基地4个、“三品一标”认证4个，8家“家庭农场”获评省级示范场，粮食生产保持稳定，农业总产值比上年增长5%。深化农村人居环境整治，新（改）建城乡公厕200座、三格化粪池1.1万户，新建二级污水处理设施11座、支管网35千米，整治农房（裸房）2300多栋，完成乡村绿化100公顷，26个村成为福建省级“千村整治、百村示范”美丽乡村，27个村纳入福建省级乡村振兴试点。启动村庄分类规划编制，农村建房实现指标、选址、审批、设计“一套图则”规范化管理。深化发展壮大村集体经济“五种模式”，基本消除空壳村、薄弱村。农村“三资”清理整治成效显著，410个村（社区）成立股份经济合作社，农村集体产权制度改革经验获全省推广。水头、英都成为全省乡村振兴特色镇。落实“两不愁三保障”，建立防返贫、控新贫、稳脱贫长效机制，建档立卡贫困户稳定脱贫。

【生态文明】 2019年，南安市成立生态资源空间管理委员会，加强生态空间管控。强化“控源、截污、生态修复”，创新治污设施PPP和EPC工程包，推行城乡垃圾环卫一体化管理，新建城镇污水管网9.6千米，新建改造2.44万户三格化粪池，基本实现全域治污设施全覆盖和垃圾全收集、全转运、全处理，中小流域劣Ⅴ类水质全部消除，“两溪一湾”生态治水陈塘示范段主体完工，山美水库水质监测站获评全国“最美水站”。在全省率先推行“湾长制”，落实河（湖）长制，打击取缔“散乱污”企业217个，中央生态环保督察、海洋专项督察整改取得阶段性成效，空气质量优良率99.4%。制定“涉矿土地”平整实施意见，完成矿山生态恢复治理23.07公顷、植树造林1173.33公顷、水土流失治理5840公顷，获评省级森林城市。

【社会事业】 2019年，南安市民生保障逐步增强，高标准完成12件52项“为民办实事”项目，新增城镇就业1.8万人，城乡大病保险最低报销比例提高5个百分点，建成居家养老服务中心和日间照料中心3个、农村幸福院56家，新增养老床位852张。社会事业全面提升，中心城区教育资源整合成效明显，新（改、扩）建幼儿园6所、中小学14所，新增幼儿园学位1800个、中小学学位5130个；南安医院新院区与上海大学合作建设附属医院签约，童昌医院、成功医院新院区启动建设，新增医疗机构床位450张，基层卫生机构“空白村”全面消除，获评全国基层中医药工作先进单位；创建国家公共文化服务体系示范区，首创星级“百姓书房”模式，市“海丝”文化博物馆揭牌开馆，中共泉州中心县委旧址完成修缮提升；开展各类文艺会演、“三下乡”等活动300余场，承办第九届海峡两岸曲艺欢乐汇；新增国家重点文物保护单位3处，丰州进入福建首批“千年古镇”行列，东田镇、英都镇良山村分别成为省级历史文化名镇、名村；南安运动员32人次在国际、国内比赛中获奖牌，南安市入选全国社会足球场地设施建设重点推进城市，九都滑翔伞基地进入中国航空飞行营地行列。推进社会治理，开展“强基促稳”三年行动，大调解、和谐村（社区）创建、“进企入户”大走访、“两代表一委员”联系群众化解矛盾活动室等举措成效显著；推进扫黑除恶专项斗争，高压打击“黄赌毒”、电信网络诈骗等违法犯罪活动，群众安全感指数平均98.1%；实行应急救援“一键指挥”，重点行业领域安全生产专项整治实现全覆盖；加强“餐桌污染”治理，保障食品药品安全。

【第15届中国（南安）国际水暖泵阀暨消防器材交易会】 2019年2月7—9日，第15届中国（南安）水暖泵阀暨消防器材交易会在南安市成功国际会展中心举行，交易会以“砥砺十五载、并肩再前行”为主题，设展位1490个，展示面积3.5万平方米，对接招商项目81个，参观人次近10万，签订意向金额78亿元。

【纪念郑成功诞辰395周年系列活动】 2019年6月10—12日，南安市举办纪念郑成功诞辰395周年系列活动，活动包括两岸文艺会演、纪念大会暨南安市郑成功故里“海峡两岸交流基地”、郑成功庙“福建省民间信仰活动场所联系点”授牌仪式、民俗活动—郑成功庙进香、“明郑四代的历史贡献”主题讲座、成功故里游等。两岸知名人士、郑成功宫庙代表、郑氏宗亲代表、社团代表、学生代表等500多人参加活动，其中台湾嘉宾约250名。

【第11届海峡论坛·海峡百姓论坛】 2019年6月14—20日，南安市举办第11届海峡论坛·海峡百姓论坛，活动包括开幕式、文化论坛、参观考察、联欢活动、恳亲联谊等，场内外20个姓氏委员会的活动吸引近3000名宗亲参与，其中台湾嘉宾近500人，推进两岸交流沟通。

【第12届海峡两岸（泉州）农产品采购订货会】 2019年9月7—9日，第12届海峡两岸（泉州）农产品采购订货会在南安成功国际会展中心举行，订货会设农业电商峰会、十佳伴手礼评奖等14场配套活动和“海峡两岸农产品供需洽谈对接会”等专场对接会。室内展厅面积2.5万平方米，设置800个国际标准展位，人流量超过15万人次，现场销售额近4500万元。

【第20届中国（南安）水头国际石材博览会】 2019年11月8—10日，第20届中国（南安）水头国际石材博览会在南安市石材产业展示中心举办，博览会以“绿色·创意·共融”为主题，由材料产业展升级为设计应用展，设11个展区，设置展位2.8万个，展示面积91.1万平方米，主展馆参展企业689家，观展人数10.8万人次，达成购销意向2080单，贸易总额约127.57亿元人民币。

【第四届中国（南安）泛家居主题活动周暨第二届泛家居产业博览会】 2019年11月20—23日，第四届中国（南安）泛家居主题活动周暨第二届泛家居产业博览会在南安市成功国际会展中心举办，活动周以“绿色、跨界、创新、赋能”为主题，包括第二届南安市海丝泛家居产业联合会换届选举大会、全球建材集中采购发布会、“泛家居·居家新风尚”设计师论坛、第二届中国·南安海丝泛家居产业博览会等活动。设置标准展位1200个，展出面积3万平方米，印度尼西亚、约旦、印度、澳大利亚、肯尼亚等30多个国家的代表、企业家参会。

2019年12月20日，第四届中国（南安）泛家居主题活动周暨第二届泛家居产业博览会开幕。图为花卉盆景展区（图/林劲峰）

表48

2019年南安市经济和社会发展主要指标一览表

指标名称	单位	实绩	比上年增长（%）
地区生产总值	亿元	1295.44	8
财政总收入	亿元	89.23	11.6
地方一般预算收入	亿元	50.05	8.8
地方财政支出	亿元	79.33	19.9
农业总产值	亿元	54.48	5.6
全部工业总产值	亿元	2600.1	8
社会消费品零售额	亿元	521.73	9.7
出口商品总值（海关口径）	亿元	224.98	18.3
实际利用外资（验资口径）	亿元	3.82	14.2
城镇居民人均可支配收入	元	49340	7.1
农村居民人均可支配收入	元	23698	9.6

惠安县

【县情概况】 2019年，惠安县陆域面积489.42平方千米，海域面积1725平方千米。位于福建省东南沿海突出部，介于泉州湾与湄洲湾之间，地处北纬24°49′～25°07′，东经118°37′～119°05′之间。辖12个镇、218个村（社区），人口81.45万人。是年，惠安县获评全国县域工业经济竞争力百强县、全国中小城市科技创新百强县、全国中小城市绿色发展百强县等。

【经济发展】 2019年，惠安县实现生产总值987.77亿元，比上年增长8.7%。农林牧渔业总产值52.21亿元，比上年增长4.4%；固定资产投资比上年增长16.0%，其中工业投资增长31.9%。完成一般公共预算总收入78.99亿元，比上年增长6.3%；一般公共预算收入37.93亿元，比上年下降3.8%。全体居民人均可支配收入35592元，比上年增长9.0%。县域经济综合实力居全国中小城市“百强”第35位、全省“十强”第6位。

对接泉州市“传统、重化、高新”三大板块，推进产业转型升级，产业质效加速提升。传统产业方面，举办第五届中国（惠安）国际雕刻艺术品博览会，雕艺行业无序竞争问题得到有效缓解，规模总量和质量效益实现双提升。达利、惠泉、麦王等龙头企业抢抓消费升级机遇，推出“美焙辰”短保面包等一批新产品，领跑休闲食品饮料市场。举办建筑业创新发展高端研修班，闽南建工院士工作站重新通过省级认定，完成建筑业总产值545亿元、返乡缴纳所得税4亿元。成立校园服饰装备行业协会，打造校服特色小镇。重化产业方面，中化乙烯项目实现中间交接，第二套炼化一体化项目用地回填加快推进，石化中下游化工投产4个、投建2个，泉惠石化工业园区进入中国化工园区30强行列，实现产值730亿元、占全县工业大盘36%。高新产业方面，石大胜华等一批新材料项目签约，慧芯激光项目开工建设，泉州信息工程学院人工智能产业学院加快推进。

全年招商引进项目68个，总投资249.4亿元，亿元以上重点项目开工投建27个、竣工投产10个，固定资产投资比上年增长15%。开展第三产业倍增年行动，全年实现旅游收入117.3亿元，比上年增长20%，社会消费品零售总额268.39亿元，比上年增长14.6%。加大“一企一策”帮扶力度，实施精准服务民营企业专项行动，新增减税降费10.8亿元，兑现扶持资金7.68亿元，助推企业轻装上阵。强化源头管控和风险处置，金融秩序保持稳定。

【城乡建设】 2019年，惠安县开展城市建设提速年活动，完成21个创城达标提升项目和5个“创城”特色项目。兴泉铁路、福厦客运专线惠安段全线架梁施工，实施“联三线”黄塘至虎窟段道路工程、县道309线石井至斗尾港拓宽改造等一批重要交通项目，“四好”农村路建设取得新进展，全县新增公路通车里程20千米。新购置50辆电动公交车投入运营，新开通3条公交线路，实现城乡公交一体化目标，60周岁以上市民免费乘车全覆盖。加快全县供水市场整合，县城区供水供电“一户一表”改造分别完成3000户和8500户。

出台惠安县乡村振兴战略规划，兑现各类惠农奖励补助资金1.44亿元，完成农业总产值51.1亿元，比上年增长4%。深化农村人居环境整治三年行动，实施村庄基础设施建设工程，开展旱厕专项整治。崇武镇通过“国家卫生乡镇”复评，净峰镇西头村、螺城镇梅山村、涂寨镇文峰村、辋川镇辋川村等一批行政村获“中国传统村落”及省级“森林村庄”“美丽乡村”“历史文化名村”等称号。

开展“蓝天碧水净土”三大保卫战，推进生态环境保护，位列全国中小城市绿色发展百强。推进“三带一区”建设和农村“四旁”绿化，新增植树造林和森林经营面积248.6公顷，全县森林覆盖率29.6%，建成区绿化覆盖率43%，获评“福建省森林县城”称号。推进空气污染协同防控和重点行业挥发性有机物深度治理，全年空气质量优良天数比例95%。实施“碧水清源”专项行动，启动林辋溪全流域系统治理，推进东港溪清新流域等6个重点水利项目，综合整治河道26千米。完成惠东污水处理厂提标改造，建成净峰污水处理厂，新铺设污水管网10千米，新建改建三格化粪池3412户，107个行政村覆盖污水收集处理设施，省考以上断面和集中饮用水水源地水质达标率100%。拆除“两违”建筑37.5万平方米，治理水土流失500公顷，修复矿山生态2.2公顷，提高资源节约集约利用水平。

【社会事业】 2019年，惠安县实施“强基促稳”和“XIN”行动计划，优先把78%本级财力用于保障和改善民生，完成45件为民办实事项目。社会保障 “扩面提标”，城乡居民养老待遇标准“九连涨”，城乡低保标准提高到每人每月630元，落实各类社会救助补助资金1.19亿元，爱心帮扶基金新筹集善款450万元，救助各类病灾群众382人。建立普惠性民办幼儿园政府购买服务机制，普惠性幼儿园覆盖率79.8%，惠安一中入选福建省首批普通高中示范性建设学校名单，荷山中学通过福建省一级达标高中复评，亮亮中学主体工程完成。深化医联体建设内涵，新增病床位260张，建成42个“一体化管理”村卫生所，县域内就诊率63%、比上年提升4.17%，城乡居民医保报销比例53.8%、比上年提升2.14%，群众看病难、看病贵问题得到有效缓解。推进“医养结合”，建成县社会福利中心，新增23个农村居家养老服务站，镇级敬老院建设实现全覆盖。深化文化惠民工程，县博物馆和图书馆开工建设，新建12个标准篮球场、36条健身路径和13个基层综合性文化服务中心示范点。推进扫黑除恶专项斗争，打击各类犯罪活动，平安“三率”水平提升。落实“四个最严”要求，健全食品“一品一码”全过程追溯体系，通过福建省级“食品安全社会共治示范县”考评验收。

【创新驱动发展】 2019年，惠安县坚持高质量发展导向，实施创新驱动发展战略，位列全国中小城市科技创新百强。实施45个重点技改项目，全县规模以上企业R&D经费投入5.78亿元，比上年翻一番。新认定国家级高新技术企业19家、绿色工厂1个，福建省级“科技小巨人”领军企业8家、服务型制造示范企业1家，泉州市级“瞪羚企业”4家、科技型中小企业96家。实施人才“港湾计划”，推进“柔性引才”，成立惠安县人力资源协会和人才安居联盟，全县集聚市级以上高层次人才1173名、比上年新增852名。深化“放管服”改革，实施市场准入负面清单和“证照分离”制度，推进“双随机、一公开”监管，企业开办实现零费用，设立登记时间压缩至2个工作日，工程建设项目审批服务时限控制在90个工作日以内，社会综合满意率95%。

表49

2019年惠安县经济和社会发展主要指标一览表

指标名称	单位	实绩	比上年增长（%）
地区生产总值	亿元	987.77	8.7
财政总收入	亿元	78.99	6.3
地方一般预算收入	亿元	37.93	-3.8
地方财政支出	亿元	55.21	0
农业总产值	亿元	52.21	4.3
社会消费品零售额	亿元	268.39	14.6
出口商品总值（海关口径）	亿元	43.89	17.4
实际利用外资（验资口径）	亿元	0.60	-69.7
城镇居民人均可支配收入	元	46743	7.8
农村居民人均可支配收入	元	22711	9.9

【2019年佛文化艺术品博览会】 2019年3月15日，2019佛文化艺术品博览会在惠安雕艺文创园举行。博览会以“弘扬海丝佛教文化、展示闽南佛国魅力”为主题，是惠安县第一届自主举办的佛文化艺术品博览会，也是第一次采用市场化模式运作的博览会。展会对“世界石雕之都”的雕艺文化、石文化、木文

2019年10月21日，第十届世界惠安泉港泉州台商投资区同乡联谊会在泉州台商投资区举行。图为会旗移交仪式 （图/泉州台商投资区融媒体中心）

化、香文化等佛教文化元素进行集中展示宣传，旨在打造一个具有代表性的行业标杆展会，助推雕艺产业市场发展，带动地方经济繁荣。展会以惠安本土雕艺企业为主，汇聚各省、市以及海内外近200家企业参展，400个展位涵盖佛像佛雕、佛具法器、香品香具、佛教工艺品、禅意文创等各类佛文化艺术品，被誉为“高品质的佛文化艺术品博览盛会”。

表50

2019年安溪县经济和社会发展主要指标一览表

指标名称	单位	实绩	比上年增长（%）
地区生产总值	亿元	731.49	7.9
财政总收入	亿元	51.28	2.3
地方一般预算收入	亿元	31.02	1.9
工业增加值	亿元	311.62	9
第三产业增加值	亿元	301.53	8
社会消费品零售额	亿元	358.08	14.1
实际利用外资（验资口径）	亿元	1.21	27.2
居民人均可支配收入	元	24081	8.8

安溪县

【县情概况】 2019年，安溪县面积3057.28平方千米，辖13个镇11个乡（城区辖3个乡、镇），年末户籍人口121.10万人，常住人口102.7万人，人口自然增长率5.3‰。耕地面积3.19万公顷，粮食播种面积1.81万公顷，粮食产量8.74万吨。林地面积21.904万公顷，森林覆盖率65.77%，活立木蓄积量779.47万立方米。是年，安溪县获评世界藤铁工艺之都、电子商务促进乡村振兴十佳县域、中国团餐之乡、国家农产品质量安全县等。

【经济发展】 2019年，安溪县面对复杂严峻的经济形势，有效对冲下行压力，经济运行保持稳中有进、平稳向好的发展态势。全年完成地区生产总值731.49亿元，比上年增长7.9%；工业增加值311.62亿元，比上年增长9%；第三产业增加值301.53亿元，比上年增长8%；一般公共预算总收入51.28亿元，比上年增长2.3%；一般公共预算收入31.02亿元，比上年增长1.9%；固定资产投资比上年增长2.8%；实际利用外资1.21亿元，比上年增长27.2%；社会消费品零售总额358.08亿元，比上年增长14.1%；居民人均可支配收入24081元，比上年增长8.8%。在《人民日报》公布的全国百强县排名中，安溪县综合实力位列第60位，较2018年度提升3位；最具投资潜力位列第21位，绿色发展位列第54位，均提升2位。

【城乡建设】 2019年，安溪县推进城市提升，启动实施城市精细化管理三年行动，推进解放路西侧、沼涛实小、祥云路等片区改造。实施18个老旧小区改造提升项目。同德大桥、参岭隧道开工建设，建成吾都水厂至参洋片区给水管道工程和美法段河滨西路景观工程。凤山书院加快建设，绿道北线一期工程示范段建成开放。推进金火完全中学、安溪六中人行天桥建设。城区绿化面积增至1159公顷。严格执行各项调控政策措施，房地产市场健康稳定发展。推进两翼新城建设，加快湖头站前路片区改造，引进新型商贸综合体；推进龙门城市综合体、官桥盛桥广场等项目，国道355线南翼新城过境段建成通车。推进“两高”整治，完成6条城乡重要通道景观提升。开展“大棚房”、违建别墅等问题整治，拆除“两违”41.24万平方米。调整优化公交线路15条，添置使用新能源公交车65辆。

推进乡村振兴。编制实施安溪县乡村振兴战略规划，完成土地确权颁证和产权制度改革。发展特色农业，福田芦柑、湖头米粉注册地理标志证明商标。推进农村人居环境整治，新建改造78座城乡公厕和14600个三格化粪池，完成10581户农村户厕无害化改造，所有行政村实现生活污水治理全覆盖。入选全国农村创新创业典型县。实施2个福建省级乡村振兴特色乡镇、30个福建省级乡村振兴试点村和24个福建省级美丽乡村建设。虎邱镇入选全国乡村治理示范乡镇，城厢经兜村入选全国乡村治理示范村，西坪南岩村、桃舟吾培村入选第五批“中国传统村落”，芦田福岭村获评为2019年“中国美丽休闲乡村”。实施金谷元口至尚卿路段沥青路面改建、福田高速出口至漳平界路段提级改造；新建成农村公路改造提升工程150千米，改造危桥15座，建设农村公路安全生命防护工程447千米，获评福建省级“四好农村路”示范县。选派市级科技特派员55名，实现乡镇全覆盖。农民讲师团获评“全国基层理论宣讲先进集体”。

推进生态文明建设。配合做好第二轮中央生态环保督察工作，落实反馈问题整改。加强大气污染防治，空气质量优良天数比例提升至98.6%。深化河（湖）长制、山长制。治理水土流失0.87万公顷，水土流失率降至17.76%。植树造林1382.47公顷，林分改造288.13公顷，创建1个福建省级森林城镇和4个森林村庄。建成安全生态水系13千米，实施河道治理28千米；推进水电站最小生态下泄流量设备改造，退出28座小水电站，流域水环境达标率100%。推进土壤污染防治，转移处置危险废物3.7万吨。

【社会事业】 2019年，安溪县巩固脱贫成效，围绕“两不愁三保障”突出问题，加大住房、教育、健康扶贫力度，落实“防返贫、控新贫、稳脱贫”机制；推进发展壮大薄弱村、空壳村集体经济三年行动，创新用好10种强村模式，金谷、参内“中化新农村综合服务站”投入运营，“薄弱村”全面消除，脱贫攻坚工作取得决定性进展，经省委、省政府实地考核评为优秀。

发展教育事业。实施永安小学等14个城区学校新改扩建和安溪五中综合楼等29个乡村薄弱校项目，第十一小学扩建和第八、第十五幼儿园等一批项目投入使用，新增学位8000个。普惠性幼儿园覆盖率72%，提升14个百分点。加强师德师风建设，整治校外培训机构35家，城区中小学校实现课后服务全覆盖。招录县聘编外合同制教师555名。安溪一中入选全省首批示范性普通高中建设学校。“竹藤编工作坊”获第六届全国中小学生艺术节展演一等奖。81个房地产企业捐资教育基金4.3亿元。

提升医疗服务。建成县医院门诊医技大楼、县妇幼保健院迁建项目，推进9个医疗基础设施项目建设，新增床位584张。实施空中紧急医学救援项目，启动9个乡镇直升机起降坪建设。解决18所乡村卫生所无址办公问题。柔性引进6名高层次人才；创新县级公立医院编制使用备案制，新聘用121名医技人员；实行“先诊疗、后付费”，推进“门诊诊室结算”和“住院病房结算”，群众就医满意率提升至96.8%；发挥“中医医疗联盟”作用，央视《焦点访谈》专题报道安溪县共享药房模式；“云总院”建设经验成为全国医改工作先进典型。

完善社会保障。完成县社会福利中心二期项目主体工程建设，加快推进湖头敬老院及55个农村居家养老设施项目建设，新增养老床位1518个。2.2万人享有免费养老基础信息化服务，1.44万人次享受政府购买线下实体服务。发放城乡低保、特困人员等保障金5541万元。新增就业5736人。残疾人托养中心服务模式入选全国县域残疾人服务典型样本。深化非洲猪瘟防控；猪肉市场供应稳定，价格得到有效平抑。

发展文体事业。加快国家公共文化服务体系示范区创建工作。组织文化惠民演出139场，国家艺术基金项目安溪高甲戏赴浙赣桂三省巡演15场。新建镇村文体广场65个。“安溪铁观音攀岩国训队”获全国青运会一金一银。启动李光地宅和李光地祠保护修缮工程，“安溪土楼”入选第八批全国重点文物保护单位，冶铁史迹列入“泉州：宋元中国的世界海洋商贸中心”申报世界文化遗产项目。

社会环境稳定有序。推进扫黑除恶专项斗争，破获九类涉恶案件240起，抓获各类涉黑恶人员405人；打击整治外流境外诈骗犯罪，实现“两升两降”。致力解决历史遗留不动产登记发证问题，办理完成首次登记项目25个4200套。

【安溪县获评为“世界藤铁工艺之都”】 2019年5月15—17日，由世界手工艺理事会亚太地区主席嘎达·席佳薇，副主席满佳丽·尼茹拉、凯文·穆雷等组成考评专家组，对安溪县申报“世界手工艺理事会手工艺城市——藤铁工艺之都”工作进行考评验收。8月20日，由世界手工艺理事会及亚太地区理事会、中国工艺美术协会、安溪县政府主办并召开的新闻发布会宣布，安溪被授予“世界藤铁工艺之都”称号。

【安溪县位列全国百强县第60位】 2019年10月8日，中国中小城市高质量发展指数研究课题组、中小城市发展战略研究院、国信中小城市指数研究院等在《人民日报》第8版刊发《2019年中国中小城市高质量发展指数研究成果发布》，发布“2019年度全国综合实力百强县市”“2019年度全国绿色发展百强县市”“2019年度全国投资潜力百强县市”等榜单。榜单显示，安溪

2019年7月1日，由省气象局、省文旅厅指导，福建省气象学会、福建省旅游协会主办的“清新福建·气候福地”首批避暑清凉福地发布会暨气象文旅论坛在南平举办。安溪县云岭茶庄园被授予“清新福建·气候福地”首批“避暑清凉福地”称号。图为授牌现场 （图/市气象局）

县位居“2019年度综合实力百强县市”第60位（比2018前进3位），“2019年度全国绿色发展百强县市”第54位（进2位），“2019年度全国投资潜力百强县市”第21位（进2位），“2019年全国科技创新百强县市”第77位（进3位），“2019年度全国新型城镇化质量百强县市”第56位（进2位）。

【安溪县获评为“国家农产品质量安全县”】 2019年11月2日，在江苏徐州举行的第二届国家农产品质量安全县与农产品经销企业产销对接活动中，农业农村部授予安溪县“国家农产品质量安全县”称号。安溪是中国乌龙茶（名茶）之乡、名茶铁观音的发源地，连续10年位列全国重点产茶县首位。全县围绕国家农产品质量安全县创建目标，“产”“管”并举，实现源头严防、过程严管、产品严检、违法严惩四种监管，构筑质量联控、一品一码、社会共治、品牌支撑四个体系，系统性地提高全县农产品质量安全水平。

【安溪县白濑水利枢纽主体工程开工】 2019年12月31日，安溪白濑水利枢纽工程项目主体工程开工，标志自1946年开始规划编制，历经70余年、几代人共同努力，国务院确定的国家重大水利工程开启从“规划图”走向“实景图”的征程。白濑水利枢纽工程将是安溪县建县以来单体投资最大、耗时最长、搬迁人口最多、涉及面最广的项目，也是泉州市投资最大、移民最多的水利工程，工程施工总工期为54个月，建设征地涉及安溪、永春两县6个乡镇的24个行政村以及2个集镇及相关设施，搬迁安置约4万人，概算总投资142.69亿元。

【安溪县“青阳冶铁遗址”列入世界遗产申报项目】 2019年1月，国务院确定“古泉州（刺桐）史迹”作为2020年世界遗产申报项目。8月，经组织专家多次勘探、查证，安溪冶铁遗址列入泉州“申遗”项目。遗址位于尚卿乡青洋村（青洋冶铁遗址为第一批安溪县文物保护单位，1985年公布）。9月底，安溪冶铁遗址“申遗”考古发掘工作启动。

永春县

【县情概况】 2019年，永春县面积1456.87平方千米。地处福建省东南部，晋江东溪上游。辖22个乡（镇）、236个村（社区）。户籍人口60.36万人，常住人口46.8万人。全县有农用地12.86万公顷，基本农田保护面积1.66万公顷；林地面积10.59万公顷，森林覆盖率69.5%；水资源总量18.21亿立方米，水力资源理论蕴藏量17.12万千瓦；已发现的各类矿产资源30多种，其中煤炭保有储量4520.93万吨，水泥用灰岩探明储量3.67亿吨，高岭土资源储量1722.41万吨。永春是著名侨乡，有海外华侨华人116万人，分布世界五大洲49个国家。是年，永春县获评国家卫生县城、全国农村人居环境整治成效明显激励县、全国推进美丽乡村经营管护机制改革试点县、全国平安农机示范县等。

【经济发展】 2019年，永春县实现地区生产总值484.10亿元，比上年增长8.2%。一般公共预算总收入19.40亿元，下降4.0%；其中地方一般公共预算收入12.27亿元，与上年持平。全体居民人均可支配收入27024元，增长8.1%。

全年实现农业总产值43.28亿元，比上年增长4%。列入全省实施乡村振兴战略重点县。推进2个特色乡镇、2条市级乡村振兴示范线和20个省级乡村振兴试点建设。蓬壶镇入选“全国乡村振兴特色产业小镇”，五里街镇列入全国“一村一品”示范村镇，永春农民创业园获评“国家农村创新创业园区”。现代农业重点项目完成投资25.95亿元，占年度计划的100.15%。新增农民专业合作社74家、家庭农场113家，永春芦柑、佛手茶“区域公用品牌价值”分别为33.34亿元、16.41亿元，永春芦柑获评福建十大农产品区域公用品牌，永春白番鸭获“2019中国好食材”称号，岵山晚荔枝获全国优质荔枝擂台赛铜奖。白珩村（佛手茶）、外碧村（白番鸭）、仙岭村（枇杷）、吾东村（韭菜）等12个村获评省级“一村一品”示范村。获评福建省农产品质量安全县，有256家生产备案主体进驻可追溯平台。农村集体产权制度完成236个村（社区）股权制改革，农村土地确权颁发证书10.29万本，颁证率99.5%。农村承包土地经营权抵押贷款4050笔、抵押面积3368.35公顷、贷款余额9.61亿元。完成造林绿化1013.84公顷，治理水土流失2134.4公顷，补充耕

表51

2019年永春县经济和社会发展主要指标一览表

指标名称	单位	实绩	比上年增长（%）
地区生产总值	亿元	484.10	8.2
财政总收入	亿元	19.40	-4.0
地方一般预算收入	亿元	12.27	0
农业总产值	亿元	43.28	4
第一产业增加值	亿元	25.17	3.8
第二产业增加值	亿元	305.58	8.9
第三产业增加值	亿元	153.35	7.3
居民人均可支配收入	元	27024	8.1

地113.32公顷。

2019年，永春县完成全部工业增加值269.18亿元，比上年增长10.9%；规模以上工业增加值243.81亿元，增长11.0%。制定出台《鼓励工业企业资产盘活和做大做强工作措施》，晋昇中润收购翔升翔运资产后增资扩容，奔达、三信织造完成破产重组，万家美、南德针织等企业加大技改，扩大产能，轻纺鞋服产值307亿元，产业主导地位更加明晰。推进工业企业信息化发展，九牧永春智慧制造产业园一期建成试投产、二期开工建设，与华为、中国电信合作，打造智能5G工厂新模式。美岭水泥完成熟料节煤降耗技改项目，综合利用资源，提升经济效益。博纯材料完成股份制改革，三期COS半导体材料生产线项目加快建设。落实供给侧结构性改革措施，关停退出乡镇煤矿9处，淘汰化解过剩产能99万吨。成立永春陶瓷行业协会、规划建设老醋产业园区、举办第四届中国（永春）香文化博览会，促进特色产业发展加快。全年兑现企业各类扶持资金1.67亿元，落实企业减税降费1.98亿元，帮助企业办理资金转贷2.35亿元。

全年完成社会消费品零售总额116.54亿元，比上年增长10.1%。新增限上商贸企业35家，中闽百汇投入运营。电商销售额21亿元，比上年增长17%。“菜篮子”工程建设投入1000万元，优化无公害蔬菜基地2个、无公害畜禽基地11个。永春芦柑恢复市场出口。推进“国家全域旅游示范区”创建，北溪文苑获评AAAA级景区，大羽村获评全省金牌旅游村，三岭村获评全省四星级乡村旅游特色村。全县接待境内外游客523万人次，比上年增长15%，旅游总收入58亿元，比上增长18%。新、改建“四好农村路”68千米，危桥改造7座，安全防护工程70千米，农村公路管养市场化率100%。全县有客运企业3个，客运量248.11万人次；货运企业79家，货运量

2019年6月，永春县禾力机械制造有限公司建设工程开工。图为开工仪式　　（图/市发改委）

2801.3万吨。

实施“项目攻坚2019”，195个重点项目完成投资245.86亿元，建成投产投用或部分投产投用项目150个，固定资产投资比上年增长13%。新办、引办千万元以上工业企业74个，其中亿元以上项目18个，年度总投资35亿元。举行4次集中开竣工活动，新开工项目46个、投产30个。做好项目前期工作，报批用地用林166.75公顷，征收土地60.5公顷，盘活批而未供土地100.72公顷、闲置厂房14.6万平方米。

【城乡建设】　2019年，永春县推进“清新桃源·宜居永春”三年行动，创建4个“无裸房乡镇”、10个“无裸房镇区”、100个“无裸房村”。保护提升传统村落、历史文化名镇名村。岵山镇获批中国历史文化名镇，五星街镇西安村获批中国传统村落、国家历史文化名村。6个村获批福建省级传统村落，4条街道获批福建省级历史文化街区。创建10个美丽乡村县级示范村和5个精品村，永春县作为起草单位之一的《美丽乡村建设评价》国家标准获批颁布。开展城乡人居环境综合治理“百日攻坚”行动，拆除“两违”4433宗、28.4万平方米。配合第二轮中央生态环保督察，集中解决38个环境反馈问题，实施5个大气重点治理项目，环境空气质量达标天数占比99.4%，综合指数排名位居泉州第一。新改建城区污水管网17千米、排水口15个、农村三格化粪池7093户。新建24座农村污水处理设施，新增98座委托第三方运维管理。完成39个规模生猪养殖场标准化改造，关闭拆除43各牛蛙养殖场。节能降耗“双控”目标考核泉州市第一。落实“河长制”，推进全面治水，128个项目完成投资8.49亿元。实施《永春县桃溪流域水质提升方案》，汇入桃溪的22条主要支流有15条水质跨类别提升，各乡镇行政交界断面Ⅲ类水质达标率100%，3条河流入选泉州市魅力河道。推进电站生态下泄流量改造。完善基础设施建设，改扩建燃气管网15.8千米、供水管网35千米，拓宽城区道路3.54千米，新增小绿地、小公园11处，创建桃溪湿地公园。县城区7个单位开展垃圾分类试点，县垃圾填埋场渗滤液处理系统实现市场化运营。新建农村电网190千米，改造低压线路92.8千米。

【社会事业】　2019年，永春县民生投入25.5亿元，占财政支出

74.9%。53个县级为民办实事项目完成投资18.28亿元，占年度计划的105.3%。健全“防返贫、控新贫、稳脱贫”长效机制，全县稳定脱贫2463户7756人。出台发展壮大村集体经济奖励办法，消除经营性收入1万～5万元的薄弱村59个。新增城镇就业4585人，城镇登记失业率1.15%。设立中国海峡人才市场永春分部，新认定高层次人才354人。建成儿童福利院，扩建安康医院。城乡居民基本养老保险参保率99.98%。安置地质灾害隐患点居民、低保户、特困户、贫困残疾人等22户。新、扩建幼儿园5所，中小学校舍3幢。新成立教育基金会15个，筹集资金2096万元。医疗机构改革组建县总医院，签订医保基金打包支付协议，3家医疗单位开展总医院框架下的片区“医联体”试点，爱尔眼科投入使用。建成投用区域性养老中心1个、老年活动中心8个，新建农村幸福院10所、居家养老服务站20所、社区居家养老日间照料中心2所，探索6种养老服务典型模式，11家中医馆开展老年人康复医疗服务。文化体育繁荣发展，创建22个达标乡镇综合文化站，223个村（社区）综合文化服务中心，建成院士、将军林俊德纪念馆、事迹报告厅。五里街古街修缮全面铺开。成立县“融媒体”中心。4处文物单位获评第八批全国重点文物保护单位。组织群众性体育活动110多场次。维护社会安定稳定，开展城市安全风险评估调研，强化隐患排查整治，实施“强基促稳”三年行动，推进“七五”普法工作，创新公、检、法、司基层庭所共建机制，排查化解各类矛盾纠纷1973件。深化扫黑除恶专项斗争，打掉恶势力集团1个、团伙2个，综治“三率”排名位居泉州市前列。

【永春全域生态综合体模式】 2019年，永春县创新“业兴、民富、水清、林绿、景美、韵醇”的全域生态综合体模式，树立全域和系统思维，完善生态系统修复、国土空间开发、绿色低碳发展、人居环境建设、生态文化保育等顶层设计模式，组织实施“流域综合治理、最美县城创建、美丽乡村建设和全城植绿”四项工程，增强生态系统功能，促进一、二、三产融合发展，将生态优势转化为经济发展优势，形成生态环境“高颜值”和经济发展“高素质”协同并进的态势。永春全域生态综合体模式被列入“国家生态文明实验区”第三批改革成果。

德化县

【县情概况】 2019年，德化县面积2232.16平方千米。位于福建省中部，泉州市西北部。辖12个镇6个乡。年末户籍人口35.19万人，常住人口29.7万人。人口自然增长率14.46‰。全县耕地面积16892.79公顷，粮食播种面积8941公顷，粮食产量5.83万吨。林地面积17.8万公顷，森林覆盖率78.4%，森林蓄积量1847万立方米。全县可供开发的水力资源30.2万千瓦，有水电装机容量28.48万千瓦。重要矿产资源有高岭土、煤炭、石灰石、铁矿石、泥煤、叶蜡石、金、铅、锌、铜、钨、锰等40多种，其中铁矿石、高岭土、石灰石储量均在亿吨以上，已探明黄金储量20吨以上。矿产资源开发潜力大，已发现大小矿产地270多处。是年，德化县获评全国发展农村电商和产销对接十大典型县、国家级电子商务进农村综合示范县、“中国天然氧吧”。

【经济发展】 2019年，德化县生产总值278.15亿元，比上年增长8.5%。人均地区生产总值93811元，比上年增长8.5%。规模以上工业产值357.41亿元，比上年增长10.8%。农林牧渔业总产值22.89亿元，比上年增长3.9%。固定资产投资比上年增长15.2%。社会消费品零售总额91.81亿元，比上年增长12.2%。一般公共预算总收入18.82亿元，比上年增长3.1%；其中地方一般公共预算收入11.97亿元，比上年增长1.2%。城镇居民人均可支配收入36608元，比上年增长8.1%；农村居民人均纯收入16984元，比上年增长9.8%。

【城乡建设】 2019年，德化县完成霞田文体园、城西片区控规报批。投入40.24亿元推进32个市政提升工程。实施唐寨山公园提升工程，缨溪公园、驾云亭公园扩建一期、坪埔安置小区公园、龙门桥建成投用。蒲坂高位水厂、污水厂三期工程投入试运行。新增城市道路25千米、沥青路2.5万平方米、隔离护栏17千米、纯电动公交车35部。新改建供水、燃气、污水管网36.8千米。开展城市管理攻坚行动，整治占道经营、扰民烧烤摊点等顽疾，拆除“两违”14.14万平方米，清理批而未供与闲置土地268.19公顷。兴泉铁路德化段和国省干线、通乡镇公路加快建设，城关至嵩口高速公路可行性研究报告通过省发改委审查，厦沙高速汤城枢纽至德化段拓宽改造获批建设。

【社会事业】 2019年，德化县民生支出21.33亿元，占一般公共预算支出的77%。脱贫成效持续巩固。落实“两不愁三保障”政策，建立防返贫、控新贫、稳脱贫长效机制，农村建档立卡贫困人口未出现返贫现象，实现村财收入5万元以下的薄弱村全部消除、10万元以上的村127个。教育普惠优质发展。投入4亿元推进16个教育项目建设，7所公办学校交付使用，新引进4所普惠性民办幼儿园，新增校舍面积5万多平方米、学位5280个，中、高考质量稳步提升，教师进修学校创建“福建省示范性学校”和县教育“两项督导”分别通过省级评估。医疗水平逐步提升，投入1亿元加快建设县医院医技楼、立体停车楼、妇幼保

2019年10月12日，2019年中国德化陶瓷博览会暨茶具文化节在德化县中国茶具城开幕。图为开幕仪式　　（图/德化县政府办）

表52

2019年德化县经济和社会发展主要指标一览表

指标名称	单位	实绩	比上年增长（%）
地区生产总值	亿元	278.15	8.5
固定资产投资	亿元	—	15.2
财政总收入	亿元	18.82	3.1
地方一般预算收入	亿元	11.97	1.2
农业总产值	亿元	22.89	3.9
全部工业总产值	亿元	357.41	10.8
社会消费品零售额	亿元	91.81	12.2
城镇居民人均可支配收入	元	36608	8.1
农村居民人均可支配收入	元	16984	9.8

健院、第三医院和16家中医馆。投入2844万元，推进“互联网+医疗健康”信息化，成立县总医院，建立与三级医院协作网络，组建2个紧密型“医共体”，建设22个医疗机构协作共享的分级诊疗平台。开展健康扶贫、上门评残、“暖心服务”行动、巡回医疗健康服务，“健康德化”建设持续推进。社保体系不断健全，巩固扩大医保覆盖面，推进社保扩面提标，城乡居民养老保险基础养老金最低标准提高至每人每月123元。试行“非公”初级职称自主评聘工作，落实就业创业政策，开展就业创业培训，安置公益性岗位83个，加强“治欠保支”力度，防范和打击虚假仲裁做法在全省推广。新建居家社区养老服务照料中心4个、农村幸福院15个。开展临时救助和慈善救助。老龄、老干部工作得到加强。成立德化县“融媒体”中心。推进国家公共文化服务体系示范区建设，建成桂祥图书馆，提升改造乡镇综合文化站、村级综合文化服务中心示范点31个，创建“非遗”和文创展示基地3个。举办第十届海峡两岸生物多样性与森林保护文化研讨会，戴云山保护区获批福建“省级对台交流基地”。获2016—2020年度福建省科普示范县称号。创建全国文明城市，推进移风易俗，新时代文明实践工作列入全国试点。深化扫黑除恶专项斗争，创新矛盾纠纷化解机制，推进陶瓷企业“瓶改气”“三合一”场所消防等重点领域专项整治，加强食品药品监管，列入全省第四轮首批平安县创建复核验收县（市、区）。完成第四次全国经济普查。

【“中国白”国际陶瓷艺术论坛】 2019年6月24日，2019年“中国白”国际陶瓷艺术论坛在德化县举行。中国、美国、法国的艺术家、学者在论坛上共话“中国白”再出发，近700名专家学者、工艺美术大师、企业家、艺术新秀以及职业学校师生代表在现场交流互动。

【中国德化陶瓷博览会暨茶具文化节】 2019年10月12—15日，2019年中国德化陶瓷博览会暨茶具文化节在中国茶具城举行，活动由中国陶瓷工业协会、中国茶叶流通协会、中国工艺美术学会、中国收藏家协会主办，以“中国白·德化瓷”为主题，吸引全国各地543家企业20多位工艺美术大师、陶瓷艺术大师参展，搭建起陶瓷产业、茶具产业商贸合作、文化交流、产区联动的专业平台。

【世界瓷都德化·国际陶瓷艺术城开工】 2019年10月29日，世界瓷都德化·国际陶瓷艺术城开工。项目以陶瓷营销展示为主题，以表现德化陶瓷艺术魅力为主要特征，是德化县全力打造的陶瓷文化创意产业基地，旨在提升德化的城市品味，解决缺乏高端陶瓷展销平台的历史性问题，促进德化县城商圈升级换代、整体经济的发展。

金门县

（待统一）

荣誉　人物

荣　誉

表53

2019年泉州市获得的全国荣誉称号名表

荣誉名称	颁发机构	授予时间
国家级海峡两岸集成电路产业合作试验区	国台办、工信部	5月
国家知识产权运营服务体系建设重点城市	国家知识产权局	6月
国家节水型城市	住房和城乡建设部、国家发改委	6月
全国首批50个5G商用城市	工信部	10月
全国深化民营和小微企业金融服务综合改革试点城市	财政部、科技部、工信部、人民银行、银保监会	11月
国家跨境电子商务综合试验区	国务院	12月

表54

2019年泉州市获得省部级及以上表彰的先进单位名表

单位名称	荣誉名称	颁发机构
泉州市人大机关	福建省精神文明单位	省委、省政府
市“扫黄办”（挂靠市委宣传部）	全国“扫黄打非”先进集体	全国“扫黄打非”工作小组
泉州市版权局（挂靠市委宣传部）	2018年度查处重大侵权盗版案件有功单位二等奖	国家版权局
泉州海关驻泉港办事处报关大厅	2017—2018年度全国青年文明号	共青团中央
泉州海关缉私分局缉私二科	2017—2018年度全国青年文明号	共青团中央
泉州海关驻晋江办事处综合保障科党支部	2019年度全国海关基层党建示范品牌	中共海关总署委员会
泉州市水利局	人民满意的公务员集体	省委、省政府
泉州市公安局国保支队“2.25”专案组	集体一等功	公安部
泉州市公安局指挥情报中心	全国公安机关70周年大庆安保维稳工作成绩突出集体	公安部
泉州市统计局	第四次全国经济普查先进集体	国务院第四次全国经济普查领导小组

续表54

单位名称	荣誉名称	颁发机构
泉州市残疾人联合会	2015—2018年全国残疾人体育先进单位	中国残疾人联合会、国家体育总局
泉州市消费者权益保护委员会	2018—2019年度全国消协组织消费维权先进集体	中国消费者协会
石狮市政府	福建省教育强市	省政府
泉州市司法局	全国司法行政机关2019年国家统一法律职业资格考试工作表现突出单位	司法部
泉州市司法局公共法律服务科	全国公共法律服务工作先进集体	司法部
民建泉州市委会	民建脱贫攻坚先进集体	民建中央委员会
致公党泉州市委会	致公党先进集体	致公党中央
致公党泉州市委会	致公党对外联络先进集体	致公党中央
福建省泉州监狱二监区	全国监狱工作先进集体	司法部
泉州市文化市场综合执法支队	2018年度全国查处侵权盗版有功单位有功单位二等奖	国家版权局
泉州市文化市场综合执法支队	案件入选2018—2019年度全国文化市场重大案件	文化和旅游部
泉州市救助管理站	全国民政系统先进集体单位	人社部、民政部
泉州市金鸡拦河闸管理处	全国绿化模范单位	全国绿化委员会
泉州市彭村水库管理处	2016-2018年度福建省重点建设优胜项目	省政府
石狮市关心下一代工作委员会	全国关心下一代工作先进县	中国关心下一代工作委员会
国家税务总局安溪县税务局第一税务分局	巾帼文明岗	中华全国妇女联合会
黎明职业大学	国家优质专科高等职业院校	教育部
	国家“双高计划”中国特色高水平专业群建设单位	教育部
蚶江司法所	全国先进司法所	司法部
泉港区人民武装部机关党支部	先进基层党组织	中共中央军委国防动员部委员会
界山镇东张村	全国乡村治理示范村	中央农村工作领导小组办公室、农业农村部、中央宣传部、民政部、司法部
惠屿海水养殖专业合作社	国家农民合作社示范社	农业农村部
山腰街道聚福社区	2019年度全国综合减灾示范社区	国家减灾委员会、应急管理部、中国气象局、中国地震局
涂岭镇秀溪村	第一批国家森林乡村	国家林业和草原局
三川中学	全国教育系统先进单位	教育部、人力资源和社会保障部
美发中学	2019年全国青少年校园篮球特色学校	教育部
圭峰中学	2018年全国青少年校园足球特色学校	教育部
庄重文实验小学	2019年全国青少年校园篮球特色学校	教育部
山腰中心小学	2019年全国青少年校园篮球特色学校	教育部
石狮市蚶江镇洪窟小学	2019年全国青少年校园足球特色学校	教育部
石狮市湖滨中心幼儿园	2019年全国足球特色幼儿园	教育部
石狮市新苗第五幼儿园	2019年全国足球特色幼儿园	教育部
石狮市劳动保障监察大队服务窗口	全国人力资源社会保障系统2017-2019年度优质服务窗口	人力资源和社会保障部

续表54

单位名称	荣誉名称	颁发机构
石狮市第一中学	节约型公共机构示范单位	国家机关事务管理局、国家发展改革委、财政部
石狮市人民法院	全国法院系统2019年度优秀案例分析评选先进组织单位	最高人民法院
石狮市人民检察院	全国未成年人检察社会支持体系建设工作典型案（事）例	最高人民检察院
石狮市人民检察院	全国首批委托开展未成年人检察工作社会支持体系建设工作单位	最高人民检察院
湖滨街道长福社区	全国综合减灾示范社区	国家减灾委员会、应急管理部、中国气象局
石狮市关工委	全国先进县（市、区）关工委	中国关工委
石狮市人民法院	首届“四个一百”政法新媒体优秀微信公众号	中央政法委宣传教育局、政法综治信息中心
石狮市妇幼保健院	全国巾帼文明岗	中华全国妇女联合会
晋江市公安局刑侦大队	集体一等功	公安部
晋江市公安局刑侦大队	全国人民满意的公务员集体	中组部、中宣部
晋江市公安局治安大队	全国维护妇女儿童权益先进集体	中华全国妇女联合会
晋江市公安局指挥中心	全国巾帼文明岗	中华全国妇女联合会
晋江市公安局灵源派出所	2017-2018年度全国青年文明号	共青团中央

表55

2019年泉州市获得“全国工人先锋号”单位名表

单位名称	荣誉称号	颁发机构
福建晋工机械有限公司总部装车间	全国工人先锋号	中华全国总工会
福建省三星电气股份有限公司技术研发中心	全国工人先锋号	中华全国总工会

表56

2019年泉州市获得“福建省五一劳动奖状”单位名表

单位名称	荣誉称号	颁发机构
福建荣盛钢结构实业有限公司	福建省五一劳动奖状	福建省总工会
福建百宏聚纤科技实业有限公司	福建省五一劳动奖状	福建省总工会
太阳海（福建）制衣有限公司	福建省五一劳动奖状	福建省总工会
中共永春县委组织部	福建省五一劳动奖状	福建省总工会
福建省闽发铝业股份有限公司	福建省五一劳动奖状	福建省总工会
泉州台商投资区行政服务中心管理委员会	福建省五一劳动奖状	福建省总工会
中共泉州市纪律检查委员会	福建省五一劳动奖状	福建省总工会
泉州医学高等专科学校	福建省五一劳动奖状	福建省总工会
福建省高速公路集团有限公司泉州管理分公司	福建省五一劳动奖状	福建省总工会

表57

2019年泉州市获得省部级及以上表彰的先进个人名表

姓　名	工作单位	荣誉称号	颁发机构
石　恒	市委宣传部	2018年度查处重大侵权盗版案件有功个人二等奖	国家版权局
吴贵德	市委政法委	“七五”普法中期先进个人	全国普法办公室

续表57

姓 名	工作单位	荣誉称号	颁发机构
吕少蓉	泉州市司法局	全国司法行政机关2019年国家统一法律职业资格考试工作表现突出个人	司法部
汤渊儒	泉州市司法局	全国法治政府建设先进个人	司法部
陈东兴	泉州市体育局	2015-2018年全国残疾人体育先进个人	中国残疾人联合会、国家体育总局
郭惠芳	泉州台商投资区	全国民族团结进步模范个人	国务院
石丹瑜	泉州市人民检察院	全国检察机关检务保障工作表现突出个人	最高人民检察院政治部
吴世舜	泉州市人民检察院	2018年度全国检察宣传先进个人	检察日报社
陈 林	泉州市人民检察院	2018年度全国检察宣传先进个人	检察日报社
张群胜	泉州市人民检察院	2018年度全国检察宣传先进个人	检察日报社
周谷青	泉州市人民检察院	2018年度全国检察宣传先进个人	检察日报社
吴美满	泉州市人民检察院	人民满意的公务员	省委、省政府
黄卿堆	泉州市中级人民法院	全国法院刑事审判工作先进个人	最高人民法院
傅嘉钦	泉州市中级人民法院	全面停止军队有偿服务工作先进个人	最高人民法院
林自蓄	泉州市公安局外联办	个人二等功	公安部
汤优征	泉州市公安局外联办	个人二等功	公安部
李颖栋	泉州市公安局国保支队	个人三等功	公安部
颜永德	泉州市公路局直属分局	福建省集体二等功（福建省第八批援藏工作队成员）	省政府
赵建南	泉州市道路运输管理处	2019年绿色出行宣传月和公交出行宣传周成绩突出个人	交通运输部、公安部、中华全国总工会
叶维忠	泉州市林业局	全国绿化奖章	全国绿化委员会
洪秋凉	泉州市法律援助中心	全国维护妇女儿童权益先进个人	妇联
陈 益	农工党泉州市委会	2019年定点扶贫大方县先进个人	中国农工民主党中央委员会
林树盛	泉州监狱	全国监狱工作先进个人	司法部
杨 飞	泉州监狱	全国监狱工作先进个人	司法部
陈剑洪	泉州市农业科学研究所	福建省先进工作者	省委、省政府
陈瑞文	泉州工艺美院	中国材料研究学会科学技术奖一等奖	中国材料研究学会
周金田	泉州工艺美院	全国技术能手	人力资源和社会保障部
庄一鸣	泉港区政府	致公党优秀党员	致公党中央委员会
陈福水	惠华中学	全国优秀教师	教育部
李丽宁	后龙镇	全国无偿献血奉献奖银奖	国家卫生健康委员会、中国红十字总会、中央军委后勤保障部卫生局
林 蓉	福建省玲珑集团发展有限公司	全国巾帼建功标兵	中华全国妇女联合会
庄一鸣	泉港区政府	致公党优秀党员	致公党中央委员会
陈福水	惠华中学	全国优秀教师	教育部
陈省华	石狮市祥芝美丽海岸志愿者协会	第二届全国妇联“十大暖心故事”	中华全国妇女联合会
蔡燕瑜	石狮市人民法院	全国法院系统2019年度优秀案例分析评选活动三等奖	最高人民法院
颜永春	石狮市人民法院	全国法院系统2019年度优秀案例分析评选活动优秀奖	最高人民法院

续表57

姓 名	工作单位	荣誉称号	颁发机构
谢凯歌	石狮市人民法院	全国法院系统2019年度优秀案例分析评选活动优秀奖	最高人民法院
李妮娜	石狮市人民法院	全国法院系统2019年度优秀案例分析评选活动优秀奖	最高人民法院
林木扬	石狮市人民法院	全国法院“基本解决执行难”工作先进个人	最高人民法院、人力资源社会保障部
林明容	石狮市人民法院	全国“基本解决执行难”工作通报表扬	最高人民法院、人力资源社会保障部
陈长沙	石狮市人民检察院	全国检察机关调研骨干人才	最高人民检察院法律政策研究室
吕　锜	大帝集团有限公司	民建脱贫攻坚奖先进个人	中国民主建国会中央委员会
苏丽蓉	石狮市人民法院	全国法院系统2019年度优秀案例分析评选活动二等奖	最高人民法院
蔡燕瑜	石狮市人民法院	全国法院系统2019年度优秀案例分析评选活动三等奖	最高人民法院
颜永春	石狮市人民法院	全国法院系统2019年度优秀案例分析评选活动优秀奖	最高人民法院
谢凯歌	石狮市人民法院	全国法院系统2019年度优秀案例分析评选活动优秀奖	最高人民法院
李妮娜	石狮市人民法院	全国法院系统2019年度优秀案例分析评选活动优秀奖	最高人民法院
林木扬	石狮市人民法院	全国法院“基本解决执行难”工作先进个人	最高人民法院、人力资源社会保障部
林明容	石狮市人民法院	全国“基本解决执行难”工作通报表扬	最高人民法院、人力资源社会保障部
陈长沙	石狮市人民检察院	全国检察机关调研骨干人才	最高人民检察院法律政策研究室
林振聪	福建东霖建设工程有限公司	福建省非公有制经济优秀建设者	省政府
杜振忠	洛江区马甲镇永安村	全国“双带”农村致富青年先进个人	中国关心下一代工作委员会
龚凯思	石狮市尚益源农场	全国“双带”农村致富青年先进个人	中国关心下一代工作委员会
谢少锋	永春县魁斗莉芳茶厂	全国“双带”农村致富青年先进个人	中国关心下一代工作委员会

表58

2019年泉州市获得“全国五一劳动奖章”个人名表

姓 名	工作单位	荣誉称号	颁发机构
张剑平	泉州市公安局丰泽派出所	全国五一劳动奖章	中华全国总工会
苏文连	泉港区后龙镇人民政府	全国五一劳动奖章	中华全国总工会
张文山	福建泉州市无匠堂创意工艺制品有限公司	全国五一劳动奖章	中华全国总工会

表59

2019年泉州市获得福建省“五一劳动奖章”个人名表

姓 名	工作单位	荣誉称号	颁发机构
杨 利	泉州市第七中学	福建省五一劳动奖章	福建省总工会
庄良辉	中石化森美（福建）石油有限公司泉州分公司	福建省五一劳动奖章	福建省总工会
林雪玉	泉州市鲤城区鲤中街道办事处	福建省五一劳动奖章	福建省总工会
洪碧清	东湖街道松林社区	福建省五一劳动奖章	福建省总工会
陈乘顺	泉州市公安局丰泽分局	福建省五一劳动奖章	福建省总工会
高国强	福建铁拓机械有限公司	福建省五一劳动奖章	福建省总工会
张河水	泉港第一中学	福建省五一劳动奖章	福建省总工会
洪彦伟	石狮市人民法院	福建省五一劳动奖章	福建省总工会
蔡志群	福建省鸿山热电有限责任公司	福建省五一劳动奖章	福建省总工会
陈海鹏	石狮市湖滨街道总工会	福建省五一劳动奖章	福建省总工会
傅贵华	福建省麦都食品发展有限公司	福建省五一劳动奖章	福建省总工会
李 苏	安踏（中国）有限公司	福建省五一劳动奖章	福建省总工会
柯天启	晋江市英林镇政府	福建省五一劳动奖章	福建省总工会
罗明芳	晋江市人民检察院	福建省五一劳动奖章	福建省总工会
黄燕霞	福建省闽旋科技股份有限公司	福建省五一劳动奖章	福建省总工会
刘劲松	南安市工业学校	福建省五一劳动奖章	福建省总工会
李斌凤	福建泉城特种装备科技有限公司	福建省五一劳动奖章	福建省总工会
林友达	福建群峰机械有限公司	福建省五一劳动奖章	福建省总工会
吴德强	福建丰盈园林古建工程有限公司	福建省五一劳动奖章	福建省总工会
王烈平	惠安县螺阳艺兴工艺厂	福建省五一劳动奖章	福建省总工会
吴国雄	福建省惠安职业中专学校	福建省五一劳动奖章	福建省总工会
王美芳	安溪县沼涛实验小学	福建省五一劳动奖章	福建省总工会
鲁本利	福建泉州闽光钢铁有限责任公司	福建省五一劳动奖章	福建省总工会
郭艳娜	安溪县人民检察院	福建省五一劳动奖章	福建省总工会
洪新典	中共永春县纪委办公室	福建省五一劳动奖章	福建省总工会
吕德文	永春县下洋镇林业工作站	福建省五一劳动奖章	福建省总工会
郑雄彭	福建省德化县飞天陶瓷艺术研究所	福建省五一劳动奖章	福建省总工会
李桂婷	福建省德化县职业技术学校	福建省五一劳动奖章	福建省总工会
卢文扁	泉州市公安局交通警察支队经济技术开发区大队	福建省五一劳动奖章	福建省总工会
白孝均	玖龙纸业（泉州）有限公司	福建省五一劳动奖章	福建省总工会
陈为藩	中国共产主义青年团泉州市委员会	福建省五一劳动奖章	福建省总工会
张彩云	中共泉州市委市直机关工作委员会	福建省五一劳动奖章	福建省总工会
王璞宣	国家税务总局泉州市税务局第一税务分局	福建省五一劳动奖章	福建省总工会
高颖秋	泉州广播电视台	福建省五一劳动奖章	福建省总工会
黄 柠	泉州师范学院附属小学	福建省五一劳动奖章	福建省总工会
郑乃吉	福建经贸学校	福建省五一劳动奖章	福建省总工会
曾小玲	中国邮政集团公司泉州市分公司	福建省五一劳动奖章	福建省总工会
尹 刚	福建省集英保安集团有限公司	福建省五一劳动奖章	福建省总工会
邱俊杰	泉州颐和医院有限公司	福建省五一劳动奖章	福建省总工会
黄文新	永春县农村信用合作联社	福建省五一劳动奖章	福建省总工会

表60

2019年泉州市获得省见义勇为英雄模范名表

姓　名	工作单位或住址	见义勇为时间、事件
林长春	鲤城公安分局常泰派出所	2017年9月22日，在南安邱店抓捕一名盗窃嫌疑人
李利昌	南安市供电公司、南平延平区峡阳镇洋安村洋安19号	2017年8月6日，在张坂镇玉山村海域勇救两名下海游泳在水中挣扎的男子
郑华文	晋江国际荣誉酒店、江西省抚州市临川区赣东大道223号	2017年8月31日，在龙湖衙口海里救起两名被海浪卷走的父女
郭成进	石狮市一轩船务有限公司、石狮市蚶江镇石湖城外三区28号	2017年11月17日，在福建省宁德七星岛西北侧水域，发现一艘“闽福鼎渔02188”的渔船翻船，船上4名船员抓着气垫在海上漂着，蔡文琛等人见此情况后尽全力将四名船员救上来。
郭　团	石狮市一轩船务有限公司、石狮市蚶江镇石湖城城内路27号	
郭国防	石狮市一轩船务有限公司、石狮市蚶江镇石湖城城内路39号	

表61

2019年泉州市获得市见义勇为模范表彰名单

姓　名	工作单位或住址	见义勇为时间、事件
尤长炎	鲤城区金龙街道高山花苑	2019年4月27日15时许，在泉州笋江桥下救起一名落水学生
李锦纶	鲤城区江南街道上福街	
吴清水	鲤城区海滨街道新门	2019年1月4日13时许，在泉州笋江桥下救起一名妇女和两个小孩
唐　亮	鲤城区江南街道王宫社区（湖南省会同县蒲稳侗族苗族乡大罗村）	
吴民基	鲤城区江南街道霞洲社区	
张跃进	鲤城区浮桥街道浮桥社区	
杨江参	泉州市丰泽区先锋花园 海峡都市报	2018年11月27日上午7时57分许，在刺桐路东美加油站边公厕制止欲行强奸的犯罪嫌疑人
马永举	泉州居然之家建材有限公司物业部、泉州市洛江区杏宅新村	2018年2月25日凌晨4时许，在杏园小区内邻居家中失火，第一时间取消火栓水带冲水灭火。
杜闽清	泉州市洛江区马甲镇新建村	2018年10月23日凌晨1时左右、泉州市洛江区马甲镇新建村制服一名非法闯入居民住宅的男子
陈顺强	泉港区峰尾镇前亭村	2018年9月25日凌晨4时，泉港区后龙镇浪花豪苑文献生活便利店制止危害公共安全的犯罪嫌疑人
蔡润泽	晋江市安海镇飞钱里	2016年7月10日15时许，在晋江金井镇围头金沙湾景区救起一名被海浪卷走的游客
张明记	晋江市安海镇飞钱里	
刘云洲	江西省宁都县大沽乡古教村湾里组、泉州市国营出租车有限公司清源站点	2019年3月4日凌晨3时许，在晋江市池店浯潭村（泉安北路）制服一名欲行强奸的犯罪嫌疑人
阮团结	饿了么公司	
吴强典	闽晋渔05769灯光渔船、深沪镇后山司内中路	2016年12月26日20时许，在晋江市深沪镇港阜对面海里四人合力救起一名落入海里的贵州籍务工人员李绪文
吴允彬	闽晋渔05658灯光渔船、深沪镇环岛路西	
陈芳着	深沪镇后山友兴水产、深沪镇南春宝泉街	
吴奕澈	深沪镇后山社区支部宣委、晋江深沪镇后山	
杨克庆	晋江内坑镇盛泓机械厂、河南省邓州市赵集镇秦杨村	2018年5月5日，在英林镇沪厝垵村澳口海岸，救起被海浪卷走的小孩

续表61

姓 名	工作单位或住址	见义勇为时间、事件
黄树民	石狮市高新区管委会征迁办、石狮市宝盖镇塘后二区	2018年8月28日12时左右，石狮市高新区创新创业中心园区标准厂房中益制药厂着火，黄树民下班路过，冲入火场救人灭火
董欣勇	石狮市永宁镇龙溪新村	2018年4月21日21时许，在石狮市永宁镇永宁龙溪新村60号吴秀敏家中发生了火灾，董闯入吴家将两名行动不便的村民救出
薛二栓	石狮市圣狮伦堡服饰有限公司、石狮市灵秀镇创业园	2019年1月24日上午9时许，在石狮市灵秀镇创业园1路东方佐罗和波思莱恩小十字路口救护一名因车祸被困车内并脚受伤的司机
杨恒利	石狮市香江路吉祥区	2018年12月13日19时50分，在石狮市民生路追捕抢劫金子的男子
蔡国品	石狮市蚶江镇莲塘村	2018年8月29日12时许，在石狮莲塘双下二区32号民房前溪段救出一名即将被洪水冲走的司机
蔡国限	石狮市蚶江镇莲塘村	
莫秀华	石狮市蚶江镇莲塘村	
黄火炎	南安市桃源大众混凝土公司、南安市霞美镇张坑村	2018年11月3日13时30分许，在南安市霞美镇杏埔大桥下救起一名轻生妇女
詹金水	石井镇下房村委会赣信石材厂、 江西省上饶市鄱阳县高家岭镇大宗村 现居住地：南安水头时代新城	2019年5月18日17时许，在南安市水头镇五里桥下救起一名轻生女子
陈炳辉	安溪县福田乡尾洋村	2019年4月25日17时许，在安溪城厢镇长壁水库里救起两名落入水库的男孩
颜志军	永春县石鼓镇桃星村	2018年11月21日19时许，在五里街镇溪滨路人工湖防止落水者被水流流走
连巧丽	德化县第三医院、福建省德化县龙浔镇裕正花园	2018年10月27日，龙浔镇南环路嘉盛花园边加油站附近救护一名因交通事故受伤的女生
林贻财	德化县龙浔镇董坂宫旁活禽店、福建省德化县龙浔镇浔南路	2019年5月11日上午8时29分，在德化县龙浔镇青年路东大路桥头水坝里救起一名轻生老人

人物选介

先进人物

周少雄 1965年出生于晋江人，经济师，泉州市工商联（总商会）主席，亚洲时尚联合会中国委员会主席团主席，中国服装协会副会长，福建省服装服饰行业协会永久名誉会长。1993年，被评为“福建省优秀青年企业家”；1999年，入选“影响中国服装业的50个人”；2004年，入选“2003福建十大经济年度人物”；2005年，获“全国纺织企业家创业奖”；2007年，获“2007年聚人气企业家”称号；2007年，入选中国纺织工业“年度创新人物”；2008年，获“2008中国纺织品牌文化建设杰出人物”称号。2019年9月29日，获“全国非公有制经济人士优秀中国特色社会主义事业建设者”称号。周少雄曾任福建省晋江金井侨乡服装工艺厂厂长、福建七匹狼制衣实业有限公司总经理、七匹狼集团总经理。现任福建七匹狼实业股份有限公司董事长、总经理。志在打造一个立足中国民族品格的国际知名时尚休闲品牌。周少雄注重对“七匹狼”品牌的挖掘与建设，1990年创立福建省第一服装品牌“七匹狼”，并于1993年建立“七匹狼”CIS系统，走在国内同行业前端；1995年，他创新营销思路，最早推行专卖店营销和代理制商业模式，开创服装行业渠道营销模式先河；随后，周少雄又以其敏锐的市场嗅觉，于2003年和2005年两度携手西班牙“皇家马德里”足球俱乐部中国行，成为国内首屈一指的成功体育营销案例。2004年，“七匹狼”股份上市，以福建省首家服装企业的身份登陆深交所中小企业板（002029）。“七匹狼”在周少雄的带领下成为以品牌为核心、以生活形态为主导的经营实体，提出成为中国“男士着装顾问”的口号，把中国服装元素与流行时尚相结合。周少雄一直致力于推动传统文化与时尚创意产业的契合，引导“七匹狼”在始终坚持为顾客提供引领时尚优良产品的同时，推动男装消费市场的变革，倡导时尚生活方式。周少雄还热心公益事业，举办并赞助各种公益活动，捐助灾区及希望工程，与北京大学新闻研究中心合作创立“七匹狼文化发展基金”，在全国十所大学中设立“七匹狼奖助学金”等，使“七匹狼”在创造经济价值的同时也坚持以实际行动回馈社会。

郑子璐　1985年出生于永春县，2007年4月参加公安工作，现为安溪县公安局合成作战中心负责人。2009年6月从事刑侦情报研判工作以来，侦破或参与侦破部督“2015·12·22专案”“2017·5·25专案”“2018·11·20专案”，抓获2名国际刑警发布的红色通缉令境外逃犯、1名公安部A级通缉令逃犯及3名部督命案逃犯。2019年10月26日，国务院打击治理电信网络新型违法犯罪工作部际联席会议办公室与人民公安报、中国警察网、公安部打击治理电信网络新型违法犯罪防控中心主办的2019年天朗计划年度大会在北京召开，安溪县公安局反诈骗中心负责人郑子璐当选“2018年度全国反电信网络诈骗优秀人物”。全国仅十人入选，福建省仅郑子璐入选。

蔡海炳　石狮市公安民警。2019年9月27日，由国家互联网信息办公室指导，中国网络社会组织联合会、中国互联网发展基金会主办的第四届“五个一百”网络正能量精品评选活动最终结果公布，蔡海炳获选“网络正能量榜样”，成为全省唯一入选的民警。此次评选活动自2019年2月1日开通活动申报平台以来，超过1.2万名用户申报2万多部作品。经过初评、网络投票展示及终评后，每个项目最终评选出100个榜样或作品。蔡海炳作为全国首批网络舆情分析师，曾参与处置170多起网络谣言和舆情危机事件。其执笔的案例《“当街无遮挡尸检”舆情处置的做法与启示》入选第三届中国警察公共关系最佳案例并获银奖，受邀参加国家网信办、新浪微博举办的“打击网络谣言，传递正向能量”网络名人微访谈。自2011年蔡海炳开通个人工作微博“狮城苍狼”以来，发布友善类微博1.1万条，联合公益机构发起近百次“微公益”活动，带动2万多人参与救弱扶残，募集到善款1052万元。在其带动和影响下，周边的亲朋好友有上百人加入行善队伍。

逝世人物

何少川（1938—2019）　民国27年（1938年）出生于泉州。1960年3月加入中国共产党。1956年9月起就读厦门大学中文系汉语言文学专业本科。1959年2月参加工作，任厦门大学中文系助教、校党委宣传部干事。1962年9月调任福建日报社编辑，1975年11月任沙县南阳公社郑垱大队工作组组长。1976年6月起，历任福建日报社总编办公室负责人、工商处副处长、副总编辑。1983年8月任省委宣传部部长。1985年6月起任省委常委、宣传部部长，省社科联主席。1994年7月任省委副书记、省社科联主席。1994年12月起兼任省委党校校长。1996年4月起兼任省委宣传部部长、省贸促会特约顾问。2001年2月任省政协副主席、党组副书记，省贸促会特约顾问。2003年3月起先后任全国政协港澳台侨委副主任、省炎黄文化研究会会长。2008年4月起兼任省残联名誉主席。2009年9月退休，退休后兼任省残联名誉主席至2018年8月。是第八届、九届全国人大代表，第四届、五届、六届福建省委委员，第十届全国政协委员。何少川于2019年1月22日逝世，享年82岁。

黄金如（1923—2019）　字翼典，号伟伦，民国12年（1923年）出生，祖籍永春吾峰镇梅林村。民国34年（1945年）只身赴台湾。1963年，投身商界，筹组创办瑞山砂石厂、瑞山混凝土厂、汇安建设公司、大三元酒家等十多家商号，涉及建筑、证券、饮食、美容、娱乐等众多领域，成为台北商界翘楚。曾任中国国民党中央委员、中央评议委员。黄金如生前情系桑梓，担任世界永春社团联谊会第三届代表大会会长、台北市永春同乡会第九届和第十届理事长等。他关心和支持家乡各项事业，1988年以来，多次返乡，捐赠永春县公益项目资金近500万元，获泉州市、永春县各级政府授予的“捐资特别奖”“热爱桑梓培植人才”“乐育英才”等奖匾。黄金如于2019年12月18日逝世，享年97岁。

施至成（1925—2019）　民国14年（1925年）出生于晋江龙湖

洪溪村。12岁时随父母到菲律宾，生活穷苦，以开设杂货铺维生。颇具商业头脑的他，于1948年创立自己的鞋铺。1970年，扩张到超市经营。此后，拥有自己的百货公司。施至成从鞋铺开始，步步为营，将SM集团发展成为全球最大的大型购物中心开发与运营企业之一，同时还涉足银行、房地产、制造业等多个领域。2009年，“福布斯”全球500富豪排行榜中，施至成名列第234名。从二十个世纪70年代开始，他开始捐资家乡建设。他独资捐建家乡火力发电全部设备，供全村用电照明，结束家乡人用煤油灯照明的历史；独立架设水泥电杆、电路、变压全套水电设备；第三次捐资扩大水力发电增容50千伏变压器，为全村工农业发展提供充足电力。1991年，他捐资200万元兴建苏坑至石厦普济桥水泥路，随后又捐资100多万元建设“德成道路”水泥路、凉亭、钞溪大桥等；1993年，为晋江机场建设捐资300万元。施至成对家乡教育事业的发展也非常关注，从二十个世纪80年代初开始，他为家乡建设捐资就达1000多万元。2018年，施至成在福布斯排行榜蝉联菲律宾富豪榜首位，他的身价为183亿美元。施至成于2019年1月19日逝世，享年94岁。

吴光烈（1925—2019） 民国14年（1925年）出生于南安码头诗南村六代祖传中医世家。中共党员，国家级老中医药专家、主任中医师、享受国务院特殊津贴。首批全国老中医药专家学术经验继承指导老师，泉州市中医药学会第五、六届理事会荣誉会长、第七届理事会高级顾问，南安市中医院名誉院长，南安市中医药学会名誉理事长。民国35年（1946年），经国民政府考选委员会考核合格，获得中医师证书。1951年省卫生厅核发医师执业登记证。1975年定为省名老中医。1990年国家人事部、卫生部、中医药管理局确定为全国首批500名国家级名老中医药专家学术经验继承指导老师。位列当代世界医学杰出人物，中国百名民族医药之星。公开发表论文百余篇，屡获奖励。获省、市、县科技进步一、二、三等奖。自1975年至今培养中级职称以上有数十人，还为中医进修学校历届学员、福建中医学院历届实习生、乡镇卫生人员、临床进修生讲课及指导临床实习。1980年以来，40余次受国家、省、市、县等级表彰。1992年受国务院授予有突出贡献专家，享受政府甲级特殊津贴终身待遇；1994年获国家人事部、卫生部、中医药管理局授予为培养中医药人员做出贡献的荣誉证书。2006年12月获中医药传承特别贡献奖。吴光烈于2019年1月26日逝世，享年95岁。

洪卜仁（1928—2019） 民国17年（1928年）出生，祖籍泉州台商投资区张坂镇玉前村。1949年，在《厦门日报》晚刊做记者、编辑。1950年开始经营文具店。1954年担任五联文具公司副经理。1955年，开始在四中、二中、厦门女子中学代课做历史老师，后在厦门六中成为正式教师。1983年2月，开始担任厦门市地方志办公室副主任直至退休。洪卜仁被称为厦门“活字典”，在厦门地方文献的搜集整理、开发利用，以及地方史的研究方法等方面积累了丰富的经验，并取得丰硕的成果。1954年至今，在《近代史资料》、《光明日报》史学版、《学术月刊》、《福建论坛》、《厦门大学学报》社科版、《人民政协报》、《文汇报》、《联合早报》（新加坡）、《世界日报》（菲律宾）、《新报半月刊》（印度尼西亚）、《南洋商报》（马来西亚）和福建省、厦门市、泉州市报刊上发表有关闽、侨、台文章近300篇；担任主编、副主编、主纂、编撰的各类志书、资料汇编、专著达100多部；主编《福建乡土历史教材》（上下册）、《厦门旧影》、《陈嘉庚与福建抗战》、《泉州华侨志》、《厦门文史丛书》、《闽商发展史·厦门卷》和《厦门市地名志》（上下册）等；主审《厦门市志》5册600多万字，《鼓浪春秋》一套8本160多万字。洪卜仁于2019年5月20日逝世，享年91岁。

张伟杰（1993—2019） 1993年4月出生于永春，2011年12月入伍，中共党员，大专学历，三级消防士消防救援衔，生前系福州市消防救援支队特勤大队四中队消防员。自入伍以来，他始终战斗在灭火救援第一线，参与1200余次灭火救援行动，疏散和抢救群众300余人，并参与完成“数字中国”峰会、“海交会”、中华人民共和国成立70周年等80余项重大活动消防安保任务，7次受到嘉奖，被评为“优秀士兵”。2019年11月25日，福州市仓山区盖山镇叶厦村25号民房发生火灾，张伟杰参加消防救援行动，在搜救1名被困群众时，起火建筑突然坍塌，造成被困群众和张伟杰被压，救出后经抢救无效，于当日牺牲。张伟杰受伤牺牲后，应急管理部批准张伟杰为烈士，应急管理部消防救援局追记张伟杰个人一等功。人民日报、新华网、中国青年报等媒体都转载报道张伟杰救人牺牲的事迹。

附　录

市委常委会工作报告

——在中共泉州市委十二届十次全体会议上

中共泉州市委书记　康　涛

（2019年12月11日）

坚持把学习贯彻习近平新时代中国特色社会主义思想作为首要政治任务

市委常委会把学习贯彻习近平总书记重要讲话重要指示批示精神、党的十九大精神和党中央决策部署，作为践行“两个维护”最根本的重大政治责任、第一责任，不折不扣推动落深落细落实。

*全面贯彻落实习近平总书记在参加十三届全国人大二次会议福建代表团审议时重要讲话精神。*组织全市认真学习领会，广泛宣传发动，开展工作调研，边学习边落实14个重点专项。贯彻落实省委十届八次全会精神，召开市委十二届九次全会，按照省委“六个新突破”要求，制定《意见》及7份配套文件，细化108项具体措施，成立4个专项工作组，逐条逐项抓好落实。在重要讲话发表半年时，召开常委会会议、专题会，对学习贯彻落实情况进行再研究、再推动、再落实，盯住关键环节，确保抓实落细、抓出成效。

*按照省委“三四八”工作机制抓好贯彻落实。*对习近平总书记的每次重要讲话重要指示批示，市委都及时召开常委会会议、专题会、理论中心组学习会等认真学习领会，建立工作台账，明确落实举措，持续跟踪推进，推动落地见效。组织开展“回头看”，逐项对照检查督促，按照发展战略、高质量发展和对外开放、脱贫攻坚和乡村振兴、对台工作、文化和自然遗产等9类，进一步梳理细化习近平总书记对福建、对泉州重要指示批示37项55件，固成果、补短板、强弱项。实行项目清单化管理，并作为巡察、主体责任检查的重要内容，健全整改、督办、问责、问效等机制，推动贯彻落实常态化长效化。

*认真学习贯彻党的十九届四中全会精神。*及时召开市委常委会（扩大）会议进行传达学习，市委常委同志带头开展调研宣讲，市委宣讲团、宣讲小分队全方位、多层次宣传解读全会精神，带动掀起学习宣传贯彻热潮。认真筹备市委十二届十次全会，研究制定我市实施意见，确保党的十九届四中全会各项决策部署落实到各方面、各领域。

精心组织开展好重大活动

市委常委会按照中央、省委部署要求，精心策划组织重大活动，教育引导全市干部群众始终坚持党的领导，坚定不移走中国特色社会主义道路。

*举办我市庆祝新中国成立70周年活动。*周密部署庆祝工作，组织各级收听收看庆祝中华人民共和国成立70周年大会，全市开展展览、

展示、展演、展播等文艺活动3000多场次，市县媒体开设“壮丽70年、奋斗新时代”专栏专题、主题采访，浓墨重彩宣传经济社会发展历史成就，激发全市人民爱党爱国热情、干事创业激情。人民日报、新华社等中央媒体把泉州作为六个展示代表性城市之一，推出“转型升级·一线城市调研行”专题报道。成功举办福建省庆祝新中国成立70周年系列主题新闻发布会泉州专场，人民日报、新华社、中央广播电视总台等52家主流媒体参加，境内外各级各类媒体共刊发报道300余篇（条），新媒体总阅读数突破千万。

扎实开展“不忘初心、牢记使命”主题教育。深入学习贯彻习近平总书记关于“不忘初心、牢记使命”主题教育的重要讲话重要指示批示精神，认真落实中央《意见》要求和省委部署，聚焦深入学习贯彻习近平新时代中国特色社会主义思想这个根本任务，从严从实开展好主题教育。成立市委主题教育领导小组，召开工作会议、下发实施方案、制定“路线图”和任务清单，派出市委巡回指导组，分级分类加强指导，全市1.5万个基层党组织、32万名党员、1465名县处级以上党员领导干部参加主题教育。市委常委班子带头开展8次专题集中学习研讨，班子成员带头讲专题党课，组织党员干部重温入党誓词、开展革命传统教育等，锤炼对党绝对忠诚的政治品格。策划“1+N”调研课题体系，市委常委班子以“自觉对标对表，引领高质量发展”为主题，四套班子成员立足分管领域，确定25个子课题，组织开展调研80多次，梳理具体建议280多条。梳理中央列出的8方面突出问题5527个，按照省委“解难题、化积案”专项部署，建立“强基础、补短板、建机制、解难题”任务清单，成立工作专班，真刀真枪整改落实，着力解决群众最急最忧最盼的问题，以实际成效取信于民。

推动高质量发展落实赶超

市委常委会坚持稳中求进工作总基调，集中力量办好自己的事，全力做好“六稳”工作。前三季度GDP增长8%。1—10月，规模以上工业增加值增长8.5%，出口增长20.1%，实际利用外资增长6.6%，社会消费品零售总额增长10.5%。

机制化应对外经贸形势。市县两级成立协调小组，建立信息互通共享、风险监测、法律援助、政策落实跟踪四项机制，全覆盖调研输美企业，抓好品牌建设、外贸转型升级、市场开拓、展会补助等扶持，召开大型政策宣讲会17场，开展涉外法律知识培训和服务6场次，指导近1300家（次）企业申请加税排除、出口额25.7亿元。实施外贸经营主体培育“双十、双百、双千”工程，市场采购贸易方式试点出口142亿元，获批全国首个预包装食品出口试点，外贸出口实现逆势增长。实施支持民营企业健康发展行动方案和系列配套措施，设立惠企服务热线，开展“政策面对面”宣讲活动，落实减税降费125.5亿元。建立全市重点龙头企业库，市、县领导挂钩常态化跟踪、精准服务，首批梳理163家重点龙头企业。

加快推进强链建链补链。获批海峡两岸集成电路产业合作试验区，进一步理顺泉州芯谷建设体制机制，盯紧技术迭代期培育产业链条，矽品逻辑封测、三安氮化镓项目投产，光子、激光、特种气体等半导体产业全市布局。传统产业改造提升工作成为全国典型，加快构建产业生态圈，促进龙头、代工、专精特新、配套紧密协作，一企一策鼓励增资扩营、未分配利润再投资，实施龙头企业“扩能生根”项目64个，推广数字化、智能化生产线120条，分行业“手拉手”组织推介20场、对接产能300亿元。加快补齐石化新材料、精细化工等环节，中化炼化一体化二期今年底中交，福建化工创新实验室落地建设。大力培育轻工装备、机床机器人、电气电子设备等行业，引进落地三一筑工机器人、中信重工等项目。深化“第三产业提升年”活动，加快推进百大项目建设，举办购物节、汽车文化节等展销活动35场，完成首批“六大旅游产品”认定，全市旅游总人数和总收入分别增长17%、20%。

大抓创新能力建设。加强生产赋能、产品赋能、平台赋能，实施国家自主创新示范区首创举措45项，开展研发活动企业近1000家，全市研发经费支出增长16.4%。建立高新企业梯度培育奖补机制。新增高新技术企业200家、科技小巨人领军企业123家。制定实施数字泉州建设三年行动，成立5G产业发展联盟，启动网络规划和基站建设，入选全国首批5G商用城市。获批国家知识产权运营服务体系建设重点城市。中科院泉州装备所获批国家级重大创新平台，引进落地中科院智能制造学院、天大集成电路研究院、福大微电子研究院等大院大所项目，创新产学研合作机制，探索合作项目企业点题、科研绩效不封顶、职称评聘看成果转化等措施。

深化项目攻坚做实投资支撑。强力推进“项目攻坚2019”，开展“外资攻坚年”，“五个一批”正向激励考评连续6个季度进入全省前3。分阶段分主题实施春季攻坚行动、清明坟墓征迁、审批服务攻坚、集中开竣工、七个专项攻坚等，出台完善“五个一批”项目推进机制、台账管理服务和政府投资项目管理等，房屋征迁、征地（海）、坟墓征迁均超额完成计划，白濑水利枢纽初设获水利部批复、主体工程争取年底开工。突出“一把手”招商，完善“三个三”工作机制，推行“龙头企业开单、政企联手招商”，建立203个重要客商信息库，新签约国乔石化、建新轮胎等产业项目293个、总投资2239亿元。

激发金融发展活力和动力。获批全国深化民营和小微企业金融服务综合改革试点城市，实施制造业贷款增速增量提效工程，建立金融支持民营企业“白名单”，推动银行机构建立尽职免责“负面清单”。健全信贷监测协调，落实银行抽压贷提前报告制度，设立上市公司纾困基金，一企一策加大不良贷款处置，推进互联网金融风险专项整治，实现不良贷款率“四连降”，11月末1.84%。

系统整体提升城乡人居环境

市委常委会认真实施国家生态修复城市修补试点，全面融入闽西南协同发展区，加快产城人融合发展，开展城市建设提速年，城乡宜居环境加快提升。

坚决扛好文化遗产保护责任。深入学习贯彻习近平总书记关于文化和自然遗产保护工作的重要论述及《<福州古厝>序》精神，召开市委常委会会议、专题会研究贯彻，建立“1+3+N”体系，明确20项实体清单、7项法规机制任务和6项重点研究专项，市县乡村四级上下联动一起抓，夯实全市各级党委（党组）政治责任、主体责任。把古泉州（刺桐）史迹申遗作为全市“一号工程”，按节点抓细抓实，较好完成国际古迹遗址理事会专家现场考察，扎实做好申报文本编制、新增遗产点考古等工作。新增13个国家文物保护单位，累计达44个，启动26项文物保护工程，建成市文物数据库，完成国保单位监测和智慧用电系统建设，南音成为文旅部“优秀保护实践案例”。

加快环湾向湾布局发展。完善环湾、两翼新城、县域大城关等统筹机制，专题研究城市规划、片区改造、景观提升、业态培育等，兴泉铁路、福厦客专、厦漳泉城市联盟路加快推进，火车站综合交通枢纽顺利投用，城东至北峰快速通道年底部分通车，东海、金屿、百崎、武荣等跨江通道前期有序推进。紧抓古城活态保护，持续推进“七个一”示范工程，基本完成中山路示范段改造提升、小山丛竹公园建设，有机融入老习俗、老字号、古早味、研学旅游、非遗展示等业态，“润物无声”系列主题展览、古城徒步穿越活动成为品牌。推进新城集聚发展，加快新城九大片区建设，西华洋片区征迁全面启动，泉州大剧院投入使用。紧抓都市型产业集聚，规划25个产业载体，高标准抓好泉州科学城前期策划，引进落地中科院授时中心及下游产业链项目。着力打造山水田园城市，实施晋江九十九溪、百崎湖等23个整治项目，建设30个以农田、苗圃为主的“农民帮助维护的公园”，石狮生态公园建成开放、峡谷旅游线全线贯通。

深入推进乡村振兴。步步升级展开农村人居环境整治，1.0版本解决“脏乱差”问题，2.0版本提升整村宜居水平，3.0版本推动乡村振兴，充分发动群众“家园共造”，实现人居环境考评全覆盖。推进省级乡村振兴4个重点县、13个特色乡镇、145个试点村建设，打造14条乡村振兴示范线路。统筹抓好“一革命四行动”、“千村整治、百村示范”、乡村业态培育、古村落保护等工作，推动农村公路、水利、能源等基础设施提档升级。丰富拓展科技特派员制度，实现乡镇（街道）全覆盖，在全省率先把服务延伸到二三产业。加快发展现代特色农业，深入实施“五百示范项目”“百社百村带千户”创建。

持续推进全面深化改革扩大开放

市委常委会认真学习贯彻习近平总书记在庆祝改革开放40周年大会上的重要讲话精神，深入贯彻中央、省委关于深化改革扩大开放的重要部署，主动融入“一带一路”建设和全省海丝“核心区”，推进改革系统集成、协同高效。

深化重点领域和关键环节改革。召开9次市委深改委会议，审议改革议题25项，部署推进75项重点改革事项，推广40个改革典型案例，抓好改革的统筹谋划、对接协调、跟踪推进和督促落实。全面完成市县机构改革任务，有序推进综合行政执法改革。深化“放管服”改革，开展“营商环境提升年”活动，推行“一号一窗一网”，“最多跑一趟”和“一趟不用跑”审批事项比例达92%，市场主体突破100万户，规范自由裁量权改革成果提升为全省行政服务的“地方标准”。深化国企改革，推进五大集团内部二次整合重组，有效提升重大项目承接能力和建设运营水平。深入实施人才“港湾计划”，出台改进人才服务8条措施，全面放开人才落户，激活用人主体、中介机构、协会等市场化引才主体，全市新增市级高层次人才6664人，企业自主评价高层次人才377人。

着力拓展对外开放水平。扎实推进世界中学生运动会筹备工作，召开组委会第一次全会，圆满举办国际大体联足球世界杯、环泉州湾国际公路自行车赛等。持续深化泉州品牌“境外行”“海丝行”展销活动，组织企业参加境外专业知名展会200多场，中意“两国双园”开展多场投资促进推介、项目签约，泉州晋江机场列入全国首批18个实施“一带一路”沿线国家地区人员出入境便利安排口岸之一，晋江陆地港获联合国批准国际代码，成为国际运输“始发港”“目的港”。1—10月，与海丝沿线国家和地区贸易增长27.5%，机场旅客吞吐量700万人次，港口货物吞吐量1.1亿吨、集装箱209万标箱。

打造台胞台企登陆“第一家园”。深入学习贯彻习近平总书记在《告台湾同胞书》发表40周年纪念会上的重要讲话精神，落实中央、省、市各项惠台政策。深化经贸产业合作，拓展文创、物流等领域对接，新批台资企业818家。坚决筑牢金门供水安全保障体系，实现日均供水1万吨，第二引水通道

晋江段全线通水。创新便利政策举措，实施台胞台企住房、医保、就业、教育等同等待遇政策，新增到泉创业就业实习台湾青年近千人。打好“民间信仰、宗亲宗族、青年往来”三个交流品牌，1—11月，泉台海上客运航线运送旅客12.5万人次，空中直航运送旅客9.4万人次。

积极发展社会主义民主政治

市委常委会认真学习贯彻习近平总书记关于坚持和完善人民代表大会制度、加强和改进人民政协工作的重要思想，坚持党的领导、人民当家作主、依法治国有机统一，积极推进社会主义民主政治制度化、规范化、程序化。

提升新时代人大工作水平。支持人大及其常委会依法履行立法、监督、决定等职责。发挥立法引领推动作用，《泉州市晋江洛阳江流域水环境保护条例》获省人大常委会批准，在全省率先建立地方性法规“三入”工作机制。围绕行政审批服务提质提速、扶持民营企业政策措施落实等，开展专题调研、专题询问、专项工作评议，人大制度优势有效转化为社会治理效能。注重发挥代表主体作用，提升“代表联系活动室”建设水平。

共同推动协商民主深入发展。召开市委政协工作会议，部署加强和改进新时代政协工作，出台关于加强新时代人民政协党的建设工作的实施意见，发挥人民政协专门协商机构作用。支持政协开展建言资政，围绕民营经济、学前教育、智慧城市建设等开展协商、调研，提出意见建议100多条，一批成果被全国政协采用。发挥政协联系广泛优势，加强思想政治引领，画好团结奋进最大同心圆。严格履职考评，加强委员业务培训，提高履职能力。

巩固和发展爱国统一战线。支持指导各民主党派和无党派人士开展“不忘合作初心，继续携手前进”主题教育、非公经济人士开展“守法诚信经营，坚定发展信心”主题教育，运用各种场合，深化对党外人士宣讲新思想。完善党外知识分子和新社会阶层人士联谊组织，举办党外人士参政议政调研课题选题指导会。健全完善宗教工作长效机制，坚决落实宗教工作督查整改，加强宗教活动场所建设依法规范化管理，推进安全生态和谐寺观创建。贯彻落实全国民族团结进步表彰大会精神，促进各民族和谐共处、共同发展。深化港澳台和海外联络联谊，南洋华裔寻根谒祖服务平台建设有序推进。以聚集统战系统力量、主动服务民生改善为主题的“同心助学”“同心安居工程”“同心泉州健康行”等活动取得良好成效。支持工会、妇联、共青团、科协、侨联、文联、残联及各人民团体按照各自章程开展工作。

推进全面依法治市。构建党委领导下全面依法治市新格局，成立市委全面依法治市委员会，统筹协调立法、执法、司法、守法工作，深入实施“七五”普法规划。开展“法治政府建设年”活动，健全完善依法行政制度体系，推动法律服务“五在场”、法务保障“六个有”，推行行政执法“三项制度”。深化司法责任制综合配套改革和诉讼制度改革，创新司法便民利民机制。

加强和改进宣传思想文化工作

市委常委会聚焦聚力“一个高举、两个巩固、三个建设”的根本任务，旗帜鲜明坚持党管宣传、党管意识形态、党管媒体，促进全市广大干部群众在思想上精神上紧紧团结在一起。

强化思想理论武装。全方位开展新思想学习宣传，组织市委中心组学习研讨34场，建立领导干部宣讲常态化机制，组建“10+1+N”宣讲小分队、新乡村讲师团，全市开展宣讲1.3万多场次，直接受众近55万人次。组织开展主题教育巡回宣讲25场，深入各地基层一线宣传宣讲。丰富学习教育载体，推广“学习强国”学习平台，用好泉州市党内政治生活体验馆，10.6万多名党员参观体验。

全面落实意识形态责任制。市委多次专题研究意识形态工作，健全意识形态工作协调、风险分析防范化解、专项巡察检查机制。落实网络安全工作责任制，开展常态化网络舆情巡查监测，推进市网络应急指挥中心建设，加强关键信息基础设施安全保护，打造清朗网络空间。落实敏感舆情处置“1+N”机制，建立敏感舆情处置工作领导小组和工作专班，及时稳妥处置敏感舆情。加强新媒体、论坛、讲坛类阵地管理，抓好公共领域宣传载体检查整改。

着力提升海丝文化影响力。精心承办第四届海上丝绸之路国际艺术节，在北京召开新闻发布会，举办艺术展演展示、艺术发展论坛、网络艺术节等活动，吸引57个国家和地区、130多个文化团体、1500多位国内外来宾参与。组织参加世界闽南文化节、第四届中法论坛等，南音乐团、提线木偶剧团参加外交部福建省全球推介活动演出。推进国家公共文化服务体系示范区创建，市非遗馆、歌舞剧院建成投用，深入开展“欢乐泉州”“万千百十”文化惠民服务，开展文艺精品公益演出。闽南文化生态保护实验区建设通过国家评审验收，推动21个整体性保护重点区域建设。

落细落小落实社会主义核心价值观。推进全国文明城市创建机制化，常态化开展测评巡查，抓好新时代文明实践中心、所、站建设。开展先进典型选树宣传活动，入选全国道德模范提名奖、省道德模范各2人，评选表彰市级道德模范25人，深化“身边故事、共同铭记”“家+文化”活动。抓好关心下一代工作，开展未成年人思想道德教育实践活动，加强青少年党史国情教育。深化移风易俗专项治理，持续推进“一县一方案”，总结推广典型案例，健全常态长效机制，群众支持率、满意率均超过96%。

切实保障和改善民生

市委常委会始终坚持以人民为中心的发展思想，既尽力而为，又量力而行，持续推进民生“四心”工程，滚动实施“XIN”行动，完成33项为民办实事项目。

推进高质量稳定脱贫。建立防返贫、控新贫、稳脱贫长效机制，跟踪精准帮扶贫困户“两不愁三保障”、脱贫不稳定重点对象，建档立卡贫困人口未出现返贫现象。加大老区苏区扶贫倾斜力度，扶持老区村完善基础设施建设、发展特色产业示范村。实施扶贫医疗叠加保险政策，建档立卡贫困人口医疗费用实际医保报销比例91%。深入实施村集体经济“消薄倍增”行动，经营性收入“薄弱村”全面消除。深化对口扶贫协作，加大资金、项目、产业、人才等帮扶力度，闽宁协作和对口支援新疆、西藏及省内山海协作工作取得新成果。

加快补齐社会事业短板。召开全市教育大会，出台泉州教育现代化2035、泉州市加快教育现代化实施方案（2019—2022年）。新增公办幼儿园学位1.3万个，普惠性幼儿园覆盖率80%；新增中小学学位1.2万个，省对市教育督导综合评估位居全省第2；黎明职业大学入选国家“双高计划”建设单位，泉州职业技术大学成为全国首批本科层次职业教育试点学校。紧抓“健康泉州”建设，新增医疗机构床位3580张，市老年医院投入使用；获批国家城市医疗联合体试点市，荣获全国基层中医药先进市，公立医院综合改革评价考核全省第2；深入开展“暖心服务”行动，二级以上公立医院总体满意度连续三年位居全省首位。获评全国居家和社区养老服务改革试点，实现所有街道、重点乡镇居家社区养老服务照料中心全覆盖，新增养老床位4442张。聚焦民生小切口，制定实施城市管理精细化标准，试点推行垃圾分类，开展交通“堵点”改造、背街小巷整治、水环境综合治理等专项，新增中心市区停车位1.03万个，启动老旧小区改造200个，完成防洪排涝项目31个。

完善社会保障体系。把稳就业摆在重要位置，抓好去产能职工、农民工、高校毕业生、退役军人等重点群体就业创业，新增城镇就业13万人，城镇登记失业率1.05%。城乡居民基本养老保险参保率99.7%、居全省首位，职工医保、城乡居民医保实际报销比例分别达76.3%、55.8%，医保待遇水平位居全省前列。强化社会救助兜底保障，城乡低保标准稳步提高，并实现城乡一体化。坚持房子居住属性定位，落实房地产发展八年规划，保持住房价格合理稳定。扎实推进棚户区改造，基本建成率157%。

着力推进社会治理现代化

市委常委会坚持系统治理、依法治理、综合治理、源头治理，打造共建共治共享的社会治理格局。

深入实施“强基促稳”行动。坚持和发扬新时代“枫桥经验”，从提升基层组织力、治理能力、矛盾化解能力着手，实施11个专项行动，注重解决一批“表现在基层、根子在机制”的共性问题。抓住“最后一公里”“盆景变风景”两个关键，整合市县党政职能部门，下沉到镇村一线指导，建立民生热难点问题摸排化解长效机制，推广一批基层善治典型案例，用问题交办单代替层层转发文件，更大范围地解决群众反映强烈、历史积累的“老大难”问题。今年来，全市信访总量下降15.6%，信访积案办结化解率83.3%，到省上访、进京非访人次比上年下降50.5%、39.1%，各级抓基层促稳定的意识显著增强。

提升社会治理水平。开展“社会治理专业化提升年”活动，深化“网格化+职能应用”工作模式，设立泉州市矛盾纠纷多元化解中心，深化“雪亮工程”“城安系统”建设，推进“E通政法”信息共享平台、公安智慧警务、24小时自助检察服务、法院统一送达等建设。健全基层共治机制，出台落实村级民主议事协商制度指导意见，建立阳光议事厅、社区听证会、乡贤议事会、民事协商会等制度。出台提升社区治理水平工作方案，打造一批社区建设示范样板。加强党管武装工作，深化军地双拥共建，创新“双拥+扶贫”“双拥+和谐家园”模式，建立退役军人服务管理体系，营造崇尚军人荣誉的社会氛围。

维护安全稳定发展环境。打好忠诚保大庆关键之战，严紧细实抓好保安全、护稳定、促和谐各项工作，着力为庆祝新中国成立70周年营造安全稳定环境。成立市委国家安全委员会，建立重点领域国家安全工作协调机制和专项工作机制，制定落实党委（党组）国家安全责任制实施细则。纵深推进扫黑除恶专项斗争，深入开展专项打击和重点治乱行动，1—11月全市共打掉黑社会性质组织8个、恶势力犯罪集团27个、恶势力犯罪团伙19个，专项斗争考评位居全省前列。全面落实“党政同责”，加大对环境污染、安全生产、消防安全、道路交通、校园安全等领域的监管，强化安全风险防控和隐患排查整治，防范暴雨、台风灾害有力有效，非洲猪瘟疫情得到有效控制。深化食品药品网格化监管，持续深化“餐桌污染”治理，食品安全状况总体良好。

持续推进生态文明建设

市委常委会深入贯彻习近平生态文明思想，牢固树立绿水青山就是金山银山的理念，严格落实生态环境保护工作职责规定，加大力度解决生态环境问题，生态环境质量保持优良、不断向好。

坚决抓好生态环境保护督察整改。全力配合做好中央第二轮生态环境保护督察，建立党政领导挂钩督办机制，坚持边督边改、即知即改，中央督察组移交信访件860件，

已办结641件。持续抓紧30项中央第一轮环保督察整改事项，已完成整改18项，125项省级环保督察整改事项已完成101项，其他均按序时推进。开展环境风险隐患排查、百姓身边突出生态环境问题整治行动，严厉打击环境违法行为。

持续深化生态文明试验区建设。完成林权收储等33项改革任务。稳步推进自然资源产权制度改革，抓好自然资源统一确权登记工作，加快构建统一国土空间用途管制体系。推进排污权交易、环境污染责任保险、排污许可证、环境信用评价等制度改革，1—11月完成排污权交易828笔。建立突发环境事件应急管理工作机制，全力保障生态环境安全。

打好污染防治攻坚战。实施区域联防联控和轻微污染天气应对机制，1—11月市区环境空气质量优良天数比例96.7%。全面推进河湖长制，实施入海排污口分类整治和规范管理，近岸海域一二类水质比例达到省定目标，县级以上13个饮用水水源地三类水质达标率保持100%。逐步建立土壤环境质量基础数据库，开展“清废行动”，实行危险废物信息化全过程监管。完成植树造林8.5万亩、水土流失治理36.2万亩、矿山生态修复54.5万平方米。

坚定不移推进全面从严治党

市委常委会全面贯彻新时代党的建设总要求，深化落实省委“五抓五看”“八个坚定不移”具体部署，不断提高党的建设质量，推进全面从严治党向纵深发展。

始终把党的政治建设摆在首位。坚决贯彻落实党中央关于加强党的政治建设的意见，严格执行新形势下党内政治生活若干准则等党内法规，教育引导各级党组织和党员干部增强“四个意识”、坚定“四个自信”、做到“两个维护”，始终在政治立场、政治方向、政治原则、政治道路上同以习近平同志为核心的党中央保持高度一致。制定全面加强新时代党的建设的若干措施，以党的政治建设为统领推进党的各方面建设。召开市委机关党的建设工作会议，全面部署新时代机关党的建设工作。严明政治纪律和政治规矩，教育党员干部做到“五个必须”、杜绝“七个有之”，今年来共处分存在违反政治纪律行为的党员22人。抓牢省委主体责任检查反馈问题整改，4方面16个整改项目已全部整改，组织对各地各部门主体责任落实情况“全覆盖”检查。

提升基层党建工作水平。认真贯彻《中国共产党支部工作条例（试行）》，出台提高党支部建设质量六条措施，实施“海丝先锋”达标创星专项行动，大力整顿软弱涣散基层党组织。实施村（社区）“领头雁”引领示范专项行动，轮训村主干和村干部4.1万人次。实施城市党建23个重点项目，统筹推进国企、高校、民营企业、社会组织、新兴业态和互联网企业党的建设。推动“党建入章”扩面提质，全市“三有”非公企业实现“入章”6100多家，新注册企业基本同步实现“入章”。

着力建设高素质干部队伍。严格落实党委（党组）干部培养主体责任，把政治素质考察摆在干部工作重中之重，健全领导干部政治素质识别和评价机制。旗帜鲜明激励干部担当作为，全面推行市管干部量化考评，建立“一线考、两个优先、三类严管”激励约束干部制度。出台《建立容错纠错机制鼓励改革创新激励干部干事创业的实施意见》，建立为被诬告陷害的党员干部澄清正名机制。大力发现培养选拔优秀年轻干部，建立“两坚持、两突出、两注重”工作常态化机制，开展中青年干部双向交流挂职。实施新修订的公务员法，推行公务员职务与职级并行制度。加强干部教育管理监督，建立市管干部日常管理监督信息库，召开全市警示教育大会，让党员干部知敬畏、存戒惧、守底线。

持之以恒正风肃纪。坚决整治形式主义官僚主义，1—11月查处相关问题119起201人、通报30起典型案例。落实“基层减负年”要求，出台28条整治措施，市县两级文件会议精简均超50%、督查检查考核减少近80%，实实在在为基层减负。锲而不舍落实中央八项规定及其实施细则精神，优化“1+X”督查机制，严肃查处违规吃喝等顶风违纪行为和隐形变异问题，整治领导干部利用名贵特产类特殊资源谋取私利问题，1—11月查处违反中央八项规定精神问题138起169人、通报曝光50批96起典型案例。贯通运用“四种形态”处理5740人次，第一、二种形态占比90.94%，对苗头性倾向性问题及时谈话函询，巩固拓展“管住大多数”的态势。

保持惩治腐败高压态势。贯彻落实新修订的问责条例，推动失责必问、问责必严。坚持有贪肃贪、有腐反腐，实施靶向治疗、精准惩治。1—11月，全市共立案1390件，给予党纪政务处分1063人，移送司法机关处理45人，追回在逃人员21人。持续亮剑整治群众身边腐败和作风问题，全市涉黑涉恶腐败立案44件55人，查处扶贫领域违纪违法问题51起76人，查处教育、医疗、环保、食品、药品、民生资金等领域问题103起152人，查处党员干部大操大办问题14起15人。发挥巡察利剑作用，开展6批常规巡察，完成脱贫攻坚、扫黑除恶、整治形式主义官僚主义、市县人防系统等4批专项巡察，完成13家市属国有企业和21个小城镇常规巡察全覆盖，质效并举抓好巡察整改。

久久为功推进巡视整改。抓牢巡视整改主体责任，一体推进中央巡视、省委巡视反馈问题整改，定期研究巡视整改工作，加强整改督查督办，确保整改落地见效，相关经验做法在全省巡视巡察工作会议上介绍推广。推进整改常态长效，着力从根子上解决问题，梳理省委巡视我市及相关县（市、区）发现的64个共性问题，督促各级党委（党组）对照查摆、整改落实，完善村务监督、土地出让等91项制度，做到整改一个、解决一类问题。

人大常委会工作报告

——在泉州市第十六届人民代表大会第五次会议上

泉州市人大常委会主任 陈灿辉

（2020年1月5日）

过去一年的主要工作

2019年是新中国成立70周年，也是地方人大设立常委会40周年。刚刚过去的一年，习近平总书记对地方人大及其常委会作出“创造性做好立法、监督工作”“更好发挥代表作用”等重要指示，党的十九届四中全会对坚持和完善人民代表大会制度提出新的要求，为新时代人大各项工作发展进一步指明方向、提供遵循。市人大常委会在中共泉州市委的坚强领导下，主动把握机遇，以习近平新时代中国特色社会主义思想为指导，全面贯彻党的十九大和十九届二中、三中、四中全会精神，坚持党的领导、人民当家作主、依法治国有机统一，深入学习贯彻习近平总书记关于坚持和完善人民代表大会制度的重要思想，认真传达学习习近平总书记参加十三届全国人大二次会议福建代表团审议时的重要讲话精神，传承弘扬“晋江经验”，围绕“作答时代命题、聚力赶超攻坚”工作主线，认真履行法定职责，为推动高质量发展落实赶超、加快“五个泉州”建设作出积极贡献。

地方立法特色彰显。制定《泉州市晋江洛阳江流域水环境保护条例》，经省人大常委会批准，于今年1月1日正式施行。开展华侨历史遗存保护、沿海沙滩保护等7个立法项目调研。省人大常委会充分肯定泉州立法坚持“小切口、可操作、有特色”“有效推动泉州历史文化和生态环境保护工作”；在全国地方立法培训班上，常委会作为全国8个发言单位之一作了典型经验介绍。

监督工作不断加强。明确提出“没有实效的监督坚决撤下来”，在找准问题、一抓到底上狠下功夫。先后听取审议专项工作报告17项，对3部法律法规实施情况进行检查，开展专（综）题询问2次、专项工作评议1次、满意度测评10次，组织专题调研、集中视察18次，对报送备案的34件规范性文件依法进行审查。省人大常委会、市委对市人大常委会助推民营经济发展、行政审批服务提质提速、精准扶贫、华侨权益保护以及人大信访工作作出批示、予以肯定。

决定重大事项有新进展。在全省率先出台关于全面推动地方性法规进入执法、融入司法、列入普法工作的“三入”决定，省人大常委会将该决定批转各设区市人大常委会和平潭综合实验区人大工委学习借鉴，市委全面依法治市委员会对地方性法规“三入”情况开展全市专项督察。围绕泉州市与菲律宾怡朗市建立友好城市关系、预算调整等作出决议决定18项。

人事任免依法进行。坚决落实市委人事意图，根据机构改革后部门设置变化的需要，及时任免市政府组成部门主要负责人。依法任免国家机关工作人员93人次，接受辞职7人次，确保党管干部原则和人大依法任免有机统一。组织新任命的40名国家机关工作人员进行宪法宣誓。

代表活动更加活跃。指导建立代表联系群众活动室596个。组织全市五级人大代表依托活动室接待群众14600多人次，收集社情民意7370条，推动解决一批发生在群众“家门口”的堵心事。一年来，全市各级代表以强烈的责任感和使命感，替百姓说话，为群众办事，在畅通民意、汇聚民智、化解矛盾、促进发展中发挥了不可替代的重要作用。学习强国平台、中国网等知名媒体和全国人大办公厅《联络动态》对我市各级代表密切联系群众予以宣传点赞。18名代表履职故事被编入省人大常委会出版的《履迹》一书，入选人数全省设区市最多。

一年来，常委会重点做了五方面工作：

坚持正确政治方向

旗帜鲜明讲政治。把学习贯彻习近平新时代中国特色社会主义思想作为首要政治任务，认真落实省委“三四八”机制要求，在真学真用、笃信笃行中不断增强“四个意识”、坚定“四个自信”、做到“两个维护”。专题学习习近平总书记参加十三届全国人大二次会议福建代表团审议时的重要讲话精神，结合实际提出贯彻意见，经市委研究同意后认真组织实施。及时学习党的十九届四中全会精神，对发挥根本政治制度优势、提升社会治理效能进行专题研讨。坚持把传达学习习近平总书记重要讲话、重要指示批示作为常委会党组中心组学习的首要议题，切实用习近平新时代中国特色社会主义思想武装头脑、指导实践、推动工作。

始终坚持党的领导。及时传达贯彻市委十二届八次、九次、十次全会精神，确保市委重大决策部署在人大工作中得到贯彻落实。围

绕主动融入闽西南协同发展、“项目攻坚2019”、加快产城人融合发展、实施乡村振兴战略、落实强基促稳专项行动、推进“四心工程”、深化海丝先行区建设等重点，统筹谋划立法、监督、决定及代表工作。充分发挥常委会党组把方向、管大局、保落实的作用。严格执行重大事项请示报告制度，先后31次就人大工作中的重大事项及时向市委请示报告，确保人大各项工作始终在市委的领导下进行。

扎实开展主题教育。牢牢把握“守初心、担使命，找差距、抓落实”总要求，把学习教育、调查研究、检视问题、整改落实有机融合、贯穿始终。组织9次专题集中学习研讨，深入开展调研，积极推动调研成果转化，督促有关部门认真解决基层和群众反映的惠企政策落实不够到位、山区县部分乡村养老事业经费困难等问题。广泛征集意见建议，深入查摆存在问题，制定专项整治方案，立说立行、真改实改，进一步锤炼党员干部忠诚干净担当的政治品格。

全力推进高质量发展落实赶超

推动行政审批服务提质提速。按照市委部署，常委会把推动打造一流营商环境作为重中之重，贯穿全年持续用力。综合运用三级联动、明查暗访、舆论监督等方式，收集核实在企业开办、中介组织监管等9方面163个具体问题和案例，借鉴先进地区的经验做法，提出意见建议，要求政府有关部门正视营商环境存在的突出问题，切实增强危机感和紧迫感，大力推进权责关系重塑、管理模式再造、工作方式转型，真正以政府的减权限权激发市场活力和改革动力。市委高度重视，召开专题会议听取常委会汇报，确定推进“行政审批服务提质提速改革”10项任务，组织开展“营商环境提升年”活动。市政府认真研究处理常委会提出的审议意见，把发现的问题交由37个单位限期整改。常委会强化跟踪督办，采取随机抽查、定期听取汇报等形式，推动整改工作取得阶段性成效。目前市政府已制定出台建设项目工程建设许可阶段“多评合一”实施意见等12份文件；设立企业开办专区，积极创建全省首个企业开办“零费用”城市，取消证明事项102项，企业和群众反映强烈的“审批条件互为前置”“不动产交易登记难”“收取企业用电押金”等120多个堵点、难点、痛点得到有效破解。

督促扶持民营经济政策措施落实落细。历时两个多月，深入各县（市、区）和115家企业实地调研，发现梳理出 11方面75个问题。市委主要领导对常委会的调研报告作出批示。聚焦与民营经济发展息息相关的减税降费、金融支持、规范执法、清欠账款等方面问题，组织开展综题询问。在充分肯定成绩的基础上，要求各有关部门对标对表党中央、国务院和省、市扶持政策措施，对落实不到位的逐项提出整改意见。市政府迅速回应，召开专题会议研究处理。常委会紧盯不放，先后听取市财政局、科技局、工信局等单位整改情况汇报，强调在落实扶持政策措施方面坚决不能打折扣、讲条件、搞变通。市政府相应出台了一系列扶持民营经济发展的配套措施，分地域分行业开展“政策面对面”宣讲活动，在减轻企业税费负担、督促兑现县级配套资金、完善政策执行方式等方面取得新进展，64个问题得到较好解决，11个问题正在解决，民营企业获得感进一步增强。

助力打好三大攻坚战。强化风险防控，对地方性政府债务管理、打好重大风险攻坚战情况进行专题调研，要求加快构建政府债务运行“闭环”管理体系，严厉打击各类涉众型非法金融活动，确保全市政府债务和金融风险基本实现总体可控。聚焦精准脱贫，听取和审议市政府关于打好精准脱贫攻坚战和发展壮大村集体经济专项工作报告，督促严格落实“两不愁三保障”，着力解决因病因残因灾致贫返贫问题，进一步拓宽“薄弱村”集体经济增收渠道。力促污染防治，重点对石化工业园区生态环保工作进行专项评议。采取市县两级联动方式，督促有关责任部门和园区企业进行自查自纠，同时委托省环境科学研究院开展第三方评估。在此基础上，对园区环保68项指标落实情况进行评议，提出抓紧建设风险预警体系、强化环境执法监督等5方面22条意见，确定亟需解决的5个重点问题，并在两个月后听取市政府工作推进情况报告、开展评议测评，促使石化工业园区一些环保问题得到较为妥善解决。常委会还听取和审议市政府关于年度环境状况和环境保护目标完成情况的专项报告，跟踪检查全市垃圾分类处理利用情况，对加强全市流域水环境保护工作进行专题询问，推动全市生态环境质量实现持续向好。

促进发展提质增效。听取和审议市政府2019年1—7月国民经济和社会发展计划执行情况报告，与市政府召开联席会议，针对国内外风险挑战明显上升的复杂局面，就下大力气做好“六稳”工作、加快推进新旧动能转换、强化重点项目要素保障、组织开展“卡脖子”核心技术攻关、有为应对中美经贸摩擦等提出意见建议。首次听取和审议市政府关于国有资产管理情况专项报告，督促进一步加强规范管理，促进国有资产保值增值。加强预算执行审查监督，促使盘活政府资产资金，切实增强财政统筹保障能力。督促有关部门认真整改审计查出问题，对市交通运输局整改情况进行满意度测评。关注军民融合产业发展，就创新军民融合企业融资机制、加快优势企业“民参军”步伐提出建议。专题调研乡村休闲旅游产业发展情况，积极推动农村增美、农业增效、农民增收。对促进泉台经济文化交流合作若干措施落实情况进行督促检查，助力加快打造台商台胞登陆“第一家园”。

重视解决民生问题。听取和审议泉州市妇女、儿童发展纲要（2011—2020年）实施情况报告，督促进一步提升妇幼健康服务水平、加快儿童活动场所建设。积极回应社会对教育领域的关切，着力推动中小学开展课后延时服务。密切关注自闭症儿童融合教育，推动有关部门在全省率先出台相关扶持工作意见。跟踪检查医药卫生体制改革推进情况，督促强化“三医联动”，着力完善分级诊疗体系。开展居家养老服务体系建设专题调研，对新建居住小区按照国家标准配建养老服务设施提出明确要求。督促加强娱乐场所管理，推动未成年人权益保护。

维护社会安定稳定。听取和审议市政府开展扫黑除恶专项斗争工作情况报告，督促进一步深挖彻查黑恶势力“保护伞”，坚决铲除黑恶势力经济基础，严厉惩处黑恶犯罪分子。专题调研宗教工作三级网络和两级责任制落实情况，推动做好宗教事务网格化服务管理。加强和改进人大信访工作，共受理人民群众来信来访636件次，重点跟踪督办环境保护、食品安全、涉法涉诉等信访件，积极督促积案化解，维护群众合法权益。

积极推动法治泉州建设

推进科学立法。坚持党对立法工作的领导，切实发挥人大主导作用。加强与政府沟通联系，形成“同心同向、携手合力”良好工作机制。坚持开门立法，广泛听取人大代表、立法专家顾问、基层立法联系点的意见，确保地方立法更接地气、更具实效。制定晋江洛阳江流域水环境保护条例，牢牢守住水环境质量“只能更好、不能变坏”底线，正确处理水环境保护和经济发展、民生保障的关系，对推进“两江”上下游统筹、干支流共治、左右岸齐抓，实施饮用水源、黑臭水体、工业废水、城镇污水、农村排水“五水同治”作出严格规定，为实现“河畅、水清、岸绿、景美”提供有力的法治保障。

督促严格执法。按照全国人大常委会统一部署，组织开展水污染防治法执法检查，就增强水污染防治“一盘棋”意识、压实水污染防治各方责任、健全水生态补偿机制、加快城乡污水处理设施和管网建设等提出审议意见。对传染病防治法实施情况进行检查，督促提升县级疾控机构检验检测能力，加强专业疾控队伍建设。开展教师法执法检查，督促加快教师管理体制改革，完善教师待遇保障机制。对市区内沟河保护管理条例、中山路骑楼建筑保护条例实施情况进行专题调研。配合全国人大常委会和省人大常委会对中小企业促进法、闽台农业合作条例等7部法律法规的执行情况进行检查。

促进公正司法。听取和审议市中级法院审判监督工作情况专项报告，督促全面落实司法责任制，坚持有序放权和依法监督有机结合，外部监督和内部监督有效衔接，确保裁判依法、公正、高效。听取和审议市检察院刑事执行检察工作情况专项报告，要求检察机关加大对刑罚交付执行、羁押必要性审查、在押人员权利保障等方面的监督力度。常委会还跟踪检查人民调解、刑事诉讼制度改革及金融犯罪审判、公益诉讼等工作，开展满意度测评，促进提高司法公信力。

致力发挥代表主体作用

强化代表履职保障。分期组织263名市人大代表参加履职培训，邀请86名企业界人大代表参加《民营企业法律风险及对策研究》专题讲座。鼓励和支持有条件的村、社区、开发区、高校、行业等建立代表联系群众活动室。根据代表职业行业专业特点，有计划地安排73名代表列席常委会会议，邀请277名代表参加常委会开展的立法、监督活动。组织代表围绕支持实体经济发展、推进福厦泉国家自主创新示范区建设、实施人才“港湾计划”等开展集中视察和专题调研。加强代表履职管理监督，健全代表履职档案，进一步提升代表履职的积极性、规范性和实效性。

认真开展“双联”活动。组织常委会组成人员深入基层接待143名代表和189名群众，收集意见建议432条。强化跟踪督办，代表提出的“放宽编外教师报考编内教师专业限制”等149条建议，以及群众提出的“加大新型职业农民培训力度”等141条意见得到妥善办理并及时反馈。鼓励和支持代表定期、就近到活动室接待选民，常态化听取基层群众呼声。“双联”活动进一步畅通了民众诉求表达渠道，促进代表提出建议向闭会期间延伸。省人大常委会肯定泉州人大“双联”活动“做到真联系、取得真效果”。

加大建议督办力度。对市十六届人大四次会议代表提出的443件建议进行梳理，交由88个承办单位研究办理。常委会确定加快水电站生态下泄流量改造、进一步加强农村医疗队伍建设等11件建议作为重点督办件，以点带面提高代表建议办理质量。市政府高度重视代表建议办理，市发改委、卫健委等多个部门把建议办理工作列入本单位绩效管理考评内容。通过常委会领导领衔督办、副市长牵头承办、人大各工委室具体督办、“不满意件”退回重办等方式，促使承办单位有压力、人大代表有动力、办理工作有效力。至12月底，代表建议所提问题已经解决或基本解决的（A类）占47.4%，比去年提高13个百分点；正在解决或列入计划逐步解决的（B类）占44.7%，办理实效明显增强。

切实加强自身建设

突出抓好党建工作。按照省委“五抓五看”“八个坚定不移”要求，严格落实全面从严治党主体责任和意识形态工作责任，开展模范机关创建活动，推进党支部标准化规范化建设。落实“基层减负年”要求，坚决整治“文山会海”，力戒形式主义、官僚主义。抓牢省委巡视和市委主体责任检查反馈问题整改，扎实推进机关党风廉政建设，全力支持派驻市人大机关纪检监察组履行职责、开展工作。在党建工作的带动下，一年来常委会机关精神文明建设、绩效考评、平安建设、老干工作等均取得新进展、展现新气象。

不断提升工作效能。修订常委会组成人员守则、执法检查暂行规定等9项规章制度。举办各种学习、研讨、讲座61场（次）。树立重实干重实绩的鲜明导向，常委会党组分期分批听取机关处级、科级干部履职情况汇报，有意识地给干部出题目、压担子。在市委关心支持下，干部培养、任用和交流力度不断加大，公务员职务与职级并行有序推进，内设机构工作力量得到加强，人大机关干事创业、担当作为氛围进一步形成。落实机构改革部署，设立市人大社会建设委员会、监察和司法委员会，内务司法工作委员会更名为监察和司法工作委员会。加强对基层人大工作的支持和指导，市县乡人大“三级联动、一体共为”格局更加巩固、更富成效。

深化人大宣传研究。举办庆祝新中国成立70周年和地方人大设立常委会40周年系列活动。大力开展宪法宣传教育，精心组织第六个“国家宪法日”活动。继续办好人大网站、杂志和微信公众号，推出一批独具特色的人大宣传视频节目，进一步传播人大好声音、讲好人大新故事。完成市委重点课题《关于推进制造业与国防科技工业深度融合发展的研究》。选送一批作品参加“福建省第26届人大新闻奖”和全省“地方人大工作与时俱进”重点调研课题评选，12篇作品获奖。

新一年的主要任务

2020年是全面建成小康社会和“十三五”规划收官之年。常委会工作的总体要求是：高举中国特色社会主义伟大旗帜，以习近平新时代中国特色社会主义思想为指导，全面贯彻党的十九大和十九届二中、三中、四中全会精神，深入学习贯彻习近平总书记关于坚持和完善人民代表大会制度的重要思想，增强“四个意识”，坚定“四个自信”，做到“两个维护”，在中共泉州市委的坚强领导下，认真履行法定职责，不忘初心、牢记使命，担当作为、开拓进取，常学常新“晋江经验”，努力把人大制度优势更好地转化为治理效能，为推进市域治理现代化，奋力作答“三个时代命题”，全面推进“五个泉州”建设作出应有贡献。

一要深入学习贯彻四中全会精神。党的十九届四中全会明确提出坚持和完善人民代表大会制度这一根本政治制度，指明了当前和今后一个时期人大工作的重点方向和主要任务。常委会要把学习贯彻全会精神作为重大政治任务，并与学习贯彻省委十届九次全会、市委十二届十次全会的部署要求结合起来，坚持理论与实践相统一，从实际出发，着力固根基、扬优势、补短板、强弱项，推动人大制度和人大工作与时俱进、完善发展。要坚决贯彻党的全面领导制度，支持和保证人民通过人民代表大会行使国家权力，充分发挥人大在厉行法治中的重要作用，完善立法体制机制，进一步健全人大对“一府一委两院”监督制度，密切人大代表与人民群众的联系，不断丰富人民代表大会制度的实践特色、时代特色，努力让根本政治制度优势在泉州充分发挥、有力彰显。

二要切实做好地方立法工作。进一步完善党委领导、人大主导、政府依托、各方参与的立法工作格局，深入推进科学立法、民主立法、依法立法，确保以良法促进发展、保障善治。今年拟制定《泉州市市容和环境卫生管理条例》《泉州市机动车停车条例》，跟踪督促《泉州市历史文化名城保护条例》等6个立法预备项目的起草，做好九龙江流域协同立法工作。对已颁布的“海丝”史迹保护等法规配套制度、基础性工作落实情况进行检查，确保法规立一件、成一件、行一件。推动备案审查信息化建设，完善备案审查工作机制，维护国家法制统一。

三要更好履行人大监督职能。紧扣中心、服务大局，综合运用各种监督方式，推动市委重大决策部署落到实处。围绕“经济要稳”，听取和审议市政府关于高新产业建链、传统产业强链、重化产业补链工作情况，以及“十四五”规划编制、地方政府性债务风险防控、国有资产管理、计划与预算执行等工作情况专项报告，推动稳中求进、转型攻坚，坚定向万亿GDP城市迈进。围绕“城市要聚”，听取和审议市政府关于城市快速通道规划建设、重大交通设施互联互通、政务数据汇聚与共享应用平台建设、泉台两地人才交流等情况专项报告，密切关注环湾向湾布局发展和南北翼新城建设推进情况，对文化旅游融合发展情况进行专题调研，推动城市加快空间格局集聚、创新要素集聚、人口人才集聚。围绕“民生要实”，听取和审议公立医院“暖心服务”情况、全市环保目标年度完成情况和石化工业园区生态环境保护工作整改情况专项报告，组织对农村人居环境整治情况进行专题询问，开展食品安全法、渔业法、道路交通安全法执法检查；对养老服务体系建设、城乡居民基本医保基金使用管理、建立健全师德建设长效机制等工作进行专题调研。围绕“机制要活”，积极推动中央《关于营造更好发展环境支持民营企业改革发展的意见》和国务院

《优化营商环境条例》在我市的贯彻落实，继续督促行政审批服务提质提速和扶持民营经济政策措施落实落细，进一步激发创新创业创造活力。常委会还将听取和审议市中级法院执行工作、市检察院民事检察工作情况专项报告。

四要依法行使重大事项决定权和人事任免权。贯彻落实中央和省委关于健全人大讨论决定重大事项制度、各级政府重大决策出台前向本级人大报告的实施意见，按照修订后的《福建省各级人大常委会讨论决定重大事项的规定》，围绕事关全市改革发展稳定大局和人民群众切身利益、社会普遍关注的热点问题，适时作出决议、决定。坚持党管干部原则，严格依法做好人事任免工作，为地方国家机关正常有效运转提供组织保障。

五要支持和保障代表更好发挥作用。聚焦提升政治意识、履职能力，精准开展代表履职培训。持续推进代表联系群众活动室提档升级，精心组织开展“双联”活动。进一步扩大代表对常委会、专门委员会、工作委员会工作的参与。拿出真招实招，切实增强代表建议办理实效。完善代表监督管理和履职激励机制，全面宣传展示代表工作，鼓励、引导全市各级人大代表争当人民利益的忠实代表者、法治建设的有力推动者和根本政治制度的坚定捍卫者。

六要不断提升依法履职能力和水平。严格落实不忘初心、牢记使命制度，不断巩固和拓展主题教育成果。通过加强思想淬炼、政治历练、实践锻炼、专业训练，推动常委会组成人员和机关干部严格按照制度履行职责、行使权力、开展工作。全面落实“四下基层”“四个万家”等制度机制，走好党的群众路线。坚决破除形式主义、官僚主义，驰而不息正风肃纪。进一步密切上下级人大之间的联系，推动市县乡三级人大信息联通、经验联学、工作联动，努力增强人大工作整体合力，促使人大制度和人大工作在新时代中焕发出强大生机活力。

政府工作报告

——在泉州市第十六届人民代表大会第五次会议上

泉州市人民政府市长 王永礼

（2020年1月4日）

2019年政府工作回顾

2019年是新中国成立70周年，是泉州改革发展进程中具有重要意义的一年。在中共泉州市委领导下，市人民政府以习近平新时代中国特色社会主义思想为指导，全面贯彻习近平总书记参加十三届全国人大二次会议福建代表团审议时的重要讲话和对福建工作的重要指示批示精神，坚决落实党中央、国务院和省委、省政府及市委决策部署，坚持稳中求进工作总基调，践行新发展理念，传承弘扬“晋江经验”，“作答时代命题、聚力赶超攻坚”，“五个泉州”建设迈出新步伐。主要工作和成效是：

经济运行实现稳中有进

全面落实“六稳”政策措施，全市生产总值增长8%左右（预计，下同），规模以上工业增加值增长8.5%，第三产业增加值增长8%，主要指标增长平稳。精准帮扶企业发展。组织实施支持民营企业健康发展一揽子政策措施，兑现惠企资金45.5亿元，估算减税降费120亿元。市、县领导“一对一”挂钩联系163家龙头企业，落实“领导干部一线办公”活动周、党政领导与企业家恳谈会制度，设立“政策面对面”平台，开通“12345”企业服务热线，政企保持良性互动。强力推进“项目攻坚2019”。完善项目推进机制，成立要素服务保障专项攻坚组，组织开展“春季攻坚行动”、年中“七个专项攻坚”，推动解决一批久拖未决的项目征迁问题；460个在建重点项目完成投资1400亿元，开工86个、竣工80个；新签约产业项目332个、总投资2557亿元，“五个一批”考评稳居全省前列。有为应对中美贸易摩擦影响。实施外贸经营主体培育“双十、双百、双千”工程，对出口美国企业全覆盖调研、“一对一”帮扶，举办海丝国际品牌博览会、品牌“境外行”“海丝行”等系列展销活动，外贸出口逆势增长20%。市场采购贸易方式出口货值达170亿元，获批全国首个预包装食品出口试点。坚决防范化解重大风险。设立上市公司纾困基金，“一企一策”帮扶重点风险大户，推进互联网金融风险专项整治，不良贷款率连续4年下降。依法合规清理隐性债务，有效防范化解政府债务风险。

科技创新驱动产业升级

实施科技赋能计划，推动一二三产高质量发展。加快传统产业改造提升。出台推进制造业高质量发展的意见，实施龙头企业“扩能生根”项目64个，推广数字化、智能化生产线120条，培育省级智能制造试点示范（样板工厂）14个，新增“上云上平台”企业超1000家；建材家居、工艺制品、纸业印刷等产业增加值实现两位数增长；承办全国传统产业改造提升泉州现场会。提高自主创新能力。落实研发费用税前加计扣除、高新技术企业所得税优惠等政策，新增高新技术企业超200家、科技小巨人领军企业123家，新增发明专利1653件，成为国家知识产权运营服务体系建设重点城市。获批国家级海峡两岸集成电路产业合作试验区，三安、矽品等重大项目陆续投产，集成电路、半导体产业链条初现雏形，泉州芯谷投融资体制进一步完善。培育壮大军民融合产业，对接落地一批导航测控、机器人、新材料等项目，新增“民参军”企业18家。制定数字泉州建设三年行动方案，成立5G产业发展联盟，启动5G网络规划编制和基站建设，入选全国首批50个5G商用城市。夯实平台和人才支撑。泉州装备所获批国家级重大创新平台，落地建设福建化学工程创新实验室、中科院海上丝绸之路时间中心、中科院大学智能制造学院、福州大学微电子研究院、天津大学集成电路研究院。深入推进人才“港湾计划”，实施改进人才服务“八条措施”，创新人才住房、子女入学等公共服务跨县域保障机制，新认定高层次人才7508人、团队9个，开展高层次人才自主认定试点企业113家；引进产业急需高校毕业生1.04万人，新认定技能人才3.7万人。持续开展“第三产业提升年”活动。服务业百大项目完成投资175亿元，新增现代服务业集聚示范区6个。全市3A级以上物流企业突破100家，国际邮件互换局启动运营，快递业务量12亿件、增长24%。全市完成旅游总收入1307.6亿元、增长20%。开展促进消费专项行动，全市社会消费品零售总额3780亿元、增长11%，网络零售额1797亿元、增长27%，德化成为国家电子商务进农村综合示范县。推动农业高质量发展。启动实施农业“五百”示范项目，新增省级农业产业化龙头企业28家、优质农产品标准化示范基地34家、农产品产地初加工中心23家、“三品一标”认证农产品42个、特色产业示范村40个。茶叶、水产、食用菌等10个优势特色产业全产业链产值1852亿元，增长6.7%；安溪入选首批国家现代农业产业园。农村科技特派员实现乡镇“全覆盖”。农田水利设施不断完善，建成高标准农田16.5万亩，开工白濑水利枢纽主体工程。

改革开放激活蛰伏潜能

全面落实市委确定的61项政府重点改革任务。深化“放管服”改革。开展“营商环境提升年”活动，在全省率先创建企业开办“零费用”城市，全市市场主体突破100万家，网商产业园入驻市场主体达8.6万家；建成市政务数据汇聚与共享应用平台（一期）和“互联网+政务服务”市县乡村四级一体化平台，市政务信息网云平台投入运行。深化金融服务实体经济改革。出台金融服务民营和小微企业政策，在全省率先实施金融支持民营企业“白名单”、政策性融资担保“负面清单”等措施，入选全国深化民营和小微企业金融服务综合改革试点城市。获批设立全省首家市场化征信机构，开启两岸民间征信机构首次合作。实施制造业贷款增量增速提升工程，各项贷款余额增长11.9%。深化国企改革。初步完成市属国企公司制改制，支持在产业引导、片区改造、古城提升、民生保障中发挥积极作用，市属国企资产总额达1450亿元。深化医药卫生体制改革。县级二级以上公立医院全面实施现代医院管理制度，市第一医院医疗集团列入全国百家城市医联体试点，安溪、石狮列入国家紧密型县域医共体建设试点。开展药品和医用耗材采购改革，调整优化174项医疗服务价格。深化海丝先行区建设。密切与海丝沿线国家（地区）经贸合作，贸易总额增长21%，其中出口增长31%，获批国家跨境电子商务综合试验区。打响港澳青年精英故乡行品牌，与海外侨社、侨领联络联谊更加密切，友城间实质性交往持续深化。泉州晋江国际机场旅客吞吐量突破940万人次，国际旅客突破100万人次，国际航线数位居全国地级市第二。新开通海丝沿线国家（地区）海上航线6条，港口货物吞吐量1.25亿吨、集装箱250万标箱。成功举办第四届海丝国际艺术节。深化对台交流合作。推动台胞台企同等待遇政策落地；出台支持泉金客运航线发展措施，客运量超14万人次；累计向金门供水超500万立方米，完成金门供水保障工程项目可研编制工作。

城市建设注重品质品位

开展“城市建设提速年”活动，环湾建成区面积达230平方公里，城镇化率达67.5%。统筹建设古城新城。古城“七个一”示范工程有序推进，中山路示范段改造提升、小山丛竹公园建设接近尾声，爱国路、奎霞巷等断头路打通，“东亚之窗”文创园正式开园。北峰丰州西华洋、台商区白沙、晋东等片区改造开发加快；泉州大剧院、东海工人文化宫、市图书馆新馆投用。福厦客专、兴泉铁路泉州段启动架梁铺轨；厦漳泉城市联盟路泉州段主体工程基本完工。洛江至永春段高速公路接刺桐路北拓前期工作加快推进。后渚大桥东桥头互通工程竣工通车，火车站综合交通枢纽顺利投用。加快提升城市面貌。深化交通廊道沿线环境综合整治，37条城乡重要通道景观风貌持续提升，百崎湖、九十九溪等23个“山水田园城市”项目启动实施，桃花山至观音山绿廊、大坪山步行环线、绿道二期工程向市民开放。实施200个老旧小区整治提升，分类处置安全隐患房屋，推动烂尾项目复工。整治积水节点36处，消除黑臭水体5条，改造农贸市场9家。突出抓好精细管理。制定并实施城市管理精细化标准，出台老旧小区住宅加装电梯扶持措施。依法有序推进垃圾分类工作，进一步扩大试点社区范围，实现学校全覆盖，开工餐厨垃圾处理厂，建成晋江、石狮飞灰填埋场。推动城市交通综合整治，新增停车位近万个，开展国家电动自行车管理提升试点。全市共拆除“两违”415万平方米，清理批而未供、闲置土地2.9万亩，“大棚房”、违建别墅整治成效明显。

发展成果更加惠民利民

“四心”工程、民生“XIN”行动深入实施，33项为民办实事项目顺利完成，超七成五财力投入民生。打好精准脱贫攻坚战。建立防返贫、控新贫、稳脱贫长效机制，经营性收入低于5万元的薄弱村全部消除，支持1551户贫困户改善住房条件。深化农村人居环境整治。扎实推进“一革命四行动”，农村公厕、生活污水处理设施、三格化粪池建设和农房（裸房）整治等任务全面完成。永春入选全国推进美丽乡村经营管护机制改革试点县。推动教育优先发展。新增公办幼儿园学位1.3万个、中小学学位1.2万个，乡村小规模学校全部实现达标，48.8%的小学开展课后服务试点。乡村教师生活补助政策得到落实。省对市教育督导年度综合评估居全省第二。实施新一轮华侨大学部省市共建工作，支持泉州师院“三步走”战略。黎明职业大学入选国家“双高计划”建设单位，泉州职业技术大学成为全国首批本科层次职业教育试点学校。发展卫生健康事业。15个在建重点医疗项目有序推进，市老年医院、德化县医院医技楼投入使用，市一院城东院区二期病房大楼、光前医院综合病房大楼等主体工程完工；135家基层医疗卫生机构完成达标建设。共新增医疗机构床位3580张、卫技人员3037人。深化与福建医科大学、上海中医药大学的战略协作。提高社会保障水平。实施稳定岗位、招工引才等政策措施，新增城镇就业13万人。在全省率先实施医保“全城通办”，职工“五险”人数增加16.8万人次。建成市社会福利中心（一期），实现街道、重点乡镇居家社区养老服务照料中心全覆盖，全市新增养老床位4442张，列入全国居家和社区养老服务改革试点、家政服务业提质扩容‘领跑者’行动重点推进城市；老龄、老干部工作得到加强。房地产市场保持平稳，基本建成保障性安居工程1.62万套。持续提升文化软实力。新增全国重点文物保护单位13处，启动26项文物保护工程，完成国保单位监测和智慧用电系统建设，建成泉州市文物数据库。“古泉州（刺桐）史迹”申遗工作进展顺利。国家级闽南文化生态保护区正式公布，市非遗馆建成投用，南音成为文旅部“优秀保护实践案例”，安溪获评“世界藤铁工艺之都”。“万千百十”文化惠民服务深入实施，开展文艺精品公益性演出1510场。成功举办国际大体联足球世界杯赛、第十一届市运会。第18届世界中学生运动会筹备工作进展顺利。打好污染防治攻坚战。加强全市流域水环境保护，落实河湖长制，新建改造污水管网219公里，小流域、近岸海域水质达到省定目标，县级以上13个饮用水水源地水质达标率保持100%。完成植树造林9.7万亩、水土流失治理36.2万亩、矿山生态修复63.9万平方米。泉州成为国家节水型城市，新增鲤城入选国家生态文明建设示范区。配合做好中央第二轮生态环境保护督察，狠抓问题整改和机制建设。落实“强基促稳”三年行动。深入推进平安泉州建设，坚决打击涉黑涉恶、网络诈骗，开展矛盾纠纷大排查大化解，依法处置信访违法行为。加强食品药品安全网格化监管，非洲猪瘟疫情有效防控。完成城市安全风险评估，实行领导挂钩安全生产“疑难杂症”，推进41个市级重大安全生产问题整治，推行工业厂房消防建设规范导则，安全生产形势总体稳定。深化军地双拥共建。落实拥军十项举措，着力解决军人“三后”问题，首创“双拥+扶贫”“双拥+和谐家园”模式。民族宗教、人防、海防、气象、地震以及工会、妇女儿童、青少年、残疾人、红十字会、慈善等工作都取得新成效。

法治思维贯穿政府履职

精心组织开展政府系统“不忘初心、牢记使命”主题教育，实施“领导挂钩民生急忧盼问题”专项行动。开展“法治政府建设年”活动，制定首部实体性政府规章；推动村（社区）法律服务“五在场”、项目攻坚法务保障“六个有”，推行行政执法“三项制度”，实现行政争议调解县域全覆盖。严格执行市人大及其常委会决议决定，自觉接受市人大法律监督和工作监督，主动接受市政协民主监督，认真办理人大代表建议414件、政协提案574件。有序完成政府机构改革。政府带头过紧日子，压缩一般性支出11.3亿元。落实“基层减负年”部署，减少文件、会议50%以上。加强政府廉政建设，强化审计监督，营造风清气正的政治生态。

2020年工作目标任务

2020年是全面建成小康社会和“十三五”规划收官之年。做好今年政府工作：要以习近平新时代中国特色社会主义思想为指导，全面贯彻党的十九大和十九届二中、三中、四中全会精神，坚持稳中求进工作总基调，坚定不移贯彻新发展理念，创新发展“晋江经验”，突出经济要稳、城市要聚、民生要实、机制要活，奋力作答“三个时代命题”，有为推进高质量发展落实赶超，更好完成收官任务，科学编制“十四五”规划，加快推动“五个泉州”建设再上新台阶。

今年经济社会发展主要预期目标是：全市生产总值增长7-7.5%，农林牧渔业总产值增长2%以上，工业增加值增长7.5%左右，第三产业增加值增长8%左右；一般公共预算总收入增长3%，地方一般公共预算收入增长2.5%；固定资产投资增长7.5%左右；实际利用外资增长2%，进出口总额增长3%；社会消费品零售总额增长9%，居民消费价格涨幅控制在3.5%左右；居民收入和经济同步增长；完成节能减排降碳任务。

聚力转型攻坚
推进实体经济高质量发展

心无旁骛做实业是泉州人的本分，也是泉州迈向万亿GDP的基础。打造“泉州制造”高质量名片，需要我们着力抓企业赋能，合力抓产业链攻坚，努力当好转型升级的践行者。

深化建链强链补链工程。实施140个制造业重点项目、总投资2256亿元，力争投产30个以上，着力建设制造强市。深化高新产业建链。实施“金种子”行动，围绕三安、矽品、西人马等龙头企业，加快招引延伸上下游产业链条，抓好慧芯激光、中石光芯等项目，建设泉州芯谷、洛江智谷、开发区新型显示产业园，努力铸造集成电路、化合物半导体、传感器、光电子等产业链。深化传统产业强链。围绕纺织服装、鞋业、建材家居等优势产业，扶持龙头企业改造提升，培育认定产业龙头300家以上；推进产品、工艺、管理赋能，实施重点技改项目200个以上，推广“数控一代”示范产品100个，培育智能化标杆工厂、数字化车间15个，推动石墨烯、高分子化学等新材料在传统产业中的研发应用。改造提升一批小微产业园，推动铸造、石材、水暖、印染、电镀、石雕等行业集中集约发展，开工建设南安高端铸造园。引导企业开展“手拉手”产能对接，完善大中小企业紧密协作的产业生态圈。大力发展装配式建筑，做大做强建筑业。深化重化产业补链。加快泉港、泉惠两个园区建设招商，延伸发展石化新材料、精细化工、电子化学，建成投产中化乙烯、逸锦化纤、烯石新材料、百宏PTA等项目；建好福建化学工程创新实验室，突破一批关键共性技术难题。加快发展轻工装备、建筑装备产业，抓好三一筑工、东风重工、中信重工等项目。

实施创新驱动战略。持续推进国家自主创新示范区建设，力争高新技术企业达900家、研发经费支出增长20%以上，规模以上高新技术产业产值增长20%。启动建设“泉州科学城”，支持中科院海上丝绸之路时间中心建设大科学装置、时空大数据产业园，开工中科院大学智能制造学院，再引进1-2家“国字号”研发机构。推进国家知识产权运营服务体系建设改革试点，筹建中国（泉州）知识产权保护中心。跟进人工智能、区块链等前沿技术及应用，加快牧月科技、中诺通讯、新诺机器人等项目落地建设。用好国家军民两用技术交易平台，推动军民融合产业加快发展。深入实施人才“港湾计划”，扩大高层次人才企业自主认定试点，新引进产业发展急需的本科人才1万人以上，新认定技能人才3.5万人以上。

推动第三产业提质扩量。滚动实施服务业百大项目，建成15个以上。深化国家级服务型制造示范城市建设，出台实施快递集聚布局规划，加快建设一批快递区域总部、分拨中心和快递产业园，开工中国物流泉州综合园、顺丰创新产业园，培育无车承运人公共服务平台；扶持发展总部经济、工业设计、网络批发、会展经济等业态。推动文化旅游融合发展，深入实施“一社一游一点”提升工程，抓好晋江梧林古村落、台商区八仙过海、安溪云岭茶业庄园、德化石牛山等项目开放运营，串好旅游景点线路，讲好泉州故事，力争全市旅游总收入增长20%。大力促进消费增长，深入推进放心消费行动，实施商业设施、农贸市场改造提升工程，支持县（市、区）培育精品商圈、时尚街区、夜间经济示范区和主题展会。

加快数字经济发展。深入实施数字泉州建设三年行动，组织实施44个重点项目。深化“泉企上云”工程，新增“上云上平台”企业1000家，在传统优势产业领域整合提升若干个工业互联网示范平台，扶持发展一批软件、大数据、信息服务等产业龙头企业，培育泉州软件园、EC产业园等10个左右数字经济示范园区。完善数字基础设施，启动工业互联网标识解析二级节点建设，设立5G基站1万个以上，打造5G移动+光纤宽带“双千兆”城市。

开展“项目攻坚2020”。全年实施在建重点项目482个、总投资8352亿元，力争开工90个、竣工90个。攻坚基础设施补短板工程，实施综合交通、电力能源、市政设施、农林水利等领域重点项目206个，年度投资452亿元、增长13%，扭转基础设施投资放缓态势。攻坚产业项目招商，梳理对接20个以上总投资超20亿元的大项目、好项目，动态推动100个重点外资项目履约到资。攻坚项目建设“卡脖子”环节，破解久征不下征地遗留问题，突破融资难、供地难制约，完善项目前期倒排推进机制。

聚力乡村振兴
推进农业农村优先发展

全面建成小康社会，泉州要有更足的成色，泉州的农村更不能掉链。必须把农业做优做特，把短板补齐补好，让乡风充满正能量，让农民更有获得感。

打赢精准脱贫攻坚战。开展脱贫攻坚“回头看”，强化产业扶贫和就业帮扶措施，巩固提升贫困人口义务教育、基本医疗、住房安全等保障水平；设立应急救助资金，防止“因病、因残、因灾、因学”等原因致贫返贫。多渠道扶持村集体经济发展，推动所有村集体经营性收入达10万元以上。扎实推进革命老区、中央苏区振兴发展。继续抓好援藏、援疆、援宁对口帮扶和山海协作。

发展特色现代农业。落实粮食安全行政首长责任制，抓好“米袋子”“菜篮子”，稳定粮食播种面积135万亩，保障生猪生产和供给。持续推进农业“五百”示范项目，做大做强10个优势特色产业；推动一二三产深度融合，扶持农产品、海产品深加工，发展农村电商、冷链物流、休闲农业等业态。完善科技特派员制度，培训新型职业农民5000人。完善农田水利设施，建设高标准农田16万亩以上，开工永春马跳水库主体工程、闽江防洪工程德化段（二期），加快建设白濑水利枢纽主体工程，基本建成晋江防洪工程（二期）、七库连通工程惠女至菱溪段、陈田至泗洲段主体工程。

推进美丽乡村建设。完成全市村庄分类和145个试点村村庄规划编制，打造14条乡村振兴示范线路，带动50个重点村集中连片提升发展。抓实“一革命四行动”，推动农村公厕基本全覆盖、生活垃圾治理常态化，确保农村生活污水处理率70%以上，持续提升村容村貌。深入实施县乡道路安全生命防护工程，建设“四好农村路”；巩固提升农村饮水安全，治理水土流失20万亩。加强和改进乡村治理，全面推行村级事务阳光工程，加强集体“三资”、涉农资金监管，深化全国农村移风易俗工作试点，培育文明乡风。

聚力改革开放
推进“晋江经验”创新发展

改革开放让泉州大踏步迈进新时代，新时代需要我们创新发展“晋江经验”，敢于啃下改革硬骨头，勇于拓展开放新空间，再造创新创业创造的新优势。

打造一流营商环境要有新行动。民营经济只能壮大，不能弱化。要出台实施支持民营企业改革发展泉州方案，深化民营经济综合改革试点，完善政企互动常态化机制，落实落细减税降费政策，弘扬企业家精神，尊重劳动者、尊重创业者、尊重企业家、尊重纳税人。加大“放管服”改革力度，全面实施受审分离“一号一窗一网”改革，实现政务服务“一窗通办”；启动市级政务数据汇聚与共享应用平台（二期）建设，基本实现市、县两级政务数据中心整合和政务数据全量汇聚；建成行政审批服务“中介超市”，实行“红黑榜”考评管理。深入实施制造业贷款增量增速提升工程，推动银税互动、云电贷等增户扩面，大力发展供应链金融，全年增存450亿元、增贷700亿元；设立创新创业创造投资基金、科技成果转化基金，支持建设海丝基金小镇，新增上市公司3-5家；依法加快企业破产处置，推动“僵尸企业”基本出清；严厉打击非法集资和互联网领域非法金融活动。支持国企做大做强，继续推进市县公交、水务、港口、安保等国企战略性整合，力争实现市属国企上市零的突破。强化市县政府债务风险防控，加强新增地方政府债务管理。支持晋江县域集成改革探索，开展老旧工业区改造试点。统筹抓好农村集体产权、集体林权制度改革。

建设海丝先行区要有新作为。深化与海丝沿线国家（地区）合作交流，推动与印度金奈建立友城关系，支持开发区建好中意产业园。推动对外贸易稳中提质，办好海丝国际品牌博览会，用好预包装食品出口试点政策，做大市场采购贸易规模，制定实施跨境电子商务综合试验区建设方案，争取晋江获评国家进口贸易促进创新示范区。加快推进与海丝沿线互联互通，抓好石井16-17#、石湖5-6#、斗尾7#等泊位码头建设；启动晋江国际机场扩能改造工程，力争旅客吞吐量突破1000万人次。进一步密切泉港泉澳合作，加强海外华侨华人回乡寻根、投资兴业等服务工作，力争投用南洋华裔族群寻根谒祖平台。

推动泉台融合发展要有新突破。提升台商区综合发展水平，高标准推进百崎湖、白沙等片区开发建设，争取在引进台湾百大企业上取得成效。制定实施海峡两岸集成电路产业合作试验区建设方案，鼓励台湾半导体企业来泉建立设计中心、制造工厂、封测基地。精准对接引进台湾集成电路、工业设计、医疗健康等优势领域人才，支持台湾青年来泉就业创业。拓展泉台互联互通，加快金门供水保障工程前期工作，提升泉金航线运营水平。深化泉台民间交流交往，努力建设台胞台企登陆的第一家园。

聚力环湾向湾
推进产城人融合发展

站位全省三大中心城市，泉州要在闽西南协同发展区中展现更大作为，必须提升环湾中心城市的集聚度和承载力，更大气魄推动环湾向湾发展，下绣花功夫雕琢治理城市。

坚持环湾建设“一盘棋”。科学划定“三区三线”，编制国土空间规划 “一张蓝图”，完善环湾建设统筹协调机制。加快环湾核心区建设，抓好重点片区城市设计，加快北峰丰州西华洋、东海后埔、后渚、江南、城东南滨江、晋东等片区开发改造，提升两江入海口展示面。加快古城“七个一”示范工程建设，抓好龙头山文化中心、闽南传统文化研学基地等项目，有序推进古街巷微改造，持续办好古城徒步穿越活动。

构建环湾交通大轮廓。构建中心市区组团间快速通道，加快中环城路建设，确保城东至北峰通道通车，抓紧优化鲤城站前大道南延至池峰路、晋江世纪大道北延至池峰路的路段设计；力争开工泉州大桥拓改工程，加快轨道交通、洛阳江大桥拓改以及东海、百崎、金屿通道工程等项目前期。构建一重环湾快速通道，加快打通晋江西滨路至石狮大道段。构建中心市区至县域市政大道，往南规划建设晋江世纪大道南延伸至南翼新城科院路；往北做细刺桐路北拓工程前期工作；往西力争开工建设武荣大桥，加快打通江滨南路旧金鸡桥闸段，改造完成省道307及其连接的县道335复线，开展中心市区到安溪龙门快速通道前期研究。加快城市规划区高速公路与市政道路融合发展，做好洛江至永春段高速公路接刺桐路北拓项目前期，力争开工建设控制性工程或刺桐路连接线；推动泉州湾大桥降低收费，探索增设简易高速互通口。开展城市综合交通提升行动，每个县（市、区）实施改造3条以上“断头路”，启动顺济新桥北、坪山路与江滨北路交叉口等节点改造，完善公交线网，畅通城市微循环。

提高城市环境宜居度。围绕打造山水田园城市，抓好九十九溪、蚶江湿地公园等项目建设，持续开展城乡重要通道绿化改造提升；每个县（市、区）新建1个以上面积不小于90亩的城市综合性公园，新建改造10个以上面积不小于500平方米的社区公园、口袋公园，全市新建改造公园绿地面积100公顷以上。加快实施供水旧管网改造工程，启动中心市区小区二次供水改造。打好城镇生活污水处理提质增效三年攻坚战，实施东海、城东污水处理厂改扩建，新建改造污水管网200公里。

提升城市治理精细化。推进智慧城市建设，加快构建全市统一的城市安全信息系统、空间地理信息平台和智慧交通“一张图”、智慧医疗“云总院”。做细做实垃圾分类工作，加强分类收集、分类运输、分类处置全过程管理，中心市区试点范围内推行生活垃圾“四分类”。持续抓好住宅加装电梯、停车场、充电桩建设、渣土车运输、共享单车管理等“关键小事”，进一步提升中心市区电动自行车综合管理水平，新启动200个以上老旧小区改造提升，完成逾期安置项目回迁13个，继续推动历史遗留安置房登记发证工作。深化“两违”综合治理，坚决遏制新增违法建设。

展示区域协同新担当。落实协同发展区规划，抓好25个重大台账项目。强化陆路交通建设，开工泉三高速扩建永春至德化段，推动福厦客专、兴泉铁路泉州段全线架梁铺轨，建成厦漳泉联盟路泉州段，做深做细厦漳泉城际铁路R1线前期工作。规划建设厦泉经济合作区、泉三高端装备产业园。开展医疗卫生、教育、文体、旅游、环保、安保维稳等协同协作。

聚力以文塑城
推进文化繁荣发展

千年海丝、闽南文化是泉州城市的根和魂，我们必须发掘好、利用好这座文化宝库，让文物说话，让历史传承，让城市留住记忆、烙下乡愁。

坚守核心价值体系。贯彻落实新时代公民道德建设实施纲要、新时代爱国主义教育实施纲要，推动社会主义核心价值观落细落小落实。坚持全国文明城市创建机制化常态化，争创全国文明城市“三连冠”。支持志愿服务组织建设，培育一批志愿服务品牌团队。完善联合惩戒机制，提升全社会诚信水平。

保护传承历史文脉。全力以赴推进“古泉州（刺桐）史迹”申遗工作。实施文化和自然遗产保护利用“1+3+N”工程，完成省保以上单位电气线路套管敷设和智慧安全用电系统建设，实现国保单位监测系统全覆盖，推进南外宗正司、市舶司、安溪冶铁、德化窑遗址等发掘和展示。加强古城、古镇、古村、古街、古厝挂牌保护，扶持名镇、名村、传统村落改善提升，开展古代书院复建复兴。推进非物质文化遗产“扩编”，加强活态传承保护利用。启动传统工艺美术品种技艺评审认定，着手建立传统工艺振兴目录。

完善公共文化服务。全面完成国家公共文化服务体系示范区创建任务，确保通过国家验收。常态化开展公益惠民演出1000场，实行公共文化设施免费开放，推进全市图书馆、文化馆总分馆制建设。完善全民健身服务体系，推进康乐家园创建，丰富群众身边体育活动。支持晋江高水准举办第18届世界中学生运动会，以赛惠民、以赛促产、以赛兴城，强化场馆赛后运营，放大赛事溢出效应。

聚力生态文明
推进经济与环境双赢发展

泉州要金山银山，更要呵护绿水青山，这既是践行绿色发展新理念的要求，更是当下必须打好打赢的战役。

推进精准科学依法治污。打好蓝天保卫战，强化臭氧和PM2.5污染防控，抓好工业、建筑施工、机动车等大气污染源综合治理，建成并投用机动车尾气遥感监测系统。打好碧水保卫战，认真执行两江流域水环境保护条例，严格落实河湖长制，实施流域精准治理项目100个；完成农村“千吨万人”饮用水水源保护区划定，推进水源地面源污染整治。打好净土保卫战，推进耕地安全利用，开展重点行业企业用地土壤污染状况调查和治理修复；完善危废处理信息化全过程监管，开工建设1个、改造完成4个生活垃圾焚烧发电厂，基本建成餐厨垃圾处理厂。

推进生态领域改革。稳步开展自然生态空间统一确权登记、生态产品市场化改革试点、天然林保护修复等改革任务。加强自然保护地监管，推进湿地名录编制发布，争创永春桃溪国家湿地公园。严格履行生态环境保护工作职责，坚决抓好中央生态环保督察反馈意见整改落实。加强自然资源管理，深化批而未供、闲置土地处置。

推进绿色循环发展。全面落实能耗总量和强度“双控”目标责任，加强节能监察，推进在线监测，深化能效对标行动。发展绿色产业，开展绿色制造，建设5个以上省级绿色工厂、绿色园区和绿色供应链。建好泉港石化、南安“城市矿产”基地等国家级循环经济园区。

聚力全面小康
推进民生事业加快发展

民生连着初心、系着民心。我们将把群众对民生事业提升的期待变成政府工作的着力点，坚持节用裕民之道，尽全力实施“四心”工程、民生“XIN”行动，把民生实事办好、好事办实。

实施教育优先战略。加大教育投入，新增公办幼儿园学位1.4万个，实现公办园、普惠园在园幼儿比例分别达50%、85%，做到“入幼儿园不难、入普惠园不贵”；新增中小学学位1.8万个，加强乡村小规模学校和乡镇寄宿制学校建设，实行义务教育学校免试就近入学全覆盖；培育若干所优质高中校。拓展小学课后服务试点，举办职工子女暑托班150个。推进高等教育和职业教育人才培养模式改革，创建国家产教融合型试点城市。加快中小学教师“县管校聘”管理体制改革；切实减轻学校和教师不合理负担。抓好老年教育、继续教育、特殊教育。坚持立德树人，加强中小学劳动教育，精准关爱下一代，改造提升未成年人保护中心。

提升卫生与健康保障水平。确保市一院城东院区二期病房大楼、光前医院综合病房大楼、医高专附属人民医院二期投入使用，加快颐和医院、童昌医院、宝璋肿瘤医院等社会办医项目建设，全市新增床位6500张。深化公立医院运行机制改革；支持市第一医院医疗集团建设全国城市医联体试点，每个县（市）均建成紧密型县域医共体；持续实施药品和医用耗材集中带量采购，全面推行按病种收付费为主的多元复合式医保支付制度。完成基层医疗卫生机构达标建设，乡村医疗卫生服务实现全覆盖，巩固全国基层中医药先进市成效。实施“金字塔”人才工程，加强乡村医生队伍建设。实施健康泉州行动，加强妇幼保健服务，提升公共卫生服务管理水平。完成“暖心服务”三年行动目标。

落实就业与社会保障兜网政策。实施职业技能培训、职工素质提升、创业担保贷款等扶持措施，促进高校毕业生、退役军人和就业困难人员、农民工更高质量更充分就业创业。深入实施全民参保计划，稳步推进社保扩面。做好全国居家和社区养老服务改革试点，推进医养、康养结合，加快建立居家、社区、机构“三位一体”的老年人长期照护服务体系，全市新增养老床位2000张。落实稳地价、稳房价、稳预期举措，促进房地产市场平稳健康发展；开工建设保障性安居工程1.67万套。做好第七次全国人口普查。完成妇女、儿童发展纲要目标，关爱留守老人、妇女、儿童。发展好残疾人事业、社会福利慈善事业。

推动形成共建共治共享的社会治理格局。落实“强基促稳”三年行动，深化“三社”联动试点，制定社区治理权责清单，健全自治、法治、德治相结合的城乡基层治理体系。深入开展扫黑除恶专项斗争，完善基层矛盾纠纷多元调处化解机制，优化信访服务。加强“智慧警务”建设，推进110接处警系统与“12345”服务平台无缝对接，建立健全网络综合治理。加强食品药品监管，完善食品“一品一码”追溯体系，争创国家食品安全示范城市。深化重点领域安全生产专项整治，完善风险管控和隐患排查治理双重预防机制，加快泉港石化安控区建设。支持工会、共青团、妇联等人民团体发挥更大作用。广泛深入开展民族团结进步创建活动，提升宗教工作水平。支持驻泉部队改革落地和练兵备战，健全完善四级退役军人服务保障体系，提升军人荣誉感、获得感、归属感，争创全国双拥模范城“九 连冠”。

加强政府自身建设

高站位加强政治建设。坚持“一带头三表率”，深入学习习近平新时代中国特色社会主义思想，树牢“四个意识”、坚定“四个自信”、坚决做到“两个维护”，在思想上政治上行动上同以习近平同志为核心的党中央保持高度一致，推动党中央、国务院和省委、省政府及市委决策部署落地见效。巩固深化主题教育成果，从严从实加强政府系统党的建设，落实意识形态工作责任制，确保政治合格、能力作风全面过硬。

高水平加强法治建设。拓展提升“法治政府建设年”成效，梳理完善政府及部门权责清单，围绕民生热点制定政府规章，健全依法决策机制，深入推行行政执法“三项制度”，积极推进综合执法，完成“七五”普法任务，加强府院委同频互动。深化政务公开，办好 “政策面对面”“新法面对面”“东海潮声”等互动平台。主动接受人大法律监督、工作监督，自觉接受政协民主监督，高质量办理建议提案，接受监察监督和人民监督。

高标准加强效能建设。倡导“马上就办、真抓实干”，细化量化实化政府工作，推行项目化、清单式、销号制管理，提高政府执行力。推进政府公务人员专业化建设，增强专业素养、专业能力和专业精神。加强数字政府建设，让“数据跑”代替“群众跑”，让“马上办、网上办、一次办”成为常态，让政务服务像网购一样方便。坚持以实绩论英雄，支持干事、包容过失，鞭策不作为、慢作为、乱作为，发挥好绩效考核和效能督查的应有作用。

高要求加强廉政建设。以永远在路上的韧劲和执着，深入推进政府系统党风廉政建设和反腐败斗争。持之以恒正风肃纪，严格执行中央八项规定及实施细则精神，大力纠治形式主义、官僚主义。强化对行政权运行自我约束和监督，加强对公共资源市场化配置、政府购买服务、国有资产等重点领域的监管，做到干部清正、政府清廉、政治清明。

政协工作报告

——在政协第十二届泉州市委员会第四次会议上

泉州市政协主席　李转生

（2020年1月3日）

2019年工作回顾

过去的一年，在中共泉州市委的坚强领导下，市政协常委会坚持以习近平新时代中国特色社会主义思想为指导，深入学习贯彻中共十九大、十九届二中、三中、四中全会和中央、省委、市委政协工作会议精神，坚持团结和民主两大主题，紧紧围绕市委、市政府中心任务，认真履行政治协商、民主监督、参政议政职能，充分发挥专门协商机构作用，在建言资政和凝聚共识上双向发力，为作答“时代命题”、推动高质量发展落实赶超作出了积极贡献。

加强思想政治引领
始终坚持中国共产党的全面领导

把党的政治建设摆在首位，扎实推进思想理论建设，确保正确政治方向。

深化政治理论学习。坚持用习近平新时代中国特色社会主义思想武装头脑，深入学习贯彻习近平总书记关于加强和改进人民政协工作的重要思想，牢牢把握政协组织的政治属性，落实意识形态工作责任，时刻保持政治上的清醒和坚定。修订完善《中共泉州市政协党组理论学习中心组学习制度》，形成以市政协党组中心组学习为引领，以党组扩大会议、主席会议、常委会议、机关干部学习会、委员培训等为重点的理论学习制度体系。通过集体学习、个人自学、辅导讲座、专题研讨、现场教学等多种形式，及时传达学习贯彻习近平总书记的重要讲话、重要论述和重要指示批示精神，特别是习近平总书记在中央政协工作会议暨庆祝中国人民政治协商会议成立70周年大会上的重要讲话精神，做到学思用贯通、知信行合一。认真学习贯彻中央和省市委的重要会议、重要文件精神，深刻领会党的基本理论、基本路线、基本方略，切实把加强思想政治引领、广泛凝聚共识作为政协履职的中心环节，引领各党派团体和各族各界人士牢牢把握人民政协是中国共产党领导的政治共同体，增强“四个意识”、坚定“四个自信”、做到“两个维护”，坚定不移走中国特色社会主义政治发展道路。

扎实开展主题教育。按照中央和省委、市委统一部署，认真开展“不忘初心、牢记使命”主题教育，注重在深化拓展、发挥作用上下功夫，教育和引导政协机关党员干部和政协党员委员不忘初心、牢记使命，激发干事创业热情、形成履职尽责合力。组织引导党员干部读原著学原文悟原理，围绕践行初心使命等8个专题开展学习研讨。通过个人自学、举办辅导讲座、开展红色革命传统教育、警示教育、主题党日、讲好专题党课等多种学习形式，用理论滋养初心、以理论引领使命。确定16个调研课题，党组成员分头带队深入农村、社区、企业一线，开展现场走访、座谈交流、问卷调查，摸清实情、深入研讨，形成高质量课题报告。通过会议征集、设立意见箱、发放征求意见表等多渠道多形式检视和查找问题，共征集意见建议50多条，经梳理汇总为8类20个问题，建立清单台账，制定整改措施，着重解决了一批存在的突出问题，有力推动党员干部理想信念更加坚定、履职为民更加扎实。

加强政协党的建设。贯彻落实《中共中央关于加强党的政治建设的意见》。市政协重大工作、重要事项及时向市委请示报告，提请市委审定市政协年度协商计划和常委会工作报告，市委、市政府主要领导亲自出席市政协年度重点协商活动，推动市委重大决策部署在政协得到贯彻落实。发挥市政协党组把方向、管大局、作决策、保落实的作用，构建层层抓落实的党建工作格局，实现党的组织对党员委员的全覆盖、党的工作对政协委员的全覆盖。认真落实中办《关于加强新时代人民政协党的建设工作的若干意见》和全国、全省政协系统党的建设工作座谈会精神，协助市委制定出台我市实施意见，以党的政治建设为统领，进一步压紧压实管党治党主体责任，严肃党内政治生活，深入推进党风廉政建设。对照省委巡视反馈意见，结合政协实际举一反三，明确具体整改任务，逐条逐项抓好整改落实。认真组织党员领导干部述责述廉，支持派驻纪检监察组履行职责，用好监督执纪“四种形态”，营造风清气正的政治生态。

围绕中心协商议政
助推泉州高质量发展落实赶超

自觉融入市委市政府工作大局，切实提高建言资政质量，以高质量履职助推高质量发展。

助力民营经济提升。深入贯彻习近平总书记在民营企业座谈会和参加十三届全国人大二次全会福建代表团审议时的重要讲话精神，按照市委再创“晋江经验”新辉煌的部署要求，在市政协十二届三次全会期间，通过政协提案、大会发言、联

组讨论，组织委员围绕民企发展、产业生态、营商环境、人才集聚等方面建言献策，提交提案748件、发言材料48篇，《关于贯彻落实民营企业座谈会精神，大力推进泉州市民营经济发展的建议》等一批委员建言被市委、市政府领导批转有关部门，推动工作落实。发动全市政协系统围绕“推动民营企业发展，高质量落实赶超”议题，深入企业和部门开展调研，组织赴深圳、东莞、杭州等先进地区学习考察，形成23篇调研报告，与市委召开专题协商会，就优化布局转型升级、强化民企要素保障、打造一流营商环境、落实普惠扶持政策、提振民企发展信心等方面提出100多条建设性意见建议。市委主要领导充分肯定协商成果，要求市政府及有关部门认真研究吸纳，转化为具体政策措施和工作抓手。积极参与市委组织的“领导干部一线办公”活动周，市政协领导深入企业、项目实地调研，倾听企业诉求困难，鼓励企业坚守实业，帮助协调解决发展难题，推动支持民企健康发展的各项优惠政策落实落地。与省政协联合开展“为民营经济提供有力司法服务和保障”专题调研，就探索司法服务新思路、坚持“亲”“清”服务保障、慎用财产保全措施等方面提出意见建议。

推动产业创新转型。按照市委指示要求，组织开展现代服务业专题调研，深入基层、企业、部门，摸清底数、找准症结，学习借鉴先进地区经验做法，邀请专家学者和部门领导，反复研讨论证，提交《关于我市发展现代服务业的建议》专题报告，市委主要领导充分肯定，批示有关部门认真研究吸纳、抓好转化实施。组织督办关于企业并购重组、机器人产业发展、公共服务平台建设、传统产业科研创新等4件产业转型升级重点提案，就进一步贯彻落实好国家、省、市一系列扶持政策，构建全方位支持创新发展、转型升级的政策体系，强力实施“智能+”“互联网+”“新材料+”“平台+”四大工程等方面提出意见建议。组织开展“高新技术企业发展”专题视察，配合省政协开展“制造业高质量发展”“数字经济协同发展机制构建”等课题调研，结合泉州实际，提出增强制造业核心技术创新能力、打造“产业互联网”生态圈样板工程、“五个结合”实现数字经济共享共赢、以智能化数据化为契机推进泉州高质量赶超等意见建议，得到省市领导的批示肯定，《抓住机遇，推动高端服务业创新发展》《制造业数字化转型正当时》等履职成果被全国政协采用。

促进融合集聚发展。立足我市历史文化积淀深厚，旅游资源特色鲜明的优势，通过各种履职形式，积极推动泉州历史文化资源与旅游产业深度融合，为打造“亮点在古城、厚度在山海、空间在生态连绵带”的全域旅游格局献计出力。组织开展“推动泉州文化与旅游融合发展”课题调研，提出编制融合发展规划、搭建融合发展载体、营造融合发展氛围等7个方面34条建议。把提升西街观光游览体验、深化泉台文化旅游产业发展、推动泉州文化和旅游融合发展、加快寻埔社区传统渔村文化旅游开发等提案列为重点提案，市政府、市政协分管领导领衔督办，围绕“促进文旅融合发展”主题深入协商，推动相关工作落实。配合省政协开展《培育文旅融合新业态，推动研学旅行产业化》督办调研和“我省产教融合政策落实情况”监督视察，为增强产业核心竞争力、汇聚发展新动能积极建言。围绕“推动我市服务业和制造业融合发展”“商贸流通与互联网融合发展”开展对口协商，提出的设立数字经济和互联网产业园区、争创信息化和工业化深度融合国家示范区、创建国家跨境电商综合试验区、建设新型商贸服务市场等一批意见建议得到转化应用。

聚焦民生热点难点
积极回应人民对美好生活的向往

牢固树立“人民政协为人民”理念，围绕关系群众切身利益实际问题，献利民之策、谋惠民之举、解民生之忧。

真情呼应群众期盼。针对群众反映“入公办园难”“入民办园贵”问题，组织开展调查研究，与市政府围绕“推进学前教育优质普惠发展”议题开展专题协商，就扩大优质普惠性学前教育资源有效供给、优化学前教育规划布局等6个方面提出90多条建议。市政府主要领导充分肯定协商成果，市政府办将委员建议意见归纳分类为37条分解到有关部门及各县（市、区）政府，将办理工作纳入主题教育整改内容，协调推进、落细落实。《人民政协报》刊登了政协委员相关建言文章。着眼城市品位提升，与市政府联合开展“加强智慧城市建设”重点提案督办协商，围绕基础设施智能化、公共服务便利化、社会治理精细化、产业经济高端化等方面共商务实之策。紧盯生态环境保护，开展“推进石化园区环境治理” 回头看、“加强土壤污染防治工作”专题调研，组织委员深入工业园区、生产企业、项目工地，摸排污染源头，查看防治措施，共商改进办法，为营造“天更蓝、山更绿、水更清”的优美环境献计出力。

真诚服务民生改善。围绕“泉州城市快速交通建设”议题深入调研，与市政府召开民主监督专题协商会，就进一步完善快速路网规划、加快推进快速路网体系建设、运用大数据提升交通治理水平等积极建言献策。市政府主要领导面对面听取委员建言，部分协商成果被吸纳到政府工作报告中，转化为相关部门工作思路举措。组织开展“推动精准化、精细化社区服务”课题调研、“世界中学生运动会场馆建设”“养老服务照料中心建设”专题视察，与有关部门就“推动公交事业发展”开展对口协商，督办“改善营商环境”“实施乡村振兴战略”重点提案，配合全国政协开展“推进‘四好’农村路建设”专题调研，为提升人民群众获得感协商出力。深入开展“福建省法治宣传教育条例贯彻落实情况”专题调研，提出推行“谁执法谁普法”履职评议活动等意见建议，市委领导批示相关部门抓好落实，推动我市部分县（市、区）在全省率先启动相关工作。组织委员听取市中级人民法院、市人民检察院工作情况通报，就司法便民利民等议题建言献策。开展“构建多元化纠纷调解机制”专题调研，组织政协委员参与司法调解和法院诉讼调解，致力化解社会矛盾。组织部分宗教团体、宗教场所、重点民间信仰场所、宗教界委员和市直有关单位深入百崎回族乡后海村开展帮扶活动，筹集资金助力内涝工程整治。持续开展“爱心助学”和慰问帮扶活动，筹措资金帮助50名少数民族困难大学生、慰问37名孤残儿童、128户贫困家庭。组织医卫界委员和基督教“两会”义诊队深入贫困山区和企业一线开展义诊施药活动。

真心倾听民情民意。开通“泉州政协”微信公众号、支持政协委员活动室和乡镇委员联络组开展履职活动，积极打造政协开放性平台，延伸履职触角，打通服务通道，近距离倾听群众心声。邀请群众代表列席政协全会，邀请专家学者、基层代表列席政协常委会和专题协商会，发挥多形式民意平台作用，切实把“协商于民、协商为民”落到实处。进一步完善反映社情民意信息网络和工作机制，畅通反映民意渠道，坚持把反映社情民意贯穿于调研视察、协商座谈、挂钩帮扶等各项履职过程，及时收集、整理和报送政协委员反映的群众呼声与诉求。一年来，共编发《社情民意信息》专报156期，《政协信息》16期，《关于进一步规范我国行政审批自由裁量权的建议》《完善我国农业保险财政补贴制度，确保国家粮食安全》等5件被全国政协采用，《进一步防范我省政府性债务风险的建议》《关于加强泉台合作，推进泉州健康养老产业发展的建议》等50多件得到省市领导批示肯定。

广泛凝聚各方共识
倾心画好团结奋进最大同心圆

充分发挥政协团结统战功能，推动社会各界不断增进对中国特色社会主义政治认同、思想认同、理论认同、情感认同。

搭建合作共事平台。深入学习贯彻习近平总书记关于新型政党制度的重要论述，切实加强与各民主党派、工商联、人民团体和无党派人士的联系，增进平等协商、合作共事履职成效。坚持市政协领导挂钩联系民主党派制度，广泛听取意见建议，加强对各党派、团体参加政协共同性事务的协商，发挥民主党派、工商联、无党派人士作用，做到提案重点督办、发言重点安排、建议重点报送，充分保障党派、团体在政协履职平台上展现作为。一年来，市各民主党派、工商联和有关人民团体深入调研、踊跃建言，共提交提案143件，各类发言材料65篇，调研报告42篇。其中，列入年度重点提案13件、占比56%；在市政协十二届三次全会、2019年度议政性常委会议作大会发言18篇、占比45%；得到省市领导签批29件、占比53%。党派委员关于《加快开发养老金融产品，助力老龄事业可持续发展》《加快推进垃圾分类工作，建设美丽中国》等30多件建言成果被《人民政协报》《中国政协》等国家级报刊采用刊登。

增进海内外团结联谊。组织港澳委员、特邀嘉宾参加市委、市政府召开的专题座谈会，紧扣我市发展大局，踊跃资政建言。承办全省政协港澳台侨工作会议，交流互鉴各地经验。组织港澳委员赴浙江台州和江西婺源学习考察，聚焦小微企业融资“难点”和乡村旅游发展主题，提出意见建议。与有关部门共同开展“推动侨商侨企转型、助力高质量发展”专题调研，参与全国政协“国际经贸环境变化对港澳台侨企业的影响及对策建议”课题调研，认真听取港澳台侨企业代表的诉求和建议，帮助解决实际困难。组团参加港澳地区泉籍社团庆典活动，引导和鼓励港区委员支持特区政府依法施政、止暴制乱、恢复秩序，维护香港繁荣稳定。组织华侨大学境外新生开展“看海丝·爱泉州”活动，增进他们对祖国对家乡的归属感和认同感。带领泉州妈祖文化交流团赴澎湖、金门开展文化、民俗、旅游系列活动。时隔17年，“温陵妈祖”再赴澎湖展开会香之旅，促进两岸民心相通，引起两岸媒体关注。开展“推动我市惠台政策的贯彻落实”对口协商，编辑出版《民族英雄郑成功》史料专辑，参与全国“海峡论坛—两岸基层治理论坛”，配合《人民政协报》来泉开展“两岸青年走进福建”主题活动。充分发挥泉台民间交流协会作用，积极促进泉台两地交流交往。

广泛汇聚发展合力。围绕“庆祝新中国成立70周年、人民政协成立70周年”主题开展文史资料征编、举办诗词吟诵会、书画摄影展，讴歌辉煌成就、传递时代精神、激发爱国热情。贯彻落实中央民族工作会议和全国宗教工作会议精神，加强与重点宗教活动场所和民族宗教界代表人士联系交流，充分发挥民族宗教界委员积极作用。围绕“加强我市宗教人才队伍建设”开展专题调研，编撰《泉州佛教综览》，开展“推进国旗、宪法和法律法规、社会主义核心价值观、中国优秀传统文化‘四进’宗教活动场所”视察活动，努力促进民族和睦、宗教和顺、社会和谐。注重加强与领军人才、“两新”组织的团结联谊，推动构建亲清新型政商关系。参加异地泉籍商会重要活动，举办异地商会座谈会，通报家乡经济社会发展情况，宣传创业环境和优惠政策，鼓励泉商积极回归参与家乡建设。充分发挥泉商发展促进会作用，加强与异地泉商、海外泉商的联系交往，增进互动、共谋发展。

切实加强自身建设 着力推动政协工作提质增效

立足凝心聚力、决策咨询、协商民主、国家治理第一线，增强政治把握、调查研究、联系群众、合作共事能力，不断提升履职水平。

提升队伍素质。按照“懂政协、会协商、善议政，守纪律、讲规矩、重品行”的要求，把委员履职能力建设摆在突出位置，强化责任担当，激发履职活力。举办届中委员培训班，结合专题讲座、实地调研、交流研讨多种形式，开展履职业务培训。坚持为委员订阅政协报刊杂志，分发学习资料，及时向委员传递政协的重大活动、重要会议、重点工作，引导委员加强学习、拓宽视野、提升素质。着眼“委员作业”高质量，严格落实委员履职量化考评管理规定，建立市政协常委提交年度履职报告工作制度，严格履职考评，抓好履职成果转化，充分发挥委员主体作用。一年来，委员参加市政协组织的各种履职活动3000多人次，履职考评优秀率达86.3%。以改革思维、创新理念、务实举措大力加强政协机关干部队伍建设。树立正确用人导向，优化干部队伍结构，调整充实一批年轻科级干部，选派业务骨干到基层一线挂职锻炼。健全机关学习制度，充分发挥“学习强国”平台功能作用，鼓励干部参加在职教育，选派干部参加全国政协、省政协、市委党校等各层级学习培训，提升干部综合素质。开展“大调研”活动，“项目化”推进重点工作，全员参与年度重点调研、重点协商，强化工作实践，锤炼过硬本领。贯彻市委提升干部干事创业精气神八条措施，开展二级绩效管理，职责到人、考评到人，奖优罚劣、激励鼓劲，营造比学赶超、争创一流工作氛围。

密切上下联动。认真贯彻全国地方政协工作经验交流会和全省市县政协主席工作座谈会精神，主动对接省政协履职工作，进一步加强对县级政协工作指导，完善联系沟通机制，打造有效履职平台，实现上下联动、协同协作。积极参与省政协专题协商、课题调研、重点视察、提案督办等履职活动，结合泉州实际，提出意见建议。召开全市政协主席工作座谈会，深入研讨交流，研究共性问题、交流工作经验、促进提质增效。及时把市政协年度协商计划、常委会工作要点印发各县（市、区）政协，邀请县（市、区）政协主席列席市政协召开的常委会议、专题协商会、政情通报会，加强市县政协协同配合。完善市政协领导挂钩联系县（市、区）政协制度，结合市委“四下基层”工作部署，深入了解县级政协工作情况，征求对市政协工作的意见建议，指导开展相关工作，协助解决困难问题。完善联合履职常态化工作机制，各专委会通过会议交流、调研视察、学习考察等形式，加强与县（市、区）政协对口工作协作。一年来，与县（市、区）政协联合开展15个专题调研、10项专项视察、督办6件重点提案，形成上下联动互促，整体协调推进的良好格局。

注重机关效能。紧扣职能和责任，坚持崇尚学习、崇尚创新，强化政治信念、完善制度机制、树牢服务意识，为推进新时代政协工作提质增效提供服务保障。顺利完成机构改革，确保工作运转有序，上下衔接畅通。坚持以政协章程为遵循，修订完善《提案工作条例》，制定出台《重点提案遴选与督办办法》《提案办理协商实施办法》，提高工作制度化、规范化、程序化水平。完善专委会对口联系党政部门机制，聚焦主责主业开展协商，进一步提升专委会工作效能。发挥政协界别特色优势，健全界别活动组织体系，依托专委会组织界别委员开展形式多样的履职活动，界别工作更具特色和活力。一年来，界别委员围绕“加强卫生人才队伍建设，推动医疗集团发展壮大”“探索茶产业发展新模式，推进茶庄园建设”“在乡村振兴中加强传统村落文化遗产保护利用”等8个议题，开展对口协商和界别协商，助推相关工作落实。坚持提高工作质效，持续抓好绩效管理。积极参与文明城市、文明单位创建和平安建设、志愿服务、结对帮扶等活动。坚持守正创新，加强政协宣传，我市政协委员参与全国重大专项工作宣读活动，在全国政协全会委员通道上发出泉州声音。办好泉州政协期刊、网站，加强与国家和省、市主流媒体协作，开辟政协专版，讲好委员履职故事。一年来，《人民政协报》《中国政协》《人民网》等国家级媒体报道市政协工作经验成效和委员履职成果100多件次，充分展示了市政协主动担当、奋发有为的良好形象。市政协机关持续保持省级文明单位、绩效考评、平安建设先进单位等10多项荣誉。

2020年工作思路

2020年，是全面建成小康社会和“十三五”规划的收官之年。市政协常委会工作的总体要求是：以习近平新时代中国特色社会主义思想为指导，深入学习贯彻习近平总书记关于加强和改进人民政协工作的重要思想和对福建工作的重要要求，认真贯彻中共十九届四中全会和中央、省委、市委政协工作会议精神，在中共泉州市委坚强领导下，增强“四个意识”、坚定“四个自信”、做到“两个维护”，把坚持和发展中国特色社会主义作为巩固共同思想政治基础的主轴，把服务实现“两个一百年”奋斗目标作为工作主线，把加强思想政治引领、广泛凝聚共识作为中心环节，坚持团结和民主两大主题，聚焦党政中心任务，在建言资政和凝聚共识上双向发力，发挥专门协商机构作用，在作答“时代命题”、高质量落实赶超新征程中展现政协新作为。

提高政治站位
进一步彰显政治组织本色

人民政协是政治组织，必须旗帜鲜明讲政治。要牢牢把握新时代人民政协新方位新使命，把思想理论建设作为基础性工作，全面学习贯彻习近平新时代中国特色社会主义思想，深入开展习近平总书记关于加强和改进人民政协工作的重要思想学习研讨，建立健全学习制度体系，把思想政治引领贯穿建言资政、凝聚共识、团结联谊、为民服务等各项工作之中，引导各党派各团体和各族各界人士更加紧密地团结在中国共产党的周围，不断增进对中国共产党和中国特色社会主义的政治认同、思想认同、理论认同、情感认同。要以党的政治建设为统领，按照省委“八个坚定不移”要求，巩固拓展“不忘初心、牢记使命”主题教育成果，持续提高政协党的建设质量。

坚持协商民主
进一步提升服务大局成效

强化主责主业意识，充分发挥专门协商机构作用，把协商民主贯穿履行职能全过程，把人民政协的制度优势，转化为在国家治理体系中参与基层治理的效能。健全制度机制，完善协商内容、丰富协商形式、增加协商频次、提高协商实效，形成程序合理、环节完整的协商民主体系。创新形式载体，坚持有事多商量、遇事多商量、做事多商量，搭建经常性知情明政、建言献策平台，更加灵活地开展专题协商、对口协商、界别协商、提案办理协商，探索网络议政、远程协商等多层次协商形式，开拓协商民主新空间，扩大界别群众工作覆盖面。紧扣“作答时代命题，聚力赶超攻坚”工作要求，聚焦市委市政府工作重点、群众生产生活难点、社会治理焦点，围绕制造业高质量发展、中医药服务守正创新、环湾城市空间拓展、社区治理优化提升等议题，深入开展调查研究，提出高质量的课题成果，有序组织各类协商活动，广集良策促进决策优化，广汇共识推动决策实施，广聚合力助力决策落实。

紧贴民生民意
进一步聚焦改善民生福祉

为人民谋幸福，是政协履职的初心和使命。要坚持以人民为中心的发展思想，主动呼应群众期盼和诉求，助推民生福祉改善。围绕农村饮用水安全、扩大医疗病床位资源供给、安全生态和谐寺观建设、残疾人就业情况、非遗传承创新、城市精细化管理等议题，精心组织高质量、有特色的调研、视察、民主监督，察真情，出实招，深入研讨论证，提出意见建议，帮助群众排忧解难，补足民生短板，努力增进民生福祉。发挥界别优势，发动政协委员积极参与脱贫攻坚、扶危济困等慈善事业，筹措资金帮扶少数民族村建设。进一步发挥社情民意的重要作用，了解群众关心的热点问题，及时反映群众的意见和诉求，协助党委政府把准社会脉搏，为推进民生建设、促进社会和谐建言出力。

广泛凝聚共识
进一步汇聚各方人心力量

充分发挥人民政协代表性强、联系面广、包容性大的优势，正确处理一致性和多样性关系，把团结各界、凝聚人心摆在突出位置，加强同各党派各团体、社会各界人士的联系，广泛凝聚各方智慧和力量。针对社会各界关注的问题和界别群众的利益诉求，适应互联网发展大势，打造更多务实管用的凝聚共识平台，协助党委政府做好解疑释惑、理顺情绪、化解矛盾工作。深化政协港澳台侨工作，充分发挥港澳委员双重积极作用，加深与海外泉籍华侨华人社团的联系，广泛开展联络联谊。着眼“基层一线”、着力“青年一代”，不断创新平台载体，积极拓展同台湾有关党派团体、社会组织、各界人士的交流交往。畅通与党外知识分子、非公有制经济人士、新的社会阶层人士的沟通联络渠道，做好民族宗教工作，找到最大公约数，画出最大同心圆，凝聚起维护稳定、促进和谐、推动发展的最广泛共识和最磅礴力量。

强化责任担当
进一步推进履职能力建设

新时代人民政协肩负新使命，干出政协新样子就要加强政协两支队伍建设，推进工作提质增效。坚持思想求实、工作务实、行动落实，从思想、作风、业务、素质等方面入手，以“精益求精”的匠心、“滴水穿石”的恒心、“敬业奉献”的诚心、“正风肃纪”的决心着力建设服务型、素质型、廉洁型政协机关队伍，自觉投身凝心聚力第一线、决策咨询第一线、协商民主第一线、国家治理第一线的具体实践，以崭新的风貌践行政协履职初心使命。持续抓好委员队伍建设，引导委员强化务实担当的责任意识，涵养为国履职、为民尽责的家国情怀，在干好本职工作中讲担当，在责任面前讲担当，在敢于斗争中讲担当，始终心系国事，情牵民生，当好改革开放、团结奋进和人民政协制度的参与者、实践者、推动者。完善委员履职量化考评管理办法，通过抓学习、优服务、搭平台、严考评、重落实，提升委员履职实效。加强委员学习培训，通过保障学习频次、丰富学习形式、完善学习机制，进一步提升委员履职能力，展示新时代政协委员新风采。

2019年泉州市国民经济和社会发展统计公报[1]

泉州市统计局
国家统计局泉州调查队
（2020年3月25日）

一、综合

初步核算，全年全市实现地区生产总值（GDP）[2]9946.66亿元，按可比价格计算，比上年增长8.0%，经济总量连续21年保持全省第一。其中，第一产业增加值218.61亿元，增长2.4%；第二产业增加值5855.27亿元，增长8.3%；第三产业增加值3872.78亿元，增长7.8%。第一、二、三产业对GDP增长的贡献率分别为0.7%、63.0%和36.3%，分别拉动GDP增长0.1个、5.0个和2.9个百分点。三次产业比例为2.2：58.9：38.9。按常住人口计算，人均地区生产总值114067元（按年平均汇率折合16535美元），比上年增长7.4%。

表1

2019年年末常住人口数及其构成

指　　标	年末数（万人）	比重（%）
常住人口	874	100
其中：城镇	587.3	67.2
农村	286.7	32.8
其中：男性	444.0	50.8
女性	430.0	49.2
其中：0-14岁	176.5	20.2
15-64岁	617.1	70.6
65岁及以上	80.4	9.2

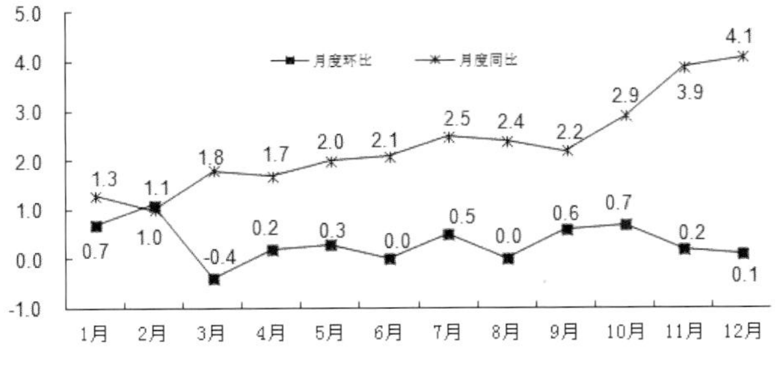

图1 2019年市辖区居民消费价格月度涨跌幅度

年末全市常住人口874万人，比上年末增加4万人。65岁及以上老年人口占9.2%。人口出生率为11.7‰，死亡率为6.7‰，自然增长率为5.0‰，常住人口城镇化率为67.2%。年末全市户籍人口760.70万人。

全年全市城镇新增就业人员12.57万人，有1390名就业困难人员实现了再就业；全年培训各类劳动者20万人，转移就业1.63万人。年末城镇登记失业率为1.05%。

全年市辖区居民消费价格总水平比上年上涨2.3%，其中，消费品价格同比上涨3.4%，服务项目价格同比上涨0.6%。12月份，全市新建商品住宅销售价格同比上涨3.0%，二手住宅交易价格同比上涨2.0%。

表2

2019年市辖区居民消费价格比上年涨跌幅度（%）

指标	市区
居民消费价格总水平	2.3
一、食品烟酒	6.6
粮食	-1.6
鲜菜	6.6
畜肉	29.8
水产品	-1.0
蛋	3.8
鲜果	17.8
二、衣着	5.7
三、居住	0.0
四、生活用品及服务	0.4
五、交通和通信	-3.2
六、教育文化和娱乐	1.3
七、医疗保健	1.8
八、其他用品和服务	2.6

全市一般公共预算收入457.75亿元，比上年减收16.41亿元，下降3.5%，加上上划中央税收收入381.22亿元，全市一般公共预算总收入合计完成838.97亿元，比上年减收22.07亿元，下降2.6%。一般公共预算支出658.25亿元，比上年增长25.86亿元，增长4.1%。其中，教育支出150.91亿元，增长1.9%。政府性基金收入315.69亿元，政府性基金支出376.10亿

元。税务部门组织各项收入956.30亿元，比上年增长2.3%，其中，税收收入756.88亿元，下降5.5%。海关代征税收收入125.04亿元，下降13.4%。

二、农业

全年全市农林牧渔业完成总产值 394.75亿元，比上年增长2.4%。粮食种植面积128.80万亩，比上年增加0.67万亩，增长0.5%；其中稻谷面积83.00万亩，减少1.52万亩；烟叶种植面积0.04万亩，增加8亩；油料种植面积22.10万亩，增加0.24万亩；蔬菜种植面积76.37万亩，增加4.90万亩。粮食总产量48.98万吨，比上年增加0.47万吨，增长1.0%，其中稻谷33.69万吨，减少0.30万吨，下降0.9%。

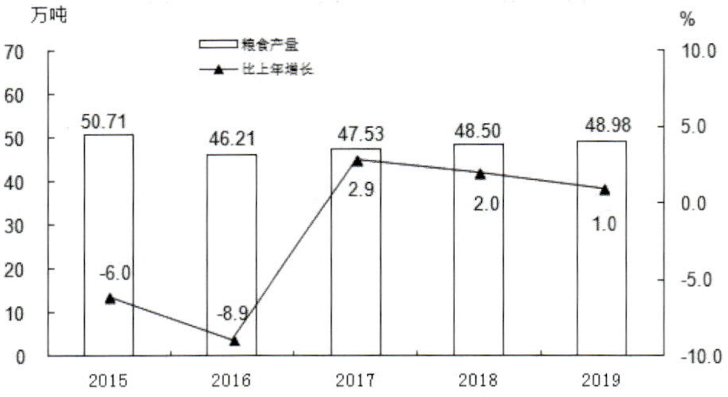

图2 2015—2019年粮食总产量及其增长速度

表3

2019年主要农产品产量

产品名称	产量(万吨)	比上年增长(%)
粮食	48.98	1.0
春收	4.03	6.5
夏收	13.22	-3.0
秋收	31.72	2.0
油料	4.56	2.0
其中：花生	4.40	1.3
油菜籽	0.16	24.1
糖料	1.18	-2.7
其中：甘蔗	1.18	-2.7
茶叶	8.71	4.3
水果	13.95	5.9
蔬菜	97.12	8.4
食用菌	9.37	7.5

全年全市植树造林总面积9.66万亩，占总任务8万亩的120.8%。其中，人工荒山造林1.76万亩，人工迹地更新5.73万亩，人工促进天然更新0.51万亩，低产低效林改造1.5万亩，林冠下造林0.67万亩。全年完成幼林抚育作业面积25.92万亩。年末实有封山（沙）育林面积38.22万亩。全年商品材产量38.79万立方米，下降10.7%。

全年全市肉蛋奶总产量25.82万吨，下降0.7%。其中，肉类总产量17.82万吨，下降2.2%；禽蛋7.45万吨，增长2.3%。肉猪出栏数116.82万头，下降12.4%，年末生猪存栏数71.20万头，下降15.1%。

全年全市水产品总产量107.00万吨，比上年下降0.8%。其中，淡水产品产量1.55万吨，增长4.2%；海水产品产量105.45万吨，下降0.8%，其中，海洋捕捞69.61万吨，下降3.8%；海水养殖35.84万吨，增长5.6%。

年末全市拥有国家级、省级农业产业化龙头企业9家和126家；无公害农产品548个、绿色食品154个、有机食品12个，农产品地理标志产品18个；福建十大农产品区域公用品牌1个。

三、工业和建筑业

全年全市工业实现增加值5167.98亿元，增长8.6%，工业对经济增长的贡献率达59.0%。其中规模以上工业增加值4501.41亿元，增长8.6%。全年规模以上工业实现销售产值17594.35亿元，其中出口交货值2936.51亿元，增长12.6%。拥有超亿元企业2809家，比上年增加117家，其中超10亿元企业328家，比上年增加47家。

表4

2019年规模以上工业增加值主要分类情况

指 标	绝对数(亿元)	比上年增长(%)
规模以上工业增加值	4501.41	8.6
其中：国有控股企业	296.32	2.6
其中：国有企业	6.37	4.1
集体企业	1.71	22.9
股份合作制企业	2.93	13.0
股份制企业	2560.25	9.5
外商及港澳台投资企业	1881.81	7.3
其他经济类型企业	48.34	12.9
其中：私营企业	1765.48	11.0
其中：轻工业	2784.35	7.7
重工业	1717.06	10.2
其中：采矿业	30.17	1.9
制造业	4358.91	8.7
电力、热力、燃气及水的生产和供应业	112.33	6.4

表5

2019年规模以上工业部分重点产业增加值

指 标	绝对数(亿元)	比上年增长(%)
规模以上工业增加值	4501.41	8.6
按三大板块分		
传统产业	3040.19	8.1
重化产业	1290.54	8.1

续表5

指 标	绝对数(亿元)	比上年增长(%)
高新技术产业	865.22	9.9
按“十三五”规划重点产业分		
主导产业	3608.13	8.5
#纺织鞋服	1463.06	5.4
#纺织服装	864.90	4.4
鞋业	598.17	7.0
石油化工	747.41	10.0
机械装备	543.13	5.7
建材家居	1051.58	11.1
特色产业	836.61	11.0
#食品饮料	308.91	6.0
工艺制品	311.06	13.2
纸业印刷	216.64	15.1
新兴产业		
#新一代信息技术	126.57	29.7
生物医药	16.15	-11.7

注：上表中重点产业分类并非标准分类，存在小范围交叉。

规模以上工业企业经济效益综合指数为359.3，比上年上升20.8点，其中总资产贡献率21.4%，下降1.9个百分点；资本保值增值率106.1%，下降4.8个百分点；资产负债率45.2%，上升2.0个百分点；全员劳动生产率34.92万元/人，提高4.15万元/人；流动资产周转率3.6次，提高0.1次；工业产品销售率96.4%，提高0.1个百分点。全年规模以上工业企业实现利润总额1347.58亿元，比上年增长4.7%，其中外商及港澳台商投资企业、股份制企业和股份合作制企业利润分别增长0.7%、7.5%和29.5%。规模以上工业亏损企业亏损额16.05亿元，增亏6.09亿元。

表6

2019年规模以上工业企业主要工业产品产量

产品名称	单位	绝对数	比上年增长(%)
原煤	万吨	71.74	-9.2
发电量	亿千瓦时	378.45	-1.2
罐头	万吨	22.06	-16.0
化学纤维	万吨	205.18	10.7
纱	万吨	100.29	-12.7
布	亿米	73.83	0.4
服装	亿件	46.77	9.7
皮鞋	亿双	13.29	7.1
机制纸及纸板	万吨	179.12	14.3
原油加工量	万吨	2334.96	9.1
烧碱	万吨	9.25	-0.8
塑料制品	万吨	111.38	9.8
花岗石板材	万平方米	4909.63	-1.8
钢材	万吨	707.31	18.2
饮料	万吨	158.25	18.4

续表6

产品名称	单位	绝对数	比上年增长(%)
精制茶	吨	78295.09	8.6
中成药	吨	2467.60	19.8
水泥	万吨	920.39	2.9
陶瓷砖	亿平方米	27.83	15.2
卫生陶瓷制品	万件	417.00	46.1
建筑工程用机械	台	9198	18.9
金属切削机床	台	1594	-13.1
太阳能电池（光伏电池）	万千瓦	87.09	6.7
光电子器件	万只（片、套）	4380.24	15.7

全市工业用电量342.63亿千瓦时，增长0.9%。

全市建筑业实现增加值695.92亿元，比上年增长5.5%。全市资质等级以上的建筑企业有876个，完成建筑业总产值1978.28亿元，现价增长10.9%。全市建筑房屋施工面积9612.95万平方米，增长3.8%；房屋竣工面积3192.79万平方米，增长4.9%。全市建筑业总产值达到亿元及以上的企业204家，其中5亿元及以上的企业75家。

四、固定资产投资

全年固定资产投资比上年增长6.3%。其中，固定资产投资（不含省反馈铁路数据）增长6.1%，项目投资增长1.3%，房地产开发投资增长15.8%。固定资产投资按三次产业分，第一产业投资下降44.7%；第二产业投资增长8.1%；第三产业投资增长6.7%。工业投资增长9.1%，占固定资产投资的比重为32.4%。基础设施投资下降8.6%，占固定资产投资的比重为20.7%。先进制造业投资增长12.8%，占固定资产投资的比重为14.1%。

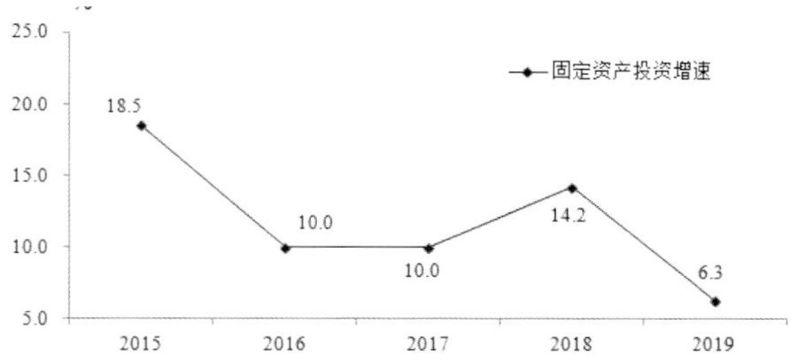

图3 2015—2019年固定资产投资增速

表7

2019年固定资产投资情况

指 标	比上年增长(%)
固定资产投资	6.3
其中：固定资产投资（不含省反馈铁路）	6.1
按构成分	

续表7

指　　标	比上年增长(%)
项目投资	1.3
其中：国有及国有控股	-6.6
房地产开发投资	15.8
按产业分	
第一产业	-44.7
第二产业	8.1
第三产业	6.7

表8
2019年分行业固定资产投资情况

行　　业	比上年增长(%)
总　　计	6.3
农、林、牧、渔业	-44.2
采矿业	-11.9
制造业	8.6
其中：食品制造业	-5.4
纺织业	16.1
纺织服装和服饰业	-0.7
皮革、毛皮、羽毛(绒)及其制品业	4.1
化学原料及化学制品制造业	35.9
非金属矿制品业	2.1
金属制品业	20.4
通用设备制造业	21.4
专用设备制造业	41.5
计算机、通信和其他电子设备制造业	-24.1
电力、热力、燃气及水的生产和供应业	16.9
建筑业	-94.2
批发和零售业	-18.0
交通运输、仓储和邮政业	-27.7
住宿和餐饮业	-42.8
信息传输、软件和信息技术服务业	-22.9
金融业	26.3
房地产业	15.1
租赁和商务服务业	198.9
科学研究和技术服务业	1.9
水利、环境和公共设施管理业	9.8
居民服务、修理和其他服务业	-45.0
教育	39.8
卫生和社会工作	-12.6
文化、体育和娱乐业	28.7
公共管理、社会保障和社会组织	-54.3

房地产开发投资额916.64亿元，增长15.8%，其中：住宅投资662.62亿元，增长16.3%，土地购置费235.56亿元，增长17.4%；房屋施工面积7348.97万平方米，增长6.8%，其中：住宅5059.40万平方米，增长10.1%；商品房销售面积1541.61万平方米，增长8.9%，其中：住宅1274.69万平方米，增长7.4%；商品房销售额1273.60亿元，增长3.8%。

表9
2019年房地产开发和销售主要指标完成情况

指　标	单位	绝对数	比上年增长(%)
投资完成额	亿元	916.64	15.8
其中：住宅	亿元	662.62	16.3
其中：土地购置费	亿元	235.56	17.4
房屋施工面积	万平方米	7348.97	6.8
其中：住宅	万平方米	5059.40	10.1
房屋新开工面积	万平方米	1344.85	-27.6
其中：住宅	万平方米	989.6	-30.4
房屋竣工面积	万平方米	470.56	-34.8
其中：住宅	万平方米	276.75	-37.5
房屋销售面积	万平方米	1541.64	8.9
其中：住宅	万平方米	1274.69	7.4
本年资金来源	亿元	1622.48	-0.03
其中：国内贷款	亿元	65.13	-63.8
其中：个人按揭贷款	亿元	297.59	8.9
本年购置土地面积	万平方米	183.31	23.0
本年土地成交价款	亿元	95.38	1.4

五、国内贸易

全年全市社会消费品零售总额3761.82亿元，比上年增长10.2%。按构成分，限额以上消费品零售额1572.98亿元，增长11.4%；限额以下消费品零售额2188.84亿元，增长9.4%。

在限额以上批发零售企业商品零售额中，家具类比上年增长37.7%，体育、娱乐用品类增长21.5%，通讯器材类增长19.6%，饮料类增长19.1%，家用电器和音像器材类增长18.5%，服装、鞋帽、针纺织品类增长14.1%，五金、电料类增长12.4%，石油及制品类增长11.9%，中西药品类增长10.0%，

图4　2015—2019年社会消费品零售总额及其增长速度

汽车类增长4.8%。全市限额以上批发和零售业企业通过互联网实现商品零售额230.76亿元，比上年增长20.0%。

六、对外经济

全年全市进出口总额达2111.80亿元，比上年增长13.9%。其中，出口1453.49亿元，增长21.9%；进口658.32亿元，下降0.4%。进出口顺差795.17亿元，比上年增加263.67亿元。

表10

2019年进出口主要分类情况

指 标	绝对数（万美元）	比上年增长（%）
进出口总额	2111.8	13.9
出口额	1453.49	21.9
其中：一般贸易	1142.13	7.1
加工贸易	91.11	17.3
其中：机电产品	130.04	36.3
其中：高新技术产品	305.08	24.3
进口额	658.3	-0.4
其中：一般贸易	516.75	-6.8
加工贸易	57.89	29.5
其中：机电产品	27.4	-72.7
其中：高新技术产品	107.44	-36.5

表11

2018年对主要国家和地区进出口情况

国家和地区	出口额（万美元）	比上年增长（%）	进口额（万美元）	比上年增长（%）
亚洲地区	792.21	37.6	458.89	4.3
中国香港地区	106.02	17.1	0.72	-47.4
中国台湾地区	55.88	94.8	30.45	-15.0
日本	28.56	-0.8	8.33	-75.4
韩国	31.77	70.7	6.54	-40.6
东盟	410.45	48.8	29.65	-12.5
欧盟	222.24	7.5	33.23	-32.4
俄罗斯	20.00	17.2	15.92	-24.6
美国	190.94	0.8	17.34	-60.5
非洲	83.74	19.7	83.5	30.0

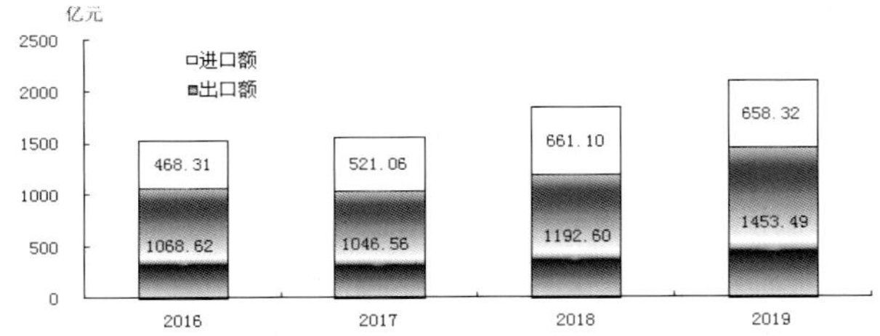

图5 2016—2019年货物进出口总额

全年全市新签外商直接投资合同项目314项，比上年增长12.1%，投资总额292.63亿元，比上年增长7.3%；合同外资金额155.91亿元，增长30.2%；按验资口径，实际利用外资44.13亿元，增长5.3%。新批外商投资超千万美元（含增资）的项目由上年的50家增长到51家。在新签利用外资合同中，投向第二产业的合同金额45亿元，下降25.7%，投向第三产业的合同金额109.3亿元，增长88.5%。外商投资企业当年累计开业投产73家。

表12

2019年外商直接投资分行业情况

行业名称	新批合同项目（个）	合同金额（万美元）	实际使用外资（验资口径）（万美元）
总计	314	1559079	441268
农、林、牧、渔业	8	16873	684
制造业	70	435252	281912
电力、燃气及水的生产和供应业	3	13344	3575
建筑业	3	1309	
交通运输、仓储和邮政业	3	43289	14719
信息传输、计算机服务和软件业	12	63034	152
批发和零售业	113	71107	6299
住宿和餐饮业	11	22796	16028
金融业		-2625	
房地产业	12	119555	93227
租赁和商务服务业	35	107288	8999
科学研究、技术服务业	32	517007	11063
水利、环境和公共设施管理业	2	11000	
居民服务、修理和其他服务业	2	1939	
教育	2	100	
卫生和社会工作	1	134572	2814
文化、体育和娱乐业	5	3239	1796

全年共签订对外经济技术合作合同金额7674万美元，比上年下降1.6%；完成营业额6016万美元，增长7.6%。全年派出劳务人员6816人，年末在外劳务人员共有5000人。全年批准境外投资企业17家，境外投资金额1.55亿美元。

七、交通、邮电和旅游

全年全市交通运输、仓储和邮政业增加值增长9.1%。全年全市共新建、改建公路43公里。年末公路通车总里程达17739公里，比上年增加43公里。其中，二级及二级以上高级公路里程2847公里，高速公路里程652公里。公路密度达

161.27公里/百平方公里。全市铁路总里程360公里，其中高铁里程86.97公里。

全年全市货物运输量35827.47万吨，增长14.6%；客运量6330.99万人次，下降9.9%。全市港口完成货物吞吐量12726.09万吨，比上年下降0.8%，其中外贸货物吞吐量4245.73万吨，增长9.1%；集装箱吞吐量257.93万标箱，增长7.3%。

表13

2019年各种运输方式完成货物运输量情况

指 标	单位	绝对数	比上年增长(%)
货运量	万吨	35827.47	14.6
铁路	万吨	1106.20	1.6
公路	万吨	20009.30	14.8
水运	万吨	14704.44	15.5
民航	万吨	7.53	17.9
货物运输周转量	亿吨公里		
铁路	亿吨公里		
公路	亿吨公里	165.37	9.1
水运	亿吨公里	2343.31	15.0
民航	亿吨公里		

表14

2019年各种运输方式完成旅客运输量情况

指标	单位	绝对数	比上年增长(%)
客运量	万人次	6330.99	-9.9
铁路	万人次	1406.12	2.6
公路	万人次	4067.30	-17.0
水运	万人次	13.99	-13.6
民航	万人次	843.58	13.3
旅客运输周转量	亿人公里		
铁路	亿人公里		
公路	亿人公里	31.12	-13.6
水运	亿人公里	0.057	-13.6
民航	亿人公里		

年末，全市民用汽车保有量达到159.99万辆（含三轮汽车和低速货车），比上年末增长11.2%；其中私人汽车保有量142.56万辆，增长9.8%。全市民用轿车保有量102.95万辆，增长10.4%；其中私人轿车保有量94.89万辆，增长10.0%。全市共有营运汽车总数39534辆（不含4.5吨以下货车），其中客运车辆8022辆（含客运班车1342辆，旅游客车347辆，包车客车364辆，公交车3192辆，出租车2777辆），货运汽车31512辆（含4.5吨以上普通货车18766辆，牵引车5457辆，挂车7289辆）。拥有省际运输船舶226艘，总载重313.21万吨。全市公交运营线路长度5556.4公里，全年公交客运量18397.1万人次。

全年完成邮电业务总量1012.64亿元，增长49.9%。其中，邮政业务总量273.27亿元，增长30.0%；电信业务总量739.37亿元，增长58.8%。全市电话用户总数1194.41万户，其中：固定电话用户161.42万户；移动电话用户1032.98万户，其中4G电话用户857.18万户，净增91.15万户，移动宽带用户普及率为104.1%，比上年提高1.9个百分点。全市电话普及率为136.7%，其中：固定电话普及率18.5%，移动电话普及率118.7%。全市互联网用户1250.41万户，增加45.26万户，其中：固定宽带用户385.03万户，增加33.85万户，固定宽带家庭普及率为128.0%，比上年提高11.4个百分点；移动互联网用户865.38万户，增加11.41万户。

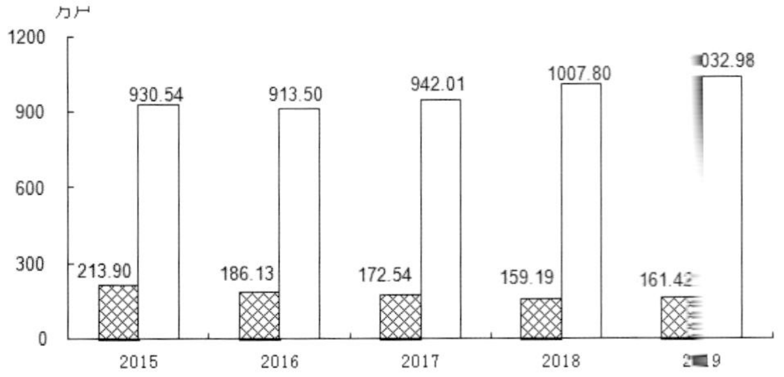

图6 2015—2019年末点火用户数

全年共接待国内外游客7801.16万人次，比上年增长17.1%。其中，国内游客7624.94万人次，增长17.6%；境外游客176.21万人次，下降1.0%。全年实现旅游总收入1312.68亿元，增长20.5%。其中，国内旅游收入1189.08亿元，增长22.4%；旅游创汇17.89亿美元，增长0.3%。

八、金融

年末全市金融机构本外币各项存款余额7728.61亿元，比上年末增长11.2%，其中人民币各项存款余额7647.23亿元，比上年末增长11.4%。人民币存款中，住户存款余额4290.60亿元，比上年末增长13.5%；企业存款1983.08亿元，比上年末增长8.1%。全市金融机构本外币各项贷款余额7140.23亿元，比上年末增长11.7%，其中人民币各项贷款余额7110.15亿元，比上年末增长11.5%。人民币贷款中，个人消费贷款余额2292.68亿元，当年新增377亿元，其中住房贷款余额1754.48亿元，当年新增332.11亿元。

表15

2019年末金融机构本外币存贷款情况

指标	年末数(亿元)	比上年末增长(%)
各项存款余额	7728.61	11.2
其中：人民币存款	7647.23	11.4
其中：非金融企业存款	1983.08	8.1
住户存款	4290.60	13.5

续表15

指标	年末数 (亿元)	比上年末增长 (%)
各项贷款余额	7140.23	11.7
其中：人民币贷款	7110.15	11.5
其中：短期贷款	2518.29	-0.2
中长期贷款	4159.21	15.4

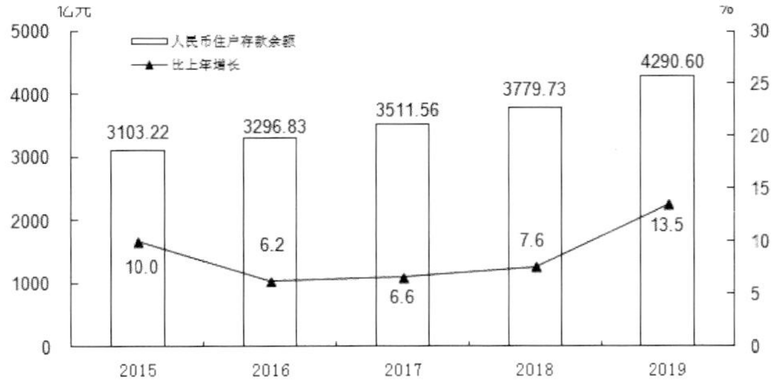

图7 2015—2019年人民币住户存款余额及增长速度

全年全市通过证券市场发行、配售股票共筹集资金0 亿元，比上年减少6.60亿元。其中，配股0只，筹集资金0亿元，比上年减少6.60亿元。截至2019年末，累计境内上市公司（A、B股）18家，总市值981.07亿元，比上年末增长21.5%；累计境外上市公司84家。

全年全市保险业实现各项保费收入240.38亿元，比上年增长12.4%。其中，财产保险保费收入63.09亿元，增长6.0%；人寿保险保费收入177.29亿元，增长14.9%。赔款及给付支出64.76亿元，增长0.9%。其中，财产保险赔款及给付支出34.23亿元，增长3.7%；人寿保险赔款及给付支出30.53亿元，下降2.1%。

九、人民生活与社会保障

全年全市居民人均可支配收入39155元，比上年增长8.5%；人均消费支出25447元，增长9.3%；人均住房建筑面积69.0平方米。按常住地分，全市城镇居民人均可支配收入49592元，增长7.5%，人均消费支出 30754元，增长9.1%，人均住房建筑面积65.3平方米；农村居民人均可支配收入

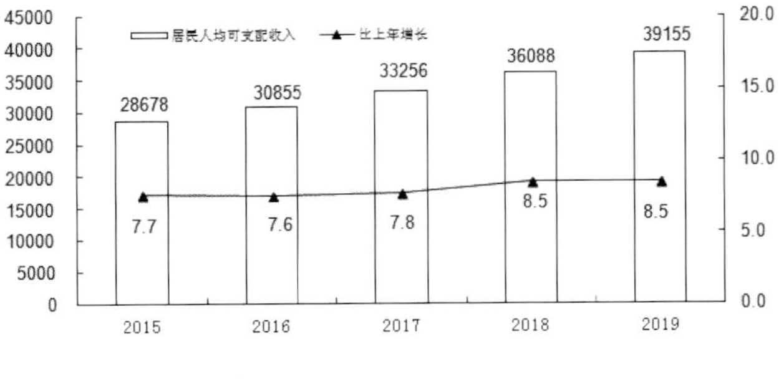

图8 2015—2019年居民人均可支配收入及其增长速度

22142元，增长9.2%，人均消费支出16794元，增长8.3%，人均住房建筑面积75.0平方米。城乡居民家庭恩格尔系数分别为31.1%和40.9%。

年末城镇每百户家庭拥有彩色电视机121.8台、洗衣机87.7台、电冰箱（柜）107.3台、空调186.8台、计算机67.8台、家用汽车45.4辆、移动电话 268.8部。年末农村百户家庭拥有彩色电视机115.8台、摩托车 90.6辆、家用汽车16.2辆、洗衣机85.6台、空调134.0台、移动电话 259.3部。

全市年末参加养老保险人数540.25万人，比上年新增9.76万人。其中：参加企业养老保险人数149.35万人，比上年新增5.58万人，参加机关事业单位养老保险人数19.94万人（含退休），比上年减少0.02万人，参加城乡居民社会养老保险人数370.96万人，比上年新增4.20万人。年末企业离退休人员领取基本养老保险金人数11.10万人，全部实现养老金按时足额发放。年末全市参加失业保险人数72.90万人，领取失业保险金人数0.86万人；参加工伤保险人数为118.66万人；参加生育保险人数为78.69万人；参加职工基本医疗保险人数96.01万人；参加城乡居民基本医疗保险人数607.15万人，参保率95.6%。

年末全市收养性社会福利单位有661个。其中，儿童收养性福利机构12个，床位448张，年末在院人数313人；城镇老年收养性福利机构69个。全市养老服务床位42380张。全市社区服务机构和设施2989个，其中社区服务中心31个，社区服务站2269个，未登记的农村特困人员救助供养机构85个，社区养老机构和设施168个，社区互助型养老设施319个，其他社区服务机构和设施117个。城市有8431人享受到最低生活保障救助，比上年减少765人；农村有61412人享受到最低生活保障救助，比上年增加2556人。全年销售社会福利彩票11.19亿元。全年直接接收社会捐赠款1.85亿元。

全年全市创建145个省级乡村振兴示范点，投入实际扶持资金1.32亿元。34个省级扶贫开发帮扶村共争取各类资金达2.32亿元，实施帮扶项目567个。

十、教育和科学技术

全市拥有高等院校18所，其中本科高校5所，独立学院1所，高职高专12所。研究生在校生5563人，招生1830人，毕业生1188人。普通高校本专科在校生15.44万人，招生6.03万人，毕业生3.39万人。全市中等职业学校38所（含技工学校6所），普通高中119所。高中阶段在校生22.39万人；招生8.41万人，其中普通高中4.73万人、中等专业学校3.41万人、技工学校0.27万人。全市普通初中210所，初中在校生30.84万人，招生11.09万人，其中招收外来务工人员子女3.75万人。全市小学1331 所，在校学生80.17万人，招生14.69万人，其中招收外来务工人员子女4.53万人。全市幼儿园1610所，在园幼儿40.29万人，招生13.68万人，学前三年入园率98.55%。全市特殊教育学校10所，特殊教育在校生2349人。在泉就读进城务工人员随迁子女义务教育阶段38.31万人。

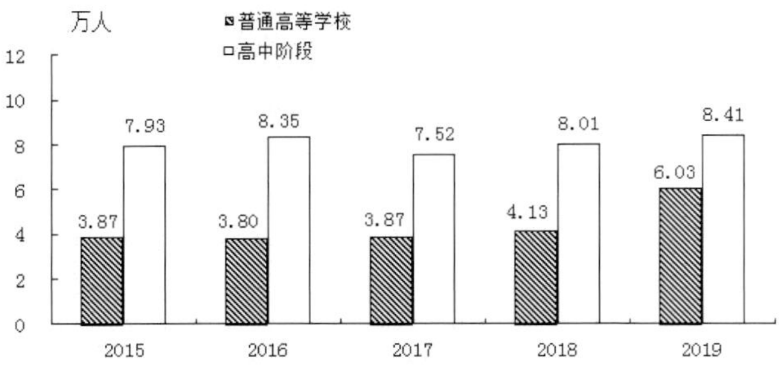

图9 2015—2019年各类学校招生人数

年末全市企事业单位共有各类专业技术人员（不含退休及非公有制企业从业人员）12.98万人，其中高级职称1.43万人，中级职称4.84万人，初级职称4.73万人，未评职称1.98万人（含编外人员）。共设立了21个企业博士后科研工作站，累计引进博士后研究人员256人（次），目前在站博士后55人。

年末，全市拥有国家高新技术企业685家，省级高新技术企业477家，拥有省级、市级工程技术研究中心分别达85个和201个，228家企业被评为福建省创新型企业。全年共实施国家、省、市各级各类科技计划项目358项，其中省级21项、市级337项。全年专利申请49492件，授权32596件，2012年以来累计专利授权量达183321件。其中，本年新增发明专利授权量1780件，2012年以来累计发明专利授权量达11507件，年末每万人口发明专利拥有量达9.48件。全年共签订各类技术合同190项，合同金额1.37亿元。

年末共有产品检测机构81个（含第三方检测机构），其中国家检测中心7个。全市共有法定计量技术机构8个，全年强制检定计量器具17.57万台（件），非强检计量器具0.14万台（件）。全年监督抽查1408家生产企业的产品2132批次，合格率达95.08%。

全年新增获工商总局认定全国驰名商标2件，年末累计159件。年末全市拥有省政府质量奖4个、市政府质量奖16个，福建省名牌产品304项。全市累计拥有11个全国农业标准化示范区项目，23个福建农业标准化示范区。

全年全市新增完成63项国家标准制修订，42项行业标准制修订，11项地方标准制修订。全市累计获批独立承担或联合承担22个专标委秘书处和工作组。

年末全市共有国家级地面气象观测站7个，其中国家基准气候站1个、国家基本气象站1个、国家一般气象站5个；拥有天气雷达观测站1个，风廓线雷达站2个，区域气象自动站258个。全市共有地震前兆台站20个，前兆测项43个，测震台站17个，烈度速报台站148个，强震动观测台站11 个，GPS观测基准台6个。

十一、文化、卫生和体育

年末全市共有国有艺术表演团体12个，影（剧）院74个，群众艺术馆1个，文化馆11个，博物馆（纪念馆）17个（含民营博物馆），乡镇文化站163个，公共图书馆11个。图书馆藏书总量625.21万册，电子图书622.87万册。文化系统专业艺术表演团体艺术演出2060场，观众105.52万人次；剧场、影剧院演（映）出87.54万场次。年末全市有广播电视台9座，调频、电视转播发射台9座，广播节目12套，广播综合人口覆盖率为98.61%；电视节目12套，电视综合人口覆盖率为98.82%。全市有线广播电视覆盖用户237.12万户，实际用户140.19万户，有线广播电视传输干线总长45714.58公里。

年末全市共有各类卫生机构（不含村卫生室）1825个，其中医院127个，卫生院126个，社区卫生服务中心40个，预防保健机构（含妇幼所、院）98个。年末共有卫生技术人员46177人，其中医生17783人，注册护士19259人。卫生机构拥有编制病床36444张，开放床位43834张。全市农村100%行政村有医疗点，乡村医生和卫生员5174人。

全年共报告法定甲乙类传染病病例23211例，报告发病率266.79/十万。县级以上医疗机构疫情报告网络直报覆盖率为100%，乡镇卫生院覆盖率为100%，儿童预防接种四苗接种率99.8%；乙肝疫苗接种率99.87%。

全年全市运动员取得2项4人次世界冠军，3项5人次亚洲冠军，4项4人次全国冠军。全年全市共新建“全民健身工程”点101个。成功举办泉州市2019年全民健身运动会。全年销售体育彩票18.25亿元。

十二、资源、环境和安全生产

年末环湾建成区面积达230平方公里，比上年末增加4平方公里；其中，中心市区建成区面积达157.06平方公里，比上年末增加2.61平方公里。中心市区建成区新增园林绿地7公顷，总绿地面积达9114.58公顷，绿化覆盖面积9772.24公顷，绿化覆盖率为43.2%，人均公园绿地面积为14.63平方米

全年全市自来水供水总量54026万立方米，其中居民家庭自来水用水量19606万立方米，家庭自来水用户105.20万户。全年共铺装天然气管道210公里，年末天然气管道累计达4071公里；天然气用户数42.19万户。全年全市城市生活垃圾无害化处理率100%；城市污水处理率93.96%。

全年辖区内各城市、县城环境空气质量中6项污染物指标浓度均达到国家二级标准，泉州市区空气质量优良天数共352天，占总天数的96.4%。市区饮用水源达标率为100%。晋江流域水质监测省控断面Ⅱ类水质达标率为46.2%。全年农村饮水安全受益人口11.08万人。

泉州市本级和10个县（市、区）先后建成国家生态市、县、区并获命名；鲤城区、德化县、永春县获评国家生态文明建设示范县。全市建成111个国家级生态乡镇，1659个市级以上生态村。

全市拥有省级以上林业自然保护区4个，其中国家级自然保护区1个；林业自然保护区面积（含保护小区）4.29万公顷，占国土面积的3.9%。另有福建深沪湾海底古森林遗迹国家级自然保护区，面积31平方公里。全市拥有森林公园3[illegible]个，其中国家级1个、省级22个，森林公园总面积3.94万公顷，

占国土面积的3.6%。全市森林面积65.7万公顷，森林覆盖率为58.7%，活立木总蓄积量4497.3万立方米，森林蓄积量为4338.5万立方米。

全年发生森林火灾1起，过火面积5.6公顷，因森林火灾造成受害森林面积5.6公顷，损失林木34立方米、幼树0.2万株。

全年因主要气象灾害造成的直接经济损失1.18亿元，比上年减少46.2%；全年农作物受灾面积7264公顷。

全年全市共发生生产安全事故277起，比上年下降15.8%，其中工矿企业（含消防火灾、建筑行业等）26起、道路交通244起、铁路交通5起；死亡140人，下降15.2%，其中工矿企业（含消防火灾、建筑行业等）30人、道路交通103人、铁路交通4人；受伤244人，下降0.8%，其中工矿企业（含消防火灾、建筑行业等）15人、道路交通255人、铁路交通1人；经济损失1570.85万元，下降0.5%，其中工矿企业（含消防火灾、建筑行业等）1043.33万元、道路交通447.52万元、铁路交通0万元。各类较大事故3起。亿元生产总值生产安全事故死亡人数0.012人，比上年下降29.4%；煤矿百万吨死亡人数为0；火灾十万人口死亡人数0.172人，比上年下降37.7%。

注释：

[1]本公报中数据均为初步统计数。各项统计数据均未包括金门县。部分数据因四舍五入的原因，存在着与分项合计数不等的情况。

[2]地区生产总值、各产业增加值绝对数按现价计算，增长速度按可比价格计算。

十五至十三五时期泉州市主要经济指标一览表

表62

十五至十三五时期泉州市主要经济指标总量一览表

项目	单位	十五时期（2001—2005年）	十一五时期（2006—2010）	十二五时期（2011—2015年）	十三五时期（2016—2019年）
地区生产总值	亿元	6240.77	13825.61	26749.80	33826.81
第一产业	亿元	439.09	549.80	788.56	802.23
第二产业	亿元	3549.65	8120.04	16603.98	20048.02
第三产业	亿元	2252.03	5155.76	9357.26	12976.56
工业	亿元	3250.58	7428.28	14856.63	17793.45
农林牧渔业总产值	亿元	757.93	990.11	1422.42	1448.22
全部工业总产值	亿元	10719.34	25671.68	53521.45	—
一般公共预算总收入	亿元	544.73	1390.11	3250.22	3258.64
一般公共预算收入	亿元	275.57	676.39	1650.37	1798.29
一般公共预算支出	亿元	310.39	816.61	2088.43	2526.11
固定资产投资	亿元	1519.24	4277.53	12513.73	—
社会消费品零售总额	亿元	2591.17	5725.86	13010.28	18269.49
进出口总额	亿美元（亿元）	149.16	402.84	1291.63	7074.12
出口	亿美元（亿元）	105.16	289.87	760.17	4765.35
城镇居民人均可支配收入	元	56864	102557	168510	178055
农民人均可支配（纯）收入	元	26506	39682	66256	78204

说明：进出口数据2015年及以前年份以美元计价，2016年起以人民币计价

表63

十五至十三五时期泉州市主要经济指标年均增长速度一览表

项目	单位	十五时期（2001—2005年）	十一五时期（2006—2010）	十二五时期（2011—2015年）	十三五时期（2016—2019年）
地区生产总值	%	12.5	14.6	11.3	8.3
第一产业	%	2.1	0.4	2.6	2.0

续表63

项目	单位	十五时期（2001—2005年）	十一五时期（2006—2010）	十二五时期（2011—2015年）	十三五时期（2016—2019年）
第二产业	%	13.9	15.6	12.7	7.9
第三产业	%	12.4	14.9	9.5	9.5
工业	%	14.3	15.6	12.5	8.3
农林牧渔业总产值	%	2.8	1.6	2.2	2.1
全部工业总产值	%	16.1	19.1	15.9	—
一般公共预算总收入	%	20.2	21.4	15.0	0.5
一般公共预算收入	%	22.7	19.0	16.4	4.2
一般公共预算支出	%	18.4	21.7	18.5	5.1
固定资产投资	%	15.2	28.3	23.0	10.1
社会消费品零售总额	%	13.5	18.7	16.4	12.3
进出口总额	%	20.5	19.9	19.2	6.0
出口	%	22.1	20.9	17.2	6.6
城镇居民人均可支配收入	%	10.1	11.2	10.5	7.4
农民人均可支配（纯）收入	%	6.7	8.7	11.5	8.7

说明：进出口数据2015年及以前年份以美元计价，2016年起以人民币计价

2019年泉州市重点建设竣工项目

一、交通项目

1. 石狮红塔湾旅游公路
2. 泉州市火车站综合交通枢纽PPP项目
3. 国省干线纵四线南翼新城过境段公路工程
4. 泉州一重环湾快速路石狮连接线
5. 国道324线（纵二线）南安官桥前梧至水头路段改造工程
6. 国省干线联三线（岩峰至赤湖）提升改造工程

二、农林水利项目

泉州市七库连通工程山美水库至惠女水库段

三、社会事业项目

1. 泉州市老年医院
2. 泉州城市安全信息系统（七期）
3. 泉州市第二实验小学泉州开发区校区
4. 石狮市第七实验小学
5. 石狮朵朵童世界早教才艺培训中心
6. 泉州市光前医院综合病房大楼
7. 泉州老年大学校舍项目
8. 安溪县医院门诊医技楼项目
9. 安溪县妇幼保健院建设（一期）项目
10. 泉州非物质文化遗产馆改建项目

四、城乡建设与生态环保项目

1. 晋江梅庭片区安置房
2. 晋江下游生态整治工程（一期）
3. “泉州芯谷”南安高新技术园区工业污水处理厂项目
4. 鲤城龙头山片区改造安置房项目
5. 永春城东街及城东南街景观提升工程
6. 泉州山线绿道二期（景观提升）工程
7. 鲤城南环路、笋江路道路及景观提升改造工程
8. 泉州台商投资区重点排洪渠建设项目
9. 晋江市和平路安置房
10. 安溪县中山大桥东片区城中村改造项目
11. 永春东平镇镇区安置小区
12. 西湖公园桃花岛建设及景观提升工程
13. 中山路示范段（涂门街至打锡街）步行化保护提升工程

五、服务业项目

1. 丰泽潘山片区改造（北峰万科城）
2. 丰泽中骏商贸中心
3. 安溪万达广场
4. 泉州台商投资区丰树东南产业物流园项目

5. 泉州茂诚滨江国际酒店及商住项目
6. 石狮万纬和安综合金融电商产业园
7. 石狮荣誉国际酒店
8. 安溪参内溪禾山·茶文化园
9. 泉州市社会福利中心新址（一期）
10. 晋江市粮食储备库
11. 安溪弘桥智谷（泉州）电商园二期
12. 永春九牧物流园项目

六、制造业项目

1. 泉州台商投资区泉州玖龙纸业65万吨高档牛卡纸扩建项目
2. 泉港佳化乙（烷）氧基化物生产项目
3. 石狮申泰锂电池隔膜项目
4. 石狮通达技改项目
5. 南安市南益电脑针织机生产项目
6. 洛江铁拓机械改扩建工程
7. 泉州开发区特步员工公寓及配套设施建设
8. 南安明匠床上保健用品生产项目
9. 石狮海洋船舶北斗卫星导航系统及通讯设备飞通(福建)生产基地
10. 泉州台商投资区华南重工项目
11. 泉州开发区友臣食品生产项目
12. 泉港特种陶瓷材料先驱体产业化项目
13. 泉港丰鹏3.8万吨/年废催化剂综合利用项目
14. 永春县工业园区轻工基地基础设施建设项目
15. 安溪宝丽金箱包生产项目
16. 泉港食品级二氧化碳及衍生产品生产项目
17. 晋江澳鑫服饰生产项目
18. 安溪芸台建筑设备生产项目
19. 安溪佳福隆环保餐具生产项目
20. 安溪鑫绿源环保科技项目
21. 泉州开发区兆兴无纺布生产项目
22. 惠安建筑产业现代化生产基地

2019年泉州地区新出版的著作

表64

2019年泉州地区自然科学类著作表

书名	编著者	出版社
闽南传统建筑营造技艺	蒋钦全著	中国建筑工业出版社
数学反思2008—2009	（美）蒂图•安德雷斯库著；郑元禄译	哈尔滨工业大学出版社
数学反思2012—2013	（美）蒂图•安德雷斯库，（罗）科斯敏•波浩塔著；郑元禄译	哈尔滨工业大学出版社

表65

2019年泉州地区哲学社会科学类著作表

书名	编著者	出版社
李贽与海丝文化	福建省南安市社会科学界联合会、福建省南安市李贽学术研究会编	海峡文艺出版社
真德秀：贤臣大儒 理学传人	余奎元编著	福建人民出版社
胡安国：湖湘学派创始人	宁淑华编著	福建人民出版社

表66

2019年泉州地区文博方志类著作表

书名	编著者	出版社
铭记：泉州革命英烈画传选编（第一辑）	王素华、张惠评主编	厦门大学出版社
泉州年鉴2019	中共泉州市委党史和地方志研究室编	方志出版社
泉州年鉴2019·泉州日记	中共泉州市委党史和地方志研究室编	方志出版社
共和国归侨：福建卷	福建省归国华侨联合会主编；刘琳著	中国华侨出版社
石狮市改革开放史料选编	中共石狮市委党史研究室编	海峡书局

续表66

书名	编著者	出版社
泉州华侨历史博物馆藏侨批精萃	泉州华侨历史博物馆编	福建人民出版社
黎明之光：在改革中砥砺奋进的黎明职业大学	王松柏、黄世清主编	光明日报出版社
乡村记忆文化与现代教育论文选刊	洪辉煌主编	海峡文艺出版社
泉州学校老照片揽胜	蔡逢年主编	编者
难忘岁月：中共闽浙赣边区革命史研究文集	曾国雄编著	厦门大学出版社
泉州市劳模传第九卷	泉州市总工会编著	中国工人出版社
泉州市劳模传第十卷	泉州市总工会编著	中国工人出版社
蔡其矫研究第五辑	李伟才主编	海峡文艺出版社
蔡其矫研究第六辑	李伟才主编	海峡文艺出版社
福建非物质文化遗产名录.三	福建省文化厅主编	海峡书局
凡人匠心	蔡宗伟主编	海峡文艺出版社
馆藏陈林姓族迁台信息采集汇编	中国闽台缘博物馆编	九州出版社
吴夲：宋代名医 保生大帝	何池编著	福建人民出版社
绿树情韵	高维真著	西南交通大学出版社
萨镇冰：民国海军总长	林荫予、林国清编著	福建人民出版社
黄乃裳：爱国华侨领袖 民主革命先驱	黄建聪编著	福建人民出版社
林慎思：唐代福建第一思想家	路漫编著	福建人民出版社
陈元光：开漳圣王 漳台圣宗	汤毓贤编著	福建人民出版社
李纲：宋代抗金名将	黄益群编著	福建人民出版社
陈季同：中西文化交流先驱	林怡编著	福建人民出版社
林森：抗战时期国民政府主席	林友华编著	福建人民出版社
革命烈士陈平山	中共惠安县委宣传部、惠安档案馆、中共惠安县委党史和地方志研究室编	福建人民出版社
守艺：民间传统手工技艺	袁荣祥著	海峡书局

表67

2019年泉州地区文学类著作表

书名	编著者	出版单位
夕阳点燃我家的灯	涂帆著	人济书屋
梁披云全集1：教育文集	《梁披云全集》编纂委员会编	上海文化出版社
梁披云全集2：诗集（上、下）	《梁披云全集》编纂委员会编	上海文化出版社
梁披云全集3：书法集	《梁披云全集》编纂委员会编	上海文化出版社
梁披云全集4：纪念文集	《梁披云全集》编纂委员会编	上海文化出版社
走进南安：海丝起点 武荣文化	福建省炎黄文化研究会、福建省作家协会	海峡书局
走进丰泽：放飞梦想的地方	福建省炎黄文化研究会、福建省作家协会	海峡书局
走进洛江：智造之城 大美之邑	福建省炎黄文化研究会、福建省作家协会	海峡书局
漳州芗剧老剧本精选（上、中、下）	漳州市文化和旅游局、漳州市图书馆、漳州市戏剧研究所编	南方出版社
人间悲喜	贺彦豪著	团结出版社
心抵万里	蔡飞跃著	中国华侨出版社
诗衢寄兴	黄河鸣著	海峡文艺出版社

表68

2019年泉州地区艺术类著作表

书名	编著者	出版单位
画说古泉州海丝史迹	吴培植著	汕头大学出版社
迹显心通：王乃钦书自作论书绝句一百首	王乃钦著	西泠印社出版社

表69

2019年泉州地区经济类著作表

书名	编著者	出版单位
十九世纪以来晋江侨乡与马尼拉之间经济文化研究：以晋江侨批为中心	晋江市档案馆编	中国华侨出版社
保险理论前沿与实务研究	李毅文著	云南人民出版社

新闻报道选载

国际范儿·科技范儿·绿色范儿
——传统制造业崭露“新面孔”

一家名不见经传的中国工厂控股西班牙企业获得国际运动品牌，一双运动鞋因具有自适应功能而成为爆款产品，一个马桶生产车间应用自动化设备变得整洁高效……泉州工厂的这些见闻，令人对传统制造业刮目相看。

泉州凭借专注发展实体经济特别是传统产业，连续20年成为福建省第一经济大市。2018年，泉州传统制造业再次提速：增加值增长10.1%，再次攀上两位数；其中纺织鞋服增长9.7%，建材家具增长11.7%，食品饮料增长8.5%。

靓丽数据的另一面，是中国制造转型升级先头部队崭露的高质量发展新面孔。

国际范儿：为全球大牌装上中国“引擎”

泉州晋江的安踏总部展馆里，除安踏主品牌外，斐乐、迪桑特等多个安踏旗下海外品牌也一同亮相，透出这家中国最大运动鞋服企业的国际范儿。

2008年金融危机后，全球经济持续低迷。彼时，位列中国运动品牌第一阵营的安踏，把目光投向海外；而意大利品牌斐乐因业绩不佳、知名度下滑，正在找出路。2009年，安踏与斐乐成功牵手，为这家全球品牌注入了中国动力。

2018年，斐乐全年销售达100亿元，同比增长80%，成为安踏旗下最重要的增长引擎之一。此后，安踏加快海外收购步伐，先后将日本迪桑特、英国斯潘迪、韩国可隆等收入旗下。

最近，由安踏牵头的投资者财团完成收购国际运动装备巨头芬兰亚玛芬体育的要约。这笔总额46亿欧元的收购完成后，安踏的国际品牌军团将羽翼更丰。

在迈向高质量发展的转型升级竞跑中，不少有成熟供应链和生产经验的传统企业都选择国际化路线，以并购迈向更高台阶、更大舞台。

安踏的同城企业远祥服装公司“借壳”发展，于2014年斥资1000万元拿下代工客户西班牙卡尔美在中国的商标所有权。

自此，卡尔美品牌在中国打开了销路，远祥服装则成功换道发展。2018年，远祥公司进一步控股了卡尔美全球。

科技范儿：科技赋能令传统产品更“硬核”

泉州华宇织造公司的控制中心，大屏幕上生产数据实时滚动，工作人员不时观察记录。这一幕透露的信息是：纺织工厂也可以是创新型企业。

随着健康运动理念的普及，凉爽舒适、透气性更好的经编网布市场逐渐升温，但它只适合炎热夏季使用，应用市场大大受限。为让网布产品在寒冷北方也能使用，华宇织造和高校团队合作，研发出保暖型网布。随后，华宇又研发出可变温网布。两款产品迅速赢得客户青睐。

"对纺织产业来说，核心竞争力就是功能性材料。"华宇织造公司执行总裁苏成喻说。为掌握核心科技，华宇专门成立技术创新小组，近年来取得70多项专利，其中有30多项国家发明专利。

匹克是中国篮球运动鞋领域的较早起步者。近年来，它不断投入科技研发，提升产品科技含量。2018年底，一款由匹克自主研发的自适应科技产品——"态极"球鞋引起专业爱好者的注意，并很快成为网上销售的热门单品。

"当穿着者处于休息状态时，应用'态极'材料的中底会柔软和舒适，令日常步行轻松惬意；当穿着者处于运动状态时，中底立刻变得弹性十足，可吸收来自双脚的震动，为专业运动保驾护航。"匹克鞋业生产部经理赵福江说。

绿色范儿：节能环保升级赢得"红利"

走进位于泉州南安的九牧厨卫马桶生产车间，眼前的洁净让人惊讶。一个个马桶在生产线上注浆、施釉、烘干，但车间里既无气味，也无粉尘，涂着绿色防水漆的地面亮得反光。

九牧厨卫总裁办主任王瑜说，九牧在行业首创了全程无尘化生产，车间的清洁度发生革命性变化，生产效率和产品性能更是大大提升。

在当前传统制造业爬坡转型的关键期，节能环保、绿色生产已成为企业高质量发展的趋势。

"好在我们前些年坚决推动企业技改，实现节能环保的绿色转型，才有了今天可持续发展的底气。"石狮市工信科技局工业股股长朱永得说。

因环保不达标，邻省某地去年不得不将200多家印染企业关停，而福建石狮的印染企业靠绿色转型先行一步而迎来市场机遇。

中国每十米布就有一米产自石狮。近年来，石狮展开"壮士断腕"般的"脱污"行动，率先在全国印染集中控制区实现了无燃煤、无烟囱的清洁生产目标，并在国内首创定型机排放标准。

石狮新华宝纺织科技有限公司总经理刘德芳透露，公司已先后投入一亿元用于环保设备改造，其中政府补贴20%。企业生产成本因此下降了25%以上。

今年，这家企业将承接其它区域转移过来的优质订单，生产效益有望进一步提升。"我们深刻体会到，节能环保是转型大趋势，与其被动不如主动，与其跟随不如赶超。"刘德芳说。

（2019年4月7日 新华社 顾钱江 邰晓安 贾飞）

从以快制胜到以质为先
——福建泉州推进高质量发展纪实（上）

每座城市都有自己的镜像，福建省泉州市镜像尤其丰富。

看数字泉州：2018年地区生产总值8468亿元，居福建省首位，国内城市第18位；

看产业泉州：拥有纺织服装、鞋业、石油化工、机械装备等7个超千亿元产业集群，还有一大批家喻户晓的市场品牌；

看民生泉州：城市居民人均可支配收入达46111元，农村居民人均可支配收入20277元，人均公园绿地面积14.6平方米；

还有生态泉州、文化泉州、古城泉州，等等。

镜像难以穷尽，追求却始终如一。泉州市委书记康涛告诉经济日报记者，从改革开放初期艰苦创业致富，到新时代全面贯彻新发展理念，深入落实"机制活、产业优、百姓富、生态美"的新时代新福建建设部署，努力打好三大攻坚战，全面建成小康社会，泉州始终践行着以人民为中心的发展思想。

壮士断腕，谋求发展高品质

泉州经济，曾经以快见长，以速度取胜。从新中国成立之初设立生产自救工厂，到改革开放之初村村点火、遍地开花，泉州经历过靠比拼速度规模的粗放发展阶段。进入新时代，泉州转变发展理念，更新发展思路，谋求在高质量发展中"一马当先"。

在泉州安溪县龙门镇，记者走进中国国际信息技术（福建）产业园，感受"中国云谷"的风采，探寻泉州制造业转型升级与生态文明建设正向互动的轨迹。

时针拨回至2010年。石材开采加工是龙门镇的传统支柱产业之一，但显然，这种粗放型经营、污染环境的发展方式，越来越不适应科学发展的要求。下定"壮士断腕"的决心，安溪对石材行业启动彻底整治，坚决淘汰落后产能和落后技术，在全省率先实现了石材行业全面退出。

“石材退出后留下的这片崩岗地，给我们带来了一次腾笼换鸟、变废为宝的重要契机。”园区管委会主任陈清芳回忆。在安溪县委县政府的统筹布局下，龙门镇果断实行产业转型，抢占科技产业高地，引进了国富瑞数据系统有限公司、中国电信、网宿科技等一批含金量高的龙头企业，不仅示范带动效应明显，还引爆了一条以数字经济为引擎的产业链，支撑起安溪“无中生有”的智慧产业。短短几年间，“中国云谷”里风起云涌，周边聚集起3万人以上的人口，创造数字经济产值超300亿元。

同样的蝶变，在泉州各地上演。在安溪，陆续兴建了光电产业园、高端装备制造产业园、厦泉（安溪）经济合作区湖里园和思明园等现代专业园区，创造了体量巨大的园区经济。在南安，石井、水头连片废弃采石场治理工程包斥资1.1亿元，整理出泉州芯谷用地2400亩；在石狮，宝盖山废弃石窟化身占地600多亩的峡谷旅游场所，以“花海谷”之名引来游客如织……

这一系列蝶变，印证了泉州市高质量发展的前行脚步。泉州市市长王永礼说，泉州多数企业起步于“老行当”，转型升级不是推倒重来，更不是另起炉灶，而是从产品、工艺、管理赋能入手，不断提升企业核心竞争力；从强链、建链、补链入手，加快形成传统、高新、重化三大产业板块。

高科技产业加速发力，新动能优势不断显现。今年上半年，泉州市高新技术产业增加值由上年的16.3%提升至19.4%。在泉州经济技术开发区，锐驰智能公司总经理办公室主任刘艺华演示了一款4K短焦0.19投射比镜头技术，这款即将进入市场的“智能投影电视”，是年轻的锐驰公司独立研发的前沿技术产品。开发区管委会副主任连志富介绍，目前开发区各类市场主体11000多家，其中科技小巨人领军企业就有15家。

刺桐花开，打造生态高颜值

泉州之美，美在生态。

不过，泉州生态高颜值并非与生俱来。由于历史原因，发端于乡村工业，以闲资、闲房、闲人“三闲”起步的乡镇企业、个体私营企业，大多聚集在能耗污染较明显的行业，生态颜值有些“先天不足”。因此，泉州生态环境保护的重要环节，是节能减排治污。

泉州采取的做法是，在前端抓产业升级、在末端抓污染控制。泉州市自然资源和规划局副局长刘克华说，抓产业升级就是“抓技改”和“入园区”两条腿走路，抓污染控制就是上足“淘汰一批”“监管一批”双保险。从2007年起，当地就采取差别电价、财政补助、“上大压小”等措施，分阶段、分批次淘汰水泥、石材、煤炭、钢铁等行业的落后产能，引导电镀、制革、化工、漂染等重污染企业有序集中入园，实现污染集中排放、集中处理。与此同时，全市目前已有超2000家规模以上企业参与“数控一代”、智能化改造、“机器换工”，节省人工成本，提高产品产出率和成品率，实现节能减排。

石狮市委书记朱启平介绍，上世纪90年代初，大量漂染、印染企业进驻到石狮一些偏远小渔村里，立起了100多根烟囱。2011年，石狮市建成了大堡、伍堡、锦尚3个工业集控区，实行集中供热，实现印染工业区纺织染整企业无烟囱、无燃煤锅炉，每年减排二氧化硫近7000吨、氮氧化物近2000吨。如今，一些地方还在忙于环保“过关”，石狮已经踏上新征程。

泉州市还以小流域治理为抓手，把山水田林草和社区、乡村整治连为一体，努力打造看得见青山、闻得到花香的美丽家园。被泉州人称为母亲河的晋江，下游排列着田安大桥、刺桐大桥、泉州晋江大桥，过去桥下放牧、杂草丛生，经过南岸专项整治，这里变成绿地、清波、花海、榕树交融的水系公园。泉州还在全省率先实施河长制、湖长制，全市53条城市内河及107个湖泊水库全部纳入系统监管，使“漠漠水田飞白鹭”的景象成为常态。

一面治理，一面优化，泉州以“生态+城市”的理念，形成了“亮点在古城、厚度在山海、空间在生态连绵带”的生态大格局。泉州市住建局副局长张春权介绍，按照这一格局，泉州在外围构筑起“以山为屏”的城市生态屏障，并通过山线和水线形成山海相连的“廊道”，在城市内则按照“山水园林”“百姓园林”的布局，以“针灸式”绿化、小微公园实现宜绿尽绿，四季有花。

盛夏时节，记者走上泉州大坪山新建的山线绿道，只见不少市民呼朋唤友，或骑行，或步行，欢声笑语洒满绿道。这里有云麓花园，汇集了闽南特色建筑；有桃源茶谷，精心打造以茶文化为特色的绿野休闲；有花圃林带，营造出四季轮换的缤纷花海。泉州市城市管理局副调研员林谋雄说，泉州古称“刺桐城”，春天刺桐花开时从这里望去，仿佛“闽海云霞绕刺桐”，令人流连忘返。

文旅交融，“活态古城”高气质

泉州面朝大海，宋元时期就是大都市，至今仍有6.41平方公里的古城。保护好古城，就是保存了历史，传承了文脉，续写了历史文化名城的未来。

在对历史文化名城的保护上，泉州有自己的探索，这就是“留人、留形、留神韵，见人、见物、见生活”。

金鱼巷是一条200米长的石板小巷，两旁红砖古厝，去年才改造完成。行走于这条老巷，可以踱进老宅里的精品咖啡店；走入“润物无声”的文创世界；在“海丝金凤”里来一碗闽味元宵；或者乘坐穿梭小巴，来一场“古城穿越”。小巷里人来客往，散发着茶米油盐的烟火气和人情味，将传统与现代元素交融成一幅令人惬意的画面。泉州市古城保护协调组办公室主任李伯群欣慰地说，这样的美好体验，是古城保护团队用心维护的结果。

古城保护，使泉州古城文化散发出历史与时代相融的魅力。这里的六胜塔、江口码头、洛阳桥、开元寺、天后宫、清净寺等10多处遗存，是泉州作为“海丝”大港和世界多元文化交汇点的佐证，也是古泉州史迹申遗的依据。2019年7月9日闭幕的第43届世界遗产大会宣布，第44届世界遗产大会将于2020年在中国福建省福州市举办。古泉州（刺桐）史迹申遗有望。

古城保护与文化传承如影随形。每周二、周五下午，在源和1916创意产业园内的古巷乐府，已经退休的李仲荣老师要和一群南音爱好者来这里演唱。南音是泉州独有的唐宋时期古乐遗存，被誉为“中国音乐史活化石”，并与南戏、南建筑、南拳、南派工艺一起形成“五南”闽南文化。源和1916创意产业园的全新亮相，使南音等文化遗存找到一扇独具特色的交流窗口，让南音爱好者得觅知音。

源和1916创意产业园的所在地原本是一片旧厂区。让旧厂区文化搭台，文旅唱戏，是泉州古城活态保护的一道新风景。现在，源和1916、西街小西埕、蔡氏古民居旅游区、晋江五店市传统街区等创意园区，已成为新老泉州人的主要打卡点。而随着泉州科技与规划馆、工人文化馆、泉州大剧院、图书馆相继建成投用，“四朵花瓣”组成了现代化的泉州市公共文化中心，古城文化与现代文明交相辉映，构成了一道同频对话的时空通道。

在这条生机盎然的时空通道上，泉州正努力镌刻着新时代高质量发展的恢弘蓝图。

（2019年8月14日 《经济日报》
张曙红 瞿长福 薛志伟）

心无旁骛做实业
——福建泉州推进高质量发展纪实（中）

探访泉州经济，不能不说说泉州的民营企业。

泉州人用“八八九九九”来形容民营经济在泉州的地位，即贡献81%的税收、82%的GDP、94%的研发投入、91%的城镇就业、98%的企业数量。这一数字，远高于全国“五六七八九”的比例。迄今，泉州民营经济增速已连续20年在福建省领跑，从发展质量到规模效益，不断实现新的飞跃。

为什么是泉州？泉州为什么能？

坚守实业，危中寻机

“永不止步”，这是泉州安踏集团的广告语，也是泉州民营企业精神文化的写照。

泉州民营企业家有不服输的个性，不怕困难、迎难而上的品格，已浸入他们的骨髓。改革开放之初，泉州率先突破计划经济体制束缚，“村村点火”“前店后厂”，从一双鞋、一颗糖、一片纸开始，迈出了当地民营经济发展的第一步。1991年，安踏创立之初只是一家传统的鞋加工厂。没想到的是，1997年，亚洲金融危机爆发，泉州外贸订单急剧缩水，众多晋江外向型企业经营难以为继，不少单纯依靠外来订单的小工厂纷纷关门倒闭。

在泉州民营企业家的眼中，危机二字要拆开来看，危中蕴藏着机会。安踏就是在举步维艰之际看见了契机。在晋江提出“品牌立市”之际，1999年，安踏拿出前一年的全部利润共380万元，在CCTV—5推出乒乓球运动员孔令辉代言的广告，让安踏品牌家喻户晓。由此，安踏开始了品牌之路，逐渐步入了行业的“第一梯队”。

“现在，我们在国产品牌中，无论是市场占有率还是销售额都是第一。”安踏体育用品有限公司首席财务官赖世贤介绍，安踏集团2018年全年收益达到241亿元，同比增长44.4%，毛利率上升3.2个百分点至52.6%，创造了安踏集团有史以来的最佳业绩。

泉州民营企业家的另一特点是务实，体现在企业层面，就是坚守实业，把实业当成“传家宝”。“面对近年来‘脱实向虚’挣热钱、快钱的诱惑，泉州企业家都在心无旁骛地坚守实业。”泉州市工业和信息化局副调研员刘小宁介绍，实业被泉州人看作“传家宝”。现在，当地大部分龙头企业的主营业务收入占到营业收入的比重都在90%以上。企业赚到了钱之后，不是想着如何享受，而是将其中的绝大部分都投入了再生产。

反映在数据上就是：2018年，泉州市民间投资逆势增长，全年民间投资增长18.6%，2019年上半年，泉州市民间投资继续保持较快增长，同比增长12.6%。

坚守实业，给企业带来了实实在在的回报。2008年国际金融危机以来，泉州民营企业的数量、税收、就业等指标均逆势成长，不减反增。

既要放活，也要管好

支持民营企业发展，政府该扮演怎样的角色？

该放的坚决放。早在泉州民营经济起步阶段，政府就敢于放下条条框框，旗帜鲜明地放手扶持，为民营经济发展创造较为宽松的环境。

“对企业，政府是不叫不到、随叫随到、说到做到、服务周到。”恒安国际集团共享中心副总裁刘莹告诉记者，为不干扰企业的日常经营，政府工作人员一般不上门。但在企业需要帮助的时候，有关部门随叫随到，给企业的承诺说到做到，让企业感受到温暖和信心。

该管的要管好。管什么？一是管政策落实，抓好服务。泉州市政府常务副市长洪自强说，从2012年开始，泉州全面推进民营经济综合改革试点，突出“自己人”定位，深入企业了解需求，按照“简明易行”的要求，出台了扶持民营经济的32条措施。

“为了鼓励民营企业把未分配的利润投入再生产，我们出台了300字的政策，仅一页纸，企业申报起来也很简单，效果立竿见影。”据测算，这样的“一页纸”就可以撬动130亿元企业利润再投资。

二是加强引导。在亚洲金融危机之后，泉州市政府为鼓励民营企业做强品牌，拿出真金白银奖励获评中国名牌产品、中国驰名商标的企业，引导和支持企业上电视、做品牌、进股市、筹资本。如今，泉州是国内外知名的“品牌之都”，全市有效注册商标35万件，中国驰名商标159件。

三是解决难题。市发改委负责人介绍，“每天我们接到企业反映的问题，都要求有关部门一周内答复，能解决的必须解决，不能解决的也要给企业一个说法”。正是因为有这样良好的政企关系，有晋州企业家恋祖爱乡的根祖脉情怀，再叠加“一企一策”的措施，不少民营企业即使走出去，也会把高端制造中心、物流配送中心、研发中心、展示中心等留在泉州，在泉州扎下根、留下“祖厝”。

“双手”合力，相向而行

营商环境好了，企业干劲更足了。“现在，安踏已经进入了单聚焦、多品牌、全渠道的4.0阶段，实现了变革和转型。”赖世贤介绍，安踏已经从单一品牌转型成为拥有安踏、斐乐、迪桑特、可隆、斯潘迪等多品牌的体育用品集团。在成为国产品牌行业龙头之后，加快多品牌的国际化布局已经成为安踏当前及下一步的重点。

面对当前复杂多变的国际形势，泉州的民营企业虽然有担忧，但仍然对未来充满信心。“我们现在重点是向内挖潜，进行管理变革。”刘莹介绍，恒安虽然原料进口受到影响，成本有所上升，但好在恒安的市场主要在国内，国内市场的巨大潜力给了他们发展的信心。赖世贤也表示，安踏的大部分产品都面向的是国内消费者。虽然受到外部影响，需要推出更多的促销活动以刺激消费，但目前总体来看，影响基本上可以消化。

面临内外部压力，泉州正加强规划引领，在推进现有产业转型升级的同时，力图改变以往传统产业单一支撑的格局。

入驻源和1916创意产业园的功夫动漫是泉州文化创意型小微企业的代表。功夫动漫公司合伙人林党政告诉记者，他们已为三只松鼠、来伊份等多家知名企业制作了动画形象，现在还在为各地政府打造城市IP，如为福建福鼎制作的《太姥娘娘与白茶仙子》，就帮助当地推广了“太姥山旅游景区”和“福鼎白茶”品牌。

市场和政府“两只手”协调发力，相向而行，泉州民营经济发展正迸发出新活力。现在，泉州正大力传承弘扬“晋江经验”，打造有利于创新创业创造的良好发展环境，鼓励民营企业转型升级，推动传统制造业自动化、数控化、智能化改造，使泉州成为制造业高质量发展的沃土。

（2019年8月15日 《经济日报》
陈果静　薛志伟　瞿长福）

依山向海再启航
——福建泉州推进高质量发展纪实（下）

泉州，不愧为当年“海上丝绸之路”的启航之地。记者来到泉州采访，扑面而来的就是“海丝”气息。先是新建成的泉州大剧院开门迎客，首演剧目选择了歌剧《马可·波罗》，再现了“海丝”名港的昔日辉煌；接着，走进海上丝绸之路艺术公园，一尊尊精美的雕塑风情各异，描绘出“海丝”航路上曾经的繁荣画卷；与此同时，在北京，外交部举办福建省全球推介会，泉州作为“海丝起点城市”被隆重地推介到世界面前。

开放，是泉州立城之本。如今的泉州，外向型经济发展可圈可点。去年全市外贸进出口总额1853.7亿元，同比增长18.2%；“海丝”沿线国家和地区在泉州设立企业1589家，实际利用外资24.77亿美元。悠久的“海丝”文化催生出新的泉州故事。

新战略带来新机遇

“七山二水一分田”的艰苦自然条件，赋予泉州人能闯善拼的性格，代代相传的打拼故事也教会他们从不把目光局限于当下。

让泉州人高兴的是，经过几十年快速发展之后，新时代的泉州迎来了更大发展机遇。

“一带一路”倡议提出伊始，泉州就敏锐地意识到，这是全新的发展机遇。由此，泉州抓紧打基础、补短板，盘活城市资源、统筹发展问题，力图通过扩大开放促进深化改革、完善制度，进一步改善营商环境和创新环境，降低成本、提高效率、提升竞争力。如今，在原有的“民办特区”“经济大市”“首批历史名城”等金字招牌之外，泉州又增添了“全国首个东亚文化之都”“海上丝绸之路战略支点城市”等新名片。

泉州人素来爱拼会赢，泉州干部很有“输人不输阵”的激情。到泉州采访的第二天，正赶上泉州市委、市政府组织各县（市、区）负责人兵分几路看发展成效，互相点评、各自表态，又是一轮比学赶超的热潮。在泉州，围绕“走出去”的一些难点堵点，就在这种干事创业的氛围中打通了经络。民营经济与外向型经济互相促进是泉州过去的特色和优势，也是走向未来的重点。近3年，泉州市累计完成外贸进出口总额4958.9亿元，外贸总量占福建省的15%。

新机制打造新平台

侨乡优势、“三来一补”、贸易流通等沿海城市开放发展的特色道路，曾是泉州的特长，但泉州的成功不仅仅在此。

石狮以商贸立市，从归侨带来的洋货摆摊起步，成为全国闻名的服装和“洋货”集散地。1988年9月，石狮市正式挂牌成立。此后30年，石狮的生产总值从4亿元增至800多亿元，财政总收入从2600多万元增至60多亿元。在石狮服装城，记者遇到做了30多年服装贸易的本地人杨煌若。她笑着回忆，“以前在家门口、大仓街都摆过摊，2010年搬进服装城，条件好多了”。不过，她和丈夫有些感叹，从稀缺商品到相对过剩，为石狮立下汗马功劳的传统服装行业已不如从前。

怎么办？视野开阔的石狮人开始谋求转型升级。7月的福建炎热多雨，飞机经常延误，同是石狮服装城商户的陈栋梁还是坚持飞到北京，接下来他要到俄罗斯、美国等地出差一个月。近几年，国内外经济形势比较复杂，但他的生意越做越好。陈栋梁告诉记者，除了公司及时转型调整，当地实施的一项新政策帮了大忙，“去年开始通过市场采购贸易平台出口，非常便利，可以实现买全国卖全球的贸易出口，让我们更安心、大胆去开拓国际市场”。

陈栋梁所说的市场采购贸易平台，指的是2018年石狮服装城获批的国家级市场采购创新试点，目的是为商户提供灵活选择、高效便捷的通关服务。据当地海关统计，自去年11月泉州石狮服装城市场采购试点运行以来，截至今年8月，以市场采购方式出口货物货值突破10亿美元，涉及的商品类别共计12大类，出口116个国家和地区。

被誉为“世界陶瓷之都”的德化县已经走出转型升级之路。德化是中国三大古瓷都之一，宋元时期就是海上丝绸之路的重要出口商品来源地。今天的德化，已成为中国最大的陶瓷工艺品生产和出口基地，拥有陶瓷企业2600多家，从业人员10多万人，年产值近200亿元。

新愿景激发新动力

泉州是著名的侨乡。分布在129个国家和地区的泉州籍华侨华人750多万人，台湾同胞中44.8%、约900万人祖籍泉州。如何吸引侨胞和台湾同胞？泉州针对性地采取了一系列开放包容措施。

在泉州台商投资区，有关负责人介绍，他们既是国家级台商投资区，又是国家级经济技术开发区、国家高新技术产业开发区、国家自主创新示范区，四块“国字号”牌子集于一身，宏大的发展愿景加上优良的营商环境吸引来众多的侨胞和台湾同胞投资兴业。去年，全区实现生产总值291.83亿元，正在成为城市经济新的增长极。

泉州能吸引八方来客，以贫瘠的自然禀赋走到今天，开放包容功不可没。为了在国际市场中有更多话语权，近年来，泉州成功引进世界500强企业和台湾百大企业各5家，福海粮油、台湾健康医疗等一批产业带动力强的重大外资项目相继落地。一些本地企业境外上市返程投资，安踏体育、达利食品等企业成功赴境外上市，返程投资额150.9亿元，成为利用外资新的增长源。

泉州，这座素以勇立潮头著称的历史文化名城，正借助“一带一路”建设机遇为新的腾飞全面发力。

（2019年8月16日《经济日报》
乔申颖 瞿长福 薛志伟）

持续提升群众获得感
——访泉州市“不忘初心、牢记使命”主题教育领导小组组长、市委书记康涛

“在开展主题教育中，我们盯住群众最急最忧最盼的紧迫问题，抓整改落实，人民群众的幸福感、获得感不断得到提升。”近日，泉州市“不忘初心、牢记使命”主题教育领导小组组长、市委书记康涛接受专访时表示。

政企互动是泉州营商环境独具特色的一环。为此，泉州市建立民营经济发展顾问、企业家恳谈、政策咨询委员会等，开通服务热线窗口，举办政策宣讲平台，形成常态化政企沟通机制。“我们在主题教育中，围绕营造有利于创新创业创造的良好环境，组织化解营商环境难题积案专项行动，聚焦企业堵点痛点，开展专项整改。”康涛介绍。

“我们坚持把‘改’字贯穿始终，强化市县纵向联动和市直部门横向协作，提级调度、资源整合、同向发力，提升整改效果，让群众感受到新气象新变化。”康涛介绍。

泉州先期查摆了“安置房档案不全导致办证困难、学前教育公办学位不足、城市公交运行机制及服务品质提升、部分困难群众大病大灾保障、医疗床位资源缺口仍较大”等5个群众反映强烈的民生问题，并组织到基层持续摸情况、找问题、挖根源，列清单、建台账、督落实。目前，已办结安置房转移（分户）登记发证13974套；新增公办幼儿园35所，学位5522个；大批量置换纯电动公交车，完成1980部公交车新型扫码支付方式升级改造；新增3580张医疗床位；市级财政统筹600万元，建立突发原因致贫应急救助资金，用于防返贫控新贫工作。

在破解民生难题积案方面，泉州推行三类整改。对个案问题，由市直部门“包干”，“一竿子插到底”，全程跟踪落实。对共性问题，采取“点上试验、面上推广”做法，先培育若干试点，总结经验后再全市推开。比如，针对全市530多个老旧小区的改造提升问题，选取若干个不同类型小区先行先改，摸索出3类提升方法，目前已有200多个老旧小区借鉴经验进行整治。对“症状在基层、根子在机制”问题，更多用改革办法加以化解，结合“强基促稳”专项行动，开展整顿软弱涣散基层党组织、农村“领头雁”引领示范、集体“三资”监管等11个专项行动。

据康涛介绍，泉州认真贯彻党的十九届四中全会关于坚持和完善共建共治共享社会治理制度的部署，加大基层治理体系探索。市领导带着专家组到一线梳理出10多个需从机制上发力解决的问题，针对性出台全市指导意见，包括村级民主议事协商、“两代表一委员”参与矛盾化解等，推动从解决一个具体问题到解决一类问题。

“下一步，我们将进一步聚焦主题主线，统筹四项重点措施，持续用力抓紧抓实主题教育各项工作，确保取得实实在在的成果。”康涛说。

（2019年12月13日 《福建日报》
刘益清 黄琼芬）

深入贯彻全会精神，推进泉州治理现代化
——访泉州市委书记康涛

“结合开展‘不忘初心、牢记使命’主题教育，泉州市正以习近平新时代中国特色社会主义思想为指导，深入学习宣传贯彻党的十九届四中全会精神，认真落实省委十届九次全会各项任务，对泉州市坚持和完善中国特色社会主义制度、推进治理体系和治理能力现代化进行研究布置，动员全市广大干部群众守正创新、落细落实，推进泉州治理现代化。”近日，泉州市委书记康涛就贯彻落实党的十九届四中全会精神接受专访时表示。

康涛指出，党的十九届四中全会围绕坚持和完善中国特色社会主义制度、推进国家治理体系和治理能力现代化作出的决定，对于坚定“四个自信”，战胜各种风险挑战，确保党和国家兴旺发达、长治久安，具有重大现实意义和深远历史意义。

泉州市委紧扣新部署，聚焦“坚持和巩固什么、完善和发展什么”这个重大政治问题，突出完善党的全面领导制度体系，创新发展“晋江经验”，在完善高质量发展长效机制、共建共治共享社会治理长效机制、为民惠民利民长效机制、中心城市统筹长效机制等方面下功夫。

康涛介绍，泉州市全面贯彻新发展理念，在抓牢创新创业创造环境建设，完善高质量发展长效机制方面，以供给侧结构性改革为主线，加大力度破解各类创新要素高效集聚的体制性障碍，通过践行亲清新型政商关系、建设一流营商环境、完善区域创新空间载体、深化人才“港湾计划”等举措的推进，大力构建产业生态圈，推动产业基础高级化、产业链现代化。

基层是社会治理的深厚基础和重要支撑。12月4日，康涛率领泉州市有关单位负责人到晋江磁灶镇苏垵村，对基层社会治理体系建设进行现场调研，宣传贯彻党的十九届四中全会精神，并参加苏垵村党支部的组织生活会。

康涛强调，我们要深入贯彻四中全会精神，持续深化“强基促稳”11个专项行动，重点破解山海城乡治理需求差异、信访历史积案、村（社区）“权小责重”、基层多元共治等方面难题，不断夯实基层社会治理基础。

康涛介绍，泉州市以“强基促稳”专项行动为牵引，通过创新组织群众、发动群众机制，健全公共性风险、政治性风险防范机制等一系列举措，集中力量解决“表现在基层、根子在机制”问题，推进系统治理、依法治理、综合治理、源头治理，建设人人有责、人人尽责、人人享有的社会治理共同体。

与此同时，泉州市坚持以人民为中心的发展思想，把群众观点、群众路线深深根植于思想中、具体落实到行动上，着力破解群众反映集中、涉及体制机制的老大难问题，大力推进民生补短板“四心工程”、文化创造性转化创新性发展、建立解决相对贫困的长效机制、生态环境系统治理等专项行动，集中力量解决好群众身边的烦心事，并完善为民惠民利民长效机制，让群众有更多获得感。

康涛告诉记者，泉州市还将在理清中心城市发展格局、建立整体推进统筹机制等方面下功夫，完善中心城市统筹长效机制。“四中全会明确提出，提高中心城市和城市群综合承载和资源优化配置能力，实行扁平化管理，形成高效率组织体系。我们要主动融入闽西南协同发展区，推动产城人融合发展。”康涛说。

“我们将以习近平新时代中国特色社会主义思想为指导，坚定自信、奋发有为，守正创新、开拓进取，奋力作答‘三个时代命题’，全面推进‘五个泉州’建设，加快推进泉州治理现代化！”康涛表示。

（2019年12月26日《福建日报》刘益清 黄京芬）

领导名录

中共泉州市委员会

书　记　康　涛

副书记　王永礼

张永宁

常　委　翁祖根（至2019年2月）

孔繁军

游宇飞

林万明

林锦明

杨晓山（至2019年8月）

刘建军

刘文儒

季翔峰（2019年2月任）

洪自强（2019年2月任）

秘书长　翁祖根（至2019年2月）

季翔峰（2019年2月任）

副秘书长　陈文聪（至2019年1月）

傅天宝（2019年4月任）

郑建清

吴达平

简国正

廖良结

郑少波

杨建辉（至2019年11月）

郭从容

办公室

主　任　陈文聪（至2019年1月）

傅天宝（2019年4月任）

副主任　管东辉

黄万成

林吟啸

杨德生

卢新建

系统党委

专职副书记　郭建鹏

纪检监察组长　郑兴波

市委组织部

部　长　孔繁军

副部长　张翼翔

陈晓蓉

杨远志

陈恬波

纪检监察组长　廖丽芬

系统党委

专职副书记　王小寅

市委非公企业工委

专职副书记 施晓瑛

市委宣传部

部 长 张永宁

常务副部长 郑国防

副部长 唐春晓（2019年4月任）

郭丹红

林炯泉（至2019年12月）

赖畅水（2019年12月任）

叶燕民

许旭明

吴建生

陈爱民（2019年5月任）

纪检监察组长 杨春煌

系统党委

专职副书记 庄仁哲

市委统战部

部 长 林万明

常务副部长 黄碧煌

副部长 庄绍进

陈 晖

纪检监察组长 陈少青

副部长 许颖颖

黄景生

系统党委

专职副书记 黄子榕

市委政法委员会

书 记 林锦明

常务副书记 曾焕楷

副书记 徐义平

张少前

纪检监察组长 吕春香

副书记 谢晓章（2019年8月任）

委务会成员 陈家祥（至2019年8月）

政治部主任 谢晓章（至2019年8月）

系统党委

专职副书记 汪祖培

综治办副主任 刘红生

市委改革办

主 任 季翔峰

常务副主任 廖良结

副主任 许友烈

陈辉煌

市委网信办

主 任 陈爱民

副主任 吴家安

蔡永记

市委机构编制委员会办公室

主 任 赖畅水（至2019年12月）

庄玉海（2019年12月任）

副主任 黄振良（至2019年4月）

叶舒城

邱志民

市委军民融合办

主 任 洪自强

常务副主任 柯跃峰

副主任 吴福荣

方向明

吴连金

陈洪生

洪小明

市委台港澳工作办公室

主 任 黄振奋

副主任 郑志强

黄兴顺

李朝晖

许颖颖（至2019年9月）

林 娜（2019年6月任）

市委市直机关工作委员会

书 记 张永宁

常务副书记 黄黎波

副书记 郑天文

陈炯仁（至2019年4月）

委 员 王志强

苏文笔

吴志宏

谢江山

庄 禾

潘向前

纪工委书记 苏文笔

市委巡查办、巡察组

主 任 张荣宝

巡察组组长 苏子凡

（2019年5月任至12月）

林振约（2019年1月任）

骆 红（2019年1月任）

江 渊（2019年12月任）

巡察办副主任 王洪龙

李进京

巡察组副组长 刘炳祥（2019年5月任）

林金莲（2019年5月任）

卓树丛（2019年6月任）

吴鸿荣（2019年6月任）

刘毓颂（至2019年5月任）

市委老干部局

局 长 陈恬波

副局长 林丽燕（至2019年4月）

黄长春（2019年4月任）

章伟强（2019年9月任）

周中华

市委文明办

主 任 林炯泉（至2019年12月）

赖畅水（2019年12月任）

副主任 吕宝贝

陈庆宗

市委党校

校 长 孔繁军

常务副校长 苏延辉

副校长 陈毅生

黄雄彪

詹碧英

市委党史和地方志研究室

主 任 张惠评

正处长级干部 尤剑国

副主任 叶芬蓉

高友土

林龙海

许晓松

市档案馆

馆　长　夏丽清

副局长　陈若波

市接待办

主　任　吴达平

副主任　庄玉龙

黄雪玲

李　强

市委讲师团

团　长　朱林果

市事业单位登记管理局

局　长　王淑绵

泉州市人民代表大会及其常委会

主　任　陈灿辉（2019年1月任）

副主任　朱团能

张建生

曾　巍

许文贵

吴友才

蔡思红

党组成员　吴汉宗

秘书长　欧阳秋虹

副秘书长　谢立新

庄丽雅

蔡碧毓

唐良元（2019年2月任）

郭培明（2019年2月任）

专职委员　兰　菁

王伟明（2019年10月任）

办公室

主　任　谢立新

副主任　王文郴（至2019年11月）

黄克松（至2019年10月）

蔡向群（2019年2月任）

研究室

主　任　王伟明（至2019年10月）

王文郴（2019年11月任）

副主任　叶睿葆

人事代表工委

主　任　谢丽华

副主任　戴小平

财经工委

主　任　傅天富（至2019年11月）

陈云毅（2019年11月任）

副主任　陈云毅（至2019年11月）

监察司法工委

主　任　齐清秀

副主任　郭少梅

环城工委

主　任　王卫红

副主任　叶朝阳

农工委

主　任　庄金平

副主任　卓国明

吴文从（2019年10月任）

教科文卫工委

主　任　张育凯

副主任　胡佩玉

侨台民宗工委

主　任　何志辉

副主任　徐晓燕

法工委

主　任　李小兴

副主任　黄少鸿

机关党委

书　记　欧阳秋虹

副书记　蔡向群（2019年3月任）

纪检监察组

组　长　傅蔚茹

常务副组长　张青阳

泉州市人民政府

市　长　王永礼

副市长　张永宁（至2019年2月）

杨晓山（至2019年8月）

周真平

季翔峰（至2019年4月）

李伙金

洪自强（至2019年3月）

吕　刚

肖汉辉

朱启平（2019年4月任）

李宏绪（至2019年3月）

党组成员　高　宏

秘书长　廖国文

副秘书长　王克思

林晋炼

林　强

郑宏谋

温锦辉

郑宏谋

杨永裕

张文卫

张志铭

办公室

主　任　王克思

党组副书记　苏文雅

副主任　黄文成

洪冬青

纪检监察组长　谢　斌

副主任　倪景云

郑志勇

林清伏

系统党委

专职副书记　张希伴

市发展和改革委员会

主　任　陈文堃

副主任　林合龙

总经济师　黄巧丽（至2019年12月）

副主任　陈小宝

陈招平

黄明土（至2019年3月）

陈锦霞（至2019年3月）

王宗锋（至2019年3月）

李毓文

傅少明

郑华江（至2019年3月）

系统党委

专职副书记　周明星

市教育局

局　长　黄世界

副局长　王瑞钦

纪检监察组长　陈进兴

副局长　刘殊芳

督导室主任　徐昌裕

副局长　蔡琦瑜

陈军宣

系统党委

专职副书记　胡建军

市科技局

局　长　李文生（至2019年12月）

杨昌文（2019年12月任）

党组副书记　林田平（至2019年7月）

纪检监察组长　刘舒蓉（至2019年5月）

副局长　陈建兴（至2019年9月）

黄珍霞（至2019年4月）

潘华培（2019年9月任）

陈君伟（2019年9月任）

党组成员　黄丹萍（至2019年2月）

市工业和信息化局

局　长　黄国富

副局长　吴金埔

王春阳

林曙铭

系统党委

专职副书记　曾钟远

市民族与宗教事务局

局　长　黄景生

副局长　兰德志

陈　鸿

杨少川

市公安局

局　长　李伙金

副局长　柳新群

曾志敏

纪检监察组长　林　冰

副局长　卓庆忠

王连生

陈建新（2019年9月任）

党委委员　马运根（至2019年12月）

庄文斌

庄金山

陈爱民

李森建

副局长　赵振加（2019年2月任）

党委委员　刘南辉（2019年8月任）

总工程师　王仙龙

市打私办

主　任　曾志敏

副主任　马运根（至2019年12月）

办公室

主　任　陈建新（至2019年9月）

郑洪波（2019年9月任）

政治部

主　任　李森建（至2019年8月）

刘南辉（2019年8月任）

国内安全保卫支队

支队长　蔡永义

治安支队

支队长　傅庆生（至2019年5月）

杨福兴（2019年8月任）

政　委　陈山东

刑事侦查支队

支队长　林元益（至2019年8月）

张汉沂（2019年8月任）

政　委　陈清平（2019年12月任）

经济犯罪侦查支队

支队长　柳金盾（2019年9月任）

政　委　吴志锋

技术侦察支队

支队长　朱长沙（2019年8月任）

禁毒支队

支队长　肖珍怀

政　委　苏碧江（2019年5月任）

公共信息网络安全监察支队

支队长　林起煌（至2019年5月）

网络安全保卫支队

支队长　吴天进（2019年9月任）

政　委　陈少贤（2019年9月任）

巡特警察支队

支队长　吴志伟（2019年9月任）

交通警察支队

支队长　庄金山

政　委　廖启明（2019年7月任）

系统党委

专职副书记　黄建民

市民政局

局　长　杜朴生

副局长　周振强（至2019年12月）

蔡永升

何志宏

纪检监察组长　宋小峰

市司法局

党组书记　黄继业

局　长　林培新（至2019年9月）

副局长　赵运军

郭惠昆

柯秀丽

林荣奇

柳　璟

陈生校

政治部主任　傅孙满

市财政局

局　长　李清景

副局长　肖惠中（至2019年2月）

任秀斌

庄尧森

总会计师　林文革

副局长　王庆福（2019年2月任）

王小阳

纪检监察组长　赖发泽

市人力资源和社会保障局

局　长　刘曙庆

副局长　张庭侠（至2019年8月）

陈学东

骆靖宇

颜细财

纪检监察组长　何国平

副局长　龚时荣（2019年9月任）

郑　强（2019年8月任）

市自然资源和规划局

局　长　刘文发

党委书记 刘炳华
纪检监察组长 曾伟平
副局长 刘克华
总规划师 苏远红
副局长 郑建南
黄三多
王 珏

市生态环境局
局 长 李国坤
总工程师 林榕加
副局长 钱瑞峰
黄前程
黄 华
纪检监察组长 廖德信
副局长 郑天助

市住房和城乡建设局
局 长 钟文成
副局长 张春权
纪检监察组长 刘玉珊
王惠萍
林宇杰（2019年1月任）
庄绍宁
陈 希
总工程师 蔡海鸿

市交通运输局
局 长 刘德旺（2019年2月任）
副局长 杨琦伟（2019年1月任）
总工程师 傅远辉（2019年1月任）
副局长 蔡永忠（2019年9月任）

副局长 薛军军（2019年1月任）
系统党委
专职副书记 吴福铭

市农业农村局
局 长 刘锦川（至2019年12月）
党组书记 蔡龙群（2019年12月任）
副局长 吴晓雄（至2019年12月）
杨文普
陈振荣
陈建兴

纪检监察组长 蔡正确
副局长 万文伟
总畜牧兽医师 陈德利
系统党委
专职副书记 傅旺隆

市林业局
局 长 林华伟
党组副书记 李丽玲
副局长 廖道彬
纪检监察组长 傅伟林（2019年9月任）
副局长 黄玉真（2019年9月任）
刘必成

市水利局
局 长 傅春添
副局长 黄桂元
王逸民（2019年7月任）
纪检监察组长 林志彬
库区移民局局长 陈能语（2019年7月任）
总工程师 洪忠建（2019年7月任）
副局长 张华林（2019年8月任）

市商务局
局 长 丁 峰
党组副书记 张 良
副局长 黄金跋
郑金福
黄庭瑜
粘学清
简国红
党组成员 洪良泉

市文化广电和旅游局
党组书记 李伯群
局 长 陈惠平
副局长 苏 悦
林育毅
出宝阳
陈庆风
孙少磊
吕秀家
丁毓玲
系统党委
专职副书记 周梁升

市卫生健康委员会
主 任 叶一帆
副主任 曾奕民
吴宗桥
苏培聪
吴达辉
吴鹭阳
纪检监察组长 张永忠（至2019年9月）
汪白露（2019年10月任）
系统党委
专职副书记 邱 龙

市退役军人事务局
局 长 陈金忠
副局长 薛文新
李锦枝

市应急管理局
局 长 刘烨明
党组副书记 林田平
副局长 杨良木
谢招南
王夏阳
蔡旭萌
张树武
李 隽
副局长 黄婉清（至2019年9月）

市审计局
局 长 骆振军
总审计师 李锦忠
副局长 黄清安
李小玲
陈延民（2019年2月任）

市国资委
主 任 陈劲松
副主任 刘海祥
政治部主任 汪亚彬（至2019年10月）
总会计师 李维芳
副主任 林 鹏（2019年9月任）

市海洋与渔业局
局 长 李建芳

副局长 庄 慧
郑碧钦
王松青

市市场监管局
党组书记 陈开基
局 长 蔡天守
纪检监察组长 李金育
副局长 林志良
吴艺阳
刘建军
林梓杰
苏秀梅
食品总监 肖朝晖
副局长 黄婉清
江景灿
欧阳其满

市体育局
局 长 王家声
副局长 吴永江
谢文华
汪国庆
党组成员 张延龄

市统计局
局 长 李跃民
副局长 李植聪
施能宗
纪华宗

市人防办
主 任 林琪伟
副主任 崔 健
蔡永生
谢文生
张铭芳

市医疗保障局
党组书记 庄冰心
局 长 肖惠中（2019年2月任）
副局长 翁哲伟（2019年2月任）
陈 颖（2019年2月任）

市地方金融监督管理局
局 长 陈德庆
副局长 黄培群
金融分析师 陈丽蓉
副局长 朱 亮

市信访局
局 长 林 强
副局长 陈丽琨
庄谓聪
吴志耕
沈俊旭

市城市管理局
党组书记 王天祥
局 长 陈进平
纪检监察组长 黄全承
副局长 吴家琅
王宏娥
卢章雄
王作彪
系统党委
专职副书记 康景彪
总工程师 王森江

市数字办
主 任 施国宾
副主任 蒋舒翔
杨凯扬

市行政服务中心管理处
主 任 李德雄
副主任 谢秀玲
许玉斌
苏永清

清源山管委会
党工委书记
管委会主任 邱达敏

市政府驻北京联络处
主 任 吴炳煌
副主任 王秀也

市政府驻上海联络处
主 任 张宁滨

市政府驻深圳办事处
主 任 王志明

市政府驻福州办事处
主 任 陈万全

市政府驻厦门办事处
主 任 陈金鑫

市政府发展研究中心
主 任 胡毅雄
副主任 张照绿

市地震局
局 长 林田平
副局长 叶 威

市城镇集体工业联合社
主 任 王洪海
副主任 余碧海
蔡文雄

市供销合作社
主 任 郑显章
副主任 林宗清
吴开元
陈锦忠

市住房公积金管理中心
主 任 张兴水
书 记 郭希纯

市公路局
局 长 郭根才

市道路运输管理处
处 长 陈少雄（2019年4月任）

市水路运输管理处
处 长 黄克良

市农机总站
站 长 黄振辉

市森林公安局

局　长　林建真

政　委　陈自力

市龙门滩引水工程管理处

主　任　苏荣薰

书　记　颜建东

市山美水库管理处

主　任　郭明德

书　记　颜沧波

市海洋与渔业执法支队

支队长　王金健

政　委　吴长益

市卫生计生执法支队

支队长　王义进

政　委　陈丹青

泉州市交通运输综合执法支队

支队长　李进碧（2019年4月任）

市国土资源监察支队

支队长　何　伟

政　委　李启泽

市农科所

书　记　魏　毅

所　长　庄卫东（2019年1月任）

政协泉州市委员会

主　席　陈灿辉（至2019年1月）

李转生（2019年1月任）

党组副书记　林万明（2019年12月任）

副主席　骆沙鸣

陈铭福

王祖耀

李冀平（至2019年6月）

王瑞强

陈　益

洪川夫

林志建

刘志平（2019年12月任）

王春金（2019年12月任）

秘书长　陈伟平

副秘书长　方建生

李金鼠

林丽华（2019年6月任）

专职常委　陈志勇

李德志

周炳忠

王小良

办公室

主　任　方建生

副主任　陈小民

研究室

主　任　侯守水

副主任　陈洋锋

提案委

主　任　梁云南

专职副主任　郑瑞鑫

经济和农业农村委

主　任　杨文龙

社会和法制委

主　任　张继红

专职副主任　王木生

教科文卫体委

主　任　黄聪吟

专职副主任　王忠华

港澳台侨和外事委

主　任　林鸿扬

专职副主任　张月娥

民族宗教委

主　任　郑云梅

专职副主任　吴绶莹

人口资源环境委

主　任　洪南福

专职副主任　黄捍卫

文史和学宣委

专职副主任　骆春玲（2019年6月任）

黄丽红

机关党委

专职副书记　黄阳辉

委员工作室

主　任　孙丽珠

中共泉州市纪委、泉州市监委

书记、主任　游宇飞

副书记、副主任

邓安娜

许锦聪

苏双喜

秘书长　郭　宁（至2019年12月）

纪委常委、监委委员

林开通

张维劲

许振煌

洪进星

监委委员　黄志强

纪委常委　王团结

办公室

主　任　黄克松（2019年5月任）

组织部

部　长　王团结（至2019年5月）

杨华民（2019年5月任）

宣传部

部　长　林国章

党风政风监督室

主　任　梅　永

信访室

主　任　朱仁雄（至2019年5月）

张聪坤（2019年5月任）

案件监督管理室

主　任　林添盛（至2019年5月）

宋占锋（2019年5月任）

第一纪检监察室

主　任　胡向阳

第三纪检监察室

主　任　侯洲洋

第四纪检监察室

主　任　陈雄松

第五纪检监察室

主　任　庄志深

第六纪检监察室

主　任　林添盛（至2019年10月）

第七纪检监察室

主　任　潘自力

第八纪检监察室

主　任　　陈守林（至2019年10月）

第九纪检监察室

主　任　　钟志锋

纪检监察干部监督室

主　任　　郑燕飞

案件审理室

主　任　　苏墨祥

机关党委

专职副书记　　戴卓华

林建平

法院、检察院

市中级人民法院

院　长　　陈　明

党组副书记　　沈毅青（2019年1月任）

副院长　　沈毅青（至2019年2月）

高智辉

陈慧瑛

韩天明

潘丰源

谢希鹏（2019年2月任）

专职审委　　洪完明

政治部主任　　江振平

纪检监察组长　　黄荣峰（2019年5月任）

专职审委　　胡金琪

胡志南（至2019年7月）

李瑞阳

郑　敏（2019年7月任）

市人民检察院

检察长　　高扬捷

党组书记　　傅建飞（2019年12月任）

副检察长　　樊美清

黄灿平

政治部主任　　齐丹璇

副检察长　　陈世炎

孙志平

甘泽阳（2019年4月任）

党组成员　　刘锡杰

曾闽宏（2019年4月任）

专职委员　　陈建强

朱永峰

陈凤华

民主党派、社会团体

中国国民党革命委员会泉州市委员会

主　委　　樊美清

专职副主委　　陈海鹏

中国民主同盟泉州市委员会

主　委　　陈建通

专职副主委　　余嘉容

中国民主建国会泉州市委员会

主　委　　戴仲川

专职副主委　　黄军红

中国民主促进会泉州市委员会

主　委　　庄宝玲

中国农工民主党泉州市委员会

主　委　　陈　益

专职副主委　　谢承华

中国致公党泉州市委员会

主　委　　陈铭福

专职副主委　　林丽华（至2019年6月）

陈剑虹（2019年8月任）

九三学社泉州市委员会

主　委　　王祖耀

专职副主委　　李长江

台湾民主自治同盟泉州市委员会

主　委　　苏耿聪

专职副主委　　张　敏

泉州市总工会

主　席　　孔繁军

常务副主席　　王茂泉

副主席　　江永清

王毅扬（至2019年3月）

陈宝芳

陈坤生

潘孝铭

共青团泉州市委员会

书　记　　杨凤翔

副书记　　徐　悦

林仁漳

林少青

陈永洁

泉州市妇女联合会

主　席　　庄灿霞

副主席　　丁为华

黄宝玲

庄泓鸿

泉州市归国华侨联合会

主　席　　陈晓玉

副主席　　王巧丽

钟文玲

泉州市台湾同胞联谊会

会　长　　陈严辉

泉州市科学技术协会

主　席　　骆沙鸣

党组书记、副主席　　章金良

副主席　　魏隆福

王建生

泉州市工商业联合会

主　席　　周少雄

党组书记、副主席　　陈　晖

专职副主席　　黄振骞

傅玉波

黄珍红

泉州市文学艺术界联合会

主　席　　许旭明

副主席　　肖一鸣

泉州市社会科学界联合会

主　席　　李培德

泉州市残疾人联合会

理事长　　白碧英

副理事长　　郑　虹

黄长春（至2019年4月）
陈纳新
郭灿辉（2019年6月任）

泉州市计划生育协会

会　长	王春金（2019年12月任）
常务副会长	黄源水
党组书记	张艺斌
专职副会长	黄凤南
	赵文详

中国国际贸易促进会泉州市支会

会　长	黄岩平
副会长	廖雅滨
	喻青松

国家部委、省直驻泉机构

中国闽台缘博物馆

书　记	黄衆问
馆　长	林建春（至2019年2月）
副馆长	陈健鹰
	粘秋生（至2019年11月）
	沈文锋（2019年1月任）

泉州市税务局

局　长	沈家骏
副局长	符夷杰
	朱国彬
	黄松青
	颜伟宏
	王跃进（至2019年9月）
	周志望
	林丽珠
	何卫东
	黄育文
纪检组长	王　焱
副局长	宋鸿志
总会计师	黄　强
总经济师	庄稼仁
总审计师	张　民

泉州海关

关　长	顾红梅
副关长	欧阳钦芬
	黄　榕
	陈元俊
	李　炎
	张美景
纪检组长	纪育建
	杨志雄
	李建强

泉州海事局

局　长	李志强
政　委	吴清平
副局长	郑乃龙
	王明强
	张志坚

泉州港口发展中心

主　任	蒋少怀
副主任	阮其如
	陈培焕
	陈　诚
纪委书记	张逢桂（至2019年5月）

国家统计局泉州调查队

队　长	潘诗耀
副队长	林秋元
	洪幼松
	何惠忠（至2019年9月）
纪检组长	张俊飞

泉州气象局

局　长	洪荣若
副局长	李宏图
纪检组长	许德福
副局长	叶宾宾

邮政管理局

局　长	薛军军

泉州烟草专卖局

局长、经理	游文忠
副局长	张　军
纪检组长	杨国成（2019年5月任）
副经理	李春发
副局长	施鸿程

国网泉州供电公司

总经理	林国新
党委书记	蒋木春
首席职员	林建勤（2019年6月任）
总会计师	陈鸿金（至2019年6月）
工会主席	颜宝塔
纪委书记	王晓彬
副总经理	李清良（至2019年6月）
	黄　中
	梁捷生
	林建昌
	王连辉
	林　平（2019年2月任）
总会计师	吴霆声（2019年6月任）

泉州水文水资源勘测分中心

主　任	廖立伟

泉州市盐务局

局　长	姚锦渊
副局长	颜平源

泉州监狱

监狱长	黄全瑜
政　委	张生闽
纪委书记	陈志强
副监狱长	范群武
政治处主任	俞太洪
副监狱长	陈国书

洛江监狱

党委书记	杜心彬
党委委员	黄金磷
	刘新晶
	范宗芳
	林泗水

泉州司法强制隔离戒毒所

所　长	刘长河
政治处主任	张爱民
纪委书记	林　青

无线电管理局

局　长	林　源

人民银行泉州市中心支行

行　长　赖永文

副行长　陈东方

工会主任　蒋培娜

副行长　苏志鑫

纪委书记　邱永春

泉州银保监局

局　长　詹启刚

副局长　方良川

林育新

纪委书记　郑朝红

副局长　陈伟凌

市直新闻单位

泉州晚报社

社　长　叶燕民

总编辑　林耀平

副社长　黄　强

副总编辑　郭培明（至2019年1月）

邱志坚

王家声

彭耕耘

吴家阳（2019年12月任）

副社长　徐春妍（2019年12月任）

泉州广播电视台

台　长　吴建生

副书记　张伟宏

副台长　高栋梁

杨旭东

苏兴秋

各县（市、区）

鲤城区

区　委

书　记　黄阳春

副书记　许宏程

林荣川（至2019年1月）

王明元（2019年4月任）

常　委　黄天凯

陈伟群

陈燕飞（至2019年11月）

洪金城

黄向阳

曾朝阳

张应辉（至2019年12月）

周兴良

许顺达

区人大常委会

主　任　郑进发（至2019年11月）

副主任　黄绍芒

陈财水

王白瑜

黄志煌

区政府

区　长　许宏程

副区长　黄向阳

苏毅君

张刺治

陈爱民（至2019年6月）

王江涛

吴振强

吴碧林

谢　淘（至2019年12月）

白建胜（2019年6月任）

王垦福（2019年6月任）

区政协

主　席　郭成宗

副主席　高云飞

潘永生

王锦延

区法院

院　长　李清坝

区检察院

检察长　王文龙

高新区管委会

书　记　伍伯伟

主　任　吴振法

丰泽区

区　委

书　记　黄景春

副书记　杨国昕（至2019年10月）

蔡龙群（至2019年12月）

高金全（2019年12月任）

常　委　韩卫华（2019年9月任）

廖春园（至2019年4月）

陈政实

吴毓舟

许勤荣（至2019年10月）

林添盛（2019年10月任）

骆　红（至2019年1月）

林希妍（2019年4月任）

周顺安

胡祥辉（至2019年7月）

邱朝阳（2019年7月任）

黄琪金（2019年7月任）

洪武强

刘进春（至2019年12月）

张　雄（2019年12月任）

区人大常委会

主　任　林建扬

副主任　林世川

张维斌

蔡宁波

叶春泉

区政府

区　长　杨国昕（至2019年10月）

高金全（2019年12月任）

副区长　吴毓舟

谢希圣（2019年8月任）

洪武强

韩卫华（至2019年9月）

朱长沙（至2019年8月）

洪奕蓉

邱朝阳（至2019年7月）

黄琪金（至2019年7月）

曾国家

柯晓晖（2019年7月任）

黄泽鹏（2019年7月任）

葛　超（2019年12月任）

区政协

主　席　上官蓝波

副主席　戴在平

高炳州

李木火
许志达
赖尾兴（2019年12月任）
王远曦

区法院

院　长　杨武能（至2019年8月）
庄能宗（2019年12月任）

区检察院

检察长　许金约

洛江区

区　委

书　记　洪飞跃

副书记　苏汉庭（至2019年12月）
颜丽明

常　委　黄清凯
金玲珊（至2019年10月）
杜韶山
郑进锡
廖晓凌
陈逢生（2019年4月任）
谢卫东
陈　倩（2019年10月任）
古领华
陈天年（至2019年9月）

区人大常委会

主　任　蔡永生

副主任　林新平
林坤聚
何雄峰

区政府

区　长　苏汉庭（至2019年12月）

副区长　谢卫东
廖启明（至2019年7月）
杨文格
涂德望（2019年10月任）
李奉恒
庄怀璇（2019年11月任）
张荣伟（2019年4月任）
李健康（2019年7月任）
尹益龙（2019年4月任）
董俊凯

区政协

主　席　王伊景

党组成员　金玲珊（2019年11月任）

副主席　王诗榕
王　蔚

党组成员　彭朝顺（2019年12月任）

副主席　庄怀璇

区法院

院　长　洪志强

区检察院

检察长　林志铭

泉港区

区　委

书　记　梁炳辉

副书记　颜朝晖
苏松炎

常　委　吕火渠（至2019年12月）
王晓莺
刘　刚
施有良
王文晖（2019年12月任）
陈沙龙
彭垂鼎
陈明聪（至2019年10月）

区人大常委会

主　任　陈守川

副主任　赵琼花
黄胜富
邱彬侨
王国明

区政府

区　长　颜朝晖

党组副书记　刘敏坚
陈相成

副区长　陈明聪（至2019年10月）
傅文星
郭荣华
庄一鸣
陈剑锋（2019年12月任）
王志强
陈清拥
王艺斌（2019年7月任）
谢梓骞
黄少伟（2019年12月任）
柯明好（2019年12月任）
黄玉真（至2019年9月）
黄建辉（至2019年7月）
刘阳青（至2019年10月）

区政协

主　席　朱云鹏（至2019年12月）
陈龙津（2019年12月任）

副主席　陈国才（2019年12月任）
陈庆堂
邱金谋
王梅珠（2019年12月任）

区法院

院　长　郑　敏（至2019年7月）
林天法（2019年12月任）

区检察院

检察长　黄清源

泉港石化园区党工委、管委会

党工委书记　梁炳辉

管委会主任　刘敏坚

委　员　张剑辉
杨新智
蔡寅鸣
陈宗旗

石狮市

市　委

书　记　朱启平（至2019年12月）
蔡萌芽（2019年12月任）

副书记　黄春辉
庄玉海（至2019年12月）

常　委　林天虎
林振海
陈元生
廖春园（2019年4月任）
张鸽翔
林希妍（至2019年4月）
陈拥军
杨德才
吴传茂（至2019年12月）

白玉成（2019年12月任）
陈　宏（至2019年12月）

市人大常委会
主　任　上官跃进
副主任　施心新
吴清木
许赞成
林进全

市政府
市　长　黄春辉
副市长　陈　宏（至2019年12月）
张永安
施汉杰
李　斌
张汉杰（至2019年7月）
黄延艺（2019年7月任）
林志鹃（至2019年4月）
邱永丰
刘艺波（2019年7月任）
孙　斌（至2019年1月）
王　净（2019年4月任至12月）

市政协
主　席　林自育
副主席　郭丽莲
陈贤明
丁东福
陈东华

市法院
院　长　林明容

市检察院
检察长　陈　林

石狮高新区管委会
书　记　朱　贤
主　任　赵艺忠

晋江市

市　委
书　记　刘文儒
副书记　张文贤
陈晋永
常　委　林惠玲
许仰东
李自力
黄文福
潘子良
吴忠刘
陈长义
刘文成

市人大常委会
主　任　洪于权（至2019年12月）
林仁达（2019年12月任）
副主任　郭鸿荣
曾献礼
连泉富
姚志强

市政府
市　长　张文贤
副市长　李自力
张淑语
黄少伟
李志强
庄天怀
王文晖（至2019年12月）

市政协
主　席　许宏程（2019年12月任）
副主席　林庆峰
叶荣宗
洪元程
洪忠信

市法院
院　长　陈水深

市检察院
检察长　王文龙（2019年8月任）

福建深沪湾海底古森林遗迹自然保护区
管理处主任　苏文伟

南安市

市　委
书　记　王春金（至2019年12月）
林荣忠（2019年12月任）
副书记　林荣忠（至2019年12月）
张桂森
常　委　吴跃达
吴忠溪
张瑞平
张小红
黄景阳
李岩华
王连赞
张纪伟

市人大常委会
主　任　洪顺昌
副主任　林建辉
丁瑞金
叶维新
陈文举

市政府
市　长　林荣忠
党组书记　张桂林（2019年12月任）
副市长　黄景阳
薛建明
王端峰
庄国阳
吴振强（2019年7月任）
王昭昭
洪永佳
许自霖
党组成员　陈巧英
陈江虹
林　峰
蔡映辉

市政协
主　席　黄华强
党组成员　吴顺情（2019年11月任）
副主席　谢连树
黄文佳
黄春艺

市法院
院　长　林德育

市检察院
检察长　曾宏闽

惠安县

县　委
书　记　黄文胜
副书记　赖清正

蒋向群（至2019年11月）
常　委　许贞丽
吕建成（至2019年12月）
苏少波
陈国栋（至2019年2月）
许长春
林育伟
王春雷
何国平（2019年6月任）
黄丽琼（2019年12月任）
王志明（至2019年12月）
郑明欣（2019年12月任）

县人大常委会
主　任　张培坤
副主任　黄泉福
骆育敏
黄少山
黄育聪

县政府
县　长　赖清正
副县长　吕建成（至2019年12月）
汪水永
王也夫
刘东升
黄丽琼
李育杯
周鹏飞
巴　图（2019年5月任）
党组成员　辜惠钦
黄松友
刘建兴

县政协
主　席　蔡荣清（至2019年12月）
党组书记　蒋向群（2019年11月任）
副主席　张其聪
陈锦满
刘宗斌
康丽红

县法院
院　长　吴泰雄

县检察院
检察长　许金标（至2019年6月）
党组书记　余冬阳（2019年7月任）

泉惠石化工业园区党工委、管委会
书　记　黄文胜（2019年4月任）
主　任　刘建兴
副主任　陈朝阳
纪工委书记　王金星
副主任　庄金良

安溪县

县　委
书　记　高向荣
副书记　刘林霜（至2019年12月）
庄稼祥
常　委　许锦青
林荣超
史思泉
陈剑宾
陈友爱
叶文德
林文超
赵超群

县人大常委会
主　任　廖皆明
副主任　苏志雄
黄明哲
叶海强
汪礼才

县政府
县　长　刘林霜（至2019年12月）
副县长　林毅敏
潘华培（至2019年8月）
杜双路（2019年10月任）
肖印章
丁建铭
王礼藕
吴志朴
叶松景（至2019年10月）
保善科（至2019年2月）
王晓杰
庄凯融
党级成员　王斯诚（至2019年5月）

县政协
主　席　梁金良
副主席　陈春买
袁霖辉
许文风（至2019年2月）
王文礼

县法院
院　长　许良才

县检察院
院　长　胡激洋

永春县

县　委
书　记　蔡萌芽（至2019年12月）
庄永智（2019年12月任）
副书记　庄永智（至2019年12月）
吕建成（2019年12月任）
高金全（至2019年12月）
郭　宁（2019年12月任）
常　委　余金南
江　渊（至2019年10月）
张金发
王超万
骆春玲（至2019年6月）
杜明星
王文杨（2019年4月任）
陈守林（2019年10月任）
蔡英殿（2019年12月任）
方有欣（至2019年11月）
郑川辉
张　媛（2019年4月任）

县人大常委会
主　任　康思坚
副主任　余永坚
陈发源
颜松龄
郭美西

县政府
县　长　庄永智（至2019年12月）
副县长　余金南
副县长　颜一鹏
刘永强
郑永璘
陈佩芳
余庆新
钱永新（2019年9月任）

王洪杰（2019年7月任）
郭浪滔
董 婧（2019年9月任）
杨晓娟（至2019年5月）
方有欣（至2019年11月）
党组成员 张 冰
县政协
主 席 林海鸥
副主席 梁文光
王超万（2019年12月任）
张敏辉
李江源
汤若狮
党组成员 黄万民
县法院
院 长 王志伟
县检察院
检察长 施文凭

德化县

县 委
书 记 梁玉华
副书记 黄文捷
林祖传（2019年1月任）
常 委 吴顺情（至2019年10月）
王志安
刘惠煌
陈坚宏（至2019年1月）
林明义（至2019年5月）
黄晓东
石渊文
陈维启（2019年1月任）
徐明侃（2019年4月任）
黄俊荣（2019年5月任）
县人大常委会
主 任 王传敬
副主任 徐明侃（至2019年4月）
连继续（至2019年12月）
苏惠生
郑荣尊
陈东明（2019年12月任）
陈德峰（2019年12月任）
县政府
县 长 黄文捷
副县长 吴顺情（至2019年12月）
陈祥端
张秋英
苏锡培
陈维启（至2019年2月）
赖有为
蒋文强
陈志奋（至2019年12月）
刘振铭（2019年4月任）
苏达志（2019年5月任）
陈荣省（2019年8月任）
林玉萍（2019年11月任）
党组成员 张佳棠
县政协
主 席 温文英
副主席 刘志阳
林文昌
颜鸿琪
张晓文
县法院
院 长 苏益铮
县检察院
检察长 王声典
福建戴云山国家级自然保护区管理局
局 长 涂青云

泉州开发区

党工委
书 记 陈文聪（至2019年9月）
李文生（2019年12月任）
副书记 林荣川（2019年1月任）
林明义（2019年5月任）
委 员 连志富（至2019年10月）
傅国明
陈 斌
卢 锋
管委会
主 任 林荣川（2019年1月任）
副主任 连志富（至2019年10月）
吴福来
吴志灵
纪工委
书 记 林明义（2019年5月任）
党务工作部
部 长 卢 锋

泉州台商投资区

党工委
书 记 吴汉宗（至2019年12月）
副书记 刘志平
林清泉
委 员 杨昌文（至2019年12月）
陈家强
丁尚光
赖丽水
管委会
主 任 刘志平
副主任 杨昌文（至2019年12月）
丁尚光
赖丽水
纪工委、监工委
书记、主任 陈家强
副书记、副主任
张永忠（2019年9月任）
党工委、管委会办公室
主 任 陈明土（2019年4月任）
党群工作部
部 长 洪亚清（2019年4月任）

《泉州年鉴》相关名词解释

“四个意识”：政治意识、大局意识、核心意识、看齐意识。

“四个自信”：中国特色社会主义道路自信、理论自信、制度自信和文化自信。

“两个维护”：坚决维护习近平总书记党中央的核心、全党的核心地位，坚决维护党中央权威和集中统一领导。

“五位一体”总体布局：中共十八大报告对推进中国特色社会主义事业做出经济建设、政治建设、文化建设、社会建设、生态文明建设“五位一体”总体布局。

“四个全面”战略布局：即全面建成小康社会、全面深化改革、全面依法治国、全面从严治党。

“六个精准”要求：2013年10月，习近平到湖南湘西考察时，首次提出“精准扶贫”概念。2015年6月，习近平在贵州考察时，提出“六个精准”概念，即“对象要精准、项目安排要精准、资金使用要精准、措施到位要精准、因村派人要精准、脱贫成效要精准”。

三大攻坚战：即打好防范化解重大风险攻坚战、脱贫攻坚战、污染防治攻坚战。

六稳：2018年7月31日，中共中央政治局召开会议，分析研究经济形势，部署下半年经济工作，提出要做好稳就业、稳金融、稳外贸、稳外资、稳投资、稳预期工作。

“五个泉州”：即创新泉州、智造泉州、“海丝”泉州、美丽泉州、幸福泉州。

市委“三大战略”：即“打造泉州经济升级版、改革创新示范区、生态宜居幸福城”三大战略。

“1234”现代产业体系：力争到2020年构建“1234”现代产业体系，“1”是1万亿元GDP，“2”是2万亿元工业总产值，“3”是形成传统、重化、高新“三大板块”三足鼎立格局，“4”是服务业占比超40%。

三大板块：即传统优势产业、重化产业、高新技术产业“三大板块”。

晋江经验：2002年6月，时任福建省长的习近平到泉州调研，总结了“六个始终坚持”和“处理好五大关系”的“晋江经验”。即始终坚持以发展社会生产力为改革和发展的根本方向，始终坚持以市场为导向发展经济，始终坚持在顽强拼搏中取胜，始终坚持以诚信促进市场经济的健康发展，始终坚持立足本地优势和选择符合自身条件的最佳方式加快经济发展，始终坚持加强政府对市场经济的引导和服务；处理好有形通道和无形通道的关系，处理好发展中小企业和大企业之间的关系，处理好发展高新技术产业和传统产业的关系，处理好工业化和城市化的关系，处理好发展市场经济与建设新型服务型政府之间的关系。

PPP：英文Public-Private Partnership的缩写，即政府和社会资本合作。PPP模式是在基础设施及公共服务领域建立的一种长期合作关系。通常模式是由社会资本承担设计、建设、运营、维护基础设施的大部分工作，并通过“使用者付费”及必要的“政府付费”获得合理投资回报；政府部门负责基础设施及公共服务价格和质量监管，以保证公共利益最大化。

“放管服”改革：“简政放权、放管结合、优化服务”改革的简称。

“多规合一”：在一级政府一级事权下，强化国民经济和社会发展规划、城乡规划、土地利用规划、环境保护、文物保护、林地与耕地保护、综合交通、水资源、文化与生态旅游资源、社会事业规划等各类规划的衔接，确保“多规”确定的保护性空间、开发边界、城市规模等重要空间参数一致，并在统一的空间信息平台上建立控制线体系，以实现优化空间布局、有效配置土地资源、提高政府空间管控水平和治理能力的目标。

“一环一湾十廊道”生态连绵带：“一环”即环城山林田园绿带。“一湾”即环泉州湾生态连绵带，依托滨海带自然和人文要素，打造不同特色、主题的城市蓝绿空间走廊。位于环湾中心片区与外围片区的交界处，是城市的“绿色项链”。“十廊道”即十条廊道型生态连绵带，包括洛阳江生态廊道、晋江生态廊道、主城生态廊道、尖公山—百崎湖生态廊道、将军山—文笔山生态廊道、马鞍山—九十九溪生态廊道、灵秀山—龙湖—围头湾生态廊道、泉港区—湄洲湾生态廊道、宝盖山生态廊道、安海湾生态廊道，构建形成联通山海、体现城市组团特色的蓝绿通廊。

海丝：海上丝绸之路。

非遗：非物质文化遗产。

文物保护和安全“五纳入”：即将文物保护和安全纳入领导班子和领导干部政绩综合考核评价体系，督促有关方面履职尽责；纳入各级每年财政预算，保障文物安全经费投入；纳入社会综合治理和平安单位建设；纳入文明城市（县城、城区）和文明乡镇创建考评体系；纳入干部教育体系，充分发挥党校（行政学院）、党委（党组）中心组等阵地载体作用，组织开展文物保护法律法规等文物保护利用常识的教育培训，增强干部文物保护利用意识。

政产学研：政府、企业、学校、科研院所。

“生态连绵带”：是城市规划建设的创新型思路，它将依托泉州自然山水脉络，用绿道串起山林、水体、湿地、田园等自然资源，形成连绵成片的生态体系，让好山好水好风光融入城市之中，满足群众对城镇生态空间的需求，在全国属首创之举。

山线水线：“山线”即山线绿道工程。起点位于西湖公园北大门，经清源山、南少林寺、圣墓、大坪山、桃花山、森林公园等风景区，终点止于东海滨海公园，全长约22.5千米。“水线”即晋江下游生态整治工程（一期）。位于中心市区晋江北岸，北起黄龙大桥，南至滨海公园，全长约16.5千米，总面积约226公顷。建成后命名为“北滨江公园”，设四区十园：野趣水岸区（北峰园、白水营园）、文化水岸区（笋江园、石笋园、笋浯园）、乐活水岸区（田安园、浦西园）、湿地水岸区（沉洲园、汀洲园、滨海园），已建成6园，成为休闲健身滨水绿廊和滨江亮丽风景线。

市委“四心”工程：市委十二届四次全会提出，实施教育舒心工程，卫生与健康暖心工程，养老贴心工程和民生基础设施安心工程。

民生“XIN”行动：为推动解决民生热难点问题，市委、市政府决定于2017—2019年开展为期三年的民生“XIN”行动。聚焦群众反映强烈、历史遗留、存在体制机制障碍、涉及多部门多地区、需要2—3年才能做成的民生实事，首批推出10项具体计划，包括提升便民服务水平；服务全面二孩，加大教育、医疗资源配置；中心城区防洪排涝；内沟河整治提升；老城区背街小巷破损修补；城区部分集贸市场提升改造；工程文明施工与文明行车；小区物业管理逐步规范；安置房不动产权办证；农村生活污水垃圾治理等。2018年民生“XIN”行动十大项目，共安排66个子项目。

“1+X”政策体系：“1”是主体，即《中共泉州市委 泉州市人民政府关于实施创新驱动发展战略建设国家自主创新示范区的意见》；“X”为系列配套文件（动态更新），已出台配套政策14份。重点在促进科技成果转移转化、为科研人员“松绑+激励”、科技金融结合、人才团队引进等方面开展先行试点，以科技创新促进全面创新。

“人才港湾”计划：2017年2月，市委、市政府出台《关于实施人才“港湾计划”的若干意见》，主要围绕推动人才工作由“服务支撑产业”向“引领产业发展”升级，提出坚持“两个规律”（社会主义市场经济规律、人才成长规律）、突出“两个主体”（用人主体、人才主体）、深化“两个创新”（体制创新、机制创新），聚焦人才管理、引进、培养、使用、激励、服务等关键环节，精准推出27条改革动向鲜明的政策措施，打造人才“引得进、留得住、过得好”的梦想港湾、事业港湾、生活港湾。

单位	审稿人	撰（供）稿人
市海洋与渔业局	李建芳	朱丹华
市市场监督管理局	许煌灯 李和楷	柯　翔 郑怡策
市体育局	高向阳	吴柏慧
市统计局	李植聪 施能宗 纪华宗 黄延聪 李植聪	丁庆裕 郑致洲 姚艳蓉 黄银杏 汪江洋 曾开灶 王志辉
市人防办	陈秀聪 尤晓林	林琪伟 陈秀聪
市医保局	翁哲伟	盛玲玲
市地方金融监督管理局	黄达伟	林艳旭
市信访局	庄谓聪	张雪萍
市城市管理局	王宏娥	周少华 刘继明
市数字办	蒋舒翔	陈夏凉
市行政服务中心	林灿荣	林　清
清源山风景名胜区管委会	邱达敏 陈江海	林琼芳 林辉荣
市发展研究中心	巫锡柱	江春平
市地震局	叶　威	刘蔚蔚 林　岚
市城镇集体工业联合社	蔡文雄	许思思
市供销社	傅建南	潘　茜
市住房公积金管理中心	郑杰毅	陈　卉
市公路局	郭根才	徐　斌
市中级人民法院	李永铭	曾惠勇
市检察院	林建平	苏　静
泉州军分区	张　冰	吕善强
预备役高炮团	李志传	白岩伟
市消防支队	马　勇	陈志忆
泉州边检站	石金寿	龚元章
肖厝边检站	吴　冰	林奕君
海警泉州大队	梁　清	吴育林
民革泉州市委会	陈海鹏	谢凤娟
民盟泉州市委会	余嘉容	陈云文
民建泉州市委会	黄军红	廖晓红
民进泉州市委会	庄宝玲	黄景顺
农工党泉州市委会	谢承华	张　颖
致公党泉州市委会	陈剑虹	朱艺婷
九三学社泉州市委会	李长江	张宣录
台盟泉州市委会	张　敏 苏耿聪	林雅莉
市总工会	杨晓明	张颖丽
团市委	林少青	孙生堂
市妇联	丁为华	苏厚法
市侨联	陈晓玉	陈忠锋
市台联	陈严辉	张少滨
市科协	王建生	王思颖
市工商联（总商会）	傅玉波	郭舒维
市文联	肖一鸣	詹惠芬
市社科联	李培德	朱燕玉
市残联	陈纳新	陈钧平
市金门同胞联谊会	林　荣 张亚轮	林子旭 许燕松
市计生协会	刘友水	郑小茹
市贸促会	廖雅滨	吴倩莉
市红十字会	陈忠顺	郭杰民
市中华职教社	卓晨雷	叶　斌
市关工委	蓝荣田	孙雪萍
中国闽台缘博物馆	沈文锋	曾董超
国家税务总局泉州市税务局	王秋玲	陈文德
泉州海关	谢树贵	何斌士
泉州海事局	王　黎	李艺贞
泉州港口发展中心	陈颖毓	赖炳超 陈　尘 张一斌

单位	审稿人	撰（供）稿人
国家统计局泉州调查队	洪幼松 陈映红 黄晓丹	栾佳蓉 修　瑞
泉州气象局	童华君	蓝秋萍
泉州邮政管理局	陈古森	许　扬
泉州烟草公司	张志荣	陈常林
国网泉州供电公司	何后裕	郑日铃
泉州水文水资源勘测分中心	林元润	陈　欣
泉州盐务局	姚锦渊	庄丽珍
泉州监狱	张生闽	王锦源
洛江监狱	黄金磷	林振焕
泉州司法强制隔离戒毒所	李香平	林建星
泉州无线电管理局	黄白苇	危雪儿
泉州晚报社	杨　杰	黄连茂
华侨大学	张向前 杨默如	庄　蕾
泉州师范学院	王　锋 陈全宝	胡俊梅 赖桂华
仰恩大学	康　龙	游秀玲
泉州黎明职业大学	陈宝色	刘建森
泉州医学高等专科学校	陈旭东	陈洁琼
泉州幼儿师范高等专科学校	林清泉 陈金通	尤寅灵
泉州经贸职业技术学院	杜朝运	李文辉
泉州工艺美术职业学院	林月伯	陈仁府
中国人民银行泉州市中心支行	郑再生	颜建源
泉州银保监局	王恺恬	柯志生
农业发展银行泉州分行	洪丽娟	赖秀你
中国工商银行泉州分行	闫洪珍	陈　辉
中国农业银行泉州分行	贾晓慧	陈佳锟
中国银行泉州分行	颜俊良	叶建川

单位	审稿人	撰（供）稿人
中国建设银行泉州分行	许孟昌	王　艳
交通银行泉州分行	连华英	杨祖杰
泉州银行	王奎章	袁　佼
农村信用社 农商银行	黄智星	谢绵绵
招商银行泉州分行	陈　伟	魏柳菁
邮政储蓄银行泉州分行	柯清娜 苏连声	徐清锋
晋江机场	陈火斌	叶　扬
中国电信泉州分公司	杜　宇	江中杰
中国移动泉州分公司	洪文提 王煌坡	姜琳琳
中国联通泉州分公司	万国清	江　宽
铁路公司	蔡君毅	丁一新
市公交公司	林文雄	蔡文强
泉州学研究所	林丽珍 王　磊 彭志坚	吴镇国 何　捷
鲤城区	吴英明	陈乐怀
丰泽区	李美泽	卢承志
洛江区	陈永泽	赖云鹏
泉港区	林进辉	陈小燕
石狮市	林秀钦	江芳玲
晋江市	陈伟荣	林荣国
南安市	苏勇鹏	林雪铌
惠安县	刘书艺	杨开炜
安溪县	许充分	王秋霞
永春县	林联勇	陈东升 颜志嘉
德化县	陈志胜	郑建明
泉州开发区	苏金波	徐勤友
泉州台商投资区	陈志煌	李圣炜

拼音检索

说 明

一、本索引采用主题词分析法，按主题词首字汉语拼音字母顺序排列。

二、栏目、分目标题用黑体字。“年度聚焦”“专记”“大事记”“市情概览”“荣誉 人物”“附录”“《泉州年鉴》相关名词解释” “《泉州年鉴》参编单位及审、撰稿人名单”内容不作索引。

三、索引主题词后的数字表示页码，数字后的 a、b、c 表示栏别左中右。

四、空一字起排的款目为上一主题的“附见”。

A

B

C

D

E

F

J

K

R

S

T

Y